# CMG

**CMG FINANCE Gesellschaft für
Unternehmensberatung und
Informatik für Finanzdienstleister mbH**
Kölner Straße 6 · 65760 Eschborn
Tel: 06196-963 600 · Fax: 06196-963 703

D1688508

Adrian/Heidorn
Der Bankbetrieb

begründet von Hagenmüller/Diepen

Dipl.-Hdl. Reinhold Adrian
Professor Dr. Thomas Heidorn
unter Mitarbeit von Dipl.-Vw. Klaus Gourgé

# Der Bankbetrieb

## Lehrbuch und Aufgaben

14., völlig neu konzipierte Auflage

begründet von
Professor Dr. Karl Friedrich Hagenmüller
und Gerhard Diepen

**GABLER**

Die Deutsche Bibliothek – CIP-Einheitsaufnahme

**Adrian, Reinhold:**
Der Bankbetrieb : Lehrbuch und Aufgaben / Reinhold Adrian ; Thomas Heidorn.
Unter Mitarb. von Klaus Gourgé. Begr. von Karl Friedrich Hagenmüller und
Gerhard Diepen. – 14., völlig neu konzipierte Aufl. – Wiesbaden : Gabler, 1996
　ISBN 3-409-42157-2
NE: Heidorn, Thomas:; Hagenmüller, Karl Friedrich [Hrsg.]

| | |
|---|---|
| 1. Auflage 1967 | 8. Auflage 1977 |
| 2. Auflage 1968 | 9. Auflage 1982 |
| 3. Auflage 1969 | 10. Auflage 1984 |
| 4. Auflage 1970 | 11. Auflage 1987 |
| 5. Auflage 1972 | 12. Auflage 1989 |
| 6. Auflage 1973 | 13. Auflage 1993 |
| 7. Auflage 1975 | 14. Auflage 1996 |

Der Gabler Verlag ist ein Unternehmen der Bertelsmann Fachinformation.

© Betriebswirtschaftlicher Verlag Dr. Th. Gabler GmbH, Wiesbaden 1996

Lektorat: Silke Strauß

Das Werk einschließlich aller seiner Teile ist urheberrechtlich geschützt. Jede Verwertung außerhalb der engen Grenzen des Urheberrechtsgesetzes ist ohne Zustimmung des Verlags unzulässig und strafbar. Das gilt insbesondere für Vervielfältigungen, Übersetzungen, Mikroverfilmungen und die Einspeicherung und Verarbeitung in elektronischen Systemen.

Höchste inhaltliche und technische Qualität unserer Produkte ist unser Ziel. Bei der Produktion und Verbreitung unserer Bücher wollen wir die Umwelt schonen: Dieses Buch ist auf säurefreiem und chlorfrei gebleichtem Papier gedruckt. Die Einschweißfolie besteht aus Polyäthylen und damit aus organischen Grundstoffen, die weder bei der Herstellung noch bei der Verbrennung Schadstoffe freisetzen.

Die Wiedergabe von Gebrauchsnamen, Handelsnamen, Warenbezeichnungen usw. in diesem Werk berechtigt auch ohne besondere Kennzeichnung nicht zu der Annahme, daß solche Namen im Sinne der Warenzeichen- und Markenschutz-Gesetzgebung als frei zu betrachten wären und daher von jedermann benutzt werden dürften.

Satzarbeiten: FROMM MediaDesign GmbH, Selters/Ts.
Druck und Bindung: Wilhelm & Adam, Heusenstamm

Printed in Germany

ISBN 3-409-42157-2

# Vorwort der Herausgeber

Die Finanzmärkte sind im Umbruch. Globalisierung, europäische Integration und Telekommunikation haben bei den Banken einen Umstrukturierungsprozeß in Gang gesetzt, der alle Geschäftsbereiche erfaßt und zu neuen strategischen Ausrichtungen führt bzw. noch weiter führen wird. Die neue Bankenlandschaft ist gekennzeichnet durch: die Neudefinition von Hierarchien und die Delegation von Kompetenzen, neue Organisationsformen für den sich wandelnden Markt und für neue Produkte und eine breitere Form der Nachwuchssicherung und der Weiterbildung für die Mitarbeiter.

Auch der nationale Gesetzgeber und die EU geben Impulse. Sie unterstützen und begrenzen diesen Prozeß durch neue gesetzliche Regelungen.

Ein solcher grundlegender Wandel muß auch seinen Niederschlag in der Ausbildung finden. Dies führte uns zur Überarbeitung des langjährig bewährten Standardwerkes von Hagenmüller/Diepen „Der Bankbetrieb". Ein Team von Fachleuten hat dieses Buch neu konzipiert. Dabei wurde Bewährtes – wie die zahlreichen bildlichen Darstellungen – fortgeführt und Neues aufgenommen. Die Bankgeschäftslehre zum Beispiel ist wesentlich erweitert um Zielsetzungen und Aufgaben, also um grundlegende bankpolitische und strategische Fragestellungen erweitert.

Im Mittelpunkt stehen weiterhin die Leistungen der Kreditinstitute für den Markt, nämlich das Kredit- und Dienstleistungsgeschäft – und damit vor allem die notwendige Kundenorientierung. Beibehalten wurde die technische und die juristische Darstellung der Geschäftsgrundlagen, die unabdingbar sind für die sorgfältige Vorbereitung auf eine berufliche Erstqualifikation in Studium oder Beruf.

Neu ist auch die didaktische Aufbereitung der einzelnen Kapitel. Die einführenden Texte erläutern den Gesamtzusammenhang des zu behandelnden Geschäftsfeldes, die Leitfragen zur Thematik verdichten den Inhalt und bieten Orientierungshinweise. Fallstudien, Skizzen und graphische Beispiele erleichtern das Verständnis auch schwieriger Sachverhalte und im abschließenden Resümee können die Kernaussagen nachgelesen werden. Schließlich dienen die Aufgaben am Ende der Kapitel zur Festigung und Vertiefung des Gelernten, denn sie gehen teilweise über das notwendige Wissen für die Bankgehilfenprüfung hinaus.

Dieses Buch ist in erster Linie konzipiert für Auszubildende im Bankbereich sowie für Studenten der Bankbetriebslehre. Aber auch Bankpraktiker, die über ihr eigenes Spezialgebiet hinaus Fragen abklären wollen, werden hier ein umfassendes und interessantes Lehrbuch finden. Die Arbeitsteilung in Banken wird sich tendenziell verringern und der Trend zur Eigenverantwortung nimmt weiterhin zu. Größere Kompetenzen verlangen neben der fundierten Erstausbildung vor allem auch kontinuierliche Fortbildung, insbesondere auch auf den Nicht-Fachgebieten.

Unser Dank gilt allen mitwirkenden Autoren und dem Lektorat des Gabler-Verlages, vor allem Frau Silke Strauß, unserer Cheflektorin, für fachkundige Beratung und Unterstützung in allen Phasen der Entstehung dieses Werkes.

Unseren Lesern wünschen wir, daß sie mit diesem Buch die notwendige berufliche Handlungskompetenz erwerben oder vertiefen, um sich auf die spannenden „Geschäfte mit dem Geld anderer Leute" einlassen zu können.

Frankfurt, im Mai 1996                                            Die Herausgeber

# Geleitwort

Im Jahre 1967 erschien zum ersten Mal das Werk „Der Bankbetrieb". Es handelte sich dabei um die gestraffte Version eines von mir publizierten, dreibändigen Werkes, zugeschnitten auf den speziellen Bedarf des Auszubildenden im Bankbereich. Bis zur 13. Auflage im Jahre 1993 wurde das Werk stets überarbeitet und aktualisiert. Immer wurden die Neuerungen eingearbeitet oder angefügt. Dafür danke ich allen Beteiligten, die sich mit mir um dieses Werk verdient gemacht haben.

Die jetzt vorliegende 14. Auflage ist von Grund auf neu konzipiert und verfaßt worden. Und das zu Recht: Aus meiner langjährigen Erfahrung kann ich bestätigen, daß die heutigen Zeiten nicht nur quantitativ mehr, sondern vor allem auch andere Fähigkeiten und Kenntnisse von jungen Mitarbeitern verlangen. Mehr denn je wird das „vernetzte Denken" notwendig – die Kenntnis der Zusammenhänge zwischen den Bereichen und die Kenntnis der wirtschaftlichen Prozesse, die dahinterstehen. Es dominiert Flexibilität und das Sich-Einstellen auf stetige Veränderung, denn gerade die rasante Entwicklung in der Technologie setzt immer wieder neue Akzente, beschleunigt und verkürzt Vorgänge und eröffnet andere Möglichkeiten. Ein Beispiel hierfür sind die neuen Finanzinstrumente, die in der vorliegenden Ausgabe auch eine entsprechende Würdigung finden.

Diese neue Auflage orientiert sich an den veränderten Rahmenbedingungen. Für die kommenden fünf Jahre werden im Bankbereich mehr Veränderungen prognostiziert, als es in den letzten 25 Jahren der Fall war. Ein Team von Spezialisten hat sich sowohl bezüglich der didaktischen Aufbereitung als auch bezüglich der Präsentation der Inhalte viele Gedanken gemacht. Und ich sehe ein gelungenes Ergebnis. Ich wünsche mir, daß viele junge Leute mit diesem Buch in ihrer Bankausbildung, beim Berufseinstieg oder durch ein bankbetriebswirtschaftliches Studium begleitet werden.

Im Mai 1996                                                  Prof. Dr. Karl Friedrich Hagenmüller

# Autorenverzeichnis

## Die Herausgeber

**Dipl.-Hdl. Reinhold Adrian**

ist Oberstudiendirektor und Leiter der Bethmannschule in Frankfurt. Nach Banklehre und wirtschaftswissenschaftlichem Studium in Frankfurt und England war er nach seiner Referendarzeit zunächst Lehrer in der Berufsschule und dann Fachleiter am Studienseminar für das Lehramt an beruflichen Schulen. Er ist Mitglied in verschiedenen Prüfungsausschüssen und im Berufsbildungsausschuß der IHK Frankfurt sowie im Prüfungsausschuß Ausbilder Banken, auch an der IHK Frankfurt, und geschäftsführender Vorsitzender der Arbeitsgemeinschaft der Direktoren an beruflichen Schulen in Hessen und Lehrbeauftragter im Fachbereich Wirtschaftswissenschaften der Johann-Wolfgang-Goethe-Universität.
*(Konzeption und Kapitel II, 3.; Kapitel II, 5.)*

**Prof. Dr. Thomas Heidorn, M. A.,**

ist Doktor der Wirtschafts- und Sozialwissenschaften. Seine berufliche Laufbahn begann als wissenschaftlicher Assistent. In der Dresdner Bank, Frankfurt, absolvierte er eine Investment-Banking-Ausbildung und war Vorstandsassistent. Seit 1991 ist er an der Hochschule für Bankwirtschaft in Frankfurt, Private Hochschule der Bankakademie, und hat eine Professur für Allgemeine Bankbetriebswirtschaftslehre. Er betreut die englischsprachigen Hochschulen im Partnerschaftsprogramm der Hochschule für Bankwirtschaft und ist als externer Berater und Referent für Banken und andere Unternehmen tätig.
*(Konzeption und Kapitel I, 1. und 4.; Kapitel II, 4.)*

## Das Autorenteam

**Dr. iur. utr. Thomas Benthien** absolvierte nach seinem Studium eine Referendarausbildung bei der Deutschen Bundesbank. Von der Hauptstelle Oldenburg wechselte er zur Hauptstelle nach Frankfurt. Hier war er zunächst Abteilungsleiter für Aus- und Weiterbildung und ist jetzt Abteilungsleiter für Rechnungswesen.
*(Kapitel II, 2.)*

**Dr. Jürgen Kurt Bott** ist Professor für Finanzdienstleistungen an der Fachhochschule Rheinlandpfalz. Er studierte Betriebswirtschaftslehre in Würzburg sowie Statistik und Operations Research in New York, arbeitete dann für J. P. Morgan, die Deutsche Bundesbank und McKinsey & Comp. Neben seiner Lehr- und Forschungstätigkeit ist er derzeit auch externer Berater für den Internationalen Währungsfonds.
*(Kapitel I, 2. und 3.)*

**Dr. rer. pol. Volker Doberanzke** ist nach einer Banklehre und wirtschaftswissenschaftlichem Studium bei einer deutschen Großbank tätig. Derzeit arbeitet er im Controlling im Bereich Investmentbanking in London.
*(Kapitel III, 1.)*

**Dipl.-Vw. Klaus Gourgé** absolvierte nach einer Banklehre und einem Abschluß zum Bachfachwirt ein Studium der Volkswirtschaftslehre. Nach Tätigkeiten für Tageszeitungen und Fachzeitschriften arbeitet er heute als freier Wirtschaftspublizist sowie in der Presse- und Öffentlichkeitsarbeit einer Großbank in Frankfurt. Außerdem ist er Autor des Finanzratgebers ,,Alles Geld".
*(Konzeption und Kapitel IV)*

**Dipl.-Kfm. Dieter Helmle** ist nach einer Banklehre und dem Studium der Betriebswirtschaftslehre im Bereich Private Banking & Asset Management bei einer renommierten Privatbank tätig. Dort ist er als Berater zuständig für vermögende Privatkunden.
*(Kapitel II, 3.)*

**Dipl.-Kfm. Günter Hesse** ist Studiendirektor und stellvertretender Schulleiter der Georg-Kerschensteiner-Berufsschule in Bad Homburg. Er absolvierte eine Banklehre und ein Studium der Betriebswirtschaft. Seit Jahren ist er Mitglied eines IHK-Prüfungsausschusses für Banken und kann auf eine nunmehr 25jährige Lehrerfahrung im Bankbereich zurückblicken.
*(Kapitel II, 1.)*


**Dr. Gudrun Annette Klage** war nach Banklehre, wirtschaftswissenschaftlichem Studium und Promotion zunächst als Vorstandsassistentin für eine große Sparkasse tätig. Seit Jahren ist sie Dozentin an der Bankakademie und übernimmt Weiterbildungsaufgaben im Bankwesen und in der Industrie. Außerdem ist sie Autorin von kreditwirtschaftlichen und personalpolitischen Fachbeiträgen.
*(Kapitel III, 3., 4. und 5.)*


**Evi Penzenstadler** war nach einer Banklehre zunächst tätig im Privatkundengeschäft einer deutschen Großbank. Danach war sie im Bereich Aus- und Weiterbildung zuständig für die Konzeption und Durchführung der betrieblichen Berufsausbildung sowie für die Erstellung von Leitfäden für Auszubildende. Derzeit ist sie in der Personalentwicklung tätig.
*(Kapitel II, 3. und 6.)*


**Heinz-Klaus Rützel** ist Abteilungsdirektor der Deutsche Börse AG i. R. Nach seiner Banklehre arbeitete er im Wertpapierbereich verschiedener Banken in Frankfurt und Zürich. Er war Leiter der Schulung und der Beratung internationaler Fachbesucher in der Unternehmensgruppe Deutsche Börse und ist Mitglied der Börsenhändler-Prüfungskommission.
*(Kapitel II, 3.)*

# Inhaltsübersicht

**Kapitel I:**
**Kreditwirtschaft im gesamtwirtschaftlichen Umfeld**

1. Aufgaben der Banken
2. Struktur des Bankgewerbes
3. Der Markt für Bankleistungen
4. Grundlegende Analysemethoden im Finanzbereich

**Kapitel II:**
**Leistungen und Dienstleistungen der Kreditinstitute**

1. Das Konto als Basis der Kunde-Bank-Beziehung
2. Die Bankdienstleistungen rund um den Zahlungsverkehr
3. Geld- und Kapitalanlagemöglichkeiten
4. Derivative Finanzdienstleistungen
5. Das klassische Kreditgeschäft
6. Das Auslandsgeschäft

**Kapitel III:**
**Bankpolitik**

1. Aufsichtsrechtliche Rahmenbedingungen
2. Organisation und Informationsmanagement
3. Rechnungswesen
4. Ertragsmanagement

**Kapitel IV:**
**Auf dem Weg ins 21. Jahrhundert**

1. Informationsgesellschaft
2. Arbeitswelt
3. Finanzwelt

# Inhaltsverzeichnis

| | |
|---|---|
| Vorwort | V |
| Geleitwort | VI |
| Autorenverzeichnis | VII |

## Kapitel I:
## Kreditwirtschaft im gesamtwirtschaftlichen Umfeld — 1

| | | |
|---|---|---|
| 1. | **Aufgaben der Banken** | 3 |
| 1.1 | Banken im Wirtschaftskreislauf | 4 |
| 1.2 | Transformationsfunktion der Banken | 6 |
| 1.3 | Geldschöpfung im Bankensektor | 13 |
| 2. | **Struktur des Bankgewerbes** | 17 |
| 2.1 | Geschäftsbanken | 19 |
| 2.1.1 | Universalbanken | 19 |
| 2.1.1.1 | Banken des Genossenschaftssektors | 20 |
| 2.1.1.2 | Banken des Sparkassensektors | 23 |
| 2.1.1.3 | Kreditbanken | 28 |
| 2.1.2 | Spezialbanken | 32 |
| 2.1.2.1 | Banken mit spezialisiertem Leistungsangebot | 33 |
| 2.1.2.2 | Kreditinstitute mit Sonderaufgaben | 37 |
| 2.2 | Deutsche Bundesbank | 38 |
| 2.2.1 | Aufgaben | 39 |
| 2.2.2 | Geldpolitische Aktivitäten | 42 |
| 3. | **Der Markt für Bankleistungen** | 47 |
| 3.1 | Marktwirtschaftliches Umfeld | 48 |
| 3.2 | Nachfrager nach Bankleistungen | 52 |
| 3.2.1 | Privatkunden | 52 |
| 3.2.2 | Firmenkunden | 53 |
| 3.2.3 | Staatliche Nachfrage | 54 |
| 4. | **Grundlegende Analysemethoden im Finanzbereich** | 58 |
| 4.1 | Gegenwartswerte und Opportunitätskosten | 59 |
| 4.2 | Gegenwartswerte bei mehreren Perioden | 62 |
| 4.3 | Gegenwartswerte bei Anleihen und Aktien | 65 |
| 4.3.1 | Bewertung von Anleihen | 65 |
| 4.3.2 | Bewertung von Aktien | 66 |
| 4.4 | Effektivverzinsung von Anleihen | 69 |
| 4.5 | Effektivverzinsung von Krediten | 72 |
| 4.6 | Besonderheiten bei der Effektivverzinsung | 74 |

## Kapitel II:
## Leistungen und Dienstleistungen der Kreditinstitute — 81

| | | |
|---|---|---|
| **1.** | **Das Konto als Basis der Kunde-Bank-Beziehung** | 83 |
| 1.1 | Kontoarten – Wozu braucht man welches Konto? | 84 |
| 1.2 | Kontovertrag und Allgemeine Geschäftsbedingungen (AGB) | 86 |
| 1.3 | Kontoinhaber und Verfügungsberechtigte | 94 |
| 1.3.1 | Kontoinhaber | 94 |
| 1.3.1.1 | Einzel- und Gemeinschaftskonten | 97 |
| 1.3.1.2 | Treuhandkonten | 97 |
| 1.3.2 | Verfügungsberechtigte | 98 |
| 1.3.2.1 | Gesetzliche Vertreter | 98 |
| 1.3.2.2 | Rechtsgeschäftliche Vertreter | 99 |
| 1.3.2.3 | Sonderfälle der Verfügungsberechtigung | 102 |
| 1.4 | Kontrollpflichten nach Abgabenordnung und Geldwäschegesetz | 103 |
| 1.4.1 | Legitimationsprüfung nach der Abgabenordnung | 104 |
| 1.4.2 | Geldwäschegesetz (Gesetz über das Aufspüren von Gewinnen aus schweren Straftaten) | 106 |
| 1.5 | Bankgeheimnis und Bankauskunft | 107 |
| 1.5.1 | Offenbarungspflichten gegenüber staatlichen Stellen | 108 |
| 1.5.2 | Einwilligung des Kunden – Schufa-Verfahren | 109 |
| 1.5.3 | Die Bankauskunft | 109 |
| **2.** | **Die Bankdienstleistungen rund um den Zahlungsverkehr** | 113 |
| 2.1 | Allgemeine Grundlagen | 113 |
| 2.1.1 | Was gehört zum Zahlungsverkehr der Banken? | 113 |
| 2.1.2 | Was ist Geld? | 114 |
| 2.1.3 | Zahlungsmittel: Bargeld, Buchgeld, Geldersatzmittel | 115 |
| 2.1.4 | Zahlungsformen: bare, halbbare und bargeldlose Zahlung | 117 |
| 2.1.5 | Bankenübergreifende Gremien des Zahlungsverkehrs | 118 |
| 2.1.6 | Rechtliche Grundlagen des Zahlungsverkehrs | 118 |
| 2.1.7 | Geschäftspolitische Bedeutung des Zahlungsverkehrs | 119 |
| 2.2 | Barer Zahlungsverkehr | 121 |
| 2.2.1 | Rechtliche Grundlagen | 121 |
| 2.2.2 | Kassenverkehr und Scheckauskunft bei Banken | 125 |
| 2.2.2.1 | Ein- und Auszahlungen am Bankschalter | 125 |
| 2.2.2.2 | Auskünfte, Bestätigungen und Einlösungsgarantien im Scheckverkehr durch Geschäftsbanken | 126 |
| 2.3 | Bargeldloser Zahlungsverkehr – Was geschieht hinter der Fassade? | 127 |
| 2.3.1 | Organisatorische Abwicklung: Verrechnungswege in Deutschland und Europa | 127 |
| 2.3.1.1 | Verrechnungsnetze in Deutschland | 127 |
| 2.3.1.2 | Verrechnungsnetze in Europa | 133 |

| | | |
|---|---|---|
| 2.3.2 | Die Rolle der Deutschen Bundesbank im Zahlungsverkehr | 135 |
| 2.3.2.1 | Wettbewerbsneutrale Clearingeinrichtungen | 135 |
| 2.3.2.2 | Elektronische Öffnung | 137 |
| 2.3.2.3 | Leitwegsteuerung | 139 |
| 2.3.3 | Wertstellungspraxis und Float | 139 |
| 2.3.3.1 | Wertstellung | 139 |
| 2.3.3.2 | Float | 139 |
| 2.4 | Die klassischen Instrumente des bargeldlosen Zahlungsverkehrs | 141 |
| 2.4.1 | Überweisung | 141 |
| 2.4.1.1 | Bedeutung von Gutschrifts- und Belastungsbuchung | 143 |
| 2.4.1.2 | Wirkung der Überweisung auf das Grundgeschäft | 144 |
| 2.4.1.3 | Sicherungsmaßnahmen im Überweisungsverkehr | 144 |
| 2.4.1.4 | Widerruf von Überweisungsaufträgen | 145 |
| 2.4.2 | Scheck | 146 |
| 2.4.2.1 | Wesen, rechtliche Grundlagen und Form des Schecks | 146 |
| 2.4.2.2 | Orderscheck, Inhaberscheck und Rektascheck | 149 |
| 2.4.2.3 | Barscheck, Verrechnungsscheck, gekreuzter Scheck | 152 |
| 2.4.2.4 | Scheckinkasso und Scheckeinlösung | 153 |
| 2.4.2.5 | Nichteinlösung und Rückgriff | 155 |
| 2.4.2.6 | Maßnahmen zur Förderung des Scheckverkehrs | 159 |
| 2.4.3 | Lastschrift | 163 |
| 2.4.3.1 | Begriff und Verwendungsmöglichkeiten | 163 |
| 2.4.3.2 | Organisation des Lastschriftverfahrens | 164 |
| 2.4.3.3 | Nichteinlösung von Lastschriften | 168 |
| 2.4.4 | Wechsel | 169 |
| 2.4.4.1 | Formen und Arten des Wechsels | 170 |
| 2.4.4.2 | Wirtschaftliche Funktionen des Wechsels | 176 |
| 2.4.4.3 | Annahme, Übertragung und Einlösung des Wechsels | 177 |
| 2.4.4.4 | Nichteinlösung und Protest | 180 |
| 2.4.4.5 | Bankdienstleistungen rund um den Wechsel | 183 |
| 2.5 | Die neueren Formen des automatisierten Zahlungsverkehrs: Electronic Banking | 184 |
| 2.5.1 | Zahlungsverkehrsabwicklung zwischen Banken: MAOBE, DTA und EZV | 184 |
| 2.5.1.1 | Das Bankleitzahlensystem | 185 |
| 2.5.1.2 | Automatisierter Belegverkehr (MAOBE: Maschinell-optische-Belegerfassung) | 187 |
| 2.5.1.3 | Beleglosre Datenträgeraustausch (DTA) | 189 |
| 2.5.1.4 | Elektronischer Zahlungsverkehr (EZV) | 191 |
| 2.5.2 | Dienstleistungen für Privatkunden: Selbstbedienungsterminals, Elektronische Kassenterminals, Kreditkarten, Btx/Datex-J, Telefon Banking, Elektronische Geldbörse | 197 |

| | | |
|---|---|---|
| 2.5.2.1 | Selbstbedienungsterminals (Geldausgabeautomaten und anderes) | 197 |
| 2.5.2.2 | Elektronische Kassenterminals des Handels (POS) | 199 |
| 2.5.2.3 | Kreditkarten | 203 |
| 2.5.2.4 | Bildschirmtext (Btx)/Datex-J | 204 |
| 2.5.2.5 | Telefon Banking | 205 |
| 2.5.2.6 | Elektronische Geldbörse | 205 |
| 2.5.3 | Dienstleistungen für Firmenkunden | 206 |
| 2.5.3.1 | Datenträgeraustausch (DTA) und Datenfernübertragung (DFÜ) | 206 |
| 2.5.3.2 | Bildschirmtext (Btx)/Datex-J | 206 |
| 2.5.3.3 | MultiCash/Elko (Elektronische Kontoführung) | 208 |
| 2.5.3.4 | Cash-Management-Systeme (CMS) | 209 |
| **3.** | **Geld- und Kapitalanlagemöglichkeiten** | **213** |
| 3.1 | Anlage auf Konten – erste Schritte zum Vermögensaufbau | 214 |
| 3.1.1 | Sicht-, Termin- und Spareinlagen als klassische Anlagemedien | 214 |
| 3.1.1.1 | Sichteinlagen | 214 |
| 3.1.1.2 | Termineinlagen | 215 |
| 3.1.1.3 | Spareinlagen | 216 |
| 3.1.2 | Staatliche Förderung der Vermögensbildung | 221 |
| 3.1.2.1 | Das 5. Vermögensbildungsgesetz (5. VermBG) | 222 |
| 3.1.2.2 | Das Wohnungsbau-Prämiengesetz | 226 |
| 3.1.2.3 | Vorsorgeaufwendungen nach 10 EStG | 227 |
| 3.1.2.4 | Vermögensbeteiligungen ( 19 EStG) | 228 |
| 3.1.3 | Allfinanzangebote der Banken – Partnerschaften mit Lebensversicherungen und Bausparkassen | 228 |
| 3.1.3.1 | Bausparen | 229 |
| 3.1.3.2 | Kapitallebensversicherungen | 230 |
| 3.2 | Effektengeschäft und Wertpapiertechnik | 233 |
| 3.2.1 | Effektenarten | 233 |
| 3.2.1.1 | Begriff Wertpapier | 233 |
| 3.2.1.2 | Schuldverschreibungen | 235 |
| 3.2.1.3 | Arten von Schuldverschreibungen | 236 |
| 3.2.1.4 | Aktien | 239 |
| 3.2.1.5 | Investmentanteile/-zertifikate | 240 |
| 3.2.1.6 | Mischformen von Wertpapieren | 242 |
| 3.2.1.7 | Optionsscheine (Warrants) | 245 |
| 3.2.1.8 | Die Verbriefung von Effekten, Verschaffung der Rechte | 246 |
| 3.2.2 | Emissionsgeschäft | 248 |
| 3.2.2.1 | Geschichtliche Entwicklung und Wesen | 248 |
| 3.2.2.2 | Selbst- und Fremdemission als grundlegende Formen der Erstplazierung | 249 |
| 3.2.2.3 | Unterschiedliche Formen von Emissionskonsortien zur Erstplazierung von Fremdemissionen | 250 |

| | | |
|---|---|---|
| 3.2.2.4 | Techniken der Plazierung der Effekten | 252 |
| 3.2.2.5 | Bedeutung des Emissionsgeschäfts für Aufwand und Ertrag der Banken | 258 |
| 3.2.3 | Die Effektenbörsen | 260 |
| 3.2.3.1 | Geschichtliche Entwicklung und rechtliche Grundlagen | 260 |
| 3.2.3.2 | Trägerschaft und Organisation der Börsen | 264 |
| 3.2.3.3 | Börsenzulassung von Wertpapieren – die drei Marktsegmente | 266 |
| 3.2.3.4 | Wertpapieraufsicht und Insiderregeln | 268 |
| 3.2.3.5 | Keine Vorteile für Insider | 270 |
| 3.2.3.6 | Die Deutsche Terminbörse (DTB) – erweiterte Aktionsmöglichkeiten für Banken und Anleger | 272 |
| 3.2.4 | Technik des Effektenhandels | 275 |
| 3.2.4.1 | Rechtliche Grundlagen | 275 |
| 3.2.4.2 | Die Rolle der Banken als Kommissionär | 275 |
| 3.2.4.3 | Information und Beratung | 276 |
| 3.2.4.4 | Die Auftragserteilung | 276 |
| 3.2.4.5 | Der Weg des Auftrags zur Wertpapierbörse | 277 |
| 3.2.4.6 | Wie entsteht ein Kurs an der Börse? | 277 |
| 3.2.4.7 | Ausführungsbestätigung, Schlußnoten und Abrechnung | 282 |
| 3.2.4.8 | Lieferung und Zahlung – das Erfüllungsgeschäft | 285 |
| 3.2.4.9 | Die Wertpapierleihe | 287 |
| 3.2.4.10 | Der DAX und andere Börsen-Indizes | 288 |
| 3.2.5 | Das Depotgeschäft – Verwahrung und Verwaltung von Wertpapieren | 290 |
| 3.2.5.1 | Geschichtliche Entwicklung und Wesen | 290 |
| 3.2.5.2 | Rechtliche Grundlagen/Gesetzliche Bestimmungen | 291 |
| 3.2.5.3 | Wie lassen sich Wertpapiere bei der Bank verwahren? | 294 |
| 3.2.5.4 | Verpfändung von Wertpapieren bei der Drittverwahrung | 299 |
| 3.2.5.5 | Depot A, B, C oder D? | 301 |
| 3.2.5.6 | Verwaltung von Effekten – ein wichtiger Service der Banken | 303 |
| 3.2.5.7 | WP-Informationsdienst der Wertpapier-Mitteilungen als Grundlage der Verwaltungsarbeiten | 306 |
| 3.2.5.8 | Bedeutung des Depotgeschäfts für Aufwand und Ertrag der Banken | 306 |
| 3.3 | Grundlagen der Anlageberatung und Vermögensverwaltung | 308 |
| 3.3.1 | Rechtliche Grundlagen | 308 |
| 3.3.1.1 | Grundlegendes zur Beratungshaftung | 308 |
| 3.3.1.2 | Wichtiges zum Wertpapierhandelsgesetz | 309 |
| 3.3.2 | Was sollten Anlageberater über Risiko- und Ertragsrelationen der verschiedenen Anlagemedien wissen? | 310 |
| 3.3.2.1 | Stetiger Wertverlauf bei kontengebundenen Geldanlagen | 311 |
| 3.3.2.2 | Risiko- und Ertragsprofil bei festverzinslichen Anleihen | 311 |

| | | |
|---|---|---|
| 3.3.2.3 | Aktienanlage und Portefeuillebildung | 314 |
| 3.3.2.4 | Risikovorteile von Investmentzertifikaten | 318 |
| 3.3.2.5 | Wertpapiermischformen und Finanzinnovationen | 319 |
| 3.3.3 | Welche steuerlichen Regelungen über Wertpapiere beeinflussen die Anlageentscheidung? | 320 |
| 3.3.3.1 | Steuerliche Nachteile bei kontengebundenen Geldanlagen | 321 |
| 3.3.3.2 | Steuern bei festverzinslichen Anleihen und Disagioeffekte | 322 |
| 3.3.3.3 | Steuervorteile bei Aktien als Produktivkapital | 324 |
| 3.3.3.4 | Differenzierte Steuerregeln bei Investmentzertifikaten | 325 |
| 3.3.3.5 | Steuern bei Wertpapiermischformen und Finanzinnovationen | 326 |
| 3.3.4 | Analyse der Anlagebedürfnisse des Kunden | 327 |
| 3.3.4.1 | Betrachtung der persönliche Verhältnisse | 327 |
| 3.3.4.2 | Einfluß des Anlagehorizontes | 328 |
| 3.3.4.3 | Persönlichkeitsstruktur und Risikopräferenz des Anlegers | 329 |
| 3.3.4.4 | Die individuelle steuerliche Situation des Kunden | 329 |
| 3.3.4.5 | Ist eine Vermögensverwaltung von Vorteil? | 332 |
| 3.4 | Eigengeschäfte der Banken an Geld- und Kapitalmarkt | 333 |
| 3.4.1 | Geld- und Kapitalmarkt – Begriffe und Abgrenzungen | 333 |
| 3.4.2 | Der Geldhandel der Banken am Interbankenmarkt und am Refinanzierungsmarkt | 334 |
| 3.4.2.1 | Interbankenmarkt | 334 |
| 3.4.2.2 | Refinanzierung bei der Bundesbank | 335 |
| 3.4.3 | Eigengeschäfte der Banken am Kapitalmarkt | 336 |
| 3.4.3.1 | Anlage in festverzinslichen Wertpapieren | 336 |
| 3.4.3.2 | Eigenhandel in Wertpapieren | 336 |
| 3.4.3.3 | Beteiligungen an anderen Unternehmen | 336 |
| **4.** | **Derivative Finanzdienstleistungen** | **341** |
| 4.1 | Zinsswaps | 342 |
| 4.1.1 | Entstehung des Zinsswaps | 342 |
| 4.1.2 | Usancen des Swapmarktes | 346 |
| 4.1.3 | Zinsswaps zur Finanzierungssteuerung | 348 |
| 4.2 | Forward Rate Agreements | 351 |
| 4.2.1 | Ableitung des Terminzinssatzes (Forward) | 351 |
| 4.2.2 | Usancen für Forward Rate Agreements | 352 |
| 4.3 | Börsengehandelte Derivative am Beispiel des Bundfutures | 354 |
| 4.4 | Optionen | 361 |
| 4.4.1 | Allgemeine Optionsbewertung | 361 |
| 4.4.1.1 | Inhaber eines Calls | 361 |
| 4.4.1.2 | Stillhalter eines Calls | 362 |
| 4.4.1.3 | Inhaber eines Puts | 363 |
| 4.4.1.4 | Stillhalter eines Puts | 364 |
| 4.4.2 | Aktienoptionen | 368 |

| | | |
|---|---|---|
| 4.4.3 | Zinsoptionen | 369 |
| 4.4.3.1 | Cap | 370 |
| 4.4.3.2 | Floor | 371 |
| 4.5 | Risiken aus Derivativgeschäften | 373 |
| **5.** | **Das klassische Kreditgeschäft** | **377** |
| 5.1 | Vom Antrag bis zur Zusage des Kredits | 380 |
| 5.1.1 | Finanzierungsanlässe bei privaten Haushalten, Unternehmen und öffentlichen Haushalten | 380 |
| 5.1.2 | Kreditfähigkeit und Kreditwürdigkeit | 380 |
| 5.1.2.1 | Prüfung der Kreditfähigkeit | 381 |
| 5.1.2.1 | Prüfung der Kreditwürdigkeit | 382 |
| 5.1.3 | Grundsätzliches zur Besicherung | 398 |
| 5.1.4 | Kreditzusage | 398 |
| 5.2 | Sicherheiten: Die Instrumente der Risikobegrenzung im Kreditgeschäft | 405 |
| 5.2.1 | Die Bürgschaft als dominierende Form der Personensicherheit | 407 |
| 5.2.1.1 | Zweck, Umfang und Form von Bürgschaften | 407 |
| 5.2.1.2 | Arten von Bürgschaften | 410 |
| 5.2.2 | Das Pfandrecht | 412 |
| 5.2.2.1 | Voraussetzungen des vertraglichen Pfandrechts | 416 |
| 5.2.2.2 | Verwertung eines Pfandes | 419 |
| 5.2.2.3 | Erlöschen des Pfandrechts | 420 |
| 5.2.2.4 | Bedeutung des Pfandrechts in der Bankpraxis | 420 |
| 5.2.3 | Die Sicherungsübereignung | 420 |
| 5.2.3.1 | Entstehung | 420 |
| 5.2.3.2 | Risiken beim Sicherungsübereignungsvertrag | 421 |
| 5.2.3.3 | Verpfändung oder Sicherungsübereignung? | 425 |
| 5.2.4 | Die Abtretung von Forderungen und Rechten (Zession) | 426 |
| 5.2.4.1 | Formen der Abtretung von Forderungen | 426 |
| 5.2.4.2 | Zustandekommen des Zessionsvertrages | 427 |
| 5.2.4.3 | Mantelzession und Globalzession als Formen der Rahmenabtretung | 434 |
| 5.2.5 | Hypothek und Grundschuld | 436 |
| 5.2.5.1 | Das Grundbuch | 436 |
| 5.2.5.2 | Hypothek und Grundschuld: Merkmale, Formen und Unterschiede | 442 |
| 5.2.6 | Grenzen der Kreditbesicherung | 466 |
| 5.2.6.1 | Wirtschaftliche Bestimmungsgründe des Sicherheitenumfangs | 466 |
| 5.2.6.2 | Rechtliche Schranken der Besicherung | 467 |
| 5.3 | Kreditarten | 468 |
| 5.3.1 | Geldleihgeschäfte | 469 |
| 5.3.1.1 | Kontokorrentkredite | 469 |
| 5.3.1.2 | Konsumentenkredite auf Ratenbasis | 476 |

| | | |
|---|---|---|
| 5.3.1.3 | Diskontkredite | 483 |
| 5.3.1.4 | Lombardkredite | 486 |
| 5.3.1.5 | Langfristiges Kreditgeschäft | 490 |
| 5.3.2 | Kreditleihgeschäfte | 499 |
| 5.3.2.1 | Akzeptkredite | 499 |
| 5.3.2.2 | Avalkredite | 501 |
| 5.3.3 | Besondere Finanzierungsformen | 505 |
| 5.3.3.1 | Leasing | 506 |
| 5.3.3.2 | Factoring | 512 |
| 5.4 | Notleidende Kredite | 515 |
| 5.4.1 | Ursachen für Kreditausfälle | 515 |
| 5.4.2 | Maßnahmen bei notleidenden Krediten | 517 |
| 5.4.2.1 | Einleitung des außerordentlichen Mahnverfahrens | 517 |
| 5.4.2.2 | Einleitung eines gerichtlichen Mahn-/Klageverfahrens | 522 |
| 5.4.2.3 | Die Zwangsvollstreckung | 523 |
| 5.4.3 | Einleitung eines Vergleichs- oder Konkursverfahrens | 524 |
| 5.4.3.1 | Der außergerichtliche Vergleich | 524 |
| 5.4.3.2 | Das Konkursverfahren | 525 |
| 5.4.3.3 | Das gerichtliche Vergleichsverfahren | 527 |
| **6.** | **Das Auslandsgeschäft** | **532** |
| 6.1 | Besonderheiten im Auslandsgeschäft | 533 |
| 6.1.1 | Rechtliche Grundlagen | 533 |
| 6.1.2 | Risiken im Außenhandel | 534 |
| 6.1.3 | Lieferungsbedingungen im Außenhandel | 535 |
| 6.1.4 | Zahlungsbedingungen im Außenhandel | 537 |
| 6.2 | Zahlungsverkehr und Dokumentengeschäft | 539 |
| 6.2.1 | Der nichtdokumentäre Zahlungsverkehr | 539 |
| 6.2.1.1 | Zahlungen durch Überweisung | 539 |
| 6.2.1.2 | Zahlungen durch Scheck | 542 |
| 6.2.2 | Dokumente im Außenhandel | 544 |
| 6.2.2.1 | Handelsrechnung | 545 |
| 6.2.2.2 | Transportdokumente | 545 |
| 6.2.2.3 | Versicherungsdokumente | 548 |
| 6.2.2.4 | Andere Dokumente | 548 |
| 6.2.3 | Das Akkreditiv | 549 |
| 6.2.3.1 | Wesen und rechtliche Grundlagen | 549 |
| 6.2.3.2 | Die banktechnische Abwicklung eines Dokumentenakkreditives | 551 |
| 6.2.3.3 | Arten des Dokumentenakkreditives | 554 |
| 6.2.3.4 | Beispiel für die Abwicklung eines Akkreditives | 556 |
| 6.2.3.5 | Sonderformen des Akkreditivs | 557 |
| 6.2.4 | Das Dokumenteninkasso | 562 |
| 6.2.4.1 | Wesen und rechtliche Grundlagen | 562 |

| | | |
|---|---|---|
| 6.2.4.2 | Arten des Dokumenteninkassos | 563 |
| 6.2.4.3 | Ablauf eines Dokumenteninkassos (d/a) | 563 |
| 6.3 | Außenhandelsfinanzierungen | 564 |
| 6.3.1 | Kurzfristiges Auslandskreditgeschäft | 565 |
| 6.3.1.1 | Kontokorrentkredite | 565 |
| 6.3.1.2 | Export- und Importvorschüsse | 566 |
| 6.3.1.3 | Wechselkredite | 566 |
| 6.3.1.4 | Rembourskredit | 567 |
| 6.3.1.5 | Eurokredite und Euro-Festsatzkredite | 570 |
| 6.3.2 | Mittel- bis langfristiges Auslandskreditgeschäft | 570 |
| 6.3.2.1 | Eurokredite | 570 |
| 6.3.2.2 | Exportversicherung des Bundes über die HERMES Kreditversicherungs AG | 571 |
| 6.3.2.3 | AKA-Finanzierungen | 572 |
| 6.3.2.4 | KfW-Kredite | 573 |
| 6.3.2.5 | Forfaitierung | 573 |
| 6.3.3 | Sonderformen | 575 |
| 6.3.3.1 | Gegengeschäfte | 575 |
| 6.3.3.2 | CTF (Commodity and Trade Financing) | 576 |
| 6.3.3.3 | Projektfinanzierungen | 576 |
| 6.4 | Garantien im Außenhandel | 576 |
| 6.5 | Devisenhandel | 579 |
| 6.5.1 | Devisenkassageschäfte | 580 |
| 6.5.2 | Devisentermingeschäfte | 581 |
| 6.5.3 | Devisenoptionsgeschäfte | 583 |

## Kapitel III:
## Bankpolitik — 587

| | | |
|---|---|---|
| **1.** | **Aufsichtsrechtliche Rahmenbedingungen** | **589** |
| 1.1 | Zur Notwendigkeit einer staatlichen Bankenaufsicht | 590 |
| 1.2 | Rechtsgrundlagen der Bankenaufsicht | 590 |
| 1.3 | Organisation der Bankenaufsicht | 591 |
| 1.3.1 | Das Bundesaufsichtsamt für das Kreditwesen | 591 |
| 1.3.2 | Zusammenarbeit mit der Deutschen Bundesbank | 592 |
| 1.4 | Aufgaben der Bankenaufsicht | 593 |
| 1.4.1 | Der Kreis der aufsichtsrechtlich erfaßten Institute | 593 |
| 1.4.1.1 | Kreditinstitute | 593 |
| 1.4.1.2 | Finanzinstitute | 594 |
| 1.4.1.3 | Unternehmen mit bankbezogenen Hilfsdiensten | 595 |
| 1.4.2 | Erlaubnis zum Betreiben von Bankgeschäften | 595 |
| 1.4.2.1 | Gesetzliche Mindestanforderungen | 595 |

| | | |
|---|---|---|
| 1.4.2.2 | Der „Europäische Paß" | 596 |
| 1.4.3 | Überwachung des laufenden Geschäftsbetriebes | 597 |
| 1.4.3.1 | Anzeigen | 597 |
| 1.4.3.2 | Jahresabschlüsse und Monatsausweise | 598 |
| 1.4.3.3 | Auskünfte und Prüfungsrechte des BAK | 598 |
| 1.4.4 | Maßnahmen in besonderen Fällen | 599 |
| 1.5 | Die aufsichtsrechtliche Bedeutung des haftenden Eigenkapitals | 599 |
| 1.5.1 | Definition des haftenden Eigenkapitals | 600 |
| 1.5.1.1 | Kernkapital | 600 |
| 1.5.1.2 | Ergänzungskapital | 602 |
| 1.5.1.3 | Berechnung des haftenden Eigenkapitals | 604 |
| 1.5.2 | Erfassung des Adressenausfallrisikos durch Grundsatz I | 604 |
| 1.5.2.1 | Zielsetzung und Konzeption von Grundsatz I | 604 |
| 1.5.2.2 | Kreditinstitutsgruppen und Finanz-Holding-Gruppen | 611 |
| 1.5.3 | Der Grundsatz Ia zur Erfassung des Preisrisikos | 616 |
| 1.5.3.1 | Preisänderungsrisiken aus Währungen und Edelmetallen | 617 |
| 1.5.3.2 | Zinsänderungsrisiken | 618 |
| 1.5.3.3 | Sonstige Preisrisiken | 619 |
| 1.5.4 | Die Großkreditvorschriften des KWG | 619 |
| 1.5.4.1 | Zielsetzung und Konzeption der Großkreditvorschriften | 619 |
| 1.5.4.2 | Großkredite von Kreditinstitutsgruppen und Finanzholding-Gruppen | 621 |
| 1.5.5 | Die Begrenzung langfristiger Anlagen | 621 |
| 1.6 | Überwachung des Kreditgeschäfts | 622 |
| 1.6.1 | Vorschriften für einzelne Kreditarten: Großkredite, Millionenkredite und Organkredite | 622 |
| 1.6.1.1 | Großkredite | 622 |
| 1.6.1.2 | Millionenkredite | 623 |
| 1.6.1.3 | Organkredite | 624 |
| 1.6.2 | Kreditunterlagen | 624 |
| 1.6.3 | Begriff des Kredits und des Kreditnehmers | 624 |
| 1.6.3.1 | Begriff des Kredits | 625 |
| 1.6.3.2 | Begriff des Kreditnehmers | 625 |
| 1.7 | Erfassung des Liquiditätsrisikos | 626 |
| 1.7.1 | Liquidität als bankbetriebliches Ziel | 626 |
| 1.7.1.1 | Goldene Bankregel | 626 |
| 1.7.1.2 | Bodensatz-Theorie | 627 |
| 1.7.1.3 | Shiftability-Theorie | 627 |
| 1.7.2 | Die Grundsätze II und III des Bundesaufsichtsamtes | 628 |
| 1.7.2.1 | Grundsatz II | 628 |
| 1.7.2.2 | Grundsatz III | 629 |
| 1.8 | Einlagensicherung | 630 |

| | | |
|---|---|---|
| 1.8.1 | Liquiditäts-Konsortialbank GmbH | 631 |
| 1.8.2 | Einlagensicherungsfonds des privaten Bankgewerbes | 631 |
| 1.8.3 | Sicherungsfonds der Sparkassen | 631 |
| 1.8.4 | Sicherungseinrichtung bei den Kreditgenossenschaften | 632 |
| **2.** | **Organisation und Informationsmanagement** | **635** |
| 2.1 | Begriff und Aufgaben der Organisation | 636 |
| 2.1.1 | Aufbauorganisation | 637 |
| 2.1.1.1 | Verrichtungsprinzip | 638 |
| 2.1.1.2 | Regionalprinzip | 639 |
| 2.1.1.3 | Objektprinzip | 640 |
| 2.1.2 | Ablauforganisation | 644 |
| 2.1.2.1 | Sicherheit | 644 |
| 2.1.2.2 | Schnelligkeit | 645 |
| 2.1.2.3 | Wirtschaftlichkeit | 646 |
| 2.2 | Informationsmanagement | 649 |
| 2.2.1 | Informationsbedarf | 649 |
| 2.2.2 | Konzept eines Informationssystems | 650 |
| 2.2.3 | Computerunterstützte Informationssysteme | 652 |
| **3.** | **Rechnungswesen** | **656** |
| 3.1 | Internes Rechnungswesen | 658 |
| 3.1.1 | Dualismus der Bankleistung | 659 |
| 3.1.2 | Kalkulation im Wertbereich | 661 |
| 3.1.2.1 | Schichtenbilanzmethode | 661 |
| 3.1.2.2 | Marktzinsmethode | 664 |
| 3.1.2.3 | Gegenüberstellung der Schichtenbilanz- und Marktzinsmethode | 665 |
| 3.1.3 | Kalkulation im Betriebsbereich | 667 |
| 3.1.4 | Integrierte Kostenrechnungssysteme | 672 |
| 3.1.4.1 | Produktkalkulation | 673 |
| 3.1.4.2 | Kundenkalkulation | 674 |
| 3.1.4.3 | Geschäftsstellenrechnung | 675 |
| 3.2 | Externes Rechnungswesen | 676 |
| 3.2.1 | Die Informationsfunktion des Jahresabschlusses | 677 |
| 3.2.2 | Bilanz | 677 |
| 3.2.2.1 | Einführung in den Aufbau der Bilanz | 677 |
| 3.2.2.2 | Bewertungsgrundsätze | 680 |
| 3.2.2.3 | Bewertungsgrundsätze für Wertpapiere | 681 |
| 3.2.2.4 | Bewertungsgrundsätze von Forderungen | 682 |
| 3.2.2.5 | Stille Reserven | 684 |
| 3.2.3 | Gewinn- und Verlustrechnung | 685 |
| 3.2.4 | Bilanzpolitik | 689 |

| | | |
|---|---|---|
| **4.** | **Ertragsmanagement** | 693 |
| 4.1 | Asset Liability Management | 694 |
| 4.1.1 | Bilanzmanagement | 694 |
| 4.1.2 | Eigenkapitalausstattung | 696 |
| 4.1.3 | Refinanzierungsmöglichkeiten | 698 |
| 4.1.4 | Risikomanagement | 698 |
| 4.1.4.1 | Risikoidentifikation | 699 |
| 4.1.4.2 | Risikosteuerung | 700 |
| 4.1.4.3 | Risikokontrolle | 702 |
| 4.2 | Provisionsgeschäft | 702 |
| 4.2.1 | Off-balance-sheet-Business | 704 |
| 4.2.2 | Investment Banking | 706 |
| 4.3 | Kostenmanagement | 707 |
| 4.3.1 | Kosten-Nutzen-Optimierung | 707 |
| 4.3.2 | Rationalisierung | 708 |
| 4.3.3 | Die Gestaltung des Zweigstellennetzes | 709 |
| 4.3.4 | Personalkostenmanagement | 709 |
| 4.3.5 | Lean Banking | 710 |

## Kapitel IV:
## Auf dem Weg ins 21. Jahrhundert  715

| | | |
|---|---|---|
| **1.** | **Informationsgesellschaft** | 717 |
| **2.** | **Arbeitswelt** | 727 |
| **3.** | **Finanzwelt** | 731 |

| | |
|---|---|
| Abkürzungen | 739 |
| Stichwortverzeichnis | 742 |

# Kapitel I

# Kreditwirtschaft im gesamtwirtschaftlichen Umfeld

Am Anfang unseres Lehrbuchs zur Bankbetriebslehre steht die Frage nach den Aufgaben der Banken in modernen Volkswirtschaften. Durch zunehmende Konkurrenz anderer Institute, wie Lebensversicherungen und Kreditkartenorganisationen, ist es immer wichtiger geworden, sich Gedanken über die Kernfunktionen der Banken zu machen. Der erste Abschnitt bespricht die Transformationsfunktionen im Bankensektor, wie also mit dem ,,Rohstoff Geld" gearbeitet wird. Anschließend wird die Frage nach dem Aufbau des Geschäftsbankensystems und seine Verbindung zur Bundesbank analysiert. Vor dem Hintergrund der Vielzahl verschiedenster Institutsgruppen in Deutschland kann dann der Markt für Bankleistungen untersucht werden. Die Kernkundengruppen Firmen, Konsumenten, aber auch der Staat, stellen durch ihre unterschiedlichsten Bedürfnisse sehr vielfältige Anforderungen an den Dienstleister Bank. Hier wird gezeigt, daß die Marktsituation durch die Margenverkleinerung für Banken immer schwieriger wird. Hinzu kommt eine Vielzahl neuer Produkte, für deren Verständnis finanzmathematische Analysemethoden unabdingbar sind. Entsprechend schließt der erste Teil mit den Grundlagen der Bewertung und der Effektivzinsberechnung ab.

Kapitel I des ,,Bankbetriebs" gibt Ihnen also einen Überblick über das Umfeld, in dem die Banken in Deutschland agieren, und bereitet damit den Boden für das Verständnis konkreter Marktleistungen in Kapitel II.

# 1. Aufgaben der Banken

## Geschäfte mit dem Geld anderer Leute

„Banking is the business of managing risk."

> Banken arbeiten im Geldstrom moderner Volkswirtschaften. Die reibungslose Abwicklung des Zahlungsverkehrs ist dabei eine der Grundfunktionen des Bankensektors. Eine andere Aufgabe ist die Finanzierungsfunktion. Dabei übernimmt die Bank Risiken: Einerseits stellt die Bank ihre Zahlungsfähigkeit zwischen Kreditnehmer und Einleger (Bonitätsrisiko), andererseits wird durch die Transformation von kurzen Einlagefristen zu langfristigen Krediten das Zinsänderungsrisiko von der Bank getragen.
>
> Außerdem wird der zunächst erstaunliche, weil für die meisten Kunden „unsichtbare" Prozeß der Geldschöpfung durch die Geschäftsbanken Gegenstand dieses Abschnitts sein.

**LEITFRAGEN**

1. Wozu braucht eine moderne Volkswirtschaft Banken?
2. Welche Risiken sind mit dem Bankgeschäft verbunden?
3. Wie können Banken Geld schaffen?

Banken sind aus der **arbeitsteiligen Wirtschaft** nicht mehr wegzudenken. Obwohl fast jeder ein Konto bei einer Bank hat, ist es doch gar nicht so einfach herauszufinden, was eine Bank eigentlich ist. Schon ein erster Blick auf die Legaldefinition in **§ 1 Kreditwesengesetz** zeigt die Schwierigkeiten, dem Wesen einer Bank auf die Spur zu kommen. Im Gesetz wird versucht, durch eine Aufzählung von Geschäften eine Abgrenzung zu finden. So ist ein Kreditinstitut ein kaufmännisch eingerichteter Geschäftsbetrieb, der mindestens eines der folgenden Geschäfte betreibt:

# 4 Kreditwirtschaft im gesamtwirtschaftlichen Umfeld

- Einlagengeschäft
- Kreditgeschäft
- Diskontgeschäft
- Depotgeschäft
- Investmentgeschäft
- Revolvinggeschäft
- Garantiegeschäft
- Girogeschäft

Diese Aufzählung ist zwar zweifellos hilfreich: Ein Teil der genannten Geschäfte leuchtet auf den ersten Blick ein, andere sind eher erklärungsbedürftig (dazu später mehr). Vor allem aber fällt auf, daß eine Vielzahl von Bankgeschäften **nicht** in der Aufzählung enthalten sind, zum Beispiel Vermögensverwaltung oder Kreditkartengeschäft. Auch wird nichts darüber gesagt, worin sich die Bankgeschäfte der Sparkassen, Kreditgenossenschaften oder Universalbanken unterscheiden. Diese juristischen Unterscheidungen lernen Sie in Kapitel III,1. kennen. Im weiteren aber sprechen wir allgemein einfach von „Banken".

## 1.1 Banken im Wirtschaftskreislauf

Was unterscheidet eine Bank grundsätzlich von einem Industriebetrieb? Sicherlich einfach die Tatsache, daß eine Bank **im Geldstrom** arbeitet, während ein Industriebetrieb in erster Linie reale Produkte herstellt und sie dann gegen Geld verkauft.

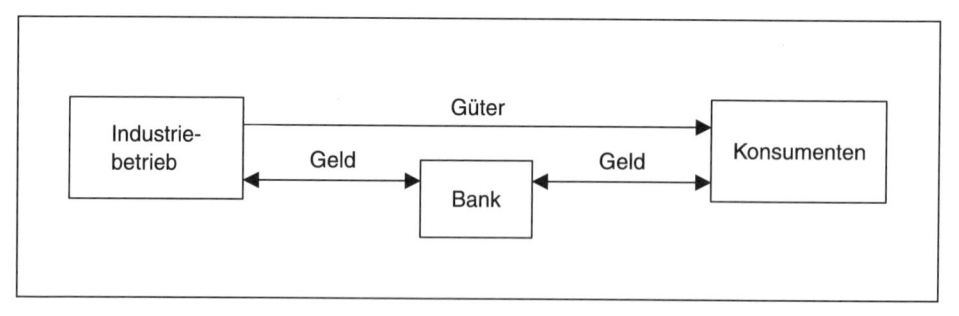

Abbildung 1-1: Banken im Geldstrom

Es fließen aber auch Gelder in die andere Richtung, denn die Konsumenten sind als Arbeitnehmer ja auch beschäftigt und beziehen Arbeitseinkommen. Die Bank ist also ein ganz besonderer **Dienstleister**, der sowohl Geld entgegennimmt, als auch Geld weitergibt.

Werfen wir zuerst einen Blick auf die Geschichte. Stellen wir uns einfach vor, wie ein reicher Kaufmann in Lübeck vor einigen hundert Jahren beginnt, seine Probleme im Finanzbereich zu lösen. Zunächst sucht er jemanden, der bereit ist, ein Teil seines Geldes sicher für ihn aufzubewahren. Diese **Depotfunktion** ist der Ausgangspunkt des Bankgewerbes. Der Bankier bietet für ein Entgelt die sichere Verwahrung von Wertsachen an. Nachdem das Problem zu Hause gelöst war, trat nun das Transportproblem in den Vordergrund. Um in München Waren zu bezahlen, begibt sich unser Kaufmann nur sehr ungern mit einem Sack voll Gold auf die Straße, denn Räuber lauern überall. Die Lösung war die Entwicklung eines unbaren Zahlungsverkehrs, der mit Kreditbriefen begann und heute durch Überweisungen den Löwenanteil der Geldbewegung in unserer Wirtschaft regelt. Hinzu kam die **Umtauschfunktion**, denn die Kleinststaaten hatten unterschiedliche Währungen. (Wie alt dieses Geschäft ist, wird durch die Bibel belegt, denn dort verjagt Jesus die Geldwechsler aus dem Tempel.) Auch diese Funktion des Tausches von Währungen verschiedener Länder hat sich bis heute im Devisenmarkt über die Zeit erhalten. Aus dem Depotgeschäft kamen clevere Banker auf die Idee, daß die Einleger von Geld nicht unbedingt dieselben Münzen zurück bekommen wollten, sondern nur einen entsprechenden Gegenwert. Weiterhin stellten sie fest, daß meist ein gewisser Anteil von Einlagen (der **Bodensatz**) trotz ständiger Bewegungen immer zur Verfügung stand. Damit begann das Verleihen fremder Gelder. Die **Finanzierungsfunktion** trat immer stärker in den Mittelpunkt.

Alle diese Elemente finden wir in unserer heutigen Wirtschaft wieder. Die drei Kerngruppen Staat, Unternehmen und private Haushalte benutzen die Banken für ihre Bedürfnisse im Zahlungsverkehr, als Anlagestelle für ihre Ersparnisse, aber auch zur Finanzierung eines eventuellen Kreditbedarfs.

Im **Zahlungsverkehr** ist die Aufgabe der Banken leicht zu erkennen: Sie gewährleisten den Fluß von Geldern zwischen Person A und Person B sowie von Ort C nach Ort D. Die in Wirklichkeit sehr komplexen Zahlungsverkehrsysteme lernen Sie in Kapitel II, 2. kennen.

Die **Einlagen- und Kreditgeschäfte** dagegen machen die eigentliche Schlüsselfunktion der Banken in einer Volkswirtschaft aus. Diese Zusammenhänge wollen wir daher jetzt näher untersuchen.

Im folgenden Bild soll die Stärke der Pfeile die ungefähre Bedeutung bei den einzelnen Gruppen symbolisieren.

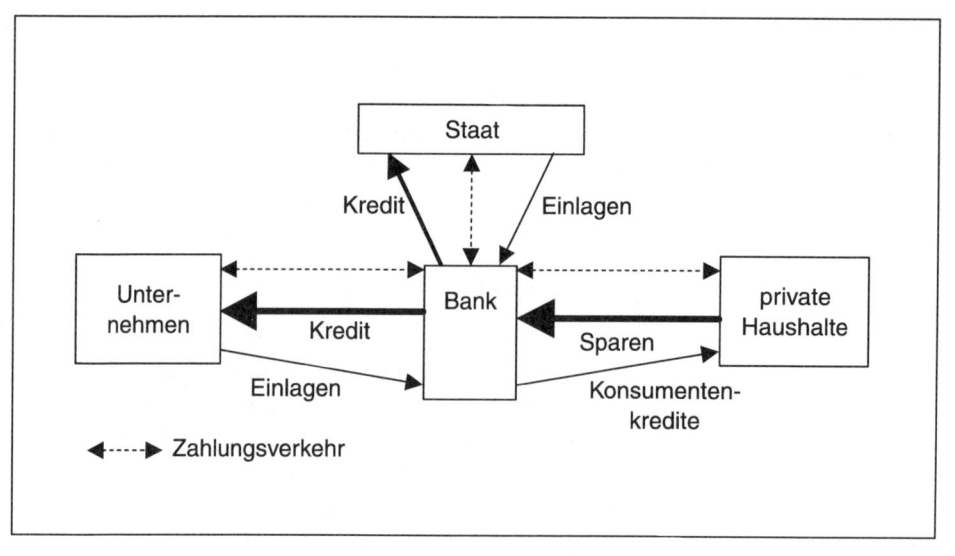

Abbildung 1-2: Grundfunktion der Banken

## 1.2 Transformationsfunktion der Banken

Früher wurde die Bank eher als eine Stelle zur **Weiterleitung von Geldern** interpretiert (Makler- beziehungsweise Brokerfunktion). Jedoch findet in der Bank ein **Produktionsprozeß**, also eine Veränderung des Geldstroms, statt. In diesem Prozeß nimmt die Bank drei Grundfunktionen wahr: die Transformation (= Umformung) von Betragsgrößen, Risiken und Fristen zwischen Einlagen und Krediten.

Die **Losgrößentransformation** stellt die Bündelungsfunktion des Bankensektors dar. Dabei werden aus einer Vielzahl von Einlagen entsprechend große Beträge für die unterschiedlichen Kredite zusammengestellt.

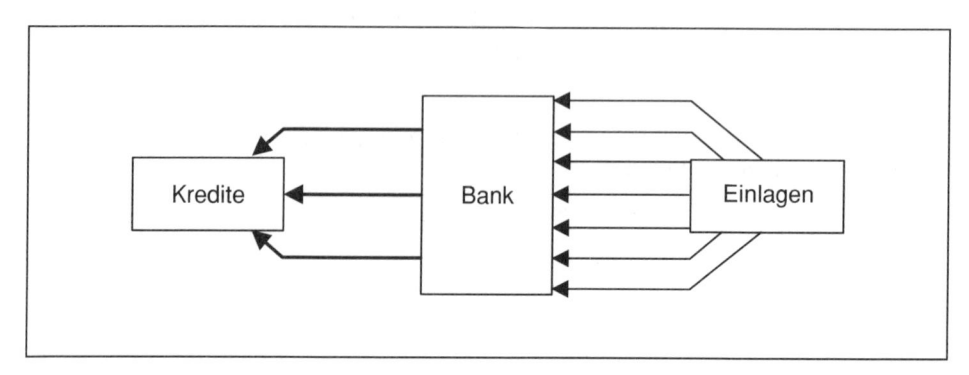

Abbildung 1-3: Losgrößentransformation

Die erste Veränderung der Einlagen beginnt mit der **Risikotransformation**. Bei Ausfall eines Schuldners der Bank muß trotzdem die Bank die Einlage zurückzahlen. Damit muß es ihr also gelingen, über sachgemäße Entscheidungen und eine entsprechend gute Kreditanalyse dieses zusätzliche Risiko über höhere Kreditzinsen im Vergleich zu den Einlagezinsen wieder hereinzubekommen.

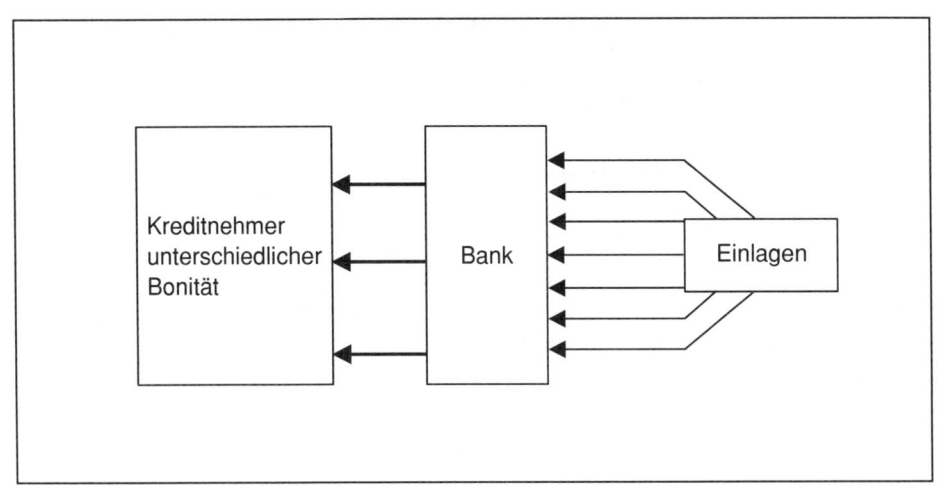

Abbildung 1-4: Kreditrisikotransformation

Die Übernahme des Bonitätsrisikos ist ein wesentlicher Bestandteil der Bankleistungen für den Einleger. Hätte er den Kredit direkt vergeben, hätte er sich ausführlich über die Bonität des Kreditnehmers (also die Kreditwürdigkeit, Zahlungsfähigkeit, wirtschaftliche „Gesundheit" etc.) informieren müssen. Dabei stünde für kleinere Einlagen der Aufwand der Informationsbeschaffung und Bewertung in keinem Verhältnis zu den möglichen Zinserträgen. Hinzu kommt, daß die Bank durch eine Vielzahl von Krediten das **Risiko streuen** kann, so daß ein einzelner Ausfall mit Hilfe der Zinseinnahmen aus den anderen Krediten kompensiert wird. Eine Bank hat ihr Kreditvolumen von 100 Millionen beispielsweise mit Spargeldern finanziert:

| Aktiva | Passiva |
| --- | --- |
| 100 Millionen Kredit zu 10 % | 100 Millionen Spareinlagen zu 4 % |

Abbildung 1-5: Einfache Bankbilanz zum Bonitätsrisiko

Entsprechend führt ein **Ausfall von Krediten** in Höhe von 2 Millionen zum Verlust des Kapitals, außerdem werden dafür auch keine Zinsen gezahlt. In der Gewinn- und Verlustrechnung ergibt sich dann folgendes Bild:

| Aufwand | | Ertrag | |
|---|---|---|---|
| Sparzinsen | 4,0 Millionen | Kreditzinsen | 9,8 Millionen |
| Abschreibung Kredite | 2,0 Millionen | | |
| Gewinn | 3,8 Millionen | | |
| Summe | 9,8 Millionen | Summe | 9,8 Millionen |

Abbildung 1-6: Einfache Gewinn- und Verlustrechnung zum Bonitätsrisiko

Der erwartete Gewinn von 6 Millionen DM ist durch die Kreditausfälle deutlich reduziert worden. Jedoch ist eine perfekte Kreditvergabe nicht möglich, es wird immer zu Ausfällen kommen. Ziel einer sinnvollen Kreditpolitik muß es also sein, das Kreditrisiko möglichst weit zu streuen, und je nach Ausfallgefahr des Schuldners, einen entsprechend hohen Kreditzins zu vereinbaren (vgl. Kapitel I, 4.). Grundsätzlich müssen die verbleibenden Kredite die Ausfälle mitfinanzieren. Es ist sicher nicht möglich, dieses Risiko völlig zu vermeiden, es gilt aber, das Ausfallrisiko sinnvoll zu steuern.

Wird die Risikotransformation von den Kunden nicht gewünscht, tritt die **Verbriefung** an die Stelle der Kredite. Das Unternehmen begibt eine Anleihe, die der Kunde über die Bank kauft. Damit ist bei einem Zahlungsausfall der Kunde auch direkt betroffen. Die Bank übernimmt entsprechend nur noch die **Vermittlerfunktion**, berät das Unternehmen bei der Anleihenemission und plaziert die Papiere dann bei den Anlegern. Diese Form spielt bei großen, insbesondere staatlichen Schuldnern eine zentrale Rolle. Dies führt im Investmentbanking entsprechend zu einer Umorientierung von der Transformationsfunktion zur Vermittlerfunktion.

Beim klassischen Kredit transformiert die Bank die Fristigkeit der Einlagen im Vergleich zur Fristigkeit der Kredite. Die Einleger sind eher bereit, ihr Geld kurzfristig zu binden; die Kreditnehmer auf der anderen Seite bevorzugen für Investitionen eine entsprechend lange Bindungsdauer.

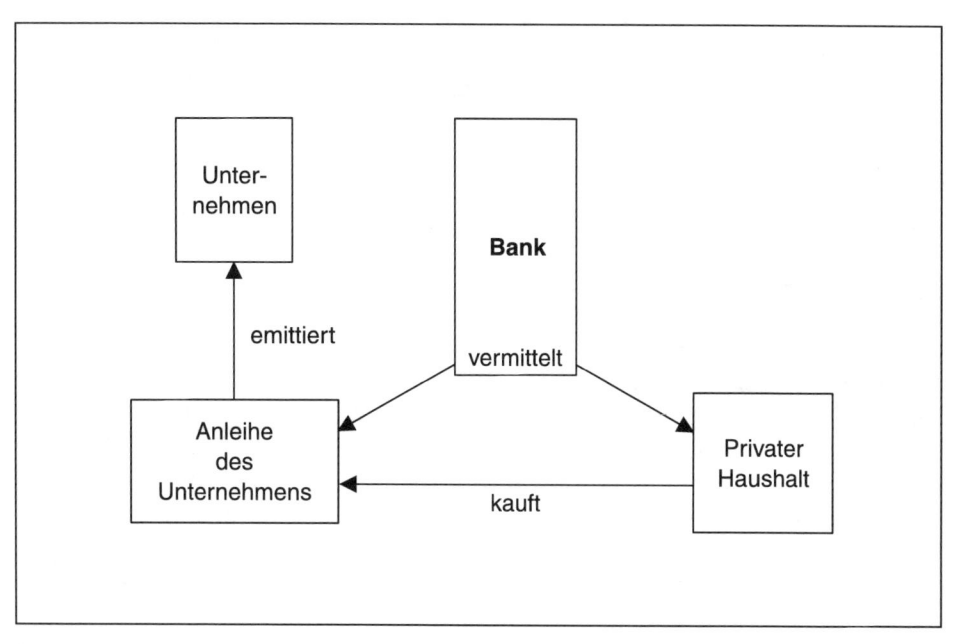

Abbildung 1-7: Vermittlerfunktion der Banken

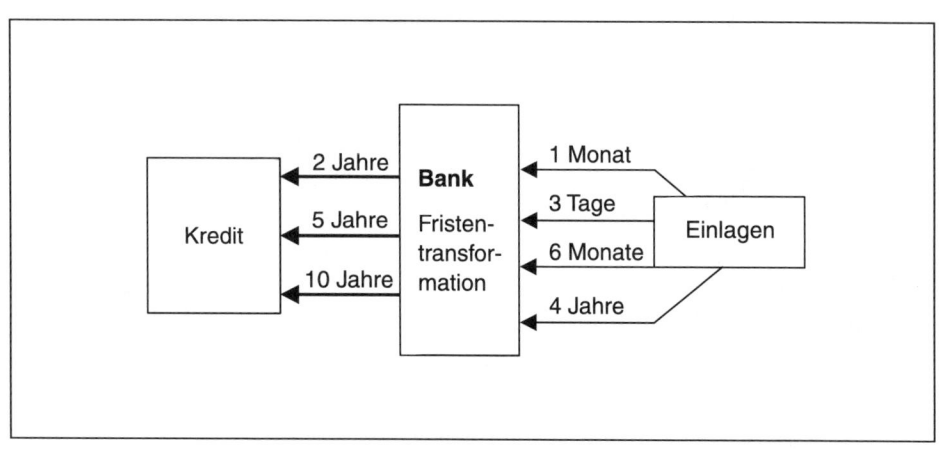

Abbildung 1-8: Fristentransformation

Während bei der Risikotransformation die Bank das Ausfallrisiko für die Einleger übernimmt, steht bei der Fristigkeit das **Zinsänderungsrisiko** im Vordergrund. Da dies in den letzten Jahren immer wichtiger geworden ist, wollen wir uns diesem Problem kurz widmen. Der Einfachheit halber stellen wir uns eine Bank vor, die einen Kredit von 100 Millionen über 10 Jahre mit Hilfe von einjährigen Termingeldeinlagen finanziert hat.

| Aktiva | Passiva |
|---|---|
| 100 Millionen Kredit zu 10 % Laufzeit 10 Jahre | 100 Millionen Termingeld zu 7 % Laufzeit 1 Jahr |

Abbildung 1-9: Einfache Bankbilanz zum Zinsänderungsrisiko

Zur Zeit erzielt die Bank also einen Überschuß von 3 Millionen DM im Jahr aus diesem Geschäft. Jedoch muß sie nach einem Jahr die Refinanzierung neu gestalten, da juristisch dann die Termingelder fällig sind. Allerdings sagt die **juristische Bindungsfrist** (Kündigungsfrist) einer Einlage relativ wenig über die ökonomische Verweildauer der Gelder aus. So haben Spareinlagen beispielsweise meist eine dreimonatige Kündigungsfrist, stehen dem Geldinstitut jedoch in ihrer Summe deutlich länger zur Verfügung. Das Problem der Fristentransformation ist in erster Linie ein Zinsänderungsrisiko. Sind die Zinsen im vergangenen Jahr gestiegen, kann der Kreditzins nicht angepaßt werden (Vertrag mit Festzinsvereinbarung besteht weiter), jedoch wird sich die Termineinlage drastisch verteuern.

| Aktiva | Passiva |
|---|---|
| 100 Millionen Kredit zu 10 % Laufzeit 9 Jahre | 100 Millionen Termingeld zu 9 % Laufzeit 1 Jahr (neu) |

Abbildung 1-10: Einfache Bankbilanz zum Zinsänderungsrisiko, ein Jahr nach Zinssteigerung

Die **Zinsmarge** aus dem Geschäft hat sich auf eine Million reduziert. Da im Bankbereich noch weitere Kosten anfallen (Personal, Datenverarbeitung, Räume usw.), kann dieses nun zu Verlusten führen.

Aber nur mit der Übernahme dieses Zinsänderungsrisikos gelingt es, die gewünschten kurzen Perioden der Einlagen mit den meist längeren Laufzeiten von Investitionsfinanzierungen in Einklang zu bringen. Ziel kann es also nicht sein, im Bankensektor keine Fristentransformation zu betreiben, sondern die daraus entstehenden Risiken müssen wie auch im Kreditgeschäft bewußt gesteuert werden.

Ein weiterer Aspekt im Zusammenhang mit der Fristentransformation ist der sogenannte **Bodensatz**. Betrachten wir eine Reihe einzelner Girokonten im Zeitablauf, stellen wir fest, daß die Einlagenhöhe stark schwankt. Aggregiert man jedoch alle Konten der Bank, dann wird der Ablauf immer stabiler, und es zeigt sich ein Durchschnittsbestand, der Bodensatz, der normalerweise nicht unterschritten wird.

Dieses Geld kann die Bank langfristiger ausleihen, ohne ein zu großes Risiko einzugehen. Dieser Zusammenhang gilt für eine Vielzahl von Anlageprodukten der Bank. Die juristische Bindungsdauer weicht oft stark ab von den tatsächlichen Möglichkeiten, ökonomisch über das Geld zu verfügen.

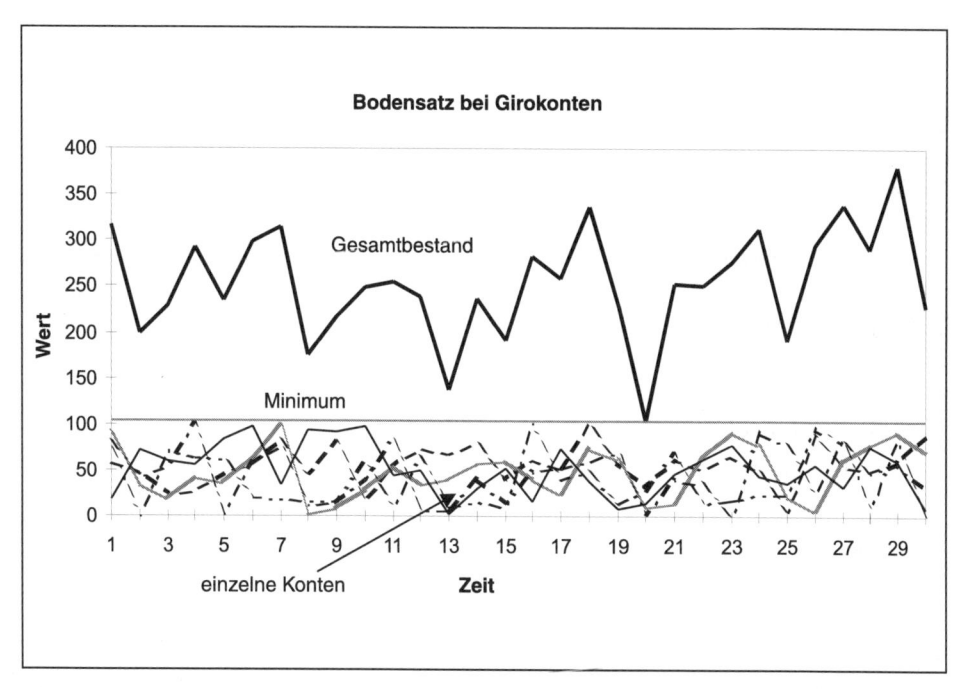

Abbildung 1-11: Bodensatzbildung

Der Effekt der **Bodensatzbildung** ist um so stärker, je unterschiedlicher die Gruppen der Kunden sind. Hat eine lokale Sparkasse nur Arbeitnehmer als Kunden, werden zu den Zahltagen die Kontostände stark anwachsen und dann im Zeitablauf wieder sinken. Zählt auch das Unternehmen selbst zu den Kunden der Sparkasse, wird ein starker Ausgleich in der Gesamtsumme stattfinden, da die Gelder am Gehaltstermin nur von einem Konto (Unternehmen) auf ein anderes Konto (Angestellte) überwiesen werden. So werden auf den Girokonten in der Summe den Banken letztlich relativ günstig Einlagen zur Verfügung gestellt.

Im Rahmen der Allfinanz werden immer häufiger auch Versicherungen im Bankbetrieb verkauft. An dieser Stelle soll nur der Hauptunterschied zwischen Bank- und einer Versicherungsleistung aufgezeigt werden.

Was unterscheidet also eine Versicherung von einer Bank?

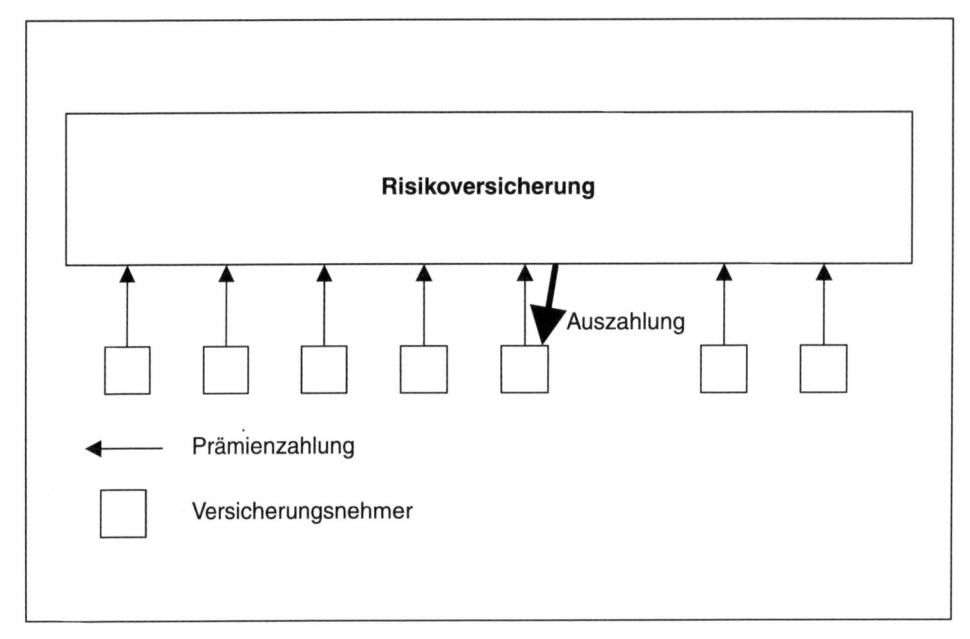

# 12 Kreditwirtschaft im gesamtwirtschaftlichen Umfeld

Abbildung 1-12: Risikoversicherung

Während Einleger und Kreditnehmer bei einer Bank grundsätzlich unterschiedliche Personen sind, gehören bei Versicherungen die Prämienzahler und die eventuellen Leistungsempfänger zum gleichen Personenkreis. Die Idee einer Versicherung liegt also darin, die Wahrscheinlichkeit einer Leistung zu berechnen. Zum Beispiel kann eine Risikolebensversicherung mit Hilfe von Sterbetafeln und des Eintrittsalters eine erste Prognose über die erwarteten Zahlungen erstellen. Mit Hilfe weiterer Merkmale wie Mann/Frau, Raucher/Nichtraucher kann die Wahrscheinlichkeit noch besser abgeschätzt werden. Liegt die Wahrscheinlichkeit, für einen 30jährigen Mann bei ca. 2,5 Prozent in den nächsten 10 Jahren zu sterben, muß entsprechend der Tarif aufgebaut sein. Schließen 1.000 Männer eine solche Risikolebensversicherung über 100.000 DM ab, werden vermutlich 25 Versicherte in diesem Zeitraum sterben. Somit müssen Zahlungen von 2,5 Millionen DM geleistet werden. Wird die Versicherungsprämie bei Abschluß sofort bezahlt, muß also jeder Versicherungsteilnehmer mindestens 2.500 DM zahlen. Mit Hilfe dieses Beispiels wird deutlich, daß die Versicherung individuelle Risiken (Leben, Krankheit, Feuer) abdeckt, indem sie die Last auf eine große Anzahl von Personen verteilt. Banken hingegen übernehmen die Risiken aus der Fristen- und Bonitätstransformation für ihre Einleger.

Die Lebensversicherung mit Auszahlung im 65. Lebensjahr ist also eine Mischform. Der Risikoanteil für den Todesfall ist eine Versicherungsleistung, die Anlage der Beträge zur Auszahlung im Erlebensfall ist im Sinne dieses Buches eine Bankleistung. Im folgenden wird eine Bank als ein Dienstleister im Geldstrom verstanden, der der sowohl Transformations- und Aufbewahrungsleistungen als auch Beratungsleistungen zur Verfügung stellt.

## 1.3 Geldschöpfung im Bankensektor

Bevor wir uns weiter den Dienstleistungen des Banksektors zuwenden, sind noch ein paar Überlegungen zum **Werkstoff Geld** angebracht. Die meisten Gesellschaften entwickeln früher oder später ein **allgemeingültiges Tauschmittel**. Es dient zuerst zur Vereinfachung des Handels, denn der Tausch von Gütern ist ein zeitraubender und sehr informationsintensiver Vorgang. Dazu muß man sich nur vorstellen, wie schwierig es wäre, jeden Morgen die Brötchen beim Bäcker gegen eine andere Leistung einzutauschen. Über dieses **Transaktionsmotiv** hinaus wird Geld auch zur **Wertaufbewahrung** eingesetzt, so daß eine stabile Kaufkraft die Nützlichkeit dieses Instruments deutlich erhöht.

Im Regelfall wird das Zahlungsmittel nur von der **staatlichen Zentralbank** zur Verfügung gestellt. Denn wenn jeder Geld drucken dürfte, wäre es nichts wert. In diesem Sinne ist also die **Bundesbank** (vgl. Kapitel I, 2.) für die Ausgabe der Deutschen Mark zuständig. Aber auch im Geschäftsbankensektor wird Geld geschaffen. Dieses zunächst erstaunliche Phänomen ist von großer Bedeutung. Wie geht dieser Prozeß der „Geldschöpfung" nun vor sich?

In einer Wirtschaft, in der **bargeldlos** bezahlt werden kann, ist folgender Prozeß denkbar. Ein Einleger A deponiert 1.000 DM bei Bank 1, die dieses Geld an B verleiht, der eine Konto bei Bank 2 unterhält.

| Bank 1 | | Bank 2 | | |
|---|---|---|---|---|
| Kredit | Einlage | Kredit | Einlage | Einlagenbestand (Geld) |
| B 1.000 | A 1.000 | Kasse 1.000 | B 1.000 | A 1.000 |
| | | | | B 1.000 |
| | | | | Summe 2.000 |

Abbildung 1-13: Geldschöpfung im Bankensektor, erste Periode

Zuerst hält Bank 2 das Geld in der Kasse. Durch diesen Prozeß hat sich die **Geldmenge** bei den Nicht-Banken von 1.000 auf 2.000 verdoppelt, denn die Einlagen auf Girokonten stellen ja Geld dar. Verleiht Bank 2 dann das Geld an C, der wiederum ein Konto bei Bank 1 unterhält, kann sich dieser Prozeß beliebig lange fortsetzen. Auf dieser Weise könnte der Geschäftsbankensektor also beliebig Geld schöpfen.

| Bank 1 | | Bank 2 | | |
|---|---|---|---|---|
| Kredit | Einlage | Kredit | Einlage | Einlagenbestand (Geld) |
| B 1.000 | A 1.000 | C 1.000 | B 1.000 | A 1.000 |
| | C 1.000 | | | B 1.000 |
| | | | | C 1.000 |
| | | | | Summe 3.000 |

Abbildung 1-14: Geldschöpfung im Bankensektor, zweite Periode

Dieser Ansatz ist jedoch wenig realistisch, denn Banken halten **Reserven**. Einerseits müssen sie bei Verfügungen der Einleger sofort Geld bereitstellen können, andererseits gibt es gesetzliche Auflagen, die sie zur Reservehaltung zwingen. Entsprechend sinkt die mögliche Geldmenge, die von den Banken maximal geschaffen werden kann. Bei einer Reservehaltung von 10 Prozent auf die Einlagen ergäbe sich dann folgendes Bild in der ersten Periode:

| Bank 1 | | Bank 2 | | |
|---|---|---|---|---|
| Kredit | Einlage | Kredit | Einlage | Einlagenbestand (Geld) |
| B 900 | A 1.000 | | B 900 | A 1.000 |
| Reserve 100 | | Reserve 80 | | B 900 |
| | | Kasse 820 | | Summe 1.900 |

Abbildung 1-15: Geldschöpfung im Bankensektor mit Reserve, erste Periode

Entsprechend kann die Bank 2 nun maximal 820 verleihen, jedoch möchte C nur einen Kredit von 800. Andere Kunden haben in diesem Beispiel im Moment kein Interesse. Entsprechend reduziert sich die Geldmenge, die im Sektor entsteht:

| Bank 1 | | Bank 2 | | | |
|---|---|---|---|---|---|
| Kredit | Einlage | Kredit | Einlage | Einlagenbestand (Geld) | |
| B 900 | A 1.000 | C 800 | B 900 | A | 1.000 |
| | C 800 | | | B | 900 |
| Reserve 180 | | Reserve 80 | | C | 800 |
| Kasse 720 | | Kasse 20 | | Summe | 2.700 |

Abbildung 1-16: Geldschöpfung im Bankensektor mit Reserve, zweite Periode

Diese kurze Beschreibung des Geldschöpfungsprozesses schließt die Einführung in die Bankenlandschaft ab. Hier konnten die grundsätzlichen Fragen natürlich nur angerissen werden. Aber wir stehen ja auch noch ganz am Anfang des Buches. Wichtig ist, daß Sie jetzt die Hautpfunktion und Bedeutung der Banken für die gesamte Volkswirtschaft erkennen können.

### RESÜMEE

Für eine wirtschaftliche Betrachtung der Banken sollte eine funktionale und weniger eine legale Definition im Mittelpunkt stehen. Banken übernehmen in einer arbeitsteiligen Wirtschaft Depot-, Zahlungsverkehr-, Umtausch-, Finanzierungs- und Beratungsfunktionen. Dabei arbeiten sie im Geldstrom und transformieren aus kleineren Einlagen größere Kredite (Losgrößentransformation), verleihen kurzfristige Einlagen langfristig (Fristentransformation) und stehen mit ihrer eigenen Bonität zwischen Einleger und Kreditnehmer (Risikotransformation). Dabei entstehen Kreditrisiken bei Ausfällen und Zinsänderungsrisiken bei einer Veränderung des Marktzinssatzes. Für diese Risiken müssen die Banken „entschädigt" werden. Das geschieht über die Preise für Bankleistungen, insbesondere über die Differenz zwischen den niedrigeren Habenzinsen und den höheren Sollzinsen (= Zinsmarge). Darüber hinaus kann der Geschäftsbankensektor im Rahmen des bargeldlosen Zahlungsverkehrs und dank des Bodensatzes Geld schöpfen. Dadurch ist die gesamte Geldmenge einer Volkswirtschaft sehr viel größer als der von der Zentralbank geschaffene Banknotenumlauf.

### KONTROLLFRAGEN

1. Erklären Sie die Legaldefinition von Banken.
2. Was unterscheidet eine Bank von einem Industriebetrieb?
3. Welche Grundfunktionen nehmen Banken in einer modernen Industriegesellschaft ein?
4. Erklären Sie die Transformationsfunktionen im Bankbereich.
5. Beschreiben Sie das Bonitäts- und das Zinsänderungsrisiko.
6. Erklären Sie die Bodensatzbildung.
7. Was unterscheidet eine Bank von einer Versicherung?
8. Wie wird im Bankensektor Geld geschaffen?

### LITERATUR ZUM WEITERLESEN

- Die meisten bankbetrieblichen Lehrbücher bieten eine Einführung in den Themenbereich. Persönlich lese ich gerne:

    Joachim Süchting, **Bankmanagement**, Stuttgart 1992.

- Ein exzellentes Buch für einen vertieften Blick in die Bankenwelt ist:

    Henner Schierenbeck, **Ertragsorientiertes Bankmanagement**, Wiesbaden 1994.

    Dort finden Sie auch viele Ansätze zur Risikoanalyse. Es ist für ein Einstiegsbuch allerdings auch sehr schwierig zu lesen.

- Die bunte Welt des Geldes ist gut dargestellt in:

    Hans Joachim Jarchow, **Theorie und Politik des Geldes**, Göttingen 1993.

## 2. Struktur des Bankgewerbes

### Viele Wege führen nach Rom

*"Der Kredit ist das Blut der Wirtschaft; die Kontrolle über den Kredit ist die Kontrolle über die gesamte Gesellschaft." (Upton Sinclair)*

> Nach der offiziellen Statistik der Deutschen Bundesbank gibt es 3.620 berichtende (Stand: Mai 1996) Kreditinstitute in der Bundesrepublik Deutschland. Sie tragen nicht nur unterschiedliche Bezeichnungen, sondern haben auch zum Teil ganz verschiedenen Aufgaben, Organisations- und Geschäftsstrukturen, die sich aus ihrer jeweiligen Zielsetzung und geschichtlichen Entwicklung erklären.

**LEITFRAGEN**

1. Wie ist das Bankgewerbe in der Bundesrepublik Deutschland aufgebaut?
2. Warum gibt es eine Vielzahl unterschiedlicher „Bank-Typen?"
3. Wie hat sich diese Aufgabenverteilung entwickelt?

In den letzten Jahren ist aus den Ansätzen der „Lean Production" auch die Idee des „Lean Banking" entwickelt worden. Ein wesentlicher Aspekt dieses Gedankengutes besteht darin, sich der eigenen Stärken und Schwächen bewußt zu werden und dieses Stärke-Schwäche-Profil fortlaufend mit den Veränderungen der Umweltbedingungen abzugleichen. Daraus soll sich ein kontinuierlicher Prozeß der Verbesserung ableiten.

Wir nehmen diesen Gedanken einmal auf und versuchen in diesem Abschnitt das Profil der deutschen Bankenstruktur darzustellen. Zunächst gruppieren wir die Kreditinstitute der Bundesrepublik Deutschland und erfahren etwas über deren

- Organisationsstruktur (Verbund mit anderen Instituten und Zweigstellenstruktur)

- eventuell bestehende rechtliche Besonderheiten (zum Beispiel in der Rechnungslegung)
- geschichtliche Entwicklung

Es fällt auf, daß es eine Bank gibt, die offizielle Statistiken über andere Banken führt, an die die anderen Banken Meldungen schicken, die somit eine besondere Stellung haben muß. Diese Bank ist die Deutsche Bundesbank, auch Noten- oder Zentralbank genannt. Die Bundesbank wird sogar im Grundgesetz (Art. 88) erwähnt. Sie hat überwiegend gesamtwirtschaftliche Aufgaben und steht somit separat neben den anderen Banken, die wir nachfolgend als Geschäftsbanken bezeichnen wollen.

Wie Sie in Kapitel III, 1. sehen werden, wirkt die Deutsche Bundesbank an der Bankenaufsicht mit. Sie ist aber auch „Bank der Banken" und wickelt somit das Schwergewicht ihrer Geschäfte mit den Geschäftsbanken ab. Weitere Geschäftsbeziehungen unterhält sie zu den öffentlichen Haushalten und in begrenztem Umfang auch mit Unternehmen und privaten Haushalten. Grundsätzlich werden jedoch die Bankgeschäfte der Bankkunden von Geschäftsbanken und nicht von der Deutschen Bundesbank abgewickelt.

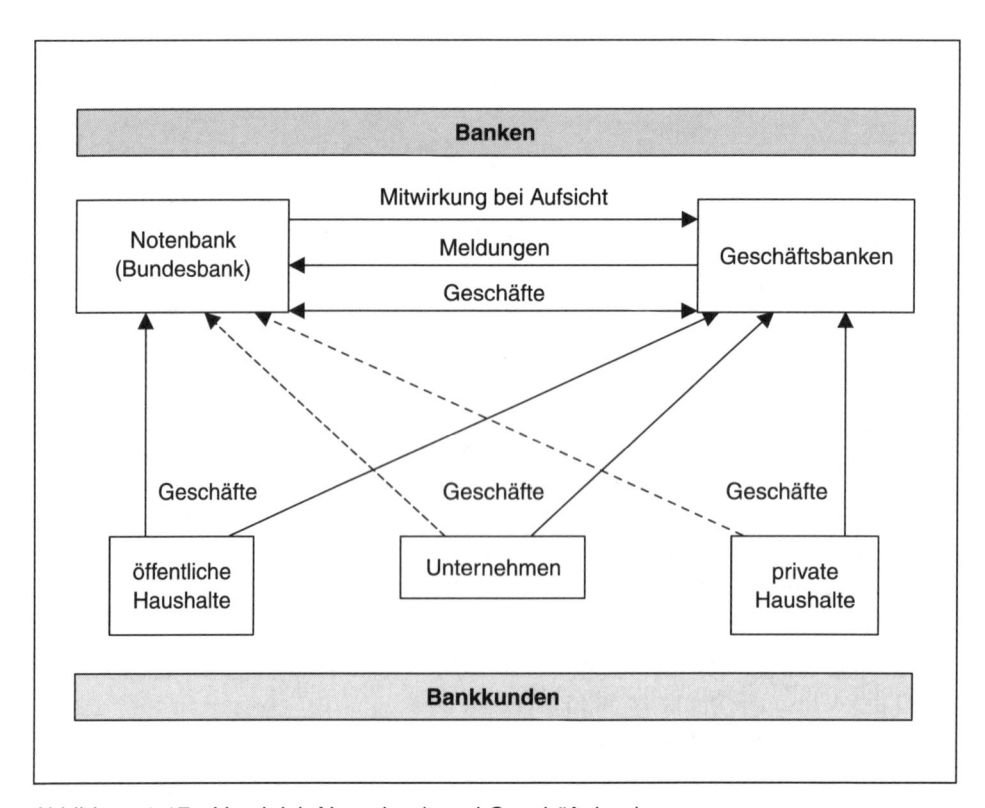

Abbildung 1-17: Vergleich Notenbank und Geschäftsbanken

## 2.1 Geschäftsbanken

Die Geschäftsbanken können nach verschiedenen Kriterien weiter untergliedert werden. Traditionell erfolgt eine Unterscheidung nach Rechtsform. Dabei werden primär privatrechtliche und öffentlich-rechtliche Kreditinstitute unterschieden. Häufig werden Banken aber auch hinsichtlich ihrer Geschäftsaktivitäten klassifiziert. Dahingehend kann man zwischen Universal- und Spezialbanken unterscheiden. Universalbanken betreiben mehrere von den in § 1 Abs. 1 KWG genannten Bankgeschäften, mindestens jedoch das Einlagen- und Kreditgeschäft und gleichzeitig das Effektengeschäft. Spezialbanken konzentrieren sich hingegen auf einen Teil der Bankgeschäfte. Innerhalb der Gruppen Universal- und Spezialbanken untergliedern wir weiter in Anlehnung an die Statistik der Deutschen Bundesbank.

```
                    Geschäftsbanken
                   /              \
           Universalbanken      Spezialbanken

   Mindestens Einlagen- und    Konzentrieren sich
   Kreditgeschäft und gleich-  auf nur einen Teil der
   zeitig Effektengeschäft     in § 1 Abs. 1 KWG
                               genannten Bankgeschäfte
```

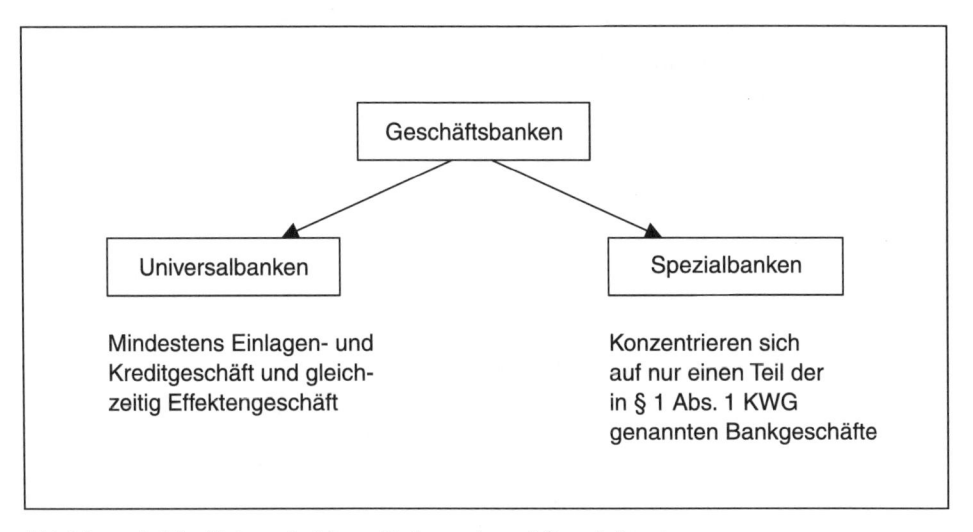

Abbildung 1-18: Unterscheidung Universal- und Spezialbanken

### 2.1.1 Universalbanken

Neben der oben vorgenommenen Abgrenzung zwischen Universal- und Spezialbanken trifft man auch immer wieder auf die Begriffspaare Universalbanken und Trennbanken. Diese beiden Begriffspaare sollten voneinander abgegrenzt werden. Bei der Unterscheidung zwischen Universal- und Trennbanken geht es meist um Gegenüberstellung von Bankensystemen verschiedener Staaten.

In Deutschland haben wir das Universalbankensystem. Im Universalbankensystem können Banken sowohl das Einlagen- und Kreditgeschäft als auch gleichzeitig alle Formen des Effektengeschäfts (insbesondere Emission) ausführen.

Im Trennbankensystem sind die Banken hingegen separiert in die Gruppe der „Commercial Banks", die das Einlagen- und Kreditgeschäft betreiben und in die „Investmentbanks", die sich dem Effektengeschäft widmen. Das Trennbankensystem finden wir beispielsweise in Großbritannien und den USA.

Wenn wir dagegen in Deutschland von Spezialbanken und Universalbanken sprechen, ändert das nichts an der Tatsache, daß nach dem deutschen Universalbankensystem eine Bank grundsätzlich eine Lizenz für alle in § 1 KWG genannten Geschäfte beantragen kann. Eine Beschränkung auf nur ein Bankgeschäft oder einen Teil der genannten Bankgeschäfte ist also prinzipiell eine freiwillige Spezialisierung.

Neben dem für alle Geschäftsbanken notwendigen Gewinnstreben fühlen sich einige Universalbanken aus ihrer Tradition heraus auch dem Gemeinnützigkeitsprinzip beziehungsweise dem Prinzip der Förderung ihrer Mitglieder verpflichtet.

Die Universalbanken lassen sich danach weiter unterteilen in

- Banken des **Genossenschaftssektors**
  (zu deren zentralen Aufgaben die Förderung ihrer Mitglieder zählt)
- Banken des **Sparkassensektors**
  (die sich in der Regel dem Gemeinnützigkeitsprinzip verpflichtet fühlen)
- **Kreditbanken**
  (die sich meist nur dem erwerbswirtschaftlichen Prinzip unterzuordnen haben)

### 2.1.1.1 Banken des Genossenschaftssektors

Bezogen auf die Anzahl der Banken bildet der Genossenschaftssektor mit rund 2.600 Instituten die größte Gruppe innerhalb der deutschen Universalbanken. Der genossenschaftliche Bankensektor ist dreistufig gegliedert. Auf der ersten – der örtlichen – Stufe sind die Kreditgenossenschaften, Post-, Spar- und Darlehensvereine und sonstigen Kreditinstitute des Genossenschaftssektors angesiedelt. Auf der zweiten, regionalen Ebene stehen die drei genossenschaftlichen Zentralbanken. Die Deutsche Genossenschaftsbank (DG Bank) stellt als überregionales Institut die dritte Ebene des Genossenschaftssektors.

---

**DEFINITION**

**Kreditgenossenschaften** sind Gesellschaften mit nicht geschlossener Mitgliederzahl, die mittels eines gemeinschaftlichen Geschäftsbetriebes durch Gewährung von Darlehen und Durchführung sonstiger bankmäßiger Geschäfte den Erwerb oder die Wirtschaftskraft ihrer Mitglieder fördern wollen.

Neben den Bestimmungen des KWG unterliegen die Kreditgenossenschaften dem Genossenschaftsgesetz. Aus dem Genossenschaftsgesetz ergeben sich auch ihre Gesellschaftsorgane. Die Ausübung der Mitgliedsrechte erfolgt durch die Vertreter- beziehungsweise Mitgliederversammlung. Der Aufsichtsrat überwacht die Geschäftsführung des Vorstandes.

**Kreditgenossenschaften**

Für die finanzielle Unterstützung des gewerblichen Mittelstands hat sich insbesondere Franz Hermann Schulze aus Delitzsch verdient gemacht. Bereits 1847 gründet er einen Wohltätigkeitsverein. Auf seine Initiative entstand 1849 die erste Genossenschaft Deutschlands, die ihren Mitgliedern keine direkte finanzielle Hilfe bringen sollte, sondern den Zweck verfolgte, durch gemeinsame Beschaffung der benötigten Rohstoffe die wirtschaftliche Lage der Genossen zu verbessern (Einkaufsgenossenschaft). Durch die Erfolge ermutigt, wurde 1850 die erste gewerbliche Kreditgenossenschaft gegründet. Geschäftszweck war die Gewährung von kurzfristigen Betriebskrediten aus Mitteln der Geschäftsguthaben der Mitglieder. Diese Kreditgenossenschaften wurden in der ersten Zeit ,,Vorschußvereine", später ,,Volksbanken" genannt.

Etwa zur gleichen Zeit kam es zur Gründung von landwirtschaftlichen Kreditgenossenschaften. Friedrich Wilhelm Raiffeisen schuf 1846/47 zunächst Hilfsvereine für notleidende Landwirte. Wohlhabende Landwirte ermöglichten durch Beitragszahlungen gering- oder unverzinsliche Kredite an unbemittelte Bauern. Die Kreditmöglichkeiten dieser Vereine waren jedoch zu beschränkt. 1862 wurde deshalb der erste Darlehensverein als Raiffeisengenossenschaft gegründet.

Mit Wirkung zum 1.1.1972 wurde der Bundesverband der Deutschen Volksbanken und Raiffeisenbanken gegründet. Damit wurde die 100jährige Trennung zwischen gewerblichen und ländlichen Kreditgenossenschaften aufgehoben.

Die Banken des Genossenschaftssektors sind heute in praktisch allen wichtigen Geschäftsarten aktiv. Sie nehmen Depositen und Spareinlagen entgegen, geben Kredite, besorgen den Zahlungsverkehr und betreiben das Inkasso-, Auslands- und Effektengeschäft. Die Aufhebung des Verbots der Kreditgewährung an Nichtmitglieder durch die Novelle zum Genossenschaftsgesetz von 1973 eröffnete die Möglichkeit zur Geschäftsausweitung. Viele Kreditgenossenschaften sind kleinere Banken mit stark örtlich ausgerichtetem Geschäftsfeld und geringer Anzahl von Zweigstellen. Zu den Kreditgenossenschaften zählen aber auch Institute wie zum Beispiel die überregional tätige Deutsche Apotheker- und Ärztebank eG, die Badische Beamtenbank eG oder die Berliner Volksbank, die mehrere Zweigstellen – teilweise auch im Ausland – unterhalten.

Wenn auch die Kreditgenossenschaften zunächst versuchten, die Mittel für das Kreditgeschäft durch die Geschäftsguthaben ihrer Mitglieder zu beschaffen, so erkannten sie doch sehr schnell die Notwendigkeit, fremde Gelder heranzuziehen. Bald nahmen die Kreditgenossenschaften daher Einlagen in Form von Depositen- und Spareinlagen von Mitgliedern und Nichtmitgliedern entgegen. Im Oktober 1995 hatten die Kreditgenossenschaften rund 27,4 Prozent der Spareinlagen der Bundesrepublik Deutschland auf sich vereinigt. Sie lagen damit vor den Kreditbanken, die einen Anteil von ca. 14,5 Prozent hatten, aber hinter den Sparkassen, die rund 51 Prozent der Spareinlagen verwalteten.

**Genossenschaftliche Zentralbanken**

Die drei genossenschaftlichen Zentralbanken

- Genossenschaftliche Zentralbank AG Stuttgart (GZB)
- Südwestdeutsche Genossenschafts-Zentralbank AG (SGZ)
- Westdeutsche Genossenschafts-Zentralbank eG (WGZ)

haben die Aufgabe, das Leistungsangebot der Kreditgenossenschaften ihres regionalen Verantwortungsbereichs zu vervollständigen. In den übrigen Regionen Deutschlands übernimmt die DG-Bank die regionale Zentralbankfunktion. Ihre Aufgabe besteht außerdem darin, den Kreditgenossenschaften Geldanlagemöglichkeiten und Refinanzierungsmittel zu bieten. Sie sorgen somit für einen Geldausgleich zwischen den einzelnen Kreditgenossenschaften und tragen dadurch zur Optimierung der Liquidität beziehungsweise Refinanzierung im genossenschaftlichen Sektor bei. Darüber hinaus haben sie eine wichtige Funktion in der Geschäftsabwicklung (zum Beispiel des Zahlungsverkehrs) zwischen den Kreditgenossenschaften. Neben diesen Grundfunktionen im genossenschaftlichen Verbund tätigen die Zentralbanken aber auch eigenständig Geschäfte als Universalbanken. Sie treten dabei vereinzelt auch in Konkurrenz zu ihren Partnern.

**Deutsche Genossenschaftsbank (DG Bank)**

Die DG Bank verfügt über 30 Zweigstellen, wovon sich sechs im Ausland befinden. Sie ist eine Körperschaft des öffentlichen Rechts. Ihre Gesellschafterstruktur besteht zu über 92 Prozent aus genossenschaftlichen Instituten und Institutionen, ca. 7 Prozent anderen juristischen Personen (unter anderem Landwirtschaftliche Rentenbank); Bund und Länder sind mit weniger als einem Prozent beteiligt.

Die DG Bank soll im Genossenschaftssektor die Funktion des überregionalen Spitzeninstituts einnehmen. In Regionen, in denen keine gesonderte genossenschaftliche Zentralbank existiert, übernimmt sie zusätzlich deren Aufgaben.

Die DG Bank sieht sich selbst in einem dreischichtigen Aufgabenspektrum:

- als Spitzenkreditinstitut der deutschen Genossenschaftsorganisation
- als Verbundbank und somit Partner der Kreditgenossenschaften

■ als Geschäftsbank und somit Partner international operierender Partner großer Unternehmen

Als Spitzenkreditinstitut der deutschen Genossenschaftsorganisation vertritt sie zum Beispiel die genossenschaftliche Bankengruppe im Bundesanleihen-Konsortium (vgl. Kapitel I, 3.2.3), in den Gemeinschaftsgremien der Gesellschaft für Zahlungsverkehrssysteme (GZS/EUROCARD) und der Deutschen Terminbörse (DTB). Darüber hinaus bietet die DG Bank den Kreditgenossenschaften Unterstützung unter anderem bei der Ausgabe von Wertpapieren, bei der Vergabe von Gemeinschaftskrediten, bei der Entwicklung von innovativen Finanzprodukten und dem Kauf von Lizenzen. In ihrer Zentralbankfunktion ist die DG Bank direkter Marktpartner von rund 1.500 Kreditgenossenschaften.

Sie versteht sich jedoch auch als (direkte) Geschäftsbank für große Unternehmen, Regierungsstellen und Banken im In- und Ausland.

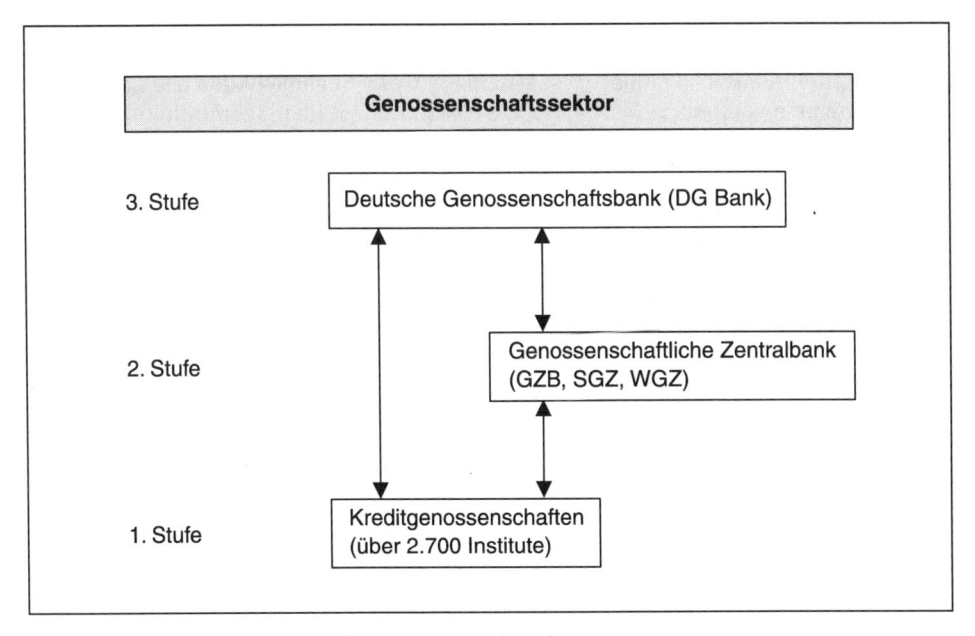

Abbildung 1-19: Aufbau des Genossenschaftssektors

### 2.1.1.2 Banken des Sparkassensektors

Die zweitgrößte Anzahl von Instituten findet sich im Sparkassensektor. Die meisten der über 600 Kreditinstitute im Sektor der Sparkassen sind öffentlich-rechtliche Unternehmen. Sie werden von Körperschaften des öffentlichen Rechts – wie zum

Beispiel Städten, Gemeinden oder Landkreisen – errichtet. Diese Körperschaften haften unbeschränkt für die Verbindlichkeiten der Sparkassen; sie werden deshalb auch als **Gewährträger** bezeichnet. Neben diesen **öffentlich-rechtlichen** Sparkassen gibt es auch noch einige wenige **freie Sparkassen** (1993 waren es sieben Institute), die meist in der Rechtsform der juristischen Person des privaten Rechts als Stiftung, Verein oder Aktiengesellschaft fungieren.

Ähnlich wie der Genossenschaftssektor ist auch der Sparkassenbereich dreistufig aufgebaut. Auf der Primärstufe finden sich rund 620 Sparkassen, die unter anderem als Kreis- und Stadtsparkassen, Zweckverbandssparkassen, Bezirks-, Gemeinde- und Verbandssparkassen bekannt sind. Den Mittelbau bilden die zwölf sogenannten Girozentralen, häufig auch einfach Landesbanken genannt. Das Spitzeninstitut der Sparkassen ist die Deutsche Girozentrale – Deutsche Kommunalbank.

---

**DEFINITION**

**Sparkassen** sind Kreditinstitute, die unter dem Leitgedanken der Förderung und Pflege des Sparens im Rahmen der satzungsmäßigen Bestimmungen alle Arten von Bankgeschäften betreiben.

---

Ergänzend zu den Bestimmungen des Gesetzes über das Kreditwesen (KWG) sind für die Organisation und Geschäftstätigkeit der Sparkassen

- das Sparkassengesetz und
- die Mustersatzungen der jeweiligen Bundesländer

zu beachten. Dieser Rechtsrahmen ordnet den Sparkassen folgende spezielle Aufgaben zu:

- Sparkassen sollen in besonderem Maße der Förderung des Sparsinns, der Vermögensbildung und der sicheren Geldanlage dienen.
- Die Geschäftstätigkeit der Sparkassen soll die Kreditausstattung des Mittelstandes, der wirtschaftlich schwächeren Bevölkerungskreise und der Gewährträger sichern.
- Der öffentliche Auftrag der Sparkassen ist mit dem Grundsatz der Gemeinnützigkeit verbunden. Das Gewinnstreben sollte nicht Selbstzweck sein, sondern grundsätzlich lediglich auf die Sicherung des Geschäftsbetriebs durch Bildung von Rücklagen ausgerichtet sein.

Der für die Geschäftsführung verantwortliche gesetzliche Vertreter einer Sparkasse ist der jeweilige Vorstand. Die Vorstandsmitglieder und ihre Stellvertreter werden durch den Verwaltungsrat bestellt. Aufgabe des Verwaltungsrates ist es, die laufende

Geschäftsführung des Vorstandes zu überwachen. Außerdem erläßt der Verwaltungsrat Richtlinien für die Unternehmenspolitik. Verwaltungsrat und Vorstand sind somit die Organe einer Sparkasse. Mit dem Inkrafttreten der neu gefaßten Sparkassengesetze zu Beginn des Jahres 1973 wurde der Kreditausschuß als drittes Organ eingeführt (vgl. zum Beispiel § 4 Hessisches Sparkassengesetz in der Fassung vom 2.1.1973).

**Sparkassen**

Ähnlich wie im Genossenschaftssektor finden auch im Sparkassensektor häufig Fusionen (Zusammenschlüsse) von Institutionen statt. Ende 1993 waren im Bundesgebiet noch 691 Sparkassen (davon sieben freie Sparkassen) tätig. Sie unterhielten insgesamt 19.510 inländische und zwei ausländische Zweigstellen. Im Oktober 1995 wurden in der Bundesbankstatistik noch 626 berichtende Sparkassen aufgeführt.

Die Entstehung der Sparkassen geht auf Reformbestrebungen des Armenwesens in der zweiten Hälfte des 18. Jahrhunderts zurück. Die erste Sparkasse wurde im Jahre 1778 in Hamburg von privater Hand – der „Patriotischen Gesellschaft" – gegründet. Das Hamburger Beispiel fand in den darauffolgenden Jahren in anderen Städten Nachahmung. Erst im Jahre 1818 wurde als erste kommunale Sparkasse die Städtische Sparkasse in Berlin ins Leben gerufen. Träger dieser Sparkasse war die Stadt Berlin, welche die volle Haftung für die Verbindlichkeiten der Sparkasse übernahm. Voraussetzung für die Gründung der Kommunalen Sparkassen war die sogenannte Steinsche Städteordnung, die den Gemeinden weitgehend das Recht der Selbstverwaltung einräumte. Die private Initiative bei der Sparkassengründung blieb seit der Steinischen Reform hinter der kommunalen Initiative stark zurück.

Aus ihrer Tradition heraus sind die Sparkassen dem **Gemeinnützigkeitsprinzip** verpflichtet und haben ausgeprägte Sicherheitsanforderungen. Diese traditionell begründeten und im rechtlichen Rahmen der Sparkassen immer noch festgelegten Ausrichtungen haben starken Einfluß auf das Wettbewerbsverhalten, das Aktivgeschäft und das Passivgeschäft der Sparkassen.

Sparkassen sind bis auf einige Ausnahmen dem **Regionalprinzip** verpflichtet. Das Regionalprinzip verpflichtet sie, ihre Geschäftsaktivitäten auf das räumliche Zuständigkeitsgebiet ihres Gewährträgers zu beschränken. Dadurch wird der Wettbewerb zwischen den Sparkassen eingeschränkt.

Bei den Aktivgeschäften (Mittelverwendung) sind den Sparkassen bestimmte, als besonders risikoreich eingestufte Eigengeschäfte (zum Beispiel direkter Eigenerwerb von Aktien, Beteiligungen außerhalb des Sparkassensektors, Deviseneigengeschäfte) grundsätzlich untersagt. Darüber hinaus bestehen für einige weitere Geschäfte (zum Beispiel Personalkredite) stärkere Geschäftsbeschränkungen als für andere Banken. Gleichzeitig soll das Aktivgeschäft der Sparkassen aber auch die Bedürfnisse der örtlichen Wirtschaft berücksichtigen.

Im Rahmen ihres Passivgeschäfts (Mittelbeschaffung) sind die Sparkassen dem Leitgedanken der Förderung des Sparens und der Vermögensbildung verpflichtet. Den Spareinlagen kommt deshalb bei der Refinanzierung eine hohe Bedeutung zu. Größere Sparkassen beschaffen sich in zunehmendem Maße Mittel auch über die Ausgabe von Schuldverschreibungen.

Im Hinblick auf die eigenen Mittel unterscheiden sich die öffentlich-rechtlichen Sparkassen sehr wesentlich von den übrigen Kreditinstituten. Das Eigenkapital der Sparkassen besteht vornehmlich aus den Rücklagen, die im wesentlichen mit der „Sicherheitsrücklage" identisch sind. Die Sicherheitsrücklage wird aus den „Überschüssen" aus der Geschäftstätigkeit der Sparkassen gebildet. Die Sparkassengesetze beziehungsweise die Mustersatzungen enthalten genaue Vorschriften darüber, in welcher Höhe die Überschüsse der Sicherheitsrücklage zugeführt werden müssen.

Die Eigenkapitalbasis der kommunalen Sparkassen ist somit meist relativ klein. Dies führt bei einigen Sparkassen zu deutlichen Geschäftsbegrenzungen, etwa wegen der KWG-Bestimmungen, siehe Kapitel III, 1., und damit zu Wettbewerbsnachteilen.

Der außerdem denkbare Nachteil der geringen Eigenkapitalbasis für die Sicherheit der Einlagen wird durch die Haftung des Gewährträgers ausgeglichen. Der Gewährträger haftet im Außenverhältnis unbeschränkt für alle Verbindlichkeiten der Sparkassen (**Gewährträgerhaftung**). Im Innenverhältnis zwischen Sparkasse und Gebietskörperschaft ist der Gewährträger verpflichtet, die wirtschaftliche Funktionsfähigkeit der Sparkasse zu erhalten (**Anstaltslast**). Dank der hohen Sicherheit durch die Gewährträgerhaftung und die Anstaltslast gelten die Sparkassen als mündelsichere Institute. Auf die Zuerkennung der **„Mündelsicherheit"** können sich allerdings neben den kommunalen Sparkassen auch die freien Sparkassen berufen.

Die freien Sparkassen sind den öffentlich-rechtlichen Sparkassen insofern gleichgestellt, als sie sich dem Gemeinschaftsprinzip verpflichtet haben. In ihrer Satzung haben sie sich der Sparkassenaufsicht unterstellt. Sie gehören auch als gleichgestelltes Mitglied dem Sparkassenverband an.

Auch hinsichtlich der Rechnungslegung und Prüfung sind einige Besonderheiten bei den öffentlich-rechtlichen Sparkassen zu beachten. Der Jahresabschluß ist gemäß § 38 Mustersatzung zusammen mit einem Geschäftsbericht vom Vorstand dem Verwaltungsrat zwecks Feststellung vorzulegen und von diesem der Verwaltung des Gewährträgers einzureichen. Für die Aufstellung des Jahresabschlusses bestehen besondere Vorschriften, die wie alle sparkassenrechtlichen Bestimmungen von den einzelnen Länderregierungen erlassen werden. Die Prüfung des Jahresabschlusses ist den Sparkassen- und Giroverbänden übertragen worden.

## Girozentralen/Landesbanken

Die Einführung des Giroverkehrs bei den Sparkassen in den Jahren nach 1918 brachte die Verbandsbildung mit sich. Für den überörtlichen Überweisungsverkehr war die Schaffung von zentralen Verrechnungsstellen die erste Voraussetzung. Es wurden von den Gewährträgern sogenannt Giroverbände gegründet, die wiederum die zunächst unselbständigen Girozentralen gründeten.

Die Girozentralen sollen die ihnen angeschlossenen Sparkassen in deren Geschäft unterstützen. Dazu nehmen sie Aufgaben wahr, die von den einzelnen Sparkassen nicht effizient betrieben werden können beziehungsweise die ihnen gesetzlichen verwehrt sind. Darüber hinaus läßt sich über die Konzentrationsfunktion der Girozentralen ein Liquiditätsausgleich zwischen den einzelnen Sparkassen herbeiführen. Die Girozentralen verwalten in diesem Zusammenhang Teile der Liquiditätsreserven der Sparkassen und können somit auch einen Refinanzierungsrückhalt bieten. Für die eigene Refinanzierung haben die Landesbanken mit ihrem Pfandbriefprivileg einen gewissen Wettbewerbsvorteil. Das **Pfandbriefprivileg** ermöglicht es den Landesbanken, sich über die Emission von Pfandbriefen und Kommunalobligationen Liquidität zu besonders günstigen Konditionen zu beschaffen.

Der aus der Konzentration entstehende Größenvorteil ermöglicht auch Engagements in Dimensionen, die die finanziellen Fähigkeiten einzelner Sparkassen übersteigen würden. Hierzu zählen Großkredite, aber auch Beteiligungen an anderen Finanzdienstleistungsunternehmen. Zusätzlich übernehmen die Girozentralen im Effekten- und Auslandsgeschäft Aufgaben, die den Sparkassen nicht oder nur eingeschränkt erlaubt sind. Die Girozentralen ermöglichen somit den Sparkassen eine Ausweitung ihres Leistungsangebots.

Ausgehend von ihrem öffentlich-rechtlichen Charakter sind die Landesbanken auch Hausbank des jeweiligen Bundeslandes. In dieser Funktion unterstützen die Landesbanken die Kassenführung der öffentlichen Verwaltungen; außerdem bieten sie Unterstützung bei öffentlichen Investitionen in finanzieller und fachlicher Art.

Es gibt zwölf Girozentralen. Sie unterhalten insgesamt ca. 450 Zweigstellen und sind mit Zweigstellen in acht Ländern außerhalb der Bundesrepublik Deutschland vertreten.

## Deutsche Girozentrale – Deutsche Kommunalbank

Das überregionale Spitzeninstitut des Sparkassensektors ist die Deutsche Girozentrale – Deutsche Kommunalbank. Sie ist ebenfalls eine Anstalt des öffentlichen Rechts. Zu ihren Aufgaben zählt es, die bei ihr von den Girozentralen unterhaltenen Liquiditätsreserven zu verwalten. Damit betreibt sie den Liquiditätsausgleich für den gesamten deutschen Sparkassenverbund. Besonders aktiv ist die Deutsche Girozentrale – Deutsche Kommunalbank im Kommunalkreditgeschäft. Zusätzlich tätigt sie alle Geschäfte einer Universalbank, konzentriert sich dabei jedoch auf das

Großgeschäft. Zur Refinanzierung begibt sie Kommunalobligationen und Pfandbriefe. Die Deutsche Girozentrale – Deutsche Kommunalbank hat einen Sitz in Frankfurt am Main und einen weiteren juristischen Sitz in Berlin. In Luxemburg unterhält sie eine Zweigstelle.

| Sparkassensektor | |
|---|---|
| 3. Stufe | Deutsche Girozentrale |
| 2. Stufe | Landesbanken |
| 1. Stufe | Sparkassen |

Abbildung 1-20: Aufbau des Sparkassensektors

### 2.1.1.3 Kreditbanken

Die Deutsche Bundesbank erfaßt in ihrer Bankenstatistik unter der Rubrik ,,Kreditbanken" vier Arten von Universalbanken. Zu den Kreditbanken zählen:

- die Großbanken
- die Privatbankiers
- die Regionalbanken und sonstige Kreditbanken sowie
- die Zweigstellen ausländischer Banken

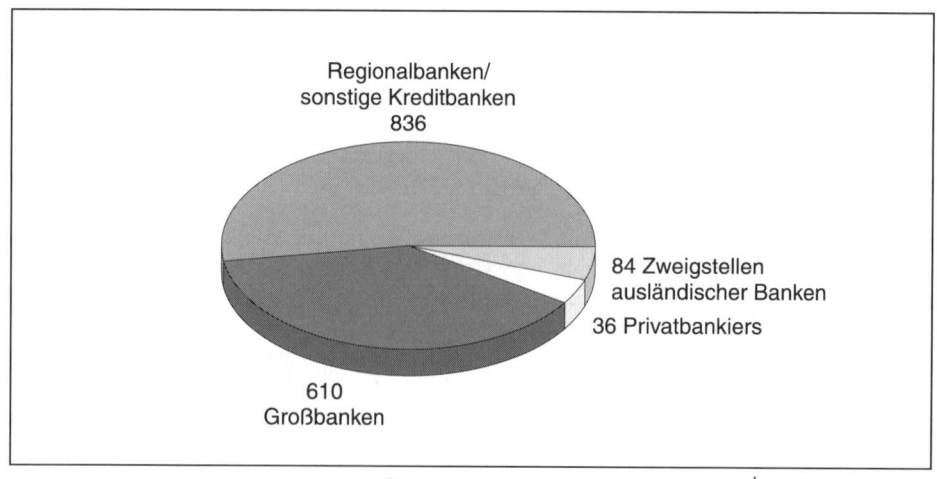

Regionalbanken/
sonstige Kreditbanken
836

84 Zweigstellen ausländischer Banken

36 Privatbankiers

610
Großbanken

Quelle: Deutsche Bundesbank, Monatsbericht Januar 1995

Abbildung 1-21: Geschäftsvolumen der Kreditbanken (in Milliarden DM)

## Großbanken

Die Gruppe der Großbanken wird von drei Instituten gebildet; dies sind die Commerzbank AG, die Deutsche Bank AG und die Dresdner Bank AG.

Die Überschrift „Großbanken" dieser Rubrik der Bankenstatistik mag Verwirrung stiften. Auch in den anderen Gruppen der Bankenstatistik finden sich große Banken.

Gemeinsam ist den Großbanken, daß sie

- in der Rechtsform der Aktiengesellschaft firmieren
- bezogen auf das einzelne Institut ein großes Geschäftsvolumen aufweisen und dementsprechend auch einen hohen Marktanteil haben
- ein umfangreiches nationales und internationales Filial- beziehungsweise Zweigstellennetz unterhalten und
- sich keine spezifischen Beschränkungen hinsichtlich ihrer Geschäftsaktivitäten auferlegen

Neben dem gesamten Spektrum einer Universalbank sind die Großbanken auch bekannt für ihre umfangreichen Beteiligungen an anderen Finanzinstituten, Industrie- und Handelsunternehmen. Von besonderer Bedeutung ist für Großbanken das Wertpapiergeschäft in all seinen Ausprägungen, beginnend mit den Kommissions- und Depotgeschäften bis hin zur Beteiligung an beziehungsweise Führung von Emissionskonsortien. Innerhalb der Gruppe der Kreditbanken unterhalten die Großbanken das größte in- und ausländische Zweigstellennetz.

## Privatbankiers

Unter der Rubrik Privatbankiers werden in der Statistik der Deutschen Bundesbank Kreditinstitute in der Rechtsform des Einzelkaufmanns oder der Personenhandelsgesellschaft genannt. Privatbankiers, die nicht die Rechtsform eines Einzelkaufmanns oder einer Personenhandelsgesellschaft haben, werden in der Gruppe der Regionalbanken und sonstigen Kreditbanken aufgeführt.

Privatbankiers sind Unternehmer des privaten Bankgewerbes, die unter Einsatz eigenen Kapitals, unbeschränkter Haftung ihres Gesamtvermögens und mit Entscheidungsbefugnis ohne übergeordnete Organe unter Hervorhebung des persönlichen Moments Bankgeschäfte im Sinne des § 1 KWG betreiben.

Privatbankiers haben die größte Tradition im deutschen Bankgewerbe. Die Anfänge des Privatbankiergewerbes sind in Deutschland bereits im Mittelalter zu finden. Heute betreiben die Privatbankiers grundsätzlich alle Geschäfte, die bei privaten Kreditbanken üblich sind. Bei der Geschäftsabwicklung haben die Privatbankiers allerdings den Nachteil, kein eigenes Verrechnungsnetz zum Beispiel für den Zahlungsverkehr zu haben. Sie nutzen deshalb die Netze anderer Banken, im inländischen Zahlungsverkehr insbesondere das Netz der Deutschen Bundesbank. Ein wesentlicher Geschäftsvorteil der Privatbankiers liegt in ihrer flexiblen Geschäftspolitik. Charakteristisch für die Tätigkeit des Privatbankiers ist häufig die Konzentration auf bestimmte Geschäfte und die besonders individuelle Betreuung ihrer vermögenden Kundschaft (Vermögensverwaltung).

Wie bei allen Personengesellschaften wird auch bei den Privatbankiers das Eigenkapital von den Einzelunternehmern, den Gesellschaftern der OHG, den Komplementären und Kommanditisten der KG oder möglicherweise auch von stillen Gesellschaftern aufgebracht. Das gesamte Vermögen des Inhabers (bei Einzelunternehmen) beziehungsweise der unbeschränkt haftenden Gesellschafter (bei OHG und KG) wird wirtschaftlich gesehen in zwei Bestandteile aufgeteilt. Der erste Bestandteil ist das dem Geschäftsbetrieb dienende Geschäftskapital. Daneben gibt es noch das nicht im Unternehmen arbeitende freie Vermögen. Im Vergleich zum Beispiel zu Banken in der Rechtsform der Aktiengesellschaft ist es für Privatbankiers wesentlich schwieriger, ihre Eigenkapitalausstattung zu erhöhen.

In dem von der Deutschen Bundesbank herausgegebenen Verzeichnis der Kreditinstitute werden (zum Stand 31.12.1993) 90 Privatbankiers aufgeführt. In den statistischen Auswertungen der Deutschen Bundesbank wurden zum Jahresende 1993 noch 74 deutsche Privatbankiers und im Oktober 1995 nur noch 66 berücksichtigt.

**Regionalbanken und sonstige Kreditbanken**

Die Regionalbanken und sonstigen Kreditbanken bilden die größte und gleichzeitig heterogenste Gruppe innerhalb der Kreditbanken. Zu dieser Gruppe zählen rund 200 Institute in den Rechtsformen der AG, GmbH und der KGaG.

Die Bezeichnung „Regionalbanken ..." ließe vermuten, daß hier Banken aufgeführt sind, die lediglich regional tätig sind. Diese Vermutung täuscht allerdings. Es zählen hierzu Banken wie zum Beispiel die Bayerische Vereinsbank AG, die Bayerische Hypotheken und Wechsel-Bank AG oder die BfG Bank AG, die ihre Geschäftsaktivitäten im Bundesgebiet und international ausgedehnt haben.

Tatsächlich bildet die Gruppe „Regionalbanken und sonstige Kreditbanken" eine Art „statistisches Sammelbecken". Hier sind auch Privatbankiers, die nicht die Rechtsform eines Einzelkaufmanns oder einer Personenhandelsgesellschaft haben, zugeordnet, ferner die sogenannten Teilzahlungsbanken. Bei den **Teilzahlungsbanken** handelt es sich meist um Banken, die großen Industrie- oder Handelsunternehmen angeschlossen sind und für diese Unternehmen über günstige Kredit-Konditionen Absatzförderung betreiben. Von den Teilzahlungsbanken zu unterscheiden sind die sogenannten Hausbanken. **Hausbanken** sind Tochterunternehmen von Industrie- und Handelsunternehmen, die primär die Bankgeschäfte ihrer Mütter betreuen. Schließlich zählen zu dieser Gruppe der Bankenstatistik auch die Banken mit lokaler Geschäftsbeschränkung. **Lokalbanken** betreiben ihre Geschäfte nur an einem Ort.

In den Monatsberichten der Deutschen Bundesbank wurden bis Ende 1994 für diese Bankengruppe fast 3.700 inländische Bankstellen, rund 50 Auslandszweigstellen und über 70 Auslandstöchter ausgewiesen. Diese heterogen zusammengesetzte Bankengruppe hatte Ende 1995 ein Geschäftsvolumen von rund 940 Milliarden DM. Sie sind damit die Gruppe mit dem größten Geschäftsvolumen innerhalb der Kreditbanken.

### Zweigstellen ausländischer Banken

Der Finanzplatz Deutschland ist von hoher internationaler Bedeutung. Ausländische Banken haben ein Interesse daran, mit Kunden in Deutschland Geschäftsbeziehungen zu pflegen. Um in Deutschland einen Stützpunkt für Bankgeschäfte zu unterhalten, bestehen grundsätzlich drei Möglichkeiten. Die ausländischen Banken eröffnen eine Repräsentanz, kaufen beziehungsweise gründen eine Tochterbank oder eröffnen eine Zweigstelle.

**Repräsentanzen** von ausländischen Banken betreiben keine eigenständigen Bankgeschäfte. Sie pflegen wirtschaftliche Beziehungen beziehungsweise bahnen solche an. Dennoch können Bankrepräsentanzen nicht völlig unkontrolliert in Deutschland agieren. Unternehmen mit Sitz in einem anderen Staat, die Bankgeschäfte betreiben, müssen gemäß § 53 a KWG die Errichtung, Verlegung und Schließung einer Repräsentanz in Deutschland unverzüglich anzeigen. Die Anzeigepflicht besteht gegenüber dem Bundesaufsichtsamt und der Deutschen Bundesbank.

**Töchter** ausländischer Banken werden als rechtlich selbständige Gesellschaften statistisch der Gruppe der „Regionalbanken und sonstigen Kreditbanken" zugeordnet.

Unternehmen mit Sitz in einem anderen Staat, die in Deutschland über eine **Zweigstelle** Bankgeschäfte im Sinne des § 1 Abs. 1 KWG betreiben, unterliegen hinsichtlich der in Deutschland getätigten Bankgeschäfte der deutschen Bankenaufsicht. Gemäß § 53 Abs. 1 KWG sind derartige Zweigstellen Kreditinstitute im Sinne des KWG. Für diese Zweigstellen gelten besondere Vorschriften, die im Abs. 2 des § 53 KWG genannt sind. (Einzelheiten hierzu werden in Kapitel III, 1. erläutert.)

In dieser Bankengruppe werden Kreditinstitute im Mehrheitsbesitz ausländischer Banken sowie (rechtlich unselbständige) Zweigstellen ausländischer Banken aufgeführt. Die Statistik der Deutschen Bundesbank wies im Oktober 1995 157 Auslandsbanken mit einem Geschäftsvolumen von über 322 Milliarden DM aus.

> **DEFINITION**
>
> Zweigstellen eines Kreditinstituts mit Sitz in einem anderen EG-Land benötigen gemäß § 53 b KWG keine Zulassung durch das Bundesaufsichtsamt. Sie werden grundsätzlich von der zuständigen Behörde im Sitzland des Institutes überwacht. (Der Bundesminister der Finanzen ist durch § 53 c KWG – unter Achtung bestimmter Rahmenbedingungen – ermächtigt, artgleiche Vorschriften auch für Unternehmen mit Sitz außerhalb der Europäischen Wirtschaftsgemeinschaft anzuwenden.)

| Großbanken | Privatbankiers | Regionalbanken und sonstige Kreditinstitute | Zweigstellen ausländischer Banken |
|---|---|---|---|
| Deutsche Bank AG<br>Dresdner Bank AG<br>Commerzbank AG | Rechtsform des Einzelkaufmanns oder der Personenhandelsgesellschaft | Größte und gleichzeitig heterogenste Gruppe der Kreditinstitute (u. a. Teilzahlungsbanken, Hausbanken, Töchter ausländischer Banken | Kreditinstitute im Sinne des § 53 Abs. 1 KWG |

(Kreditbanken)

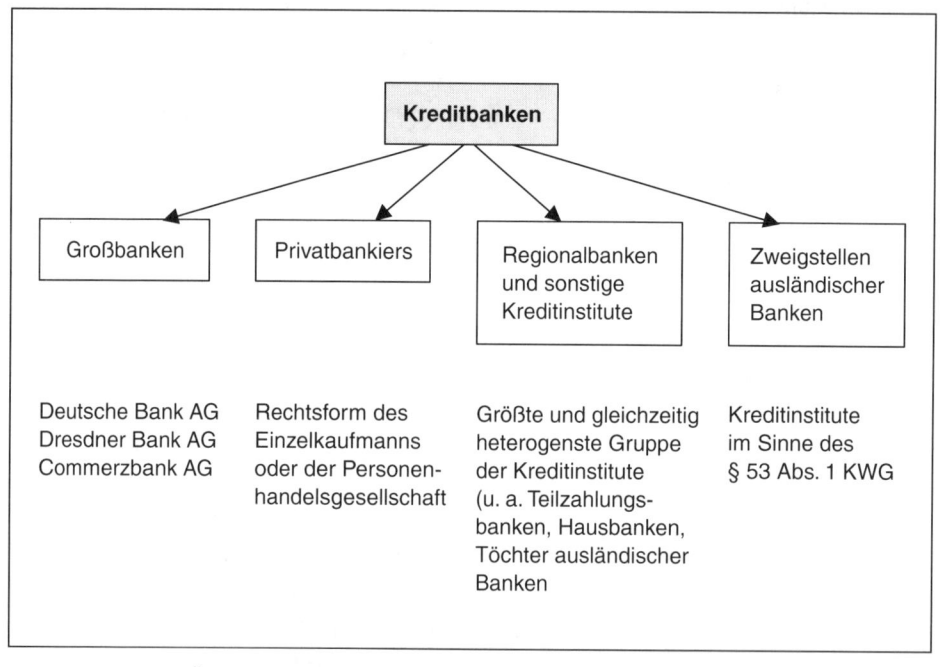

Abbildung 1-22: Übersicht der Kreditbanken

### 2.1.2 Spezialbanken

Neben den im vorherigen Abschnitt besprochenen Universalbanken gibt es in Deutschland auch Banken, die sich auf ein enges Leistungsangebot beschränken. Diese Beschränkung resultiert entweder aus einer privatwirtschaftlich motivierten Spezialisierung oder der Zuordnung beziehungsweise Übernahme von Sonderaufgaben für das gesamte Bankengewerbe. Dementsprechend lassen sich die Spezialbanken noch weiter untergliedern.

## Spezialbanken

**Banken mit spezialisiertem Leistungsangebot**
- Realkreditinstitute
- Bausparkassen
- Kapitalanlagegesellschaften
- Wertpapiersammelbanken
- Bürgschaftsbanken

**Kreditinstitute mit Sonderaufgaben**
- Privatrechtliche Kreditinstitute mit Sonderaufgaben
- Öffentlich-rechtliche Kreditinstitute mit Sonderaufgaben

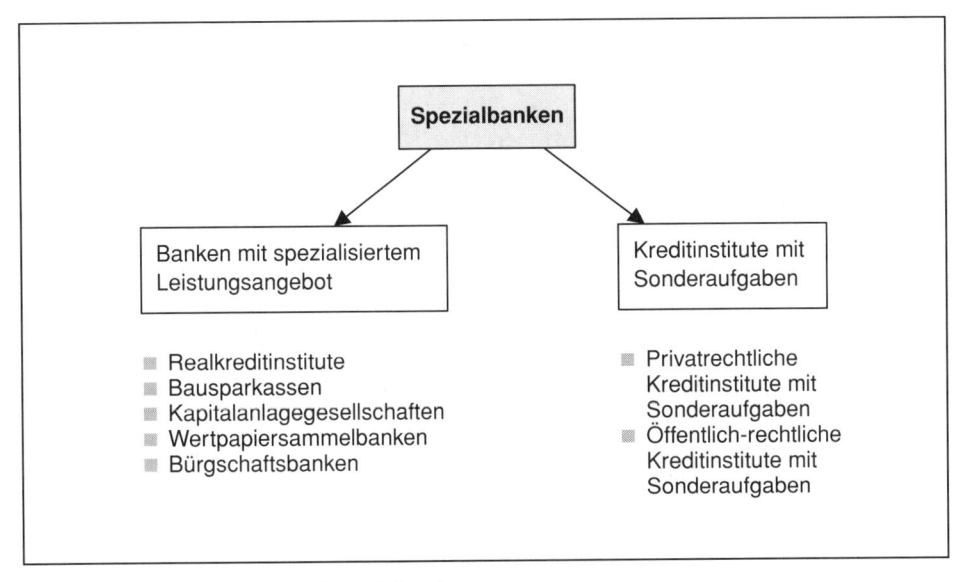

Abbildung 1-23: Einteilung Spezialbanken

### 2.1.2.1 Banken mit spezialisiertem Leistungsangebot

**Realkreditinstitute**

> **DEFINITION**
>
> **Realkreditinstitute** sind private oder öffentlich-rechtliche Bankbetriebe, deren Hauptaktivität in der Gewährung von langfristigen, durch Grundstücksrechte gesicherten Krediten sowie Darlehen an Gemeinden und Gemeindeverbände besteht. Die Refinanzierung erfolgt über die Ausgabe von Schuldverschreibungen (Kommunalobligationen und Pfandbriefe).

Die Bundesbankstatistik zählt über 30 Realkreditinstitute mit mehr als 300 inländischen Bankstellen und drei Auslandstöchtern. Im Oktober 1995 hatten die Realkreditinstitute ein Geschäftsvolumen von mehr als 935,4 Milliarden DM.

Von besonderer Bedeutung für die Realkreditinstitute ist die „Verordnung über die **Mündelsicherheit der Pfandbriefe** und verwandten Schuldverschreibungen. Durch diese Verordnung wurde auf dem Gebiet der Mündelsicherheit der Pfandbriefe ein einheitliches Recht für die öffentlich-rechtlichen und privaten Realkreditinstitute geschaffen.

Neben den üblichen Funktionen des Eigenkapitals hat das Eigenkapital der Realkreditinstitute noch besondere Aufgaben zu erfüllen. Mit Hilfe des Eigenkapitals müssen zuerst Hypothekarkredite gewährt werden, bevor Pfandbriefe – für die Fremdkapitalbeschaffung – emittiert werden dürfen.

Die gesetzlichen Bestimmungen schreiben nämlich vor, daß die in Umlauf zu setzenden Pfandbriefe jederzeit durch Hypotheken (ordentliche Deckung) von mindestens gleicher Höhe und mindestens gleichem Zinsertrag oder bestimmten Ersatzdeckungswerten hinsichtlich des Gesamtbetrages gedeckt sein müssen.

Das **Eigenkapital** dient deshalb zunächst einmal dazu, die Deckungshypotheken für die zuerst emittierten Pfandbriefe vorzufinanzieren. Das Hypothekenbankgesetz beschränkt darüber hinaus den Umlauf von Pfandbriefen und Kommunalschuldverschreibungen auf das 60fache des haftenden Eigenkapitals. Zusätzlich zu dieser allgemeinen Geschäftsbeschränkung ergeben sich aus dem Hypothekenbankgesetz weitere Obergrenzen für bestimmte Geschäfte (zum Beispiel für die Beleihung von Grundstücken).

Die gesetzlichen Geschäftsbeschränkungen für Realkreditinstitute beziehen sich nicht nur auf den Umfang, sondern auch auf die Art der Geschäfte. In erster Linie dürfen Realkreditinstitute folgende Geschäfte tätigen:

- **Gewährung von Hypothekarkrediten** im Inland und in Ländern der Europäischen Gemeinschaft oder von nachrangigen Darlehen

- Beschaffung der dazu benötigten Mittel durch **Emission von Pfandbriefen**

- Gewährung von nicht-hypothekarischen **Darlehen an inländische Körperschaften** und Anstalten des öffentlichen Rechts oder an Dritte gegen Übernahme der vollen Gewährleistung durch eine solche Körperschaft oder Anstalt

- Beschaffung der dazu notwendigen Mittel durch **Ausgabe von Kommunalobligationen**

Die Jahresabschlüsse der privaten Hypothekenbanken sind nach dem Formblatt für Kreditinstitute aufzustellen, jedoch ergänzt um geschäftstypische Positionen wie Hypothekendarlehen, Kommunalkredite, begebene Pfandbriefe. Ferner ist der Jahresabschluß durch einen speziellen Anhang zu ergänzen, der besondere statistische Daten über das Hypothekengeschäft enthält.

## Bausparkassen

> **DEFINITION**
>
> **Bausparkassen** sind Zwecksparkassen, deren Sparer („Ansparer") ihre Sparbeiträge in einem Fonds (Zuteilungsfonds) ansammeln, aus dem nach einem bestimmten Plan ermittelte („zugeteilte") Sparer außer ihren eigenen Sparguthaben ein Hypothekendarlehen zur Finanzierung von Eigenheimen, zur Verbesserung von Wohnungen oder zur Ablösung hierzu eingegangener Verpflichtungen erhalten.

Bausparkassen unterliegen als Kreditinstitute den Vorschriften des Gesetzes über das Kreditwesen. Ergänzend sind die Vorschriften des Gesetzes über Bausparkassen anzuwenden. Die Bundesbankstatistik weist zum Oktober 1995 22 private und 13 öffentliche Bausparkassen aus. Sie betreiben ihre Geschäfte an rund 3.700 inländischen Bankstellen und unterhielten acht Auslandszweigstellen. Sie hatten Bauspardarlehen von über 100 Milliarden DM, zusätzlich Vor- und Zwischenfinanzierungskredite von über 58 Milliarden DM und sonstige Baudarlehen von über 16 Milliarden DM gewährt. Zu der hohen Bedeutung, die Bausparkassen zwischenzeitlich innehaben, haben maßgeblich auch die Förderungsmaßnahmen nach dem Vermögensbildungsgesetz beigetragen.

## Kapitalanlagegesellschaften

Gemäß § 1 Abs. 1 Nr. 6 KWG sind Kapitalanlagegesellschaften (**Investmentgesellschaften**) Kreditinstitute. Sie unterliegen neben dem Gesetz über das Kreditwesen noch einem speziellen Gesetz, dem **Gesetz über Kapitalanlagegesellschaften** (KAGG). Sie dürfen nur in der Rechtsform einer AG oder GmbH geführt werden. In Sinne des KAGG sollen die Kapitalanlagegesellschaften dazu beitragen, die Vermögensbildung breiter Schichten zu verbessern. Dies tun sie, indem sie Einlagen hereinnehmen und diese Einlagen in eigenem Namen, aber für gemeinschaftliche Rechnung der Anleger in Wertpapiere, Grundstücke oder Erbbaurechte investieren. Der Anleger investiert somit nicht nur in ein Wertpapier (beziehungsweise eine begrenzte Anzahl von Wertpapieren), sondern in eine breite Palette von Wertpapieren. Damit wird eine Risikostreuung erreicht. Die Einleger erhalten als Anteilinhaber des Wertpapierportfolios eine Urkunde, ein sogenanntes Investment-Zertifikat. Die Einlagen sind von der Kapitalanlagegesellschaft unverzüglich einem sogenannten Sondervermögen (Fonds) zuzuführen. Steht dieses Sondervermögen im Eigentum der Kapitalanlagegesellschaft, so spricht man vom **Treuhandprinzip**. Ist das Sondervermögen hingegen im Miteigentum der Anteilinhaber so handelt es sich um das **Miteigentumsprinzip**.

Die Investmentfonds lassen sich hinsichtlich dem Anlageobjekt und hinsichtlich dem Anteilinhaber unterscheiden. Bezüglich des Anlageobjektes werden Wertpapier- und

Immobilienfonds voneinander abgegrenzt. Bei Immobilienfonds erfolgt die Anlage in bebaute und unbebaute Grundstücke, Erbbaurechte und Rechte in Form des Wohnungseigentums und Teileigentums. **Immobilienfonds** erfreuen sich in den letzten Jahren zunehmender Beliebtheit.

Die Anlage in **Wertpapierfonds** erfolgt schwerpunktmäßig in Renten- und Aktienwerten. Als ,,spezielle Fonds" kommen auch die Anlagen in Wandel- und Optionsanleihen sowie Zero-Bond-Fonds vor. Hinsichtlich der Anteilsinhaber lassen sich Publikums- und Spezialfonds unterscheiden. Die Anteile an **Publikumsfonds** können im Prinzip von allen geschäftsfähigen Personen erworben werden. **Spezialfonds** werden hingegen für einen begrenzten Investorenkreis aufgelegt. Die Anteilscheine von Spezialfonds dürfen auf nicht mehr als zehn Inhaber verteilt sein.

Für deutsche Investmentgesellschaften ist das ,,Open-end-System" charakteristisch. Die Investmentzertifikate werden je nach Bedarf ausgegeben und auf Verlangen zurückgenommen. Das Fondsvermögen ist somit variabel.

Die Besonderheit der Geschäftätigkeit der Investmentgesellschaften bedingt es, daß sie bezüglich ihrer Bilanzierung und Publizität besonderen Bestimmungen unterworfen sind. Das KAGG sieht vor, daß zum Schluß eines jeden Geschäftsjahres über jedes Sondervermögen ein Rechenschaftsbericht zu erstellen ist, der im Bundesanzeiger veröffentlicht wird.

**Wertpapiersammelbanken**

Wertpapiersammelbanken, auch Kassenvereine genannt, sind Spezialinstitute für die Sammelverwahrung von Wertpapieren und für den Effektengiroverkehr. Die Deutsche Bundesbank erfaßt als Wertpapiersammelbanken den Deutschen Auslandskassenverein AG und den Deutscher Kassenverein AG.

Der erste deutsche Kassenverein war die ,,Bank des Berliner Kassenvereins AG". Sie wurde 1823 als ,,Handelssocietät" von zehn Berliner Banken gegründet. Der Deutsche Auslandskassenverein wurde 1970 gegründet. Aktionäre sind die regionalen Kassenvereine. Im Zuge der Gründung der Deutsche Börse AG wurden die regionalen Kassenvereine zusammengefaßt zur Deutschen Kassenvereins AG.

Die Hauptaufgabe der Deutschen Kassenvereins AG besteht darin, als Kontoinhaber (Effektengirokunden) angeschlossener Kreditinstitute die Möglichkeit der Girosammelverwahrung und des Effektengiroverkehrs zu eröffnen. Der Effektengiroverkehr ermöglicht die stückelose Wertpapierlieferung von Börsenplatz zu Börsenplatz sowie auch an und von Wertpapiersammelbanken des Auslands. Der Kassenverein ist auch mit der Verwaltung der hinterlegten Wertpapiere betraut. Außerdem bietet der Kassenverein einen Service der Wertpapierleihe an und sichert im Rahmen der Abwicklung eines Wertpapierkaufs den Geldausgleich zwischen Käufer und Verkäufer.

## Bürgschaftsbanken

Im § 1 Abs.1 Nr. 8 KWG wird die Übernahme von Bürgschaften, Garantien und sonstigen Gewährleistungen für andere als Bankgeschäft aufgeführt. Soweit der Umfang dieser Geschäfte einen in kaufmännischer Weise eingerichteten Geschäftsbetrieb erfordert, sind also Unternehmen, die das Garantiegeschäft betreiben, Kreditinstitute im Sinne des KWG. Die Kreditgarantiegemeinschaften beziehungsweise Bürgschaftsgemeinschaften werden deshalb auch häufig als Bürgschaftsbanken bezeichnet. Aufgabe dieser Institute ist es, Bürgschaften und Garantien zugunsten kleiner und mittelständischer Unternehmen zu übernehmen, um die Kreditwürdigkeit dieser Unternehmen zu verbessern.

Träger von Bürgschaftsbanken sind häufig Industrie- und Handelskammern, Handwerkskammern, Innungen und Verbände. Für die Leistungen der Bürgschaftsbanken werden relativ geringe Entgelte bezahlt. Die Bürgschaftsbanken erhalten umfangreiche staatliche Förderungen in Form von Rückbürgschaften und zinsgünstigen Darlehen.

### 2.1.2.2 Kreditinstitute mit Sonderaufgaben

Die Statistik der Deutschen Bundesbank weist innerhalb der Gruppe „Kreditinstitute mit Sonderaufgaben" zwölf Kreditinstitute mit Sonderaufgaben in privater Rechtsform und acht Kreditinstitute mit Sonderaufgaben in öffentlicher Rechtsform aus. Im Oktober 1995 hatten die 20 Kreditinstitute mit Sonderaufgaben (einschließlich Deutsche Bundespost Postbank AG) ein Geschäftsvolumen von knapp 700 Milliarden DM.

Die bedeutendsten privatwirtschaftlichen Kreditinstitute mit Sonderaufgaben sind:

- AKA Ausfuhrkredit-GmbH,
  die mittelfristige und langfristige Exportfinanzierung betreibt

- Deutsche Bau- und Bodenbank,
  die insbesondere Städte- und Wohnungsbau finanziert

- IKB Deutsche Industriebank AG,
  deren Geschäftsschwerpunkt in der Gewährung von Investitionskrediten an kleine und mittlere Unternehmen liegt

- Liquiditäts-Konsortialbank GmbH,
  die Liquiditätshilfen an andere Kreditinstitute vergibt

Die Anteilseigner der öffentlich-rechtlichen Kreditinstitute mit Sonderaufgaben sind hauptsächlich Bund und Länder. Sie werden in der Rechtsform der Anstalt oder der Körperschaft des öffentlichen Rechts geführt.

Wesentliche öffentlich-rechtliche Kreditinstitute mit Sonderaufgaben sind:

- Deutsche Ausgleichsbank,
  die Finanzhilfen unter anderen für sozial schwache Gruppen, den gewerblichen Mittelstand, Existenzgründer und Freie Berufe gewährt
- Kreditanstalt für Wiederaufbau,
  die umfangreiche Aufgaben in der strukturpolitischen Förderung und bei Finanzierungsmaßnahmen im Rahmen der Zusammenarbeit mit Entwicklungsländern übernimmt

## 2.2 Deutsche Bundesbank

Die Deutsche Bundesbank ist eine bundesunmittelbare juristische Person des öffentlichen Rechts mit Sitz in Frankfurt am Main. Sie gehört zwar dem Bund; bei der Ausübung der ihr nach dem Bundesbankgesetz zustehenden Befugnisse ist sie jedoch von Weisungen der Bundesregierung unabhängig. Die Deutsche Bundesbank hat andererseits die Verpflichtung, die allgemeine Wirtschaftspolitik der Bundesregierung zu unterstützen, sie in Angelegenheiten von wesentlicher währungspolitischer Bedeutung zu beraten und ihr auf Verlangen Auskunft zu geben. Umgekehrt soll die Bundesregierung den Präsidenten der Bundesbank zu ihren Beratungen über bedeutende währungspolitische Fragestellungen konsultieren.

Soweit die Gewinne nicht nach gesetzlichen Vorschriften zur Rücklagenbildung beziehungsweise zum Ankauf von Ausgleichsforderungen verwendet werden müssen, geht der Bundesbankgewinn an den Bund.

In der Organisationsstruktur der Bundesbank spiegelt sich der **föderative Aufbau** der Bundesrepublik wider. Das oberste Organ der Deutschen Bundesbank ist der **Zentralbankrat**. Er setzt sich zusammen aus bis zu acht Vertretern, die von der Bundesregierung vorgeschlagen werden, und neun Vertretern, die vom Bundesrat benannt werden.

Die weiteren Organe sind das Direktorium und die Vorstände der Landeszentralbanken. Das **Direktorium** ist für die Ausführung der Beschlüsse des Zentralbankrats verantwortlich. Es besteht aus dem Präsidenten, dem Vizepräsidenten und bis zu sechs weiteren Mitgliedern. Dies sind auch gleichzeitig die acht von der Bundesregierung vorgeschlagenen Mitglieder des Zentralbankrats.

Mit Wirkung vom 1.11.1992 gibt es **neun Landeszentralbanken**. Die Geschäftsleitung der in den Bereichen der Landeszentralbanken anfallenden Geschäfte und Verwaltungsaufgaben obliegt den jeweils zuständigen Vorständen der Landeszentralbanken. Der Vorstand einer Landeszentralbank setzt sich zusammen aus dem Präsidenten – der gleichzeitig Mitglied im Zentralbankrat ist – und einem Vizepräsidenten.

Bei den größeren Landeszentralbanken wird der Vorstand um ein weiteres Vorstandsmitglied ergänzt.

Dem Vorstand der Landeszentralbanken steht ein sogenannter **Beirat**, bestehend aus Vertretern des Kreditgewerbes, der übrigen Wirtschaft und der Arbeitnehmerschaft als **beratendes Gremium** zur Seite. Der Beirat ist kein Organ der Deutschen Bundesbank.

### 2.2.1 Aufgaben

Von zentraler Bedeutung für den Aufbau und die Arbeit der Deutschen Bundesbank ist das Gesetz über die Deutsche Bundesbank vom 26. Juli 1957 (BBankG). Im § 3 BBankG hat der Gesetzgeber der Deutschen Bundesbank die Aufgabe übertragen, „den Geldumlauf und die Kreditversorgung der Wirtschaft zu regeln mit dem Ziel, die Währung zu sichern, und für die bankmäßige Abwicklung des Zahlungsverkehrs im Inland und mit dem Ausland zu sorgen".

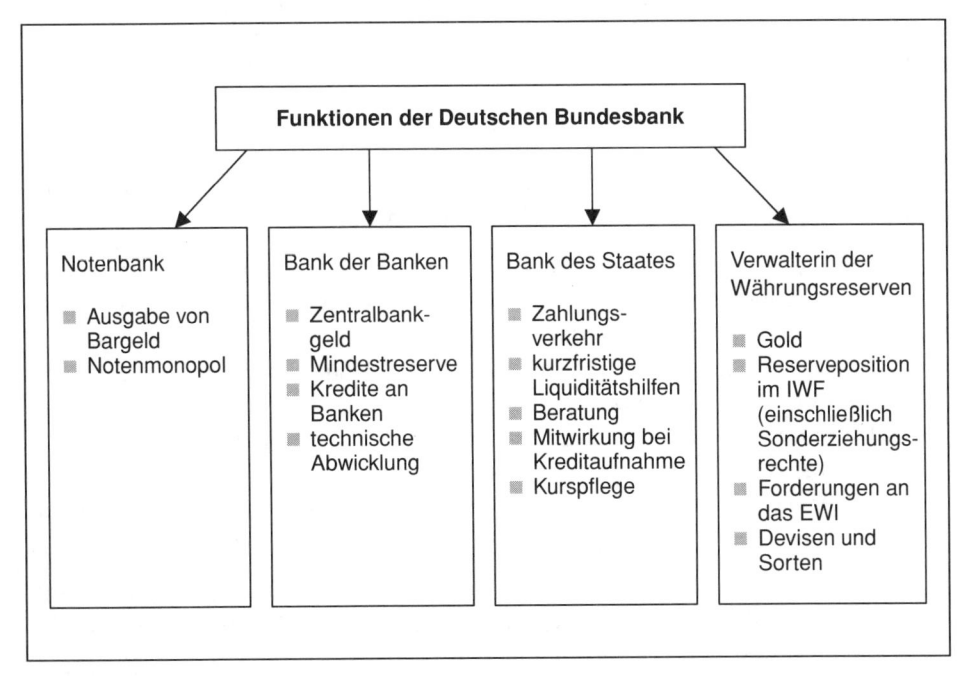

| Funktionen der Deutschen Bundesbank | | | |
|---|---|---|---|
| **Notenbank** | **Bank der Banken** | **Bank des Staates** | **Verwalterin der Währungsreserven** |
| ▪ Ausgabe von Bargeld<br>▪ Notenmonopol | ▪ Zentralbankgeld<br>▪ Mindestreserve<br>▪ Kredite an Banken<br>▪ technische Abwicklung | ▪ Zahlungsverkehr<br>▪ kurzfristige Liquiditätshilfen<br>▪ Beratung<br>▪ Mitwirkung bei Kreditaufnahme<br>▪ Kurspflege | ▪ Gold<br>▪ Reserveposition im IWF (einschließlich Sonderziehungsrechte)<br>▪ Forderungen an das EWI<br>▪ Devisen und Sorten |

Abbildung 1-24: Funktionen der Deutschen Bundesbank

Der Deutschen Bundesbank wird vom Gesetzgeber eine herausragende stabilitätspolitische Verantwortung und die zu deren Wahrnehmung notwendige Unabhängigkeit (§ 12 BBankG) zuerkannt. Die Sicherung der Geldwertstabilität hat sowohl einen innen- als auch einen außenwirtschaftlichen Aspekt. Als Maßstab für die **innere Stabilität** wird allgemein die **Preisniveau**stabilität herangezogen. Die **äußere Währungsstabilität** definiert die Bundesbank als Kaufkraftstabilität, in dem Sinne, daß die Entwicklung des Wechselkurses dem Maßstab der sogenannten **Kaufkraftparitäten** der DM zum Ausland entspricht. Neben ihrer besonderen stabilitätspolitischen Aufgabe nimmt die Deutsche Bundesbank weitere Funktionen wahr, die teilweise historischen Ursprungs sind.

**Bundesbank als Notenbank**

Eng mit ihrer stabilitätspolitischen Verantwortung verbunden ist ihre Monopolstellung bei der Ausgabe von Banknoten. Das Notenmonopol sichert der Bundesbank das alleinige Recht auf die Ausgabe von Banknoten, dem einzigen unbeschränkten gesetzlichen Zahlungsmittel. Neben den Banknoten zählen aber auch Münzen zum Bargeld. Die auf DM oder Pfennig lautenden Scheidemünzen werden ebenfalls von der Bundesbank in Umlauf gebracht. Das Emissionsrecht für Münzen – das sogenannte Münzregal – liegt allerdings beim Bund. Im Münzgesetz sind jedoch Obergrenzen festgelegt, bei deren Erreichen eine weitere Ausprägung von Münzen der Zustimmung durch die Bundesbank bedarf. Da diese Grenzen seit längerem erreicht sind, kann die Bundesbank praktisch den gesamten Bargeldumlauf steuern.

**Bank der Banken**

In unserem Rechtsrahmen besteht zwangsläufig eine enge Bindung der Geschäftsbanken an die Deutsche Bundesbank. Einige Beispiele:

- Verlangen die Kunden der Geschäftsbanken Auszahlung in **Bargeld**, so sind die Kreditinstitute grundsätzlich darauf angewiesen, dieses Bargeld von der Deutschen Bundesbank zu erhalten. Bis zu einem gewissen Maße ist zwar ein Ausgleich des Bargelds zwischen den Geschäftsbanken – unter Ausschluß der Notenbank – möglich. Aber für die Erweiterung der Bargeldmenge, den Ersatz nicht mehr umlauffähigen Bargeldes sowie die Emission von neuen Noten oder Münzen führt kein Weg an der Notenbank vorbei. Außerdem bringen die Geschäftsbanken ihr Bargeld zur Bundesbank, um ihre eigenen Kosten der Bargeldbearbeitung und Verwahrung zu reduzieren.

- Die Geschäftsbanken sind verpflichtet, einen bestimmten Prozentsatz ihrer kurz- und mittelfristigen Verbindlichkeiten unverzinslich bei der Bundesbank als sogenannte **Mindestreserve** zu unterhalten.

- Die Sichtguthaben bei der Notenbank bilden die zentrale Komponente der Zahlungsfähigkeit des gesamten Bankensystems. Die einzelnen Geschäftsbanken können sich zwar über Liquidität bei anderen Banken besorgen, die Gesamtheit der **Zentralbankguthaben** kann aber nur über Geschäfte mit der Bundesbank verändert werden.

- Refinanzierung, Diskont/Lombard, Pensionsgeschäfte (siehe Abschnitt 2.2.2).
- Darüber hinaus ist die Bundesbank auch an der **Bankenaufsicht** beteiligt. Gemäß den Vorschriften des Gesetzes über das Kreditwesen besteht im Rahmen der Bankenaufsicht eine enge Zusammenarbeit zwischen dem Bundesaufsichtsamt für das Kreditwesen und der Deutschen Bundesbank.
- Schließlich stellt die Bundesbank den Kreditinstituten Serviceleistungen für die banktechnische Abwicklung des **unbaren Zahlungsverkehrs** zur Verfügung. Die Kreditinstitute bedienen sich der Zahlungsverkehrseinrichtungen der Deutschen Bundesbank in starkem Maße.

**Bank des Staates**

Die Deutsche Bundesbank agiert als „Hausbank" des Bundes und in eingeschränktem Maße auch als „Hausbank" der Länder. In dieser Funktion berät die Deutsche Bundesbank den Bund und die Länder in Finanzfragen. Außerdem wickelt die Bundesbank einen großen Teil des **bargeldlosen Zahlungsverkehrs** von Bund und Ländern ab und führt die dafür notwendigen Girokonten. Hinsichtlich der Deckung des Kreditbedarfs von Bund und Ländern ist die Hausbankfunktion der Bundesbank jedoch gesetzlich eingeschränkt. Um den Zugang des Staates zum Notenbankkredit von vornherein auszuschließen, darf die Bundesbank **Direktkredite** nur in begrenztem Umfang und nur für kurze Zeit an Bund und Länder gewähren. Lediglich zur Sicherung der kurzfristigen Liquidität darf dem Staat direkte Finanzierungshilfe geboten werden. Die Bundesbank hilft allerdings Bund und Ländern bei der Kreditaufnahme, indem sie deren Schuldtitel an den Markt begibt und als Konsortialführerin im Bundesanleihen-Konsortium auftritt.

Die Bundesbank kauft und verkauft im Auftrag des Bundes ständig börsennotierte Bundeswertpapiere. Dadurch werden erratische Kursbewegungen weitgehend vermieden. Es wird eine Marktsituation geschaffen beziehungsweise aufrechterhalten, die auch größere Beträge an der Börse handelbar macht. Diese sogenannte Kurspflege oder Marktpflege trägt ganz entscheidend dazu bei, daß Bundeswertpapiere (insbesondere Bundesanleihen) international zu den Anlagen höchster Qualität zählen. International gelten der US-Dollar-, der Yen- und der DM-Anleihe-Markt als wirklich liquide. Liquide bedeutet in diesem Zusammenhang, daß Käufe und Verkäufe jederzeit auch in großem Maßstab für die Investoren möglich sind.

**Verwalterin der Währungsreserven**

Die einzige Stelle, die in Deutschland offiziell Währungsreserven hält, ist die Deutsche Bundesbank. Sie verwaltet somit die nationalen Währungsreserven, die die internationale Zahlungsfähigkeit Deutschlands sichern. Unsere Währungsreserven setzen sich zusammen aus Devisen- und Sortenbeständen (hauptsächlich US-Dollar-Positionen), den Goldbeständen, Reservepositionen im Internationalen Währungsfonds (einschließlich Sonderziehungsrechten) und Forderungen an das Europäische Währungsinstitut.

> **EXKURS**
>
> **Sonderziehungsrechte (SZR)** sind ein vom Internationalen Währungsfond (IWF) geschaffenes Reservemedium. Der Wert der SZR bemißt sich nach einem Korb aus fünf Währungen, in dem US-Dollar, DM, Pfund Sterling, französischer Franc und Yen enthalten sind. Die SZR stehen den Mitgliedern des IWF in Höhe ihres Quotenanteils zur Verfügung. Sie dienen grundsätzlich dazu, Zahlungsbilanzschwierigkeiten zwischen Ländern auszugleichen. Zu diesem Zweck können mit den SZR bestimmte Geschäfte – sogenannte zugelassene SZR-Geschäfte – getätigt werden.

### 2.2.2 Geldpolitische Aktivitäten

Die Geldpolitik bemißt den „Geldmantel" der Wirtschaft. Nach herrschender volkswirtschaftlicher Meinung wird – zumindest auf längere Sicht – der monetäre Ausgabenspielraum einer Volkswirtschaft durch die Geldmenge bestimmt. Akzeptiert man, daß eine allgemeine Preissteigerung auf Dauer nur durch eine entsprechende Geldmengenausweitung möglich ist, so steckt die Geldpolitik letztlich die Grenzen für die Steigerung des Preisniveaus.

Die anzusteuernde Höhe der Geldmenge (das **Geldmengenziel**) ermittelt die Bundesbank aus dem Wachstum des Produktionspotentials unserer Volkswirtschaft. Dabei werden zusätzlich unter anderem Veränderungen im Auslastungsgrad, strukturelle Veränderungen der Umlaufgeschwindigkeit des Geldes und „unvermeidliche Preissteigerungen" mit berücksichtigt.

Mit verschiedenen währungspolitischen Instrumenten versucht die Bundesbank, das Wachstum der Geldbestände in einem stabilitätspolitisch vertretbaren Rahmen zu halten. Sie kann aber damit die finanzwirtschaftlichen Aktivitäten unserer Volkswirtschaft nicht direkt bestimmen. Möglichkeiten zur direkten Begrenzung der Kreditvergaben oder zur administrativen Festlegung der Konditionen für Kredit-, Einlagen- oder Wertpapiergeschäfte – zum Beispiel Zinsbindungen – stehen der Bundesbank nicht zur Verfügung. Die Politik der Bundesbank zielt daher im wesentlichen darauf, das Kreditangebotsverhalten der Banken und die Geld- und Kreditnachfrage der Wirtschaft indirekt über die Veränderungen der Bankenliquidität und den Zinsmechanismus an den Finanzmärkten zu steuern. Dazu stehen ihr Grob- und Feinsteuerungsinstrumente zur Verfügung.

Zur Grobsteuerung rechnet man alle Maßnahmen, die über eine Mindestreserveperiode hinaus Wirkung entfalten. Sie dienen der Deckung des dauerhaften Zentralbankgeldbedarfs. Die Grobsteuerungsinstrumente sind darauf ausgerichtet, längerfristige Orientierungsdaten für die Zinsbildung zu bieten. Die Instrumente der Grobsteuerung lassen sich weiter unterteilen in Instrumente der liquiditäts- und zinspolitischen Steuerung.

Die **liquiditätspolitischen** Instrumente der Grobsteuerung umfassen die Mindestreservesätze und die Rediskontkontingente. Der **Mindestreservesatz** bestimmt, welchen Anteil ihrer Sichteinlagen, befristeten Einlagen und Spareinlagen sowie aus aufgenommenen kurz- und mittelfristigen Geldern von selbst nicht mindestreservepflichtigen Instituten die Banken zinslos auf den Girokonten der Deutschen Bundesbank halten müssen. Diese Beträge können von den Banken nicht zur Erwirtschaftung von Erträgen genutzt werden. Die Unverzinslichkeit der Mindestreserve bewirkt somit Opportunitätskosten im Sinne von entgangenen Zinserträgen für die mindestreservepflichtigen Kreditinstitute.

Das **Rediskontkontingent** stellt die quantitative Obergrenze dar, bis zu der die Geschäftsbanken bundesbankfähige Wechsel vor Fälligkeit an die Bundesbank verkaufen können, um sich Liquidität zu verschaffen.

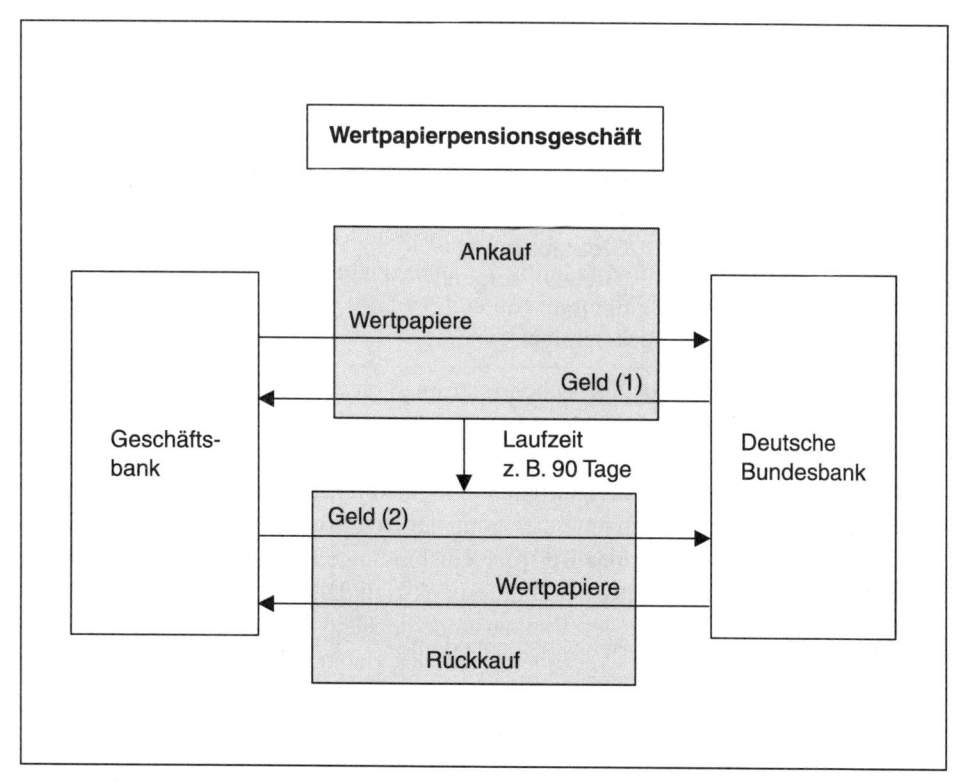

Abbildung 1-25: Schematischer Ablauf eines Wertpapierpensionsgeschäfts

Zu den zinspolitischen Grobsteuerungsinstrumenten wird die Festsetzung des **Diskont- und Lombardsatzes** gerechnet. Beide Zinssätze gelten historisch als Orientierungsdaten der längerfristigen Zinsentwicklung für Geschäfte unter Banken. Wegen ihrer Orientierungsfunktion werden sie häufig auch als **Leitzinsen** bezeichnet. Mittlerweile rückt jedoch der Zuteilungssatz der Wertpapierpensionsgeschäfte zunehmend stärker in den Vordergrund. Bei **Wertpapierpensionsgeschäften** kauft die Bundesbank Wertpapiere mit gleichzeitig festgelegter Rückkaufsvereinbarung an. Beim Kauf werden Rückkaufszeitpunkt und Rückkaufspreis vereinbart. Aus der Differenz zwischen Rückkaufspreis und Ankaufspreis ergibt sich bezogen auf die Zeitdauer zwischen Kauf- und Rückkaufstag ein Zinssatz, der auch als **Pensionssatz** bezeichnet wird.

Die Formel für den Pensionssatz heißt (vgl. Abbildung 1-25):

$$\frac{\text{Geld (2)} - \text{Geld (1)}}{\text{Geld (1)} \cdot \frac{\text{Laufzeit}}{360}}$$

Die geldpolitische **Feinsteuerung** der Bundesbank verfolgt in erster Linie den Zweck, kurzfristige Schwankungen der Bankenliquidität auszugleichen. Mit Hilfe der Feinsteuerungsinstrumente sollen erratische Zinsausschläge am Markt für Zentralbankgeld flexibel und ohne große Öffentlichkeitswirkung geglättet werden.

| **Beispiele für währungspolitische Instrumente der Deutschen Bundesbank** | | |
|---|---|---|
| | **Grobsteuerung** (Grundversorgung der Banken mit Zentralbankgeld) | **Feinsteuerung** (Glättung der Schwankungen am Geldmarkt) |
| **Zinspolitische Instrumente** (Beeinflussung des Preises für Zentralbankgeld) | Diskontsatz<br><br>Lombardsatz | Abgabesätze für Geldmarktpapiere<br><br>Pensionssätze |
| **Liquiditätspolitische Instrumente** (quantitative Begrenzung der Bankenliquidität) | Mindestreserve<br><br>Rediskontkontingente | Wechsel- und Devisenpensionsgeschäfte<br><br>Devisenswapgeschäfte |

Abbildung 1-26: Währungspolitische Instrumente

## RESÜMEE

In Abschnitt 1.2 wurden die Aufgaben der Geschäftsbanken und der Deutschen Bundesbank beschrieben. Die sehr heterogene Gruppe der Geschäftsbanken wurde unterteilt in die Gruppe der Universalbanken und die Gruppe der Spezialbanken. Als Universalbanken gelten Banken des Genossenschaftssektors, Banken des Sparkassensektors und Kreditbanken. Bei den Spezialbanken wurde zwischen Banken mit speziellem Leistungsangebot und Kreditinstituten mit Sonderaufgaben unterschieden. Die folgende Abbildung bietet eine Übersicht:

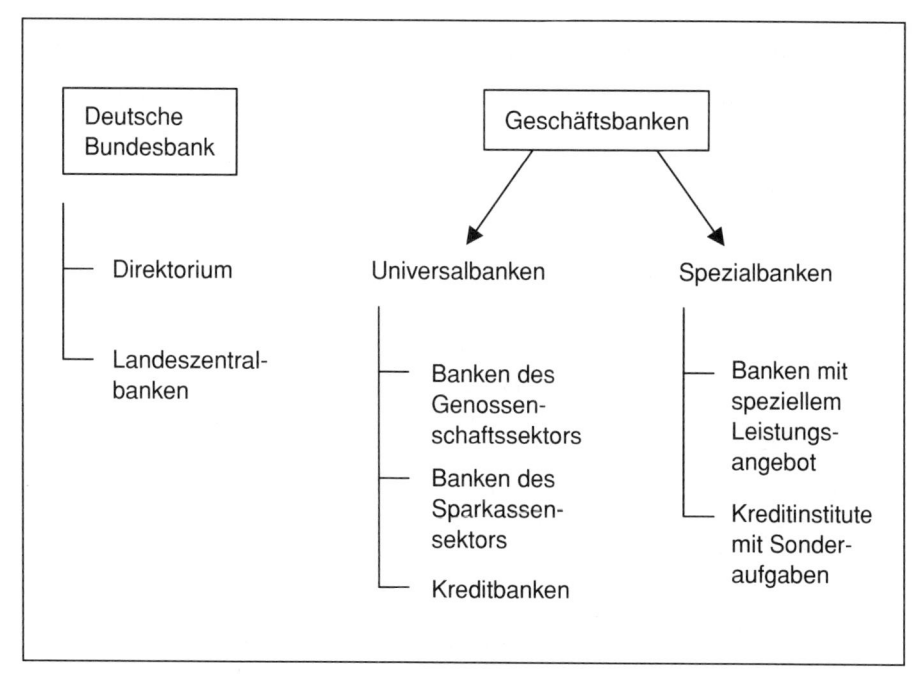

Abbildung 1-27:   Struktur des deutschen Bankenwesens

### KONTROLLFRAGEN

1. Erläutern Sie den Unterschied zwischen dem Universalbankensystem und dem Trennbankensystem.
2. Wodurch unterscheiden sich Universalbanken von Spezialbanken?
3. Erklären Sie den dreistufigen Aufbau des Sparkassen- und des Genossenschaftssektors.
5. Nennen Sie mindestens drei Kreditinstitute mit Sonderaufgaben.
6. Was sind die Aufgaben der Deutschen Bundesbank?

### LITERATUR ZUM WEITERLESEN

■ Einen tieferen Einblick gibt der Titel:

Hans P. Becker, **Bankbetriebslehre**, 2. Auflage, Ludwigshafen-Kiel 1994.

■ Empfehlenswert ist auch der Klassiker von

Hans E. Büschgen, **Bankbetriebslehre. Bankgeschäfte und Bankmanagement**, 4. Auflage, Wiesbaden 1993.

■ Speziell über die vielfältigen Aufgaben der Bundesbank gibt der folgende Titel Auskunft:

Deutsche Bundesbank, **Die Geldpolitik der Bundesbank**, Sonderdruck, Frankfurt 1995.

# 3. Der Markt für Bankleistungen

*Höher, schneller, weiter?*

„Wenn wir gestern gewußt hätten, was heute passiert,
brauchten wir morgen nicht mehr zu arbeiten."

> Die deutschen Banken konnten sich in den vergangenen Jahren wahrlich nicht über schlechte Geschäfte beklagen. Aber: Aus der europäischen Harmonisierung der Bankenlandschaft und dem Wandel der Kundenbedürfnisse ergeben sich notwendige Änderungen für das deutsche Bankengewerbe. Sind die deutschen Banken gut gerüstet, diesen Herausforderungen entgegenzutreten?

**LEITFRAGEN**

1. Wie läßt sich das aktuelle Geschäftsumfeld für deutsche Banken beschreiben?
2. Welche Indikatoren lassen sich für die zukünftige Entwicklung erkennen?
3. Werden die Vorzüge der Universalbanken auch in Zukunft noch gelten?

Die Deutsche Bundesbank schreibt in ihrem Monatsbericht vom Oktober 1994 auf Seite 19: „Die Ertragsentwicklung im deutschen Kreditgewerbe verlief 1993 insgesamt günstig. Dies gilt für die west- und ostdeutschen Banken gleichermaßen ... Die gute Ertragslage erlaubte den Banken eine hohe Risikovorsorge ... Das gute Geschäftsergebnis ermöglichte den Kreditinstituten ferner, ihr Eigenkapital aus internen und externen Mitteln aufzustocken."

Wer mit dem zurückhaltenden Ton aus dem Hause der Deutschen Bundesbank vertraut ist, weiß diese Worte als Anerkennung für wirklich gute Geschäfte zu würdigen. Wie der Bericht der Bundesbank weiter ausführt, war 1993 das durchschnittliche Geschäftsvolumen der deutschen Kreditinstitute um knapp 11 Prozent gewachsen. Dies war das stärkste Wachstum seit Anfang der 80er Jahre. Selbst wenn die Ergebnisse für das Geschäftsjahr 1994 – unter anderem wegen Kurswertabschreibungen im Wertpapierbestand – nicht ganz so gut ausgefallen sind und möglicherweise auch 1995 nicht wieder an das Spitzenjahr 1993 heranreichen werden, so läßt sich dennoch feststellen, daß deutsche Banken über die letzten Jahre hinweg sehr erfolgreich gewirtschaftet haben.

Deutsche Banken zeichnen sich insbesondere durch eine hohe Ertragskontinuität aus. Allgemein geht man davon aus, daß die diese erfreuliche Ertragsentwicklung begründet ist

- in den Vorzügen des Universalbankensystems
- in der ausgeprägten Kundennähe, bezogen auf das sehr dichte Filialnetz, und
- in der hohen Qualität der technischen und organisatorischen Abwicklung

Im nächsten Abschnitt wollen wir analysieren, ob diese Vorzüge auch bei den erwarteten Änderungen der Umfeldbedingungen im Bankenmarkt noch gelten werden.

## 3.1 Marktwirtschaftliches Umfeld

Wir begeben uns somit nun in den Bereich der Prognose mit all den damit verbundenen Unwägbarkeiten.

Die Entwicklung der Banken kann nicht losgelöst von den allgemeinen volkswirtschaftlichen Trends betrachtet werden. In der vor uns liegenden Epoche ist die Sicherung des vorhandenen Wohlstandsniveaus bereits als Erfolg zu verbuchen. Starkes reales Wachstum wird sich keineswegs mehr mit naturgesetzlicher Selbstverständlichkeit einstellen. Die langfristigen internationalen Problemstellungen, wie zum Beispiel das rasante Wachstum der Weltbevölkerung, Umweltbelastungen und Verknappung natürlicher Ressourcen, sowie strukturelle Arbeitslosigkeit bei gleichzeitig hoher Staatsverschuldung erfordern zu ihrer Lösung hohe Summen an Kapital. Der Bedarf für Finanzierungen wird deshalb voraussichtlich ungebrochen hoch sein.

Dennoch zeichnen sich bereits heute **Grenzen des Wachstums** bei klassischen Bankprodukten ab. Während zum Beispiel 1970 noch über 39 Prozent des Geldvermögens privater Haushalte in der Bundesrepublik Deutschland in Form von Spareinlagen gehalten wurden, betrug dieser Anteil 1990 nur noch 23 Prozent. Im gleichen Zeitraum ist der Anteil der Geldanlagen bei Versicherungen von 15 Prozent auf über 21 Prozent und der Anteil der Termingelder und Sparbriefe von unter 3 Prozent auf fast 13 Prozent gestiegen. Auch im klassischen Kreditgeschäft lassen sich Wachstumsgrenzen vermuten. Begründen läßt sich diese Annahme mit sinkenden Margen bei gleichzeitig steigenden Ausfallrisiken im klassischen Kreditgeschäft und damit einhergehenden höheren Eigenkapitalforderungen der Aufsichtsbehörden. Traditionell wichtige Kreditnehmer, zum Beispiel große Industrie- und Handelsunternehmen, haben alternative Finanzierungswege gefunden. Einige dieser Unternehmen betreiben Finanzierungen aus ihren eigenen Kapitalströmen (Cash-flows) heraus. Die Banken werden diesen Herausforderungen durch Anpassungen ihres Produktangebotes begegnen müssen. Eine Zunahme der Verbriefung von Forderungen (Securitization) und damit eine Umgehung der klassischen Intermediationsfunktion der Banken ist bereits als eine Reaktion auf die oben beschriebenen Änderungen der Umfeldbedingungen auszumachen. Für die USA rechnet die Ratingagentur Moody's damit, daß verbriefte Forderungen bereits für Mitte der 90er Jahre einen Anteil von 80 Prozent an der Neuverschuldung der Unternehmen haben werden.

Neue Produkte ermöglichen es auch neuen Wettbewerbern, in das bis jetzt noch von Banken dominierte Einlagen- und Finanzierungsgeschäft einzudringen. Der Wettbewerb um Finanzdienstleistungen wird deshalb zukünftig nicht nur zwischen Banken auf nationaler und internationaler Ebene ausgetragen, sondern schließt zunehmend auch sogenannte „**Near- beziehungsweise Non-banks**" mit ein. Wertpapierhäuser, Versicherungsgesellschaften, Kreditkartengesellschaften oder spezielle, nicht mit Banklizenz ausgestattete Tochtergesellschaften von großen Wirtschaftsunternehmen werden die Entwicklung der Finanzwirtschaft noch deutlicher als bisher mitbestimmen.

Insbesondere aufsichtsrechtlich – zum Beispiel hinsichtlich der Eigenkapitalanforderungen – werden Banken anders behandelt als ihre Mitkonkurrenten. (Auch innerhalb der Banken gibt es international noch hohen **Harmonisierungsbedarf bei den Eigenkapitalvorschriften** der einzelnen Länder.) Derzeit läßt sich bei Banken die Notwendigkeit erkennen, zusätzliches Eigenkapital zu bilden. Banken haben die Kapitalgeber zukünftig noch stärker zu umwerben, damit nicht fehlendes Eigenkapital zu einer unüberwindbaren Barriere des Wachstums für sie wird. Es ist vorstellbar, daß auch deutsche Banken zukünftig ihre Kapitalgeber nur noch mit vierteljährlichen Erfolgsmeldungen – bezüglich stetig positiver Ertragszahlen – an sich binden können. Die Eigenkapitalgeber werden anonymer für die Banken. Das Verhältnis zwischen Kapitalgeber und Bank reduziert sich auf Renditebetrachtungen. Kapital wird dann unabhängig vom Unternehmen beziehungsweise der Branche verstärkt nach dem Kriterium der höchsten Verzinsung investiert. Geschäftszweige einer Bank, welche die kurzfristigen Erfolgsmeldungen über einen längeren Zeitraum hinweg beeinträchtigen, sind von den Geschäftsverantwortlichen dann nicht mehr zu halten. Selbst wenn Universalbanken den Vorteil des internen Ertragsausgleichs auch zukünftig haben, könnten in dem oben beschriebenen Umfeld Situationen eintreten, in denen dieser Vorteil nicht mehr wie bisher genutzt werden kann.

Die Informationstechnik und insbesondere die Telekommunikation wird weiter voranschreiten. Es gibt durchaus unterschiedliche Meinungen über die Geschwindigkeit der Weiterentwicklung in diesem Sektor. Tatsache ist allerdings ein schon lange anhaltender Preisverfall für Produkte der elektronischen Datenverarbeitung und der Telekommunikation. Die zusätzlich vorangetriebene Breitbanddatenverkabelung der Haushalte sowie die verbesserte Standardisierung in der Abwicklung von Massengeschäften machen Telekommunikation und elektronische Datenverarbeitung für weite Bevölkerungskreise interessant. Es ist deshalb damit zu rechnen, daß Bankkunden zukünftig immer weniger auf die örtliche Nähe von Bankstellen angewiesen sind. Über „**Home Banking**" werden auch dem mittelständischen Unternehmer, dem Kleinbetrieb sowie dem Privatkunden die Vorzüge des 24-Stunden-Service bewußt. Die örtliche Nähe als Auswahlkriterium für die Bankverbindung wird somit an Bedeutung verlieren. Andere Kundenbedürfnisse, wie zum Beispiel Beratungsqualität in Spezialfragen, aber auch im Sinne einer gesamtheitlichen Betreuung in Finanzfragen werden in den Vordergrund treten. Als Konsequenz fokussieren sich dann viele Banken stärker auf einzelne Marktsegmente (Kundengruppen). Daraus erwächst zwangsläufig eine Diversifizierung im Vertrieb. Innovative Leistungen werden auch im Privatkundengeschäft und in der Geschäftsabwicklung zunehmend gefordert. Die bisher bei Universalbanken geübte Praxis des „Cross-sellings" erfährt dann voraussichtlich eine neue Qualität.

Dem deutschen Bankengewerbe wird häufig eine vergleichsweise geringe **Arbeitsproduktivität** bescheinigt. US-amerikanische und japanische Banken bedienen angeblich ihre Kunden wesentlich wirtschaftlicher als deutsche Banken. Führende Unternehmensberatungen nennen Rationalisierungspotentiale von 20 bis 35 Prozent. Diese Zahlen sind bei einem Personalaufwand von 54,7 Milliarden DM (1993) sicherlich beeindruckend. Zweifelsfrei bestehen auch Verbesserungsmöglichkeiten im deutschen Bankgeschäft; die Frage allerdings, wie dieses Potential realisiert werden kann, ist bisher noch nicht überzeugend beantwortet. Die Vorschläge von Beratungszentren für das Massengeschäft reichen über die Ausgliederung von nicht bankspezifischen Aufgaben bis hin zu einer allgemein höheren Technisierung des Bankgeschäfts.

Es ist zweifellos richtig, daß die Qualität der Informationsverarbeitung auch stark die Qualität des Bankgeschäfts mitbestimmt. Dennoch kann die bedingungslose Konzentration auf Informationstechnologie und Automation kein Allheilmittel für Banken sein. Die für ihre zukunftsweisende Automation oft gepriesenen japanischen Banken haben die Erfahrung gemacht, daß sich ein Automatisierungsgrad von 80 bis 90 Prozent zu einem Wettbewerbsnachteil entwickeln kann, wenn nicht parallel zur elektronischen Selbstbedienung auch die persönliche Beratungsleistung wächst. Weiterhin können wir feststellen, daß zwischenzeitlich häufig für die Wartung bestehender EDV-Systeme ein größerer Teil der hohen EDV-Budgets gebunden wird, als für Neuentwicklung zur Verfügung steht. Der „Schwund" an freien Kapazitäten für neue, innovative EDV-Entwicklungen ist gegenwärtig im Bankensektor auch stark von außen bestimmt. Aufsichtsrechtliche Änderungen, die meist auch zu Neugestaltungen der Meldungen an die Aufsichtsbehörden führen, binden gegenwärtig Heerscharen von Programmierern und EDV-Experten. Das Frühjahr 1995 war davon bestimmt, daß die fünfte KWG-Novelle noch nicht vollständig umgesetzt war, die sechste KWG-Novelle bereits vor der Tür stand und gleichzeitig die Diskussion über erneute Anpassungen – zum Beispiel Eigenkapitalerfordernisse – im Gange war. Auch im Bereich der Abwicklungssysteme wurden zum Beispiel bedingt durch die „Quellensteuer" oder die Änderungen in der Funktionalität der Zahlungsverkehrssysteme der Deutschen Bundesbank aufwendige Anpassungen notwendig.

Individualität in der Beratungsleistung und Grenzen in der Automation des Bankgeschäfts nehmen dem Universalbankensystem künftig sicherlich Teilbereiche, in denen gegenwärtig noch **Wachstumseffekte** realisierbar sind.

Wie Sie bereits im ersten Kapitel lesen konnten, sind zunehmende Schwankungen an den Finanzmärkten (Volatilität) zu verzeichnen, die zu steigenden Risiken führen. Die meisten Unternehmen versuchen Risiken – insbesondere Finanzrisiken – zu meiden oder auszuschließen. Banken haben sich hingegen grundsätzlich anders zu verhalten. Sie sollten bemüht sein, Risiken aufzuspüren, die sie für sich selbst und ihre Kunden handhaben können. Darin liegt ihre wesentliche volkswirtschaftliche Wertschöpfung und die Quelle ihres Erfolgs.

Neben den bereits seit vielen Jahren bekannten Geschäftsrisiken – für die es bereits ausgefeilte Sicherungsmechanismen gibt – kommen in den letzten Jahren allmählich auch neue **Risiken der Geschäftsabwicklung** in das Gesichtsfeld der Bankmanager. Häufig wird in diesem Zusammenhang Sir Dennis Weatherstone von der amerikanischen Geschäftsbank J. P. Morgan zitiert. Er stellte fest, daß ihm die mit den Abwicklungsmechanismen verbundenen Risiken mehr Kopfzerbrechen verursachen als die klassischen Marktrisiken oder die im Zusammenhang mit Derivaten genannten Risiken. Viele Mitarbeiter von Banken wollen oder können die Dimension von Abwicklungsrisiken nicht erkennen. Und dies, obwohl zwischenzeitlich die größte Panne in der französischen Kartengeschichte durch den zweitägigen Ausfall eines Autorisierungssystems (geschätzter Umsatzausfall 4 Milliarden DM) passierte, in Frankfurt anläßlich des Oktoberputsches bei der Ost-West-Handelsbank Überweisungsaufträge in Höhe von 2,1 Milliarden DM aufliefen und der Bank of New York nach dem Zusammenbruch ihres EDV-Wertpapierabwicklungssystems nur mit einem 23,6 Milliarden US-Dollar-Kredit der US-Notenbank geholfen werden konnte. Es besteht die Befürchtung, daß der Ausfall eines einzigen Bausteins unseres Finanzsystems Dominoeffekte mit unbekanntem Ausmaß auslösen könnte. Das Übergreifen von Störungen in einem Teilsystem (Abwicklungssystem) auf andere Systeme ist nicht auszuschließen. Eine noch so ausgefeilte Perfektion in unseren Abwicklungssystemen verliert an Bedeutung, wenn Störungen in vor- beziehungsweise nachgelagerten Systemen in unvorhersehbarer Form auf sie übergreifen können.

## 3.2 Nachfrager nach Bankleistungen

Die internationalen Veränderungen der Finanzwirtschaft wirken sich zwangsläufig auch auf deutsche Banken aus. Jedoch die Erfahrungen über die Krisenfestigkeit des deutschen Bankensystems sollten zuversichtlich stimmen. Seit der Depression in den frühen 30er Jahren erwies sich das deutsche Geschäftsbankensystem in Krisen als relativ resistent. In der jüngsten Vergangenheit bewältigten die deutschen Banken die finanziellen Folgen von zwei Ölkrisen, drei tiefen Kurseinbrüchen am Aktienmarkt und die internationale Verschuldungskrise bemerkenswert gut.

Eine alte Kaufmannsweisheit besagt, daß man sich insbesondere in guten Zeiten für das Unweigerliche der Zukunft rüsten muß. Die beste Strategie, einen Strukturwandel erfolgreich zu durchleben, besteht darin, sein Angebot flexibel den Änderungen der Kundenbedürfnisse anzupassen. Die drei folgenden Abschnitte werden in groben Zügen zeigen, wie sich das Nachfrageverhalten der Privatkunden, Firmenkunden und des Staates voraussichtlich ändern wird.

### 3.2.1 Privatkunden

Die privaten Haushalte stehen insgesamt in ihren finanziellen Verhältnissen solide dar: Die Summe aller Ersparnisse ist höher als die gesamte private Verschuldung. Es sind hauptsächlich die privaten Haushalte mit ihrer Ersparnis, die die finanziellen Mittel für die Investitionen der gesamten Volkswirtschaft bereitstellen.

Die Einlagen der privaten Kunden sind seit jeher die günstigste Refinanzierungsquelle für die meisten Geschäftsbanken. Privatkunden sind aber auch für das Kreditgeschäft und sonstige Bankgeschäfte äußerst interessant. Schätzungen gehen davon aus, daß 50 Prozent der Ertragspotentiale von Banken im Privatkundengeschäft liegen (im Vergleich zu 20 Prozent im Firmenkunden- und 30 Prozent im Eigengeschäft). Um diese Potentiale erschließen zu können, bedarf es jedoch zunächst einer Optimierung der Privatkundenbetreuung.

Die Optimierung der Betreuung setzt wiederum eine konsequente Segmentierung (Differenzierung) der Kunden voraus. Als gängige Segmentierungskriterien dienen den deutschen Banken meist Einkommens- und Umsatzgrößen. Als weitere Kriterien bieten sich Lebensphasen oder Lebensstile an. Junge Berufsanfänger haben eine andere Bedarfsstruktur für Finanzdienstleistungen als zum Beispiel Rentner. Der in seinem Denken und Handeln „alternativ" eingestellte Mitbürger hat andere Anforderungen an seine Bank und möchte anders umworben werden als etwa ein „konservativ" geprägter Mensch.

Bezüglich des Sparverhaltens der privaten Haushalte ist ein Trend weg vom klassischen Banksparen hin zum Wertpapier- und Fondsparen festzustellen. Die „Erbengeneration" trifft ihre Anlageentscheidungen verstärkt rendite- und risikobewußt.

Dabei sind vor allem die Renditen nach Steuern von Bedeutung. Gleichzeitig ist die „persönliche Bindung" an das geerbte Geld geringer, so daß die Bereitschaft wächst, für höhere Rendite auch höhere Risiken einzugehen. Solche Veränderungen im Anlageverhalten bewirken – bezogen auf das gesamte Bankengewerbe – einen höheren Aufwand wegen weiterer Qualifizierung der Kundenberatung und führen gleichzeitig zum Ausfall der günstigen Refinanzierung über die klassischen Spareinlagen.

Für die einzelne Bank bietet sich aber keine Alternative zu diesem Vorgehen. Ist sie auf Dauer nicht bereit, ihrem Kunden über qualifiziertere Beratung höher verzinsliche Anlagen zu ermöglichen, wird sie die Kunden mit hohem Ertragspotential langfristig an die Konkurrenz verlieren. Privatkunden mit hohem Ertragspotential – meist Kunden mit hohem verfügbarem Einkommen pro Familienmitglied – zählen zu den am stärksten umworbenen Kundengruppen. In diesem Wettbewerb sind die ortsansässigen Banken schon lange nicht mehr unter sich. Durch die Möglichkeiten des „Home Bankings" ist der gehobene Privatkunde auch für Direkt- und Auslandsbanken interessant. Auch wenn das heute noch futuristisch klingen mag: Technisch ist es bereits möglich, auch als Privatkunde (über Datennetzwerke) Banken an allen interessanten Finanzplätzen zu erreichen. Ein Service, der rund um die Uhr während des ganzen Jahres nutzbar ist. Dies sollte weniger als Gefahr, sondern mehr als Chance gesehen werden; denn umgekehrt funktioniert es ebenfalls.

Ganz gleich, welche Bankengruppe letztendlich von dieser Servicemöglichkeit profitiert, unter sonst unveränderten Bedingungen ergeben sich hieraus verringerte Zinsmargen (Differenz zwischen Kredit- und Einlagenzins). Eine positive Gewinnsituation im Privatkundengeschäft kann dann nur fortbestehen, wenn es gelingt, die Bedürfnisse bestimmter Segmente des Privatkundenmarktes umfassend zu bedienen. Hohe Marktdurchdringung mit einer möglichst breiten Produktpalette gilt hierbei als ein möglicher Weg. Eine Untersuchung im genossenschaftlichen Banksektor zeigte, daß insbesondere in den Geschäftsfeldern Versicherungen, Immobilien (Finanzierung, Vermittlung und Absicherung) sowie Wertpapiergeschäfte noch hohe, bisher nicht ausreichend genutzte Cross-selling-Potentiale bestehen.

### 3.2.2 Firmenkunden

In der Gesamtbetrachtung nimmt der Unternehmenssektor deutlich mehr Gelder auf als private und öffentliche Haushalte. In den letzten Jahren ist häufiger von einem Trend rückläufiger Bankkredite an den Unternehmenssektor zu lesen. Zur Analyse dieser Aussage ist eine differenziertere Betrachtung notwendig.

Das industrielle Wachstum und das Wachstum der deutschen Bankenwirtschaft sind eng miteinander verwoben. Diese Bindungen werden auch weiterhin fortdauern und drücken sich unter anderem in Beteiligungsverhältnissen aus. Zwischenzeitlich ist jedoch eine Situation eingetreten, in der große deutsche Wirtschaftsunternehmen weit weniger auf die Kreditfinanzierung durch deutsche Banken angewiesen sind.

Erstens ist es für ein **multinationales Unternehmen** grundsätzlich gleichgültig, ob ein Kredit von einer deutschen, einer französischen, einer englischen oder einer renommierten Bank aus irgendeinem anderen Staat bereitgestellt wird.

Zweitens ist es diesen Großunternehmen zum Beispiel über den Weg der **Verbriefung von Forderungen** (Securitization) auch möglich, die klassische Vermittlerfunktion der Banken zu umgehen und sich die benötigten finanziellen Mittel direkt von Investoren am Kapitalmarkt zu besorgen.

Ein dritter Grund zeigte sich zum Beispiel auch wieder Anfang 1995 in der Diskussion um Großinvestitionen in den Markt für Telekommunikationsleistungen: Einige deutsche Großunternehmen sind durchaus in der Lage, selbst größere Investitionen aus eigener Finanzkraft heraus zu finanzieren.

**Mittelständische und kleinere Unternehmen** sind hingegen noch weitgehend Kunden im klassischen Bankgeschäft. Allerdings wird immer deutlicher, daß sich auch der Mittelstand den Finanzproblemen aus der Globalisierung nicht entziehen kann.

Um am Markt bestehen zu können, sind Unternehmen auf ihre Innovationskraft angewiesen. Innovationen bedürfen häufig auch riskanter Investitionen. Auch hierfür sind Partner notwendig, die unternehmerisch denken und beraten, die intelligent und für beide Seiten nutzbringend Risikokapital zur Verfügung stellen können. Hierfür müssen sich Banken noch stärker mit leistungsfähigen Risikomanagementsystemen auseinandersetzen, die unter anderem eine laufende Einzelkundenkalkulation auch für die kleineren Unternehmen wirtschaftlich ermöglichen.

Im Mittelstand entwickelt sich eine Klientel, die neben der Unterstützung in Finanzfragen auch einen Partner für umfassende Beratung zur Entscheidungshilfe nachfragt. Zur Servicequalität zählen für diese Unternehmer auch zukünftig der längerfristige persönliche Kontakt und die schnelle Erreichbarkeit des Beraters. Auf der Basis eines solchen Kooperationsverhältnisses bestehen bei dieser Klientel auch noch hohe unausgenutzte Cross-selling-Potentiale, insbesondere im Versicherungsbereich. Grundsätzlich kann davon ausgegangen werden, daß bei problemorientierter Beratung auch zukünftig bei diesem Kundenkreis mit traditionellen Bankgeschäften zufriedenstellende Erträge erzielbar sind. Kurzfristig erscheint bei entsprechender Beratungsqualität sogar eine Ausweitung der Margen möglich.

### 3.2.3 Staatliche Nachfrage

Die Aussagen über die ständig wachsende Staatsverschuldung sind bekannt. Die Zahlenreihe in Abbildung 1-28 läßt nicht erkennen, daß der Staat gegenwärtig in der Lage ist, seine Kredite zurückzuführen. Die Verschuldung der öffentlichen Haushalte

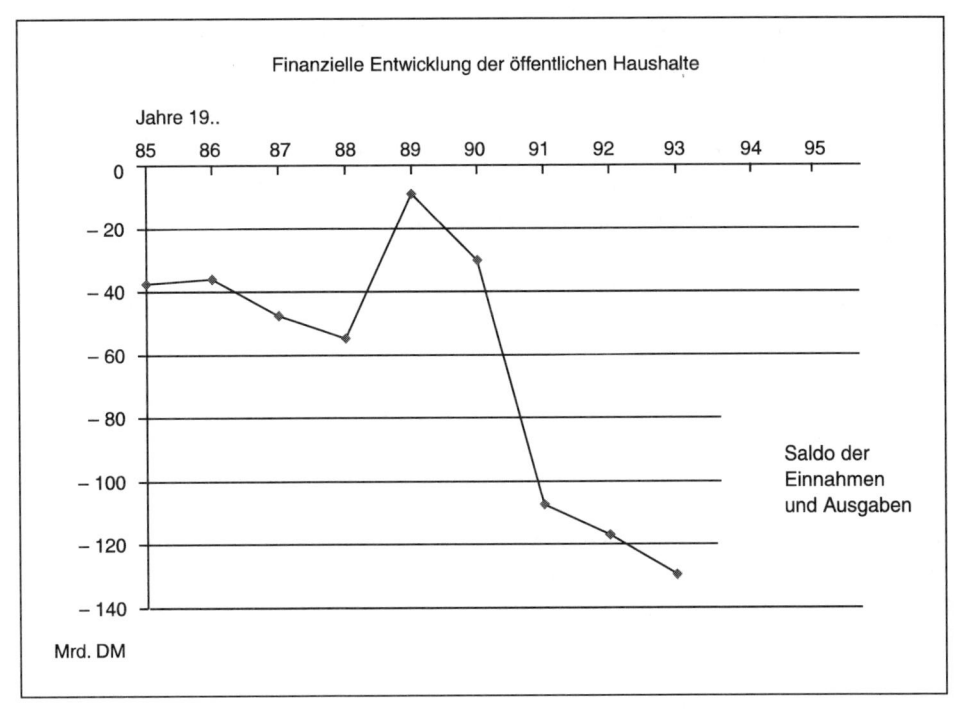

Abbildung 1-28: Saldo der Einnahmen und Ausgaben der öffentlichen Haushalte

nimmt tatsächlich auch zu. Auch bei den öffentlichen Haushalten bietet sich eine differenzierte Betrachtung an. Der Anteil der direkten Ausleihungen von Kreditinstituten ist beim **Bund** schon immer niedriger gewesen als bei den anderen öffentlichen Haushalten. Der Bund hat diesen Anteil trotzdem nochmals von 25,4 Prozent (1987) auf rund 6,1 Prozent (1992) gesenkt. Auffallend ist dabei, daß der Bund in einer Phase massiver Ausweitung der Verschuldung – von rund 440 Milliarden DM (1987) auf rund 611 Milliarden DM (1992) – die Ausleihungen von Kreditinstituten nicht nur prozentual, sondern auch absolut – von rund 112 Milliarden DM (1987) auf rund 37 Milliarden DM (1992) – senkte.

Bei den **Ländern** ist hingegen der prozentuale Anteil der direkten Ausleihungen von Kreditinstituten verhältnismäßig nur gering von ca. 81,6 Prozent (1987) auf rund 78 Prozent (1992) gefallen, bei gleichzeitig leichter absoluter Steigerung von 232 Milliarden DM (1987) auf 286 Milliarden DM (1992). Bei den Gemeinden beläuft sich der Anteil der direkten Ausleihungen von Banken auf weit über 90 Prozent.

In den letzten Jahren hat der Bund verstärkt seine Finanzierung in verbriefter Form betrieben. Insbesondere die Bundesanleihen haben dabei auf hohem Niveau an Bedeutung noch hinzugewonnen. Im Juni 1994 hatten die Anleihen mit rund

338,5 Milliarden DM einen prozentualen Anteil von über 49 Prozent an der Gesamtverschuldung des Bundes.

Die Hausbank des Staates ist die Bundesbank. Sie arbeitet insbesondere als „Fiscal Agent" für die öffentliche Hand, denn sie darf dem Staat zwar nur sehr begrenzt direkte Finanzierung gewähren, hilft ihm jedoch, seine Finanzierung zu optimieren. Dabei berät die Deutsche Bundesbank den Emittenten über Marktlage, Konditionen, verkaufstechnische Fragen und den sinnvollen Einsatz von neuen Finanzierungsinstrumenten. Die Bundesbank hat Einfluß auf die Emissionsplanung im Ausschuß für Kreditfragen der öffentlichen Hand und im Zentralen Kapitalmarktausschuß. Hierüber kann eine Optimierung des Emissionsfahrplans erreicht werden, der hilft, beste Marktkonditionen zu sichern.

Die Schuldverschreibungen des Bundes werden in erster Linie durch die Bundesbank begeben. Die Bundesanleihen werden über einen Verbund von rund 100 Banken, dem sogenannten Bundesanleihen-Konsortium, plaziert. Seit Juli 1986 sind in diesem Konsortium auch Kreditinstitute vertreten, die ganz oder mehrheitlich in ausländischem Besitz sind. Dieses Konsortium wird von der Deutschen Bundesbank geführt, die auch die banktechnische Abwicklung und Abrechnung der Emissionen übernimmt. Als zusätzlichen Service stellt die Bundesbank ihre Zweiganstalten als Verkaufsstellen zur Verfügung und betreibt Werbung und Öffentlichkeitsarbeit für die Emissionen des Staates. Von besonderer Bedeutung ist auch die bereits erwähnte Kurspflege der Deutschen Bundesbank. Kombiniert mit der einwandfreien Bonität des Bundes führt dieser Service dazu, daß der Bund traditionell die besten Konditionen am Kapitalmarkt erhält.

Länder und Gemeinden können sich im allgemeinen nicht ganz so erstklassig finanzieren wie der Bund. Hier sind noch Beratungsmöglichkeiten für die Geschäftsbanken offen. Versuche einiger kommunaler Einrichtungen, sich sogar im derivativen Markt (vgl. Kapitel II, 4.) zu bewegen, führten leider zu negativen Ergebnissen mit entsprechenden Reaktionen in der Öffentlichkeit. Dennoch lassen sich auch positive Ansätze erkennen. Innovative Wege werden zukünftig sicherlich auch bei Ländern und Gemeinden häufiger eingeschlagen.

### RESÜMEE

Der zukünftige Erfolg wird für einige Banken durch ihre Innovationskraft bestimmt. Für alle Banken bestimmt sich der zukünftige Erfolg durch ihre Fähigkeit, angemessene Beratungsqualität zu liefern. Die Beherrschung von quantitativen Methoden wird für den Bankkaufmann verstärkt an Bedeutung gewinnen. Mit dem nächsten Abschnitt wollen wir hierzu die wesentlichen Grundlagen vermitteln.

## KONTROLLFRAGEN

1. Nennen Sie drei Charakteristika des deutschen Bankensystems, die sich während der jüngsten Finanzkrisen als Vorzüge erwiesen.
2. Welche Beobachtungen lassen Grenzen des Wachstums bei klassischen Bankgeschäften vermuten?
3. Wodurch wird die klassische Intermediationsfunktion der Banken gefährdet?
4. Erklären Sie den Begriff „Abwicklungsrisiko".
5. Erklären Sie, warum das Privatkundengeschäft in Deutschland eine wichtige Refinanzierungsquelle für die Geschäftsbanken darstellt.
6. Wie veränderte sich die Kreditnachfrage der öffentlichen Haushalte in den Jahren 1990 bis 1993?

## LITERATUR ZUM WEITERLESEN

- Einen weiterführenden Bericht lesen Sie in

  Dominic Casserley, **Facing up to the risks – how financial institutions can survive and prosper**, New York 1991.

- Immer gut für statistische Angaben:

  Deutsche Bundesbank, **Die Ertragslage der deutschen Kreditinstitute im Jahre 1993**, Monatsbericht Oktober 1994, S. 19–47.

- Wie schon an anderer Stelle empfohlen:

  Erich Priewasser, **Die Priewasser-Prognose, Bankstrategien und Bankmanagement 2009**, Frankfurt 1994.

- Für alle, die es ganz genau wissen wollen:

  Henner Schierenbeck, **Controlling im Firmenkundengeschäft**, in: K. Juncker/E. Priewasser (Hrsg.): Handbuch Firmenkundengeschäft. Das Firmenkundengeschäft auf dem Weg ins 21. Jahrhundert, Frankfurt 1993.

## 4. Grundlegende Analysemethoden im Finanzbereich

*Auf der Suche nach dem Schnäppchen*

„There is no free lunch."

> Die Zeiten im Bankgewerbe sind härter geworden. Dies wird besonders durch die immer enger werdenden Margen bei vielen Produkten deutlich. Es ist daher umso wichtiger, eine genaue Vorstellung zu haben, welche Produkte Gewinn und welche Verlust bringen. Da im Bankgeschäft in erster Linie mit Geldflüssen gearbeitet wird, sollten Ihnen die Grundzüge der Bewertung vertraut sein. In diesem Abschnitt wird deshalb der Nettobarwert sowie der Effektivzins als Entscheidungskriterium für Kredit- und Wertpapiertransaktionen vorgestellt. Im letzten Teil können dann einige interessante Aspekte wie die Zinsstruktur und auch Zukunftszinssätze (Forwards) vorgestellt werden.

### LEITFRAGEN

1. Was ist eine Aktie wert?
2. Was sind die Entscheidungskriterien einer Kreditvergabe?
3. Was bedeutet der Effektivzins, der bei allen Krediten ausgewiesen werden muß?

Im Vordergrund der Banktätigkeit steht der Umgang mit Finanztiteln. Diese müssen sorgfältig analysiert werden, um Entscheidungen über die sinnvolle Auswahl der unterschiedlichen Anlage- und Kreditmöglichkeiten treffen zu können. Dabei ist die Grundidee sehr einfach: Unterbewertete Anlagen sollten gekauft und überbewertete verkauft werden. Ob ein Wertpapier über- oder unterbewertet ist, kann aber (leider) letztlich nie genau bestimmt werden. Um die Sicherheit der Finanzanalyse dennoch zu erhöhen, werden im folgenden die **Kerngedanken der modernen Finanzmathematik** dargestellt.

Finanzmanagement ist ein aufregendes Feld, denn es müssen ständig viele Entscheidungen getroffen werden: Dies sind Auswahlentscheidungen in bezug auf Kauf und Verkauf von Wertpapieren, Investitionsentscheidungen, aber auch die Vergabe von Krediten. Grundlage solcher Entscheidungen sind drei Elemente:

- **Bewertung**
  Die Bewertung von Kapital ist unumgänglich. Nur so können „billige" Alternativen gefunden und „teure" Titel verkauft werden. Eine Vielzahl interessanter Theorien ist in den letzten Jahren entwickelt worden, um solche Fragen lösen zu können.

- **Zeit und Unsicherheit**
  Entscheidungen sind immer auf Zeiträume bezogen. Daher müssen Zahlungen, die zu unterschiedlichen Zeitpunkten erfolgen, miteinander vergleichbar gemacht werden. Oft sind die Zahlungsströme auch unsicher, das Risiko muß daher zusätzlich in die Entscheidung mit einfließen.

- **Menschenkenntnis**
  Eine allgemeine Theorie kann nicht die Menschenkenntnis ersetzen, denn jede Form der Finanztheorie kann persönliche Entscheidung nur unterstützen. Völlige Berechenbarkeit wäre langweilig, aber ohne die theoretischen Grundlagen ist die Wahrscheinlichkeit „richtige" Entscheidungen zu treffen, deutlich kleiner.

## 4.1 Gegenwartswerte und Opportunitätskosten

Gegenwartswerte dienen als Grundlage, um verschiedene Zahlungsreihen miteinander vergleichbar zu machen. Dabei spielt es keine Rolle, ob es sich um Kredite, Anleihen oder Aktien handelt; für die Finanzanalyse ist letztlich alles nur ein Strom von Geldern, die mehr oder weniger sicher zu bestimmten Zeitpunkten der Zukunft gezahlt oder eingenommen werden. Die Kernentscheidung lautet also immer: Möchte ich diesen Zahlungsstrom erwerben, und welchen Preis bin ich bereit, heute dafür zu bezahlen? Die Grundregel jedes Barwertes ist so einfach, daß es umso erstaunlicher ist, wie oft sie nicht beachtet wird: „Zahlungen, die in der Zukunft liegen, sind weniger wert als Zahlungen heute."

Der Zusammenhang ist leicht an einem Beispiel zu verdeutlichen. Wenn ein Investor in einem Jahr 50.000 DM braucht, muß er bei einem Zinssatz von 8 Prozent heute nur

$$PV = \frac{50.000}{1,08} = 46.296,30 \, DM$$

anlegen.

Eine Zahlung kann also in drei Komponenten zerlegt werden:

1. **Bekomme** ich Geld oder muß ich zahlen (positives oder negatives Vorzeichen)?
2. **Wann** bekomme ich das Geld?
3. Wie hoch ist der **Zinssatz**?

Die Bewertung geschieht in der Regel mit Hilfe des **Gegenwartswertes** (Present Value = PV). Alternativ wird manchmal auch der Endpunkt einer Zahlungsreihe, also der **Zukunftswert** (Future Value = FV), benutzt. Zur Ermittlung des Gegenwartswertes müssen zukünftige **Zahlungen** (Z) mit einem **Abzinsungsfaktor** (1+r) abdiskontiert werden. Eine Zahlung in einem Jahr (Z1) bei einem Zinssatz (r) hat also einen Gegenwartswert von:

$$PV = \frac{1}{1+r} \cdot Z_1$$

Umgekehrt gilt für das Verhältnis von Zukunftswert und Gegenwartswert:

$$FV = (1 + r) \cdot PV$$

Für unseren Investor bedeutet dies, daß aus seiner Anlage nach einem Jahr

$$FV = 46.296,30 \text{ DM} \cdot (1 + 0,08) = 50.000 \text{ DM}$$

werden.

Der Zins ist also ein Preis dafür, daß eine spätere Zahlung akzeptiert wird. Eigentlich wollten wir aber wissen, ob sich eine Investition lohnt. Um eine solche Entscheidung zu treffen, muß dem Wert der **zukünftigen Zahlungen** der heutige Preis gegenübergestellt werden. Betrachten wir eine Investitionsentscheidung in einer Videothek. Der Besitzer verspricht uns, daß wir für eine Investition heute von 35.000 DM in einem Jahr 45.000 DM zurückgezahlt bekommen. Sollte ich das Angebot annehmen? Als erstes gilt es, einen Vergleichszinssatz zu finden. Eine Alternative wäre eine Termingeldanlage zu 5 Prozent. Nun werfen wir einen ersten Blick auf den **Nettobarwert** (Net Present Value = NPV) der Videothek

$$NPV = -35.000 + \frac{45.000}{1,05} = 7.857,14$$

Was hilft mir das bei meiner Entscheidung? Wenn die Rückzahlung von 45.000 DM sicher wäre, hätte ich, verglichen zum Termingeld, heute einen finanziellen Vorteil von knapp 8.000 DM. Klingt gut, aber stimmt die Opportunität? Die 5 Prozent sind zwar der Preis für die Zeit, aber es ist offensichtlich, daß eine Termingeldeinlage sehr viel sicherer als eine Investition in eine „windige" Videothek ist. Es muß also zum Preis für die Zeit der Preis für das Risiko hinzukommen. Die Erfahrung in dieser Investitionsgruppe hat beispielsweise gezeigt, daß von zehn Videotheken zwei leider schon das erste Jahr nicht überleben und ärgerlicherweise auch ihren Kredit nicht zurückzahlen. Dies heißt, daß in dieser Risikogruppe die acht überlebenden soviel Zinsen bezahlen müssen, daß das verlorene Kapital einschließlich der Zinsen abgedeckt ist. Der Verlust bei zwei Videotheken entspricht 70.000 DM, die wir aber auch zu 5 Prozent anlegen können.

$$2 \cdot 35.000 \text{ DM} \cdot 1,05 = 73.500 \text{ DM}$$
(Kreditsumme)

Dies bedeutet also pro Videothek einen Risikoanteil von 73.500 : 8 = 9.187,50 und einen prozentualen Aufschlag von mindestens 9.187,50 : 35.000 = 26,25 Prozent. Jedoch hätte dies als Endergebnis nur eine Verzinsung von 5 Prozent zur Folge. Dafür ist es deutlich zuviel Streß, so daß ein entsprechender Risikoaufschlag hier zum Beispiel bei 30 Prozent liegen könnte.

$$NPV = -35.000 + \frac{45.000}{1 + 0,05 + 0,3} = -1.666,67$$

Der Nettobarwert ist negativ geworden, die auf den ersten Blick so vorteilhafte Investition ist also mehr ein Verlustgeschäft. Allgemein gilt, daß eine **Investitionsentscheidung** bei einem positiven Barwert sinnvoll ist. Jedoch muß bei der Abdiskontierung sowohl der Preis für die Zeit als auch die Risikoprämie berücksichtigt werden.

$$NPV = -Z_0 + \frac{Z_1}{1 + r_{Zeit} + r_{Risiko}}$$

Ob ein Vorhaben durchgeführt werden soll, kann nach verschiedenen Kriterien bewertet werden. Sehr häufig steht dabei die Messung der erwarteten **Rendite** des Projekts im Vordergrund. Bei einer einjährigen Investition läßt sie sich leicht ermitteln.

$$\text{Rendite} = \frac{\text{Gewinn}}{\text{eingesetztes Kapital}}$$

Für unsere Videothek ergibt sich die erwartete Rendite wie folgt:

$$\text{Rendite} = \frac{45.000 - 35.000}{35.000} = 28,57\%$$

Eine Investition wird sinnvollerweise dann durchgeführt, wenn die Rendite über der gewünschten Verzinsung, also den **Opportunitätskosten** für Kapital (Marktverzinsung und Risikoprämie), liegt. Dieses Kriterium ist identisch mit einer Analyse des Nettobarwertes, denn eine Investition ist dann sinnvoll, wenn der Nettobarwert positiv ist.

> **DEFINITION**
>
> Die **Entscheidungskriterien** für eine Investition sind
> 1. Nettobarwert ist positiv (Videothek mit −1.666,67 nicht sinnvoll).
> 2. Rendite ist größer als die Opportunitätskosten des Kapitals (28,57 < 35 Prozent).

Bei der Investitionsentscheidung auf funktionierenden Kapitalmärkten spielt die zeitliche Präferenz der Investoren, die Frage, wann sie das Geld zur Verfügung haben wollen, keine Rolle. Ist der relevante Opportunitätssatz bekannt, sollten alle Investitionen mit einem positiven Nettobarwert ausgeführt werden. Anschließend kann über Anlage oder Kredit die Zahlung auf den richtigen Zeitpunkt transferiert werden. In dieser Art steigert ein funktionierender Kapitalmarkt den Wohlstand der Bevölkerung, da er die Möglichkeit bietet, Einkommen und Konsum zeitlich besser zu verteilen.

## 4.2 Gegenwartswerte bei mehreren Perioden

Ein Problem der bisherigen Analyse liegt in der Einschränkung auf nur eine Zahlung in einem Jahr. Die meisten Investitionsentscheidungen beziehen sich aber auf eine **Reihe von Ein- und Auszahlungen**.

Nehmen wir den folgenden Fall: Ausgangspunkt sind zwei Zahlungen, nämlich 100 nach einem Jahr und 100 nach zwei Jahren, wobei der Zinssatz 7 Prozent p. a. beträgt. Um den Gegenwartswert zu betrachten, müssen die Zahlungen abdiskontiert werden. Dabei wird die Zahlung des Jahres 2 zuerst auf Jahr 1 und dann auf heute abdiskontiert.

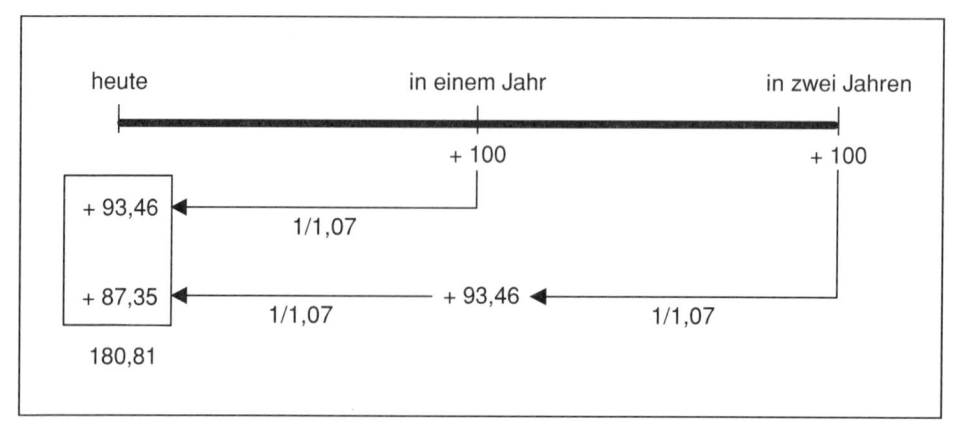

Abbildung 1-29: Ermittlung des Gegenwartswertes eines Zahlungsstroms

Zahlungsströme zum gleichen Zeitpunkt können addiert werden, so daß sich als Gegenwartswert 180,81 ergibt. Für jede Periode ist der relevante Zinssatz anzuwenden. Im folgenden wird von identischen Zinssätzen ausgegangen. Allgemein errechnet sich der **Gegenwartswert** als **Summe der abdiskontierten Zahlungen**:

$$PV = \frac{Z_1}{(1+r_1)^1} + \frac{Z_2}{(1+r_2)^2} + \ldots + \frac{Z_n}{(1+r_n)^n} = \sum_{i=1}^{n} \frac{Z_i}{(1+r_i)^i}$$

Unabhängig von der Länge der Zahlungsreihe behält das Entscheidungskriterium, daß bei positiven Nettobarwerten die Investition ausgeführt werden sollte, seine Gültigkeit. Dies ist ein Vorteil im Vergleich zum Renditekriterium, das bei solchen Reihen schwieriger anzuwenden ist.

**BEISPIEL**

Bei einem Zinssatz von 7 Prozent kann sich ein Investor für folgende Zahlungsreihe entscheiden: Er muß heute und in einem und in zwei Jahren jeweils 100 zahlen, bekommt dafür aber im Jahr 2 ein Einkommen von 400.

| heute | in einem Jahr | in zwei Jahren |
|---|---|---|
| –100 | –100 | –100 |
|  |  | +300 |

Abbildung 1-30: Renditeberechnung

$$NPV = -100 - \frac{100}{1{,}07} + \frac{300}{1{,}07^2} = 68{,}57$$

Die Investition sollte durchgeführt werden.

Es hat sich also gezeigt, daß es einfach ist, einen prognostizierten Zahlungsstrom zu bewerten. Im allgemeinen werden alle **Zahlungen** mit negativen Vorzeichen, alle **Einnahmen** mit positiven Vorzeichen versehen. Nach Abdiskontierung mit den entsprechenden Opportunitätszinssätzen, die oft auch eine Risikokomponente enthalten, ist jede Investition mit positivem Nettobarwert sinnvoll.

Eine andere Möglichkeit, die Investitionsentscheidung zu treffen, ist es, den Zinssatz zu suchen, bei dem der abdiskontierte Wert aller Ausgaben dem abdiskontierten Wert aller Einnahmen entspricht. Dies wird meist als **interne Kapitalverzinsung** (Internal

Rate of Return = IRR) bezeichnet und wird im Abschnitt 4.4 weiter untersucht. Es wird also der Zinssatz gesucht, bei dem der **Nettobarwert einer Investition 0** ist.

$$NPV = 0 = \sum_{i=0}^{n} \frac{Z_i}{(1 + IRR)^i}$$

Die Auswahlentscheidung für ein Projekt entspricht dann dem Renditekriterium. Die Investition sollte verfolgt werden, wenn der **interne Zinssatz größer als der Opportunitätssatz** ist. Die Ergebnisse sind meist identisch. Es kann jedoch zu Problemen kommen, wenn bei einem Zahlungsstrom mehr als einmal Aus- und Einzahlungen wechseln (wie beispielsweise bei einem Bausparvertrag plus Bauspardarlehen). Bei den meisten Bankprodukten ist es aber unproblematisch, da nur eine Zahlung am Anfang steht und dann nur noch Geld zurückfließt.

Andererseits kann der interne Zinsfuß keine Zinsstruktur abbilden. Bei der Errechnung von Barwerten ist es hingegen möglich, für unterschiedliche Zeiträume auch unterschiedliche Zinssätze zu benutzen. Bei internem Zinsfuß wird von einer horizontalen Zinsstrukturkurve ausgegangen. Dies kann bei der Bewertung sehr unterschiedlicher Zahlungsreihen bei anderen Zinsstrukturen zu falschen Ergebnissen führen.

Betrachten wir nun als weiteren Fall einen Angestellten, der plant, seine Rente durch Zinszahlungen aus einer Kapitalanlage aufzustocken. Dabei kommt für ihn eine Anlage ohne Rückzahlung des Kapitals in Frage, es fließen also nur die Zinsen zu. Um ewig eine Zahlung von 10.000 DM pro Jahr zu bekommen, müssen bei einem Zinsniveau von 10 Prozent entsprechend 100.000 DM angelegt werden.

$$PV \cdot r = Z \Leftrightarrow PV = \frac{Z}{r}$$

$$100.000 = \frac{10.000}{0,1}$$

Jedoch führt dieser Ansatz noch nicht ganz zum Ziel. Da unser künftiger Rentner eine jährliche Inflation von 4 Prozent erwartet, wäre später zwar immer die gleiche Summe vorhanden, jedoch die Kaufkraft des Geldes nähme von Jahr zu Jahr ab. Daher entscheidet sich unser Anleger für eine Auszahlungsreihe, die von Jahr zu Jahr um 4 Prozent wächst. Soll die Auszahlung also jährlich um diese 4 Prozent steigen (**Wachstumsfaktor g**), muß ein Teil der Zinsen dem Kapital zugeschlagen werden. Entsprechend höher ist der Preis des Zahlungsstroms. Dieses Problem kann mit Hilfe der Summenformel für eine geometrische Reihe gelöst werden.

$$PV = \frac{Z}{(1+r)} + Z \cdot \frac{1+g}{(1+r)^2} + \ldots + Z \cdot \frac{(1+g)^{n-1}}{(1+r)^n} + \ldots \Leftrightarrow PV = \frac{Z}{r-g}$$

$$PV = \frac{10.000}{0,1 - 0,04} = 166.666{,}66$$

Es müssen also 166.666,66 angelegt werden, damit im Jahr 2 eine jährliche Steigerung von 4 Prozent beginnt. Die Formel kann auch gut **intuitiv** plausibel gemacht werden. Dem Konsumenten stehen letztlich nur die **realen Zinsen**, also nominaler Zins abzüglich der Inflationsrate, zur Verfügung. Dies wird hier durch r – g ausgedrückt.

## 4.3 Gegenwartswerte bei Anleihen und Aktien

Grundsätzlich eignet sich die Barwertanalyse für jede Art von Zahlungsströmen. Für Sie als Banker dürften jedoch besonders **Aktien** (als Beispiel für Eigenkapital) und **festverzinsliche Anleihen** (als Beispiel für Fremdkapital) interessant sein.

### 4.3.1 Bewertung von Anleihen

Nehmen wir uns als Beispiel eine **Bundesanleihe** vor. Da beim Emittenten Bundesrepublik Deutschland kein Ausfallrisiko besteht, kann aus den Anleihebedingungen der versprochene Zahlungsstrom genau festgestellt werden. Um den Preis der Anleihe, also ihren Barwert, zu ermitteln, müssen die Zahlungen mit dem entsprechenden Alternativsatz für eine gleich lange Periode abgezinst werden.

Nehmen wir an, im Jahre 2000 ergibt sich für eine 7-Prozent-Anleihe mit einer Laufzeit bis 2005 (also 5 Jahre) bei einem Opportunitätssatz von 8 Prozent auf den Nominalbetrag von 100 DM folgender Zahlungsstrom:

| 2000 | 2001 | 2002 | 2003 | 2004 | 2005 |
|------|------|------|------|------|------|
| ?    | 7    | 7    | 7    | 7    | 107  |

Abbildung 1-31: Zahlungsstrom einer Anleihe

$$PV = \frac{7}{1{,}08^1} + \frac{7}{1{,}08^2} + \frac{7}{1{,}08^3} + \frac{7}{1{,}08^4} + \frac{107}{1{,}08^5} = 96{,}01$$

Damit läge der **faire Preis** im Jahr 2000 bei 96,01 DM. Da der **Kupon** der Anleihe unter dem aktuellen Zinsniveau liegt, muß dieser Nachteil für den Investor durch einen Abschlag (ein **Disagio**) auf den Preis (= Börsenkurs) ausgeglichen werden. Läge das aktuelle Zinsniveau im Jahr 2000 bei 6 Prozent, müßte ein Aufschlag (**Agio**) gezahlt werden; der Kurswert läge dann mit 104,21 über dem Nominalwert von 100.

$$PV = \frac{7}{1{,}06^1} + \frac{7}{1{,}06^2} + \frac{7}{1{,}06^3} + \frac{7}{1{,}06^4} + \frac{107}{1{,}06^5} = 104{,}21$$

### 4.3.2 Bewertung von Aktien

Für die Bewertung von Eigenkapital gilt grundsätzlich die gleiche Idee, nur ist es viel schwieriger, den zukünftigen Zahlungsstrom abzuschätzen und einen angemessenen Abdiskontierungssatz festzulegen.

Die Frage lautet:

Soll ich die Aktie der Good Buy AG kaufen? Angenommen, ich glaube an eine Dividendenzahlung von 5 in einem Jahr und halte danach einen Kurs von 110 für wahrscheinlich. Als angemessene Rendite für diese Firma sehe ich 15 Prozent an. Der Wert einer Aktie ($P_0$) kurz nach dem Dividendentermin setzt sich einerseits aus der **erwarteten Dividende** (DIV) und andererseits aus dem **erwarteten Kurs** ex Dividende ($P_1$) in einem Jahr zusammen. Dieser erwartete Wert muß dann mit einem angemessenen Zins abdiskontiert werden.

$$P_0 = \frac{DIV_1 + P_1}{1 + r}$$

Für die Good-Buy-Aktie ergibt sich also ein Wert von 100 DM.

$$P_0 = \frac{5 + 110}{1{,}15} = 100$$

Liegt der Börsenkurs unter 100 DM, sollte die Aktie gekauft, liegt er über 100 DM, sollte die Aktie verkauft werden. Jedoch ist es leider unmöglich, zukünftige Aktienkurse mit Sicherheit exakt vorherzusagen (rufen Sie doch einfach mal den Analysten Ihrer Bank an). Jedoch kann die zukünftige Dividende vermutlich leichter geschätzt werden. Verhalten wir uns also entscheidungstypisch und verlegen das Problem der Kursprognose auf ein Jahr später. Bei der Verlängerung der Analyse um eine Periode gilt daher:

$$P_1 = \frac{DIV_2 + P_2}{1 + r}$$

eingesetzt in die Ursprungsformel ergibt das:

$$P_0 = \frac{DIV_1}{1 + r} + \frac{DIV_2 + P_2}{(1 + r)^2}$$

Erwarte ich eine Dividendensteigerung auf 5,5 und einen Preis $P_2$ von 121, ergibt sich weiterhin ein Preis von 100.

$$P_0 = \frac{5}{1{,}15} + \frac{5{,}5 + 121}{1{,}15^2} = 100$$

Dies kann immer weiter in die Zukunft ausgedehnt werden, so daß folgender Zahlungsstrom bewertet werden muß:

$$P_0 = \frac{DIV_1}{(1+r)^1} + \frac{DIV_2}{(1+r)^2} + \ldots + \frac{DIV_h}{(1+r)^h} + \ldots$$

Es wird nichts anderes als der Preis für die abdiskontierten Dividenden errechnet. Da Eigenkapital im Regelfall der Firma bis zum Konkurs zur Verfügung steht, kann die Formel für eine **Annuität mit wachsenden Zahlungen** benutzt werden.

$$P_0 = \frac{DIV_1}{r - g}$$

Um den Wert einer Aktie zu bestimmen, muß daher, ausgehend von der Dividende, „nur" noch deren Wachstum (g) und ein entsprechender Abdiskontierungsfaktor geschätzt werden. Diese Gedanken können am besten mit Hilfe einiger Beispiele verdeutlicht werden:

---

**BEISPIEL**

Die Firma Ewig zahlt 20 DM Dividende. Es sieht so aus, als ob sich dies nie ändern wird. Der Investor ist **risikoneutral** und beurteilt dies wie eine Kapitalanlage mit dem Opportunitätssatz von 15 Prozent. Entsprechend ist ihm die Aktie 133,33 wert.

$$P = \frac{20}{0,15} = 133,33$$

Ein **risikofreudiger** Anleger sieht die Zahlungen eher bei einem Opportunitätssatz von 12 Prozent. Entsprechend ergibt sich für ihn ein Wert von 166,67.

$$P = \frac{20}{0,12} = 166,67$$

Ein **risikoscheuer** Anleger diskontiert mit 25 Prozent ab, daraus ergibt sich dann nur noch ein Wert von 80.

$$P = \frac{20}{0,25} = 80$$

---

Die Bewertung eines Dividendenstroms ist also stark abhängig von dem gewählten Opportunitätssatz. Da der Preis für die Zeit relativ genau festgestellt werden kann, denn es handelt sich ja um das aktuelle Zinsniveau, liegt der Unterschied in der Einschätzung des Risikos, aber auch in der notwendigen Vergütung für dieses Risiko. So ist der junge Investor Zock eher bereit, risikoreiche Investitionen zu tätigen als die Rentnerin Else. Selbst wenn die Einschätzung des Risikos identisch ist, so ist Zock einfach risikofreudiger, also bereit, für einen geringeren Renditeaufschlag das Risiko zu tragen. Entsprechend muß eine Anlageentscheidung die individuelle Risikoneigung des Investors unbedingt berücksichtigen: Es gibt kein optimales Portfolios für alle, sondern nur jeden einzelnen. Im allgemeinen ist der Kapitalmarkt risikoavers, für eine risikoreichere Investition muß auch eine höhere Rendite erwartet werden können.

Ebenfalls wichtig bei der Bewertung ist die **Wachstumsprognose**.

> **BEISPIEL**
>
> Bei der Zukunft AG wird im Moment zwar nur eine Dividende von 8 DM gezahlt; der Investor erwartet jedoch eine Steigerung von 10 Prozent pro Jahr in der Zukunft. Bei einem Abdiskontierungssatz von 15 Prozent ergibt dies einen rechnerischen Wert von 160.
>
> $$P = \frac{8}{0{,}15 - 0{,}10} = 160$$

An dieser Stelle sind einige Warnungen zu Formeln mit konstanten Wachstumsfaktoren angebracht. Sie sind sehr hilfreich, um ein Gefühl für das Problem zu entwickeln, aber meist für konkrete Entscheidungen zu ungenau. Folgende Probleme treten auf:

- Die Bestimmung des **Abzinsungssatzes** ist sehr schwierig.

- Es ist sehr gefährlich, Aktien von Firmen, die im Moment ein starkes Wachstum haben, in dieser Weise zu bewerten. Es ist sehr unwahrscheinlich, daß dies sehr lange anhält.

- Wenn eigene Rechnungen stark von der Marktbewertung abweichen, hat man sich wahrscheinlich bei den Parametern verschätzt (oder alle anderen Marktteilnehmer müßten sich geirrt haben).

In der Praxis wird oft zwischen sogenannten **Dividendenwerten** und **Wachstumswerten** unterschieden. Dies darf theoretisch zu keinen Unterschieden führen. Entscheidend ist letztlich der **Gewinn pro Aktie** (Earning Per Share = EPS). Bei einem Dividendenwert werden die Gewinne voll ausgeschüttet, so daß praktisch kein Wachstum stattfindet. Im Extremfall bleibt dann die Dividendenzahlung konstant, es handelt sich um eine unendliche Rente. Bei einer Dividende von 10 und einem Abzinsungsfaktor von 15 Prozent bedeutet dies:

$$P_0 = \frac{DIV}{r} = \frac{EPS}{r} = \frac{10}{0,15} = 66,667$$

Der rechnerische Preis (= Aktienkurs) für **Wachstumswerte** berücksichtigt, daß neue Investitionen in der Firma unter Risiko- und Renditegesichtspunkten besser sind als die Marktinvestition des Aktionärs bei Ausschüttung. Wird das Einkommen pro Aktie nur zu 5 ausgeschüttet und entsprechend 5 reinvestiert, ergibt sich bei einem erwarteten Dividendenwachstum von 10 Prozent ein Aktienkurs von 100.

$$P_0 = \frac{DIV}{r-g} = \frac{5}{0,15-0,10} = 100$$

Bei höherem erwarteten Wachstum ist dann der Wert entsprechend größer, bei niedrigerem Wachstum geringer.

## 4.4 Effektivverzinsung von Anleihen

Während in der Literatur die Analyse von **Barwerten** als bestes Entscheidungskriterium angesehen wird, ist in der Praxis des Bankenalltags nach wie vor die **Effektivverzinsung** das übliche Kriterium. Banker haben sich daran gewöhnt, in Renditen zu denken. Zusätzlich schreibt die gesetzliche Bestimmung der Preisangabenverordnung die Angabe eines Effektivzinses verbindlich vor. Dies unterstreicht die Bedeutung des Effektivzinses, so daß eine Analyse dieser Größe zum besseren Verständnis von Bankprodukten notwendig ist.

Betrachten wir noch einmal einen Investor, der sich beim Kauf zwischen zwei Anleihen gleicher Bonität entscheiden muß. Dabei ist sein Kerninteresse sehr einfach: Er möchte das Papier mit der höchsten Verzinsung.

|  | Anleihe A | Anleihe B |
|---|---|---|
| Preis (= aktueller Kurs) | 102 | 98 |
| Kupon (= jährliche Zinszahlung) | 8 % | 7 % |
| Laufzeit in Jahren | 4 | 4 |
| Rückzahlungskurs | 100 | 100 |

Abbildung 1-32: Investitionsentscheidung zwischen zwei Anleihen

Die **Nominalverzinsung** ist der vom Emittenten versprochene Zinssatz, im Normalfall der **Kupon,** im Beispiel oben also eine Nominalverzinsung von 8 Prozent beziehungsweise 7 Prozent. Da der Nominalzins jedoch weder den unterschiedlichen Kapitaleinsatz noch die eventuell unterschiedliche Rückzahlung berücksichtigt, spielt er nur im Hinblick auf das jährlich zufließende Geld eine Rolle. Als Entscheidungskriterium ist die Nominalverzinsung daher eher untauglich.

Etwas genauer ist die laufende Verzinsung, der Quotient aus Nominalverzinsung und Kapitaleinsatz. Diese Kennzahl trägt dem einfachen Zusammenhang Rechnung, daß ein gleicher Kupon beziehungsweise Nominalzins bei geringerem Kapitaleinsatz eine höhere Rendite erbringen muß.

Laufende Verzinsung:

$$r_{laufend} = \frac{Nominalzins}{Kurs}$$

Für unsere beiden Anleihen ergibt sich entsprechend eine Verzinsung von

$$r_{laufendA} = \frac{8}{102} = 7{,}84\,\% \qquad r_{laufendB} = \frac{7}{98} = 7{,}14\,\%$$

Auf den ersten Blick scheint also Anleihe A die bessere zu sein. Der Eindruck trügt jedoch. Bei dieser Methode bleiben **Disagiogewinne oder -verluste** außer Betracht, so daß sie auch nur ein sehr ungenaues Maß für die Rendite eines Wertpapiers ist.

Um einen Effektivzins zu erhalten, müssen **Zins, Ausgabekurs, Rückzahlungskurs** und **Tilgungsmodalitäten** berücksichtigt werden. Die beste Abschätzung wird mit der einfachen Effektivverzinsung erreicht. Bei dieser oft auch als „kaufmännisch" bezeichneten Methode werden Zins und anteiliger Rückzahlungsgewinn auf das eingesetzte Kapital bezogen und linear über die Laufzeit verteilt.

Einfache Effektivverzinsung:

$$r_{einfach} = \frac{Kupon + \frac{(Rückzahlung - Kurs)}{Laufzeit}}{Kurs}$$

Für unsere beiden Anleihen ergeben sich also Verzinsungen von

$$r_{einfachA} = \frac{8 + \frac{(100-102)}{4}}{102} = 7{,}35\,\% \qquad r_{einfachB} = \frac{7 + \frac{(100-98)}{4}}{98} = 7{,}65\,\%$$

Offensichtlich ist nach diesem Kriterium die Anleihe B zu bevorzugen. Die einfache Effektivverzinsung ergibt eine meist genügend genaue Annäherung an die „echte" Effektivverzinsung. Allerdings spielt hier der Zeitpunkt der Disagiogewinne und -verluste keine Rolle. Unterjährige Zahlungen werden ebenfalls nicht berücksichtigt, so daß sich dieses Verfahren kaum bei mehreren Kuponzahlungen pro Jahr anbietet. Für eine exakte Bewertung bleibt somit nur die finanzmathematisch richtige Berechnung des Effektivzinses.

Die Effektivverzinsung (IRR, Internal Rate of Return) ist der Zinssatz, mit dem man alle zukünftigen Zahlungen abdiskontieren muß, damit ihr Barwert den heutigen Preis ergibt.

Effektivverzinsung:

$$P = \frac{C_1}{(1+IRR)^1} + \frac{C_2}{(1+IRR)^2} + \frac{C_3}{(1+IRR)^3} + \ldots + \frac{C_n + \text{Rückzahlung}}{(1+IRR)^n}$$

Der Zinssatz (IRR), der diese Gleichung löst, ist also die **Effektivverzinsung** ($r_e$). Da es sich im Regelfall um eine **Gleichung n-ten Grades** handelt, muß die Lösung durch ein **Iterationsverfahren** gefunden werden. Bessere kaufmännische Taschenrechner und Computerprogramme bieten dies für glatte Restlaufzeiten regelmäßig an. Für unsere beiden Anleihen ergibt sich:

$$102 = \frac{8}{(1+IRR_A)^1} + \frac{8}{(1+IRR_A)^2} + \frac{8}{(1+IRR_A)^3} + \frac{108}{(1+IRR_A)^4} \rightarrow IRR_A = 7{,}40\,\%$$

$$98 = \frac{7}{(1+IRR_B)^1} + \frac{7}{(1+IRR_B)^2} + \frac{7}{(1+IRR_B)^3} + \frac{107}{(1+IRR_B)^4} \rightarrow IRR_B = 7{,}60\,\%$$

Nach dem **Effektivzinskriterium** ist Anleihe B also eindeutig besser. Bei Investitionsentscheidungen oder bei Krediten ist eine Näherung an den Effektivzins zum Verständnis der Einflußfaktoren auf die Verzinsung zwar wichtig, jedoch sollte vor der Entscheidung der finanzmathematisch richtige Effektivzins berechnet werden. Betrachten wir die unterschiedlichen Zinssätze noch einmal im Überblick:

|  | Anleihe A | Anleihe B |
|---|---|---|
| Nominalverzinsung | 8,00 % | 7,00 % |
| laufende Verzinsung | 7,84 % | 7,14 % |
| einfache Effektivverzinsung | 7,35 % | 7,65 % |
| Effektivverzinsung | 7,40 % | 7,60 % |

Abbildung 1-33: Unterschiedliche Verzinsung der Beispielsanleihen

Je nach Zinskriterium wären unterschiedliche Entscheidungen zustande gekommen. Eine genaue Analyse der Anleihen zeigt, daß bei einer zeitlich richtigen Berücksichtigung der Zahlungen Anleihe B Alternative mit der besseren Rendite ist.

## 4.5 Effektivverzinsung von Krediten

Wie läßt sich nun das Effektivzinskriterium auf Kredite anwenden? Herr Meier-Schlau möchte einen 2jährigen Kredit von 10.000 DM bei der gerade neugegründeten Flop-Bank aufnehmen. Er zahlt am Ende jedes Jahres 1.000 DM Zinsen und nach zwei Jahren die 10.000 DM zurück. Er fragt bei der Bank nach dem effektiven Jahreszins. Die Flop-Bank ist noch etwas unerfahren damit und stellt folgenden **Zahlungsstrom** auf:

| Zeitpunkt | Heute | Jahr 1 | Jahr 2 |
|---|---|---|---|
| Zahlungsstrom | + 10.000 | – 1.000 | –11.000 |

Abbildung 1-34: Zahlungsstrom bei der Flop-Bank

So kommt die Flop-Bank auf eine **Effektivverzinsung** von 10 Prozent.

$$+10.000 - \frac{1.000}{1,1} - \frac{11.000}{1,1^2} = +10.000 - 909{,}90 - 9.909{,}91 = 0 \rightarrow r_{\text{effektiv}} = 10\,\%$$

Meier-Schlau erklärt, daß dies nicht stimmen kann, da ja noch 171,25 DM Gebühren anfallen. Der Kreditverkäufer ist erstaunt und etwas hilflos. Aber Herr Meier-Schlau hat recht. Es darf sinnvollerweise kein Unterschied gemacht werden, wie eine Zahlung heißt. Im Sinne des Effektivzinses gibt es nur zwei Arten von Geld, das, was man bekommt, und das, was man zahlt. Somit ändern sich Zahlungsstrom und effektiver Jahreszins:

| Zeitpunkt | Heute | Jahr 1 | Jahr 2 |
|---|---|---|---|
| Zahlungsstrom | + 10.000,00 | – 1.000,00 | –11.000,00 |
| Gebühren | –171,25 | | |
| Gesamt | +9.828,75 | – 1.000,00 | –11.000,00 |

Abbildung 1-35: Zahlungsstrom bei der Flop-Bank mit Gebühren

Damit erhöht sich der Effektivzins auf 11 Prozent.

$$+10.000 - 171{,}25 - \frac{1.000}{1{,}11} - \frac{11.000}{1{,}11^2} = +9.828{,}75 - 909{,}90 - 8.927{,}85 = 0 \rightarrow r_e = 11\%$$

Da die Zahlung am Anfang des Zahlungsstroms liegt, wird sofort deutlich, wie stark Gebühren die Effektivverzinsung beeinflussen. Als intelligenter Konsument beschließt Meier-Schlau, ein weiteres Angebot einzuholen. Er begibt sich zum Institut auf der anderen Straßenseite. Die Shark-Bank bietet folgende Konstruktion:

| Angebot der Shark-Bank | |
| --- | --- |
| Auszahlung: | 10.300,00 DM (103 %) |
| Gebühren: | 92,68 DM |
| Zinssatz: | 10,00 % auf den Nominalbetrag |
| Rückzahlung: jährlich | 5.000 DM |

Wegen der höheren Auszahlung und der niedrigeren Gebühren entscheidet sich Meier-Schlau spontan für das Angebot der Shark-Bank. War das wirklich schlau?

Betrachten wir zuerst den Zahlungsstrom:

| **Zeitpunkt** | **Heute** | **Jahr 1** | **Jahr 2** |
| --- | --- | --- | --- |
| Zahlungsstrom | + 10.300,00 | – 6.000,00 | – 6.000,00 |
| Gebühren | – 92,68 | | |
| Gesamt | + 10.207,32 | – 6.000,00 | – 6.000,00 |

Abbildung 1-36: Zahlungsstrom bei der Shark-Bank mit Gebühren

Meier-Schlau besucht die Flop-Bank und erzählt von seinem tollen Kredit bei der Shark-Bank. Inzwischen wird dort die Kreditabteilung von einem Leser dieses Buches geleitet. Der erklärt Meier-Schlau, daß sein Kredit bei der Shark-Bank von der Effektivverzinsung her teurer ist. Meier-Schlau ist empört, denn der Mitarbeiter der Shark-Bank hatte ihm vorgerechnet, daß die Summe seiner Zahlungen geringer sei als bei der Flop-Bank.

|  | Flop-Bank | Shark-Bank |
|---|---|---|
| Gebühr | 171,25 | 92,68 |
| Jahr 1 | 1.000,00 | 6.000,00 |
| Jahr 2 | 11.000,00 | 6.000,00 |
| Summe der Zahlungen | 12.171,25 | 12.092,68 |
|  |  |  |
| Auszahlung | 10.000,00 | 10.300,00 |

Abbildung 1-37: Vergleich der Zahlungsreihen der beiden Banken

Bei einer zeitlich nicht gewichteten Aufstellung der Zahlungen muß bei Flop für eine höhere Auszahlung weniger zurückgezahlt werden. Dies ist auf den ersten Blick ein gutes Argument. Bei der Errechnung des effektiven Jahreszinses stellt Meier-Schlau jedoch fest, daß die effektive Belastung mit 11,5 Prozent über dem der Flop Bank liegt.

$$+10.207{,}32 - \frac{6.000}{1{,}115} - \frac{6.000}{1{,}115^2} = +10.207{,}32 - 5.381{,}17 - 4.826{,}16 = 0 \rightarrow r_e = 11{,}5\,\%$$

Der Kredit wäre bei Flop also doch günstiger gewesen.

## 4.6 Besonderheiten bei der Effektivverzinsung

Nach diesem Einstieg in die Problematik der Bewertung sollen nun noch kurz einige spezielle Besonderheiten vorgestellt werden, die im Bankgeschäft häufiger vorkommen.

Auf dem **Geldmarkt** wird im unterjährigen Bereich meist mit Diskontpapieren und linearer Zinsverrechnung gearbeitet. Besonders zu beachten ist hierbei die Zählweise der Zinstage. In den meisten Ländern, auch in Deutschland, werden die effektiven Tage der Anlage gezählt und dann durch 360 als Basis geteilt (act/360).

## BEISPIEL

Eine Anlage von 100 Geldeinheiten zu einem Zinssatz von 10 Prozent für ein Jahr auf dem Geldmarkt führt zu einer Rückzahlung von:

$$100 \cdot \left(1 + 0{,}1 \cdot \frac{365}{360}\right) = 110{,}14$$

Dies ist sicherlich einer der wenigen Fälle, bei denen eine Bank mehr Zinsen zahlt, als sie verspricht!

Bei mehrjährigen Laufzeiten, also auf dem **Kapitalmarkt,** wird der Zinseszinseffekt mit in die Betrachtung einbezogen. Die einfachste Form einer mehrjährigen Anlage ist eine **Zero-Kupon-Struktur**, also eine einmalige Einzahlung bei Abschluß in Verbindung mit einer durch die Verzinsung bestimmten einmaligen Rückzahlung am Ende der Laufzeit. Der Preis eines **Zero-Bonds** (Nullkuponanleihe) ergibt sich daher als:

$$\text{Preis} = \frac{\text{Rückzahlung}}{(1 + \text{IRR})^n}$$

## BEISPIEL

Bei einer Rückzahlung von 100 Geldeinheiten und einem Marktzinsniveau von 10 Prozent besitzt ein Zero-Bond mit 5jähriger Restlaufzeit einen Wert von:

$$\frac{100}{(1 + 0{,}1)^5} = 62{,}09$$

Entsprechend problemlos läßt sich bei bekanntem Preis und Rückzahlungskurs der Effektivzinssatz ($r_e$) eines Zero-Bonds ermitteln.

$$r_e = \text{IRR} = \left(\frac{\text{Rückzahlung}}{\text{Preis}}\right)^{\frac{1}{n}} - 1, \text{ wobei n = Laufzeit in Jahren und } r_e = \text{Effektivzins}$$

## BEISPIEL

Ein 10jähriger Zero-Bond mit einer Rückzahlung von 100 Geldeinheiten wird mit einem Kurs von 46,32 Geldeinheiten gehandelt. Hieraus ergibt sich der Effektivzins mit:

$$r_e = \left(\frac{100}{46{,}32}\right)^{\frac{1}{10}} - 1 = 8\,\%$$

Im Regelfall werden am Markt jedoch Kuponanleihen gehandelt. Bei der Bearbeitung von glatten Restlaufzeiten wird bei der Ermittlung der Effektivverzinsung ganz ähnlich vorgegangen. Es müssen in der Realität jedoch in erster Linie gebrochene Laufzeiten, also unvollständige Jahre, in die Analyse einbezogen werden. Hierzu gibt es eine Vielzahl unterschiedlicher Ansätze. Im folgenden soll das sogenannte internationale Verfahren vorgestellt werden, das durch die International Securities Market Association (ISMA, früher AIBD) auf den Euromärkten eingeführt wurde.

Bei Anleihen wird mit dem Kauf generell auch der Stückzins vergütet, der auf einer linearen Verteilung der Jahreszinsen beruht, basierend auf einer Zählung von 30 Tagen pro Monat und 360 Tagen pro Jahr (30/360). Zur Berechnung des Effektivzinssatzes wird der Kurs um die Stückzinsen erhöht, da nur so die echten Aufwendungen beim Kauf erfaßt werden. Für die zukünftigen Zahlungen wird anschließend der tagegenaue Abstand zum Kaufdatum (auf Basis 30/360) ermittelt und dieses Ergebnis dann abdiskontiert.

---

**BEISPIEL**

Bei einer Anleihe mit einem Kupon von 10 Prozent, einem Kaufpreis von 98 Geldeinheiten und 1,5 Jahren Restlaufzeit errechnen sich die Stückzinsen mit:

$$\text{Stückzinsen} = \frac{180}{360} \cdot 10 = 5$$

Damit ergibt sich beim Kauf ein Aufwand von 98 + 5 und somit folgende Zahlungsreihe und damit ein Effektivzinssatz von 11,42 Prozent.

$$0 = -103 + \frac{10}{(1 + \text{IRR})^{\frac{180}{360}}} + \frac{110}{(1 + \text{IRR})^{\frac{540}{360}}}$$

$$0 = -103 + \frac{10}{(1 + 0{,}114)^{\frac{180}{360}}} + \frac{110}{(1 + 0{,}114)^{\frac{540}{360}}} = -103 + 9{,}4736 + 93{,}5264$$

---

Das Problem bei der Benutzung eines einheitlichen Diskontierungssatzes besteht in einer ungenügenden Berücksichtigung der **Zinsstruktur**. Ziel einer genauen Analyse muß es sein, jeder Zahlung einen laufzeitadäquaten Diskontierungsfaktor zuzuordnen, also letztlich eine Struktur von Zero-Kupon-Sätzen zu erhalten.

Mit Hilfe einer Zerostruktur können dann auch Zinssätze für zukünftige Perioden bestimmt werden. Diese Forward-Sätze ($r_{fn}$) sind in der Zukunft beginnende einperiodige Zinssätze. Sie beruhen auf der Idee, daß eine Anlage über 2 Jahre den gleichen

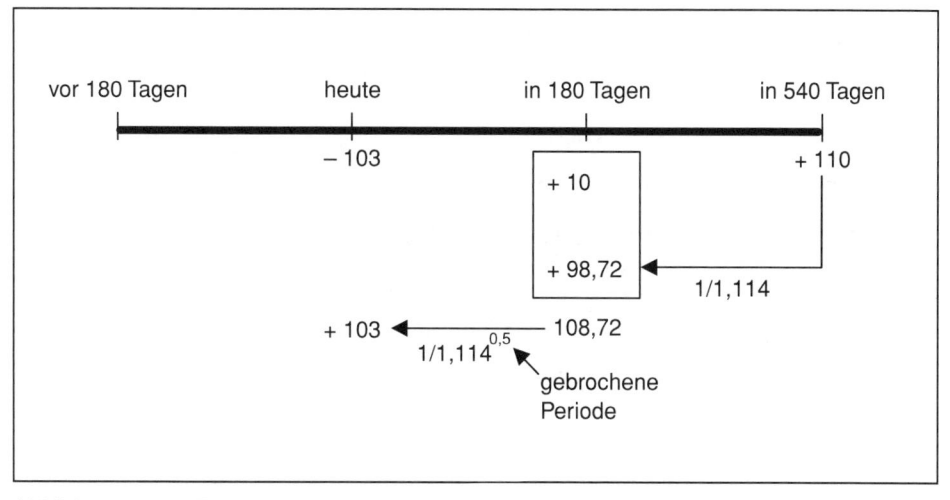

## Grundlegende Analysemethoden im Finanzbereich

```
vor 180 Tagen        heute         in 180 Tagen      in 540 Tagen
     |                 |                |                 |
                    − 103                              + 110
                                   ┌─────────┐
                                   │  + 10   │
                                   │         │
                                   │ + 98,72 │ ◄─── 1/1,114
                                   └─────────┘
                  + 103  ◄──────── 108,72
                        1/1,114^0,5
                                  gebrochene
                                  Periode
```

Abbildung 1-38: Effektivzinsberechnung bei gebrochenen Laufzeiten

Zinsertrag erbringen muß wie eine Anlage für 1 Jahr bei gleichzeitigem Abschluß einer Forward-Anlage für ein weiteres Jahr in einem Jahr. Dabei bezeichnet also $r_{fn}$ eine Anlage vom Jahr n-1 bis zum Jahr n. Aus den Zero-Kupon-Sätzen sollten sich bei informationseffizienten Märkten immer die **Forward-Sätze** errechnen lassen (vgl. Abschnitt 4.2.1). Für Forward-Sätze im Kapitalmarkt gilt:

$$(1 + r_{n-1})^{n-1} \cdot (1 + r_{fn})^1 = (1 + r_{sn})^n \leftrightarrow r_{fn} = \frac{(1 + r_{sn})^n}{(1 + r_{n-1})^{n-1}} - 1$$

mit $r_{fn}$ = Forward-Satz für die Periode n-1 bis n.

### BEISPIEL

Aus einer Zinsstruktur von:
$r_{s1} = 10\ \%$
$r_{s2} = 11\ \%$
$r_{s3} = 12\ \%$

ergeben sich folgende Forward-Sätze:

$$r_{f2} = \frac{(1 + r_{s2})^2}{(1 + r_{s1})^1} - 1 = \frac{(1{,}11)^2}{1{,}1} = 12{,}01\ \%$$

$$r_{f3} = \frac{(1 + r_{s3})^3}{(1 + r_{s2})^2} - 1 = \frac{(1{,}12)^3}{(1{,}1)^2} - 1 = 14{,}03\ \%$$

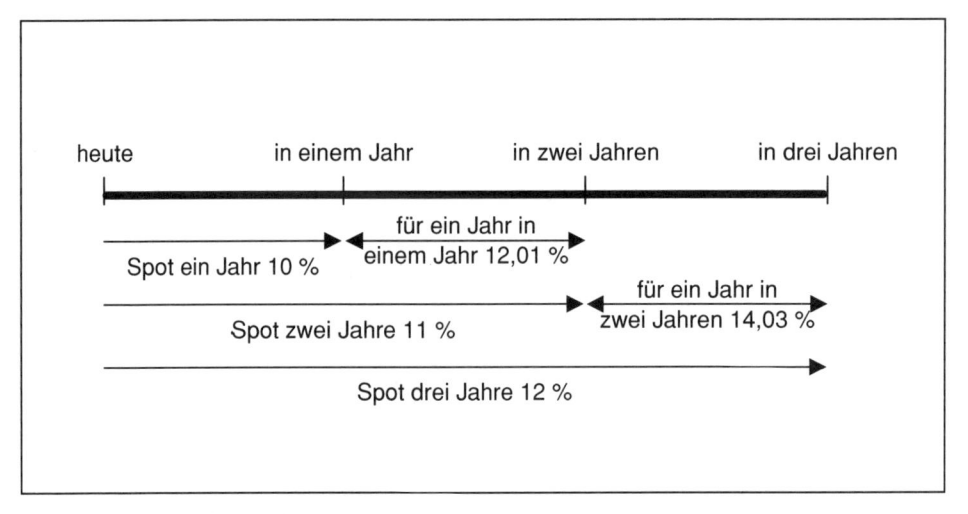

```
heute            in einem Jahr        in zwei Jahren        in drei Jahren
  |                   |                    |                     |
  |───────────────────▶◀───────────────────▶
  Spot ein Jahr 10 %   für ein Jahr in
                       einem Jahr 12,01 %
  |────────────────────────────────────────▶◀──────────────────▶
                                             für ein Jahr in
         Spot zwei Jahre 11 %                zwei Jahren 14,03 %
  |──────────────────────────────────────────────────────────────▶
                       Spot drei Jahre 12 %
```

Abbildung 1-39: Zinsstruktur

### RESÜMEE

Die Bewertung von Finanzanlagen und Krediten gehört zu den wichtigsten Aufgaben des Bankgeschäfts. Mit Hilfe von Barwerten kann der heutige Preis einer zukünftigen Zahlungsreihe ermittelt werden. Mit dem Kriterium, daß bei einem positiven Nettobarwert eine Investition sinnvoll ist, steht dem Entscheider eine gute Basis zur Verfügung. Jedoch spielt dabei einerseits der Preis für die Zeit, andererseits der Preis für das Risiko eine Rolle.

Der Effektivzins ist ein alternatives Kriterium mit der einfachen Logik, daß der Investor auf der einen Seite möglichst viel bekommen möchte, während auf der anderen Seite der Kreditnehmer möglichst wenig bezahlen will. Mit Hilfe von Abdiskontierungen und der Zerlegung des Abdiskontierungssatzes in Zeit und Risiko kann eine Preisfindung von Aktien (Eigenkapital) und Anleihen (Fremdkapital, Kredit) erleichtert werden. Besonders die individuelle Situation, das heißt wie risikoscheu oder risikofreudig der Investor/Anleger ist, entscheidet dann über das optimale individuelle Portfolio.

## KONTROLLFRAGEN

1. Erklären Sie Investitionsentscheidungen auf der Basis von Nettobarwert und Rendite.
2. Welche Faktoren spielen bei der Wahl des Zinssatzes für die Abdiskontierung eine Rolle?
3. Wie hoch ist der Preis einer dreijährigen Bundesanleihe bei einem Kupon von 8 Prozent, wenn das heutige Zinsniveau bei 7 Prozent liegt?
4. Wie kann eine Aktie finanzmathematisch bewertet werden? Welche Probleme stellen sich dabei für die Anwendung auf eine wirkliche Kaufentscheidung?
5. Was ist ein Effektivzins?
6. Wie wirkt sich ein fallender Kurs auf den Effektivzins einer Anleihe aus?
7. Was ist ein Zero-Bond?
8. Wie wird der Effektivzins bei gebrochenen Laufzeiten ermittelt?
9. Welche Bedeutung hat die Zinsstruktur?

## LITERATUR ZUM WEITERLESEN

- Die Grundlagen der Finanzanalyse sind hervorragend dargestellt in:

  R. A. Brealy/S. C. Myers, **Principles of Corporate Finance**, McGraw-Hill International 1994.

- Wer es lieber auf Deutsch möchte, kann nachlesen bei:

  J. S. Süchting, **Finanzmanagement**, Gabler Verlag, Wiesbaden 1992.

- Ein auf die Finanzmathematik in Banken abgestimmtes Buch ist:

  T. Heidorn, **Vom Zins zur Option**, Gabler Verlag, Wiesbaden 1994.

- Mehr auf die Analyse von Wertpapiere bezogen, empfiehlt sich:

  P. Uhlir/P. Steiner, **Wertpapieranalyse**, Physika-Verlag, Heidelberg 1991.

# Kapitel II

# Leistungen und Dienstleistungen der Kreditinstitute

Die Entwicklung der Informationstechnologien sowie die rasche Ausweitung des Wettbewerbs zwischen den Banken auch über die europäischen Grenzen hinaus sind zwei wichtige Bestimmungsgründe für die Veränderungen im Produktangebot, bei den Vertriebsformen, bei der Weiterentwicklung der Organisationsstruktur und auch beim Qualifikationsprofil der Mitarbeiter. Mitten in diesem Umstrukturierungsprozeß soll das zweite Kapitel Ihnen Orientierung geben über die breite Palette typischer Leistungen der **Universalbanken** in Deutschland. Juristisch sind diese Leistungen im § 1 KWG aufgezählt (vgl. Kapitel I, 1.1, S. 3 f.).

Kapitel II ist so aufgebaut, daß Sie die Leistungen und Dienstleistungen nach Abteilungen oder bankbetrieblichen Geschäftsbereichen zuordnen können. Wesentlich ist für die von den Banken angebotenen Leistungen, man spricht auch von **Bankprodukten**, daß sie keine Sachgüter sind. Sie sind ,,unstofflich", sieht man vom Handel mit Goldmünzen und -barren einmal ab. Dies bedeutet auch, daß Kunden in der Regel eine Beratung benötigen; die Produkte sind in der Regel erklärungsbedürftig. Kunden erwerben in aller Regel nicht nur ein Produkt. Das bedeutet, daß die Banken beim Aufbau einer Kundenbeziehung immer ein Leistungsbündel im Blick haben.

## 1. Das Konto als Basis der Kunde-Bank-Beziehung

### Was der Kunde will, zählt

„Vertrauen ist gut, Kontrolle ist besser, am besten: Beratung."
(sehr frei nach Lenin)

> Ohne Vertrauen in die Leistungsfähigkeit einer Bank wird ihr kein Kunde seine Geldangelegenheiten anvertrauen. Ohne eine Mindestmaß an Kontrolle wird umgekehrt niemand, auch keine Bank, Geld verleihen wollen. Noch wichtiger aber, und da müssen wir das bekannte Lenin-Zitat erweitern, ist die Kommunikation zwischen allen Beteiligten, um herauszufinden, was der jeweils andere will: Beratung nennt man das im Bankgeschäft.
>
> Dieser Abschnitt schildert gewissermaßen die ersten Schritte einer Kundenverbindung, denn: Ausgangspunkt (fast) aller Bankgeschäfte ist das Konto. Im Mittelpunkt (fast) aller Bankaktivitäten müssen die Kundenbedürfnisse stehen. Alles Weitere ergibt sich daraus und aus der richtigen Beratung.

**LEITFRAGEN**

1. Wie können die Banken der Gefahr eines Vertrauensverlustes begegnen?
2. Welche Kontrollen sind im Rahmen einer Kontoverbindung im Interesse von Kunden und Bank erforderlich?
3. Wie sollte der Kunde bei Anbahnung und Ausweitung der Geschäftsbeziehung beraten werden?

## 1.1 Kontoarten – Wozu braucht man welches Konto?

Da die meisten Geschäftsvorgänge ihren Niederschlag auf einem Konto finden, kann man es als Dreh- und Angelpunkt der Kundenbeziehung betrachten. Mit einer gründlichen Beratung **vor** Anbahnung der Geschäftsverbindung ist der Kunde in die Lage zu versetzen, das für ihn richtige Konto auszuwählen. Der **Kundenberater** muß dafür sowohl die vom Gesetzgeber vorgeschriebenen als auch die von der Bank selbst formulierten Rahmenbedingungen genau kennen und sie dem Kunden erläutern. Innerbetriebliche Maßnahmen, die der Sicherheit bei der Abwicklung von und Geschäftsvorgängen dienen, sind ebenfalls transparent zu machen. Nur dann können kundengerechte Vereinbarungen entstehen.

Die von Verbraucherverbänden neubelebte Diskussion um das **Girokonto als lebensnotwendiges Gut** im modernen Wirtschaftsleben, dessen Vorenthaltung Privatpersonen wesentliche Chancen und Möglichkeiten ihrer Entfaltung verbaue, sieht das Bedürfnis auf Teilnahme am (bargeldlosen) Zahlungsverkehr als vordringlich an. Der Forderung, jeder habe das Recht auf ein **Konto auf Guthabenbasis** (ohne Dispositionskredit, Euroschecks und Karte für Geldautomaten), wird von den meisten Banken nicht widersprochen. Sie wollen aber nicht auf die üblichen **Bonitätsprüfungen** in Form von Schufa- und Auskunfteiabfragen (vgl. Seite 109) verzichten und widersetzen sich – wie neuerdings auch kommunale Sparkassen und die Postbank – einem **Kontrahierungszwang**, das heißt einer Pflicht zur Kontoeröffnung.

Beschränken sich die Verfügungsmöglichkeiten bei diesen Konten auf Barabhebungen und Überweisungen, die direkt am Schalter der kontoführenden Bank bearbeitet werden, so ist die vertragsgemäße Kontonutzung von der kontoführenden Bank relativ leicht zu kontrollieren. Sehr viel schwieriger und damit kostenträchtiger werden diese Kontrollen, wenn auch Lastschriften als Verfügungsmöglichkeit zugelassen werden. Ob die Führung eines Girokontos auf reiner Guthabenbasis (kreditorisch) allerdings für die Banken attraktiv genug ist, steht auf einem anderen Blatt.

Gehen die Bedürfnisse des Kunden über den engen Rahmen des Kontos auf Guthabenbasis hinaus, will er also vor allem die Annehmlichkeiten des modernen Zahlungsverkehrs nutzen, dann muß der Kundenberater ihn über die komplizierteren rechtlichen Rahmenbedingungen und über die Risiken informieren, die mit dem damit unter Umständen verbundenen Wechsel des Kunden von der Gläubiger- zur Schuldnerposition einhergehen. Die Aushändigung eines Scheckhefts macht das Girokonto zum Scheckkonto und ergänzt den Kontovertrag durch einen Scheckvertrag, in den die Bestimmungen des Scheckgesetzes und die bankspezifischen Sonderbedingungen für den Scheckverkehr einfließen.

Der Kunde muß über die rechtliche Bedeutung seiner Unterschrift auf der Empfangsquittung des Scheckheftes als Zustimmung zum Scheckvertrag mit all seinen Konsequenzen aufgeklärt werden. Die Beratung über die Verwendung der ausgehändigten Schecks sollte bei der Guthabenklausel des Scheckformulars ansetzen. Die Klausel besagt, daß – falls keine weitergehenden Vereinbarungen getroffen sind – ausgestellte Schecks nur im Rahmen des Kontoguthabens eingelöst werden. Die in den Sonderbedingungen für den Scheckverkehr vorgesehene Einlösung trotz mangelndem Guthaben muß die Ausnahme von dieser Regel sein.

Weitergehende Vereinbarungen sind erforderlich, wenn die **debitorische Nutzung** des Kontos (= negativer Kontostand) vom Kunden nicht von vornherein ausgeschlossen wird. Der Wunsch nach **Eurocheques** und **ec-Karte** deutet darauf hin, denn: Eurocheques haben eine Einlösungsgarantie von je 400 DM. Somit hat der Kunde die alleinige Entscheidung darüber, ein Konto zu überziehen. Auf die in den Sonderbedingungen für ec-Karten erwähnte finanzielle Nutzungsgrenze, die eine Überziehung wegen der bestehenden Einlösungsgarantie zunächst nicht verhindern kann, ist besonders hinzuweisen. Die Bank kann bei Überziehungen gegen ihren Willen nur im nachhinein durch Sperren und Einziehen der Karte reagieren. Um Kunden vor Schadensersatzansprüchen bei Überschreitung der finanziellen Nutzungsgrenze zu schützen, wäre es für die Banken ratsam, Eurocheque-Vordrucke und ec-Karten an Privatkunden nur nach vorheriger ausdrücklicher Vereinbarung eines **Kreditrahmens** im Rahmen eines **Kreditvertrages** auszuhändigen. Ob die nach **Verbraucherkreditgesetz** (§ 5 (2)) bei Duldung einer nicht vereinbarten Überziehung vorgesehenen Unterrichtungspflichten der Bank auch rechtlich unerfahrene Privatkunden ausreichend schützen, ist umstritten.

Für den Bedarf an umfassenden Zahlungsverkehrsleistungen und kurzfristigen Krediten bieten die Banken das **Kontokorrentkonto** an. Diese Kontoform erweitert die bisher angesprochenen vertraglichen Regelungen um eine Vereinbarung über die Aufrechnung der gegenseitigen Ansprüche aus der Kontoverbindung, die sog. Kontokorrentabrede. Sie bezieht sich auf § 355 HGB und ist Bestandteil entweder des Kontoeröffnungsantrags (Banken) oder der Allgemeinen Geschäftsbedingungen (Sparkassen). Sie sagt nichts darüber aus, ob und in welcher Höhe dem Kunden Kredit zur Verfügung gestellt wird. Dazu bedarf es eines gesonderten Kreditvertrages.

Abschließend noch kurz die für andere Zwecke angebotenen Kontoarten:

- **Depositenkonten** in der Form von Termingeld- oder Sparkonten ermöglichen dem Kunden eine zinsbringende Anlage vorübergehend nicht benötigter Mittel.
- **Darlehenskonten** erfassen Kredite, die in Darlehensform, das heißt mit einem feststehenden Rückzahlungsmodus, gewährt werden.
- **Depotkonten** erfassen die Nennwerte oder Stückzahlen der Wertpapiere, die der Kunde seiner Bank zur Verwahrung und Verwaltung überläßt.

Die speziellen Vereinbarungen für die zuletzt genannten Kontoarten werden entsprechend den jeweils zugrundeliegenden Bankgeschäften in anderen Abschnitten dieses Buches erläutert. Dieser Abschnitt hier bezieht sich im wesentlichen auf die Giro- und Kontokorrentkonten.

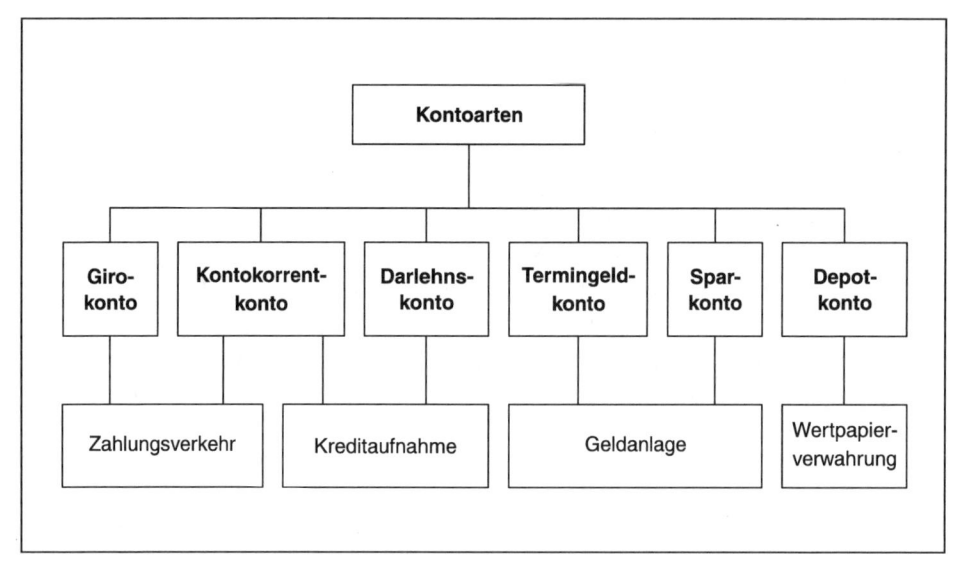

Abbildung 2-1: Kontoarten

## 1.2 Kontovertrag und Allgemeine Geschäftsbedingungen (AGB)

Die juristische Interpretation der durch die Kontoführung repräsentierten Geschäftsverbindung zwischen Kunde und Bank hat sich in den letzten Jahren grundlegend gewandelt. Die Vorstellung vom „allgemeinen Bankvertrag", dessen Inhalt wesentlich durch die **Allgemeinen Geschäftsbedingungen (AGB)** geprägt wird und der die Bank zur Besorgung bestimmter Geschäfte verpflichtet, ist nicht mehr „herrschende" Meinung. Vielmehr geht man heute davon aus, daß einzelne Vertragsarten die Geschäftsverbindung inhaltlich bestimmen und daß die AGB nur in Verbindung mit einem konkreten bankgeschäftlichen Vertrag und nur mit den dieses Geschäft betreffenden Bedingungen wirksam werden.

An die Stelle des allgemeinen Bankvertrags ist der **Girovertrag** getreten. Er gilt als auf entgeltliche Geschäftsbesorgung gerichteter Dienst- oder Werkvertrag nach § 675 BGB. In der Praxis ist für den Girovertrag die Bezeichnung „Kontovertrag" üblich. Der Girovertrag verpflichtet die Bank jedoch nicht zum Abschluß weiterer Einzelverträge, sondern stellt lediglich eine Aufforderung an den Kunden dar, Aufträge für einzelne Geschäftsbesorgungen zu erteilen, die dann jeweils angenommen oder abgelehnt werden können. Die Einzelverträge stehen weniger in einem rechtlichen als vielmehr in einem faktischen Zusammenhang mit dem Girovertrag, weil sie ihn als Abwicklungsgrundlage benötigen.

Im Zuge dieser Entwicklung wächst die Bedeutung der (die AGB ergänzenden) Sonderbedingungen für einzelne Geschäftsarten, die, ,,bei der Kontoeröffnung oder bei Erteilung eines Auftrags mit dem Kunden vereinbart" werden (Nr. 1 der neuen AGB Banken). Die neuen AGB der Banken verzichten (mehr als die neuen AGB der Sparkassen) weitgehend auf inhaltliche Festlegungen für einzelne Geschäfte. Dies ist nur konsequent, denn die **Kontoführung** als solche ist eben kein eigenständiges Bankgeschäft sondern hat nur dienende Funktion für die gesamte Geschäftsverbindung. Für Bank und Kunden bedeutet der ,,Abschied vom Bankvertrag" mehr **Vertragsfreiheit**. So muß zum Beispiel eine Bank trotz abgeschlossenem Girovertrag Lastschrifteinzugsgeschäfte mit dem Kunden ablehnen können. Eine solche Ablehnung muß dann aber unverzüglich geschehen, da nach § 362 HGB das Schweigen auf einen Antrag als Annahme gilt.

Für den Kunden ist es prinzipiell möglich, mit mehreren Banken eine Kontoverbindung aufzunehmen und je nach Geschäftsart oder auch in jedem Einzelfall mal das eine, mal das andere Institut zu beauftragen. Er wird dies von den jeweiligen Bedingungen, in erster Linie von der sachgemäßen Beratung und vom Preis, abhängig machen. Die Bank muß solch aufgeklärte Kunden jede einzelne Leistung in Konkurrenz mit anderen Banken verkaufen. Je attraktiver sie jedoch ihr Produkt ,,Kontoführung" als Zubringer zu ihrer gesamten Leistungspalette ausstattet, desto besser wird sie diesen Kunden an sich binden können.

Für alle genannten Vertragsarten, insbesondere den **Konto- beziehungsweise Girovertrag** gelten die gesetzlichen Regeln für den Abschluß und die Abwicklung von Verträgen: Eine bestimmte Form der Willenserklärungen ist nicht vorgesehen, das heißt sie können mündlich oder auch durch schlüssiges Handeln ausgedrückt werden. Letzteres wird von den Banken vor allem beim Abschluß der den Girovertrag ergänzenden Einzelverträge praktiziert. So bedeutet zum Beispiel die Entgegennahme und Gutschrift der ersten Einzahlung auf einem Girokonto die stillschweigende Zustimmung der Bank zur Verwahrung des eingezahlten Betrages in Form der unregelmäßigen Verwahrung nach § 700 BGB. Aus dieser Vereinbarung, die die Einzahlung als Darlehen des Kunden an die Bank nach § 607 BGB klassifiziert, entsteht normalerweise die Verpflichtung der Bank auf Rückgewährung von Sachen gleicher Art, Güte und Menge, das heißt hier des eingezahlten Geldbetrages.

Modifiziert wird diese Vereinbarung jedoch von den bei Kontoeröffnung getroffenen Abreden. Die bereits erwähnte **Kontokorrentabrede** erlaubt es der Bank, die eingegangene Verpflichtung nach § 355 HGB mit eigenen Leistungen, zum Beispiel der Einlösung eines auf sie gezogenen Schecks, aufzurechnen. Dafür wiederum gelten die Bestimmungen des Scheckgesetzes, die Sonderbedingungen für den Scheckverkehr und andere Vorschriften ... fast muß man sich wundern, wie angesichts dieser vielfältigen rechtlichen Zusammenhänge überhaupt noch eine flotte Bearbeitung dieser ,,eigentlich" doch so einfachen Vorgänge möglich ist.

| | |
|---|---|
| Girovertrag | (§ 675 BGB) |
| Kontokorrentabrede | (§ 355 HGB) |
| Scheckvertrag | (Scheckgesetz) |
| Allgemeine Geschäftsbedingungen | |
| Sonderbedingungen für den Scheckverkehr | |
| Sonderbedingungen für EC-Karten | |

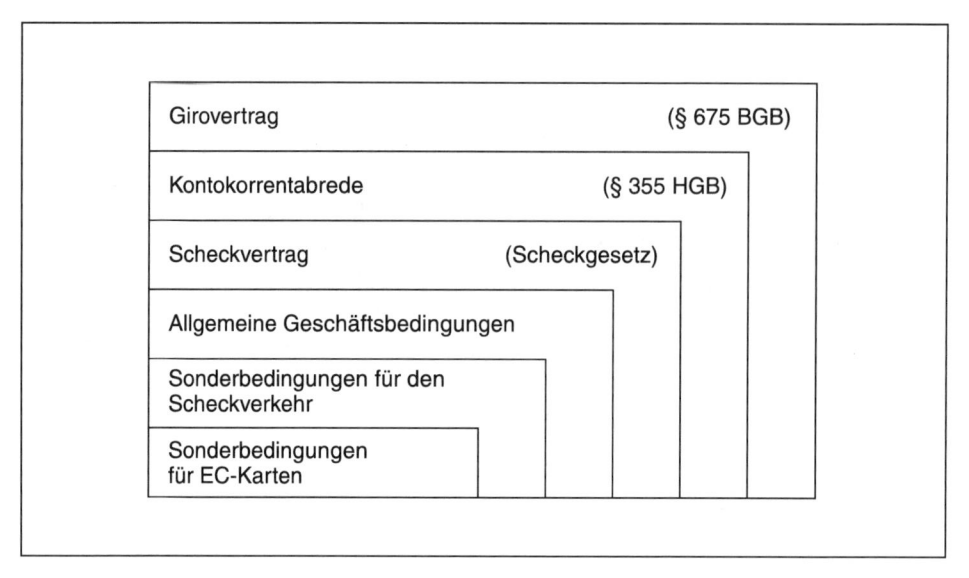

Abbildung 2-2: Inhalte eines Kontovertrags

Das einfache Beispiel der Bareinzahlung auf ein Girokonto zeigt zum einen, daß **schlüssige Handlungen ebenso wie die Vereinbarung von Geschäftsbedingungen vor allem im Massengeschäft des Zahlungsverkehrs unverzichtbar** sind. Zum anderen macht es aber auch die **Verantwortung der kontoführenden Bank** deutlich, den Kunden zumindest ansatzweise **über deren rechtliche Konsequenzen zu informieren**. Die beste Gelegenheit dazu bietet die Kontoeröffnung und die erstmalige Inanspruchnahme einzelner Bankleistungen.

Im Bankverkehr ist wie allgemein im Wirtschaftsverkehr die **schriftliche Form** der Willenserklärungen vor allem bei Abschluß grundlegender Verträge üblich. Beim Kontovertrag sind alle getroffenen Vereinbarungen schriftlich im **Kontoeröffnungsantrag** und den **Allgemeinen Geschäftsbedingungen beziehungsweise Sonderbedingungen** festgehalten.

## Das Konto als Basis der Kunde-Bank-Beziehung

An die
**Dresdner Bank**
Aktiengesellschaft

Ablagehinweis der Bank

Kunden-Stammnummer _____

☐ Eröffnung von Konten/Depots
☐ Eröffnung von Konten/Depots für einen Minderjährigen durch den/die gesetzlichen Vertreter

Hiermit beantrage(n) ich/wir die Eröffnung von Konten/Depots für nachstehend genannten Konto-/Depotinhaber. Für diese sowie für alle künftig unter der oben genannten Kunden-Stammnummer zu eröffnenden Konten/Depots gelten nachfolgende Vereinbarungen:

**Konto-/Depotinhaber**
Familienname
(auch Geburtsname): _____ Vorname: _____

Bei Minderjährigen gesetzlich vertreten durch: _____

Anschrift: _____

evtl. abweichende Postanschrift: _____

Falls weniger als zwei Jahre dort wohnhaft, auch vorherige Anschrift: _____

Ggf. abweichende Heimatanschrift: _____

Geburtsdatum: _____ Geburtsort: _____ Staatsangehörigkeit: _____ Familienstand: _____

Telefonisch tagsüber zu erreichen unter Nr.: _____ Ausgeübter Beruf/Geschäftszweig: _____

Arbeitgeber: _____

**Angabe nach § 8 GwG[1)]**

☐ ich handele für eigene Rechnung
☐ ich handele für[2)]

☐ Der Minderjährige führt das Depot/Konto für eigene Rechnung
☐ Der Minderjährige führt das Konto Konto/Depot für Rechnung von[2)]

**1. Kontokorrentabrede, Rechnungsperiode**
Jedes Konto wird in laufender Rechnung geführt (Kontokorrentkonto), sofern nicht eine abweichende Regelung besteht. Bei einem Kontokorrentkonto erteilt die Bank jeweils zum Ende eines Kalenderquartals einen Rechnungsabschluß, sofern etwas anderes nicht ausdrücklich, aus Beweisgründen schriftlich, mit der Bank vereinbart wurde.
Die Rechtswirkungen eines Rechnungsabschlusses sowie die Pflicht, dessen Inhalt zu prüfen und gegebenenfalls Einwendungen zu erheben, sind in Nr. 7 der Allgemeinen Geschäftsbedingungen geregelt.

**2. Verfügungsberechtigung bei Minderjährigen-Konten/Depots**
Bis zur Volljährigkeit des Minderjährigen soll(en) verfügungsberechtigt sein
1. ☐ die gesetzlichen Vertreter nur gemeinsam
2. ☐ die gesetzlichen Vertreter jeder für sich allein bis zu einem jederzeit zulässigen Widerruf durch einen gesetzlichen Vertreter; über einen Widerruf ist die Bank unverzüglich und aus Beweisgründen schriftlich zu unterrichten.
3. ☐ daneben auch der Minderjährige selbst für sämtliche Verfügungen über Kontoguthaben und Depotwerte bis zu einem jederzeit zulässigen Widerruf durch einen gesetzlichen Vertreter; über einen Widerruf ist die Bank unverzüglich und aus Beweisgründen schriftlich zu unterrichten.

**3. Konto-/Depotmitteilungen**
Alle das Konto/Depot betreffenden Mitteilungen sind an die o.g. Postanschrift zu richten, sofern etwas anderes nicht ausdrücklich, aus Beweisgründen schriftlich, mit der Bank vereinbart wurde.

**4. Einwilligung zur Übermittlung von Daten an die SCHUFA** (gilt nur für Kontokorrentkonten)
Ich/wir willige(n) ein, daß die Bank der für meinen/unseren Kontokorrentkonto zuständigen SCHUFA-Gesellschaft (Schutzgemeinschaft für allgemeine Kreditsicherung) Daten über die Beantragung, die Aufnahme und Beendigung dieser Kontoverbindung übermittelt.
Unabhängig davon wird die Bank der SCHUFA auch Daten aufgrund nicht vertragsgemäßen Verhaltens (z.B. Scheckkartenmißbrauch durch den rechtmäßigen Karteninhaber, Scheckrückgabe mangels Deckung, Wechselprotest, beantragter Mahnbescheid bei unbestrittener Forderung sowie Zwangsvollstreckungsmaßnahmen) melden. Diese Meldungen dürfen nach dem Bundesdatenschutzgesetz nur erfolgen, soweit dies zur Wahrung berechtigter Interessen der Bank, eines Vertragspartners der SCHUFA oder der Allgemeinheit erforderlich ist und dadurch meine/unsere schutzwürdigen Belange nicht beeinträchtigt werden.
Soweit hiernach eine Übermittlung erfolgen kann, befreie(n) ich/wir die Bank zugleich vom Bankgeheimnis.
Die SCHUFA speichert die Daten, um den ihr angeschlossenen Kreditinstituten, Kreditkartenunternehmen, Leasing-Gesellschaften, Einzelhandelsunternehmen einschließlich des Versandhandels und sonstigen Unternehmen, die gewerbsmäßig Geld- oder Warenkredite an Konsumenten geben, Informationen zur Beurteilung der Kreditwürdigkeit von Kunden geben zu können. An Unternehmen, die gewerbsmäßig Forderungen einziehen und der SCHUFA vertraglich angeschlossen sind, können zum Zwecke der Schuldner-Ermittlung Adreßdaten übermittelt werden. Die SCHUFA stellt die Daten ihren Vertragspartnern nur zur Verfügung, wenn diese ein berechtigtes Interesse an der Datenübermittlung glaubhaft darlegen. Die SCHUFA übermittelt nur objektive Daten ohne Angaben des kontoführenden Instituts; subjektive Werturteile, persönliche Einkommens- und Vermögensverhältnisse sind in SCHUFA-Auskünften nicht enthalten.
Ich kann/Wir können Auskunft bei der SCHUFA über die mich/uns betreffenden gespeicherten Daten erhalten.

**Die Adresse der SCHUFA lautet:**

Ich/Wir willige(n) ein, daß im Falle eines Wohnsitzwechsels die vorgenannte SCHUFA die Daten an die dann zuständige SCHUFA übermittelt.
Weitere Informationen über das SCHUFA-Verfahren enthält ein Merkblatt, das auf Wunsch zur Verfügung gestellt wird.

**5. Einbeziehung der Geschäftsbedingungen**
Maßgebend für die Geschäftsverbindung sind die **Allgemeinen Geschäftsbedingungen** der Bank. Daneben gelten für einzelne Geschäftsbeziehungen **Sonderbedingungen**, die Abweichungen oder Ergänzungen zu diesen Allgemeinen Geschäftsbedingungen enthalten; insbesondere handelt es sich hierbei um die Bedingungen für den Scheckverkehr, für den ec-Service, für den Sparverkehr, für das Wertpapiergeschäft einschließlich des Handels in Devisen und Sorten. Für die an deutschen Börsen abzuwickelnden Börsenaufträge gelten die Bedingungen für die Geschäfte an deutschen Wertpapierbörsen.
Der Wortlaut der einzelnen Regelungen kann in den Geschäftsräumen der Bank eingesehen werden. Der Kontoinhaber kann auch später noch die Übersendung der Allgemeinen Geschäftsbedingungen und Sonderbedingungen an sich verlangen.

Ort, Datum, Unterschrift(en) des Kontoinhabers bzw. des/der gesetzlichen Vertreter(s) – **Vorstehende Unterschrift(en) bitten wir auf der Rückseite als Unterschriftsprobe zu wiederholen.**

1) Gesetz über das Aufspüren von Gewinnen aus schweren Straftaten (Geldwäschegesetz – GwG).
2) Hier sind Name(n) und Anschrift(en) des-/derjenigen einzutragen, für dessen/deren Rechnung das Konto/Depot geführt wird.

**Abbildung 2-3:** Kontoeröffnungsantrag für Privatkunden

# Dresdner Bank

# Allgemeine Geschäftsbedingungen

## Grundregeln für die Beziehung zwischen Kunde und Bank

1. **Geltungsbereich und Änderungen dieser Geschäftsbedingungen und der Sonderbedingungen für einzelne Geschäftsbeziehungen**

   **(1) Geltungsbereich**

   Die Allgemeinen Geschäftsbedingungen gelten für die gesamte Geschäftsverbindung zwischen dem Kunden und den inländischen Geschäftsstellen der Bank (im folgenden Bank genannt). Daneben gelten für einzelne Geschäftsbeziehungen (zum Beispiel für das Wertpapiergeschäft, für den ec-Service, für den Scheckverkehr, für den Sparverkehr) Sonderbedingungen, die Abweichungen oder Ergänzungen zu diesen Allgemeinen Geschäftsbedingungen enthalten; sie werden bei der Kontoeröffnung oder bei Erteilung eines Auftrags mit dem Kunden vereinbart. Unterhält der Kunde auch Geschäftsverbindungen zu ausländischen Geschäftsstellen, sichert das Pfandrecht der Bank (Nr. 14 dieser Geschäftsbedingungen) auch die Ansprüche dieser ausländischen Geschäftsstellen.

   **(2) Änderungen**

   Änderungen dieser Geschäftsbedingungen und der Sonderbedingungen werden dem Kunden schriftlich bekanntgegeben. Sie gelten als genehmigt, wenn der Kunde nicht schriftlich Widerspruch erhebt. Auf diese Folge wird ihn die Bank bei der Bekanntgabe besonders hinweisen. Der Kunde muß den Widerspruch innerhalb eines Monats nach Bekanntgabe der Änderungen an die Bank absenden.

2. **Bankgeheimnis und Bankauskunft**

   **(1) Bankgeheimnis**

   Die Bank ist zur Verschwiegenheit über alle kundenbezogenen Tatsachen und Wertungen verpflichtet, von denen sie Kenntnis erlangt (Bankgeheimnis). Informationen über den Kunden darf die Bank nur weitergeben, wenn gesetzliche Bestimmungen dies gebieten oder der Kunde eingewilligt hat oder die Bank zur Erteilung einer Bankauskunft befugt ist.

   **(2) Bankauskunft**

   Eine Bankauskunft enthält allgemein gehaltene Feststellungen und Bemerkungen über die wirtschaftlichen Verhältnisse des Kunden, seine Kreditwürdigkeit und Zahlungsfähigkeit; betragsmäßige Angaben über Kontostände, Spargutenhaben, Depot- oder sonstige der Bank anvertraute Vermögenswerte sowie Angaben über die Höhe von Kreditinanspruchnahmen werden nicht gemacht.

   **(3) Voraussetzungen für die Erteilung einer Bankauskunft**

   Die Bank ist befugt, über juristische Personen und im Handelsregister eingetragene Kaufleute Bankauskünfte zu erteilen, sofern sich die Anfrage auf ihre geschäftliche Tätigkeit bezieht. Die Bank erteilt jedoch keine Auskünfte, wenn ihr eine anderslautende Weisung des Kunden vorliegt. Bankauskünfte über andere Personen, insbesondere über Privatkunden und Vereinigungen, erteilt die Bank nur dann, wenn diese generell oder im Einzelfall ausdrücklich zugestimmt haben. Eine Bankauskunft wird nur erteilt, wenn der Anfragende ein berechtigtes Interesse an der gewünschten Auskunft glaubhaft dargelegt hat und kein Grund zu der Annahme besteht, daß schutzwürdige Belange des Kunden der Auskunftserteilung entgegenstehen.

   **(4) Empfänger von Bankauskünften**

   Bankauskünfte erteilt die Bank nur eigenen Kunden sowie anderen Kreditinstituten für deren Zwecke oder die ihrer Kunden.

3. **Haftung der Bank; Mitverschulden des Kunden**

   **(1) Haftungsgrundsätze**

   Die Bank haftet bei der Erfüllung ihrer Verpflichtungen für jedes Verschulden ihrer Mitarbeiter und der Personen, die sie zur Erfüllung ihrer Verpflichtungen hinzuzieht. Soweit die Sonderbedingungen für einzelne Geschäftsbeziehungen oder sonstige Vereinbarungen etwas Abweichendes regeln, gehen diese Regelungen vor. Hat der Kunde durch ein schuldhaftes Verhalten (zum Beispiel durch Verletzung der in Nr. 11 dieser Geschäftsbedingungen aufgeführten Mitwirkungspflichten) zu der Entstehung eines Schadens beigetragen, bestimmt sich nach den Grundsätzen des Mitverschuldens, in welchem Umfang Bank und Kunde den Schaden zu tragen haben.

   **(2) Weitergeleitete Aufträge**

   Wenn ein Auftrag seinem Inhalt nach typischerweise in der Form ausgeführt wird, daß die Bank einen Dritten mit der weiteren Erledigung betraut, erfüllt die Bank den Auftrag dadurch, daß sie ihn im eigenen Namen an den Dritten weiterleitet (weitergeleiteter Auftrag). Dies betrifft zum Beispiel die Einholung von Bankauskünften bei anderen Kreditinstituten oder die Verwahrung und Verwaltung von Wertpapieren im Ausland. In diesen Fällen beschränkt sich die Haftung der Bank auf die sorgfältige Auswahl und Unterweisung des Dritten.

   **(3) Störung des Betriebs**

   Die Bank haftet nicht für Schäden, die durch höhere Gewalt, Aufruhr, Kriegs- und Naturereignisse oder durch sonstige von ihr nicht zu vertretende Vorkommnisse (zum Beispiel Streik, Aussperrung, Verkehrsstörung, Verfügungen von hoher Hand im In- oder Ausland) eintreten.

4. **Grenzen der Aufrechnungsbefugnis des Kunden**

   Der Kunde kann gegen Forderungen der Bank nur aufrechnen, wenn seine Forderungen unbestritten oder rechtskräftig festgestellt sind.

5. **Verfügungsberechtigung nach dem Tod des Kunden**

   Nach dem Tod des Kunden kann die Bank zur Klärung der Verfügungsberechtigung die Vorlegung eines Erbscheins, eines Testamentsvollstreckerzeugnisses oder weiterer hierfür notwendiger Unterlagen verlangen; fremdsprachige Urkunden sind auf Verlangen der Bank in deutscher Übersetzung vorzulegen. Die Bank kann auf die Vorlage eines Erbscheins oder eines Testamentsvollstreckerzeugnisses verzichten, wenn ihr eine Ausfertigung oder eine beglaubigte Abschrift der letztwilligen Verfügung (Testament, Erbvertrag) nebst zugehöriger Eröffnungsniederschrift vorgelegt wird. Die Bank darf denjenigen, der darin als Erbe oder Testamentsvollstrecker bezeichnet ist, als Berechtigten ansehen, ihn verfügen lassen und insbesondere mit befreiender Wirkung an ihn leisten. Dies gilt nicht, wenn der Bank bekannt ist, daß der dort Genannte (zum Beispiel nach Anfechtung oder wegen Nichtigkeit des Testaments) nicht verfügungsberechtigt ist, oder wenn ihr dies infolge Fahrlässigkeit nicht bekannt geworden ist.

Abbildung 2-3: Allgemeine Geschäftsbedingungen (AGB) der Banken

## 6. Maßgebliches Recht und Gerichtsstand bei kaufmännischen und öffentlich-rechtlichen Kunden

**(1) Geltung deutschen Rechts**

Für die Geschäftsverbindung zwischen dem Kunden und der Bank gilt deutsches Recht.

**(2) Gerichtsstand für Inlandskunden**

Ist der Kunde ein Kaufmann, der nicht zu den Minderkaufleuten gehört, und ist die streitige Geschäftsbeziehung dem Betriebe seines Handelsgewerbes zuzurechnen, so kann die Bank diesen Kunden an dem für die kontoführende Stelle zuständigen Gericht oder bei einem anderen zuständigen Gericht verklagen; dasselbe gilt für eine juristische Person des öffentlichen Rechts und für öffentlich-rechtliche Sondervermögen. Die Bank selbst kann von diesen Kunden nur an dem für die kontoführende Stelle zuständigen Gericht verklagt werden.

**(3) Gerichtsstand für Auslandskunden**

Die Gerichtsstandsvereinbarung gilt auch für Kunden, die im Ausland eine vergleichbare gewerbliche Tätigkeit ausüben, sowie für ausländische Institutionen, die mit inländischen juristischen Personen des öffentlichen Rechts oder mit einem inländischen öffentlich-rechtlichen Sondervermögen vergleichbar sind.

## Kontoführung

## 7. Rechnungsabschlüsse bei Kontokorrentkonten (Konten in laufender Rechnung)

**(1) Erteilung der Rechnungsabschlüsse**

Die Bank erteilt bei einem Kontokorrentkonto, sofern nicht etwas anderes vereinbart ist, jeweils zum Ende eines Kalenderquartals einen Rechnungsabschluß; dabei werden die in diesem Zeitraum entstandenen beiderseitigen Ansprüche (einschließlich der Zinsen und Entgelte der Bank) verrechnet. Die Bank kann auf den Saldo, der sich aus der Verrechnung ergibt, nach Nr. 12 dieser Geschäftsbedingungen oder nach der mit dem Kunden anderweitig getroffenen Vereinbarung Zinsen berechnen.

**(2) Frist für Einwendungen; Genehmigung durch Schweigen**

Einwendungen wegen Unrichtigkeit oder Unvollständigkeit eines Rechnungsabschlusses hat der Kunde spätestens innerhalb eines Monats nach dessen Zugang zu erheben; macht er seine Einwendungen schriftlich geltend, genügt die Absendung innerhalb der Monatsfrist. Das Unterlassen rechtzeitiger Einwendungen gilt als Genehmigung. Auf diese Folge wird die Bank bei Erteilung des Rechnungsabschlusses besonders hinweisen. Der Kunde kann auch nach Fristablauf eine Berichtigung des Rechnungsabschlusses verlangen, muß dann aber beweisen, daß zu Unrecht sein Konto belastet oder eine ihm zustehende Gutschrift nicht erteilt wurde.

## 8. Storno- und Berichtigungsbuchungen der Bank

**(1) Vor Rechnungsabschluß**

Fehlerhafte Gutschriften auf Kontokorrentkonten (zum Beispiel wegen einer falschen Kontonummer) darf die Bank bis zum nächsten Rechnungsabschluß durch eine Belastungsbuchung rückgängig machen, soweit ihr ein Rückzahlungsanspruch gegen den Kunden zusteht; der Kunde kann in diesem Fall gegen die Belastungsbuchung nicht einwenden, daß er in Höhe der Gutschrift bereits verfügt hat (Stornobuchung).

**(2) Nach Rechnungsabschluß**

Stellt die Bank eine fehlerhafte Gutschrift erst nach einem Rechnungsabschluß fest und steht ihr ein Rückzahlungsanspruch gegen den Kunden zu, so wird sie in Höhe ihres Anspruchs sein Konto belasten (Berichtigungsbuchung). Erhebt der Kunde gegen die Berichtigungsbuchung Einwendungen, so wird die Bank den Betrag dem Konto wieder gutschreiben und ihren Rückzahlungsanspruch gesondert geltend machen.

**(3) Information des Kunden; Zinsberechnung**

Über Storno- und Berichtigungsbuchungen wird die Bank den Kunden unverzüglich unterrichten. Die Buchungen nimmt die Bank hinsichtlich der Zinsberechnung rückwirkend zu dem Tag vor, an dem die fehlerhafte Buchung durchgeführt wurde.

## 9. Einzugsaufträge

**(1) Erteilung von Vorbehaltsgutschriften bei der Einreichung**

Schreibt die Bank den Gegenwert von Schecks und Lastschriften schon vor ihrer Einlösung gut, geschieht dies unter dem Vorbehalt ihrer Einlösung, und zwar auch dann, wenn diese Papiere bei der Bank selbst zahlbar sind. Reicht der Kunde andere Papiere mit dem Auftrag ein, von einem Zahlungspflichtigen einen Forderungsbetrag zu beschaffen (zum Beispiel Zinsscheine), und erteilt die Bank über den Betrag eine Gutschrift, so steht diese unter dem Vorbehalt, daß die Bank den Betrag erhält. Der Vorbehalt gilt auch dann, wenn die Papiere bei der Bank selbst zahlbar sind. Werden Schecks oder Lastschriften nicht eingelöst oder erhält die Bank den Betrag aus dem Einzugsauftrag nicht, macht die Bank die Vorbehaltsgutschrift rückgängig. Dies geschieht unabhängig davon, ob in der Zwischenzeit ein Rechnungsabschluß erteilt wurde.

**(2) Einlösung von Lastschriften und vom Kunden ausgestellter Schecks**

Lastschriften und Schecks sind eingelöst, wenn die Belastungsbuchung nicht spätestens am zweiten Bankarbeitstag nach ihrer Vornahme rückgängig gemacht wird. Barschecks sind bereits mit Zahlung an den Scheckvorleger eingelöst. Schecks sind auch schon dann eingelöst, wenn die Bank im Einzelfall eine Bezahltmeldung absendet. Lastschriften und Schecks, die über die Abrechnungsstelle einer Landeszentralbank vorgelegt werden, sind eingelöst, wenn sie nicht bis zu dem von der Landeszentralbank festgesetzten Zeitpunkt an die Abrechnungsstelle zurückgegeben werden.

## 10. Risiken bei Fremdwährungskonten und Fremdwährungsgeschäften

**(1) Auftragsausführung bei Fremdwährungskonten**

Fremdwährungskonten des Kunden dienen dazu, Zahlungen an den Kunden und Verfügungen des Kunden in fremder Währung bargeldlos abzuwickeln. Verfügungen über Guthaben auf Fremdwährungskonten (zum Beispiel durch Überweisungsaufträge zu Lasten des Fremdwährungsguthabens) werden unter Einschaltung von Banken im Heimatland der Währung abgewickelt, wenn sie die Bank nicht vollständig innerhalb des eigenen Hauses ausführt.

**(2) Gutschriften bei Fremdwährungsgeschäften mit dem Kunden**

Schließt die Bank mit dem Kunden ein Geschäft (zum Beispiel ein Devisentermingeschäft) ab, aus dem sie die Verschaffung eines Betrages in fremder Währung schuldet, wird sie ihre Fremdwährungsverbindlichkeit durch Gutschrift auf dem Konto des Kunden in dieser Währung erfüllen, sofern nicht etwas anderes vereinbart ist.

**(3) Vorübergehende Beschränkung der Leistung durch die Bank**

Die Verpflichtung der Bank zur Ausführung einer Verfügung zu Lasten eines Fremdwährungsguthabens (Absatz 1) oder zur Erfüllung einer Fremdwährungsverbindlichkeit (Absatz 2) ist in dem Umfang und solange ausgesetzt, wie die Bank in der Währung, auf die das Fremdwährungsguthaben oder die Verbindlichkeit lautet, wegen politisch bedingter Maßnahmen oder Ereignisse im Lande dieser Währung nicht oder nur eingeschränkt verfügen kann. In dem Umfang und solange diese Maßnahmen oder Ereignisse andauern, ist die Bank auch nicht zu einer Erfüllung an einem anderen Ort außerhalb des Landes der Währung, in einer anderen Währung (auch nicht in Deutscher Mark) oder durch Anschaffung von Bargeld verpflichtet. Die Verpflichtung der Bank zur Ausführung einer Verfügung zu Lasten einer Fremdwährungsverbindlichkeit ist dagegen nicht ausgesetzt, wenn sie die Bank vollständig im eigenen Haus ausführen kann. Das Recht des Kunden und der Bank, fällige gegenseitige Forderungen in derselben Währung miteinander zu verrechnen, bleibt von den vorstehenden Regelungen unberührt.

## Mitwirkungspflichten des Kunden

## 11. Mitwirkungspflichten des Kunden

**(1) Änderungen von Name, Anschrift oder einer gegenüber der Bank erteilten Vertretungsmacht**

Zur ordnungsgemäßen Abwicklung des Geschäftsverkehrs ist es erforderlich, daß der Kunde der Bank Änderungen seines Namens und seiner Anschrift sowie das Erlöschen oder die Änderung einer gegenüber der Bank erteilten Vertretungsmacht (insbesondere einer Vollmacht) unverzüglich mitteilt. Diese Mitteilungspflicht besteht auch dann, wenn die Vertretungsmacht in ein öffentliches Register (zum Beispiel in das Handelsregister) eingetragen ist und ihr Erlöschen oder ihre Änderung in dieses Register eingetragen wird.

**(2) Klarheit von Aufträgen**

Aufträge jeder Art müssen ihren Inhalt zweifelsfrei erkennen lassen. Nicht eindeutig formulierte Aufträge können Rückfragen zur Folge haben, die zu Verzögerungen führen können. Vor allem hat der Kunde bei Aufträgen zur Gutschrift auf einem Konto (zum Beispiel bei Überweisungsaufträgen) auf die Richtigkeit und Vollständigkeit des Namens des Zahlungsempfängers, der angegebenen Kontonummer und der angegebenen Bankleitzahl zu achten. Änderungen, Bestätigungen oder Wiederholungen von Aufträgen müssen als solche gekennzeichnet sein.

Abbildung 2-3: Allgemeine Geschäftsbedingungen (AGB) der Banken (Fortsetzung)

# 92 Leistungen und Dienstleistungen der Kreditinstitute

**(3) Besonderer Hinweis bei Eilbedürftigkeit der Ausführung eines Auftrags**

Hält der Kunde bei der Ausführung eines Auftrags besondere Eile für nötig (zum Beispiel weil ein Überweisungsbetrag dem Empfänger zu einem bestimmten Termin gutgeschrieben sein muß), hat er dies der Bank gesondert mitzuteilen. Bei formularmäßig erteilten Aufträgen muß dies außerhalb des Formulars erfolgen.

**(4) Prüfung und Einwendungen bei Mitteilungen der Bank**

Der Kunde hat Kontoauszüge, Wertpapierabrechnungen, Depot- und Erträgnisaufstellungen, sonstige Abrechnungen, Anzeigen über die Ausführung von Aufträgen sowie Informationen über erwartete Zahlungen und Sendungen (Avise) auf ihre Richtigkeit und Vollständigkeit unverzüglich zu überprüfen und etwaige Einwendungen unverzüglich zu erheben.

**(5) Benachrichtigung der Bank bei Ausbleiben von Mitteilungen**

Falls Rechnungsabschlüsse und Depotaufstellungen dem Kunden nicht zugehen, muß er die Bank unverzüglich benachrichtigen. Die Benachrichtigungspflicht besteht auch beim Ausbleiben anderer Mitteilungen, deren Eingang der Kunde erwartet (Wertpapierabrechnungen, Kontoauszüge nach der Ausführung von Aufträgen des Kunden oder über Zahlungen, die der Kunde erwartet).

## Kosten der Bankdienstleistungen

**12. Zinsen, Entgelte und Auslagen**

*(1) Zinsen und Entgelte im Privatkundengeschäft*

Die Höhe der Zinsen und Entgelte für die im Privatkundengeschäft üblichen Kredite und Leistungen ergibt sich aus dem „Preisaushang – Regelsätze im standardisierten Privatkundengeschäft" und ergänzend aus dem „Preisverzeichnis". Wenn ein Kunde einen dort aufgeführten Kredit oder eine dort aufgeführte Leistung in Anspruch nimmt und dabei keine abweichende Vereinbarung getroffen wurde, gelten die zu diesem Zeitpunkt im Preisaushang oder Preisverzeichnis angegebenen Zinsen und Entgelte. Für die darin nicht aufgeführten Leistungen, die im Auftrag des Kunden oder in dessen mutmaßlichem Interesse erbracht werden und die, nach den Umständen zu urteilen, nur gegen eine Vergütung zu erwarten sind, kann die Bank die Höhe der Entgelte nach billigem Ermessen (§ 315 des Bürgerlichen Gesetzbuches) bestimmen.

*(2) Zinsen und Entgelte außerhalb des Privatkundengeschäfts*

Außerhalb des Privatkundengeschäfts bestimmt die Bank, wenn keine andere Vereinbarung getroffen ist, die Höhe von Zinsen und Entgelten nach billigem Ermessen (§ 315 des Bürgerlichen Gesetzbuches).

*(3) Änderung von Zinsen und Entgelten*

Die Änderung der Zinsen bei Krediten mit einem veränderlichen Zinssatz erfolgt aufgrund der jeweiligen Kreditvereinbarungen mit dem Kunden. Das Entgelt für Leistungen, die vom Kunden im Rahmen der Geschäftsverbindung typischerweise dauerhaft in Anspruch genommen werden (zum Beispiel Konto- und Depotführung), kann die Bank nach billigem Ermessen (§ 315 des Bürgerlichen Gesetzbuches) ändern.

*(4) Kündigungsrecht des Kunden bei Änderungen von Zinsen und Entgelten*

Die Bank wird dem Kunden Änderungen von Zinsen und Entgelten nach Absatz 3 mitteilen. Bei einer Erhöhung kann der Kunde, sofern nichts anderes vereinbart ist, die davon betroffene Geschäftsbeziehung innerhalb eines Monats nach Bekanntgabe der Änderung mit sofortiger Wirkung kündigen. Kündigt der Kunde, so werden die erhöhten Zinsen und Entgelte für die gekündigte Geschäftsbeziehung nicht zugrundegelegt. Die Bank wird zur Abwicklung eine angemessene Frist einräumen.

*(5) Auslagen*

Der Kunde trägt alle Auslagen, die anfallen, wenn die Bank in seinem Auftrag oder seinem mutmaßlichen Interesse tätig wird (insbesondere für Ferngespräche, Porti) oder wenn Sicherheiten bestellt, verwaltet, freigegeben oder verwertet werden (insbesondere Notarkosten, Lagergelder, Kosten der Bewachung von Sicherungsgut).

*(6) Besonderheiten bei Verbraucherkrediten*

Bei Kreditverträgen, die nach § 4 des Verbraucherkreditgesetzes der Schriftform bedürfen, richten sich die Zinsen und die Kosten (Entgelte, Auslagen) nach den Angaben in der Vertragsurkunde. Fehlt die Angabe eines Zinssatzes, gilt der gesetzliche Zinssatz; nicht angegebene Kosten werden nicht geschuldet (§ 6 Abs. 2 des Verbraucherkreditgesetzes). Bei Überziehungskrediten nach § 5 des Verbraucherkreditgesetzes richtet sich der maßgebliche Zinssatz nach dem Preisaushang und den Informationen, die die Bank dem Kunden übermittelt.

## Sicherheiten für die Ansprüche der Bank gegen den Kunden

**13. Bestellung oder Verstärkung von Sicherheiten**

*(1) Anspruch der Bank auf Bestellung von Sicherheiten*

Die Bank kann für alle Ansprüche aus der bankmäßigen Geschäftsverbindung die Bestellung bankmäßiger Sicherheiten verlangen, und zwar auch dann, wenn die Ansprüche bedingt sind (zum Beispiel Aufwendungsersatzanspruch wegen der Inanspruchnahme aus einer für den Kunden übernommenen Bürgschaft). Hat der Kunde gegenüber der Bank eine Haftung für Verbindlichkeiten eines anderen Kunden der Bank übernommen (zum Beispiel als Bürge), so besteht für die Bank ein Anspruch auf Bestellung oder Verstärkung von Sicherheiten im Hinblick auf die aus der Haftungsübernahme folgende Schuld jedoch erst ab ihrer Fälligkeit.

*(2) Veränderungen des Risikos*

Hat die Bank bei der Entstehung von Ansprüchen gegen den Kunden zunächst ganz oder teilweise davon abgesehen, die Bestellung oder Verstärkung von Sicherheiten zu verlangen, kann sie auch später noch eine Besicherung fordern. Voraussetzung hierfür ist jedoch, daß Umstände eintreten oder bekannt werden, die eine erhöhte Risikobewertung der Ansprüche gegen den Kunden rechtfertigen. Dies kann insbesondere der Fall sein, wenn
- sich die wirtschaftlichen Verhältnisse des Kunden nachteilig verändert haben oder sich zu verändern drohen, oder
- sich die vorhandenen Sicherheiten wertmäßig verschlechtert haben oder zu verschlechtern drohen.

Der Besicherungsanspruch der Bank besteht nicht, wenn ausdrücklich vereinbart ist, daß der Kunde keine oder ausschließlich im einzelnen benannte Sicherheiten zu bestellen hat. Bei Krediten, die unter das Verbraucherkreditgesetz fallen, besteht ein Anspruch auf die Bestellung oder Verstärkung von Sicherheiten nur, soweit die Sicherheiten im Kreditvertrag angegeben sind; wenn der Nettokreditbetrag DM 100.000,— übersteigt, besteht der Anspruch auf Bestellung oder Verstärkung auch dann, wenn der Kreditvertrag keine oder keine abschließenden Angaben über Sicherheiten enthält.

*(3) Fristsetzung für die Bestellung oder Verstärkung von Sicherheiten*

Für die Bestellung oder Verstärkung von Sicherheiten wird die Bank eine angemessene Frist einräumen. Beabsichtigt die Bank, von ihrem Recht zur fristlosen Kündigung nach Nr. 19 Absatz 3 dieser Geschäftsbedingungen Gebrauch zu machen, falls der Kunde seiner Verpflichtung zur Bestellung oder Verstärkung von Sicherheiten nicht fristgerecht nachkommt, wird sie ihn zuvor hierauf hinweisen.

**14. Vereinbarung eines Pfandrechts zugunsten der Bank**

*(1) Einigung über das Pfandrecht*

Der Kunde und die Bank sind sich darüber einig, daß die Bank ein Pfandrecht an den Wertpapieren und Sachen erwirbt, an denen eine inländische Geschäftsstelle im bankmäßigen Geschäftsverkehr Besitz erlangt hat oder noch erlangen wird. Die Bank erwirbt das Pfandrecht auch an den Ansprüchen, die dem Kunden gegen die Bank aus der bankmäßigen Geschäftsverbindung zustehen oder künftig zustehen werden (zum Beispiel Kontoguthaben).

*(2) Gesicherte Ansprüche*

Das Pfandrecht dient der Sicherung aller bestehenden, künftigen und bedingten Ansprüche, die der Bank mit ihren sämtlichen in- und ausländischen Geschäftsstellen aus der bankmäßigen Geschäftsverbindung gegen den Kunden zustehen. Hat der Kunde gegenüber der Bank eine Haftung für Verbindlichkeiten eines anderen Kunden der Bank übernommen (zum Beispiel als Bürge), so sichert das Pfandrecht die aus der Haftungsübernahme folgende Schuld jedoch erst ab ihrer Fälligkeit.

*(3) Ausnahmen vom Pfandrecht*

Gelangen Gelder oder andere Werte mit der Maßgabe in die Verfügungsgewalt der Bank, daß sie nur für einen bestimmten Zweck verwendet werden dürfen (zum Beispiel Bareinzahlung zur Einlösung eines Wechsels), erstreckt sich das Pfandrecht der Bank nicht auf diese Werte. Dasselbe gilt für die von der Bank selbst ausgegebenen Aktien (eigene Aktien) und für die Wertpapiere, die die Bank im Ausland für den Kunden verwahrt. Außerdem erstreckt sich das Pfandrecht nicht auf die von der Bank selbst ausgegebenen eigenen Genußrechte/Genußscheine und nicht auf die verbrieften und nicht verbrieften nachrangigen Verbindlichkeiten der Bank.

*(4) Zins- und Gewinnanteilscheine*

Unterliegen dem Pfandrecht der Bank Wertpapiere, ist der Kunde nicht berechtigt, die Herausgabe der zu diesen Papieren gehörenden Zins- und Gewinnanteilscheine zu verlangen.

Abbildung 2-3: Allgemeine Geschäftsbedingungen (AGB) der Banken (Fortsetzung)

## Das Konto als Basis der Kunde-Bank-Beziehung 93

**15. Sicherungsrechte an Einzugspapieren und diskontierten Wechseln**

*(1) Sicherungsübereignung*
Die Bank erwirbt an den ihr zum Einzug eingereichten Schecks und Wechseln im Zeitpunkt der Einreichung Sicherungseigentum. An diskontierten Wechseln erwirbt die Bank im Zeitpunkt des Wechselankaufs uneingeschränktes Eigentum; belastet sie diskontierte Wechsel dem Konto zurück, so verbleibt ihr das Sicherungseigentum an diesen Wechseln.

*(2) Sicherungsabtretung*
Mit dem Erwerb des Eigentums an Schecks und Wechseln gehen auch die zugrundeliegenden Forderungen auf die Bank über; ein Forderungsübergang findet ferner statt, wenn andere Papiere zum Einzug eingereicht werden (zum Beispiel Lastschriften, kaufmännische Handelspapiere).

*(3) Zweckgebundene Einzugspapiere*
Werden der Bank Einzugspapiere mit der Maßgabe eingereicht, daß ihr Gegenwert nur für einen bestimmten Zweck verwendet werden darf, erstrecken sich die Sicherungsübereignung und die Sicherungsabtretung nicht auf diese Papiere.

*(4) Gesicherte Ansprüche der Bank*
Das Sicherungseigentum und die Sicherungsabtretung dienen der Sicherung aller Ansprüche, die der Bank gegen den Kunden bei Einreichung von Einzugspapieren aus seinen Kontokorrentkonten zustehen oder die infolge der Rückbelastung nicht eingelöster Einzugspapiere oder diskontierter Wechsel entstehen. Auf Anforderung des Kunden nimmt die Bank eine Rückübertragung des Sicherungseigentums an den Papieren und der auf sie übergegangenen Forderungen an den Kunden vor, falls ihr im Zeitpunkt der Anforderung keine zu sichernden Ansprüche gegen den Kunden zustehen oder sie ihn über den Gegenwert der Papiere vor deren endgültiger Bezahlung nicht verfügen läßt.

**16. Begrenzung des Besicherungsanspruchs und Freigabeverpflichtung**

*(1) Deckungsgrenze*
Die Bank kann ihren Anspruch auf Bestellung oder Verstärkung von Sicherheiten solange geltend machen, bis der realisierbare Wert aller Sicherheiten dem Gesamtbetrag aller Ansprüche aus der bankmäßigen Geschäftsverbindung (Deckungsgrenze) entspricht.

*(2) Freigabe*
Falls der realisierbare Wert aller Sicherheiten die Deckungsgrenze nicht nur vorübergehend übersteigt, hat die Bank auf Verlangen des Kunden Sicherheiten nach ihrer Wahl freizugeben, und zwar in Höhe des die Deckungsgrenze übersteigenden Betrages; sie wird bei der Auswahl der freizugebenden Sicherheiten auf die berechtigten Belange des Kunden und eines dritten Sicherungsgebers, der für die Verbindlichkeiten des Kunden Sicherheiten bestellt hat, Rücksicht nehmen. In diesem Rahmen ist die Bank auch verpflichtet, Aufträge des Kunden über dem Pfandrecht unterliegende Werte auszuführen (zum Beispiel Verkauf von Wertpapieren, Auszahlung von Spargutsaben).

*(3) Sondervereinbarungen*
Ist für eine bestimmte Sicherheit ein anderer Bewertungsmaßstab als der realisierbare Wert, eine andere Deckungsgrenze oder eine andere Grenze für die Freigabe von Sicherheiten vereinbart, so sind diese maßgeblich.

**17. Verwertung von Sicherheiten**

*(1) Wahlrecht der Bank*
Im Falle der Verwertung hat die Bank unter mehreren Sicherheiten die Wahl. Sie wird bei der Verwertung und bei der Auswahl der zu verwertenden Sicherheiten auf die berechtigten Belange des Kunden und eines dritten Sicherungsgebers, der für die Verbindlichkeiten des Kunden Sicherheiten bestellt hat, Rücksicht nehmen.

*(2) Erlösgutschrift nach dem Umsatzsteuerrecht*
Wenn der Verwertungsvorgang der Umsatzsteuer unterliegt, wird die Bank dem Kunden über den Erlös eine Gutschrift erteilen, die als Rechnung für die Lieferung der als Sicherheit dienenden Sache gilt und den Voraussetzungen des Umsatzsteuerrechts entspricht.

## Kündigung

**18. Kündigungsrechte des Kunden**

*(1) Jederzeitiges Kündigungsrecht*
Der Kunde kann die gesamte Geschäftsverbindung oder einzelne Geschäftsbeziehungen (zum Beispiel den Scheckvertrag), für die weder eine Laufzeit noch eine abweichende Kündigungsregelung vereinbart ist, jederzeit ohne Einhaltung einer Kündigungsfrist kündigen.

*(2) Kündigung aus wichtigem Grund*
Ist für eine Geschäftsbeziehung eine Laufzeit oder eine abweichende Kündigungsregelung vereinbart, kann eine fristlose Kündigung nur dann ausgesprochen werden, wenn hierfür ein wichtiger Grund vorliegt, der es dem Kunden, auch unter angemessener Berücksichtigung der berechtigten Belange der Bank, unzumutbar werden läßt, die Geschäftsbeziehung fortzusetzen.

**19. Kündigungsrechte der Bank**

*(1) Kündigung unter Einhaltung einer Kündigungsfrist*
Die Bank kann die gesamte Geschäftsverbindung oder einzelne Geschäftsbeziehungen, für die weder eine Laufzeit noch eine abweichende Kündigungsregelung vereinbart ist, jederzeit unter Einhaltung einer angemessenen Kündigungsfrist kündigen (zum Beispiel den Scheckvertrag, der zur Nutzung der Scheckkarte und von Scheckvordrucken berechtigt). Bei der Bemessung der Kündigungsfrist wird die Bank auf die berechtigten Belange des Kunden Rücksicht nehmen. Für die Kündigung der Führung von laufenden Konten und Depots beträgt die Kündigungsfrist mindestens einen Monat.

*(2) Kündigung unbefristeter Kredite*
Kredite und Kreditzusagen, für die weder eine Laufzeit noch eine abweichende Kündigungsregelung vereinbart ist, kann die Bank jederzeit ohne Einhaltung einer Kündigungsfrist kündigen. Die Bank wird bei der Ausübung dieses Kündigungsrechts auf die berechtigten Belange des Kunden Rücksicht nehmen.

*(3) Kündigung aus wichtigem Grund ohne Einhaltung einer Kündigungsfrist*
Eine fristlose Kündigung der gesamten Geschäftsverbindung oder einzelner Geschäftsbeziehungen ist zulässig, wenn ein wichtiger Grund vorliegt, der der Bank, auch unter angemessener Berücksichtigung der berechtigten Belange des Kunden, deren Fortsetzung unzumutbar werden läßt. Ein solcher Grund liegt insbesondere vor, wenn der Kunde unrichtige Angaben gemacht hat, die für die Entscheidung der Bank über eine Kreditgewährung oder über andere mit Risiken für die Bank verbundene Geschäfte (zum Beispiel Aushändigung der Scheckkarte) von erheblicher Bedeutung waren, oder wenn eine wesentliche Verschlechterung seiner Vermögenslage eintritt oder einzutreten droht und dadurch die Erfüllung von Verbindlichkeiten gegenüber der Bank gefährdet ist. Die Bank darf auch fristlos kündigen, wenn der Kunde seiner Verpflichtung zur Bestellung oder Verstärkung von Sicherheiten nach Nr. 13 Absatz 2 dieser Geschäftsbedingungen oder aufgrund einer sonstigen Vereinbarung nicht innerhalb der von der Bank gesetzten angemessenen Frist nachkommt.

*(4) Kündigung von Verbraucherkrediten bei Verzug*
Soweit das Verbraucherkreditgesetz Sonderregelungen für die Kündigung wegen Verzuges mit der Rückzahlung eines Verbraucherkredits vorsieht, kann die Bank nur nach Maßgabe dieser Regelungen kündigen.

*(5) Abwicklung nach einer Kündigung*
Im Falle einer Kündigung ohne Kündigungsfrist wird die Bank dem Kunden für die Abwicklung (insbesondere für die Rückzahlung eines Kredits) eine angemessene Frist einräumen, soweit nicht eine sofortige Erledigung erforderlich ist (zum Beispiel bei der Kündigung des Scheckvertrages die Rückgabe der Scheckvordrucke).

## Schutz der Einlagen

**20. Einlagensicherungsfonds**
Die Bank ist dem Einlagensicherungsfonds des Bundesverbandes deutscher Banken e. V. (im folgenden Einlagensicherungsfonds genannt) angeschlossen. Soweit der Einlagensicherungsfonds oder ein von ihm Beauftragter Zahlungen an einen Kunden leistet, gehen dessen Forderungen gegen die Bank in entsprechender Höhe Zug um Zug auf den Einlagensicherungsfonds über. Entsprechendes gilt, wenn der Einlagensicherungsfonds die Zahlungen mangels Weisung eines Kunden an ein Konto leistet, das zu seinen Gunsten bei einer anderen Bank eröffnet wird. Die Bank ist befugt, dem Einlagensicherungsfonds oder einem von ihm Beauftragten alle in diesem Zusammenhang erforderlichen Auskünfte zu erteilen und Unterlagen zur Verfügung zu stellen.

Abbildung 2-3: Allgemeine Geschäftsbedingungen (AGB) der Banken (Fortsetzung)

## 1.3 Kontoinhaber und Verfügungsberechtigte

Geht man zunächst von einem auf **Guthabenbasis** geführten Konto aus, so ist Kontoinhaber derjenige, dem die Rückzahlungsforderung zusteht, also der Gläubiger. Auf seinen Namen wird das Konto eröffnet. Kontoinhaber muß nicht der Antragsteller des Kontoeröffnungsantrages beziehungsweise der erstmals Einzahlende sein. Vielmehr kann der Antragsteller (Einzahlende) die Forderung auf Rückzahlung auch für die **Person eines Dritten** entstehen lassen.

Neben dem Gläubiger (= Kontoinhaber), der eine natürliche oder juristische Person oder eine Personenvereinigung sein kann, gibt es oft noch weitere **Verfügungsberechtigte**. Dies ist zum Beispiel dann der Fall, wenn der Kontoinhaber selbst aus rechtlichen oder organisatorischen Gründen gar nicht verfügen darf oder kann, sondern dazu einen **gesetzlichen Vertreter** benötigt (etwa nicht voll geschäftsfähige natürliche Personen und juristische Personen). Außerdem können zur Erleichterung des Geschäftsverkehrs Kontoinhaber oder gesetzliche Vertreter jederzeit eine andere Person durch **Vollmacht** zum rechtsgeschäftlichen Vertreter machen.

Die Bank muß sich bei der Kontoeröffnung Gewißheit über die Identität des Antragstellers, des Kontoinhabers und aller Verfügungsberechtigen verschaffen. Dies gebietet ihr zum einen die **Sorgfaltspflicht** eines ordentlichen Kaufmanns, zum anderen eine Reihe gesetzlicher Vorschriften (vgl. Kapitel II, 1.4).

### 1.3.1 Kontoinhaber

Ein Kontoinhaber muß lediglich rechtsfähig, er braucht nicht geschäftsfähig zu sein. Ein Rechtsfähiger ist Träger von Rechten und Pflichten. Er kann also zum Beispiel Vermögen oder Schulden haben, die sich auf einem Konto niederschlagen. Die Rechtsfähigkeit beginnt bei **natürlichen Personen** mit der Geburt, bei **juristischen Personen** im allgemeinen mit der Eintragung in ein Register (zum Beispiel Handelsregister, Vereinsregister).

Da die Eröffnung eines Kontos ein Recht begründet und die Verfügung über das Konto ein Recht verändert, sind sie nur Kontoinhabern möglich, die entweder **unbeschränkt geschäftsfähig** (ab Vollendung des 18. Lebensjahrs) sind oder **als beschränkt Geschäftsfähige** (von der Vollendung des 7. bis zur Vollendung des 18. Lebensjahres) die Zustimmung des gesetzlichen Vertreters zur Eröffnung beziehungsweise Verfügung haben. Außerdem kann die beschränkte Geschäftsfähigkeit Minderjähriger nach § 112 und 113 BGB für die genannten Handlungen erweitert werden, wenn sie im Zusammenhang stehen mit dem Betrieb eines Erwerbsgeschäfts, zu dem der gesetzliche Vertreter den Minderjährigen mit Genehmigung des Vormundschaftsgerichts ermächtigt hat, oder mit dem Eingehen eines Arbeitsverhältnisses, zu dem ihn der gesetzliche Vertreter ermächtigt hat. Die Prüfung der Rechts- und

Geschäftsfähigkeit der Kontoinhaber ist Teil der laut Abgabenordnung vorgeschriebenen **Legitimationsprüfung** (dazu später mehr).

|  | **Privatkunden** | |
|---|---|---|
| **Kontoinhaber** | **Kontobezeichnung** | **Legitimation** |
| **Natürliche Personen** | Zuname und mindestens ein ausgeschriebener Vorname (Zusätze möglich) | amtlicher Lichtbildausweis |
| **Nicht rechtsfähige Personenvereinigungen**<br>– nicht eingetragene Vereine<br>– BGB-Gesellschaften<br>– Erbengemeinschaften | 1. bürgerlicher Name eines Beteiligten (Zusätze möglich)<br>oder<br>2. bürgerliche Namen mehrerer Beteiligter<br>oder (ausnahmsweise)<br>3. Name der Personenvereinigung (sofern Vertretungsberechtigung eindeutig) | amtliche Lichtbildausweise der Vertretungsberechtigten<br>und<br>ggf. Satzungen, Gesellschaftsverträge Vollmachtsurkunden der Vertretungsberechtigten |
| **Juristische Personen**<br>– eingetragene Vereine<br>– Stiftungen privaten Rechts | – Name des Vereins lt. Vereinsregister<br>– Name der Stiftung lt. staatlicher Genehmigungsurkunde | beglaubigter Vereinsregisterauszug bzw. Genehmigungsurkunde und Bescheinigung über Vertretungsberechtigung und amtlicher Lichtbildausweis der Vertretungsberechtigten |

Abbildung 2-4: Kontoinhaber – Privatkunden

| Geschäftskunden | | |
|---|---|---|
| **Kontoinhaber** | **Kontobezeichnung** | **Legitimation** |
| **Ohne Handelsregistereintragung**<br>– Minderkaufleute<br>– Handwerker<br>– Freiberufler usw. | bürgerlicher Name<br>(Zusätze möglich) | amtlicher<br>Lichtbildausweis |
| **Vollkaufleute**<br>– Einzelunternehmer<br>– OHG, KG<br>– GmbH, AG, KGaA<br>– Genossenschaften | Firma lt. Handels- bzw.<br>Genossenschaften-<br>registereintragung | beglaubigter<br>Registerauszug<br>und Lichtbildausweis<br>der Vertretungs-<br>berechtigten/<br>Antragsteller |
| **Juristische Personen<br>des öffentlichen Rechts**<br>– Gebietskörperschaften<br>– Personenkörperschaften<br>– Anstalten<br>– Stiftungen | amtliche Bezeichnung<br>der Einrichtung | Gesetz, Rechts-<br>verordnung, Satzung,<br>Rechtscharakter und<br>Vertretungsberechti-<br>gung, ausweisende<br>Bescheinigung der<br>Aufsichtsbehörde<br>und amtlicher Licht-<br>bildausweis der Ver-<br>tretungsberechtigten/<br>Antragsteller |
| **BGB-Gesellschaften<br>und Gemeinschaften<br>(nicht rechtsfähige Per-<br>sonenvereinigungen)**<br>– Arbeitsgemeinschaften<br>– Konsortien<br>– Sozietäten usw. | Möglichkeiten wie bei<br>Privatkunden | siehe Privatkunden |

Abbildung 2-5: Kontoinhaber – Geschäftskunden

### 1.3.1.1 Einzel- und Gemeinschaftskonten

Die in den Übersichten aufgeführten Konten werden im Normalfall als **Einzelkonto** geführt, bei dem eine einzelne natürliche oder juristische Person oder Personenhandelsgesellschaft Kontoinhaber ist.

Für nicht rechtsfähige Personenvereinigungen sowie für zwei oder mehrere natürliche oder juristische Personen oder Personenhandelsgesellschaften als Kontoinhaber gibt es sogenannte **Gemeinschaftskonten**, bei denen entweder jeder Kontoinhaber **einzeln (Oder-Konto)** oder alle Kontoinhaber nur **gemeinschaftlich (Und-Konto)** verfügen können. Nach Änderung der **AGB**, die früher die Einzelverfügung als Regel vorsahen, besteht nach den heutigen **Kontoeröffnungsanträgen** beim Gemeinschaftskonto eine echte Wahlmöglichkeit für die Kunden. Die neuen Regelungen sehen sogar vor, daß bei Einzelverfügung jeder Kontoinhaber berechtigt ist, diese in eine gemeinschaftliche Verfügung umzuwandeln.

### 1.3.1.2 Treuhandkonten

Auf **Treuhandkonten** verbuchen die Banken solche Vermögenswerte, die nicht den Kontoinhabern gehören. Besonders behandelt werden diese Konten nur, wenn das Treuhandverhältnis bei Kontoeröffnung offengelegt wird. Sonst werden sie wie **Eigenkonten** des Treuhänders geführt. **Offene Treuhandkonten** lauten auf den Namen des Treuhänders mit einem Zusatz, der das Treuhandverhältnis anzeigt. Für die Banken ist die Unterscheidung zwischen Eigenkonten und Treuhandkonten eines Kontoinhabers auch deshalb wichtig, weil für letztere nicht die Sicherungsrechte der AGB (vgl. Nr. 14 AGB Banken) gelten. Die komplizierten Rechtsbeziehungen bei diesen sogenannten Anderkonten werden in **Sonderbedingungen für Anderkonten** geregelt.

Bei **Konten zugunsten Dritter** wird, wie üblich, das Konto auf den Namen des begünstigten Gläubigers eingerichtet, wenn dieser sofort verfügen kann. Es ist die Legitimation des Antragstellers und des Verfügungsberechtigten zu prüfen. Bleibt zunächst der Antragsteller verfügungsberechtigt, so muß nur dessen Legitimation geprüft und ein Nachweis für die Existenz des Dritten erbracht werden. Auch bei der Kontoeröffnung auf der Grundlage eines **Vertrages zugunsten Dritter** wird zunächst der **Antragsteller Kontoinhaber**. Das Konto wird erst dann auf den Namen des begünstigten Dritten umgeschrieben, wenn das im Vertrag bestimmte Ereignis (zum Beispiel Volljährigkeit) eintritt.

## Offene Treuhandkonten

| Gesetzliche Treuhänder | Private Treuhänder |
|---|---|
| **Kontoinhaber (Treuhänder)**<br>– Notare, Rechts- und Patentanwälte<br>– Wirtschaftsprüfer, Steuerberater<br>– Testamentsvollstrecker<br>– Nachlaß- und Konkursverwalter<br>– Vormünder | **Kontoinhaber (Treuhänder)**<br>– Vorstand eines nicht eingetragenen Vereins<br>– Verwalter einer Wohungseigentümergemeinschaft |
| **Kontoarten**<br>– Anderkonto, Mietkautionskonto<br>– Verwalterkonto für eine Wohnungseigentümergemeinschaft | **Kontoarten**<br>– Sonderkonto |
| **Zusatzbezeichnung (Beispiele)**<br>– w/Mandant A<br>– w/Mieter B<br>– w/Wohnungseigentümergemeinschaft C | **Zusatzbezeichnung (Beispiele)**<br>– w/Kegelkasse<br>– w/Wohnungseigentümergemeinschaft D |

Abbildung 2-6: Offene Treuhandkonten

### 1.3.2 Verfügungsberechtigte

Natürliche Personen können als Kontoinhaber nur dann ohne weiteres über ihr Konto verfügen, wenn sie unbeschränkt geschäftsfähig sind. Das gleiche gilt für beschränkt Geschäftsfähige im Rahmen ihrer erweiterten Geschäftsfähigkeit.

#### 1.3.2.1 Gesetzliche Vertreter

Die Zustimmung des gesetzlichen Vertreters eines Minderjährigen zur Kontoeröffnung bezieht sich nicht automatisch auch auf die Verfügungsberechtigung. In den Kontoeröffnungsanträgen für Minderjährige läßt sich die Bank von den gesetzlichen Vertretern meist generell genehmigen, daß der Minderjährige neben ihnen und bis zu ihrem Widerruf verfügen kann.

Für Geschäftsunfähige können nur die gesetzlichen Vertreter rechtswirksam handeln, also zum Beispiel Konten eröffnen oder darüber verfügen. Außer den sorgeberechtigten Eltern kann auch ein Vormund, Pfleger oder Betreuer gesetzlicher Vertreter sein.

Für **juristische Personen** und **Personenhandelsgesellschaften** können nur ihre Organe handeln, zu denen auch die gesetzlichen Vertreter zählen. Im allgemeinen sind dies die Mitglieder des Vorstands oder die Geschäftsführer der Gesellschaft. Je nach Gesetz, Gesellschaftsvertrag oder Satzung sind sie entweder einzeln (Einzelvertretung) oder gemeinsam (Gesamtvertretung) verfügungsberechtigt. Banken prüfen die jeweils getroffenen Regelungen anhand der vorzulegenden Unterlagen.

### 1.3.2.2 Rechtsgeschäftliche Vertreter

Die Kontoinhaber beziehungsweise gesetzlichen Vertreter können mit einer **Vollmacht** weiteren Personen die Befugnis einräumen, in fremdem Namen und für fremde Rechnung über ein Konto zu verfügen. Vollmachten nach BGB (§ 164 ff.) können von Privat- und Geschäftskunden entweder als **Bankvollmacht** für alle Bankgeschäfte, als **Kontovollmacht** für Verfügungen über ein einzelnes Konto oder als **Generalvollmacht** für den Abschluß aller Rechtsgeschäfte im Namen des Vollmachtgebers erteilt werden. Während Bank- und Kontovollmachten in Kontoeröffnungsanträgen und den dazugehörigen Unterschriftsblättern festgehalten werden, lassen sich die Banken weitergehende Vollmachten durch Vorlage der Vollmachtsurkunden nachweisen.

Im Geschäftsverkehr mit Kaufleuten sind vor allem die im HGB (§ 48 ff.) geregelte **Prokura und die Handlungsvollmacht** von Bedeutung.

Die nur von Vollkaufleuten zu erteilende Prokura ermächtigt zu allen Arten von gerichtlichen und außergerichtlichen Geschäften und Rechtshandlungen, die der Betrieb eines Handelsgewerbes mit sich bringt. Im Bankverkehr benötigt ein Prokurist nur für die Bestellung von Grundpfandrechten eine besondere Vollmacht. Die vorgeschriebene (deklaratorische) Eintragung der Prokura im Handelsregister ermöglicht der Bank die Kontrolle ihrer Richtigkeit und eventueller Einschränkungen (Gesamt- und Filialprokura) anhand entsprechender Auszüge. Änderungen und Löschungen der Prokura werden gegenüber der Bank gemäß AGB erst bei schriftlicher Mitteilung wirksam.

Der **Handlungsbevollmächtigte** ist berechtigt, alle gewöhnlichen Geschäfte und Rechtshandlungen vorzunehmen, die der Betrieb eines bestimmten Handelsgewerbes oder einzelne in einem bestimmten Handelsgewerbe vorkommende Tätigkeiten mit sich bringen. Im Bankverkehr ist die (alle gewöhnlichen Geschäfte und Rechtshandlungen umfassende) Gesamtvollmacht üblich, die mit Sonderbefugnissen gemäß § 54 (2) HGB einen der Prokura entsprechenden Vertretungsumfang gewähren kann. Da Handlungsbevollmächtigte nicht im Handelsregister eingetragen sind, ist ihre Legitimation bei Kontoeröffnung gesondert zu überprüfen.

Die üblichen Bankformulare für die Vertretungsberechtigung und Unterschriftsproben bei eingetragenen Einzelkaufleuten, Personen- und Kapitalgesellschaften sehen für Vertreter neben der Einzelzeichnungsberechtigung auch eine gemeinschaftliche Zeichnungsberechtigung vor. Durch den Zusatz von Kennbuchstaben

- E = einzeln
- A = allgemein – mit **jedem** anderen Zeichnungsberechtigten gemeinsam
- B = beschränkt – **nur** mit einem „A"-Zeichnungsberechtigten gemeinsam

legt der Kontoinhaber den Umfang der Zeichnungsberechtigung fest. Die gemeinschaftliche Zeichnungsberechtigung dient unter anderem zum Schutz gegen mißbräuchliche Verfügungen über Firmenkonten.

Eine **Einzelzeichnungsberechtigung** gilt allerdings nur dann für den gesamten Geschäftsverkehr mit der Bank, wenn der Gesellschaftsvertrag beziehungsweise die Satzung für die gesetzlichen Vertreter **Einzelvertretung** vorsieht. Bei satzungsmäßiger **Gesamtvertretung** für sämtliche gesetzlichen Vertreter beschränkt sie sich auf Geschäfte, die mit der Kontoführung in unmittelbarem Zusammenhang stehen, ist also nur eine Kontovollmacht.

| Kontoinhaber | Verfügungsberechtigte |
|---|---|
| **Natürliche Personen**<br>– geschäftsunfähig<br><br><br><br>– beschränkt geschäftsfähig<br><br><br><br><br><br>– voll geschäftsfähig | – gesetzliche Vertreter (Eltern, Vormund)<br>– bei „Risikogeschäften" (z. B. Kreditaufnahme) Genehmigung des Vormundschaftsgerichts erforderlich<br>– gesetzliche Vertreter<br>– Kontoinhaber mit Zustimmung des gesetzlichen Vertreters<br>– in bestimmten Fällen Kontoinhaber allein<br>– bei „Risikogeschäften" gleiche Regelung wie bei Geschäftsunfähigen<br>– Kontoinhaber<br>– Bevollmächtigte nach BGB und HGB |
| **BGB-Gesellschaften** | – grundsätzlich alle Gesellschafter gemeinsam*<br>– Bevollmächtigte nach BGB und HGB |
| **Personenhandelsgesellschaften (OHG und KG)** | – grundsätzlich jeder persönlich haftende Gesellschafter einzeln*<br>– Bevollmächtigte nach BGB und HGB |
| **Juristische Personen des privaten Rechts** (e.V., Stiftung, AG, GmbH, e.G.) | – grundsätzlich alle Vorstandsmitglieder bzw. Geschäftsführer gemeinsam*<br>– Bevollmächtigte nach BGB und HGB |
| **Juristische Personen des öffentlichen Rechts** (Körperschaft, Anstalt, Stiftung) | – gesetzliche Vertreter<br>– Bevollmächtigte nach BGB |

\* Durch Gesellschaftsvertrag bzw. Satzung kann eine vom Gesetz abweichende Regelung getroffen werden.

Abbildung 2-7: Verfügungsberechtigte

### 1.3.2.3 Sonderfälle der Verfügungsberechtigung

**Tod eines Kontoinhabers**

Beim Tod eines Kontoinhabers können folgende Personen verfügungsberechtigt sein: ein Bevollmächtigter mit „Vollmacht über den Tod hinaus" beziehungsweise „Vollmacht für den Todesfall", die Erben, ein Testamentsvollstrecker oder ein Nachlaßpfleger beziehungsweise -verwalter. Eine vom Kontoinhaber zu Lebzeiten erteilte **Vollmacht über den Tod hinaus** vereinfacht zwar den Geschäftsverkehr im Todesfall, führt aber unter Umständen zu Interessenskollisionen mit den Erben, falls diese nicht zu den Bevollmächtigten gehören. Erben haben allerdings (wie auch der Testamentsvollstrecker) die Möglichkeit, diese Vollmacht jederzeit zu widerrufen.

Bei allen anderen im Todesfall Verfügungsberechtigten führt die Bank **Legitimationsprüfungen** durch, auf die in den AGB (Nr. 5 Banken) besonders hingewiesen wird. So müssen sich die durch Testament, Erbvertrag oder Gesetz bestimmten und nur gemeinsam verfügungsberechtigten Erben durch einen vom Nachlaßgericht ausgestellten Erbschein oder eine Ausfertigung beziehungsweise öffentlich beglaubigte Abschrift des Testaments mit Eröffnungsprotokoll ausweisen.

Der durch Testament (also durch den ehemaligen Kontoinhaber) bestimmte **Testamentsvollstrecker** legitimiert sich mit dem vom Nachlaßgericht ausgestellten Testamentsvollstreckerzeugnis oder den eben genannten Ausfertigungen des Testaments. Ein **Nachlaßpfleger** beziehungsweise -verwalter, der vom Nachlaßgericht eingesetzt wird (wenn zum Beispiel die Erben unbekannt sind), benötigt eine vom Nachlaßgericht ausgestellte **Bestallungsurkunde**.

Zur Vermeidung unberechtigter Verfügungen werden die Konten eines Erblassers von der Bank mit einem Zusatz (zum Beispiel Nachlaß) oder Sperrvermerk besonders gekennzeichnet.

**Konkurs**

Im Konkursfall verliert der Kontoinhaber als Gemeinschuldner die Verfügungsberechtigung über sein Konto. An seine Stelle tritt, ausgewiesen durch eine Bestallungsurkunde des Konkursgerichtes, der **Konkursverwalter.** Er bleibt solange allein verfügungsberechtigt, bis die Gläubigerversammlung einen **Gläubigerausschuß** bestellt hat. Dieser kann dann entweder den Konkursverwalter ermächtigen, auch weiterhin allein über das Konto zu verfügen, oder aber bei jeder Verfügung die Gegenzeichnung eines seiner Mitglieder verlangen. Häufig eröffnen Konkursverwalter zur Abwicklung eines Konkurses ein gesondertes **Konkurskonto**, das auf den Namen des Gemeinschuldners mit entsprechenden Zusätzen eingerichtet wird und unter Umständen auch als **Anderkonto** geführt werden kann.

**Vergleich**

Im Vergleichsfall bleibt der Kontoinhaber verfügungsberechtigt, wenn vom Vergleichsgericht keine Verfügungsbeschränkungen angeordnet werden. Sind **Verfügungsbeschränkungen** erlassen, so ist bei Kontoverfügungen die Zustimmung des gerichtlich bestellten **Vergleichsverwalters** notwendig.

**„Freiwillige" Verpfändung, Abtretung und Pfändung**

Im Fall der **Verpfändung** des Kontoguthabens durch den Kontoinhaber an einen Gläubiger können **Verpfänder und Pfandgläubiger** nur noch **gemeinsam** verfügen. Erst bei Eintritt der sogenannten Pfandreife kann die Bank allein an den Pfandgläubiger leisten.

Mit Abtretung des Kontoguthabens verliert der bisherige Kontoinhaber seine Gläubigerstellung und damit auch seine Verfügungsberechtigung gegenüber der Bank. Bis zur Offenlegung der Abtretung kann die Bank allerdings noch schuldbefreiend an den bisherigen Kontoinhaber zahlen.

Von der (quasi „freiwilligen) Verpfändung zu unterscheiden ist die Pfändung: Eine mit gerichtlicher Hilfe von einem Gläubiger des Kontoinhabers betriebene und mit Erlangung eines vollstreckbaren Titels rechtskräftige Pfändung des Kontoguthabens bewirkt folgendes: Sie verpflichtet die Bank bei Zustellung eines Pfändungs- und Überweisungsbeschlusses durch den Gerichtsvollzieher zur Einstellung der Zahlungen an den Kontoinhaber und zur Überweisung des gepfändeten Geldbetrages an den Pfändungsgläubiger.

## 1.4 Kontrollpflichten nach Abgabenordnung und Geldwäschegesetz

Daß Kontoinhaber und Verfügungsberechtigte eindeutig identifizierbar sein müssen, ergibt sich für die kontoführende Bank schon aus eigenem Interesse. Im Vordergrund steht dabei die Prüfung der Rechts- und Geschäftsfähigkeit. Sie ist wichtig für die Beurteilung der Gültigkeit des Kontovertrages und der Rechtswirksamkeit späterer Verfügungen.

Für die **Identität** der Bankkunden, das heißt ihren vollständigen Namen, ihr Geburtsdatum und ihren Wohnsitz, interessieren sich außerdem die Steuerbehörden. Daher gehört die nach Abgabenordnung bei Kontoeröffnung vorgesehene Legitimationsprüfung seit langem zum Bankalltag. Dagegen bereitet die Umsetzung des erst seit kurzem gültigen **Geldwäschegesetzes**, das zusätzliche Kontrollen bei bestimmten Finanztransaktionen vorsieht, in der Praxis noch beträchtliche Schwierigkeiten. Beginnen wir zunächst mit der Abgabenordnung.

### 1.4.1 Legitimationsprüfung nach der Abgabenordnung

Um Steuerhinterziehungen vorzubeugen, hat der Gesetzgeber in der Abgabenordnung die Errichtung fingierter Konten verboten und den Banken die Prüfung der Identität der Verfügungsberechtigten und die jederzeitige Bereitschaft zur Auskunftserteilung über dieselben vorgeschrieben.

---

**Auszüge aus Abgabenordnung und Anwendungserlaß zu Abgabenordnung**

Auszug Abgabenordnung:

§ 154 (Kontenwahrheit)

(1) Niemand darf auf einen falschen oder erdichteten Namen für sich oder einen Dritten ein Konto errichten oder Buchungen vornehmen lassen, Wertsachen (Geld, Wertpapiere, Kostbarkeiten) in Verwahrung geben oder verpfänden oder sich ein Schließfach geben lassen.

(2) Wer ein Konto führt, Wertsachen verwahrt oder als Pfand nimmt oder ein Schließfach überläßt, hat sich zuvor Gewißheit über die Person und Anschrift des Verfügungsberechtigten zu verschaffen und die entsprechenden Angaben in geeigneter Form auf dem Konto festzuhalten. Er hat sicherzustellen, daß er jederzeit Auskunft darüber geben kann, über welche Konten oder Schließfächer eine Person verfügungsberechtigt ist.

(3) Ist gegen Abs. 1 verstoßen worden, so dürfen Guthaben, Wertsachen und der Inhalt eines Schließfaches nur mit Zustimmung des für die Einkommen- und Körperschaftsteuer zuständigen Finanzamtes herausgegeben werden.

Auszug Anwendungserlaß zur AO zu § 154:

1. Das Verbot, falsche oder erdichtete Namen zu verwenden, richtet sich an denjenigen, der als Kunde bei einem anderen ein Konto errichten lassen will oder Buchungen vornehmen läßt.

2. Es ist zulässig, Konten auf Namen Dritter zu errichten, hierbei ist die Existenz des Dritten nachzuweisen. Der ausdrücklichen Zustimmung des Dritten bedarf es nicht.

3. Jeder, der für einen anderen Konten führt, Wertsachen verwahrt oder von ihm als Pfand nimmt oder ihm ein Schließfach überläßt, hat sich Gewißheit über die Person des Verfügungsberechtigten zu verschaffen. Die Vorschrift ist nicht auf Kreditinstitute beschränkt, sondern gilt auch im gewöhnlichen Geschäftsverkehr und für Privatpersonen. Verboten ist die Abwicklung von Geschäftsfällen über sogenannte CpD-Konten, wenn der Name des Beteiligten bekannt ist oder unschwer ermittelt werden kann und für ihn bereits ein entsprechendes Konto geführt wird.

4. Das Kreditinstitut hat sich vor Erledigung von Aufträgen, die über ein Konto abgewickelt werden sollen, beziehungsweise vor Überlassung eines Schließfaches Gewißheit über die Person und Anschrift des (der) Verfügungsberechtigten zu verschaffen. Gewißheit über die Person besteht im allgemeinen nur, wenn der vollständige Name, das Geburtsdatum und der Wohnsitz bekannt sind. Eine vorübergehende Anschrift (Hoteladresse) reicht nicht aus. Bei einer juristischen Person (Körperschaft des öffentlichen Rechts, AG, GmbH usw.) reicht die Bezugnahme auf eine amtliche Veröffentlichung oder ein amtliches Register unter Angabe der Register-Nummer aus. Wird ein Konto auf den Namen eines verfügungsberechtigten Dritten errichtet, müssen die Angaben über Person und Anschrift sowohl des Kontoinhabers als auch desjenigen, der das Konto errichtet, festgehalten werden. Steht der Verfügungsberechtigte noch nicht fest (zum Beispiel der unbekannte Erbe), reicht es aus, wenn das Kreditinstitut sich zunächst Gewißheit über die Person und Anschrift des das Konto Errichtenden (zum Beispiel des Nachlaßpflegers) verschafft; die Legitimation des Kontoinhabers ist so bald wie möglich nachzuholen.

5. Angaben auf dem Kontostammblatt: Diese Angaben sind auf dem Kontostammblatt zu machen. Es ist unzulässig, Name und Anschrift des Verfügungsberechtigten in einer vertraulichen Liste zu führen und das eigentliche Konto nur mit einer Nummer zu kennzeichnen. Die Führung sog. Nummernkonten bleibt verboten. Bei Auflösung des ersten Kontos müssen die Identifikationsmerkmale auf das zweite beziehungsweise weitere Konto beziehungsweise auf die betreffenden Kontounterlagen übertragen werden.

6. Alpha-Kartei: Das Kreditinstitut ist nach § 154 Abs. 2 Satz 2 AO verpflichtet, ein besonderes alphabetisch geführtes Namensverzeichnis der Verfügungsberechtigten zu führen, um jederzeit über die Konten und Schließfächer eines Verfügungsberechtigten Auskunft geben zu können. Eines derartigen Verzeichnisses bedarf es nicht, wenn die Erfüllung der Verpflichtung auf andere Weise sichergestellt werden kann. Die Verpflichtung besteht noch sechs Jahre nach Beendigung der Geschäftsverbindung, bei Bevollmächtigten sechs Jahre nach Erlöschen der Vollmacht.

7. Verfügungsberechtigte: Verfügungsberechtigte im Sinne der vorstehenden Nummern sind sowohl der Gläubiger der Forderung und seine gesetzlichen Vertreter als auch jede Person, die zur Verfügung über das Konto bevollmächtigt ist (Kontovollmacht). Dies gilt entsprechend für die Verwahrung von Wertsachen sowie für die Überlassung von Schließfächern. Personen, die auf Grund eines Gesetzes oder Rechtsgeschäftes zur Verfügung berechtigt sind, ohne daß diese Berechtigung dem Kreditinstitut usw. mitgeteilt worden ist, gelten insoweit nicht als Verfügungsberechtigte.

Auf die Legitimationsprüfung und/oder die Aufnahme in die Alpha-Kartei kann **verzichtet** werden

- bei vor dem 1.1.1992 begründeten Vertretungsverhältnissen

- wenn die gesetzliche Vertretung von natürlichen oder juristischen Personen durch Vorlage amtlicher Urkunden (zum Beispiel Geburtsurkunden, Registerauszüge, Bestallungsurkunden) nachgewiesen wird
- wenn bei Unternehmen schon mindestens fünf Personen Vertretungsbefugnis haben, die in einem öffentlichen Register eingetragen sind oder bei denen eine Legitimationsprüfung stattgefunden hat
- bei Vertretern juristischer Personen des öffentlichen Rechts sowie von Kreditinstituten und Versicherungen
- wenn Vollmachten auf bestimmte Vorgänge beschränkt sind (Einmalverfügungen, Lastschriftverfahren, Todesfall, Pfandnehmer)

Zusammen mit der Legitimation prüfen die Banken aus steuer- und devisenrechtlichen Gründen auch die **Inländer- beziehungsweise Ausländereigenschaft** der Kontoinhaber. **Gebietsfremde** können nämlich zum Beispiel Sonderregelungen der Deutschen Bundesbank hinsichtlich Kontoführung, Verzinsung und Verwendung von Kontoguthaben unterliegen. **Steuerausländer** sind zum Beispiel vom Zinsabschlag bei Kapitalerträgen befreit.

### 1.4.2 Geldwäschegesetz (Gesetz über das Aufspüren von Gewinnen aus schweren Straftaten)

Um zu verhindern, daß Gelder aus der organisierten Kriminalität in den legalen Wirtschafts- und Finanzkreislauf eingeschleust werden, müssen Banken und andere Finanzinstitute in Deutschland seit Inkrafttreten des Geldwäschegesetzes Ende November 1993 bei der Annahme oder Abgabe von Bargeld, Wertpapieren oder Edelmetallen im Betrag von 20.000 DM oder mehr zuvor denjenigen identifizieren, der ihnen gegenüber auftritt (§ 2 (1)). Die Identifizierung ist anhand eines amtlichen Personalausweises oder Reisepasses vorzunehmen. Sie umfaßt Namen, Geburtsdatum und Adresse der Person und muß Art, Nummer und Ausstellungsbehörde des Ausweises festhalten (§ 1 (5)).

Die Aufzeichnungen über die genannten Finanztransaktionen sind sechs Jahre lang aufzubewahren (§ 9). In jeder Bank ist intern die **Bestellung eines Geldwäschebeauftragten** vorgesehen (§ 15). Besonders belastend und arbeitsaufwendig wirkt nach Ansicht der Banken die Verpflichtung des § 12 zur Anzeige von Verdachtsfällen.

Erleichtert wird die Anwendung des Gesetzes in der Bankpraxis durch **Ausnahmen von der Identifizierungspflicht** für regelmäßig ein- oder auszahlende Inhaber oder Mitarbeiter von Unternehmen und für Nachttresoreinzahlungen (§ 2(4)). Bei letzteren darf der Benutzer nur Geld für eigene Rechnung einzahlen. Die in § 8 vorgeschriebene Feststellung des wirtschaftlich Berechtigten dokumentieren die Banken seit kurzem in ihren Kontoeröffnungsanträgen (vgl. Abbildung 2-3, Seite 89).

Die durch Anzeigen von Banken ausgelöste Strafverfolgung hat unter anderem wegen Schwierigkeiten bei der Beschlagnahme der Gelder bisher nicht zu dem erwarteten Erfolg geführt. (Im ersten Jahr der Anwendung des Gesetzes sind bei ca. 1.000 Verdachtsanzeigen mit einem Transaktionswert von ca. 600 Millionen DM nur ca. 2,5 Millionen DM beschlagnahmt worden.) Hier ist auf Gesetzesänderungen und klärende Ausführungsbestimmungen zu hoffen.

Die **Haftung der Banken** bei Verstößen gegen die Identifizierungspflicht nach Abgabenordnung und Geldwäschegesetz ist übrigens unterschiedlich geregelt: Nach § 72 der Abgabenordnung haftet eine Bank bei der Verletzung der Pflicht zur Kontenwahrheit nur, wenn dadurch die Verwirklichung von Steueransprüchen gefährdet wird. Nach § 18 Geldwäschegesetz gilt dagegen ein Verstoß grundsätzlich als Ordnungswidrigkeit, die mit Geldbußen bis zu 20.000 DM geahndet wird.

## 1.5 Bankgeheimnis und Bankauskunft

Die **Wahrung des Bankgeheimnisses** war in früheren Zeiten eine so selbstverständliche Verpflichtung für jeden „Bankier", daß man ihre schriftliche Fixierung als Vertragsbestandteil für überflüssig hielt. Modernere Zeiten verpackten sie als „gegenseitiges Vertrauensverhältnis" in der Präambel der alten AGB. Heute ist diese Verpflichtung als klar definierte Rechtsnorm in der Nr. 2 (1) der AGB Banken zu finden. Außerdem wird dort allgemein auf die Ausnahmen und Möglichkeiten zur Durchbrechung des Bankgeheimnisses hingewiesen.

Ob die eindeutige Fixierung nun die Rechtssicherheit für Kunde und Bank und ihr Vertrauensverhältnis gefördert hat, sei dahingestellt. Vielmehr sind die geschriebenen Normen beim Wort zu nehmen, die Fälle zur Durchbrechung des Bankgeheimnisses in der Praxis aufzuzeigen und gegebenenfalls kritisch zu hinterfragen. Dabei ist zu berücksichtigen, daß die Pflicht zur Verschwiegenheit auf seiten der Bank zugleich auch ihr **Recht auf Auskunftsverweigerung** beinhaltet.

Die Verschwiegenheitspflicht der Bank bezieht sich auf alle Tatsachen und Wertungen, von denen sie im Rahmen der Geschäftsbeziehung Kenntnis erlangt. Sie gilt mithin nicht nur für mehr oder weniger sensible Fakten, wie zum Beispiel Kontostände, Kreditinanspruchnahmen, Namen und Anschriften, sondern auch für Einsichten, Eindrücke und Werturteile, die von der Bank aus eigener oder fremder Analyse der Geschäftsbeziehung gewonnen wurden.

Die Weitergabe von Informationen über Kunden ist nur möglich, wenn

- entweder gesetzliche Bestimmungen dies gebieten
- oder der Kunde eingewilligt hat
- oder die Bank zur Erteilung einer Bankauskunft befugt ist

Unter die erste Kategorie fallen die Offenbarungspflichten gegenüber staatlichen Stellen.

### 1.5.1 Offenbarungspflichten gegenüber staatlichen Stellen

In **Strafverfahren** sind Mitarbeiter von Kreditinstituten gegenüber der Staatsanwaltschaft, dem Untersuchungsrichter und dem Gericht, nicht aber der Polizei, als Zeugen zur Auskunft verpflichtet. Das Bankgeheimnis gehört nicht zu den Berufsgeheimnissen nach § 53 Strafprozeßordnung (StPO), die ein Aussageverweigerungsrecht begründen.

Im **Zivilprozeß** steht Banken dagegen ein Zeugnisverweigerungsrecht nach § 384 Zivilprozeßordnung (ZPO) zu. Davon müssen sie wegen des Bankgeheimnisses auch Gebrauch machen, sofern der Kunde die Aussage nicht ausdrücklich genehmigt hat.

In **Steuerverfahren** ist der § 30 a AO maßgebend, der den bis 1990 gültigen Bankenerlaß abgelöst hat und den ausdrücklichen Schutz des Bankgeheimnisses vorsieht. Er untersagt den Finanzbehörden die allgemeine Überwachung durch Anforderung von Mitteilungen über Konten bestimmter Art und Höhe und verbietet ihnen anläßlich einer steuerlichen **Außenprüfung** das Abschreiben und Feststellen von Konten, bei denen eine Legitimationsprüfung nach § 154 (2) AO stattgefunden hat.

§ 93 AO sieht eine Auskunftspflicht von Banken im Einzelfall vor, wenn bei bestehendem Anfangsverdacht die Sachverhaltsaufklärung durch den Steuerpflichtigen selbst erfolglos war. Gegenüber der **Steuerfahndung** sind Banken nach § 208 AO sogar direkt auskunftspflichtig. Falls in Steuerstrafverfahren die Finanzbehörde selbst ermittelt, hat sie nach § 399 AO die gleichen Befugnisse wie die Staatsanwaltschaft im allgemeinen Strafverfahren (siehe oben).

Das Steuerrecht sieht außer den genannten Auskunftspflichten noch zwei ständige **Meldepflichten** vor:

- Nach § 33 Erbschaftsteuergesetz müssen Banken innerhalb eines Monats nach Kenntnisnahme vom Tod eines Kontoinhabers dem Finanzamt die 2.000 DM übersteigenden Werte auf Konten und Depots am Todestag sowie gegebenenfalls die Existenz eines Schließfaches melden.

- § 45 d Einkommensteuergesetz verpflichtet die Banken, dem Bundesamt für Finanzen die für die Prüfung der rechtmäßigen Inanspruchnahme des Sparer-Freibetrags und des Pauschbetrags für Werbungskosten erforderlichen Daten anhand der ihnen vorliegenden Freistellungsaufträge zur Vermeidung des Zinsabschlags auf Kapitalerträge zu melden.

Das **Sozialrecht** sieht zwecks Überprüfung der Hilfsbedürftigkeit von Sozialhilfeempfängern Auskunftspflichten der Banken über Vermögensverhältnisse vor, wenn ein Antragsteller sie ausdrücklich von ihrer Verschwiegenheitspflicht entbindet. Dies ist im Normalfall auch eine der Voraussetzungen dafür, daß überhaupt Sozialhilfe gewährt wird.

Nach **Devisenrecht** schließlich können gemäß § 44 Außenwirtschaftsgesetz (AWG) die Deutsche Bundesbank sowie Wirtschafts- und Finanzbehörden **Einzelauskunftsersuchen** für Devisenprüfungen stellen.

### 1.5.2 Einwilligung des Kunden – Schufa-Verfahren

Die Einwilligung des Kunden zur Durchbrechung des Bankgeheimnisses spielt vor allem beim **Schufa-Verfahren** eine Rolle. Die unter anderem in Kontoeröffnungsanträgen für Girokonten enthaltene **Schufaklausel** sieht unter bestimmten Voraussetzungen die Meldung von genau definierten Positiv- und Negativdaten an die **Schufa (Schutzgemeinschaft für allgemeine Kreditsicherung)** und die Weitergabe an deren Vertragspartner vor, mit denen der Betroffene in Geschäftsverbindung steht. Positivmerkmale bei Girokonten sind der Kontoantrag, die Kontoeröffnung und die Beendigung der Kontoverbindung. Negativmerkmale betreffen nicht vertragsgemäßes Verhalten und die Einleitung gerichtlicher Maßnahmen, bei Girokonten also zum Beispiel Scheckkartenmißbrauch, Mahnbescheide usw.

Solche Negativmerkmale dürften gemäß **Bundesdatenschutzgesetz** im Prinzip auch **ohne Einwilligung** des Kunden weitergegeben werden, wenn dies zur **Wahrung berechtigter Interessen eines Dritten oder der Allgemeinheit** erforderlich wäre. Die Banken lassen sich zwar auch für die Meldung solcher Daten ausdrücklich vom Bankgeheimnis befreien; dies entbindet sie aber dennoch nicht von der Interessensabwägung der möglichen Folgen für die beteiligten Parteien.

### 1.5.3 Die Bankauskunft

Auch das Bankauskunftsverfahren setzt die Einwilligung des Kunden voraus. Während jedoch im Schufa-Verfahren nur bestimmte formalisierte Tatsachen positiver oder negativer Art ausgetauscht werden, kommt die Bankauskunft, wenn sie einen Sinn haben soll, ohne Werturteile nicht aus.

In Nr. 2, Abs. 2 bis 4 der AGB Banken (vgl. Seite 90–93, Abbildung 2-3) werden die Einzelheiten des Bankauskunftsverfahrens im Verhältnis zum Kunden geregelt. Bankauskünfte dürfen danach nur anderen Kreditinstituten oder den eigenen Kunden erteilt werden. Inhaltlich müssen sie sich auf allgemeine Feststellungen und Bemerkungen über die wirtschaftlichen Verhältnisse des Kunden beschränken. Zulässig sind sie nur, wenn bei **Firmenkunden** (juristische Personen und im Handelsregister eingetragene Kaufleute) keine anders lautenden Weisungen vorliegen und **Privatkunden** generell oder im Einzelfall ausdrücklich zugestimmt haben.

Die zwischen den Banken vereinbarten Grundsätze für das Bankauskunftsverfahren versuchen die Verschwiegenheitspflicht gegenüber den Kunden und den Wunsch der Auskunftssuchenden, ihre Geschäftsrisiken zu begrenzen, auf einen praktikablen gemeinsamen Nenner zu bringen. Aus Beweisgründen sollen sowohl die Auskunftsanfragen als auch die Auskünfte schriftlich abgefaßt sein. Die Anfragen müssen das berechtigte Interesse an der Bankauskunft deutlich machen, und die Auskünfte sollen nur auf Grund von Erkenntnissen erteilt werden, die der auskunftgebenden Stelle ohne weitere Recherchen vorliegen. Die Ablehnung eines Auskunftsersuchens wegen fehlender Zustimmung des Kunden ist so zu formulieren, daß sie nicht als negative Auskunft mißverstanden werden kann. Hat die Bank keinen Einblick in die wirtschaftlichen Verhältnisse des Kunden, so muß sie dies in ihrer Antwort deutlich zum Ausdruck bringen.

Dem Kunden ist im Beratungsgespräch zu vermitteln, daß Bankauskünfte, obwohl sie eigentlich im Widerspruch zum Bankgeheimnis stehen, durchaus in seinem eigenen Interesse liegen. Bei Privatkunden mag dies im Einzelfall schwierig sein. Für Geschäftskunden ist dies, soweit ihre schutzwürdigen Belange (vgl. Nr. 2 (3) AGB Banken, letzter Satz) beachtet werden, meistens selbstverständlich.

### RESÜMEE

Die Aufgaben der Kontoführung sollten keinesfalls als notwendiges Übel oder „Papierkram" betrachtet werden. Sie stehen im Spannungsfeld von Vertrauens-, Kontroll- und Beratungspflichten und stellen hohe Anforderungen an die Bankmitarbeiter. Die durch Steuer- und Strafverfolgungsbehörden sowie Verbraucher- und Datenschützer angeregten Änderungen der rechtlichen Rahmenbedingungen verlangen einerseits immer weitreichendere Kontrollen und Meldungen (Beispiel: Geldwäschegesetz) und müssen andererseits dem kritischen Kunden verständlich gemacht werden.

Wie sich diese Entwicklungen auf das Vertrauensverhältnis zwischen Kunde und Bank auswirken, bleibt abzuwarten. Wenn die Banken glaubhaft zeigen können, daß Kontoführung weniger „Vorspiel" für das eigentliche Geschäft als vielmehr „vertrauensbildende Maßnahme" ist, werden sie bei ihren Kunden auch Verständnis finden.

# Das Konto als Basis der Kunde-Bank-Beziehung 111

## KONTROLLFRAGEN

**Hinweis:** Aufgaben 1 bis 4 sind mit Hilfe der auf Seite 89 bis 93 wiedergegebenen Kontounterlagen zu bearbeiten.

1. In welchen Zeitabständen erteilt die Bank gemäß Kontokorrentabrede **Rechnungsabschlüsse**, und was muß ein Kunde unternehmen, wenn er den Abschluß für unrichtig oder unvollständig hält?

2. Wie unterscheiden sich **Storno- und Berichtigungsbuchungen** bei Kontokorrentkonten, und warum beziehen sie sich nur auf einen Rückzahlungsanspruch bei fehlerhaften Gutschriften der Bank?

3. Welche Unterschiede bestehen laut AGB zwischen den **Kündigungsrechten** des Kunden und der Bank?

4. a) Wie unterscheiden sich die **Mitwirkungspflichten** des Kunden nach Nr. 7 (2) und Nr. 11 (4) der AGB?

   b) Wie ist in den AGB die **Haftung** des Kunden geregelt, wenn er seinen Mitwirkungspflichten nicht nachkommt?

**Hinweis:** Aufgaben 5 bis 7 sind mit Hilfe der auf Seite 96 bis 112 wiedergegebenen Rechtsquellen zu bearbeiten.

5. Welchem Zweck dient die **Legitimationsprüfung** nach § 154 AO, und was geschieht, wenn die Bank ihre Prüfungspflichten verletzt?

6. Wer ist **Verfügungsberechtigter** im Sinne des § 154 AO?

7. Welche **Daten** von Verfügungsberechtigten sind wann von der Bank festzuhalten, und wie ist **Auskunft** über diese Daten zu erteilen?

8. Unter welchen Voraussetzungen kann ein **Minderjähriger**
   - ein Konto eröffnen,
   - Kontoinhaber sein,
   - als Kontoinhaber über sein Konto verfügen?

9. Verschaffen Sie sich einen Überblick über die **Durchbrechung des Bankgeheimnisses in Steuerverfahren**.

   Wie beurteilen Sie in diesem Zusammenhang den § 30 a der Abgabenordnung, der bei seiner Einführung 1990 als **gesetzliche Absicherung des Bankgeheimnisses** begrüßt wurde?

10. Ein neuer Kunde, dem nach eigener Auskunft die Kontoverbindung mit seiner bisherigen Bank gekündigt wurde, möchte bei Ihrer Bank ein **auf Guthabenbasis geführtes Girokonto** eröffnen.

    Beraten Sie den Kunden über die Möglichkeiten Ihrer Bank, diesem Wunsch nachzukommen, und die Konsequenzen, die sich dadurch für sein Verhalten ergeben.

> **LITERATUR ZUM WEITERLESEN**
>
> - Hervorragend geeignet für alle rechtlichen Fragen, aber leider sehr teuer für den privaten Gebrauch ist das Buch von:
>
>   Claus-Wilhelm Canaris, **Bankvertragsrecht**, 3. Auflage, Berlin – New York 1988.
>
> - Zum Thema **„Recht auf Girokonto"** empfehlenswert ist das von der Arbeitsgemeinschaft für Verbraucherverbände e. V. Bonn veröffentlichte Gutachten:
>
>   Udo Reifner/Henning Brutschke/Jascha Alleyne, **Zugang zum Girokonto – Zu den Ansprüchen von Privatpersonen auf Einrichtung eines Mindestkontos**, Hamburg 1994.
>
> - Wer mehr zu den AGBs lesen will, sollte zu
>
>   Goßmann/Wagner/Wieduwilt u. a., **Allgemeine Geschäftsbedingungen der Banken**, Köln 1993, Sonderdruck aus „Bankrecht und Bankpraxis",
>
>   greifen.

## 2. Die Bankdienstleistungen rund um den Zahlungsverkehr

*Wie das Geld wandert*

„Banknoten treffen immer den richtigen Ton." (Karl Garbe)

> In der Vorstandssitzung einer Bank kommt nach einem Controllingbericht über die Kosten- und Ertragsentwicklung in der Sparte „Zahlungsverkehr" die kritische Frage auf: Warum bietet man angesichts hoher Kosten und geringer Erträge überhaupt Zahlungsverkehrsdienstleistungen an? Sollte die Bank nicht – um Kosten zu senken – ganz auf die Abwicklung des Zahlungsverkehrs verzichten?

**LEITFRAGEN**

1. Welche geschäftspolitische Bedeutung hat der Zahlungsverkehr für eine Bank?
2. Welche Instrumente sind notwendig und sinnvoll, damit die Kunden ihre Girokonten optimal zur Abwicklung ihrer Zahlungen nutzen können?
3. Welche Möglichkeiten bietet das elektronische Zeitalter, um den Zahlungsverkehr im Interesse der Bank und des Kunden zu rationalisieren?

### 2.1 Allgemeine Grundlagen

#### 2.1.1 Was gehört zum Zahlungsverkehr der Banken?

Gesamtwirtschaftlich betrachtet verlaufen die Zahlungsströme in einer Volkswirtschaft parallel zu den Güter- und Dienstleistungsströmen, aber in umgekehrter Richtung. Die Organisation und Abwicklung des gesamten Zahlungsverkehrs ist also eine gesamtwirtschaftliche Aufgabe, für die etwa 1 Prozent des Bruttosozialprodukts in Deutschland verwendet wird.

> **DEFINITION**
>
> Der **Zahlungsverkehr einer Volkswirtschaft** umfaßt alle Bewegungen von Zahlungsmitteln (Bargeld, Buchgeld, Geldersatzmittel) zwischen Zahlungsleistendem und Zahlungsempfänger.

Eine Zahlung hat in den meisten Fällen den Zweck, eine private oder öffentliche Geldschuld zu begleichen. Daneben gibt es auch andere Zahlungsgründe wie zum Beispiel freiwillige Zahlungen, eigene Kontoüberträge etc. Die Abwicklung des Zahlungsverkehrs ist ein typisches Bankgeschäft und wird von den Geschäftsbanken und der Bundesbank als Dienstleistung angeboten. Als Zahlungsverkehrsmittler erleichtern und beschleunigen sie die Abwicklung von Zahlungen zwischen den Teilnehmern am Wirtschaftskreislauf.

> **DEFINITION**
>
> Der **Zahlungsverkehr der Banken** umfaßt die Gesamtheit aller baren, halbbaren und bargeldlosen Zahlungsvorgänge, welche die Banken für sich beziehungsweise für ihre Kunden ausführen.

### 2.1.2 Was ist Geld?

Geld ist Voraussetzung für bankgeschäftliche Aktivitäten und für Zahlungen. Die Banken sind durch den Prozeß der Buchgeldschöpfung „Factories of Money". Mit der Weiterentwicklung des Geldwesens vom „Warengeld" des Mittelalters bis zum heutigen „Plastik- und Computergeld" hat sich zugleich auch das Bankwesen in seiner Bedeutung entwickelt.

Geld ist ein „universelles" Gut. Es ist Träger einer nominalen Wertgröße und verkörpert abstrakte Verfügungsmacht, die es ermöglicht, alle am Markt angebotenen Güter und Dienstleistungen zu beanspruchen. Die Abstraktheit des Geldes führt zum Problem seiner Wertbeständigkeit. Als Antwort hierauf werden heute die Nominalistische Theorie und die Funktionstheorie akzeptiert. Beide Theorien widersprechen sich nicht, sondern ergänzen sich.

- Die **Nominalistische Theorie** erklärt das Wesen des Geldes aus seinem Nennwert. Der Ausdruck Nominalistische Theorie wurde von G. F. Knapp (1842–1926) geprägt: Das Geld sei ein Symbol, eine Wertmarke und habe den Charakter einer Anweisung auf das Sozialprodukt. Knapp führt in seiner „Staatliche Theorie des Geldes" (1905) aus: „Geld ist ein Geschöpf der Rechtsordnung und erhält seine Geltung durch staatliche Proklamationen" (also eigentlich: „Theorie des staatlichen Geldes"!).

- Die **Funktionstheorie** leugnet zwar nicht, daß Geld einen eigenen Wert hat. Aber dieser eigene Wert sei kein Gebrauchswert, sondern reiner Funktionalwert, der bestimmt wird durch die Funktionen des Geldes als Tauschmittel, Wertaufbewahrungsmittel, Wertmesser (Recheneinheit) und Wertübertragungsmittel. Demnach ist Geld alles, was Geldfunktionen auszuüben vermag und insbesondere als Kaufkraft im Wirtschaftskreislauf Umlaufdienste versieht („Geld ist, was als Geld gilt"). So kann beispielsweise auch ein Gut wie die Zigarette bei sich stark entwerteten staatlichen Zahlungsmitteln zeitweilig zu Geld werden (Zigarettenwährung in der Nachkriegszeit).

In Anlehnung an die aufgeführten Theorien kann das Geld wie folgt definiert werden:

---

**DEFINITION**

Nach der Nominalistischen Theorie versteht man unter Geld die gesetzlichen Zahlungsmittel, das heißt Banknoten und Münzen (= Geld im engeren Sinne). Derartige Zahlungsmittel müssen vom Gläubiger einer Geldschuld angenommen werden. Gesetzliche Zahlungsmittel sind somit „Zwangsgeld" (juristischer Geldbegriff).

---

**DEFINITION**

Nach der Funktionstheorie werden als Geld alle Gegenstände bezeichnet, die im Verkehr als allgemeiner Wertmaßstab betrachtet werden und die als Zahlungsmittel allgemein anerkannt sind (= Geld im weiteren Sinne). Darunter fallen nicht nur gesetzliche Zahlungsmittel und Buchgeld, sondern zum Beispiel auch ausländische Geldzeichen und außer Kurs gesetzte Goldmünzen, soweit sie vom Verkehr als allgemeiner Wertmaßstab anerkannt werden. Bei geordneten Währungsverhältnissen gelten Banknoten und Münzen sowie das Buchgeld der Banken als allgemein anerkannte Zahlungsmittel (funktioneller Geldbegriff).

---

### 2.1.3 Zahlungsmittel: Bargeld, Buchgeld, Geldersatzmittel

Bargeld (Banknoten und Münzen) dient hauptsächlich dazu, Zahlungen im kleineren Rahmen „bar" auszuführen (zum Beispiel Einzelhandel). Die Zahlung erfolgt durch formlose **Einigung und Übergabe des Geldes** (§ 929 BGB). Bargeld ist wegen dieses Prinzips der tatsächlichen Übertragung – der Empfänger erlangt Eigentum und unmittelbaren Besitz – nicht nur eine Geldform, sondern zugleich auch Instrument des Zahlungsverkehrs.

**Buchgeld (Giralgeld)** sind jederzeit fällige Guthaben bei Banken (Sichteinlagen). Zum Buchgeld zählen auch die eingeräumten und nicht ausgenutzten Kreditlinien auf den dem Zahlungsverkehr dienenden Konten. Rechtlich stellt Buchgeld als Sichteinlage und auch als nicht ausgenutzte Kreditlinie eine Forderung gegen eine Bank dar, über die nach Abtretungsgrundsätzen verfügt werden müßte (§ 398 ff. BGB). **Spareinlagen** haben keine Buchgeldeigenschaft, da sie der Geldanlage dienen. Auch **Termingelder (Fest- und Kündigungsgeld)** gelten nicht als Buchgeld. Spareinlagen und Termingelder können jedoch als potentielles Buchgeld bezeichnet werden, da sie mit ihrer Fälligkeit zu Buchgeld werden können (**„geldnahe Forderungen"**).

Buchgeld entbehrt jeder physischen Substanz. Zu seiner „Sichtbarmachung" bedarf es daher der Konten. Auch für die Mobilisierung von Buchgeld ist das Vorhandensein von Konten notwendig. Die wichtigsten Verfügungsmittel über Buchgeld sind Überweisung, Scheck und Lastschrift. Mit der Einrichtung des unbaren Zahlungsverkehrs sind Verfügungen über Buchgeld und damit dessen wirtschaftliche Nutzung erst ermöglicht worden.

Die Entstehung von Buchgeld kann in Kapitel I, 1.3, „Geldschöpfung im Bankensektor", nachgelesen werden.

Sogenannte **Geldsurrogate** dienen als Geldersatzmittel. Im engeren Sinne gehören dazu vor allem der Wechsel sowie die kaufmännische Anweisung, im weiteren Sinne auch Wertmarken, Gutscheine, Schuldscheine und Kreditbriefe. Sie können nur dann als Geldsurrogate bezeichnet werden, wenn sie als selbständige Zahlungsmittel umlaufen und damit Bar- oder Buchgeld ersetzen. Schecks werden ausschließlich benutzt, um über Buchgeld zu verfügen. Auch wenn sie während ihrer Laufzeit über mehrere Personen gehen, so sind sie dennoch kein Geldersatz, weil Buchgelddeckung vorhanden sein muß. Der Wechsel dagegen, als weitaus häufigstes Geldsurrogat, ersetzt bei seiner Weitergabe vorübergehend (bis zur Fälligkeit) einen Geldbetrag.

|  | Rechtsnatur |  | Übertragung |
|---|---|---|---|
| **Bargeld** | Geldzeichen öffentlich-rechtlichen Charakters (Nominalistische Theorie) | **Bargeld** | Eigentumsverschaffung durch Einigung und Übergabe (§ 929 ff. BGB) |
| **Buchgeld** | Forderung gegen Kreditinstitut mit dem Anspruch auf jederzeitige Umwandlung in Bargeld (Voraussetzung: Konto) | **Buchgeld** | Verfügung durch Überweisung, Scheck, Lastschrift, da Forderungsabtretung für Zahlungsverkehr ungeeignet |

Abbildung 2-8: Unterschiede Bargeld und Buchgeld

## 2.1.4 Zahlungsformen: bare, halbbare und bargeldlose Zahlung

Der **Barverkehr** ist die historisch älteste Form des Zahlungsverkehrs. Sein absoluter Umfang steigt immer noch, sein Anteil am gesamten Zahlungsverkehr nimmt allerdings ab und wird auch in Zukunft vor allem durch unbare Verfügungen weiter eingeschränkt werden. Dies hat nicht zuletzt seinen Grund im Bearbeitungsaufwand sowie in den relativ hohen Risiken (Diebstahl, Unterschlagung, Fälschung, Verlieren, Zählfehler). Zum anderen ist Aufbewahrung und Transport von Bargeld mit relativ hohen Kosten verbunden. Letztlich trägt Bargeld keine Zinsen, während Buchgeld teilweise verzinst wird.

Der **halbbare Zahlungsverkehr** ist dadurch gekennzeichnet, daß entweder der Zahlungspflichtige oder der Zahlungsempfänger ein Konto unterhält und auf dieses Konto bar eingezahlt oder aus diesem Konto bar ausgezahlt wird (**jeweils Umwandlung von Bargeld in Buchgeld oder umgekehrt**). Der Zahlungsvorgang setzt sich somit aus einem baren Teil (Zahlung) und einem unbaren Teil (Überweisung, Buchung) zusammen. Typische Fälle sind Bareinzahlungen zugunsten Dritter und Barabhebungen mittels Scheck durch Dritte. Bei den Bareinzahlungen kommen vor allem Spendenempfänger, Versicherungen und Versandhäuser in Betracht, die ihren Kunden neutrale Überweisungs-Zahlscheinvordrucke mit den notwendigen Empfängerangaben zur Verfügung stellen. Diese Vordrucke können sowohl als Zahlscheine für Bareinzahlungen als auch als Überweisungsauftrag benutzt werden. Auf die Abwicklung halbbarer Zahlungen hat sich insbesondere die Postbank eingestellt. Sie hat insbesondere die „**Zahlungsanweisung zur Verrechnung**" entwickelt, die sich für Zahlungen eignet, bei denen das Konto des Empfängers unbekannt ist. Sie können bei der Bank des Empfängers zum Inkasso eingereicht oder bei jedem Postamt bar eingelöst werden. Wegen der Mischung von Bargeld- und Buchgeld-Bewegung wird gelegentlich auch vom „**gemischten Zahlungsverkehr**" gesprochen.

Bei **bargeldlosen Zahlungen** wird Buchgeld von einem Konto auf ein anderes Konto übertragen. Die rechtliche und wirtschaftliche Natur der hierbei verwendeten Instrumente ist sehr unterschiedlich. Dennoch lassen sich zwei große Gruppen unterscheiden (**Dualismus im Zahlungsverkehr**):

- **Einzugsaufträge** (Inkasso von Einzugspapieren)
  (Schecks, Lastschriften, Wechsel, Zins- und Dividendenscheine und ähnliche)

- **Zahlungsaufträge** (Überweisungen)

Ausgelöst wird der Zahlungsvorgang bei Einzugspapieren vom Zahlungsempfänger, bei Überweisungen vom Zahlungspflichtigen. Aus Sicht der Bank wird bei Überweisungsaufträgen Liquidität zum Empfänger „**transportiert**", während bei zur Gutschrift eingereichten Einzugspapieren die Liquidität vom Zahlungspflichtigen „**geholt**" werden muß.

### 2.1.5 Bankenübergreifende Gremien des Zahlungsverkehrs

Der große Arbeitsanfall im unbaren Zahlungsverkehrs kann rationell nur bewältigt werden, wenn er nach bestimmten Regeln abläuft, die einheitlich für alle Banken gelten (zum Beispiel einheitliche Gestaltung der Vordrucke). Das Kreditgewerbe koordiniert deshalb im Rahmen des „Betriebswirtschaftlichen Arbeitskreises" des Zentralen Kreditausschusses (ZKA) die organisatorisch-technische Gestaltung der zwischenbetrieblichen Zahlungsverkehrsverfahren im Interesse eines wirtschaftlichen, schnellen und sicheren Zahlungsverkehrs. Basis dieser langjährigen Kooperation ist die Einsicht, daß es letztlich keiner beteiligten Banken dient, wenn der Wettbewerb mit den Dienstleistungen selbst statt mit ihren Konditionen betrieben wird. Im Ergebnis dieser Koordinierungstätigkeit wurden die organisatorischen und rechtlichen Grundlagen des unbaren Zahlungsverkehrs in einer **Vielzahl von Abkommen und Richtlinien** standardisiert, die zwischen den Spitzenverbänden des Kreditgewerbes vereinbart wurden und für alle verbandsgebundenen Banken gelten. So sind insbesondere die Ergebnisse der Automationsbemühungen – zum Beispiel Geldausgabeautomat, Bildschirmtext, POS-Kassen – in Abkommen niedergelegt. Der moderne Zahlungsverkehr läßt sich nur durch gemeinsame Anstrengungen des gesamten Kreditgewerbes weiterentwickeln. Die Bundesbank beteiligt sich – ohne selbst Mitglied im ZKA zu sein – an diesen Absprachen beratend und zum Teil auch federführend.

Daneben ist für die weitere Entwicklung des Zahlungsverkehrs die „Gesellschaft für Zahlungssysteme mbH (GZS)" im Jahre 1982 in Frankfurt am Main errichtet worden, eine Gemeinschaftsgründung des deutschen Kreditgewerbes. Das Stammkapital wird zu 40 Prozent von den privaten Banken, zu weiteren 40 Prozent von der Sparkassenorganisation und zu 20 Prozent vom Genossenschaftssektor gehalten. Die GZS befaßt sich insbesondere mit den neueren Zahlungssystemen wie **eurocheque, Eurocard, Geldausgabeautomaten-Pool und elektronische Kassenterminals,** also mit Themen für die „Bank von Morgen", bei denen Gemeinschaftslösungen für Banken anzustreben sind.

### 2.1.6 Rechtliche Grundlagen des Zahlungsverkehrs

Das **Kreditwesengesetz (KWG)** nennt die bankenaufsichtlichen Befugnisse des Staates. Die Abwicklung des unbaren Zahlungsverkehrs gehört zu den typischen Bankgeschäften. Nach § 1 Abs. 1 KWG sind Bankgeschäfte unter anderem „die Annahme fremder Gelder als Einlagen" (Nr. 1) und „die Durchführung des bargeldlosen Zahlungsverkehrs und des Abrechnungsverkehrs (Girogeschäft)" (Nr. 9). Zur Abwicklung dieser Geschäfte ist eine Erlaubnis des Bundesaufsichtsamtes für das Kreditwesen erforderlich. Kraft Gesetzes ist die Bundesbank zur Zahlungsverkehrsabwicklung befugt. Ausdrücklich verboten ist den Banken die Führung von Girokonten, über die der Kunde nur unbar verfügen kann, da ein Ausschluß oder eine Erschwerung der Barabhebung früher zu Mißbräuchen geführt hatte und heute das Kreditschöpfungspotential der Banken vergrößern und damit die Kreditpolitik der Bundesbank erschweren würde (vgl. § 3 Nr. 3 KWG). Ebenfalls öffentlich-rechtlich sind die **Vorschriften der Abgabenordnung über Kontoeröffnung und Kontoführung (§ 154 AO)** (vgl. hierzu Abschnitt 2.1.2).

Für den Zahlungsverkehr bestehen keine speziellen privatrechtlichen Gesetzesregelungen: Es gelten die allgemeinen Vorschriften des BGB (insbesondere über Auftrag und Geschäftsbesorgung in § 662 ff. BGB) und des HGB (insbesondere über das Kontokorrent in § 335 bis 357 HGB). Spezialregelungen enthalten nur die Allgemeinen Geschäftsbedingungen (AGB) der Banken sowie die Abkommen und Richtlinien für den Zahlungsverkehr.

> **Im Verhältnis der Banken zu ihren Kunden** gelten die Allgemeinen Geschäftsbedingungen der Geschäftsbanken und der Bundesbank, ferner die Sonderbedingungen und Merkblätter sowie die standardisierten Vordrucke.
>
> **Im Verhältnis der Kreditinstitute untereinander** gelten die Abkommen und Vereinbarungen für den Zahlungsverkehr, die von den Spitzenverbänden des Kreditgewerbes abgeschlossen worden sind.

### 2.1.7 Geschäftspolitische Bedeutung des Zahlungsverkehrs

Die Banken bieten sichere, schnelle, rationale und kostensparende Zahlungsmöglichkeiten. Der Anteil der bargeldlosen Zahlungen nimmt gegenüber den Barzahlungen immer mehr zu. Die Bankkunden von heute nehmen sehr viel mehr als früher die Dienstleistungen im unbaren Zahlungsverkehr in Anspruch. Darauf hat sich die Geschäftspolitik der Banken eingerichtet. Die Banken haben erkannt, daß ihre Leistungs- und Wettbewerbsfähigkeit auch von ihrem Engagement im Zahlungsverkehr abhängt.

1. Kontoinhaber, die sich nicht verschulden wollen, halten einen Teil ihrer Sichtguthaben für unvorhergesehene Zahlungen in Reserve. Diese **Liquiditätsreserven** werden auch als **Bodensatz** bezeichnet, der den Banken erfahrungsgemäß längerfristig zur Verfügung steht.

2. Der Umfang barer beziehungsweise unbarer Zahlungen ist maßgebend für den **Geld- und Kreditschöpfungsprozeß im Bankensystem**. Die Banken haben mit

der Einrichtung des unbaren Zahlungsverkehrs die Verfügungsmöglichkeit über Buchgeld eröffnet. Mit der Entwicklung von Verfügungsmitteln über Buchgeld (Scheck, Lastschrift, Überweisung) haben die Banken gleichzeitig die Voraussetzungen für den Prozeß der multiplen Kredit- und Buchgeldschöpfung innerhalb des Geschäftsbankensystems geschaffen. Die Möglichkeiten der Kredit- und Buchgeldexpansion können erweitert werden, wenn es durch geschäftspolitische Maßnahmen gelingt, daß die Bankkunden zur Abwicklung ihrer Zahlungen weniger Bargeld verwenden und dafür verstärkt bargeldlos verfügen.

Die Abhängigkeit der Geld- und Kreditexpansion vom Umfang des bargeldlosen Zahlungsverkehrs zeigt nachfolgendes Beispiel.

Die Grenzen der Kreditexpansionsmöglichkeiten einer Bank (= D $K_r$ = Zuwachs an Krediten) läßt sich mathematisch darstellen (= **Giralgeldschöpfungsmultiplikator**, vgl. Kapitel I, 1.3):

$$\Delta K_r = \Delta Z \frac{1}{r + c \cdot (1 - r)}$$

Dabei ist

$\Delta Z$ = Zuwachs an Überschußreserve zum Beispiel durch Bareinzahlung (frei verfügbares Zentralbankgeld)

r = Mindestreservesatz (bei 10 Prozent ist r = 0,1)

c = Bargeldabhebungsquote (jener Teil der Kredite, die von den Kreditnehmern vom Konto bar abgehoben werden, bei 50 Prozent ist c = 0,5).

---

**BEISPIEL**

$\Delta Z$ = Bareinzahlung von 100 DM, r = 10 Prozent, c = 50 Prozent.

Die Grenze der Kreditexpansion ist bei einer Überschußreserve von 100 DM somit

$$\Delta K_r = 100 \frac{1}{0,1 + 0,5 \cdot (1 - 0,1)} = 181,82 \text{ DM}$$

Gelingt es in dem angeführten Beispiel, die Bargeldabhebungsquote auf 20 Prozent (c = 0,2) zu verringern, dann errechnet sich die Grenze der Kreditexpansion wie folgt:

$$\Delta K_r = 100 \frac{1}{0,1 + 0,2 \cdot (1 - 0,1)} = 357,14 \text{ DM}$$

---

Dieses Beispiel zeigt eindrucksvoll, daß sich durch Förderung unbarer Zahlungen und der damit verbundenen Reduzierung der Barabhebungen die Möglichkeit der Kreditexpansion wesentlich erhöht.

3. Im **Wettbewerb der Banken** spielen die Produkte des Zahlungsverkehrs eine nicht zu unterschätzende Rolle. Insbesondere jene Firmen, die nicht auf Kredite angewiesen sind können nur mit ausgeprägt kundenorientierten Dienstleistungsprodukten – zum Beispiel der Zahlungsverkehrsabwicklung – als Kunden gewonnen werden.

4. Der unbare Zahlungsverkehr setzt die Eröffnung eines Girokontos voraus. Das Girokonto bildet für die Banken auf der einen Seite die notwendige Voraussetzung zur **Gewinnung von Einlagen** und andererseits die Basis für die Kreditvergabe. Zudem werden Debitoren ihre Zahlungen hauptsächlich über die krediteinräumende Bank abwickeln. Es besteht also zwischen unbarem Zahlungsverkehr und kurzfristigen Kreditgeschäft ein enger Zusammenhang, der auch unter Ertragskriterien als Verbund gesehen werden muß.

5. Eine Vernachlässigung des Zahlungsverkehrs bei den Banken würde zu einer stärkeren Verlagerung in den Nichtbankensektor führen (zum Beispiel verstärkte Ausgabe von Kreditkarten und ähnliches von Warenhauskonzernen). Dies würde die Geldschöpfungsmöglichkeiten im Bankensektor und mögliche Ertragsfelder verringern.

6. Der Zahlungsverkehr ist grundsätzlich eine **Ertragsquelle**; erstens über Gebühren, zweitens über Zinserträge aufgrund unterschiedlicher Wertstellungen bei Gutschriften und Belastungen.

7. Der unbare Zahlungsverkehr ist eine wichtige **Informationsquelle** für die Banken. Aus den Kontobewegungen kann der Kundenberater Rückschlüsse auf die Liquiditätslage, Zahlungsmoral und sonstige Umstände seines Kunden ziehen, die für den Verkauf weiterer Bankleistungen von Bedeutung sein können (**Cross-selling**).

## 2.2 Barer Zahlungsverkehr

### 2.2.1 Rechtliche Grundlagen

Die **Währungshoheit,** das heißt die Regelung aller das Geldwesen betreffenden Angelegenheiten, steht nach dem Grundgesetz dem Bund zu (Art. 73 Nr. 4 GG). Dazu zählen:

- die **Geld- und Währungspolitik** (Sicherung der Wertbeständigkeit des Geldes)
- die **Münz- und Notenhoheit** (Regelungen über die Ausgabe, Gestaltung und Stückelungen etc. von Münzen und Noten)

Soweit es die Banknoten betrifft, ist die **Notenhoheit** auf die Bundesbank mit Gesetz vom 8.7.1957 (BBankG) übertragen worden. Die **Münzhoheit** des Bundes ist im Gesetz über die Ausprägung von Scheidemünzen vom 8.7.1950 geregelt (Münzgesetz).

> **DEFINITION**
>
> Das **Wesen der gesetzlichen Zahlungsmittel** wird bestimmt durch **zwei Komponenten:**
>
> - Noten und Münzen unterliegen einem gesetzlichen Annahmezwang.
> - Noten und Münzen haben einen gesetzlichen Zwangskurs.

Banknoten und Münzen sind gesetzliche Zahlungsmittel. Unter gesetzlichen Zahlungsmitteln versteht man staatliche Geldzeichen öffentlich-rechtlichen Charakters, mit denen Geldschulden erfüllt werden können und zu deren Annahme der Gläubiger verpflichtet ist (**gesetzlicher Annahmezwang**).

Das zweite Merkmal der gesetzlichen Zahlungsmittel ist der **gesetzliche Zwangskurs,** das heißt seine Zahlkraft besteht in Höhe des aufgedruckten beziehungsweise geprägten Nennwertes. Demnach hängt die Zahlkraft zur Tilgung von Verbindlichkeiten nicht vom jeweiligen „inneren Wert" der DM ab, das heißt die Zahlkraft schwankt nicht mit der Kaufkraft der DM.

Während Münzen noch bis zum Beginn des 20. Jahrhunderts alleiniges Zahlungsmittel waren, dienen sie heute praktisch nur noch als Wechselgeld zur Zahlungserleichterung („Scheidemünzen"). **Scheidemünzen** sollen dem Schuldner die Möglichkeit geben, sich von seiner Leistungspflicht exakt, das heißt in kleinsten Beträgen, zu befreien. Der Metallwert der Münzen entspricht in der Regel nur einem Bruchteil des aufgeprägten Nominalwertes.

Das alleinige Recht für die Ausgabe von Münzen steht der Bundesregierung zu (Münzregal), und zwar dem Bundesminister der Finanzen. Der Bund unterhält keine eigenen Münzstätten, sondern bedient sich bei seinen Prägeaufträgen der teilweise schon seit Jahrhunderten bestehenden Einrichtungen der Länder:

- Münze Berlin (Münzzeichen A)
- Bayerisches Hauptmünzamt, München (Münzzeichen D)
- Staatliche Münze, Stuttgart (Münzzeichen F)
- Staatliche Münze, Karlsruhe (Münzzeichen G)
- Hamburgische Münze, Hamburg (Münzzeichen J)

Die Münzen werden von der Bundesbank im Rahmen ihrer Funktion als „Fiscal Agent" für den Bund in Umlauf gebracht. Zu diesem Zweck übernimmt die Bundesbank die Münzen von den Münzstätten zum Nennwert und schreibt den Gegenwert dem Bundesfinanzministerium auf dessen Girokonto gut (vgl. § 8 Abs. 1 Münzgesetz). Für die Bundesbank sind die übernommenen Scheidemünzen Aktiva; der jeweilige Münzbestand wird entsprechend bilanziert beziehungsweise im Wochenausweis veröffentlicht (§ 28 BBankG). Die Prägekosten zahlt der Bund an die Münzstätten. Der Unterschiedsbetrag zwischen den Prägekosten und dem Nennwert der Münzen ist der Münzgewinn, der dem Bund zufließt.

Scheidemünzen sind gesetzliche Zahlungsmittel, jedoch besteht für sie nur ein begrenzter Annahmezwang („beschränkt gesetzliche Zahlungsmittel"). Niemand ist verpflichtet,

- auf Deutsche Mark lautende Münzen im Betrag von mehr als 20 DM
- auf Pfennig lautende Münzen im Betrag von mehr als 5 DM in Zahlung zu nehmen (§ 3 Abs. 1 Münzgesetz)

Eine uneingeschränkte Pflicht zur Entgegennahme und zum Umtausch besteht jedoch für die Bundes- und Landeskassen sowie für die Kassen der Bundespost (§ 3 Abs. 2 Münzgesetz). Die Bundesbank ist zwar in diese gesetzliche Regelung nicht einbezogen. In der Praxis wird der Umtausch größerer Münzmengen allerdings unter Einschaltung der LZB-Zweiganstalten abgewickelt.

Zur Ausgabe von auf Deutsche Mark lautenden Geldscheinen ist nur die Bundesbank berechtigt (§ 14 BBankG). Das Notenausgabemonopol ist ein Hoheitsrecht der Bundes, das nach § 14 BBankG der Bundesbank zugewiesen ist. Dieses **Notenausgabemonopol** bedeutet für die Bundesbank unbegrenzte Liquidität im Inland und macht sie damit zur letzten Liquiditätsquelle aller Banken.

---

**DEFINITION**

Die von der Bundesbank in Umlauf gebrachten Noten sind nach § 14 BBankG das **einzig unbeschränkte gesetzliche Zahlungsmittel**; es besteht ein unbeschränkter Annahmezwang.

---

Banknoten kommen über die Geschäftstätigkeit der Bundesbank in den Umlauf. Damit die Möglichkeit für die Ausgabe von Banknoten besteht, ist es zunächst erforderlich, daß die Notenbank Aktivgeschäfte betreibt, die sich auf der Passivseite als Sichteinlagen niederschlagen (**Passivgeschäft folgt aus Aktivgeschäft**). Durch den Ankauf der Bundesbank von Gold, Devisen, Wertpapieren und Wechseln sowie durch Lombarddarlehen an Banken erhöhen sich die Sichteinlagen der entsprechenden Geschäftspartner bei der Bundesbank (Bilanzverlängerung). Im umgekehrten Fall vermindern sich die Sichtguthaben bei der Bundesbank (Bilanzverkürzung).

In welcher Höhe Banknoten von den Konten bei der Bundesbank abgehoben beziehungsweise eingezahlt werden, entscheiden die Kontoinhaber, das sind in erster Linie die Geschäftsbanken. Die Entscheidung ist abhängig von deren Kassenbeständen und vom Geldbedarf der Nichtbanken.

Das Bundesbankgesetz verzichtet im Gegensatz zu den bis 1945 geltenden Notenbankgesetzen auf zwei „klassische Grundsätze" der Notenhoheit: Es bestehen für die ausgegebenen Noten keinerlei Deckungsvorschriften und keine gesetzlichen Umlaufgrenzen.

Banknoten und Münzen verbriefen keine Forderungsrechte gegen den Emittenten. Die Noten sind auch keine Inhaberschuldverschreibungen, weil sie kein Zahlungsversprechen des Ausstellers enthalten. Der Inhaber einer Banknote hat der Bundesbank gegenüber lediglich zwei Ansprüche: Er hat einen Umtauschanspruch für den Fall, daß Noten zur Einziehung aufgerufen sind (§ 14 Abs. 2 BBankG), und einen Umtauschanspruch für beschädigte Noten unter bestimmten Voraussetzungen (§ 14 Abs. 3 BBankG).

Im Zusammenhang mit dem Notenausgaberecht ist die Bundesbank zuständig für die Herstellung und laufende Erneuerung der Banknoten, die Ersatzleistung für beschädigte Noten und den Aufruf von Noten zur Einziehung. Nach § 14 Abs. 3 BBankG hat die Bundesbank für beschädigte Noten Ersatz zu leisten, wenn der Inhaber entweder Teile einer Note vorlegt, die insgesamt größer sind als die Hälfte der Note, oder nachweisen kann, daß der Rest der Note vernichtet ist.

Das Strafgesetzbuch enthält allgemeine Strafvorschriften zum Schutz des Verkehrs vor dem Umlauf falscher Münzen und Banknoten (§ 146 bis 148 StGB). Daneben bestehen besondere Normen zum **Schutz des Notenmonopols** der Bundesbank und **des Münzregals** des Bundes (§ 35 bis 37 BBankG). § 35 BBankG soll verhindern, daß ein „Nebengeld" oder ein „Ersatzgeld" geschaffen wird. § 36 BBankG verpflichtet die Bundesbank und alle Kreditinstitute zum Anhalten falscher Banknoten oder Münzen sowie unbefugt ausgegebener Geldzeichen und unverzinslicher Inhaberschuldverschreibungen. Das Erscheinungsbild der Banknoten und Münzen ist **urheberrechtlich** geschützt.

Bargeld ist in erheblichem Umfang als **„Konsumentengeld" der privaten Haushalte** zu sehen. Im Kaufhaus, bei Tankstellen, am Bahnschalter wird noch überwiegend bar gezahlt. Banknoten und Münzen gelangen über die Banken in den Wirtschaftskreislauf, die das von ihren Kunden benötigte Bargeld von ihrem LZB-Konten abheben. Das Bargeld wird zur Bezahlung von Waren und Dienstleistungen verwendet und fließt dabei immer wieder zu den Banken zurück. Die Banken sind bestrebt, ihre Barbestände möglichst niedrig zu halten. Sie zahlen überschüssiges Geld auf ihr

LZB-Konto ein. So findet ständig ein Geldkreislauf von der Bundesbank über Banken in den Wirtschaftsverkehr und zurück über die Banken zur Bundesbank statt.

### 2.2.2 Kassenverkehr und Scheckauskunft bei Banken

#### 2.2.2.1 Ein- und Auszahlungen am Bankschalter

Kontoinhaber und Dritte können auf Konten bar einzahlen. Der Empfang des Betrages wird dem Kunden mit Kassenstempel und Unterschrift des Kassierers oder per maschineller Quittung auf dem Einzahlungsbeleg bestätigt. Die Auszahlung von Bargeld ist sowohl gegen Quittung als auch gegen Barscheck möglich. Dritte können in der Regel nur mit Barscheck abheben. Bei privaten Girokonten dürfen nach einem BGH-Urteil von 1993 für **Ein- und Auszahlungen am Bankschalter keine Gebühren** berechnet werden. Es ist umstritten, ob sich das BGH-Urteil auch auf die durch den Barzahlungsvorgang ausgelösten Buchungsposten-Gebühren bezieht. Die Verbraucherverbände legen das Urteil weit aus und bezweifeln die Rechtmäßigkeit der Postengebühr bei Barzahlungen. Hingegen argumentieren Juristen in den Verbänden der Kreditwirtschaft, daß Buchungsposten zur Führung des Girokontos gehören, und dafür dürfe eine Gebühr erhoben werden.

Bei der Barauszahlung von eurocheques durch eine andere als die bezogene Bank, gelten „Generelle Auszahlungsbestimmungen":

- Die Identität des Kunden muß anhand eines Ausweises mit Foto festgestellt werden. Art und Nummer des Ausweises sind auf der Scheckrückseite zu vermerken.

- Ausstellungsort und Datum müssen auf dem eurocheque angegeben sein.

- Es dürfen maximal drei eurocheques gleichzeitig ausgezahlt werden.

Diese Regelungen gelten nur für Banken. Werden sie nicht eingehalten, besteht kein Anspruch auf Zahlung durch die bezogene Bank. Bestehen bei ausländischen eurocheques Zweifel, ob diese Bestimmungen eingehalten wurden, kann die bezogene Bank Kopien oder Originalschecks von der GZS anfordern und innerhalb der international vereinbarten Rückgabefrist von 40 Tagen prüfen, ob eine Rückgabe in Frage kommt.

Einzahlungen können auch über **Tag- und Nachttresore** erfolgen. Damit können Kunden (insbesondere Einzelhändler) die Einlieferungen von Bargeld, Schecks und Wechseln vereinfachen und zeitlich verlegen. Voraussetzung für die Benutzung ist, daß der Kunde die Bedingungen für die Einlieferung in Tag- und Nachttresore anerkennt und die erforderlichen Kassetten und Schlüssel erhalten hat.

Die große Zahl der Kassenbewegungen wie auch die steigenden Personalkosten haben die Banken veranlaßt, die Abwicklung zu rationalisieren. Ein- und Auszahlungen werden zumeist online gebucht. **Geldausgabeautomaten** ermöglichen die Kundenselbstbedienung.

**Direktkassen** übernehmen die Ein- und Auszahlung größerer Geldbeträge. Dort übernehmen **Geldbearbeitungsautomaten** das Zählen des Bargeldes und prüfen teilweise die Echtheit und den Zustand eingezahlter Banknoten. Die Bundesbank unterstützt diese Entwicklung und hat die neu ausgegebenen Banknoten mit maschinell lesbaren Echtheits- und Zustandsmerkmalen versehen.

**Automatische Kassentresore (AKT)** sind Geldausgabeterminals mit mehreren Geldnotenkassetten, die den eingetippten Betrag in der gewünschten Stückelung ausgeben.

### 2.2.2.2 Auskünfte, Bestätigungen und Einlösungsgarantien im Scheckverkehr durch Geschäftsbanken

Bei der Auszahlung von Barschecks wird bei der bezogenen Bank regelmäßig angefragt, ob die Einlösung des Schecks in Ordnung gehe. Die Bank, die eine **Scheckauskunft** erteilt, muß dabei nicht nur den Kontostand des Scheckausstellers, sondern auch die noch ausstehenden Belastungen des Kontos durch schon laufende Vorgänge (Wechsel, Schecks, Überweisungen etc.) berücksichtigen. Die bezogene Bank wird ferner prüfen, ob der Scheck widerrufen ist. Ein Widerruf wird der anfragenden Bank mitgeteilt. Liegt kein Widerruf vor, wird bei Kontodeckung dem Anfrager erklärt, daß der Scheck unter den banküblichen Vorbehalten eingelöst wird. Unter den „**banküblichen Vorbehalten**" ist zu verstehen, daß

- die Unterschrift des Scheckausstellers in Ordnung ist
- der Aussteller den Scheck nicht vor der Vorlegung widerruft
- das Kontoguthaben bei Vorkommen des Schecks zur Deckung ausreicht

Es ist üblich, den disponierten Scheckbetrag festzuhalten. Eine erteilte Scheckauskunft führt zu keiner Kontosperre in Höhe des Scheckbetrages. Die bezogene Bank ist verpflichtet, Kontoverfügungen in der Reihenfolge auszuführen, in der sie anfallen, solange ein Kontoguthaben beziehungsweise eine Kreditlinie vorhanden ist.

Die **Scheckauskunft (-bestätigung)** ist zu unterscheiden von der **Scheckeinlösungsgarantie**. Zwar besteht nach Art. 4 ScheckG ein Akzeptverbot. Nach herrschender Meinung wird allerdings durch Art. 4 ScheckG nicht ausgeschlossen, daß die bezogene Bank sich außerhalb des Schecks in einer gesonderten Garantie-Erklärung vertraglich zur Einlösung eines bestimmten Schecks verpflichtet. In Abgrenzung zur Scheckgarantie gilt für die Scheckauskunft folgendes: In der bloßen Auskunft eines

Bankangestellten, der Scheck sei gedeckt oder der Scheck gehe in Ordnung, liegt noch keine verpflichtende Einlösungszusage. Diese Erklärung bedeutet nur, daß zur Zeit der Auskunftserteilung ein Guthaben des Ausstellers vorhanden ist, aus dem der Scheck, wenn er jetzt zur Vorlage käme, eingelöst würde. Wer eine solche Auskunft als Einlösungszusage betrachtet, handelt somit auf eigene Gefahr.

Die Frage, ob es sich bei der Erklärung der bezogenen Bank um eine **Scheckbestätigung** oder um eine **Einlösungsgarantie** handelt, ist häufig umstritten. Wegen der weitreichenden Folgen für die verpflichtete Bank werden im Bankverkehr für Scheckeinlösungsverpflichtungen eindeutige Erklärungen verlangt. Als solche eindeutigen Erklärungen sind angesehen worden: Die Anfrage einer Bank: „Da über die Summe disponiert werden soll, bitten wir um Ihre (schriftliche) Rückbestätigung, ob Sie die Honorierung des Schecks vorbehaltlich der Ordnungsmäßigkeit der Unterschriften garantieren" und die Antwort darauf: „Ja, wir garantieren die Honorierung, sofern die Unterschrift richtig ist." Ein weiteres Beispiel ist die (schriftliche) Bestätigung auf eine telefonische Anfrage, ob die bezogene Bank den Scheck einlösen werde: „Bezugnehmend auf das Telefongespräch vom heutigen Tage ... bestätigen wir Ihnen, daß oben angegebener Scheck bei uns eingelöst wird." Die gleiche Wirkung hat: „Wir bestätigen hiermit, daß wir die oben genannten Schecks an die Firma X unwiderruflich einlösen werden."

Die Bundesbank stellt auf Antrag „bestätigte Schecks" aus (vgl. Abschnitt 2.4.2.1).

## 2.3 Bargeldloser Zahlungsverkehr – Was geschieht hinter der Fassade?

### 2.3.1 Organisatorische Abwicklung: Verrechnungswege in Deutschland und Europa

#### 2.3.1.1 Verrechnungsnetze in Deutschland

Unter Giroverkehr in seiner ursprünglichen Bedeutung ist die Verrechnung von Überweisungen innerhalb eines Netzes zu verstehen. Heute bestehen Verrechnungsnetze innerhalb folgender Institutsgruppen:

- Gironetz der Deutschen Bundesbank
- Gironetz der Sparkassen
- Gironetz der Kreditgenossenschaften
- Gironetze der einzelnen Filialbanken (Großbanken und Regionalbanken)
- Gironetz der Postbank

Neben dem Überweisungsverkehr werden heute auch **Schecks** und **Lastschriften** über diese **Netze** verrechnet.

Unbare Zahlungen werden als **Buchungen von Konto zu Konto** durchgeführt. Da Zahlende und Empfänger aber ihre Konten häufig bei verschiedenen Kreditinstituten unterhalten, müssen sämtliche Banken kontenmäßig direkt oder indirekt – über Zentralstellen – in Verbindung stehen, um eine Verrechnung zu ermöglichen.

Die größeren Kreditbanken mit flächendeckenden Filialnetzen haben institutsinterne Verrechnungssysteme aufgebaut. Die dem Regionalprinzip unterworfenen Sparkassen und Kreditgenossenschaften haben über Zentralinstitute (Girozentralen, Genossenschaftliche Zentralbanken) Gironetze geschaffen, um eine bundesweite Verrechnung zu ermöglichen. Ein weiteres Verrechnungsnetz bildet die Postbank. Wichtigstes Bindeglied für Zahlungen zwischen verschiedenen Netzen ist die Bundesbank.

Die von Kunden eingereichten Schecks, Lastschriften und Überweisungen werden von den Banken entsprechend der in ihnen angegebenen Bankverbindung nach **Leitwegen** sortiert, deren Wahl sich nach den jeweils vorhandenen Verrechnungsmöglichkeiten richtet. Im Regelfall bestehen für die Weiterleitung und Verrechnung von Zahlungsaufträgen besondere bankinterne Richtlinien.

Es bestehen **drei Formen der Verrechnung:**

- **Institutsverrechnung**
  Die Institutsverrechnung umfaßt Buchgeldbewegungen zwischen Konten beim selben Institut, und zwar entweder am selben Platz oder zwischen Niederlassungen desselben Instituts an verschiedenen Plätzen.

- **Gironetzverrechnung bei Sparkassen und Kreditgenossenschaften**
  Die Zahlungs- und Inkassoaufträge werden an netzzugehörige Stellen weitergeleitet.

- **Überleitungsverrechnung**
  Sofern Zahlungs- und Inkassoaufträge weder für das eigene Institut noch – im Sparkassen- und Genossenschaftsbereich – für netzzugehörige Stellen bestimmt sind, ist eine Überleitung an netzfremde Banken notwendig. Es bestehen an Überleitungsmöglichkeiten:
  – Kontoverbindung mit LZB-Zweiganstalt oder
  – Kontoverbindung mit netzfremder Bank.

Im Zuge der Automatisierung von Kontoführung und Zahlungsverkehr sind die Kreditinstitute dazu übergegangen, für Kontobuchung und Zahlungsverkehrsabwicklung im eigenen Netz **zentrale Zwischenstellen** (Rechenzentren) einzurichten. Die Zwischenstellen sind dabei zuständig für die Leitwegsortierung bei ausgehenden Zahlungen und für die Bearbeitung der von anderen Zwischenstellen eingehenden Zahlungsaufträge. Die einzelnen Institutsniederlassungen leiten alle Zahlungs-

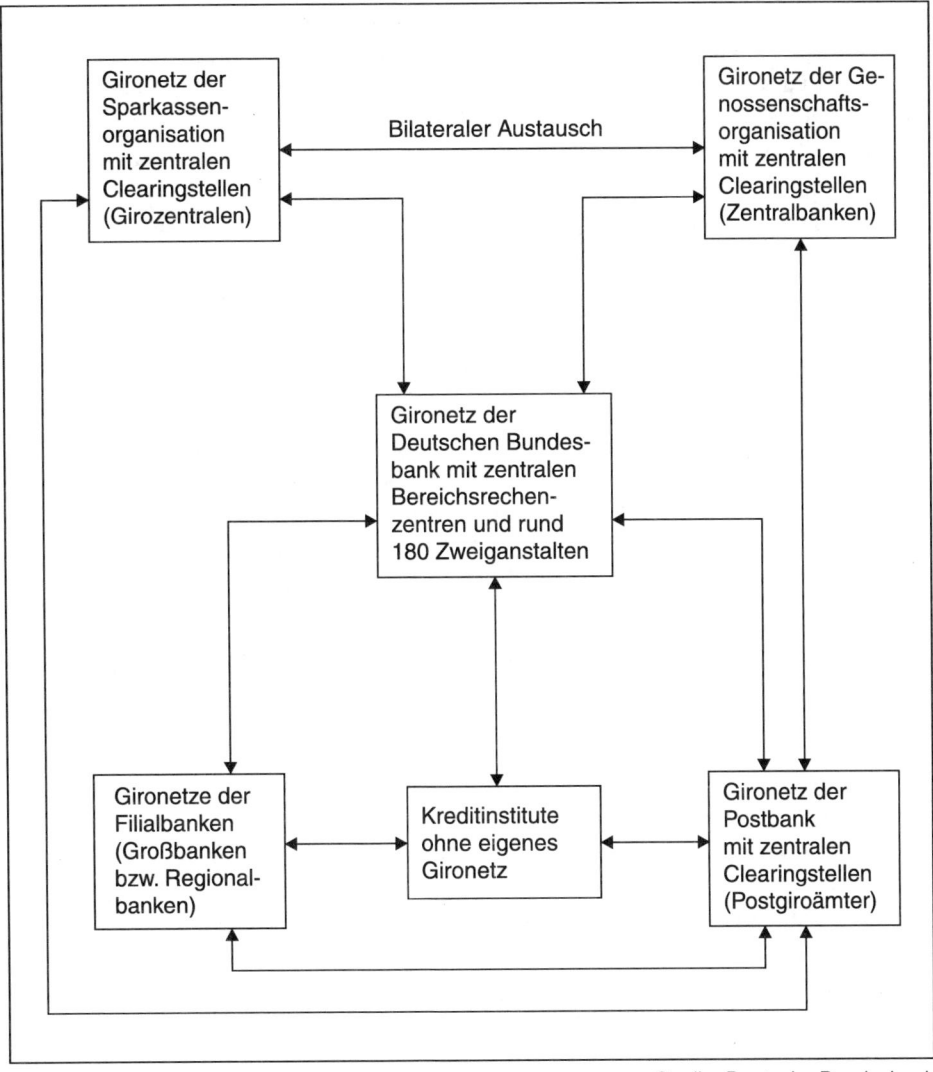

Die Bankdienstleistungen rund um den Zahlungsverkehr  **129**

Quelle: Deutsche Bundesbank

Abbildung 2-9: Verrechnungsnetze in Deutschland für Überweisungen, Schecks und Lastschriften

verkehrsbelege sowie die auf Magnetbändern und Disketten aufgezeichneten Datensätze an die jeweils zuständige Zwischenstelle (Rechenzentrum) weiter, bei der dann die Belege beziehungsweise Datensätze im Eingang automatisch erfaßt und abgestimmt sowie im Ausgang nach Empfängerbanken oder deren Clearingstellen sortiert werden. Hinsichtlich der Leitwegsortierung gelten je nach Institutsgruppe unterschiedliche Regelungen.

Die Rechenzentren der organisationseigenen Netze sind durch Datenfernübertragungseinrichtungen miteinander verbunden. Über sie können Zahlungen taggleich übermittelt werden. Ferner bestehen organisationsinterne Datenfernübertragungsverbindungen zwischen den Rechenzentren und den Institutsniederlassungen in ihrer jeweiligen Region. Somit können auch die vom Kunden eingereichten Zahlungsverkehrsbelege von der erstbeauftragten Filiale bis zur Filiale des Empfängers im Wege der Datenfernübermittlung ausgeführt werden, wenn beide Institute derselben Organisation angehören.

Die **Laufzeit** einer Überweisung oder eines Schecks beziehungsweise einer Lastschrift hängt davon ab, welchen Weg die Zahlung zurücklegen muß und in welches Verfahren sie geleitet wird (Belegverkehr, Datenträgeraustausch oder andere). Ferner ist entscheidend, ob mehrere Zwischenstellen beziehungsweise Filialen mit eigenen Ein- und Ausgangswegen eingeschaltet werden und ob die Bearbeitung jeweils noch vor oder nach **Buchungsschnitt** vorgenommen wird. Unter Umständen verlängert sich die Laufzeit, wenn zum Beispiel die Sortier- und Leitmerkmale vom Auftraggeber auf dem Beleg nicht oder nicht richtig angegeben worden sind.

Bei den Institutsniederlassungen bestehen wegen der zahlungsverkehrstechnischen Ausrichtung auf eine bestimmte Zwischenstelle nur noch ganz wenige eigene Ein- und Ausgangswege zu anderen Banken. Die noch vor einigen Jahren übliche Sortierung der Belege für andere Banken am selben Ort (= Platzzahlungen) und für Banken an anderen Orten (= Fernzahlungen) hat heute praktisch keine Bedeutung mehr.

**Institutsverrechnung**

Die institutsinterne Verrechnung spielt im Filialsystem der Großbanken und Regionalbanken eine große Rolle. Insbesondere die Großbanken haben früh die positiven Effekte des unbaren Zahlungsverkehrs auf ihre Kreditgewährungsfähigkeit erkannt. Die Institutsverrechnung ist aber auch bei größeren Sparkassen und Kreditgenossenschaften nicht ohne Bedeutung. Bei der Institutsverrechnung werden **Zahlungsaufträge zwischen Konten desselben Instituts** abgewickelt. Der Vorteil dieser hausinternen Verrechnung besteht darin, daß weder das LZB-Girokonto noch Verrechnungskonten mit anderen Banken benötigt werden (Ersparnis von Zentralbankgeld). Gleichzeitig bleiben die Sichteinlagen trotz der unbaren Zahlungen dem eigenen Institut als Grundlage des Kreditgeschäfts erhalten (Liquiditätserhalt).

Bei **Überweisungen** sind die Großbanken aus den angeführten Liquiditätsgründen grundsätzlich bestrebt, alle Zahlungsvorgänge möglichst lange im eigenen Filialnetz zu halten; sie besitzen allerdings nicht entsprechend dichte Filialsysteme wie die Gironetze der Kreditgenossenschaften und Sparkassen. Im **Einzugsverkehr** nutzen die Banken den vereinfachten Scheck- und Lastschrifteinzug der Bundesbank. Der LZB-Leitweg für Einzugspapiere ist wegen der günstigen Gutschriftskonditionen für jeden Einreicher vorteilhaft. Der Gutschriftsbetrag auf dem LZB-Konto steht ferner für eventuelle Belastungen aus dem Zahlungsverkehr zur Verfügung und wird bei der Berechnung der Mindestreserve berücksichtigt.

Bei Kreditinstituten ohne Filialsystem (insbesondere Privatbankiers) bestehen nur sehr eingeschränkte Möglichkeiten der institutsinternen Umbuchung. In der Regel wickeln sie ihre Zahlungen über die Landeszentralbanken ab. Manche Spezialbanken sind aber auch dem Filialsystem einer Großbank angeschlossen.

**Gironetze der Sparkassen und Kreditgenossenschaften**

Die Sparkassen und Girozentralen haben den Sparkassen-Giroverkehr (kurz Spargiro genannt) aufgebaut, die Kreditgenossenschaften den Deutschen Genossenschaftsring.

Beide Gironetze unterscheiden sich von den anderen Verrechnungsnetzen dadurch, daß sich in ihnen rechtlich selbständige Institute zur gemeinsamen Abwicklung des Zahlungsverkehrs zusammengeschlossen haben. Beide Gironetze sind grundsätzlich dreistufig (das genossenschaftliche System allerdings teilweise nur noch zweistufig) aufgebaut:

- **örtliche** selbständige Banken auf der **unteren Ebene**
- **regionale** selbständige Zentralinstitute auf der **mittleren Ebene**
- ein **überregionales Spitzeninstitut** auf höchster Ebene

Kennzeichnend für beide Girosysteme ist die Verrechnung von Zahlungen zwischen zwei angeschlossenen Banken über ein oder mehrere zwischengeschaltete Zentralinstitute. Innerhalb eines Gironetzes können Zahlungsaufträge zwischen Konten bei verschiedenen, jedoch dem gleichen Girosystem angeschlossenen Instituten abgewickelt werden. Jedes regionale Zentralinstitut führt als Verrechnungsstelle für die ihr angeschlossenen Banken je ein Verrechnungskonto. Die einzelnen zentralen Verrechnungsstellen stehen in Kontobeziehung zueinander. Im Stufenaufbau eines Girosystems bilden hierbei die Verrechnungsstellen den Mittelbau, die beteiligten örtlichen Institute den Unterbau. In beiden Gironetzen gilt das Grundprinzip, nach Möglichkeit sämtliche Zahlungsvorgänge innerhalb der eigenen Organisation durchzuführen.

Auf den Verrechnungskonten, die die Zentralinstitute für die angeschlossenen Banken führen, erfolgt eine tägliche Saldenfortschreibung. Im Normalfall ergeben sich im Monatsablauf wechselnde Salden. Die Zentralinstitute führen eine buchmäßige Verrechnungsfortschreibung im eigenen Gironetz durch (Gironetzverrechnung). Im Rahmen dieser Verrechnung wird kein Zentralbankgeld benötigt.

Beide Gironetze haben – ebenso wie die Filialnetze der Großbanken – die Aufgabe der internen Zahlungsverrechnung, um die Zahlungsverkehrssalden mit den nicht dem Gironetz angeschlossenen Banken möglichst niedrig halten. Dadurch bleiben dem eigenen Netz sowohl Zentralbankgeld (= LZB-Sichtguthaben) als auch Sichteinlagen der Kunden als Grundlage des Kreditgeschäfts erhalten.

Innerhalb des weitverzweigten **Spargironetzes** werden die Sparkassen als Girostellen bezeichnet. Die Sparkassen sind rechtlich zwar selbständig, unterstehen aber hinsichtlich des Giroverkehrs den Regeln der **Girozentralen.** Die Girozentralen sind die Kopfstellen einzelner Bezirke (in der Regel ein Bundesland). Für die Zahlungen gibt es den Bezirksverkehr und den Außenbezirksverkehr. Vom **Bezirksverkehr** wird gesprochen, wenn eine Zahlung innerhalb des Bereiches einer Girozentrale bleibt, vom **Außenbezirksverkehr,** wenn verschiedene Girozentralen eingeschaltet werden müssen.

Außerdem sind der Normalverkehr für Belege bis zu einem Betrag von 500 DM und die elektronische Zahlungsübermittlung per Datenfernübertragung (DFÜ) zu unterscheiden. Beim **Normalverkehr** nimmt der Überweisungsträger denselben Weg wie die kontenmäßige Verrechnung, während beim **DFÜ-Verkehr** die Zahlungen direkt über die Rechenzentren der jeweils beteiligten Girozentralen geleitet werden. Daneben besteht noch der sogenannte ,,Blitzgiroverkehr", in der Regel per Fax.

Als Spitzeninstitut des gesamten Spargironetzes fungiert die **Deutsche Girozentrale – Deutsche Kommunalbank, Frankfurt am Main.**

Das **Girosystem der Kreditgenossenschaften** weist einen ähnlichen organisatorischen Aufbau auf wie das der Sparkassen. Die einzelne Kreditgenossenschaft wird als **Ringstelle** bezeichnet und ist einer Ringhauptstelle zugeordnet. Als **Ringhauptstellen** fungieren die regionalen genossenschaftlichen Zentralbanken und die Deutsche Genossenschaftsbank (DG Bank). Das Spitzeninstitut und zentrale Verrechnungsstelle des Genossenschaftsringes ist die **DG Bank in Frankfurt am Main.**

### Überleitungsverrechnung

Sofern Zahlungsaufträge weder für das eigene Institut noch – wie im Sparkassen- und Genossenschaftsbereich – für netzzugehörige Stellen bestimmt sind, ist eine Überleitung an netzfremde Kreditinstitute notwendig. Es bestehen an **Überleitungsmöglichkeiten:**

- Kontoverbindung mit LZB-Zweiganstalt oder
- Kontoverbindung mit netzfremder Bank

Als Überleitungsstellen fungieren in zunehmenden Maße die **zentralen Zwischenstellen** sowohl bei den Großbanken als auch bei den Gironetzen der Kreditgenossenschaften und der Sparkassen. Für die **Überleitung** kommen in erster Linie die zahlreichen **Kontoverbindungen** zwischen den **Verrechnungsstellen** in Betracht. Bei einer direkten Kontoverbindung zwischen zwei Banken kommt es darauf an, bei welcher der beiden jeweils die Kontoführung liegt. Besteht das Verrechnungskonto, beispielsweise bei einer Überweisung, bei der Empfängerbank, so belastet diese das Konto der Absenderbank, sobald sie den Giroauftrag erhält, und schreibt dann den Betrag dem Empfänger gut; im umgekehrten Falle wird die Absenderbank der Empfängerbank den Überweisungsbetrag auf deren Verrechnungskonto gutschreiben. Das Verrechnungskonto wird entweder täglich oder beim Erreichen eines bestimmten Saldos für eine der beiden Banken glattgestellt (Regulierung über die LZB-Abrechnung oder durch einen Kontoübertrag bei der Landeszentralbank).

Besteht keine direkte Kontoverbindung mit netzfremden Instituten, dann wird der Zahlungsauftrag an die LZB weitergeleitet (im Genossenschafts- und Sparkassensektor zum Teil über die Zentralinstitute). Alle Banken sind an das Zweiganstaltennetz der Bundesbank angeschlossen, so daß die LZB in jedem Fall als Bindeglied eingeschaltet werden kann. Kennzeichnend für die Überleitungsverrechnung ist der Bedarf an Sichteinlagen bei der LZB (= Zentralbankgeld). Ein LZB-Guthaben wird nicht nur bei der direkten LZB-Überleitung benötigt; auch im Falle der Kontoverbindung mit netzfremden Banken erfolgt ein Saldenausgleich der Verrechnungskonten über die LZB.

### 2.3.1.2 Verrechnungsnetze in Europa

Zur Realisierung des europäischen Binnenmarktes ist eine Angleichung der unterschiedlichen Zahlungsverkehrssysteme notwendig. Kommissionen erarbeiten derzeit Vorschläge. Die Auswirkungen auf den deutschen Zahlungsverkehr sind noch nicht im Detail abzuschätzen. Insbesondere mit der Europäischen Währungsunion bis zum Ende dieses Jahrtausends dürfte der größte Teil unseres heutigen Auslandszahlungsverkehrs zum ,,Inlandszahlungsverkehr" werden.

Folgende ,,Arten" der Geldtransfers ins Ausland sind zu unterscheiden:

- **ACH-Verbund (GZS-Modell):**
  Die GZS Gesellschaft für Zahlungssysteme mbH ist beauftragt worden, ein nationales **Automated Clearing House (ACH)** zur Abwicklung des europäischen Massenzahlungsverkehrs aufzubauen. Zu diesem Zwecke ist die Bank für Zahlungsservice GmbH (BZS) gegründet worden. In einem ersten Schritt sollen zunächst nur Überweisungen im Gegenwert von 2.500 ECU beziehungsweise 5.000 DM einbezogen werden, wobei die Buchung auf den Konten der Empfänger stets in Landeswährung erfolgt. Später ist die Einbeziehung von Schecks vorgesehen; die Abwicklung soll im eurocheque-Verfahren erfolgen.

- **TIPANET (BVR-Verfahren):**
  TIPANET steht für ,,Transferts Interbancaires de Paiments Automatisés". Es ist ein von den Genossenschaftsbanken entwickeltes internationales elektronisches Zahlungssystem zur Abwicklung von Überweisungen; die Einbeziehung von

Lastschriften ist ebenfalls möglich. TIPANET bedient sich eines multinationalen Datenformats (basierend auf dem SWIFT-Format MT 102), das den Zugang zu den verschiedenen Clearingsystemen der jeweiligen Partnerländer ermöglicht. Der Transfer der Datensätze erfolgt über das SWIFT-Produkt IFT (Interbank-File-Transfer). Die Buchung auf dem Konto des Begünstigten erfolgt stets in Landeswährung.

- **S-InterPay (Sparkassenverfahren):**
  Das S-InterPay System der Sparkassen verfolgt die gleiche Zielsetzung wie das TIPANET-Verfahren der Genossenschaftsbanken: Vereinfachung der Abwicklung des grenzüberschreitenden Massenzahlungsverkehr innerhalb Europas. In das Verfahren sind zunächst nur Überweisungen einbezogen. S-InterPay wird allen Sparkassen als Alternative zum GZS-Verfahren angeboten.

- **EUROGIRO (Postbank):**
  Der Name EUROGIRO steht für einen Datentransferverbund 14 europäischer Postbanken zum beleglosen Datenaustausch im Auslandszahlungsverkehr. EUROGIRO soll die Abwicklung von Auslandszahlungen (Überweisungen und Schecks) beschleunigen und die Kosten transparenter zu machen. Eine Betragsbegrenzung ist nicht vorgesehen. Im Verkehr zwischen den EUROGIRO-Postbanken wird das SWIFT-Format als Standard verwendet.

- **Kooperationsverfahren der Großbanken:**
  - Die **Dresdner Bank** hat mit der Banque National de Paris eine Kooperation zur Abwicklung grenzüberschreitender Überweisungen bis 5.000 DM (oder Gegenwert in Fremdwährung). Die Buchung auf dem Konto des Begünstigten erfolgt stets in Landeswährung.
  - Die **Commerzbank** hat Kooperationsverträge mit der National Westminster Bank, der Société Générale, dem Credito Italiano und der Banco Central Hispano (BCH) zur Abwicklung grenzüberschreitender Überweisungen bis 5.000 DM (oder Gegenwert in Fremdwährung) abgeschlossen.
  - Die **Deutsche Bank** will zur Abwicklung grenzüberschreitender Zahlungen in erster Linie ihr eigenes Filialnetz im Ausland nutzen. Darüber hinaus kooperiert sie mit Geschäftsbanken in derzeit elf europäischen Ländern. Die Einbeziehung aller 17 EU-/EFTA-Länder ist geplant. Die Deutsche Bank AG sieht keine Betragsobergrenze für dieses Abwicklungsverfahren vor.

- **Unitime (BfG-Bank):**
  Die BfG-Bank hat den Zahlungsverkehr in Europa für ihre Firmenkunden mit dem neuen Überweisungssystem „Unitime" schneller und kostengünstiger als bisher gestaltet. Diesen Service ermöglicht die Zugehörigkeit der BfG zur Gruppe Crédit Lyonnais. „Unitime" wird in Europa derzeit von 16 Banken des Crédit Lyonnais in 14 Ländern angeboten.

## 2.3.2 Die Rolle der Deutschen Bundesbank im Zahlungsverkehr

### 2.3.2.1 Wettbewerbsneutrale Clearingeinrichtungen

Nach § 3 BBankG hat die Bundesbank „für die bankmäßige Abwicklung des Zahlungsverkehrs im Inland und mit dem Ausland zu sorgen". Sie ist dafür verantwortlich, daß der unbare Zahlungsverkehr reibungslos, schnell und sicher abgewickelt wird. Die Bundesbank erfüllt ihren Auftrag einmal dadurch, daß sie insbesondere für Großbetrags- und Massenzahlungen wettbewerbsneutrale **Clearingeinrichtungen** bei ihren Hauptverwaltungen und rund 180 Zweiganstalten bundesweit zur Verfügung stellt. Zum anderen ist sie in den Gremien des ZKA, die den Zahlungsverkehr organisieren und automatisieren, tätig. Einen gewissen Einfluß übt sie durch ihre „Allgemeinen Geschäftsbedingungen", ihre Abwicklungsverfahren, ihre Belastungs- und Gutschriftskonditionen sowie ihre Gebührengestaltung auf die Zahlungsverkehrskonditionen der Banken aus. Eine Monopolstellung im Zahlungsverkehr wird von der Bundesbank nicht angestrebt.

Die Bundesbank stellt drei Clearingeinrichtungen zur Verfügung:

- **Giro-(Überweisungs-)verkehr für jedermann**
- **vereinfachter Scheck- und Lastschrifteinzug für Kreditinstitute**
- **Abrechnungsverkehr**

**Giroverkehr für jedermann**

Voraussetzung für die Teilnahme ist ein **Girokonto** bei der örtlich zuständigen LZB-Zweiganstalt. In der Praxis unterhalten neben den Kreditinstituten meist nur öffentliche Stellen und größere Firmen Konten. Diese Konten müssen stets ein Guthaben aufweisen und werden nicht verzinst. Die frühere Gebührenfreiheit ist beseitigt worden; seit 1991 fallen Kontoführungs- und Zahlungsverkehrsgebühren an.

Der Überweisungsverkehr wird ausschließlich im Bruttoverfahren abgewickelt, das heißt alle Aufträge werden nur bei Kontodeckung und nach Kontobelastung ausgeführt und stehen dem Empfänger sofort nach Kontogutschrift endgültig zur Verfügung. (Wenn Banken Lombardpfänder hinterlegt haben, können sie Überweisungsaufträge auch im Rahmen freier Lombardfazilitäten einreichen.)

Banken nutzen ihr LZB-Girokonto insbesondere für den Einzug von Inkassopapieren im vereinfachten Scheck- und Lastschrifteinzug, da die Bundesbank den Gegenwert bereits einen Geschäftstag nach Einreichung gutschreibt. Das eigene Gironetz wird dadurch liquiditätsmäßig gestärkt und die Einreicherbanken erzielen möglicherweise Liquiditäts- und damit Zinsvorteile. Beim **Überweisungsverkehr** hingegen werden die Beträge teilweise möglichst bis zum Ort des Überweisungsempfängers im eigenen Gironetz gehalten, denn der Liquiditätsabfluß soll erst zum spätestmöglichen Zeitpunkt erfolgen. Die Bundesbank wird deshalb von den Kreditinstituten nur sehr begrenzt in den Überweisungsverkehr eingeschaltet. Von Bedeutung ist hier insbesondere der telegrafische Überweisungsverkehr, der bei der Abwicklung des Geldhandels und anderer Großbetragszahlungen eine wichtige Rolle spielt.

Die Banken müssen aufgrund ihrer **Mindestreservepflicht** nach § 16 BBankG ein LZB-Konto unterhalten (mit Ausnahme einiger ländlicher Kreditgenossenschaften). Die Mindestreserveguthaben können für Zwecke des Zahlungsverkehrs genutzt werden, so daß die Bundesbank als Bindeglied zwischen den Banken fungiert (Überleitungsverrechnung). Die Banken gleichen über ihre LZB-Konten auch die Salden der Verrechnungskonten aus, die sie untereinander für den Zahlungsverkehrsaustausch unterhalten. Zum Saldenausgleich ist nämlich das Geld einer übergeordneten Institution erforderlich. Die Bundesbank stellt dazu das von ihr geschaffene Zentralbankgeld auf den LZB-Konten zur Verfügung.

Darüber hinaus ist die Bundesbank als Hausbank des Bundes und teilweise der Länder tätig und wickelt deren Zahlungsverkehr ab.

**Vereinfachter Scheck- und Lastschrifteinzug für Kreditinstitute**

In diesem Verfahren können von den Banken auf Deutsche Mark lautende und im Inland zahlbare Schecks, Lastschriften und Zahlungsanweisungen zur Verrechnung eingereicht werden. Die Gegenwerte werden einen Geschäftstag nach Einreichung unter Vorbehalt des Eingangs gutgeschrieben. Jeder Einzugsauftrag, dessen Bearbeitungs- und Postlaufzeit länger als einen Geschäftstag beträgt, führt somit zu einer **Kreditgewährung** (Postlauf- und Bearbeitungskredit) der Bundesbank an die einreichende Bank („aktiver Float" in der Bundesbankbilanz).

**Abrechnungsverkehr**

Bei einer Reihe von LZB-Zweiganstalten sind Abrechnungsstellen eingerichtet, die dem lokalen Clearing von Platzübertragungen und Forderungspapieren dienen. Der Abrechnungsverkehr ermöglicht es den teilnehmenden Banken am Platz, ihren unbaren lokalen Zahlungsverkehr nicht umständlich über gegenseitige Kontoverbindungen auf bilateraler Basis, sondern in multilateraler Form abzuwickeln.

---

**DEFINITION**

Die **Abrechnung** ist ein **vereinfachtes Verrechnungs-**(Skontrations-)**Verfahren** zum Ausgleich der täglich zwischen den Banken eines Platzes entstehenden Forderungen und Verbindlichkeiten aufgrund von **Forderungspapieren** (Schecks, Wechsel, Lastschriften, Anweisungen, Quittungen, Rechnungen, Ertragsscheine oder ähnlichem) und **Überweisungen** (Platzüberträge).

Rechtlich gesehen handelt es sich um eine Aufrechnung. Die Skontration (das multilaterale Clearing) hat als Ergebnis, daß für jeden Beteiligten nur ein Saldo-Betrag aus der gesamten Verrechnung verbleibt und die Summe aus allen (positiven und negativen) Saldo-Beträgen Null ist. Die Abrechnung (Clearing) wird als **Nettoverfahren** bezeichnet, da die Gutschriften aus der Abrechnung nur vorläufigen Charakter haben bis zur multilateralen Verrechnung nach Abdeckung aller Debetsalden auf den LZB-Konten (Settlement).

Die Einrichtungen der LZB-Zweiganstalten sind **Abrechnungsstellen** im Sinne von Art. 38 Wechselgesetz und Art. 31 Scheckgesetz. Die Aufrechnung von Forderungen und Verbindlichkeiten im Rahmen der Abrechnung gilt als Erfüllung im Sinne der § 362 ff. BGB. Hinsichtlich der Bedingungen und der Abwicklung des Abrechnungsverkehrs gelten die von den einzelnen Landeszentralbanken erlassenen ,,Geschäftsbestimmungen der Abrechnungsstelle". Danach kann zum Beispiel die Teilnahme eines Instituts jederzeit gekündigt werden, insbesondere wenn es nicht in der Lage ist, einen sich aus der Abrechnung ergebenden Debetsaldo abzudecken.

Im Rahmen des Abrechnungsverfahrens werden – meist ein- bis zweimal täglich – die eingelieferten Abrechnungspapiere ausgetauscht. Sie müssen nach den jeweiligen Geschäftsbestimmungen aufbereitet sein. Der sich bis zu einem festgelegten Zeitpunkt aus der Abrechnung ergebende Saldo wird den einzelnen Teilnehmern auf deren LZB-Konten gutgeschrieben beziehungsweise belastet. Dabei entstehende Sollsalden müssen von den betreffenden Banken umgehend abgedeckt werden.

**Nicht bezahlte Forderungspapiere** – insbesondere Schecks und Wechsel – müssen bis zu **festgelegten Zeitpunkten zurückgegeben** werden. Schecks, Wechsel und Lastschriften, die in der Abrechnung vorgelegt worden sind, müssen im Falle der Nichteinlösung auch wieder über die Abrechnung zurückgegeben werden. Forderungspapiere, die innerhalb der festgelegten Fristen nicht zurückgeliefert worden sind, gelten als bezahlt.

### 2.3.2.2 Elektronische Öffnung

Mit der ,,Elektronischen Öffnung" erweitert die Bundesbank ihr Leistungsangebot zur Beschleunigung und Rationalisierung des unbaren Zahlungsverkehrs um die elektronische Entgegennahme, Weiterleitung und Auslieferung von Zahlungen. Girokontoinhaber, die nicht über die Einrichtung einer DFÜ-Übermittlung verfügen, können auch per Disketten teilnehmen. Das Verfahrens ist so ausgelegt, daß eine einheitliche Kommunikationsschnittstelle auf Basis herstellerunabhängiger, international standardisierter Protokolle (ISO/OSI FTAM-Protokoll) zur Verfügung gestellt wird. Damit trägt die Bundesbank der Systemvielfalt bei ihren Kunden Rechnung. Alle Festlegungen der ,,Elektronischen Öffnung" berücksichtigen die bereits bestehenden Standards (wie zum Beispiel DTA-Bedingungen, SWIFT-Definitionen).

**138** Leistungen und Dienstleistungen der Kreditinstitute

**Gironetz von Banken (z. B. Sparkassen)**

- Bank 1 → Clearingzentrum 1 ↔ Clearingzentrum 2 ← Bank 2

**Bundesbank**

Nettoabwicklung | Bruttoabwicklung

- lokale Abrechnungsstellen: beleghaft, EAF
- Nettosalden
- Buchhaltung
- Großbetrag: EIL-ZV und Platz
- Massenverkehr: beleghaft MAOBE, elektronisch DTA
- grenzüberschreitend: grenzüberschreitend AZV

bilateraler Austausch

mögliche Nettosalden¹

**Gironetz von Banken (z. B. Genossenschaftsbanken)**

- Bank 3 → Clearingzentrum 3 ↔ Clearingzentrum 4 ← Bank 4

1 wenn nicht über bilaterale Korrespondenzkonten abgewickelt
2 Übermittlung über Elektronischen Schalter möglich

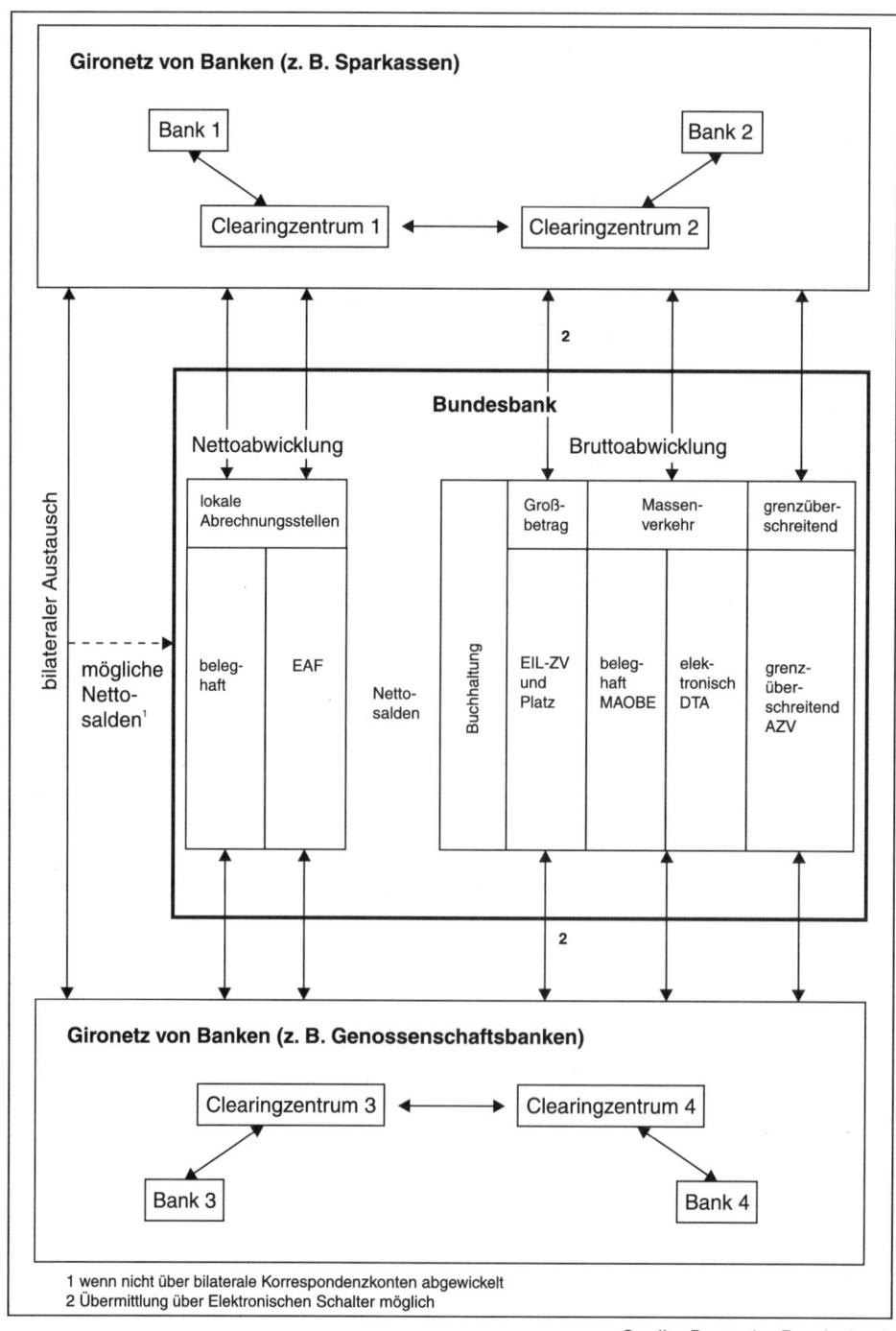

Quelle: Deutsche Bundesbank

Abbildung 2-10: Zahlungsverkehrswege zwischen Banken in Deutschland

### 2.3.2.3 Leitwegsteuerung

Bei allen Clearingverfahren der Bundesbank besteht für Kreditinstitute die Möglichkeit der Leitwegsteuerung. Banken können durch Leitwegvorgaben an ihre LZB die für sie bestimmten Gutschriften, Schecks und Lastschriften abweichend von der angegebenen Bankleitzahl an ihre entsprechende Kopfstelle der eigenen Institutsgruppe leiten lassen.

## 2.3.3 Wertstellungspraxis und Float

### 2.3.3.1 Wertstellung

Die **Wertstellung (Valuta)** von Zahlungen erfolgt bei Belastung oder Gutschrift auf einem Girokonto. Sie gibt den Tag an, mit dem der Zinslauf beginnt beziehungsweise endet. Der Valutatag ist teilweise nicht mit dem Buchungstag identisch. Er ist für die Berechnung der Soll- und Haben-Zinsen maßgebend. Das Datum der Wertstellung bei einer Gutschrift gibt demnach den Tag an, an dem der Kontoinhaber zinsneutral über den gutgeschriebenen Betrag verfügen kann.

In den AGB finden sich direkt keine Bestimmungen über die Wertstellung. Die Nr. 12 Abs. 1 AGB-Banken verweist jedoch auf den „Preisaushang – Regelsätze im standardisierten Privatkundengeschäft" und auf das „Preisverzeichnis", worin die Wertstellungspraxis genannt ist.

Die Wertstellung hat keine rechtliche Bedeutung für die Wirksamkeit der Buchung. Eine Überweisung kann also nicht etwa noch widerrufen werden, weil die Wertstellung auf einen späteren Tag erfolgt ist.

Der Bundesgerichtshof hatte 1989 eine Klausel im Preisverzeichnis einer Sparkasse für unangemessen und damit unwirksam erklärt, nach der Bareinzahlungen auf Girokonten für die Zinsberechnung erst einen Arbeitstag nach der Einzahlung berücksichtigt wurden. Der ZKA erklärte in einer Stellungnahme dazu, daß die Entscheidung des BGH nicht allgemein gegen die Berechnung von Wertstellungen spreche, sondern nur für die Wertstellung bei Bareinzahlungen gelte.

### 2.3.3.2 Float

Der Begriff Float wird unterschiedlich verwendet:

- Der **aktive beziehungsweise passive Float** bezieht sich auf den **Buchungstag** von Zahlungsvorgängen.

- Der **positive beziehungsweise negative Float** bezieht sich auf den **Wertstellungstag** von Buchungsvorgängen.

Für den in den Bilanzen der Banken als „Schwebende Verrechnungen" auszuweisenden aktiven/passiven Float findet sich in den Bundesbank-Richtlinien über monatliche Bilanzstatistik folgende Definition.

> **DEFINITION**
>
> „Unter **schwebenden Verrechnungen** sind die Gegenposten solcher bargeldlosen Zahlungsvorgänge innerhalb eines Kreditinstituts zu verstehen, von denen nach dem Stand der Bücher am Ausweisstichtag erst entweder nur die Belastung oder nur die Gutschrift auf den Konten der beteiligten Kunden beziehungsweise Korrespondenzbanken gebucht werden konnte, insbesondere die innerhalb von Filialinstituten unterwegs befindlichen Posten."

Nach dieser Definition ist der Float nur institutsbezogen zu sehen. Er ist bedingt durch Bearbeitungs- und Postlaufzeiten.

- Ein **passiver Float** entsteht bei **Überweisungen,** die dem Kundenkonto bei einer Niederlassung bereits belastet, dem Empfängers bei einer anderen Niederlassung desselben Instituts aber noch nicht gutgeschrieben worden sind.

- Ein **aktiver Float** entsteht bei **Schecks und Lastschriften,** die dem Konto des Einreichers bereits gutgeschrieben, dem Konto des Bezogenen beziehungsweise Zahlungspflichtigen aber noch nicht belastet sind. In diesem Falle wächst dem Bankkunden mit der E.v.-Gutschrift der Inkassopapiere Liquidität zu, ohne daß gleichtägig eine entsprechende Belastung vorgenommen werden kann.

Der **positive/negative Float** bezieht sich auf die **Wertstellung.** Er entsteht immer dann, wenn bei einem Zahlungsvorgang die Wertstellung der Belastungs- und Gutschriftsbuchung auseinanderfällt.

- Ein **positiver Float** ist der Zinsertrag, der zum Beispiel im Überweisungsverkehr durch die Zeitdifferenz zwischen der wertstellungsmäßigen Belastung des Kontos des Zahlenden und der späteren wertstellungsmäßigen Gutschrift auf dem Konto des Zahlungsempfängers entsteht. Der positive Float ist eine wichtige Einnahmequelle der Banken im Zahlungsverkehr.

- Umgekehrt entsteht ein **negativer Float,** wenn zum Beispiel eingereichte Schecks wertstellungsmäßig früher gutgeschrieben als belastet werden.

Im Überweisungsverkehr entsteht regelmäßig ein positiver Float, weil die Gutschriftswertstellung regelmäßig später liegt als die Belastungswertstellung. Fällt die Wertstellung von Gutschrift und Belastung auf denselben Tag (wertstellungsneutraler

Zahlungsverkehr), entsteht kein Float. Der Float kann für ein Institut betrachtet werden; es ist auch möglich, den Float auf die gesamte Zeitspanne eines Zahlungsdurchlaufes von der Wertstellung bei der Auftraggeberbank bis zur Wertstellung bei der Empfängerbank zu beziehen.

> **BEISPIEL**
>
> Bei der Handelsbank in Hamburg werden Inkassoschecks eingereicht, die per 2.5. mit Wertstellung 4.5. gutgeschrieben werden. Die Schecks sind gezogen auf die Filiale der Handelsbank in Frankfurt und werden dort am 3.5. mit Wertstellung 3.5. belastet. Wie wirken sich diese Buchungsvorgänge auf den Float bei der Handelsbank aus?
> Es entsteht ein aktiver Float von einem Tag (2./3.5.) und außerdem ein positiver Float von einem Tag (3./4.5.).

Die Tendenz zur beleglosen On-line-Verarbeitung macht es schwieriger, Kunden gegenüber den Float zu begründen. Erlöse aus dem Zahlungsverkehr werden deshalb zunehmend über Gebühren erzielt.

## 2.4 Die klassischen Instrumente des bargeldlosen Zahlungsverkehrs

### 2.4.1 Überweisung

Die Überweisung ist in Deutschland traditionell das vorherrschende Zahlungsmittel. Die Banken haben den Überweisungsverkehr wegen seines liquiditätserhaltenden Effekts seit jeher gefördert (Anteil am Zahlungsverkehr etwa 50 Prozent der Geschäftsvorfälle).

> **DEFINITION**
>
> Bei einer **Überweisung** erteilt ein Kunde seiner Bank den „Auftrag", zu Lasten seines Kontos eine bestimmte Buchgeldsumme auf das Konto eines begünstigten Dritten bei dieser oder einer anderen Bank zu übertragen. Rechtlich handelt es sich um eine **einseitige Weisung** des dienstberechtigten Kunden an die dienstverpflichtete Bank im Rahmen eines bereits bestehenden Kontovertrags **(§ 665 BGB)**; es liegt also **kein besonderes Rechtsgeschäft** im Sinne eines Auftrags nach § 662 BGB vor.

Die beauftragte Bank hat die Überweisung mit der Sorgfalt eines ordentlichen Kaufmanns weisungsgemäß auszuführen. Soweit die Überweisung auf das Konto bei einer anderen Bank vorzunehmen ist, kann sie ohne Rückfrage beim Kunden weitere Banken einschalten. Mit der unverzüglichen Bearbeitung und Weiterleitung hat sie regelmäßig ihre Pflichten gegenüber ihren Kunden erfüllt. Sie schuldet diesem nicht die Vornahme der Gutschrift auf dem Empfängerkonto und haftet nicht für die ordnungsgemäße Weiterbearbeitung bei anderen eingeschalteten Banken, sondern nur für deren sorgfältige Auswahl (Nr. 3 Abs. 2 AGB-Banken). Die erstbeauftragte Bank hat die Wahl, den geeigneten Leitweg selbst zu bestimmen.

Der **Überweisungsauftrag** wird im allgemeinen auf einem Vordruck erteilt, der in Inhalt, Format und Aufbau den „Richtlinien für einheitliche Zahlungsverkehrsvordrucke" entsprechen muß. Ein Exemplar – normalerweise das Original – dient als **Buchungsbeleg** für die Belastung des Auftraggebers und enthält die Unterschrift des Kontoinhabers. Eine Durchschrift verbleibt als **Unterlage beim Kunden**.

Jeder Überweisungsauftrag wird hinsichtlich seiner materiellen und formellen Ordnungsmäßigkeit geprüft, die Zulässigkeit der Verfügung wird auf dem Auftrag vermerkt. Von besonderer Bedeutung ist neben der Deckung die Prüfung der Unterschrift.

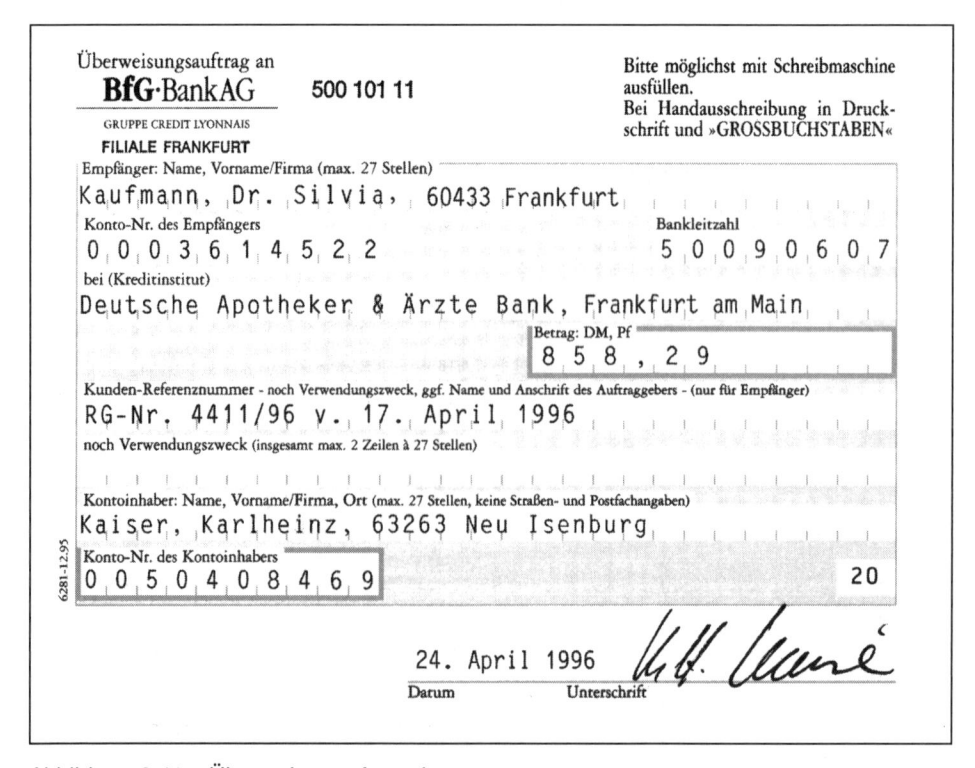

Abbildung 2-11: Überweisungsformular

Nach Nr. 11 Abs. 2 AGB-Banken hat der Kunde Aufträge **eindeutig** zu erteilen und insbesondere auf korrekte Angabe des Zahlungsempfängers, der Kontonummer und der Bankleitzahl zu achten.

Neben dem schriftlichen Überweisungsauftrag gibt es weitere Wege der Auftragserteilung:

1. die Eingabe am Selbstbedienungsterminal im Schalterraum der Bank
2. elektronische Aufträge per DTA oder Btx
3. telefonische Aufträge (Telefon Banking)

Zu unterscheiden sind folgende **Arten** von Überweisungen:

- **Einzelüberweisungen/Sammelüberweisungen**
- **Daueraufträge**
- **Eilüberweisungen/Blitzgiro**

Eine Erleichterung vor allem für Firmenkunden, die an einem Tag gleich eine ganze Reihe von Aufträgen erteilen, bildet die **Sammelüberweisung**. Der Kunde muß in diesem Falle nur einen Belastungsauftrag über die Gesamtsumme der angehefteten Überweisungen unterschreiben.

Für regelmäßig wiederkehrende Zahlungen (zum Beispiel Miete) kann der Kunde einen **Dauerauftrag** erteilen. Nach den Angaben des Kunden (Betrag, Empfänger, Bankverbindung und Zeitpunkt der Ausführung) übernimmt die Bank zum jeweiligen Termin automatisch die Ausführung der Überweisung.

Für eilige Überweisungsaufträge besteht die Möglichkeit, den Auftrag telefonisch oder per Telefax zu übermitteln.

Eine Nebenpflicht der Kreditinstitute besteht darin, die **Verwendungszweckangaben** weiterzuleiten. Würde auf die Weiterleitung verzichtet, wäre dies eine positive Vertragsverletzung.

### 2.4.1.1 Bedeutung von Gutschrifts- und Belastungsbuchung

Die Bank belastet das Auftraggeberkonto und schreibt den Überweisungsbetrag dem Konto des Begünstigten gut. Die Gutschrift stellt einen Aufwand der Bank im Sinne des § 670 BGB dar, der vom Auftraggeber zu ersetzen ist. Die **Kontogutschrift** hat die **Bedeutung eines abstrakten Schuldversprechens** der Bank gegenüber dem Zahlungsempfänger (§ 780 BGB), das nach § 782 BGB beziehungsweise § 350 HGB keiner Schriftform bedarf.

### 2.4.1.2 Wirkung der Überweisung auf das Grundgeschäft

Während die Beziehung zwischen Auftraggeber und Bank als Deckungsverhältnis bezeichnet wird, heißt die Grundgeschäftsbeziehung zwischen Auftraggeber (Schuldner) und Begünstigtem (Gläubiger) **Valutaverhältnis**. Jede Überweisung berührt das Valutaverhältnis. Der Auftraggeber schuldet dem Begünstigten Geld und benutzt die Überweisung dazu, ihm den geschuldeten Betrag zukommen zu lassen. Das BGB zählt Geld zwar zu den **vertretbaren Sachen** (§ 91 BGB). Geld in diesem Sinne ist allerdings nur Bargeld als gesetzliches Zahlungsmittel, nicht Buchgeld.

Eine **Zahlung mit Buchgeld** ist deshalb grundsätzlich keine Erfüllung eines Schuldverhältnisses im Sinne von § 362 BGB, sondern eine **Leistung an Erfüllung Statt**; nimmt der Gläubiger sie an, so erlischt das Schuldverhältnis (§ 364 Abs. 1 BGB). Der Gläubiger kann jedoch bereits vorab sein Einverständnis mit der unbaren Zahlung etwa dadurch zum Ausdruck bringen, daß er auf seinen Rechnungen und Briefbögen sein Bankkonto angibt. In solchen Fällen führt die Überweisung zur Erfüllung des Schuldverhältnisses, die mit der Gutschrift auf dem Konto des Gläubigers eintritt, und zwar auch, wenn der Empfänger von der Gutschrift zunächst nichts erfährt.

Hinsichtlich der **Rechtzeitigkeit der Zahlung** kommt es darauf an, ob der **Schuldner** das seinerseits für die Leistung **Erforderliche rechtzeitig getan** hat (also auf die **Leistungshandlung,** nicht auf den Leistungserfolg). Zahlungsfristen sind demnach eingehalten, wenn der Schuldner das Geld innerhalb der vorgegebenen Frist „auf den Weg gebracht hat". Dazu genügt die rechtzeitige Aushändigung des Überweisungsauftrages bei seiner Bank: Mit dem Eingang des Auftrages bei der Bank ist das Geld im Sinne der § 270 Abs. 4, 269 BGB auf den Weg gesandt, sofern Deckung vorhanden ist.

Eine davon abweichende Regelung besteht im **Steuerrecht**. Für die Rechtzeitigkeit von Steuerzahlungen ist der Zeitpunkt der Gutschrift maßgebend. Nach § 3 Steuersäumnisgesetz ist der Tag Zahlungstag, an dem der Betrag der Finanzkasse gutgeschrieben worden ist.

### 2.4.1.3 Sicherungsmaßnahmen im Überweisungsverkehr

Als Schutz gegen betrügerische Manipulationen sind verschiedene **Sicherungsmaßnahmen** zu treffen. Um eine möglichst lückenlose Absicherung zur erreichen, ist im „**Abkommen zum Überweisungsverkehr**" vorgesehen, daß Überweisungsträger (Gutschriften) von der erstbeauftragten Bank mit dem Abdruck eines „**Sicherungsstempels**" zu versehen sind. Der Stempelabdruck soll sicherstellen, daß der Gutschriftsträger während der Bearbeitung und Weiterleitung nicht ausgetauscht wird.

Er dient ferner als Nachweis für eine ordnungsgemäße Bearbeitung. Mit Einführung des EZÜ-Verfahrens ist diese Vorschrift nur noch für die übergangsweise Weiterleitung von Überweisungsträgern unter 1.000 DM bis zum 31.5.1997 von Bedeutung.

Liegt eine Überweisung nicht im **Rahmen des normalen Geschäftsverkehrs** mit dem Zahlungsempfänger oder bestehen gegen deren Ordnungsmäßigkeit im Einzelfall Bedenken, so wird von der Empfängerbank erwartet, daß sie bei Beträgen ab 20.000 DM das erstbeauftragte Kreditinstitut informiert und beim Auftraggeber zurückfragen läßt. Damit soll Betrügereien, insbesondere mit Gutschriften auf neu eröffneten Konten, entgegengewirkt werden. Eine Haftung wegen der Beobachtung von Gutschriften ab 20.000 DM ergibt sich aus dem „Abkommen zum Überweisungsverkehr" nicht.

### 2.4.1.4 Widerruf von Überweisungsaufträgen

Der Auftraggeber kann seine Weisung mit einer Gegenweisung widerrufen, die die Bank beachten muß. Die Verpflichtung einer Bank zur Beachtung der Gegenweisung endet aber, wenn die Bank den Überweisungsauftrag dem **Konto des Begünstigten bereits vorbehaltlos gutgeschrieben hat.** Dies ist dann der Fall, wenn

- die Kontoauszüge vorbehaltlos abgesandt oder
- zur Abholung bereitgestellt worden oder
- der Überweisungsbetrag für den Kunden über Kontoauszugdrucker abrufbar ist („Abrufpräsenz")

Bei mehrgliedrigen Überweisungen ist der Auftrag in der ersten Stufe ausgeführt, wenn der Betrag dem zunächst begünstigten Kreditinstitut gutgeschrieben ist. Allerdings ist die Bank verpflichtet, den Widerruf an die in den Überweisungsweg eingeschaltete Bank weiterzuleiten, damit diese gegebenenfalls den Widerruf beachten kann.

Die Banken sind dazu übergegangen, Rückrufe unmittelbar gegenüber dem endbegünstigten Institut auszusprechen. Nach dem „Abkommen zum Überweisungsverkehr" können **Direktrückrufe** im beleglosen und im beleghaften Überweisungsverkehr unmittelbar zwischen dem erstbeauftragten und dem endbegünstigten Institut erfolgen. Solche Rückrufe müssen mit einem besonderen Vordrucksatz brieflich oder per Telefax erfolgen. Telefonische Rückrufe sind – schon aus Sicherheitsgründen – nicht zugelassen.

## 2.4.2 Scheck

### 2.4.2.1 Wesen, rechtliche Grundlagen und Form des Schecks

Der Scheck ermöglicht es, Buchgeld praktisch wie Bargeld von Hand zu Hand zu reichen (Anteil am Zahlungsverkehr in Deutschland etwa 10 Prozent bezogen auf die Stückzahl).

> **DEFINITION**
>
> Der **Scheck** ist eine Urkunde, die die unbedingte Anweisung des Ausstellers (Scheckausstellers) an seine Bank (Bezogener) enthält, aus seinem Kontoguthaben beziehungsweise einer zugesagten Kreditlinie an einen Dritten (Remittent) die im Scheck genannte Geldsumme zu zahlen. Rechtlich verkörpert der Scheck ein Wertpapier, das kraft Gesetzes als Orderpapier und abstraktes Forderungspapier gilt.

Als rechtliche Grundlage für den Scheckverkehr gilt neben den „Allgemeinen Geschäftsbedingungen" sowie den „Bedingungen für den Scheckverkehr" das **Scheckgesetz.** Nach dem Scheckgesetz muß ein Papier, um als Scheck zu gelten, folgende sechs gesetzliche **Bestandteile** enthalten:

1. die **Bezeichnung als Scheck im Text der Urkunde,** und zwar in der Sprache, in der sie ausgestellt ist (Art. 1 ScheckG).

2. die **unbedingte Anweisung, eine bestimmte Geldsumme zu zahlen.**
   Ist die Schecksumme in Worten und in Ziffern angegeben, so gilt bei **Abweichungen** die in Worten ausgeschriebene Summe (Art. 1 ScheckG).

3. **den Namen dessen, der zahlen soll (Bezogener).**
   Der Scheck darf nur auf einen **Bankier** gezogen werden, bei dem der Aussteller ein **Guthaben hat (passive Scheckfähigkeit).** Die Gültigkeit der Urkunde als Scheck bleibt jedoch auch bei Nichtbeachtung dieser Guthaben-Vorschrift unberührt.

4. **die Angabe des Zahlungsortes.**
   Mangels einer besonderen Angabe gilt der beim Namen des Bezogenen angegebene Ort als Zahlungsort. Sind mehrere Orte beim Namen des Bezogenen angegeben, so ist der Scheck an dem an erster Stelle angegebenen Ort zahlbar. Fehlt jede Ortsangabe, so ist der Scheck an dem Ort zahlbar, an dem der Bezogene seine Hauptniederlassung hat (Art. 2 Abs. 2 und 3 ScheckG)

5. **Tag und Ort der Ausstellung.**
   Ein Scheck ohne Angabe des Ausstellungsortes gilt als ausgestellt an dem Ort, der beim Namen des Ausstellers angegeben ist (Art. 2 Abs. 4 ScheckG).

6. **die Unterschrift des Ausstellers.**
   Trägt ein Scheck Unterschriften von Personen, die eine Scheckverbindlichkeit nicht eingehen können (zum Beispiel geschäftsunfähige oder beschränkt geschäftsfähige Personen), gefälschte Unterschriften, Unterschriften erdichteter Personen oder Unterschriften, die aus irgendeinem Grund für die Personen, die unterschrieben haben oder mit deren Namen unterschrieben worden ist, keine Verbindlichkeit begründen, so hat dies auf die Gültigkeit der übrigen Unterschriften keinen Einfluß (Art. 10 ScheckG).

   Mit Art. 10 ScheckG ist eine dem Art. 7 Wechselgesetz verwandte Regelung übernommen worden. Sie hat nur Bedeutung für umlaufende Papiere, die mehrfach indossiert sind. Die Rückgriffsmöglichkeiten eines Scheckinhabers gegen seine Vorgänger sollen nicht dadurch eingeschränkt werden können, daß zum Beispiel die Unterschrift des Ausstellers oder eines Indossanten gefälscht ist. Für die üblichen Bar- oder Verrechnungsschecks, die lediglich zahlungshalber begeben und gleich anschließend eingelöst werden, ist diese Vorschrift bedeutungslos.

   Wer auf einen Scheck seine Unterschrift als Vertreter eines anderen setzt, ohne hierzu ermächtigt zu sein, haftet selbst scheckmäßig und hat, wenn er den Scheck einlöst, dieselben Rechte, die der angeblich Vertretene haben würde. Das gleiche gilt von einem Vertreter, der seine Vertretungsbefugnis überschritten hat (Art. 11 ScheckG).

Fehlt einer dieser Bestandteile in einer Urkunde, dann ist sie kein Scheck und genießt keinen scheckrechtlichen Schutz (vgl. Art. 2 ScheckG).

Die Banken erkennen aus Sicherheitsgründen nur die von ihnen ausgegebenen Vordrucke an. Die aufgrund der „Richtlinien für einheitliche Zahlungsverkehrsvordrucke" einheitlich genormten Schecks enthalten neben den gesetzlichen Bestandteilen auch **acht „kaufmännische Bestandteile".** Sie dienen im wesentlichen der technischen Abwicklung des Scheckverkehrs im Bankbetrieb:

1. **Wiederholung der Schecksumme in Ziffern:**
   Sie beschleunigt die Abwicklung des Scheckverkehrs.

2. **Schecknummer:**
   Sie dient der Kontrolle bei der Einlösung und erleichtert den Widerruf einzelner Schecks.

3. **Kontonummer:**
   Sie wird zur Buchung benötigt.

4. **Bankleitzahl:**
   Sie dient als Sortiermerkmal im (automatisierten) Zahlungsverkehr.

5. **Guthabenklausel:**
   Sie soll vor der Ausstellung ungedeckter Schecks „warnen".

6. **Angabe des Zahlungsempfängers:**
   Sie enthält die Bezeichnung des Begünstigten und erleichtert unter Umständen den Rückgriff bei Nichteinlösung.
7. **Überbringerklausel:**
   Sie macht den Scheck praktisch zum Inhaberpapier und enthebt die bezogene Bank von der Verpflichtung, die Legitimation des Einreichers zu prüfen; die Streichung der Überbringerklausel ist nicht zulässig.
8. **Codierzeile:**
   Sie dient der elektronischen Datenverarbeitung und soll nicht beschrieben oder bestempelt werden.

Die Ermächtigung des Ausstellers an den Schecknehmer und die bezogene Bank ist abstrakt, das heißt, sie gilt unabhängig von den Grundgeschäften zwischen Aussteller und Bank (= Scheckvertrag) sowie zwischen Aussteller und Schecknehmer (= Kaufvertrag, Darlehen etc.).

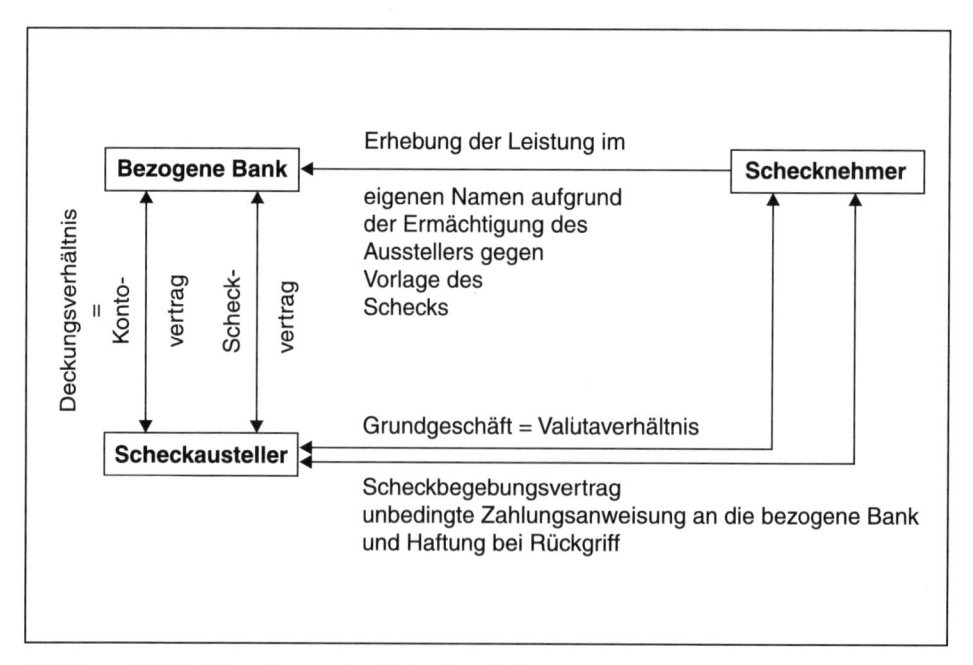

Abbildung 2-12: Grundlagen des Scheckverkehrs

Der **Scheckvertrag zwischen Aussteller und Bank (Deckungsverhältnis)** beinhaltet das Recht des Ausstellers, die Bank mittels Scheck zur Zahlung anzuweisen und die Pflicht der Bank, bei vorhandener Kontodeckung alle auf sie gezogenen Schecks einzulösen.

Für die Zahlung des Schecks haftet der Aussteller; darin unterscheidet sich der Scheck von der Anweisung bürgerlichen Rechts. Jeder Vermerk, durch den der Aussteller seine Haftung ausschließt, gilt als nicht geschrieben. Die vorsätzliche Begebung **ungedeckter Schecks** stellt nach deutschem Recht einen Betrug dar und wird auch in anderen Ländern meist strafrechtlich verfolgt.

Es bestehen keine Rechtsbeziehungen der bezogenen Bank zum Scheckinhaber. Dem Scheckinhaber steht kein unmittelbarer Anspruch gegen die bezogene Bank zu. Die Bank kann einen Scheck auch nicht akzeptieren; ein solcher **Annahmevermerk** auf einem Scheck gilt als nicht geschrieben (Art. 4 ScheckG). Als Annahme ist jede Erklärung des Bezogenen zu verstehen, durch die er sich zur Zahlung verpflichtet. Mit dem Akzeptverbot will das Gesetz verhindern, daß ein Scheck banknotenähnliche Wirkung erhält. Im Wirtschaftsleben wird der Scheck daher nur **erfüllungshalber** (§ 364 Abs. 2 BGB) und **nicht an Erfüllung Statt** (§ 364 Abs. 1 BGB) entgegengenommen. Die Zahlung des Schuldners gegenüber dem Gläubiger gilt infolgedessen erst zu dem Zeitpunkt erbracht, zu dem der Scheck von der bezogenen Bank eingelöst worden ist.

Eine Ausnahme vom Akzeptverbot ist der ,,**bestätigte Scheck**" der Bundesbank gemäß § 23 BBankG. Die Bundesbank verpflichtet sich mit dem Bestätigungsvermerk, den auf sie gezogenen Scheck einzulösen. Gleichzeitig belastet sie den entsprechenden Betrag auf dem bei ihr geführten Konto des Antragstellers. Wird der Scheck innerhalb einer Frist von acht Tagen nicht vorgelegt, so erlischt damit die Verpflichtung der Bundesbank aus der Bestätigung; danach wird der Scheck bei der Vorlegung wie ein nicht bestätigter Scheck behandelt. Sofern der Scheck nach Ablauf von 15 Tagen noch nicht bei der bezogenen Stelle der Bundesbank zur Einlösung vorgelegt wurde, wird der Scheckbetrag dem Konto des Ausstellers wieder gutgeschrieben. Ein Bankkunde, der kein Konto bei der Bundesbank besitzt, kann sich über seine Hausbank einen derartigen bestätigten Scheck beschaffen lassen.

Schecks lasse sich nach der Art der Weitergabe und nach der Art der Einlösung unterscheiden.

### 2.4.2.2 Orderscheck, Inhaberscheck und Rektascheck

**DEFINITION**

Nach der **Art der Weitergabe** unterscheidet Art. 5 ScheckG zwischen **Orderscheck, Inhaberscheck und Rektascheck.**

## Orderscheck

Der Scheck ist zunächst von Natur aus ein **Orderpapier (= geborenes Orderpapier)**, das heißt, er kann an eine bestimmte Person mit oder ohne ausdrücklichen Vermerk „**an Order**" zahlbar gestellt werden. Er findet aber in dieser Form in Deutschland wenig Verwendung. Nur einige wenige große Unternehmen, die vorwiegend aus den USA kommen, lassen sich von ihrer Bank Orderschecks zur Verfügung stellen.

Die Übertragung des Orderschecks erfolgt durch **Einigung, Übergabe und Indossament**, das heißt, die Weitergabe an eine andere Person (Indossatar) wird vom Scheckinhaber (Indossant) auf der Rückseite des Schecks vermerkt. Das Indossament hat **Transportfunktion (Art. 17 ScheckG)**, **Garantiefunktion (Art. 18 ScheckG)** und **Legitimationsfunktion (Art. 19 ScheckG)**. Die bezogene Bank kann den Scheck nicht indossieren, weil sie aus ihm ja nicht haften soll; ihr Indossament wäre nichtig (Art. 15 Abs. 3 ScheckG). Ein Indossament an den Bezogenen hat weder Transport- noch Garantiefunktion, sondern gilt nur als Quittung (Art. 15 Abs. 5 ScheckG).

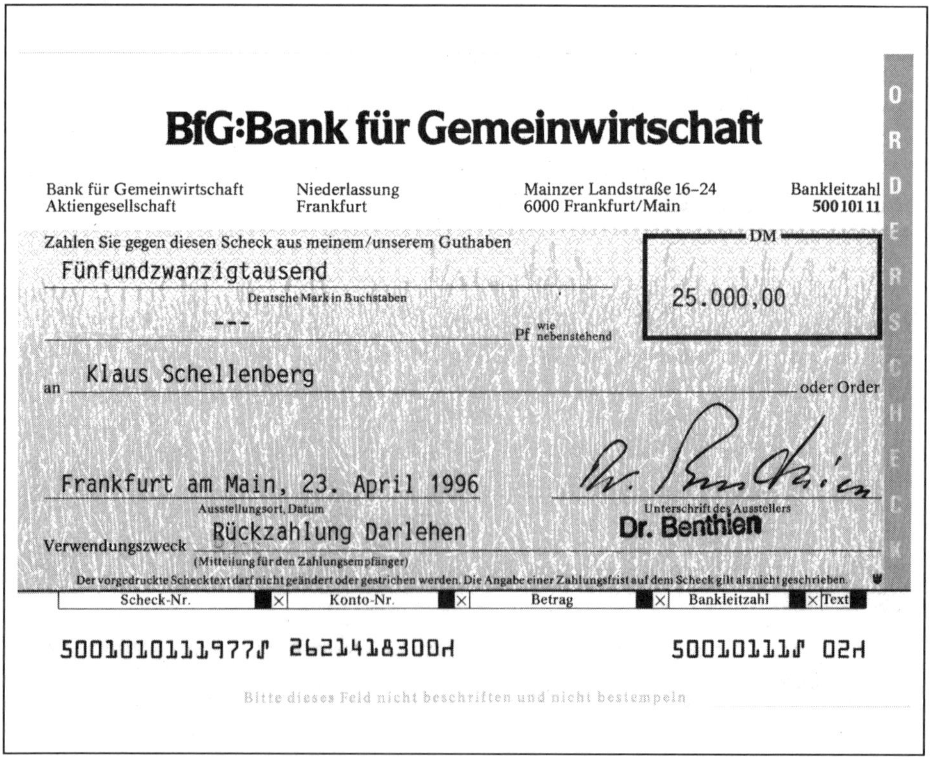
BfG:Bank für Gemeinwirtschaft

Bank für Gemeinwirtschaft Aktiengesellschaft | Niederlassung Frankfurt | Mainzer Landstraße 16–24 6000 Frankfurt/Main | Bankleitzahl 500 101 11

Zahlen Sie gegen diesen Scheck aus meinem/unserem Guthaben

Fünfundzwanzigtausend

Deutsche Mark in Buchstaben

--- Pf wie nebenstehend

DM 25.000,00

an Klaus Schellenberg oder Order

Frankfurt am Main, 23. April 1996

Ausstellungsort, Datum

Unterschrift des Ausstellers

Dr. Benthien

Verwendungszweck Rückzahlung Darlehen

(Mitteilung für den Zahlungsempfänger)

Der vorgedruckte Schecktext darf nicht geändert oder gestrichen werden. Die Angabe einer Zahlungsfrist auf dem Scheck gilt als nicht geschrieben.

Scheck-Nr. | Konto-Nr. | Betrag | Bankleitzahl | Text

ORDERSCHECK

Bitte dieses Feld nicht beschriften und nicht bestempeln

Abbildung 2-13: Orderscheck

Die bezogene Bank, die einen Orderscheck einlösen will, muß die Legitimation des Vorlegers prüfen. Die gesetzlichen Vorschriften für die Übertragung haben den Orderscheck zu einem schwerfälligen Instrument gemacht, der für den Massenverkehr ungeeignet ist. Es wurde daher ein **Orderscheckabkommen** geschlossen mit dem Ziel, zumindest im Interbankverkehr die funktionelle Gleichstellung des Orderschecks mit dem Inhaberscheck herbeizuführen. Die wichtigsten Vereinbarungen im Abkommen zur Vereinfachung des Einzugs von Orderschecks (Orderscheckabkommen) sind:

- Das erste mit dem Einzug beauftragte inländische Kreditinstitut prüft die Indossamentenkette bis zu sich selbst (**Art. 35 ScheckG**) und steht für deren Vollständigkeit ein. Der Einreicher hat seiner Bank den Scheck durch Indossament – ohne einschränkenden Zusatz – zu übertragen.

- Die Rückseite des Orderschecks ist mit einem Stempel der ersten Inkassostelle zu versehen. Zur Übertragung der Scheckrechte genügt der nicht unterschriebene Stempelabdruck. Die in der Einzugskette dem Einreicherinstitut nachfolgenden Institute einschließlich der bezogenen Stelle können Orderschecks dann wie Inhaberschecks behandeln. Die Banken sind sich darüber einig, daß dieser Stempelabdruck zwischen ihnen dasselbe Rechtsverhältnis begründen soll wie ein Treuhandindossament.

- Kreditinstitute dürfen Vordrucke für Orderschecks nur an Kunden abgeben, die sich dazu verpflichtet haben, allen am Einzug beteiligten Banken für die von ihnen ausgestellten Schecks einzustehen. Diese besondere Haftungserklärung ist erforderlich, weil die Weitergabemodalitäten zwischen den Banken nach dem Orderscheckabkommen nicht dem Scheckgesetz entsprechen.

## Inhaberscheck

Soll sich die Weitergabe der Schecks nach anderen als den für Orderschecks geltenden Bestimmungen richten, so muß dies ausdrücklich auf der Scheckurkunde vermerkt sein.

- Enthält der Scheck keine Angaben über den Begünstigten (**anonymer Scheck**) oder
- lautet er auf den „Inhaber" (**reine Inhaberklausel**) oder
- ist ein Empfänger mit dem Zusatz „oder Überbringer" bezeichnet (**Überbringerscheck**),

so liegt jeweils ein **Inhaberscheck** vor. In Deutschland findet fast ausschließlich der Überbringerscheck Verwendung. Jeder Scheckinhaber kann den Scheck einlösen, die Banken sind von der Pflicht der Legitimationsprüfung befreit.

Bei solchen Inhaberpapieren erfolgt die Eigentumsübertragung durch **Einigung und Übergabe nach § 929 BGB**. Ein Indossament ist nicht erforderlich. Dennoch lassen die Kreditinstitute die ihnen eingereichten Inhaberschecks meistens vom Einreicher girieren. Diese Unterschrift macht zwar die Urkunde nicht zu einem Orderpapier, der Indossant haftet aber für die Einlösung entsprechend den Scheckgesetzbestimmungen für den Fall des Rückgriffs (Garantiefunktion des Indossaments). Ein Firmenstempel auf der Rückseite des Schecks hingegen dient nur dem Zweck, den Lauf des Schecks im Falle der Nichteinlösung rekonstruieren zu können.

**Rektascheck**

Enthält der auf eine bestimmte Person ausgestellte Scheck den Vermerk „**nicht an Order**" (negative Orderklausel) oder einen gleichbedeutenden Vermerk, so wird er als Rektascheck bezeichnet. Dieser kann nur im Wege der bürgerlich-rechtlichen Abtretung (Zession) weitergegeben werden (§ 398 ff. BGB). Das Eigentum an der Scheckurkunde folgt der Abtretung nach § 952 BGB. Die Auszahlung beziehungsweise Gutschrift erfolgt an die im Text der Urkunde genannte Person.

### 2.4.2.3 Barscheck, Verrechnungsscheck, gekreuzter Scheck

> **DEFINITION**
>
> Nach der **Art der Einlösung** unterscheidet das Scheckgesetz zwischen **Barscheck, Verrechnungsscheck und gekreuztem Scheck**.

**Barscheck**

Er dient zu Barauszahlungen an den Kontoinhaber oder an einen Dritten. Sofern es sich dabei um einen Inhaberscheck handelt, wird die bezogene Bank grundsätzlich ohne Legitimationsprüfung bar auszahlen. Der **Verlust eines Barschecks** bringt daher für den Aussteller die **Gefahr einer mißbräuchlichen Verwendung**. Zur Abwendung dieser Risiken hat der Aussteller die Möglichkeit, jeden Barscheck in einen Verrechnungsscheck umzuwandeln.

**Verrechnungsscheck**

Durch den quer über die Vorderseite gesetzten Vermerk „**Nur zur Verrechnung**" kann der Aussteller sowie jeder Scheckinhaber der bezogenen Bank untersagen, daß der Scheck bar bezahlt wird (Art. 39 ScheckG). In diesem Falle dürfen die Banken den Scheck nur im Wege der Gutschrift einlösen, das heißt das Konto des Scheckeinreichers erkennen. Die **Streichung des Vermerks „Nur zur Verrechnung" gilt als nicht erfolgt**.

Die mißbräuchliche Verwendung eines Verrechnungsschecks ist zwar nicht ausgeschlossen, sie ist jedoch wesentlich dadurch erschwert, daß der Einreicher – sei er berechtigt oder nicht – stets ein Konto unterhalten muß, der betreffenden Bank mithin bekannt ist und somit gegebenenfalls auf Schadenersatz geklagt werden kann.

Da das Barauszahlungsverbot nur für die bezogene Bank gilt, können andere Banken den Scheck bar einlösen. Sie werden das aber nur tun, wenn die Bonität des Ausstellers und des Einreichers zweifelsfrei ist, da sie bei Nichteinlösung eventuell einen Schaden tragen müßten.

**Gekreuzter Scheck**

Das Wesen eines gekreuzten Schecks besteht darin, daß die Bank zwar zur Bareinlösung berechtigt ist, jedoch nur an bestimmte Personen mit befreiender Wirkung geleistet werden kann. Die Kreuzung erfolgt durch zwei gleichlaufende Striche auf der Vorderseite des Schecks. Sie ist **allgemein**, wenn zwischen beiden Strichen keine Angabe oder die Bezeichnung „Bankier" oder ein gleichbedeutender Vermerk steht; sie ist eine besondere, wenn der Name eines Bankiers zwischen die beiden Striche gesetzt ist. Die allgemeine Kreuzung kann in eine besondere, nicht aber die besondere Kreuzung in eine allgemeine umgewandelt werden. Die Streichung der Kreuzung oder des Namens des bezeichneten Bankiers gilt als nicht erfolgt.

Ein allgemein gekreuzter Scheck darf vom Bezogenen nur an einen Bankier oder an einen Kunden des Bezogenen bar bezahlt werden. Ein besonders gekreuzter Scheck darf vom Bezogenen nur an den bezeichneten Bankier oder, wenn dieser selbst der Bezogene ist, an dessen Kunden bar bezahlt werden.

Diese im Scheckgesetz enthaltenen Bestimmungen sind zwar noch nicht in Kraft getreten, gleichwohl kommen gekreuzte Schecks im Verkehr mit dem Ausland vor. Sie sind im Inland **als Verrechnungsschecks zu behandeln.**

### 2.4.2.4 Scheckinkasso und Scheckeinlösung

Das **Inkassoverfahren** beginnt damit, daß die Schecks von Kunden, auf Einreicherlisten zusammengestellt, ihrer Hausbank zum Inkasso eingeliefert werden. Dies ist rechtlich keine Vorlegung zur Zahlung, sondern ein Einziehungsauftrag. Im allgemeinen wird den Kunden der Gegenwert sofort auf ihrem Konto „**Eingang vorbehalten**" (E. v.) gutgeschrieben. Die **Wertstellung** erfolgt, je nach der voraussichtlichen Laufzeit des Schecks, zum wahrscheinlichen Einlösungstag. Dabei sind für die Kreditinstitute Valutierungsgewinne möglich. Danach gehen die Schecks von der Einreicherbank im Einzugsweg zur Bank des Ausstellers. Die erste Inkassostelle ist verpflichtet, einen Indossierstempel anzubringen, um die Abwicklung von Eilnachrichten bei der Nichteinlösung von Schecks zu erleichtern.

Der Scheck ist aufgrund des Akzeptverbots nach Art. 4 ScheckG **kein Kreditpapier**, sondern ein **Zahlungspapier**; es ist daher immer bei Sicht zahlbar, das heißt zum Zeitpunkt der Vorlage bei der bezogenen Bank (Art. 28 Abs. 1 ScheckG). Ein Scheck, der vor Eintritt des auf ihm angegebenen Ausstellungstages zur Zahlung vorgelegt wird (= vordatierter Scheck), ist am Tag der Vorlegung zahlbar (Art. 28 Abs. 2 ScheckG). Das bedeutet, daß der Scheckberechtigte ohne weiteres eine Vereinbarung mit dem Aussteller über eine spätere Vorlage verletzen kann und die bezogene Bank berechtigt ist, den vordatierten Scheck einzulösen. Insofern hat die Vordatierung keine rechtliche Bedeutung.

Andererseits ist die Umlaufzeit des Schecks von der Ausstellung bis zur Einlösung durch Vorlegungsfristen begrenzt. Die **gesetzlichen Vorlegungsfristen,** in denen ein Scheck der bezogenen Bank zur Einlösung vorzulegen ist, betragen nach Art. 29 ScheckG

- für **Inlandsschecks acht Tage**

- für Schecks aus dem **europäischen Ausland und Mittelmeerländern 20 Tage**

- für Schecks aus sonstigen **Ländern anderer Erdteile 70 Tage**

Die **scheckrechtliche Bedeutung der Vorlegungsfristen** liegt darin, daß

- der Scheckinhaber sich durch die rechtzeitige Scheckvorlage die scheckrechtlichen Rückgriffsansprüche gegen Indossanten und Aussteller sichert (nach Ablauf gehen diese Ansprüche verloren) und

- die bezogene Bank dem Aussteller gegenüber zur Einlösung verpflichtet ist, sofern der Scheck ordnungsgemäß ausgestellt wurde und Kontodeckung vorhanden ist (nach Ablauf besteht nach Art. 32 Abs. 2 ScheckG keine Verpflichtung mehr).

Auch wenn nach Art. 32 Abs. 1 ScheckG der Widerruf eines Schecks erst nach Ablauf der Vorlegungsfrist wirksam ist, sind die Banken nach der BGH-Rechtsprechung verpflichtet, **den Widerruf des Kunden jederzeit zu beachten**. Dem steht der Sinn und Zweck des Art. 32 Abs. 1 ScheckG nicht entgegen, da dieser nicht den Scheckinhaber, sondern die Bank vor Schadenersatzansprüchen schützen soll, wenn sie trotz eines vor Ablauf der Vorlegungsfrist erfolgten Widerrufs gezahlt hat.

Die Einlösung eines Schecks durch die bezogene Bank hat zur Folge, daß die scheckrechtliche Verpflichtung des Ausstellers ebenso wie seine Zahlungsverpflichtung aus dem zugrundeliegenden Schuldverhältnis erlischt. Eingelöste Schecks können nicht mehr zurückbelastet werden. Für die Möglichkeit, Schecks zurückzugeben, ist also der Zeitpunkt entscheidend, zu dem ein Scheck als eingelöst angesehen werden kann. Dieser Zeitpunkt ist weiterhin dafür entscheidend, wie lange der Aussteller den Scheck noch sperren kann, um seine Einlösung zu verhindern.

Eine Belastung kann spätestens am zweiten Bankarbeitstag nach der Belastungsbuchung rückgängig gemacht werden (Nr. 9 Abs. 2 ABG-Banken). Mit dieser Klausel ist ein einheitlicher Zeitpunkt für die Einlösung eines Schecks festgelegt worden. Keine Einlösungswirkung ist daraus abzuleiten, daß die bezogene Bank die Rückgabe- oder Benachrichtigungsfristen nach den Bestimmungen des „Scheckabkommens" versäumt. Etwas anderes gilt nur bei Barschecks oder dann, wenn es sich um Schecks handelt, die der bezogenen Bank über die LZB-Abrechnung vorgelegt werden. Sie gelten als eingelöst, wenn sie nicht gemäß den Fristen nach Nr. 17 der Geschäftsbedingungen der Abrechnungsstelle zurückgeliefert werden.

Empfangsberechtigt ist grundsätzlich der Inhaber des Schecks, bei einem Orderscheck die im letzten Indossament namentlich bezeichnete Person. Der Bezogene ist in diesem Falle verpflichtet, die Ordnungsmäßigkeit der Indossamentenkette, nicht aber die Unterschriften der Indossanten zu prüfen. Die Scheckeinlösung bildet den Abschluß des gesamten Zahlungsvorgangs, damit erlischt auch die schuldrechtliche Forderung im Valutaverhältnis. Die bezogene Bank kann vom Inhaber des Schecks gegen Zahlung die Aushändigung des quittierten Schecks verlangen (Art. 34 ScheckG).

### 2.4.2.5 Nichteinlösung und Rückgriff

Die Einlösung eines Schecks **kann verweigert** werden, wenn

- der Aussteller nicht genügend Deckung auf seinem Konto hat
- die Vorlegungsfrist verstrichen ist (in der Bankpraxis unüblich)

Die Einlösung eines Schecks **muß verweigert** werden, wenn

- der Scheck vom Aussteller gesperrt wurde
- der Scheck Formfehler aufweist
- ein offensichtlich Nichtberechtigter Auszahlung verlangt

Für die Rechtsstellung des Scheckinhabers ist es gleichgültig, warum die Bank einen vorgelegten Scheck nicht bezahlt. Der Scheckinhaber hat keinen Anspruch gegen die bezogene Bank aus dem Scheck. Im Falle der **Nichteinlösung eines rechtzeitig vorgelegten Schecks** hat der Scheckinhaber gegen den Aussteller (**Art. 12 ScheckG**), **Indossanten (Art. 18/20 ScheckG)** und **Scheckbürgen (Art. 27 ScheckG)** unter folgenden Voraussetzungen **scheckrechtliche Regreßansprüche**.

**Voraussetzungen:**

1. Es muß ein **formgültiger Scheck** vorliegen.
2. Der Scheckinhaber muß **anspruchsberechtigt** sein.
(Beim Inhaberscheck folgt aus dem Besitz der Urkunde die Vermutung für das Eigentum an der Urkunde und die Vermutung, daß dem Inhaber die im Scheck verkörperten Ansprüche zustehen. Die formelle Legitimation nach Art. 19 ScheckG braucht man nur für den Orderscheck).
3. Es muß eine **Scheckverpflichtung** vorliegen. Der äußere Verpflichtungstatbestand folgt aus der Unterschrift der Ausstellers, Indossanten beziehungsweise Scheckbürgen.
4. Die Zahlungsverweigerung muß **förmlich festgestellt** worden sein.

Bei Versäumen der Vorlegungsfrist gehen alle Rückgriffsforderungen – mit Ausnahme des Scheckbereicherungsanspruchs (Art. 58 ScheckG) – verloren. Die Scheckansprüche sind unabhängig von den Ansprüchen aus dem Grundgeschäft: Für die Scheckrechte gilt Scheckrecht, für die Grundforderung bürgerliches Recht.

Wird der Scheck nicht eingelöst, so erhält er den „**Nichtbezahlungsvermerk**", der am linken Rand des Schecks, quer zum Text, angebracht wird. Er hat zum Beispiel folgendes Aussehen:

---

„Vorgelegt am ... und nicht bezahlt."

Frankfurt am Main, den 7.6.1995

Name der Bank und Unterschrift

---

Der Scheckinhaber kann seine Regreßansprüche in einem Scheckprozeß geltend machen (§ 605 a ZPO). Ähnlich wie die Wechselklage führt dies verhältnismäßig schnell zu einem vollstreckbaren Titel.

Die unbezahlt gebliebenen Schecks sind von der bezogenen Bank gemäß dem „**Abkommen über die Rückgabe nicht eingelöster Schecks und die Behandlung von Ersatzstücken verlorengegangener Schecks im Scheckeinzugsverkehr (Scheckabkommen)**" spätestens an dem auf den Tag der Vorlage (Eingangstag) folgenden Geschäftstag, mit dem Vorlegungsvermerk versehen, an die erste Inkassostelle zurückzuleiten. Die Wahl des Rückgabeweges ist freigestellt.

Bei Nichteinlösung eines Schecks von 5.000 DM oder mehr ist die erste Inkassostelle unmittelbar an dem auf den Eingangstag folgenden Geschäftstag bis spätestens 14.30 Uhr mittels Telex, Telefax, Telefon oder Telegramm zu benachrichtigen (Eilnachricht). Die **Eilnachricht** hat Scheckbetrag, Schecknummer, Kontonummer des

Scheckausstellers und Bankleitzahl des bezogenen Kreditinstituts zu enthalten. Ferner soll ein eventuell vorhandenes Merkmal zur Identifizierung des Scheckeinreichers (zum Beispiel Kontonummer, Stempelnummer mit Bearbeitungstag) angegeben werden.

Die **erste Inkassostelle** ist verpflichtet, nicht eingelöste und mit einem Vorlegungsvermerk versehene Schecks zurückzunehmen, und zwar gleichgültig, auf welchem Wege die Schecks zurückgesandt worden sind.

Die **Teileinlösung eines Schecks ist möglich.** Im Falle der Teilzahlung kann der Bezogene verlangen, daß dies auf dem Scheck vermerkt und dem Bezogenen eine Quittung erteilt wird. In der Praxis werden die Kreditinstitute jedoch nur dann eine Teileinlösung vornehmen, wenn der Aussteller gesondert und im Einzelfall einen Auftrag dazu erteilt hat.

Die Rückgriffsansprüche des Inhabers gegen Aussteller, Indossanten und andere Scheckverpflichtete verjähren in **sechs Monaten** nach Ablauf der Vorlegungsfrist (Art. 52 ScheckG).

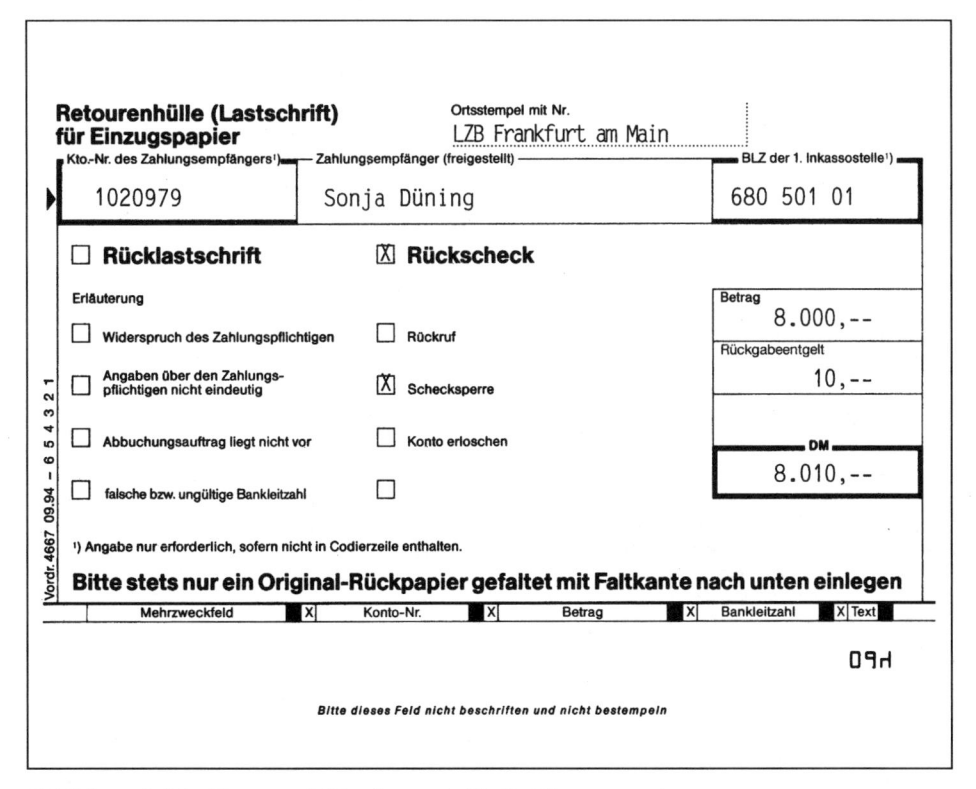

Abbildung 2-14: Retourenhülle (Lastschrift) für Einzugspapier

## 158 Leistungen und Dienstleistungen der Kreditinstitute

| Nach dem Scheckgesetz im Verhältnis aller Scheckbeteiligten untereinander | Nach dem Scheckabkommen nur im Verhältnis der Kreditinstitute untereinander! |
|---|---|
| **Voraussetzungen für den Rückgriff**<br>– Der rechtzeitig vorgelegte Scheck wurde nicht eingelöst.<br>– Die Verweigerung der Zahlung wurde festgestellt<br>1. durch eine öffentliche Urkunde (**Protest**) oder<br>2. durch eine datierte **Vorlegungserklärung** des Bezogenen mit Angabe des Vorlegungstages oder<br>3. durch eine datierte **Erklärung der LZB-Abrechnungsstelle,** daß der Scheck rechtzeitig eingeliefert und nicht bezahlt worden ist.<br><br>**Rückgabeweg**<br>Der Rückgabeweg ist nicht festgelegt.<br><br>**Benachrichtigungspflicht**<br>– Der Scheckinhaber hat die Pflicht, seinen unmittelbaren Vormann sowie den Aussteller innerhalb von **vier Werktagen** zu benachrichtigen.<br>– Jeder Indossant hat seinen Vormann innerhalb von zwei Werktagen zu benachrichtigen.<br>Die Scheckbedingungen (Nr. 7) sehen vor, daß die Verpflichtung zur Benachrichtigung des Ausstellers gemäß Art. 42 ScheckG nicht dem letzten Scheckinhaber, sondern dem Bezogenen obliegt.<br><br>**Umfang der Rückgriffsansprüche**<br>Der Scheckinhaber hat Anspruch auf<br>– die Schecksumme<br>– Zinsen in Höhe von 2 % über dem Diskontsatz der Deutschen Bundesbank, mindestens jedoch 6 %, gerechnet vom Vorlegungstage an<br>– ⅓ % Provision von der Schecksumme<br>– Ersatz von Protestkosten und anderen Auslagen<br><br>**Haftung**<br>Alle Scheckverpflichteten haften dem Scheckinhaber gesamtschuldnerisch.<br><br>**Verjährung**<br>– Rückgriffsansprüche des Scheckinhabers gegen die Scheckverpflichteten (Aussteller, Indossanten, Bürgen) verjähren sechs Monate nach Ablauf der Vorlegungsfrist.<br>– Rückgriffsansprüche eines Scheckverpflichteten gegenüber anderen Scheckverpflichteten verjähren sechs Monate nach dem Tag, an dem er selbst den Rückscheck eingelöst hat oder Ansprüche gegen ihn gerichtlich geltend gemacht wurden. | **Voraussetzungen für die Rückgabe**<br>– Der vorgelegte Scheck wurde nicht eingelöst.<br>– Die Verweigerung der Einlösung wurde durch folgenden **Nicht-Bezahlt-Vermerk** des bezogenen Kreditinstituts auf dem Scheck festgestellt:<br>„Vorgelegt am ... und nicht bezahlt."<br>Ort, Datum, Name und Unterschrift des bezogenen Kreditinstituts.<br><br>**Rückgabeweg**<br>– Schecks, die nicht eingelöst werden, sind von dem bezogenen Institut spätestens an dem auf den Tag der Vorlage (Eingangstag) folgenden Geschäftstag an die 1. Inkassostelle zurückzuleiten.<br>Es bestehen zwei Möglichkeiten:<br>– Im Normalfall ist die „Retourenhülle für Einzugspapiere" zu benutzen. Der Rückgabeweg ist nicht festgelegt.<br>– Bei der unmittelbaren Rückgabe des Rückschecks an die 1. Inkassostelle ist der Vordruck „Rückrechnung für Direktrückgabe" zu verwenden.<br>Um die 1. Inkassostelle erkennen zu können, hat diese Stelle alle Schecks mit ihrem Firmenstempel (mit Ortsangabe und Bankleitzahl) zu versehen.<br>– Nach den Geschäftsbestimmungen der LZB-Abrechnungsstellen sind Schecks, die über diese Stelle vorgelegt wurden, über die LZB-Abrechnung wieder zurückzugeben (unter Beachtung der jeweils festgelegten Zeitpunkte).<br><br>**Benachrichtigungspflicht**<br>Bei Schecks von 5.000,– DM und darüber ist die 1. Inkassostelle durch **Eilnachricht** bis spätestens 14.30 Uhr an dem auf den Tag der Vorlage (Eingangstag) folgenden Geschäftstag mittels Telex, Telefax, Teletex, Telefon oder Telegramm zu informieren.<br><br>**Umfang der Rückgriffsansprüche**<br>Die bezogene Bank hat Anspruch auf<br>– die Schecksumme<br>– bei Schecks im Betrag von 10.000,– DM und darüber Zinsen in Höhe des Diskontsatzes der Deutschen Bundesbank, sofern der Wertstellungsverlust mindestens 30,– DM beträgt (Zinsausgleich)<br>– bei Schecks im Betrag von weniger als 2.000,– DM bis zu 5,– DM, bei Schecks mit höheren Beträgen bis zu 10,– DM Rückscheckgebühr (Sonderregelung bei BSE-Schecks)<br><br>**Haftung**<br>Die 1. Inkassostelle ist verpflichtet (auch bei Verletzung des Abkommens) nicht eingelöste und mit dem Vorlegungsvermerk versehene Schecks zurückzunehmen. Die Rücknahmepflicht besteht unbeschadet etwaiger Schadenersatzansprüche. |

Abbildung 2-15: Rückgabe nicht eingelöster Schecks

### 2.4.2.6 Maßnahmen zur Förderung des Scheckverkehrs

Zur weiteren Verbreitung von Scheckzahlungen sind die Banken bestrebt, das Risiko für die Scheckinhaber so gering wie möglich zu gestalten. Dabei haben sie die gesetzlichen Vorschriften zu beachten, die den Scheck zu einem reinen **Umlaufpapier** machen. Im Gegensatz zum Wechsel beschränkt sich die wirtschaftliche Bedeutung des Schecks auf seine Verwendung als Zahlungsmittel. Das Scheckgesetz soll den Scheck dem Zahlungsverkehr vorbehalten und seine Verwendung für Kreditzwecke verhindern. Das soll mit dem **Akzeptverbot** und mit der **Möglichkeit der sofortigen Vorlage** erreicht werden.

Das Akzeptverbot und die Rückgriffserschwernisse sind aber psychologische Hemmnisse für die Zahlung per Scheck, so daß der Scheck zunächst nicht die den Banken erwünschte und dem Publikum bequeme Verbreitung gefunden hat. Um eine Ausweitung des Scheckverkehrs zu erreichen, war es notwendig, den Scheck mit einer Einlösungsgarantie zu verbinden. So entstand – neben dem **Reisescheck** – der **Scheckkartenscheck** oder **eurocheque**.

**Reisescheck**

Reiseschecks können bei allen Banken erworben und müssen bei der Ausgabe bezahlt werden. In Gegenwart des Schaltermitarbeiters muß der Käufer eine erste Unterschrift auf jedem Scheck leisten. Bei der Einlösung muß ein zweites Mal unterschrieben werden und die Zahlstelle ist verpflichtet, die Übereinstimmung beider Unterschriften zu prüfen. Bei Verlust von Reiseschecks wird unter bestimmten Voraussetzungen Ersatz geleistet.

**Scheckkartenscheck/eurocheque**

Ursprünglich hatte die Scheckkarte nur die Funktion, eine **Einlösungsgarantie** für eurocheques zu ermöglichen. Seit 1968 stellen die Banken ihren kreditwürdigen Kunden auf Wunsch solche Scheckkarten aus. Heute ist die ec-Karte in Verbindung mit der persönlichen Geheimnummer (PIN) ein selbständiges Zahlungsinstrument. Mit einer ec-Karte kann bei Eingabe der PIN Bargeld an **Geldausgabeautomaten** abgehoben oder bargeldlos an **elektronischen Kassenterminals des Handels** (POS-Kassen) bezahlt werden. Es ist daher folgerichtig, wenn diese drei Servicebereiche der ec-Karte in den neu bearbeiteten „**Bedingungen für ec-Karten**" zusammengefaßt worden sind.

Bei der Nutzung der ec-Karte als Garantiekarte ist **zu unterscheiden** zwischen

- Ansprüchen aus dem **ausgestellten eurocheque** nach dem Scheckgesetz und
- Ansprüchen aus dem **Garantievertrag zwischen bezogener Bank und Schecknehmer**

Der **Garantievertrag** schafft für den Schecknehmer einen selbständigen vertraglichen Anspruch gegen die bezogene Bank. Gegen die rechtliche Zulässigkeit des Garantievertrages können sich Bedenken aus Art. 4 ScheckG und aus § 23 BBankG ergeben. Nach allgemeiner Auffassung ist eine außerhalb des Schecks abgegebene vertragliche Einlösungsverpflichtung der bezogenen Bank rechtlich zulässig (zum Beispiel Schuldübernahme, Garantievertrag). Bei der Garantiezusage handelt es sich nicht um eine Haftung aus dem Scheck, sondern um eine außerhalb des Schecks gegebene selbständig verpflichtende Einlösungszusage der bezogenen Bank (vgl. § 305 BGB: Grundsatz der Vertragsfreiheit).

Der Garantievertrag kommt mit dem ersten Schecknehmer zustande, wobei der Scheckaussteller als Vertreter der bezogenen Bank auftritt. Weitere Scheckerwerber können den außerhalb des Schecks begründeten Anspruch aus dem Garantievertrag nur durch Abtretung nach § 398 BGB erwerben, wobei aber diese Abtretung bereits konkludent in der Übertragung des garantierten Schecks liegt.

Die ec-Karte ist ein von der Bank ausgestellter **Ausweis**, mit dem Namen des Kontoinhabers, der Konto- und Kartennummer, der Gültigkeitsdauer und der Unterschrift des Kunden. Alle im Zusammenhang mit der ec-Karte begebenen eurocheques sind bis zu einem Höchstbetrag von 400 DM beziehungsweise zu einem entsprechenden Gegenwert in ausländischer Währung garantiert. Die ec-Karte ist zwei Jahre gültig.

Der eurocheque ist eine Sonderform des Überbringerschecks. Er hat ein international standardisiertes Format und eine einheitliche Farbe. Im Betragsfeld ist statt „DM" die Bezeichnung „Währung" vermerkt. Der eurocheque erfährt gegenüber einem „normalen" Scheck insoweit eine Änderung, als auf der Rückseite derjenigen Schecks, die im Zusammenhang mit der ec-Karte verwendet werden, die Nummer der Scheckkarte angegeben wird. Dieser Vermerk ist Wirksamkeitsvoraussetzung für die Scheckgarantie.

**Ausgabe und Verwendungsmöglichkeiten der ec-Karte**

Eine wichtige Frage bei der Ausgabe von ec-Karten ist die Auswahl der Personen, für die ja damit die Bank die Einlösung der Schecks garantiert. Wenn auch die Garantie für den Einzelscheck auf 400 DM begrenzt ist, so darf doch nicht übersehen werden, daß bei Ausgabe eines Scheckheftes mit beispielsweise 25 Vordrucken sich der Garantiebetrag bereits auf 10.000 DM beläuft. Die „**Bedingungen für ec-Karten**" sehen zwar nur Verfügungen im Rahmen des Kontoguthabens oder eines vorher eingeräumten Kredits vor. Das bezogene Institut muß aber damit rechnen, daß trotzdem debitorische Verfügungen vorkommen, zu deren Abdeckung der Kunde in Einzelfällen nicht in der Lage sein könnte.

Eine Bank wird daher die Ausgabe von ec-Karten auf kreditwürdige Kunden beschränken. Ob es andererseits aber sinnvoll ist, für jeden einzelnen Interessenten eine

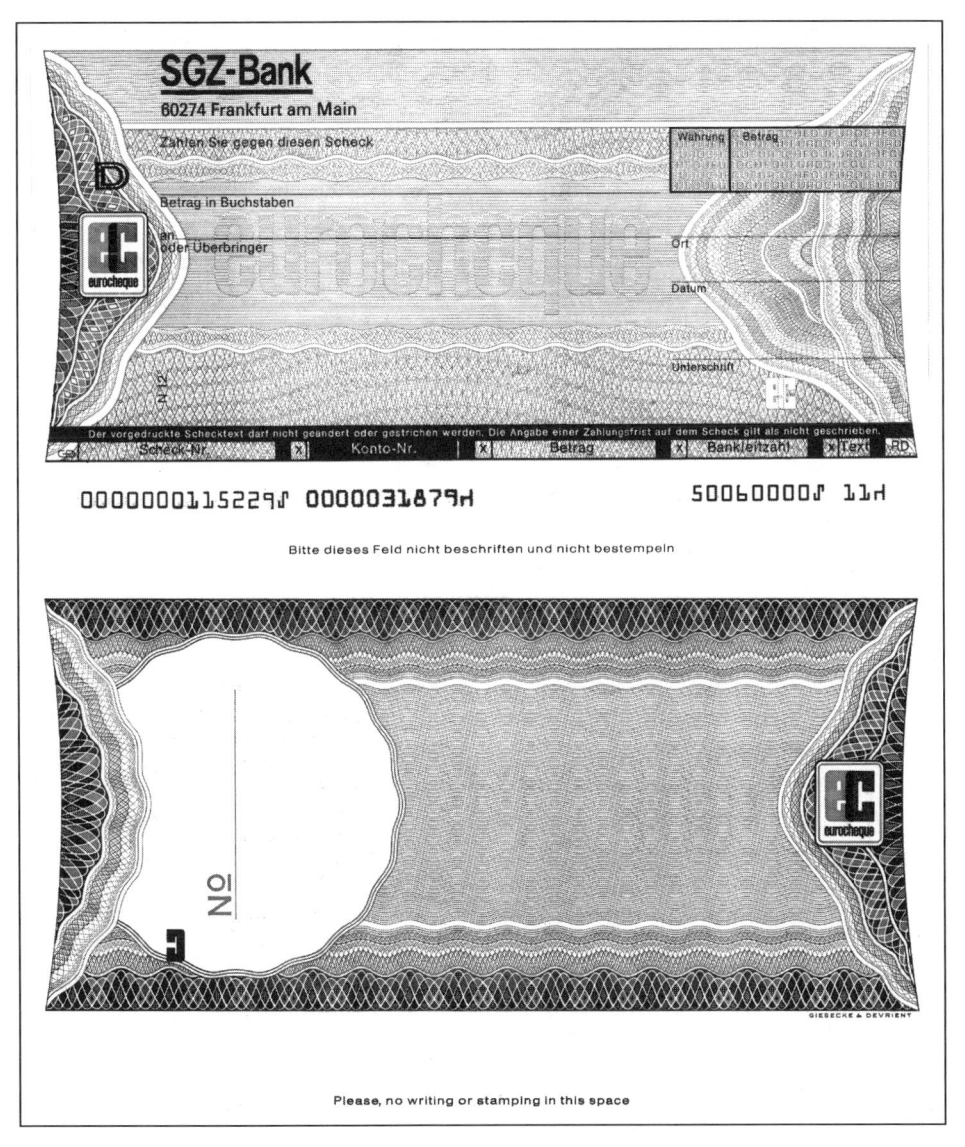

Abbildung 2-16: ec-Scheck

umfassende **Bonitätsprüfung** zu veranstalten, muß zumindest fraglich erscheinen, wenn man ja andererseits die Verbreitung der ec-Karte fördern möchte. Eine weitere Möglichkeit der Einengung des Kreditrisikos liegt in der Begrenzung der Zahl der eurocheque-Vordrucke pro Kunde.ck

Die Ausgabe einer ec-Karte an einen **Bevollmächtigten** ist auf Wunsch des Kontoinhabers ohne weiteres möglich. Ebenso können bei Gemeinschaftskonten in Form von Oder-Konten die Einzelverfügungsberechtigten jeweils für sich eine Scheckkarte erhalten. Lediglich bei Und-Konten sind die Kreditinstitute aus technischen Gründen gezwungen, auf die Ausgabe von Scheckkarten zu verzichten.

Der **Verwendungsbereich** der ec-Karte ist im **europäischen eurocheque-System** weiterentwickelt worden. Die ec-Karte wird von den Banken in Europa und in den außereuropäischen Mittelmeerländern anerkannt. In diesen Ländern kann der Scheck auch in den jeweiligen Landeswährungen ausgestellt werden. Das eurocheque-System hat sich inzwischen zu einem der größten supranationalen Zahlungssysteme der Welt entwickelt und wird von **Europay International S. A.** in Brüssel getragen, an der die GZS beteiligt ist.

Seit 1981 wird im eurocheque-Verkehr zwischen **Kartenländern** und **Akzeptländern** unterschieden:

- In den **Aktiv- oder Kartenländern** werden eurocheques nur noch in der jeweiligen Landeswährung ausgestellt. Sie können dort sowohl bei Banken zur Bargeldbeschaffung als auch in Hotels, Läden, Tankstellen usw. zur bargeldlosen Bezahlung verwendet werden. Pro Scheck wird ein Gegenwert von etwa 400 DM gewährleistet. Auszahlungen erfolgen ohne Abzug von Gebühren. Gebühren werden erst bei der Umrechnung in Deutschland berechnet.

- In den **Passiv- oder Akzeptländern** werden eurocheques nur in der Währung des Heimatlandes ausgestellt, das heißt deutsche Besucher können nur DM-Schecks ausstellen. Grundsätzlich können diese Schecks nur bei Banken zur Bargeldbeschaffung eingelöst werden, die bei der Auszahlung Gebühren abziehen. In Deutschland wird der DM-Scheckbetrag ohne weitere Gebührenberechnung belastet.

Die im Ausland ausgestellten Fremdwährungs-eurocheques bis zum Gegenwert von 2.000 DM werden zentral über die **GZS** in Frankfurt eingezogen, die als deutsche eurocheque-Verrechnungsstelle fungiert. Die eurocheques werden hier erfaßt und zum amtlichen Devisenbriefkurs des Vortages umgerechnet. Der Betrag wird beleglos per Lastschrift eingezogen. Dem Scheckaussteller werden 1,75 Prozent des Scheckbetrages als Gebühr berechnet, mindestens 2,50 DM, maximal 12 DM. Davon erhalten 1,6 Prozent die ausländische Bank und 0,15 Prozent die GZS. Fremdwährungs-eurocheques, deren Beträge über umgerechnet 2.000 DM hinausgehen, sind von dem vereinfachten GZS-Verfahren ausgeschlossen.

**Einlösung der mit ec-Karte begebenen Eurocheques**

Die bezogene Bank garantiert den Scheckbetrag bis zur Höhe von 400 DM nur, wenn folgende **Garantievoraussetzungen** erfüllt sind:

1. Name des Kreditinstituts, **Unterschrift** sowie **Konto- und Kartennummer** auf eurocheque und ec-Karte müssen übereinstimmen.

2. Die **ec-Kartennummer** muß auf der Rückseite des eurocheques vermerkt sein.
3. Das **Ausstellungsdatum** des eurocheques muß innerhalb der Gültigkeitsdauer der ec-Karte liegen.
4. Ein im Inland ausgestellter eurocheque muß **binnen acht Tagen, ein im Ausland ausgestellter Scheck binnen 20 Tagen seit dem Ausstellungstag vorgelegt werden (Garantiefrist)**. Die Frist ist gewahrt, wenn der eurocheque innerhalb dieser Fristen der bezogenen Bank vorgelegt, einer inländischen Bank zum Inkasso eingereicht oder der Gesellschaft für Zahlungssysteme (GZS) zugeleitet worden ist.

Die Scheckeinlösung erfolgt dann unabhängig von Kontodeckung oder Schecksperre oder sogar von der fehlenden Befugnis des Ausstellers zur Begebung des ec-Schecks.

Sollte also durch Verlust oder Diebstahl ein Unberechtigter in den Besitz der Scheckkarte und des Scheckheftes kommen und diese mißbräuchlich benutzen, so müssen die ausgestellten Schecks innerhalb von acht Tagen zu Lasten des betreffenden Kunden immer dann eingelöst werden, wenn die Prüfung des Schecks durch den Schecknehmer keine Beanstandungen ergeben hat. Die Einlösung muß selbst dann erfolgen, wenn der Bank der Verlust angezeigt worden ist oder wenn eine Kontovollmacht der Bank gegenüber widerrufen wurde.

Im Hinblick auf die Verlustgefahr ist die Scheckkarte also – gegenüber dem normalen Scheckverkehr – für den Kontoinhaber mit einem erheblich größeren Risiko belastet, weshalb der Kunde zur getrennten Verwahrung von ec-Karte und eurocheque-Vordrucken ausdrücklich verpflichtet ist (Nr. 7 ec-Karten-Bedingungen). Sollte durch Verlust von ec-Karte und eurocheque-Vordrucken ein Schaden entstehen, so tritt die Bank ein, wenn der Kunde alle Pflichten erfüllt hat. Bei leichter Fahrlässigkeit des Karteninhabers tritt zu 90 Prozent die Bank ein. Hat der Karteninhaber seine Pflichten grob fahrlässig verletzt, so trägt er den entstandenen Schaden in vollem Umfang. Bei Verlust von ec-Karte und/oder eurocheque-Vordrucken sind die Kunden verpflichtet, ihre Bank unverzüglich zu benachrichtigen (gegebenenfalls den Zentralen Sperrannahmedienst).

### 2.4.3 Lastschrift

#### 2.4.3.1 Begriff und Verwendungsmöglichkeiten

Die Lastschrift ist eine „Innovation" des Kreditgewerbes. Ihr Anteil am Zahlungsverkehr beträgt etwa 40 Prozent bezogen auf die Stückzahl.

> **DEFINITION**
>
> Die **Lastschrift** ist ein vom Gläubiger (Zahlungsempfänger) ausgestelltes Einzugspapier, mit dem er über seine Hausbank (Inkassobank, 1. Inkassostelle) bei der Bank des Schuldners (Zahlstelle) fällige Forderungen unter der Voraussetzung einzieht, daß der Schuldner (Zahlungspflichtiger) mit dem Lastschriftverfahren einverstanden ist.

Mit dem Lastschriftverfahren wird der Einzug von **periodisch fälligen Geldforderungen** (Beiträgen, Mieten, Gebühren und anderes) vereinheitlicht und rationalisiert. Mit Lastschriften können nur fällige Forderungen eingezogen werden, so daß sie stets bei Vorlage fällig sind; etwa angegebene Fälligkeitsdaten und Wertstellungen bleiben unbeachtet. **Teilzahlungen sind unzulässig.** Der Zahlungsempfänger (Gläubiger) trifft für den Lastschrifteinzug mit seiner Bank (1. Inkassostelle) regelmäßig eine schriftliche Vereinbarung. Die Zuverlässigkeit des Zahlungsempfängers ist wegen der Mißbrauchsmöglichkeiten eine wichtige Voraussetzung für seine Zulassung zum Lastschriftverkehr.

Die Vorteile für den **Gläubiger** bestehen vor allem darin, daß er den Zeitpunkt der Zahlung selbst bestimmt (erleichterte Disposition) und somit weiß, wann er über die entsprechenden Gegenwerte verfügen kann (verbesserte Liquidität), und daß ihm durch ein vereinfachtes Buchungsverfahren spürbare Kosteneinsparungen möglich sind (außerdem Wegfall der Überwachung des Zahlungseinzugs und des Mahnwesens).

Der **Schuldner** andererseits spart sich die Mühe, seine Zahlungstermine zu überwachen, Überweisungen oder Schecks auszustellen oder den Betrag auf andere Weise anschaffen zu müssen. Allerdings wird er in seinen Dispositionen eingeschränkt, weil der Zeitpunkt der Belastung nicht von ihm, sondern vom Gläubiger bestimmt wird.

### 2.4.3.2 Organisation des Lastschriftverfahrens

Um im Kreditgewerbe einheitliche Verfahrensregeln sowie Rechts- und Haftungsverhältnisse für die Abwicklung der Lastschrift zu schaffen, ist das „**Abkommen über den Lastschriftverkehr**" abgeschlossen worden. Danach ist die Teilnahme am Lastschriftverkehr nach **zwei vertraglichen Konstruktionen** vorgesehen:

- **Einzugsermächtigungsverfahren:** Der Zahlungsempfänger wird vom Zahlungspflichtigen schriftlich ermächtigt, auf ihn Lastschriften zu ziehen.

- **Abbuchungsverfahren:** Der Zahlungspflichtige erteilt seiner Bank (Zahlstelle) einen schriftlichen Auftrag zugunsten des Empfängers zur Einlösung auf ihn gezogener Lastschriften.

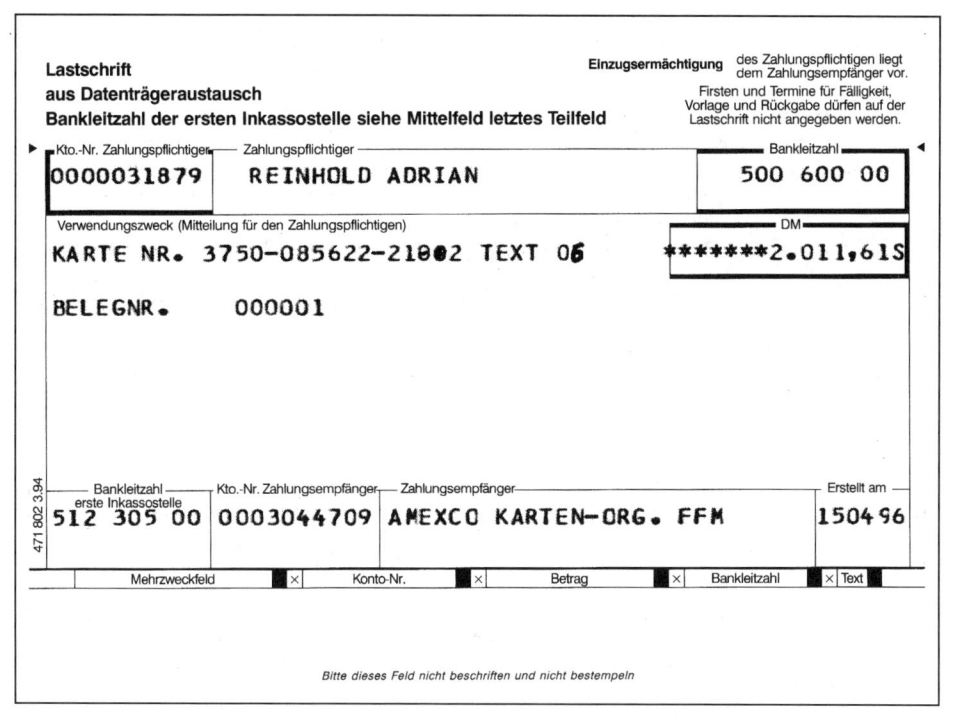

```
┌─────────────────────────────────────────────────────────────────────────────┐
│  Lastschrift                              Einzugsermächtigung  des Zahlungspflichtigen liegt
│  aus Datenträgeraustausch                                      dem Zahlungsempfänger vor.
│  Bankleitzahl der ersten Inkassostelle siehe Mittelfeld letztes Teilfeld
│                                                                Firsten und Termine für Fälligkeit,
│                                                                Vorlage und Rückgabe dürfen auf der
│                                                                Lastschrift nicht angegeben werden.
│   Kto.-Nr. Zahlungspflichtiger    Zahlungspflichtiger                    Bankleitzahl
│   0000031879                      REINHOLD ADRIAN                        500 600 00
│
│   Verwendungszweck (Mitteilung für den Zahlungspflichtigen)              DM
│   KARTE NR. 3750-085622-21002 TEXT 06                                    *******2.011,61S
│
│   BELEGNR.      000001
│
│
│       Bankleitzahl        Kto.-Nr. Zahlungsempfänger  Zahlungsempfänger      Erstellt am
│       erste Inkassostelle
│       512 305 00          0003044709                  AMEXCO KARTEN-ORG. FFM  150496
│
│          Mehrzweckfeld         Konto-Nr.          Betrag         Bankleitzahl      Text
│
│                      Bitte dieses Feld nicht beschriften und nicht bestempeln
└─────────────────────────────────────────────────────────────────────────────┘
```

Abbildung 2-17: Lastschrift

Für beide Verfahren ist die **Einwilligung des Zahlungspflichtigen (Schuldners)** erforderlich. Dieses Einverständnis ist entweder gegenüber dem Zahlungsempfänger oder gegenüber der Zahlstelle **schriftlich** bis auf Widerruf zu erklären (Ausnahme von der Schriftform: Einmaleinzüge bis zu 100 DM).

Das **Einzugsermächtigungsverfahren** ist für typische Massengeschäfte gedacht, bei denen ein feststehendes, auf Dauer angelegtes Vertragsverhältnis vorliegt (zum Beispiel Versicherungsvertrag). Demgegenüber dient das **Abbuchungsverfahren** dem kommerziellen Zahlungsverkehr mit größeren Beträgen; ein typisches Beispiel dafür ist der Einzug von Kaufpreisforderungen einer Ölgesellschaft aus Lieferungen an Tankstelleninhaber. Das Einzugsermächtigungsverfahren ist für die Banken rationeller als das Abbuchungsverfahren, da hier keine Prüfungspflichten bestehen. Beim Abbuchungsverfahren ist von der Zahlstelle bei jeder Abbuchungslastschrift das Vorliegen eines Abbuchungsauftrages zu prüfen. Das Einzugsermächtigungsverfahren hat in der Praxis die weitaus größere Bedeutung erlangt.

Der **Abbuchungsauftrag** wird wie ein **Zahlungsauftrag** behandelt. Ein Widerruf der Lastschrift ist daher nach der Einlösung nicht mehr möglich. Rechtlich liegt eine **Weisung (§ 665 BGB)** im Rahmen des mit der Bank abgeschlossenen **Geschäftsbesorgungsvertrages (§ 675 BGB)** vor, die die Bank ermächtigt, mit befreiender

**Abbuchungsverfahren**

- **1. Inkassostelle „Inkassobank"** ←— Weitergabe der Lastschrift —→ **Bank des Schuldners „Zahlstelle"**
- Verrechnung

Gläubiger-Seite:
- 1. Vereinbarungen über den Einzug von Forderungen aufgrund von Lastschriften
- 2. Einreichung der Lastschrift
- 3. Gutschrift des Betrages auf dem Konto E. v.

Schuldner-Seite:
- 1. Abbuchungsauftrag
- 2. Belastung der Lastschrift (ohne Widerspruchsrecht)

**Gläubiger „Zahlungsempfänger"** ←— Schuldverhältnis —→ **Schuldner „Zahlungspflichtiger"**

---

**Einzugsermächtigungsverfahren**

- **1. Inkassostelle „Inkassobank"** ←— Weitergabe der Lastschrift —→ **Bank des Schuldners „Zahlstelle"**
- Verrechnung

Gläubiger-Seite:
- 1. Vereinbarungen über den Einzug von Forderungen aufgrund von Lastschriften
- 2. Einreichung der Lastschrift
- 3. Gutschrift des Betrages auf dem Konto E. v.

Schuldner-Seite:
- Belastung der Lastschrift mit Widerspruchsrecht

**Gläubiger „Zahlungsempfänger"** ←— Einzugsermächtigung / Schuldverhältnis —→ **Schuldner „Zahlungspflichtiger"**

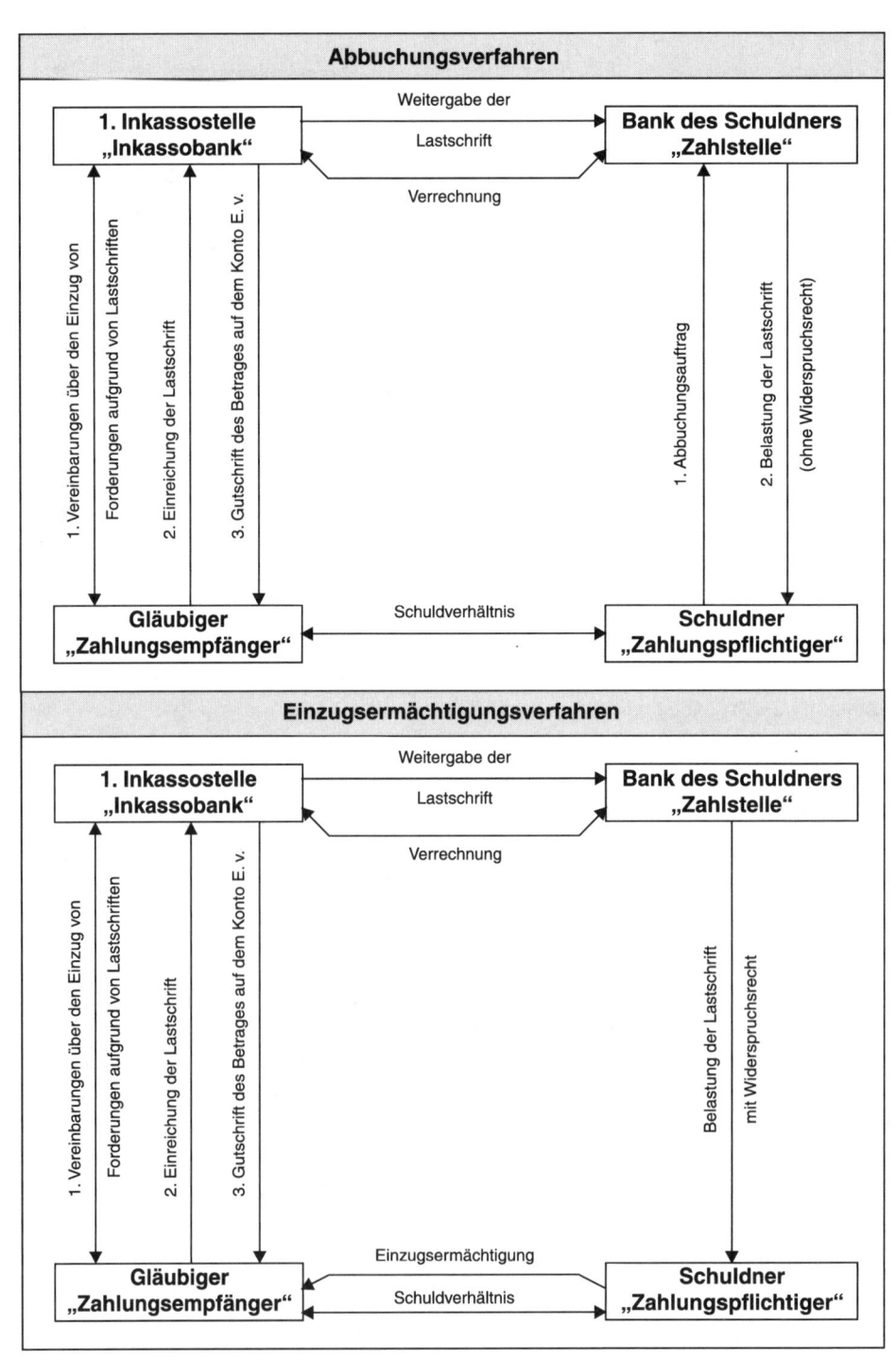

Abbildung 2-18: Abbuchungsverfahren/Einzugsermächtigungsverfahren

Wirkung an den genannten Gläubiger (§ 362 Abs. 2, § 185 BGB) zu leisten. Da der Gläubiger schon innerhalb kurzer Zeit Gewißheit über die endgültige Einlösung erhält, eignet sich dieses Verfahren für den Einzug von Forderungen aus dem Warenverkehr.

Hinsichtlich der Einzugsermächtigung vertritt der BGH die „**Genehmigungstheorie**". Danach enthält die Einzugsermächtigung nicht gleichzeitig die Ermächtigung des Zahlungspflichtigen, der Zahlstelle als seinem Kreditinstitut eine Weisung zu erteilen. Die Kontobelastung seitens der Zahlstelle erfolgt vielmehr ohne weitere Prüfung lediglich aufgrund einer Weisung der ersten Inkassostelle beziehungsweise eines zwischengeschalteten Instituts. Dem Zahlungspflichtigen stellt sich dieser Eingriff in sein Konto deshalb erst einmal als bloßer – ohne Weisung erfolgter – Buchungsakt dar, der ohne seine Genehmigung keine rechtlichen Wirkungen hat. Daher ist – wie der BGH durch den Terminus „Widerspruchsmöglichkeit" hervorhebt – der Widerspruch gegen eine Kontobelastung im Ergebnis nichts anderes als die in Nr. 11 Abs. 4 AGB-Banken geregelte Einwendung. Bis der Kunde die Kontobelastung akzeptiert – was zumeist stillschweigend geschieht – ist die Lastschrift durch ihn nicht eingelöst.

Im Einzugsermächtigungsverfahren versieht der Zahlungsempfänger die Lastschrift mit dem Aufdruck „Einzugsermächtigung des Zahlungspflichtigen liegt dem Zahlungsempfänger vor". Hier hat die Zahlstelle aufgrund des Lastschriftabkommens gegen die erste Inkassostelle einen Anspruch auf Rückvergütung, wenn der Kunde der Belastung **binnen sechs Wochen widerspricht**. Diese Lastschriften sind mit einem Vermerk der Zahlstelle zu versehen, aus dem der Widerspruch sowie der Belastungs- und Rückgabetag zu entnehmen sind. Die Zahlstelle ist nicht verpflichtet zu prüfen, ob der Widerspruch berechtigt ist. Nach Ablauf von sechs Wochen können – sofern der Kontoinhaber seiner unverzüglichen Prüfungs- und Rügepflicht nach Nr. 11 Abs. 4 AGB nachgekommen ist – nur noch unberechtigt eingereichte Lastschriften zurückgegeben werden, so daß insoweit die Berechtigung der Rückgabe zu prüfen ist (vgl. Abschnitt III Nr. 2, Satz 2 i. V. m. Abschnitt I Nr. 5 des Lastschriftabkommens).

Der Lastschriftverkehr wird heute nur noch beleglos abgewickelt. Kunden können Lastschriften auch auf Magnetband oder Diskette einreichen. Beleghaft eingereichte Lastschriften sind von der 1. Inkassostelle elektronisch im EZL-Verfahren auszuführen.

Bei Lastschriften prüft die 1. Inkassostelle, ob sie ordnungsgemäß ausgefüllt sind, wobei im Magnetband-Clearingverfahren besondere Richtlinien maßgeblich sind. Bei Einzugsermächtigungslastschriften steht es im Ermessen der 1. Inkassostelle, ob sie auch die tatsächliche Erteilung einer Einzugsermächtigung prüfen will. Nach Feststellung der formellen Ordnungsmäßigkeit schreibt die 1. Inkassostelle den Gegenwert der von ihr einzuziehenden Beträge dem Einreicher „E. v." gut.

Lastschriften sind nicht schon mit der technischen Buchung als eingelöst anzusehen, sondern erst dann, wenn die Zahlstelle ihren Einlösungswillen nach außen kundgetan hat. Darauf kommt es deswegen an, weil in der Praxis häufig Lastschriften zunächst einmal ohne Prüfung des Kontostands durchgebucht werden, da es einfacher ist, die Minderzahl der nicht einzulösenden Lastschriften nachträglich auszusortieren. In **Nr. 9 Abs. 2 AGB-Banken** heißt es hierzu: „Lastschriften und Schecks sind eingelöst, wenn die Belastungsbuchung nicht spätestens am zweiten Bankarbeitstag nach ihrer Vornahme rückgängig gemacht wird."

Mit der Einlösung der Lastschrift wird die Gutschrift auf dem Konto des Gläubigers endgültig. Als Zeitpunkt der Forderungserfüllung gilt bei Lastschriften also im Abbuchungs- und Einzugsermächtigungsverfahren gleichermaßen der Zeitpunkt der Einlösung der Lastschrift.

Das Lastschriftabkommen enthält ein Rückbelastungsrecht der Schuldnerbank, sofern ihr bei Widerspruch des Schuldners der Gegenwert der Lastschrift verlorengeht. Deshalb ist die Erfüllung beim Einzugsermächtigungsverfahren, bei dem ein Widerspruch noch möglich ist, zweckmäßig als auflösend bedingte Erfüllung zu bezeichnen.

### 2.4.3.3 Nichteinlösung von Lastschriften

Nach dem Lastschriftabkommen ist die **Rückgabe von Lastschriften** in folgenden Fällen zulässig (Abschnitt II Nr. 1):

- weil sie **unanbringlich** sind (zum Beispiel Konto erloschen)
- weil auf dem Konto des Zahlungspflichtigen **keine Deckung** vorhanden ist oder
- weil bei Abbuchungslastschriften der Zahlstelle **kein Abbuchungsauftrag** vorliegt

Falls keine beleglose Rückgabe erfolgt, sind nicht eingelöste Lastschriften mit dem Vermerk zu versehen:

„Vorgelegt am ........ und nicht bezahlt"

Name der Zahlstelle

Ort und Datum der Ausfertigung

Der Nichteinlösungsvermerk braucht nicht unterschrieben zu werden. Die Zahlstelle muß nach BGH den Lastschriftschuldner über die Nichteinlösung der Lastschrift **unverzüglich unterrichten;** die Nachricht ist spätestens gleichzeitig mit der Rückgabe der Lastschrift abzusenden.

Die **Rückgabe der Lastschriften** hat bis spätestens an dem auf den Tag des Eingangs folgenden Geschäftstag zu erfolgen. Die **Eilnachricht** ist spätestens an dem auf den Tag des Eingangs folgenden Geschäftstag bis spätestens 14.30 Uhr unmittelbar gegenüber der ersten Inkassostelle abzugeben. Vorgeschrieben sind Eilnachrichten erst ab 2.000 DM. Eine Eilnachricht muß auch dann abgegeben werden, wenn im Einzugsermächtigungsverfahren der Zahlungspflichtige einer Lastschriftbelastung widerspricht. Mit diesen kurzen Fristen wird erreicht, daß die erste Inkassostelle frühzeitig über die Nichteinlösung von Lastschriften unterrichtet wird, um entsprechende Kontodispositionen zu treffen, gegebenenfalls also Verfügungen des den Zahlungsempfängers verhindern zu können. Der dem Einreicher der Lastschrift unter Vorbehalt gutgeschriebene Betrag ist bis zur Einlösung von seiner Bank ohne weiteres zu stornieren.

Nach dem **Lastschriftabkommen** sind die Rückgabe- und Rückrechnungswege ausdrücklich freigestellt worden, das heißt die Rückgabe kann direkt an die erste Inkassostelle oder auf dem umgekehrten Inkassoweg erfolgen. Damit soll erreicht werden, daß die Rückgabe nicht unnötig verzögert wird. Rücklastschriften sind beleglos zurückzugeben. Lediglich im Falle einer Zinsausgleichsrechnung ist ein Rückrechnungsbeleg zulässig. Die Zahlstelle kann ein Rücklastschriftentgelt von höchstens 7,50 DM berechnen. Bei Beträgen über 10.000 DM besteht bei Wertstellungsvorkosten von über 30 DM ein Anspruch auf Zinsausgleich (Diskontsatz der Bundesbank). Die erste Inkassostelle ist – auch bei Verletzung des Abkommens und unbeschadet etwaiger Schadenersatzansprüche – verpflichtet, nicht eingelöste beziehungsweise wegen Widerspruchs des Zahlungspflichtigen zurückgegebene Lastschriften, die mit dem Vorlegungs- beziehungsweise Widerspruchsvermerk versehen sind, zurückzunehmen und wieder zu vergüten. Wegen der Rücknahmeverpflichtung für unbezahlte Lastschriften und der Schadenshaftung für unberechtigt ausgestellte Lastschriften sind die Inkassostellen bestrebt, nur von Kunden unzweifelhafter Bonität Lastschriften zum Einzug entgegenzunehmen und mit diesen eine schriftliche Vereinbarung zu treffen. Die Spitzenverbände des Kreditgewerbes haben einen Mustertext für eine Vereinbarung über den Einzug von Forderungen mittels Lastschriften formuliert, und zwar sowohl für das Einzugsermächtigungsverfahren als auch für die Abbuchungslastschriften.

## 2.4.4 Wechsel

**DEFINITION**

Der gezogene Wechsel ist eine Urkunde, die die unbedingte Anweisung des Ausstellers (Gläubiger) an den Bezogenen (Schuldner) enthält, eine bestimmte Geldsumme bei Fälligkeit an die im Wechsel genannte Person oder deren Order zu zahlen. Die Urkunde muß im Text als Wechsel bezeichnet sein und gilt kraft Gesetzes als geborenes Orderpapier und abstraktes Forderungspapier. Der Wechsel wird mittels Indossament übertragen.

Der gezogene Wechsel ist eine Zahlungsanweisung. Akzeptiert der Bezogene den Wechsel, tritt zu der Zahlungsanweisung ein unbedingtes, abstraktes Zahlungsversprechen. Der Wechsel ist ein Wertpapier, das eine selbständige Zahlungsverpflichtung enthält. Alle im Wechsel verkörperten Rechte können nur von demjenigen geltend gemacht werden, der sein Eigentumsrecht am Papier nachweist. (**„Dem Recht am Papier folgt das Recht aus dem Papier."**)

Der Wechsel unterliegt der Wechselstrenge. Jeder, der seinen Namen auf einen Wechsel setzt, haftet für dessen Annahme und Einlösung. Der Wechselprozeß ermöglicht eine rasche Durchsetzung der Wechselforderung.

Ein Wechsel entsteht häufig aufgrund eines Handelsgeschäfts. Der Aussteller des Wechsels hat dem Bezogenen Ware geliefert und zieht in Höhe seiner Forderung einen Wechsel (Tratte) auf den Bezogenen. Der Bezogene (Akzeptant) nimmt den Wechsel an, akzeptiert ihn und schickt das Akzept zurück. Statt an sich selbst, kann der Aussteller die Übersendung an einen Dritten – zum Beispiel seinen Gläubiger – verfügen. Das Akzept wird in diesem Falle an den Dritten „zurück"-geschickt (Wechselnehmer oder Remittent). Beim gezogenen Wechsel können also drei Personen eingeschaltet sein. Aussteller und Remittent können aber auch identisch sein.

Voraussetzung für die Teilnahme am Wechselverkehr ist die Wechselfähigkeit (Wechselrechts- und -geschäftsfähigkeit). Wechselrechtsfähig sind natürliche und juristische Personen sowie Personenhandelsgesellschaften. Wechselgeschäftsfähig sind natürliche Personen, die vollgeschäftsfähig sind, und juristische Personen.

### 2.4.4.1  Formen und Arten des Wechsels

Das Wechselgesetz kennt zwei Grundformen des Wechsels: den **„gezogenen Wechsel"** und den **„eigenen Wechsel"**.

**Gezogener Wechsel**

Der gezogene Wechsel enthält nach Art. 1 Wechselgesetz folgende **acht gesetzlichen Bestandteile:**

1. **die Bezeichnung als Wechsel im Text der Urkunde, und zwar in der Sprache, in der sie ausgestellt ist;** zum Beispiel „Bill of Exchange", „Lettre de Change";
2. **die unbedingte Anweisung, eine bestimmte Geldsumme zu zahlen.**
   Ist die Wechselsumme in Buchstaben und in Ziffern angegeben, so gilt bei Abweichungen die in Buchstaben angegebene Summe. Bei Sicht- und Nachsichtwechseln (siehe unten) kann der Aussteller bestimmen, daß die Wechselsumme vom Tag der Ausstellung oder einem anderen benannten Tag an zu verzinsen ist; der Zinsfuß ist dann im Wechsel anzugeben (Art. 5 WG). Lautet der Wechsel auf

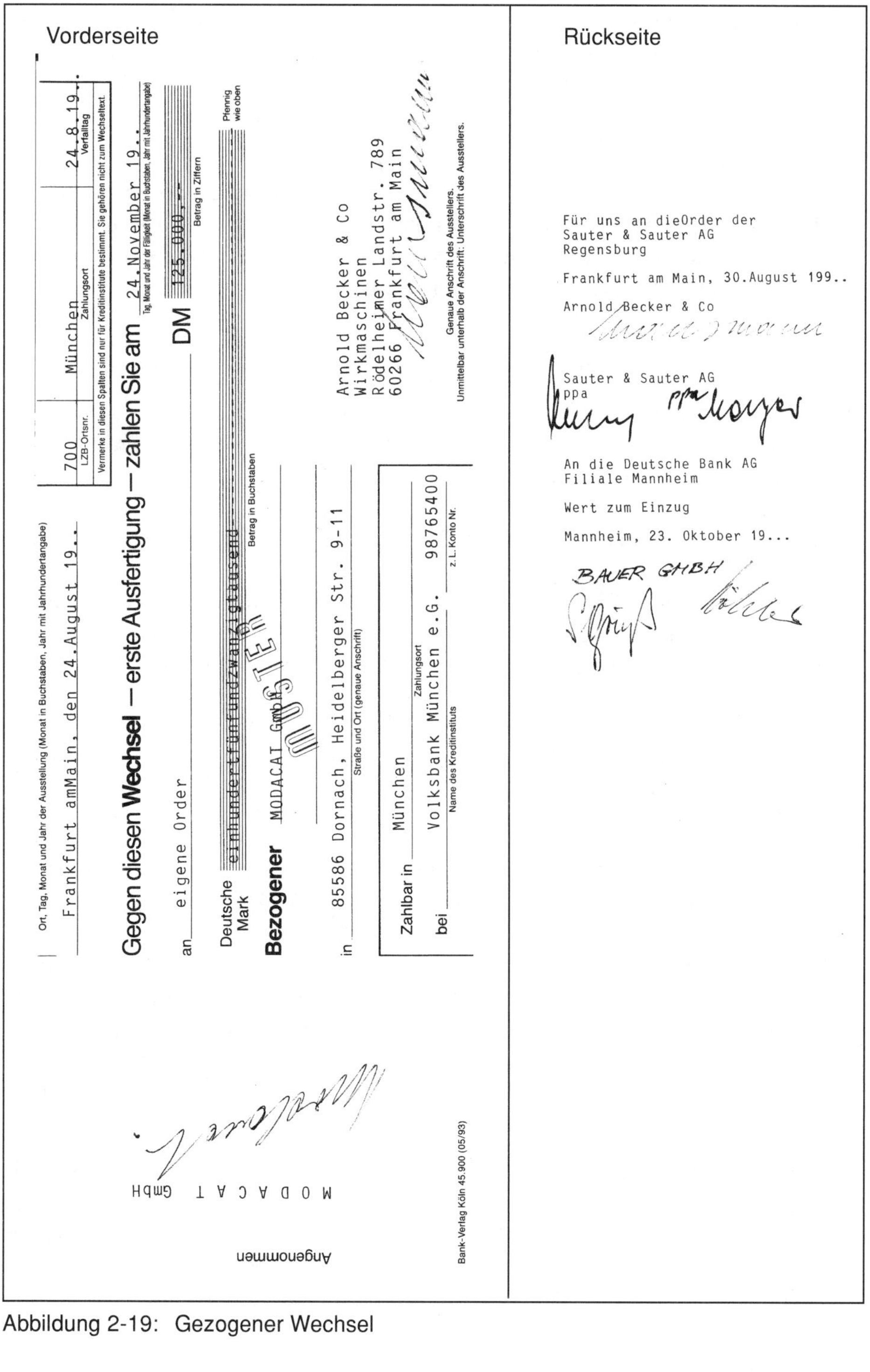

Die Bankdienstleistungen rund um den Zahlungsverkehr

**Vorderseite**

Ort, Tag, Monat und Jahr der Ausstellung (Monat in Buchstaben, Jahr mit Jahrhundertangabe)
Frankfurt am Main, den 24. August 19...

**Gegen diesen Wechsel** – erste Ausfertigung – zahlen Sie am 24. November 19...
Tag, Monat und Jahr der Fälligkeit (Monat in Buchstaben, Jahr mit Jahrhundertangabe)

an eigene Order

DM 125.000,--
Betrag in Ziffern

einhundertfünfundzwanzigtausend
Betrag in Buchstaben

**Bezogener** MODACAT GmbH

85586 Dornach, Heidelberger Str. 9-11
Straße und Ort (genaue Anschrift)

Zahlbar in München
Zahlungsort

bei Volksbank München e.G. 98765400
Name des Kreditinstituts    z.L. Konto Nr.

24.8.19..
Verfalltag

München
Zahlungsort

700
LZB-Ortsnr.

Vermerke in diesen Spalten sind nur für Kreditinstitute bestimmt. Sie gehören nicht zum Wechseltext.

Pfennig wie oben

Arnold Becker & Co
Wirkmaschinen
Rödelheimer Landstr. 789
60266 Frankfurt am Main

Genaue Anschrift des Ausstellers.
Unmittelbar unterhalb der Anschrift: Unterschrift des Ausstellers.

Angenommen

MODACAT GmbH

Bank-Verlag Köln 45.900 (05/93)

**Rückseite**

Für uns an die Order der
Sauter & Sauter AG
Regensburg

Frankfurt am Main, 30. August 199..

Arnold Becker & Co

Sauter & Sauter AG
ppa

An die Deutsche Bank AG
Filiale Mannheim

Wert zum Einzug

Mannheim, 23. Oktober 19...

BAUER GMBH

Abbildung 2-19:  Gezogener Wechsel

eine fremde Währung, so kann die Wechselsumme in der betreffenden Landeswährung nach dem Wert gezahlt werden, den sie am Verfalltag besitzt, es sei denn, daß der Aussteller die Zahlung in einer bestimmten Währung durch den Vermerk „effektiv" hinter der Wechselsumme vorgeschrieben hat (Art. 41 WG);

3. **den Namen dessen, der zahlen soll (Bezogener** oder Trassat).
   Hat der Bezogene die Zahlungsverpflichtung durch seine Unterschrift auf dem Wechsel angenommen (akzeptiert), wird er Akzeptant genannt. Gibt der Aussteller sich selbst als Bezogener an, so spricht man von einem **trassiert-eigenen** Wechsel. Fehlt die Angabe eines Bezogenen, ist der Wechsel nichtig;

4. **die Angabe der Verfallzeit**.
   Nach Art. 33 WG sind folgende vier Arten von Verfallzeiten zu unterscheiden:
   - der **Tagwechsel** ist an einem bestimmten Kalendertag fällig,
   - der **Datowechsel** ist eine bestimmte Zeit nach dem Tag der Ausstellung fällig (zum Beispiel „3 Monate dato"),
   - der **Sichtwechsel** ist bei Sicht, das heißt im Zeitpunkt der Vorlegung, fällig,
   - der **Nachsichtwechsel** ist eine bestimmte Zeit nach Sicht, also nach Vorlegung fällig
     (zum Beispiel „14 Tage nach Sicht"), das Akzept ist daher zu datieren. Sicht- und Nachsichtwechsel müssen innerhalb eines Jahres zur Einlösung vorgelegt werden, falls der Aussteller nicht eine kürzere Frist vorschreibt.
   
   Ein Wechsel ohne Angabe der Verfallzeit gilt als Sichtwechsel.
   
   Ist der Verfalltag des Wechsels ein Sonntag, ein Sonnabend oder ein gesetzlicher Feiertag, so gilt als **Zahlungstag** der nächste Werktag (Art. 72 WG);

5. **die Angabe des Zahlungsortes**.
   Wechselschulden sind Holschulden, das heißt der Wechsel muß bei Fälligkeit grundsätzlich beim Bezogenen eingezogen werden. Er kann aber auch bei einem Dritten (zum Beispiel einem Kreditinstitut) oder an einem anderen Ort zahlbar gestellt werden. Es ist daher zu unterscheiden zwischen dem Zahlstellenwechsel, der bei einem Dritten einzulösen ist, und dem **Domizilwechsel**, bei dem der Zahlungsort nicht mit dem Wohnort des Bezogenen identisch ist. Fehlt die Angabe eines Zahlungsortes, so gilt der bei dem Namen des Bezogenen angegebene Ort als Zahlungsort. Fehlt auch dort eine Ortsangabe, ist der Wechsel nichtig;

6. **den Namen dessen, an den oder an dessen Order gezahlt werden soll** (Wechselnehmer, Remittent).
   Der Aussteller hat die Möglichkeit, den Wechsel zu seinen Gunsten auszustellen („eigene Order"), oder im Wechsel einen Wechselnehmer einzusetzen („fremde Order").

Hat der Aussteller in den Wechsel die Worte „nicht an Order" oder einen gleichbedeutenden Vermerk aufgenommen, so kann der Wechsel nur noch in Form einer Abtretung (Zession) übertragen werden (**Rektawechsel**);

7. **die Angabe des Ausstellungstages und -ortes.**
Ein Wechsel ohne Angabe des Ausstellungsortes gilt als ausgestellt an dem Orte, der bei dem Namen des Ausstellers angegeben ist. Fehlt er auch dort, gilt die Urkunde nicht als gezogener Wechsel. Beim Fehlen des Ausstellungstages liegt ebenfalls kein Wechsel vor. Die Monatsangaben sind – nach den Geschäftsbedingungen der Bundesbank – auszuschreiben;

8. **die Unterschrift des Ausstellers** (Trassanten).
Mit seiner Unterschrift haftet der Aussteller für die Annahme und die Zahlung des Wechsels (Art. 9 Abs. 1 WG). Durch die sogenannte **Angstklausel** („ohne Gewähr" oder „ohne Obligo") kann er nur seine Haftung für die Annahme ausschließen, nicht jedoch für die Zahlung des Wechsels (Art. 9 Abs. 2 WG).

Der Ausschluß der Haftung für die Annahme bewirkt, daß der Aussteller von den Indossanten wegen verweigerter Annahme nicht in Anspruch genommen werden kann, das gilt insbesondere im Falle des Protests wegen Annahmeverweigerung. Seine Haftung für die Annahme des Wechsels durch den Bezogenen kann der Aussteller aber auch durch die Aufnahme eines Vorlegungsverbotes in den Wechsel ausschließen.

Trägt ein Wechsel Unterschriften von Personen, die eine Wechselverbindlichkeit nicht eingehen können, gefälschte Unterschriften, Unterschriften erdichteter Personen oder Unterschriften, die aus irgendeinem Grund keine Verbindlichkeit begründen, so hat dies auf die Gültigkeit der übrigen Unterschriften keinen Einfluß (Art. 7 WG). Wer auf einen Wechsel seine Unterschrift als Vertreter eines anderen setzt, ohne hierzu ermächtigt zu sein, haftet selbst wechselmäßig. Das gleiche gilt von einem Vertreter, der seine Vertretungsbefugnis überschritten hat (Art. 8 WG).

Ein gezogener aber nicht akzeptierter Wechsel wird auch als „**Tratte**" bezeichnet, während ein angenommener (akzeptierter) Wechsel kurz „**Akzept**" genannt wird.

**Eigener Wechsel (Solawechsel)**

Im Gegensatz zum gezogenen Wechsel enthält der eigene Wechsel das **Versprechen des Ausstellers**, an den genannten Wechselnehmer oder an dessen Order zu einem genau festgelegten Termin eine bestimmte Geldsumme zu zahlen. Hinsichtlich der gesetzlichen Wechselbestandteile unterscheidet sich der Solawechsel vom gezogenen Wechsel dadurch, daß die Angabe eines Bezogenen entfällt und in der Urkunde keine Anweisung, sondern ein unbedingtes Zahlungsversprechen gegeben wird (vgl. Art.

75 WG). Die Form des Eigenwechsels ist in Deutschland verhältnismäßig selten. Er kommt vor als Depotwechsel und ersetzt hier den Schuldschein.

Die gleiche Wirkung wie mit einem Solawechsel kann mit einem gezogenen Wechsel erzielt werden, wenn dieser auf den Aussteller selbst gezogen wird (trassiert-eigener Wechsel). Trassiert-eigene Wechsel kommen hauptsächlich als Ziehungen der Hauptniederlassungen auf ihre Zweigniederlassungen vor und werden dann auch als **Kommanditwechsel** bezeichnet.

Das Wechselgesetz schreibt eine bestimmte Form des Wechsels oder gar einen bestimmten Wechselvordruck nicht zwingend vor. Dennoch werden im allgemeinen nur genormte Wechselvordrucke verwendet, um den auf äußeren Mängeln beruhenden Schwierigkeiten im Wechselverkehr zu begegnen und eine rationellere Bearbeitung zu ermöglichen. Außerdem schreibt die Bundesbank für ihr einzureichenden Wechsel ein bestimmtes Formular (**Normblatt DIN 5004**) vor.

Im Laufe der Zeit hat es sich als zweckmäßig erwiesen, neben den gesetzlichen Bestandteilen weitere **kaufmännische Bestandteile** im Wechseltext aufzunehmen, die den Wechselverkehr erleichtern sollen. Das Normblatt DIN 5004 enthält folgende kaufmännische Vermerke:

1. die **Wiederholung des Verfalltages und des Zahlungsortes** in der rechten oberen Ecke des Wechsels,

2. die **Angabe der Ortsnummer** des Zahlungsortes am oberen Rand des Wechsels neben dem Zahlungsort,

3. die **Duplikatklausel** „Erste Ausfertigung", „Zweite Ausfertigung" usw. im Wechseltext, die dann erforderlich ist, wenn mehrere Ausfertigungen eines Wechsels vorhanden sind,

4. die **Wiederholung der Wechselsumme** in Ziffern,

5. die **Anschrift des Ausstellers,** um Notifikation (= Benachrichtigung bei Protest) und Regreß zu erleichtern,

6. den **Domizil- oder Zahlstellenvermerk,** der angibt, an welchem Ort oder bei welcher Bank der Wechsel zur Zahlung vorgelegt werden soll. Wechsel ohne Zahlstellen- oder Domizilvermerk verursachen beim Einzug höhere Kosten. Für einen LZB-Rediskont muß der Wechsel bei einer Bank an einem Bankplatz zahlbar gestellt sein,

7. die **Wechselkopiernummer,** welche die Banken bei der Hereinnahme zu Kontrollzwecken anbringen.

In der **kaufmännischen Praxis** hat sich eine Reihe von Begriffen herausgebildet, die ganz bestimmte Arten von Wechseln charakterisieren. Hier eine Übersicht:

1. **Warenwechsel oder Handelswechsel:**
   Wechsel, die der Finanzierung eines Waren- oder Dienstleistungsgeschäfts dienen.

2. **Umkehrwechsel** (Scheck-Wechsel-Verfahren):
   In zunehmendem Maße erlangt die Finanzierung über Scheck-Wechsel-Deckung, nicht zuletzt wegen der günstigen Finanzierungskosten, immer stärkere Bedeutung. Um die vom Lieferanten angebotene Skonto-Inanspruchnahme zur Verbilligung des Kaufpreises nutzen zu können, übersendet der Abnehmer jenem am Fälligkeitstage einen Scheck zum Ausgleich der Warenforderung. Zusammen mit dem Scheck überreicht der Abnehmer einen bereits akzeptierten Wechsel, den der Lieferant mit der Ausstellerunterschrift versieht und an den Abnehmer zurückschickt. Der Lieferant reicht den Scheck zur Gutschrift auf sein Konto bei seiner Bank ein, der Abnehmer läßt den Wechsel diskontieren und beschafft sich damit das zur Einlösung des Schecks erforderliche Guthaben, oder er behält den Wechsel – wenn es seine Liquiditätslage erlaubt – im eigenen Portefeuille. Am Fälligkeitstage wird der Wechsel vom Bezogenen eingelöst.

3. **Finanzwechsel:**
   Wechsel, die der Geldbeschaffung dienen und denen kein Waren- oder Dienstleistungsgeschäft zugrunde liegt.

4. **Bankakzept:**
   von Kreditinstituten akzeptierter Wechsel.

5. **Privatdiskonten:**
   Bankakzept, die auf dem Privatdiskontmarkt gehandelt werden.

6. **Debitorenziehungen:**
   von Banken auf Kreditnehmer gezogene Wechsel.

7. **Mobilisierungstratten** beziehungsweise Mobilisierungswechsel:
   Debitorenziehungen, die den Zweck haben, der Bank eine Refinanzierung zu ermöglichen.

8. **Depotwechsel** oder Kautionswechsel:
   Akzepte von Schuldnern (Kreditnehmern), die von der Bank als Wechselnehmer zum Zwecke der Sicherstellung ihrer Forderungen in Verwahrung genommen werden und nicht zum Umlauf bestimmt sind; derartige Wechsel geben der Bank die Möglichkeit, ihre Ansprüche im Wechselprozeß rasch durchzusetzen. Depotwechsel haben auch häufig die Form eines Solawechsels und tragen in vielen Fällen eine Rektaklausel.

9. **Gefälligkeitswechsel:**
   Finanzwechsel, die aus Gefälligkeit akzeptiert wurden und nicht dem Akzeptanten, sondern dem Aussteller zur Geldbeschaffung dienen; der Bezogene geht davon aus, daß der Wechsel am Fälligkeitstage nicht von ihm eingelöst zu werden braucht, sondern daß die Einlösung durch den Wechselaussteller erfolgt.

### 2.4.4.2 Wirtschaftliche Funktionen des Wechsels

**Zahlungsmittelfunktion:** Sie steht historisch gesehen an erster Stelle. Allerdings tritt sie gegenüber den anderen wirtschaftlichen Funktionen in ihrer Bedeutung erheblich zurück. Die Zahlung mit Wechsel erfolgt nur erfüllungshalber (§ 364 Abs. 2 BGB). Das Schuldverhältnis bleibt bei Übergabe des Akzepts an den Aussteller bestehen, es erlischt erst mit Einlösung des Wechsels durch den Bezogenen.

**Kreditfunktion:** Sie ist heute die **wichtigste Funktion** im Wirtschaftsleben. Eine Kreditgewährung ergibt sich daraus, daß durch das Akzept die effektive Zahlung des Bezogenen um die Laufzeit des Wechsels hinausgeschoben wird. Der Kunde akzeptiert einen Wechsel des Lieferanten (Ausstellers), den er erst bei Fälligkeit einzulösen braucht, so daß er ihn oft bereits mit dem Erlös aus dem Warenverkauf abdecken kann. Weitere Kreditbeziehungen entstehen, wenn der Wechselnehmer den Wechsel weitergibt. Das wichtigste Beispiel hierfür bildet der **Diskontkredit** der Banken, der nicht dem Hauptschuldner (Akzeptanten), sondern dem Einreicher (Remittent oder Indossatar) eingeräumt wird. Ein Kreditverhältnis besonderer Art wird bei **Akzeptkrediten** hergestellt. In diesem Fall erfolgt die Kreditgewährung an den Akzeptanten.

**Refinanzierungsfunktion:** Der Wechsel als Kreditmittel basiert zu einem großen Teil darauf, daß sich die Unternehmen mit Hilfe von Abschnitten erster Bonität fast jederzeit refinanzieren können. Die Refinanzierungsfunktion der Wechsel beruht auf ihrer **Eignung für die Diskontierung oder Lombardierung** durch Kreditinstitute. Für die Banken besteht ihrerseits wieder die Möglichkeit, bestimmte Wechsel zum Rediskont bei der Bundesbank einzureichen.

**Sicherungsfunktion:** Sie steht im Zusammenhang mit den beiden letzterwähnten Funktionen. Die Sicherheit im Wechselgeschäft beruht auf der **wechselrechtlichen Strenge,** nämlich der Bindung an feste Formen und Regeln und insbesondere der Loslösung von dem zugrundeliegenden Rechtsgeschäft (Kausalgeschäft). Mit jeder Weitergabe verbessert sich die Sicherheit des Wechsels, da jeder Indossant die Haftung für die Einlösung des Wechsels übernimmt.

**Geldanlagefunktion:** Sie ist eine Ergänzung zur Refinanzierungsfunktion. Dadurch, daß gute Wechsel jederzeit zur Refinanzierung verwendet werden können und sie außerdem nicht unerhebliche Erträge in Form des Wechseldiskonts erbringen, stellen sie eine geeignete kurzfristige Anlage vorübergehend freier Geldmittel dar. Besondere Bedeutung hat die Geldanlagefunktion des Wechsels für Kreditinstitute, seltener auch für Unternehmen.

**Währungspolitische Funktion:** Bereits zu Beginn des 19. Jahrhunderts wurde die Bedeutung des Wechsels für die Währungspolitik erkannt. Die Vertreter der ,,Banking-Theorie" waren der Ansicht, daß eine elastische Anpassung des Zahlungsmittelumlaufs an die Bedürfnisse der Wirtschaft am besten durch eine **Notenausgabe aufgrund eingereichter Handelswechsel** gewährleistet würde. Die währungspolitische Funktion des Wechsels wurde darin erblickt, daß durch den automatischen Rückfluß des Wechselkredits eine Regulierung des Notenumlaufs entsprechend der Entwicklung des Handelsvolumens zu erwarten sei.

Im Rahmen der **Währungspolitik der Bundesbank** spielt der Wechsel heute noch eine wichtige Rolle. Mit der Erleichterung oder Erschwerung der Refinanzierung durch Wechsel und der Anlage von flüssigen Mitteln in Wechsel soll die Gewährung von Wechselkrediten beeinflußt werden. Als Instrumente hierzu dienen der Diskontsatz und die Rediskontkontingente sowie die Festlegung der qualitativen Anforderungen an das von ihr zu diskontierende Wechselmaterial.

### 2.4.4.3 Annahme, Übertragung und Einlösung des Wechsels

Der gezogene Wechsel ist auf die **Annahme durch den Bezogenen** gerichtet. Mit der Annahme des Wechsels verpflichtet sich der Bezogene, die Wechselsumme zu zahlen (Zahlungsversprechen): Der Bezogene wird Hauptschuldner aus dem Wechsel und die Tratte wird zum Akzept (vgl. Art. 28 WG). Die Annahmeerklärung wird durch das Wort „**angenommen**" oder durch ein gleichbedeutendes Wort auf den Wechsel gesetzt und ist vom Bezogenen **handschriftlich** zu unterschreiben; auch die bloße Unterschrift auf der Vorderseite gilt als Annahme (Art. 25 Abs. 1 WG).

Die Annahme muß unbedingt sein, der Bezogene kann sie allerdings auf einen Teil der Wechselsumme beschränken (Teilakzept). Bei Nachsichtwechseln ist das Akzept zu datieren, ebenso bei Wechseln, die dem Bezogenen innerhalb einer bestimmten Frist zur Annahme vorzulegen sind (**Vorlagegebot**).

Ein Zwang zur Annahme besteht nicht; ein diesbezüglicher Anspruch ergibt sich jedoch im allgemeinen aus dem Grundgeschäft (Kausalverhältnis). Die Verweigerung der Annahme muß von einem Notar oder einem Gerichtsbeamten durch eine öffentliche Urkunde festgestellt werden (**Protest mangels Annahme**) und führt zum Rückgriff.

Jeder Wechselinhaber ist berechtigt, den Wechsel bis zum Verfall dem Bezogenen an seinem Wohnort zur Annahme vorzulegen, es sei denn, daß der Aussteller eine besondere Weisung erteilt hat. Der Aussteller kann mit oder ohne Bestimmung einer Frist vorschreiben, daß der Wechsel zur Annahme vorgelegt werden muß (zum Beispiel durch den Vermerk „zur Annahme" oder „vorzulegen bis zum ..."). Er kann auch vorschreiben, daß der Wechsel nicht vor einem bestimmten Tag zur Annahme vorgelegt werden darf (**Vorlagegebot**). Schließlich kann der Aussteller im Wechsel die Vorlegung zur Annahme durch den Vermerk „nicht zur Annahme" untersagen (**Vorlageverbot**). Das Vorlageverbot ist unzulässig bei Domizil-, Zahlstellen- und Nachsichtwechseln.

Ein **Blankoakzept** ist die Annahmeerklärung auf einem leeren Wechselformular, das später vom Aussteller oder einem Indossanten ausgefüllt wird. Der Akzeptant haftet dem gutgläubigen Erwerber eines solchen Wechsels gegenüber für den ausgefüllten Betrag, auch wenn dieser höher als vereinbart sein sollte. Eine **Bürgschaftsannahme** (**Avalakzept**) liegt vor, wenn sich für den Bezogenen noch eine andere Person verbürgt.

Der Inhaber des Wechsels kann ihn als Zahlungsmittel an seinen Gläubiger weiterreichen, falls dieser damit einverstanden ist. Die Weitergabe erfolgt durch eine Übertragungserklärung auf der Rückseite („**Indossament**" oder „**Giro**"). Der Übertragende ist der Indossant, der Empfänger der Indossatar. Das Indossament kommt in **zwei Grundformen** vor:

- als **Vollindossament**, das zum Beispiel folgenden Wortlaut hat:

> Für uns an die Order der Kreditbank Kassel
> Kassel, den 8.3.1995
> Bernhard Schmidt (Unterschrift)

- als **Blankoindossament,** das lediglich aus der Unterschrift des Indossanten besteht

Während also beim Vollindossament der Begünstigte als solcher bezeichnet wird, hat der spätere Inhaber eines blanko-indossierten Wechsels die Möglichkeit,

- das Blankoindossament durch Einsetzen seines Namens in ein Vollindossament umzuwandeln oder

- den Wechsel im Wege der **Blankotradition durch einfache Übergabe** an einen Dritten zu übertragen und sich damit jeder wechselrechtlichen Verpflichtung zu entziehen; das Papier ist praktisch – nicht rechtlich – zu einem Inhaberpapier geworden

Mit Ausnahme des Rektawechsels kann jeder Wechsel durch Indossament übertragen werden, auch wenn er nicht ausdrücklich an Order lautet (geborenes Orderpapier). Das Indossament muß unbedingt sein, Teilindossamente sind nichtig; ein Indossament an den Inhaber gilt als Blankoindossament (Art. 12 WG).

Das **Indossament** hat **drei Funktionen:**

- **Übertragungs- oder Transportfunktion:** Das Indossament überträgt alle Wechselrechte auf einen Dritten (Art. 14 WG).

- **Haftungs- oder Garantiefunktion:** Der Indossant haftet – sofern ein entgegenstehender Vermerk nicht vorhanden ist (Angstindossament) – für die Annahme und die Zahlung des Wechsels (Art. 15 WG).

- **Ausweis- oder Legitimationsfunktion:** Wer einen Wechsel in Händen hält, gilt als rechtmäßiger Inhaber, sofern er sein Recht durch eine ununterbrochene Reihe von Indossamenten – unter denen sich auch Blankoindossamente befinden können – nachweist (Art. 16 WG).

Durch Zusätze können die Wirkungen des Indossaments eingeschränkt oder erweitert werden:

**Inkassoindossament** (Prokura- oder Vollmachtsindossament): Durch den Vermerk **„Wert zur Einziehung"** oder **„zum Inkasso"** oder **„in Prokura"** wird der Indossatar nicht Eigentümer des Wechsels, sondern ist lediglich zum Einzug des Wechsels bevollmächtigt.

Rechtlich sind die weiteren Formen eines Indossaments möglich, sie sind aber praktisch ohne Bedeutung.

**Pfandindossament:** Durch den Vermerk **„Wert zur Sicherheit"** oder **„Wert zum Pfand"**, wird der Indossatar gleichfalls nicht Eigentümer, sondern er erhält nur ein **Verwertungsrecht**, wenn der Indossant seine Schulden nicht tilgt.

**Angstindossament:** Durch den Zusatz **„ohne Gewähr"**, **„ohne Obligo"** oder einen gleichbedeutenden Vermerk kann der Indossant seine Haftung den Nachmännern gegenüber ganz oder teilweise ausschließen. Die Bonität des Wechsels wird hierdurch erheblich herabgesetzt.

**Nachindossament:** Ein Indossament nach Verfall hat dieselben Wirkungen wie ein Indossament vor Verfall. Ist jedoch der Wechsel erst nach Erhebung des Protests mangels Zahlung oder nach Ablauf der hierfür bestimmten Frist indossiert worden, so hat das Indossament nur die Wirkung einer gewöhnlichen Abtretung.

**Rektaindossament:** Der Indossant kann untersagen, daß der Wechsel mittels Indossament weitergegeben wird; in diesem Falle kann der Wechsel zwar noch weiter indossiert werden – anders als bei einer Rektaklausel im Wechseltext –, der Indossant beschränkt jedoch seine Haftung auf den Indossatar.

Der Wechsel ist am **Zahlungstag oder an einem der beiden folgenden Werktage** zur Zahlung vorzulegen (Art. 38 Abs. 1 WG). Der Zahlungstag bezeichnet den Tag, an dem die Zahlung des Wechsels verlangt werden kann und fällt regelmäßig mit dem Verfalltag zusammen. Verfällt der Wechsel jedoch an einem Sonntag, Sonnabend oder einem gesetzlichen Feiertag, so ist der Bezogene erst am nächsten Werktag oder an einem der beiden folgenden Werktage zur Einlösung des Wechsels aufzufordern (Art. 72 WG). Mit dem **Versäumen der Vorlegungsfrist** verliert der Inhaber seine wechselrechtlichen Rückgriffsansprüche gegenüber den Indossanten, dem Aussteller und anderen Wechselverpflichteten (zum Beispiel Bürgen). Die **Ansprüche gegen den Bezogenen** bleiben bestehen.

Die Vorlage muß beim Bezogenen oder bei der auf dem Wechsel genannten Zahl- oder Domizilstelle erfolgen. Die Einlieferung des Wechsels in eine Abrechnungsstelle einer LZB steht der Vorlegung zur Zahlung gleich.

**Gläubiger des Wechselanspruchs** ist der Wechseleigentümer. Zum Nachweis seiner Rechte genügt der Besitz des an ihn indossierten Wechsels (Legitimationsfunktion des Indossaments). Der **Bezogene** hat deshalb **vor der Zahlung zu prüfen:**

- die formale **Ordnungsmäßigkeit des Wechsels** sowie die **Lückenlosigkeit der Indossamente**
- die **Identität des Vorlegers** mit dem durch das letzte Indossament bezeichneten Indossatar

Wer bei Verfall zahlt, wird von seiner Verbindlichkeit befreit. Die Zahlung an einen Nichtberechtigten erfolgt nur dann mit befreiender Wirkung, wenn der Zahlende nicht arglistig oder gar grob fahrlässig handelt (zum Beispiel bei einer Verletzung der Prüfungspflicht oder bei der Zahlung an einen Nichtberechtigten, der dem Zahlenden als solcher bekannt ist).

Gegen Zahlung kann der Bezogene die Aushändigung des quittierten Wechsels verlangen. Eine **Teilzahlung** darf der Inhaber nicht zurückweisen; sie ist auf Verlangen des Bezogenen auf dem Wechsel zu vermerken und dem Bezogenen zu quittieren.

Die **Wechselbürgschaft** (Aval) dient als zusätzliche Sicherheit für die Zahlung der Wechselsumme und stellt eine **abstrakte Verpflichtung** dar. Die Bürgschaftserklärung wird auf den Wechsel oder auf einen Anhang gesetzt und durch die Worte ,,als Bürge" oder ,,per Aval" ausgedrückt. Sie ist vom Wechselbürgen zu unterschreiben. In der Bürgschaftserklärung soll angegeben werden, für wen die Bürgschaft geleistet wird; mangels einer solchen Angabe gilt sie für den Aussteller. Der Wechselbürge haftet – anders als bei der bürgerlich-rechtlichen Bürgschaft – in der gleichen Weise wie der Hauptschuldner, das heißt die Einrede der Vorausklage steht ihm nicht zu (selbst- schuldnerische Bürgschaft). Der Wechselbürge, der den Wechsel einlöst, erwirbt alle Rechte aus dem Wechsel gegen den, für den er sich verbürgt hat, und gegen alle, die diesem wechselmäßig haften.

Der **Ehreneintritt** – entweder Ehrenannahme oder Ehrenzahlung – erfolgt bei ,,notleidenden" Wechseln zugunsten eines bestimmten Rückgriffschuldners, um diesen vor den Folgen des Rückgriffs zu bewahren.

### 2.4.4.4 Nichteinlösung und Protest

Wird der Wechsel vom Bezogenen nicht eingelöst oder ist mit der Einlösung des Wechsels nicht mehr zu rechnen, so kann der Inhaber gegen seine Vormänner (Indossanten, Aussteller, Wechselbürgen) Rückgriff nehmen. Es sind **drei Arten des Rückgriffs** zu unterscheiden:

- **Rückgriff mangels Annahme:** Verweigert der Bezogene die Annahme, wird Protest mangels Annahme erhoben. Der Wechselinhaber kann daraufhin vor dem Verfalltag von seinem Rückgriffsrecht gegenüber Aussteller und Indossanten Gebrauch machen.

- **Rückgriff mangels Sicherheit:** Er ist vor Verfall möglich, wenn über das Vermögen des Bezogenen der Konkurs oder das gerichtliche Vergleichsverfahren eröffnet worden ist, der Bezogene seine Zahlungen eingestellt hat oder die Zwangsvollstreckung in sein Vermögen fruchtlos verlaufen ist; ferner ist der Rückgriff vor Verfall möglich, wenn über das Vermögen des Ausstellers eines Wechsels, dessen Vorlegung zur Annahme untersagt ist, der Konkurs oder das gerichtliche Vergleichsverfahren eröffnet worden ist.

- **Rückgriff mangels Zahlung:** Löst der Bezogene den Wechsel nicht ein, läßt der Wechselinhaber Protest mangels Zahlung erheben.

Der **Protest** ist eine öffentliche Urkunde, die beweist, daß vom Bezogenen die Zahlung nicht oder nur zum Teil zu erlangen war und daß der Wechsel ferner innerhalb der gesetzlich vorgesehenen Frist zur Zahlung vorgelegt wurde. Der Protest mangels Zahlung ist – wie der Protest mangels Annahme – **Voraussetzung für die Geltendmachung** von Rückgriffsansprüchen durch den Inhaber.

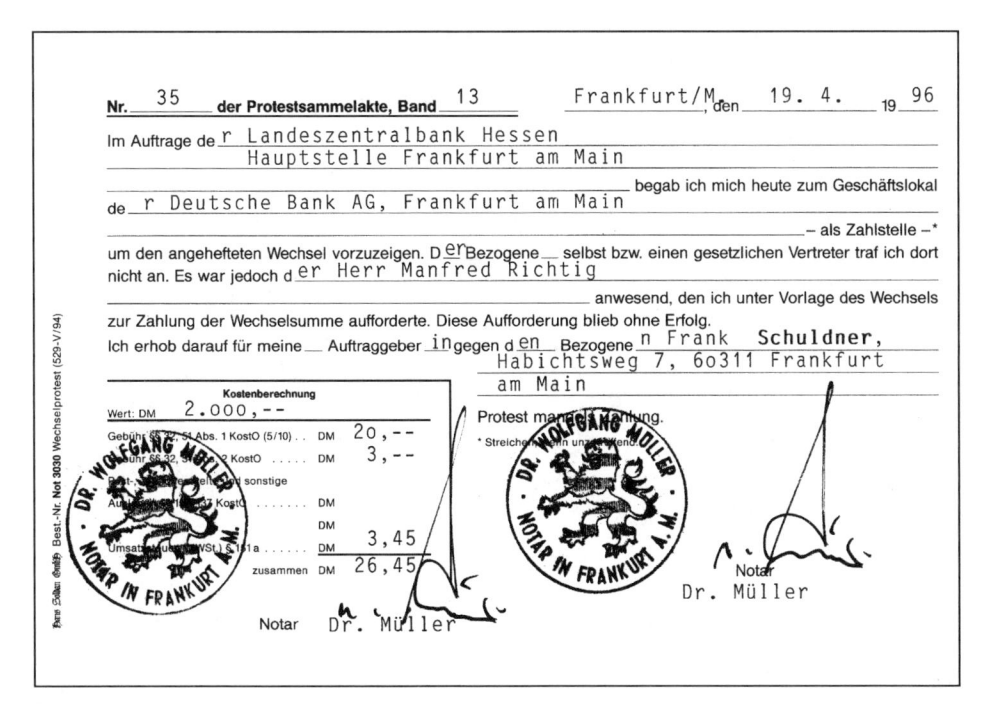

Abbildung 2-20: Protesturkunde

Eine Protesterhebung ist dann nicht erforderlich, wenn über das Vermögen des Bezogenen bereits das Vergleichsverfahren oder der Konkurs eröffnet worden ist. In diesem Fall genügt die Vorlegung eines entsprechenden gerichtlichen Beschlusses.

Der Protest kann nur von einem Notar oder einem Gerichtsbeamten und (bei inländischen Wechseln bis 3.000 DM auch von einem Postbeamten) auf den Wechsel oder auf ein mit dem Wechsel verbundenes Blatt gesetzt werden (**Allonge**).

Proteste mangels Zahlung müssen an einem der beiden auf den Zahlungstag folgenden Werktage erfolgen. Hat der Bezogene sein Geschäftslokal oder seine Wohnung verschlossen, so wird ein **Wandprotest** erhoben. Stellt sich heraus, daß die im Wechsel bezeichneten Geschäfts- oder Wohnräume nicht auffindbar sind, wird der Protestbeamte einen **Windprotest** erheben.

Ein **Protesterlaß** ist möglich, wenn der Aussteller oder ein Indossant den Vermerk „ohne Kosten" oder „ohne Protest" in die Wechselurkunde aufgenommen hat. In der Praxis wird trotz Protesterlaß meist Protest erhoben, da der Wechselinhaber sonst seine Ansprüche gegenüber den anderen Vormännern verliert.

**Benachrichtigung (Notifikation):** Ist ein Wechsel zu Protest gegangen, so hat der Inhaber seinen unmittelbaren Vormann und den Aussteller innerhalb von **vier Werktagen** nach der Protesterhebung davon zu unterrichten. Ferner muß jeder Indossant innerhalb **zweier Werktage** seinen unmittelbaren Vormann benachrichtigen. Die Nachricht ist in jeder Form möglich; die einfache Rücksendung des Wechsels genügt. Wer die rechtzeitige Benachrichtigung versäumt, verliert zwar nicht das Rückgriffsrecht, er haftet jedoch für einen aus seiner Nachlässigkeit entstandenen Schaden bis zur Höhe der Wechselsumme.

**Rückgriff (Regreß):** Alle Personen, die einen Wechsel ausgestellt, angenommen, indossiert oder mit einer Bürgschaft versehen haben, haften dem jeweiligen Inhaber als **Gesamtschuldner,** das heißt der Inhaber kann jeden einzeln oder mehrere oder alle zusammen in Anspruch nehmen, ohne an eine Reihenfolge gebunden zu sein. Greift ein Rückgriffsberechtigter auf seinen unmittelbaren Vormann zurück, so spricht man von einem **Reihenregreß,** überspringt er einen oder mehrere rückgriffsverpflichtete Vormänner, so handelt es sich um einen **Sprungregreß.**

Im Wege des **Rückgriffs** kann **der letzte Inhaber** von einem Vormann verlangen:

1. die **Wechselsumme**, soweit der Wechsel nicht eingelöst worden ist

2. die **Zinsen,** und zwar 2 Prozent über dem Diskontsatz, mindestens aber 6 Prozent seit dem Verfalltag

3. die **Kosten** des Protests sowie die anderen Auslagen der Benachrichtigung

4. die **Provision** in Höhe von $1/3$ Prozent der Wechselsumme

Wer den **Wechsel im Rückgriff eingelöst** hat**,** kann von einem Vormann verlangen:

1. die **Summe der erhaltenen Rückrechnung**, die er gezahlt hat
2. die **Zinsen dieses Betrages,** und zwar ebenfalls 2 Prozent über dem Diskontsatz, mindestens aber 6 Prozent seit dem Tage der Einlösung der Rückrechnung
3. die eigenen **Auslagen**
4. die **Provision** in Höhe von $1/3$ Prozent der Wechselsumme

Eine **Wechselprolongation** dient der **Vermeidung des Protests** und besteht darin, daß der Aussteller dem zum Zeitpunkt der Fälligkeit des Wechsels zahlungsunfähigen Bezogenen einen Zahlungsaufschub gewährt.

**Wechselprozeß und Wechselmahnbescheid:** Jeder Wechselgläubiger kann seine wechselrechtlichen Ansprüche in einem besonderen Wechselverfahren geltend machen. Für den Wechselprozeß gelten die Vorschriften der Zivilprozeßordnung über den **Urkundenprozeß** entsprechend. Er dient dem Ziel, dem Wechselgläubiger in kürzester Zeit einen vollstreckbaren Titel gegenüber einem Wechselverpflichteten zu verschaffen. Falls keine Einreden zu erwarten sind, kann ein vollstreckbarer Titel schneller und kostengünstiger durch einen **Wechselmahnbescheid** erreicht werden.

**Verjährung:** Die wechselmäßigen Ansprüche gegen den Bezogenen verjähren **in drei Jahren,** vom Verfalltag an gerechnet. Die Ansprüche des letzten Inhabers gegen Indossanten und Aussteller verjähren **in einem Jahr** vom Tag des erhobenen Protests oder im Falle des Vermerks „ohne Kosten" vom Verfalltag an. Die Ansprüche der Indossanten gegen ihre Vormänner und den Aussteller verjähren **in sechs Monaten**, vom Tage der Einlösung an gerechnet.

### 2.4.4.5 Bankdienstleistungen rund um den Wechsel

Der Wechselinhaber kann den Wechsel aufbewahren und dem Bezogenen am Verfalltag zur Zahlung vorlegen. Diese Handhabung ist unüblich, da insbesondere die Vorlage beim Bezogenen mit einem hohen Aufwand verbunden sein kann. Im Normalfall wird ein Wechsel an die Hausbank weitergegeben; hierbei bestehen folgende Möglichkeiten:

- **Diskontierung:** Der Wechsel wird unter Abzug eines Diskonts (Zinsen vom Ankaufstag bis zum Verfalltag) an die Bank verkauft.
- **Gutschrift per Verfall:** Der Wechsel wird sofort gutgeschrieben, jedoch mit Wertstellung per Verfalltag.
- **Inkasso:** Der Wechsel wird zum Einzug eingereicht. Die Bank zieht die Wechselsumme auf dem Inkassoweg ein und schreibt dem Kunden den Betrag nach Einzug der Wechselsumme gut.

Bei jeder dieser Varianten gilt das „**Abkommen über den Einzug von Wechseln und die Rückgabe nicht eingelöster und zurückgerufener Wechsel (Wechselabkommen)**".

## 2.5 Die neueren Formen des automatisierten Zahlungsverkehrs: Electronic Banking

Electronic Banking ist vor Jahren eingeführt worden, um die große Menge an Kontodaten und -bewegungen automatisch und beleglos zu verarbeiten. Heute wird **Electronic Banking** als umfassender Begriff für alle **Bankdienstleistungen** verwendet, die EDV-unterstützt elektronisch **Informationen zur Verfügung stellen** (zum Beispiel Devisen- und Börsenkurse) und **Transaktionen abwickeln** (zum Beispiel Abwicklung des Zahlungsverkehrs).

Die zunehmende automatisierte Verarbeitung im Zahlungsverkehr hat zu erheblichen Veränderungen in der Beschäftigungsstruktur des Kreditgewerbes geführt. Während bis vor wenigen Jahren der größte Teil der Bankangestellten mit reinen Abwicklungstätigkeiten beschäftigt war, sind heute über zwei Drittel der Beschäftigten im direkten Kundenkontakt tätig. Dieser Trend setzt sich weiter fort.

Im Rahmen des Electronic Banking sind zu unterscheiden

- **Zahlungsverkehrsabwicklung zwischen Banken** (Abschnitt 2.5.1)
- **Dienstleistungen für Privatkunden** (Abschnitt 2.5.2)
- **Dienstleistungen für Firmenkunden** (Abschnitt 2.5.3)

### 2.5.1 Zahlungsverkehrsabwicklung zwischen Banken: MAOBE, DTA und EZV

Die Bearbeitung von beleghaften Zahlungsvorgängen ist sehr personalintensiv. Die Banken haben bereits in den 60er Jahren erkannt, daß die ständig ansteigenden Belegmengen auf Dauer nur noch mit Hilfe der Datenverarbeitung zu bewältigen sein werden. Heute laufen nahezu alle unbaren Zahlungen im Interbankverkehr in elektronischer Form ab. Konventionell werden nur noch die wenigen, nicht automationsgeeigneten Zahlungsvorgänge abgewickelt. Hierzu gehören vor allem nicht automationsgerechte Zahlungsverkehrsbelege (zum Beispiel ausländische Schecks).

Im Verkehr der Banken untereinander haben sich stufenweise drei Automationsformen herausgebildet:

| Automatisierte Zahlungsverkehrsverfahren im Bankverkehr |||
|---|---|---|
| Automatisierter Belegverkehr (MAOBE), teilweise in Form des belegbegleitenden Datenträgeraustausches (DTA) – ab 1971 | Beleloger Datenträgeraustausch (DTA) – ab 1976 | Elektronischer Zahlungsverkehr (EZV) – ab 1984 |

Abbildung 2-21: Automationsformen

Insbesondere der DTA-Verkehr und die Einführung des EZV haben zu einer fast vollständigen beleglosen Zahlungsverkehrsabwicklung geführt.

### 2.5.1.1 Das Bankleitzahlensystem

Der Zahlungsverkehr zwischen Banken kann nur dann automatisiert werden, wenn alle daran beteiligten Kreditinstitute nach einem allgemein verbindlichen System numeriert sind. Die achtstellige Bankleitzahl (BLZ) ist hierbei seit 1970 als einheitliches Ordnungskriterium maßgebend. Die Bankleitzahl wird bei der LZB gleichzeitig als Girokontonummer verwendet.

**Bedeutung**

Die Bankleitzahl erfüllt im zwischenbetrieblichen Zahlungsverkehr die gleiche Steuerungsfunktion wie die Kontonummer im innerbetrieblichen Rechnungswesen.

Die Bankleitzahl ist nach dem dezimalen Ordnungsprinzip aufgebaut und umfaßt acht Stellen:

| Stelle ||||||||
|---|---|---|---|---|---|---|---|
| 1 | 2 | 3 | 4 | 5 | 6 | 7 | 8 |
| Clearing-Gebiet ||| Netz-Nummer (Bankengruppe) | interne Niederlassungs-Nummer ||||
| LZB-Platz (LZB-Ortsnummer) |||||||| 

Abbildung 2-22: Ordnungsprinzip der Bankleitzahl

Die erste Stelle bezeichnet das Clearing-Gebiet:

| Clearing-Gebietsnummer | Land/Landesteil |
|---|---|
| 1 | Berlin, Brandenburg, Mecklenburg-Vorpommern |
| 2 | Bremen, Hamburg, Niedersachsen, Schleswig-Holstein |
| 3 | Rheinland (Regierungsbezirke Düsseldorf, Köln) |
| 4 | Westfalen |
| 5 | Hessen, Rheinland-Pfalz, Saarland |
| 6 | Baden-Württemberg |
| 7 | Bayern |
| 8 | Sachsen, Sachsen-Anhalt, Thüringen |

Abbildung 2-23: Clearing-Gebiete

Die Stellen eins bis drei der Bankleitzahl bilden die Ortsnummer, die den Bankplatz (Ort mit einer Landeszentralbank) sowie den zugehörigen Bankbezirk (Bankplatz und das angrenzende Gebiet) kennzeichnet. In Ausnahmefällen (beispielsweise bei Übernahme bankleitzahlgebundener LZB-Girokonten durch andere LZB-Zweiganstalten) kann hiervon abgewichen werden. Bankplätzen können auch mehrere Ortsnummern zugeteilt werden.

Die vierte Stelle bezeichnet die Bankengruppe:

| Netz-Nummer | Institut |
|---|---|
| 0 | Bundesbank/Landeszentralbanken |
| 1, 2, 3 | Kreditinstitute, soweit nicht in einer der anderen Gruppen erfaßt |
| 4 | Commerzbank |
| 5 | Girozentralen und Sparkassen |
| 6, 9 | Genossenschaftliche Zentralbanken, Kreditgenossenschaften |
| 7 | Deutsche Bank |
| 8 | Dresdner Bank |

Abbildung 2-24: Bankengruppen

Die Stellen fünf bis acht der Bankleitzahl können – in Absprache mit der Deutschen Bundesbank – grundsätzlich frei gewählt werden.

Für den **internationalen Zahlungskartenverkehr** ist eine gesonderte Institutsnumerierung festgelegt; danach erhält das Ausstellerinstitut eine **fünfstellige Kurzbankleitzahl beziehungsweise Institutsnummer PAN (primary account number)**. Diese setzt sich zusammen aus der Institutsgruppennummer (= vierte Stelle der Bankleitzahl) und einer nachfolgenden vierstelligen, von den einzelnen Organisationen frei gewählten Nummer.

Im **internationalen Zahlungsverkehr** gibt es eine Reihe von Datenübertragungsdiensten, die Codierungssysteme für die Adressierung von Banken eingeführt haben, um eine automatisierte Verarbeitung zu erleichtern. Zur Harmonisierung dieser Systeme wurde ein internationaler Code für Bankadressen – ISO 9362 – entwickelt **(Bank Identifier Code – BIC)**. Der Code besteht aus acht oder elf zusammenhängenden Zeichen und setzt sich aus den Komponenten BANKCODE (vier Zeichen), LÄNDERCODE (zwei Zeichen), ORTSCODE (zwei Zeichen) sowie gegebenenfalls FILIALCODE (drei Zeichen) zusammen.

**BEISPIEL**

Der BIC-Code der Dresdner Bank AG, Filiale Hamburg, lautet „DRESDEFF200" und besteht aus DRES (Bankcode), DE (Ländercode), FF (Ortscode) und 200 (Filialcode).

Die Vergabe von Kurzbankleitzahlen und BICCodes liegt im Verantwortungsbereich der Spitzenverbände des Kreditgewerbes.

### 2.5.1.2 Automatisierter Belegverkehr (MAOBE: Maschinell-optische Belegerfassung)

Bis Anfang der 70er Jahre durchliefen die Zahlungsträger auf dem Überweisungsbeziehungsweise Einzugsweg mehrere Stellen, die die gleichen Arbeiten durchführen mußten: Prüfen, sortieren, auflisten, kontrollieren, buchen. Um eine beschleunigte, automatisierte Abwicklung zu ermöglichen, müssen die Belege so früh wie möglich maschinenlesbare Informationen erhalten, so daß manuelle Mehrfachbearbeitungen entfallen.

Die manuelle Datenerfassung, die bei jeder Bank wiederholt werden mußte, war die wesentliche Schwachstelle der konventionellen Abwicklung. Sie ist im automatisierten Belegverfahren auf einen **einmaligen Codierungsvorgang** reduziert worden. Es wurde der Grundsatz aufgestellt, daß auf dem Überweisungs- beziehungsweise Einzugsweg so früh wie möglich ein maschinenlesbarer Beleg für alle Datenstationen geschaffen wird, möglichst schon beim Bankkunden, sonst bei der erstbeauftragten Bank. Ziel für die zwischenbetriebliche Automation ist eine **automatisierte Belegbearbeitung**, bei der die Belege maschinell gelesen, sortiert und weiterbearbeitet werden.

Voraussetzung für die automatisierte Belegbearbeitung war die Einigung in folgenden Fragen:

- Einrichtung eines allgemeingültigen **Bankleitzahlensystems** (siehe oben).

- Schaffung einheitlicher **automationsgerechter Zahlungsverkehrsvordrucke** für Schecks, Überweisungen und Lastschriften. Die Umsetzung erfolgte durch die „**Richtlinien für einheitliche Zahlungsverkehrsvordrucke**". Das Richtlinienwerk enthält auch Normen für **neutrale Zahlungsverkehrsbelege**. Als neutral werden Zahlungsverkehrsvordrucke bezeichnet, bei denen die Bankleitzahl und die Bezeichnung des zu beauftragenden Kreditinstituts nicht bereits bei der Vordruckherstellung eingedruckt sind. Die Verwendung von **neutralen Überweisungs-, Scheck- und Lastschriftvordrucken** kommt insbesondere bei Großkunden in Betracht, die Zahlungsverkehrsbelege maschinell ausdrucken wollen. Sie können auch ihren Anforderungsschreiben, Rechnungen usw. Überweisungs-Zahlscheinvordrucke beifügen, bei denen ihre Firma, Anschrift, Kontonummer und Bankverbindung bereits vorgegeben sind. Kontoinhaber, die Überweisungs- und Scheckvordrucke für verschiedene eigene Kontoverbindungen benutzen wollen, können ebenfalls neutrale Vordrucke verwenden.

- Wahl einer einheitlichen **maschinell lesbaren Schrift.** Grundsätzlich stehen magnetisches Lesen (Analogschrift oder Digitalschrift) oder optisches Lesen (lichtelektrische Zeichenerkennung) als Verfahren zur Auswahl. Die deutschen Banken haben sich für die optische Beleglesung auf Basis der stilisierten Normschrift OCR-A 1 (Optical Character Recognition – Typ A 1) entschieden.

- Ausgestaltung einer einheitlichen Codierzeile für die maschinell lesbaren Daten (einheitliche Informationsanordnung). Nach den **Codierrichtlinien** obliegt der ersten weiterleitenden Bank die Codierpflicht nur in den Feldern 1 bis 3 (Textschlüssel, Bankleitzahl, Betrag). Wird ein Beleg fehlerhaft codiert, haftet die codierende Bank für etwaige Schäden und Nachteile.

- Definition eines **einheitlichen Textschlüssels** zur Kennzeichnung der vorkommenden Geschäftsvorfälle (Belegart).

- Entwicklung **geeigneter Codiergeräte** und Beleglese-/Sortiermaschinen, ferner Entwicklung von Programmsystemen (Software).

Die einmalige Codierung der Belege ermöglicht eine maschinell unterstützte Erfassung, Verfilmung, Numerierung, Sortierung und Weiterleitung des Papiers. Hochgeschwindigkeits-Beleg-Sortierleser erledigen diese Arbeitsgänge mit einer Geschwindigkeit von bis zu 140.000 Belegen in der Stunde.

**Besonderheiten im automatisierten Belegverkehr:**

- **Belegbegleitender Datenträgeraustausch**
Als Erleichterung für die maschinell-optische Beleglesung hat die Bundesbank mit den Spitzenverbänden des Kreditgewerbes Richtlinien für ein Magnetband erarbeitet, das zusammen mit den Belegen zwischen den Banken ausgetauscht

werden kann („Abkommen für den zwischenbetrieblichen belegbegleitenden Datenträgeraustausch"). Auf dem belegbegleitenden Magnetband sind die Daten der Codierzeile aufgezeichnet. Dieses Verfahren setzen verschiedene Institute auch für Großkunden ein.

- **Prüfziffernsystem**
Im deutschen Kreditgewerbe gibt es kein einheitliches Prüfziffernsystem. Deshalb wäre es im Überweisungsverkehr nur mit größerem DV-Aufwand möglich, daß die erstbeauftragte Bank bei der Codierung die Kontonummer des Empfängers auf ihre Plausibilität prüfen kann. Man hat daher in den Codierrichtlinien von einer Codierpflicht für die Kontonummer abgesehen. Im Hinblick auf den EZÜ-Verkehr sind dagegen besondere Prüfungs- und Haftungsregeln für die zu erfassende Kontonummer im Überweisungsverkehr geschaffen worden.

### 2.5.1.3 Belegloser Datenträgeraustausch (DTA)

Im Rahmen des DTA-Verkehrs werden Zahlungsaufträge beleglos auf Datenträger aufgezeichnet. Für den DTA-Verkehr ist 1976 ein Einheitsdatensatz eingeführt worden. Seit dieser Zeit ist es möglich, Überweisungen, Schecks und Lastschriften mittels genormter elektronischer Datensätze sowohl innerhalb einer Bank als auch netzüberschreitend beleglos weiterzuleiten.

Als Datenträger dienen Magnetbänder und Disketten, die anstelle von Belegen ausgetauscht werden. Die Zahlungsdaten werden bis zu den Konten der Begünstigten beziehungsweise der Zahlungspflichtigen durch jeweiliges Einlesen der Bänder und Disketten, Umsortieren der Daten nach Leitwegen und entsprechende Ausgabe auf neue Bänder und Disketten beleglos weitergeleitet. In der Regel werden die Daten zwischen den Clearingstellen innerhalb der einzelnen Institutsgruppen per Datenfernübertragung (DFÜ) weitergeleitet, so daß dabei keine Datenträger ausgetauscht werden müssen. An der Endstelle wird nach Möglichkeit die Zahlungsinformation ohne Beleg auf dem Kontoauszug ausgedruckt.

Das DTA-Verfahren hat Bedeutung vor allem im **Massenzahlungsverkehr**, bei Lohn- und Rentenzahlungen, vermögenswirksamen Leistungen, Versicherungsprämien, öffentlichen Abgaben usw. Unterlagen für diese Zahlungen werden bei Wirtschaftsunternehmen und öffentlichen Verwaltungen in vielen Fällen ohnehin auf EDV-Anlagen erstellt und auf Magnetbändern oder ähnlichem gespeichert. Außer Massenzahlungen können auch **Individualzahlungen** – sofern der Auftraggeber/Zahlungsempfänger eine entsprechende EDV-Anlage hat – in den DTA-Verkehr einfließen. Mit dem DTA-Verkehr können die hierfür geeigneten Zahlungen heute wesentlich kostengünstiger als vorher ausgeführt werden.

Die **wesentlichen Voraussetzungen dieser Automatisierung** sind einheitlich geregelt:

- **Einheitlicher Datensatz**
  Es ist ein 150stelliger einheitlicher Datensatz entwickelt worden. Neben einem konstanten Teil von 150 Stellen (davon sind 27 Stellen für die Verwendungszweckangaben vorgesehen) stehen in einem variablen Teil 15 Erweiterungssätze zu 27 Stellen zur Verfügung.

- **Richtlinien und Bedingungen für den DTA-Verkehr**
  Im Verhältnis der Banken untereinander gelten seit 1976 die „Richtlinien für den beleglosen Datenträgeraustausch (MCV-Magnetbank-Clearing-Verfahren)".

  Im Verhältnis der Kreditinstitute zu ihren Kunden sind besondere „Bedingungen für die Beteiligung von Kunden am beleglosen Datenträgeraustausch mittels Magnetbänder (MCV)" aufgestellt worden. Der Inhalt dieser Bedingungen entspricht den DTA-Richtlinien der Banken untereinander. Von den Bankkunden werden im allgemeinen Magnetbänder, Disketten und Magnetbandkassetten entgegengenommen.

  Der DTA-Verkehr beschränkt sich damit nicht allein auf Firmen mit Großrechneranlagen, sondern steht auch den Anwendern der mittleren Datentechnik beziehungsweise PC-Benutzern offen. Bei den Banken werden für Kunden-Disketten besondere Konvertierungsanlagen eingesetzt.

  In den Kundenbedingungen ist geregelt, daß der Kunde im Verhältnis zur Bank und zu allen weiterbeteiligten Kreditinstituten für alle Schäden und Nachteile verantwortlich ist, die durch von ihm gelieferte unzulängliche Daten beziehungsweise Datenträger entstehen.

  Teilweise ist der Transport von Bändern und Disketten umständlich und laufzeithemmend, der Austausch über Datenleitungen oft die bessere Lösung. Die Datenfernübertragung (DFÜ) ist heute in nahezu allen Banken realisiert. Ein Leitungsnetz, das alle Banken verknüpft, ist jedoch noch nicht vollständig. DFÜ mit Kunden ist derzeit auf einzelne Anwendungen beschränkt. Unterschiedliche technische Voraussetzungen schaffen Schnittstellenprobleme. Erfassungsgeräte auf der Kundenseite und die Datenmenge haben wesentlichen Einfluß auf die Art der DFÜ. Für Einzelaufträge bietet sich Datex-J an. Sammelaufträge können besser mit PC-gestützten Abwicklungen ausgeführt werden (zum Beispiel Multi-Cash, Elko). Für die Übertragung von größeren Datenmengen sind direkte Leitungsverbindungen über Datex-L oder Datex-P notwendig.

- **Ausgabe der Datenträgerzahlungen**
  Die Kreditinstitute übernehmen im Datenträgeraustausch die Verpflichtung, die für die Identifizierung eines Zahlungsvorganges wichtigen Daten dem Empfänger begloser Überweisungen beziehungsweise dem Zahlungspflichtigen begloser Lastschriften mitzuteilen. Im wesentlichen geht es dabei um den Namen des Auftraggebers/Zahlungsempfängers und den Verwendungszweck. Der Auf-

traggeber/Einreicher kann allerdings nicht verlangen, daß Belege ausgedruckt werden. Es ist insoweit von den Absprachen zwischen den Überweisungsempfängern/Zahlungspflichtigen und deren Bank abhängig, in welcher Form die Zahlungen angezeigt werden. Hierbei ist auch zwischen Geschäftskonten und Privatkonten zu unterscheiden. Während man bei Privatkonten möglichst um eine beleglose Durchleitung bis zum Kontoinhaber bemüht sein wird und somit auf den Ausdruck von Belegen verzichtet, dürften bei Geschäftskonten im Regelfall Belege anzufertigen sein, die dann zugleich Buchungsunterlagen des Kontoinhabers sind.

Soweit Datenträgerzahlungen aus technischen Gründen nicht bis zum endbegünstigten Institut beziehungsweise zur Zahlstelle beleglos durchgeleitet werden können, sind die Vorstellen verpflichtet, die Datenträgerzahlungen in Belegform auszudrucken.

Für Kontoinhaber, die große Mengen von Datenträgerzahlungen erhalten, können Magnetbänder erstellt werden. Der Kunde erhält keine Einzelbelege, die auf dem Magnetbank enthaltenen Gutschriften oder Lastschriften werden in einer Sammelbuchung auf dem Kundenkonto gebucht.

### 2.5.1.4 Elektronischer Zahlungsverkehr (EZV)

In der Weiterentwicklung des beleglosen Zahlungsverkehrs ist als vorläufiger Endpunkt der EZV zu sehen, bei dem unbare Zahlungen auf Datenträger oder im Wege der Datenfernübertragung (DFÜ) weitergeleitet werden. An die Stelle des Belegs tritt ein Datensatz, der im Wege des DTA- oder DFÜ-Verkehrs vom Auftraggeber über die erstbeauftragte Bank und deren Clearingstellen bis zum Konto des Empfängers beziehungsweise Zahlungspflichtigen geleitet wird.

Beim DTA-Verkehr wurden die Daten durch Weiterleitung von Magnetbändern ausgetauscht. Beim DFÜ-Verkehr werden die Datensätze über das Datex-L oder Datex-P-Netz der Telekom weitergeleitet. Datex ist die Abkürzung von Data Exchange Service. Das Datex-Netz ist ein digitales Wählnetz für Datenfernübertragungen. Im Datex-L-Netz wird eine reservierte Leitung geschaltet. Im Datex-P-Netz werden die Daten „in Paketen" über Vermittlungsrechner an die Empfänger geleitet.

Ausgangspunkt für den EZV ist folgende Überlegung: Der Kunde reicht einen Zahlungsverkehrsbeleg ein, der möglichst von der erstbeauftragten Bank in einen elektronischen Datensatz umgewandelt wird. Das Ziel der beleglosen Verarbeitung besteht letztlich darin, in einem Leitungsverbund aller Banken die Daten eines Geschäftsvorfalls nur noch ein einziges Mal zu erfassen und alle weiteren Transaktionen in den verschiedenen Banken, die dieser Zahlungsvorgang berührt, daraus abzuleiten. Weiteres Ziel des EZV ist die taggleiche Buchung auf den Konten des

Auftraggebers und des Empfängers. Beim EZV tritt an die Stelle der Belegverarbeitung die direkte Dateneingabe über PC-Terminals oder Schriftenlesesysteme (SLS).

Während die Überleitung der Schecks in ein belegloses Einzugsverfahren relativ einfach ist, da lediglich die maschinell gelesenen Angaben aus der Codierzeile weitergeleitet werden müssen, sind bei der Einzelüberweisung und der Lastschrift noch zusätzlich die nicht codierten Empfänger- und Verwendungszweckdaten zu erfassen. Bei den Kreditgenossenschaften und den Sparkassen werden die Überweisungs- und Lastschriftendaten zur Zeit in den einzelnen Geschäftsstellen manuell per Bildschirmterminal erfaßt. Dazu ruft der Mitarbeiter eine ,,Bildschirmmaske" auf. In diese Maske werden die Daten der Belege, die für die Buchung und Weiterverarbeitung von Bedeutung sind, eingegeben. Inzwischen stehen hierfür auch **Schriftenlesesysteme (SLS)** zur Verfügung, die nahezu alle Schreibmaschinenschriften und Handblockschriften maschinell lesen können. Für das maschinelle Lesen wurden neue Überweisungs- und Lastschriftenvordrucke (Rastervordrucke) geschaffen, die seit 1991 zwingend vorgeschrieben sind. Der Schriftenleser erfaßt die Zahlungsverkehrsbelege. Einzelne, unlesbare Zeichen können direkt über einen Bildschirm korrigiert werden. Die Korrektur kann auch stapelweise erfolgen, wenn die nicht maschinell lesbaren Belege in einem Ablagefach ausgegeben werden.

Es bestehen derzeit folgende sechs EZV-Verfahren:

- **BSE (Belegloses Scheckeinzugsverfahren)**
- **BRS (Belegloses Reisescheckeinzugsverfahren)**
- **GSE (Großbetrag-Scheckeinzugsverfahren)**
- **EZL (Elektronischer Zahlungsverkehr mit Lastschriften)**
- **EZÜ (Elektronischer Zahlungsverkehr mit Überweisungen)**
- **BZÜ (Belegloses Zahlschein-Überweisungsverfahren)**

Bei allen EZV-Verfahren hat die erstbeauftragte Bank oder die spätere Clearingstelle die relevanten Beleginformationen in elektronische Datensätze umzuwandeln und dabei die vollständige Erfassung über geeignete Kontrollen sicherzustellen. Ferner sind die Daten um eine Referenznummer und die BLZ der umwandelnden Bank zu ergänzen, um den Originalkundenbeleg wieder auffinden zu können.

Die überleitende Stelle verwahrt die Originalbelege oder den Mikrofilm für mindestens sechs Jahre. Auch bei Mikroverfilmung müssen die Originalbelege noch für mindestens zwei Monate aufbewahrt werden.

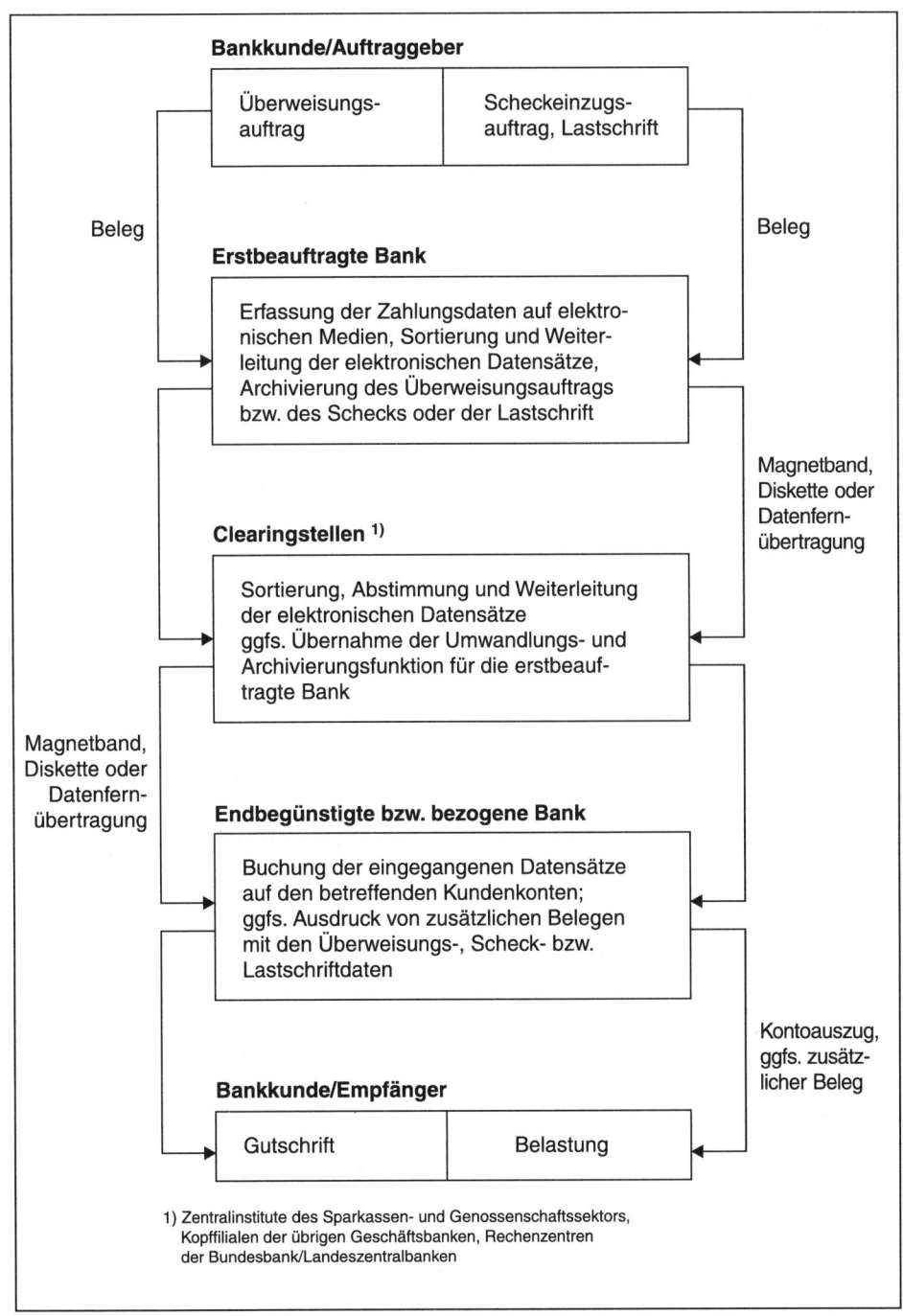

Die Bankdienstleistungen rund um den Zahlungsverkehr **193**

**Bankkunde/Auftraggeber**
- Überweisungsauftrag
- Scheckeinzugsauftrag, Lastschrift

Beleg ← → Beleg

**Erstbeauftragte Bank**
Erfassung der Zahlungsdaten auf elektronischen Medien, Sortierung und Weiterleitung der elektronischen Datensätze, Archivierung des Überweisungsauftrags bzw. des Schecks oder der Lastschrift

Magnetband, Diskette oder Datenfernübertragung

**Clearingstellen** [1]
Sortierung, Abstimmung und Weiterleitung der elektronischen Datensätze ggfs. Übernahme der Umwandlungs- und Archivierungsfunktion für die erstbeauftragte Bank

Magnetband, Diskette oder Datenfernübertragung

**Endbegünstigte bzw. bezogene Bank**
Buchung der eingegangenen Datensätze auf den betreffenden Kundenkonten; ggfs. Ausdruck von zusätzlichen Belegen mit den Überweisungs-, Scheck- bzw. Lastschriftdaten

Kontoauszug, ggfs. zusätzlicher Beleg

**Bankkunde/Empfänger**
- Gutschrift
- Belastung

[1] Zentralinstitute des Sparkassen- und Genossenschaftssektors, Kopffilialen der übrigen Geschäftsbanken, Rechenzentren der Bundesbank/Landeszentralbanken

Quelle: Deutsche Bundesbank

Abbildung 2-25: Überleitung von beleghaftem auf beleglosen Zahlungsverkehr

## Belegloses Scheckeinzugsverfahren (BSE)

Nach dem „Abkommen über das beleglose Scheckeinzugsverfahren (BSE)" werden Inhaber- und Orderschecks sowie Zahlungsanweisungen zur Verrechnung, die auf Banken im Inland gezogen sind, vom erstbeauftragten Kreditinstitut (1. Inkassostelle) oder gegebenenfalls vom jeweiligen Clearingrechenzentrum in den **beleglosen Zahlungsverkehr** übergeleitet. Das BSE-Verfahren ist das Inkasso von Scheckforderungen mittels elektronischer Datensätze im Rahmen des DTA-Verkehrs oder der Datenfernübertragung (DFÜ). Umgewandelt werden die Daten in der Codierzeile des Schecks. Die erste Inkassostelle prüft die in das BSE-Verfahren einziehbaren Papiere auf ihre formelle Ordnungsmäßigkeit im Sinne von Art. 1 und 2 ScheckG. Nach dem BSE-Abkommen sind Beträge bis unter 5.000 DM zu erfassen.

Kann ein Scheck, beispielsweise wegen fehlender Kontodeckung, nicht eingelöst werden, so wird die **Rückbuchung eines BSE-Datensatzes** erforderlich. Die Bank hat bei der Rückgabe – neben den Vorschriften des Scheckgesetzes – das Scheckabkommen sowie das BSE-Abkommen zu beachten. **Teileinlösungen** nehmen die Kreditinstitute in der Praxis nur dann vor, wenn der Aussteller ausdrücklich einen Auftrag dafür erteilt hat.

Auf einem besonderen Rückrechnungsformular für nicht eingelöste BSE-Schecks wird die Rückrechnung erstellt. Das Formular ist so aufgebaut, daß zusätzlich auch der Originalscheck beziehungsweise eine Scheckkopie angefordert werden kann. Diese Rückrechnung wird nunmehr auf dem rückläufigen Inkassoweg zurückgeleitet. Die erste Inkassostelle bestätigt im Auftrag der bezogenen Bank die Nichteinlösung mit dem Vermerk „Vom bezogenen Kreditinstitut am ... nicht bezahlt."

Jede am BSE-Verfahren beteiligte Bank kann bei der Lagerstelle eine Kopie des Schecks anfordern. Originalschecks können nur das bezogene Institut und im Falle der Nichteinlösung die erste Inkassostelle anfordern.

Weil der Scheckeinreicher bei den im BSE-Verfahren bearbeiteten Schecks nicht mehr die Möglichkeit hat, im Falle der Nichtbezahlung im (schnellen) Urkundenverfahren gegen den Scheckaussteller einen vollstreckbaren Titel zu erwirken, sondern im normalen, länger dauernden Gerichtsverfahren vorgehen muß, hat das Bundesaufsichtsamt für das Kreditwesen gefordert, daß die Kunden über die Auswirkung des BSE-Verfahrens informiert werden müssen. In der Praxis wird dieser Forderung mit dem folgenden Text auf der Rückseite des Rückbelastungsformulars entsprochen:

„**Hinweis für den Scheckeinreicher**: Der von Ihnen eingereichte Scheck wurde dem Kreditinstitut des Scheckausstellers auf elektronischem Wege übermittelt. Dieses Kreditinstitut hat die Zahlung des Scheckgegenwertes abgelehnt. Wir haben die Nichtbezahlung auf der beigefügten Scheckkopie/auf dem beigefügten Scheck vermerkt. Sie können Ihre Rechte aus dem mit dem Scheckaussteller geschlossenen Vertrag geltend machen. Dabei können Sie diese Scheckkopie/diesen Scheck zum

Nachweis der Nichtbezahlung verwenden. Die Führung eines Urkundenprozesses ist jedoch als Folge des elektronischen Einzugsverfahrens nicht möglich. Sollte sich herausstellen, daß Ihnen hierdurch ein Schaden entsteht, so werden wir diesen ersetzen und schlagen vor, daß Sie sich möglichst bald zur Regulierung Ihres Schadens mit uns in Verbindung setzen."

**Belegloses Reisescheckeinzugsverfahren (BRS)**

Nach dem „Abkommen über den beleglosen Einzug von Reisescheckgegenwerten (BRS)" können DM-Reiseschecks, die im Inland zahlbar gestellt sind, beleglos eingezogen werden. Es besteht keine Betragsbegrenzung. Eine Umwandlungspflicht besteht nicht.

**Großbetrag-Scheckeinzugsverfahren (GSE)**

Das „Abkommen über den beleglosen Einzug von Scheckgegenwerten ab 5.000 DM (Großbetrag-Schecks) und die gesonderte Vorlage der Originalschecks ohne Verrechnung (GSE)" regelt

- den beleglosen Einzug von Inhaber- und Orderschecks sowie Zahlungsanweisungen zur Verrechnung, die auf Banken im Inland gezogen und auf Beträge ab 5.000 DM ausgestellt sind und deren Daten auf EDV-Medien erfaßt worden sind, sowie

- die gesonderte Vorlage der Schecks ohne Verrechnung

Die Gegenwerte der Schecks, die der Bundesbank von den Banken in den vereinfachten Scheck- und Lastschrifteinzug eingereicht werden, schreibt die Bundesbank einen Geschäftstag nach Einreichung gut. Der bisherige organisatorische Ablauf führte jedoch im Netz der Bundesbank vielfach zu Laufzeiten von zwei Geschäftstagen, so daß sich ein aktiver Float von einem Geschäftstag für die Bundesbank ergab. Dies galt besonders für den überregionalen Einzugsverkehr.

Das GSE-Abkommen ermöglicht nun eine erhöhte Durchlaufgeschwindigkeit und eine floatfreie Bearbeitung der Einzugswerte. Alle Schecks von über 5.000 DM werden im jeweiligen LZB-Eingangsrechenzentrum in Datensätze umgewandelt. Die Scheckgegenwerte werden analog zum BSE-Verfahren beleglos eingezogen. Die Scheckdaten werden per Datenfernübertragung an das für die bezogene Bank zuständige LZB-Rechenzentrum weitergeleitet. Die bezogene Bank (beziehungsweise deren Verrechnungsinstitut) kann tagsgleich belastet werden.

Neben der beleglosen Weiterleitung werden die Schecks – wie bisher – zusätzlich auch körperlich bei der bezogenen Bank vorgelegt, um weiterhin die insbesondere bei Großbeträgen sinnvolle Prüfung (Unterschrift, Echtheit usw.) zu ermöglichen. Da die Auslieferung der Originalschecks über Kurier- oder Postversand nach wie vor zwei Geschäftstage in Anspruch nimmt, liegen sie der bezogenen Bank erst einen Tag nach der Belastungsbuchung vor.

Das bezogene Kreditinstitut ist berechtigt, den Scheckgegenwert auf dem Konto des Scheckausstellers anhand des GSE-Datensatzes zu belasten. Es kann die Belastung auch anhand der Schecks vornehmen. Das bezogene Kreditinstitut kann den Scheckgegenwert an die erste Inkassostelle zurückrechnen, wenn der Scheck nicht innerhalb von zwei Bankarbeitstagen nach Zugang des GSE-Datensatzes vorgelegt wird. Die Rückrechnung ist mittels einer Retourenhülle (Lastschrift) für Einzugspapiere, in die ein Ausdruck des GSE-Datensatzes einzulegen ist, mit dem Hinweis „GSE-Scheck hat im Original nicht vorgelegen" vorzunehmen. Außerdem hat das bezogene Kreditinstitut die erste Inkassostelle zu benachrichtigen und den Scheck zu sperren.

**Elektronischer Zahlungsverkehr mit Lastschriften (EZL)**

Nach dem „Abkommen über den Lastschriftverkehr" sind beleghaft eingereichte Lastschriften von der ersten Inkassostelle auf EDV-Medien zu erfassen und beleglos der Zahlstelle vorzulegen (EZL-Verfahren). Werden die Daten der Originalbelege vollständig und unverändert in den EZL übernommen, haften die erstbeteiligte Bank und die weiter eingeschalteten Institute nicht für die Richtigkeit der Daten. Eine Haftung des Zahlungsempfängers für unrichtige Daten im Originalbeleg bleibt unberührt.

**Elektronischer Zahlungsverkehr mit Überweisungen (EZÜ)**

Nach dem „Abkommens zum Überweisungsverkehr" sind beleghaft erteilte Überweisungsaufträge ab 1.000 DM von der erstbeauftragten Bank in Datensätze umzuwandeln und beleglos weiterzuleiten (EZÜ-Verfahren). Grundsätzlich können auch Überweisungen unter 1.000 DM im EZÜ-Verfahren abgewickelt werden. Als Termin für die generelle Einführung der EZÜ-Pflicht ist der 1.6.1997 vorgesehen.

Die umwandelnde Bank haftet für die vollständige und unveränderte Übernahme der im Überweisungsbeleg grundsätzlich genannten Daten (Nr. 5 Abs. 3 Satz 1). Ausnahmen dieses Haftungsgrundsatzes regelt das Abkommen (Nr. 5 Abs. 1, Abs. 2, Abs. 3 Satz 2 und 3).

Die unterschiedlichen Bearbeitungsformen führen dazu, daß immer häufiger **alle** Überweisungen im EZÜ-Verfahren abgewickelt werden.

**Belegloses Zahlschein-Überweisungsverfahren (BZÜ)**

Nach dem „Abkommen zum Überweisungsverkehr" sind die Banken bei neutralen Überweisungs-/Zahlscheinaufträgen mit den Textschlüsseln „17" und „67" verpflichtet, die Daten aus der Codierzeile des Gutschriftsträgers umzuwandeln. Die umwandelnde Bank muß allerdings eine Prüfziffernkontrolle der in Feld 5 (Mehrzweckfeld) der Codierzeile enthaltenen Verwendungszweckangaben (13 Stellen) vornehmen. Führt die Prüfziffernkontrolle zu einem negativen Ergebnis, so sind die Daten im EZÜ mit Textschlüssel „68" weiterzuleiten.

## 2.5.2 Dienstleistungen für Privatkunden: Selbstbedienungsterminals, Elektronische Kassenterminals, Kreditkarten, Btx/Datex-J, Telefon Banking, Elektronische Geldbörse

Die Automation der Kundenselbstbedienung eignet sich nur für Standardprodukte. Für beratungsintensive Produkte sind sie nicht geeignet. Individuelle Anlage- oder Finanzierungsberatung ist nicht zu automatisieren. Marketingspezialisten standen daher der Entwicklung des Electronic Banking skeptisch gegenüber.

Für Privatkunden sind folgende automatisierte Dienstleistungen entwickelt worden:

- **Selbstbedienungsterminals** (Geldausgabeautomaten und anderes)
- **Elektronische Kassenterminals des Handels (POS)**
- **Kreditkarten**
- **Bildschirmtext**
- **Telefon Banking**
- **Elektronische Geldbörse**

Diese Dienstleistungen können durch die Automation günstiger abgewickelt werden. Die Kosteneinsparungen werden teilweise über günstigere Preise an den Kunden weitergegeben.

### 2.5.2.1 Selbstbedienungsterminals (Geldausgabeautomaten und anderes)

Um den Kundenservice rationeller zu gestalten, ist untersucht worden, aus welchen Gründen die Kunden hauptsächlich in die Bankfilialen kommen. Dabei zeigte sich, daß über zwei Drittel der Kundenbesuche ausschließlich der Bargeldabhebung dienen. Ferner haben die Zustellgebühren für Kontoauszüge dazu geführt, daß immer mehr Kunden beim Bargeldabheben auch gleichzeitig ihren Kontoauszug anforderten. Was lag also näher, als das routinemäßige Bargeldabheben und Kontoauszugabholen durch **Selbstbedienungsterminals** erledigen zu lassen. Die technischen Möglichkeiten sind damit jedoch noch nicht ausgeschöpft, sondern lassen sich auf weitere automatisierbare Geschäftsvorfälle – wie zum Beispiel Kontenüberträge, Einzahlungen, Vordruckbestellungen, Sparbuchnachträge etc. – erweitern.

#### Geldausgabeautomat (GAA)

Ein wichtiger Markstein in der Entwicklung moderner und kostengünstiger Zahlungssysteme war die Einführung der **ec-Karte**. Die ec-Karte begann zunächst als **Scheckgarantiekarte** und entwickelte sich weiter zur **Geldkarte (Debitkarte)**.

Geldkarten sind von Banken ausgegebene ec-Karten, mit denen die Kunden Verfügungsmöglichkeiten über ihr Konto an Selbstbedienungsterminals erhalten.

Bis vor einigen Jahren konnte Bargeld nur zu den normalen Geschäftszeiten am Bankschalter beschafft werden. Diese Lösung war aber wenig kundenorientiert. Die Banken waren um Abhilfe bemüht. Schließlich einigten sich die Bankenverbände im Jahr 1979 auf ein einheitliches GAA-System in Form einer nationalen Pool-Lösung („Vereinbarung über das deutsche ecGeldausgabeautomatensystem").

Damit kann der Kunde seine ec-Karte für den Bezug von Bargeld **institutsübergreifend** und bundesweit an allen GAAs unabhängig von seiner kontoführenden Stelle nutzen (GAA-Pool des deutschen Kreditgewerbes). Zielsetzung der Banken war es zugleich, mit der wettbewerbsneutralen Kooperation unnötige Mehrfachinstallationen am selben Ort zu vermeiden. Mit der Verwendung der ec-Karte als **einheitliches Zugangsmedium** wurde eine „Karteninflation" (wie etwa in den USA) vermieden.

Die institutsübergreifende Verwendung von GAAs ist möglich durch den Magnetstreifen auf der Rückseite der ec-Karte und die Vergabe einer persönlichen Geheimzahl (PIN = **Persönliche Identifikations-Nummer**) an den Karteninhaber. In dem Magnetstreifen sind die notwendigen Informationen für die Identifizierung des Kunden und die Verrechnung der Geldabhebung gespeichert. Um die Sicherheit zu erhöhen, wurden in die Karte spezielle **Kartenechtheitsmerkmale** (MM = Modulierbares Merkmal) eingebracht. Über Sensoren wird die Karte maschinell auf Echtheit überprüft.

Alle Verfügungen werden online mit einer **Sperrdatei** und einer **Transaktionsdatei** verglichen, um betrügerische und sonstige unzulässige Abhebungen zu vermeiden. Seit 1989 sind diese Autorisierungszentralen untereinander online über Datenfernübertragung verbunden, so daß die Autorisierung statt an zentraler Stelle auch beim Kartenemittenten („am Konto") möglich ist. Die meisten Geräte sind rund um die Uhr servicebereit. Um bei Mißbrauch den Schaden zu begrenzen, werden von der Bank Verfügungsrahmen festgesetzt, die auch Mehrfachverfügungen pro Tag ermöglichen. Die Höchstauszahlungsregelung darf den Betrag von 1.000 DM je Auszahlung nicht unterschreiten. Der verfügte Betrag zuzüglich Gebühren wird im DTA-Verfahren eingezogen, wenn keine Direktbelastung möglich ist.

Inzwischen besteht auch in fast allen europäischen Partnerländern des ec-Systems Zugang zu den GAAs. Deutsche ec-Karteninhaber können im Ausland normalerweise den Gegenwert von 1.000 DM pro Tag in der jeweiligen Landeswährung abheben.

Die wachsende Bedeutung von Kreditkarten hat auch zur Öffnung der GAAs für Kreditkarten geführt. In Deutschland und Europa akzeptieren immer mehr GAAs VISA und Eurocard.

## Kontoauszugdrucker (KAD)

Eine weitere elektronische Dienstleistung ist der Kontoauszug auf Abruf. Der Kunde gibt seine Identifikationskarte (zum Beispiel ec-Karte) ein und erhält einen Kontoauszug ausgedruckt. Neben dieser Dienstleistung für die Buchhaltung des privaten Kunden hat der KAD den Vorteil, daß das Abholen der Kontoauszüge am Schalter entfällt. Außerdem werden weniger Kontoauszüge als bisher ausgedruckt, da dies jetzt nur auf Initiative des Kunden geschieht.

## Selbstbedienungsterminal

Bei diesen Geräten, die meist aus Bildschirm plus Tastatur bestehen und eine möglichst einfache Bedienerführung haben sollten, wird die Legitimation, das heißt der Zutritt zum Konto per Kunden- oder ec-Karte geprüft. Es gibt hauptsächlich zwei Anwendungsgebiete:

- **Kontobezogene Anwendungen** mit Legitimationsprüfung, zum Beispiel
    - Überweisungsaufträge erteilen
    - Daueraufträge anlegen, ändern und löschen
    - Konto-, Depotinformationen abfragen
    - Vordrucke bestellen
    - einfache Anlagen, zum Beispiel Sparbriefe kaufen

- **Allgemeine Informationen** ohne Legitimationsprüfung, zum Beispiel über
    - Bankprodukte mit Standardkonditionen
    - Wertpapier- und Sortenkurse
    - einfache Finanzierungsmodelle

### 2.5.2.2 Elektronische Kassenterminals des Handels (POS)

Der Begriff „**Point of Sale**" (**POS**) kommt aus den USA und meint die elektronische Bezahlung „am Ort des Verkaufs". Hierbei geht es um die Installation von elektronischen Kassenterminals im Einzelhandel, über die der Rechnungsbetrag per ec-Karte oder sonstige Kundenkarten beleglos vom Konto abgebucht wird. Auf Wunsch des Handels sind drei unterschiedliche POS-Verfahren entwickelt worden: das **Electronic-Cash-System**, das **POZ-System** und das **ELV-System**.

## Electronic-Cash-System

Seit 1990 können ec-Karten-Inhaber per Electronic-Cash bezahlen. Dabei handelt es sich um das gemeinsame POS-Verfahren der deutschen Kreditwirtschaft. Händler, die an das Electronic-Cash-System angeschlossen werden wollen, benötigen entweder ein zusätzliches Electronic-Cash-Terminal neben ihrer Kasse, oder sie können auch die Electronic-Cash-Funktionen in ein bestehendes Kassensystem integrieren.

Wenn der Kunde mit seiner Ware an die Kasse kommt, gibt er seine ec-Karte in den Kartenleser und seine persönliche Geheimzahl (PIN) ein. Das Terminal stellt daraufhin automatisch eine Leitungsverbindung zum Rechner des Netzbetreibers her. Dort erfolgt die **Online-Autorisierung** mit Prüfung der Geheimzahl und der Echtheit der Karte (**Legitimations- und Sicherheitsprüfung**), Prüfung auf gesperrte Karten (**Sperreprüfung**) und Prüfung des Guthabens beziehungsweise des Limits (**Betragsprüfung**).

Fallen alle Prüfungen positiv aus, wird dem Händler der Rechnungsbetrag von dem kartenausgebenden Kreditinstitut garantiert (**Zahlungsgarantie**), das heißt eine Belastung aus dem Electronic-Cash-Verfahren muß in jeden Falle eingelöst werden.

Die technische Abwicklung erfolgt durch **Netzbetreiber**. Netzbetreiber sind vom ZKA zugelassene Unternehmen. Als Netzbetreiber fungieren zur Zeit die großen Mineralölgesellschaften, die TeleCash, die GZS und auch Einrichtungen (Rechenzentralen) des Kreditgewerbes. Ihnen obliegt hauptsächlich die Unterhaltung eines funktionsfähigen Netzes, das die Verbindung zwischen den Electronic-Cash-Terminals und den Autorisierungsstellen des Kreditgewerbes herstellt.

Die deutsche Kreditwirtschaft hat folgende drei Rahmenbedingungen aufgestellt (**vertragliche Voraussetzungen**):

- „Vereinbarung über ein institutsübergreifendes System zur bargeldlosen Zahlung an automatisierten Kassen (Electronic-Cash-System)"
- „Bedingungen für die Teilnahme am Electronic-Cash-System der deutschen Kreditwirtschaft (Händlervertrag)"
- „Vertrag über die Zulassung als Netzbetreiber im Electronic-Cash-System der deutschen Kreditwirtschaft (Netzbetreibervertrag)"

Gleichzeitig wurden die „Bedingungen für ec-Karten" für Kunden wegen des Electronic-Cash-Systems aktualisiert. Neben den ec-Karten sind auch Kundenkarten von Banken (zum Beispiel BankCard, SCard) einsetzbar.

Auf der Rückseite der ec-Karte ist das **edc-Logo** (electronic debit card) angebracht. Das edc-Logo weist auf die Möglichkeit hin, die ec-Karte europaweit an Electronic-Cash-Terminals in Geschäften und Tankstellen nutzen zu können. Die Angabe „Maestro" steht für die weltweite Option.

Die Anzahl der Transaktionen und der durchschnittliche Umsatzbetrag sind entscheidend für die **Kosten** pro Einkauf, die dem Händler entstehen. Sie teilen sich auf in die laufenden Kosten für das Terminal inklusive Wartung, Übertragungskosten, Netzbetreibergebühren und die Autorisierungsgebühren des Kreditgewerbes. Die Autorisierungsgebühren betragen für jeden Kaufvorgang 0,3 Prozent der Rechnungssumme, mindestens jedoch 15 Pfennige. An den Tankstellen fallen bei Rechnungsbeträgen unter 100 DM 0,2 Prozent, mindestens jedoch 8 Pfennige an. Insgesamt

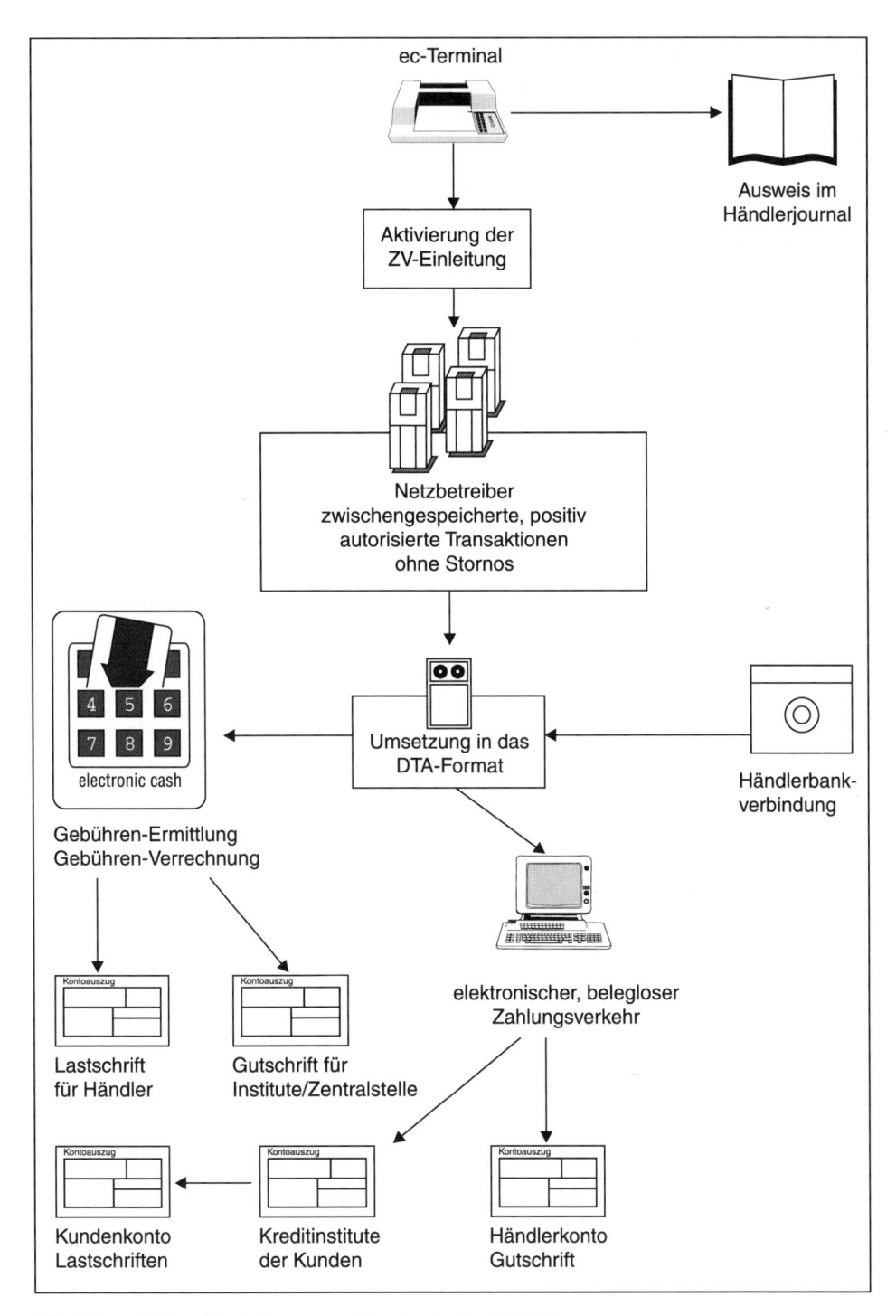

Die Bankdienstleistungen rund um den Zahlungsverkehr **201**

Abbildung 2-26: Abwicklung von Electronic-Cash-Zahlungen

werden für den Händler in der Regel zwischen 0,5 und 1,8 Prozent des Umsatzbetrages erreicht. Damit ist ein Electronic-Cash-Umsatz für den Händler wesentlich günstiger als ein Kreditkartenumsatz. Für die Kunden sind diese Zahlungsvorgänge gebührenfrei.

Das Electronic-Cash-Verfahren bringt für den Händler folgende **Vorteile**: Der Zahlungsvorgang an der Kasse braucht weniger Zeit als bei Zahlung mit Scheck oder Kreditkartenbeleg. Die Kosten der Buchungsgebühren fallen niedriger aus als bei anderen Systemen. Bargeldbestände und Schecks und die damit zusammenhängenden Arbeiten werden reduziert, damit erhöht sich auch die Sicherheit. Außerdem gilt eine Zahlungsgarantie für jede Transaktion. Spontankäufe können den Umsatz steigern, weil die Verfügungsmöglichkeit des Kunden nicht mehr durch den Bargeldbestand im Portemonnaie festgelegt ist.

**POZ-System**

Die im Electronic-Cash-Verfahren vorgeschriebene Autorisierung führt zu Kosten, die in manchen Fällen zu vermeiden wären. Beispielsweise können kleine Beträge oder Umsätze von persönlich bekannten Kunden ohne Autorisierung ablaufen. Hierfür ist von den Spitzenverbänden des Kreditgewerbes eine vereinfachte Autorisierung in Form einer reinen Sperrprüfung entwickelt worden („Vereinbarung zum POZ-System").

Beim **POZ-System (Point-of-Sale-System ohne Zahlungsgarantie)** erfolgt die Legitimation allein durch Unterschrift. Mit der Unterschrift erhält das Unternehmen die Ermächtigung des Karteninhabers für den Einzug des Rechnungsbetrages im Einzugsermächtigungsverfahren und die Ermächtigung für die kartenausgebende Bank zur Adressenweitergabe an das Unternehmen. Eine Zahlungsgarantie besteht nicht. Bei Beträgen ab 60 DM ist eine Abfrage in der Sperrdatei des Kreditgewerbes vorzunehmen. Der Vorteil für den Handels liegt in den geringen Kosten (0,10 DM je Anfrage in Sperrdatei).

**ELV-System**

Wie beim POZ-System erfolgt beim **Elektronischen Lastschriftverfahren (ELV)** die Legitimation des Kunden lediglich durch Unterschrift. Dem Unternehmen entstehen aber keine Autorisierungs- und Leitungsgebühren, dafür trägt es jedoch das volle Einlösungs- und Mißbrauchsrisiko, da lediglich eine Abfrage in der hauseigenen Sperrdatei erfolgt. Eine Zahlungsgarantie besteht nicht.

### 2.5.2.3 Kreditkarten

> **DEFINITION**
>
> Die **Kreditkarte** ist ein Ausweis, der den Kauf von Waren oder Dienstleistungen ohne Bargeld ermöglicht. Der Kreditkarteninhaber muß nicht sofort bezahlen, sonder lediglich einen Rechnungsbeleg unterschreiben. Die Abrechnung erfolgt später, meist monatlich, als Sammelrechnung einer Zentralstelle, die ihre Forderungen in der Regel per Lastschrift einzieht. Kreditkarten können auch der Bargeldbeschaffung dienen. Eine Kreditkarte enthält Namen und Unterschrift des Karteninhabers, Kartennummer und Gültigkeitsdauer.

Die Kreditkarte hat ihren Ursprung in den USA. Dort geben seit den 20er Jahren Handels- und Dienstleistungsunternehmen Kreditkarten an ihre Kunden aus, um eine verstärkte Kundenbindung zu bewirken. Solche Karten werden häufig als **Haus-, Spezial-** oder **Kundenkarten** bezeichnet und seit einiger Zeit auch von Unternehmen in Deutschland ausgegeben.

Neben den genannten Handels- und Dienstleistungsunternehmen werden Kreditkarten von besonderen, auf dieses Geschäft spezialisierte Unternehmen ausgegeben. Seit den 50er Jahren bieten beispielsweise amerikanische Kreditkartenorganisationen wie American Express und Diners Club sogenannte **Travel and Entertainment Cards (T & E Karten)** an. Inzwischen werden diese Karten auch zunehmend für Einkäufe von meist höherwertigen Waren eingesetzt. Die Kreditkartengesellschaften haben mit einer Vielzahl von Handels- und Dienstleistungsbetrieben (auch Vertragsunternehmen genannt) Vereinbarungen über die Akzeptierung der von ihnen ausgegebenen Karten getroffen. Diese Karten sind weltweit verwendbar.

Die starken Aktivitäten der Kreditkartengesellschaften warfen die Frage auf, ob es sich die Banken auf Dauer leisten können, ihren Kunden keine eigene Kreditkarte anzubieten. Denn auch ein Teil des bisherigen Konsumentenkreditgeschäfts lief so an den Banken vorbei und wurde von den Kreditkartengesellschaften selbst abgewickelt.

Aus diesen Überlegungen haben sich die **Banken als dritte Gruppe von Kreditkartenemittenten** etabliert. Weltweit haben sie zwei Organisationen gegründet, die jeweils über einen eigenen internationalen Rechnerverbund verfügen: die VISA-Organisation und die MasterCardGruppe. Weltweit besitzt VISA-Card den größten Marktanteil mit über 50 Prozent.

Die drei Institutsgruppen des deutschen Kreditgewerbes – das private Kreditgewerbe, die Sparkassenorganisation sowie der Genossenschaftsbereich – beschlossen 1975, für die gehobene Kundenschicht die **Eurocard** als internationale Kreditkarte einzuführen. Heute ist Eurocard auf europäischer Ebene Teil der Europay International S. A. in Brüssel, die ihrerseits der MasterCard-Gruppe angeschlossen ist.

Zunächst war die Gesellschaft für Zahlungssysteme (GZS) alleiniger Emittent der Eurocard. Seit 1991 kann jede Bank die Eurocard selbst in eigener Regie an ihre Kunden ausgeben. Die Eurocard trägt neben den internationalen Akzeptanzzeichen von **Eurocard** und **MasterCard** den Namen der ausgebenden Bank. Neben der Eurocard Standard gibt es die „**Eurocard Gold**" mit umfangreichen exklusiven **Zusatzleistungen** (Service, Versicherungsschutz, weltweit höhere Bargeldauszahlung und anderes). Eurocard hat in Deutschland einen Marktanteil von weit über 50 Prozent.

Die GZS bietet den emittierenden Banken zwei Gestaltungsalternativen für ihr Angebot, nämlich die Ausgabe der Eurocard **mit oder ohne Emissionsrisiko**.

Bei der zweiten Variante wird das Emissionsrisiko wie bisher von der GZS getragen. Die Banken erhalten eine jährlich zahlbare Provision für den Vertrieb der Karte. Die Banken sind in ihrer Preisgestaltung nicht an die „normalerweise" verlangten Preise für die Eurocard (40 DM p. a.) und Eurocard Gold (130 DM p. a.) gebunden.

Den Banken, die die Karte nach der Variante mit eigenem Emissionsrisiko ausgeben, fließen der Kartenpreis und die Disagioerträge, die von den Vertragsunternehmen bei der Rechnungsbegleichung einbehalten werden, in voller Höhe zu. Für die technische Abwicklung steht diesen Instituten gegen Bezahlung die GZS zur Verfügung.

Seit einiger Zeit geben auch Dienstleistungsunternehmen Karten im sogenannten Co-Branding aus. Die Ausgabe erfolgt in Kooperation mit Kreditkartenorganisationen und Banken. Sie sind mit speziellen Zusatzleistungen ausgestattet: zum Beispiel Preisvorteile bei Mietwagen und Hotels, Versicherungen, integrierter Telefonchip etc.

Den **Verlust** seiner Kreditkarte muß man unverzüglich seiner Bank beziehungsweise der Kreditkartenorganisation anzeigen. Bei unautorisierter Benutzung der Kreditkarte vor der Verlustanzeige haftet der Karteninhaber insgesamt mit höchstens 100 DM; nach der Anzeige entfällt die Haftung.

### 2.5.2.4 Bildschirmtext (Btx)/Datex-J

Bildschirmtext bietet den Kunden heute völlig neue Möglichkeiten der Kontoführung. Hat eine Bank den Btx-Verbund aufgebaut, kann der Kunde jederzeit

- Informationen über sein Girokonto und Wertpapierdepot abrufen (Kontostand, Umsätze)

- Aufträge erteilen (zum Beispiel Überweisungen erteilen oder Vordrucke bestellen)

- Mitteilungen absenden und abrufen (Broschüren anfordern, Termine vereinbaren)

Die Abwicklung von Bankgeschäften über Btx wird als Telebanking oder Home Banking bezeichnet. Btx bringt sowohl für die Bank als auch für den Kunden einige Vorteile.

Entscheidend ist insbesondere, daß die „Datenstation" dem Kunden zu Hause zur Verfügung steht und im Prinzip 24 Stunden am Tag „geöffnet" ist. Hinderlich ist jedoch der technische Bedienungsaufwand, der bei einer für den Verbraucher sehr komplizierten Ausstattung einen **Hemmschwelleneffekt** beinhalten kann.

Für den Telefonanschluß ist ein **Modem** (Modulator/Demodulator) und eine Datex-J-Anschlußkennung erforderlich; außerdem braucht man entweder ein mit **Decoder** ausgerüstetes Farbfernsehgerät plus Eingabemöglichkeit (Fernbedienung oder alphanumerische Tastatur), oder einen PC mit Softwaredecoder.

Für Privatkunden ist die Abfrage einzelner Daten oder die Übertragung einzelner Aufträge über die Btx-Online-Verbindung durchaus ausreichend. Für größere Datenmengen, insbesondere im Firmenkundengeschäft, sind andere Systeme wirtschaftlicher.

### 2.5.2.5 Telefon Banking

Viele Banken bieten inzwischen Home Banking per Telefon an. Am Telefon nennt der Kunde zunächst seine Kontonummer und ein Codewort oder gibt eine Geheimzahl ein. Nach der Legitimation kann er dann seinen Kontostand abfragen, Überweisungen veranlassen, Daueraufträge anlegen oder ändern, Sorten, Schecks und Formulare bestellen, Konten, Schecks und Sparbücher sperren sowie Stamm- und Kontodaten ändern.

Der Zugriff auf Daten ist in der Regel von einem Kennwort, dem Namen des Verfügungsberechtigten und der Kontonummer abhängig. Diese drei Elemente werden in einem Computernetz verwaltet, das keine Schnittstellen nach außen oder zum Datenzentrum der Bank hat. Damit soll auch ein Schutz vor „Hackern" gewährleistet werden. Bei Abschluß des Nutzungsvertrages wird mit dem Kunden ein besonderes Kennwort oder eine Codezahl vereinbart, damit sich der Telefonkunde beispielsweise bei einer Kontoabfrage eindeutig legitimieren kann. Diese Telefongespräche werden vom Kreditinstitut aufgezeichnet. Darüber hinaus werden die Daten gespeichert. Damit kann jede einzelne Transaktion nachvollzogen werden.

### 2.5.2.6 Elektronische Geldbörse

Im Jahr 1996 wollen die Banken ihren Kunden die ecKarte und Kundenkarte als multifunktionale Chipkarte anbieten. Als wesentliche Neuerung wird der Chip eine elektronische Geldbörse enthalten, die jeder Kunde nach eigenen Wünschen „aufladen" und zur Bezahlung insbesondere an Automaten verwenden kann. Die Chipkarte wird als reine Geldbörsenkarte verkauft und erleichtert insbesondere das Bezahlen von Kleinstbeträgen, zum Beispiel an Automaten im öffentlichen Nahverkehr oder in Parkhäusern. Sie kommt auch in Frage für Personen ohne Bankverbindung, wie beispielsweise Jugendliche.

### 2.5.3 Dienstleistungen für Firmenkunden

Electronic Banking bietet für Firmen vor allem Service, Arbeits- und Kostenersparnis in Form von DTA und DFÜ, Bildschirmtext, MultiCash/Elko sowie Cash-Management-Systemen.

#### 2.5.3.1 Datenträgeraustausch (DTA) und Datenfernübertragung (DFÜ)

Der Einsatz des DTA-Verfahrens führt bei Unternehmen zu erheblichen Rationalisierungseffekten. Als Datenträger kommen Magnetbändern und Disketten in Betracht, die kostengünstig am PC bearbeitet werden können. Sind zwischen Kunden- und Bankenseite die Datenübertragungsprozeduren und Formate abgestimmt, läßt sich der Datenaustausch auch per Datenfernübertragung (DFÜ) ausführen. Grundlage für die Verfahren sind die „Sonderbedingungen für die Beteiligung von Kunden am beleglosen Datenträgeraustausch" sowie die „Bedingungen für Datenfernübertragung (DFÜ)".

#### 2.5.3.2 Bildschirmtext (Btx)/Datex-J

Neben den allgemein zugänglichen Informationen im „Classic-Btx", wie zum Beispiel Schalteröffnungszeiten, Börsenkurse, Produktpalette, Konditionen, Sparformen etc., sind auch Informationen für spezielle Benutzergruppen, zum Beispiel Firmenkunden, darstellbar. Außerdem gibt es, wie auch für Privatkunden (vgl. Abschnitt 2.5.2.4), Btx-Banking-Angebote für Firmenkunden.

Der Zugang zum Bankrechner erfolgt über die PIN-Eingabe. Folgende Informationen, Mitteilungen und Aufträge, die aus der einzelnen Kontoverbindung herrühren sind möglich:

- Abfrage des aktuellen Kontostandes und der Umsätze ab einem bestimmten Zeitpunkt (Kontokorrent, Spar-, Termingeld, Aval, und anderes in DM oder Währung)
- Überweisungsaufträge (Einzel- und Sammelüberweisungen)
- vereinfachte Datenfernübertragung (DFÜ) für DTA-Zahlungen

Die Bankdienstleistungen rund um den Zahlungsverkehr **207**

- Bankleitzahlensuche
- Auslandszahlungsaufträge
- Widerspruch von Lastschriften
- Vordruckbestellung
- Bestellen von Reisezahlungsmitteln

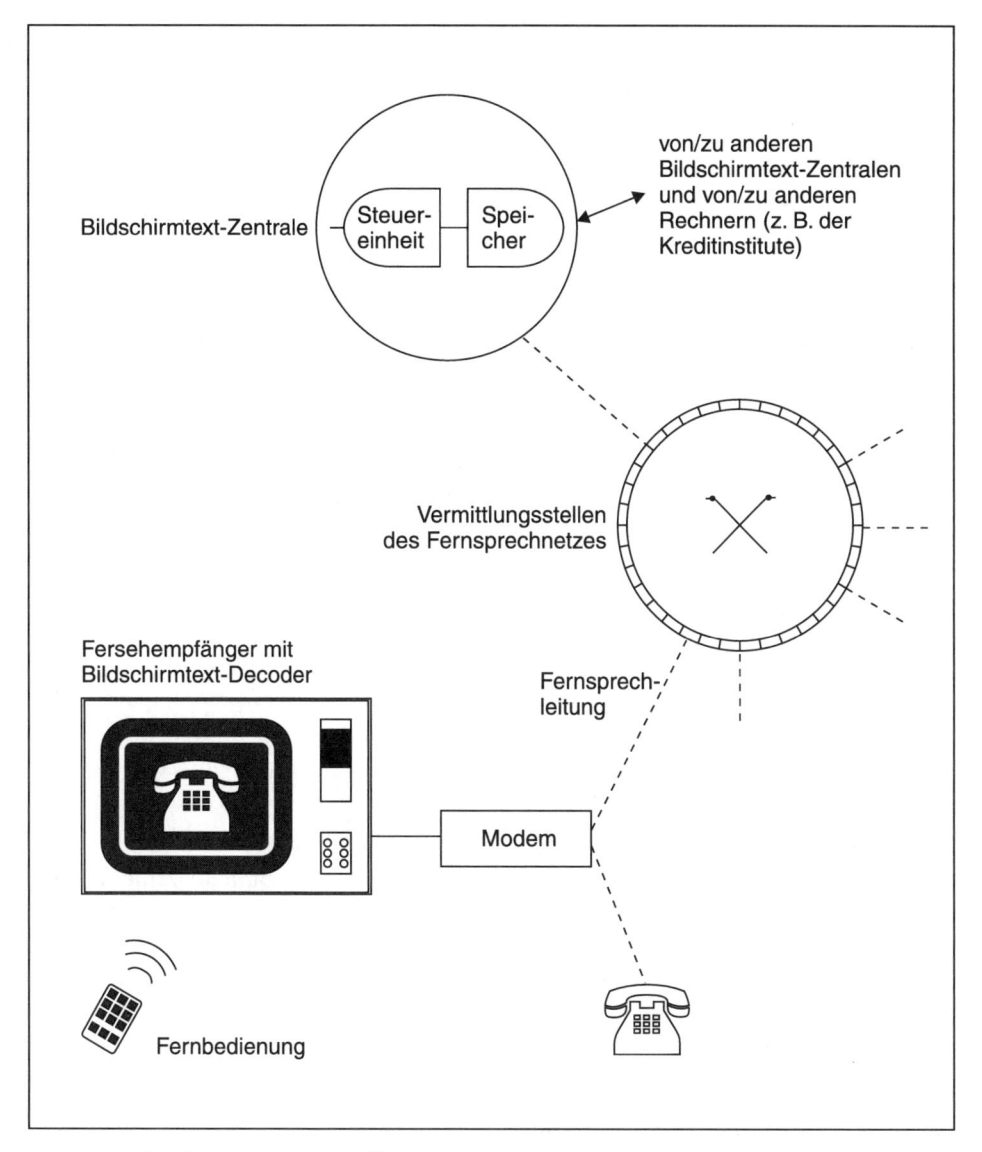

Abbildung 2-27: Bildschirmtext-System

**Speziell für Firmenkunden,** die eine Vielzahl von Konten bei verschiedenen Banken im Btx-System führen, ist es mit einer besonderen Software möglich, Finanzdaten frühestmöglich zu empfangen, aufzubereiten und zu speichern. Darauf aufbauende **Finanz- und Liquiditätsplanungsprogramme** ermöglichen auch kleineren Mittelständlern die Auswertung von Finanzdaten, die für die weitere Entwicklung des Unternehmens wichtig sein können. Selbst die **Übergabe der empfangenden Umsatzdaten** an die Finanzbuchhaltung des Großcomputers per Datentransfer ist bei entsprechender Programmierung ohne weiteres möglich.

Grundlage für die Btx-Nutzung ist das zwischen den Spitzenverbänden der Kreditwirtschaft vereinbarte „**Abkommen über Bildschirmtext**". Diese Vereinbarung über den Benutzerzugang zu kontobezogenen Btx-Anwendungen soll sicherstellen, daß

- der jeweilige Partner auch derjenige ist, für den er sich ausgibt (**Authentifizierungsproblem**)
- die Nachrichten und Transaktionen nicht gefälscht werden (**Integritätsproblem**)
- niemand anders als der Berechtigte von Bankgeschäften Kenntnis erhält (**Bankgeheimnis**)

Danach muß der Kunde neben seiner **Kontonummer** beziehungsweise einer besonderen Kundennummer ein persönliches **Btx-Kennwort (Btx-PIN)** und für die Auftragserteilung zusätzlich eine **einmalig nutzbare Transaktionsnummer (Btx-TAN)** eingeben. Werden Btx-PIN oder Btx-TAN dreimal hintereinander falsch angegeben, wird der Btx-Teilnehmer automatisch gesperrt.

Das Btx-Abkommen enthält ferner Sonderbedingungen für die Btx-Benutzung durch die Bankenkundschaft. Sie ergänzen die AGB und enthalten Angaben über Verfahren, Verfügungsgrenzen, Sperren und Haftung.

### 2.5.3.3 MultiCash/Elko (Elektronische Kontoführung)

Es handelt sich hier um PC-Programme für größere Datenmengen, die eine komfortable Zahlungsverkehrsabwicklung ohne dauernde Online-Verbindung ermöglichen. Der Kunde kann Offline-Dateien aufbauen, sortieren etc., und die Online-Verbindung per Btx-Netz, per Telefon- oder Datex-Leitung ist nur für die relativ kurze Datenübertragungszeit notwendig. Die programmgestützte Aufbereitung der empfangenen Kontodaten erleichtert die Kontoübersicht. Gelingt außerdem die elektronische Übernahme in die Kundenbuchhaltung, spart der Kunde die gesamte manuelle Datenerfassung seiner Bankumsätze.

Datenfernübertragung (DFÜ) mit Banken ist keine neue Errungenschaft. Allerdings gibt es mehrere Arten von Übertragungsformen mit zum Teil kundenspezifischen

Anpassungen. Mit dem Einsatz von Personal Computern in den Unternehmen wurde der Ruf der Kunden immer lauter, DFÜ über **ein standardisiertes** Verfahren für alle Kreditinstitute anzuwenden. Kleinere Privatbanken fanden sich deshalb zusammen und formulierten die Abwicklungsroutine „ZV-DFÜ" unter dem Namen „**Multi-Cash**". Die Großbanken entwarfen den „**Banking-Communication-Standard (BCS)**", der dieselben Routinen wie die Bundesbank bei der Elektronischen Abrechnung (EAF) einsetzt. Mit Hilfe weiterer Programmodule im Rahmen von „**Multi-Cash plus**" kann der Kunde seinen Inlands- und Auslandszahlungsverkehr abwickeln sowie Kontoumsätze abfragen und valutarisch aufbereiten (Cash-Management). Mit dem Modul **Elektronische Unterschrift (EU)** kann dem Kreditinstitut die direkte Zahlungsautorisierung gegeben werden.

### 2.5.3.4 Cash-Management-Systeme (CMS)

Der Finanzmanager eines Unternehmens ist bestrebt, die liquiden Mittel optimal zu disponieren und den Kreditbedarf so gering wie möglich zu halten. Die Banken haben dafür **nationale** und **internationale** Cash-Management-Systeme (CMS) entwickelt.

Die Basis für ein effizientes CMS ist schnellere Information. Eine rasche und umfassende Information über Kontoumsätze und -stände ist Voraussetzung für den **optimalen Einsatz der liquiden Mittel** im Inlands- und Auslandsgeschäft. Wichtigstes Ziel der CMS ist die Verbesserung des Zinsergebnisses: Überschußliquidität kann höherverzinslich angelegt werden, Soll- und Habenzinsen lassen sich oft zumindest teilweise kompensieren.

Hier liegen gewisse Interessengegensätze zwischen Kunde und Bank im Einsatz von CMS. Denn der von Unternehmen zu erzielende Zinsnutzen geht zu Lasten der Banken und wird normalerweise kaum über Gebühren für die CMS-Dienstleistung zu kompensieren sein.

Cash-Management-Systeme bieten:

- **Nationale automatische Übertragungsverfahren**
   Das automatische Übertragungsverfahren dient dem **täglichen** Ausgleich aller bei einer Bank „dezentral" geführten Konten. Alle Umsätze auf den verschiedenen Konten eines Kunden werden automatisch auf ein bestimmtes Hauptkonto (Masterkonto/Zielkonto) gebucht. Die abgegebenen Konten weisen nach der Übertragung stets einen **Nullsaldo** aus. Darum fallen auf diesen Konten auch grundsätzlich keine Haben- oder Sollzinsen an.

   Dieses auch als **Concentrating-Account** oder **Cash-Pool** bezeichnete Verfahren eignet sich für Unternehmen mit Niederlassungen, Betriebsstätten oder Tochtergesellschaften im Inland, die ein zentrales Finanzmanagement betreiben.

Wichtig ist in diesem Zusammenhang die aktuelle und schnelle Kontoinformation. Beschränkt sich ein **Balance Reporting** auf in Deutschland geführte Konten, bietet sich Btx an.

■ **Internationale Systeme**
Ist der Finanzmanager eines Unternehmens auf die frühestmögliche Information einer Kontengutschrift beziehungsweise Belastung auf Konten außerhalb Deutschlands angewiesen, werden „Multibank"-Systeme angeboten. In diesem Fall melden die verschiedenen Banken die aktuelle Kontoinformation entweder (1) direkt per DFÜ an das Unternehmen oder (2) über SWIFT oder (3) über andere internationale Netzwerke.

Von den Banken werden zur Zeit verschiedene Reporting- und Money-Transfer-Systeme angeboten. Dabei handelt es sich teils um reine Informations-, teils um Informations- und Transaktionssysteme. Hierbei gehen die Banken in ihren Marketingstrategien verschiedene Wege. Manche bieten solche Systeme als **Gemeinschaftsentwicklung** an, wie zum Beispiel WORLDCASH mit den Kreditinstituten Bayerische Vereinsbank, Berliner Bank, BHF-Bank, Commerzbank, Vereins- und Westbank. Andere versuchen es mit **eigenen Systemen**, wie zum Beispiel die Dresdner Bank mit DRECAM.

## RESÜMEE

Die Abwicklung des Zahlungsverkehrs gehört zu den gesamtwirtschaftlichen Funktionen des Bankensystems. In den einzelnen Bankhäusern jedoch betrachtete man den Zahlungsverkehr häufig nur unter dem Aspekt der hohen Kosten. Inzwischen ändern sich die Prämissen und die Betrachtung: Zahlungsverkehr ist ein wichtiger Bestandteil des komplexen Markt- und Betriebsgeschehens.

Von folgenden Entwicklungen ist auszugehen:

- ▶ Vermehrte Nutzung der Datenfernübertragung anstelle des Datenträgerversands im unbaren Zahlungsverkehrs,
  - einerseits auch im Verbund der verschiedenen Zahlungsverkehrsnetze des Kreditgewerbes, wobei der Bundesbank durch die ,,Elektronische Öffnung" eine wichtige Mittlerrolle zukommt,
  - andererseits verstärkte Anbindung der Kunden über Cash-Management-Systeme und Btx-fähige PCs.

- ▶ Internationale Harmonisierung des elektronischen Zahlungsverkehrs: Dabei könnten im Zuge der europäischen Integration über SWIFT hinaus neue Standards für den elektronischen Zahlungsverkehr nötig werden. Auch werden Entwicklungen, die eine Integration von Zahlungsverkehrsnachrichten mit dem elektronischen Nachrichtenverkehr der Unternehmen (Bankkunden) zum Inhalt haben (zum Beispiel EDIFACT), voraussichtlich Anpassungen im Zahlungsverkehr verlangen. Insgesamt wird trotz Wettbewerbs für die Kreditinstitute ein Mindestmaß an Gemeinsamkeit in den Abwicklungsmethoden notwendig sein.

- ▶ Im Zahlungsverkehr werden zunehmend transparente Preise als Äquivalent für bedarfsgerechte Dienstleistungen gefordert. Die Kostenentwicklung führt zu rationelleren Produktionsmethoden und effizienteren Produkten.

## KONTROLLFRAGEN

1. Erläutern Sie die geschäftspolitische Bedeutung des Zahlungsverkehrs für die Kreditwirtschaft.
2. Was ist Geld? Was sind „Gesetzliche Zahlungsmittel"?
3. Unterscheiden Sie die Einlösungsgarantie von der Scheckbestätigung.
4. Beschreiben Sie die möglichen Leit- und Verrechnungswege in Deutschland und Europa.
5. Welche Aufgaben hat die Bundesbank im Zahlungsverkehr?
6. Was bedeuten die Begriffe „Wertstellung" und „Float"?
7. Erläutern Sie die Arten von Schecks bezogen auf die Weitergabe beziehungsweise Einlösung.
8. Bewerten Sie das Einzugsermächtigungs- und Abbuchungsverfahren aus Sicht des Zahlungsempfängers, des Zahlungspflichtigen sowie der Kreditinstitute.
9. Beschreiben Sie die in der Praxis vorkommenden Wechselarten, und erläutern Sie die wirtschaftlichen Funktionen des Wechsels.
10. Welche Bedeutung haben Kreditkarten im Rahmen des Zahlungsverkehrs?
11. Beschreiben Sie die Leistungen von Cash-Management-Systemen.

## LITERATUR ZUM WEITERLESEN

■ Die Grundlagen des Kreditkartengeschäfts speziell in bezug auf die weltweit einsetzbaren Bankkreditkarten Eurocard/MasterCard und VISA, erläutert:

Dorner, Herbert, **Das Kreditkartengeschäft**, Frankfurt am Main 1991.

■ Die strategischen und konzeptionellen Unterschiede zwischen den verschiedenen kartengestützten Zahlungssystemen (Kreditkarten, Debitkarten und Wertkarten) beschreibt:

Dorner, Herbert, **Elektronisches Zahlen**, Frankfurt am Main 1992.

■ Die folgende Sammlung wird in Banken als „Rote Bibel" bezeichnet und fungiert als zuverlässiges Nachschlagewerk und praktische Entscheidungshilfe bei den täglich auftretenden Fragen:

Gutschmidt, Hans-Ulrich, **Zahlungsverkehr (Richtlinien, Abkommen, Bedingungen)**, Loseblattausgabe, Köln.

## 3. Geld- und Kapitalanlagemöglichkeiten

*Sparbuch oder van Gogh?*

*„Wie bekommt man ein kleines Vermögen? –
Indem man ein großes investiert!"*

---

Jeder Börsianer kennt „Bulle" und „Bär", die beiden Wappentiere vor der Frankfurter Wertpapierbörse. Sie stehen für die Optimisten und die Pessimisten, die Haussiers und Baissiers an der Börse. Alle wollen sie mit ihrem Geld an der Börse Gewinne erzielen. Dazu bedarf es aber zunächst einiger technischer und rechtlicher Kenntnisse, wenn das Ganze nicht zu einem Roulettespiel werden soll. Und es bedarf klar definierter Vorstellungen von Zielen und Motiven, das heißt: ich muß feststellen, was ich warum mit meinem Geld an der Börse erreichen will oder ob ich es besser auf einem Konto arbeiten lasse.

Aber nicht nur technische und rechtliche Kenntnisse sind zu erwerben, vielmehr sollen Sie sich auch in die Psyche eines Anlegers hineinversetzen lernen, Anlagemotive für Anlageentscheidungen nutzen und nicht zuletzt einiges über die komplizierte Materie der Besteuerung von Wertpapiererträgen erfahren.

---

### LEITFRAGEN

1. Welche Vorteile bieten Sparkonten, Termin- und Festgeldkonten?
2. Warum fördert der Staat die Vermögensbildung?
3. Was sind Effekten, wie funktioniert die Börse, welche Leistungen verbergen sich hinter den Begriffen „Verwahrung" und „Verwaltung"?
4. Welche Anlagemöglichkeiten/Hilfen bieten Banken an?
5. Wie baut man ein Vermögen auf und wie verwaltet man es mit Hilfe seiner Bank?
6. Welche Steuerfragen sind zu beachten?
7. Wie unterscheiden sich Geld- und Kapitalmarkt?
8. Wer handelt was mit wem am Geldmarkt?
9. Welche Ziele verfolgen Banken bei Wertpapiergeschäften für eigene Rechnung?

## 3.1 Anlage auf Konten – erste Schritte zum Vermögensaufbau

### 3.1.1 Sicht-, Termin- und Spareinlagen als klassische Anlagemedien

#### 3.1.1.1 Sichteinlagen

> **DEFINITION**
>
> **Sichteinlagen** sind Guthaben auf Konten in laufender Rechnung (als Produkt heißen sie: Girokonto, Kontokorrentkonto, Privatkonto), die täglich fällig sind. Die Einleger können ohne vorherige Kündigung über diese Guthaben verfügen.

Sichteinlagen haben für Bankkunden vor allem folgende Bedeutung:

- Sichteinlagen ermöglichen die Teilnahme am bargeldlosen Zahlungsverkehr.
- Durch Sichteinlagen kann die Bargeldhaltung verringert werden, das führt zu einer Risikoeinschränkung.

Eine Verzinsung der Sichteinlagen erfolgt entweder gar nicht oder nur zu einem niedrigen Zinssatz (zum Beispiel 0,5 Prozent p. a.). Bei einigen Kreditinstituten wird die Verzinsung an ein bestimmtes Mindestguthaben (zum Beispiel 10.000 DM) geknüpft.

Für das Kreditinstitut bringen die Sichteinlagen eine starke Arbeitsbelastung mit sich, weil diese Konten infolge häufiger Zu- und Abbuchungen in ständiger Bewegung sind. Aus diesem Grund wird jedes Kreditinstitut versuchen, den Kostendruck durch Rationalisierung aufzufangen.

Die Erfahrung hat allerdings gezeigt, daß ein bestimmter Teil dieser Sichteinlagen, der sogenannte „Bodensatz", dem Kreditinstitut ständig zur Verfügung steht, eine Erfahrungsregel, die auf die Wirkung des Gesetzes der großen Zahl zurückzuführen ist. Diese Erfahrung kommt auch in einigen gesetzlichen Regelungen zum Ausdruck. Zwar mag der eine oder andere Kunde sein gesamtes Sichtguthaben abziehen, im Normalfall werden sich jedoch in der Gesamtheit aller Sichteinlagen Einzahlungs- und Auszahlungsströme etwa ausgleichen. Das bedeutet, daß durch die Kompensation der Einzahlungen und Auszahlungen die Institute auch auf längere Sicht einen Teil der Sichteinlagen im Aktivgeschäft (zum Beispiel im Wechseldiskont-, Kontokorrentkredit- und sogar zu einem geringeren Teil im langfristigen Kreditgeschäft) einsetzen können, ohne daß Liquiditätsprobleme entstehen. Selbst in konjunkturell ungünstigen Zeiten benötigen die Kunden der Institute neben einem bestimmten

Bargeldbestand einen Mindestbestand an Sichteinlagen, da sie sonst den zur Durchführung ihrer Geschäfte notwendigen Zahlungsverkehr nicht abwickeln können.

### 3.1.1.2 Termineinlagen

> **DEFINITION**
>
> **Befristete Verbindlichkeiten** – auch Termineinlagen genannt – sind im Gegensatz zu den Sichtverbindlichkeiten vorübergehend freigesetzte Geldbeträge, die im allgemeinen für mindestens einen Monat zum Zwecke der Erzielung eines höheren Zinsertrages auf sogenannte Termingeldkonten angelegt werden.

Die befristeten Verbindlichkeiten dienen grundsätzlich nicht dem Zahlungsverkehr und sind in bezug auf den Eintritt des Zeitpunktes der Fälligkeit entweder als Festgelder oder als Kündigungsgelder anzusehen.

- **Festgelder** werden an einen im voraus bestimmten Tage zur Rückzahlung fällig, von dem an sie als Sichtverbindlichkeiten mit entsprechend niedrigerer Verzinsung zu betrachten sind.

- **Kündigungsgelder** werden dagegen erst fällig, nachdem sie zuvor entsprechend der mit dem Kunden vereinbarten Kündigungsfrist gekündigt wurden.

In der Praxis sind Festgelder die häufigste Form, da hier die Überwachung der Kündigungsfristen entfällt.

Folgende Laufzeitsegmente werden unterschieden:

- 30 bis 89 Tage
- 90 bis 179 Tage
- 180 bis 359 Tage
- 360 Tage und darüber

Termineinlagen werden meist ab Beträgen von 10.000 DM entgegengenommen. Die Verzinsung ist zum einen abhängig von der Höhe der Einlage, zum anderen von der Laufzeit.

Von den **Spareinlagen unterscheiden sich die befristeten Verbindlichkeiten** dadurch, daß die Kündigungs- und Festgelder im allgemeinen für einen relativ kurzen und genau begrenzten Zeitraum und in ganz bestimmten, meist runden Beträgen festgelegt werden, während für die Spareinlagen in der Regel ihr langsames Anwachsen, vielfach über Jahre hinweg, charakteristisch ist.

In bezug auf die **Liquidität** erlauben die befristeten Verbindlichkeiten der Bank wesentlich genauere Dispositionen als Sichtverbindlichkeiten. Während die Kreditinstitute bei Sichtverbindlichkeiten täglich damit rechnen müssen, daß Rückzahlung gefordert wird, stehen ihnen befristete Verbindlichkeiten grundsätzlich für eine fest umrissene Zeit zur Verfügung. Allerdings gelten diese Überlegungen nicht ohne Einschränkung. Die Kreditinstitute müssen berücksichtigen, daß ein gewisser, wenn auch geringer Teil der befristeten Verbindlichkeiten vor dem vereinbarten Termin beziehungsweise ohne Einhaltung der vertraglichen Kündigungsfrist von den Einlegern benötigt wird. Aus Gründen der Kulanz entsprechen die Kreditinstitute diesen Wünschen zumeist in der Form, daß ein Kredit bis zur Höhe der befristeten Einlage eingeräumt wird. Sie sind jedoch gezwungen, dies in ihren Dispositionen über die ihnen zur Verfügung stehenden Mittel zu berücksichtigen. Eine andere Möglichkeit zur vorzeitigen Rückzahlung besteht darin, daß dem Kunden bei der Abhebung **Vorschußzinsen** entsprechend der Vorschußzinsberechnung für Sparkonten belastet werden.

Unter Liquiditätsgesichtspunkten sind also bei den befristeten Verbindlichkeiten Tendenzen zu beobachten, die denjenigen bei den Sichtverbindlichkeiten entgegenlaufen. Während bei den Sichtverbindlichkeiten ein gewisser Mindestbestand immer vorhanden sein wird, so daß für diesen „Bodensatz" liquiditätsmäßig keine Vorsorge getroffen zu werden braucht, ist es bei den befristeten Verbindlichkeiten möglich, daß sie, zum Beispiel in Zeiten einer allgemeinen finanziellen Anspannung oder durch Zinsverhältnisse bedingt, nahezu restlos abgerufen werden. Daher sind bei den befristeten Verbindlichkeiten die **Liquiditätsreserven** höher zu bemessen, als dies nach den vertraglichen Vereinbarungen der Fall sein müßte. Grundsätzlich weisen die befristeten Verbindlichkeiten aber trotz der obigen Einschränkungen eine größere Stabilität auf als die Sichtverbindlichkeiten und erleichtern allein dadurch, daß sie nicht täglich fällig sind, die Dispositionen und Kreditvergabemöglichkeiten der Banken. Diese Eigenschaften sind auch der Hauptgrund dafür, daß die befristeten Verbindlichkeiten höher verzinst werden als die Sichtverbindlichkeiten. Ein weiterer Grund ist die bessere Ausleihmöglichkeit nach den Grundsätzen über das Eigenkapital und die Liquidität und eine geringere Mindestreserve als bei Sichteinlagen.

### 3.1.1.3 Spareinlagen

Seit dem 1.7.1993 sind die §§ 21 und 22 des KWG, die bisher den Sparverkehr geregelt hatten, aufgehoben worden. Der Begriff „Spareinlage" wurde in der Rechnungslegungsverordnung (RechKredV) neu definiert:

> **§ 21 Abs. 4 RechKredV**
>
> Als Spareinlagen sind nur unbefristete Gelder auszuweisen, die folgende vier Voraussetzungen erfüllen:
>
> 1. Sie sind durch Ausfertigung einer Urkunde, insbesondere eines Sparbuchs, als Spareinlagen gekennzeichnet.
> 2. Sie sind nicht für den Zahlungsverkehr bestimmt.
> 3. Sie werden nicht von Kapitalgesellschaften, Genossenschaften, wirtschaftlichen Vereinen, Personenhandelsgesellschaften oder von Unternehmen mit Sitz im Ausland mit vergleichbarer Rechtsform angenommen, es sei denn, diese Unternehmen dienen gemeinnützigen, mildtätigen oder kirchlichen Zwecken, oder es handelt sich bei den von diesen Unternehmen angenommenen Geldern um Sicherheiten gemäß § 550b BGB oder § 14 Abs. 4 des Heimgesetzes.
> 4. Sie weisen eine Kündigungsfrist von mindestens drei Monaten auf.
>
> Sparbedingungen, die dem Kunden das Recht einräumen, über seinen Einlagen mit einer Kündigungsfrist von drei Monaten bis zu einem bestimmten Betrag, der jedoch pro Sparkonto und Kalendermonat 3.000 DM nicht überschreiten darf, ohne Kündigung zu verfügen, schließen deren Einordnung als Spareinlagen im Sinne dieser Vorschrift nicht aus. Geldbeträge, die auf Grund von Vermögensbildungsgesetzen geleistet werden, gelten als Spareinlagen. Bauspareinlagen gelten nicht als Spareinlagen.

Diese Neuregelung enthält keinen Schutz des Begriffs „Spareinlage". Somit haben die Kreditinstitute die Möglichkeit, Gelder als Spareinlagen hereinzunehmen, die von den Vorschriften des § 21 Abs. 4 RechKredV abweichen (zum Beispiel eine Kündigungsfrist von einem Monat, Gelder von Personenhandelsgesellschaften, die weder gemeinnützigen, mildtätigen noch kirchlichen Zwecken dienen). Allerdings dürfen diese Gelder in der Bilanz nicht als Spareinlage ausgewiesen werden, und damit entfällt auch die bevorzugte Behandlung dieser Gelder bei der Mindestreserveberechnung und bei den Grundsätzen II und III.

Einzelheiten im Sparverkehr regeln jetzt auch die besonderen Bedingungen für den Sparverkehr der Banken.

## Sparbuch

Das Sparbuch erfüllt verschiedene **Funktionen**, die im folgenden dargestellt werden.

- **Legitimationsfunktion**
  Das Kreditinstitut ist berechtigt, aber nicht verpflichtet, an jeden Inhaber des Sparbuches Zahlungen in der ausgewiesenen Höhe zu leisten. Das Sparbuch ist infolgedessen kein reines Inhaberpapier, sondern ein sogenanntes „**hinkendes**

Inhaberpapier", das auch als **qualifiziertes Legitimationspapier** bezeichnet wird, da das Kreditinstitut nicht verpflichtet, aber berechtigt ist, bei Zahlungen im Rahmen der versprochenen Leistung eine Legitimationsprüfung vorzunehmen.

- **Informationsfunktion**

Dem Kontoinhaber gegenüber erfüllt das Sparbuch eine Informationsfunktion, das heißt es dient der ständigen Unterrichtung über Ein- und Auszahlungen und über den jeweiligen Kontostand und ist geeignet, während vieler Jahre und Jahrzehnte derartige Informationen zu speichern. Die dabei im Sparbuch ausgewiesene Höhe des Guthabens ist zwar Anhaltspunkt, jedoch kann daraus nicht der exakte Stand der Forderungen hergeleitet werden. Dafür ist der Kontostand des Sparkontos maßgeblich.

- **Werbefunktion**

Das Sparbuch ist geeignet, sowohl für die einzelne Bank als auch für den Spargedanken im allgemeinen werbend zu wirken. Das ergibt sich aus der relativ freien Gestaltungsmöglichkeit in bezug auf die äußere Aufmachung und auf die Textanordnung. Daneben ergibt sich eine Werbefunktion, die mehr auf psychologischen Momenten beruht: Schon die Freude am Besitz eines Sparbuches mit kleinem Guthaben kann zu einer Anregung der Spartätigkeit führen. Durch die sofortige Abbuchung von Rückzahlungen kann sich unter Umständen ein **psychologischer Effekt** derart ergeben, daß sich die Kontoinhaber zu Verfügungen über Sparbücher schwerer entschließen als zu Dispositionen über andere Konten. Entsprechendes gilt für die sofortige Gutschrift von Bareinzahlungen.

**Verzinsung von Spareinlagen**

Spareinlagen werden zu den von den Banken durch Aushang in den Geschäftsräumen veröffentlichten Zinssätzen verzinst. Zinsbeginn ist der Einzahlungstag, Zinsende der Kalendertag, der der Rückzahlung vorausgeht. Die Zinsen werden jeweils zum Jahresende gutgeschrieben. Über diese Zinsen kann der Kunde innerhalb von zwei Monaten nach Gutschrift ohne Einhaltung von Kündigungsfristen verfügen. Danach unterliegt diese Zinsgutschrift den Regelungen für Spareinlagen mit vereinbarter Kündigungsfrist.

**Verfügungen über Spareinlagen**

In der Praxis werden fast ausschließlich Spareinlagen mit einer Kündigungsfrist von drei Monaten hereingenommen. Eine längere Kündigungsfrist und Kündigungssperrfrist muß ausdrücklich zwischen Kunden und Bank vereinbart werden.

Von Spareinlagen mit dreimonatiger Kündigungsfrist kann der Kunde ohne Kündigung über 3.000 DM pro Sparbuch innerhalb eines Kalendermonats verfügen.

Bei Verfügungen, die diesen Freibetrag übersteigen, ist die Bank berechtigt, aber nicht, wie bisher, durch das KWG verpflichtet, Vorschußzinsen zu berechnen. Die Höhe der Vorschußzinsen muß genau wie der Zinssatz für Spareinlagen durch Aushang in den Geschäftsräumen bekanntgegeben werden.

Grundsätzlich dürfen Verfügungen über Spareinlagen durch einen Überweisungsauftrag nur in Ausnahmefällen zugelassen werden, und auch nur dann, wenn das Sparbuch vorgelegt wird. **Verfügungen ohne Vorlage des Sparbuchs** erklärt das Bundesaufsichtsamt nur für zulässig, wenn

1. **Daueraufträge** zugunsten eines anderen Sparkontos des Sparers bei demselben Kreditinstitut ausgeführt werden (zum Beispiel zugunsten eines prämienbegünstigten Sparkontos)

2. das kontoführende Kreditinstitut wegen fälliger **Forderungen gegen den Sparer** das Sparkonto belastet (zum Beispiel Hypothekenzinsen, Tilgungsraten, Depotgebühren, Tresormieten, Ansprüche aus dem Kauf von Wertpapieren)

3. der Sparer aus besonderen Gründen (zum Beispiel wegen **Krankheit**) nicht beim Kreditinstitut erscheinen kann und ihm die Einsendung des Sparbuches nicht zumutbar ist (Überweisungen sind jedoch dann nur an den Sparer selbst zulässig)

4. der **Verlust des Sparbuchs** angezeigt wurde; für diesen Fall sind die maßgeblichen gesetzlichen und satzungsmäßigen Vorschriften zu beachten

Nach voller Rückzahlung der Spareinlage kann dem Sparer das Sparbuch belassen werden, wenn durch die **Entwertung des Sparbuches** (durch Lochen, Einreißen, Einschneiden) ein Mißbrauch der Urkunde ausgeschlossen worden ist.

Bis zum 30.6.1993 konnten Sparkunden im Rahmen des freizügigen Sparverkehrs auch bei anderen Instituten der gleichen Bank beziehungsweise Bankengruppe über ihre Spareinlagen verfügen. Diese Regelung ist mit dem 1.7.1993 aufgehoben worden.

**Bedeutung der Spareinlagen**

Es gibt unterschiedliche Sparmotive bei den Bankkunden. Das mit Abstand häufigste Sparmotiv ist Vorsorge, das heißt Sparen für das Alter oder für unerwartete Ausgaben. Daneben gibt es viele Kunden, die für einen bestimmten Zweck sparen, zum Beispiel Urlaub, Auto. Ein weiteres Motiv für Sparen ist die ertragsbringende Vermögensbildung.

Für die Banken sind die Spareinlagen eine wichtige Refinanzierungsquelle. Aus diesem Grund versuchen heute alle Banken, durch das Angebot von neuen Sparformen mit Sonderausstattungen vermehrt Spareinlagen zu gewinnen.

**Besondere Sparformen**

Besonders im Bereich der Sparverträge haben sich einige Sonderformen entwickelt:

- **Bonussparverträge**
  Nach Ablauf einer bestimmten Anlagedauer wird ein einmaliger Bonus auf die erbrachten Sparleistungen ausgezahlt (als Einmalanlage oder Ratensparvertrag möglich).

- **Wachstums- oder Zuwachssparverträge**
  werden entweder mit jährlich steigenden Zinsen oder jährlich steigenden Zusatzzinsen ausgestattet (Einmalanlage oder Ratensparvertrag möglich).

- **Sparpläne**
  Bei diesen Sparverträgen werden verschiedene Sparformen (zum Beispiel Kontosparen und Investmentsparen) kombiniert. Auch hier kann der Vertrag über eine Einmalanlage oder als Ratensparvertrag abgeschlossen werden.

- **Sparverträge mit Lebensversicherungsschutz**
  Zusätzlich zum Sparvertrag wird eine Risikolebensversicherung abgeschlossen, die beim Tod des Sparers die Zahlung der fehlenden Sparraten übernimmt.

**Sparbriefe**

> **DEFINITION**
>
> **Sparbriefe** sind Namensschuldverschreibungen mit einer Laufzeit von meist ein bis zu sechs Jahren, die mit einer festen Verzinsung ausgestattet sind. Sie sind keine Spareinlagen im Sinne der Rechnungslegungsvorschriften für Kreditinstitute. Die Übertragbarkeit ist im Regelfall ausgeschlossen (Rektapapier).

Die Sparbriefe unterscheiden sich vielfach in der Art der Zinszahlung:

- normalverzinst, das heißt Ausgabe und Rückzahlung bei Fälligkeit erfolgt zum Nennwert, Zinszahlung jährlich nachträglich

- abgezinst, das heißt, Ausgabe erfolgt zum Nennwert abzüglich Zins und Zinseszins für die Laufzeit, Rückzahlung zum Nennwert, keine laufenden Zinszahlungen

- aufgezinst, das heißt, Ausgabe erfolgt zum Nennwert und Rückzahlung bei Fälligkeit zum Nennwert zuzüglich Zins und Zinseszins für die Laufzeit, keine laufenden Zinszahlungen

Eine Rückgabe der Sparbriefe vor Fälligkeit ist oft ausgeschlossen. Bilanziert werden Sparbriefe unter der Position „Verbindlichkeiten gegenüber Kunden mit vereinbarter Laufzeit oder Kündigungsfrist".

## Sparschuldverschreibungen (auch Sparobligationen, Sparkassenobligationen)

> **DEFINITION**
>
> **Sparschuldverschreibungen** sind meist Orderschuldverschreibungen mit einer Laufzeit von vier bis zehn Jahren, die mit einer festen Verzinsung ausgestattet sind.

Auch hier besteht die Möglichkeit, aufgezinste, abgezinste oder normal verzinsliche Papiere zu erwerben. Sie sind nicht börsenfähig. Eine Rückgabe vor Endfälligkeit ist meist möglich. Diese erfolgt zu einem besonders festgesetzten Rücknahmepreis („Hauskurs"), der sich im Kapitalmarktzins orientiert.

### 3.1.2 Staatliche Förderung der Vermögensbildung

Eine der Zielsetzungen unseres Staates ist eine möglichst gerechte Vermögensverteilung. Deshalb fördert der Staat die Vermögensbildung in privater Hand. Nach dem 5. Vermögensbildungsgesetz (VermBG) fördert der Staat insbesondere die Beteiligung am Produktivvermögen im Rahmen bestimmter Einkommenshöchstgrenzen nach folgenden Gesetzen:

Wichtige Anlageformen und Vertragsarten sind:

| Anlageform | Vertragsart | Förderung | Gesetzliche Grundlage im VermBG |
|---|---|---|---|
| 1. Vermögensbeteiligungen<br>– in Wertpapieren<br>– in anderen Vermögensbeteiligungen | Wertpapierkaufvertrag oder Sparvertrag oder Beteiligungskaufvertrag | AN-Sparzulage<br><br>keine AN-Sparzulage<br>AN-Sparzulage | § 5.5<br><br>§ 4,5<br><br>§ 6.5 oder 7.5 |
| 2. Aufwendungen zur Förderung des Wohnungsbaus | Bausparvertrag | AN-Sparzulage oder Wohnungsbauprämie; teilweise auch nach § 10 EStG | § 2 Abs. 1 Nr. 5.5 und WoPG |
| 3. Kapitallebensversicherungen | Kapitallebensversicherungsvertrag | im Rahmen des § 10 EStG | § 9.5 |

Abbildung 2-28: Anlageformen und Vertragsarten

Die Banken verfolgen jede Änderung der staatlichen Vermögensbildung mit großem Interesse, da die Anlage solcher Gelder einen wichtigen Teil ihres Dienstleistungs- beziehungsweise Passivgeschäfts ausmacht. Wenn diese Gelder unmittelbar bei Banken als Einlageart festgelegt werden, bedeutet dies eine Förderung ihres Passivgeschäfts. Wenn die Banken im Rahmen des Dienstleistungsgeschäfts bei der Anlage der Gelder vermittelnd tätig werden können, ergibt sich zumindest ein Provisionsertrag.

Für Mitarbeiter von Banken gehören deshalb Kenntnisse über die gesetzlichen Bestimmungen der staatlichen Vermögensbildungspolitik zu den wichtigen Voraussetzungen in der Kundenberatung.

### 3.1.2.1 Das 5. Vermögensbildungsgesetz (5. VermBG)

Durch dieses Gesetz wird grundsätzlich die Vermögensbildung von Arbeitnehmern gefördert. Selbständige, Hausfrauen, Schüler und ähnliche Gruppen sind von der Förderung ausgeschlossen.

In der Praxis können sich Abgrenzungsprobleme ergeben, ob ein Antragsteller zur Gruppe der Arbeitnehmer gehört. Das 5. VermBG legt den arbeitsrechtlichen Arbeitnehmerbegriff zugrunde, nicht den des Steuerrechts oder des Sozialversicherungsrechts. In der Regel kann man allerdings davon ausgehen, daß derjenige, der steuerlich Einkünfte aus nichtselbständiger Arbeit hat, also eine Steuerkarte bei seinem Arbeitgeber abgeben muß, auch im arbeitsrechtlichen Sinne Arbeitnehmer ist.

§ 1 des 5. VermBG sagt ausdrücklich, daß zu den Arbeitnehmern neben Arbeitern und Angestellten auch Heimarbeiter, Beamte, Richter, Berufssoldaten und Soldaten auf Zeit zahlen. Begünstigt sind ebenfalls leitende Angestellte, Praktikanten und Umschüler.

Klargestellt ist im Gesetzestext, daß die gesetzlichen Vertreter juristischer Personen, also beispielsweise Geschäftsführer einer GmbH oder Vorstandsmitglieder einer Genossenschaft, nicht in den Genuß des 5. VermBG kommen. Die Staatsangehörigkeit des Arbeitnehmers spielt keine Rolle, auch Gastarbeiter profitieren vom 5. VermBG. Deutsche, die im Ausland arbeiten und nicht dem deutschen Arbeitsrecht unterliegen, fallen nicht in den Geltungsbereich.

Die Vorteile dieses Gesetzes sollen nur Arbeitnehmern bis zu einer bestimmten Einkommenshöhe zugute kommen.

Diese Einkommensgrenze beträgt 27.000 DM bei Ledigen, 54.000 DM bei Verheirateten. Dabei handelt es sich weder um das Bruttoeinkommen noch um das Nettoeinkommen, die den Kunden in der Regel bekannt sind, sondern um das „zu versteuernde Einkommen".

Bei der Ermittlung der Einkommensgrenze werden die Kinder im Sinne des Einkommensteuergesetzes (§ 32 Abs. 4 bis 7 EStG) berücksichtigt. Grundsätzlich fallen alle Kinder darunter, die das 16. Lebensjahr zu Beginn des Kalenderjahres noch nicht vollendet haben, unter bestimmten Voraussetzungen auch Kinder bis zum vollendeten 27. Lebensjahr (zum Beispiel Kinder, die in der Berufsausbildung sind oder sich darum bewerben, Wehr- oder Zivildienstleistende).

Das Bruttoeinkommen ist in der Regel deutlich höher aus das zu versteuernde Einkommen. Die Kreditinstitute haben Tabellen, aus denen sie je nach Familienstand, Kinderzahl, Rentenversicherungspflicht und Anzahl der Arbeitnehmer in der Familie die Höhe des zulässigen Bruttoeinkommens ersehen können. Dies gilt allerdings nur unter der Voraussetzung, daß ein Arbeitnehmer keine über die Pauschalsätze hinausgehenden Beträge geltend machen kann, was zum Beispiel bei den Werbungskosten häufig vorkommen dürfte.

Maßgeblich für die staatliche Förderung ist das Einkommen für das Jahr, in dem die Arbeitnehmer-Sparzulage gezahlt wird. Für die Arbeitnehmer-Sparzulage des Jahres 1995 ist das Einkommen des Jahres 1995 maßgeblich.

Der Sparer erhält vom Anlageinstitut jeweils zum Jahresende eine Bescheinigung über die im Laufe des Jahres angelegten vermögenswirksamen Leistungen. Diese Bescheinigung wird mit der Einkommensteuererklärung beim Finanzamt eingereicht. Die Auszahlung der Arbeitnehmer-Sparzulage erfolgt jedoch nicht jährlich, sondern wird am Ende der Vertragslaufzeit ausgezahlt.

Eine weitere Voraussetzung des 5. VermBG für die Vergabe einer Arbeitnehmer-Sparzulage ist die direkte Überweisung der vermögenswirksamen Leistungen durch den Arbeitgeber, unabhängig davon, ob der Arbeitgeber die vermögenswirksamen Leistungen trägt oder ob diese aus dem Lohn des Arbeitnehmers stammen. Eine vermögenswirksame Leistung darf also nicht vom Arbeitgeber ausgezahlt werden, damit der Arbeitnehmer sie bei der Bank einzahlt. Der Arbeitgeber hat bei der Überweisung anzugeben, daß es sich um eine vermögenswirksame Leistung handelt. Die Bank muß dem Arbeitgeber ihrerseits die Anlageart bestätigen. Die vermögenswirksamen Leistungen, die der Arbeitnehmer vom Arbeitgeber erhält, sei es aufgrund eines Tarifvertrages oder auch eines Einzelvertrages mit dem Arbeitnehmer, sind Entgelt im Sinne der Sozialversicherung und Einkommen im Sinne des Steuerrechts und somit steuerpflichtig.

Der Arbeitnehmer kann unter bestimmten Voraussetzungen vorzeitig ohne Verlust der Arbeitnehmer-Sparzulage über die vermögenswirksamen Leistungen verfügen. Die wichtigsten Bestimmungen sind nachstehend zusammengefaßt. Dabei ist zu berücksichtigen, daß sich diese Übersicht auf die Anlageformen bezieht, die bei Banken zulässig sind. Für eine Kapitalversicherung gelten andere Vorschriften.

Eine **vorzeitige Verfügung** ist unschädlich:

- bei Tod oder völliger Erwerbsunfähigkeit (90 Prozent) des Sparers oder dessen Ehegatten
- bei Heirat nach Vertragsabschluß und Verfügung frühestens zwei Jahre nach Beginn der Festlegungsfrist
- bei ununterbrochener Arbeitslosigkeit des Sparers von mindestens einem Jahr, die nach Vertragsabschluß eingetreten ist und noch andauert
- bei Aufnahme einer selbständigen Erwerbstätigkeit
- nach dem Gesetz zur Förderung der Rückkehrbereitschaft von Ausländern

Das 5. VermBG enthält einen umfangreichen **Anlagekatalog**. Der Arbeitnehmer hat grundsätzlich die Wahl, ob er die vermögenswirksamen Leistungen bei einem Kreditinstitut, einer Versicherungsgesellschaft, einer Bausparkasse oder beim Arbeitgeber anlegen will.

Mit einer Bank kann ein vermögenswirksamer Sparvertrag in Form eines Kontensparvertrages oder eines Wertpapier-Sparvertrages abgeschlossen werden. Die Anlage auf einem Kontensparvertrag (§ 4 Abs. 1 VermBG) erfolgt meistens auf einem Sparkonto, das in der Regel mit dem Zinssatz für gesetzliche Kündigungsfrist verzinst wird und bei dem der Sparer am Ende der Festlegungsfrist einen Bonus von gewöhnlich 14 Prozent erhält. Die Laufzeit richtet sich nach den Bestimmungen des 5. Vermögensbildungsgesetzes, das heißt der Vertrag muß sechs Jahre lang angespart werden und ist dann noch ein Jahr gesperrt (Sperrfrist). Die Sperrfrist kann allerdings kürzer sein, da die Festlegungsfrist rückwirkend zum 1.1. des Jahres beginnt, in dem die erste vermögenswirksame Leistung eingeht.

Beim Kontensparvertrag liegt der Anlagenhöchstbetrag bei 936 DM im Jahr. Der Betrag wird auf einen „vermögenswirksamen Sparvertrag mit Bonus" eingezahlt.

Diese Anlageform wird jedoch nicht durch Arbeitnehmer-Sparzulage gefördert.

Anders ist die Förderung bei einem Wertpapier-Sparvertrag nach § 5 Abs. 1 VermBG. Hier erfolgt die Anlage in sogenannten Beteiligungswerten.

Welche Beteiligungswerte hier zulässig sind, wird im Gesetz in § 2 Abs. 1 Nr. 2 im einzelnen aufgezählt (siehe Abbildung 2-29).

Für eine Anlage in einem Wertpapier-Sparvertrag erhält der Arbeitnehmer eine Sparzulage von 10 Prozent. Der begünstigte Höchstbetrag beträgt 936 DM.

In der Beratungspraxis der Banken spielen die Beteiligungsrechte kaum eine Rolle, eine Ausnahme gilt bei Genossenschaftsbanken hinsichtlich des Erwerbs von Genossenschaftsanteilen. Für eine Anlage vermögenswirksamer Leistungen kommen zur Zeit nur Wertpapiere in Frage.

```
                    ┌──────────────────────────────────┐
                    │ Überblick über die Anlagemöglichkeiten │
                    │     in Beteiligungswerten nach        │
                    │          § 2 Abs. 1 VermBG            │
                    └──────────────────────────────────┘
                              │
                ┌─────────────┴─────────────┐
```

**Wertpapiere**  
**§ 2 Abs. 1a–f VermBG**

- Aktien
- Wandel und Gewinnschuldverschreibungen
- Investmentanteile in- und ausländischer Aktienfonds
- Anteile an Beteiligungssondervermögen
- Genußscheine
- Anteile an Aktienfonds und gemischten Fonds ab 70 % Aktienanteil

**Beteiligungsrechte**  
**§ 2 Abs. 1g–e VermBG**

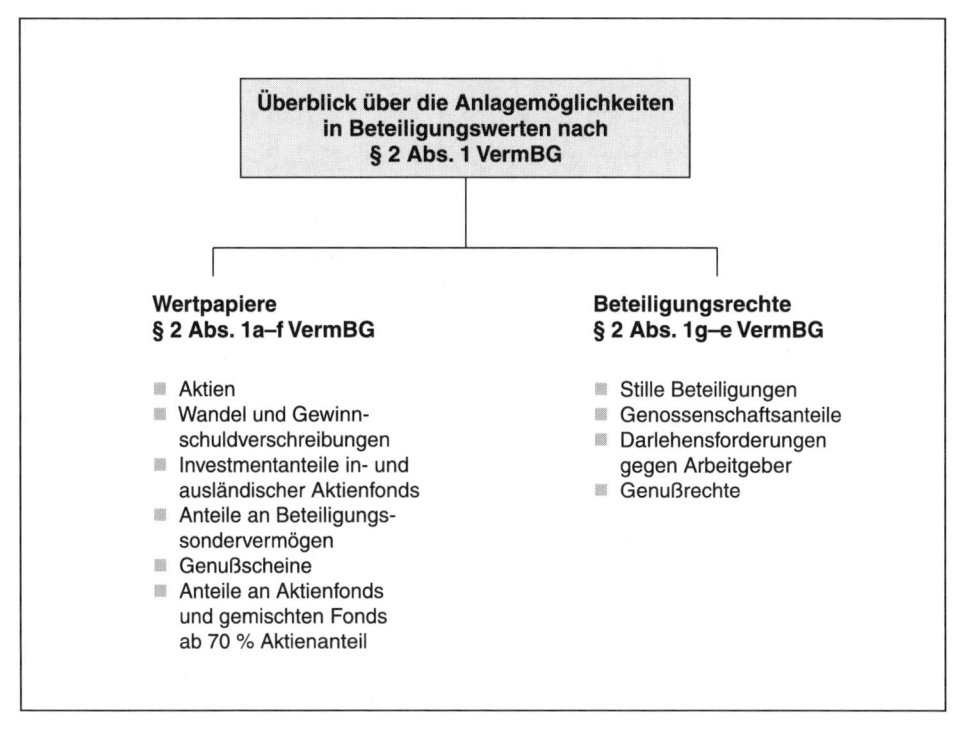

- Stille Beteiligungen
- Genossenschaftsanteile
- Darlehensforderungen gegen Arbeitgeber
- Genußrechte

Abbildung 2-29: Anlagemöglichkeiten in Beteiligungswerten

Die vermögenswirksamen Leistungen sind zunächst auf ein Ansparkonto einzuzahlen. Der Arbeitnehmer muß bis spätestens zum Ende des folgenden Kalenderjahres Wertpapiere gekauft haben. Es darf aber ein Spitzenbetrag auf dem Ansparkonto verbleiben, da nicht immer genau der angesparte Betrag in Wertpapieren angelegt werden kann. Dieser Spitzenbetrag darf 300 DM nicht übersteigen, sonst gibt es hierauf nur die geringe Sparzulage wie bei einem Kontosparvertrag. Natürlich müssen die Wertpapiere in ein Depot beim Kreditinstitut gebucht werden, damit auch garantiert ist, daß die Sperrfrist eingehalten wird. Die Sperrfristen sind die gleichen wie bei Kontensparverträgen.

Wertpapiere, die im Rahmen eines Wertpapier-Sparvertrages nach § 5 VermBG erworben wurden, können vor Ablauf der Sperrfrist ohne Verlust der Sparzulage veräußert werden, wenn der Erlös wieder in Beteiligungspapier angelegt wird. Der Erlös muß bis zum Ablauf des Kalendermonats, der dem Kalendermonat der Veräußerung folgt, wiederverwendet werden (§ 5 Abs. 4 VermBG).

In der Praxis werden für diese Wertpapier-Sparverträge häufig sogenannte Investmentsparpläne abgeschlossen. Hier muß sich der Kunde um nichts kümmern. Automatisch werden die vermögenswirksamen Leistungen in sparzulagenberechtigten Investmentfonds angelegt.

Bei Anlage der vermögenswirksamen Leistungen auf einen Bausparvertrag gilt ein Höchstbetrag von 936 DM, der mit 10 Prozent Sparzulage begünstigt ist.

Kapitallebensversicherungen auf den Erlebens- und Todesfall können ebenfalls eine Anlageform für die vermögenswirksamen Leistungen sein. In diesem Falle werden die Leistungen als Beiträge auf die Lebensversicherung eingezahlt, bei einer Mindestvertragsdauer von zwölf Jahren. Beginn der Anlagefrist ist der 1.1. des Jahres, in dem die erste vermögenswirksame Leistung gezahlt wurde. Es gelten alle bereits oben aufgeführten Bestimmungen, wobei bei dieser Anlageform der Sparer **keine** Arbeitnehmer-Sparzulage erhält. Somit nimmt diese Form im 5. VermBG nur einen sehr geringen Anteil ein.

### 3.1.2.2 Das Wohnungsbau-Prämiengesetz

Durch das Wohnungsbau-Prämiengesetz werden bestimmte Sparleistungen für wohnwirtschaftliche Zwecke durch eine Wohnungsbauprämie gefördert.

Begünstigter Personenkreis sind unbeschränkt einkommensteuerpflichtige natürliche Personen. Unbeschränkt einkommensteuerpflichtig ist, wer seinen Wohnsitz oder gewöhnlichen Aufenthaltsort (das heißt mehr als sechs Monate im Jahr) in Deutschland hat. Anders als beim 5. VermBG werden hier also nicht nur Arbeitnehmer gefördert. Auch hier bestehen für den Anspruch auf Wohnungsbauprämie Einkommensgrenzen. Alleinstehende dürfen im Jahr der Sparleistung nicht mehr als 50.000 DM, Verheiratete nicht mehr als 100.000 DM zu versteuerndes Einkommen aufweisen.

Der geförderte Höchstbetrag beträgt bei Alleinstehenden 1.000 DM, bei Verheirateten 2.000 DM pro Jahr. Hierauf erhält der Sparer 10 Prozent Wohnungsbauprämie, wobei Zinsen für Bausparguthaben zur erbrachten Sparleistung zählen und somit prämienbegünstigt sind. Jedoch muß die Sparleistung im Kalenderjahr mindestens 100 DM betragen.

Aufwendungen zur Förderung des Wohnungsbaus nach dem WoPG sind:

1. Beiträge an Bausparkassen zur Erlangung von Wohnungsbaudarlehen

2. Aufwendungen für den ersten Erwerb von Anteilen an Bau- und Wohnungsgenossenschaften

3. Beiträge aufgrund von Sparverträgen mit einem Kreditinstitut, wenn die eingezahlten Sparbeiträge und Prämien zum Bau oder Erwerb einer Kleinsiedlung, eines Eigenheimes oder einer Eigentumswohnung oder zum Erwerb eines Dauerwohnrechts verwendet werden

4. Beiträge aufgrund von Verträgen, die mit Wohnungsbau- und Siedlungsunternehmen oder Organen der staatlichen Wohnungspolitik geschlossen werden

Die Sperrfrist für diese Verträge beträgt sieben Jahre. Beginn ist immer das Datum des Vertragsabschlusses. Eine vorzeitige Verwendung für den Wohnungsbau und Aufwendungen für Modernisierungsmaßnahmen in einer Mietwohnung sind prämienunschädlich möglich. Das gilt, wenn

- die Bausparsumme ausgezahlt und unverzüglich und unmittelbar zum Wohnungsbau verwendet wird

- der Bausparer oder sein Ehegatte nach Vertragsabschluß stirbt oder völlig erwerbsunfähig wird

- der Bausparer nach Vertragsabschluß arbeitslos geworden ist, die Arbeitslosigkeit mindestens ein Jahr ununterbrochen bestanden hat und im Zeitpunkt der vorzeitigen Verfügung noch besteht

- der Bausparer Angehöriger eines Staates außerhalb der EU ist, mit dem die Bundesregierung Vereinbarungen über die Anwerbung und Beschäftigung von Arbeitnehmern getroffen hat und er den Geltungsbereich des WoPG auf Dauer verlassen hat oder er die Bausparsumme unverzüglich und unmittelbar zum Wohnungsbau in seinem Heimatland verwendet und innerhalb von vier Jahren und drei Monaten nach Beginn der Auszahlung der Bausparsumme den Geltungsbereich des WoPG auf Dauer verläßt

Die Wohnungsbauprämie wird jährlich über die Bausparkasse beantragt. Die Auszahlung erfolgt allerdings erst nach Zuteilung, nach Ablauf der siebenjährigen Bindungsfrist oder bei einer unschädlichen Verfügung.

### 3.1.2.3 Vorsorgeaufwendungen nach § 10 EStG

Kapitalanlagen bei Bausparkassen und Lebensversicherungen können im Rahmen der Sonderausgaben nach § 10 EStG als Vorsorgeaufwendungen steuerliche Ersparnisse bringen. Hierbei sind keine Einkommensgrenzen zu berücksichtigen. Allerdings können diese Aufwendungen nur in Höhe bestimmter Höchstbeträge, die Bausparbeiträge darüber hinaus nur zur Hälfte als Vorsorgeaufwendung steuerlich geltend gemacht werden.

Wichtig für die steuerliche Anerkennung ist, daß die Vorsorgepauschale (der ohne Nachweis gewährte Mindestbetrag) kleiner ist als der Höchstbetrag der Vorsorgeaufwendungen. Die Bindungsfristen für steuerbegünstigte Vorsorgeaufwendungen gemäß § 10 EStG betragen zehn Jahre für Bausparverträge und zwölf Jahre für Lebensversicherungen.

### 3.1.2.4 Vermögensbeteiligungen (§ 19 EStG)

Arbeitnehmer können gemäß § 19 EStG Steuervorteile erlangen, wenn der Arbeitgeber ihnen kostenlos oder verbilligt Vermögensbeteiligungen überläßt. Für die Inanspruchnahme gibt es keine Einkommensgrenzen.

Anlagen sind möglich in Wertpapieren mit Beteiligungscharakter oder in Beteiligungsrechten. Obwohl es nicht Voraussetzung ist, hat der Gesetzgeber sicherlich daran gedacht, daß sich der Arbeitnehmer in irgendeiner Form am Unternehmen des Arbeitgebers beteiligt, indem er seinem Arbeitgeber Kapital zur Verfügung stellt.

Im Gegensatz zum 5. VermBG müssen die Leistungen des Arbeitgebers zusätzlich zum Gehalt erbracht werden. Die Leistungen des Arbeitgebers, die nach § 19a EStG begünstigt sind, erscheinen daher auch nicht in der Gehaltsabrechnung des Arbeitnehmers. Dies hat den großen Vorteil für den Arbeitnehmer, daß er auf diesen Betrag keine Lohn- und Kirchensteuer und keine Sozialversicherungsabgaben zu zahlen hat.

Für die Steuerbefreiung gibt es allerdings Grenzen. Der finanzielle Vorteil, den der Arbeitnehmer hat, ist nur insoweit steuerfrei, als er nicht mehr als den halben Wert der Beteiligung ausmacht und den Betrag von 300 DM nicht übersteigt.

Das Geld kann unmittelbar beim Arbeitgeber, es kann aber auch unter Einschaltung eines Kreditinstitutes angelegt werden. Es gilt eine Sperrfrist von sechs Jahren, rückwirkend zum 1.1. des Jahres der Anlage. Eine vorzeitige Verfügung ohne Nachzahlung der ersparten Steuern ist nur zulässig in den Fällen, in denen auch bei einer Anlage vermögenswirksamer Leistungen bei einem Kreditinstitut vorzeitig verfügt werden kann.

Wichtig für alle Formen der staatlichen Sparförderung ist, daß ein **Kumulierungsverbot** besteht, das heißt, der Sparer kann für eine Sparleistung nur eine staatliche Förderung in Anspruch nehmen.

### 3.1.3 Allfinanzangebote der Banken – Partnerschaften mit Lebensversicherungen und Bausparkassen

Im Zuge des zunehmenden Wettbewerbes sind Banken immer stärker bestrebt, ihren Kunden Finanzdienstleistungen aus einer Hand anzubieten (Allfinanzangebot). Dazu gehören zum Beispiel Versicherungen, Bausparverträge, Immobilienvermittlung, die Vermögensverwaltung sowie Leasing und Factoring. Um dies zu ermöglichen, gibt es unterschiedliche Allfinanzkonzepte. So haben einige Banken ihre eigene Bausparkasse oder ihre eigene Versicherung gegründet, andere haben Bausparkassen und Lebensversicherungsgesellschaften aufgekauft. Eine dritte Möglichkeit, den Allfinanzgedanken umzusetzen, besteht darin, mit entsprechenden Partnern aus den jeweiligen Branchen Kooperationsverträge abzuschließen.

Aus dem Allfinanzangebot werden wir uns hier zwei Finanzdienstleistungen näher betrachten: den Bausparvertrag und die Anlage in einer Lebensversicherung.

### 3.1.3.1 Bausparen

Für den Abschluß eines Bausparvertrages sprechen vor allem zwei Punkte, die die Vorteile dieses Produktes deutlich machen.

- Der Bausparer sichert sich mit Abschluß des Vertrages den Anspruch auf ein zinsgünstiges Darlehen für wohnwirtschaftliche Zwecke. Die relativ niedrigen Schuldzinsen werden bereits beim Abschluß festgelegt und unterliegen keinem Zinsänderungsrisiko.
- Der Bausparer kann unter bestimmten Voraussetzungen staatliche Fördermittel in Anspruch nehmen (zum Beispiel Wohnungsbauprämie, Arbeitnehmer-Sparzulage, siehe Kapitel II, 3.1). Dadurch erhöht sich die Rendite dieser Geldanlage.

Nun wollen wir uns einmal ansehen, wie der Ablauf einer Bausparfinanzierung vom Abschluß des Bausparvertrages bis zur Tilgung des Darlehens aussieht. Bei Vertragsabschluß werden mit dem Kunden zwei Dinge vereinbart: die Bausparsumme und der Bauspartarif. Die Bausparsumme setzt sich zusammen aus dem Betrag, den der Kunde ansparen muß, und dem Darlehensbetrag. Gehen wir bei unserem Beispiel davon aus, daß der Kunde einen Bausparvertrag über 100.000 DM abschließt. Die Bausparkassen bieten unterschiedliche Tarife an, die sich unterscheiden in der Höhe der Zinssätze für das Guthaben und den Kredit, den Ansparzeiten, der Höhe des Mindestguthabens, den Tilgungszeiten für das Darlehen. Unser Kunde wählt einen Tarif, bei dem er durch eine Ansparleistung von 40 Prozent, als 40.000 DM, einen Anspruch auf ein Darlehen von 60 Prozent, also 60.000 DM, erwirbt. Der Ablauf des Bausparens gliedert sich nun in drei Phasen:

**1. Die Sparphase**

Unser Kunde zahlt regelmäßige Beiträge an die Bausparkasse, die gemäß Tarif mit 2 Prozent verzinst werden. Er kann außerdem Sonderzahlungen auf sein Bausparkonto leisten und dadurch den Zeitraum bis zur Zuteilung verkürzen.

**2. Die Zuteilungsphase**

Die Zuteilung erfolgt in unserem Fall, wenn drei Voraussetzungen erfüllt sind:

- Das Bausparkonto muß ein Guthaben von mindestens 40.000 DM aufweisen.
- Die Mindestansparzeit (in der Regel 18 Monate) muß erfüllt sein.
- Es muß eine ausreichende Bewertungszahl erreicht sein. Durch diesen Faktor wird die Reihenfolge der Zuteilungen festgelegt. Er berücksichtigt das jeweilige Guthaben und die Länge der Anlage auf dem Bausparkonto.

## 3. Die Darlehensphase

Nach Zuteilung erhält unser Bausparkunde das von ihm angesparte Guthaben und das Darlehen ausgezahlt, also die Bausparsumme von 100.000 DM. Das Darlehen wird aber nur zur Verfügung gestellt, wenn es für wohnwirtschaftliche Zwecke verwendet wird.

Wohnwirtschaftliche Zwecke sind zum Beispiel:

- Bau oder Kauf eines Hauses oder einer Eigentumswohnung
- Erwerb von Bauland für Wohnzwecke
- Renovierung und Modernisierung – auch für Mieter
- Ablösung anderer Baukredite (Umschuldung)
- Erbauseinandersetzung
- Erwerb von Wohnrechten in Senioren-Wohnheimen

Die Bausparkasse wird bei der Auszahlung des Darlehens Sicherheiten verlangen, zum Beispiel eine Grundschuld.

Für das Darlehen zahlt der Kunde einen festen Zinssatz, der in der Regel zwei Prozent über den Guthabenzinsen liegt. Für unseren Kunden bedeutet das, daß er für die 60.000 DM Darlehen vier Prozent Sollzinsen zahlen muß. Die Rückführung des Darlehens erfolgt in monatlichen Tilgungsraten, die bei dem Tarif unseres Kunden sechs Promille der Bausparsumme pro Monat beträgt, also 600 DM. Dieser Betrag enthält Zins- und Tilgungsleistungen. Da die Zinsen ja vergleichsweise niedrig sind, ergibt sich dadurch eine relativ hohe Tilgungsleistung. Das hat zur Folge, daß unser Kunde sein Darlehen von 60.000 DM nach etwa neun Jahren getilgt hat.

Zum Schluß noch eine bildliche Darstellung dieses Ablaufes:

### 3.1.3.2 Kapitallebensversicherungen

Private Vorsorge wird immer wichtiger. Unsere Altersversorgung beruht auf dem Drei-Säulen-Prinzip. Das bedeutet, daß die gesetzliche Rentenversicherung zum einen durch die betriebliche Altersversorgung und zum anderen durch private Vorsorge ergänzt wird. Die Problematik des Generationsvertrages der gesetzlichen Rentenversicherung und der zunehmende Kostendruck auf die Unternehmen, der auch die Rahmenbedingungen für die betriebliche Altersversorgung verändert, führt dazu, daß die private Altersvorsorge immer mehr an Bedeutung gewinnt. Als bekanntestes Produkt bietet sich der Abschluß einer Kapitallebensversicherung an. Es wird eine Versicherungssumme vertraglich festgelegt.

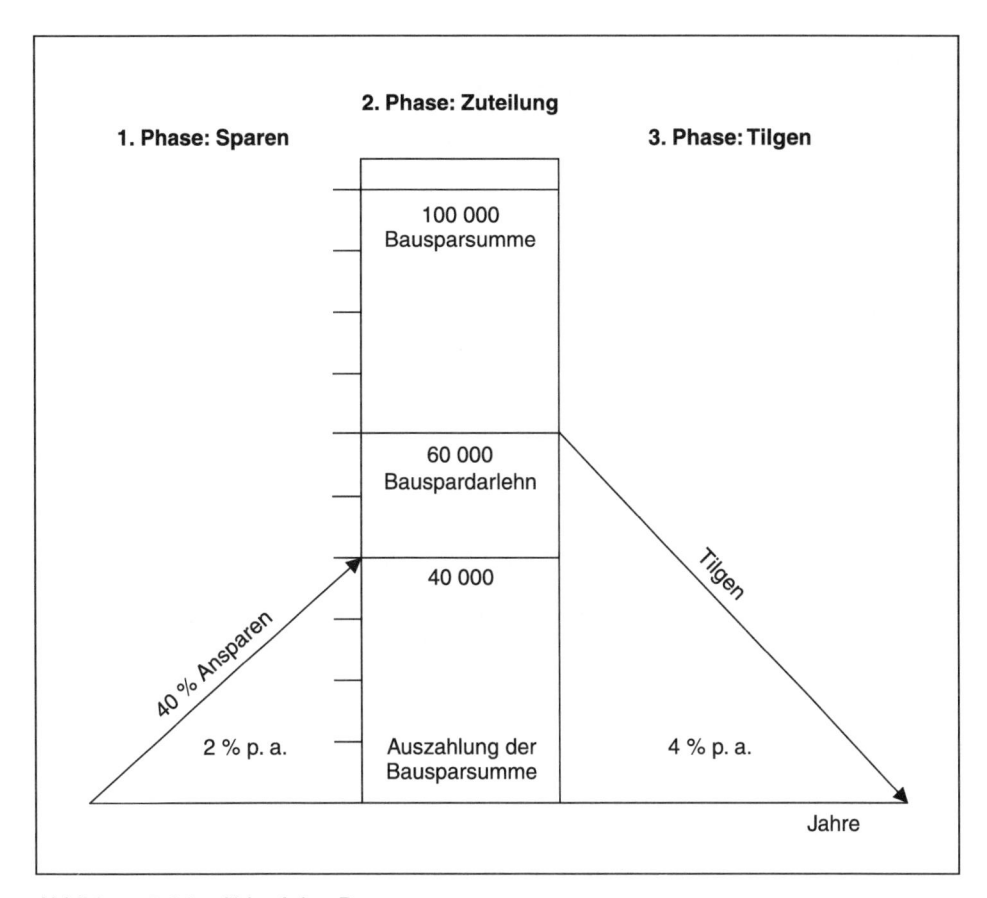

```
                    2. Phase: Zuteilung
  1. Phase: Sparen                         3. Phase: Tilgen

                        100 000
                      Bausparsumme



                        60 000
                      Bauspardarlehn
                                                    Tilgen
                         40 000


        40 % Ansparen
                                              4 % p. a.
         2 % p. a.    Auszahlung der
                      Bausparsumme
                                                        Jahre
```

Abbildung 2-30: Ablauf des Bausparens

Neben der vertraglichen Zusicherung, die Versicherungssumme bei Ablauf der Versicherung zu zahlen, treten zwei weitere Leistungen.

Erstens erhalten in der Police benannte Begünstigte bei Tod des Versicherungsnehmers vor Ablauf der Versicherung mindestens die Versicherungssumme und zweitens versprechen die Versicherungen zusätzliche Gewinnanteile bei Ablauf der Versicherung.

Für diese Leistungen zahlt der Versicherungsnehmer während der gesamten Laufzeit einen Beitrag (eine Prämie) jährlich, halbjährlich oder vierteljährlich. Die Prämie setzt sich aus drei Bestandteilen zusammen, dem Risikoanteil, dem Sparanteil und dem Verwaltungskostenanteil. Die Höhe der Prämie hängt neben der Versicherungssumme vom Eintrittsalter des zu Versichernden und seinem Gesundheitszustand ab.

Der Sparanteil wird nun von der Versicherung möglichst ertragsbringend angelegt. Da die tatsächlichen Kapitalanlagen in den letzten 40 Jahren immer mehr als das

Doppelte des vertraglichen Rechnungszinses von drei Prozent erbracht haben, entstehen Überschüsse, die den Versicherten in drei Formen überlassen werden:

```
                    ┌─────────────────────┐
                    │ Überschußbeteiligung │
                    └─────────────────────┘
         98 % des Mehrertrages schütten die Versicherungen
                    in der Regel an die Kunden aus
                              ↓
                         Verwendung
    ┌─────────────────────────┼─────────────────────────┐
```

| Überschüsse werden zur Aufstockung des am Laufzeitende auszuzahlenden Endkapitals verwandt | Überschüsse werden zur Verkürzung der Laufzeit bei gleichbleibender Versicherungssumme verwandt **Vorteil:** hohe Summe **Nachteil:** Endlaufzeit steht nicht fest | Überschußbeteiligung wird sofort bei der Beitragszahlung mitverrechnet, das heißt niedriger Beitrag bei fester Laufzeit |

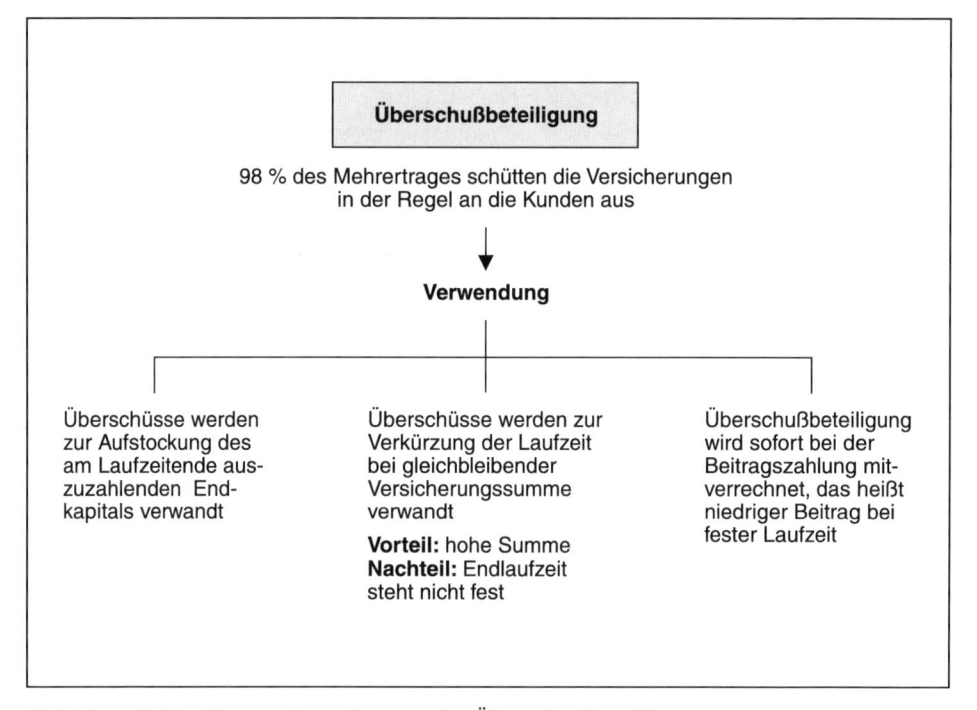

Abbildung 2-31: Verwendungsformen der Überschußbeteiligung

Erhöhungen der Überschußbeteiligung erwachsen auch daraus, daß Gesellschaften besonders sparsam bei der Verwaltung sind.

Wegen der langen Vertragslaufzeiten ist es auch wichtig darauf zu achten, welche Summe die Versicherung bei vorzeitiger Kündigung auszahlen würde. Dieser **Rückkaufswert** ist die Summe aus dem Sparanteil und der Verzinsung, das **Deckungskapital**.

Bei Fälligkeit der Kapitallebensversicherung besteht vielfach die Möglichkeit, daß die Auszahlung entweder in einer Summe oder in Form einer regelmäßigen Zahlung (Rente) erfolgt. Die Erträge aus einer Kapitallebensversicherung sind steuerfrei, wenn die Laufzeit mindestens zwölf Jahre beträgt und mindestens fünf Jahre lang eine Beitragszahlung erfolgte.

Kapitallebensversicherungen sind wegen des hohen Sparanteils Konkurrenzprodukte zu Sparplänen der Banken und Investmentgesellschaften und Alternativen zu einem selbständigen Vermögensaufbau mit Hilfe eines Anlageberaters.

Neben der Kapitallebensversicherung gibt es weitere Versicherungen. Wir wollen hier allerdings nur kurz auf die Risikolebensversicherung eingehen, die in der Praxis auch öfter abgeschlossen wird. Sie leistet nur bei Tod des Versicherungsnehmers während der Laufzeit des Vertrages. Es findet keine Kapitalbildung statt, aus diesem Grund sind die Beiträge auch vergleichsweise niedrig.

## 3.2 Effektengeschäft und Wertpapiertechnik

In diesem Abschnitt erhalten Sie Informationen über

- grundlegende rechtliche und technische Kenntnisse über Wertpapierarten (3.2.1)
- über die Technik des **Emissionsgeschäftes** (3.2.2), den sogenannten Primärmarkt für die Begebung von Wertpapieren und deren Plazierung und Einführung an den Märkten
- den Aufbau und die Funktionsweise der **Effektenbörse** und die Technik des **Effektenhandels** (3.2.3), den Sekundärmarkt und
- das **Depotgeschäft** (3.2.4), die mit Verwahrung und der Verwaltung von Wertpapieren zusammenhängenden Arbeiten

### 3.2.1 Effektenarten

#### 3.2.1.1 Begriff Wertpapier

Ein Wertpapier ist eine Urkunde, in der ein privates Recht auf Eigentum oder eine Forderung verbrieft, das heißt schriftlich dokumentiert, wird. Der Anspruch wird durch den Inhaber/Besitzer geltend gemacht. Man unterscheidet Wertpapiere aus dem **Warenverkehr** (Konnossement, Ladeschein), dem **Geldverkehr** (Scheck, Wechsel, Sparbuch) und dem **Kapitalverkehr** (Schuldverschreibungen, Aktien, Investmentzertifikate, den sogenannten **Effekten**).

Im Börsengesetz und im Wertpapierhandelsgesetz wird der Begriff Wertpapiere auch verwandt, wenn keine Urkunden ausgestellt sind. In der Praxis wird der Begriff „Wertpapier" im engeren Sinne mit dem Begriff „Effekten" gleichgesetzt.

Abbildung 2-32 gibt einen ersten Überblick über die grundlegenden Wertpapierarten, die das Geld- und Kapitalanlagegeschäft ausmachen.

## Wertpapierarten

**Aktien**
- Stammaktien
- Vorzugsaktien
- Inhaberaktien
- Namensaktien

**Festverzinsliche**

nicht börsenfähig: Anteile an Kapitalanlagegesellschaften: Investmentzertifikate vgl. Abs. 2.3.3

**Sonderformen**
- Wandelschuldverschreibungen
- Optionsanleihen
- Genußscheine
- Optionsscheine
- u. a.

**Festverzinsliche Wertpapiere inländischer Emittenten**

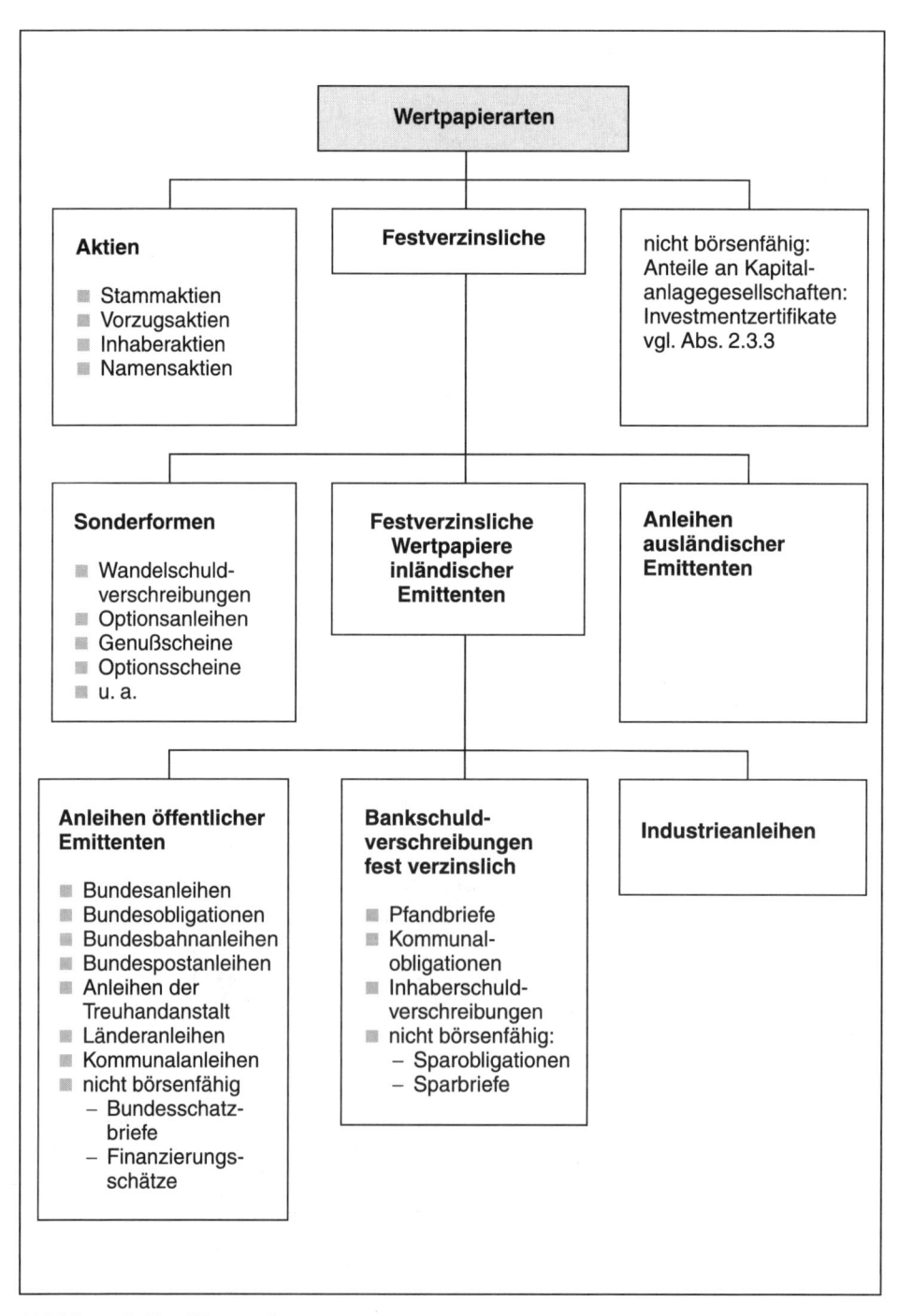

**Anleihen ausländischer Emittenten**

**Anleihen öffentlicher Emittenten**
- Bundesanleihen
- Bundesobligationen
- Bundesbahnanleihen
- Bundespostanleihen
- Anleihen der Treuhandanstalt
- Länderanleihen
- Kommunalanleihen
- nicht börsenfähig
  - Bundesschatzbriefe
  - Finanzierungsschätze

**Bankschuldverschreibungen fest verzinslich**
- Pfandbriefe
- Kommunalobligationen
- Inhaberschuldverschreibungen
- nicht börsenfähig:
  - Sparobligationen
  - Sparbriefe

**Industrieanleihen**

Abbildung 2-32: Wertpapierarten

### 3.2.1.2 Schuldverschreibungen

Die Schuldverschreibung ist eine Urkunde, in der sich der Emittent gegenüber dem Inhaber zur Rückzahlung einer am Kapitalmarkt im Rahmen einer Anleihe aufgenommenen Geldschuld verpflichtet. (Forderungsrecht gemäß § 793 BGB). Außerdem wird darin auch die laufende Verzinsung des entliehenen Geldbetrages geregelt. Bei dieser Verzinsung unterscheidet man

- **festverzinsliche**, bei denen die Zinszahlung zu einem bei Anleihebegebung festgelegten Prozentsatz und Datum, zum Beispiel jährlich oder halbjährlich nachträglich, erfolgt

- **variabel verzinsliche** (Floating Rate Notes), deren Zinssatz jeweils vor der nächsten Zinslaufperiode nach einer in den Emissionsbedingungen festgelegten Bezugsgröße bestimmt wird, zum Beispiel LIBOR oder FIBOR (London oder Frankfurt Interbank Offered Rate für 3- beziehungsweise 6-Monatsgeld)

- **Zerobonds** (Null-Kupon) bei denen die Zinszahlung in Form eines Disagios vom Kaufpreis abgezogen wird. Der Ertrag ergibt sich aus der Differenz zum Rückzahlungswert von 100 Prozent, wobei die laufende Zinswertsteigerung im jeweils aktuellen Kurs einberechnet wird

- **Aufzinsung** bei der die festgelegten Zinsen inklusive Zinseszinsen erst bei Fälligkeit der Schuldverschreibung gezahlt werden, zum Beispiel Bundesschatzbrief Typ B

Nach der Art der **Rückzahlung** unterscheidet man hauptsächlich

- **gesamtfällige Anleihen**, bei denen die Rückzahlung des Gesamtbetrages am Ende der festgelegten Laufzeit erfolgt

- **Tilgungsanleihen**, deren Rückzahlung, nach einer tilgungsfreien Zeit, in Teilbeträgen über mehrere Jahre verteilt erfolgt, zum Beispiel durch die Auslosungen von Serien oder Gruppen, durch Tilgung in Annuitäten oder durch Rückkauf von Anleihebeträgen an der Börse

- **ewige Anleihen**, bei denen keine Rückzahlungsverpflichtung festgelegt sind

Neben den planmäßigen Tilgungen könne die Anleihebedingungen auch außerplanmäßige Tilgungsvereinbarungen enthalten, zum Beispiel vorzeitige Kündigungen durch den Emittenten. Eine Kündigung durch den Anleihegläubiger ist jedoch regelmäßig ausgeschlossen, denn für diesen besteht ja die Möglichkeit des Verkaufs über einen börslichen oder außerbörslichen Markt.

### 3.2.1.3 Arten von Schuldverschreibungen

Wichtigster Emittent von Schuldverschreibungen am inländischen Kapitalmarkt ist die öffentliche Hand und hier wieder die Bundesrepublik Deutschland.

**Anleihen der öffentlichen Hand** sind Anleihen der Bundesrepublik Deutschland (**Bundesanleihen**) sowie der Sondervermögen des Bundes (Bundesbahn, Bundespost, Deutsche Treuhandanstalt). Sie sind gesichert durch das Vermögen und die Steuerkraft des Bundes. Werden Anleihen des Staates im Inland und in Landeswährung aufgenommen, so handelt es sich um „innere" Staatsschulden, während die im Ausland plazierten und auf fremde Währung lautenden Staatsanleihen die „äußere" Staatsschuld bilden. Bundesanleihen sind mündelsicher, lombard- und deckungsstockfähig. Die Laufzeit neu emittierter Bundesanleihen beträgt gewöhnlich zehn Jahre, es sind jedoch auch Anleihen mit 12- und 30jähriger Laufzeit in Umlauf.

**Bundesobligationen** dienen der Beschaffung von Mitteln mit einer Laufzeit von fünf Jahren und werden als Daueremissionen ausgegeben. Eine neue Serie wird jeweils dann aufgelegt, wenn die Marktlage den Übergang zu einem anderen Nominalzins erfordert. Unabhängig davon wird der Verkauf einer laufenden Serie nach Ablauf von zwei bis drei Monaten eingestellt, um sie an den Börsen zum amtlichen Handel einzuführen. Die Obligationen der laufenden Serie können nur von natürlichen Personen, auch Gebietsfremden, und von Einrichtungen, die gemeinnützigen, mildtätigen oder kirchlichen Zwecken dienen, erworben werden (Ersterwerb). Nach der Börseneinführung gibt es keine Einschränkungen mehr für den Erwerb.

**Bundesschatzbriefe** sind mit einem steigenden Zinssatz ausgestattet. Sie werden nicht an den Börsen gehandelt, sind jedoch über die Kreditinstitute zu beziehen. Der Bund haftet mit seinem Vermögen und Steueraufkommen, daher sind diese Wertpapiere ebenfalls mündelsicher gemäß § 1807 Abs. 1 Nr. 2 BGB. Die Bundesschatzbriefe können nur von natürlichen Personen und gemeinnützigen, mildtätigen oder kirchlichen Einrichtungen erworben werden. Der Erwerb durch Gebietsfremde ist, im Gegensatz zu den Bundesobligationen, ausgeschlossen. Ein Verkauf beziehungsweise vorzeitige Rückgabe ist nach dem ersten Laufzeitjahr möglich, jedoch innerhalb von 30 Zinstagen nur bis zu 10.000 DM je Gläubiger.

Man unterscheidet bei den Bundesschatzbriefen

- **Typ A**, dessen Laufzeit sechs Jahre beträgt und die Zinsen jährlich nachträglich gezahlt werden. Der Nennwert (Mindestanlage) beträgt 100 DM.

- **Typ B**, dessen Laufzeit sieben Jahre beträgt. Die Zinsen werden während der Laufzeit akkumuliert und mit dem Kapital bei Fälligkeit oder vorzeitiger Rückgabe inklusive Zinseszinsen gezahlt. Der Nennwert (Mindestanlage) beträgt 50 DM.

**Finanzierungs-Schätze** werden vom Bund als Daueremissionen ca. zum 20. eines jeden Monats ausgegeben und decken den kurzfristigen Kapitalbedarf des Bundes ab. Die Laufzeit beträgt ein oder zwei Jahre. Der Nennwert (Mindestanlage) ist 1.000 DM, der Anlagehöchstbetrag 500.000 DM je Person. Die Verzinsung erfolgt durch Zinsabzug (Diskont) vom Nominal- beziehungsweise Einlösungswert. (Nennwert − Zinsen = Kaufpreis). Zum Erwerb ist Jedermann berechtigt, ausgenommen Banken. Dies gilt auch für Gebietsfremde. Finanzierungsschätze werden nicht an den Börsen gehandelt. Der Verkauf erfolgt über Banken. Die Rückgabe dieser Wertpapiere ist nicht möglich. Sie sind mündelsicher und nach § 54a Abs. 2 VAG für die Anlage des gebundenen Vermögens geeignet. Die Finanzierungsschätze werden in Form einer Sammelurkunde bei der Wertpapiersammelbank Deutscher Kassenverein AG, Frankfurt, hinterlegt, im Gegensatz zu den vorgenannten Schuldverschreibungen des Bundes, die nur als Wertrechte in des Bundesschuldbuch eingetragen werden.

Auch Länder und Gemeinden finanzieren sich gelegentlich durch Emission von Anleihen, die ähnlich wie Bundesanleihen ausgestattet sind.

**Kommunalobligationen** sind Schuldverschreibungen, die von Realkreditinstituten im Auftrag von Bundesländern, Städten und Gemeinden ausgegeben werden, um Investitionen im kommunalen Bereich zu finanzieren. Sie sind durch Grundpfandrechte beziehungsweise durch das Steueraufkommen der Kommune abgesichert und mündelsicher.

**Pfandbriefe** sind langfristige Schuldverschreibungen, die der Finanzierung von Baudarlehen dienen. Sie werden von Pfandbriefanstalten und Hypothekenbanken ausgegeben und sind durch die Beleihung von Grundvermögen gesichert. Spezialinstitute begeben auch Pfandbriefe zur Finanzierung von Schiffen (Schiffshypotheken).

**Bank- und Sparkassenobligationen** dienen den emittierenden Kreditinstituten zur Beschaffung langfristiger Mittel für das langfristige Kreditgeschäft. Gleichzeitig wollen sie den „Hauskunden" eine attraktive Kapitalanlage bieten, die den Zinssatz für Spareinlagen deutlich übersteigt. Emittenten von Bankobligationen sind ferner auch jene Kreditanstalten, die durch besondere Gesetze zur Durchführung bestimmter Finanzierungsaufgaben gegründet wurden, zum Beispiel die Kreditanstalt für Wiederaufbau und die Lastenausgleichsbank.

**Kassenobligationen** zählen zu den Geldmarktpapieren und haben eine Laufzeit bis zu vier Jahren. Emittenten sind neben der öffentlichen Hand einige Spezialbanken. Wegen der großen Stückelung kommen als Abnehmer nur Großanleger (Kapitalsammelstellen) in Frage. Die Papiere sind lombardfähig und werden im Freiverkehr der Börsen gehandelt. Der Zinssatz ist festgelegt, die effektive Verzinsung wird über den Marktpreis unter Berücksichtigung der Restlaufzeit angepaßt.

**Industrieanleihen** sind festverzinsliche Wertpapiere, deren Emittent ein Industrieunternehmen ist, das langfristiges Fremdkapital aufnimmt, um Investitionen zu tätigen. Die Besicherung erfolgt in der Regel durch Grundpfandrechte. Die Verzinsung liegt etwas höher als bei anderen festverzinslichen Werten, da Industrieschuldverschreibungen nicht mündelsicher und lombardfähig sind und der Markt sehr eng ist. Sie werden an Börsen amtlich gehandelt.

**Commercial Paper (CP)** in den Vordergrund getreten. Hiermit beschaffen sich Unternehmen unter Einschaltung von Kreditinstituten kurzfristiges Kapital. Die Renditen orientieren sich an den jeweiligen aktuellen Geldmarktzinsen. Die Laufzeit der CP liegt zwischen sieben Tagen bis längstens zwei Jahre. Der Nennwert beträgt 500.000 DM oder ein Vielfaches davon. CP werden nicht an der Börse gehandelt.

**Auslandsanleihen** sind Schuldverschreibungen ausländischer Emittenten (oft auch Auslandstöchter deutscher Emittenten) und können auf DM, eine fremde Währung oder auf eine Rechnungseinheit (zum Beispiel ECU European Currency Unit) lauten. Bei DM-Anleihen entsteht dem inländischen Käufer kein Währungsrisiko, denn Zins- und Tilgungszahlungen erfolgen in DM. Werden Zinsen und Tilgungen in fremden Währungen gezahlt, sind Währungsrisiken oder auch -vorteile zu berücksichtigen. Es gibt nur wenige Auslandsanleihen, in deren Bedingungen ein Wechselkursrisiko durch feste Umrechnungsverhältnisse seitens des Emittenten ausgeschaltet ist. Die Plazierung und die Abwicklung der Zahlungsvorgänge werden in der Regel über Kreditinstitute abgewickelt, die in Deutschland ansässig sind. Anleihen ausländischer Emittenten sind, je nach deren Bonität, mit oft deutlichen höheren Zinsen ausgestattet als zum Beispiel Bundesanleihen. Es ist in jedem Falle bei einer Anlageentscheidung wichtig, die genauen Anleihebedingungen zu studieren, um die Vorteile und eventuellen Risiken zu erkennen.

**Doppelwährungsanleihen** werden am deutschen Kapitalmarkt gegen DM ausgegeben. Die Zinszahlung erfolgt in DM oder Fremdwährung, die Rückzahlung jedoch stets in einer bei der Emission festgelegten anderen Währung, zum Beispiel in US-Dollar oder sfr. Neben der meist höheren Verzinsung ist auf die eventuell nachteilige Devisenkursentwicklung gegenüber der DM zu achten.

**Global-Anleihen** sind ein noch junges Instrument am internationalen Rentenmarkt. Sie ermöglichen es, daß eine Anleihe gleichzeitig in den drei wichtigen Zeitzonen Europa, USA und Asien begeben, gehandelt, verwahrt und geliefert werden kann. Sie erleichtert den Handel und die Abwicklung zwischen internationalen Börsenplätzen, auch wenn diese unterschiedliche Abwicklungs- und Verwahrsysteme haben. Für den Emittenten ergibt sich dadurch eine Verbreiterung des Investorenkreises und eine Reduzierung der Emissionskosten. Die Investoren erhalten ein Wertpapier, mit dem sie am heimischen Markt operieren und trotzdem eine erhöhte Liquidität der Umsätze im internationalen Rahmen haben. Das Emissionsvolumen der Global-Anleihe muß über einer Milliarde DM liegen. Die erste Anleihe dieser Art in DM wurde 1993 von der Weltbank begeben.

**Schuldscheindarlehen** sind verbriefte Großkreditdarlehen, die ähnlich wie Anleihen und Obligationen ausgestattet sind. Es sind jedoch keine Wertpapiere im rechtlichen Sinne. Sie werden auch nicht an einer Börse notiert. Schuldscheine werden von der öffentlichen Hand (Bund, Länder und Gemeinden) ausgegeben und von den Kreditinstituten vertrieben. Es handelt sich jeweils um Namenspapiere, die nur per Zession und gegebenenfalls mit Zustimmung der Darlehensnehmer abgetreten beziehungsweise übertragen werden dürfen. Als Käufer dieser Schuldscheindarlehen treten Lebensversicherungen, Pensionskassen und dergleichen auf. Die Deckungsstockfähigkeit der Papiere ist gegeben. Da für die Schuldscheine keine Börsenpreise festgestellt werden – der Handel findet am Telefon statt –, können sie von den Erwerbern zum Kaufpreis bilanziert werden, so daß sich bei einer Veränderung der Marktzinsen kein Abschreibungsbedarf ergibt. Die Mindestdarlehensbeträge lauten auf 1 Million DM oder ein Vielfaches davon.

### 3.2.1.4 Aktien

Die Aktie verbrieft das Anteilsrecht, das heißt das wirtschaftliche Miteigentum an einer Aktiengesellschaft (AG). Als Teilhaber hat der Aktionär bestimmte **Rechte**:

- das Stimmrecht in der Hauptversammlung der AG
- einen Anspruch auf Auszahlung der in der Hauptversammlung beschlossenen Dividende
- das Bezugsrecht bei der Ausgabe neuer Aktien oder Wandelschuldverschreibungen
- das Recht auf Auskunft und Information vom Vorstand
- den Anspruch auf Erlösanteile bei der Liquidation der AG

Der **Nennwert** einer Aktie betrug bislang 50 DM oder ein Vielfaches von 100 DM. Der Nennwert ist jedoch im Zweiten Finanzmarktförderungsgesetz auf 5 DM oder ein Vielfaches davon herabgesetzt worden. Bei Neuemissionen wird von diesem Wert Gebrauch gemacht. Andere AGs stellen ihre Stückelungen nach und nach um. Der Kapitalanleger sollte sich stets darüber informieren, auf welchen Nennwert sich die Kursangabe einer Aktie bezieht. Die Kurse werden in DM pro Stück notiert.

Aktien können als Inhaber- oder Namensaktien ausgegeben werden.

Bei **Inhaberaktien** stehen die Rechte dem Inhaber der Papiere zu, wenn er diese präsentiert. Eine Übertragung/Lieferung der Effekten ist durch einfache Einigung und Übergabe (Umbuchung) möglich.

Bei **Namensaktien** ist der Eigentümer im Aktienbuch der Gesellschaft eingetragen. Die Übergabe erfolgt durch ein Indossament auf der Rückseite der Urkunde und durch Umschreibung im Aktienbuch. Um dieses Verfahren zu vereinfachen, werden

Namensaktien meist mit einem separaten Blankoindossament versehen, was die Bewegung der eigentlichen Urkunden vermeidet. Die Lieferung vom Verkäufer an den Käufer erfolgt mit effektiven Stücken, da Namensaktien **noch nicht** in die Girosammelverwahrung einbezogen sind (Ausnahme sind Axel Springer Aktien). Die Ausgabe von Namensaktien ist immer dann gesetzlich vorgeschrieben, wenn der Nennbetrag der Aktien nicht voll einbezahlt ist. Bei der Übertragung von **vinkulierten Namensaktien** ist stets die Zustimmung der Gesellschaft erforderlich. Wer nicht im **Aktienbuch** der AG eingetragen ist, kann auf der Hauptversammlung kein Stimmrecht ausüben. Die Zahlung von Dividenden an die Aktionäre erfolgt jedoch gegen Vorlage der entsprechenden Kupons/Dividendenscheine. Bei Namensaktien, für die keine effektiven Stücke ausgegeben wurden, zum Beispiel weil nur ein kleiner Aktionärskreis besteht, erfolgt die Zahlung direkt von der AG an die eingetragenen Aktionäre. An den Börsen gehandelte Namensaktien stammen fast ausschließlich von Versicherungsunternehmen.

Nach der Art der Ausstattung mit Rechten unterscheidet man zwischen **Stammaktien**, die gewöhnlich alle gesetzlichen und satzungsmäßigen Aktionärsrechte beinhalten und **Vorzugsaktien**, die gegenüber den Stammaktien gewisse Vorrechte bezüglich der Höhe und Priorität bei der Verteilung des Gewinns oder des Gesellschaftsvermögens beinhalten. Meist steht diesem Vorteil ein geringeres Recht gegenüber. Viele Vorzugsaktien beinhalten zum Beispiel kein Stimmrecht in der Hauptversammlung der Gesellschaft. Das fehlende Stimmrecht wird jedoch automatisch dann eingeräumt, wenn der angekündigte Vorteil, zum Beispiel eine höhere Dividendenausschüttung, innerhalb eines Jahres nicht oder nur teilweise erfolgt. Vorzugsaktien ohne Stimmrecht dürfen nur bis zu einem Gesamtbetrag in der Höhe des Gesamtnennbetrages der Stammaktien ausgegeben werden.

**Junge/Neue Aktien** entstehen bei einer Kapitalerhöhung und beinhalten häufig für das Emissionsjahr keine volle Dividendenberechtigung. Aus diesem Grund wird auch ein gegenüber der „alten" Aktie verminderter Kurs notiert. Sobald die jungen Aktien bezüglich der Dividende den alten Aktien gleichgestellt sind, das ist nach der nächsten Hauptversammlung beziehungsweise Dividendenzahlung, entfällt die unterschiedliche Bezeichnung und die jungen Aktien werden automatisch dem Bestand der alten Aktien hinzugefügt.

### 3.2.1.5 Investmentanteile/-zertifikate

Investmentzertifikate verbriefen das Miteigentum an einem Fondsvermögen (Sondervermögen), das von einer Investmentgesellschaft (Kapitalanlagegesellschaft) verwaltet wird. Der Anteilinhaber hat Anspruch auf Beteiligung am Ertrag, auf Rücknahme des Zertifikates zu Lasten des Fondsvermögens und Anspruch auf ordnungsgemäße Verwaltung des Fondsvermögens.

Bei sogenannten **offenen Fonds** kann das Sondervermögen durch laufenden Verkauf neuer Zertifikate beliebig erweitert werden, bei den **geschlossenen Fonds** (Closed-end-Fonds) wird die Anzahl der auszugebenden Fondsanteile und das Fondsvermögen bei Auflegung festgelegt.

Nach § 1 KAGG sind **Kapitalanlagegesellschaften** Unternehmen, die das bei ihnen eingelegte Geld im eigenen Namen aber für gemeinschaftliche Rechnung der Anteilseigner nach dem Grundsatz der Risikomischung verwalten. Die Fondsvermögen sind getrennt vom eigenen Vermögen anzulegen, zum Beispiel in Wertpapier-, Beteiligungs- oder Grundstücks-Sondervermögen. Die Gesellschaften sind in der Rechtsform einer AG oder GmbH zu führen, und sie **zählen zu den Kreditinstituten** nach § 1 KWG.

Nach der Art der Anlageschwerpunkte eines Investmentfonds unterscheidet man **Aktien-, Renten-, gemischten Wertpapierfonds**, wobei Spezialisierungen auf bestimmte Wertpapiergruppen oder (Auslands-)Märkte möglich sind. Daneben ist die Anlage auch in Grundstücken (Immobilienfonds) oder anderen Produkten möglich.

Erträge aus dem Fondsvermögen können ausgeschüttet oder im Fondsvermögen wieder angelegt (thesauriert) werden. Erträge ergeben sich aus Dividenden, Zinsen, Bezugsrechtserlösen und realisierten Kursgewinnen.

Deutsche Investmentzertifikate werden nicht an der Börse gehandelt. Ihr Preis (Anteilswert) wird täglich von der ausgebenden Investmentgesellschaft (und deren Depotbank zur Kontrolle) errechnet und in Tageszeitungen veröffentlicht.

Dabei wird der Inventarwert des betreffenden Fonds, das heißt Wertpapiervermögen zum Tageskurswert zuzüglich Bankguthaben zuzüglich sonstiges Vermögen abzüglich Verbindlichkeiten, durch die Anzahl der umlaufenden Anteile dividiert. Veröffentlicht werden der Ausgabepreis (Anteilwert zuzüglich Ausgabeaufschlag). Der Rücknahmepreis ist in der Regel drei bis fünf Prozent niedriger anzusetzen.

**Spezialfonds** werden speziell auf die Bedürfnisse von Großanlegern zugeschnitten, zum Beispiel für Pensionskassen oder den Deckungsstock einer Sozialversicherung. **Publikumsfonds** werden einem breiten Anlegerkreis angeboten und können von Jedermann erworben werden.

Mit dem Erwerb von Investmentanteilen kann sich ein Anleger in breit gestreuten oder speziellen Wertpapiermärkten engagieren, wobei das Risiko durch die Fondsanlage in verschiedenen Gattungen und durch die Betreuung von Experten reduziert wird. Es ergeben sich auch Vorteile seitens der Anlage auch kleinerer Beträge und überschaubarer Kosten.

### 3.2.1.6 Mischformen von Wertpapieren

**Genußscheine** sind eine Zwischenform von Eigen- und Fremdkapital, das heißt, sie sind weder Aktien noch Anleihen. Je nach Ausstattung haben sie eher festverzinslichen Charakter oder ähneln wegen des mit dem Erwerb verbundenen Haftungsrisikos eher Aktien. Inhaber von Genußscheinen haben kein Stimmrecht in der Hauptversammlung. Bezüglich der Ausstattung sind vielfältige Varianten möglich, zum Beispiel gewinnabhängige Ausschüttungen wie bei einer Aktien, eine festgelegte Verzinsung ähnlich einer Anleihe und anderes. Die Erträge unterliegen wie Aktien dem Abzug von 25 Prozent Kapitalertragssteuer.

**Partizipationsscheine** sind eine schweizerische Variante der Genußscheine. Sie verkörpern keine Mitgliedschaftsrechte sondern nur Vermögensrechte und somit den Anspruch auf einen Anteil am Gewinn und am Vermögen der Gesellschaft. Zur Zeit werden Partizipationsscheine noch als Mittel eingesetzt, die Überfremdung einer AG zu begrenzen. Die Anleger erhalten zum Ausgleich in der Regel einen höheren Ertrag als die Aktionäre. Das in den Partizipationsscheinen verbriefte Kapital wird gesondert neben dem Aktienkapital ausgewiesen.

**Wandelschuldverschreibungen** (Convertible Bonds) sind wie die Industrieobligationen mit einer festen Verzinsung ausgestattet. Darüber hinaus räumen sie jedoch den Gläubigern das Recht ein, die Obligationen innerhalb einer bestimmten Wandlungsfrist zu festgelegten Bedingungen – meist unter Zuzahlung eines Agios – in einem bestimmten Verhältnis in Aktien der betreffenden Gesellschaft umzutauschen.

Über das Umtauschrecht ist der Kurs der Wandelanleihe mehr oder weniger eng mit dem Kurs der Aktie verbunden. Der Wandelobligationär nimmt somit am Kursverlauf der Aktie teil, gleichgültig, ob er von seinem Umtauschrecht Gebrauch macht oder nicht. Der **Wert des Wandelrechts** hängt aus diesem Grunde – abgesehen von den Umtauschbedingungen – von der Anlagequalität der Aktie ab.

Zum anderen bietet die Wandelanleihe aber wie eine normale Schuldverschreibung eine feste Verzinsung und eine garantierte Rückzahlung (in der Regel zum Nennwert). Diese bewirken eine Begrenzung des Abwärtsrisikos und einen Renditevorteil gegenüber der Aktie. Der Doppelnatur der Wandelanleihe entsprechend, setzt sich der Preis also zusammen aus dem Preis für anleihemäßige Ausstattung und dem Preis für das Wandelrecht.

Steigt der Kurs für die Aktie, so zieht der Kurs für die Wandelanleihe ebenfalls nach. Umgekehrt gewinnt die zinsmäßige Ausstattung an Gewicht, wenn der Aktienkurs und damit auch der Kurs der Wandelanleihe fällt. Je mehr sich die Rendite der Wandelanleihe der eines vergleichbaren festverzinslichen Papiers nähert, desto stärker wird die hiervon ausgehende Bremswirkung auf den Kursrückgang.

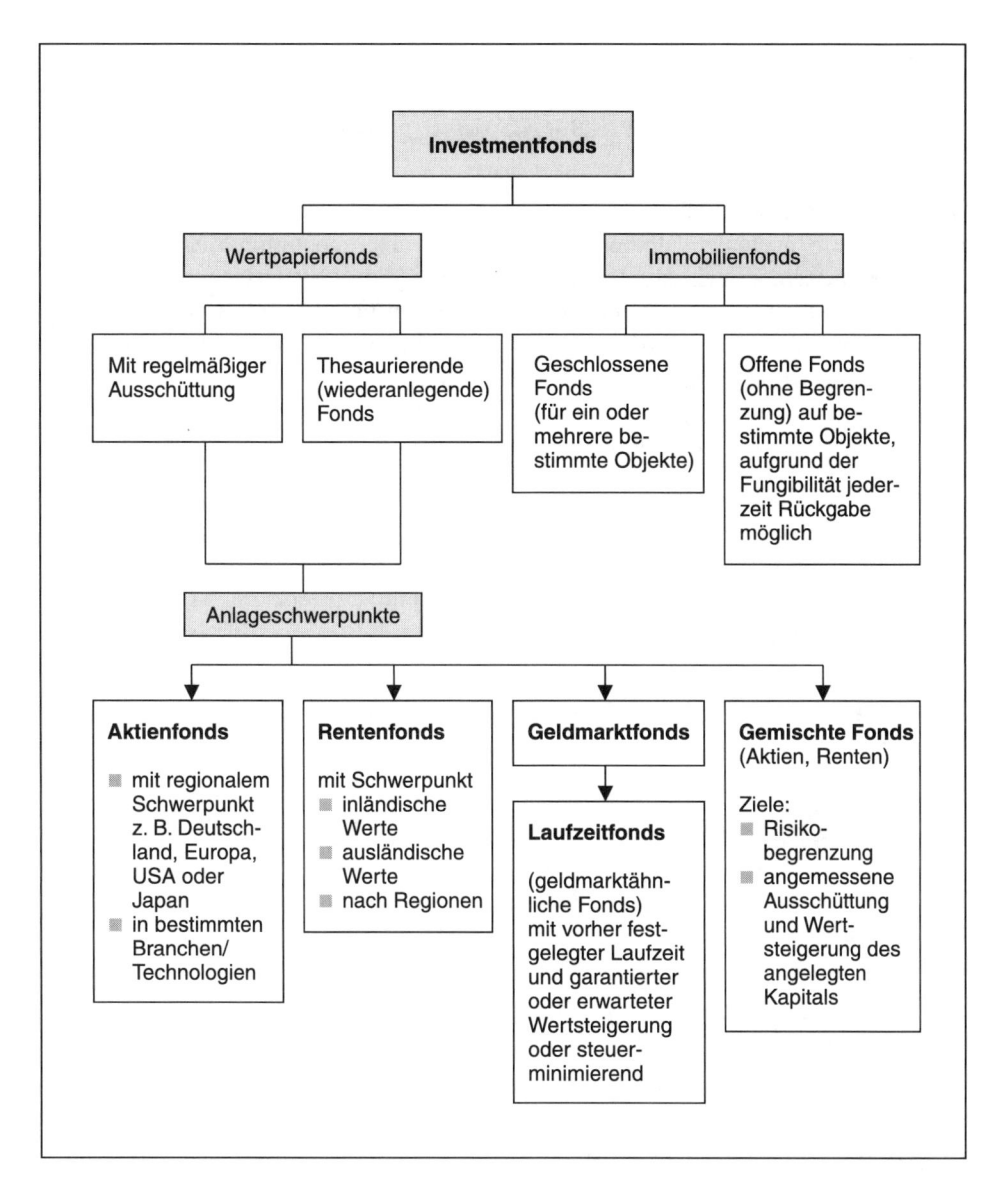

```
                        ┌─────────────────────┐
                        │   Investmentfonds   │
                        └──────────┬──────────┘
                    ┌──────────────┴──────────────┐
            ┌───────────────┐             ┌───────────────┐
            │ Wertpapierfonds│             │ Immobilienfonds│
            └───────┬───────┘             └───────┬───────┘
              ┌─────┴─────┐                 ┌─────┴─────┐
   ┌──────────────┐ ┌──────────────┐ ┌──────────────┐ ┌──────────────┐
   │ Mit regel-   │ │ Thesaurierende│ │ Geschlossene │ │ Offene Fonds │
   │ mäßiger      │ │ (wiederan-   │ │ Fonds        │ │ (ohne Begren-│
   │ Ausschüttung │ │ legende)     │ │ (für ein oder│ │ zung) auf be-│
   │              │ │ Fonds        │ │ mehrere be-  │ │ stimmte Ob-  │
   │              │ │              │ │ stimmte Ob-  │ │ jekte, auf-  │
   │              │ │              │ │ jekte)       │ │ grund der    │
   │              │ │              │ │              │ │ Fungibilität │
   │              │ │              │ │              │ │ jederzeit    │
   │              │ │              │ │              │ │ Rückgabe     │
   │              │ │              │ │              │ │ möglich      │
   └──────────────┘ └──────────────┘ └──────────────┘ └──────────────┘
              │
     ┌─────────────────┐
     │ Anlageschwerpunkte│
     └─────────┬───────┘
```

**Aktienfonds**

- mit regionalem Schwerpunkt z. B. Deutschland, Europa, USA oder Japan
- in bestimmten Branchen/ Technologien

**Rentenfonds**

mit Schwerpunkt
- inländische Werte
- ausländische Werte
- nach Regionen

**Geldmarktfonds**

**Laufzeitfonds**

(geldmarktähnliche Fonds) mit vorher festgelegter Laufzeit und garantierter oder erwarteter Wertsteigerung oder steuerminimierend

**Gemischte Fonds** (Aktien, Renten)

Ziele:
- Risikobegrenzung
- angemessene Ausschüttung und Wertsteigerung des angelegten Kapitals

Abbildung 2-33: Arten von Investmentfonds

Ist der Wandlungspreis höher als der Börsenkurs der Aktie, so wäre gegenüber dem direkten Aktienkauf ein Aufgeld, die sogenannte **Wandelprämie**, zu zahlen. Liegt der Wandlungspreis darunter, ist der indirekte Aktienerwerb billiger als der direkte, das heißt die Prämie ist negativ. Eine hohe Prämie ergibt sich immer dann, wenn bei einem Kursverfall der Aktie die Schutzfunktion der Wandelanleihe durch ihre Anleiheausstattung wirksam wird. Erholt sich der Aktienkurs, dann wird der Kurs der

Wandelanleihe zunächst nicht oder nur zögernd folgen. Mit der Prämie wird also eine spätere Kurssteigerung der Aktie mehr oder weniger vorweggenommen. Insofern kann man die Prämie als die Kehrseite der Schutzfunktion der Wandelanleihe bezeichnen.

Die **Optionsanleihe** beinhaltet wie die Wandelanleihe ebenfalls zwei Komponenten. Es besteht eine normale Anleihe mit fester Verzinsung und verbindlichen Rückzahlungsmodalitäten. Zusätzlich ist die Anleihe mit einem **Optionsschein (Warrent)** ausgestattet. Dieser berechtigt den Anleger innerhalb einer festgelegten Optionsfrist, eine bestimmte Anzahl von Aktien einer AG zu einem vorher festgelegten Preis zu erwerben. Mit dem Beginn der Optionsfrist kann der Optionsschein von der Anleihe getrennt und separat an der Börse gehandelt werden. Daraus resultiert an der Börse die Notierung der Anleihe inklusive (cum) und ohne (ex) Optionsschein sowie des Optionsscheins selbst.

Der Kurs der Optionsanleihe **ohne** Optionsschein orientiert sich am allgemeinen Renditeniveau für festverzinsliche Wertpapiere. Der Kurs des Optionsscheines wird durch die Preisentwicklung der Bezugsaktie bestimmt. Hierbei ist für den Anleger die Hebelwirkung (leverage) von besonderem Interesse.

Anleger verfolgen nun die Entwicklung des Aktien- und des Optionskurses. Am Beispiel lassen sich diese Überlegungen verdeutlichen:

---

**BEISPIEL**

mit Umtauschrecht des Optionsscheins in eine Aktie im Verhältnis 1:1 bei Zuzahlung von 230 DM:

- Kurs der Aktie XYZ am 15.1.       300 DM
- Kurs des Optionsscheins am 15.1.  100 DM
- Zuzahlung beim Umtausch           230 DM

Somit kostet eine Aktie über den Optionsschein bezogen 330 DM, das heißt, es besteht ein Aufpreis von 10 Prozent.

Steigt die Aktie von 300 DM auf 360 DM, ergibt sich ein Kursgewinn von 20 Prozent auf das eingesetzte Kapital. Für den Preis von einer Aktie kann man jedoch auch drei Optionsscheine erwerben. Steigt der Kurs der Aktie, dann steigt auch der Preis für die Optionsscheine, wobei ein eventuell vorhandener Aufpreis meist etwas abgebaut wird. Würde der Optionsschein der XYZ-Gesellschaft mit der Aktie zum Beispiel von 100 DM auf 150 DM steigen, so ergäbe sich ein Kursgewinn von 50 Prozent auf das eingesetzte Kapital. Aber Achtung! Den Kurschancen steht mit gleicher Hebelwirkung auch ein Kursrisiko gegenüber und zusätzlich die Tatsache, daß der Optionsschein eine feste Laufzeit hat, nach deren Erreichen er wertlos wird, sofern er nicht sinnvoll ausgeübt werden kann.

### 3.2.1.7 Optionsscheine (Warrents)

Bis Mitte der 80er Jahre wurden Optionsscheine meist nur im Zusammenhang mit Optionsanleihen emittiert. Das kräftige Wachstum der Wertpapiermärkte, der Einfluß ausländischer Finanzinstrumente und der Erfindungsreichtum der Emittenten für neue Produkte läßt noch immer eine Artenvielfalt entstehen, die kaum noch zu überblicken ist. Anfang 1996 waren in Deutschland weit über 4.000 verschiedene Optionsscheine auf dem Markt. Manche der neuen Produkte können sich jedoch nicht durchsetzen und verschwinden wieder. Durchgesetzt hat sich jedoch der Optionsschein, der unabhängig von einer Anleihe oder einem Genußschein, das heißt „nackt" begeben wird.

Solche **Optionsscheine verbriefen ein Recht**, nicht jedoch die Verpflichtung, eine bestimmte Menge eines Basiswertes, innerhalb einer bestimmten Frist (Laufzeit nach American Style) oder an einem festgelegten Stichtag (European Style), zu einem festgelegten Preis vom Emittenten zu beziehen (Call) oder an ihn zu verkaufen (Put).

Emittenten sind in aller Regel Banken. Die Optionsscheine haben Laufzeiten zwischen 12 und 24 Monaten. Sie werden im geregelten Markt und/oder Freiverkehr der Börsen gehandelt.

Nach den wichtigsten Arten von Optionsscheinen unterscheidet man:

- **Gedeckte Optionsscheine** (Covered Warrents): Sie berechtigen den Inhaber zum Bezug von bereits im Umlauf befindlichen Aktien. Das Bezugsverhältnis ist häufig gering, das heißt es werden mehrere Optionsscheine zum Bezug einer Aktie benötigt. Dies bewirkt einerseits, daß der Optionsschein-Kurs sehr niedrig ist, andererseits aber eine starke Überbewertung (Aufgeld) entstehen kann. Anstelle einer einzelnen Gattung kann ein Optionsschein auch auf einen Korb (Basket) mit mehreren Aktiengattungen lauten.

- **Index-Optionsscheine** berechtigen entweder zum Bezug oder Verkauf eines Aktienportfolios, das in seiner Zusammensetzung und Gewichtung dem angegebenen Aktienindex, zum Beispiel dem DAX, entspricht, oder zur Zahlung eines Differenzbetrages. Dieser errechnet sich aus dem bei der Emission festgelegten Basispreis und dem am Ausübungstag gültigen Stand des Indexes. Käufer des Index-Optionsscheins erwarten steigende Kurse, Verkäufer hingegen sinkende Kurse.

- **Währungs-Optionsscheine** berechtigen entweder zum Bezug oder Verkauf bestimmter Währungsbeträge zu einem im voraus festgelegten Preis und Stichtag (zum Beispiel US-Dollar zu 1,45 DM) oder zur Zahlung eines Differenzbetrages. Dieser errechnet sich aus dem in den Emissionsbedingungen festgelegten Basispreis für die Währung und dem am Ausübungstag gültigen amtlichen Devisenkurs in Frankfurt/M.

- **Zins-Optionsscheine** berechtigen entweder zum Bezug oder Verkauf bestimmter festverzinslicher Wertpapiere, meist Bundesanleihen oder -Obligationen, zu einem im voraus festgelegten Kurs (wobei die angelaufenen Zinsen zu berücksichtigen sind) oder zur Zahlung eines Differenzbetrages. Der Käufer von Zins-Optionsscheinen erwartet steigende, der Verkäufer sinkende Zinsen und den sich daraus ergebenden Kursveränderungen bei den festverzinslichen Schuldverschreibungen.

- **Caps, Capped, Floors Optionsscheine**: Diese und ähnliche Zusatzbezeichnungen zu Optionsscheinen zeigen an, daß die Gewinn- oder Verlustmöglichkeiten für den Emittenten und den Anleger durch besondere Begrenzungen eingeschränkt worden sind. Man will sich dadurch gegen überproportionale Veränderungen, wie sie zum Beispiel häufig im Devisenbereich vorkommen, absichern.

### 3.2.1.8 Die Verbriefung von Effekten, Verschaffung der Rechte

Effekten sind Urkunden in denen Rechte verbrieft sind. Diese Dokumentation kann in verschiedenen Formen erfolgen. Das deutsche Aktiengesetz schreibt den Druck von effektiven Urkunden vor, damit der Aktionär seine Aktien auf Verlangen physisch selbst in Besitz nehmen kann. Das Zweite Finanzmarktförderungsgesetz hat diese Vorschrift für neue Unternehmen gelockert. Diese können das Recht auf effektive Stücke für den Aktionär ausschließen und Aktien in großer Stückelung (Jumbozertifikate) ausgeben und damit erhebliche Kosteneinsparungen erzielen. Für alle anderen Wertpapierarten gibt es keine gesetzlichen Auflagen zum Druck von effektiven Stücken.

Man unterscheidet folgende Verbriefungsformen:

- **Effektive Stücke**: Sie bestehen aus dem Mantel – er verbrieft das Forderungs- oder Anteilsrecht – und dem Bogen, der maximal 20 Kupons enthält. Dividenden- und Ertragsscheine bei Aktien und Fonds sind fortlaufend numeriert, Zinsscheine dagegen mit einem festen Betrag und dem Fälligkeitsdatum versehen, ausgenommen bei variabel verzinsten Anleihen. Kupons haben den Charakter eines Wertpapiers. Werden im Laufe der Zeit mehr als 20 Kupons benötigt, so wird mittels eines **Erneuerungsscheins** (**Talons** = letzter Kupon auf dem Bogen) ein neuer Bogen vom Emittenten beziehungsweise bei der von ihm beauftragten Stelle angefordert. Der Talon ist kein Wertpapier sondern nur ein Legitimationspapier. Die Verwendung von Kupons und Talons erspart die Vorlage der Haupturkunden. Der Druck effektiver Stücke unterliegt strengen **Druckrichtlinien der Börsen**. Aktien und Investmentzertifikate werden im Querformat, Schuldverschreibungen und Vorzugsaktien im Hochformat gedruckt. Um die Anzahl der Urkunden pro Emission in „vernünftigen" Grenzen zu halten, werden unterschiedliche

Stückelungen ausgegeben, (zum Beispiel eine Urkunde lautet auf Stück 100 Aktien) bis hin zu sogenannten Jumbozertifikaten, die eine große Anzahl von Aktien repräsentieren.

- **Globalurkunden** werden insbesondere bei Emissionen verwendet, die eine kurze beziehungsweise begrenzte Laufzeit haben. Über 97 Prozent der deutschen Anleihen werden bereits in dieser dematerialisierten Form verbrieft. Globalurkunden können schnell und preiswert mit der Schreibmaschine ausgefertigt werden. Es gibt keine Kupons dazu. Die Globalurkunden werden bei der Wertpapiersammelbank Deutscher Kassenverein AG hinterlegt. Die Übertragung der Wertpapiere erfolgt durch Kontobewegungen. Man unterscheidet zwischen **Dauerglobalurkunden**, die den Ausdruck effektiver Stücke während der gesamten Laufzeit eines Wertpapiers ausschließen (häufigste Form) und **technischen Globalurkunden**, bei denen effektive Stücke nur auf Verlangen (eines Großanlegers) ausgedruckt werden. Sie finden auch Verwendung, wenn der Emittent nur einen Teil der Emission in effektiven Stücke verbrieft und den Rest in technischen Globalurkunden. Eine untergeordnete Rolle spielen **interimistische Globalurkunden**. Sie dienen der zeitlichen Überbrückung von der Emissionsbegebung bis zur Druckfertigstellung von effektiven Stücken. Ähnliches gilt für **Jungscheine**, die die unwiderrufliche Verpflichtung des Emittenten beinhalten, effektive Stücke zu drucken und alsbald zu liefern, wobei der Jungschein kein Wertpapier ist. So sind interimistische Globalurkunden und Jungscheine Hilfsmittel, um den Handel an den Börsen zuzulassen bevor effektive Stücke vorliegen. Mit diesen Urkunden wird die von den Börsen geforderte Lieferbarkeit für Geschäfte hergestellt.

- **Schuldbucheintragungen**: Die Schuldverschreibungen von Bund, Bahn, Post und Deutsche Treuhandanstalt werden nicht verbrieft, sondern bei der Bundesschuldenverwaltung in Bad Homburg in das Bundesschuldbuch eingetragen. Für die Anleihen der Länder bestehen Landesschuldbücher. Das Depotgesetz stellt diese Eintragungen den übrigen Verbriefungsformen rechtlich gleich. Die Eintragung einer Emission in den Schuldbüchern erfolgt zunächst als Sammeleintragung auf den Namen der Wertpapiersammelbank Deutscher Kassenverein AG. Die privaten Anleihebesitzer haben bei Erwerb das Recht und die Möglichkeit, sich selbst direkt in das Bundesschuldbuch eintragen und damit ihre Wertpapierkonten bei der Bundesschuldenverwaltung führen zu lassen. Zinszahlungen erfolgen direkt von der Bundesschuldenverwaltung durch bargeldlose Überweisung an den Anleger. Bei Fälligkeit einer Schuldverschreibung wird dem Anleger angeboten, den Rückzahlungsbetrag erneut und kostenfrei in Bundesanleihen zu investieren. Die Dienstleistungen der Bundesschuldenverwaltung für Private sind gebührenfrei, was immer wieder zu Diskussionen im Kreditgewerbe führt.

■ **Zertifikate für ausländische Wertpapiere**: Nicht alle Wertpapierurkunden ausländischer Emittenten sind für eine Verwahrung und Lieferung in Deutschland geeignet. So sind zum Beispiel japanische Aktien in einer für uns nicht lesbaren Schrift ausgestellt, Wertpapiere englischer Gesellschaften entsprechen nicht dem deutschen Aktienrecht. In diesen und ähnlichen Fällen werden die Originalurkunden bei einer Börseneinführung in ihrem Ursprungsland in ein Treuhanddepot übernommen und dafür in Deutschland ein Inhaber-Sammelzertifikat erstellt. Mit der Hinterlegung des Zertifikates beim Deutschen Kassenverein ist die Lieferbarkeit der ausländischen Wertpapiere in Deutschland hergestellt. Der Deckungsbestand im Treuhanddepot muß stets mit dem Buchungsbestand für das Sammelzertifikat im Kassenverein übereinstimmen.

In den Kursveröffentlichungen der Börsen (Kursblatt) wird die Art der Verbriefung bei den einzelnen Gattungen durch ein graphisches Kennzeichen ersichtlich. Die Verbriefungsform hat keinen Einfluß auf die Kursfeststellung an den Börsen.

### 3.2.2 Emissionsgeschäft

#### 3.2.2.1 Geschichtliche Entwicklung und Wesen

Das Emissionsgeschäft entstand in Deutschland im **16. Jahrhundert**, als große Handelshäuser im Auftrag von Fürsten Anleiheemissionen durchführten. Etwa zur gleichen Zeit emittierten deutsche und italienische ,,Finanziers" Anleihen in Antwerpen und Lyon. Die ersten **Aktien** wurden zu **Beginn des 17. Jahrhunderts** in Amsterdam begeben. Durch die Gründung von Bodenkreditinstituten, deren **Pfandbriefemissionen** der Finanzierung von Hypothekarkrediten dienten, wurde diese Entwicklung Ende des 18. Jahrhunderts weitergeführt.

Größere Bedeutung erlangte das Emissionsgeschäft vor allem in der Zeit der beginnenden Industrialisierung. Zur Aufbringung größerer Kapitalien mußten sich die Unternehmen an die Allgemeinheit wenden. Dabei bewährte sich die Emission von Gläubiger- und Beteiligungspapieren so gut, daß sie eine ständige Ausweitung erfuhr.

> **DEFINITION**
>
> Unter dem **Emissionsgeschäft** ist die mit der Ausgabe und dem Erstverkauf von Effekten für sich selbst oder für Dritte verbundene Geschäftstätigkeit der Banken zu verstehen.

Der Emissionsablauf umfaßt in der Regel **drei Stufen**:

- **Abschluß eines Effektenübernahmevertrages** zwischen den beteiligten Banken und dem Emittenten
- die **kommissionsweise oder feste Übernahme** der Wertpapiere durch das Bankenkonsortium
- die Unterbringung im Publikum (**Plazierung**)

### 3.2.2.2 Selbst- und Fremdemission als grundlegende Formen der Erstplazierung

Die erstmalige Ausgabe von Wertpapieren kann in der Form der Selbstemission oder der Fremdemission erfolgen.

**Selbstemission**

Bei der Selbstemission übernimmt der Emittent die Plazierung seiner Wertpapiere, das heißt er ist bemüht, die eigenen Effekten beim Publikum selbst unterzubringen. Dies erfordert gute Beziehungen zum Kapitalmarkt und ein ausgebautes Vertriebssystem. Außerdem darf der Geldbedarf nicht dringlich sein, da bei dieser Emissionsart der Gegenwert meist nur allmählich eingeht.

Eine Selbstemission ist nicht nur Banken möglich, auch jede andere Unternehmung kann ihre Effekten, zum Beispiel junge Aktien, auf diese Weise unterbringen. Selbstemissionen von Nichtbanken sind jedoch in Deutschland selten. Typisch für die Selbstemissionen sind die **Pfandbriefemissionen von Realkreditinstituten und Landesbanken**. Aber auch andere **Bankobligationen** werden in dieser Form untergebracht.

**Fremdemission**

Die Fremdemission ist dadurch gekennzeichnet, daß sich Emittenten zum Zwecke der Abwicklung einer Emission an ein Kreditinstitut (oft die Hausbank) oder mehrere Banken wenden. Die Gründe, weshalb die Kreditinstitute von Nichtbanken zu Emissionen herangezogen werden, sind vielfältig. An erster Stelle wird der Vorteil stehen, sich ein gut ausgebautes Vertriebssystem dienstbar zu machen. Aber auch die Kapitalkraft, die Beratung oder der Name eines Kreditinstituts können ausschlaggebend sein. Die Kreditinstitute werden bei der Fremdemission auf verschiedene Weise eingeschaltet. Besteht ein **Geschäftsbesorgungsvertrag**, so wird die Bank beziehungsweise das Bankenkonsortium als Werbe-, Vermittlungs- oder Verwaltungsstelle tätig. Ein **Kommissionsvertrag** verpflichtet dagegen das Kreditinstitut beziehungsweise Bankenkonsortium, in eigenem Namen und für Rechnung des Emittenten die Papiere abzusetzen. Weiterhin kann die Bank beziehungsweise das Konsortium als **Selbstkäufer** auftreten und die Effekten zu einem festen Kurs übernehmen.

### 3.2.2.3 Unterschiedliche Formen von Emissionskonsortien zur Erstplazierung von Fremdemissionen

Selten übernimmt eine einzelne Bank eine Emission alleine; im allgemeinen wird zu diesem Zweck ein Bankenkonsortium gebildet. Konsortien sind sogenannte **Gelegenheitsgesellschaften**, die als Gesellschaften des bürgerlichen Rechts für jede Emission neu gegründet werden (§ 705 ff. BGB). Praktisch bestehen allerdings eine Reihe von Konsortien, die immer wieder in gleicher oder ähnlicher Zusammensetzung an die Öffentlichkeit treten (zum Beispiel Bundesanleihekonsortium). Die Vorschriften des BGB werden im allgemeinen in einem **Konsortialvertrag** durch andere Regelungen ersetzt.

Die im BGB vorgesehene gemeinschaftliche **Geschäftsführung** wird regelmäßig dadurch ausgeschlossen, daß sie einem Mitglied des Konsortiums übertragen wird (§ 709 Abs. 1 BGB). Das federführende Kreditinstitut ist an die Beschlüsse der Konsorten gebunden, die meist nach dem Prinzip der Einstimmigkeit, seltener nach Mehrheit der Quoten gefaßt werden. Trotzdem bleibt der **Konsortialführerin** genügend Handlungsspielraum, um die laufenden Geschäfte auch in Zweifelsfällen abzuwickeln.

Im **Innenverhältnis** führt die Konsortialführerin das **Konsortialkonto** und nimmt die Verrechnung mit der Gesellschaft und den Konsorten vor. Die technische Abwicklung obliegt einem speziellen **Konsortialbüro**. Für ihre Tätigkeit erhält die Konsortialführerin auf Grund vertraglicher Abmachungen regelmäßig eine sogenannte **Führungsprovision**.

Im **Außenverhältnis** übernimmt die Konsortialführerin die **Vertretung des Konsortiums** dem Kunden (Emittenten) gegenüber und wickelt den Geschäftsverkehr zwischen den Konsorten und dem Kunden ab. Die Konsortialführerin handelt für Rechnung und im Namen des Konsortiums.

Die Konsorten sind verpflichtet, alles zu tun, um den Konsortialzweck zu erreichen, insbesondere ihren Organisationsapparat zur Verfügung zu stellen und die vereinbarte Quote zu übernehmen § 718 f. BGB). Ein Gesamthandsvermögen kommt vereinbarungsgemäß in der Regel nicht zustande, weil der Konsortialvertrag vorsieht, daß etwa erworbenes Vermögen unmittelbar auf die einzelnen Konsorten als **Alleineigentum** übergehen soll. Die Quoten, die hierfür die Berechnungsgrundlage bilden, begrenzen gleichzeitig das Haftungsmaß der einzelnen Konsorten.

Der **Konsortialvertrag** enthält in der Regel folgende Punkte:

- den **Zweck** der Konsortialbildung
- die **Namen** der Mitglieder
- die Konsortialanteile (**Quoten**) der Mitglieder

- die **Eigentumsverhältnisse**
- die **Vertretung** der Konsorten
- die **Geschäftsführung** des Konsortiums
- die **Pflichten und Rechte** der Konsorten (insbesondere die Haftungsverhältnisse und die Gewinnbeteiligung) und
- die **Beendigung** des Konsortiums

Vom Konsortialvertrag ist der „**Außenvertrag**" zu unterscheiden. Dieser Vertrag wird zwischen dem Konsortium und dem Emittenten abgeschlossen und legt die Ausstattung der Emission, die Höhe der Vergütung, Börsenzulassung, Kurspflege usw. fest. Während der Emissionsabwicklung steht praktisch nur noch die Konsortialführerin mit dem Emittenten in abrechnungstechnischer Verbindung.

Bei den **Emissionskonsortien** lassen sich folgende **Grundtypen** unterscheiden:

- **Übernahmekonsortium**
  Das reine Übernahmekonsortium übernimmt die Wertpapiere vom Emittenten zu **einem festen Kurs** gegen Zahlung des Kaufpreises, um die Effekten für längere oder kürzere Zeit im Eigenbesitz zu behalten. Es besteht also nicht die Absicht, die Papiere sofort im Publikum unterzubringen.

- **Begebungskonsortium**
  Im Gegensatz dazu verfolgt das reine Begebungskonsortium den Zweck, die Wertpapiere lediglich für Rechnung des Emittenten entweder als Kommissionär, als Makler oder als Geschäftsbesorger zu verkaufen. Die Konsorten gehen **kein Absatzrisiko** ein, sondern stellen lediglich ihre Organisation und ihren Emissionskredit zur Verfügung und erhalten dafür eine Vergütung in Form einer **Bonifikation**.

- **Garantiekonsortium**
  Das Garantiekonsortium verpflichtet sich, falls bei anderweitiger Emission, zum Beispiel bei Selbstemission, nicht sämtliche Stücke untergebracht werden können, die restlichen Effekten bis zu einer bestimmten Höhe zu einem festen Kurs zu übernehmen. In Deutschland hat das Garantiekonsortium keine praktische Bedeutung.

- **Optionskonsortium**
  Ein Optionskonsortium übernimmt nur den **Teilbetrag** der zu emittierenden Papiere, den es mit Sicherheit unterzubringen hofft. Für den Rest erhält es eine Option, das heißt das Recht, bei entsprechendem Emissionsergebnis auch diesen Posten zu übernehmen.

- **Kombiniertes Übernahme- und Begebungskonsortium**
  Die heute in Deutschland gebräuchlichste Form ist das kombinierte Übernahme- und Begebungskonsortium, bei dem die Wertpapiere durch das Konsortium **zu einem festen Übernahmekurs** übernommen und anschließend an das Publikum weiterveräußert werden. Das kann sowohl im Namen und für Rechnung des Konsortiums als auch des Emittenten geschehen, zum Beispiel beim Verkauf an bezugsberechtigte Aktionäre. Der Gegenwert der übernommenen Papiere wird dem Emittenten dann vom Konsortium **innerhalb einer festgesetzten Frist** beziehungsweise entsprechend dem Fortgang der Plazierung zur Verfügung gestellt. Der Ertrag der Konsortialbanken ergibt sich bei festverzinslichen Wertpapieren aus der Differenz zwischen dem Übernahme- und dem höheren Emissionskurs. Bei Aktien sind beide Kurse gleich; die Vergütung wird gesondert vereinbart.

### 3.2.2.4 Techniken der Plazierung der Effekten

Wenn über die Emissionsart entschieden ist und gegebenenfalls ein Konsortium gebildet wurde, muß bestimmt werden, auf welchem Wege die Effekten untergebracht werden sollen. In der Bundesrepublik sind hierfür hauptsächlich folgende Methoden üblich, die einzeln oder kombiniert angewandt werden können:

- **Auflegung zur öffentlichen Zeichnung (Subskription)**
- **freihändiger Verkauf**
- **Plazierung** über die Börse
- **Bezugsangebot**

**Auflegung zur öffentlichen Zeichnung (Subskription)**

Falls kein bezugsberechtigter Kreis vorhanden ist, ist die **Auflegung zum öffentlichen Verkauf** das heute meistgebräuchliche Absatzverfahren, das sich in mehreren Etappen vollzieht. Den reibungslosen Ablauf bereitet die federführende Bank durch die Versendung ausführlicher Richtlinien an die Konsortien vor. Danach veröffentlicht das Konsortium in den Tages- und Wirtschaftszeitungen **Verkaufsangebote**, durch die das Publikum auf die Emission aufmerksam gemacht werden soll. Außerdem werden Rundschreiben versandt, Verkaufsangebote an den Schaltern der Kreditinstitute ausgelegt und andere Werbemittel eingesetzt.

Das Verkaufsangebot enthält eine Aufforderung an Interessenten, einen Kaufantrag zu stellen, das heißt sich zur käuflichen Übernahme eines bestimmten Betrages der Wertpapiere zu verpflichten, und eine genaue Beschreibung der Wertpapiere. Dementsprechend gliedert sich das Verkaufsangebot in zwei Abschnitte, in denen die Ausstattung der Wertpapiere und die Verkaufsbedingungen beschrieben werden.

Bei **Überzeichnung** (das heißt, wenn mehr Kaufanträge eingegangen sind als Effekten zur Verfügung stehen) erfolgt eine **Repartierung**. Ursprünglich wurden hierbei die Papiere im Verhältnis der eingegangenen Anträge auf die Nachfrage verteilt. Heute bedingt sich das Konsortium regelmäßig das Recht aus, die Zuteilung nach eigenem Ermessen vorzunehmen, da es in seinem Interesse liegt, die Wertpapiere möglichst fest zu plazieren. Dabei werden vielfach Anträge auf kleinere Beträge bevorzugt, weil hier die Anlage wahrscheinlich dauerhafter ist. Durch diese Maßnahme sollen vor allem die sogenannten „**Konzertzeichner**" ausgeschlossen werden, die sich bewußt zur Übernahme überhöhter Beträge verpflichten, um bei einer Repartierung in den Besitz des von ihnen gewünschten Betrages zu gelangen, häufig in der Absicht, bei einem folgenden Kursanstieg die Papiere wieder zu verkaufen. Ein solches Vorgehen liegt wegen einer eventuell notwendig werdenden Kurspflege nicht im Interesse des Emittenten.

In diesem Zusammenhang ist auch das vor allem im angelsächsischen Emissionsgeschäft gebräuchliche **Tenderverfahren** zu erwähnen, das einer Versteigerung der Wertpapiere gleichkommt. Bei Begebung von Anleihen im Tenderverfahren sind zunächst grundsätzlich zwei Methoden zu unterscheiden: der Mengentender und der Zinstender. Beiden Verfahren ist gemeinsam, daß das **Anleihevolumen** bei der Ausschreibung **nicht** fixiert ist, sondern von den Bietungen abhängt. Wesentlicher Unterschied zwischen beiden Verfahren ist, ob auch die **Konditionen** der Anleihe von den Geboten beeinflußt werden.

- **Mengentender:** Bei diesem Verfahren legt der Emittent (zum Beispiel die Bundesbank) die Anleihekonditionen (bei Festzinsanleihe: unter anderem Laufzeit, Kupon, Emissionskurs und Rendite, bei variabel verzinslichen Anleihen zusätzlich Basiszinssatz beziehungsweise Auf- und Abschläge hierzu) vorher fest. Die Kreditinstitute geben ihre Gebote ausschließlich darüber ab, in welchem **Volumen** sie die Anleihe erwerben wollen. Anschließend teilt der Emittent auf die Gesamtsumme der abgegebenen Gebote Papiere in Höhe seines Kapitalbedarfs zu. Finden die vorher fixierten Konditionen im Markt guten Anklang, so übersteigen die Gebote in der Regel das vorgesehene Emissionsvolumen. Es kommt dann prozentual zur Höhe der Gesamtgebote zu einer Repartierung (Zuteilung).

- **Zinstender:** Der wesentliche Unterschied zum Mengentender besteht darin, daß die Kreditinstitute neben dem Volumen zusätzlich auch den noch nicht fixierten, offenen Teil der **Anleihekonditionen** (siehe oben), zu dem sie bereit sind diesen Betrag zu erwerben, angeben müssen. Die Anleihen werden stückelos durch Globalurkunden (beim Bund durch Schuldbuch) verbrieft.

# 6%

# Anleihe der Bundesrepublik Deutschland von 1996 (2006)

– Wertpapier-Kenn Nummer 113 499 –

## Verkaufsangebot

Die Bundesrepublik Deutschland begibt eine 6% Anleihe von 1996 (2006), von der ein Teilbetrag von

**DM 5 000 000 000,–**

durch das unterzeichnende Konsortium zum Verkauf gestellt wird.
Weitere Teilbeträge werden im Wege der Ausschreibung den Mitgliedern des Bundesanleihe-Konsortiums angeboten bzw. für die Marktpflege reserviert.

**Ausgabekurs:** 101%
spesenfrei, unter Verrechnung von 6% Stückzinsen.

**Zinszahlung:** Der Zinslauf beginnt am 5. Januar 1996. Zinsen werden nachträglich am 5. Januar eines jeden Jahres, erstmals am 5. Januar 1997 unter Beachtung der steuerlichen Bestimmungen gezahlt. Die Verzinsung endet mit dem Ablauf des dem Fälligkeitstag vorhergehenden Tages; das gilt auch dann, wenn die Leistung nach § 193 BGB bewirkt wird.

**Nennbeträge:** DM 1000,– oder ein Mehrfaches davon.

**Laufzeit:** 10 Jahre. Die Anleihe wird am 5. Januar 2006 zum Nennwert zurückgezahlt. Vorzeitige Kündigung ist ausgeschlossen.

**Rendite:** 5,87%

Abbildung 2-34: Silvesteranleihe 1995

| | |
|---|---|
| **Mündelsicherheit:** | Gemäß § 1807 Abs. 1 Nr. 2 BGB. |
| **Lombardfähigkeit:** | Gemäß § 19 Abs. 1 Nr. 3 d des Gesetzes über die Deutsche Bundesbank. |
| **Börseneinführung:** | In den amtlichen Handel an den Wertpapierbörsen in der Bundesrepublik Deutschland. |

**Lieferung:** Den Käufern wird zur Wahl gestellt:

a) die Einlegung in ein Sammeldepot bei einer Wertpapiersammelbank über ein Kreditinstitut (Sammelbestandsanteile) oder

b) die Eintragung als Einzelschuldbuchforderung in das bei der Bundesschuldenverwaltung, Bad Homburg v. d. Höhe, geführte Bundesschuldbuch. Die Verwaltung der Einzelschuldbuchforderungen einschließlich der Überweisung von Zinsen und Kapital erfolgt kostenlos.

Die Ausgabe von Stücken ist für die ganze Laufzeit ausgeschlossen.

Im Gesamtbetrag der Anleihe wird eine Sammelschuldbuchforderung für die Deutscher Kassenverein AG in das Bundesschuldbuch eingetragen.

Sammelbestandsanteile und Einzelschuldbuchforderungen werden unverzüglich verschafft, und zwar Sammelbestandsanteile durch Gutschrift bei dem vom Erwerber benannten Kreditinstitut, Einzelschuldbuchforderungen durch Eintragung in das Bundesschuldbuch.

**Zahlung von Zinsen und Kapital:** Die fälligen Zinsen und Rückzahlungsbeträge werden unter Beachtung der steuerlichen Bestimmungen bei Sammelbestandsanteilen durch die depotführende Bank gutgeschrieben, bei Einzelschuldbuchforderungen durch die Bundesschuldenverwaltung, Bad Homburg v. d. Höhe, überwiesen.

**Verkaufsfrist und Verkaufsstellen:** Die Anleihe wird

**bis einschließlich 8. Januar 1996**

während der üblichen Geschäftsstunden bei den unterzeichnenden Banken, deren Zweigniederlassungen sowie bei den Landeszentralbanken (Haupt- und Zweigstellen der Deutschen Bundesbank) zum Verkauf gestellt. Die Anleihe kann auch durch Vermittlung aller übrigen nicht namentlich genannten Kreditinstitute (Banken, Sparkassen, Kreditgenossenschaften) gekauft werden.
Während der Verkaufsfrist werden Kaufaufträge von natürlichen Personen bevorzugt berücksichtigt.

Im übrigen bleibt die Zuteilung den Verkaufsstellen überlassen.

**Zahlungstag:** 8. Januar 1996

Im Januar 1996

Abbildung 2-34: Silvesteranleihe 1995 (Fortsetzung)

### Freihändiger Verkauf

Ein weiteres sehr gebräuchliches Absatzverfahren ist der freihändige Verkauf. Der Absatz der Wertpapiere erfolgt hier allmählich und wird der Nachfrage angepaßt. In einem Verkaufsangebot wird die Anleihe zu einem bestimmten Kurs „freibleibend" zum Verkauf gestellt. Die Kreditinstitute behalten sich also Kursänderungen vor. Der Verkauf kann ferner je nach Bedarf frühzeitig beendet oder länger ausgedehnt werden.

Freihändiger Verkauf ist besonders dann zweckmäßig, wenn das Kapitalbedürfnis des Emittenten nur allmählich befriedigt zu werden braucht beziehungsweise ein stetiger Eingang des Gegenwertes beabsichtigt ist. Als ein typisches Beispiel dafür ist das **Pfandbriefgeschäft der Realkreditinstitute** anzusehen; der allmähliche Verkauf läßt eine Abstimmung mit den ständig zu gewährenden Hypothekarkrediten zu.

### Plazierung über die Börse

Die Unterbringung einer Emission durch Einführung an der Börse war bis zum ersten Weltkrieg eine selbständige Begebungsmethode, heute werden über die Börse nur noch Überhänge direkt plaziert. Technisch erfolgte der Absatz durch den Verkauf der Papiere an der Börse. Für die Plazierung von Anleihen hat die Frankfurter Wertpapierbörse Ende 1995 das Renten-, Offerten- und Handelssystem IBIS-R in Betrieb genommen und den Banken bundesweit zur Verfügung gestellt.

### Emission junger Aktien

Bei der Emission junger Aktien unterscheiden wir die **Kapitalerhöhung** von Aktiengesellschaften und die in den vergangenen Jahr erfolgreiche Bemühung der Kreditinstitute, für das Anlegerpublikum interessante und zukunftsorientierte Unternehmungen an der Börse zu plazieren (Going Public).

### Kapitalerhöhungen

Meistens übernimmt ein Konsortium die jungen Aktien en bloc, um sie den alten Aktionären zum Bezug anzubieten. Dabei ist es nicht notwendig, daß das gesetzliche Bezugsrecht durch einen Beschluß der Hauptversammlung mit qualifizierter Mehrheit ausgeschlossen wird, weil nach dem Aktiengesetz es nicht als ein Ausschluß des Bezugsrechts anzusehen ist, wenn die neuen Aktien von einem Kreditinstitut mit der Verpflichtung übernommen werden sollen, sie den Aktionären zum Bezug anzubieten (§ 186 Abs. 5 AktG). Dieser Weg ermöglicht eine beträchtliche Vereinfachung des Verfahrens, da die Durchführung einer Kapitalerhöhung erst dann ins Handelsregister eingetragen und diese damit juristisch wirksam wird, wenn sämtliche jungen Aktien – in diesem Fall vom Konsortium – übernommen und mindestens 25 Prozent zuzüglich Aufgeld eingezahlt worden sind.

Die Kreditinstitute benachrichtigen alle Kunden, für die sie Aktien der betreffenden Gesellschaft verwahren, von der Durchführung der Kapitalerhöhung und bitten um **Weisung**, ob das Bezugsrecht ausgeübt werden soll oder nicht. Erteilt der Kunde keine Weisung, wird das Bezugsrecht für ihn am letzten Handelstag veräußert.

Die **Aufforderung zur Ausübung des Bezugsrechts** wird außerdem in der Presse veröffentlicht. Den Aktionären wird mitgeteilt, wann und unter welchen Bedingungen sie die jungen Aktien beziehen können. Als Bezugsstellen treten die Konsortialbanken auf, die den Aktionären Gelegenheit zur Ausübung ihres Bezugsrechts geben. Zum Nachweis ihrer Berechtigung müssen die Aktionäre die dafür aufgerufenen Kupons einreichen. Der Wert des Bezugsrechts soll die Altaktionäre für das Sinken des inneren Wertes ihrer Aktien durch die Kapitalerhöhung insoweit entschädigen, als die jungen Aktien künftig am bilanziellen und dem nicht ausgewiesenen Reinvermögen des Unternehmens teilhaben.

Ist ein Aktionär nicht in der Lage oder nicht gewillt, junge Aktien zu beziehen, kann er sein Bezugsrecht durch die Banken verkaufen lassen. Die **Bezugsrechte börsengängiger Aktien werden an der Börse gehandelt,** wobei die Kurswerte vom rechnerischen Kurs nicht unerheblich abweichen können. Mit dem Tage der Aufnahme des Bezugsrechtshandels werden die alten Aktien mit einem Kursabschlag in Höhe des Bezugsrechts notiert, das heißt die alten Aktien werden „**ex Bezugsrecht**" gehandelt. Die jungen Aktien können im allgemeinen nicht gleich nach Ausübung des Bezugsrechts effektiv geliefert werden. Sie werden den Beziehern vielmehr zunächst auf einem Sammeldepotkonto (**Jungscheinkonto**) auf Grund eines vom Emittenten beim Kassenverein hinterlegten **Jungscheines** gutgeschrieben. Auf diese Weise können die jungen Aktien bereits gehandelt und geliefert werden, bevor die effektiven Stücke gedruckt sind.

**Börseneinführung und Kurspflege**

Mit der Plazierung einer Emission ist die Tätigkeit der Kreditinstitute normalerweise jedoch nicht abgeschlossen; Börseneinführung und Kurspflege sind weitere Aufgaben, die fast immer mit einer Emission übernommen werden müssen.

Während früher zuerst die Börseneinführung und dann die Plazierung erfolgte, ist die Reihenfolge heute in Deutschland umgekehrt. Abgesehen von denjenigen Papieren, die kraft Gesetzes automatisch zum Börsenhandel zugelassen sind (Bundes- beziehungsweise Länderanleihen sowie Daueremittenten) wird je nach den Interessen des Emittenten und der voraussichtlichen Streuung des Käuferkreises aus Kostengründen nur die Einführung an bestimmten Börsen erwogen. Der **Zulassungsantrag** kann nur von Kreditinstituten gestellt werden, die an der betreffenden Börse vertreten sind.

Mit dem Zulassungsantrag muß ein **Prospekt** eingereicht werden, der alle notwendigen Angaben für die Beurteilung der einzuführenden Papiere und der emittierenden

Gesellschaft enthalten soll. Dieser Prospekt wird vom Emittenten und sämtlichen Mitgliedern des Emissionskonsortiums unterschrieben und veröffentlicht, wobei meist in einem Nachsatz, der sogenannten „**Zulassungsklausel**", auf die erfolgte Börsenzulassung hingewiesen wird.

### 3.2.2.5 Bedeutung des Emissionsgeschäfts für Aufwand und Ertrag der Banken

**Aufwendungen**

Als **wertbedingte Aufwendungen** fallen besonders Risiko- und Geldbeschaffungsaufwendungen ins Gewicht. Sofern die Kreditinstitute die Papiere zur Begebung fest übernehmen, übernehmen sie damit das **Risiko der Nichtunterbringung** beziehungsweise der Unterbringung zu einem niedrigeren Kurs. Das **Liquiditätsrisiko** kann dadurch eingeschränkt werden, daß die Zurverfügungstellung des Emissionsgegenwertes dem Emittenten erst nach einer bestimmten Frist zugesichert wird, nach deren Ablauf der Verkauf der Effekten vermutlich abgewickelt sein wird.

Auch wenn die Banken beim reinen Begebungskonsortium zum Beispiel die Möglichkeit besitzen, die nicht abgesetzten Stücke dem Emittenten zurückzugeben, so sind sie – um ihren Emissionskredit zu erhalten – bisweilen trotzdem gezwungen, etwaige Reststücke unter Einsatz eigener Mittel zu behalten.

**Erträge**

Bezüglich der Erträge aus dem Emissionsgeschäft ist die Ausgabe von Anleihen und Aktien zweckmäßigerweise getrennt zu betrachten.

■ **aus Anleiheemissionen**

Bei einer Anleiheemission erhält das Emissionskonsortium als Gesamtvergütung in der Regel zwei bis drei Prozent des Emissionswertes. Wie bei jeder freien Preisbildung ist für die jeweiligen Sätze die Marktstellung des Emissionshauses und des Konsortiums maßgebend. Die Vergütung besteht aus der **Spanne zwischen dem Übernahmekurs des Konsortiums und dem Begebungskurs für das Publikum**; erfolgt die Abgabe an das Publikum zum Beispiel zu einem Kurs von 98 Prozent, so erhält der Emittent vom Konsortium etwa 95 Prozent.

Die Gesamtvergütung wird normalerweise je zur Hälfte aufgeteilt in den Konsortialnutzen und die Schalterprovision. Der von der Konsortialquote abhängige **Konsortialnutzen** soll vor allem ein Entgelt für die Wertleistung sein; die von der tatsächlichen Unterbringung abhängige **Schalterprovision** stellt eine Vergütung für die bei der Unterbringung erbrachte Betriebsleistung dar.

Bei einer angenommenen Gesamtvergütung von 2 Prozent soll der Konsortialführerin für ihre Tätigkeit bei der Geschäftsführung und Vertretung eine **Führungsprovision** von $1/8$ Prozent des Anleihenominalbetrages zustehen. Der Konsortialnutzen des einzelnen Konsorten beträgt dann 1 Prozent minus $1/8$ Prozent Führungsprovision = $1\,1/8$ Prozent seiner Übernahmequote. Damit sollen speziell das Begebungsrisiko des Konsorten und die Zurverfügungstellung seines Emissionskredites abgegolten werden.

Die Schalter- oder Guichetprovision von 1 Prozent wird nach dem gleichen Schlüssel verteilt wie der Konsortialnutzen. Trotz der wertbeständigen Berechnungsart soll sie eine Abgeltung für die Betriebsleistung sein. Dies kommt besonders dadurch zum Ausdruck, daß die Banken die Schalterprovision in ihrer internen Abrechnung den Börsen- beziehungsweise Effektenabteilungen und den Filialen zurechnen, also den Stellen, welche die Begebung technisch durchführen.

Werden außerhalb des Konsortiums stehende Institute bei der Plazierung der Effekten eingeschaltet, so wird ihnen ein Teil der Schalterprovision – zum Beispiel ein Prozent – in Form der sogenannten **Bankiersbonifikation** weitergereicht. Allerdings wird hierbei häufig zur Bedingung gemacht, daß die Papiere während der Dauer eines Jahres nicht an den Markt gelangen dürfen (**Bonifikationssperre**). Die einjährige Bonifikationssperre wurde für Bundesanleihen im Juli 1990 aufgehoben. Gleichzeitig wurde das Emissionsverfahren bei Bundesanleihen insoweit geändert, daß diese Papiere auch in einem kombinierten Konsortial- und Tenderverfahren begeben werden können, das heißt daß ein Teilbetrag einer Anleihe dem Bundesanleihekonsortium zu festen Konditionen angeboten wird und ein weiterer Teilbetrag (im Betrag offen) im Wege der Ausschreibung (Tender) unter den Mitgliedern des Bundesanleihekonsortiums emittiert wird. Dieser Preis für eine dauernde Anlage kann, falls es der Konsortialvertrag erlaubt, auch Großabnehmern wie zum Beispiel Versicherungen als eine Art Mengenrabatt gewährt werden.

Falls eine Kurspflege erforderlich ist, wird dem Emittenten auch hierfür eine Provision belastet. Ihre Höhe hängt vor allem davon ab, ob das zur Kurspflege eingesetzte Kapital vom Emittenten zur Verfügung gestellt wird oder von den beteiligten Banken aufgebracht werden muß.

### aus Aktienemissionen

Im Gegensatz zur Anleiheemission wird bei Aktienemissionen wegen des gleich hohen Bezugs- und Übernahmekurses die Vergütung in Form einer **Provision** gewährt. Sie beträgt heute üblicherweise 4 Prozent des Nennwertes, wobei der federführenden Bank intern zehn Prozent der Gesamtvergütung überlassen werden. Auf eine Spaltung der Provision in Konsortialnutzen und Schalterprovision wird verzichtet, da das Bezugsrecht eine spezielle Plazierungsart darstellt, bei der die Kreditinstitute keinen direkten Einfluß auf die Unterbringung der jungen Aktien ausüben können. Die **Verteilung der Provision auf die Konsorten** erfolgt regelmäßig nur **nach Maßgabe der Quoten**.

### 3.2.3 Die Effektenbörsen

#### 3.2.3.1 Geschichtliche Entwicklung und rechtliche Grundlagen

Die Effektenbörsen haben sich seit dem 16. Jahrhundert aus den regelmäßigen Zusammenkünften von Kaufleuten entwickelt. Auf Märkten und Messen wurden Waren, Edelmetalle aber auch Wechselbriefe gehandelt. Später kamen Staats- und Kommunalanleihen hinzu und im Zeitalter der Industrialisierung der Handel mit Aktien. Die Entstehung des Wortes ,,Börse" ist umstritten. Nach der einen Auffassung stammt es von dem mittelhochdeutschen Wort ,,bursa" (Genossenschaft), nach einer anderen von ,,van der Beurse", dem Namen einer Patrizierfamilie aus Brügge, vor deren Haus sich im Mittelalter täglich Geld- und Wechselhändler trafen um Geschäfte abzuschließen, Nachrichten auszutauschen, die Kreditwürdigkeit von Dritten zu besprechen usw.

In der Bundesrepublik bestehen gegenwärtig **acht** Wertpapierbörsen. Frankfurt hat mit rund 75 Prozent den größten Anteil am gesamten Umsatz. Es folgen entsprechend ihrer Umsatzanteile: Düsseldorf, München, Hamburg, Stuttgart, Berlin, Hannover und Bremen.

Seit einiger Zeit erfährt das herkömmliche äußere Erscheinungsbild der Börsen **weltweit** eine Umgestaltung. Die Mikroelektronik macht es möglich, Wertpapiergeschäfte mit Hilfe von Computern automatisiert anzubahnen und abzuwickeln. Der Einsatz von Computern gestattet es vor allem, **standortunabhängig** über Bildschirmterminals zu handeln. Die Deutsche Terminbörse, als reine Computerbörse, mag dafür als Beispiel dienen. Die Börse als Versammlungsort von Börsenhändlern und Maklern wird zunehmend an Bedeutung verlieren. Vor diesem Hintergrund ist auch die Diskussion zu sehen, ob die Anzahl von acht Präsenzbörsen in Deutschland noch zeitgemäß und zukunftsorientiert ist.

Das Börsengesetz (BörsG) setzt den gesetzlichen Rechtsrahmen des Börsenhandels. Das BörsG von 1896 gilt in der Fassung von 1908 und ist durch mehrere Novellierungen, zuletzt im Jahre 1994, geändert worden. Die vorangegangene Änderung 1989 schaffte die Voraussetzungen für die Deutsche Terminbörse. Die Novellierung 1994 wurde ausgelöst durch das Zweite Finanzmarktförderungsgesetz. Die Veränderungen waren notwendig geworden, da das Börsenwesen in jüngster Zeit grundlegende Veränderungen und eine ständige Weiterentwicklung erfährt. Der Bundesminister für Finanzen hatte in einem Papier vom 16.1.1992 ein umfassendes ,,Konzept Finanzplatz Deutschland" vorgestellt. Diese Überlegungen fanden ihren greifbaren Niederschlag im Zweiten Finanzmarktförderungsgesetz als sogenanntem Artikelgesetz über den Wertpapierhandel und zu börsen- und wertpapierrechtlichen Vorschriften. Am weiterführenden Dritten Finanzmarktförderungsgesetz wird gearbeitet.

Der wohl wichtigste Teil ist das neue **Wertpapierhandelsgesetz** (WpHG), das mit dem Börsengesetz folgende wesentlichen Neuerungen brachte:

- die dreiteilige Börsenaufsicht und Errichtung eines Bundesaufsichtsamtes für den Wertpapierhandel (BAWe) in Frankfurt/M
- die Meldepflicht der am Börsenhandel beteiligten Unternehmen über getätigte Wertpapiertransaktionen
- die Insiderüberwachung durch das BAWe
- die Insider-Regelungen, die **strafrechtliche** Verfolgungen bei Verstößen gegen das Gesetz möglich machen
- die Mitteilungspflicht bei Über- oder Unterschreiten eines stimmberechtigten Aktienbestandes von 5, 10, 25, 50 und 75 Prozent an einer Aktiengesellschaft
- die mögliche Herabsetzung des Aktiennennbetrages auf 5 DM
- das Verbot des Frontrunnings und der Einführung von Wohlverhaltensregeln
- die Veröffentlichungspflicht aller kursrelevanter Nachrichten durch den Emittenten
- die zusätzlichen Anlagemöglichkeiten in Termingeschäften, Devisenoptionen sowie Teilnahme an der Wertpapierleihe für Investmentfonds
- die neue Legaldefinition des Börsenpreises
- die Neuorganisation der Leitungsstruktur der Börsen
- einen Makler-Handelsverbund über mehrere Börsen und anderes

Das **Börsengesetz** ist in sechs Abschnitte gegliedert:

I. Allgemeine Bestimmungen über die Börsen und deren Organe (§ 1–28)
II. Feststellung des Börsenpreises und das Maklerwesen (§ 29–35)
III. Zulassung von Wertpapieren zum amtlichen Börsenhandel (§ 36–49)
IV. Der Börsenterminhandel (§ 50–70)
V. Zulassung von Wertpapieren zum nicht-amtlichen Börsenhandel (§ 71–78)
VI. Straf- und Bußgeldvorschriften. Schlußvorschriften (§ 88–97)

Das **Wertpapierhandelsgesetz (WpHG)** ist in sieben Abschnitte aufgeteilt:

I. Anwendungsbereich, Begriffsbestimmung (§ 1–2)
II. Bundesaufsichtsamt für den Wertpapierhandel, seine Organisation, Aufgaben, Zusammenarbeit mit Dritten Stellen und anderes mehr (§ 3–11)
III. Insiderüberwachung (§ 12–20)
IV. Mitteilungs- und Veröffentlichungspflichten bei Veränderungen des Stimmrechtsanteils an börsennotierten Gesellschaften (§ 21–30)

V. Verhaltensregeln für Wertpapierdienstleistungsunternehmen (Compliance) (§ 31–37)
VI. Straf- und Bußgeldvorschriften (§ 38–40)
VII. Übergangsbestimmungen (§ 41)

Weiterhin ist als **europäische Gesetzgebung** ab 1.1.1996 die **Wertpapierdienstleistungsrichtlinie** vom 10.5.1993 zu berücksichtigen, mit der allerdings keine detaillierte Rechtsangleichung des Börsen- und Wertpapierrechts der Mitgliedstaaten beabsichtigt ist. Sie regelt in erster Linie das Recht auf Zugang von Personen und Wertpapieren zum Handel an den Börsen der Mitgliedsstaaten.

Das BörsG enthält keine Definition, was unter einer Börse im rechtlichen Sinne zu verstehen ist sondern bestimmt in § 1 Abs. 1 lediglich, daß die Errichtung einer Börse der Genehmigung der Landesaufsichtsbehörde bedarf. Nur diese ist auch befugt, die Aufhebung bestehender Börsen anzuordnen.

---

**DEFINITION**

Die **Börse** ist eine organisierte Marktveranstaltung, auf der Anbieter und Anleger (Verkäufer und Käufer) zusammentreffen um Handelsabschlüsse zu tätigen. Gegenstand des Handels sind **vertretbare (fungible) Güter**. (§ 91 BGB). Es kann sich um Wertpapiere, Devisen, vertretbare Waren sowie deren „Derivate" (Ableitungen) handeln.

---

Die Güter sind nicht am Marktort vertreten, auch nicht als Muster. Es wird nach einheitlichen Bedingungen gehandelt (Geschäftsbedingungen) und der Handel findet regelmäßig und zeitlich begrenzt statt. Dabei haben die Börsen in Deutschland in einigen Marktsegmenten unterschiedliche Handelszeiten. So werden zum Beispiel Optionsscheine in Frankfurt von 10.30 bis 13.30 Uhr, an einigen anderen Plätzen jedoch schon ab 10.00 oder bis ca. 17.00 Uhr gehandelt.

„Börsen" ohne Börseneigenschaft ergeben sich aus dem allgemeinen Sprachgebrauch, zum Beispiel Immobilienbörse, Tourismus-Börse und ähnliches.

Nach § 4 Abs. 2 BörsG ist der **Geschäftszweig einer Börse** in der Börsenordnung festzulegen. Nach der **Art der gehandelten Güter** unterscheidet man zwischen

- **Warenbörsen** an denen standardisierte Rohstoffe oder Naturprodukte wie Getreide, Kaffee oder Erdöl gehandelt werden. Die Bedeutung der Warenbörsen in Deutschland ist gering. Im Zweiten Finanzplatzförderungsgesetz wurden die Voraussetzungen für **Warenterminbörsen** geschaffen. Es bestehen konkrete Pläne, eine solche Börse (in Hannover) zu eröffnen.

- **Devisenbörsen** an denen Buchgeld in ausländischen Währungen gehandelt werden. In Deutschland gibt es Devisenbörsen in Frankfurt, Berlin, Düsseldorf, Hamburg und München. Sie sind nicht selbständig, sondern Abteilungen der jeweiligen Wertpapierbörsen. Eine Devisenkursfeststellung und der Auftragsausgleich erfolgt jedoch nur zentral in Frankfurt, dem Sitz der Deutschen Bundesbank.

- **Wertpapierbörsen (Effektenbörsen):** Gegenstand des Handels sind vertretbare Wertpapiere (Effekten), das sind vor allem Aktien und Schuldverschreibungen. Die Wertpapierbörse ist ein **Sekundärmarkt** für die bereits im Umlauf befindlichen Effekten. Der **Primärmarkt** für Effekten, das heißt die erstmalige Begebung, liegt noch weitgehend außerhalb der Börsen. Durch die Bereitstellung elektronischer Hilfsmittel, wie zum Beispiel das IBIS-R(enten) Handelssystem, wird die Börse sich neue Geschäftsfelder erschließen.

Die Einführung der elektronischen Informationsübermittlung führte zur Unterscheidung zwischen

- **Präsenzbörse**, bei der die Handelstätigkeit lokal durch die Händler-/Maklerversammlung in einem Börsensaal stattfindet, dem sogenannten **Parketthandel**, und der

- **Computerbörse**, bei der die Verbindung zwischen den Marktteilnehmern durch den Börsencomputer über **standortunabhängige** Bildschirmterminals hergestellt wird. In Deutschland wird seit 1991 das elektronische Handelssystem IBIS (Integriertes Börsenhandels- und Informationssystem) betrieben. Es beinhaltet jedoch nur die international interessanten und umsatzstärksten Aktien, Bundes- und DM-Auslandsanleihen sowie Optionsscheine. Betreiber des Systems ist die Frankfurter Wertpapierbörse, die es in Kooperation mit den Regionalbörsen bundesweit für Banken und Makler zur Teilnahme anbietet. Es bestehen auch Installationen im Ausland. Unabhängig davon laufen konkrete Bestrebungen, auch in Deutschland eine Computerbörse für den Effektenhandel aufzubauen. Als Vorbild dazu dient die sehr erfolgreich operierende Computerbörse der Deutschen Terminbörse (DTB)

Eine weitere Einteilungsmöglichkeit des Börsenhandels ergibt sich aus der **Erfüllungsfrist** der Geschäfte.

Der **Kassamarkt** verlangt usancegemäß die Lieferung und Zahlung von Geschäften am zweiten Bankarbeitstag nach dem Geschäftsabschluß. (Bedingungen für Geschäfte an den deutschen Wertpapierbörsen, § 15 Abs. 1). Da jedes Geschäft eine freie vertragliche Vereinbarung ist, können jedoch zwischen den Handelspartnern in Einzelfällen auch davon abweichende Erfüllungsfristen ausgehandelt werden.

Der **Terminmarkt** arbeitet mit langfristigen Laufzeiten der Geschäfte. Hier können Lieferung und Zahlung bis zu neun Monaten und darüber hinaus vereinbart werden.

Der Terminhandel in Deutschland findet vor allem an der eigens dafür eingerichteten Börse, der Deutsche Terminbörse DTB, statt.

Es wurden jedoch bereits seit 1970 auch Geschäfte in unverbrieften Aktienoptionen innerhalb der bestehenden Wertpapierbörsen abgeschlossen. An den meisten Börsenplätzen ist der Handel inzwischen eingestellt. In Frankfurt existiert der Markt noch für die Optionen in Wertpapieren, die noch nicht in die DTB übernommen wurden. Dieser ist jedoch von so untergeordneter Bedeutung, daß hier nicht mehr darauf eingegangen wird, auch um Überschneidungen im 4. Abschnitt zu vermeiden.

### 3.2.3.2 Trägerschaft und Organisation der Börsen

Die Börse wird überwiegend als eine rechtlich unselbständige Anstalt des öffentlichen Rechts eingeordnet und ist somit nicht rechtsfähig. Der Staat hat ihr jedoch eine weitgehende **Selbstverwaltung** eingeräumt, die der **Börsenrat** bei der Ausgestaltung der jeweiligen **Börsenordnung** wahrnimmt.

Da eine Börse nicht rechtsfähig ist, bedarf sie eines (Rechts-)Trägers, der im Rechtsverkehr für sie handelt, zum Beispiel Dienstverträge mit dem Verwaltungspersonal abschließt, das Börsengebäude und die technischen Einrichtungen zur Verfügung stellt usw. In Frankfurt ist der privatrechtliche Träger der Wertpapierbörse die Deutsche Börse AG; die Regionalbörsen nutzen als Träger jeweils einen Verein, der sich aus den am Börsenhandel interessierten Unternehmen zusammensetzt.

Der **Börsenrat** hat Überwachungs- und Rechtsetzungsaufgaben, unter anderem

- Erlaß der Börsenordnung und der Gebührenordnung
- Bestellung und Abberufung der Börsen-Geschäftsführung im Benehmen mit der Börsenaufsichtsbehörde
- Überwachung der Geschäftsführung
- Erlaß einer Geschäftsordnung für die Geschäftsführung
- Erlaß der Bedingungen für die Geschäfte an der Börse

Weiterhin ist von seiner Zustimmung die Einführung technischer Handels- und Abwicklungssysteme abhängig. Auch die Zusammensetzung des Börsenrates hat sich gegenüber dem früheren Börsenvorstand verändert. Ziel der im § 3 BörsG vorgeschriebenen Zusammensetzung ist es, alle am Börsenhandel unmittelbar und mittelbar Beteiligten an der Selbstverwaltung der Börsen teilnehmen zu lassen und insbesondere die Vertretung der Emittenten, Privatanleger und institutionellen Anleger zu stärken.

Die **Zulassungsstelle** entscheidet über die Zulassung von Wertpapieren zum amtlichen Handel. Sie dient dem Schutz des Publikums und überwacht die Einhaltung der

Pflichten des Emittenten und des antragstellenden Kreditinstituts. Die Zulassungsstelle ist eine Abteilung der Börse, die insbesondere bei der Zulassung von Standardemissionen (Daueremittenten) selbständig entscheidet. Ansonsten ist die Zulassungsstelle eine Kommission. Mindestens die Hälfte ihrer Mitglieder müssen Personen sein, die sich nicht berufsmäßig am Börsenhandel mit Wertpapieren beteiligen (§ 37 BörsG).

Der **Zulassungsausschuß** entscheidet über die Zulassung von Wertpapieren zum geregelten Markt. Er ist an den meisten Börsen mit der Zulassungsstelle identisch (§ 71 Abs. 3 BörsG).

Der **Börsengeschäftsführung** obliegt nunmehr die Leitung der Börse (§ 3 Abs. 1 BörsG 1994). Ihre Selbständigkeit als Börsenorgan wird dadurch hervorgehoben, daß sie vom Börsenrat im Benehmen mit der Landesaufsichtsbehörde zu bestellen und abzuberufen ist. Der Börsengeschäftsführung wachsen damit (im Vergleich zu früher) zahlreiche neue Befugnisse zu, die zuvor vom Börsenvorstand wahrgenommen wurden, so zum Beispiel die **Zulassung von Personen zum Börsenhandel**, aber auch Anordnungs-, Weisungs- und Kontrollbefugnisse im Sinne der Börsenaufsichtsbehörde.

Die **Zulassung von Personen zum Börsenbesuch** regelt § 7 BörsG. So ist zum Besuch der Börse und zur Teilnahme am Börsenhandel eine Zulassung durch die Geschäftsführung erforderlich. Dies gilt auch für Handelsteilnehmer, deren Geschäfte durch elektronische Datenübertragung zustande kommen.

Es darf nur zugelassen werden, wer gewerbsmäßig für eigene Rechnung börsenmäßig gehandelte Wertpapiere anschafft oder veräußert oder dies im eigenen Namen für fremde Rechnung tut oder wer solche Geschäfte vermittelt. Es handelt sich also regelmäßig um Kreditinstitute, die das Effektengeschäft betreiben (§ 1 Nr. 4 KWG) und um Handelsmakler nach § 93 HGB. Die Zulassung setzt **persönliche Zuverlässigkeit, berufliche Eignung und finanzielle Leistungsfähigkeit voraus**. (Die frühere Unterscheidung zwischen selbständigen und unselbständigen Börsenbesuchern ist entfallen.) Seit einigen Jahren müssen Personen, die neu zum Handel zugelassen werden wollen, einen Lehrgang und eine Eignungsprüfung seitens der Börse absolvieren.

Die Zulassung von Personen ohne das Recht zur Teilnahme am Handel, zum Beispiel Pressevertreter, regelt die Börsenordnung.

Der **Sanktionsausschuß** (§ 9 BörsG) ersetzt den bisherigen Ehrenausschuß. Bei Verstößen gegen börsenrechtliche Vorschriften oder Anordnungen oder bei Verletzung des kaufmännischen Vertrauens oder der Ehre eines Handelsteilnehmers kann der Sanktionsausschuß Verweise und Ordnungsgelder bis zu 50.000 DM verhängen. Er kann einen Handelsteilnehmer bis zu 30 Sitzungstage vom Börsenhandel ausschließen. Für die Kursmakler ist jedoch die Börsenaufsichtsbehörde zuständig.

An jeder Börse bestehen darüber hinaus verschiedene Ausschüsse und Gremien, die vom Börsenrat eingesetzt werden um ihn themenorientiert beratend zu unterstützen.

Die **amtlichen Kursmakler** sind Handelsmakler und damit Kaufleute nach § 93 ff. HGB. Sie werden jedoch durch die jeweilige Landesregierung bestellt und vereidigt. Sie vermitteln Geschäfte in den zum Amtlichen Handel zugelassenen Wertpapieren zwischen Kreditinstituten und führen (eingeschränkt) auch Eigengeschäfte aus. Sie haben Anspruch auf eine Courtage, deren Höhe sich nach der ,,Gebührenordnung für die Tätigkeit der Kursmakler" der jeweiligen Landesregierung richtet. Aufgrund des BörsG kommt den Kursmaklern bei der Kursfestsetzung eine öffentlich-rechtliche Aufgabe zu.

Die **Kursmaklerkammer** ist die Standesvertretung der Kursmakler. Ihr Leitungsorgan wird aus der Kursmaklerschaft gewählt. Sie vertritt die Interessen der Kursmakler gegenüber Dritten, gibt das Amtliche Kursblatt heraus und regelt die Belange der Makler untereinander.

Die **Freimakler** sind ebenfalls Handelsmakler nach § 93 ff. HGB. Sie sind ohne öffentlich-rechtlichen Auftrag tätig und nicht vereidigt. Sie vermitteln Geschäfte in **allen** Wertpapieren, das heißt auch in amtlich notierten Titeln. Die von ihnen festgestellten Preise werden nicht veröffentlicht. Freie Makler können auch zu skontroführenden Maklern in nicht amtlichen Marktbereichen eingesetzt werden.

### 3.2.3.3 Börsenzulassung von Wertpapieren – die drei Marktsegmente

Ohne die formelle Zulassung kann ein Wertpapier nicht an der Börse gehandelt werden (§ 36 BörsG). Dabei ist zu beachten, in welchem der **drei Marktsegmente** ein Papier eingeordnet werden soll, da jeweils unterschiedliche Zulassungsbedingungen bestehen:

**A. Amtlicher Handel**

Die Zulassung ist vom Emittenten zusammen mit einem Kreditinstitut, das Börsenmitglied ist, bei der **Zulassungsstelle** der Börse zu beantragen. Wertpapiere werden zugelassen, wenn

1. der Emittent und die Wertpapiere den Bestimmungen entsprechen, die zum Schutz des Publikums und für einen ordnungsgemäßen Börsenhandel gemäß § 38 BörsG erlassen worden sind

2. dem Antrag ein Prospekt zur Veröffentlichung beigefügt ist, der gemäß § 38 BörsG die erforderlichen Angaben enthält, um dem Publikum ein zutreffendes Urteil über den Emittenten und die Wertpapiere zu ermöglichen und

3. keine Umstände bekannt sind, die bei Zulassung der Wertpapiere zu einer Übervorteilung des Publikums oder einer Schädigung erheblicher allgemeiner Interessen führen

4. Der Prospekt ist zu veröffentlichen durch Abdruck in den Börsenpflichtblättern und bei den im Prospekt genannten Zahlstellen bereitzuhalten. Sind in dem Prospekt Angaben unrichtig, so haften nach § 45 BörsG sowohl der Emittent als auch die Emissionsbank. (Prospekthaftung). Die Prospekte werden beim Bundesaufsichtsamt für den Wertpapierhandel (BAWe) hinterlegt

Voraussetzungen zur Zulassung:

- Jahresabschlüsse der letzten drei Jahre
- Verpflichtung zu mindestens einem Zwischenbericht pro Jahr
- Verpflichtung zur Ad-hoc-Publizität
- Mindestkurswert der zuzulassenden Papiere 2,5 Millionen DM bei Aktien und bei Renten Nennwert 0,5 Millionen
- der Streubesitz bei Aktien muß mindestens 25 Prozent des Aktienkapitals oder Stück 50.000 Aktien betragen

## B. Geregelter Markt

Die Zulassung ist vom Emittenten und einem Kreditinstitut oder einem anderen dazu qualifizierten Unternehmen an die Börse zu stellen. Ein **Zulassungsausschuß** trifft gemäß § 71 BörsG die Entscheidung zur Einbeziehung in den Geregelten Markt.

An die Stelle eines Prospektes tritt ein zu veröffentlichender Unternehmensbericht mit weniger umfassenden Angaben. Die Vorschriften für die Prospekthaftung gelten jedoch auch hierbei (§ 77 BörsG), ebenso die übrigen Schutzbestimmungen für das Publikum.

Voraussetzungen zur Zulassung sind:

- ein Jahresabschluß des letzten Geschäftsjahres
- Mindestkurswert der zuzulassenden Aktien 0,5 Millionen DM
- der Streubesitz bei Aktien muß mindestens 10.000 Aktien betragen

Es besteht keine Verpflichtung zur Veröffentlichung eines Zwischenberichtes. Es bestehen geringere Anforderungen bei den Publizitätspflichten als im Amtlichen Handel.

## C. Freiverkehr

Über die Zulassung von Wertpapieren entscheidet ein **Freiverkehrsausschuß** im Einvernehmen mit der Geschäftsführung der jeweiligen Börse. Grundlage sind besondere für den Freiverkehr geltenden **Richtlinien**. Anträge sind von Kreditinstituten oder Maklern zu stellen, die an der Börse zugelassen sind.

Der Freiverkehr soll einen ordnungsgemäßen Handel mit solchen Werten sicherstellen, die die Anforderungen des Amtlichen oder Geregelten Marktes nicht erfüllen, bei denen aber ein Interesse an einem Handel auf einem transparenten Markt vorliegt. Es gibt keine Prospektveröffentlichung und keine Prospekthaftung.

Die abgestuften Anforderungen in den drei Marktsegmenten führen auch zu abgestuften finanziellen Belastungen für die Emittenten beziehungsweise für die Emissionsinstitute.

Schuldverschreibungen des Bundes, der Länder sowie DM-Anleihen von Staaten der EU sind automatisch zum amtlichen Handel an jeder inländischen Börse zugelassen.

### 3.2.3.4 Wertpapieraufsicht und Insiderregeln

Internationale Stellen haben immer wieder kritisiert, daß in Deutschland eine unabhängige Marktaufsicht fehlt. Das Zweite Finanzmarktförderungsgesetz hat diesen Wettbewerbsnachteil ausgeglichen. Es wurde eine Aufsicht geschaffen, die auf drei Ebenen dazu beiträgt, daß der Börsenhandel sicher, fair und transparent ist, damit Vertrauen gebildet und erhalten wird:

#### A. Das Bundesaufsichtsamt für den Wertpapierhandel (BAWe)

Es beaufsichtigt Geschäfte in in- und ausländischen börsenzugelassenen Wertpapieren und Derivaten, die von Kreditinstituten und Maklern getätigt wurden. Das Amt übt jedoch keine Börsenaufsicht aus. Hauptaufgaben des neuen BAWe sind:

- die **Insiderüberwachung** börsengehandelter Wertpapiere (§ 12 WpHG) aufgrund von Meldungen über jedes abgeschlossene Geschäft, und der Einholung von Auskünften bei Emittenten und Marktteilnehmern, bis hin zu Auskünften über Bestandsbewegungen auf den Depotkonten von Privatpersonen

- die Überwachung der **Ad-hoc-Publizität der Emittenten** gemäß § 15 WpHG, für kursrelevante Tatsachen

- die Überwachung der Informationsrichtlinien über die Transparenz von Beteiligungsverhältnissen an Aktiengesellschaften

- die Überwachung der Erstellung und Einhaltung von Verhaltensrichtlinien (rules of conduct) bei den Handelsteilnehmern und

- die internationale Zusammenarbeit mit anderen Börsen und deren Aufsichtsbehörden

## B. Die Rechts- und Marktaufsicht durch die Länder (Börsenaufsicht)

Das Bundesland, in dem eine Börse ihren Sitz hat, ist zuständig für die Ausübung der Börsenaufsicht gemäß § 1 BörsG. Die Aufsicht hat zwei Dimensionen, nämlich die Rechtsaufsicht **über** die Börse und die Marktaufsicht **an** der Börse.

Die **Rechtsaufsicht** gilt den Börsenorganen und ihren Beschlüssen. Sie müssen im Einklang mit den geltenden Gesetzen und Ordnungen stehen. Hinzu kommt die Genehmigung von Börsen- und Gebührenordnungen, der Erlaß von Verordnungen bezüglich der Wahl des Börsenrates, des Sanktionsausschusses und der Kursmaklerordnung. Weiterhin ist die Bestellung und Abberufung von Kursmaklern und deren Stellvertreter sowie die Aufsicht über die Kursmaklerkammer eine wichtige Aufgabe.

Die **Marktaufsicht** wird ausgeübt von einem Staatskommissar, der sowohl die wirtschaftliche Leistungsfähigkeit der Makler als auch deren ordnungsgemäßes Verhalten bei der Auftragsabwicklung und Kursbildung überprüft.

## C. Die Handelsüberwachungsstelle der Börse (HÜSt) gemäß § 1 b BörsG

Die HÜSt ist ein neues Börsenorgan. Sie arbeitet unabhängig und ist keinem anderen Börsenorgan, zum Beispiel der Geschäftsführung oder dem Börsenrat unterstellt. Ihr Leiter kann nur im Einvernehmen mit der Börsenaufsicht des Landes bestellt und entlassen werden. Die HÜSt hat eine Berichtspflicht gegenüber der Börsenaufsichtsbehörde, die ihr auch Weisungen erteilen kann. Die HÜSt ist zuständig für

- die direkte Marktaufsicht bei der Preisfeststellung
- die Feststellung von Unregelmäßigkeiten, wobei sie hierzu das Recht hat, Auskünfte von allen Handelsteilnehmern einzuholen

In der Praxis arbeitet die Stelle unter anderem mit einem ausgeklügelten Computersystem, das alle Augenfälligkeiten in Preis- und Umsatzentwicklung sehr zeitnah sichtbar macht. Weiterführende Ermittlungen und rechtliche Schritte sind den Landes- und Bundesaufsichtsbehörden vorbehalten.

Die außerbörslichen Geschäfte waren bisher nicht in eine Börsenaufsicht einbezogen. Mit dem § 1 WpHG werden jedoch sowohl börsliche, als auch außerbörsliche und die Geschäfte in Derivaten in die Überwachung einbezogen.

Es ist unbestritten, daß das neue Aufsichtssystem den Finanzplatz Deutschland fördert und die Wettbewerbsfähigkeit im internationalen Bereich spürbar stärkt.

### 3.2.3.5 Keine Vorteile für Insider

Alle bedeutenden Wertpapierbörsen besitzen Regelungen – zumeist strafrechtlicher Art- zur Verhinderung und Bekämpfung von **Insidergeschäften**. In Deutschland ist der Insiderhandel gemäß § 38 WpHG eine kriminelle Handlung, die mit Freiheitsstrafen bis zu fünf Jahren oder mit Geldstrafe bedroht ist. Das Gesetz macht dabei keinen Unterschied zwischen Primär- und Sekundärinsidern.

**Primärinsider** gemäß § 13 WpHG sind

- Mitglieder der Geschäftsführungs- und Aufsichtsorgane oder die persönlich haftenden Gesellschafter des Emittenten oder eines mit ihm verbundenen Unternehmens
- Personen, die aufgrund ihrer Beteiligung am Kapital des Emittenten Kenntnis von Insidertatsachen haben
- Personen, die aufgrund ihres Berufes, ihrer Tätigkeit oder Aufgabe bestimmungsgemäß Kenntnis von Insidertatsachen haben

**Sekundärinsider** gemäß § 14 Abs. 2 WpHG ist jeder Dritte, der Kenntnis von einer Insidertatsache hat, aber nicht zum Kreis der Primärinsider zählt.

> **BEISPIEL**
>
> Die Sekretärin schreibt einen Halbjahresbericht, der später veröffentlicht werden soll, und in dem von erheblichen Ertragseinbrüchen bei der XY-AG die Rede ist. Sie ist Primärinsider, weil sie Kenntnisse aufgrund ihrer Tätigkeit erlangt hat.
>
> Der Chauffeur hört, was im Fond des Wagens zwei Vorstandsmitglieder über den noch nicht veröffentlichten negativen Bericht erzählen. Der Chauffeur erfährt eine Insidertatsache, aber er ist nur Sekundärinsider, weil er die Information nicht bestimmungsgemäß aufgrund seiner Tätigkeit erlangt hat.

Eine **Insidertatsache** liegt vor, wenn eine nicht öffentlich bekannte Tatsache, die sich auf ein Insiderpapier bezieht, geeignet ist, im Falle ihres öffentlichen Bekanntwerdens den Kurs von Insiderpapieren erheblich zu beeinflussen. **Insiderpapiere** sind praktisch alle Wertpapiere, die an einer inländischen Börse zum Handel in einem der Marktsegmente zugelassen sind, einschließlich deren Derivate.

Primärinsidern ist es **verboten**,

- unter Ausnutzung der Kenntnis einer Insidertatsache Insiderpapiere für eigene oder fremde Rechnung oder für einen anderen zu erwerben oder zu veräußern

- einem anderem eine Insidertatsache unbefugt mitzuteilen oder zugänglich zu machen
- einem anderen den Erwerb oder die Veräußerung von Insiderpapieren zu empfehlen

Der Verbotskatalog für den Sekundärinsider ist beschränkter: Ihm ist lediglich verboten, unter Ausnutzung seiner Kenntnis Insiderpapiere für eigene oder fremde Rechnung zu erwerben oder zu veräußern. Er darf jedoch sein Wissen verbreiten und anderen Kauf- und Verkaufsempfehlungen geben.

> **BEISPIEL**
>
> In bezug auf die vorgenannten Beispiele bedeutet dies:
>
> Die Sekretärin darf als Primärinsider die Tatsache nicht an ihren Mann weitererzählen; der Chauffeur, als Sekundärinsider, darf seinem Freund jedoch eine Verkaufsempfehlung geben.

**Publizitätsverpflichtungen von Emittenten**

Insidergeschäfte kann man am wirksamsten dadurch verhindern, daß kursrelevante Tatsachen so schnell wie möglich veröffentlicht werden. Gemäß § 15 WpHG ist der Emittent verpflichtet, **unverzüglich** neue Tatsachen zu veröffentlichen, wenn sie geeignet sind, den Kurswert erheblich zu beeinflussen.

Die Veröffentlichung muß in mindestens einem überregionalen Börsenpflichtblatt oder über ein Informationssystem der bekannten Wirtschaftsagenturen erfolgen. Vor der Veröffentlichung muß der Emittent die Geschäftsführung der zuständigen Börse und das Bundesaufsichtsamt für den Wertpapierhandel informieren, damit diesen die Entscheidung über eine Kursaussetzung ermöglicht wird.

Das Bundesaufsichtsamt kann den Emittenten auf Antrag hin von der Veröffentlichungspflicht einer Tatsache befreien, wenn diese dazu geeignet ist, den berechtigten Interessen des Emittenten zu schaden. (§ 15 Abs. 1 WpHG).

Verstöße gegen die Publizitätsvorschriften sind Ordnungswidrigkeiten, die mit Geldbußen bis zu 3 Millionen DM geahndet werden können.

### 3.2.3.6 Die Deutsche Terminbörse (DTB) – erweiterte Aktionsmöglichkeiten für Banken und Anleger

Im Januar 1990 startete die DTB mit dem Handel von Finanzterminkontrakten als eine vollcomputerisierte Börse. Der Handel findet nicht an einem zentralen Ort sondern über standortunabhängige elektronische Netzwerke statt. Anfang 1996 waren über 140 Teilnehmer mit mehr als 1.500 Händlern angeschlossen. Im Tagesdurchschnitt wurden 1995 rund 800.000 Optionen- und Future-Kontrakte gehandelt.

Der DTB-Börsenbetrieb ist **öffentlich-rechtlich** strukturiert; als privatrechtlicher Träger fungiert seit Anfang 1995 die Deutsche Börse AG, die auch Träger der Frankfurter Wertpapierbörse ist. Damit sind Kassa- und Terminmarkt unter einem Dach. Oberstes Organ der DTB ist deren Börsenrat. Dieser und die übrigen Organe nach dem BörsG haben die gleichen Aufgaben und Funktionen, wie im Abschnitt 3.2.3.3 für Wertpapierbörsen beschrieben. Dies gilt auch für die Rechts- und Marktaufsicht der DTB.

Die Abwicklung der Termin-Geschäfte erfolgt über ein **Clearing House**, das eine Abteilung innerhalb der DTB ist. Die Hauptaufgaben dieser Clearingstelle sind:

- Garantie der abgeschlossenen Kontrakte
- Abrechnung aller börsengehandelten Termingeschäfte
- technische Abwicklung der Andienungen/Ausübungen

Konkret bedeutet dies, daß die Clearingstelle als Garantiegeber und Selbstkontrahent in alle Geschäfte eintritt. Daher müssen die Handelspartner auch entsprechende Sicherheitsleistungen (Margins) erbringen, deren Höhe seitens der DTB aufgrund der Engagements täglich neu ermittelt werden.

Ein Ausgestaltungsmerkmal, das bei vielen Terminbörsen zu finden ist, ist das **Market-Maker-Prinzip**. Market-Maker sind Börsenteilnehmer, die für Optionen (von ihnen bestimmter Gattungen) während der Handelszeit verbindliche Geld- und Briefkurse stellen und den Markt liquide halten. Sie erhalten dafür Gebührenvorteile seitens der Börse. Die Handelszeiten der DTB liegen zwischen ca. 8.00 und 17.00 Uhr.

**Termingeschäfte für Privatkunden**

Die Banken sind nach dem Wertpapierhandelsgesetz (§ 31) **verpflichtet**, eine anleger- und objektgerechte Beratung durchzuführen. Privatpersonen müssen durch Belehrung termingeschäftsfähig gemacht werden. Dies geschieht schriftlich durch die „Wichtige Information über die Verlustrisiken bei Börsentermingeschäften" gemäß § 53 BörsG **und** durch individuelle und produktspezifische Informationsgespräche. Der Kunde muß sein Verständnis für Termingeschäfte schriftlich bestätigen.

## Produkte der DTB

Die an der DTB handelbaren Optionen und Financial-Futures geben in- und ausländischen Marktteilnehmern ein Instrumentarium an die Hand, das den flexiblen und differenzierten Aufbau von Wertpapierbeständen und deren Absicherung ermöglicht. Für das moderne Finanzmanagement sind diese Instrumente unverzichtbar, um die weltweit gestiegenen Kurs- und Zinsrisiken zu minimieren, andererseits aber auch Risiken bewußt zu übernehmen und zu steuern.

Der Vorteil einer Geschäftsausführung über die DTB liegt unter anderem in der Standardisierung aller handelbaren Kontrakte zum Beispiel hinsichtlich der Kontraktgröße, Laufzeit, Basispreis und anderes mehr.

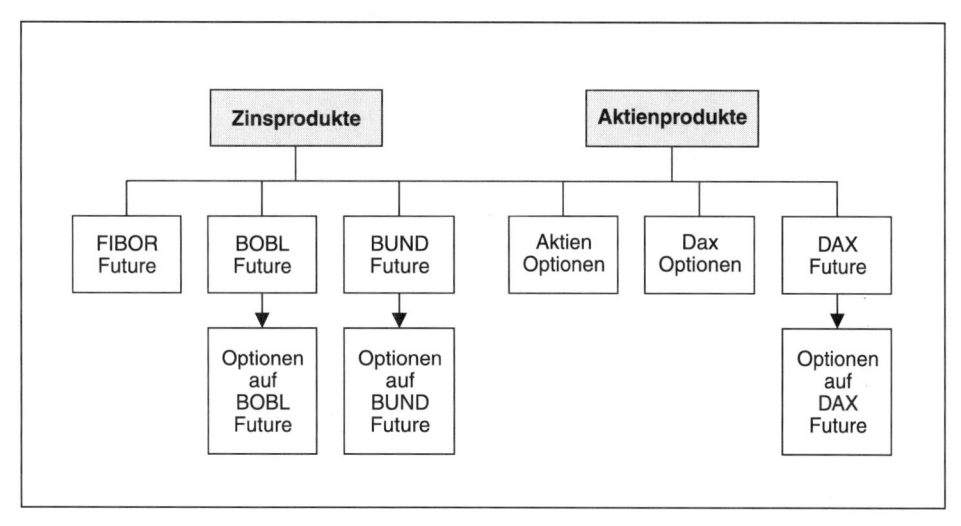

Abbildung 2-35: Produkte der DTB

Eine Beschreibung der Produkttypen (Optionen und Futures) ist in Abschnitt 2.4 zum Thema ,,Derivate Finanzdienstleistungen" enthalten.

## Geschäftsabwicklung

Wie eingangs bereits erwähnt, stellt sich die DTB bei Geschäftsabschlüssen als Clearingstelle und Kontrahent zwischen beiden Vertragsparteien (Käufer und Verkäufer). Direkter Vertragspartner der DTB kann nur ein Börsenteilnehmer werden, der selbst zur geld- und stückemäßigen Abwicklung der Geschäfte lizenziert ist. Börsenteilnehmer ohne Clearinglizenz müssen ihre Geschäfte über ein General-Clearing-Member abwickeln. Kunden haben vertragliche Beziehungen mit den Börsenteilnehmern, über die sie ihre Aufträge weiterleiten und abwickeln (siehe dazu Abbildung 2-36).

## 274 Leistungen und Dienstleistungen der Kreditinstitute

```
                    Clearingstelle
                    Terminbörse
                          |
                          v  Vertragsbeziehungen
            Börsenteilnehmer mit
                ^
                |                    Clearing-Lizenz
Vertragsbeziehungen              – General-Clearing-Member (Eigen-
                v                   und Fremdgeschäfte)
        Börsenteilnehmer         – Clearing-Member (nur Eigengeschäfte)
      (Nicht-Clearing-Mitglied)
                ^                          ^
                |                          |
Vertragsbeziehungen                        |
                v                          v
            Kunden                      Kunden
```

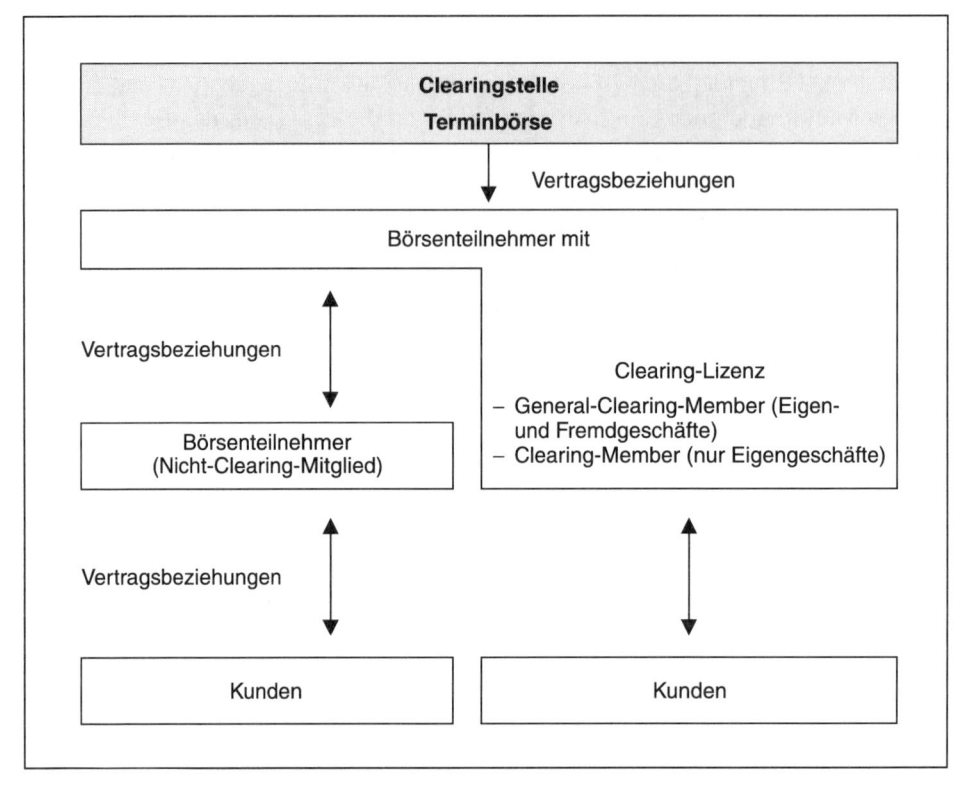

Abbildung 2-36: Vertragsbeziehungen der DTB-Börsenteilnehmer

Kommt es bei Fälligkeit zu einer Wertpapierlieferung (1), so erfolgt diese über den Deutschen Kassenverein (DKV), Frankfurt/M. Zahlungen und die Hinterlegung von Geldsicherheiten (2) erfolgen über die Landeszentralbank in Hessen, Hauptverwaltung Frankfurt/M (siehe dazu Abbildung 2-37).

Zur Besicherung seiner Kontraktverpflichtungen hat jedes Clearing-Mitglied börsentäglich in der von der DTB festgelegten Höhe Sicherheiten (Wertpapiere oder Geld) zu leisten. Diese Sicherheiten, auch Margin genannt, werden täglich von der DTB nach einem besonderen System, dem sogenannten Risk-Based-Margining-System, errechnet.

Die Börsenteilnehmer sind verpflichtet, von ihren Kunden Sicherheiten (Wertpapiere oder Geld) von mindestens gleicher Höhe, die sie selbst zu hinterlegen haben, zu verlangen.

Weiterhin werden den Kunden von den Börsenteilnehmern (Banken) für die Abwicklung der DTB-Geschäfte Preise oder Gebühren in Rechnung gestellt, die bei Kauf/Verkauf, Ausübung und Auslosung zu zahlen sind. Die Gebühren werden zwischen Bank und Kunden vereinbart und hängen unter anderem vom Volumen ab.

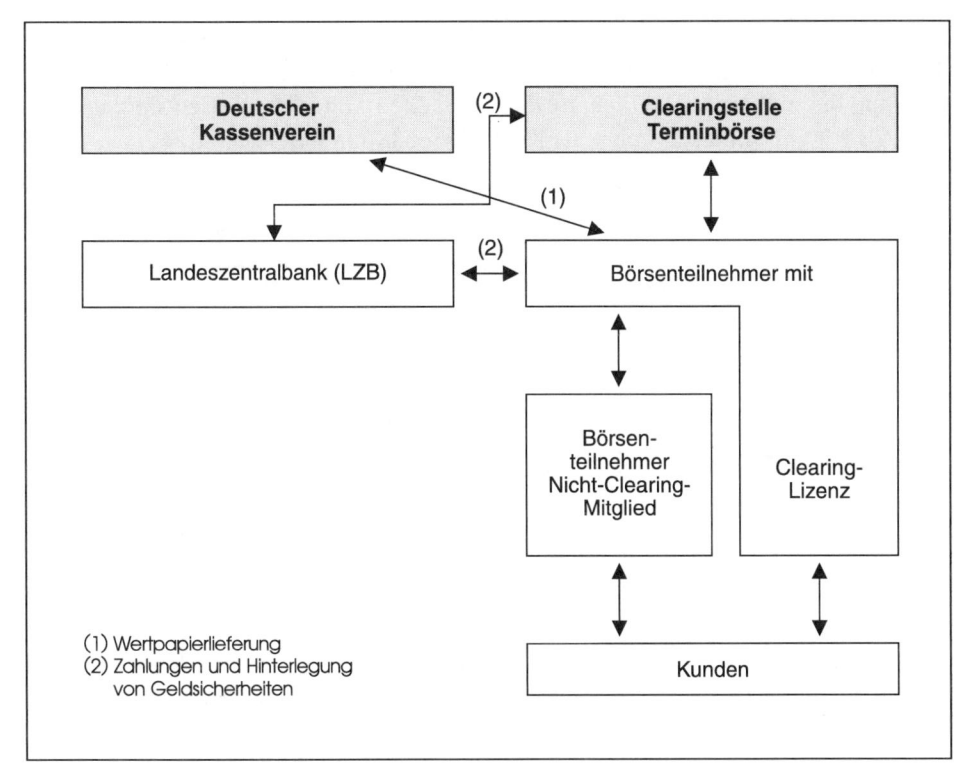

Abbildung 2-37: Geschäftsabwicklung

### 3.2.4 Technik des Effektenhandels

#### 3.2.4.1 Rechtliche Grundlagen

Grundlage für die Erteilung und Abwicklung von Wertpapieraufträgen ist die Einrichtung eines Wertpapier-Depots, womit gleichzeitig vom Kunden die jeweils geltenden Geschäftsbedingungen anerkannt werden.

Seit Januar 1993 sind die Sonderbedingungen für das Wertpapier- und Verwahrgeschäft in Kraft, in die die AGB und die Bedingungen der Wertpapierbörsen integriert sind. Daneben bestehen einschlägige gesetzliche Regelungen im Depotgesetz, in KWG, BGB, HGB sowie dem Börsen- und dem neuen Wertpapierhandelsgesetz.

#### 3.2.4.2 Die Rolle der Banken als Kommissionär

In der BRD ist die Durchführung des Wertpapiergeschäfts Aufgabe von Banken. Die Bank führt die Aufträge der Kunden in Wertpapieren, die zum Amtlichen Handel oder zum Geregelten Markt zugelassen sind, als **Kommissionär durch Selbsteintritt** aus (Kommissionsgeschäft gemäß § 383–387, 396–406 HGB). Bei Geschäften in Wertpapieren, die **nicht** zum Amtlichen oder Geregelten Markt zugelassen sind, tritt die Bank als **Eigenhändler** auf oder als Kommissionär durch Selbsteintritt.

Nach dem Zweiten Finanzmarktförderungsgesetz muß das Kommissionsgeschäft der Kreditinstitute getrennt (personell und räumlich) vom Eigenhandel abgewickelt werden. Dies gilt jedoch primär für die sogenannten „schutzbedürftige" Kundschaft. Institutionelle Anleger, zum Beispiel Kapitalanlagegesellschaften, Versicherungen, Broker usw. werden auch weiterhin den Eigenhandel der Banken für ihre Geschäfte nutzen.

### 3.2.4.3 Information und Beratung

Der Erteilung eines Wertpapierauftrages geht in der Praxis oftmals eine umfangreiche Information und Beratung durch Bankmitarbeiter voraus, wobei die Richtlinien des **Verbraucherschutzgesetzes** und das Zweite Finanzmarktförderungsgesetz streng beachtet werden müssen. Bei der Entgegennahme von Aufträgen in Optionsscheinen und Optionsgeschäften bedarf es noch **zusätzlicher** Aufklärung des Auftraggebers. Er muß über die Risiken und Verlustmöglichkeiten dieser Anlage aufgeklärt werden, und er muß sein Verständnis schriftlich bestätigen. Um dem Risiko einer Anlageberatung auszuweichen und einen kostengünstigeren Service anbieten zu können, gründeten größere Institute „Spezialbanken" als Tochtergesellschaften, die Aufträge von Kunden nur annehmen und ausführen. Es erfolgt keinerlei Beratung oder Empfehlung.

### 3.2.4.4 Die Auftragserteilung

Ein Auftrag kann schriftlich, per Fax, häufig auch per Telefon erteilt werden (Zeit ist Geld). In vielen Händler- und Maklerbüros werden Telefonate zur Sicherheit und Kontrolle auf Tonband aufgezeichnet. Ein **Auftrag** enthält mindestens:

- Kauf oder Verkauf, Stückzahl oder Nominalbetrag (Menge), Wertpapierbezeichnung, wenn möglich die Wertpapierkennnummer (WKN)

- den gewünschten Ausführungspreis: billigst (Kauf), bestens (Verkauf) oder ein Limit, das heißt eine feste Preisvorgabe, die beim Kauf nicht über- und beim Verkauf nicht unterschritten werden darf. Bei Dividendenzahlungen werden die Limite entsprechend angepaßt

- die Gültigkeitsdauer: tagesgültig, Ultimo oder maximal bis zum Jahresultimo in Frankfurt, bis zum Halbjahresultimo bei Regionalbörsen

Bei einem Kaufauftrag wird vor dessen Ausführung der Stand des Geldkontos und/oder der Kreditrahmen des Kunden überprüft. Bei einem Verkauf muß das Depotkonto ausreichend Deckung aufweisen. Die Einreichung effektiver Stücke zum Verkauf spielt seit geraumer Zeit keine nennenswerte Rolle mehr. Leerverkäufe (short-sales) von Privatkunden sind nicht erlaubt.

### 3.2.4.5 Der Weg des Auftrags zur Wertpapierbörse

Die schnellste Weiterleitung eines Auftrags von der Annahmestelle zum Makler an der Börse erfolgt durch das von den Börsen entwickelte BOSS-System (**BOSS-CUBE**: Börsen-Order-Service-System/Computerunterstütztes Börsenhandels- und Entscheidungssystem). Dabei wird meist die bankinterne Datenverarbeitung eingeschaltet, in der individuell (pro Gattung) entschieden wird, ob ein Auftrag dem Händlerbüro vorzulegen, oder an welche Börse/Makler der Auftrag automatisch weiterzuleiten ist. BOSS führt das Orderbuch für die Makler, überwacht limitierte Aufträge während der gesamten Dauer ihrer Gültigkeit, unterstützt den Makler bei der Kursfeststellung und meldet ausgeführte Aufträge automatisch an die Ordergeber zurück:

- **durch bankinterne EDV-Anwendungen**, die in erster Linie dort zum Einsatz kommen, wo viele Orderannahmestellen über **eine** zentrale Stelle an der Börse vertreten sind, zum Beispiel im Sparkassen- und Volksbanken-Bereich. Hier sammelt und verdichtet die Zentralstelle die Aufträge, leitet sie dann jedoch meist über das BOSS-System zu den Börsen weiter

- **durch Telephon, Fax, Telex** werden in das Händlerbüro an der Börse in der Regel nur solche Aufträge von institutionellen Kunden weitergeleitet, die sofort im variablen Handel auszuführen sind und bei denen der Kunde auf die Ansage eines Ausführungskurses warten möchte oder bei denen eine ,,interessewahrende Ausführung" erforderlich ist. Alle ,,normalen" Aufträge gelangen weitgehend über das BOSS-System zu den Maklern

Das BOSS-System führte zu nennenswerten Personaleinsparungen im Wertpapierbereich der Börsenteilnehmer.

### 3.2.4.6 Wie entsteht ein Kurs an der Börse?

Die an einer Börse festgestellten Kurse und Preise sind der sichtbare Ausdruck für das dort ablaufende Geschehen; sie lassen erkennen, was die Wertpapiere ,,wert" sind. Als **Kurse** werden nur die Notierungen bezeichnet, die vom **Kursmakler** im Amtlichen Handel festgestellt werden, alles andere wird als **Preis** bezeichnet. Ein Makler notiert die ihm erteilten Aufträge in seinem Skontrobuch, wobei dieses inzwischen weitgehend durch das BOSS-System vom Papier auf ein Bildschirmterminal verlagert worden ist. Die Auftragsnotierung beziehungsweise Bildschirmanzeige geschieht nach einer Ordnung, die den Makler rasch zu einer Kursbildung führt. Ziel ist es, die größtmögliche Anzahl von Aufträgen nach Nominalbetrag zu befriedigen.

**BEISPIEL für eine Einheitskursnotierung**

Dem Makler liegen folgende Aufträge vor:

| Käufe Stück | Limit* | Verkäufe Stück | Limit* |
|---|---|---|---|
| 30 | billigst | 20 | bestens |
| 10 | 124 | 40 | 124 |
| 50 | 125 | 30 | 125 |
| 40 | 126 | 10 | 127 |

* Über limitierte Aufträge vgl. Kapitel II, 3.2.4.4.

Zu dem festzustellenden Einheitskurs muß der größte Umsatz möglich sein. Er ist wie folgt zu ermitteln:

| Bei einem Kurs von | ergeben sich | | |
|---|---|---|---|
| | Käufe Stück | Verkäufe Stück | Umsatz Stück |
| 124 | 130 | 60 | 60 |
| 125 | 120 | 90 | 90 |
| 126 | 70 | 90 | 70 |
| 127 | 30 | 100 | 30 |

Beim Kurs von 125 kommt der größte Umsatz mit 90 Stück zustande. Von den Verkaufsanträgen bleiben nur 10 Stück unerledigt. Kaufaufträge mit einem Limit von 125 bleiben mit 30 Stück unerfüllt. Um diesen Kaufüberhang zum festgestellten Kurs auch Außenstehenden kenntlich zu machen, wird dem Kurs der Zusatz „bG" hinzugefügt.

Das Beispiel zeigt, wie es möglich ist, daß die zum Einheitskurs limitierten Aufträge nicht vollständig erfüllt werden können.

In der Praxis wird der Makler versuchen, einen Ausgleich durch Ausruf im Börsensaal zu erreichen. Er kann auch selbst eintreten und sich die Benennung eines Kontrahenten an seiner Stelle vorbehalten. Diese sogenannten **Aufgabe-Geschäfte** müssen jedoch kurzfristig geschlossen werden, das heißt ein fehlender Verkäufer muß bis zum Schluß der nächsten, ein fehlender Käufer bis zur übernächsten Börsenversammlung benannt sein. Wegen des damit verbundenen Risikos ist die Tätigkeit als Aufgabemakler von der Genehmigung der Börsengeschäftsführung und der Leistung von angemessenen Sicherheiten abhängig.

Der **Einheitskurs (auch Kassakurs genannt)** errechnet sich aus der Zusammenfassung aller entsprechenden Kauf- und Verkaufaufträge. Dies ist der Fall bei Gattungen, die aufgrund ihres geringen Umsatzvolumens nicht variabel gehandelt werden, ansonsten für Aufträge, deren Größenordnung nicht für den variablen Handel zugelassen sind. Auch für die meisten Anleihen wird nur ein Kassakurs pro Tag ermittelt.

In der **fortlaufenden Notierung (variabler Handel***)* werden, vom ,,gerechneten" Eröffnungs- und Schlußkurs abgesehen, während der Börsenzeit laufend einzelne Aufträge erteilt und deren Kurs ausgehandelt. Diese Aufträge müssen auf einen Mindestbetrag oder einem Vielfachen davon lauten, zum Beispiel Stück 50 oder 500 Aktien oder nominal 1 Million bei öffentlichen Anleihen.

Der Börsenkurs bei Anleihen ist eine Prozentnotierung auf 100 DM Nennwert, bei Aktien der DM-Preis pro Stück, wobei der Nennwert pro Aktie unterschiedlich sein kann, zum Beispiel 50 DM oder 5 DM pro Stück. Dies ist bei einem Aktienvergleich zu beachten. Die Börsen Frankfurt, Düsseldorf, München und Berlin haben in einem Kooperationsvertrag vereinbart, ein gemeinsames Orderbuch (**Dach-Skontro***)* für die hundert wichtigsten deutschen Aktien einzuführen. Damit wird es ab 1996 an diesen vier Börsen einheitliche (gleichlautende) Eröffnungs-, Kassa- und Schlußkurse für diese 100 Gattungen geben. Die Titel sind unter den Börsenplätzen aufgeteilt, wobei Frankfurt für die 30 im DAX enthaltenen und 22 weiter Titel zuständig ist. Es ist bislang den in- und ausländischen Investoren schwer zu vermitteln, warum ein Wertpapier an verschiedenen Plätzen unterschiedlich bewertet wird und sie eventuell einen nachteiligen Preis akzeptieren müssen, weil ein Auftrag am ,,ungünstigeren" Platz ausgeführt wurde.

Um einen möglichst vollständigen Überblick über die jeweilige Marktlage zu geben, versehen die Makler die von Ihnen festgestellten Kurse mit Zusätzen (**Kurszusätze**), die verbindlich festgelegt sind.

Hier eine Auswahl der wichtigsten Zusätze und ihre Bedeutung:

## I. Kurszusätze

| | | | |
|---|---|---|---|
| 1. | b oder Kurs ohne Zusatz | = | bezahlt: Alle Aufträge sind ausgeführt. |
| 2. | bG | = | bezahlt Geld: wenn die zum festgestellten Kurs limitierten Kaufaufträge nicht vollständig ausgeführt wurden. |
| 3. | bB | = | bezahlt Brief: wenn die zum festgestellten Kurs limitierten Verkaufsaufträge nicht vollständig ausgeführt wurden. |
| 4. | ebG | = | etwas bezahlt Geld: Die zum festgestellten Kurs limitierten Kaufaufträge konnten nur zu einem geringen Teil ausgeführt werden. |
| 5. | ebB | = | etwas bezahlt Brief: Die zum festgestellten Kurs limitierten Verkaufsaufträge konnten nur zu einem geringen Teil ausgeführt werden. |
| 6. | ratG | = | rationiert Geld: Die zum Kurs und darüber limitierten sowie die unlimitierten Kaufaufträge konnten nur durch beschränkte Zuteilung ausgeführt werden. |
| 7. | ratB | = | rationiert Brief: Die zum Kurs und niedriger limitierten sowie die unlimitierten Verkaufsaufträge konnten nur durch beschränkte Zuteilung ausgeführt werden. |
| 9. | * | = | Sternchen: Kleine Beträge konnten nicht gehandelt werden. |

## II. Hinweise

Außerdem werden folgende Hinweise verwendet:

| | | | |
|---|---|---|---|
| 1. | G | = | Geld: Zu diesem Preis bestand nur Nachfrage. |
| 2. | B | = | Brief: Zu diesem Preis bestand nur Angebot. |
| 3. | – | = | gestrichen: Ein Kurs konnte nicht festgestellt werden. |
| 4. | T | = | gestrichen Taxe: Ein Kurs konnte nicht festgestellt werden. Der Preis ist geschätzt. |
| 5. | – B | = | gestrichen Brief: Ein Kurs konnte nicht festgestellt werden, da nur Angebot bestand. |
| 6. | – G | = | gestrichen Geld: Ein Kurs konnte nicht festgestellt werden, da nur Nachfrage bestand. |
| 7. | – GT | = | gestrichen Geld/Taxe: Ein Kurs konnte nicht festgestellt werden, da der Preis auf der Nachfrageseite geschätzt ist. |
| 8. | – BT | = | gestrichen Brief/Taxe: Ein Kurs konnte nicht festgestellt werden, da der Preis auf der Angebotsseite geschätzt ist. |
| 9. | ex D | = | ohne Dividende: Erste Notiz unter Abschlag der Dividende. |
| 10. | ex A | = | ohne Ausschüttung: Erste Notiz unter Abschlag einer Ausschüttung. |
| 11. | ex BR | = | ohne Bezugsrecht: Erste Notiz unter Abschlag eines Bezugsrechts. |
| 12. | ex BA | = | ohne Berichtigungsaktien: Erste Notiz nach Umstellung des Kurses auf das aus Gesellschaftsmitteln berichtigte Aktienkapital. |
| 13. | ex SP | = | ohne Splitting: Erste Notiz nach Umstellung des Kurses auf die geteilten Aktien. |
| 14. | ex ZS | = | ohne Zinsen: Erste Notiz unter Abschlag der Zinsen (flat). |
| 15. | ex AZ | = | ohne Ausgleichszahlung: Erste Notiz unter Abschlag einer Ausgleichszahlung. |
| 16. | ex BO | = | ohne Bonusrecht: Erste Notiz unter Abschlag eines Bonusrechts. |
| 17. | ex abc | = | ohne verschiedene Rechte: Erste Notiz unter Abschlag verschiedener Rechte. |
| 18. | ausg | = | ausgesetzt: Die Kursnotierung ist ausgesetzt. Ein Ausruf ist nicht gestattet. |
| 19. | Z | = | gestrichen Ziehung: Die Notierung der Schuldverschreibung ist wegen eines Auslosungstermins ausgesetzt. Die Aussetzung beginnt zwei Börsentage vor dem festgesetzten Auslosungstag und endet mit Ablauf des Börsentags danach. |
| 20. | C | = | Kompensationsgeschäft: Zu diesem Kurs wurden ausschließlich Aufträge ausgeführt, bei denen Käufer und Verkäufer identisch waren. |
| 21. | H | = | Hinweis: Auf Besonderheiten wird gesondert hingewiesen. |

Gespannte Kurse sind nicht zulässig.

Quelle: Börsenordnung für die Frankfurter Wertpapierbörse

**Abbildung 2-38:** Kurszusätze und ihre Bedeutung nach der Frankfurter Börsenordnung

Stellt ein Kursmakler aufgrund der vorliegenden Aufträge fest, daß ein Kurs erheblich von dem zuletzt notierten oder taxierten Kurs abweichen wird, so hat er die erwartete Veränderung durch **Plus- oder Minusankündigung** dem Markt anzuzeigen. Die Handelsüberwachung der Börse muß diese Kursveränderung prüfen und freizeichnen.

Die Geschäftsführung der Börse kann eine **Kursnotierung aussetzen**, wenn dies zum Schutz des Publikums geboten erscheint. Eine solche Aussetzung wird grundsätzlich nur vorübergehend vorgenommen, wenn die Öffentlichkeit über besondere aktuelle und kursrelevante Ereignisse einer Gesellschaft nicht hinreichend unterrichtet erscheint. Bei einer Aussetzung erlöschen alle laufenden Orders, damit das Publikum nach dem Bekanntwerden der Information neu entscheiden und disponieren kann.

Festgestellte Kurse und Preise müssen veröffentlicht werden. Innerhalb der Börsen geschieht dies über **Kursanzeigetafeln**, für die Öffentlichkeit durch **TV-Sendungen** direkt aus der Börse und durch laufenden **Kursabruf aus dem Börsenrechner** über elektronische Netzwerke, wobei auch Angaben zum Umsatzvolumen verfügbar sind. Daneben geben die Kursmaklerkammern an den Börsen jeweils das **Amtliche Kursblatt** heraus. In Frankfurt erfolgt die Veröffentlichung der Preise aus den übrigen Marktsegmenten über die **Börsen Zeitung**, wobei für den geregelten Markt die Börsengeschäftsführung und für den Freiverkehr ein besonderer Ausschuß verantwortlich zeichnet.

Neben den Präsenzbörsen besteht in Deutschland seit 1990 das elektronische Handelssystem IBIS, das permanent weiter ausgebaut wird. Seit Januar 1996 sind darüber handelbar ca. 100 Aktien, ca. 50 Anleihen und ca. 20 Optionsscheine.

Unter IBIS-R ist seit Ende 1995 eine speziell auf den Handel mit Pfandbriefen zugeschnittene Version erfolgreich im Einsatz, die sowohl den Primär- als auch den Sekundärmarkt bedient. Zur Unterstützung des umfangreichen Marktes für Optionsscheine ist eine Anwendung IBIS-O in Vorbereitung. Ein Kundenauftrag kann über das IBIS-System nur dann ausgeführt werden, wenn der Kunde dies ausdrücklich wünscht **und** die Mindestabschlußmenge gegeben ist.

Die wichtigsten Unterschiede zur Präsenzbörse sind:

- Handelszeit: 8.30 bis 17.00 Uhr.

- Handelsort: ein zentraler Computer in Frankfurt, mit dem Händler im gesamten Bundesgebiet und dem europäischen Ausland vernetzt sind.

- Abschlußmenge: Stück 100 beziehungsweise 500, je nach Kursgewicht einer Aktie, bei Anleihen 1 Million DM Nennwert oder ein Vielfaches davon.

- Kunden sind Institutionelle Wertpapierhändler.

- Begrenzte Anzahl handelbarer Gattungen (siehe oben).

Der Handel erfolgt durch die Eingabe von Angebot (bit) und Nachfrage (ask). Das IBIS-System führt Aufträge sofort zum jeweils besten Kurs im System aus. Die Händler müssen Geschäftsabschlüsse unverzüglich über Terminal bestätigen (Tradematching). Es gibt die Funktion der **Market-Maker**, die für „ihre Gattungen" stets verbindliche „bits" und „asks" stellen müssen. Der IBIS-Handel ist primär ein Handel Bank zu Bank, das heißt hier fällt **keine Maklercourtage** an. Dies ist bei der Größe des Handelsvolumens ein sehr gewichtiger Kostenaspekt.

Die organisatorische Abwicklung nach dem Geschäftsabschluß entspricht dem Procedere der Präsenzbörse.

### 3.2.4.7 Ausführungsbestätigung, Schlußnoten und Abrechnung

Käufer- und Verkäuferbank erhalten als Bestätigung für die Ausführung ihrer Aufträge sogenannte **Schlußnoten**. Diese enthalten alle geschäftsrelevanten Daten. Gegenüber früher werden diese Daten heute zu über 90 Prozent direkt in maschinenlesbarer Form aus dem Börsencomputer in die Datenverarbeitung der Börsenteilnehmer übertragen und dort ausgewertet und dokumentiert.

```
B O E G A / ANZEIGE NACHWEISE (LANGFORM)      7777/01 TESTBANK 1
                                        ABRUF-NR :  G 2
VERKAUF - DIREKTGESCHÄFT                GNR      : 960105 0071716

109001    7,375 % TREUH. ANL. V. 92 (2002) SVG  02.12.G   V-ART: GS
NOM.:     DM 5.000

KURS:     109,0000    K-WERT: 5.450,00   AS:    3.01.1996
                                         FV:    9.01.1996
                                                        ZT : 37
KONT.:    7778  TESTBANK 2              ZINSBETRAG: 37,90
EING.:    7776  TESTBANK 3

ABR.-BETRAG: 5.498,46
                                        PROV.   :    6,81
TELEFONGESCHÄFT

                  EINGABE:    5.01.96 10.12.43   COURT.:3,75
                  ABSCHLUSS   3.01.96 15.30
```

Abbildung 2-39: Muster einer herkömmlichen Schlußnote

Die Kontrahenten sind verpflichtet, die Ordnungsmäßigkeit und Vollständigkeit ihrer Schlußnoten zu prüfen und eventuelle Fehler spätestens bis zum Beginn der nächsten Börsensitzung mit dem entsprechenden Makler, oder bei Direktgeschäften dem Kontrahenten, zu klären. Verspätete Einwendungen können zurückgewiesen werden. Die fehlerhaften Geschäfte werden storniert und damit automatisch auch der dazugehörende Lieferungs-/Zahlungsablauf gelöscht. Werden die Inhalte von Schlußnoten nicht in dem vorgegebenen Zeitrahmen reklamiert, so gelten sie als verbindlich akzeptiert, und damit kann die Geschäftsbelieferung eingeleitet werden.

Ein maschinell erstelltes Makler-Tagebuch dokumentiert täglich nach Börsenschluß die von den Maklern vermittelten Geschäfte. Alle Geschäftsdaten werden darin nach den für die Maklerschaft wesentlichen Kriterien zusammengestellt. Die Datenverarbeitung sorgt auch für eine automatische Verrechnung der Courtagebeträge zwischen Banken und Maklern zum Monatsende.

Aufträge die über das BOSS-System zur Börse weitergeleitet wurden, werden unmittelbar nach der Kursbildung in den Computer der auftraggebenden Bank zurückübertragen. Bei diesem Datenverkehr sind verdeckt oder verschlüsselt auch die Zuordnungskriterien der Order zum Kunden vorhanden, so daß die Kundenabrechnung ohne weiteren manuellen Eingriff sofort erstellt werden kann. Bei Aufträgen, die manuell zur Börse gegeben wurden oder auf anderem Wege zur Ausführung gelangten, muß in der Bank eine manuelle Zuordnung getroffen werden. Dank der Datenverarbeitung ist die Abrechnung spätestens am Tag nach der Ausführung erstellt und auf dem Weg zum Kunden.

Die **Abrechnung** enthält als Rechnungsgrundlage den Nominalwert des Papiers und den Kurs, zu dem das Geschäft abgeschlossen wurde. Für amtlich notierte Papiere und im Geregelten Markt gehandelte Werte sind die im Kursblatt veröffentlichten Kursnotizen maßgebend, die der Kunde jederzeit überprüfen kann. Bei festverzinslichen Wertpapieren muß der Kurswert um die aufgelaufenen Zinsen korrigiert werden, da der Käufer dem Verkäufer die seit dem letzten Zinstermin angefallenen Stückzinsen vergüten muß.

Die weitere Abfassung der Abrechnung hängt von der Art des gewählten Effektengeschäfts ab; zwei Möglichkeiten sind zu unterscheiden:

- Die sogenannten **Netto-Abrechnungen** werden bei Eigengeschäften, vornehmlich im Freiverkehrshandel, verwandt. Dem Auftraggeber wird lediglich der **Kurswert** – gegebenenfalls zuzüglich anteiliger Stückzinsen – in Rechnung gestellt.

- Die **Brutto-Abrechnungen** werden bei sämtlichen Kommissionsgeschäften in amtlich notierten Werten erstellt und enthalten neben dem **Kurswert** und den eventuell aufgelaufenen Zinsen die **Maklergebühr** (Courtage), die an den Börsenmakler entrichtet werden muß, die **Provision** und die entstandenen **Spesen**.

1. Wertpapierberatung am Bankschalter
   - Kundenauftrag und Ordererteilung
   - Ordereingabe per Terminal

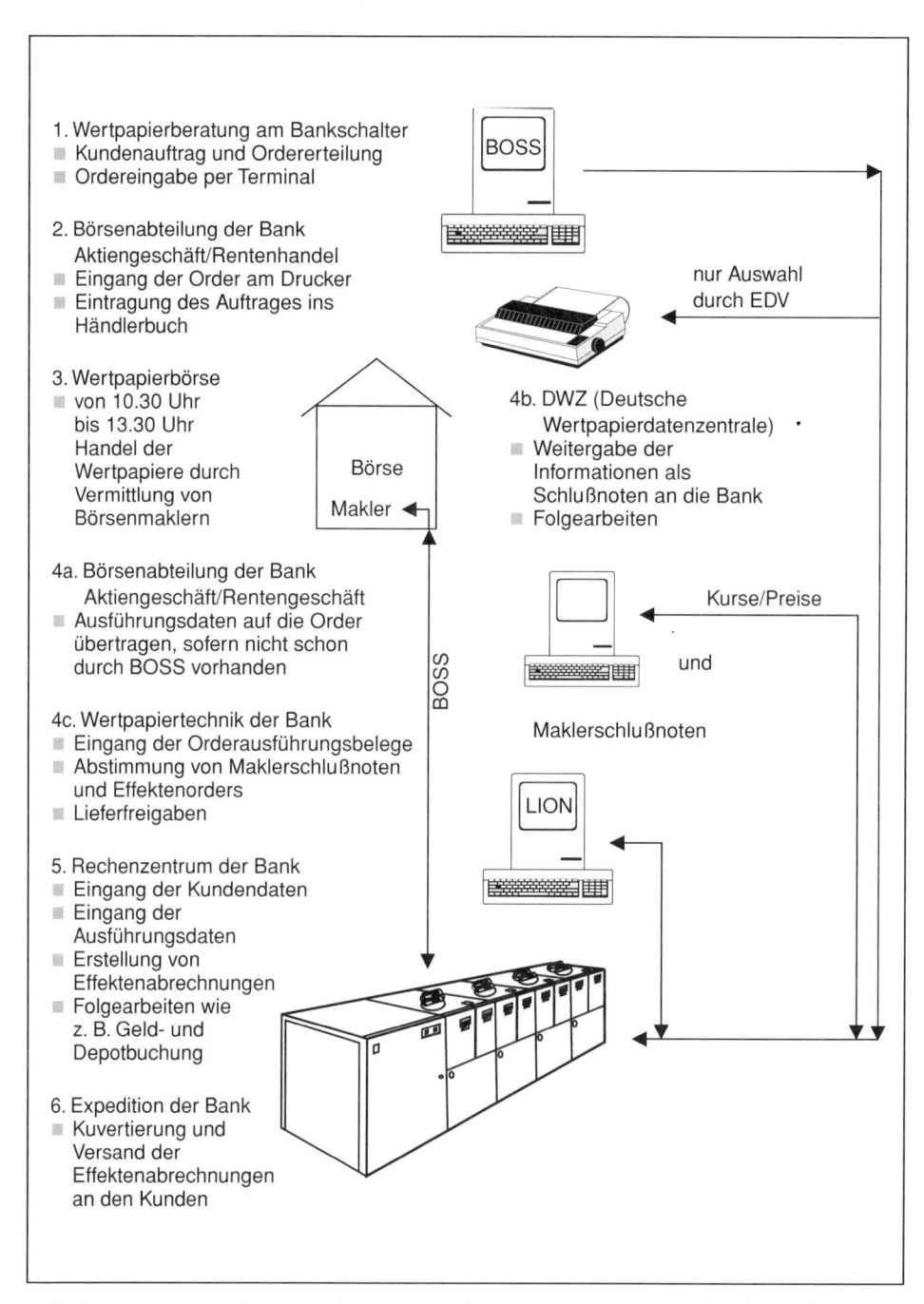

2. Börsenabteilung der Bank
   Aktiengeschäft/Rentenhandel
   - Eingang der Order am Drucker
   - Eintragung des Auftrages ins Händlerbuch

3. Wertpapierbörse
   - von 10.30 Uhr bis 13.30 Uhr Handel der Wertpapiere durch Vermittlung von Börsenmaklern

4a. Börsenabteilung der Bank
   Aktiengeschäft/Rentengeschäft
   - Ausführungsdaten auf die Order übertragen, sofern nicht schon durch BOSS vorhanden

4b. DWZ (Deutsche Wertpapierdatenzentrale)
   - Weitergabe der Informationen als Schlußnoten an die Bank
   - Folgearbeiten

4c. Wertpapiertechnik der Bank
   - Eingang der Orderausführungsbelege
   - Abstimmung von Maklerschlußnoten und Effektenorders
   - Lieferfreigaben

5. Rechenzentrum der Bank
   - Eingang der Kundendaten
   - Eingang der Ausführungsdaten
   - Erstellung von Effektenabrechnungen
   - Folgearbeiten wie z. B. Geld- und Depotbuchung

6. Expedition der Bank
   - Kuvertierung und Versand der Effektenabrechnungen an den Kunden

BOSS

nur Auswahl durch EDV

Börse
Makler

Kurse/Preise
und
Maklerschlußnoten

LION

Abbildung 2-40: Lauf eines Auftrages von der Kundenberatung und Ordererteilung am Bankschalter bis zur Abrechnung für den Kunden

Maklergebühr und Provisionssätze unterscheiden sich insofern, als es sich um festverzinsliche oder Dividendenwerte, um ein Händler- oder um ein Kundengeschäft handeln kann. Als Spesen werden vor allem Kosten von Dritten in Rechnung gestellt.

Die Wertstellung der Abrechnungsbeträge erfolgt im allgemeinen zwei Banktage nach Geschäftsabschluß gemäß den Bedingungen für Geschäfte an den Wertpapierbörsen.

Mit der Abrechnung, die heute in der Regel über die EDV erstellt wird, findet gleichzeitig die geldmäßige und depotmäßige Verbuchung statt.

**Anfallende Gebühren/Spesen** bei **Aktienkäufen/-verkäufen**:

- Maklercourtage 0,6 Prozent vom Kurswert, mindestens 0,50 DM
- Bankprovision ca. 1 Prozent – je nach Bedingungen des Kreditinstituts mindestens 30 bis 50 DM
- Abwicklungsgebühr ca. 10 DM

**Anfallende Gebühren/Spesen** bei Käufen/Verkäufen von **festverzinslichen Wertpapieren**:

- Maklercourtage 0,075 Prozent vom Nennwert oder Kurswert
  (Für große Aufträge besteht eine Preisstaffelung.)
- Bankprovision
  – bis zum Kurs von 50 Prozent: 0,5 Prozent vom Nennwert
  – bis zum Kurs von 100 Prozent: 0,5 Prozent vom Nennwert
  – Kurs von über 100 Prozent: 0,5 Prozent vom Kurswert
  – mindestens 30 bis 50 DM
- Abwicklungsgebühr ca. 10 DM

### 3.2.4.8 Lieferung und Zahlung – das Erfüllungsgeschäft

**Geschäfte mit Kontrahenten in Deutschland via Lieferliste/LION**

Das Rechenzentrum der Börsen erstellt täglich eine sogenannte **Lieferliste**, in der für jeden Börsenteilnehmer die gehandelten, aber noch nicht regulierten Geschäfte enthalten sind. Anhand der Liste mit den Verkaufsgeschäften erteilt die Verkäufer-Bank den Auftrag zur Regulierung von Geschäften. Über 90 Prozent der Aufträge werden papierlos durch Datenübertragung oder das Bildschirmsystem LION (Lieferfreigabe on-line) an den Kassenverein erteilt. Mit diesem System ist es auch möglich, Lieferungen zurückzustellen. Durch die Markierung von Geschäften erfolgt der

Zugriff auf die Originaldaten des Handelstages um daraus buchungsfähige Umsätze für die Geschäftsregulierung zu bilden.

Im Effekten-Giro erfolgt zunächst eine Disposition auf den Depotbestand, wobei gleichzeitig eingehende Lieferungen aus Käufen berücksichtigt werden (same-day-turn-around). Der Deutsche Kassenverein (DKV) läßt keine Überziehung von Konten zu. Die nicht zur Belieferung gelangten Geschäfte werden so lange als Restanten in den Lieferlisten vorgetragen, bis die Gründe der Rückstellung fortgefallen sind. Als wertvolle Dienstleistung hat sich in dieser Beziehung die Wertpapierleihe (siehe Kapitel II, 3.2.4.10) herausgestellt.

Geschäftsbelieferungen werden gleichzeitig auf den Depotkonten von Verkäufer und Käufer gebucht und dadurch neue Bestandssalden ermittelt. Gleichzeitig summiert der DKV die zu den Belieferungen gehörenden DM-Gegenwerte und avisiert den Banken das gesamte Buchungsgeschehen in sogenannten **Regulierungslisten**. Die sich aus allen Geldbewegungen ergebenen Salden (ein Gesamtbetrag pro Kreditinstitut) werden automatisch über die bei den Landeszentralbanken geführten Konten der Banken auf Null ausgeglichen. Nach der Bestätigung durch die LZB, daß alle Banken ihre Zahlungsverpflichtungen erfüllt haben, gehen die Wertpapiere endgültig an den Käufer über. Diese Zug-um-Zug-Regulierung (Lieferung gegen Zahlung) hat sich seit vielen Jahren bewährt und keine Risiken bei der Geschäftserfüllung entstehen lassen.

**Wertpapierübertragungen mittels Wertpapierscheck/CASCADE**

Neben der Regulierung von Börsengeschäften gibt es noch andere Gründe, weshalb Wertpapiere von einem Institut an ein anderes zu liefern sind. Die Aufträge an den Deutschen Kassenverein werden mittels Wertpapierscheck (Wertpapierübertrag) oder heute zu über 95 Prozent **beleglos** über das Datenerfassungssystem CASCADE erteilt:

- Wertpapierüberträge **ohne** Gegenwertverrechnung entstehen, wenn ein Depotkunde einer Bank das Kreditinstitut wechselt, bei Erbschaftsaufteilungen oder wenn Banken Depotkonten untereinander ausgleichen.

- Wertpapierüberträge **mit** Gegenwert entstehen insbesondere dann, wenn Geschäfte mit ausländischen Kontrahenten getätigt wurden und die Lieferung gegen Zahlung entweder über ein anderes Kreditinstitut (der Depotbank des Ausländers) oder über eine der internationalen Clearing-Organisationen (Cedel, Luxemburg oder Euroclear, Brüssel) erfolgt. Lieferungen gegen Zahlung in DM **oder** Fremdwährung kann mit Kontoinhabern der Zentralverwahrer in Amsterdam, Wien, Zürich und Paris erfolgen. Die Einzelaufträge für Lieferungen gegen Zahlung werden nur dann ausgeführt, wenn der Empfänger der Wertpapiere eine gleichlautende Empfangsbestätigung (**Match-Instruktion**) in die Datenverarbeitung des DKV eingegeben hat.

Die Geldverrechnung bei Wertpapierübertragungen kann individuell gesteuert werden:

- **Standard** = Valuta nächster Bankarbeitstag für normale Aufträge zwischen 7.00 und 17.00 Uhr

- **SDS** same-day-settlement = Aufträge die bis 10 Uhr erteilt und gematcht wurden, werden noch am gleichen Vormittag gebucht und das Geld über die LZB verrechnet

- **RTS** real-time-settlement = Einzelaufträge die zwischen 7.00 und 13.00 Uhr erteilt werden, werden *sofort* gebucht. Es findet ein separater Zahlungsvorgang über die LZB statt

- **Vorausvaluta** = Aufträge können bis zu 40 Arbeitstage vorausvalutiert werden, was insbesondere für Lieferungen aus dem Emissionsgeschäft interessant ist

### Wertpapierübertragungen an die Bundesschuldenverwaltung (BSV)

Ein Privatkunde kann Bundesanleihen von seiner Depotbank als Einzelschuldbucheintragung an die BSV übertragen lassen. Dazu besteht eine eigene beleglose Auftragsart an den DKV.

### Pfandschecks (Grüner Pfandscheck)

Diese formulargebundene Auftragsart wird genutzt, um Wertpapiere an ein anderes Kreditinstitut zu verpfänden. Seit jedoch die Landeszentralbanken Mitte 1994 die Verwendung der Pfandschecks für Lombardkredite eingestellt haben, findet der Pfandscheck nur noch sehr selten Verwendung.

### 3.2.4.9 Die Wertpapierleihe

Das Wertpapierleihegeschäft stellt rechtlich ein Sachdarlehen gemäß § 607 BGB dar, bei dem der Verleiher (Lender) dem Entleiher (Borrower) Wertpapiere überläßt. Der Entleiher verpflichtet sich, Wertpapiere in gleicher Art und Menge zurückzugeben und für die Laufzeit der Leihe ein Entgelt zu entrichten.

Anwendung findet die Wertpapierleihe immer dann, wenn eine Lieferverpflichtung besteht, die ein Institut noch nicht erfüllen kann, weil es die zu liefernden Wertpapiere nicht besitzt. Die Gründe hierfür können sein: unterschiedliche Valutierungen zwischen In- und Auslandsgeschäft, Leerverkäufe, Arbitrage zwischen Kassa- und Terminmarkt und ähnliches.

Für den **Verleiher** bringt die Wertpapierleihe einen zusätzlichen Ertrag. Für den **Entleiher** mindert sie das Erfüllungsrisiko und verbessert seinen Cash-flow. Die Kosten für das Entleihen von Wertpapieren sind niedriger als die Kosten für die Aufnahme von Tagesgeldern am Geldmarkt.

Die Risiken für den Verleiher werden dadurch abgefangen, daß der Entleiher entsprechende Sicherheiten beim DKV hinterlegen muß und zusätzlich ein Bankenkonsortium die Rückgabe der Wertpapiere garantiert.

### 3.2.4.10 Der DAX und andere Börsen-Indizes

Die Funktion eines Index liegt in der Aggregation einer gesamten Marktinformation zu einer Kennzahl. Er nimmt Bezug auf eine Basisvergleichszahl, zum Beispiel DAX 1987 = 1.000, und bildet von da ab eine Reihenfolge. Er ist damit ein Stimmungsbarometer, ein Analyseinstrument, und er kann auch als Handelsobjekt oder „underlying" für Terminkontrakte genutzt werden. Je nach Art und Zusammensetzung werden einzelne Komponenten stärker oder schwächer gewichtet. Indizes gibt es an allen bedeutenden Börsenplätzen. In Deutschland werden sie von der Frankfurter Wertpapierbörse ermittelt. Daneben veröffentlichen jedoch auch die FAZ, die Commerzbank und das Statistische Bundesamt Indizes, die von Analysten beachtet werden.

Der wohl bekannteste Index in Deutschland ist der **DAX**. Er enthält 30 ausgewählte deutsche Aktien, die zusammen rund 60 Prozent des Grundkapitals inländischer börsennotierter Gesellschaften und über 75 Prozent der Börsenumsätze des deutschen Aktienhandels repräsentieren. Die einzelnen Gesellschaften werden im DAX gewichtet, das heißt Titel mit hohem Grundkapital beeinflussen den DAX stärker als solche mit geringem Grundkapital. Der DAX wird während der gesamten Börsenzeit minütlich nach einer festgelegten Formel errechnet und als Graphikkurve angezeigt. Dividenden und Kapitalveränderungen werden als Korrekturfaktoren berücksichtigt, das heißt die Kursabschläge daraus führen nicht zu einem Sinken der DAX-Ergebnisse. Der sogenannte IBIS-DAX entspricht genau dem DAX, er wird jedoch ganztägig aus den im IBIS-System gehandelten Preisen ermittelt. Während der Präsenz-Börse laufen beide Indizes parallel.

Neben dem DAX sind inzwischen weitere Indizes als Gradmesser für Kursentwicklungen entstanden, sie dienen jedoch (noch) nicht in der DTB als Handelsprodukte:

- DAX100 = Er beinhaltet 100 variabel gehandelte Aktien, inklusive der 30 DAX-Werte

- DAX100 Kursindex = wie DAX100, jedoch ohne Bereinigung von Dividendenabschlägen

- MDAX = Index für die mittleren Aktienwerte, das sind rund 70 Gesellschaften, jedoch ohne die 30 DAX-Gesellschaften

- CDAX = Composide DAX. Er beinhaltet den gesamten Markt der ca. 350 amtlich notierten deutschen Aktien mit ihren Kassakursen

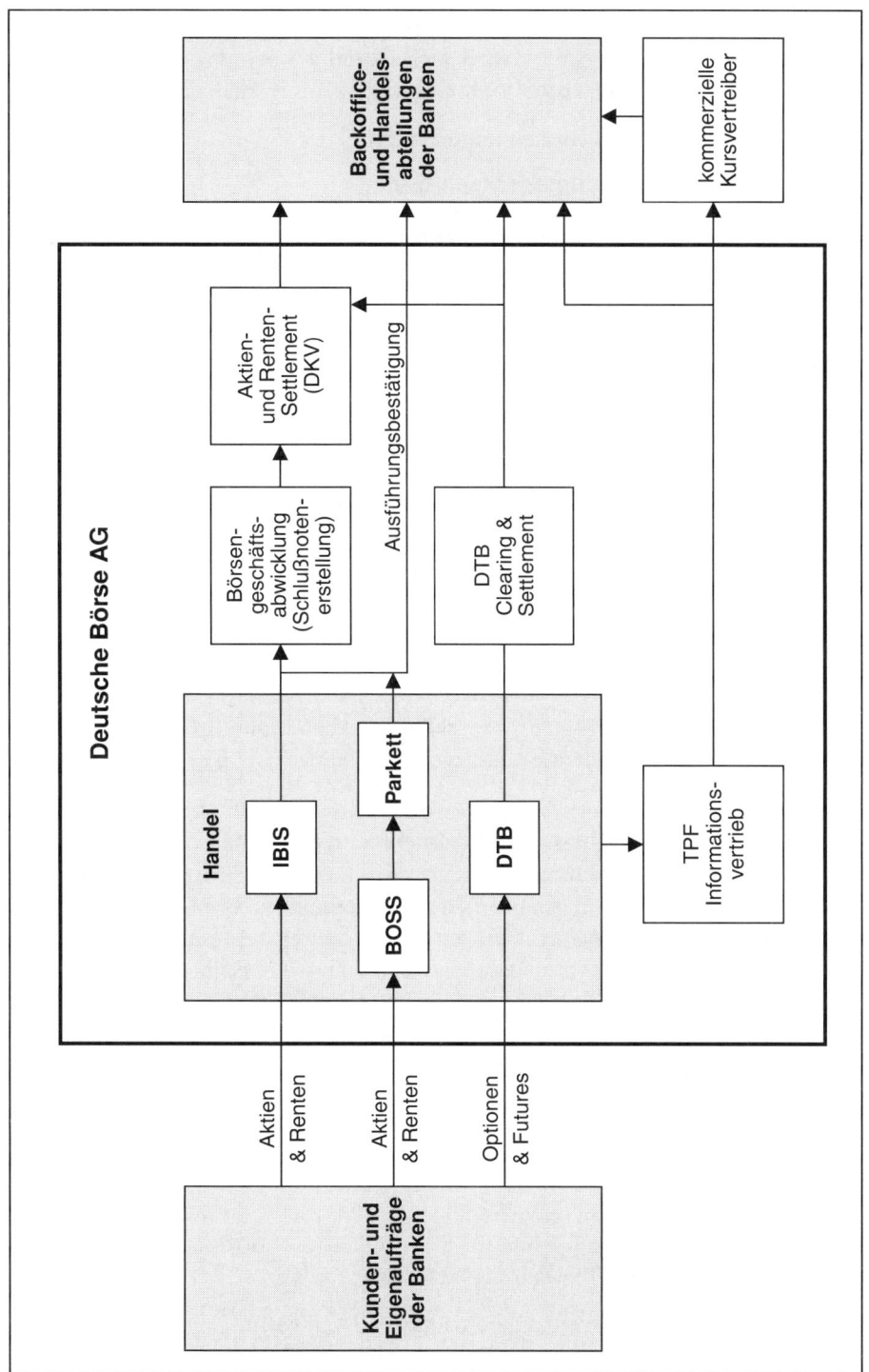

Abbildung 2-41: Schematische Darstellung des Ablaufs eines Auftrags

- FWB-Index = Er entspricht dem CDAX, jedoch ohne Dividendenabschläge. Dieser Index wird auch speziell für einzelne Branchen erstellt, zum Beispiel Automobil, Elektro, Banken usw.
- REX = Index für den Rentenmarkt.
- PEX = Index für den Pfandbriefmarkt.

### 3.2.5 Das Depotgeschäft – Verwahrung und Verwaltung von Wertpapieren

#### 3.2.5.1 Geschichtliche Entwicklung und Wesen

Das Depotgeschäft reicht mit seinen Anfängen bis ins Altertum zurück. Das Bedürfnis der Menschen, Wertgegenstände außerhalb des Hauses sicher aufzubewahren, nutzten bereits im 7. vorchristlichen Jahrhundert die ersten Banken in Babylonien. Als Plätze größter Sicherheit galten vor allem die Tempel. Deshalb war es auch besonders in Griechenland üblich, Kostbarkeiten den Priestern zur Aufbewahrung zu übergeben. Der Beginn eines bankmäßigen Depotgeschäfts ist in jener Zeit zu suchen, in der die Vorläufer der heutigen Banken entstanden. Im Mittelalter wurden Geld und sonstige Wertobjekte mit Vorliebe den Geldwechslern und Goldschmieden anvertraut, da sie wegen ihrer eigenen Wertgegenstände über entsprechende Aufbewahrungsmöglichkeiten verfügten. Während diese Verwahrung fremden Eigentums zunächst nur eine Gefälligkeit darstellte, wurde sie dann später gewerbsmäßig gegen eine Gebühr durchgeführt.

Als sich zeigte, daß die **Aufbewahrung von Wertgegenständen** die anderen Bankgeschäfte zweckmäßig ergänzte, wurden diese in zunehmendem Maße von den Bankiers übernommen. In diesem Verwahrungsgeschäft liegt der **Ursprung des heutigen Depotgeschäfts.** Anfangs hielten die Verwahrer das fremde Geld von den eigenen Münzvorräten getrennt und gaben ihren Kunden dieselben Stücke zurück, die sie erhalten hatten. Allmählich gingen sie jedoch dazu über, die ihnen anvertrauten Münzen mit den eigenen Beständen zusammenzulegen; die Kunden erhielten nicht mehr die gleichen Stücke zurück, sondern nur die Summe, die den Wert der Münzen ausmachte. Aus dem **depositum regulare** wurde somit ein **depositum irregulare**, das in seiner Weiterentwicklung zum heutigen Depositengeschäft führte.

Wie die Entwicklung des Geldaufbewahrungsgeschäfts unterlag auch das übrige Verwahrungsgeschäft einer stetigen Wandlung, insbesondere als mit dem Beginn der Industrialisierung im vorigen Jahrhundert die Effekten rasch an Bedeutung gewannen und Gegenstand des Wertaufbewahrungsgeschäfts wurden.

Neben der Verwahrung der Wertpapiere wurde eine **Verwaltungstätigkeit der Banken** gewünscht. Die Verwahrung von Münzen, Edelmetallen und sonstigen Kostbarkeiten trat immer mehr in den Hintergrund. Gegenstand des Wertaufbewahrungs- und Wertverwaltungsgeschäfts sind heute fast ausschließlich Effekten. Die Verwahrung sonstiger Gegenstände spielt demgegenüber eine untergeordnete Rolle und wird deshalb im folgenden nur kurz behandelt. Auf Grund der geschichtlichen Entwicklung ergibt sich die folgende Begriffsbestimmung.

> **DEFINITION**
>
> Unter Depotgeschäft ist die Geschäftstätigkeit der Banken zu verstehen, welche die Verwahrung und Verwaltung von Effekten für Dritte und die bankmäßige Verwahrung sonstiger dazu geeigneter beweglicher Wertobjekte zum Gegenstand hat.

### 3.2.5.2 Rechtliche Grundlagen/Gesetzliche Bestimmungen

**Verschlossenes Depot**

Die allgemeinen gesetzlichen **Bestimmungen über die Verwahrung** finden innerhalb des Depotgeschäfts nur für die Verwahrung von Verwahrstücken, das sogenannte „verschlossene Depot", Anwendung (§ 688 ff. BGB) Diese Verwahrungsart bildet den unbedeutenden Rest des ursprünglichen Wertaufbewahrungsgeschäfts der Bankiers.

In das verschlossene Depot werden verschnürte und versiegelte, plombierte oder anders verschlossene Packstücke, Kassetten oder ähnliches aufgenommen. Die Bank erhält vom Inhalt der Verwahr- oder Aufbewahrungsstücke keine Kenntnis, sondern wird vom Kunden lediglich beauftragt, die Gegenstände in ihre Obhut zu nehmen. Der Name des Hinterlegers wird dabei deutlich auf dem Verwahrstück vermerkt.

Nach herrschender Auffassung erlangt der **Verwahrer unmittelbaren Besitz nur am Behältnis, nicht aber am Inhalt,** der im unmittelbaren Besitz des Hinterlegers verbleibt. Macht er seine Rückforderungsrechte geltend, so wird ihm der Gegenstand in derselben Verfassung zurückgegeben, wie er eingeliefert wurde. Eine Verwaltung des Inhalts der Verwahrstücke erfolgt nicht. Zur Rückgabe muß der Hinterleger eine beim Eingang empfangene Quittung oder **Einlieferungsbescheinigung** vorweisen. Häufig werden als Sicherung ein **Schlüsselwort und die Unterschriftsleistung** des Hinterlegers vereinbart.

**Vermietung von Schrank- und Schließfächern (Safes)**

Bei der Vermietung von Schrank- und Schließfächern wird zwischen dem Kunden und der Bank ein **Mietvertrag** geschlossen, der dem Mieter das Recht gibt, Wertsachen und Gegenstände vertraulicher Art in einem bestimmten Safe aufzubewahren.

Als solche kommen vor allem Edelmetalle, Schmuck, Urkunden, Sparbücher und ähnliches in Frage (§ 535 ff. BGB).

**Wertpapiere, die der Kunde im Schrankfach deponiert, muß er selbst verwalten, da die Bank den Inhalt des Safes grundsätzlich nicht kennt.** Das Kreditinstitut erwirbt an den Wertgegenständen keinen Besitz und ist nur aus dem Mietvertrag berechtigt und verpflichtet. Ein Pfandrecht steht der Bank deshalb nur für Forderungen aus dem Mietvertrag zu (§ 559 ff. BGB).

Zur Erhöhung der Sicherheit wird ergänzend zur Einlaßkarte für den Tresor vielfach ein Schlüsselwort vereinbart. Die Besuche des Kunden werden in der Regel in einem speziellen Buch mit Angabe des Tages und der Uhrzeit eingetragen. Außerdem wird fast ausschließlich die Form des ,,**Mitverschlusses**" gewählt, das heißt der Safe kann jeweils nur vom Kunden und von der Bank gemeinsam geöffnet werden. Von den hierzu notwendigen zwei verschiedenen Schlüsseln befindet sich stets der eine im Besitz der Bank und der andere beim Kunden.

**,,Offenes Depot"**

Bei dem Effektenverwahrungs- und -verwaltungsgeschäft, das auch als Depotgeschäft im engeren Sinne bezeichnet werden kann, wird vom sogenannten ,,offenen Depot" gesprochen. Für diesen Geschäftszweig wurde mit dem Gesetz über die Verwahrung und Anschaffung von Wertpapieren vom 4.2.1937 (Depotgesetz) ein Spezialgesetz geschaffen.

Das Anliegen des Depotgesetzes ist es vor allem, die Eigentümerstellung des Kunden zu sichern, indem die Erhaltung des Eigentums beim Verwahrungsgeschäft beziehungsweise die möglichst schnelle Vermittlung des Eigentums beim kommissionsweisen Anschaffungsgeschäft erstrebt wird. Wie beim verschlossenen Depot behält der Hinterleger grundsätzlich auch beim offenen Depot das Eigentum. Die Bank wird unmittelbar, der Kunde mittelbarer Besitzer der Effekten. Das bedeutet für den Hinterleger, daß er bei einem eventuellen Konkurs der Verwahrungsbank einen **Anspruch auf Aussonderung** seiner Effekten aus der Konkursmasse hat.

Unter die Bestimmungen des Depotgesetzes (§ 1 Abs. 1) fallen sämtliche Wertpapiere, die im Bankverkehr als Effekten bezeichnet werden, und zwar sowohl die vollständigen Stücke als auch Teile wie Mäntel, Zinsschein- und Dividendenbogen. Banknoten und Münzen werden nicht vom Depotgesetz erfaßt.

,,Verwahrer im Sinne dieses Gesetzes ist ein Kaufmann, dem im Betriebe seines Handelsgewerbes Wertpapiere unverschlossen zur Verwahrung anvertraut werden."

Da die Verwahrung und Verwaltung von Wertpapieren für andere ein Bankgeschäft im Sinne des § 1 Abs. 1 KWG ist, handelt es sich bei diesen Kaufleuten in der Regel um Kreditinstitute.

Auf die sogenannte „**unregelmäßige Verwahrung**" (**Aberverwahrung**), die dadurch gekennzeichnet ist, daß der Hinterleger die Effekten an den Verwahrer übereignet und dieser nur verpflichtet ist, Wertpapiere derselben Art zurückzugeben, ist das Depotgesetz nicht anwendbar. Dasselbe gilt für das sogenannte Wertpapierdarlehen. Für den Eigentumsübergang ist in diesen Fällen jeweils eine ausdrückliche schriftliche Erklärung des Hinterlegers beziehungsweise Darlehensgebers erforderlich, aus der hervorgeht, daß an Stelle des Eigentums nunmehr „nur ein schuldrechtlicher Anspruch auf Lieferung nach Art und Zahl bestimmter Wertpapiere" bestehen soll. Eine Vereinbarung im Rahmen der Allgemeinen Geschäftsbedingungen würde nicht genügen (§ 15 Abs. 1–3 DepG).

Als eine Ergänzung des Depotgesetzes sind die **sogenannten „Richtlinien für die Depotprüfung"** anzusehen. Sie regeln die Durchführung der Prüfung, den Prüfungsbericht und die materiellen Prüfungserfordernisse. Die Richtlinien stellen teilweise eine eingehende Kommentierung von Vorschriften des Depotgesetzes dar, die den Kreditinstituten auch bei verhältnismäßig nebensächlichen Fragen in der Abwicklung des Depotgeschäfts nur einen geringen Spielraum lassen. Die Depotprüfung erfolgt in der Regel einmal jährlich (§ 30 Abs. 1 KWG).

Ergänzend zu den Bestimmungen, welche die Wertaufbewahrung betreffen, sind die allgemeinen gesetzlichen Regelungen zu nennen, die die Grundlage des Effektenverwaltungsgeschäfts bilden. Als solche kommen regelmäßig die Bestimmungen über den Auftrag und über die Geschäftsführung ohne Auftrag in Frage. Im übrigen regeln vertragliche Abmachungen die Rechtsverhältnisse (§ 662 ff., 677 ff. BGB).

**Allgemeine Geschäftsbedingungen und vertragliche Abmachungen**

Wegen der großen Zahl gleichartiger Geschäftsvorfälle, durch die das Depotgeschäft gekennzeichnet ist, treten an die Stelle von speziellen vertraglichen Abmachungen weitgehend die Allgemeinen Geschäftsbedingungen. Für das verschlossene Depot und die Vermietung von Safes verweisen die Allgemeinen Geschäftsbedingungen des privaten Bankgewerbes auf Sonderbedingungen.

Die „**Bedingungen für die Annahme von Verwahrstücken**" sind die Grundlage des Verwahrungsvertrages beim verschlossenen Depot. Sie regeln vor allem die Art der Verpackung, die Haftung der Bank, die Verantwortlichkeit für den Inhalt, die Aufbewahrungszeit, Vergütung und Rückgabe. Hervorzuheben ist die Tatsache, daß die Bank in der Regel bis zu einem Höchstbetrag von 5.000 DM je Verwahrstück haftet. Darüber hinaus steht es dem Hinterleger frei, sich selbst zu versichern.

Als weitere Ergänzung der Allgemeinen Geschäftsbedingungen dienen die „**Bedingungen für die Vermietung von Schrankfächern**". Sie betreffen die sich aus diesem Zweig des Depotgeschäfts ergebenden Rechtsverhältnisse. Die Bank haftet aus dem Mietvertrag regelmäßig nur bis zur Hälfte der **500fachen Jahresmiete, höchstens bis zu 20.000 DM**, auch hier bleibt dem Mieter eine Weiterversicherung unbenommen. Der Mitverschluß der Bank wird innerhalb der Bedingungen grundsätzlich gesichert. Zutritt zu dem Schrankfach hat nur derjenige, der sich als Mieter oder dessen Bevollmächtigter legitimiert. Für feuergefährlichen oder sonstigen ungeeigneten Schrankinhalt ist der Mieter verantwortlich. Für das offene Depot enthalten die Allgemeinen Geschäftsbedingungen eingehende Bestimmungen, die insbesondere das Verwahrungsgeschäft und das Verwaltungsgeschäft betreffen. Dabei wird die Verantwortlichkeit der Bank weitgehend eingegrenzt.

Besonders wichtig ist die bereits an anderer Stelle erwähnte **allgemeine Pfandklausel**. Nach dem Wortlaut dieser Bestimmung besteht kein Zweifel, daß die Bank gegebenenfalls die ihr im offenen Depot anvertrauten Effekten als Pfand für jegliche Ansprüche gegen den Hinterleger benutzen kann, sofern von dem Kunden eine Verpfändungserklärung abgegeben wurde. Verwahrstücke im verschlossenen Depot oder der Inhalt von Schrankfächern fallen nicht unter diese Klausel.

Daneben geben die Allgemeinen Geschäftsbedingungen den Kreditinstituten ein **Zurückbehaltungsrecht** wegen eigener Ansprüche. Dieses Recht kann die Bank im allgemeinen auch bei Verwahrstücken anwenden, die sich im verschlossenen Depot befinden, wenn diese von einem Kunden zurückgefordert werden, der mit der Erfüllung seiner Verpflichtung in Verzug ist.

### 3.2.5.3 Wie lassen sich Wertpapiere bei der Bank verwahren?

Für Effekten bestehen unterschiedliche Verwahrungsarten, die jeweils im Depotgesetz ihre Regelung gefunden haben.

**Sonderverwahrung (Streifbandverwahrung)**

Die Sonderverwahrung **war** die **Grundform des offenen Depots** und verpflichtet das Kreditinstitut, „die Wertpapiere unter äußerlich erkennbarer Bezeichnung jedes Hinterlegers gesondert von seinen eigenen Beständen und von denen Dritter aufzubewahren" (§ 2 DepG). Die Effekten werden in besonderen Hüllen oder in Streifbändern im Tresor aufbewahrt, und deshalb wird diese Verwahrungsart auch als **Streifbanddepot** bezeichnet. Das einzelne Streifband kann verschiedene Effektenarten desselben Hinterlegers enthalten. Aus Sicherheitsgründen werden Mantel und Bogen in getrennten Tresoren und von verschiedenen Angestellten verwaltet.

Auf den Streifbändern muß der Name des **Hinterlegers** so vermerkt sein, daß er ohne Zuhilfenahme der Depotbuchhaltung jederzeit festgestellt werden kann. Bei Einlieferung der Effekten, die entweder durch den Kunden selbst oder durch einen Kaufvertrag erfolgen kann, erhält der Hinterleger ein **Nummernverzeichnis** über die ins Streifbanddepot übernommenen Stücke.

Während die Sonderverwahrung früher den Regelfall darstellte, ist sie heute wegen der damit verbundenen Mehrarbeit gegenüber der Sammelverwahrung in den Hintergrund getreten. Der Kunde muß seine ausdrückliche Ermächtigung zur Streifbandverwahrung geben. Erforderlich ist diese Verwahrart für Namensaktien, die noch nicht in die Sammelverwahrung einbezogen sind.

**Sammelverwahrung (Girosammelverwahrung)**

Nach dem Depotgesetz (§ 5 Abs. 1) ist es Kreditinstituten erlaubt, die für ihre Kunden zu verwahrenden Effekten einer Wertpapiersammelbank anzuvertrauen, das ist die **Deutscher Kassenverein AG (DKV)**. Durch das Zweite Finanzmarktförderungsgesetz wurde die Sammelverwahrung zur **Regelverwahrung** und bedarf keiner Zustimmung mehr durch die Hinterleger.

In der Sammelverwahrung werden die einzelnen Urkunden innerhalb der Wertpapierarten nicht mehr nach deren Hinterleger oder Eigentümer getrennt, sondern zusammengelegt aufbewahrt(Sammelbestand). Liefert ein Kontoinhaber Wertpapiere beim DKV ein, dann verwandelt sich sein individuelles Eigentum an einer speziellen Einzelurkunde in einen völlig gleichwertigen Anteil am Sammelbestand. Gleichzeitig erhält der Kontoinhaber beim DKV eine Gutschrift auf seinem Girosammel-Depotkonto und kann darüber jederzeit nach seinen Erfordernissen verfügen. Der Anteil am Sammelbestand ergibt sich aus dem Guthaben der Depotkonten. Die Girosammelverwahrung ist nur für vertretbare Wertpapiere geeignet. Es wird jedoch gemeinsam mit dem Versicherungsgewerbe ein Projekt betrieben, das durch Einschaltung der Datenverarbeitung auch Namensaktien sammelverwahrfähig machen soll. Die Girosammelverwahrung ist Voraussetzung für die Verbriefung von Emissionen in Globalurkunden und die in einem Schuldbuch eingetragenen Schuldverschreibungen von Bund und Ländern.

Die Anfänge der Girosammelverwahrung reichen zurück bis in das Jahr 1882. Damals führte in Berlin die „Bank des Berliner Kassenvereins" die Funktion einer zentralen Wertpapiersammelbank durch. Im Jahre 1949 wurden dann an jedem deutschen Börsenplatz, mit Ausnahme von Bremen, neue Wertpapiersammelbanken in der Rechtsform von Aktiengesellschaften gegründet. Durch die Verschmelzung dieser sieben Wertpapiersammelbanken im Dezember 1989 entstand die Deutscher Kassenverein AG (DKV) mit der Zentrale in Frankfurt/M.

Es ist seit einigen Jahren die Forderung von internationalen Börsen- und Bankenvereinigungen, daß an jedem internationalen Börsenplatz eine Wertpapiersammelbank existiert. In diesem Zusammenhang ist es beachtenswert, daß am Platz London noch immer kein Zentralverwahrer gegründet wurde.

Aufgrund des hohen Rationalisierungseffektes ist die Girosammelverwahrung für das gesamte Depot- und Wertpapiergeschäft wesentlich kostengünstiger als die Streifbandverwahrung. Natürlich hat der Hinterleger bei einem Konkurs seines

Verwahrers das gleiche Aussonderungsrecht wie in der Streifbandverwahrung.

Zur Sammelverwahrung zugelassen (**sammelverwahrfähig**) werden in der Praxis alle Wertpapiere von bekannten Emittenten. In Sonderfällen entscheidet der Vorstand oder Aufsichtsrat des DKV über die Einbeziehung.

**Teilnehmer/Kontoinhaber** beim DKV können nur Kreditinstitute werden, die der gesetzlichen Depotprüfung unterliegen oder sich einer Prüfung gleicher Art unterziehen. Ebenso können Wertpapier-Makler beziehungsweise -Handelshäuser ein Konto eröffnen, wenn sie an einer der deutschen Wertpapierbörsen zugelassen sind und die speziellen Zulassungsbedingungen des DKV für Makler erfüllen.

Der Vollständigkeit halber sei auch die Haussammelverwahrung erwähnt, bei der ein Kreditinstitut selbst Wertpapiere der Kunden ungetrennt voneinander, das heißt gesammelt, aufbewahrt. Diese Art der Verwahrung ist aufgrund des Service des DKV und der Girosammelverwahrung bedeutungslos geworden.

**Ein- und Auslieferung von Effekten und Wertpapierübertragungen**

Bei der **Einreichung effektiver Stücke** haben sowohl die Kreditinstitute als auch die Wertpapiersammelbank mit größter Sorgfalt darauf zu achten, daß keine „nicht lieferbaren" Wertpapiere angenommen werden. Banken können sich nicht auf den gutgläubigen Erwerb/Annahme von Wertpapieren berufen. **Prüfungskriterien** sind unter anderem:

- Übereinstimmung von Mantel, Bogen und Einlieferungsbelegen in allen Punkten, zum Beispiel Stückenummern, Wertpapiergattung, WKN, Nominalbetrag usw.

- Prüfung auf Echtheit, unerlaubte Beschriftungen, Beschädigungen. Nicht lieferbare Urkunden sind bei der Zulassungsstelle der Börse einzureichen. Diese prüft und bestätigt gegebenenfalls die Lieferbarkeit. In Zweifelsfällen wird ein Gutachterausschuß, die sogenannte **Drei-Männer-Kommission** eingeschaltet. Wird eine Lieferbarkeitsbescheinigung abgelehnt, muß der Eigentümer über den Emittenten auf eigene Kosten neue (Ersatz-) Urkunden anfordern.

- Prüfung auf Aktualität der am Bogen vorhandenen Kupons beziehungsweise auf Verlosungs- und Rückzahlungstermine.

- Sind Urkunden mit **Opposition** belegt, aufgeboten oder kraftlos erklärt worden (dies ist ersichtlich aus dem regelmäßig von den Wertpapier Mitteilungen WM veröffentlichten Nummernverzeichnisse, der sogenannten **Oppositionsliste**), so muß zunächst der Eintragungsgrund unter Einschaltung der WM geklärt werden.

- Bei Privateinreichern wird seitens der Banken auch die Rechtmäßigkeit des Eigentums hinterfragt.

Gemäß den AGB der Wertpapiersammelbank besteht eine unbegrenzte Rücknahmepflicht für Wertpapiere, die sich erst später, nach der Hereinnahme in die Tresore, als nicht lieferbar erweisen. Die Depotgutschrift für die Einlieferung erfolgt erst nach der erfolgreich durchgeführten Prüfung.

Jeder Kontoinhaber hat das Recht und die Möglichkeit, seine **Wertpapiere effektiv ausliefern** zu lassen, vorausgesetzt, es existieren effektive Stücke. Der Wunsch nach eigener Verwahrung von Effekten ist jedoch nach der Einführung eines 35prozentigen Steuerabzugs bei der Einlösung von Kupons am Bankschalter, drastisch zurückgegangen. Der Wunsch auf Auslieferung ist schriftlich zu erteilen. Die Bank prüft die Legitimation, die Unterschrift und das Depotguthaben des Kunden. Der Kunde erhält die Wertpapiere nach Abbuchung vom Depotkonto ausgehändigt oder zugestellt, wobei ein Nummernverzeichnis der Urkunden mit separater Post und das andere zusammen mit den effektiven Stücken übermittelt wird.

Die Anforderung aus der Girosammelverwahrung erfolgt durch das Kreditinstitut, das Kontoinhaber beim DKV ist. Der früher übliche sogenannte **Weiß- oder W-Scheck** ist weitgehend durch eine beleglose Auftragserteilung per Bildschirmterminal oder Datenübertragung ersetzt worden. Ansonsten wird das Formular „Auslieferungs-Auftrag" genutzt.

Auslieferungen werden innerhalb von zwei Arbeitstagen ausgeführt. Die Aushändigung kann am DKV-Schalter erfolgen oder per Post. Vorrangig werden jedoch seitens der Kreditinstitute die bekannten Werttransportunternehmen eingeschaltet.

Aufgrund der Sammelverwahrung hat der Kunde keinen Anspruch, auf die von ihm (eventuell) eingelieferten und durch Nummern definierten Stücke. Ausgeliefert wird eine gleichwertige Anzahl von Wertpapieren aus dem Sammelbestand der betreffenden Gattung. Eine Lieferung seitens des DKV direkt an die Privatkunden der Banken ist nicht möglich.

Durch die zentrale Verwahrung von Wertpapieren beim DKV können Börsengeschäfte und sonstige Wertpapierübertragungen ohne die Bewegung von effektiven Stücken, nur durch eine buchmäßige Übertragung, beliefert werden. Die Auftragserteilung erfolgt weitestgehend beleglos. Bei Börsengeschäften über das EDV-System LION (Lieferfreigabe on-line) oder durch sogenannte Lieferlisten, bei anderen Wertpapierübertragungen durch das EDV-System CASCADE. (siehe auch Kapitel III, 2.4.9) Der früher genutzte **Rote Scheck** und der **Fernscheck** haben keine Verwendung mehr.

Von einem **Jungschein-Giroverkehr** spricht man, wenn der Emittent vor Erscheinen der effektiven Stücke einen Jungschein hinterlegt hat. Dieser stellt kein Wertpapier im rechtlichen Sinne dar, sondern beinhaltet lediglich die unwiderrufliche Verpflichtung, ihn gegen effektive Stücke auszutauschen. Dieser Sachverhalt muß dem Kunden angezeigt werden.

Von einem **Schuldbuch-Giroverkehr** spricht man, wenn anstelle von effektiven Stücken oder Globalurkunden die Eintragung in ein Landes- oder Bundesschuldbuch Grundlage der Depotguthaben ist.

**Drittverwahrung**

Nach dem Depotgesetz sind Banken berechtigt, die ihnen anvertrauten Effekten bei einem anderen Verwahrer zu hinterlegen (Drittverwahrung). Dabei wird der erste Verwahrer als **Zwischenverwahrer oder Lokalbankier**, der andere – eigentlich zweite – Verwahrer als **Drittverwahrer oder Zentralbankier** bezeichnet. Die zur Drittverwahrung gegebenen Effekten werden aus Gründen des Kundenschutzes unter dem Namen des Zwischenverwahrers geführt.

Zur Drittverwahrung bedarf es weder einer Ermächtigung noch der Kenntnisnahme des Hinterlegers. Im übrigen sichern sich die Banken das Recht der Drittverwahrung in ihren Allgemeinen Geschäftsbedingungen, wobei sie die gesetzliche Haftung gleichzeitig einschränken. Während das Depotgesetz bei der Drittverwahrung die **Haftung des Zwischenverwahrers** für ein Verschulden des **Drittverwahrers** wie die Haftung für eigenes Verschulden behandelt, garantieren die Banken lediglich eine Haftung, für die sorgfältige Auswahl des Drittverwahrers. Folgt die Bank bei der Auswahl der Weisung eines Kunden, so erlischt die Haftung.

Die **Drittverwahrung** ist **sowohl bei Sonder- als auch bei Sammelverwahrung** möglich.

Dabei können zur endgültigen Verwahrung beim Kassenverein mehrere Banken als Verwahrer zwischengeschaltet sein. Zweigstellen der verwahrenden Banken gelten ,,sowohl untereinander als auch in ihrem Verhältnis zur Hauptstelle als verschiedene Verwahrer". Dadurch entsteht bisweilen eine Hinterlegerkette, in der für die einzelne Bank jeweils ein anderer Zwischen- und Drittverwahrer im Sinne des Depotgesetzes (§ 3 Abs. 1) ist.

Die **Rechte des Hinterlegers** bleiben bei der Drittverwahrung stets gewahrt, da der Zwischenverwahrer keine weitergehenden Ermächtigungen an den Drittverwahrer geben kann, als ihm selbst vom Hinterleger erteilt worden sind. Der Hinterleger ist allerdings nicht dagegen geschützt, daß der Zwischen- oder Drittverwahrer gegen die depotrechtlichen Bestimmungen verstößt. Diese Gefahr besteht jedoch bei jeder Verwahrung.

**Tauschverwahrung**

Der Hinterleger kann ein Kreditinstitut ermächtigen, ,,an Stelle ihm zur Verwahrung anvertrauter Wertpapiere Wertpapiere derselben Art zurückzugewähren" oder ,,hinterlegte Wertpapiere durch Wertpapiere derselben Art zu ersetzen". Beide Erklärungen begründen die Tauschverwahrung, die dadurch gekennzeichnet ist, daß der

Hinterleger beim Tausch das Eigentum an den bisher verwahrten, genau gekennzeichneten Effekten verliert und sofort das Eigentum an den eingetauschten Papieren erwirbt. Da dieser Tausch nur für Effekten in Frage kommt, die im Streifbanddepot liegen, ist die Tauschverwahrung eigentlich keine besondere Verwahrungsart, sondern eine **Ermächtigung innerhalb der Sonderverwahrung** (§ 10 Abs. 1 und 2 DepG).

Die Girosammelverwahrung und die meist stückelosen Verbriefungsformen im Rentenhandel haben die Tauschverwahrung verdrängt.

### 3.2.5.4 Verpfändung von Wertpapieren bei der Drittverwahrung

Die Verpfändung von Wertpapieren spielt oft bei der Kreditsicherung eine Rolle. Dabei ist es gleichgültig, ob die Effekten vom Hinterleger in Sonder- oder Sammelverwahrung gegeben wurden. Die Verpfändung kann durch **ausdrücklichen Vertrag erfolgen;** dann liegt eine sogenannte **Pfandverwahrung** vor. Sofern die Effekten im Streifbanddepot liegen, müssen sie in ein spezielles **Pfanddepot** überführt werden (§ 17 DepG).

Bei der Sammelverwahrung kann die Verwahrungsart beibehalten werden. Außer durch vertragliche Verpfändung haften zwar sämtliche Effekten eines Depotkunden bereits auf Grund der **Pfandklausel** in den Allgemeinen Geschäftsbedingungen; durch diese Klausel **allein** sind sie jedoch nicht verpfändet.

**Fremdvermutung und Eigenanzeige**

Werden die Effekten an einen Drittverwahrer weitergereicht, so erhebt sich die Frage, welche Pfand- und Zurückbehaltungsrechte dieser an den Papieren geltend machen kann. Das Depotgesetz schafft hierfür den **Grundsatz der Fremdvermutung.** Wenn eine Depotbank die ihr anvertrauten Effekten bei einem Drittverwahrer hinterlegt, „so gilt als dem Dritten bekannt, daß die Wertpapiere dem Verwahrer **nicht gehören**" (§ 4 Abs. 1 DepG).

Erst durch eine sogenannte **Eigenanzeige des Zwischenverwahrers** wird das drittverwahrende Kreditinstitut von den Eigentumsverhältnissen der betreffenden Effekten unterrichtet. Die Fremdvermutung ist nur dann entkräftet, „wenn der Verwahrer dem Dritten für das einzelne Geschäft **ausdrücklich und schriftlich** mitteilt, daß er Eigentümer der Wertpapiere sei" (§ 4 Abs. 2 DepG). Diejenigen Effekten, für die eine solche Eigenanzeige **nicht** vorliegt, gewähren dem Drittverwahrer ein Pfand- oder Zurückbehaltungsrecht nur wegen solcher Forderungen, „die mit Bezug auf diese Wertpapiere entstanden sind" (zum Beispiel für Depotgebühren oder Kosten der Pfandverwahrung) „oder für die diese Wertpapiere nach dem einzelnen über sie zwischen dem Verwahrer und dem Dritten vorgenommenen Geschäft haften sollen".

Häufig refinanzieren sich Banken für Kredite, die den Kunden gegen Verpfändung ihrer im Depot befindlichen Effekten gewährt wurden, bei Drittverwahrern durch **Weiterverpfändung.** Da dieser Weiterverpfändung einerseits die Fremdvermutung entgegensteht, andererseits die **Aufnahme eines Rückkredits** oft unerläßlich ist, enthält das Depotgesetz eindeutige Bestimmungen über die Weiterverpfändung von Wertpapieren, die nicht zuletzt dem Schutz der Eigentumsrechte des Hinterlegers dienen sollen.

Die Weiterverpfändung von Effekten – auch **Drittverpfändung** genannt – ist an verschiedene Voraussetzungen gebunden (§ 12 Abs. 1 DepG). Sie darf grundsätzlich nur dann erfolgen, wenn

- vom Hinterleger eine Ermächtigung vorliegt
- der Weiterverpfändung stets eine Krediteinräumung an den Hinterleger zugrunde liegt und
- die Weiterverpfändung nur zugunsten eines Verwahrers im Sinne des Depotgesetzes vorgenommen wird

Je nach dem Grad der Ermächtigung sind verschiedene Verpfändungsarten zu unterscheiden. Dabei darf der Zwischenverwahrer die ihm erteilten Ermächtigungen an den Drittverwahrer nur so weitergeben, wie sie ihm gegeben wurden.

**Regelmäßige Verpfändung**

Bei der regelmäßigen (gewöhnlichen) Verpfändung darf das zwischenverwahrende Kreditinstitut auf die Wertpapiere oder Sammelbestandanteile **Rückkredite nur bis zur Gesamtsumme der Kredite nehmen, die es für die Hinterleger insgesamt eingeräumt hat,** das heißt, sämtliche Hinterleger, welche die Bank zur Verpfändung ermächtigen, befinden sich in einer **Gefahrengemeinschaft**, da jedes der drittverpfändeten Papiere für den ganzen Rückkredit haftet. „Der Wert der verpfändeten Wertpapiere oder Sammelbestandanteile soll die Höhe des für den Hinterleger eingeräumten Kredits mindestens erreichen, soll diese jedoch nicht unangemessen übersteigen."

Zur Sicherung anderer Verbindlichkeiten, die **nicht** der Refinanzierung der Kredite an die betreffenden Hinterleger dienen, dürfen die gewöhnlich verpfändeten Effekten nicht weiterverpfändet werden. Zur regelmäßigen Verpfändung benötigt die zwischenverwahrende Bank für jedes Verwahrungsgeschäft eine **ausdrückliche und schriftliche Ermächtigung des Hinterlegers**, die weder in den Allgemeinen Geschäftsbedingungen enthalten sein noch auf andere Urkunden verweisen darf.

**Beschränkte Verpfändung**

Ermächtigt der Hinterleger das Kreditinstitut lediglich zur beschränkten Verpfändung, so darf es als Zwischenverwahrer die Effekten **nur bis zur Höhe des Kreditbetrages weiterverpfänden, der diesem Hinterleger jeweils eingeräumt wurde** (§ 12 Abs. 3 DepG). Eine derartige Ermächtigung ist an keine Form gebunden, das heißt sie kann durch Geschäftsbedingungen, schriftlich, mündlich oder durch schlüssige (konkludente) Handlungen erteilt werden.

Diese Formerleichterung ist insofern begründet, als die beschränkte Verpfändung für den Hinterleger diejenige Verpfändungsart ist, die die geringste Gefahr in sich birgt. Allerdings bedingt sie einen erhöhten Arbeitsanfall, da der Drittverwahrer gezwungen ist, für jeden Kunden des Zwischenverwahrers ein Depotkonto zu führen. Sie ist deshalb **in der Praxis wenig gebräuchlich**.

**Unbeschränkte Verpfändung**

Die unbeschränkte Verpfändung war nach früherem Recht die Regel, stellt aber heute die Ausnahme dar. Sie bringt für den Hinterleger das größte Risiko mit sich, weil das zwischenverwahrende Kreditinstitut ermächtigt wird, die ihm anvertrauten Wertpapiere – **ohne Rücksicht auf die Höhe des dem Hinterleger gewährten Kredits** dem Drittverwahrer zur Sicherung aller seiner Verbindlichkeiten weiterzuverpfänden (§ 12 Abs. 4 DepG). Die unbeschränkte Verpfändung bedarf der gleichen strengen Form, wie sie bei der regelmäßigen Verpfändung notwendig ist, daneben muß jedoch „in der Ermächtigung zum Ausdruck kommen, daß der Verwahrer das Pfandrecht **unbeschränkt**, also für alle seine Verbindlichkeiten ohne Rücksicht auf die Höhe des für den Hinterleger eingeräumten Kredits, bestellen kann".

### 3.2.5.5 Depot A, B, C oder D?

Das unterschiedliche Ausmaß, in dem drittverwahrte Effekten haften können, macht es notwendig, daß der Drittverwahrer für den Zwischenverwahrer verschiedene Depots führt. Dabei handelt es sich nicht um besondere Verwahrungsarten, sondern um eine rein buchhalterische Einrichtung, welche die Rechtsverhältnisse für die hinterlegten Wertpapiere klarstellen soll. Die effektiven Stücke können sowohl im Streifband- als auch im Sammeldepot verwahrt werden. Durch die unterschiedliche Verbuchungsart verschafft sich der Drittverwahrer eine Übersicht darüber, welche Effekten ihm als Pfand generell, speziell oder überhaupt nicht zur Verfügung stehen. Die Wertpapiersammelbank führt unabhängig davon nur **einen** Bestandssaldo pro Gattung und Bank.

Das **Eigendepot (Depot A)** enthält Wertpapiere und Sammeldepotanteile, die dem Zwischenverwahrer selbst gehören und für die die Fremdvermutung durch eine

Eigenanzeige entkräftet ist. Außerdem werden in das Eigendepot diejenigen Kundenpapiere eingebucht, für die der Hinterleger ausdrücklich eine unbeschränkte Weiterverpfändung zugelassen hat. Die im Eigendepot verzeichneten Effekten haften dem Drittverwahrer für jegliche Forderung dem Zwischenverwahrer gegenüber.

Das **Anderdepot (Depot B)** umfaßt Wertpapiere und Sammeldepotanteile, die von den Kunden des Zwischenverwahrers ohne jede Verpfändungsermächtigung hinterlegt wurden. Ein Pfand- oder Zurückbehaltungsrecht steht dem drittverwahrenden Kreditinstitut nur für solche Forderungen zu, die in bezug auf diese Papiere entstanden sind (zum Beispiel Depotgebühren).

Das **Pfanddepot (Depot C)** verzeichnet nur die nach der regelmäßigen Verpfändung vom Zwischenverwahrer weiterverpfändeten Wertpapiere und Sammeldepotanteile seiner Depotkunden. Die betreffenden Werte haften dem Drittverwahrer für jeden Rückkredit, den der Zwischenverwahrer zur Finanzierung seiner Kundenkredite aufgenommen hat.

Das **Sonderpfanddepot (Depot D)** nimmt lediglich die nach der beschränkten Verpfändung weiterverpfändeten Wertpapiere und Sammeldepotanteile der Kunden des Zwischenverwahrers auf. Dabei handelt es sich um kein gemeinschaftliches Pfanddepot wie beim Depot C. Jedem einzelnen Depotkunden der zwischenverwahrenden Bank, dessen hinterlegte Papiere zur Erlangung eines Rückkredits weiterverpfändet werden, wird vielmehr ein besonderes Depotkonto eingerichtet (Depotkonto D1, D2, D3 usw.).

Die Aufzeichnung der von Kreditinstituten verwahrten Wertpapiere erfolgt in der **Depotbuchhaltung,** über deren Führung und Prüfung die „Richtlinien für die Depotprüfung" eingehende Bestimmungen enthalten. Zur Kontrolle muß mindestens einmal jährlich eine Depotabstimmung in der Weise vorgenommen werden, daß die Kreditinstitute ihren Hinterlegern übersichtliche Depotauszüge mit der Bitte um Bestätigung übersenden. Eine ausdrückliche Bestätigung wird indessen heute zumeist nicht mehr verlangt. Die Kreditinstitute vermerken vielmehr in den Depotauszügen etwa folgenden Absatz aus den AGB:

Der Kunde hat **Rechnungsabschlüsse** und **Wertpapieraufstellungen** sowie sonstige Abrechnungen und Anzeigen auf ihre Richtigkeit und Vollständigkeit zu überprüfen. **Einwendungen** gegen Rechnungsabschlüsse und Wertpapieraufstellungen sind innerhalb eines Monats seit Zugang abzusenden, sonstige Einwendungen sind unverzüglich zu erheben. Die Unterlassung rechtzeitiger Einwendungen gilt als **Genehmigung**; die Bank wird bei Rechnungsabschlüssen und Wertpapieraufstellungen sowie sonstigen Abrechnungen und Anzeigen auf die Folge der Unterlassung rechtzeitiger Einwendungen besonders hinweisen. Gesetzliche Ansprüche des Kunden bei begründeten Einwendungen nach Fristablauf bleiben jedoch unberührt.

### 3.2.5.6 Verwaltung von Effekten – ein wichtiger Service der Banken

Mit dem Effektenverwahrungsgeschäft übernehmen die Kreditinstitute zugleich die Aufgabe, die ihnen anvertrauten Wertpapiere für die Hinterleger zu verwalten (Serviceleistung). Während das Depotgesetz nur das Verwahrungsgeschäft regelt, enthalten die Allgemeinen Geschäftsbedingungen eingehende Bestimmungen über das Effektenverwaltungsgeschäft. Vor allem wird klargestellt, bei welchen Verwaltungshandlungen die Bank in der Regel Weisungen des Depotkunden einholt oder darauf verzichten kann.

Wenn auch die Allgemeinen Geschäftsbedingungen die Haftung der Banken aus der Effektenverwaltungstätigkeit teilweise einschränken (§ 3 Abs. 2 DepG), so sind die Kreditinstitute dennoch stets verpflichtet, die Interessen der Hinterleger zu wahren. Sie haften dem Depotkunden für Nachteile, die durch ihr Verschulden entstehen. Dabei ist es unerheblich, ob die Papiere in Drittverwahrung weitergegeben wurden oder nicht.

**Einzug (Inkasso) und Gutschrift von Erträgen und Anleiherückzahlungen**

Sofern ein Kreditinstitut Wertpapiere in eigenen Tresoren verwahrt, hat es bei Fälligkeit die entsprechenden Kupons zu trennen beziehungsweise bei Rückzahlungen die Urkunden aus der Verwahrung zu entnehmen und die entsprechenden Gegenwerte gegen Auslieferung der Wertpapiere bei der Hauptzahlstelle des Emittenten einzuziehen. Bei Wertpapieren, die zur Drittverwahrung beziehungsweise zur Sammelverwahrung gegeben wurden, übernehmen diese Stellen den Einzug und die Gutschrift der Gegenwerte.

**Aktien – Dividenden**: Die Kupons werden nach der Depotbuchung mit Valuta des Hauptversammlungstages abends getrennt. Wer unter diesem Datum einen Depotbestand besitzt, erhält die Gutschrift des Ertrages. Die tatsächliche Zahlung der Dividende erfolgt in der Regel am Bankarbeitstag nach der Hauptversammlung.

**Erträge aus Investmentanteilen**: Die Gutschrift der Erträge erfolgt an dem von der Gesellschaft veröffentlichten Valutatag, die Kupontrennung nach dem Buchungslauf per Vortag abends.

**Zinsen auf festverzinsliche, variabel verzinsliche Anleihen, Wandelschuldverschreibungen**: Die Gutschrift der Zinsen erfolgt zu dem bei der Anleihebegebung festgelegten Datum beziehungsweise wenn dies kein Bankarbeitstag ist, entsprechend später. Bei variabel Verzinslichen und Wandelanleihen wird der Valutatag rechtzeitig veröffentlicht. Die Trennung der Kupons erfolgt stets per Vorabend des Valutatages. (Diese Veränderung gegenüber der früheren Kupon-Trennung jeweils per Medio oder Ultimo beziehungsweise 14 Tage vor der Valuta, ist seit Januar 1994 wirksam. Die negativen Stückzinsen (Minuszinsrechnung) sind deshalb entfallen.

Der Finanzplatz Deutschland hat sich mit dieser Veränderung den internationalen Usancen angepaßt.

Bei halbjähriger Zinszahlung werden bei Veröffentlichungen folgende Terminangaben benutzt:

| | | |
|---|---|---|
| J/J | = | 2.1. und 1.7. |
| F/A | = | 1.2. und 1.8. |
| M/S | = | 1.3. und 1.9. |
| A/O | = | 1.4. und 1.10. |
| M/N | = | 2.5. und 1.(2.)11. (wenn Feiertag) |
| J/D | = | 1.6. und 1.12. |

Daneben sind jedoch auch Zinstermine zu jedem anderen Tag des Monats möglich, zum Beispiel 20.1., 15.10. Zinsen werden für den zurückliegenden Zeitraum des Kupons gezahlt. Wechselt innerhalb dieses Zeitraums der Besitzer der Wertpapiere, so werden die zeitanteiligen Stückzinsen in der Effektenabrechnung zwischen Käufer und Verkäufer verrechnet.

**Erträge in Fremdwährungen**: Der Hinterleger hat seinem Verwahrer mitzuteilen, ob er die Fremdwährung auf einem Währungskonto im In- oder Ausland beziehen möchte. Erfolgt keine Anweisung, werden die Erträge in DM konvertiert. Für die in der Sammelverwahrung befindlichen Wertpapiere erhält der Zwischenverwahrer eine sogenannte Depotbescheinigung. Diese reicht er bei der Hauptzahlstelle der betreffenden Gattung ein und erteilt darauf seine Anweisungen über die Verwendung des Währungsbetrages.

**Rückzahlung von Anleihen**: Bei Kapitalrückzahlungen werden die Stichtage für die Vergütung der Kapitalbeträge in Anlehnung an § 28 der Bedingungen für Geschäfte an den deutschen Börsen festgelegt. Mit dem Einzug und der Gutschrift der Gegenwerte werden die Depotkonten entsprechend ausgebucht; die Mäntel und eventuell noch vorhandene Rest-Bogen müssen bei der Hauptzahlstelle des Emittenten (oder wenn dieser eine Bank ist, bei ihm selbst) eingereicht werden.

**Verwaltungsarbeiten, die mit einer Depotbestandsveränderung verbunden sind**

**Einrichtung von Bezugsrechtskonten**: Bei Kapitalerhöhungen gegen Zahlung erhalten alle Depotkontoinhaber aufgrund ihrer Bestände in Aktien automatisch im Verhältnis 1:1 unter einer eigenen WKN Bezugsrechte gutgeschrieben. (zum Beispiel BASF-Aktien WKN 515100, Bezugsrecht 515108). Der Kontoinhaber wird darüber informiert und zur Abgabe einer Anweisung aufgefordert. Der Kontoinhaber kann

- junge Aktien beziehen. In diesem Falle werden die Bezugsrechte an die Bezugsstelle übertragen, der Bezugspreis überwiesen und dafür junge Aktien zurückübertragen

- durch Verkauf oder Zukauf über die Börse seine Bestände verändern beziehungsweise ausgleichen

Erfolgt seitens eines Depotkunden keine Weisung, so werden die Bezugsrechte am letzten Handelstag an der Börse verkauft, damit dem Kunden kein Nachteil durch Verfall der Bezugsrechte entsteht.

**Einrichtung von Teilrechten / Gratisaktien**: Bei Kapitalerhöhungen aus Gesellschaftsmitteln werden den Depotkunden automatisch aufgrund ihrer Bestände von Aktien in dem vom Emittenten vorgegebenen Verhältnis, zum Beispiel sieben alte ergeben zwei Gratisaktien, **neue Aktien** unter einer eigenen WKN gutgeschrieben. Dabei können rechnerisch Bruchteile/Teilrechte einer Aktie entstehen. Diese Teilrechte werden entweder an die umtauschende Bank übertragen und von dieser in bar abgegolten, oder es werden so viele Teilrechte hinzugekauft, bis eine volle Aktie entsteht. Ein Börsenhandel in Teilrechten erfolgt nicht. Sofern die neuen Aktien den alten Aktien gleichgestellt sind, werden sie automatisch umgebucht.

**Junge = Alte Aktien**: Wenn der (Dividenden-)Unterschied zwischen jungen (neuen) und alten Aktien einer Gesellschaft weggefallen ist – nach der Hauptversammlung –, dann werden die jungen (neuen) automatisch auf die Depotbestände der alten Aktien umgebucht. (zum Beispiel junge BASF 515101 auf alte BASF 515100).

**Sonstige Ereignisse** die zu Veränderungen im Depotbestand führen sind zum Beispiel Umstellung der Grundeinheit von 50 DM auf 5 DM pro Aktie, Konvertierung, Splitting und anderes mehr. Diese Ereignisse werden von den Verwahrern automatisch und termingerecht durchgeführt, der Kunde wird über die Vorgänge informiert und, falls erforderlich, seine Weisung eingeholt.

**Bogenerneuerung**: Sind in einer Wertpapiergattung die vorhandenen Kupons der effektiven Stücke eines Bogens aufgebraucht, dann werden die Kreditinstitute für die Wertpapiere in den eigenen Tresoren und der DKV für den Girosammelbestand automatisch und ohne Zutun der Hinterleger neue Bogen besorgen. Zur Legitimation hierzu dient der sogenannte Talon, der Bestandteil der Bogen-Urkunden ist.

**Anmeldung zur Hauptversammlung und Ausübung des Stimmrechts**

Eine weitere Aufgabe der Effektenverwaltung ist die Anmeldung von Anteilspapieren zu den Hauptversammlungen der betreffenden Gesellschaften und die Ausübung des Stimmrechts. Die Banken dürfen das Stimmrecht für Aktien, die ihnen nicht gehören, nur ausüben, wenn sie zur Ausübung des Stimmrechts schriftlich ermächtigt sind (§ 135 Abs. 1 AktG). Dieses **Depotstimmrecht** lassen sich die Kreditinstitute in Form einer „**Allgemeinen Depotstimmrechtsermächtigung**" erteilen. Die Ermächtigung wird von dem überwiegenden Teil der Hinterleger, die an der Hauptversammlung nicht selbst teilnehmen können oder wollen, ausgefertigt, weil die Banken im allgemeinen das Vertrauen genießen, das Interesse der Aktionäre zu wahren.

In der eigenen Hauptversammlung darf das bevollmächtigte Kreditinstitut das Stimmrecht aufgrund der Vollmacht jedoch nur ausüben, soweit der Aktionär eine ausdrückliche Weisung zu den einzelnen Gegenständen der Tagesordnung erteilt hat.

Um Mißbräuchen seitens der Banken vorzubeugen, schreibt das Aktiengesetz (§ 135 Abs. 2) vor, daß die Ermächtigung einer **bestimmten** Bank erteilt werden muß, jederzeit **widerruflich** ist und längstens für 15 Monate Gültigkeit besitzt; außerdem muß die Depotstimmrechtsermächtigung vollständig ausgefüllt und darf mit keinen anderen Erklärungen verbunden sein.

Sämtliche für eine Hauptversammlung von einem Kreditinstitut angemeldeten Anteilpapiere bleiben bis zum Ablauf der Hauptversammlung für den Effektenhandel gesperrt und dürfen dem Depot nicht entnommen werden.

### 3.2.5.7 WP-Informationsdienst der Wertpapier-Mitteilungen als Grundlage der Verwaltungsarbeiten

Grundlage aller Verwaltungsarbeiten ist eine von den Wertpapier Mitteilungen (WM) täglich aktualisierte Datenbank mit Wertpapierinformationen. Diese Datenbank kann in den größeren Kreditinstituten auf deren eigenen Datenverarbeitungsanlagen geführt werden. Ansonsten steht das WSS Wertpapier-Service-System im zentralen Rechenzentrum der deutschen Börsen allen Interessenten zur Verfügung. Die WM haben im Auftrage des Kreditgewerbes die Aufgabe, zentral alle Wertpapierinformationen und Termine zu sammeln, bei neuen Gattungen eine deutsche Wertpapierkennnummer (WKN) zu vergeben und dem Kreditgewerbe einschließlich Börsen zur Verfügung zu stellen. Dies geschieht in erster Linie in maschinenlesbarer Form mit täglichem Änderungsdienst oder in geringem Umfang auch gedruckt.

### 3.2.5.8 Bedeutung des Depotgeschäfts für Aufwand und Ertrag der Banken

Die Gegenüberstellung von Aufwand und Ertrag des Depotgeschäfts bereitet zum Teil Schwierigkeiten, da die Leistungen nicht isoliert, sondern nur im Zusammenhang mit Leistungen anderer Geschäftszweige betrachtet werden können. Die folgenden Ausführungen müssen sich aber auf diejenigen Aufwendungen und Erträge beschränken, die ausschließlich durch das Depotgeschäft verursacht werden.

## Aufwendungen

**Wertbedingte Aufwendungen** fallen im Depotgeschäft nicht an. da keine Wertleistungen erstellt werden. Zum **betriebsbedingten Aufwand** zählen sämtliche Ausgaben für Betriebsmittel, die für eine ordnungsgemäße Effektenverwahrung und -verwaltung notwendig sind, beziehungsweise Gebühren, die an Drittverwahrer, zum Beispiel die Wertpapiersammelbank, für deren Dienstleistungen zu zahlen sind.

Im Vordergrund stehen die Aufwendungen für die **Tresoranlagen,** insbesondere die Abschreibungen und Zinsen für das durchschnittlich gebundene Kapital, weiterhin die **Personalaufwendungen** für die Beschäftigten der Tresorabteilung und der Depotbuchhaltung sowie die Aufwendungen für die **Revisionen** und **Prüfungen**, die von der Bank sowie durch staatlich bestellte Prüfungsorgane vorgenommen werden.

In den letzten Jahren ist durch den konsequenten Ausbau der Dienstleistungen von Börse und Kassenverein sowie durch intensive Nutzung der Datenverarbeitung der Verwaltungs- und Personalaufwand im Wertpapierbereich erheblich gesenkt worden. Weiterführende Projekte lassen auch in Zukunft eine Verbesserung der Aufwandssituation erwarten.

## Erträge

Die Erträge des Depotgeschäfts können aufgeteilt werden in direkte und indirekte Erträge.

**Direkte Erträge** stellen die **Depotgebühren** dar, die teils vom Nennwert teils vom Kurswert der hinterlegten Wertpapiere berechnet werden. Die Höhe der Sätze ist verschieden. Depotgebühren werden seit 1991 mit der gesetzlichen Mehrwertsteuer belegt.

Neben den Depotgebühren müssen dem Depotgeschäft teilweise auch Erträge zugerechnet werden, die zwar in anderen Geschäftszweigen anfallen, deren wirtschaftlicher Ursprung jedoch im Depotgeschäft liegt **(indirekte Erträge)**. Als derartige Erträge des Depotgeschäfts kommen die Effektenüberweisungsprovision, die Effektenkauf- und -verkaufsprovision, die Provision für die Ausübung beziehungsweise Verwertung des Bezugsrechts, die vom Emittenten zu zahlende Inkassoprovision und ähnliche Erträge in Frage.

> **Verwahrung und Verwaltung/Girosammelverwahrung jeweils zuzüglich MwSt.**
>
> - Inländische Aktien  vom Kurswert
>   0,75 bis 1 ‰
>   mindestens 5 DM pro Posten p. a.
>
> - Inländische festverzinslicheWertpapiere  vom Kurswert
>   mindestens vom Nennwert
>   1,25 bis 1,5 ‰
>   mindestens 5 DM pro Posten p. a.
>   eigene Emissionen kostenlos
>
> - Investmentanteile
>   Anteile von Tochter- und Beteiligungsgesellschaften kostenlos
>
> - Mindestens pro Depot 20 DM p. a.
>
> - Einlösung von Depotverwahrten
>   – fälligen Wertpapieren 0,25 Prozent
>     mindestens 5 DM pro Posten
>   – fälligen eigenen Emissionen sowie Bundesschatzbriefen und
>     Finanzierungs-Schätzen kostenlos
>   – Zins- und Dividendenscheinen kostenlos
>
> Wünscht der Kunde Streifbandverwahrung, obwohl die verwahrten Werte girosammelverwahrfähig sind, erfolgt in der Regel die Berechnung des doppelten Satzes der Girosammelverwahrung.

Abbildung 2-42: Beispiel für Gebühren im Wertpapiergeschäft einer Bank

## 3.3 Grundlagen der Anlageberatung und Vermögensverwaltung

### 3.3.1 Rechtliche Grundlagen

#### 3.3.1.1 Grundlegendes zur Beratungshaftung

Mit den von der Deutschen Bundesbank im Jahr 1985 gefaßten Beschlüsse zur Restliberalisierung des Kapitalmarktes haben sich für Anleger neue Chancen, aber auch Risiken aufgetan. In den Folgejahren hat sich die Rechtsprechung verstärkt mit Haftungsfragen beschäftigt, die aus der Vermittlung von Kapitalanlagen resultieren.

Die Ursachen für diese Tendenz liegen insbesondere in dem Wandel der Kapitalmärkte, die durch ihre Schnelligkeit und zunehmende Komplexität für den Anleger immer schwieriger durchschaubar werden. Der zunehmende Wettbewerb unter den Finanzdienstleistern fördert die Entwicklung von Finanzinnovationen, die auch für diejenigen nur schwer verständlich sind, die sich mit Kapitalanlagen beschäftigen. Daneben ist auch die Rechtsprechung bei traditionellen Bankdienstleistungen verbraucherfreundlicher geworden.

Juristisch wird die Beratung des Kunden als eigenständiges Rechts- beziehungsweise Vertragsverhältnis angesehen, so daß eventuelle Haftungsansprüche aus fehlerhafter Beratung nicht durch die Allgemeinen Geschäftsbedingungen ausgeschlossen werden können. Vielmehr kann ein Auskunftsvertrag zwischen Kunde und Kreditinstitut auch stillschweigend zustande kommen. Er erlischt, wenn nach Einholung eines Angebotes die Geschäftsverbindung nicht zustande kommt. Ein Haftungsfall könnte sich aufgrund des folgenden fiktiven Beispiels ergeben:

Eine Kunde sucht seine Bank wegen der Anlage eines Betrages von 30.000 DM auf und erklärt, daß diese Mittel in zwei Jahren für die Anschaffung eines neuen Autos benötigt werden und deshalb „sicher" anzulegen sind. Der Anlageberater empfiehlt daraufhin, den Betrag auf zwei deutsche Aktienstandardwerte zu verteilen, weil aufgrund niedriger Kapitalmarktzinsen diese Anlage die höchste Wertentwicklung in Aussicht stellt. Zudem wiesen diese Titel in den letzten Jahren keine wesentlichen vorübergehenden Kursrückgänge auf, so daß eine hohe Sicherheit gewährleistet sei. Nachdem sich der Kunde von den Argumenten des Beraters überzeugen ließ, stellt sich nach zwei Jahren heraus, daß die Aktien nur noch 24.000 DM Wert sind, weil durch weltpolitische Spannungen eine Aktienbaisse eingetreten ist.

Aus einer Vielzahl von Urteilen wurden Erkenntnisse gewonnen, die im Wertpapierhandelsgesetz eingebunden wurden.

### 3.3.1.2 Wichtiges zum Wertpapierhandelsgesetz

Das mit dem Zweiten Finanzmarktförderungsgesetz zum 1.1.1995 in Kraft getretene Wertpapierhandelsgesetz (WpHG) verpflichtet mit § 31 Abs. 2 ein Wertpapierdienstleistungsunternehmen dazu, „von seinen Kunden Angaben über ihre Erfahrungen oder Kenntnisse in Geschäften, die Gegenstand von Wertpapierdienstleistungen sein sollen, über ihre mit den Geschäften verfolgten Ziele und über ihre finanziellen Verhältnisse zu verlangen". Außerdem müssen den Kunden „alle zweckdienlichen Informationen" mitgeteilt werden.

Diese Verpflichtungen sind jedoch nur soweit zu erfüllen, als „dies zur Wahrung der Interessen der Kunden und im Hinblick auf Art und Umfang der beabsichtigen Geschäfte erforderlich ist". Das heißt, daß die Beratung entsprechend der individuellen Situation (anlegergerecht) und in Abhängigkeit der Produkte (objektgerecht) zu erfolgen hat.

Aufgrund der gesetzlichen Vorschriften werden in der Bankpraxis die erforderlichen Angaben des Kunden schriftlich festgehalten und sind gegebenenfalls zu aktualisieren. Um den Anlegern die wesentlichen Grundkenntnisse über die Ausstattung und Risiken von Wertpapieren zu vermitteln, sind die Kreditinstitute dazu übergegangen, eine ausführliche Informationsschrift mit dem Titel „Basisinformationen über Vermögensanlagen in Wertpapieren" auszuhändigen.

Außerdem wurde den Kreditinstituten durch § 31 Abs. 1 WpHG auferlegt, die Interessen des Kunden zu wahren. Spezifiziert wird dies unter anderem in § 32 Abs. 1 durch das Verbot, Kunden Empfehlungen gegen ihre Interessen zu erteilen oder um Preise in eine Richtung zu lenken, die für die Eigengeschäfte des Instituts vorteilhaft sind. Auch das „front- beziehungsweise parallel-running", bei dem aufgrund der Information über eine bedeutende Kundenorder frühzeitig ein Eigengeschäft abgeschlossen wird, ist nicht statthaft, soweit Nachteile für den Kunden entstehen können. In den „Compliance-Richtlinien" sind die Verhaltensregeln der Kreditinstitute und deren Mitarbeiter zusammengefaßt.

Außerdem definiert das WpHG den Personenkreis der Insider und regelt die Überwachung, um das Ausnutzen von Insiderinformationen zu unterbinden.

Der Anwendungskreis des WpHG umfaßt alle Wertpapierdienstleistungsunternehmen, also auch sogenannte „Discount-Broker", bei denen die konkrete Anlageberatung bei den einzelnen Kauf- und Verkaufentscheidungen ausdrücklich als vertragliche Hauptleistungspflicht nicht geschuldet wird. Hier ist die Einbindung des WpHG nicht abschließend geklärt. Dagegen sind von dem Gesetz Vermittler von Gesellschaften, die nicht dem Kreis der Wertpapierdienstleistungsunternehmen zugerechnet werden, bis zur Umsetzung der EU-Richtlinie unbetroffen.

### 3.3.2 Was sollten Anlageberater über Risiko- und Ertragsrelationen der verschiedenen Anlagemedien wissen?

In diesem Abschnitt werden die verschiedenen Geldanlagevarianten hinsichtlich ihres Risikos und des Ertrags untersucht. Der Leser lernt die unterschiedlichen Arten von Risiken und typische Ertragsverläufe der Anlagemedien kennen. Es wird aufgezeigt, welche spezifischen Einsatzmöglichkeiten sich in der Praxis bieten. Folgende Zusammenhänge sind wichtig:

- Der **vermutliche Ertrag einer Vermögensanlage** ist nur ein **Durchschnittswert**, der unter- oder überschritten werden kann.
- Das **Risiko** bringt zum Ausdruck, mit welcher Wahrscheinlichkeit und mit welchen Folgen solche Unter- und Überschreitungen eintreten können.

Zwangsläufig besteht zwischen beiden Größen kein Zusammenhang. Eine unsichere Anlageform kann eine niedrigere Rendite versprechen als eine sichere. Bei der Besprechung der unterschiedlichen Kapitalanlagen wird jedoch deutlich, daß es in der Praxis zwischen beiden Kriterien einen engen umgekehrten Zusammenhang gibt. Dies liegt daran, daß Anbieter von Kapitalanlagen versuchen, ihre Kapitalkosten gering zu halten, aber auf der anderen Seite die Anleger einen geringen Ertrag nur dann akzeptieren, wenn die Anlage eine hohe Sicherheit bietet. Riskantere Anlagen müssen eine höhere Rentabilität versprechen, um einen Anlegerkreis zu finden.

### 3.3.2.1 Stetiger Wertverlauf bei kontengebundenen Geldanlagen

Im Vergleich zu handelbaren Wertpapieren sind die Risiken von kontengebundenen Geldanlagen, soweit sie auf heimische Währung lauten, gut überschaubar. Sicher ist dies mit ein Grund dafür, daß dieses Segment nicht vom WpHG erfaßt wird. Das Bonitätsrisiko des Schuldners ist in Deutschland in der Regel dadurch eingeschränkt, daß die meisten Institute einem Einlagensicherungsfonds angehören. Andererseits werden auf Konten häufig vergleichsweise geringe Erträge erwirtschaftet. Die von den Kreditinstituten zu unterhaltende Mindestreserve trägt hierzu bei, obwohl deren Bedeutung abnimmt. Der Hauptgrund für den geringeren Ertrag liegt in der Fristigkeit. Da eine vorzeitige Kündigung von längerlaufenden Anlagen, sofern sie akzeptiert wird, in der Regel mit Vorschußzinsen verbunden ist und eine wie bei notierten Wertpapieren mögliche Veräußerung entfällt, orientieren sich die Zinssätze bei kontengebundenen Geldanlagen am Geld- oder kurzfristigen Kapitalmarkt. Die Rendite liegt hier bei normaler Zinsstrukturkurve unter der Rendite für mittel- und langfristige Kapitalmarktanlagen. Das Risiko der Nichtverfügbarkeit vor Fälligkeit (Liquiditätsrisiko) steigt naturgemäß mit der vereinbarten Laufzeit beträchtlich an. Das Risiko einer steigenden Inflation (Inflationsrisiko) wird bei Anlagen, die sich am kurzfristigen Zinsniveau orientieren, dadurch abgefedert, daß bei steigender Inflation auch die kurzfristigen Zinsen mitziehen und Zinsanpassungen bei kurzfristigen Geldanlagen in überschaubaren Zeiträumen stattfinden. Trotzdem ist der Inflationsschutz nicht mit einer Sachwertanlage vergleichbar. Bedingt durch überlegene Finanzinnovationen im Wertpapierbereich finden Kontenanlagen hauptsächlich noch für das Ansparen kleinerer Beträge auf Sparkonten oder mittelfristigen Sondersparformen und sehr hoher Beträge für Kurztermingelder Anwendung.

### 3.3.2.2 Risiko- und Ertragsprofil bei festverzinslichen Anleihen

Die wesentlichen renditebestimmenden Ausstattungsmerkmale von Anleihen sind der Nominalzins (Kupon), die Restlaufzeit und der aktuelle Preis (Kurs). Eine weitere Einflußgröße ist die Sicherheit, mit der die Zins- und Tilgungsleistungen erfolgen.

Anleihen eines Schuldners sind für den Anleger durch vergleichbare andere Titel substituierbar. Deshalb besteht eine Gleichgewichtsbeziehung: Die Renditen von Anleihen ähnlicher Ausstattung passen sich aneinander an. Renditeänderungen, die durch die Kapitalmärkte vorgegeben werden, müssen sich zwangsläufig auf den Börsenkurs der Anleihen auswirken, da sich von, Ausnahmen abgesehen, die verbleibenden Ausstattungskriterien Laufzeit und Nominalzins (Kupon) nicht bewegen können.

**Steigt beziehungsweise fällt der Kapitalmarktzins, fällt beziehungsweise steigt der Kurs einer festverzinslichen Anleihe bis die Rendite wieder das Niveau vergleichbarer Anleihen erreicht hat.**

Dieses Zinsänderungsrisiko einer festverzinslichen Anleihe ist im wesentlichen von der Restlaufzeit des Titels abhängig und steigt mit ihr. Eine mathematische Meßgröße für das beschriebene Risiko ist die **Duration**, die ausdrückt, mit welcher Sensitivität sich der Kurs einer Anleihe Änderungen der Kapitalmarktrendite anpaßt. Bei einer Anleihe mit einer Kuponhöhe von Null (Zerobond) entspricht die Duration genau der Laufzeit in Jahren. Steigt die Kapitalmarktrendite beispielsweise um 0,5 Prozent, fällt der rechnerische Kurs einer Anleihe mit einer Duration von fünf um circa das Fünffache, das heißt um 2,5 Prozent. Ein hoher Zinskupon dämpft das Zinsänderungsrisiko, weil diese Vermögensteile früher zu aktuellen Bedingungen wiederanlegbar werden. Demzufolge beträgt die Duration für eine fünfjährige Kuponanleihe weniger als fünf.

Gleichzeitig drückt die Duration noch etwas anderes aus. Bei einer fünfjährigen Kuponanleihe steht zum Anlagezeitpunkt nicht fest, welches Endergebnis zum Fälligkeitszeitpunkt erzielt wird, denn es ist nicht bekannt, mit welchem Zinssatz die Kupons wiederangelegt werden können. Wäre die Duration einer fünfjährigen Kuponanleihe 4,5, so bedeutet dies unter theoretischen Annahmen, daß der „Verlust" durch einen gefallenen Wiederanlagezins für die Kupons nach einer viereinhalbjährigen Laufzeit den Kursgewinn ausgleicht, der bei vorzeitiger Veräußerung und dem gefallenen Zinsniveau entstehen würde.

In der Regel werden für Titel mit höherem Risiko, sprich längerer Fristigkeit, höhere Renditen geboten. Eine Ausnahme stellt die Situation einer inversen Zinsstrukturkurve dar, bei der sich dieses Verhältnis umgekehrt verhält. Diese Konstellation ist bisher nur in Hochzinsphasen aufgetreten und impliziert, daß Anleger ihr Kapital hier bevorzugt lange binden, da sie in dieser Situation eher das Risiko fallender Zinsen wahrnehmen. Das bestehende Bonitätsrisiko von Anleihen läßt sich häufig anhand eines Ratings abschätzen, das von unabhängigen Agenturen für eine Vielzahl von Anleihen ermittelt wird. Mit einem Rating wird die Wahrscheinlichkeit bewertet, daß die Zins- und Tilgungszahlungen einer Anleihe rechtzeitig und in vollem Umfang erfüllt werden.

Die Bedeutung der Rating-Symbole der beiden bekanntesten Agenturen, Standard & Poors und Moodys, sind in Abbildung 2-43 aufgeführt.

| Rating-Symbole von: | S & P | Moody's |
|---|---|---|
| beste Qualität des Schuldners | AAA | Aaa |
| etwas größeres Ausfallrisiko | AA+ | Aa1 |
|  | AA | Aa2 |
| sehr gute Qualität | AA– | Aa3 |
| gute Qualität; veränderte wirtschaftliche und politische Rahmenbedingungen könnten die Rückzahlung beeinflussen | A+<br>A<br>A– | A1<br>A2<br>A3 |
| mittlere Qualität; mangelnder Schutz gegen Einflüsse einer sich verändernden Wirtschaftsentwicklung | BBB+<br>BBB<br>BBB– | Baa1<br>Baa2<br>Baa3 |
| Anleihen mit deutlich spekulativem Charakter; es besteht nur Deckung für Zins- und Tilgungsleistungen | BB+<br>BB<br>BB– | Ba1<br>Ba2<br>Ba3 |
| sehr spekulative Anlage; eine langfristige Zinszahlung und die Tilgung ist fragwürdig | B+<br>B<br>B– | B1<br>B2<br>B3 |
| in der Regel ohne Zinszahlung | CCC<br>CC | Caa<br>Ca |
| völlige Zahlungsunfähigkeit | C oder D | |

Abbildung 2-43: Rating-Symbole

Wie beim Zinsänderungsrisiko kommt auch bei größerem Bonitätsrisiko ein höherer Kapitalmarktzins zum Tragen. Die Kapitalgeber verlangen einen Risikoausgleich. Sofern das höhere Bonitätsrisiko zum Emissionszeitpunkt bekannt ist, kommt der Renditeaufschlag in der Regel in einem höheren Kupon zum Ausdruck. Sofern sich die Bonität während der Laufzeit drastisch verschlechtert, wird der Renditeaufschlag der Anleihe durch einen im Vergleich zu anderen Anleihen niedrigen Börsenkurs sichtbar (fallen angels). Oft wird dieser Prozeß durch eine Reduzierung des Ratings eingeleitet.

In der Praxis zeigt sich, daß das Unsicherheitsgefühl der Anleger von sehr guten Anleihen zu guten Anleihen nur gering zunimmt, so daß in diesem Bereich die Renditen je nach Zinsniveau Unterschiede von ca. ein bis zwei Prozent aufweisen. Von der mittleren bis zur schlechten Qualität nimmt die Rendite dagegen signifikant zu. Eine Ratingänderung während der Anleihelaufzeit von guter zu mittlerer Qualität oder innerhalb des mittleren und unteren Ratingsegments führt deshalb für den Anleger zu größeren Kursverlusten.

Bei einigen Emissionen ist eine Kündigung der Anleihe möglich, wodurch sich auch die Anleihelaufzeit verändern kann. Sofern die Kündigung zu einem niedrigeren Kurs als dem Börsenkurs erfolgen kann, ist ein Rückgang der Notierung auf den Kündigungskurs als Risiko vorhanden (Kündigungsrisiko). Eine schlechter gewordene Marktgängigkeit eines Titels, zum Beispiel aufgrund zu geringem Emissionsvolumen oder exotischer Ausstattungsmerkmale, kann ein Wertpapier unattraktiv machen, so daß eine eigene Veräußerung nur unter Hinnahme eines Kursabschlages möglich wird (Marktrisiko). Darüber hinaus bestehen bei Titeln in fremder Währung Währungsrisiken und, sofern ein ausländischer Emittent eine Anleihe begibt, Länder- und Transferrisiken. Ein sehr geringes Risikoverhalten weisen Bundesschatzbriefe auf, bei denen eine Rückgabe ohne Kursrisiko möglich ist. Lediglich die Restriktion, daß die Liquidation erst nach einem Jahr erfolgen kann und innerhalb von 30 Zinstagen nur bis zu 10.000 DM pro Depotinhaber zurückgegeben werden dürfen, birgt bei größerem Anlagevolumen ein hohes Liquiditätsrisiko in sich.

Aus der Geldgeschichte Deutschlands ist bekannt, daß durch die Inflation von 1923 und die Währungsreform nach dem Zweiten Weltkrieg Forderungen, die auf Geldeinheiten lauteten, verloren beziehungsweise weitgehend eingebüßt wurden. Anders verhält sich dies bei Sachvermögen, wie zum Beispiel Immobilien oder Unternehmensanteilen.

### 3.3.2.3 Aktienanlage und Portefeuillebildung

Das Risiko- und Renditeverhalten von Aktien unterscheidet sich sehr stark von den auf Geldeinheiten lautenden Anlageformen. Zwar notieren Aktien in Deutschland auf einen Nominalbetrag, zunehmend auf 5 DM, aber letztendlich ist dies nur eine Rechenhilfe, da jede Aktie eine Quote an einem Unternehmen verbrieft und den Aktionär an dem Reinvermögen und den Erträgen des Unternehmens beteiligt. Entsprechend hängt der Wert einer Aktie, wie bei einer Immobilie, nicht von der Wertschätzung der Währung ab, sondern des dahinterstehenden Objektes. Deshalb wird das Inflationsrisiko, das heißt das Risiko einer sinkenden Kaufkraft der Währung, bei der Aktienanlage als wesentlich geringer angesehen.

Bei den Bewertungsmaßstäben dominieren zunehmend auch in Europa ertragsorientierte Betrachtungsweisen, die auf angelsächsischen Kapitalmärkten sehr ausgeprägt sind. Substanz- oder Liquidationswerte können jedoch nach wie vor, zum Beispiel bei Unternehmen mit großem Immobilien- oder Beteiligungsbesitz, ein wesentlicher Einflußfaktor sein. Unter den ertragsorientierten Verfahren sind die Berechnung des Kurs-Gewinn-Verhältnisses (KGV oder Price-earnings-ratio) und die Cash-flow-Betrachtung die wichtigsten. Das KGV wird in der Regel auf der Basis einer Aktie ermittelt und errechnet sich, indem man den Börsenkurs durch den Jahresgewinn pro Aktie teilt. Dieser wird durch ein normiertes Raster (DVFA/SG) errechnet, so daß Interpretationsspielräume, zum Beispiel über die Behandlung von außerordentlichen, unternehmensfremden Positionen, verringert werden.

Dem KGV liegt also eine objektivere Bewertungsgrundlage in Form der echt erzielten Jahreserträge zugrunde, als dies bei der Ertragswertermittlung unter Zugrundelegung der Dividendenrendite der Fall ist, weil dort die Ausschüttungspolitik starken Einfluß hat. Beim KGV-Vergleich von Unternehmen unterschiedlicher Branchen oder Länder müssen besondere Gegebenheiten berücksichtigt werden, soweit eine solche Gegenüberstellung überhaupt sinnvoll ist.

Es gibt eine Reihe von unternehmensspezifischen Einflußfaktoren, die **unabhängig von der allgemeinen Börsenlage** die Aktienkurse einzelner Unternehmen schwanken lassen, wie zum Beispiel

- (prognostizierte) Unternehmensergebnisse
- Dividendenveränderungen
- Erfindungen und Forschungsresultate
- Übernahmeinteresse von fremden Unternehmen
- Übernahme anderer Firmen
- rechtliche und steuerliche Rahmenbedingungen
- Wechsel des Managements

Das daraus erwachsende Risiko (unternehmerisches Risiko) und die Chance kann der Anleger durch Diversifikation des Depots senken und im Extremfall sogar völlig eliminieren. Wissenschaftlich fundiert wurde diese „Portfolio-Selection-Theorie" durch H. Markowitz. Der Vorteil der Risikomischung liegt darin, daß die Wertentwicklung des Wertpapierportefeuilles kontinuierlicher verläuft und nicht so stark von mitunter zufälligen Ereignissen bei einzelnen Unternehmen abhängt. Der Verlauf des Depotwertes wird bei erfolgreicher Risikomischung nur noch von der Kapitalmarktentwicklung dominiert.

Um ein Portefeuille mit einem geringeren unternehmensspezifischen Risiko zu erhalten, ist es wichtig, Aktien zu wählen, deren Erfolg nicht vollständig voneinander abhängt. Um so gegenläufiger sich externe Faktoren auf die Geschäftsentwicklung der Unternehmen auswirken, um so stärker ist der Diversifikationseffekt. Das Risiko von Wechselkursveränderungen für den Unternehmensertrag kann beispielsweise im Depot dadurch reduziert werden, daß import- und exportorientierte Titel aufgenommen werden. Andererseits ist eine solche gegenläufige Beziehung (negative Korrelation) nicht einmal notwendig, um einen Diversifikationseffekt zu erzielen. Befinden sich statt ausschließlich exportorientierter Aktien auch binnenwirtschaftliche Titel, für deren Unternehmensertrag der Wechselkurs überhaupt keinen Einfluß hat, in dem Depot, dann hat der Anleger die Abhängigkeit seines Depots von einem günstigen Wechselkurs bereits reduziert.

Durch die Aufnahme mehrerer Aktiengattungen mit verschiedener Ausrichtung und aus unterschiedlichen Branchen und Ländern lassen sich eine Vielzahl spezifischer Risiken deutlich mindern. Allerdings werden damit auch bewußt Chancen ausgeschaltet, die man möglicherweise aus subjektiver Einschätzung für größer erachtet als damit verbundene Risiken.

Es besteht der Zusammenhang, daß der zusätzliche Diversifikationseffekt, der mit einem hinzuerworbenen Titel erreicht wird, bei wenigen Positionen noch sehr hoch ist. Ab ca. 20 Gattungen muß die Frage gestellt werden, ob die geringe zusätzliche Wirkung noch gewünscht wird, wobei Aspekte wie Verwaltbarkeit, Effizienz und absolute Depotgröße mitbetrachtet werden müssen.

Bei der Auswahl der Titel ist zwischen Standardwerten und Nebenwerten zu unterscheiden. In Deutschland bildet sich zunehmend eine Dreiteilung des Aktienmarktes heraus, wobei zwischen den 30 Werten des Deutschen Aktienindex (DAX), den daran anschließenden 70 Mid-Cap-Werten des DAX 100 und den Small-Caps unterschieden wird. Der dabei einfließende Faktor der Marktkapitalisierung bietet auch für die Bemessung des Unternehmens- und Konkursrisikos einen Anhaltspunkt und hat starken Einfluß auf das Liquiditätsrisiko, das bei einigen kleineren Gesellschaften dazu führen kann, daß eine Veräußerbarkeit durch veränderte Bedingungen nur noch schleppend möglich ist und zu starken Kursschwankungen (Volatilität) führen kann.

Das Kapitalmarktrisiko eines diversifizierten Depots hängt sehr stark von dem Zeithorizont ab. Zwar verringert sich durch einen längeren Anlagehorizont nicht die Volatilität von Aktien, die ein bedeutender Risikomaßstab darstellt. Vielmehr steigt im Zeitablauf sogar die Möglichkeit von Ereignissen, die zu großen Kursschwankungen führen können. Wie jedoch die Vergangenheit gezeigt hat, verläuft der langfristige Wertentwicklungstrend bei Aktien steiler als bei Anleihen. Damit vergrößert sich der Vorsprung von Aktien im Zeitablauf, der erfahrungsgemäß nach langer Haltedauer auch durch ausgeprägte Schwächephasen nicht mehr aufgezehrt wird.

In Abbildung 2-45 ist der Deutsche Aktienindex (DAX) und der BHF-Bank-Performanceindex für Anleihen, beide mit monatlicher Kursberücksichtigung, dargestellt. Während des abgebildeten Zeitrahmens war die Wertentwicklung beider Anlagemedien nahezu identisch, allerdings bei unterschiedlicher Volatilität. Die Aktienbaisse im 4. Quartal 1987 führte kurzfristig zu deutlichen Wertverlusten.

Geld- und Kapitalanlagemöglichkeiten **317**

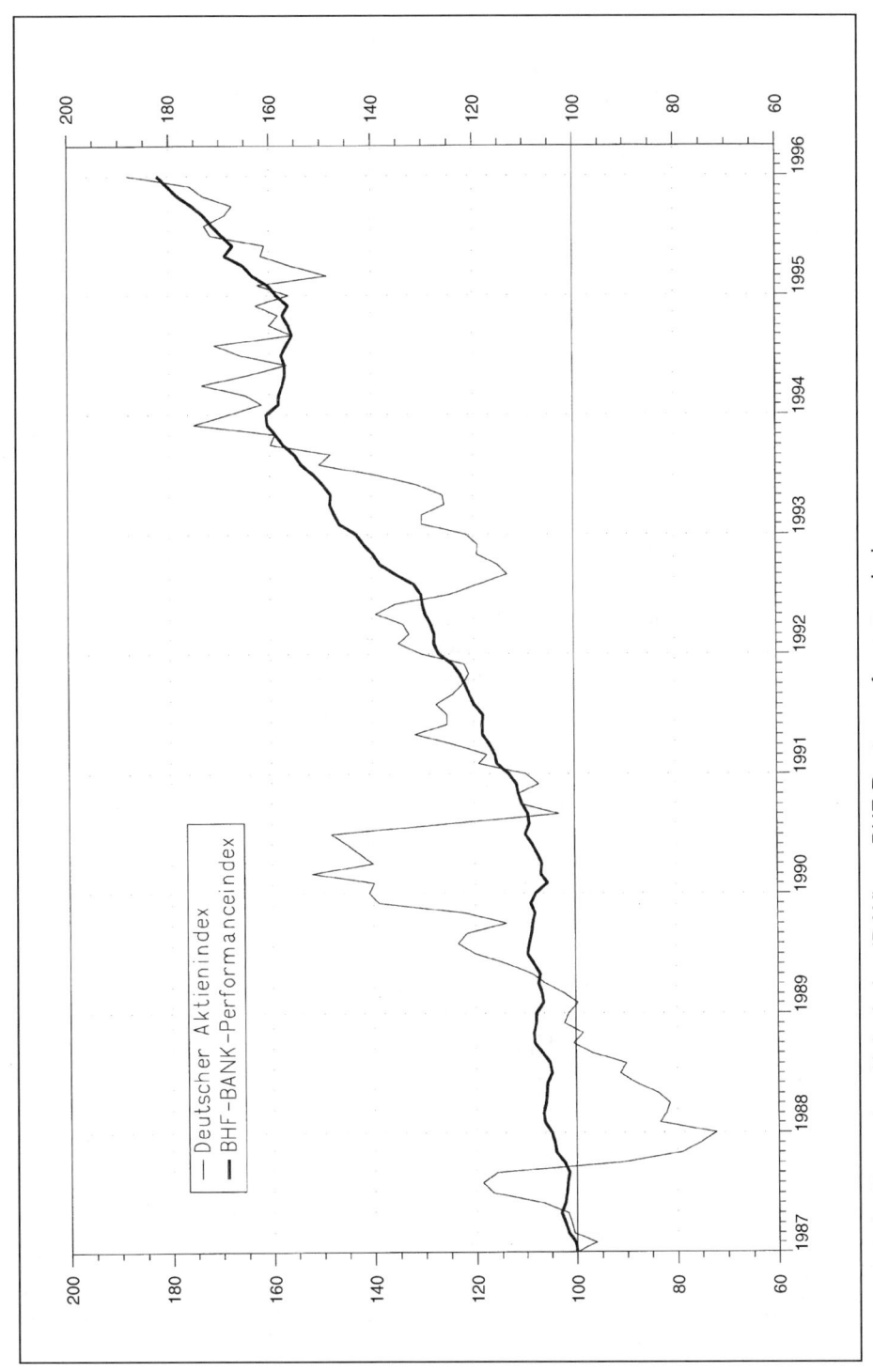

Abbildung 2-44: Deutscher Aktienindex (DAX) vs. BHF-Rentenperformance-Index

### 3.3.2.4 Risikovorteile von Investmentzertifikaten

Für das Risiko-Chance-Profil ist nicht relevant, ob die gleiche Anlage unter Zwischenschaltung einer Kapitalanlagegesellschaft oder direkt in den einzelnen Medien vorgenommen wird. Andererseits zeigt sich in der Praxis, daß sich die Anlagestrategien zwischen Investmentfonds und privaten Anlegern unterscheiden, weil

- aufgrund des größeren Volumens eine wesentlich breitere Risikodiversifikation vorgenommen werden kann

- der Einsatz von modernen Finanzinstrumenten zur Risikoabsicherung und/oder Erhöhung des Ertragspotentials besser möglich ist

- der Fondsmanager aufgrund der steuerlichen Regelungen auch innerhalb der Sechsmonatsfrist Positionen wieder verkaufen kann, ohne eine Steuerpflicht bei Kursgewinnen zu erzeugen

- ein qualifiziertes Fondsmanagement in der Regel über eine bessere Informationslage verfügt als ein Privatanleger

Es ist wichtig zu wissen, welche grundsätzliche Anlageausrichtung für den Investmentfonds in den Anlagerichtlinien festgelegt wurde. Diese kann man, sofern sie nicht bekannt sind, durch einen Einblick in den Rechenschaftsbericht erfahren. Ohne diese Kenntnis wäre der Kauf des Fonds einer Zufallsinvestition vergleichbar. Sofern der Anleger eine eigene Meinung über das Kapitalmarktgeschehen umsetzen will, kann es empfehlenswert sein, sich über die aktuelle Strategie des Fonds zu informieren. Ein Anleger, der mit steigenden Zinsen rechnet, sollte beispielsweise keinen Rentenfonds erwerben, dessen Fondsmanager das umgekehrte Szenario verfolgt.

Als Ergebnis kann man festhalten, daß aufgrund der Risikostreuung bei Aktienfonds und gemischten Fonds das unternehmensspezifische Risiko deutlich geringer ist als bei Direktinvestments. Bei internationalen Fonds sinkt das Risiko, in Regionen mit relativer Kapitalmarktschwäche zu investieren. Die Wertschwankungen (Volatilität) einer Fondsanlage als unerwünschte Begleiterscheinung von Wertpapieranlagen ist in der Regel geringer als bei schlecht diversifizierten Direktkäufen. Andererseits werden subjektiv günstig empfundene Chancen bei der Fondsanlage tendenziell ausgeschlossen. Eine Ausnahme von dieser Regel bilden Aktienfonds von Schwellenländern (emerging markets), durch die erst ein Zugang zu Investitionen in diesen Regionen möglich wird, und die aufgrund ihrer wirtschaftlichen Entwicklung ohnehin ein deutlich höheres Risiko-Chance-Profil aufweisen als Anlagen in OECD-Staaten. Häufig sind sie als Closed-end-Fonds konzipiert, bei denen Kauf und Verkauf nicht auf der Basis des Inventarwertes, sondern eines Börsenkurses gehandhabt wird, der nicht der Werthaltigkeit entsprechen muß.

Für die Beurteilung eines Investmentfonds wird oft die Wertentwicklung der Vergangenheit herangezogen. Dabei muß beachtet werden, daß diese Ergebnisse nicht in die

Zukunft fortgeschrieben werden können. Sowohl die Kapitalmarktverhältnisse als auch die Anlagestrategie des Fondsmanagements können sich ändern. Ein Vergleich der Wertentwicklung unterschiedlicher Fonds ist nur dann aussagekräftig, sofern die festgelegten Anlagerestriktionen nahezu identisch sind. Ebenso sind die Gebühren des Fonds in die Überlegungen einzubeziehen.

### 3.3.2.5 Wertpapiermischformen und Finanzinnovationen

Klassische Mischformen zwischen Anleihe und Aktie stellen Genußscheine, Wandelanleihen und Optionsanleihen dar. Dabei entscheiden die Emissionsbedingungen und Ausstattungsmerkmale darüber, ob die Wertpapiere in bezug auf das Risiko- und Ertragsprofil eher einer Anleihe oder einer Aktie ähnlich sind.

Genußscheine gleichen bezüglich Rückzahlung und Ausschüttung, falls sie nicht dividendenabhängig ist, meist einem festverzinslichen Wertpapier, sofern sich das emittierende Unternehmen in der Gewinnzone befindet. Falls kein Bilanzgewinn erwirtschaftet wird, findet dagegen in der Regel keine Ausschüttung statt, so daß dann eine Ähnlichkeit zu einer unsoliden Aktie besteht. Im Konkurs werden Genußscheine meist als nachrangiges Haftkapital, das heißt nach allen anderen Gläubigern, aber vor den Aktionären befriedigt. Bei einem Bilanzverlust kann der Rückzahlungsanspruch sinken, wobei spätere Gewinne während der Laufzeit diesen Anspruch wieder auffüllen können. Sofern sich die Ertragslage des Unternehmens erst nach Laufzeitende wieder bessert, können die Aktionäre besser gestellt sein als die Genußscheininhaber. Aufgrund der höheren Rendite dieses Anlageinstruments und der besonderen Risiken ist beim Anlageprofil oft eine Ähnlichkeit mit Anleihen geringerer Bonität festzustellen.

Bei einer Wandelanleihe (Convertible Bond) sind die Wandlungsbedingungen der ausschlaggebende Faktor, ob der Titel eher einer Anleihe oder einer Aktie gleicht. Sofern beispielsweise nach Emission des Wertpapiers der Kurs der zugrundeliegenden Aktie rasant ansteigt und damit auch die Wandelanleihe deutlich über ihrem Rückzahlungskurs notiert, ist eine spätere Wandlung in Aktien naheliegend. Das Profil entspricht dem einer Aktie mit einem maximalen Risiko in Höhe der Differenz zwischen Wandelanleihekurs und deren Rückzahlungswert. Notiert die Wandelanleihe dagegen nahe oder unter pari, gleicht das Wertpapier einer Anleihe mit Chance auf zusätzlichen „Aktien"-Kursgewinn.

Entsprechendes gilt für die Optionsanleihe, solange sie „cum", also inklusive Optionsschein, betrachtet wird. Eine Optionsanleihe „ex" entspricht einer Anleihe, in der Regel mit niedrigem Zinskupon.

Als Besonderheit hinsichtlich des Risikoprofils ist die variabel verzinsliche Anleihe (Floating Rate Note) anzusehen, weswegen sie auch nicht unter den festverzinslichen Anleihen aufgeführt ist. Obwohl ihre Laufzeit viele Jahre betragen kann, wird die

Höhe des Zinskupons in regelmäßigen Abständen an einen Referenzzinssatz (zum Beispiel LIBOR, siehe auch Kapitel II, 3.4.2.1) angepaßt. Das Zinsänderungsrisiko besteht nur bis zum nächsten Zinsanpassungszeitpunkt. Entsprechend errechnet sich die unter Abschnitt 3.3.2.2 dargestellte Duration nur für diesen verkürzten Zeitraum. Selbst bei größeren Schwankungen der Kapitalmarktrendite liegt der Wert solcher Titel nahe bei pari. Das Profil ist einer Termingeldeinlage ähnlich, jedoch mit jederzeitiger Liquidationsmöglichkeit.

Seit der Restliberalisierung des deutschen Kapitalmarktes im Jahr 1985 entstehen permanent neue Kreationen aus dem Bereich des Financial Engineering. Sie betreffen vorwiegend den Bereich der Anleihen, Investmentfonds und Derivate. Die originäre Aktie ist aufgrund der Reglementierung durch das Aktiengesetz von dieser Entwicklung nicht betroffen. Grundsätzlich kann man davon ausgehen, daß diese Sonderkonstruktionen dem Emittenten eine günstigere Refinanzierungsbasis verschaffen und auf der anderen Seite spezifische Bedürfnisse einzelner Anleger in besonderer Weise befriedigen. Hier sollen nur stichwortartig drei besondere Verhaltensmuster solcher Emissionen aufgeführt werden:

- **Collared Floater:** Trotz der Anlehnung an Floating Rate Notes verbirgt sich hierin durch einen Mindest- und Höchstzinssatz (Floor beziehungsweise Cap) ein Zinsänderungsrisiko, denn um so enger beide Grenzen sind, je mehr entspricht der Titel einem festverzinslichen Wertpapier (Straight Bond).

- **Reverse Floater:** Obwohl in kurzen Abständen eine Zinsanpassung in der Weise erfolgt, daß von einem Basissatz ein Geldmarktzinssatz abgezogen wird (zum Beispiel 16 Prozent minus 2 x LIBOR), wird der Kurs vom langfristigen Kapitalmarktzins stark beeinflußt.

- **Zinsphasen-Anleihen:** Nach einjähriger Festzinsphase schließt sich eine mehrjährige variabel verzinsliche Periode an. In den letzten zwei oder drei Jahren wird wieder ein fester Zinssatz angewendet. Trotz der längeren variabel verzinslichen Phase unterliegen diese Titel einem leicht zu unterschätzenden Zinsänderungsrisiko aufgrund der festverzinslichen Schlußphase.

### 3.3.3 Welche steuerlichen Regelungen über Wertpapiere beeinflussen die Anlageentscheidung?

Die Rendite mancher Anlagen wird sehr stark durch steuerliche Faktoren tangiert, bei anderen Anlagen ist dieser Einfluß eher gering. Aufgrund dieser Ungleichbehandlung durch den Gesetzgeber, der die Überlegung zugrunde liegt, Kapital in die Bereiche zu leiten, die zu mehr volkswirtschaftlichem Wohlstand führen, ist es für den Anleger und Berater wichtig, die einzelnen Regelungen zu kennen, um sie bei der Anlageentscheidung zu berücksichtigen.

Neben der Einkommensteuer sind auch die anrechenbaren Steuervorauszahlungen im Rahmen der Zinsabschlagsteuer in Höhe von 30 Prozent, der Körperschaft- und Kapitalertragsteuer und der Solidaritätszuschlag in die Betrachtung miteinzubeziehen, weil sie für den Zeitraum bis zum Steuerbescheid einen zinslosen Liquiditätsentzug bedeuten. Auf die steuerliche Situation des Anlegers und dessen Zinsfreistellungsbeträge wird in Abschnitt 3.3.4.4 eingegangen. Weiterhin wird – trotz der Diskussion über die Abschaffung – die Vermögensteuer besprochen, weil hier zwei verschiedene Steuersätze (0,5 Prozent oder 1 Prozent) bestehen, die die Rentabilität von Anlagen entsprechend beeinträchtigen. Auf die Schenkungs- und Erbschaftsteuer wird nicht eingegangen, weil sie durch die weitgehende Gleichbehandlung bei Konten und Wertpapieren nicht entscheidungsrelevant ist. Zudem ist, wie bei der Vermögensteuer, laut Bundesverfassungsgerichtsurteil wegen der Besserstellung bei Immobilien eine Neuregelung bis zum 31.12.1996 zu treffen.

Für alle Wertpapiere gleich ist die Steuerpflicht bei Spekulationsgeschäften, obwohl sie in der Praxis naturgemäß bei Aktien mehr zur Anwendung kommt als bei Anleihen. Sie resultiert aus § 22 Nr. 2 EStG. Gemäß § 23 EStG sind Gewinne, die durch Kauf und Verkauf von Wertpapieren entstehen, steuerpflichtig, sofern zwischen Erwerb und Veräußerung nicht mehr als sechs Monate liegen. Durch Rechtsprechung wurde entschieden, daß bei einer Teilveräußerung von zu unterschiedlichen Zeitpunkten gekauften Positionen einer Gattung aus einem Depot nur dann ein Spekulationsgewinn vorliegt, wenn die verkauften Stücke mit Sicherheit innerhalb der Sechsmonatsfrist erworben wurden. Erfolgten innerhalb der letzten sechs Monate mehrere Käufe, so ist zur Berechnung des Kursgewinns der durchschnittliche Einstandspreis heranzuziehen. Spekulationsverluste und Werbungskosten dürfen bis zur Höhe der Spekulationsgewinne abgezogen werden. Der dadurch ermittelte Gesamtgewinn bleibt steuerfrei, sofern er die Freigrenze von 1.000 DM unterschreitet.

### 3.3.3.1 Steuerliche Nachteile bei kontengebundenen Geldanlagen

Die steuerliche Behandlung von Zinsen aus Konten ist relativ einfach: Mit der Verbuchung der Zinsen gelten diese dem Anleger in vollem Umfang als zugeflossen. Entsprechend wird – sofern der Anleger seinen Zinsfreistellungsbetrag ausgeschöpft hat – von der Zinsgutschrift 30 Prozent Zinsabschlagsteuer (ZASt) einbehalten. Zusätzlich werden aufgrund des Solidaritätsabschlags derzeit 7,5 Prozent von diesen 30 Prozent, also 2,25 Prozent, abgezogen. Vom Steuerabzug ausgenommen sind Zinserträge aus Sichteinlagen mit einer Verzinsung bis einschließlich 1 Prozent p. a. Außerdem besteht eine Bagatellgrenze bei jährlich einmaligen Zinsgutschriften bis zu 20 DM je Konto. Die Zinserträge, die der Rendite der Anlage entsprechen, sind in voller Höhe unter Berücksichtigung der individuellen Situation einkommensteuerpflichtig, auch wenn diese zinsabschlagsteuerfrei im Ausland erwirtschaftet werden. Bei der Vermögensteuer kommt der höhere Steuersatz von 1 Prozent zur Anwendung.

### 3.3.3.2 Steuern bei festverzinslichen Anleihen und Disagioeffekte

Wesentlich differenzierter ist die Behandlung bei der Einkommen- und Zinsabschlagsteuer bei festverzinslichen Wertpapieren. Für die Berechnung der Zinsabschlagsteuer wird eine modifizierte Nettomethode angewendet. Das heißt, daß Erträge aus Kupongutschriften und beim Verkauf erhaltene Stückzinsen jeweils in voller Höhe im Jahr des Zuflusses der Zinsabschlagsteuer (Steuervorauszahlung) und der Einkommensteuerpflicht unterliegen, aber andererseits beim Kauf bezahlte Stückzinsen im Jahr des Erwerbs einem fiktiven Zinsabschlagsteuertopf gutgeschrieben werden. Beim Kauf gezahlte Stückzinsen mindern in dem Jahr, in dem sie anfallen, die Einkommensteuerpflicht als negative Kapitaleinkünfte.

Die Gegenrechnung gegen bestimmte zinsabschlagsteuerrelevante Wertpapiererträge wird von den Kreditinstituten im allgemeinen chronologisch durchgeführt und endet am Jahresende. Die Folge: bei einem Wertpapierkauf kurz vor dem Jahreswechsel können gezahlte Stückzinsen nur noch vom Anleger bei der Einkommensteuer mindernd berücksichtigt werden. Sie haben aber keinen Einfluß mehr auf die Berechnung der bereits abgezogenen Zinsabschlagsteuer anderer Wertpapiererträge.

Für die steuerliche Gestaltung ist der Aspekt wichtig, daß bei Auf- und Abzinsungspapieren (zum Beispiel Zerobonds und Bundesschatzbriefe Typ B) der Zufluß im Jahr des Verkaufs beziehungsweise Rückgabe oder der Fälligkeit anfällt. Außerdem wird bei Kuponanleihen die Einkommen- und Zinsabschlagsteuer aufgrund der Kuponhöhe errechnet. Da für festverzinsliche Anleihen die unter Abschnitt 3.3.2.2 dargestellte Gleichgewichtsbeziehung gilt, kann der Anleger unter Wertpapieren ähnlicher Rendite dasjenige auswählen, das einen niedrigen Kupon und entsprechend niedrigen Kurs besitzt. Durch eine solche Auswahl erhöht sich die Rendite, die der Anleger nach Abzug seiner persönlichen Steuern erzielt (Nachsteuerrendite).

Diese Möglichkeit steuerlich attraktive Titel zu erwerben unterliegt aufgrund des Disagio-Erlasses des Bundesfinanzministeriums (vom 24.11.1986) der Regel, daß der Kursabschlag eines Wertpapiers nur dann vom Anleger steuerfrei vereinnahmt werden kann, sofern das Disagio bei Emission auf eine bestimmte Höhe in Abhängigkeit der Wertpapierlaufzeit begrenzt wurde. In Abbildung 2-46 sind die Grenzen für das maximale steuerfreie Emissions-Disagio, ergänzt um die Auslegungsweise für Laufzeiten unter zwei Jahre, aufgeführt.

Sofern dieser Rahmen überschritten wird, erfolgt die gleiche steuerliche Behandlung wie bei Ab- und Aufzinsungspapieren (zum Beispiel Nullkuponanleihen, Finanzierungs-Schätze des Bundes oder abgezinste Sparbriefe). Bei Nachweis der Emissionsrendite ist diese zu versteuern. Falls die Papiere beispielsweise nach der Emission zu einem günstigeren Kurs und einer damit höheren Rendite erworben wurden oder durch Marktschwankungen beim Verkauf ein zusätzlicher Kursgewinn eintritt, ist diese Besteuerungsbasis von Vorteil. Andernfalls wird die Differenz zwischen Kaufpreis und Rückzahlungswert (oder Veräußerungserlös) als sogenannte Marktrendite herangezogen. Diese Berechnungsmethode ist dann vorteilhaft, wenn sie zu einem geringeren Ergebnis führt als die Emissionsrendite.

| Laufzeit der Anleihe | Maximales Disagio |
|---|---|
| unter 1 Jahr | laufzeitanteilig 1 Prozent pro Jahr |
| 1 bis unter 2 Jahre | 1 Prozent |
| 2 bis unter 4 Jahre | 2 Prozent |
| 4 bis unter 6 Jahre | 3 Prozent |
| 6 bis unter 8 Jahre | 4 Prozent |
| 8 bis unter 10 Jahre | 5 Prozent |
| ab 10 Jahre | 6 Prozent |

Abbildung 2-45: Disagio-Staffel für festverzinsliche Wertpapiere

Durch Veränderungen der Kapitalmarktverhältnisse kann man umlaufende festverzinsliche Anleihen mit einem Agio oder Disagio erwerben, das über das Emissions-Aufgeld beziehungsweise -Abgeld hinausgeht. Beim Erwerb von Anleihen mit einem Kurs über pari kommt es, sofern der Anleger aufgrund seiner persönlichen Situation steuerpflichtig ist, zu einer über die Rendite hinausgehenden Steuerbemessungsbasis, die die Rendite vollständig aufzehren kann. Andererseits können in Hochzinsphasen umlaufende Anleihen gekauft werden, die Börsenkursabschläge aufweisen, die über ein übliches Emissions-Disagio weit hinausgehen. Die Differenz zwischen niedrigem Kaufkurs und Rückzahlungswert ist bei Titeln, die der Emissions-Disagio-Staffel entsprechen, grundsätzlich steuerfrei. Deshalb ist die Nachsteuerrendite hier größer als bei einer gleichrentablen Anlage mit größeren steuerpflichtigen Ertragsbestandteilen.

Bei einigen Auslandsanleihen besteht die Besonderheit, daß der Anleger eine fiktive Quellensteuer bei seiner Steuererklärung angeben kann, die tatsächlich im Schuldnerland gar nicht einbehalten wurde. Sie erhöht die Nettorendite der Anleihe. Diese Möglichkeit wurde vom Gesetzgeber eingeräumt, um Entwicklungsländern den Zugang zum deutschen Kapitalmarkt zu erleichtern und Kapital auch in schwächere Wirtschaftsregionen zu lenken. Naturgemäß sind diese Anleihen mit einem deutlich höheren Bonitätsrisiko behaftet. Die fiktive Quellensteuer beträgt beispielsweise bei den Staaten Brasilien 20 Prozent der Zinsen und bei Argentinien, Ägypten und China 15 Prozent.

Anders als bei den bisher besprochenen tarifbesteuerten Anleihen verhält sich die Einkommensteuerpflicht bei steuerbegünstigten festverzinslichen Wertpapieren. Hier gilt nicht der individuelle Steuersatz des Anlegers, sondern ein Steuersatz von 30 Prozent. Vor dem 1.1.1955 wurden auch einkommensteuerfreie Anleihen (Sozialpfandbriefe) begeben.

Besonderheiten bestehen bei der Zinsabschlagsteuer, wenn es sich um Tafelgeschäfte handelt, weil die anrechenbare Steuervorauszahlung dann 35 Prozent statt 30 Prozent beträgt. Sofern effektive Stücke von Zerobonds oder innovativen Anleihen zur Einlösung oder zum Verkauf vorgelegt werden, beträgt die Bemessungsbasis zur Berechnung der Zinsabschlagsteuer pauschal 30 Prozent des Erlöses (Pauschalmethode), weil der genaue kumulierte Zinsertrag durch die Bank nicht festgehalten wird. Hiervon werden dann 35 Prozent einbehalten. Die gleiche Pauschalmethode, jedoch mit einem 30 Prozent-Abzug wird grundsätzlich auch angewendet, wenn bei Depotverwahrung vom Kreditinstitut der ursprüngliche Kaufkurs nicht in einer Datenbank festgehalten wurde (vor dem 1.1.1994) und es sich nicht um eine gewöhnliche Kuponanleihe handelt.

Bei der Vermögensteuer werden Anleihen mit einem Steuersatz von 1 Prozent herangezogen.

### 3.3.3.3 Steuervorteile bei Aktien als Produktivkapital

Ein besonderer Vorteil der Aktienanlage ist darin zu sehen, daß der langfristige Wertzuwachs, das heißt die Realisierung von Kurszuwächsen außerhalb der Spekulationsfrist, im Privatvermögen steuerfrei ist. Damit ist die Aktie, sofern solche Gewinne entstehen, eine steuergünstige Anlage. Andererseits sind die Gewinne des Unternehmens, die ein Grund für Kurszuwächse sind, und die Dividenden steuerpflichtig.

Für ausgeschüttete Gewinne führt das Unternehmen 30 Prozent Körperschaftsteuer ab. Aus 14,29 DM beträgt die Bardividende beispielsweise 10 DM, von der nochmals 25 Prozent Kapitalertragsteuer abgezogen werden. Der Anleger bekommt, sofern kein Zinsfreistellungsvolumen besteht, 7,50 DM auf sein Konto gutgeschrieben. Da er jedoch 14,29 DM mit seinem persönlichen Steuersatz versteuern muß, dürfen, um eine Doppelbesteuerung auf Unternehmens- und Anlegerebene zu vermeiden, die abgezogenen 4,29 DM Körperschaftsteuer und 2,50 DM Kapitalertragsteuer als Steuerguthaben angerechnet werden. Bis zur Ausschöpfung des Zinsfreistellungsauftrages und des Topfguthabens aus den Stückzinsen bei Käufen und Verkäufen bekommt der Anleger die Bardividende plus die Körperschaftsteuer gutgeschrieben.

Ausschüttungen von ausländischen Aktien unterliegen in der Regel einem Quellensteuerabzug. Häufig bestehen Doppelbesteuerungsabkommen (DBA), die die Anrechnung der im Ursprungsland einbehaltenen Steuern auf die deutsche Einkommensteuerschuld regeln. Die Vermögensteuer bei Aktien beträgt nur 0,5 Prozent, da sie Produktivkapital darstellen.

### 3.3.3.4 Differenzierte Steuerregeln bei Investmentzertifikaten

Statt Stückzinsen wie bei Anleihen fallen zeitanteilige Zinsen bei Investmentanteilen seit dem letzten Geschäftsjahresende in Form von Zwischengewinnen an. Andere Ertragsbestandteile, wie zum Beispiel Dividenden, fließen darin nicht ein. Zur näheren Betrachtung muß zwischen vier Kategorien unterschieden werden, die jeweils als ausschüttende und thesaurierende Variante auftreten können:

- Deutsche Fonds
- Ausländische registrierte Fonds, die die Voraussetzungen des § 17 Auslandinvestmentgesetz (AIG) erfüllen
- Ausländische nicht registrierte Fonds, die bestimmte Voraussetzungen gemäß § 18 Abs. 1 und Abs. 2 AIG erfüllen
- Ausländische nicht registrierte Fonds, die unter § 18 Abs. 3 AIG fallen

Als Voraussetzungen der zwei mittleren Kategorien gelten vor allem der Nachweis der Steuergrundlagen in deutscher Sprache und die Berechnung des Zwischengewinns, wie sie bei deutschen Fonds vorgeschrieben ist, sowie ein steuerlicher Vertreter in Deutschland.

Die materielle Einkommensteuerpflicht umfaßt bei deutschen und registrierten ausländischen Fonds die von ihnen eingenommenen Zinsen, Dividenden und ähnliche Erträge. Sie werden im Rechenschaftsbericht veröffentlicht. Außerdem ist bei Rückgabe der bis zu diesem Tag angefallene Zwischengewinn in der Steuererklärung anzugeben. Bei der dritten Kategorie sind zusätzlich Gewinne aus der Veräußerung von Wertpapieren und Bezugsrechten steuerpflichtig. Bei der vierten Kategorie sind außerdem 90 Prozent des Jahreskursanstiegs steuerbar, mindestens zehn Prozent des Jahresendkurses. Außerdem sind hier bei der Veräußerung 20 Prozent des Rücknahmepreises der Steuer zu unterwerfen. Bei allen anderen Fonds wird bei der Rückgabe nur der Zwischengewinn besteuert.

Auch bei der Berechnung der Steuervorwegabzüge gibt es Unterschiede. Bei Fondsausschüttungen orientiert sich die Berechnung der ZASt an der materiellen Einkommensteuerpflicht. Bei deutschen Fonds werden Dividenden bei ausgeschöpftem Freistellungsauftrag nach Subtraktion der Körperschaftsteuer, aber ohne Abzug von Kapitalertragsteuer oder Zinsabschlagsteuer dem Anleger gutgeschrieben. Bei der Rückgabe ausschüttender und thesaurierender Fonds mit Ausnahme der vierten Kategorie wird der Zwischengewinn des laufenden Jahres der ZASt unterworfen, wobei „gekaufte" Zwischengewinne als Topfguthaben verbucht werden und auch mit verschiedenen anderen Wertpapiererträgen verrechenbar sind. Da bei Fonds ohne steuerliche Nachweise keine Zwischengewinne berechnet werden, ist die Basis für die Zinsabschlagsteuer bei der vierten Kategorie 20 Prozent des Rücknahmepreises.

Bei deutschen thesaurierenden Fonds wird die Zinsabschlagsteuer mit Ablauf des Geschäftsjahres von der Kapitalanlagegesellschaft abgeführt. Entsprechend verringert sich dadurch der Inventarwert und der Rücknahmepreis der Anteile. Anleger mit unausgenutztem Zinsfreistellungsvolumen oder „Topfguthaben" erhalten als Ausgleich eine Kontogutschrift. Da ausländische thesaurierende Fonds nicht vom deutschen Gesetzgeber verpflichtet werden können, ZASt an den deutschen Fiskus abzuführen, werden bei der Rückgabe außer dem Zwischengewinn auch die in der Besitzdauer thesaurierten Erträge mit ZASt belegt.

Der Vermögensteuersatz beträgt bei Investmentanteilen nur 0,5 Prozent, wodurch bei Renten- und Geldmarktfonds eine Besserstellung gegenüber Direktanlagen besteht.

### 3.3.3.5 Steuern bei Wertpapiermischformen und Finanzinnovationen

Steuerlich werden Genußscheine beim Anleger genauso behandelt wie Aktien, wenn man von der fehlenden Körperschaftsteuergutschrift absieht. Da die Ausschüttungen bei Genußscheinen eine bedeutendere Stellung einnehmen und der Anleger nicht am langfristigen Wertzuwachs des Unternehmens teilnimmt, kommt allerdings nicht der gleiche steuerliche Effekt wie bei der Aktienanlage zur Entfaltung. Genußscheine werden an der Börse „flat" notiert, das heißt, daß keine Stückzinsen gerechnet werden. Der Kurs steigt, von Kapitalmarktschwankungen abgesehen, sukzessive bis zur Ausschüttung an und fällt am Tag der Ausschüttung. Bei einem Zwischenverkauf wie bei Rückzahlung fällt keine Zinsabschlagsteuer an.

Anders verhält es sich bei Wertpapierformen, die steuerlich den Anleihen zugerechnet werden. Entsprechend gelten die dort aufgeführten Regeln. Soweit bei einer Optionsanleihe der Nominalzins unter dem Zinssatz liegt, den vergleichbare Anleihen zum Emissionszeitpunkt erzielen, entsteht neben der laufenden Verzinsung zusätzlich ein steuerpflichtiger Ertrag in Höhe des Unterschiedsbetrages zwischen Emissionskurs und Kurs bei Marktrendite. Dies gilt jedoch nur dann, wenn die Differenz außerhalb der Disagio-Staffel liegt.

Bei Wandelanleihen muß zwischen in- und ausländischen Emissionen unterschieden werden, obwohl bei beiden Kategorien sowohl Stückzinsen als auch Kuponerträge der materiellen Einkommensteuerpflicht unterliegen. Während bei inländischen Titeln auf den Kuponertrag nur 25 Prozent Kapitalertragsteuer einbehalten werden, beläuft sich der Abzug bei ausländischen Emissionen auf 30 Prozent Zinsabschlagsteuer. Stückzinserträge sind in beiden Fällen vom Vorwegabzug ausgenommen.

Nach dem zum Jahresende 1993 verabschiedeten Steuerbereinigungs- und Mißbrauchbekämpfungsgesetz (StMBG) sind seit dem 1.1.1994 für bestimmte Anleihetypen nicht mehr nur die Zinseinkünfte, sondern, unabhängig von der sechsmonatigen Spekulationsfrist, auch die Kursgewinne nach der Differenzmethode zu versteuern. Hierunter fallen Finanzinnovationen wie Reverse-Floater, Collared-Floater,

Zinsphasen-, Gleitzins-, Step-up- und Kombizins-Anleihen. Der Sinn dieser Steuerregelung ist darin zu sehen, daß auch konstruktionsbedingte Kurszuwächse, die unabhängig von der Marktentwicklung eintreten, steuerlich erfaßt werden. Bis zu einer anderslautenden Regelung ist davon auszugehen, daß nach der Gesetzesinterpretation Kursverluste negative Kapitalerträge darstellen. Entsprechend der Steuerpflicht wird auf den Kursgewinn dieser Papiere Zinsabschlagsteuer berechnet. Sofern der Kaufkurs der Anleihe nicht erfaßt wurde (vor dem 1.1.1994), wird vom Kreditinstitut die Pauschalmethode angewendet und als Basis 30 Prozent des Veräußerungserlöses angenommen. Der Abzug beträgt also effektiv 9 Prozent.

Bei der Vermögensteuer werden bei den aufgeführten Wertpapieren 1 Prozent als Steuersatz angewendet.

### 3.3.4 Analyse der Anlagebedürfnisse des Kunden

#### 3.3.4.1 Betrachtung der persönlichen Verhältnisse

Der erste Schritt zu einer qualifizierten Anlageberatung ist die genaue Betrachtung und Analyse der individuellen Situation des Anlegers. Ein solches Vorgehen ist deshalb so wichtig, weil Finanzinstrumente sehr unterschiedliche Eigenschaften haben. Während durch einzelne Vermögensanlagen oder ein zusammengestelltes Portefeuille die Ziele einer Person erreicht werden, ist es möglich, daß einem anderen Anleger mit abweichenden persönlichen Verhältnissen oder Zielvorstellungen aus den gleichen Empfehlungen Vermögensnachteile erwachsen.

**Vermögensverhältnisse**

Ein wesentliches Kriterium, um die Ausgangslage zu bestimmen, ist die absolute Höhe des Vermögens. Die Unterschiede können sehr bedeutend sein und von wenigen tausend bis mehreren Millionen DM reichen. Bestehende Verbindlichkeiten sind ebenfalls zu betrachten, insbesondere in bezug auf Laufzeit und Zinsanpassung. Ebenso wichtig ist die Vermögensstruktur. Diese kann aufgrund persönlicher Präferenzen des Kunden oder aus Unaufmerksamkeit sehr einseitig sein, woraus Nachteile resultieren können. Der Berater sollte sich möglichst in alle wesentlichen Vermögensbestandteile des Kunden einen Einblick verschaffen.

**Einnahmen und Ausgaben**

Um zu erfahren, welche Bestandteile des Vermögens zur Abdeckung des Lebensunterhaltes und eventueller Notfälle benötigt werden, ist auch die Betrachtung der Einnahmen und der Ausgaben erforderlich. Auch deren zukünftige Entwicklung spielt eine wichtige Rolle. Geplante Aufwendungen müssen gesondert in das Anlagekalkül miteinbezogen werden.

**Persönliche Situation**

Hierunter ist einerseits die berufliche Situation zu verstehen und die Frage, wie gesichert das Einkommen ist. Tendenziell ist die Gefahr von Einkommensausfällen, die durch Vermögensreserven überbrückt werden müssen, bei Selbständigen größer als bei Angestellten. Ein weiteres Kriterium ist die familiäre Situation und die Anzahl der unterhaltsberechtigten Personen. Es können besondere, untypische Umstände vorliegen, die eine bestimmte Anlagestruktur erforderlich machen. Der Anlageberater sollte versuchen, sich in die Lage des Kunden zu versetzen.

**Individuelles Anlageziel**

Die Formulierung eines individuellen Anlageziels bereitet in der Praxis häufig Probleme. Denn der Anleger hat grundsätzlich nicht nur Interesse an einem, sondern an den folgenden drei Anlagezielen, die in der Regel zueinander in Konkurrenz stehen:

- **Rentabilität**
  Dieses Anlageziel wird meist anhand der jährlichen Rendite gemessen und zwar in der Weise, daß sämtliche Vermögensvor- und nachteile einer Anlage zeitlich geordnet auf den Kapitaleinsatz bezogen werden. Dazu zählen jegliche Ausschüttungen, Steuererstattungen und Kursveränderungen beziehungsweise Rückzahlungen. Da steuerliche Einflüsse Vermögensanlagen stark tangieren, wird bei Privatanlegern oft die Nachsteuerrendite betrachtet, bei der das Anlageergebnis nach Abzug der persönlichen Steuerlast des Anlegers ermittelt wird.

- **Sicherheit**
  Hierunter versteht man die Wahrscheinlichkeit, daß die angelegten Geldmittel zum vorgesehenen Zeitpunkt ohne Wertschwund zur Verfügung stehen. Im allgemeinen wird der Begriff des Wertschwundes an der nominalen Höhe bemessen, das heißt in Geld. In Zeiten hoher Inflation kann das Ziel eines Anlegers jedoch darauf gerichtet sein, sich eine bestimmte Kaufkraft zu sichern.

- **Liquidität**
  Im engeren Sinne ist damit die Möglichkeit gemeint, Geldanlagen möglichst schnell in verfügbare Bankguthaben umzuwandeln. Börsennotierte Wertpapiere lassen sich bei Hinnahme eines Kursrisikos in der Regel gut liquidieren.

### 3.3.4.2 Einfluß des Anlagehorizontes

Auch ein Wertpapier, das zu einem zukünftigen Zeitpunkt einen sicheren Ertrag bringt, kann in der Zwischenzeit vorübergehenden Kursrückgängen unterworfen sein. Aus dem Kauf einer sicheren und liquiden Anlage kann deshalb nicht zwingend geschlossen werden, daß kein Verlust entstehen kann. Wichtig ist, daß sich der Kunde darüber Gedanken macht, für welchen Zeitraum die Mittel angelegt werden sollen.

Wird von dem Anleger ein zu langer Zeithorizont vorgegeben, kann dies dazu führen, daß ein vorzeitiger „Notverkauf" erforderlich wird, wodurch es zu Verlusten kommen kann. Wird aus Vorsichtsgründen ein zu kurzer Anlagehorizont anvisiert, gehen damit in der Regel Ertragsmöglichkeiten verloren.

Oft kann kein konkreter Anlagehorizont geäußert werden, weil die Mittel „bis auf weiteres" zur Verfügung stehen. In diesem Fall wird man versuchen, eine Mischung unterschiedlicher Kapitallaufzeiten zu erwerben und den Schwerpunkt nach der Kapitalmarktsituation zu richten.

### 3.3.4.3 Persönlichkeitsstruktur und Risikopräferenz des Anlegers

Wie beim Erwerb bankfremder Produkte unterliegt auch die Kapitalanlage einer Geschmacksfrage. Da es im wesentlichen drei Anlageziele gibt, die zueinander in Konkurrenz stehen, erhält man auch bei Anlegern unterschiedliche Aussagen über die Wichtigkeit einzelner Kriterien. Dabei finden sich zwei folgende Extrempositionen:

- Ein risikoscheuer Anlager gewichtet die Anlageziele „Sicherheit" und „Liquidität" sehr hoch.

- Ein risikofreudiger Anlager gewichtet das Anlageziel „Rentabilität" besonders hoch und meidet „Sicherheit", da er versucht, einen außergewöhnlichen Ertrag zu erzielen.

Die Mehrzahl der Anleger ist zwischen „risikoscheu" und „risikofreudig" anzusiedeln. Hinzu kommt, daß auch die Risikopräferenz eines einzelnen Anlegers im Zeitablauf Veränderungen unterworfen ist. Dies resultiert insbesondere aus den Erfahrungen, die er mit bestimmten Anlagen verbindet. Konnte ein Anleger längere Zeit überdurchschnittliche Erträge mit riskanten Engagements erzielen, kann dies zu einem überschätzten Sicherheitsgefühl (Pseudosicherheit) führen. Ein wichtiger Aspekt ist, daß sich der Anlageberater in die Situation des Anlegers hineinversetzen sollte und die Bedürfnisse erkennen muß. Von den Empfehlungen des Beraters hängt es ab, ob sich der Kunde mit seinen Anlagen wohl fühlt. Nimmt der Anleger nach der Entscheidung größere Risiken wahr als er ursprünglich eingehen wollte, fühlt er sich beunruhigt. Im umgekehrten Fall hat er möglicherweise das Gefühl, Chancen zu verpassen.

### 3.3.4.4 Die individuelle steuerliche Situation des Kunden

Einkünfte aus Kapitalvermögen gehören zu den sieben verschiedenen Einkunftsarten des Einkommensteuergesetzes. Sie sind sämtlich mit dem persönlichen Steuersatz des Anlegers zu versteuern. Für Einkünfte aus Kapitalvermögen gilt ein jährlicher

Sparerfreibetrag von 6.000 DM und eine Werbungskostenpauschale von 100 DM für Ledige und getrennt veranlagte Verheiratete. Für zusammenveranlagte Ehepaare belaufen sich die Beträge auf 12.000 beziehungsweise 200 DM. Über diese Beträge können, auch verteilt auf mehrere Banken, Zinsfreistellungsaufträge gestellt werden. Sofern das Jahreseinkommen aus unselbständiger Arbeit bei Ledigen 27.000 DM und bei Verheirateten 54.000 DM nicht übersteigt und die steuerpflichtigen Nebeneinkünfte unter 800 DM liegen, kann der Anleger eine auf drei Jahre befristete Nichtveranlagungsbescheinigung (NV-Bescheinigung) beantragen. Das Kreditinstitut sieht dann betragsmäßig unlimitiert von Steuerabzügen ab.

Die Einkunftsart „sonstige Einkünfte" tangiert ebenfalls den Privatanleger, weil hierzu die in Abschnitt 3.3.3 besprochenen Spekulationsgewinne zählen. In der nachfolgenden Abbildung 2-46 wird der Durchschnitts- und der Grenzsteuersatz in Abhängigkeit des Einkommens aufgezeigt:

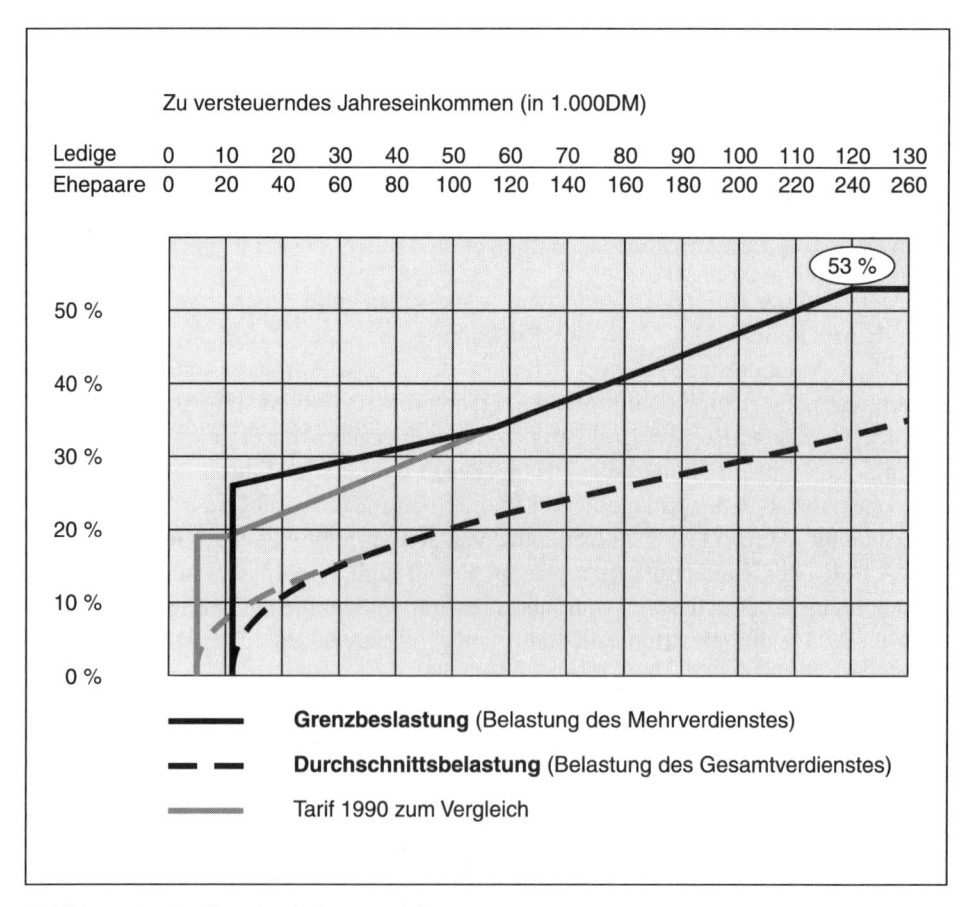

Abbildung 2-46: Durchschnitts- und Grenzsteuersatz

Den Durchschnittssteuersatz erhält man, indem man die zu zahlende Einkommensteuer durch das zu versteuernde Einkommen teilt. Der Grenzsteuersatz drückt aus, mit welchem Prozentsatz eine zusätzlich verdiente Geldeinheit durch Steuern belastet würde. Für Entscheidungen ist der jeweilige Grenzsteuersatz relevant, weil er auf die jeweils betrachteten Erträge abzielt. Für die steuerliche Situation des Anlegers ist nicht nur der Ist-Zustand wichtig, sondern auch die zukünftige Entwicklung des Grenzsteuersatzes. Sofern deutliche Veränderungen prognostizierbar sind, sollten diese berücksichtigt werden, weil bei einigen Geldanlagen der zeitliche Anfall steuerlicher Erträge nicht periodisch erfolgt. Je nach Entwicklung des Grenzsteuersatzes und der Ausschöpfung des Freistellungsbetrages kann es von Vorteil sein, Zinseinkünfte durch des Kauf von Auf- oder Abzinsungspapiere in die Zukunft zu verlagern. Insbesondere bei einem nachhaltig hohen Steuersatz sind niedrigverzinsliche Anleihen vorteilhaft. Verfügt der Anleger außerdem über einen langfristigen Anlagehorizont, über ausreichende Vermögensreserven und hat eine entsprechende Anlegermentalität, ist zu überprüfen, inwieweit Aktien als steuergünstige Anlage mitaufgenommen werden sollten. Auch durch veränderte Kapitalmarktverhältnisse können Umschichtungen von Vorteil sein:

**BEISPIEL**

Ein Anleger mit einem Grenzsteuersatz von 50 Prozent erwirbt folgende steuerlich günstig Anleihe:

7 Prozent Bundesanleihe, zehnjährige Laufzeit, Kurs 95 Prozent,
Rendite 7,7 Prozent, Nachsteuerrendite 4 Prozent

Nach fünf Jahren ist das Kapitalmarktzinsniveau auf 5 Prozent gefallen. Der Anleihekurs ist auf 108,7 Prozent gestiegen. Die Nachsteuerrendite beträgt auf dieser Kursbasis jetzt nur noch 1,8 Prozent. Als Alternative bietet sich der Tausch in folgende Anleihe an:

4,5 Prozent Hypothekenpfandbrief, fünfjährige Laufzeit, Kurs 97,80 Prozent,
Rendite 5 Prozent, Nachsteuerrendite 2,7 Prozent

Auch wenn zwischen beiden Titeln ein qualitativer Unterschied besteht, ist ein Tausch auch unter Einbeziehung von üblichen Gebühren lohnenswert, da der kumulierte Nachsteuerrenditevorteil für die Restlaufzeit über 4 Prozent ausmacht.

Über die vom Kreditinstitut abgeführte Zinsabschlag-, Kapitalertrag- und Körperschaftsteuer sowie den Solidaritätszuschlag erhält der Kunde eine Steuerbescheinigung, wodurch die anrechenbaren Steuervorauszahlungen nachgewiesen werden können. Darüber hinaus stellen die meisten Kreditinstitute auf Wunsch eine Ertragnisaufstellung aus, die dem Anleger das Ausfüllen der Steuererklärung vereinfacht, da die angefallenen steuerpflichtigen Erträge tabellarisch zusammengestellt sind.

Neben der Einkommensteuersituation sollte auch betrachtet werden, ob der Anleger den Vermögensteuerfreibetrag von 120.000 DM beziehungsweise 240.000 DM bei zusammenveranlagten Ehepaaren überschritten hat, weil dann die unterschiedlichen Steuersätze die Anlageentscheidung etwas beeinflussen kann.

### 3.3.4.5 Ist eine Vermögensverwaltung von Vorteil?

Eine Vermögensverwaltung, bei der das Kreditinstitut auf der Basis einer vom Kunden erteilten Vollmacht Entscheidungen trifft, ist immer dann naheliegend, wenn

- der Kunde keine Zeit hat, sich um Einzelentscheidungen zu kümmern
- der Kunde kein Interesse daran hat, sich mit den Vorgängen an den Kapitalmärkten zu beschäftigen
- das Vermögen überdurchschnittlich hoch ist
- der Kunde bereit ist, Entscheidungen zu delegieren und die daraus resultierenden Vor- und Nachteile zu akzeptieren

Um so stärker diese Kriterien erfüllt sind und insbesondere der vierte Aspekt überprüft wurde, desto eher ist eine Vermögensverwaltung gegenüber einer herkömmlichen Vermögensberatung überlegen. Das Portfolio-Management arbeitet in der Regel auf der Grundlage einer „Asset-Allocation", indem zunächst die Asset-Klassen Anleihen, Aktien und Geldmarktanlagen gewichtet werden, anschließend lukrative Regionen und Branchen zu betrachten sind und letztendlich die einzelnen Titel selektiert werden. Diese Vorgehensweise bezeichnet man als „Top-down-approach".

Als Alternative bietet sich eine Fondsvermögensberatung oder eine Fondsvermögensverwaltung an. Bei der Fondsvermögensberatung wird eine Entscheidungsfindung des Anlegers nur bezüglich der Märkte und Segmente notwendig. Je nachdem wie stark der Entscheidungsspielraum der eingesetzten Fonds durch deren Anlagerichtlinien eingeengt ist, werden Anpassungsmaßnahmen im Zeitablauf notwendig. Die Selektion von einzelnen Aktien und Anleihen geschieht durch das Fondsmanagement. Bei der Fondsvermögensverwaltung wird der Umstand berücksichtigt, daß es eine unüberschaubare Anzahl von Investmentfonds gibt, deren Qualität von einem Privatanleger kaum noch zu überblicken ist. Wegen der großen Unterschiede bei der Wertentwicklung der einzelnen Fonds lohnt sich der Aufwand, überdurchschnittliche Titel herauszufiltern. Außerdem wird bei dieser Anlagevariante eine ausreichende Risikodiversifikation bereits mit wenigen unterschiedlichen Fonds möglich, so daß die Fondsvermögensverwaltung bereits bei vergleichsweise moderatem Vermögensvolumen Anwendung finden kann.

## 3.4 Eigengeschäfte der Banken an Geld- und Kapitalmarkt

Banken arbeiten am Geld- und Kapitalmarkt auch für eigene Rechnung. Ziel dieser Geschäfte ist es, zusätzliche Erträge zu erwirtschaften und/oder auch strategische Beteiligungen einzugehen. Dies geschieht auf in- und ausländischen Märkten.

Im Auslandsgeschäft handeln die Banken für eigene Rechnung

- bei Arbitragegeschäften (Ausnutzung von Kursdifferenzen zwischen verschiedenen Handelsplätzen und Währungen) und
- bei Kurssicherungsgeschäften, um Währungsrisiken bei Geschäften an internationalen Geld- und Kapitalmärkten zu minimieren (vgl. 6. Abschnitt dieses Kapitels)

Am inländischen Geldmarkt versuchen die Banken Liquiditätsüberschüsse beziehungsweise Liquiditätsengpässe auszugleichen.

Effekteneigengeschäfte am Geld- und Kapitalmarkt dienen

- der verzinslichen Anlage von Mitteln
- dem Eigenhandel mit Wertpapieren
- der Beteiligung an anderen Unternehmen
- der Wertpapierleihe

### 3.4.1 Geld- und Kapitalmarkt – Begriffe und Abgrenzungen

> **DEFINITION**
>
> Der **Geldmarkt im engeren Sinne** ist der Markt, an dem Banken untereinander oder mit der Bundesbank ihre Liquiditätsüberschüsse oder -defizite aus dem Tagesgeschäft ausgleichen.

Am Geldmarkt im engeren Sinne lassen sich zwei **Teilmärkte** klar unterscheiden, zum einen der **Interbankenmarkt** und zum anderen der **Refinanzierungsmarkt.**

Am Interbankenmarkt kommen als Geschäftspartner die etwa 100 größten Banken und teilweise auch Kapitalsammelstellen und Großunternehmen in Frage. Am Refinanzierungsmarkt ist die Bundesbank der Partner der Banken. Sie arbeitet mit etwa 2.600 Instituten direkt zusammen.

Was unter dem Kapitalmarkt zu verstehen ist, läßt sich nicht eindeutig abgrenzen. Gibt es doch weitere Überlappungsbereiche zwischen diesen beiden Märkten.

Allgemein kann gesagt werden, daß auf dem Kapitalmarkt all die Geschäfte stattfinden, bei denen Finanzierungsmittel längerfristig der Bildung von Sachkapital zugeführt werden, Empfänger und Besitzer von Geldvermögen also Teile ihres Vermögens längerfristig anlegen und Investoren dieses Geld aufnehmen, um Investitionen zu finanzieren. Damit wird am Kapitalmarkt das Geldvermögen mit dem Realvermögen verbunden. Auch die Selbstemissionen der Geschäftsbanken als eine Möglichkeit der Beschaffung von Finanzierungsmitteln dienen diesem Zweck. Diese Emissionen haben in der Regel eine Laufzeit von zwei bis zehn Jahren. In der Bundesbankstatistik und in den Bilanzierungsrichtlinien werden langfristige Geschäfte mit einer Laufzeit von vier und mehr Jahren benannt.

---

**DEFINITION**

**Kapitalmarkt im engeren Sinne** ist der Markt, an dem Banken und Kapitalsammelstellen als Kapitalnehmer und Kapitalgeber auftreten und Beteiligungsrechte (Aktien, Genußscheine usw.) sowie (fest-)verzinsliche Wertpapiere kaufen oder verkaufen (emittieren).

Zum **Kapitalmarkt im weiteren Sinne** zählen darüber hinaus alle Transaktionen, bei denen langfristige Kredite gewährt oder Beteiligungen gehandelt werden, ohne daß Banken eingeschaltet werden.

---

### 3.4.2 Der Geldhandel der Banken am Interbankenmarkt und am Refinanzierungsmarkt

#### 3.4.2.1 Interbankenmarkt

Stehen einer Bank liquide Mittel kurzfristig zur Verfügung, die nicht ertragbringender im Kredit- oder im Wertpapiergeschäft angelegt werden können oder kann über die Mittel nur sehr kurzfristig, also im Tagesgeschäft verfügt werden, so wird sie versuchen eine andere Bank zu finden, die diese Beträge kurzfristig am Tages- oder Termingeldmarkt aufnimmt.

Benötigt die Bank selbst kurzfristig solche Mittel, wird sie einen Partner suchen, der ihr eine entsprechende Summe ausleiht.

Am Geldmarkt vollzieht sich also zunächst der kurzfristige Spitzenausgleich zwischen den Zahlungseingängen und den Zahlungsausgängen von Banken.

Während **Tagesgeld** eine Laufzeit von einem Tag hat und jeweils bis zum Mittag des der Aufnahme folgenden Tages rückzahlbar ist, muß **tägliches Geld** einen Tag vor dem Abruf gekündigt werden.

Längerfristig zur Verfügung stehende Gelder können am Terminmarkt ausgeliehen werden. Typische Laufzeiten sind die Monatsmitte (medio), der Ultimo sowie Laufzeiten von ein bis zwölf Monaten. Sie werden an einem bestimmten Tag fällig (**Festgelder**). Dabei können für den Gelddisponenten besondere Zahlungstermine, an denen die Bank viel Liquidität benötigt, berücksichtigt werden.

Für die Aufnahme der Gelder werden Zinsen vereinbart, die für die Standardlaufzeiten als sogenannte **FIBOR-Sätze** (Frankfurt Inter Bank Offered Rate) täglich veröffentlicht werden. Sie werden jeweils von den 19 geldmarktaktiven Banken erfragt. Diese **FIBOR-Sätze** dienen auch als Referenzsätze für variabel verzinste Anleihen. Ähnlich wird in London für viele Währungen der LIBOR ermittelt.

Neben dem Handel mit Geld (Zentralbankguthaben) gibt es auch einen begrenzten Markt für potentielles Zentralbankgeld. Am bedeutendsten ist der Handel mit bundesbankfähigen Handelswechseln.

### 3.4.2.2 Refinanzierung bei der Bundesbank

Die Bundesbank bietet den Banken Refinanzierungsmöglichkeiten im Rahmen ihrer Rediskont-, Lombard- und Offenmarktgeschäfte. Sie tätigt diese Geschäfte im Rahmen ihrer jeweiligen geld- und kreditpolitischen Ziele.

Für die Geschäftsbanken stellen die **Wertpapierpensionsgeschäfte,** genauer, die Offenmarktgeschäfte mit Wertpapieren unter Rückkaufsvereinbarung, etwa $2/3$ des Volumens der Refinanzierungen dar. Wie funktioniert ein solches Geschäft (siehe Kapitel I, 2.2)? Den **Rediskont von Handelswechseln** nutzen die Banken praktisch immer bis zur möglichen Höchstgrenze, weil es keine preiswertere Form der Refinanzierung gibt. Deswegen ist der Zugang zu dieser Refinanzierung auch durch die sogenannten Rediskontkontingente begrenzt (siehe Kapitel I, 2.2).

Eine weitere Möglichkeit besteht für die Banken – besonders zur kurzfristigen Überbrückung eines vorübergehenden Liquiditätsbedarfs in der Inanspruchnahme eines **Lombardkredites.** In seiner Sonderform wird er als **Giroüberzugslombard** gewährt. Viele Banken haben mit ihrer Landeszentralbank vereinbart, daß „Soll-Salden" am jeweiligen Tagesende automatisch durch einen solchen Giroüberzugslombard ausgeglichen werden" also gar nicht erst entstehen.

Die Bundesbank beeinflußt den Geldmarkt weitgehend über drei **Zinssätze, den Diskontsatz, den Lombardsatz** und **den Satz für Pensionsgeschäfte.**

Leitzins bis in die 70er Jahre war der Diskontsatz. Im Zuge der Veränderung der Geschäftspolitik der Bundesbank, der Ausweitung und der Deregulierung der Märkte, hat seit Mitte der 80er Jahre der Pensionssatz diese Leitfunktion übernommen.

Der Diskontsatz ist der Zinssatz für den Ankauf von bundesbankfähigen Handelswechseln. Der Lombardsatz – als erhöhter Satz – wird bei der Finanzierung eines kurzfristigen Spitzenbedarfs durch Verpfändung lombardfähiger Wertpapiere berechnet. Der Pensionssatz ist der Zinssatz, zu dem die Bundesbank etwa viermal im Monat Wertpapiere mir kurzfristiger fester Rücknahmeverpflichtung ankauft.

### 3.4.3 Eigengeschäfte der Banken am Kapitalmarkt

#### 3.4.3.1 Anlage in festverzinslichen Wertpapieren

Alle Banken – insbesondere ab Sparkassen und Kreditgenossenschaften legen Teile ihrer Mittel in Wertpapieren an (im Durchschnitt bis zu 20 Prozent der Bilanzsumme). Diese Anlage steht in einer Wechselwirkung zum Kreditgeschäft.

Kundennachfrage nach Krediten und erwartete Zinsentwicklung bestimmen wesentlich das Marktverhalten. Da Kreditinstitute beim Erwerb (langfristiger) Wertpapiere auf die Beleihungsfähigkeit durch die Bundesbank achten, können sie diese Wertpapiere kurzfristig bei Pensionsgeschäften als Liquiditätsreserve mobilisieren. Das ist ein Beispiel für die enge Verzahnung von Geld- und Kapitalmarkt.

In manchen Fällen kommt es auch zu einer Erhöhung des Eigenbestandes, wenn bei einer Fremdemission der eigene Konsortialanteil nicht vollständig plaziert werden konnte.

#### 3.4.3.2 Eigenhandel in Wertpapieren

Wie bei Deviseneigengeschäften handeln Banken auch mit Aktien, Optionen und anderen modernen Finanzierungsinstrumenten. Neben Erträgen aus Arbitragegeschäften besteht auch vor allem bei führenden Emissionsbanken die Notwendigkeit, als Market-Maker eigene Bestände zu unterhalten. In begrenztem Umfang sind Eigenbestände auch für Tafelgeschäfte erforderlich.

#### 3.4.3.3 Beteiligungen an anderen Unternehmen

Viele Aktienbestände der Banken sind aber eher unter dem strategischen Aspekt einer Beteiligung zu sehen, also der gezielten Übernahme unternehmerischer Aufgaben.

**Funktionsbezogene Beteiligungen** sind vor allem bei bankennahen Unternehmen (Leasinggesellschaften, Kapitalgesellschaften usw.), aber auch bei anderen Banken (entweder zur Ausweitung des Geschäftsstellennetzes oder der Produktionspalette) zu finden.

**Investmentorientierte Beteiligungen** entstehen teilweise ungeplant (zum Beispiel durch notleidende Kredite) marktleistungsbezogen, aber auch beim sogenannten **Pakethandel,** indem größere Anteile aufgekauft oder auch verkauft werden.

Beteiligungen sind, wie alle Wertpapieranlagen, mit Kursrisiken verbunden. Insbesondere nachhaltige Kursrückgänge können die Ertragssituation einer Bank erheblich beeinflussen. Ambivalent wird auch die Beteiligungspolitik als Instrument zur Einflußnahme der Banken diskutiert. Seit den 70er Jahren sind **Bankenmacht, Depotstimmrecht** und Insiderkenntnisse Reizthemen in der Öffentlichkeit. Die Umsetzung der europäischen Insider-Richtlinie in deutsches Börsenrecht ist ein wichtiger Schritt, einzel- und gesamtwirtschaftliche Interesse auszugleichen.

### RESÜMEE

Sicht-, Termin- und Spareinlagen sind weiterhin wichtige Produkte der Banken für die Kapitalanlage.

Für immer größere Bevölkerungskreise stellt sich aber die Frage, wie lege ich mein verdientes oder ererbtes Geld richtig an. Kommen doch zu den 4 Billionen DM Geldvermögen jährlich zusätzlich 200 Milliarden DM neu dazu. Kauf von Aktien, Renten, Investmentfonds oder gar neuer Finanzinnovationen sind auf dem Hintergrund der Erfahrungen und Kenntnisse der Kunden abzuwägen, persönliche Einkommenssituation, steuerliche Auswirkungen, Lebensalter und Anlagemotive zu berücksichtigen.

Dazu sind Kenntnisse der Anlageziele des Kunden und der Produkte ein notwendiger Bestandteil der von Ihnen zu erwerbenden Qualifikationen. Die andere Seite umfaßt solide Kenntnisse der Ausstattung der Produkte, der technischen Abwicklung von Käufen und Verkäufen, der Verwahrung und Verwaltung; und das auch immer unter steuerlichen Gesichtspunkten.

Zu Ihrer Kompetenz gehören auch Kenntnisse über banknahe Produkte aus dem Allfinanzbereich, insbesondere über Bausparverträge und Kapitallebensversicherungen sowie Formen staatlicher Sparförderung.

**KONTROLLFRAGEN**

1. Erläutern Sie im Zusammenhang mit Sichteinlagen den Begriff „Bodensatz".
2. Worin unterscheiden sich die beiden Formen der Termineinlagen.
3. Welche Gelder werden als Spareinlagen bilanziert?
4. Beschreiben Sie die Verfügungsmöglichkeiten über eine Spareinlage mit dreimonatiger Kündigungsfrist.
5. Durch welche Maßnahmen fördert der Staat die Vermögensbildung?
6. Nennen Sie die Anlagemöglichkeiten nach dem 5. VermBG.
7. Welche Gründe sprechen für den Abschluß eines Bausparvertrages?
8. Skizzieren Sie den Ablauf einer Bausparfinanzierung für eine Eigentumswohnung.
9. Wie unterscheiden sich Kapitallebensversicherung und Risikolebensversicherung hinsichtlich Beitrag, Risikoabdeckung und Verwendungszweck?
10. Wie unterscheiden sich Effekten in Bezug auf
    a) Übertragbarkeit
    b) Art des Ertrages
    c) weitere Rechte
11. Was bedeuten die Begriffe „Mantel", „Bogen" und „Talon" bei einem Wertpapier?
12. Welches sind die wichtigsten Merkmale von Anleihen?
13. Wie unterscheiden sich Stamm- und Vorzugsaktien?
14. Wodurch unterscheiden sich Investmentzertifikate von den übrigen Effekten und in welcher Weise werden die „Preise" ermittelt?
15. Beschreiben Sie, auf welche Weise sich die Kursbildung an der Frankfurter Börse in den verschiedenen Marktsegmenten vollzieht.
16. Erklären Sie anhand eines Beispiels den Kauf einer Verkaufsoption.
17. Worin liegen die Vorteile und die Risiken eines solchen Geschäfts (Aufgabe 16) für den Kunden?
18. Wie werden Effektentermingeschäfte für Privatkunden abgewickelt?
19. Welche Stufen plant und realisiert ein Emissionskonsortium bei der Plazierung einer Anleihe?
20. Welche Vereinbarungen werden dabei (Aufgabe 19) in einem Konsortialvertrag zwischen den Konsorten getroffen?

**KONTROLLFRAGEN (Fortsetzung)**

21. Welche Möglichkeiten der Plazierung (Aufgabe 19) lassen sich grundsätzlich unterscheiden, und welche Gründe sprechen für die Wahl der einen oder der anderen Art?
22. Beschreiben Sie die Abwicklung einer Kapitalerhöhung unter Ausschluß des gesetzlichen Bezugsrechts der Aktionäre.
23. Wodurch unterscheiden sich das offene und das verschlossene Depot, und welche Rechtsgrundlagen gelten für diese Verwahrungsarten?
24. Welche Verwahrungsarten unterscheidet das Depotgesetz, und worin liegen die Unterschiede für Kunden und Bank?
25. Wie sind Drittverwahrung und die Tauschverwahrung zu kennzeichnen, und welche Bedeutung haben diese Verwahrungsarten für das Depotgeschäft der Banken?
26. Was bedeuten die Begriffe „Fremdvernutzung" und „Eigenanzeige"?
27. Unter welchen Voraussetzungen ist eine Drittverpfändung möglich, und welche Arten der Drittverpfändung werden im Depotgesetz unterschieden?
28. Welche Tätigkeiten gehören zum Effektenverwaltungsgeschäft der Banken?
29. Worauf ist bei der Beratung eines Kunden besonders Wert zu legen, und worin liegen die Gefahren einer solchen Beratung für die Bank?
30. In welchen Fällen werden Gewinne aus dem Verkauf von Wertpapieren einkommensteuerpflichtig?
31. Welche Beträge sind bei einem privaten steuerpflichtigen Kunden als Ertrag bei den Einkünften aus Kapitalvermögen anzugeben?
    a) 100 Aktien der Hoechst AG, Dividende am 26.4.19..
    b) 50.000 DM 7 Prozent Pfandbriefe 14 DM je Stück 1.10. ganzjährig wurden vor zwei Jahren zu 98 DM gekauft und am 20.8. zu 104,– DM verkauft.
    c) 100.000 DM 6 Prozent Bundesanleihe 1.7. ganzjährig wurden am 20.8. zu 99,60 DM gekauft.
32. Erklären Sie die Entwicklung der Zinssätze für Tagesgeld, Dreimonatsgeld und den FIBOR anhand der Veröffentlichungen im letzten Monatsbericht der Deutschen Bundesbank. Welche Rückschlüsse lassen sich daraus ziehen?
33. Unter welchen Voraussetzungen und in welchem Umfang können Banken Kundeneinlagen im Rahmen ihrer Geschäfte am Geld- und Kapitalmarkt einsetzen?

**LITERATUR ZUM WEITERLESEN**

- Zur Geldanlage aus Sicht des vermögenden Privatkunden empfiehlt beispielsweise:

  Lindmayer, **Geldanlage und Steuern**, Wiesbaden 1995.

- Unverzichtbar sind auch die den Kunden auszuhändigenden Informationen, die über Möglichkeiten und typische Risiken der Vermögensanlagen in Wertpapieren informieren. Spezielle Informationen gibt es auch zu Börsentermingeschäften.

- Zur weiteren Vertiefung der **Effektentechnik:**

  DWZ, Deutsche Wertpapierdaten-Zentrale GmbH, Hrsg., **Wertpapiertechnik, Geschäftsabwicklung und Wertpapierverwaltung**, Hamburg 1993.

- Über Investmentzertifikate hilft weiter:

  Fehrenbach, **An Investmentfonds verdienen**, Freiburg 1991.

# 4. Derivative Finanzdienstleistungen

## Geschäfte gegen die Zeit

**„Teufelszeug"**

In den letzten Jahren haben derivative Finanzprodukte, also Swaps, Optionen und Termingeschäfte einen ungeahnten Aufschwung erlebt. Diese Geschäfte können in drei Gruppen eingeteilt werden. Einerseits gibt es Tauschvereinbarungen über Kassainstrumente, wie zum Beispiel den Zinsswap. Andererseits besteht in diesem Markt die Möglichkeit, schon heute feste Preise für einen Kauf oder Verkauf in der Zukunft zu erhalten. Darüber hinaus kann jetzt mit Hilfe von Optionen das Recht erworben werden, etwas in der Zukunft kaufen oder verkaufen zu können. Da diese Instrumente für die Risikoabsicherung (Hedging) eine Vielzahl von Möglichkeiten bieten, werden sie immer stärker in die Angebotspalette der Banken integriert. Dabei spielt die Frage nach dem Wert eines Termingeschäftes beziehungsweise einer Option eine zentrale Rolle.

**LEITFRAGEN**

1. Was unterscheidet derivative Produkte von klassischen Bankleistungen?
2. Wie können Sie ein Wertpapierportfolio vor fallenden Kursen schützen?
3. Warum kann man Optionen und Futures sowohl als Sicherungsinstrument als auch zur Spekulation einsetzen?
4. Wie ergibt sich der Zinssatz für einen einjährigen Kredit, der erst in sechs Monaten abgerufen werden soll?

Derivative Geschäfte unterscheiden sich im Kern von den klassischen Bankprodukten in der Weise, daß **nicht** der Besitz von Finanzaktiva übertragen wird. Der Käufer einer Aktie besitzt nach der Transaktion das Anrecht auf alle zukünftigen Zahlungen der Firma, der Käufer der Aktie auf Termin hingegen beeinflußt keine realen Bewegungen von Geldern, sondern es wird „nur" ein Besitzrecht in der Zukunft gehandelt.

Der Unterschied wird schnell an einem Beispiel klar. Nur die Bundesrepublik Deutschland darf Bundesobligationen emittieren, es können also nicht mehr gekauft werden als vorhanden sind. Jedoch ist es möglich, eine beliebige Anzahl von Bundesobligationen auf Termin zu kaufen oder zu verkaufen, denn es sind Geschäfte über den Gegenstand (den Underlying). Im folgenden wird zuerst der Zinsswap erklärt, also die Möglichkeit, relative Vorteile bei einer Finanzierung auszunutzen. Anschließend wird mit Hilfe des Forward Rate Agreements ein zwischen Banken gehandelter Zins (OTC = over the counter = nicht börsengehandelt) erklärt. Mit dem Bund-Future wird ein börsengehandeltes Termingeschäft auf ein Wertpapier (Bundesanleihe) vorgestellt. Schließlich kann dann der Wert eines Rechtes (Option) analysiert werden. Ziel des Abschnitts ist es, dem Leser eine Vorstellung von der Bewertung und den Möglichkeiten von Derivativen zu geben. Diese Materie ist ohne Mathematik leider nicht zu verstehen, dafür aber eines der spannendsten Gebiete der Bankbetriebslehre.

## 4.1 Zinsswaps

Der **Zinsswap** ist vielleicht zu einfach, weshalb seine Erklärung oft schwierig ist. Formal stellt er eine Vereinbarung über den **Austausch von unterschiedlich gestalteten Zinszahlungsströmen** dar. Es werden meistens variable gegen feste Zinszahlungen getauscht. Die Swapvereinbarung bezieht sich auf einen nominellen Kapitalbetrag, der allerdings in der Regel nicht mit ausgetauscht wird. Der beste Weg zum Verständnis ist ein Beispiel, wie mit Hilfe eines Zinsswaps alle Teilnehmer Geld sparen und die Swapbank Geld verdienen kann. Dies erscheint auf den ersten Blick sehr seltsam, ist aber durchaus möglich.

### 4.1.1 Entstehung des Zinsswaps

In der Entstehungsphase des Marktes für Zinsswaps waren die Transaktionen noch durch lange Verhandlung und das Erkennen komparativer Vorteile gekennzeichnet. Entsprechend lukrativ waren aber auch die möglichen Margen für eine Bank bei erfolgreicher Beratung. Das folgende Beispiel bezieht sich auf diese Anfänge des Marktes.

Bei einer Finanzierungsentscheidung können die Unternehmen entweder einen Festsatzkredit oder einen variabel verzinsten Kredit aufnehmen. Wenn sich die Zinsen aber der Entwicklung anpassen sollen, muß für den Kreditvertrag oder die Anleihe ein objektiver Maßstab für das Zinsniveau des Marktes gefunden werden. Dazu wird in der Praxis meist der DM-LIBOR (London Interbank Offered Rate) oder der FIBOR (Frankfurt Interbank Offered Rate) verwendet.

Eine Bank hat die Unternehmen Lucky und Unlucky als Firmenkunden. Das Unternehmen Lucky hat einen 100 Millionen DM-Kreditbedarf für fünf Jahre. Der Treasurer geht dabei von fallenden Zinsen in der Zukunft aus. Durch das erstklassige Rating (AAA) ist der Zugang zu den Kapitalmärkten unproblematisch. Die Kapitalmarktmöglichkeiten einer Verschuldung liegen für fünf Jahre im Variablenbereich bei 6-Monats-LIBOR + 0,5 Prozent, während eine Festsatzanleihe mit 7 Prozent verzinst werden müßte. Das Unternehmen Unlucky hat ebenfalls Bedarf über 100 Millionen. DM für fünf Jahre. Mit diesem Betrag soll eine neue Fabrik finanziert werden. Unlucky hat Interesse an einer Kreditaufnahme. Wegen der schlechteren Bonität (BBB) offeriert eine andere Bank bei 100 Prozent Auszahlung einen variablen Satz von 6-Monats-LIBOR + 1 Prozent und einen Festsatz mit 8,5 Prozent. Unlucky möchte einen Kredit mit festen Zinsen.

|  | Lucky | Unlucky | Zinsdifferenz |
|---|---|---|---|
| Fest | 7 % | 8,5 % | 1,5 % |
| Variabel | LIBOR + 0,5 % | LIBOR + 1 % | 0,5 % |

Abbildung 2-47: Direkte Finanzierungsmöglichkeiten am Markt

Das Ziel des Einsatzes derivativer Produkte ist es, daß beide Parteien profitieren. Da Lucky mit fallenden Zinsen rechnet, ist eine variable Kreditaufnahme sinnvoll. Ohne Nutzung **derivativer Märkte** läge die Belastung bei LIBOR + 0,5 Prozent. Unlucky sollte für die Investition einen Festsatzkredit aufnehmen. Ohne Ausnutzung des Swapmarktes läge der Satz bei 8,5 Prozent. Kerngedanke des Zinsswaps ist die Nutzung **komparativer Vorteile**. Lucky erhält zwar bei beiden Typen der Kreditaufnahme die günstigeren Sätze, jedoch ist der relative Vorteil im Festsatzbereich am größten; hingegen hat Unlucky die relativ besten Möglichkeiten bei variablen Zahlungen (Zinsunterschied variabel 0,5 Prozent, fest 1,5 Prozent). Da die Interessen über die gewünschte Finanzierungsform genau gegensätzlich zu den relativ günstigen Verschuldungsmöglichkeiten sind, bietet sich ein Zinsswap an.

Lucky emittiert daher eine Festsatzanleihe, während Unlucky den **variablen Kredit** aufnimmt. Beide wählen also jeweils die relativ günstigste Form der Finanzierung. Die Kreditbeträge stehen den Firmen somit zur Verfügung, jedoch ist die Form der Zinsbelastung noch nicht wunschgemäß, da Lucky Festsatz bezahlt, während Unlucky eine variable Belastung hat. Es ergibt sich daher das Bild der Zinsströme wie in Abbildung 2-49 dargestellt.

In dieser Situation ist ein Zinsswap sinnvoll, das heißt, daß die Zinszahlungen auf den Nominalbetrag getauscht werden. Bei einem Zinsswap wird der „Preis" in der

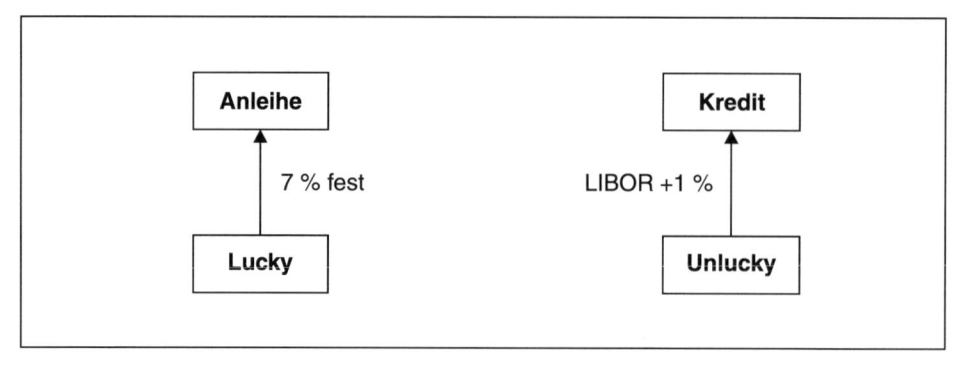

Abbildung 2-48: Zinsströme vor einem Swap

Regel als Festsatz gegen LIBOR-Strom ausgedrückt. Lucky muß aus dem Swap also mindestens 6,5 Prozent erhalten, damit sich die vorherige Belastung von 6-Monats-LIBOR + 0,5 Prozent ergibt. Hingegen kann Unlucky bis zu 7,5 Prozent auf der Fixseite zahlen, da insgesamt dann eine Belastung von 8,5 Prozent entsteht. Dies wäre die Reproduktion des Status quo, es gäbe keinen Grund für einen Swap. Jedoch bleibt 1 Prozent Zinsunterschied zum Verteilen an Lucky, Unlucky und die Swapbank.

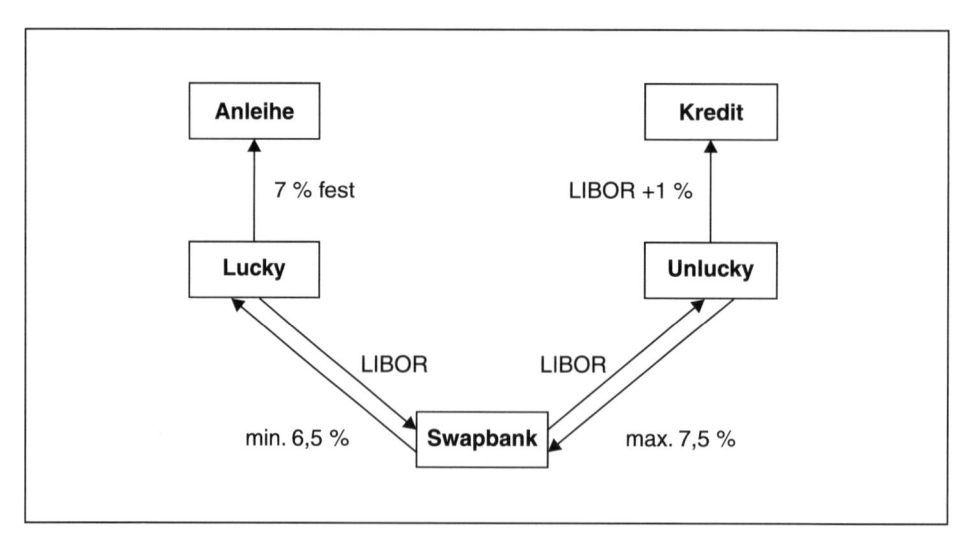

Abbildung 2-49: Möglichkeiten für einen Zinsswap

Um die Verteilung sinnvoll vorzunehmen, sollte zuerst der Status der Firmen untersucht werden. Eine Aufteilung des Vorteils je Firma ergibt eine Spanne von 0,5. Da Lucky mit einwandfreier Bonität kein besonderes Risiko darstellt, könnte beispielsweise 0,35 weitergegeben werden. Hingegen liegen durch einen möglichen Ausfall von Unlucky erhebliche Bonitätsrisiken vor, so daß dort beispielsweise nur 0,15 weitergegeben werden. Die Bank bietet also Lucky an, für fünf Jahre auf den Nominalbetrag 6,85 Prozent zu bezahlen (Payer) und dafür den sich alle sechs Monate anpassenden Interbankensatz LIBOR zu bekommen. Hingegen wird Unlucky vorgeschlagen, einen entsprechenden LIBOR-Strom zu bekommen und dafür 7,35 Prozent fest jährlich zu bezahlen.

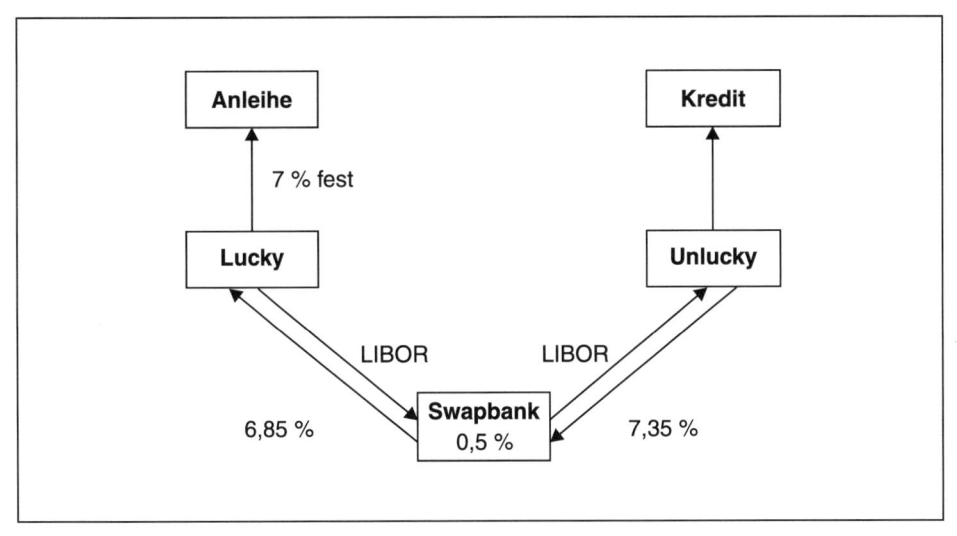

Abbildung 2-50: Zinsströme nach einem Zinsswap

|  | Lucky | Bank | Unlucky |
| --- | --- | --- | --- |
| Kredit/Anleihe | + 7 % |  | LIBOR + 1 % |
| Swap fest | – 6,85 % | + 7,35 % – 6,85 % | + 7,35 % |
| Swap variabel | + LIBOR | + LIBOR – LIBOR | – LIBOR |
| Gesamtergebnis | LIBOR + 0,15 % | 0,5 % | 8,35 % |

Abbildung 2-51: Vorteilhaftigkeit eines Zinsswaps

Es wird deutlich, daß eine vorteilhafte Situation für alle Beteiligten erreicht wurde. Lucky hat eine variable Belastung von LIBOR + 0,15 Prozent, also einen Vorteil von 0,35 Prozent im Vergleich zu einer direkten Finanzierung, Unlucky hat einen Vorteil von 0,15 Prozent und trotzdem verdient die Swapbank 0,5 Prozent pro Jahr auf den Nominalbetrag. Wie ist das möglich? Das Geheimnis liegt in der unterschiedlichen Bonitätseinschätzung des Marktes für die beiden Parteien. Durch den Swapmarkt entsteht für alle Beteiligten die Möglichkeit, die Gelder dort aufzunehmen, wo sie relativ am günstigsten sind, um sie dann in die gewünschte Finanzierungsform zu tauschen, also zu swappen. Inzwischen ist der Swap Markt sehr liquide geworden, so daß nur noch von Swapbanken die Festsatzseite quotiert wird, dagegen steht dann implizit ein LIBOR-Strom.

### 4.1.2 Usancen des Swapmarktes

Der Swapmarkt ist in den wichtigsten Währungen im Laufzeitsegment von zwei bis zehn Jahren äußerst liquide. Die Standardgrößen der Nominalbeträge liegen zwischen 5 Millionen DM und 100 Millionen DM. Auch deutlich größere Beträge sind meist ohne starke Preisbewegung handelbar. Bei einem Zinsswap wird in der Regel ein **Festzinssatz quotiert**. Je nach Währung sind unterschiedliche Usancen gebräuchlich (im DM-Bereich 30/360 mit jährlicher Zinszahlung). Implizit steht der Quotierung ein variabler Zinssatz gegenüber (in der Regel 3- oder 6-Monats-LIBOR), der sich auf die übliche Geldmarktbasis (act/360) bezieht.

Da mit dem Abschluß von Swaps keine Bewegung von Liquidität verbunden ist, können auch größere Zinspositionen sehr schnell aufgebaut und entstandene Risiken schnell abgesichert werden. Auch ist es möglich, Finanzierungs- und Anlagevorteile von einem Marktsegment in ein anderes zu überführen. Bei einer Swapquotierung von 7,10 bis 7,20 Prozent für einen Fünf-Jahres-Swap ist die quotierende Bank bereit, auf den Nominalbetrag eine Kette von LIBOR-Zahlungen abzugeben und dagegen eine Festsatzzahlung von 7,20 Prozent zu empfangen. Außerdem ist sie bereit, die LIBOR-Kette für 7,10 Prozent zu verkaufen.

Mit Hilfe des Swapmarktes kann eine Firma oder Bank also jederzeit die Art der Kreditbelastung anpassen, ohne die eigentlichen Kredite und damit die Bilanz verändern zu müssen. Bei Erwartung steigender Zinsen ist es sinnvoll, den Anteil der variablen Verschuldung zu verringern. Im folgenden Schaubild wird eine LIBOR-Belastung mit Hilfe des eben quotierten Fünf-Jahres-Swaps in eine Festsatzverschuldung „gedreht". Die Swap Bank zahlt der Firma LIBOR, die diese Zahlungen an die Kreditgeber weiterreicht, dafür muß sie nun die Festsatzzinsen von 7,20 Prozent (also die hohe Seite) an die Bank leisten (Abbildung 2-52).

Umgekehrt kann selbstverständlich auch eine Festsatzverbindlichkeit in eine variable getauscht werden. Bei der Annahme fallender Zinsen wird entsprechend die variable Finanzierung erhöht. In dieser Situation zahlt die Swapbank 7,10 Prozent. Es müssen aber nur 7 Prozent für die Finanzierung aufgebracht werden, so daß sich die resultierende variable Belastung auf LIBOR – 0,1 Prozent reduziert (Abbildung 2-53).

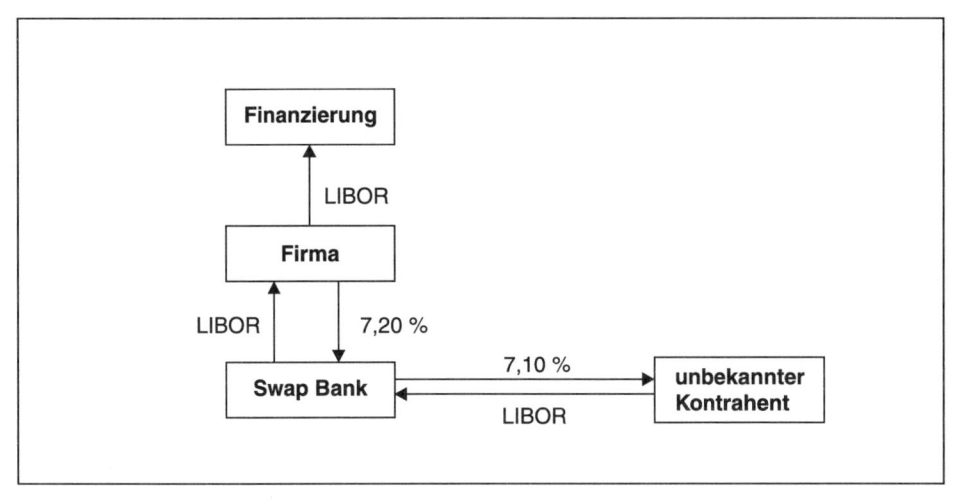

Abbildung 2-52: Zinsswap zur Umwandlung einer variablen Refinanzierung in eine Festsatzrefinanzierung

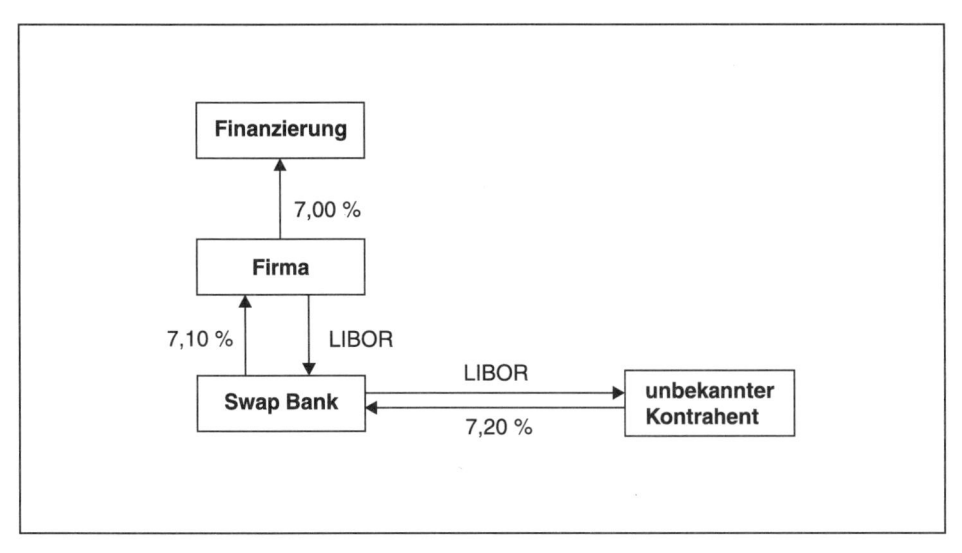

Abbildung 2-53: Zinsswap zur Umwandlung einer Festsatzfinanzierung in eine variable Finanzierung

Die Finanzierung kann so jederzeit auf die gewünschte Verzinsungsform angepaßt werden, ohne die eigentlichen Kapitalströme zu bewegen. Ein weiterer Vorteil von Swapgeschäften ist ihre relativ einfache Reversibilität. Hier gibt es drei Möglichkeiten:

- Abschluß eines **Gegengeschäfts**, das heißt, es wird für die Restlaufzeit ein gegenläufiger Swap kontrahiert.

- **Close-out-Vereinbarung**, das heißt, alle im Swap vereinbarten Zahlungsströme werden zu aktuellen Marktsätzen bewertet, und es findet ein entsprechender Barausgleich zwischen den Kontrahenten mit anschließender Aufhebung der Swapvereinbarung statt.

- **Assignment,** das heißt, alle Rechte und Pflichten aus dem Swap werden auf einen Dritten übertragen. Dies ist nur mit Zustimmung des ursprünglichen Kontrahenten möglich. Ein möglicher Barausgleich wird analog zum Close-out berechnet, findet jedoch zwischen dem ausscheidenden und eintretenden Vertragspartner statt.

### 4.1.3 Zinsswaps zur Finanzierungssteuerung

Wir wollen nun eine Strategie zur **Optimierung** von Krediten vorstellen. Dabei wird auf eine Unterscheidung in Geld- und Briefkurse verzichtet. Als Basis dient eine Belastung von 6,6 Prozent in einem noch drei Jahre laufenden Kredit. Der aktuelle Swapsatz liegt bei 6,6 Prozent fest gegen LIBOR (zur Zeit 7 Prozent). Da die Firma von fallenden Zinsen im nächsten Jahr ausgeht, wird zum Zeitpunkt 0 ein Drei-Jahres-Swap abgeschlossen. Dabei wird der Festsatz von 6,6 Prozent gezahlt und dafür ein LIBOR-Strom empfangen.

| Zeit | 0 | ½ | 1 | 1½ | 2 | 2½ | 3 |
|---|---|---|---|---|---|---|---|
| Anleihe | | + 0 | − 6,6 | + 0 | − 6,6 | + 0 | − 6,6 |
| Swap I fest | 0 | 0 | + 6,6 | 0 | + 6,6 | 0 | + 6,6 |
| Swap I variabel | 0 | − 3,54 | − LIBOR | − LIBOR | − LIBOR | − LIBOR | − LIBOR |
| Gesamt | 0 | − 3,54 | ? | ? | ? | ? | ? |

Abbildung 2-54: Swap eines 6,6 Prozent Kredits gegen LIBOR
(Ausgangssituation zum Zeitpunkt 0)

Zum Abschluß des Geschäftes ist nur die Zahlung für das erste halbe Jahr bekannt, da auch im variablen Bereich die Zinsen am Anfang der Periode festgestellt werden (Zeitpunkt 0 also 7 Prozent) und sich auf eine Zahlung nach einem halben Jahr (Zeitpunkt ½) beziehen. Da es sich um einen Geldmarktsatz handelt, muß mit wirklichen Tagen auf einer 360-Tage-Basis gerechnet werden (act/360; vgl. 1.4.6).

$$7 \cdot \frac{182}{360} = 3{,}54$$

Angenommen, die Zinsprognose fallender Zinsen war korrekt. Während des ersten Halbjahres fällt der LIBOR tatsächlich von 7 Prozent auf 6 Prozent und die Zinsstrukturkurve wird horizontal. Zum Zeitpunkt 1 wird nun die Zinsmanagemententscheidung analysiert. (Zur Einfachheit hat das Jahr zweimal 182 Tage).

| Zeit | 0 | ½ | 1 | 1½ | 2 | 2½ | 3 |
|---|---|---|---|---|---|---|---|
| Anleihe | | + 0 | – 6,6 | + 0 | – 6,6 | + 0 | – 6,6 |
| Swap I fest | 0 | 0 | + 6,6 | 0 | + 6,6 | 0 | + 6,6 |
| Swap I variabel | 0 | – 3,54 | – 3,03 | – LIBOR | – LIBOR | – LIBOR | – LIBOR |
| Gesamt | 0 | – 3,54 | – 3,03 | ? | ? | ? | ? |

Abbildung 2-55: Swap eines 6,6 Prozent Kredits gegen LIBOR
(Analyse zum Zeitpunkt 1)

Da das Zinsniveau auf 6 Prozent gefallen ist müssen für das zweite halbe Jahr nur noch 6 Prozent gezahlt werden. Dies bedeutet zu diesem Zeitpunkt eine Belastung von

$$6 \cdot \frac{182}{360} = 3{,}03$$

Um den Erfolg des Geschäfts mit der ursprünglichen Anleihe zu vergleichen, muß die halbjährige Zahlung mit 6 Prozent aufgezinst werden:

$$3{,}54 \cdot \left(1 + 0{,}06 \cdot \frac{182}{360}\right) = 3{,}65$$

$$3{,}65 + 3{,}03 = 6{,}68$$

Im ersten Jahr sind wegen der inversen Struktur die Zinszahlungen von 6,6 Millionen DM auf 6,68 Millionen DM leicht gestiegen, obwohl die Strategie richtig war. Jedoch muß für die **gesamte Vorteilhaftigkeit** des Derivativgeschäfts auch die **Zukunft** mit in die Analyse einbezogen werden. Dieses Geschäft kann dann hypothetisch, aber auch real, mit einem Gegengeschäft, also einem neuen Swap, geschlossen werden. Da das Zinsniveau jetzt gesunken ist, müssen nur noch 6 Prozent für einen LIBOR-Strom gezahlt werden. Um das günstige Zinsniveau zu sichern, kann ein zweiter Swap abgeschlossen werden, bei dem der Festsatz von 6 Prozent für zwei Jahre gezahlt und dafür entsprechend LIBOR empfangen wird. Damit ist die Position im Sinne des Preisänderungsrisikos geschlossen.

| Zeit | 0 | ½ | 1 (jetzt) | 1½ | 2 | 2½ | 3 |
|---|---|---|---|---|---|---|---|
| Anleihe | | + 0 | – 6,6 | + 0 | – 6,6 | + 0 | – 6,6 |
| Swap I fest | | 0 | + 6,6 | 0 | + 6,6 | 0 | + 6,6 |
| Swap I variabel | | – 3,54 | – 3,03 | – LIBOR | – LIBOR | – LIBOR | – LIBOR |
| Swap II fest | | – | – | 0 | – 6 | 0 | – 6 |
| Swap II variabel | 0 | – | – | + LIBOR | + LIBOR | + LIBOR | + LIBOR |
| Gesamt | 0 | – 3,54 | – 3,03 | | – 6 | 0 | – 6 |

Abbildung 2-56: Geschlossene Position durch einen zweiten Swap

Es bleibt jedoch das Adressenrisiko von zwei Swaps bestehen. Alternativ kann die Position durch eine Ausgleichszahlung (Close-out) beendet werden. Da das Zinsniveau bei 6 Prozent liegt, wird der Vorteil von 0,6 pro Jahr entsprechend abdiskontiert.

$$\frac{0,6}{1,06} + \frac{0,6}{1,06^2} = 1,1$$

Mit der **Close-out-Vereinbarung** ergäbe sich folgendes Bild der Zahlungsströme:

| Zeit | 0 | ½ | 1 (jetzt) | 1½ | 2 | 2½ | 3 |
|---|---|---|---|---|---|---|---|
| Anleihe | | + 0 | – 6,6 | + 0 | – 6,6 | + 0 | – 6,6 |
| Swap I fest | 0 | 0 | + 6,6 | – | – | – | – |
| Swap I variabel | 0 | – 3,54 | – 3,03 | – | – | – | – |
| Close-out | – | – | + 1,1 | – | – | – | – |
| Gesamt | 0 | – 3,54 | – 1,93 | 0 | – 6,6 | 0 | – 6,6 |

Abbildung 2-57: Geschlossene Position nach Close-out

Aus Sicht des Zeitpunktes 1 gelang es, einen Zinsvorteil von über 1 Prozent durch geschicktes Einsetzen von Swaps zu erzielen.

Mit Hilfe von Zinsswaps ist also eine optimale Möglichkeit zur Steuerung und Absicherung von Finanzierungen, aber auch Anlagen gegeben. Früher war man nach einer Finanzierungsentscheidung während ihrer Laufzeit relativ festgelegt, jetzt ist es jederzeit möglich, die Verzinsungsform relativ günstig und ohne Bewegung von Liquidität anzupassen.

## 4.2 Forward Rate Agreements

Während der Swapmarkt vor allem für Laufzeiten von zwei Jahren und mehr geeignet ist, ergeben sich über Forward Rate Agreements (FRA) Möglichkeiten, Zinssätze für Perioden in näherer Zukunft (1–24 Monate) zu fixieren. Es handelt sich dabei um Termingeschäfte auf einen Zinssatz. Um den Einstieg in diese Materie möglichst anschaulich zu machen, nehmen wir wieder ein konkretes Beispiel. Wie kommt ein Zukunftszinssatz zustande?

### 4.2.1 Ableitung des Terminzinssatzes (Forward)

Auf dem DM-Geldmarkt wird ein Jahreszinssatz von 7,00 Prozent und ein Halbjahreszinssatz (183 Tage) von 6,50 Prozent geboten. Hieraus läßt sich der implizite Forward-Satz für ein halbes Jahr in einem halben Jahr errechnen. Es muß gelten, daß eine Anlage für ein halbes Jahr und die Wiederanlage einschließlich der Zinsen für ein weiteres halbes Jahr am Ende den gleichen Ertrag erbringt wie eine Anlage für ein Jahr. Es muß also folgende Gleichung erfüllt sein (Terminzins = $r_{f0,5 \to 1}$):

$$\left(1 + 0,065 \cdot \frac{183}{360}\right) \cdot \left(1 + r_{f0,5 \to 1} \cdot \frac{182}{360}\right) = \left(1 + 0,07 \cdot \frac{365}{360}\right)$$

$$\Leftrightarrow 1 + r_{f0,5 \to 1} \cdot \frac{182}{360} = \frac{1,070972}{1,033042} \Leftrightarrow r_{f0,5 \to 1} = 7,26\,\%$$

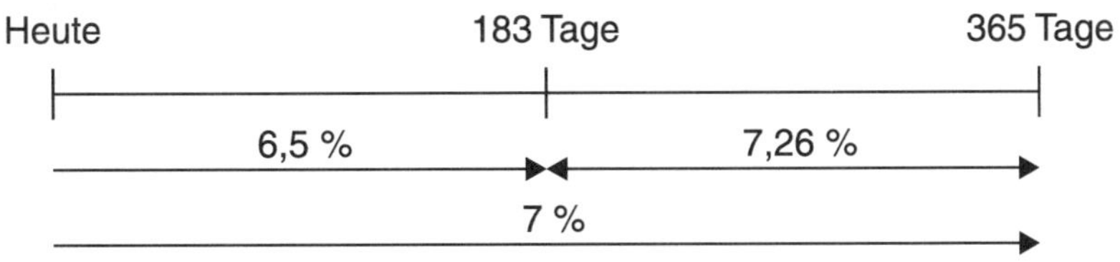

```
Heute              183 Tage              365 Tage
  |------------------|---------------------|
         6,5 %               7,26 %
                    7 %
```

Abbildung 2-58: Zinsstruktur auf dem Geldmarkt

Würde ein Marktteilnehmer einen anderen Terminzins für „richtig" halten, sagen wir 7,50 Prozent, würde folgender Arbitrage-Prozeß in Gang gesetzt. Da der Terminsatz zu hoch ist, würde der Abitrageur 100 Millionen DM beim „Meinungsführer" zu 7,50 Prozent anlegen. Um sich risikofrei zu stellen, denn der Arbitrageur weiß ja auch nicht, wie der Satz in einem halben Jahr wirklich ist, leiht er das Geld im Markt für ein Jahr zu 7 Prozent und legt es für ein halbes Jahr zu 6,50 Prozent an. Damit hat er risikolos einen Vorteil von 7,50 Prozent minus 7,26 Prozent auf 100 Millionen DM für 182 Tage. Er kann diese Transaktion solange wiederholen, bis sich die Geldmarktsätze ändern (was sehr unwahrscheinlich ist) oder kein Marktteilnehmer mehr einen Zukunftssatz, der von 7,26 Prozent abweicht, bietet. Somit wird klar, daß ein Terminzins keine Hexerei ist, aber meist auch keine Erwartung ausdrückt, sondern einfach nur eine Ableitung aus der Zinsstrukturkurve darstellt.

### 4.2.2 Usancen für Forward Rate Agreements

Der FRA ist also eine Vereinbarung über einen Zinssatz, der für eine zukünftige Periode gelten soll. Auch dabei wird kein Kapital getauscht, es findet lediglich eine **Ausgleichszahlung** statt, wenn bei Ablauf der Vorlaufzeit der vereinbarte Zins vom aktuellen Satz abweicht. Ein FRA setzt sich aus einer Vorlaufperiode (1–18 Monate) – das ist der Zeitraum vor Beginn der abgesicherten Periode – und dem eigentlichen Absicherungszeitraum (3–12 Monate) zusammen. Die Nominalbeträge im FRA-Handel schwanken zwischen 5 Millionen DM und mehreren 100 Millionen DM, als Referenzzinssatz steht wiederum LIBOR im Vordergrund.

Bei einem FRA gibt es also folgende wesentliche Bestandteile:

- **Kauf oder Verkauf des Zinssatzes**
- **Nominalbetrag**
- **FRA-Satz**
- **Zeitraum** (3 · 9 bedeutet zum Beispiel, daß in drei Monaten die folgenden sechs Monate abgesichert sind)
- **Referenzzinssatz** (zum Beispiel LIBOR)

Über Verknüpfungen von verschiedenen FRAs können auch längere Perioden abgesichert werden. So ergibt sich aus einem 3 x 9 und einem 9 x 15 eine Absicherung für ein Jahr in bezug auf den 6-Monats-LIBOR mit Beginn in drei Monaten. In diesem Bereich beginnt der Übergang zum Swapmarkt. Kurze Swaplaufzeiten werden ständig daraufhin überprüft, ob die quotierten Sätze sich im rechnerischen Gleichgewicht mit den entsprechenden Ketten von FRAs (FRA-Strips) befinden.

Der Käufer erwirbt mit einem FRA einen Festfinanzierungszinssatz und nicht, wie zum Beispiel beim Future, ein zinsreagibles Wertpapier. Bei einer isolierten FRA-

Transaktion profitiert der Käufer also von steigenden Zinsen und der Verkäufer von sinkenden. Liegt bei Ende der Vorlaufzeit der Referenzsatz über dem FRA-Satz, so erhält der Käufer die Differenz, bezogen auf den Nominalbetrag, in abdiskontierter Form vergütet. Liegt der Referenzsatz unter dem FRA-Satz, so erhält der **Verkäufer** einen Barausgleich in Höhe der abdiskontierten Differenz. Dabei berechnet sich der Ausgleichsbetrag nach der folgenden Formel:

$$\text{Ausgleichsbetrag} = \frac{\text{Nominalbetrag} \cdot (\text{LIBOR} - \text{FRA} - \text{Satz}) \cdot \frac{\text{FRA} - \text{Tage}}{360}}{1 + \text{LIBOR} \cdot \frac{\text{FRA} - \text{Tage}}{360}}$$

Nehmen wir beispielsweise einen Kredit mit einer Laufzeit von einem Jahr. Das Volumen beträgt 100 Millionen DM. Der variable Kredit wird mit LIBOR verzinst. Auf dem DM-Geldmarkt wird ein Jahreszinssatz von 6,50 Prozent und ein Halbjahreszinssatz (183 Tage) von 7,00 Prozent quotiert. Hieraus errechnet sich der implizite Forward-Satz für ein halbes Jahr in einem halben Jahr mit 7,26 Prozent (wie oben).

| Zeit | 0 | ½ | 1 |
|---|---|---|---|
| Variabler Kredit | – | – 3,30 | – LIBOR |

Abbildung 2-59: Finanzierung für ein Jahr gegen LIBOR

Die Zinszahlungen zum Zeitpunkt 1 sind unbekannt. Um sich abzusichern, müßte im Ausgangszeitpunkt ein 6 · 12 FRA zu einem Zinssatz von 7,26 Prozent gekauft werden. Beim Kauf fließt keine Liquidität, erst bei der Abrechnung werden Zahlungen geleistet. Hieraus ergibt sich folgende Situation zum Zeitpunkt unter der Annahme, daß der Zins im ersten halben Jahr auf 8 Prozent gestiegen ist.

| Zeit | 0 | ½ | 1 |
|---|---|---|---|
| Kredit |  | – 3,30 | – 4,04 |
| 6 · 12[1] Anlage Geldmarkt | + 0 | + 0,36<br>– 0,36 | + 0,37 |
| Gesamt | 0 | – 3,30 | – 3,67 |

Abbildung 2-60: Hedge mit Hilfe eines Forward Rate Agreements
(Zins steigt auf 8 Prozent)

Zum Zeitpunkt $\frac{1}{2}$ steht der Zinssatz für das nächste halbe Jahr bei 8 Prozent, und so kann die FRA-Transaktion abgewickelt werden. Jedoch ist die Zinszahlung erst zum Zeitpunkt 1 fällig, so daß bei $\frac{1}{2}$ der abdiskontierte Betrag von

$$\text{Ausgleichsbetrag} = \frac{100 \text{ Mio.} \cdot (8\,\% - 7{,}26\,\%) \cdot \frac{182}{360}}{1 + 8{,}00\,\% \cdot \frac{182}{360}} = \frac{0{,}37 \text{ Mio.}}{1{,}0404} = 0{,}36 \text{ Mio.}$$

gezahlt wird. Um die Belastung zum Zeitpunkt 1 festzuschreiben, wird die Zahlung auf dem Geldmarkt für ein halbes Jahr angelegt, so daß die Belastung einem Zins von 7,26 Prozent, das heißt: $100 \cdot 0{,}0726 \cdot \frac{182}{360} = 3{,}67$ entspricht.

Durch die Ausnutzung eines FRAs ist es also gelungen, die **Finanzierungskosten** für die Gesamtlaufzeit festzuschreiben.

Die Verfügbarkeit von FRAs erleichtert auch die jederzeitige **Quotierung** von Zinssätzen für zukünftige Festsatzkredite und Anlagen. Wenn zum Beispiel in drei Monaten ein dann für ein Jahr laufender Kredit aufgenommen werden soll, kann schon heute ein verbindlicher Satz genannt und die Refinanzierung über den Kauf eines 3 · 15 FRA abgesichert werden. Für die Sicherung zukünftiger Anlagesätze müssen entsprechend FRAs verkauft werden. Da es sich bei der Kontrahierung von FRAs um für beide Seiten verbindliche Termingeschäfte handelt, setzt die Vorgehensweise allerdings Sicherheit in bezug auf die Kreditaufnahme beziehungsweise den Anlagebedarf voraus.

## 4.3 Börsengehandelte Derivative am Beispiel des Bundfutures

Die Eignung von Swaps und Forward Rate Agreements zur Absicherung von Zinsrisiken wurde in den vorangegangenen Abschnitten beschrieben. Beide Instrumente werden als sogenannte **Over-the-counter-Produkte** (OTC) gehandelt und können daher den individuellen Bedürfnissen der Kontraktparteien im Einzelfall angepaßt werden. Bei **Futures** handelt es sich dagegen um weitestmöglich **standardisierte Kontrakte**. Die hieraus resultierende Konzentration von Angebot und Nachfrage führt in vielen Futures-Märkten zu einer enormen Liquidität. Die Prüfung der **Bonität** des Kontrahenten, die ein wesentlicher Bestandteil jedes OTC-Geschäftes ist, kann bei Futures-Transaktionen entfallen, da das Clearing House der jeweiligen Börse bei jeder Transaktion zwischen Käufer und Verkäufer tritt. Somit wird auch eine Standardisierung der Bonität der Kontrahenten erreicht. Der wesentliche Unterschied zu einem gleich ausgestalteten OTC-Termingeschäft liegt im täglichen **Marking to Market**, das heißt, daß Wertveränderungen einer Position börsentäglich ausgeglichen werden, während dies beim OTC-Termingeschäft üblicherweise erst am Ende der Laufzeit geschieht.

Zur Funktionsbeschreibung von Futures-Kontrakten soll im folgenden von einer Bundesanleihe ausgegangen werden. Eine Firma hält bei einem Zinsniveau von 8 Prozent und horizontaler Zinsstrukturkurve folgenden Bestand.

| Kürzel | Nominal | Emittent | Kupon | Restlaufzeit | Kurs bei 8 % |
|--------|---------|----------|-------|--------------|--------------|
| A | 10 Millionen | Bund | 8 % | 10 Jahre | 100 |

Abbildung 2-61: Anleihenportfolio

Es wird befürchtet, daß der Marktzinssatz auf 10 Prozent steigt; da diese Anleiheposition aus strategischen Gründen jedoch nicht verkauft werden soll, wird versucht, eine Kurssicherung über Futures vorzunehmen.

Der Begriff Futures bezeichnet **börsengehandelte standardisierte Terminkontrakte** bezeichnet. Es handelt sich um die vertragliche Vereinbarung, ein standardisiertes Instrument später zu einem vorab vereinbarten Preis zu kaufen oder zu verkaufen. In unserem Beispielfall eignet sich besonders der **DTB-Bund-Future,** da es sich um einen sehr liquiden Kontrakt auf eine fiktive Bundesanleihe mit zehnjähriger Laufzeit, einem Kupon von 6 Prozent und einer Handelseinheit von nominal 250.000 DM handelt. Die möglichen Erfüllungsmonate des Kontraktes sind: März, Juni, September, Dezember. Es werden jeweils drei Fälligkeitstermine gleichzeitig gehandelt. Die Erfüllung findet stets am 10. Kalendertag des Liefermonats statt, der letzte Handelstag liegt zwei Börsentage davor. Die Notierung wird in Prozent pro 100 DM nominal vorgenommen, so daß **1 Tick** (die kleinstmögliche Kursänderung von 0,01) $\frac{250.000}{100} \cdot 0{,}01 = 25$ DM entspricht. Zur täglichen Abrechnung wird der Durchschnittspreis der letzten fünf Abschlüsse, im allgemeinen also der letzten Handelsminute, herangezogen. Für die Schlußabrechnung gilt jedoch schon der Preis um 12.30 Uhr des letzten Handelstages. Kontraktpartner ist die **Clearingstelle,** bei der für jeden Vertrag eine **Initial Margin** hinterlegt werden muß. Börsentäglich werden dann die Wertveränderungen der Position errechnet und über die **Variation Margin** ausgeglichen. Die Höhe dieser Margin ist abhängig von der Volatilität und liegt meist zwischen 1.000 DM und 5.000 DM pro Kontrakt. Zur Erfüllung können Bundesanleihen, Anleihen des Fonds der deutschen Einheit und Anleihen der Treuhand geliefert werden, die am Liefertag eine Restlaufzeit von 8,5 bis 10 Jahren aufweisen.

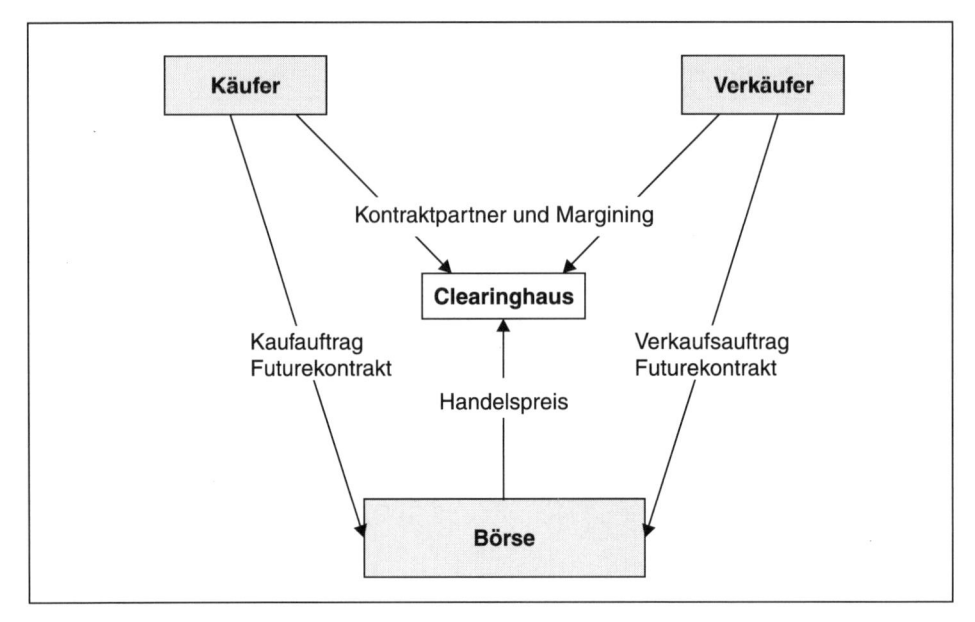

Abbildung 2-62: Handel an einer Futuresbörse

Beginnen wird mit einem vereinfachten Beispiel. Unsere Firma beschließt, sich über den Verkauf von Bund Futures über 10 Millionen DM nominal abzusichern (**Nominalhedge**). Dabei wird zunächst davon ausgegangen, daß die **Preisveränderungen** des Futures exakt denen der zugrundeliegenden theoretischen zehnjährigen Anleihe mit einem Kupon von 6 Prozent entsprechen.

Als Ausgangspunkt werden also 10.000.000 DM / 250.000 DM = 40 Kontrakte verkauft. Bei einem Zinsanstieg auf 10 Prozent sinkt nun einerseits der Kurs der Anleihen:

| Kürzel | Kurs bei 10 % | Kurs bei 8 % | Verlust bei 10 Millionen nominal |
|---|---|---|---|
| A | 87,71 | 100 | 1,229 Millionen DM |
| Bund Future | 75,42 | 86,58 | |

Abbildung 2-63: Wertveränderungen des Anleihenportfolios

Andererseits ergibt sich für die Absicherung mit 40 Kontrakten ein Gewinn von:

(86,58 % − 75,42 %) · 250.000 DM · 40 = 11,16 % · 10.000.000 DM = 1,116 Mio. DM

Daraus resultiert als Gesamtergebnis:

| Kürzel | Verlust Anleihe | Gewinn Hedge | Gesamtergebnis |
|---|---|---|---|
| A | 1.229.000 DM | 1.116.000 DM | – 113.000 DM |

Abbildung 2-64: Wertentwicklung des Gesamtportfolios

Der Verlust konnte also gemindert werden, jedoch war die Absicherung noch nicht perfekt. Die Frage stellt sich, ob das Sicherungsergebnis über die Anpassung der Anzahl der Kontrakte verbessert werden kann. Als weitere Komplikation kommt hinzu, daß nicht theoretische, sondern **tatsächlich existierende Anleihen** geliefert werden. Daher verändert sich der Futurespreis mit jeder Wertänderung der günstigsten zu liefernden Anleihe, der **cheapest to deliver** (ctd). Um ein besseres Verständnis für Sicherungstechniken zu entwickeln, muß das System von Preisfaktoren analysiert werden. Jede lieferbare Anleihe wird über den Preisfaktor mit der „künstlichen" Anleihe vergleichbar gemacht.

Der Preisfaktor wird von der Börse für alle lieferbaren Anleihen veröffentlicht. Ziel ist es, die wirklichen Anleihen mit dem theoretischen zehnjährigen 6-Prozent-Papier vergleichbar zu machen. Dies geschieht durch einen Barwertvergleich (PV, siehe Kapitel I, 4.):

$$\text{Preisfaktor}_{\text{Anleihe}} = \frac{PV_{\text{Anleihe}} \text{ (6 \% Rendite, auf volle Monate gerundete Laufzeit)}}{PV_{10\text{jähriger} 6\%} \text{ (6 \% Rendite)}} = \frac{PV_{\text{Anleihe}}}{100}$$

Ist ein Future-Kontrakt nach seinem Endtermin nicht glattgestellt worden, wird der Verkäufer aufgefordert, die Anleihe zu benennen, die er liefern möchte. Die Börse lost dann einen Käufer zu, der den Abrechnungskurs des Futures multipliziert mit dem Preisfaktor der gelieferten Anleihe zuzüglich der Stückzinsen bei Lieferung zahlen muß. Im Regelfall wird die am günstigsten zu liefernde Anleihe (cheapest to deliver) erwartet. Ähnlich wie beim Forward Rate Agreement muß also gelten, daß ein Kauf/Verkauf der cheapest to deliver dem Wert des Futures entsprechen muß:

$$\text{Futurespreis} \cdot \text{Preisfaktor}_{\text{ctd}} = \text{Terminkurs}_{\text{ctd}}$$

Als letzter Baustein fehlt nun noch der Terminkurs der Anleihe. Auch hier muß gelten, daß durch Kauf der Anleihe in der Kasse und einen Verkauf auf Termin kein Vorteil zu erzielen ist (sonst setzt die Arbitrage ein). Somit unterscheidet sich der Terminkurs vom Kassekurs nur durch die Cost of Carry, also hier die Finanzierungskosten, vermindert um den Ertrag, der durch das Halten der Anleihe zufließt.

Terminkurs = Kassekurs + $\underbrace{\text{Finanzierungskosten} - \text{Finanzierungsertrag (Stückzinsen)}}_{\text{Cost of Carry}}$

Im folgenden soll betrachtet werden, wie diese Ergebnisse bei der Absicherungsentscheidung verwandt werden können. Der **theoretische Futurespreis** ergibt sich unter Berücksichtigung des tatsächlichen Abrechnungspreises als:

$$\text{Futurespreis} = \frac{\text{Terminkurs}_{ctd}}{\text{Preisfaktor}_{ctd}}$$

Werden Finanzierungskosten unterstellt, die identisch sind mit den für den Zeitraum vereinnahmten Stückzinsen der Anleihe, so ergibt sich ein Terminkurs, der mit dem Kassakurs identisch ist. Unterstellt man eine 7,25 Prozent Bundesanleihe mit einer Restlaufzeit von neun Jahren und einem Monat als cheapest to deliver (Preisfaktor 1,085456), ändert sich der Futureskurs wie folgt:

| Zinsniveau | Kassakurs$_{ctd}$ | Futureskurs |
|---|---|---|
| 8 % | 95,25 | $\frac{95,25}{1,085456} = 87,75$ |
| 10 % | 84,01 | $\frac{84,01}{1,085456} = 77,40$ |

Abbildung 2-65: Theoretischer Kurs des Futures

Für die Futuresverkaufspositionen von 40 Kontrakten aus dem nominalen Hedge bedeutet dies einen Gewinn von:

(87,75 % − 77,40 %) · 250.000 DM · 40 = 10,35 % · 10.000.000 DM = 1.035.000 DM

Die Ergebnisse der an Nominalbeträgen orientierten Absicherung ändern sich entsprechend:

| Kürzel | Verlust Anleihe | Gewinn Hedge | Gesamtergebnis |
|---|---|---|---|
| A | 1.229.000 DM | 1.035.000 DM | − 194.000 DM |

Abbildung 2-66: Wertveränderung des Gesamtportfolios bei einem Nominalhedge

Diese unbefriedigenden Absicherungsergebnisse können durch einfache Berücksichtigung der Preisfaktoren bereits deutlich verbessert werden. Die für den **Preisfaktorhedge** notwendige Kontraktzahl errechnet sich wie folgt:

$$\text{Hedge Ratio} = \frac{\text{Nominalwert Kassaposition}}{\text{Nominalwert Future}} \cdot \text{Preisfaktor}_{CTD}$$

Für das Beispiel ergibt sich ein notwendiger Verkauf von jeweils

$$40 \cdot 1{,}08546 = 43{,}42 \approx 43 \text{ Kontrakte}$$

Somit verbessert sich das Absicherungsergebnis auf:

$(87{,}75\ \% - 77{,}40\ \%) \cdot 250.000\ \text{DM} \cdot 43 = 10{,}35\ \% \cdot 10.750.000\ \text{DM} = 1.112.625\ \text{DM}$

| Kürzel | Verlust Anleihe | Gewinn Hedge | Gesamtergebnis |
|---|---|---|---|
| A | 1.229.000 DM | 1.112.625 DM | – 116.375 DM |

Abbildung 2-67: Wertveränderung des Gesamtportfolios bei einem Preisfaktorhedge

Mit dieser Methode läßt sich bereits eine deutliche Verbesserung der Absicherungsergebnisse erreichen, voll befriedigend sind sie jedoch nicht. Ein nochmals deutlich genaueres Ergebnis kann durch das Konzept eines **Basispunkt-Hedging** erreicht werden. Sowohl für die Cheapest-to-deliver-Anleihe (CTD-Anleihe) als auch für die abzusichernde Position wird ermittelt, wie der Anleihepreis auf eine vorgegebene Zinsänderung von 0,01 Prozent reagiert (BPV = Basis Point Value). Die berechneten Sensitivitäten werden dann zur Ermittlung der optimalen Kontraktzahl benutzt:

$$\text{Hedge Ratio} = \frac{\text{Nominal}_{Kassaposition}}{\text{Nominal}_{Future}} \cdot \frac{\text{BPV}_{Kasse}}{\text{BPV}_{CTD}} \cdot \text{PF}_{CTD}$$

Zunächst werden die Sensitivitäten der CTD-Anleihe und der beiden abzusichernden Positionen ermittelt (aus didaktischen Gründen arbeiten wir hier mit einer Veränderung um 1 Prozent):

| Kürzel | Kurs bei 8 % | Kurs bei 7 % | BPV |
|---|---|---|---|
| ctd | 92,25 | 101,62 | 6,37 |
| A | 100,00 | 107,02 | 7,02 |

Abbildung 2-68: Basis Point Value der Anleihen

Hieraus folgen unter Verwendung der Formel für den Basispunkthedge folgende Absicherungsverhältnisse:

$$40 \cdot \frac{7{,}02}{6{,}37} \cdot 1{,}08546 = 47{,}8 \approx 48 \text{ Kontrakte}$$

Bei einem Zinsanstieg von 8 Prozent auf 10 Prozent belaufen sich die Gewinne der entsprechenden Futurespositionen auf:

Hieraus resultiert dann eine exzellente Gesamtabsicherung.

| Kürzel | Verlust Anleihe | Gewinn Hedge | Gesamtergebnis |
|:---:|:---:|:---:|:---:|
| A | 1.229.000 DM | 1.242.000 DM | − 13.000 DM |

Abbildung 2-70: Wertveränderung des Gesamtportfolios bei einem Basispunkthedge

Mit der **Basispunktmethode** gelingt es im Regelfall, gute Ergebnisse zu erzielen. Alternativ zur Absicherung einzelner Positionen kann auch die Sensitivität eines ganzen Portfolios ermittelt und analog zur obigen Vorgehensweise zur Errechnung der Hedge Ratio herangezogen werden.

Hier sollte gezeigt werden, wie die verschiedenen **Absicherungsmethoden** aufeinander aufbauen. Dennoch ist nicht zu erwarten, daß die Absicherungsergebnisse jemals perfekt sind. In der Realität kommen als weitere erschwerende Faktoren hinzu:

- **Veränderungen** der Cheapest-to-deliver-Anleihe (Neuemission, Preisverschiebung) mit der Folge einer veränderten Sensitivität des Futureskontraktes
- **Drehungen** der **Zinskurve**, denn die Absicherung unterstellt eine parallele Veränderung der Renditen
- **Basisrisiko** durch Unterschiede der **Bonität** der Emittenten (zum Beispiel Eurobonds)
- andere als **Renditegesichtspunkte** bei der Auswahl von Anleihen (zum Beispiel Steuern)

All diese Einflußparameter stehen einem perfekten Ergebnis im Wege. Die Abweichungen werden in der Regel jedoch deutlich geringer sein als die Schwankungen bei ungesicherten Positionen.

## 4.4 Optionen

Bisher wurden Zahlungen mit unbedingter Verpflichtung analysiert. So wird bei einem Termingeschäft die Verpflichtung zwar zu einem späteren Zeitpunkt, aber auf jeden Fall erfüllt.

Anders ist die Situation bei einer **Option**. Der Käufer erwirbt ein **Recht**, das er nutzen, aber auch verfallen lassen kann. Daher ist es deutlich schwieriger, eine Option im Vergleich zu einem Termingeschäft zu bewerten. Die Optionspreistheorie ist mathematisch äußerst anspruchsvoll. Im folgenden wollen wir die entscheidenden Konzepte trotzdem so einfach wie möglich erläutern.

### 4.4.1 Allgemeine Optionsbewertung

Definition:

Eine **Option** ist ein **Vertrag,** der dem **Käufer** der Option (Inhaber der Option)

- **während** eines festgelegten **Zeitraums** (Kontraktlaufzeit ) das **Recht** gibt (Optionsrecht), aber nicht die Verpflichtung
- eine **bestimmte Menge** eines **bestimmten Gutes** (Underlying)
- zu einem im voraus **festgesetzten Preis** (Strikepreis)
- zu **kaufen (Call)** oder zu **verkaufen (Put)**

Bei einer **American Style Option** ist die Ausübung **jederzeit** möglich, bei einer **European Style Option** nur am **Ende der Laufzeit**. Für dieses Ausübungsrecht zahlt der Käufer eine **Prämie**, also den Preis für die Option.

Der **Verkäufer** der Option (Stillhalter) bekommt den Preis für die Option und übernimmt dafür im Fall der Ausübung die **Verpflichtung**, das betreffende Gut zum festgelegten Strikepreis zu kaufen oder zu verkaufen. Somit liegt der maximale Verlust des Optionskäufers bei der Höhe seiner Prämie, während der des Optionsverkäufers prinzipiell unbegrenzt ist.

Die Funktionsweise der Optionen kann am besten am **letzten Laufzeittag** erklärt werden. Dabei wird von einer offenen Position ausgegangen.

#### 4.4.1.1 Inhaber eines Calls

Der Gewinn für den Besitzer einer Kaufoption hängt unmittelbar vom Kurswert des Underlying ab.

- Liegt der **Kurs unter** dem **Strikepreis,** ergibt sich ein **begrenzter Verlust** in Höhe des ursprünglich gezahlten Optionspreises. Die **Option** wird **nicht ausgeübt**, da das Underlying günstiger über den Kassemarkt zu kaufen ist.

- Liegt der **Kurs über** dem **Strikepreis,** wird die Option in jedem Fall **ausgeübt.** Das Underlying wird günstig über die Option bezogen und anschließend auf dem Kassemarkt verkauft. Der **Kurs** muß aber um **mehr** als die ursprünglich **gezahlte Prämie** über dem Strike liegen, damit die **Gewinn**zone erreicht wird. Vorher führt die Ausübung nur zu einer Minimierung des Verlustes.

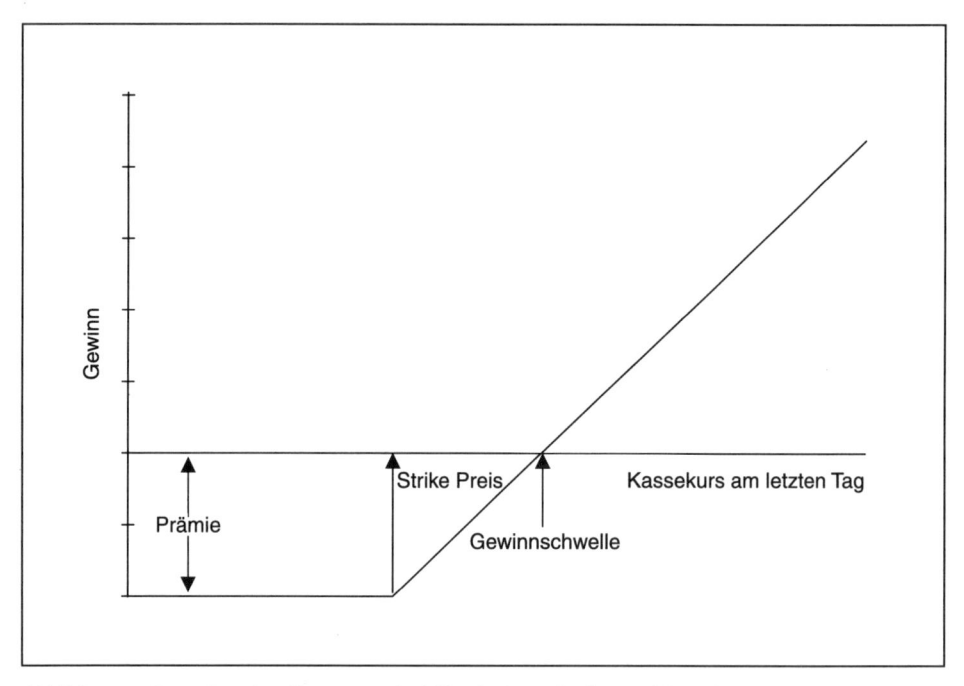

Abbildung 2-70: Gewinndiagramm bei Kauf eines Calls am Verfallstag

### 4.4.1.2 Stillhalter eines Calls

Der Stillhalter eines Calls hat eine spiegelbildliche Position (zur X-Achse) im Vergleich zum Inhaber, entsprechend ist auch für ihn das Endergebnis unmittelbar an den Kurs gekoppelt.

- Liegt der **Kurs unterhalb** des Strikepreises, wird die **Option verfallen**, es entsteht ein begrenzter **Gewinn** in Höhe der **Prämie**.

- Liegt der **Kurs über dem Strike,** wird die Option ausgeübt werden. Der Stillhalter muß das Papier im **Kassa**markt erwerben, bekommt aber nur den niedrigeren **Strike**preis. Solange die **Differenz** kleiner als der ursprüngliche Optionspreis ist, bleibt ein Restgewinn. Anschließend beginnt die nahezu unbegrenzte Verlustzone.

### 4.4.1.3 Inhaber eines Puts

Der Inhaber eines Puts profitiert von sinkenden Kursen.

- Liegt der **Kurs** des Underlying **über dem Strike,** wird der Put **nicht ausgeübt,** der Käufer hat die komplette Prämie verloren.

- Liegt der **Kurs unter dem Strike,** wird die **Option ausgeübt.** Das Underlying wird „billig" auf dem Kassemarkt gekauft und dann zum Strike an den Stillhalter weitergegeben. Es entsteht dann ein Gewinn, wenn der Kassepreis um mehr als die Prämie unter dem Strike liegt.

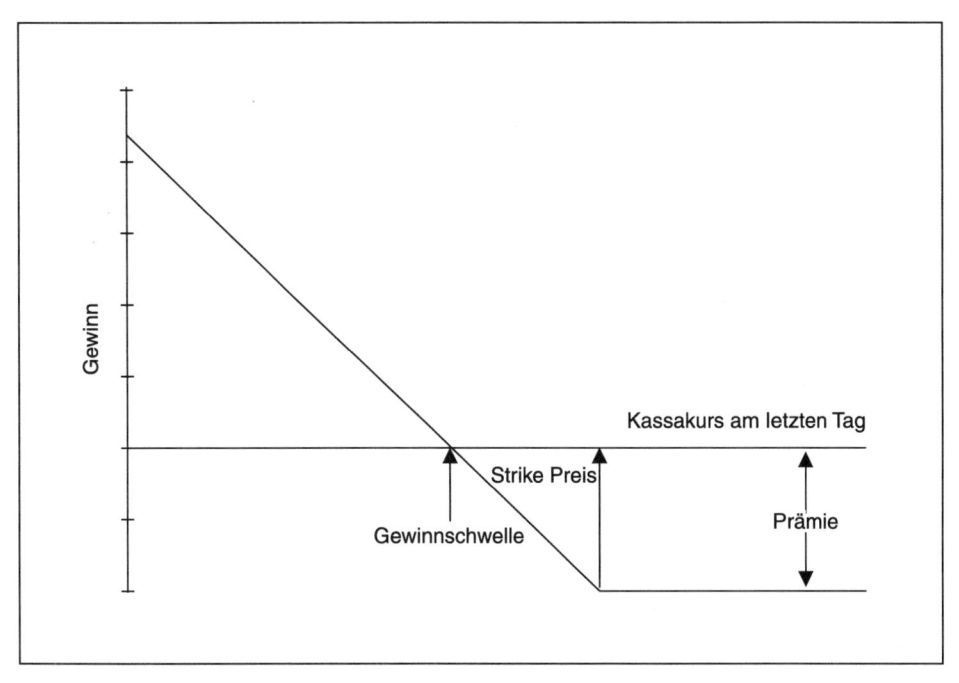

Abbildung 2-71: Gewinndiagramm bei Kauf eines Puts am Verfallstag

### 4.4.1.4 Stillhalter eines Puts

Auch hier handelt es sich um das **Spiegelbild** (X-Achse) der Inhaberposition.

- Liegt der **Kurs** des Underlying **über dem Strikepreis, verfällt die Option** und die gezahlte Prämie wird „verdient".

- Liegt der **Kurs unter dem Strike,** bekommt der Stillhalter das Underlying zum „teuren" Strikepreis und veräußert es zum Kassakurs. Solange der Unterschied der Kurse kleiner als die Prämie ist, bleibt ein Gewinn, wird er größer, entsteht ein entsprechender Verlust.

Jedoch ist dieser Ansatz sehr grob, denn Optionen haben nur ganz selten die Laufzeit von einem Tag. Im Regelfall haben sie eine **Restlaufzeit,** die einen wesentlichen Anteil ihres Wertes ausmacht. Bisher wurde der **innere Wert der Option** betrachtet, also ihr Wert bei sofortiger Ausübung. Hinzu kommt in der Regel jedoch der **Zeitwert,** da das Recht, etwas zu tun, meist wertvoller ist, als die Aktion sofort auszuführen. Die Bestimmung des Wertes einer Option ist kompliziert, und es dauerte lange bis entsprechende Ansätze entwickelt wurden. Zuerst gilt es, einige intuitive Gedanken zur **Preisbildung** zu erörtern. Im folgenden wird von einem **Call** auf eine Aktie ohne Dividendenzahlung während der Optionsfrist ausgegangen.

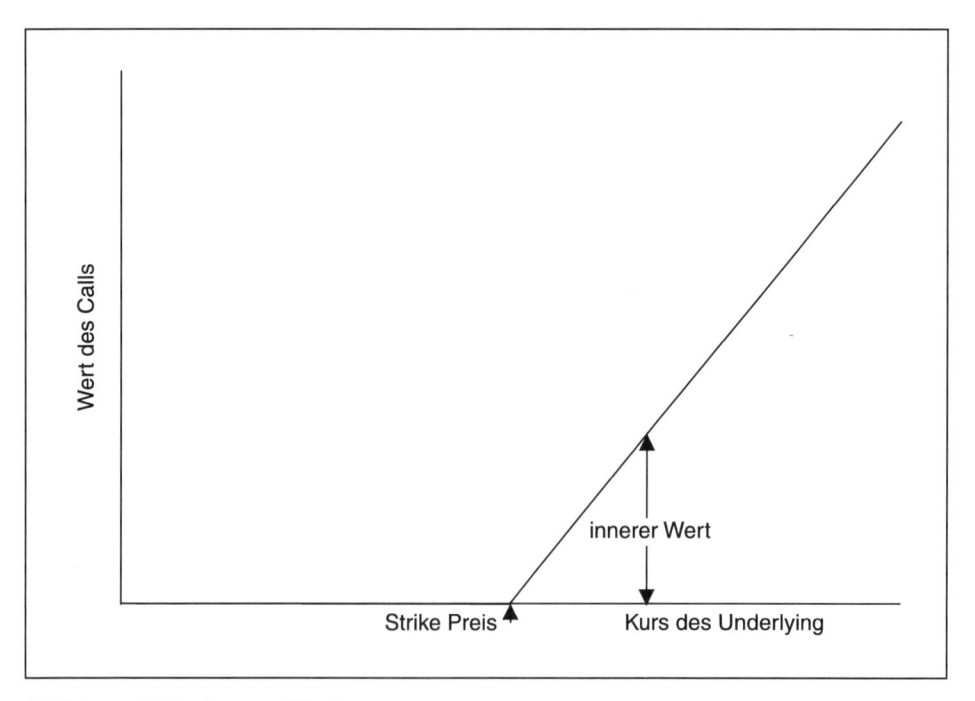

Abbildung 2-72: Innerer Wert

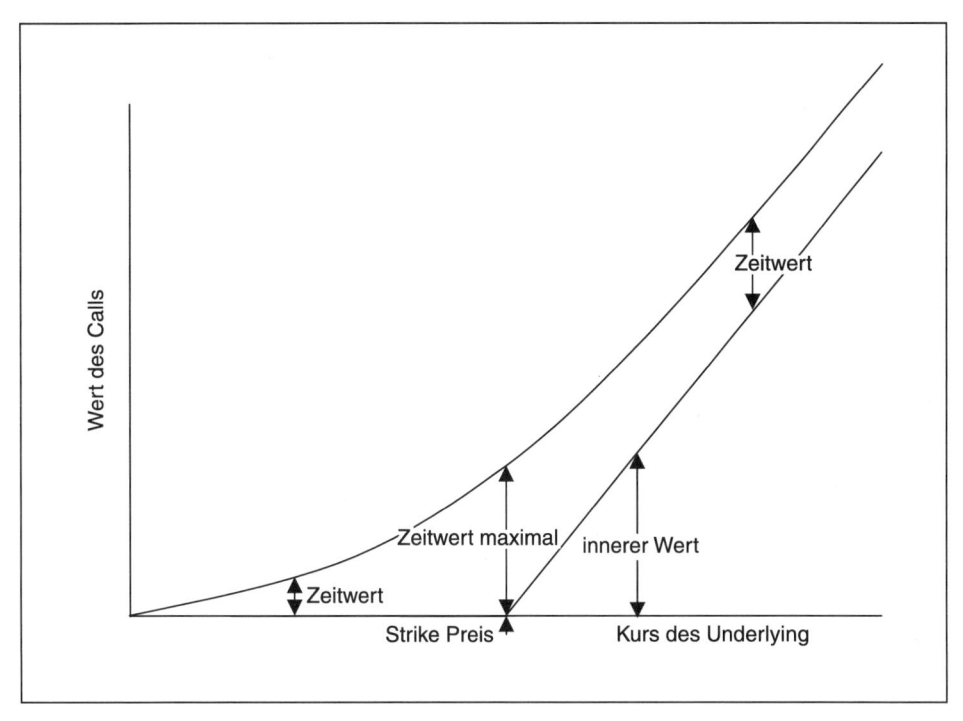

Abbildung 2-73: Zeitwert der Option

1. Während der Laufzeit einer amerikanischen Option kann der Wert **nicht unter den inneren Wert sinken.** Dieser spiegelt den Wert bei sofortiger Ausübung wider und entspricht daher dem Aktienkurs minus Strikepreis. Da die amerikanische Option jederzeit ausgeübt werden kann, kann der innere Wert auch jederzeit realisiert werden.

2. Eine **Option** kann zu keinem Zeitpunkt mehr wert sein als der Kassekurs des Underlying, denn das Recht auf einen Gegenstand kann nicht wertvoller sein als der Gegenstand selbst.

3. Im Normalfall liegt der **Wert einer Option** während der Laufzeit **über dem inneren Wert.** Bei Kursen des Underlying unter dem Strikepreis (out of the money) wäre sie bei Ausübung wertlos. Da die Zukunft aber unsicher ist, bleibt immer die Hoffnung, daß das Underlying im Kurs steigen wird. Diese Hoffnung hat einen positiven Erwartungswert, der als Zeitwert bezeichnet wird.

Der Wert einer Option muß **zwischen** dem **inneren Wert** und dem **Kurs** des Underlying liegen. Steigt der Kurs der Aktie, muß also auch der Wert der Option steigen. Die Option ist wertlos, wenn die Aktie wertlos ist. Liegt der Kassekurs der Aktie weit über dem Strike, ist die Ausübung der Option sehr wahrscheinlich, der Wert nähert sich dem Kurs des Underlying abzüglich des Strikepreises, also dem inneren Wert an. Entsprechend ist der Zeitwert am Strike am höchsten, da hier die Hoffnung auf eine positive Entwicklung am größten ist.

Nimmt die Restlaufzeit ab, muß der Zeitwert der Option sinken, da die Chance auf vorteilhafte Entwicklungen immer kleiner wird (vgl. Abbildung 2-74).

4. Ein weiterer Unterschied beim Halten der Option im Vergleich zum Besitz der Aktie liegt in einer **Verzögerung der Zahlung**. Bei einer Option muß zuerst nur deren Preis (Prämie) entrichtet werden, erst bei Bezug des Underlying wird der Strike fällig. Der Wert der Calls muß also steigen, wenn der Kapitalmarktzins steigt oder die Restlaufzeit länger ist. Durch die **spätere Zahlung** kann das Geld inzwischen angelegt werden. Der Einfluß des Refinanzierungszinssatzes auf die Option ist jedoch relativ gering.

5. Die Hoffnung einer positiven Entwicklung des Optionswertes ist um so größer, je stärker sich die Aktie in der Vergangenheit im Kurs bewegt hat. Eine stark schwankende Aktie hat eine höhere **Volatilität** (gemessen an der Standardabweichung) als eine Aktie mit relativ konstantem Kurs, und damit auch eine höhere Wahrscheinlichkeit auf eine stärkere (positive) Kursentwicklung. Der Wert eines Calls auf eine Aktie, die sich stark bewegt, muß also größer sein als

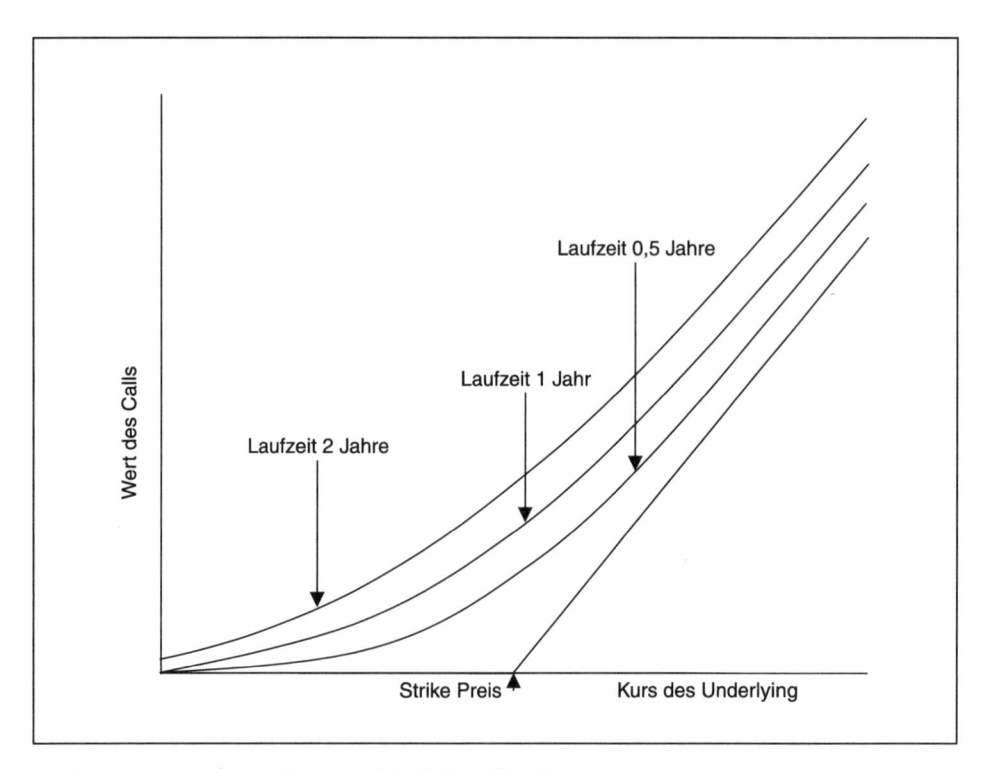

Abbildung 2-74: Call bei unterschiedlichen Restlaufzeiten (0,5; 1; 2 Jahre)

bei einer Aktie, die sich kaum bewegt. Auch hier hat eine **längere Laufzeit** einen entscheidenden Einfluß, weil sich damit die Chance auf eine positive Entwicklung erhöht.

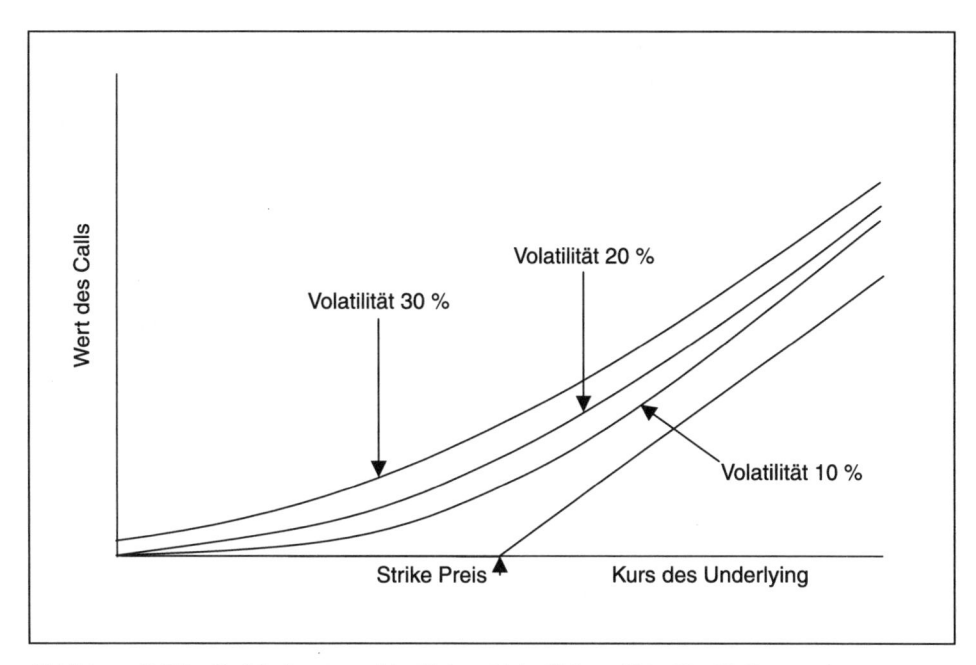

Abbildung 2-75: Call bei unterschiedlichen Volatilitäten (10; 20; 30 Prozent)

Die folgende Tabelle zeigt zusammengefaßt, wie sich die Erhöhung der einzelnen Parameter auf den **Wert eines Calls** auswirkt:

| Variable | Entwicklung der Variablen | Entwicklung des Callpreises |
|---|---|---|
| Kurs Underlying | ↑ | ↑ |
| Strike Preis | ↑ | ↓ |
| Risikofreier Zins | ↑ | ↑ |
| Laufzeit | ↑ | meist ↑ |
| Volatilität | ↑ | ↑ |

Abbildung 2-76: Übersicht über die Einflußgrößen eines Callpreises

## 4.4.2 Aktienoptionen

Ein kurzer Blick auf die Aktienoptionen der DTB (Deutsche Terminbörse) bietet sich an. Es gibt dort Anfang 1996 Aktienoptionen auf Allianz, BASF, Bayerische Hypothekenbank, Bayerische Vereinsbank, Bayer, BMW, Commerzbank, Daimler Benz, Deutsche Bank, Dresdner Bank, Hoechst, Lufthansa, Mannesmann, Preussag, RWE, Siemens, Thyssen, Veba, VIAG und VW. Sehr interessant ist außerdem die Option auf den Deutschen Aktienindex (DAX). Die Optionen weisen die Merkmale auf, die in Abbildung 2-77 aufgeführt sind.

|  | Aktien | DAX |
| --- | --- | --- |
| Kontraktgröße | 5 Allianz<br>50 Aktien mit NW 50<br>500 Aktien mit NW 5 | 10 DM pro DAX Punkt |
| Ausübung | American Style | European Style |
| Verfallsmonate | drei aufeinanderfolgende Monate und nächster Quartalsmonat | drei aufeinanderfolgende Monate und die nächsten beiden Quartalsmonate |
| Laufzeit | 1, 2, 3 max. 6 Monate | 1, 2, 3 ,4−6 ,7−9 |
| Preisintervall | 0,10 DM bzw. 0,01 | 1,00 DM |
| Erfüllung | 2 Börsentage nach Ausübung, physische Lieferung (außer Allianz) | Barausgleich |
| letzter Handelstag | 3. Freitag des Verfallsmonats | letzter Börsentag vor dem Ausübungstag |

Abbildung 2-77: Merkmale von Optionen

Termingeschäfte besitzen alle ein **symmetrisches Risikoprofil**, das heißt, daß Preisveränderungen beim Underlying und die daraus resultierenden Gewinne beziehungsweise Verluste in einem annähernd linearen Verhältnis zueinander stehen. Bei der Verwendung solcher Instrumente geht die Absicherung gegen Risiken stets mit der Aufgabe der Chance auf vorteilhafte Änderungen einher.

Der große Vorteil des **Optionsmarktes** liegt dagegen in der **asymmetrischen Verteilung** von Chance und Risiko. Der Einsatz einer Option erlaubt eine Risikobegrenzung bei gleichzeitigem Offenhalten der Chance, von vorteilhaften Änderungen zu profitieren. Eine solche Umverteilung von Chancen und Risiken ist nur durch Zahlung eines Barausgleichs (Optionsprämie) an die andere, „stillhaltende" Vertragspartei erreichbar. Wegen dieser Zahlung wird eine Optionsstrategie rückblickend betrachtet (ex post) nie die optimale Handlungsalternative sein können. Aber: Da Absicherungsentscheidungen jedoch im voraus (ex ante) getroffen werden müssen, bekommen Optionen eine zunehmende Bedeutung. In erster Linie werden sie für Teilabsicherungen, für Situationen großer Unsicherheit und zur Begrenzung von extremen Risiken (Worst-case-Szenario) eingesetzt.

Für den Käufer einer Option ist der maximale Verlust auf die gezahlte Prämie begrenzt, während seine **Gewinnmöglichkeiten** theoretisch unbeschränkt sind. Für den Verkäufer gilt exakt das Gegenteil. Die Prämie ist nicht rückzahlbar, die **Option** kann jedoch in der Regel jederzeit entweder beim Stillhalter (Verkäufer) oder auf dem Sekundärmarkt zum aktuellen Preis **glattgestellt** werden. Da in der großen Mehrzahl der Fälle der innere Wert der Option, das heißt der Wert bei sofortiger Ausübung, geringer ist als der Wert der nicht ausgeübten Option (Erhaltung des Zeitwertes). Den höchsten Zeitwert besitzt eine Option „**at the money**", das heißt, daß Strikepreis und aktueller Kurs des Basisinstruments sich entsprechen. Der innere Wert einer solchen Option beträgt Null. „**In-the-money**"-Optionen weisen zusätzlich zum Zeitwert auch einen inneren Wert auf, wobei gilt, je tiefer eine Option sich im Geld befindet, desto unbedeutender ist der Zeitwert. „Out-of-the-money"-Optionen schließlich besitzen nur einen Zeitwert.

Bei der Wahl des Ausübungspreises ist darauf zu achten, daß Optionen als **bedingte Termingeschäfte** nicht direkt vom Kassakurs, sondern vom **Terminkurs** des zugrundeliegenden Objekts abhängen. (Die Finanzierungskosten während der Laufzeit der Option müssen daher den Wert der Option beeinflussen.)

### 4.4.3 Zinsoptionen

Eine Zinsoption stellt eine Vereinbarung zwischen Käufer und Verkäufer dar, bei der dem Käufer das Recht eingeräumt wird, einen **Zinssatz** oder ein **Finanzinstrument** zu einem **vorher festgelegten Preis** zu einem **bestimmten Zeitpunkt** (European Style) oder innerhalb einer bestimmten Zeitperiode (American Style) **zu kaufen (Call)** oder **zu verkaufen (Put)**. Der Käufer kann sich frei entscheiden, ob er von seinem Recht Gebrauch machen will oder dieses verfallen läßt. Als Gegenleistung zahlt der Käufer dem Verkäufer eine Optionsprämie.

Im Zinsbereich kommt folgenden **vier Arten** von Optionsgeschäften die größte Bedeutung zu:

1. Optionen auf den Kauf oder Verkauf von zinsreagiblen **Wertpapieren** (zum Beispiel Bundesanleihen)
2. Optionen auf den späteren Abschluß zinsabhängiger **Derivativgeschäfte** (zum Beispiel Swaps)
3. Caps, also Vereinbarungen einer **Zinsobergrenze** (für variabel verzinste Kredite)
4. Floors, also Abkommen in bezug auf eine **Mindestverzinsung** (für variabel verzinste Anlagen)

Typ 1 ähnelt einer **Standard-Aktienoption**. Statt einer Aktie liegt dem Optionsgeschäft jedoch ein festverzinsliches Wertpapier zugrunde.

Beim Typ 2 erwirbt der Käufer das Recht, zu einem bestimmten Zeitpunkt zu festgelegten Konditionen mit dem Verkäufer einen **Swap** abzuschließen, oder eine bestehende Swapvereinbarung ohne den sonst fälligen Barausgleich vorzeitig zu beenden. Diese Art von Geschäft wird auch als **Swaption** bezeichnet.

Bei Typ 1 und 2 handelt es sich also um **Optionen auf Festzinssätze**. Bei Ausübung legt sich der Optionskäufer für die Gesamtlaufzeit des Instruments auf einen Zinssatz fest. Im Unterschied hierzu bieten die **Typen 3 und 4** jeweils Absicherungen für **Teilperioden der Gesamtlaufzeit**. Die Ausübung einer Option in einer Periode ist unabhängig von der Entscheidung in anderen Perioden. Technisch handelt es sich demnach um ein Bündel von europäischen Optionen, deren Fälligkeiten gleichmäßig über die Gesamtlaufzeit verteilt sind und so aufeinanderfolgende Perioden abdecken.

Da für diese Instrumente inzwischen ein breiter Markt existiert, sollen sie im folgenden ausführlicher dargestellt werden.

### 4.4.3.1 Cap

Als **Cap** (= Deckel) wird eine Zinsobergrenze, bezogen auf einen **Referenzzinssatz** (zum Beispiel 6-Monats-LIBOR), bezeichnet. Übersteigt der Referenzzinssatz an festgelegten Terminen (roll over) während der Laufzeit die vertraglich festgelegte Grenze (Strike Preis), so erhält der Käufer die Differenz, bezogen auf den Nominalbetrag, vom Verkäufer vergütet. Im nachstehenden Diagramm ergeben sich für einen Cap mit einem Strike von 6 Prozent von 1986 bis 1992 in den ersten Jahren die tatsächlich aktuellen Zinssätze unterhalb des Strikesatzes. Ab 1989 greift dann die Option, und es kommt zu entsprechenden Ausgleichszahlungen an den Käufer des Caps, so daß sein Zinssatz für diesen Zeitraum 6 Prozent beträgt.

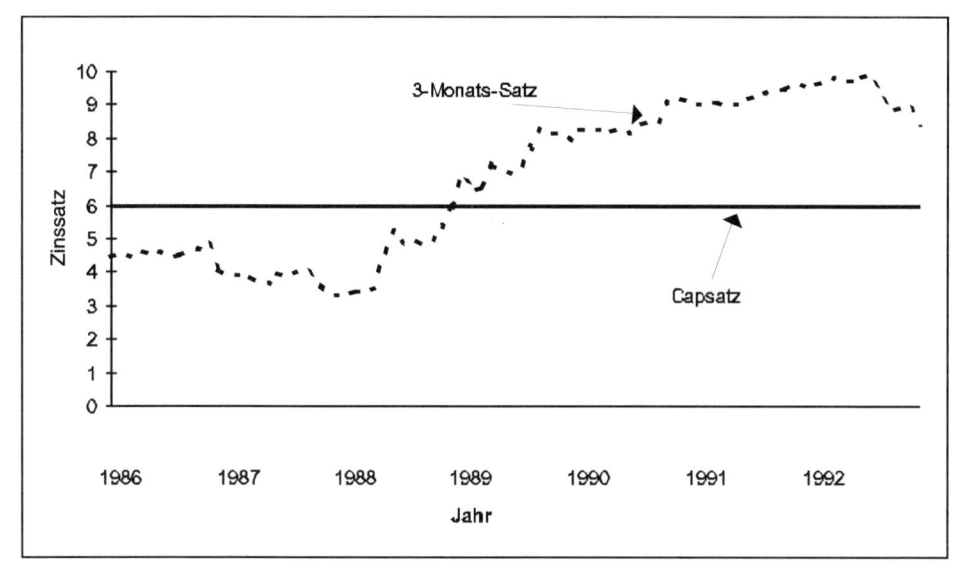

Abbildung 2-78: 6 Prozent Cap von 1986 bis 1992

Dieses Instrument wird in Verbindung mit variablen Finanzierungen regelmäßig eingesetzt. Damit ergibt sich die Möglichkeit, **variable Zinskosten** nur vorübergehend in vorher fixierte feste Zinskosten zu überführen. Häufig wird eine solche Kombination von variablem Kredit und Cap dem Kunden als Paket angeboten. Bei jedem Roll-over-Termin wird der Referenzsatz mit dem Strike des Cap verglichen und der Kunde zahlt den jeweils niedrigeren Zinssatz. Ein über dem Strike liegender Referenzsatz für den Kredit wird automatisch mit der Ausgleichszahlung aus dem Cap verrechnet. Als Preis für diese „kundenfreundliche" Regelung fällt die Cap-Prämie an, entweder als Einmalzahlung oder auch in über die Laufzeit verteilten Raten.

### 4.4.3.2 Floor

Der **Floor** (= Boden) ist das dem **Cap** entsprechende **Gegenstück** zur Absicherung gegen ein **Absinken variabler Zinsen**. Für eine variabel verzinsliche Anlage kann durch den Erwerb eines Floors eine Zinsuntergrenze vereinbart werden. Es kommt hierbei immer dann zu Ausgleichszahlungen an den Käufer, wenn der **Referenzsatz den Strike** unterschreitet. Unter Berücksichtigung der entgegengesetzten Wirkungsweise der Absicherung gelten die zu Caps gemachten Aussagen entsprechend. Bei der normalen Zinsstruktur ergibt sich aufgrund der „günstigen" Forwardkurve für einen Floor bei 6 Prozent gegen 6-Monats-LIBOR folgendes Schaubild:

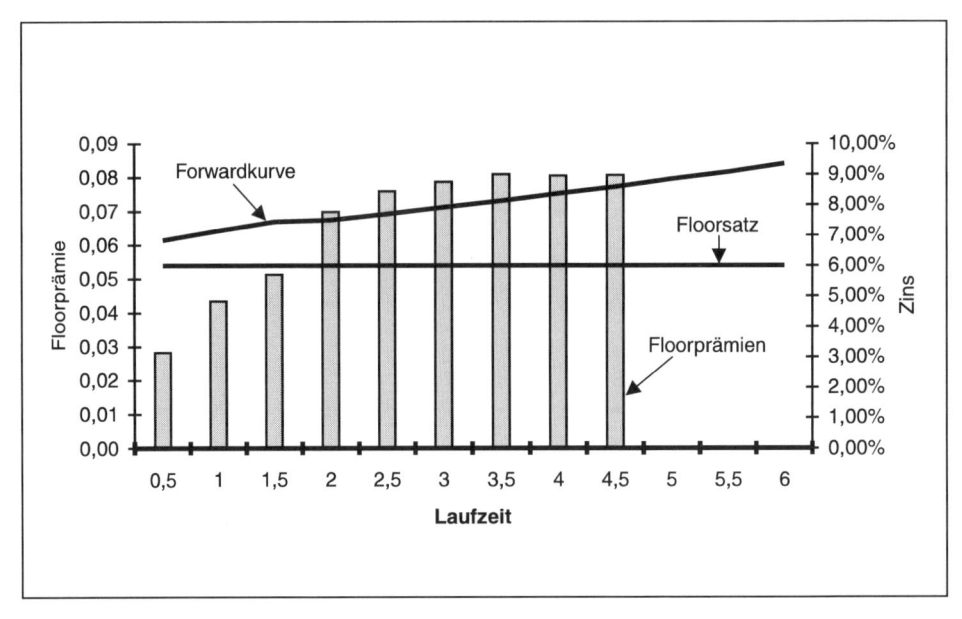

Abbildung 2-79:  6 Prozent Floor mit fünf Jahren Laufzeit

Hieraus resultieren auch einige interessante Kombinationsmöglichkeiten. Der Käufer eines Caps kann seine Prämienzahlung reduzieren, indem er gleichzeitig einen Floor verkauft. Dadurch schränkt er allerdings seine Chance ein, von Zinssenkungen zu profitieren. Treffend wird diese Kombination als **Collar** (= Kragen) bezeichnet. Eine weitere mögliche Kombination ist der **Corridor**. Mit diesem Ausdruck wird der gleichzeitige An- und Verkauf von Caps mit unterschiedlichen Strikepreisen bezeichnet. Beim **Participation-Cap** wird der Kauf eines Caps mit dem Verkauf eines Floors bei gleichem Strikepreis, aber unterschiedlich hohem Nominalbetrag kombiniert. Um ein eigentliches Optionsgeschäft handelt es sich bei dieser Kombination nur in bezug auf den Unterschiedsbetrag der Nominale. Ansonsten wird die Absicherung gegen ein Ansteigen der Zinsen über den Capstrike durch die Aufgabe der Chance eines Absinkens erreicht. Der Strike ist damit zum Festsatz geworden. Diese Kombination wäre auch durch einen Swap und einen Cap darstellbar.

Unter dem Sammelbegriff „**exotische Optionen**" werden laufend neue Konstruktionen angeboten. Stellvertretend soll hier ein **Average-Rate-Cap** vorgestellt werden. Dieses Instrument kann benutzt werden, um eine Finanzierung auf Tagesgeldbasis gegen steigende Zinsen abzusichern. Die Funktionsweise entspricht der eines normalen Caps, nur wird der Durchschnitt einer Reihe von Zinssätzen als Referenzsatz benutzt. Soll der Cap zur Absicherung von Finanzierungen dienen, deren variable Zinssätze zu unterschiedlichen Zeiten festgelegt werden, verringert ein Average-Rate-Cap die Gefahr, daß das Absicherungsergebnis durch „Ausreißerfixings" beeinträchtigt wird. Zudem führt der glättende Charakter der Durchschnittsbildung zu geringeren Volatilitäten und damit im Vergleich zum normalen Cap zu einem geringeren Preis.

Dies soll genügen, um anzudeuten, wie vielfältig die Möglichkeiten sind, neue Varianten derivativer Finanzinstrumente zu erfinden. Der Banker wird hier zum „Kreativen" und der Phantasie sind kaum Grenzen gesetzt.

## 4.5 Risiken aus Derivativgeschäften

In der jetzigen Diskussion über Derivate wird oft vergessen, daß auch das klassische Geschäft die meisten der Risiken dieses neuen Bereiches kennt. Besonders dem **Ausfallrisiko** muß dort sogar eine deutlich größere Bedeutung beigemessen werden. Darüber hinaus schaffen die **Derivative** oft erst die **Möglichkeit**, sich gegen **existierende Risiken abzusichern**. Trotzdem sollten aber die neuen Gefahren verstanden und entsprechend gesteuert werden.

Am Anfang einer Risikoanalyse muß das **Preisrisiko** stehen. Derivative ermöglichen es, sehr schnell offene Positionen einzugehen, deren Wert mit starkem Leverage an Änderungen von Marktpreisen gekoppelt ist. Wegen dieser extremen Wertänderungsmöglichkeiten sollte immer auch ein Worst-case-Szenario bei offenen Positionen im Derivativbereich im Hinblick auf die Gesamtfirma erfolgen.

Dieses Preisrisiko ist bei der Spekulation mit Derivaten Chance und Risiko zugleich. Durch Kauf oder Verkauf eines Termininstruments kann auf steigende oder fallende Kurse gesetzt werden. Da der Kapitaleinsatz sehr gering ist, können enorme Gewinne, aber auch weit über den Geldeinsatz hinausgehende Verluste entstehen. Dies ist der große Vorteil von Optionen. Durch Kauf eines Calls beziehungsweise eines Puts kann ein ähnlicher Spekulationsgewinn entstehen (etwas geringer auf Grund des Optionspreises), jedoch kann maximal das eingesetzte Kapital verloren werden.

Bei geschlossenen Positionen, also bei einem Hedge, ist besonders das **Basisrisiko** zu analysieren. Damit ist gemeint, daß das Grundgeschäft ein anderes **Underlying** hat als das Derivativgeschäft. Beispielsweise kann es bei einem FIBOR-Kredit und einer LIBOR-Absicherung zu unterschiedlichen Verläufen der beiden Zinssätze kommen. Die Position kann also unter Umständen unerwartet Geld kosten.

In einen ähnlichen Bereich fällt das **Mis-Match-Risiko**. Dies bedeutet ein **Auseinanderfallen der Zeitpunkte**, an denen der Referenzsatz festgestellt wird. Wird zum Beispiel der Kreditzins am LIBOR-Fixing des 3.2. orientiert, während das entsprechende Fixing für das Derivativgeschäft erst am 5.2. vorgenommen wird, können die Sätze unterschiedlich sein.

Auch bei Derivativgeschäften gibt es ein Ausfallrisiko, das im allgemeinen als **Adressenrisiko** bezeichnet wird. Jedoch wird hier oft fälschlicherweise das nominale Volumen der Derivate mit dem möglichen Ausfallrisiko gleichgesetzt. Ein Adressenrisiko entsteht erst, wenn aufgrund von **Marktbewertungen** dem **Geschäft ein positiver Wert** beizumessen ist. Damit ist der Eindeckungsaufwand gemeint, den man hätte, um ein gleiches Geschäft wieder im Markt zu kaufen. So entsteht aus einem Swap über 100 Millionen DM, bei dem 8 Prozent fest gegen 3-Monats-LIBOR gezahlt wird, erst ein Adressenrisiko, wenn der Marktzins über 8 Prozent gestiegen ist. Auch bei einem steigenden Satz besteht das **Risiko nur** aus der **Zinsdifferenz** zum abgeschlossenen Geschäft, bezogen auf die Restlaufzeit des Derivativs. Zudem kommt das Vorleistungsrisiko bei einer LIBOR Zahlung hinzu, da diese meist ein halbes Jahr vor dem Festsatzempfang geleistet werden muß.

Seit den Problemen der Metallgesellschaft ist das **Liquiditätsrisiko** immer stärker in den Mittelpunkt getreten. Bei **börsengehandelten Derivaten** müssen **Wertänderungen** in bezug auf den abgeschlossenen Preis ständig mit **Zahlungen** unterlegt werden. Dies bedeutet bei einer negativen Entwicklung des Derivativs, daß die Firma in der Lage sein muß, die entsprechenden Einschüsse zu leisten. Ein ähnliches Risiko entsteht auch bei nicht börsennotierten Geschäften, wenn die Zahlungen für das Derivativ fällig werden, bevor das abzusichernde Geschäft beendet ist. Dies ist besonders gravierend, wenn Buchpositionen abgesichert werden sollen.

Mit dem **Betriebsrisiko** werden Pannen bei internem Handling von Derivaten bezeichnet. Das beginnt bei Mißverständnissen während des Abschlusses eines Geschäfts und geht über organisatorische Mängel bis hin zum bewußten Betrug durch Mitarbeiter.

Als letzter Punkt ist noch das **Rechtsrisiko** zu nennen. Dies bezieht sich einerseits auf Verträge, die sich nachträglich als nicht durchsetzbar erweisen, umfaßt aber auch eine Margenerhöhung zum Beispiel der Sicherheitsleistung bei börsengehandelten Geschäften auf Beschluß eines Börsengremiums.

Ziel einer sinnvollen Nutzung von Derivativen muß das bewußte Management dieser Risikokategorien sein. Besonders wenn die Aktivitäten in diesem Feld zunehmen, sollte immer wieder hinterfragt werden, ob die Risikokontrollen dem Volumen noch angemessen sind. Allein wegen dieser Risiken Derivative nicht zu benutzen, ist kein Ausweg, da dann die Risiken des kommerziellen Geschäfts nicht abgesichert werden können. **Für die meisten Unternehmen entstehen die Risiken nicht durch den Gebrauch von Derivaten, sondern durch deren Nichtgebrauch.**

## RESÜMEE

Im vergangenen Abschnitt haben wir gesehen, daß Derivativgeschäfte gar keine Hexerei sind, sondern die Möglichkeit eröffnen, Risiken im Finanzbereich besser zu beherrschen. Man muß sicherlich betonen, daß sie auch eine Spielwiese für Spekulanten sein können, aber wenn kein wirkliches, nichtspekulatives Interesse an einem Derivativ vorhanden ist, „stirbt" es erfahrungsgemäß sehr schnell.

Derivative bieten nahezu unbegrenzte Möglichkeiten. Mit Hilfe von Zinsswaps kann jederzeit die Zinsposition eines Unternehmens im Hinblick auf Erwartungen und Risiko optimiert werden. Für die Absicherung zukünftiger Zinsen eignen sich darüber hinaus auch Forward Rate Agreements. Ist das Ziel die Sicherung eines Wertpapierportfolios, kann mit Hilfe von Futurekontrakten eine Hedge-Strategie zur Verringerung von Wertschwankungen eingesetzt werden. Mit Optionen wird dieses Angebot in perfekter Weise abgerundet. Hier können Verlustrisiken abgesichert werden, ohne zugleich die Chance auf eine positive Entwicklung aufgeben zu müssen. Mit DAX-Put-Optionen können Aktienbestände abgesichert werden. Caps sichern eine Zinsobergrenze für Kredite. Auf der anderen Seite ist mit einem Floor eine Mindestverzinsung einer variablen Anlage gesichert. Sollte Sie dieser Ausflug in die Welt der Derivative zum Weiterlesen ermuntert haben?

## KONTROLLFRAGEN

1. Wie können Zinsswaps eingesetzt werden, um bei steigenden Zinsen variable Verschuldungen in eine Festsatzbelastung zu verändern?
2. Sie haben einen Kredit in einem halben Jahr für ein Jahr vergeben. Wie kann sich Ihre Bank gegen steigende Refinanzierungskosten absichern?
3. Wie wird der Ausgleichsbetrag bei einem Forward Rate Agreement berechnet?
4. Wie kann ein Portfolio aus Bundesanleihen gegen steigende Zinsen abgesichert werden?
5. Definieren Sie einen Call und einen Put, und zeichnen Sie das Gewinndiagramm am letzten Laufzeittag.
6. Welche Einflußfaktoren wirken in welcher Weise auf eine Option während der Laufzeit?
7. Wie funktioniert ein Cap?
8. Welche Risiken sind mit Derivativgeschäften verbunden? Was macht Optionen und Futures für spekulative Anleger so „reizvoll" und gleichzeitig so „gefährlich"?

### LITERATUR ZUM WEITERLESEN

- Einen guten Einstieg in die Welt der Derivative finden Sie in:

    Thomas Heidorn, **Vom Zins zur Option,** Gabler Verlag, Wiesbaden 1993.

- Für Zinsprodukte eignet sich hervorragend die Broschüre der Dresdner Bank:

    **Zinsmanagement,** 1993.

- Für einzelne Produkte der Deutschen Terminbörse sind die jeweiligen Prospekte zu empfehlen (zum Beispiel Bund- und DAX-Future, DAX-Optionen).

- Wer sich ausführlicher mit dem Thema beschäftigen möchte, kommt an englischer Literatur und viel Mathematik nicht vorbei. Ein exzellentes Buch, aber auch von höchster Komplexität ist:

    John C. Hull, **Option Futures and other Derivative Securities,** Prentice Hall, Englewood Cliff 1993.

    Dieser Weg ist zwar sehr steinig, aber er lohnt sich.

## 5. Das klassische Kreditgeschäft

### Die Spielregeln von Geben und Nehmen

*„Banker verleihen gerne Regenschirme, um sie bei Regen wieder einzusammeln."*

> Eine der klassischen Bankdienstleistungen ist das Anbieten von Finanzierungen für Unternehmungen und Private: das klassische Kreditgeschäft. Es stellt das größte, bilanzwirksame Aktivgeschäft dar. Für die Bank ist von entscheidender Bedeutung, daß der Kreditnehmer bei Einräumung des Kredits und während der gesamten Laufzeit **kreditwürdig** ist. Prüfung und Überwachung der Bonität sollen die Risiken im Kreditgeschäft möglichst kalkulierbar machen.

### LEITFRAGEN

1. Was läßt sich mit einem Kredit finanzieren?
2. Welche Prüfungen sind vor der Kreditzusage nötig?
3. Wie sichern sich Banken gegen Kreditausfälle ab?
4. Was tun, wenn es trotz aller Sorgfalt zum Kreditausfall kommt?

---

Ein **Kredit** bedeutet inhaltlich:

Eine Bank stellt ihrem Kunden für eine bestimmte Zeit Kaufkraft in Form von Buchgeld zur Verfügung.

Der Kunde verpflichtet sich, als Gegenleistung für die Überlassung des Kapitals Zinsen zu zahlen und den Kredit vertragsgemäß zurückzuzahlen. Im BGB (§§ 607 ff.) wird die Kreditgewährung (Darlehen) als entgeltliche oder unentgeltliche Überlassung von Geld definiert.

**378** Leistungen und Dienstleistungen der Kreditinstitute

Diese Geschäfte werden auch **Geldleihgeschäfte** genannt, weil die Bank ihrem Kunden **de facto Zahlungsmittel** (als Buchkredit) zur Verfügung stellt.

Neben diesen „echten" Krediten, bei denen Geld fließt, gibt es auch noch die **Kreditleihe**. Hier übernimmt die Bank als Kreditgeber die **Haftung** gegenüber einem Dritten im Auftrag ihres Kunden (Kreditnehmer), falls dieser seinen Zahlungsverpflichtungen nicht vertragsgemäß nachkommt. Die Bank überträgt damit also (zunächst jedenfalls) kein Geld, sondern „nur" ihre eigene Kreditwürdigkeit auf ihren Kreditnehmer. Abbildungen 2-80, 2-81 und 2-82 zeigen, wie Kredite banküblich eingeteilt werden und wie die veschiedenen Bankengruppen engagiert sind.

| Bankgruppen / Kreditnehmer | Alle | Großbanken | Regionalbanken | Sparkassen und Girozentralen | Kreditgenossenschaften und Zentralbanken | Realkreditinstitute | Sonstige |
|---|---|---|---|---|---|---|---|
| **Buchkredite an Nicht-Banken** | 4.632 | 450 | 656 | 1.733 | 688 | 729 | 376 |
| davon: bis ein Jahr | 598 | 125 | 122 | 183 | 115 | 10 | 34 |
| über ein Jahr | 3.299 | 241 | 427 | 1.254 | 436 | 697 | 244 |
| **Diskontkredite** | 52 | 15 | 12 | 13 | 7 | – | 5 |
| **Kredite an Banken** | 2.269 | 190 | 221 | 886 | 368 | 172 | 432 |
| davon: Buchkredite | 1.667 | 167 | 168 | 561 | 227 | 159 | 385 |

Quelle: Monatsberichte der Deutschen Bundesbank

Abbildung 2-80: Kredite nach Bankengruppen (Stand Ende 1995, auf Mrd. DM gerundet)

Diskontkredite (1%)
kurzfristige Kredite (13%)
langfristige Kredite (86%)

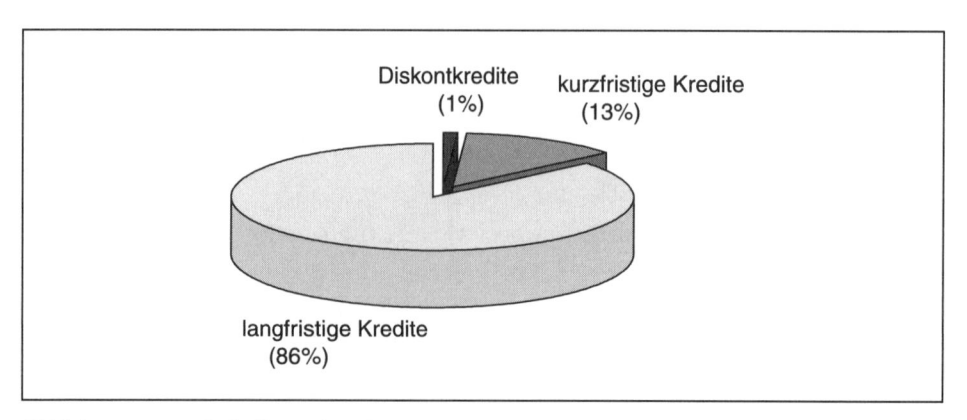

Abbildung 2-81: Aufteilung der Kredite an Nichtbanken nach Art und Laufzeit

Das klassische Kreditgeschäft **379**

**Einteilung der Kredite**

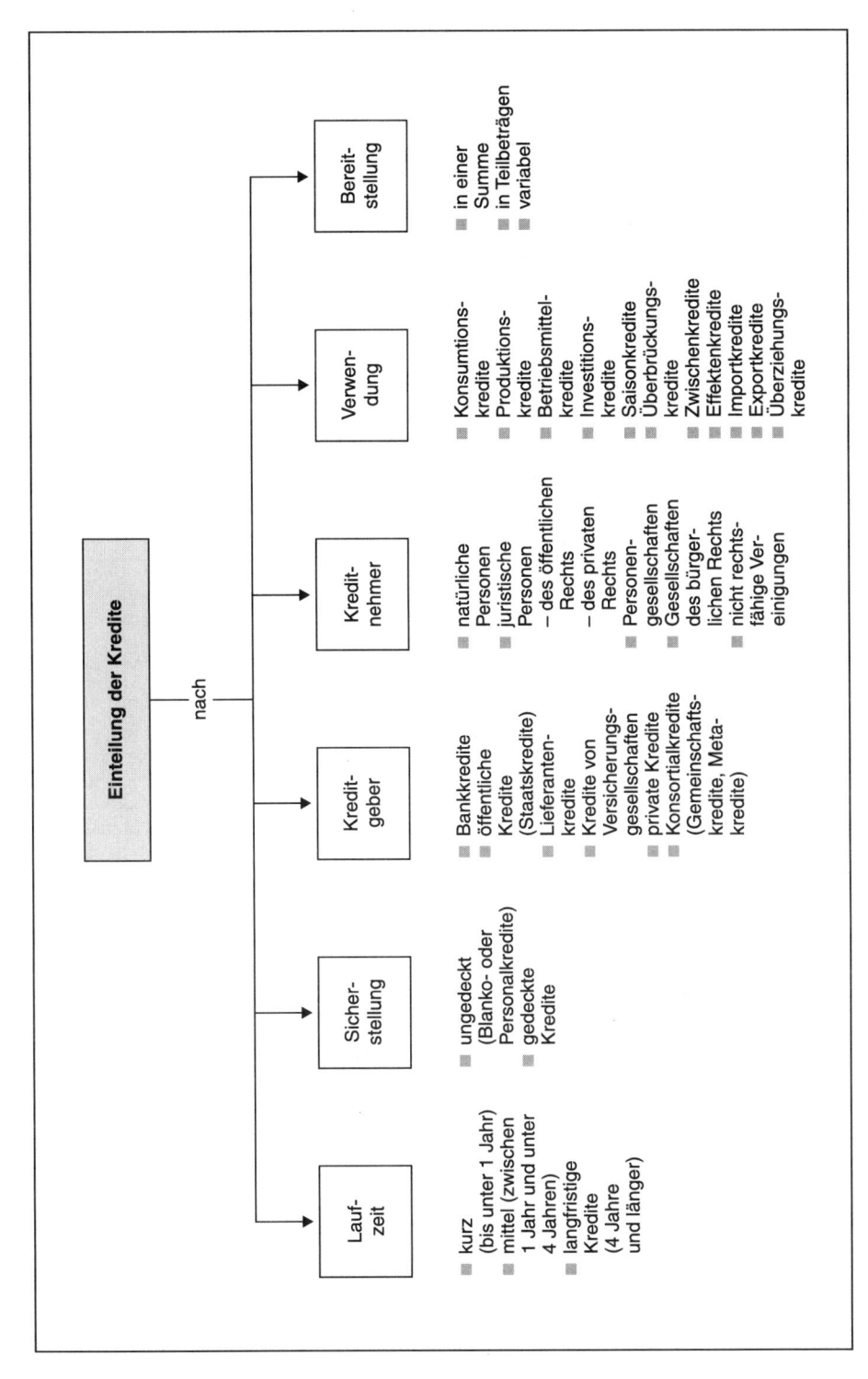

nach

- **Laufzeit**
  - kurz (bis unter 1 Jahr)
  - mittel (zwischen 1 Jahr und unter 4 Jahren)
  - langfristige Kredite (4 Jahre und länger)

- **Sicherstellung**
  - ungedeckt (Blanko- oder Personalkredite)
  - gedeckte Kredite

- **Kreditgeber**
  - Bankkredite
  - öffentliche Kredite (Staatskredite)
  - Lieferantenkredite
  - Kredite von Versicherungsgesellschaften
  - private Kredite
  - Konsortialkredite (Gemeinschaftskredite, Metakredite)

- **Kreditnehmer**
  - natürliche Personen
  - juristische Personen
    - des öffentlichen Rechts
    - des privaten Rechts
  - Personengesellschaften
  - Gesellschaften des bürgerlichen Rechts
  - nicht rechtsfähige Vereinigungen

- **Verwendung**
  - Konsumtionskredite
  - Produktionskredite
  - Betriebsmittelkredite
  - Investitionskredite
  - Saisonkredite
  - Überbrückungskredite
  - Zwischenkredite
  - Effektenkredite
  - Importkredite
  - Exportkredite
  - Überziehungskredite

- **Bereitstellung**
  - in einer Summe
  - in Teilbeträgen
  - variabel

Abbildung 2-82: Einteilung der Kredite nach üblichen Kriterien

## 5.1 Vom Antrag bis zur Zusage des Kredits

### 5.1.1 Finanzierungsanlässe bei privaten Haushalten, Unternehmen und öffentlichen Haushalten

Die von den Banken gewährten Kredite dienen zur Finanzierung von Produktion und Investitionen, privatem Konsum und öffentlichen Ausgaben.

Private Haushalte finanzieren per Kredit Güter und Dienstleistungen, wenn ihre laufenden Einnahmen im Augenblick kleiner sind als die geplanten Ausgaben. Sie nehmen auch langfristig Darlehen auf, um Wohneigentum zu erwerben. Kredite im Privatkundengeschäft werden als **Konsumentenkredite** bezeichnet.

Fast alle Unternehmen benötigen neben ihrem Eigenkapital auch Fremdkapital zur Finanzierung von Investitionen. Sie beschaffen sich **Kapital** außer bei Eigentümern (Eigenkapital) auch bei Dritten, insbesondere bei Banken (Fremdkapital), um damit Teile des Anlage- und des Umlaufvermögens zu finanzieren.

Betrachtet man den Ablauf eines (industrie-)betrieblichen Leistungsprozesses, so ergeben sich Phasen mit Finanzierungsbedarf

- bei der Beschaffung
- bei der Eingangslagerhaltung
- bei der Produktion
- bei der Lagerhaltung für Fertigprodukte
- bei der Absatzfinanzierung

Mit der zusätzlichen Fremdfinanzierung können Unternehmen flexibler am Markt auftreten und in aller Regel eine höhere Eigenkapitalrendite erwirtschaften.

**Finanzierungsanlässe** der öffentlichen Haushalte ergeben sich, wenn die Einnahmen aus Steuern, Gebühren und Umlagen niedriger sind als die Ausgaben für öffentlichen Konsum, Investitionen, Subventionen. Bei den öffentlichen Haushalten entsteht dann Finanzierungsbedarf. Ein Teil dieses Bedarfs wird von Banken mit sogenannten Kommunalkrediten gedeckt.

### 5.1.2 Kreditfähigkeit und Kreditwürdigkeit

Der harte Wettbewerb um Kunden führt heute sowohl zu einem aktiven Verkaufen der Produkte im Privatkundengeschäft als auch über den klassischen Weg des Kreditantrages durch den Kunden. Der **Kreditantrag**, der sowohl schriftlich als auch mündlich gestellt werden kann, bildet die Grundlage für

- die Prüfung der Kreditfähigkeit und der Kreditwürdigkeit des Kreditnehmers
- den Kreditvertrag und
- den Kreditsicherungsvertrag

### 5.1.2.1 Prüfung der Kreditfähigkeit

Die Kreditfähigkeitsprüfung muß feststellen, ob der Antragsteller rechtswirksam einen Kredit aufnehmen kann. Ist der Kunde bereits bekannt, erübrigt sich oft diese Prüfung. Einige „Feinheiten" können dennoch wesentlich sein:

Die Geschäftsfähigkeit (§ 104 BGB) spielt meist eine untergeordnete Rolle. Allerdings ist besondere Aufmerksamkeit geboten, wenn ein Vormund oder Treuhänder oder Testamentsvollstrecker einen Kreditantrag stellt.

Bei Kreditanträgen verheirateter Personen ist zu prüfen, in welchem Güterstand die Eheleute leben. Seit Inkrafttreten des Gesetzes über die Gleichberechtigung von Mann und Frau auf dem Gebiet des bürgerlichen Rechts (**Gleichberechtigungsgesetz**) gilt als **gesetzlicher Güterstand von Eheleuten die Zugewinngemeinschaft**. Danach braucht keiner der Ehegatten die Zustimmung des anderen, um einen Kredit aufzunehmen (§ 1363 ff. BGB). Ebenso kann ein Ehegatte aus seinem Vermögen Sicherheiten für einen Kredit bestellen. Die Zustimmung des anderen Ehegatten ist jedoch dann erforderlich, wenn Gegenstände zur Sicherung herangezogen werden, die das gesamte oder doch das wesentliche Vermögen eines Ehegatten ausmachen oder zum ehelichen Haushalt gehören. Dabei ist es unerheblich, ob das Vermögen vor oder in der Ehe erworben wurde. **Abweichend von diesem gesetzlichen Güterstand können die Ehepartner eine Form des vertragsgemäßen Güterrechts – Gütertrennung oder Gütergemeinschaft – vereinbart haben.** Solche vom gesetzlichen Güterstand abweichende Vereinbarungen sind bei den Amtsgerichten aus dem „Güterrechtsregister" ersichtlich.

Um sich diese eigentlich erforderliche Einsichtnahme in das Güterrechtsregister zu ersparen, gewähren Banken Kredite häufig nur an die Eheleute gemeinschaftlich beziehungsweise gegen die Hereinnahme einer Bürgschaft des Ehepartners. Dies soll auch vor Nachteilen aus Vermögensverschiebungen zwischen den Eheleuten schützen.

Bei juristischen Personen ist zu prüfen, inwieweit die handelnden Personen gesetzlich und/oder vertraglich zur Kreditaufnahme vertretungsberechtigt sind. Auszüge aus öffentlichen Registern sowie die jeweilige Satzung, Kopien des Gesellschaftsvertrages sind anzufordern und daraufhin zu prüfen.

### 5.1.2.2 Prüfung der Kreditwürdigkeit

Nachdem die Kreditfähigkeit geklärt ist, kommt der oft sehr viel kompliziertere Teil. Für die Beurteilung der Kreditwürdigkeit beziehungsweise Bonität müssen die wirtschaftlichen Verhältnisse des Kreditbewerbers geprüft werden.

Dieser Schritt wird je nach Höhe des Kredits und den wirtschaftlichen und rechtlichen Verhältnissen des Kunden mehr oder weniger intensiv ausfallen müssen.

Die meisten Banken verwenden für die Prüfung der materiellen Kreditwürdigkeit Formulare und tabellarische Übersichten. Dies ist zum Beispiel für die Aufbereitung der Bilanzdaten und aller anderen Unterlagen notwendig. Eine wichtige Hilfe bei der Kreditwürdigkeitsprüfung von natürlichen Personen sind Auskunftsanfragen an die **Schufa** (Schutzgemeinschaft für allgemeine Kreditsicherung). Ein Großteil der Kreditinstitute ist der Schufa angeschlossen. Sie melden der Schufa, sofern der Kunde eine entsprechende Einverständniserklärung unterschrieben hat:

- die Eröffnung von laufenden Konten
- die Aufnahme von Konsumkrediten bis zu 100.000 DM
- Bürgschaftsübernahmen (mit Einverständniserklärung des Bürgen)

Weiterhin melden die Kreditinstitute der Schufa die nicht vertragsgemäße Abwicklung einer Geschäftsbeziehung, zum Beispiel Kontokündigung wegen Scheckkartenmißbrauchs und ähnliches.

Die angeschlossenen Kreditinstitute erhalten bei Anfragen an die Schufa Auskunft über die gespeicherten Daten des Kunden. Dies bedeutet für die Banken eine wesentliche Entscheidungshilfe bei der Kreditbearbeitung.

Nach § 18 KWG (siehe Abschnitt 1.6.2) sind die Banken verpflichtet, von Kunden, denen Kredite von insgesamt mehr als 250.000 DM gewährt werden, grundsätzlich die Offenlegung ihrer wirtschaftlichen Verhältnisse, insbesondere die Vorlage der Jahresabschlüsse, zu verlangen, sofern dies im Hinblick auf die gestellten Sicherheiten oder auf die Bonität der Mitverpflichteten nicht offensichtlich unbegründet ist.

Zur Frage, welche Sicherheiten ausreichend sind, um auf die Offenlegung der wirtschaftlichen Verhältnisse verzichten zu können, hat das Bundesaufsichtsamt für das Kreditwesen Stellung genommen. Auch wer als Mitverpflichteter im Sinne dieser Ausnahmeregelung gelten kann, hat das Amt klargestellt: Es kann sich nur um eine dritte Person (etwa einen Bürgen), aber nicht um einen Mitkreditnehmer handeln. Weitere Ausnahmen vom Grundsatz des § 18 KWG enthält § 20 KWG.

Aber auch unabhängig von den KWG-Vorschriften sind die Banken selbst an einem umfassenden Einblick in die wirtschaftlichen Verhältnisse interessiert. Die wirtschaftlichen Verhältnisse eines Kreditnehmers werden durch sein Nettovermögen und durch sein frei verfügbares Einkommen bestimmt, so daß die Kreditwürdigkeitsprüfung mit dem Nachweis des Kunden über seine Vermögens- und Ertragslage beginnt.

Von privaten Kreditnehmern, die in einem Beschäftigungsverhältnis stehen, wird man in aller Regel einen aktuellen Lohn- oder Gehaltsnachweis verlangen und sich über eventuell vorhandene Immobilien oder sonstiges Vermögen eine vom Kreditnehmer unterschriebene Aufstellung mit aktuellen Grundbuchauszügen aushändigen lassen. Diese Aufstellung muß auch Angaben über die Verbindlichkeiten enthalten. Auch Einkommen- und Vermögensteuerbescheide sind geeignete Unterlagen. Die vertrauliche Selbstauskunft stellt eine weitere wichtige Informationsquelle dar (vgl. Abbildung 2-83).

Freiberufler dagegen sind nur ausnahmsweise in der Lage, Lohn- und Gehaltsnachweise zu erbringen; da sie auch nur in den seltensten Fällen buchführungspflichtig sind, kommen hier vor allem Steuer-Unterlagen in Frage (Einnahmeüberschußrechnungen, Steuerbilanzen, Steuerbescheide). Über ein eventuell vorhandenes übriges Vermögen sind von Freiberuflern die gleichen Nachweise zu führen wie bei Lohn- und Gehaltsempfängern.

Von der Firmenkundschaft wird man Jahresabschlüsse nur bei Vorliegen eines in kaufmännischer Weise eingerichteten Geschäftsbetriebes erwarten können. „Kleinere" Gewerbetreibende erstellen aber für einkommensteuerliche Zwecke Einnahme-Überschuß-Rechnungen.

Für Einzelkaufleute mit kaufmännisch eingerichtetem Geschäftsbetrieb, für Personenhandelsgesellschaften und für Kapitalgesellschaften gelten die handelsrechtlichen Buchführungsvorschriften, so daß für die Kreditwürdigkeitsprüfung die Bilanz und Gewinn- und Verlustrechnung herangezogen werden können.

Um einen möglichst umfassenden Überblick über die Vermögens- und Ertragsverhältnisse und Zukunftsaussichten zu erhalten, sollten bei diesen Firmenkunden folgende Unterlagen angefordert werden:

1. die letzten **Jahresbilanzen** (möglichst testiert) mit ausführlichen Erläuterungen **und Gewinn- und Verlustrechnungen, gegebenenfalls Prüfungsberichte**
2. eine **Zwischenbilanz oder ein Kreditstatus** zum Zeitpunkt des Kreditantrages mit ausführlichen Erläuterungen
3. Angaben ihrer Lieferer und Abnehmer
4. Zahlen über **Umsatzentwicklung, Auftragsbestand und Investitionstätigkeit**
5. Angaben über bereits bestehende **Darlehens- und Kreditverhältnisse** und dafür bestellte Sicherheiten
6. Entwicklung der Kosten (Personal-, Sach- und Materialkosten)
7. ein **Finanzplan**, eventuell sogar eine Planbilanz

**COMMERZBANK**

☐ **Vertrauliche Selbstauskunft**

☐ **Bearbeitungsblatt zum Kredit-Vertrag vom** ____________

Kreditwunsch: DM 40.000,-- Rate: DM 1.200,-- Laufzeit: 36 (Monate)

Verwendungszweck: ☒ privat ☐ gewerblich

(in Worten) ____________ CB-Kunde: ☒ ja ☐ nein

| Filial-Nr. | Konto-Nr. | Unter-konto |
|---|---|---|
| | | |

| Persönliche Angaben | Kreditantragsteller | Mitantragsteller/Bürge |
|---|---|---|
| Name, Vorname (Geburtsname)<br>Straße, Haus-Nr.<br>PLZ, Ort<br>Telefon (tagsüber/ privat) | Frei, Max<br>Königsteiner Str. 1<br>63210 Liederbach | Frei, Julia geb. Schuster<br>w. n. |
| Geburtsdatum, -ort/Nationalität | 07.10.1979, Mainz, deutsch | 20.08.1953, Bremen, deutsch |
| Familienstand / Haushaltsgröße | ☐ ledig ☒ verh. ☐ verw. ☐ gesch. ☐ getr.leb. Pers. | ☐ ledig ☐ verh. ☐ verw. ☐ gesch. ☐ getr.leb. Pers. |
| Güterstand | ☒ gesetzlich ☐ Gütertrennung ☐ Gütergemeinschaft | ☒ gesetzlich ☐ Gütertrennung ☐ Gütergemeinschaft |
| Beschäftigungsverhältnis | ☐ selbständig ☒ angestellt seit: 1968 | ☐ selbständig ☒ angestellt seit: 1978 |
| Branche | Chemie | Handel |

| **Einnahmen- / Ausgaben-Rechnung**<br>**Monatliche Netto-Einnahmen (Nachweise bitte beifügen)** | Kreditantragsteller in DM | Mitantragsteller**/Bürge in DM | Summe in DM |
|---|---|---|---|
| Nettoeinkommen aus Lohn / Gehalt / Pension* | 6.000,-- | 3.000,-- | |
| Einkünfte aus selbständiger Tätigkeit* | -,-- | -,-- | |
| Einkünfte aus Vermietung und Verpachtung | 1.000,-- | -,-- | |
| Einkünfte aus Kapitalvermögen (Zinsen / Dividenden) | 400,-- | -,-- | |
| Sonstige regelmäßige Einkünfte | -,-- | -,-- | |
| **Summe Einnahmen** | 7.400,-- | 3.000,-- | 10.400,-- |
| **Monatliche Ausgaben** | | | |
| Lebenshaltungskosten (inkl. Kfz) | 2.000,-- | -,-- | |
| Miete inkl. Nebenkosten | -,-- | -,-- | |
| Hausnebenkosten (soweit Haus- bzw. Wohnungseigentümer) | 600,-- | -,-- | |
| Rate(n) für Sparvertr. (DM ___), Bausparvertr. (DM ___), LV (DM ___) | 1.000,-- | -,-- | |
| Rate(n) für andere(n) Kredit(e) / Baufinanzierung über DM ___ | 2.000,-- | -,-- | |
| Sonstige regelmäßige Ausgaben für ___ | 500,-- | -,-- | |
| **Summe Ausgaben** | 6.100,-- | -,-- | 6.100,-- |
| **frei verfügbares Monatseinkommen = Summe Einnahmen ./. Ausgaben** | | | 4.300,-- |
| Monatliche Rate bzw. Belastung für diesen Kredit Kommerzbankx | 80x800,-- | -,- | 1.200,-- |
| **Überschuß** | | | 3.100,-- |

* nach Abzug von Vorsorgeaufwendungen, falls direkt vom Kreditantragsteller / Mitantragsteller zu tragen (z.B. Kranken-/Rentenversicherung).
** separate Überschußermittlung nur bei getrenntem Haushalt.

| **Aktuelle Vermögensverhältnisse** (Angaben für Konsumentenkredite nicht erforderlich) | | | |
|---|---|---|---|
| Bankguthaben / Wertpapiere bei Commerzbank | 80.000,-- | -,-- | |
| Bausparguthaben / Lebensversicherung (RKW) | 35.000,-- | 31.000,-- | |
| Haus- und Grundbesitz (VW) in Liederbach | 650.000,-- | -,-- | |
| Sonstige Vermögenswerte | | | |
| **Vermögen insgesamt** | 765.000,-- | 31.000,-- | 796.000,-- |
| Kredit / Darlehen bei Commerzbank (auch als Mitantragsteller, außer für beantragte) | 230.000,-- | -,-- | |
| Sonstige Verbindlichkeiten | -,-- | -,-- | |
| **Verbindlichkeiten insgesamt** | 230.000,-- | -,-- | 230.000,-- |
| Übernommene Bürgschaften | ( -,-) | ( -,-) | ( -,-) |
| **Summe Vermögen ./. Verbindlichkeiten** | | | 566.000,-- |

**Sofern dieses Formular als Vertrauliche Selbstauskunft verwendet wird, dient es ausschließlich zur Vorlage bei der COMMERZBANK AG. Mir/Uns ist bekannt, daß hieraus kein Anspruch auf eine Kreditgewährung hergeleitet werden kann. Eine verbindliche Antragstellung bezüglich meines/unseres Kreditwunsches kann nur auf einem besonderen Vordruck der COMMERZBANK AG erfolgen. Die Bank ist berechtigt, durch Einholung von Auskünften die Angaben zu überprüfen. Wir versichern die Richtigkeit und Vollständigkeit der Angaben.**

| Liederbach, 10.01.1996 | M Frei | J. Frei |
|---|---|---|
| (Ort, Datum) | (Unterschrift des Kreditantragstellers) | (Unterschrift des Mitantragstellers/Bürgen) |

Ausfertigung für die Bank

4 341/11/21 HD0484

Abbildung 2-83: Beispiel für eine vertrauliche Selbstauskunft

Im Mittelpunkt der Prüfung steht nach wie vor die Jahresabschlußanalyse (Bilanz, Gewinn- und Verlustrechnung, Lagebericht). Dabei werden die Posten des Jahresabschlusses sinnvoll geordnet, in Beziehung gesetzt und zu Kennzahlen verdichtet. Sie bilden im Firmenkundenkreditgeschäft eine wichtige Grundlage für die Kreditentscheidung.

Die Jahresabschlüsse von Firmenkunden werden dazu auf bankinterne Gliederungsbögen übernommen.

Zur Kennzahlenanalyse gehören Vergleiche der Unternehmenskennzahlen mit der Gesamtbranche und im Zeitablauf.

Zu unterscheiden sind

- Gliederungszahlen
- Beziehungszahlen
- Indexzahlen

| Kennzahl | Bedeutung |
|---|---|
| 1. $\dfrac{\text{Fremdkapital}}{\text{Gesamtkapital}} \cdot 100$ | Aussage über den **Verschuldensgrad** |
| 2. $\dfrac{\text{Fremdkapital}}{\text{Sachanlagen} - \text{Grundstücke und Gebäude}} \cdot 100$ | Aussagen, ob die Vermögenswerte **fristenkongruent** finanziert sind |
| 3. $\dfrac{\text{Betriebsergebnis}}{\text{Gesamtkapital}} \cdot 100$ | Aussage über die **Rentabilität** des Unternehmens |
| 4. Bilanzgewinn<br>   + Verlustvortrag<br>   ./. Gewinnvortrag<br>   + Abschreibungen auf Anlagen<br>   + a. o. Aufwand<br>   ./. a. o. Ertrag<br>   + Erhöhung langfristiger Rückstellungen | = **Cash-flow**<br>Er umfaßt die im laufenden Geschäftsjahr selbst erwirtschafteten Mittel, die für Dividende, Investitionen und Schuldentilgung zur Verfügung stehen |

Abbildung 2-84: Typische Kennzahlen für die Bilanzanalyse

Die Kreditinstitute haben das Instrument der Kennzahlenanalyse zur Risikoerkennung kontinuierlich weiterentwickelt. Mit EDV-Systemen lassen sich heute sehr viele Bilanzkennzahlen ermitteln und vergleichen. Einige besonders aussagefähige Zahlen werden nun erläutert:

Soweit es erforderlich erscheint, holen die Banken zusätzliche **Auskünfte** bei eigenen Filialen, befreundeten Banken oder bei Auskunfteien ein. Die Beschaffung von Auskünften hat insbesondere bei Diskontkrediten Bedeutung, da hierbei nicht nur die Kreditwürdigkeit der Wechseleinreicher, sondern auch die der Mitverpflichteten geprüft wird. Bankauskünfte über Firmen werden erteilt, sofern die im Handelsregister eingetragene Unternehmung dies nicht untersagt hat; Bankauskünfte über sonstige Personen und Vereinigungen sind nur möglich, wenn diese ausdrücklich zugestimmt haben.

Eine **Betriebsbesichtigung** ist oft zweckmäßig, um einen konkreten Eindruck des Unternehmens zu bekommen. Im allgemeinen rundet erst eine Besichtigung der Betriebsanlagen das Urteil über den wirtschaftlichen und technischen Stand eines Unternehmens ab. Ein Blick sagt mehr als 1.000 Zahlen.

Schließlich muß die Bank versuchen, sich einen Überblick über die wahrscheinliche **zukünftige Umsatz- und Erfolgsentwicklung** des kreditsuchenden Unternehmens zu verschaffen.

Nachfolgend ist als Beispiel der Aufbereitung im Rahmen einer Kreditwürdigkeitsprüfung der Jahresabschluß der Metzger AG per 31.12.1994 mit Lagebericht dargestellt.

Die Ergebnisse der Kreditwürdigkeitsprüfung werden schließlich von der Kreditabteilung oder einem anderen Entscheidungsträger in der Bank zu einem schriftlichen Kredit-Votum verdichtet. Darin ist natürlich auch die Frage der Sicherheitenstellung relevant, auf die jetzt ganz kurz eingegangen wird.

## Bilanz zum 31. Dezember 1994 (in TDM)

| Aktivseite | | 31.12.1994 TDM | 31.12.1993 TDM |
|---|---|---|---|
| **A. Anlagevermögen** | | | |
| I. Immaterielle Vermögensgegenstände | | | |
|   1. Konzessionen, gewerbliche Schutzrechte und ähnliche Rechte und Werte sowie Lizenzen an solchen Rechten und Werten | | | |
| II. Sachanlagen | | | |
|   1. Grundstücke, grundstücksgleiche Rechte und Bauten einschließlich der Bauten auf fremden Grundstücken | | 18.547 | 19.569 |
|   2. technische Anlagen und Maschinen | | 40.791 | 44.739 |
|   3. andere Anlagen, Betriebs- und Geschäftsausstattung | | 5.191 | 6.321 |
|   4. geleistete Anzahlungen und Anlagen im Bau | | 917 | 1.262 |
| III. Finanzanlagen | | | |
|   1. Anteile an verbundenen Unternehmen | | 436 | 436 |
|   2. Ausleihungen an verbundene Unternehmen | | 200 | 200 |
|   3. Beteiligungen | | 19.316 | 20.000 |
|   4. Ausleihungen an Unternehmen, mit denen ein Beteiligungsverhältnis besteht | | | |
|   5. Wertpapiere des Anlagevermögens | | | |
|   6. Sonstige Ausleihungen | | 1.600 | 1.600 |
| **B. Umlaufvermögen** | | | |
| I. Vorräte | | | |
|   1. Roh-, Hilfs- und Betriebsstoffe | | 3.177 | 1.510 |
|   2. unfertige Erzeugnisse, unfertige Leistungen | | 1.731 | 2.311 |
|   3. fertige Erzeugnisse und Waren | | 13.511 | 26.280 |
|   4. geleistete Anzahlungen | | | |
| II. Forderungen und sonstige Vermögensgegenstände | | | |
|   1. Forderungen aus Lieferungen und Leistungen | | 8.492 | 2.410 |
|     davon mit einer Restlaufzeit von mehr als einem Jahr | 7.912 | | |
|   2. Forderungen gegen verbundene Unternehmen | | 310 | 591 |
|     davon mit einer Restlaufzeit von mehr als einem Jahr | 310 | | |
|   3. Forderungen gegen Unternehmen, mit denen ein Beteiligungsverhältnis besteht | | | 428 |
|     davon mit einer Restlaufzeit von mehr als einem Jahr | | | |
|   4. Sonstige Vermögensgegenstände | | 795 | 1.087 |
|     davon mit einer Restlaufzeit von mehr als einem Jahr | 600 | | |
| III. Wertpapiere | | | |
|   1. Anteile an verbundenen Unternehmen | | | |
|   2. eigene Anteile | | | |
|   3. sonstige Wertpapiere | | | |
| IV. Schecks, Kassenbestand, Bundesbank- und Postgiroguthaben, Guthaben bei Kreditinstituten | | 1.372 | 815 |
| **C. Rechnungsabgrenzungsposten** | | | |
|   1. sonstige Rechnungsabgrenzungsposten | | 242 | 310 |
| **Bilanzsumme** | | 116.628 | 129.869 |

Abbildung 2-85: Jahresabschluß der Metzger AG

| Passivseite | | 31.12.1994 TDM | 31.12.1993 TDM |
|---|---|---|---|
| **A. Eigenkapital** | | | |
| I. Gezeichnetes Kapital | | 18.000 | 18.000 |
| II. Kapitalrücklage | | 657 | 657 |
| III. Gewinnrücklagen | | | |
|   1. gesetzliche Rücklage | | 814 | 527 |
|   2. Rücklage für eigene Anteile | | | |
|   3. satzungsmäßige Rücklagen | | | |
|   4. andere Gewinnrücklagen | | 3.600 | 900 |
| IV. Gewinnvortrag/Verlustvortrag | | 53 | |
| V. Jahresüberschuß/Jahresfehlbetrag | | 2.548 | 5.740 |
| **Sonderposten mit Rücklagenanteil nach § 273 HGB** | | 3.119 | 3.670 |
| **B. Rückstellungen** | | | |
|   1. Rückstellungen für Personen und ähnliche Verpflichtungen | | 13.704 | 12.813 |
|   2. Steuerrückstellungen | | 4.368 | 3.611 |
|   3. sonstige Rückstellungen | | 7.662 | 8.220 |
| **C. Verbindlichkeiten** | | | |
|   1. Anleihen | | | |
|   2. Verbindlichkeiten gegenüber Kreditinstituten | | 49.668 | 60.581 |
|     davon mit einer Restlaufzeit bis zu einem Jahr | 5.063 | | |
|   3. erhaltene Anzahlungen auf Bestellungen | | 310 | 1.228 |
|     davon mit einer Restlaufzeit bis zu einem Jahr | 310 | | |
|   4. Verbindlichkeiten aus Lieferungen und Leistungen | | 3.918 | 5.347 |
|     davon mit einer Restlaufzeit bis zu einem Jahr | 2.883 | | |
|   5. Verbindlichkeiten aus der Annahme gezogener Wechsel und der Ausstellung eigener Wechsel | | 56 | 59 |
|     davon mit einer Restlaufzeit bis zu einem Jahr | 56 | | |
|   6. Verbindlichkeiten gegenüber verbundenen Unternehmen | | 6.500 | 6.500 |
|     davon mit einer Restlaufzeit bis zu einem Jahr | – | | |
|   7. Verbindlichkeiten gegenüber Unternehmen, mit denen ein Beteiligungsverhältnis besteht | | 823 | 604 |
|     davon mit einer Restlaufzeit bis zu einem Jahr | 823 | | |
|   8. sonstige Verbindlichkeiten | | 810 | 1.302 |
|     davon mit einer Restlaufzeit bis zu einem Jahr | 810 | | |
| **D. Rechnungsabgrenzungsposten** | | 18 | 110 |
| **Bilanzsumme** | | 116.628 | 129.689 |

Abbildung 2-85: Jahresabschluß der Metzger AG (Fortsetzung)

## BHF Bank: Aufbereitete Bilanzzahlen (in TDM)

| Firma: | Metzger AG | Art der Bilanz: | 01 Einzelbilanz in DM |
|---|---|---|---|
| Rechtsform: | AG | letzte Bilanz testiert: | Nein |
| Branche: | 7 | von/wirkte mit: | |
| Branchen Nr.: | 123456 | Wp-Bericht liegt vor: | Nein |
| Konzernzugehörigkeit: | | letzte B.u.B. Prüfung: | N. B. |
| Zuordnungs Nr.: | X00005869 | Umsatzgröße: | 3 |

### Aktiva

| | | Bilanz per 31.12.93 | % | Bilanz per 31.12.94 | % | Bilanz per | % |
|---|---|---|---|---|---|---|---|
| 1101 | Immaterielle Vermögensgegenstände (bewertbar) | 0 | | 0 | | | |
| 1102 | Grundstücke und Gebäude | 19.569 | | 18.547 | | | |
| 1103 | Maschinen und maschinelle Anlagen | 44.739 | | 40.791 | | | |
| 1104 | Betriebs- und Geschäftsausstattung | 6.321 | | 5.191 | | | |
| 1105 | Anzahlungen auf Anlagen und Anlagen im Bau | 1.262 | | 917 | | | |
| 1106 | | | | | | | |
| 1107 | **Sachanlagevermögen** | 71.891 | 54,9 | 65.446 | 55,6 | | |
| 1108 | Beteiligungen | 20.436 | 15,6 | 19.752 | 16,8 | | |
| 1109 | Ausleihungen/Ford. an verb. Untern. | 1.219 | 0,6 | 510 | 0,4 | | |
| 1110 | Sonstige langfristige Forderungen | 5.097 | | 10.112 | | | |
| 1111 | | | | | | | |
| 1112 | | | | | | | |
| 1113 | **Finanzanlagevermögen** | 26.752 | 20,1 | 30.374 | 25,8 | | |
| 1100 | **Anlagevermögen** | 98.643 | 75,0 | 95.820 | 81,5 | | |
| 1201 | Roh-, Hilfs- und Betriebsstoffe | 1.510 | | 3.177 | | | |
| 1202 | Unfertige Erzeugnisse | 2.311 | | 1.731 | | | |
| 1203 | Fertige Erzeugnisse/Waren | 26.280 | | 13.511 | | | |
| 1204 | Anzahlungen auf Umlaufvermögen | 0 | | 0 | | | |
| 1205 | | | | | | | |
| 1206 | **Liquide Mittel II. Ordnung** | 30.101 | 23,0 | 18.419 | 15,7 | | |
| 1207 | Liefer- und Leistungsforderungen | 0 | | 580 | | | |
| 1208 | Kurzfr. Ford. an verb. Unternehmen | 0 | | 0 | | | |
| 1209 | Sonstige kurzfristige Forderungen | 0 | | 195 | | | |
| 1210 | | | | | | | |
| 1211 | | | | | | | |
| 1212 | Wertpapiere | 0 | | 0 | | | |
| 1213 | Geldkonten etc. | 815 | 0,6 | 1.3472 | 1,2 | | |
| 1214 | Rechnungsabgrenzungsposten | 310 | | 242 | | | |
| 1215 | **Liquide Mittel I. Ordnung** | 1.125 | 2,0 | 3.371 | 2,9 | | |
| 1200 | **Umlaufvermögen** | 31.226 | 25,0 | 21.790 | 18,5 | | |
| | **Bilanzsumme** | 129.869 | 100,0 | 116.628 | 100,0 | | |

Abbildung 2-85: Aufbereiteter Jahresabschluß der Metzger AG (Fortsetzung)

| | | Passiva | | | | | |
|---|---|---|---|---|---|---|---|
| | | Bilanz per 31.12.93 | % | Bilanz per 31.12.94 | % | Bilanz per | % |
| 1301 | Gezeichnetes Kapital | 18.000 | | 18.000 | | | |
| 1302 | | | | | | | |
| 1303 | Zusätzliches Kapital | 0 | | 0 | | | |
| 1304 | Kapitalrücklagen | 657 | | 657 | | | |
| 1305 | Gewinnrücklagen | 1.427 | | 4.414 | | | |
| 1306 | Bilanzgewinn/-verlust | 5.740 | | 2.601 | | | |
| 1307 | Sonderposten mit Rücklageanteil | 3.670 | | 3.119 | | | |
| 1308 | Disagio | | | | | | |
| **1300** | **Eigene Mittel** | **29.494** | **22,7** | **28.791** | **24,7** | | |
| 1401 | Pensionsrückstellungen | 12.813 | 9,9 | 13.704 | 11,8 | | |
| 1402 | Andere langfristige Rückstellungen | 0 | | 0 | | | |
| 1403 | Langfr. Gesellschafterkonten (n. haftend) | 0 | | 0 | | | |
| 1404 | Langfristige Bankverbindlichkeiten | 0 | | 10.995 | | | |
| 1405 | Sonstige langfristige Verbindlichkeiten | 0 | | 0 | | | |
| 1406 | Langfr. Verbindl. ggü. verb. Unternehmen | 6.500 | 5,0 | 6.500 | 5,6 | | |
| 1407 | | | | | | | |
| **1400** | **Langfristige Fremdmittel** | **19.313** | **14,8** | **31.199** | **17,2** | | |
| 1501 | Mittelfristige Rückstellungen | 8.220 | | 7.662 | | | |
| 1502 | Steuerrückstellungen | 3.611 | | 4.368 | | | |
| 1503 | Mittelfr. Gesellschafterkonten (n. haftend) | 0 | | 0 | | | |
| 1504 | Mittelfristige Bankverbindlichkeiten | 0 | | 33.610 | | | |
| 1505 | Sonstige mittelfristige Verbindlichkeiten | 0 | | 0 | | | |
| 1506 | Mittelfr. Verbindl. ggü. verb. Unternehmen | 0 | | 0 | | | |
| 1507 | Liefer- u. Leistungsverbindlichkeiten | 0 | | 1.035 | | | |
| **1500** | **Mittelfristige Fremdmittel** | **11.831** | **9,1** | **46.675** | **40,0** | | |
| 1601 | Kurzfristige Verbindlichkeiten bei uns | 0 | | 0 | | | |
| 1602 | Kurzfristige Verb. bei anderen Banken | 60.581 | 46,6 | 5.063 | 4,3 | | |
| 1603 | Akzepte und Solawechsel | 59 | | 56 | | | |
| 1604 | Liefer- und Leistungsverbindlichkeiten | 5.347 | | 2.883 | | | |
| 1605 | Kurzfr. Verbindl. ggü. verb. Unternehmen | 604 | | 823 | | | |
| 1606 | Kundenanzahlungen | 1.228 | | 310 | | | |
| 1607 | Kurzfristige Rückstellungen | 0 | | 0 | | | |
| 1608 | Sonst. kurzfristige Verbindlichkeiten | 1.302 | | 810 | | | |
| 1609 | Rechnungsabgrenzungsposten | 110 | | 18 | | | |
| 1610 | | | | | | | |
| 1611 | | | | | | | |
| **1600** | **Kurzfristige Fremdmittel** | **69.231** | **53,3** | **9.963** | **8,5** | | |
| | **Bilanzsumme** | **129.869** | **100,0** | **116.628** | **100,0** | | |
| 1701 | Indossamentsverbindlichkeiten | | | | | | |
| 1702 | Avalverpflichtungen u. ä. | | | | | | |
| 1703 | Unterlassene Zuführ. zu Pensionsrückst. | | | | | | |
| 1704 | Leasingverpflichtungen | | | | | | |
| 2100 | Liquidität II. Grades | 38.005 | | 11.827 | | | |
| | Liquiditäts-Quotient II | 45 | | 219 | | | |

Abbildung 2-85: Aufbereiteter Jahresabschluß der Metzger AG (Fortsetzung)

## Gewinn- und Verlustrechnung

Zeitraum vom 1. Januar bis 31. Dezember 1994 (in TDM)

|    |                                                                                                                                                                                      |       | 1994      | 1993      |
|----|--------------------------------------------------------------------------------------------------------------------------------------------------------------------------------------|-------|-----------|-----------|
| 1. | Umsatzerlöse                                                                                                                                                                         |       | 153.087   | 146.910   |
| 2. | Erhöhung oder Verminderung des Bestandes an fertigen und unfertigen Erzeugnissen                                                                                                     |       | (13.349)  | 7.792     |
| 3. | andere aktivierte Eigenleistungen                                                                                                                                                    |       | 610       | 767       |
| 4. | sonstige betriebliche Erträge                                                                                                                                                        |       | 9.601     | 10.441    |
|    | davon Erträge aus der Auflösung von Sonderposten mit Rücklagenanteil                                                                                                                 | 168   |           |           |
| 5. | Materialaufwand                                                                                                                                                                      |       |           |           |
|    | a) Aufwendungen für Roh-, Hilfs- und Betriebsstoffe und bezogene Waren                                                                                                               |       | (114.001) | (120.365) |
|    | b) Aufwendungen für bezogene Leistungen                                                                                                                                              |       | (509)     | (640)     |
| 6. | Personalaufwand                                                                                                                                                                      |       |           |           |
|    | a) Löhne und Gehälter                                                                                                                                                                |       | (5.318)   | (5.065)   |
|    | b) soziale Abgaben u. Aufwendungen für Altersversorgung u. Unterstützung                                                                                                             |       | (961)     | (867)     |
|    | – davon für Altersversorgung                                                                                                                                                         | (317) |           |           |
| 7. | Abschreibungen                                                                                                                                                                       |       |           |           |
|    | a) auf immaterielle Vermögensgegenstände des Anlagevermögens und Sachanlagen sowie auf aktivierte Aufwendungen für die Ingangsetzung und Erweiterung des Geschäftsbetriebs           |       | (17.915)  | (16.988)  |
|    | b) auf Vermögensgegenstände des Umlaufvermögens, soweit diese die in der Kapitalges. üblichen Abschreibungen überschreiten                                                           |       |           |           |
| 8. | sonstige betriebliche Aufwendungen                                                                                                                                                   |       | (685)     | (110)     |
|    | – davon Einstellungen in den Sonderposten mit Rücklagenanteil                                                                                                                        |       |           |           |
| 9. | Erträge aus Beteiligungen                                                                                                                                                            |       | 1.606     | 911       |
|    | – davon aus verbundenen Unternehmen                                                                                                                                                  | –     |           |           |
| 10.| Erträge aus anderen Wertpapieren und Ausleihungen des Finanzanlagevermögens                                                                                                          |       | 15        | 15        |
|    | – davon aus verbundenen Unternehmen                                                                                                                                                  | 50    |           |           |
| 11.| sonstige Zinsen und ähnliche Erträge                                                                                                                                                 |       | 79        | 83        |
|    | – davon aus verbundenen Unternehmen                                                                                                                                                  | 15    |           |           |
| 12.| Abschreibungen auf Finanzanlagen und Wertpapiere des Umlaufverm.                                                                                                                     |       |           |           |
| 13.| Zinsen und ähnliche Aufwendungen                                                                                                                                                     |       | (2.523)   | (3.279)   |
|    | – davon an verbundene Unternehmen                                                                                                                                                    | –     |           |           |
| 14.| Ergebnis der gewöhnlichen Geschäftstätigkeit                                                                                                                                         |       | 9.736     | 19.605    |
| 15.| außerordentliche Erträge                                                                                                                                                             | –     | 410       | 108       |
| 16.| außerordentliche Aufwendungen                                                                                                                                                        |       | (319)     | (1.001)   |
| 17.| außerordentliches Ergebnis                                                                                                                                                           |       | 9.827     | 18.712    |
| 18.| Steuern vom Einkommen und vom Ertrag                                                                                                                                                 |       | (6.423)   | (12.442)  |
| 19.| sonstige Steuern                                                                                                                                                                     |       | (856)     | (530)     |
| 20.| Jahresüberschuß/Jahresfehlbetrag                                                                                                                                                     |       | 2.548     | 5.740     |
| 1. | Gewinnvortrag/Verlustvortrag aus dem Vorjahr                                                                                                                                         |       | 53        |           |
| 2. | Entnahmen aus der Kapitalrücklage                                                                                                                                                    |       |           |           |
| 3. | Entnahmen aus Gewinnrücklagen                                                                                                                                                        |       |           |           |
|    | a) aus der gesetzlichen Rücklage                                                                                                                                                     |       |           |           |
|    | b) aus der Rücklage für eigene Aktien                                                                                                                                                |       |           |           |
|    | c) aus satzungsmäßigen Rücklagen                                                                                                                                                     |       |           |           |
|    | d) aus anderen Gewinnrücklagen                                                                                                                                                       |       |           |           |
| 4. | Einstellungen in Gewinnrücklagen                                                                                                                                                     |       |           |           |
|    | a) in die gesetzliche Rücklage                                                                                                                                                       |       | (127)     | (287)     |
|    | b) in die Rücklage für eigene Aktien                                                                                                                                                 |       |           |           |
|    | c) in satzungsmäßige Rücklage                                                                                                                                                        |       |           |           |
|    | d) in andere Gewinnrücklagen                                                                                                                                                         |       | (421)     | (2700)    |
| 5. | Bilanzgewinn/Bilanzverlust                                                                                                                                                           |       | 2.053     | 2.753     |

Abbildung 2-85: Gewinn- und Verlustrechnung der Metzger AG

| | Gewinn- und Verlustrechnung | | | | | | |
|---|---|---|---|---|---|---|---|
| 3001 aufgestellt nach dem Gesamtkostenverfahren (in TDM) | | Bilanz per 31.12.93 | % | Bilanz per 31.12.94 | % | Bilanz per | % |
| 3101 | Umsatzerlöse | 146.910 | | 153.087 | | | |
| 3102 | +/− Bestandsveränderungen | 7.792 | | 13.349− | | | |
| 3103 | Aktivierte Eigenleistungen | 767 | | 610 | | | |
| 3104 | **Gesamtleistung** | 155.469 | 100,0 | 140.348 | 100,0 | | |
| 3105 | − Materialaufwand/Wareneinsatz | 121.005− | 77,8 | 114.510− | 81,6 | | |
| | Rohertrag | 34.464 | 22,2 | 25.838 | 18,4 | | |
| 3106 | Sonstige Betriebserträge | 10.441 | | 9.433 | | | |
| 3107 | Zinsen und ähnliche Erträge | 98 | | 94 | | | |
| 3108 | − Personalaufwand | 5.932− | 3,8 | 6.279− | 4,5 | | |
| 3109 | − Zinsen und ähnliche Aufwendungen | 3.279− | | 2.523− | | | |
| 3110 | − Sonstige Steuern | 530− | | 856− | | | |
| 3111 | − Abschreibungen auf Sachanlagen | 16.988− | 10,9 | 17.915− | 12,8 | | |
| 3112 | − Sonstige Aufwendungen | 110− | | 686− | | | |
| 3113 | | | | | | | |
| 3110 | **Betriebsergebnis** | 18.164 | 11,7 | 7.274 | 5,2 | | |
| 3301 | Erträge aus Beteiligungen | 911 | | 1.606 | | | |
| 3302 | − Aufwendungen für Beteiligungen | 0 | | 0 | | | |
| 3303 | − Abschreibungen auf Beteiligungen | 0 | | 0 | | | |
| 3304 | | | | | | | |
| 3300 | **Beteiligungsergebnis** | 911 | 0,6 | 1.606 | 1,1 | | |
| 3401 | a. o. Erträge | 108 | | 410 | | | |
| 3402 | Auflösung von Rückstellungen/Wertbericht. | 0 | | 0 | | | |
| 3403 | Erträge a. Anlageabgängen/-zuschreibungen | 0 | | 0 | | | |
| 3404 | Erträge a. d. Aufl. v. SOPO mit Rücklageant. | | | 168 | | | |
| 3405 | − a. o. Aufwand | 1.101− | | 319− | | | |
| 3406 | − Sonderabschreibungen | 0 | | | | | |
| 3407 | | | | | | | |
| 3400 | **A. o. Ergebnis** | 893− | 0,6− | 91 | 0,1 | | |
| 3501 | Ergebnis vor EEV-Steuern | 18.182 | 11,7 | 8.971 | 6,4 | | |
| 3502 | − EE-Steuern | 12.442− | | 6.423− | | | |
| 3503 | − Vermögensabgabe | 0 | | 0 | | | |
| 3504 | − +/− Ergebnisübernahme/-abführung | 0 | | 0 | | | |
| 3500 | **Jahresüberschuß/-fehlbetrag** | 5.740 | 3,7 | 2.548 | 1,8 | | |
| 3601 | +/− Gewinn-/Verlust-Vortrag a. d. Vorjahr | 0 | | 53 | | | |
| 3602 | Entnahme aus der Kapitalrücklage | 0 | | 0 | | | |
| 3603 | Einstellung/Entnahme a. d. Gewinnrücklage | 2.987− | | 548− | | | |
| 3604 | | | | | | | |
| 3605 | **Bilanzgewinn/-verlust** | 2.753 | 1,8 | 2.053 | 1,5 | | |
| 3606 | Ausschüttung für das lfd. Geschäftsjahr | 0 | | 2.000 | | | |
| 3607 | Gewinn-/Verlust-Vortrag | 0 | 0,0 | 53 | 0,0 | | |

Abbildung 2-85: Aufbereitete Gewinn- und Verlustrechnung der Metzger AG

## Anlagenspiegel nach § 268, 2 HGB (in TDM)

| Posten des Anlagevermögens | Bestand zu Beginn des Geschäftsjahrs | Zugänge | Zuschreibungen des Geschäftsjahrs | Abgänge | Abschreibungen kumuliert | Abschreibungen des Geschäftsjahrs | Stand am Ende des Geschäftsjahrs (Restbuchwerte) |
|---|---|---|---|---|---|---|---|
| | AK/HK | AK/HK | AK/HK | AK/HK | | | |
| | + | + | + | ./. | ./. | = | |
| **II. Sachanlagen** | | | | | | | |
| 1. Grundstücke, grundstücksgleiche Rechte und Bauten einschließlich der Bauten auf fremden Grundstücken | 19.569 | | | 612 | | 410 | 18.547 |
| 2. technische Anlagen und Maschinen | 44.739 | 11.013 | | | | 15.306 | 40.791 |
| 3. andere Anlagen, Betriebs- und Geschäftsausstattung | 21.765 | 317 | | 280 | | 1.167 | 5.191 |
| 4. geleistete Anzahlungen und Anlagen im Bau | 1.262 | 11.330 | | 345 | | | 917 |
| | 97.845 | | | | | | |
| **III. Finanzanlagen** | | | | | | | |
| 1. Anteile an verbundenen Unternehmen | 436 | | | | | | 436 |
| 2. Ausleihungen an verbundene Unternehmen | 200 | | | | | | 200 |
| 3. Beteiligungen | 20.000 | | 586 | 1.270 | | | 19.316 |
| 4. Ausleihungen an Unternehmen, mit denen ein Beteiligungsverhältnis besteht | | | | | | | |
| 5. Wertpapiere des Anlagevermögens | | | | | | | |
| 6. sonstige Ausleihungen | 1.600 | | | | | | 1.600 |
| | 94.127 | 11.330 | 931 | 1.817 | | 16.883 | 86.998 |

Abbildung 2-85: Aufbereiteter Jahresabschluß der Metzger AG (Fortsetzung)

## Anhang: Erläuterungen zur Bilanz

**Bilanzierungs- und Bewertungsgrundsätze**
Die Rechnungslegung der Metzger AG erfolgt nach den Bestimmungen des Handelsgesetzbuches für große Kapitalgesellschaften; besondere Vorschriften aus der Satzung oder anderen Rechtsquellen waren nicht zu beachten.

Die auf den Vorjahresabschluß angewendeten Bewertungsmethoden sind beibehalten worden, die Gewinn- und Verlustrechnung beruht unverändert auf dem Gesamtkostenverfahren.

In die Herstellungskosten wurden angemessene Teile der notwendigen Materialgemeinkosten, Fertigungsgemeinkosten und Abschreibungen eingerechnet. Fremdkapitalzinsen sind in den Herstellungskosten nicht enthalten.

Forderungen werden mit ihrem Nennwert, Verbindlichkeiten mit ihrem Rückzahlungsbetrag eingebracht. Währungsumrechnungen waren für keinen Bilanz- oder GuV-Posten erforderlich.

**Anlagevermögen**
Bei der Bemessung der Abschreibungen der zu Anschaffungskosten aktivierten Gebäude legen wir die steuerlich maßgebliche Nutzungsdauer von 25 Jahren zugrunde. Die Abgänge betreffen eine nicht benötigte Teilfläche des erworbenen Betriebsgrundstücks (Verkaufserlös 500 TDM).

Bei den technischen Anlagen und Maschinen, den anderen Anlagen sowie der Betriebs- und Geschäftsausstattung verrechnen wir teils lineare Abschreibungen teils degressive Abschreibungen unter Beachtung der steuerlich maßgeblichen Bestimmungen. Die Möglichkeit des Abschnitts 43 Abs. 7 EStR wird dabei wahrgenommen. Wir haben wegen gesunkener Wiederbeschaffungskosten für unsere Pigmentierunganlage eine Abschreibung von 300 TDM vornehmen müssen.

Im Berichtsjahr haben wir voll abgeschriebene Gegenstände der Betriebs- und Geschäftsausstattung veräußert, es wurden die Anschaffungskosten erlöst. Das Finanzanlagevermögen ist zu Anschaffungskosten bewertet, falls nicht ein niedrigerer beizulegender Wert maßgeblich war. Ein wichtiges Exportland einer unsrer Tochtergesellschaften hat Einfuhrbeschränkungen aufgehoben, daher war eine bestehende außerplanmäßige Abschreibung rückgängig zu machen.

Die Forderungen wurden nach dem Vorsichtsprinzip bewertet.

**Andere Gewinnrücklagen**
In dem Sonderposten mit Rücklagenanteil sind aufgrund der §§ 6 b und 52 Abs. 5 EStG eingestellte Beträge enthalten. Der Auflösungsbetrag ergibt sich aufgrund letzterer Vorschrift.

Abbildung 2-85: Aufbereiteter Jahresabschluß der Metzger AG (Fortsetzung)

**Rückstellungen**
In den Steuerrückstellungen ist mit 1.650 TDM ein Betrag für die zu erwartende Steuerbelastung wegen der aktivierten Erweiterungskosten enthalten.

**Verbindlichkeiten**
Von den Verbindlichkeiten gegenüber Kreditinstituten haben 33.610 TDM eine Restlaufzeit von mehr als fünf Jahren; 20.000 TDM hiervon sind grundpfandrechtlich gesichert, zur Sicherstellung von weiteren 10.000 TDM wurden Sicherheitsübereignungsverträge abgeschlossen. Gegenüber verbundenen Unternehmen bestehende Verbindlichkeiten haben insgesamt Laufzeiten von mehr als fünf Jahren.

**Erläuterungen zur Gewinn- und Verlustrechnung**
Unsere Umsatzerlöse erzielten wir zu 60 Prozent im Ausland; von diesem Anteil entfiel knapp 20 Prozent auf Geschäfte mit Firmen in Rußland, während der Rest überwiegend Firmen mit Sitz in der EU betraf.

Bei den Vorräten haben wir Abschreibungen in Höhe von 380 TDM vorgenommen, um in Zukunft größere Wertschwankungen bei diesen Gegenständen zu vermeiden.

Die Steuern vom Einkommen und Ertrag sind nahezu ausschließlich durch das Ergebnis aus der gewöhnlichen Geschäftstätigkeit verursacht.

Als außerordentliche Erträge haben wir die uns in einem Haftpflichtprozeß zugesprochene Schadensersatzleistung erfaßt; die außerordentlichen Aufwendungen ergaben sich in Höhe eines nicht durch die Versicherungssumme gedeckten Brandschadens.

**Gewinnverwendungsvorschlag**
Der Hauptversammlung wird vorgeschlagen, aus dem Bilanzgewinn von 2.053 TDM eine Ausschüttung von 2.000 TDM vorzunehmen (Vorjahr: Ausschüttung 2.700 TDM) und den Gewinnvortrag aus dem Vorjahr in die anderen Gewinnrücklagen einzustellen. Dieser Gewinnverwendungsvorschlag war Grundlage für die Ermittlung des Steueraufwandes 19..

**Entwicklung der Gewinnrücklagen**

| | TDM |
|---|---|
| **1. Gesetzliche Rücklage** | |
| Stand am 1.1.19... nach Dotierung aus dem Jahresüberschuß 19... | 814 |
| Einstellung aus dem Jahresüberschuß 19... | 127 |
| Stand am 31.12.19... nach Bilanzfeststellung | 941 |
| **2. Andere Gewinnrücklagen** | |
| Stand am 1.1.19... nach Dotierung aus dem Jahresüberschuß 19... | 3.600 |
| Einstellung aus dem Jahresüberschuß 19... | 127 |
| Stand am 31.12.19... nach Bilanzfeststellung | 3.727 |

Abbildung 2-85: Aufbereiteter Jahresabschluß der Metzger AG (Fortsetzung)

Im Jahresdurchschnitt beschäftigten wir 130 Mitarbeiter: 76 Männer und 54 Frauen, davon 17 Teilzeitkräfte.

Die Gesamtbezüge des Vorstands für im Berichtsjahr geleistete Tätigkeit belaufen sich auf 763 TDM; den Aufsichtsratsmitgliedern wurden Sitzungsgelder und Aufwandsentschädigungen für ihre im Geschäftsjahr erbrachten Leistungen in Höhe von 93 TDM gezahlt. Frühere Mitglieder des Vorstands erhielten Ruhegelder von 176 TDM, an Hinterbliebene von früheren Vorstandsmitgliedern wurden 83 TDM gezahlt. Für frühere Vorstandsmitglieder bestehen Rückstellungen für laufende Pensionen in Höhe von 891 TDM, für Hinterbliebene von früheren Vorstandsmitgliedern solche von 210 TDM. Kredite an Angehörige der bezeichneten Personengruppen bestanden nicht.

Mitglieder des Vorstands:
Dr. Egon Coke (Sprecher)
Dipl.-Ing. Ansgar Esso
Dr. Josef Dreisat (stellv.)

Dem Aufsichtsrat gehörten die folgenden Personen an:
Maximilian Shell (Vorsitzender)
Hermann Airbus (stellvertretender Vorsitzender)
Paul-Heinz Olivetti (stellvertretender Vorsitzender)
Dr. Romeo Abba (ab 1. April 19..)
Jürgen Motta
Albert Kodak
Yushio Nikon
Sebaldus Trabant (bis 31. März 19..)
Rolf-Rüdiger Bleifrei

**Aufstellung des Beteiligungsbesitzes**

| Name | Sitz | Kapitalanteil in % | Eigenkapital in TDM | Ergebnis in TDM |
| --- | --- | --- | --- | --- |
| Niedersächsische Drahtwerke | Aurich | 50 | 7.328 | 1.214 |
| Kleiber & Co. AG | Düsseldorf | 26 | 21.912 | 1.899* |
| Oberbayerische Nutzholz AG | Kreuth | 70 | 8.127 | 509* |
| Spiegelglas Schäfer GmbH & Co. KG | Wunstorf | 70 | 13.906 | 2.889* |

* Aufgrund eines Ergebnisabführungsvertrages abgeführt.

Abbildung 2-85: Aufbereiteter Jahresabschluß der Metzger AG (Fortsetzung)

An der Metzger AG ist die Fleischer GmbH, Hannover, unmittelbar mit 75 Prozent beteiligt, diese stellt den Konzernabschluß des Fleischer-Konzerns für den größten Kreis von Unternehmen auf. Der Konzernabschluß ist am Sitz der Fleischer GmbH erhältlich.

Das gezeichnete Kapital ist in 3.600.000 Aktien zu je 5,– DM Nennwert zerlegt, es handelt sich um Inhaberaktien.

**Lagebericht**
Die Metzger AG hat einen Bericht über ihre Beziehungen zu verbundenen Unternehmen gemäß § 312 AktG erstattet. Dieser Bericht schließt mit der folgenden Erklärung des Vorstands:

„Nach den Umständen, die uns in dem Zeitpunkt bekannt waren, in dem Rechtsgeschäfte mit verbundenen Unternehmen vorgenommen oder Maßnahmen getroffen beziehungsweise unterlassen wurden, hat die Metzger AG aus den Rechtsgeschäften stets eine angemessene Gegenleistung erzielt und aus den getroffenen oder unterlassenen Maßnahmen keine Nachteile erleiden müssen."

Von der künftigen Entwicklung des europäischen Marktes versprechen wir uns für die Metzger AG entscheidende Anstöße; wir wollen für die vor uns liegenden Anforderungen gerüstet sein und errichten daher neue Produktionsstätten in unmittelbarer Nachbarschaft unseres Firmengeländes.

Obwohl die mit unseren Lizenzgebern geschlossenen Verträge langfristigen Charakter haben, waren wir bestrebt, durch eigene Forschungs- und Entwicklungstätigkeit Unabhängigkeit zu gewinnen. Marktreife Produkte aus dieser Tätigkeit erwarten wir für das kommende Jahr.

Unsere im Vorjahr fertiggestellten Verwaltungs- und Produktionsgebäude konnten im Berichtsjahr von allen Abteilungen bezogen werden. Die erste Phase unserer Betriebsverlegung und -erweiterung ist damit abgeschlossen. Nach einem relativ geringen Auslastungsgrad im Berichtsjahr erwarten wir nun für das laufende Jahr wieder eine durchgängige Beschäftigung unserer Anlagen im Zwei-Schicht-Betrieb.

Unsere Beteiligungsgesellschaften haben sich erfreulich entwickelt und ihre Produkte fest im Markt etabliert.

Abbildung 2-85: Aufbereiteter Jahresabschluß der Metzger AG (Fortsetzung)

### 5.1.3 Grundsätzliches zur Besicherung

Nach positivem Abschluß der Kreditwürdigkeitsprüfung stellt sich die Frage, ob der Kredit **blanko**, also ohne Stellung von Sicherheiten, oder mit **Stellung von Sicherheiten** gewährt werden soll. Die Bank wird sich dabei auch auf Nr. 13 der AGB stützen.

Je nach Vermögenslage und Verwendungszweck muß entschieden werden, welche der nachstehend aufgeführten Sicherheiten in Frage kommen.

```
                    Kreditsicherheiten
                    ┌──────┴──────┐
        Personensicherheiten    Sachsicherheiten
```

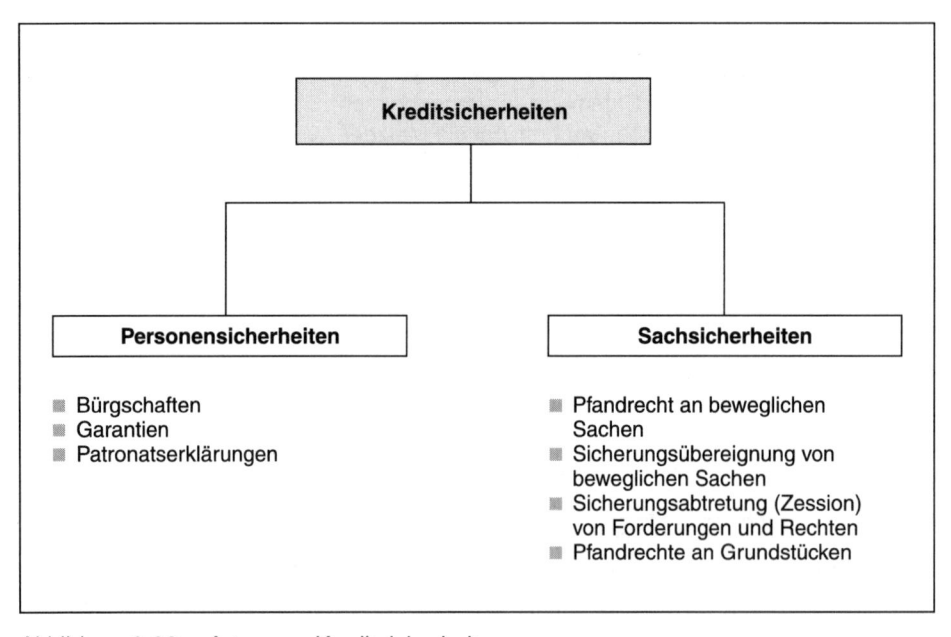

- Bürgschaften
- Garantien
- Patronatserklärungen

- Pfandrecht an beweglichen Sachen
- Sicherungsübereignung von beweglichen Sachen
- Sicherungsabtretung (Zession) von Forderungen und Rechten
- Pfandrechte an Grundstücken

Abbildung 2-86: Arten von Kreditsicherheiten

In vielen Fällen wird zusätzlich zum Kreditvertrag ein Kreditsicherungsvertrag geschlossen.

### 5.1.4 Kreditzusage

Fällt die Kreditwürdigkeitsprüfung positiv aus und konnte auch über die Sicherstellung des künftigen Kredits Einigkeit erzielt werden, so wird dem Kunden eine **Kreditzusage** erteilt. Dieses Schreiben sollte folgende acht Punkte beinhalten:

1. genaue Bezeichnung des Schuldners
2. Art, Höhe und Laufzeit des Kredits
3. Höhe und Berechnung der Zinsen und Provisionen (Konditionen)
4. die Kreditsicherheiten
5. die Form der Bereitstellung des Kredits
6. Hinweis auf die Allgemeinen Geschäftsbedingungen
7. Kündigungsmöglichkeiten
8. Aufforderung zur Anerkenntnis

Erfolgt die Kreditbestätigung in Form eines Kreditangebots, ist der Antragsteller aufzufordern, das Kreditangebot – meist innerhalb einer bestimmten Frist – schriftlich anzunehmen. Erst mit der Annahmebestätigung kommt der Kreditvertrag zustande. Läßt der Antragsteller diese Frist verstreichen, entfällt die Bindung der Bank an das Kreditangebot. Vielfach wird heute die Kreditbestätigung als Annahme des Kreditantrages formuliert. Der Kreditvertrag kommt mit Übersendung der Kreditbestätigung zustande (vgl. Abbildung 2-87).

Der Hinweis auf die AGB ist notwendig, weil der Widerruf einer Kreditzusage im Zweifel nur zulässig ist, wenn in den Vermögensverhältnissen des Kreditnehmers eine wesentliche Verschlechterung eintritt oder der Kunde der Bestellung oder Verstärkung der Sicherheiten nicht nachkommt, so daß die Rückzahlung des Kredits gefährdet ist. Von diesem Recht wird eine Bank allerdings im Interesse ihrer Kundenverbindung nur in Ausnahmefällen Gebrauch machen. Außerdem ist es zweckmäßig, beiden Vertragsparteien, und nicht nur der Bank, ein solches Rücktrittsrecht zuzuerkennen, um Einwendungen zu vermeiden.

Bei den Sparkassen sind hinsichtlich der Kreditzusage auch die Bestimmungen der Sparkassengesetze zu beachten. Danach muß zum Beispiel der Kreditzusage eine förmliche „Bewilligung des Kredits" vorausgehen. Sofern es in einem Land kein Sparkassengesetz gibt (zum Beispiel in Hamburg), finden sich entsprechende Bestimmungen in den Satzungen der Sparkassen. Auch alle anderen Kreditinstitute haben über Richtlinien den Arbeitsablauf und die Kreditbewilligungsbefugnisse im Kreditgeschäft geregelt.

Kredite, die nach dem 31.12.1990 an Privatpersonen vergeben wurden, unterliegen dem Verbraucherkreditgesetz (VKG). Der Kreditgeber hat nach dem VKG umfangreiche Aufklärungspflichten gegenüber dem Kreditnehmer. Dem Kreditnehmer soll dadurch das Kreditverhältnis transparent gemacht werden.

Als **Verbraucherkredit** sind alle Kredite ab 400 DM (**Barkredite** einschließlich Baufinanzierungskredite, **Anschaffungsdarlehen**, **Diskontkredite**, nicht jedoch

>                                           **Dresdner Bank**
>                                           **Aktiengesellschaft**
>                                           <u>Filiale Idstein</u>
>
> Vertraulich
>
>     Finanz-Service GmbH
>     Geschäftsleitung
>     Postfach 123
>
>     65432 Friedberg
>
> | Ihre Zeichen und Nachricht | Bei Beantwortung bitte angeben | Durchwahl/Hausruf | Datum |
> |---|---|---|---|
> | | Zweigstelle 3 | 543 | 15. Jan. 1996 |
>
> Sehr geehrte   Herren,
>
> wir nehmen Bezug auf die mit Ihnen geführten Gespräche und bestätigen gern, daß wir Ihrem Unternehmen nach Maßgabe unserer Allgemeinen Geschäftsbedingungen folgende(n) Kredit(e) eingeräumt/verlängert haben:
>
> **Kreditart/Betrag:**     Barkredit in Höhe von DM 100.000,--
>                               - zur Inanspruchnahme auf Ihrem Konto 3.700.5 -
>
> **Laufzeit:**     zunächst bis zum 30. Dezember 1997
>
> **Konditionen bis auf weiteres:**     8,0 % p. a. netto Sollzinsen
>
> Während der Kreditlaufzeit werden wir den Zinssatz dann neu festlegen, wenn das allgemeine Zinsgefüge dies gestattet beziehungsweise notwendig machen sollte.
>
> Für die Sicherheitenbestellung wurden – keine – gesonderte(x) Absprachen getroffen; im übrigen gilt die Pfandklausel der Nr. 14 unserer Allgemeinen Geschäftsbedingungen.
>
> Vor Inanspruchnahme der Kreditmittel bitten wir noch die nachfolgenden Voraussetzungen zu erfüllen:     –/–
>
> Mit freundlichen Grüßen
> **Dresdner Bank**
> Aktiengesellschaft
>
>     Filiale Idstein
>
> **Dresdner Bank**

Abbildung 2-87:   Kreditbestätigung

Avalkredite und Akkreditive) an natürliche Personen zu verstehen, es sei denn, der Kredit ist für eine bereits ausgeübte selbständige berufliche Tätigkeit bestimmt. Auch Kredite bis zu 100.000 DM zur Gründung einer selbständigen Existenz sind als Verbraucherkredite anzusehen.

Das VKG § 4 schreibt für diese Kredite **zwingend** die **Schriftform** vor. Der Kreditvertrag kommt durch die Annahme des von dem Kreditinstitut schriftlich gegebenen Angebots zustande. Ausnahme hiervon ist der von Kreditinstituten geduldete **Überziehungskredit**. Hier ist die schriftliche Information ohne Annahme durch den Kontoinhaber ausreichend, wenn außer Zinsen keine weiteren Kosten in Rechnung gestellt werden **und** das Konto höchstens vierteljährlich abgeschlossen wird.

In den Kreditvertrag sind folgende zehn Punkte aufzunehmen (vgl. Abbildung 2-88 ,,Kreditvertrag" auf den nächsten Seiten):

1. Kreditart und Kreditbetrag, gegebenenfalls die Kreditgrenze

2. der Auszahlungsbetrag. Er errechnet sich vom Nominalkreditbetrag abzüglich Disagio, Bearbeitungsgebühr und ähnliches

3. die Laufzeit der Finanzierung

4. der Gesamtbetrag der zu erbringenden Leistungen, das heißt Tilgungsleistungen und die Summe der anfallenden Zinsen (soweit diese Angabe bei Vertragsabschluß möglich ist)

5. der Nominalzinssatz

6. der Effektivzins beziehungsweise anfängliche Effektivzins gemäß Preisangabenverordnung

7. sofern kein fester Zinssatz für die gesamte Laufzeit vereinbart wird, sind die Voraussetzungen für Zinssatzänderungen anzugeben

8. die Widerrufsbelehrung. Dem Kreditnehmer steht nach dem VKG ein einwöchiges Widerrufsrecht (§ 7 VKG) ab Vertragsannahme zu, es sei denn, der Kredit ist durch **Grundpfandrecht** besichert. Daneben wird im Interesse des Kreditgebers auf die Gültigkeit der Allgemeinen Geschäftsbedingungen hingewiesen

9. die zu bestellenden Sicherheiten

10. die Kosten einer Restschuldversicherung

Nimmt der Kunde den zugesagten Kredit an, kann er je nach vertraglicher Vereinbarung über den Kreditbetrag verfügen. Die weitere technische Abwicklung wird bei den einzelnen Kreditarten in Abschnitt 5.3 behandelt.

Privatbank AG  Weimar, 6.1.96
Filiale Weimar

Frau
Ingrid Münch
Postfach 35

98617 Meiningen

Sehr geehrte Frau Münch,

wir beziehen uns auf die mit Ihnen geführten Gespräche und bieten Ihnen hiermit den Abschluß des nachfolgenden Kreditvertrages an:

| | |
|---|---|
| Zur Inanspruchnahme über Ihr laufendes Konto 273 624 00 stehen wir Ihnen mit einem Barkredit bis zu einem Höchstbetrag von 75.000,– DM zur Verfügung. | *siehe 1.* *siehe 2.* |
| Die Laufzeit dieses Kredites befristen wir bis zum 31.12.1996. Innerhalb dieser Laufzeit können wir den Kredit aus wichtigem Grund unter Beachtung einer angemessenen Frist kündigen, wobei wir auf Ihre berechtigten Belange Rücksicht nehmen werden. Sie können den Kredit jederzeit ohne Einhaltung einer Kündigungsfrist zurückzahlen. | *siehe 3.* |
| Als Sicherheit sind für diesen Kredit zu bestellen: | *siehe 9.* |
| unbefristete und selbstschuldnerische Bürgschaft bis zum Höchstbetrag von 75.000,– DM zuzüglich Zinsen und Kosten von Herrn Manfred Münch sowie | |
| Abtretung der Rechte und Ansprüche aus Ihrer Risiko-Lebensversicherung Nr. 3.49328.1 bei der Allianz-Versicherung. | |
| Der Beitrag für die im Zusammenhang mit diesem Kredit abgeschlossene Versicherung beträgt 45,– DM und ist monatlich während der Versicherungsdauer von mindestens einem Jahr zu zahlen. | *siehe 10.* |
| Als Sicherheit für diesen Kredit ist das Pfandrecht gemäß Nr. 14 unserer Allgemeinen Geschäftsbedingungen bereits vorhanden. | |
| Der Kredit kann erst in Anspruch genommen werden, wenn die vereinbarte Sicherheitenbestellung erfolgt ist. | |
| Für Ihre Inanspruchnahme unserer Mittel berechnen wir Ihnen bis auf weiteres einen Zinssatz in Höhe von 11,5 Prozent p. a. Die Zinsen werden jeweils zum Quartalsende abgerechnet und Ihrem laufenden Konto belastet. Der anfängliche effektive Jahreszins laut Preisangabenverordnung (PAngVO) beträgt 12,02 Prozent. | *siehe 5.* *siehe 6.* |

Abbildung 2-89: Kreditvertrag

| | |
|---|---|
| Den vorstehend genannten Zinssatz werden wir den Verhältnissen am Geld- und Kapitalmarkt durch Erhöhung oder Senkung in angemessener Form anpassen. Wir werden Sie darüber jeweils schriftlich informieren. | *siehe 7.* |
| Die Angabe des von Ihnen zu entrichtenden Zinsgesamtbetrages ist nicht möglich, da der Zinssatz Schwankungen unterliegen kann und der Zinsbetrag auch davon abhängt, in welchem Maße Sie die Kreditmittel in Anspruch nehmen. | *siehe 4.* |
| Sofern in Einzelfällen durch Verfügung die Höchstgrenze dieses Kredites überschritten wird, kann die Bank den in Ihrem Preisaushang ausgewiesenen Zinssatz für „geduldete Überziehungskredite (Kontoüberziehung)" in Rechnung stellen. | |
| Ergänzend gelten die Allgemeinen Geschäftsbedingungen der Bank, die einen wesentlichen Bestandteil dieses Kreditvertrages bilden und beigeheftet sind. | |
| Wir bitten Sie, zum Zeichen der Annahme dieses Angebots dieses Schreiben mit Datum und Ihrer Unterschrift versehen an uns zurückzureichen. | |
| An dieses Angebot halten wir uns bis zum 15.2.1996 gebunden. | |
| Auf das nachstehend näher erläuterte Widerrufsrecht weisen wir hin. Wir bitten Sie, die Widerrufsbelehrung zusätzlich zu unterschreiben. | *siehe 8.* |

Mit freundlichen Grüßen

Privatbank AG
Filiale Weimar

Anlage:

Vertragsausfertigung für den Kreditnehmer einschließlich Widerrufsbelehrung und Allgemeine Geschäftsbedingungen der Bank

Angebot angenommen:

_____

(Unterschrift des Kreditnehmers)

Abbildung 2-88: Kreditvertrag (Fortsetzung)

**Widerrufsbelehrung** *siehe 8.*

Der Kreditvertrag wird erst wirksam, wenn Sie Ihre auf den Abschluß des Kreditvertrages gerichtete Willenserklärung nicht binnen einer Woche durch schriftliche Erklärung widerrufen. Zur Wahrung der Frist genügt die rechtzeitige Absenkung des Widerrufs.

Sie können Ihre Willenserklärung auch widerrufen, wenn Sie den Kredit bereits in Anspruch genommen haben. Dann müssen Sie jedoch den in Anspruch genommenen Betrag binnen zweier Wochen zurückzahlen.

Sofern Sie mit dem Kreditbetrag ein Kaufgeschäft ganz oder teilweise finanzieren und der Kaufvertrag sowie der Abschluß des Kreditvertrags als wirtschaftliche Einheit anzusehen ist, ist im Falle der Ausübung des Widerrufsrechts auch der von Ihnen gesondert abgeschlossene Kaufvertrag nicht wirksam zustande gekommen.

Soweit dieser Kredit zur Finanzierung von Geschäften mit der Bank über den Kauf von Wertpapieren, Devisen, Edelmetallen usw. oder im Zusammenhang mit der Durchführung von Börsentermingeschäften eingeräumt und innerhalb der Widerrufsfrist verwendet wird, so kommen im Falle des Widerrufs des Kreditvertrages auch diese Verträge nicht wirksam zustande, selbst wenn die Bank die ihr erteilten Aufträge bereits ausgeführt hat.

Wenn Sie von Ihrem Widerrufsrecht Gebrauch machen wollen, ist die Widerrufserklärung an folgende Anschrift zu senden:

Privatbank AG
Goethestraße 4

99423 Weimar

Die vorstehende Belehrung habe ich zur Kenntnis genommen:

_____

(Unterschrift des Kreditnehmers)

Abbildung 2-88: Kreditvertrag (Fortsetzung)

## 5.2 Sicherheiten: Die Instrumente der Risikobegrenzung im Kreditgeschäft

Im Kreditgeschäft nehmen die Entscheidungen über die Sicherung der Kredite einen relativ großen Raum ein. Grundsätzlich kann auf eine Besicherung (nur) verzichtet werden, wenn die persönliche und wirtschaftliche Bonität des Kreditnehmers über jeden Zweifel erhaben ist. Dann kann ein ungesicherter Personalkredit (Blankokredit) gewährt werden. In vielen Fällen akzeptieren die Banken auch, daß eine dritte Person für den Kreditnehmer haftet, meist in Form einer Bürgschaft (persönliche Sicherheit).

Bei der überwiegenden Zahl von Krediten wird sich die Bank jedoch vertraglich Rechte an Vermögensgegenständen oder Rechten des Kunden einräumen lassen, die sie im Fall der Kreditgefährdung verwerten kann. Man spricht dann von realen oder Sachsicherheiten.

In der sogenannten **Negativerklärung** (vgl. Abbildung 2-90) verpflichtet sich der Kreditnehmer, während der Kreditlaufzeit sein Vermögen nicht (durch Veräußerung oder Belastung seines Grundbesitzes und/oder durch Bestellung sonstiger Sicherheiten zugunsten Dritter) zum Nachteil der Bank zu verändern. Mitunter kommt nur eine Verpflichtung des Kreditnehmers in Betracht, seinen Grundbesitz nicht zu veräußern oder zu belasten. Hierbei ist jedoch stets zu berücksichtigen, daß eine solche Negativerklärung nichtig ist, wenn der Kreditgeber bereits selbst Grundpfandrechtsgläubiger dieses Grundstücks ist.

Bei der Vergabe von Blankokrediten drängen die Kreditinstitute vielfach darauf, hinsichtlich der Sicherheiten nicht schlechter als andere Kreditinstitute gestellt zu werden (**Gleichbehandlungserklärung**). Die Verpflichtung des Kreditnehmers, der Bank aufs erste Anfordern geeignete Sicherheiten zu bestellen, wird als **Positiverklärung** bezeichnet.

Die Negativerklärung wie auch die Positiverklärung und die Gleichbehandlungserklärung stellen **keine echte Kreditsicherheit** dar, und eine notwendige Sicherheitenstellung kann durch sie nicht ersetzt werden. Eine Verletzung dieser Erklärungen durch den Kunden macht diesen zwar gegenüber den Bank schadenersatzpflichtig, die vertragswidrige Verfügung wird dadurch aber nicht unwirksam.

In diesem Zusammenhang ist auch die gesetzlich nicht geregelte **Patronatserklärung** zu erwähnen: Damit geben Muttergesellschaften gegenüber den Kreditgebern ihrer Tochtergesellschaft verpflichtende Erklärungen ab, die der Erhöhung der Kreditwürdigkeit dienen sollen. Gegenstand einer solchen Erklärung kann sein, die Tochtergesellschaft während der Dauer des Kreditverhältnisses dahingehend zu beeinflussen, ihren Verpflichtungen nachzukommen (**weiche Patronatserklärung**).

> FUN-GmbH                                     Frankfurt am Main, 29. Juni 19..
>
> Europahausbank AG
> Filiale Frankfurt
>
> 60005 Frankfurt am Main
>
> Wir verpflichten uns hiermit Ihnen gegenüber, solange uns von Ihnen Kredite zugesagt sind oder wir irgendwelche Verpflichtungen bei Ihnen haben, anderen Gläubigern ohne Ihre vorherige Zustimmung keinerlei wie immer geartete Sicherheiten zu bestellen und bei anderen Banken keine Kredite in Anspruch zu nehmen.
>
> Über Ihre Allgemeinen Geschäftsbedingungen hinaus sind Sie berechtigt, uns gewährte Kredite einschließlich Ihrer sonstigen Ansprüche zur sofortigen Rückzahlung fällig zu stellen, wenn wir gegen die vorstehenden Verpflichtungen verstoßen.
>
> FUN-GmbH

Abbildung 2-89:   Beispiel für eine Negativerklärung

Eine sehr weitgehende Verpflichtung wäre dagegen die Zusage der Muttergesellschaft, die Tochtergesellschaft während der Dauer des Kreditverhältnisses finanziell so auszustatten, daß diese ihren Verpflichtungen nachkommen kann (**harte Patronatserklärung**). Die harte Patronatserklärung ist als Eventualverbindlichkeit unter dem Bilanzstrich bei der Muttergesellschaft ausweispflichtig.

Wie wir noch deutlicher sehen werden, ist Kreditsicherheit nicht gleich Kreditsicherheit. Das Problem liegt darin, für den jeweiligen Kredit die bestmögliche Sicherungsform zu finden. Nicht nur bei Bestellung der Sicherheiten, sondern auch während der gesamten Kreditlaufzeit muß darauf geachtet werden, daß in der Besicherung weder rechtlich noch wirtschaftlich „Lücken" entstehen.

Als die **wichtigsten Kreditsicherheiten** sind anzusehen:

- die **Bürgschaft**
- die **Verpfändung** von Wertpapieren, Waren und sonstigen Vermögenswerten
- die **Sicherungsübereignung** von beweglichen Sachen
- die **Abtretung** von Forderungen und Rechten
- die **Grundschuld** und die **Hypothek**

### 5.2.1 Die Bürgschaft als dominierende Form der Personensicherheit

#### 5.2.1.1 Zweck, Umfang und Form von Bürgschaften

Das Bürgerliche Gesetzbuch sagt dazu sinngemäß:

Die Bürgschaft ist ein einseitig verpflichtender Vertrag, mit dem sich der Bürge gegenüber dem Gläubiger eines Dritten verpflichtet, für die Verbindlichkeiten des Dritten einzustehen (§ 765 Abs. 1 BGB).

**Zweck** der Bürgschaft ist die **Sicherung des Gläubigers bei Zahlungsunfähigkeit des Schuldners.** Sie setzt grundsätzlich das Bestehen einer Hauptschuld voraus (**akzessorische Natur der Bürgschaft**), sie kann jedoch auch für künftige oder bedingte Verbindlichkeiten übernommen werden (§ 765 Abs. 2 BGB).

Wird eine Bürgschaft für eine **künftige Verbindlichkeit** übernommen, so ist der Umfang der Bürgenhaftung so deutlich zu beschreiben, daß sich der Bürge jederzeit über die Höhe seiner Verpflichtung im klaren ist. Eine Verbürgung für alle künftigen Ansprüche einer Bank gegen den Hauptschuldner, die sich aus der Geschäftsverbindung ergeben werden, kann als zulässig angesehen werden (§ 767 Abs. 1 BGB). Trotzdem: Besteht bei Hereinnahme der Bürgschaft ein Kreditvertrag von zum Beispiel 100.000 DM und wird später ein weiterer Kreditvertrag über zum Beispiel 500.000 DM geschlossen, sollte im Interesse der Rechtsklarheit eine weitere Bürgschaft in Höhe von 500.000 DM hereingeholt werden. Die Bürgschaft bleibt so lange bestehen, bis dieses Kreditverhältnis abgewickelt ist, sofern sie nicht ausnahmsweise zeitlich begrenzt ist.

Der **Umfang der Haftung** des Bürgen bestimmt sich nach dem jeweiligen Stand der Hauptschuld, das heißt nach der jeweiligen Höhe des Kredits, für den sich der Bürge verbürgt hat. **Wird die Forderung des Gläubigers gegen den Hauptschuldner durch den Bürgen befriedigt, so geht sie kraft Gesetzes auf den Bürgen über (§ 774 BGB).** Der Übergang kann jedoch nicht zum Nachteil des Gläubigers geltend gemacht werden (zum Beispiel darf der Bürge bei einer teilweisen Befriedigung des Gläubigers seine Forderung im Konkurs des Hauptschuldners nicht anmelden, solange der Gläubiger nicht voll befriedigt wurde). Vgl. Abbildung 2-90.

Verbürgen sich mehrere Personen, so ist zu unterscheiden zwischen der Mitbürgschaft, der Teilbürgschaft, der Nachbürgschaft und der Rückbürgschaft.

**Mehrere Bürgen**, die sich für dieselbe Verbindlichkeit verbürgt haben, **haften als Gesamtschuldner**, und zwar auch dann, wenn die Bürgschaft von ihnen nicht gemeinschaftlich übernommen wurde. Vgl. Abbildung 2-91.

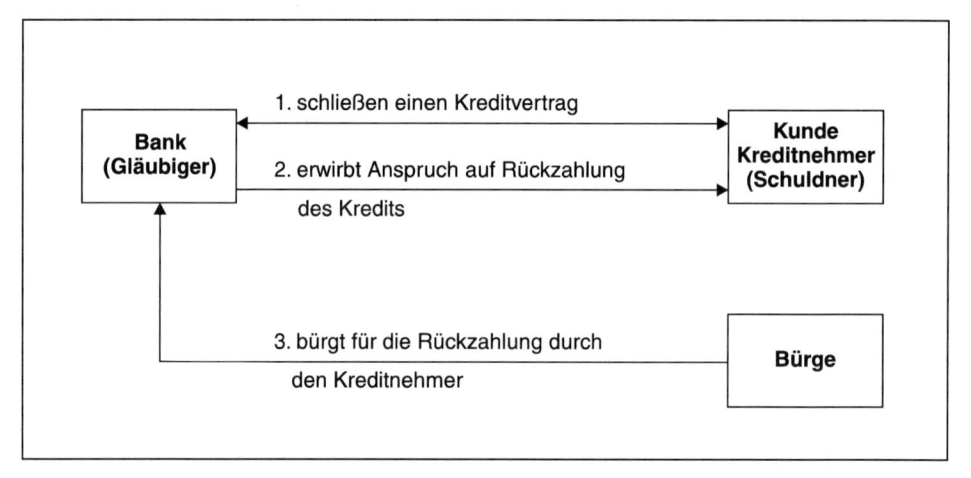

**408** Kreditwirtschaft im gesamtwirtschaftlichen Umfeld

Abbildung 2-90: Rechtsbeziehungen zwischen den Beteiligten bei der Bürgschaft

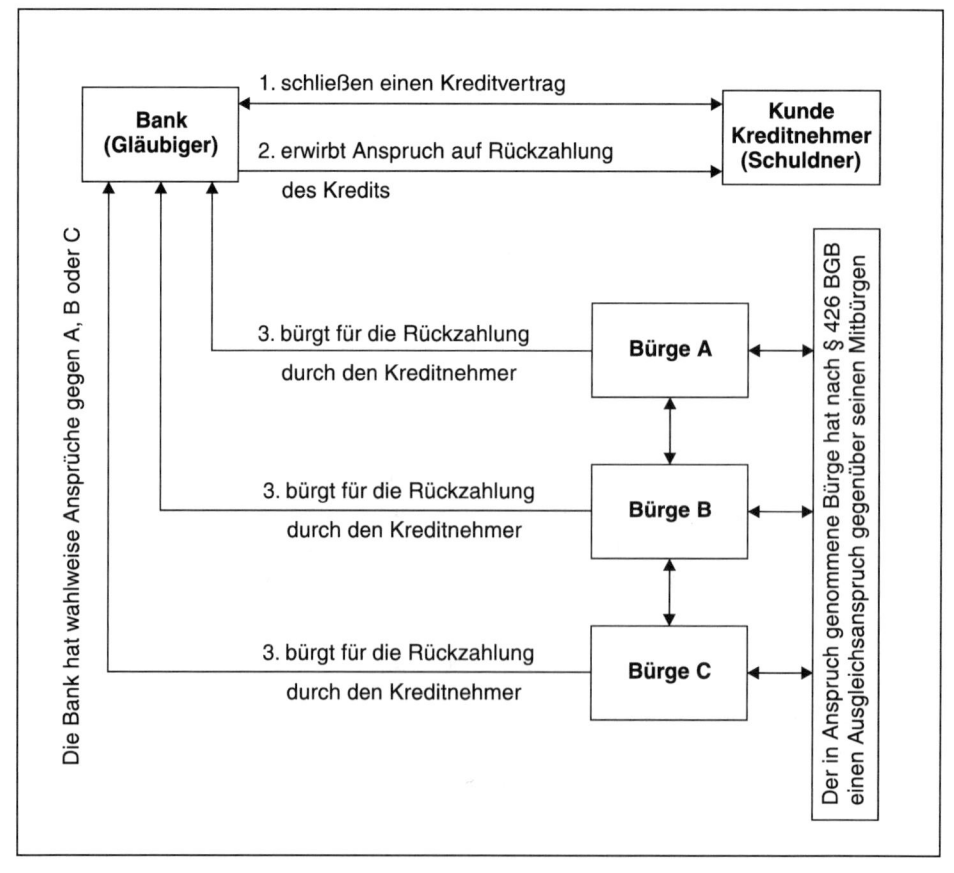

Abbildung 2-91: Rechtsbeziehungen zwischen den Beteiligten bei einer Mitbürgschaft

## Teilbürgschaft

Mehrere Bürgen haften nebeneinander jeweils für einen Teilbetrag aus der gesamten Forderung unter Ausschluß eines Gesamtschuldverhältnisses.

## Nachbürgschaft

Der Nachbürge haftet dem Gläubiger, wenn vom Hauptbürgen bei Zahlungsunfähigkeit des Hauptschuldners ebenfalls keine Zahlung zu erlangen ist; sie dient also der **zusätzlichen Sicherung des Gläubigers**.

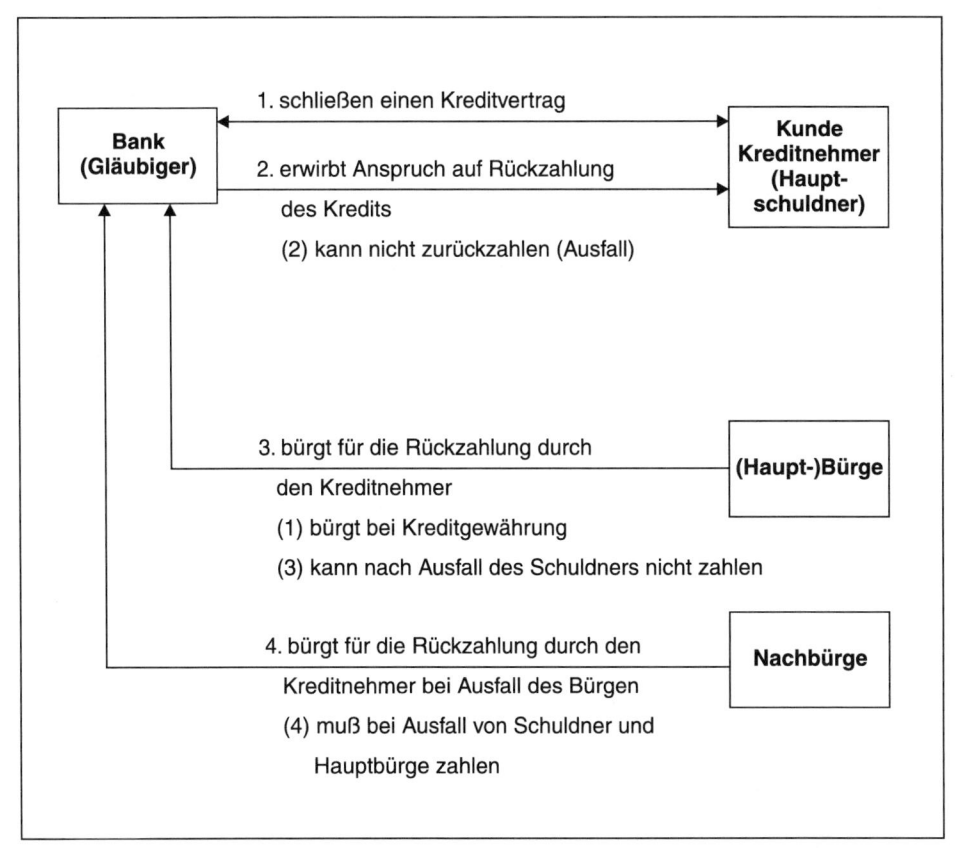

```
Bank                1. schließen einen Kreditvertrag            Kunde
(Gläubiger)                                                     Kreditnehmer
                    2. erwirbt Anspruch auf Rückzahlung         (Haupt-
                       des Kredits                              schuldner)

                    (2) kann nicht zurückzahlen (Ausfall)


                    3. bürgt für die Rückzahlung durch
                       den Kreditnehmer                         (Haupt-)Bürge

                    (1) bürgt bei Kreditgewährung

                    (3) kann nach Ausfall des Schuldners nicht zahlen


                    4. bürgt für die Rückzahlung durch den      Nachbürge
                       Kreditnehmer bei Ausfall des Bürgen

                    (4) muß bei Ausfall von Schuldner und
                        Hauptbürge zahlen
```

Abbildung 2-92: Rechtsbeziehungen zwischen den Beteiligten einer Nachbürgschaft

## Rückbürgschaft

Der Rückbürge haftet dem Hauptbürgen dafür, daß im Falle der Inanspruchnahme (Zahlung) sein Ersatzanspruch gegen den Hauptschuldner erfüllt wird; die Rückbürgschaft dient also der **Sicherung des Hauptbürgen**.

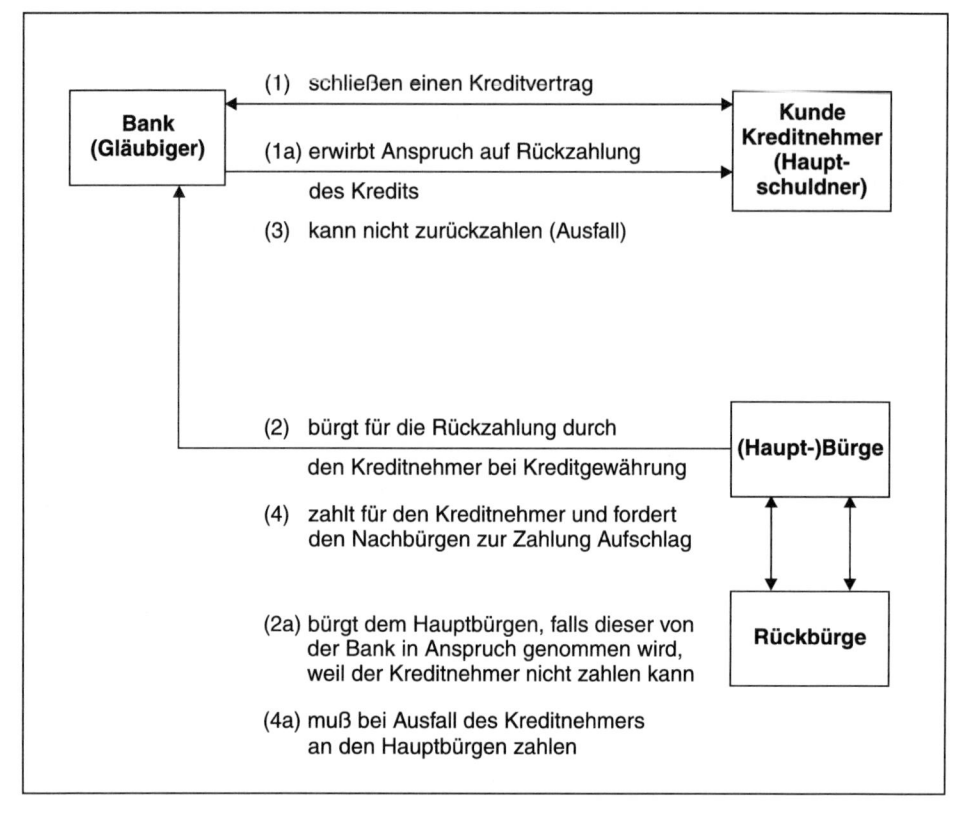

Abbildung 2-93: Rechtsbeziehungen zwischen den Beteiligten bei einer Rückbürgschaft

**Form der Bürgschaft**

Die Bürgschaftserklärung bedarf nach § 766 BGB der schriftlichen Form. Handelt es sich bei der Übernahme der Bürgschaft jedoch um das Handelsgeschäft eines Vollkaufmanns im Sinne des § 350 HGB, so ist die Schriftform nicht vorgeschrieben. Die Banken verlangen dennoch aus Beweisgründen in diesen Fällen eine schriftliche Bürgschaftserklärung.

#### 5.2.1.2 Arten von Bürgschaften

Nach dem Zeitpunkt einer möglichen Inanspruchnahme des Bürgen lassen sich unterscheiden:

- Ausfallbürgschaft
- gewöhnliche Bürgschaft
- selbstschuldnerische Bürgschaft

### Ausfallbürgschaft

Bei einer Ausfallbürgschaft verpflichtet sich der Bürge gegenüber der Bank, für deren Forderung gegen den Kreditnehmer einzustehen, wenn ihr aus dem Kredit ein Verlust entsteht. **Die Bank muß folglich den erlittenen Verlust nachweisen.** Dazu müssen zunächst sämtliche zur Verfügung stehenden Sicherheiten realisiert und die **Zwangsvollstreckung in das Vermögen des Schuldners betrieben worden sein:** Als Nachweis reicht die von Gerichtsvollzieher erstellte „Fruchtlosigkeitsbescheinigung" nach einer erfolglos durchgeführten Pfändung.

Die Banken besitzen bei derartigen Ausfallbürgschaften eine relativ ungünstige Rechtsstellung. Sie vereinbaren daher im allgemeinen sogenannte **modifizierte Ausfallbürgschaften**, in denen der Bürge auf die „Einrede der Vorausklage" verzichtet und dafür genau festgelegt wird, wann der Ausfall als eingetreten gilt.

### Gewöhnliche Bürgschaft

Auch bei der gewöhnlichen Bürgschaft haftet der Bürge nur dann, wenn vom Hauptschuldner keine Befriedigung zu erlangen ist. Von der Ausfallbürgschaft unterscheidet sie sich aber**, weil der Gläubiger den Bürgen auch dann in Anspruch nehmen kann, wenn zuvor keine Zwangsvollstreckung in das Vermögen des Hauptschuldners stattgefunden hat.**

Die Behauptung, die Zwangsvollstreckung gegen den Hauptschuldner sei erfolglos gewesen, gehört hier also **nicht** zwingend zur Klagebegründung. Der Bürge hat zwar das Recht, von dem Gläubiger zu verlangen, daß die Zwangsvollstreckung versucht wird (§ 771 BGB) (**Einrede der Vorausklage**), er kann aber auch auf sie verzichten. Meist wird der Bürge die Einrede der Vorausklage dann nicht erheben, wenn es offensichtlich ist, daß eine Zwangsvollstreckung erfolglos bleiben wird; denn dann würden ihm zusätzlich die Kosten einer etwaigen Rechtsverfolgung zur Last fallen.

### Selbstschuldnerische Bürgschaft

Bei einer selbstschuldnerischen Bürgschaft verzichtet der Bürge auf die Einrede der Vorausklage, das heißt, **der Gläubiger (Kreditgeber) kann vom Bürgen sofort Zahlung verlangen, wenn der Kreditnehmer seinen Verpflichtungen nicht ordnungsgemäß nachkommt (§ 773 BGB).** Es ist also nicht erforderlich, daß der Gläubiger eine Zwangsvollstreckung nachweist oder zum Beispiel vorher von einem ihm zustehenden Pfandrecht Gebrauch macht.

Darüber hinaus kann ein Vollkaufmann, der eine Bürgschaft im Rahmen seines Handelsgeschäfts übernimmt, die Einrede der Vorausklage grundsätzlich nicht geltend machen (§ 349 HGB); sicherheitshalber verlangen die Kreditinstitute aber auch von Kaufleuten einen ausdrücklichen Verzicht auf die Einrede der Vorausklage.

Die selbstschuldnerische Bürgschaft ist die für das Kreditgeschäft wichtigste Sonderform. Banken akzeptieren grundsätzlich nur selbstschuldnerische Bürgschaften einer als solvent bekannten Person oder Unternehmung beziehungsweise von öffentlichen Behörden.

Bei allen Formen der Bürgschaftserklärung ist es denkbar, daß der Bürge seine Haftung nicht für alle Forderungen gegen den Hauptschuldner, sondern nur für einen bestimmten Höchstbetrag erklären will. In diesem Falle gibt er eine **Höchstbetragsbürgschaft.**

Im Bürgschaftstext ist festzulegen, ob sich der Höchstbetrag bei anfallenden Zinsen und Kosten entsprechend erhöht (vgl. Abbildung 2-94).

### 5.2.2 Das Pfandrecht

Gegenstand des Pfandrechts können bewegliche Sachen und Rechte jeder Art sein, sofern sie exakt bestimmbar sind. Das bedeutet, daß ein Pfandrecht nur an einzelnen selbständigen Sachen – nicht zum Beispiel an einem Vermögen – begründet werden kann. Nicht übertragbare Rechte (zum Beispiel der unpfändbare Teil von Löhnen oder Gehältern) können ebenfalls nicht verpfändet werden.

Das BGB definiert das Pfandrecht als ein dingliches, zur Sicherung einer Forderung dienendes, gegen jedermann wirkendes Recht an fremden beweglichen **Sachen** oder **Rechten**, mit dem der Gläubiger berechtigt ist, aus dem belasteten Gegenstand seine Forderung zu befriedigen (§ 1204, 1273 BGB).

**Zweck der Verpfändung** ist die Sicherung sowohl der Forderung in ihrer jeweiligen Höhe als auch der Zinsen und Vertragsstrafen (§ 1210 BGB).

Vom vertraglichen Pfandrecht ist das gesetzliche Pfandrecht zu unterscheiden. Ein gesetzliches Pfandrecht steht Vermietern, Verpächtern, Hoteliers, Kommissionären, Lagerhaltern und Spediteuren zu, ferner auch dem Unternehmer für Forderungen aus einem Werkvertrag.

Ein **Zurückbehaltungsrecht** gewährt dem Schuldner das Recht, seine Leistung zu verweigern, bis der Gläubiger die Leistung bewirkt. So wird zum Beispiel die Herausgabe des reparierten Autos verweigert, bis der Kfz-Besitzer die Reparaturrechnung bezahlt hat (§ 273 BGB und § 369 HGB).

Das klassische Kreditgeschäft **413**

| Kunden-Stammnummer |

## Selbstschuldnerische Höchstbetragsbürgschaft
zur Sicherung aller Ansprüche aus der Geschäftsverbindung

Name/Firma des/der Bürgen mit Anschrift(en):

    Paul Weissenberg
    Wilhelmshöher Straße 9
    34117 Kassel

Für alle bestehenden, künftigen und bedingten Ansprüche, die der **Dresdner Bank Aktiengesellschaft** mit ihren sämtlichen in- und ausländischen Geschäftsstellen (nachstehend "Bank" genannt) aus der bankmäßigen Geschäftsverbindung gegen:

Hauptschuldner - Name(n) und Anschrift(en) -:

    Weissenbergtechnik GmbH
    Thüringer Straße 20
    34454 Arolsen

- bei mehreren Hauptschuldnern auch gegen jeden einzelnen von ihnen -

zustehen, übernehme(n) ich/wir hiermit die **selbstschuldnerische Bürgschaft** bis zum Höchstbetrag von

    DM  500.000,--

in Worten: Deutsche Mark         (Fünfhunderttausend)

Für diese Bürgschaft gelten des weiteren folgende Bestimmungen, wobei ich/wir nachstehend einheitlich als "Bürge" bezeichnet werde(n):

**1. Umfang der Bürgschaft**
Der Bürge haftet aus dieser Bürgschaft nur bis zum oben genannten Höchstbetrag, und zwar auch dann, wenn er die Bürgschaft für mehrere Hauptschuldner übernimmt.

**2. Fortbestand der Bürgschaft**
Die Bürgschaft bleibt über eine Beendigung der Geschäftsverbindung hinaus solange bestehen, bis alle durch diese Bürgschaft gesicherten Ansprüche der Bank endgültig erfüllt sind; sie erlischt insbesondere nicht, wenn der Hauptschuldner die durch die Bürgschaft gesicherten Ansprüche vorübergehend zurückführt.

**3. Inanspruchnahme aus der Bürgschaft, Verzicht auf Einreden**
(1) Sind die durch die Bürgschaft gesicherten Ansprüche der Bank fällig und erfüllt der Hauptschuldner diese Ansprüche nicht, kann sich die Bank an den Bürgen wenden, der dann aufgrund seiner Haftung als Selbstschuldner nach Aufforderung durch die Bank Zahlung zu leisten hat. Die Bank ist nicht verpflichtet, zunächst gegen den Hauptschuldner gerichtlich vorzugehen oder ihr gestellte Sicherheiten zu verwerten.

(2) Die Zahlungsverpflichtung des Bürgen besteht auch dann, wenn der Hauptschuldner das Geschäft, das seiner

A1650 Fassung Juni 1993 93.10                                  .. /2

Abbildung 2-94:   Höchstbetragsbürgschaft

- 2 -

Verbindlichkeit zugrunde liegt, anfechten kann (Verzicht auf die dem Bürgen nach § 770 Abs. 1 BGB zustehende Einrede der Anfechtbarkeit der Hauptschuld). Ferner kann sich der Bürge nicht darauf berufen, daß die Bank ihre Ansprüche durch Aufrechnung gegen eine fällige Forderung des Hauptschuldners befriedigen kann (Verzicht auf die dem Bürgen nach § 770 Abs. 2 BGB zustehende Einrede der Aufrechenbarkeit).

4. Übergang von Sicherheiten

(1) Vor vollständiger Erfüllung der Bürgschaftsschuld hat der Bürge keinen Anspruch auf Übertragung von Sicherheiten, die der Bank zur Sicherung der verbürgten Ansprüche bestellt worden sind.

(2) Soweit Sicherheiten kraft Gesetzes auf den Bürgen übergehen (z.B. Pfandrechte), bleibt es jedoch bei der gesetzlichen Regelung. Wenn die Ansprüche der Bank den oben genannten Höchstbetrag übersteigen und die kraft Gesetzes auf den Bürgen übergehenden Sicherheiten auch zur Sicherung des nicht verbürgten Teils der Ansprüche dienen, so steht hierfür der Bank gegenüber dem Bürgen ein vorrangiges Befriedigungsrecht zu.

(3) Hat der Bürge die Bürgschaftsschuld vollständig erfüllt und hat die Bank nach den Sicherungsvereinbarungen Sicherheiten freizugeben, so wird sie Sicherheiten, die ihr vom Hauptschuldner bestellt worden sind - gegebenenfalls anteilig - auf den Bürgen übertragen; Sicherheiten, die von Dritten bestellt worden sind, wird die Bank an den jeweiligen Sicherungsgeber zurückübertragen, falls mit diesem nichts anderes vereinbart worden ist.

(4) Etwaige Ansprüche des Bürgen gegen andere Sicherungsgeber auf Ausgleich und Übertragung von Sicherheiten werden durch die vorstehenden Regelungen nicht berührt.

5. Anrechnung von Zahlungseingängen

Die Bank darf, sofern keine anderen Tilgungsbestimmungen entgegenstehen, den Erlös aus der Verwertung von Sicherheiten, die ihr der Hauptschuldner oder ein anderer Dritter bestellt hat, zunächst auf die dadurch gesicherten nicht verbürgten Ansprüche bzw. den Teil ihrer Ansprüche anrechnen, der den oben verbürgten Höchstbetrag übersteigt. Dies gilt auch für Sicherheiten, die der Bürge zur zusätzlichen Sicherung der Ansprüche gegen den Hauptschuldner bestellt hat, es sei denn, daß diese zur Unterlegung der Bürgschaft bestimmt waren. In derselben Weise - nämlich vorrangig mit den nicht verbürgten Ansprüchen bzw. dem hier nicht verbürgten Teil ihrer Ansprüche - darf die Bank alle vom Hauptschuldner oder für dessen Rechnung geleisteten Zahlungen verrechnen.

6. Haftung mehrerer Bürgen

(1) Haben sich mehrere Bürgen in gesonderten Bürgschaftsurkunden für dieselben Verbindlichkeiten des Hauptschuldners verbürgt, haftet jeder einzelne Bürge - im Verhältnis zur Bank unter Ausschluß eines Gesamtschuldverhältnisses - ungeachtet etwaiger Zahlungen eines anderen Bürgen solange für den vollen Betrag der von ihm übernommenen Bürgschaft, bis alle von ihm verbürgten Ansprüche der Bank vollständig erfüllt sind.

(2) Haben sich mehrere Bürgen in dieser Urkunde verbürgt, haften sie gegenüber der Bank als Gesamtschuldner. Dies bedeutet, daß die Bank den oben vereinbarten Höchstbetrag von jedem einzelnen Bürgen ganz oder teilweise fordern kann, insgesamt jedoch nicht mehr als diesen Betrag.

(3) Ausgleichsansprüche des in Anspruch genommenen Bürgen gegen die anderen Bürgen werden durch die vorstehende Regelung nicht berührt.

7. Zusätzliche Bürgschaftserklärungen

Die Bürgschaft gilt zusätzlich zu etwaigen weiteren vom Bürgen abgegebenen Bürgschaftserklärungen.

8. Stundung und Freigabe von Sicherheiten

Der Bürge wird von seiner Bürgschaftsverpflichtung nicht frei, wenn die Bank dem Hauptschuldner Stundung gewährt, andere Bürgen aus der Haftung entläßt oder sonstige Sicherheiten freigibt, insbesondere, wenn die Bank Verfügungen über Gegenstände zuläßt, die dem Pfandrecht der Bank unterliegen und dies im Rahmen der ordnungsgemäßen Durchführung und Abwicklung der Geschäftsverbindung zum Hauptschuldner oder zur Wahrung berechtigter Belange des Hauptschuldners oder der Bank geschieht. Der Bürge wird ebenfalls nicht frei, wenn die Bank Sicherheiten aufgibt, um eine sich aus anderen Sicherungsverträgen ergebende Freigabeverpflichtung zu erfüllen.

9. Recht des Bürgen zur Kündigung der Bürgschaft

(1) Der Bürge kann die Bürgschaft - sofern sie nicht zeitlich befristet ist - nach Ablauf eines Jahres ab dem Zeitpunkt ihrer Übernahme schriftlich kündigen. Die Kündigung wird mit einer Frist von drei Monaten nach dem Eingang bei der Bank wirksam. Das Recht auf Kündigung aus wichtigem Grund bleibt unberührt.

(2) Die Haftung des Bürgen besteht auch nach Wirksamwerden der Kündigung fort, beschränkt sich jedoch auf den Bestand der verbürgten Ansprüche, der zum Zeitpunkt des Wirksamwerdens der Kündigung vorhanden war. Die Regelungen dieser Bürgschaft gelten bis zum vollständigen Ausgleich der verbürgten Verbindlichkeiten des Hauptschuldners weiter. Alle Zahlungen - gleich welcher Art -, die zugunsten des Hauptschuldners nach Wirksamwerden der Kündigung eingehen, werden, sofern keine anderen Tilgungsbestimmungen entgegenstehen, zunächst mit den nicht verbürgten Ansprüchen der Bank bzw. demjenigen Teil ihrer Ansprüche verrechnet, der bei Wirksamwerden der Kündigung nicht durch die Bürgschaft gesichert ist. Weitere Zahlungseingänge führen zu einer Ermäßigung der Bürgschaftsschuld.

(3) Bis zum Wirksamwerden der Kündigung können vor Eingang der Kündigung zugesagte Kredite vom Hauptschuldner in Anspruch genommen werden.

(4) Der Bürge haftet nach Wirksamwerden der Kündigung auch für solche Ansprüche der Bank gegen den Hauptschuldner, die dadurch entstehen, daß die Bank sich im Auftrag des Hauptschuldners Dritten gegenüber - zum Beispiel durch Übernahme einer Bürgschaft oder einer Garantie - verpflichtet hat, für Verbindlichkeiten des Hauptschuldners einzustehen.

10. Sicherheitenfreigabe

(1) Nach Befriedigung ihrer durch die Bürgschaft gesicherten Ansprüche wird die Bank die Bürgschaft freigeben.

(2) Die Bank ist schon vor vollständiger Befriedigung ihrer durch diese Bürgschaft gesicherten Ansprüche verpflich-

.. /3

Abbildung 2-94: Höchstbetragsbürgschaft (Fortsetzung)

- 3 -

tet, auf Verlangen die Bürgschaft sowie andere ihr bestellte Sicherheiten (z.B. abgetretene Forderungen, Grundschulden) nach ihrer Wahl an den jeweiligen Sicherungsgeber ganz oder teilweise freizugeben, soweit der realisierbare Wert sämtlicher Sicherheiten

[ %    ]

der gesicherten Ansprüche der Bank nicht nur vorübergehend überschreitet. Sofern kein Prozentsatz eingesetzt und auch anderweitig nichts anderes vereinbart wurde, ist ein Satz von 100 % maßgeblich.

(3) Die Ermittlung des realisierbaren Werts der Bürgschaft erfolgt im Zeitpunkt der Geltendmachung des Freigabeanspruchs auf der Grundlage der dann bestehenden Vermögens- und Einkommenssituation des Bürgen.

**11. Unterrichtung über den Stand der Hauptschuld**

Der Bürge wird sich über den jeweiligen Stand der Hauptschuld gegebenenfalls beim Hauptschuldner selbst unterrichten.

**12. Rechtswahl**

Für das Bürgschaftsverhältnis ist das Recht der Bundesrepublik Deutschland maßgebend.

Kassel, 31. Januar 1996
Ort/Datum                    Unterschrift(en)/Firmenstempel des/der Bürgen

Abbildung 2-94: Höchstbetragsbürgschaft (Fortsetzung)

### 5.2.2.1 Voraussetzungen des vertraglichen Pfandrechts

Die **Entstehung** eines vertraglichen Pfandrechts ist an **drei Voraussetzungen** geknüpft (§ 1205 Abs. 1 BGB):

- Es muß eine Forderung bestehen (**akzessorische Natur des Pfandrechts**). Das Pfandrecht kann jedoch für eine künftige oder bedingte Forderung bestellt werden.

- Zwischen den Parteien muß eine **Einigung** darüber zustande kommen, daß das Pfandrecht dem Gläubiger zustehen soll. Sie ergibt sich aus dem Kreditantrag und der Kreditzusage beziehungsweise aus dem Kreditbewilligungsschreiben und der Einverständniserklärung des Kunden.

- Der Eigentümer muß dem Gläubiger bei der Verpfändung von Sachen die Sache übergeben (**Faustpfandprinzip**). Mit der tatsächlichen Gewalt über die Sache erwirbt der Gläubiger den unmittelbaren Besitz, während dem Eigentümer der **mittelbare** Besitz verbleibt.

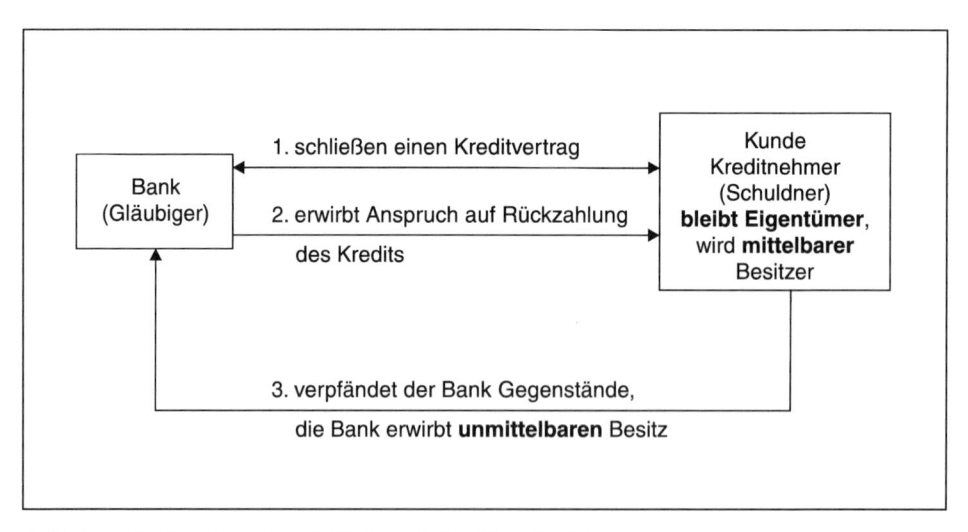

Abbildung 2-95: Rechtsverhältnisse beim Pfandrecht

Die Notwendigkeit, daß die Pfandsache in den Besitz des Gläubigers übergehen muß, bereitet im Bankgeschäft insofern manchmal Schwierigkeiten, als sich das Pfandobjekt häufig nicht im unmittelbaren Besitz des Schuldners befindet beziehungsweise wegen seiner Beschaffenheit nicht körperlich übergeben werden kann.

Für das Erfordernis der Übergabe beziehungsweise als „Ersatz" dafür stehen grundsätzlich fünf Möglichkeiten zur Verfügung:

1. Der einfachste Fall ist gegeben, wenn der Darlehensnehmer der Bank das Pfandobjekt effektiv übergibt. Dann muß es sich allerdings um leicht transportable Sachen mit einem relativ hohen Wert handeln, die sich zu einer **Verwahrung im Tresor der Bank** eignen. Derartige Objekte sind zum Beispiel Wertpapiere und Edelmetalle.

2. Sind die Pfandgegenstände bereits in unmittelbarem Besitz der Bank, zum Beispiel weil Wertpapiere von der Bank verwahrt werden, so ist eine förmliche Übergabe nicht erforderlich; in diesem Fall genügt es, wenn die **Einigung über die Entstehung des Pfandrechts** besteht.

3. Befinden sich die Pfandobjekte weder in unmittelbarem Besitz des Kreditnehmers noch der Bank, sondern bei einem Dritten, so muß der Eigentümer anstelle der Übergabe den **Herausgabeanspruch gegen den Dritten an das Kreditinstitut abtreten und dem unmittelbaren Besitzer der Verpfändung anzeigen** (§ 1205 Abs. 2 BGB).

    In einem solchen Fall kann außerdem vereinbart werden, daß die Herausgabe der Pfandobjekte nur gemeinschaftlich an den Eigentümer und die Bank erfolgen darf; diese Regelung entspricht der Einräumung des **Mitverschlusses** (§ 1206 BGB), wenn sich die Pfandgegenstände in unmittelbarem Besitz des Pfandgebers befinden (siehe unten). Die Möglichkeit der Übertragung des mittelbaren Besitzes oder des Mitbesitzes ist zum Beispiel gegeben, wenn Waren auf den Namen des Kreditnehmers in einem Lagerhaus lagern.

4. Sind die Rechte an einer Sache, insbesondere an Waren, in einem Orderpapier (Traditionspapier, wie zum Beispiel Konnossement, Ladeschein, Lagerschein) verbrieft, so kann die Übergabe der Sache durch die **Übergabe des mit einem Indossament** (offenes oder verdecktes Pfandindossament) **versehenen Orderpapiers** ersetzt werden (§ 1292 BGB). Dieser Fall liegt zum Beispiel bei eingelagerten oder noch auf See befindlichen Gütern vor.

5. Schließlich kann die Situation vorliegen, daß die Pfandobjekte zwar im unmittelbaren Besitz des Darlehensnehmers sind, eine Übergabe an das Kreditinstitut aber wegen der Beschaffenheit der Objekte nicht möglich ist oder nicht gewünscht wird. In einem solchen Fall genügt es, wenn die Bank den Mitbesitz an der Sache erhält, das heißt wenn das **Pfandobjekt unter Mitverschluß der Bank** genommen wird. So wird zum Beispiel verfahren, wenn Teile eines Warenlagers verpfändet werden. Die verpfändeten Waren werden in einem besonderen Raum gelagert, der nur gemeinschaftlich vom Kreditnehmer und der Bank geöffnet werden kann. Da der Kreditnehmer nicht mehr alleine über diese Waren verfügen kann, erweist sich dieses Sicherungsinstrument „Verpfändung von Warenlagern" als unpraktisch. Um das Recht des Kreditinstituts an den Vorräten zu sichern, dabei aber dem Kunden einen freien Zutritt und Verkauf der Waren zu ermöglichen, wird die Ware in der Regel sicherungsübereignet (siehe Abschnitt 5.2.3).

## 418 Kreditwirtschaft im gesamtwirtschaftlichen Umfeld

Geschäftsstelle __Kiel__                                    **Verpfändung von Guthaben und Depots**

1. ~~Der~~ / Die unterzeichnete

   Marion Meyer, Volzstr. 19, 24103 Kiel

   vertreten durch den / die Zeichnungsberechtigte(n)

   — nachstehend Verpfänder genannt —

   verpfändet der

   COMMERZBANK Aktiengesellschaft
   — nachstehend Bank genannt —

   hiermit ~~seine~~ / ihre jetzt und künftig bei der Bank bestehenden

   Guthaben  auf Girokonten,
             auf Sparkonten,
             auf Festgeldkonten,
             aus Commerzbank-Sparbriefen,

   Wertpapierdepots
   (einschl. der Zins-, Renten- und Gewinnanteilscheine nebst Erneuerungsscheinen sowie der auf die Aktien anfallenden Bezugsrechte und Berichtigungsaktien), auch soweit es sich um Commerzbank-Aktien handelt.

   Sparbücher und Sparbriefe sind der Bank auszuhändigen.

2. Im Ausland ruhende Wertpapiere unterliegen dem Pfandrecht nicht. Der Verpfänder verpfändet der Bank jedoch hiermit sämtliche Lieferungs-, Herausgabe- und Zahlungsansprüche, die ihm gegen die Bank wegen der in obigen Depots jeweils gebuchten, im Ausland ruhenden Wertpapiere nebst Zins-, Gewinnanteil- und Erneuerungsscheinen jetzt und künftig zustehen. Derartige Ansprüche kann die Bank am ausländischen Lagerort durch Veräußerung entsprechender Werte aus dem Deckungsbestand der Bank verwerten.

3. Hat die Bank mit Rücksicht auf steuerliche oder sonstige Bindungen eine Verzichterklärung bezüglich eines etwaigen Pfandrechtes nach Nr. 19 ihrer Allgemeinen Geschäftsbedingungen abgegeben, sind die betreffenden Guthaben und Wertpapiere für die Dauer des Verzichts von der Verpfändung ausgenommen.

4. Diese Verpfändung dient der **Sicherung aller bestehenden und künftigen** — auch bedingten oder befristeten — **Ansprüche**, die **der Bank mit ihren sämtlichen in- und ausländischen Geschäftsstellen** gegen

   Max Meyer, Volzstr. 19, 24103 Kiel
   (Name und Anschrift des Kreditnehmers)

   **aus der Geschäftsverbindung**, insbesondere aus laufender Rechnung und aus der Gewährung von Krediten jeder Art, aus Bürgschaften und aus abgetretenen oder kraft Gesetzes übergegangenen Forderungen sowie aus Wechseln (auch soweit diese von Dritten hereingegeben worden sind) zustehen.

5. Alle Maßnahmen und Vereinbarungen, die die Bank hinsichtlich ihrer Ansprüche oder bei der Verwertung anderweitiger Sicherheiten für zweckmäßig erachtet, berühren den Umfang der Pfandhaftung nicht.

6. Der Verpfänder verzichtet auf die Einreden gemäß § 1211 BGB, insbesondere auf die Einrede der Stundung.

7. Bei Verwertung der verpfändeten Guthaben und Depots dienen die Erlöse als bare Sicherstellung, bis die Bank wegen ihrer sämtlichen gesicherten Ansprüche, die im Zeitpunkt der Verwertung der verpfändeten Guthaben und Depots gegen den Kreditnehmer bestehen, befriedigt ist. Daher gehen die Ansprüche der Bank gegen den Kreditnehmer erst dann auf den Verpfänder über. Die Bank ist jedoch berechtigt, sich aus dem Erlös zu befriedigen.

8. Sicherheiten, die der Bank von dem Kreditnehmer oder von dritter Seite bestellt worden sind, hat die Bank gegebenenfalls nur insoweit auf den Verpfänder zu übertragen, als der Besteller den Anspruch gegen die Bank auf Rückübertragung der Sicherheiten an den Verpfänder abgetreten oder sich mit der Übertragung auf den Verpfänder ausdrücklich einverstanden erklärt hat. Dies gilt nicht für Sicherheiten, die kraft Gesetzes auf den Verpfänder übergehen.

**Ergänzend gelten die Allgemeinen Geschäftsbedingungen der Bank, die in jeder Geschäftsstelle eingesehen werden können und die auf Wunsch zugesandt werden.**

"Das der Bank im übrigen eingeräumte vertragliche Pfandrecht nach Nr. 14 ihrer Allgemeinen Geschäftsbedingungen wird von dieser Verpfändung nicht berührt"

Kiel, 18.01.
(Ort / Datum)                                               (Unterschrift(en) des Verpfänders)

Die Ordnungsmäßigkeit der obigen Unterschrift(en) bestätigt:

(Stempel und Unterschriften der Geschäftsstelle)

Abbildung 2-96:   Beispiel: Verpfändung von Guthaben und Depots eines Kreditnehmers

Auch **Rechte** können verpfändet werden (zum Beispiel Gehaltsansprüche, Bankguthaben). Hierzu ist die **Anzeige der Verpfändung** durch den Gläubiger der verpfändeten Forderung an den Schuldner erforderlich (§ 1280 BGB).

**Entstehung des Pfandrechts nach den Allgemeinen Geschäftsbedingungen**

Nach **Ziffer 14 der Allgemeinen Geschäftsbedingungen** dienen alle bei der Bank unterhaltenen Werte als Pfand für Ansprüche gegen den Kunden. Unter dieses Pfandrecht fallen unter anderem Einlagen des Schuldners, Wertpapiere (mit Ausnahme der Anteile am Grundkapital der depotführenden Bank), zum Inkasso eingereichte Schecks und Wechsel. Kein AGB-Pfandrecht besteht unter anderem an Kfz-Briefen, Hypotheken- und Grundschuldbriefen.

**Gutgläubiger Erwerb des Pfandrechts**

Zur Bestellung eines rechtswirksamen Pfandrechts ist grundsätzlich nur der Eigentümer berechtigt (§§ 1205 und 1207 BGB). Eine Ausnahme ist dann gegeben, wenn ein Nichtberechtigter eine Sache verpfändet und der Pfandnehmer in gutem Glauben war, daß jener Eigentümer sei (§ 1208 BGB).

Für die Banken ist allerdings die folgende einschränkende Bestimmung von besonderer Bedeutung:

,,Wird ein Inhaberpapier, das dem Eigentümer gestohlen worden ist, verlorengegangen oder sonst abhanden gekommen ist, an einen Kaufmann, der Bankier- oder Geldwechslergeschäfte betreibt, veräußert oder verpfändet, so gilt dessen **guter Glaube** als **ausgeschlossen**, wenn zur Zeit der Veräußerung oder Verpfändung der Verlust des Papiers im Bundesanzeiger bekanntgemacht und seit dem Ablauf eines Jahres, in dem die Veröffentlichung erfolgt ist, nicht mehr als ein Jahr verstrichen war (§ 367 HGB). Inhaberpapieren stehen an Order lautende Anleiheschuldverschreibungen sowie Namensaktien, Zwischenscheine und Reichsbankanteilscheine gleich, falls sie mit einem Blankoindossament versehen sind."

### 5.2.2.2 Verwertung eines Pfandes

Die Befriedigung des Pfandgläubigers aus dem Pfand erfolgt durch Versteigerung beziehungsweise freihändigen Verkauf, sofern das Pfand einen Börsen- oder Marktpreis hat. Der Pfandgläubiger ist zur Verwertung berechtigt, sobald die Forderung ganz oder teilweise fällig ist. Nach den gesetzlichen Bestimmungen muß die beabsichtigte Verwertung dem Eigentümer angekündigt werden. Erst nach Ablauf einer Wartefrist (nach BGB ein Monat, nach HGB eine Woche nach Androhung) kann die Verwertung des Pfandes vorgenommen werden. Die AGB berechtigen die Bank aber, das Pfand ohne Androhung und Wartezeit zu verwerten.

### 5.2.2.3 Erlöschen des Pfandrechts

Das **Pfandrecht endet**

1. mit dem **Erlöschen der Forderung**, für die es besteht (§ 1252 BGB)
2. mit der **Zurückgabe des Pfandes** an den Verpfänder oder den Eigentümer (§ 1253 BGB)
3. durch die **Verzichterklärung des Pfandgläubigers** dem Empfänger beziehungsweise dem Eigentümer gegenüber (§ 1255 BGB) und
4. durch **Konsolidation**, das heißt durch das Zusammentreffen von Pfandrecht und Eigentum in derselben Person (§ 1256 BGB)

### 5.2.2.4 Bedeutung des Pfandrechts in der Bankpraxis

Die Verpfändung von Grundstücken und Wertpapieren, Waren und sonstigen Vermögenswerten stellt eine wichtige Art der Kreditsicherung dar.

Bei der **Verpfändung von Wertpapieren** und sonstigen Guthaben der kreditgebenden Bank sind die rechtlichen Erfordernisse hinsichtlich der Wirksamkeit der Verpfändung am leichtesten zu erfüllen.

Relativ einfach ist die Verpfändung von Wertpapieren dann durchführbar, wenn die Effekten bei der kreditgebenden Bank im Depot liegen (siehe Verpfändungserklärung, Abbildung 96, oben).

Die **Verpfändung von Wertpapieren, Waren und sonstigen Vermögenswerten ist die Grundlage des Lombardkreditgeschäfts der Banken.** Die eingehende Darstellung der Verpfändung von Wertpapieren, Waren und sonstigen Vermögenswerten und der damit zusammenhängenden Probleme erfolgt daher im Abschnitt 5.3.1.4: „Lombardkredite". Aber auch andere Kredite – insbesondere Kontokorrentkredite und Diskontkredite – werden in manchen Fällen durch die Verpfändung von Wertpapieren, Waren usw. gesichert (**unechter Lombardkredit**).

## 5.2.3 Die Sicherungsübereignung

### 5.2.3.1 Entstehung

Die Sicherungsübereignung läuft in der Praxis so ab, daß der kreditgewährenden Bank das **Eigentum** an den Sicherungsgegenständen übertragen wird und die Bank gleichzeitig dem Kreditnehmer die Gegenstände zur Benutzung überläßt.

Das **Sicherungsgut** bleibt also in **unmittelbarem Besitz des Kreditnehmers**, und die Bank erwirbt lediglich den **mittelbaren Besitz**.

Die hierzu erforderlichen Rechtsgeschäfte sind nach den allgemeinen Vorschriften des BGB über das Eigentum, die Leihe, die Miete usw. zu vollziehen, weil die Sicherungsübereignung keine gesonderte gesetzliche Regelung erfahren hat und auch nicht in irgendwelchen Gesetzen erwähnt ist. Sie ist aus den Bedürfnissen des Wirtschaftslebens entstanden und wurde in Praxis und Rechtsprechung hinsichtlich ihrer Handhabung ausgestaltet. Beim Abschluß von Sicherungsübereignungsverträgen, die keinen besonderen Formvorschriften unterliegen, sind daher neben den Vorschriften des BGB die relevanten Gerichtsurteile zu beachten.

Das **Sicherungseigentum** ist das durch die Übereignung einer beweglichen Sache seitens des Sicherungsgebers (Veräußerers) an den Sicherungsnehmer (Erwerber) begründete und zur Sicherung einer Forderung bestimmte Eigentum an einer Sache, welche der Erwerber zu verwerten berechtigt ist, um aus dem Erlös die gesicherte Forderung zu tilgen.

### 5.2.3.2 Risiken beim Sicherungsübereignungsvertrag

Um der Gefahr der Anfechtung des Vertrages zu entgehen, muß aus dem Sicherungsübereignungsvertrag eindeutig hervorgehen, daß die Übertragung des Eigentums ernsthaft gewollt wird, also das Geschäft nicht etwa nur zum Schein abgeschlossen wurde. Andererseits muß ein **Besitzmittlungsverhältnis** vereinbart werden, damit dem Kreditnehmer die Sache in unmittelbarem Besitz belassen werden kann, zum Beispiel Miete, Leihe oder Pacht (**Besitzkonstitut**). Vgl. Abbildung 2-97.

Sollen Gegenstände sicherungsübereignet werden, die noch einem **Eigentumsvorbehalt seitens des Lieferanten** unterliegen, so muß in dem Übereignungsvertrag – da der Kreditnehmer das Eigentum an diesen Gegenständen noch nicht auf die Bank übertragen kann – vereinbart werden, daß der Bank ein Anwartschaftsrecht auf das Eigentum an den betreffenden Gegenständen zusteht.

Für die **Wirksamkeit einer Sicherungsübereignung** ist ferner entscheidend, daß die übereigneten Gegenstände ausreichend bestimmbar sind. Das Sicherungsgut muß so gekennzeichnet sein, daß es sich von allen anderen (insbesondere gleichartigen) Sachen des Sicherungsgebers deutlich unterscheidet und über die Identität des Sicherungsgutes für jeden, der vom Inhalt des Vertrages Kenntnis nimmt, kein Zweifel besteht. Es ist dringend zu empfehlen, neben der präzisen Beschreibung des Sicherungsgutes für den Lagerort eine Lageskizze zu erstellen und dem Vertrag als Anlage beizufügen.

# 422 Kreditwirtschaft im gesamtwirtschaftlichen Umfeld

---

Kunden-Stammnummer

## Sicherungsübereignung individuell bestimmter Sachen

Zwischen     **Euro-Reisen GmbH, Darmstadt**
- nachstehend "Sicherungsgeber" genannt -

und der

**Dresdner Bank**
Aktiengesellschaft
**Filiale Darmstadt**
- nachstehend "Bank" genannt -

wird folgendes vereinbart:

**1. Gegenstand der Sicherungsübereignung**

Der Sicherungsgeber übereignet der Bank hiermit folgende Gegenstände (nachstehend "Sicherungsgut" genannt):

> **Einen Reisebuss, Marke Setra, Baujahr 1996, Fahrgestell-Nr. S 23211-6**

Das Sicherungsgut befindet sich an dem Standort:

> **Auf dem Betriebsgelände der Euro-Reisen GmbH, Rheinstraße 12, 64283 Darmstadt**

**2. Übertragung von Eigentum, Miteigentum, Anwartschaftsrecht**

Soweit der Sicherungsgeber Eigentum oder Miteigentum am Sicherungsgut hat, überträgt er der Bank das Eigentum oder Miteigentum. Soweit der Sicherungsgeber ein Anwartschaftsrecht auf Eigentumserwerb (aufschiebend bedingtes Eigentum) an den von seinen Lieferanten unter Eigentumsvorbehalt gelieferten Waren hat, überträgt er hiermit der Bank dieses Anwartschaftsrecht.

**3. Übergabeersatz**

Die Übergabe des Sicherungsguts an die Bank wird dadurch ersetzt, daß der Sicherungsgeber es für die Bank sorgfältig unentgeltlich verwahrt. Soweit Dritte unmittelbaren Besitz am Sicherungsgut erlangen, tritt der Sicherungsgeber bereits jetzt seine bestehenden und künftigen Herausgabeansprüche an die Bank ab.

**4. Sicherungszweck**

(1) Die Übereignung und die Übertragung der sonstigen mit diesem Vertrag bestellten Rechte erfolgen zur Sicherung aller bestehenden, künftigen und bedingten Ansprüche, die der Dresdner Bank Aktiengesellschaft mit ihren sämtlichen in- und ausländischen Geschäftsstellen aus der bankmäßigen Geschäftsverbindung gegen

☒ den Sicherungsgeber, der zugleich Kreditnehmer ist, zustehen. *)

☐ den vom Sicherungsgeber verschiedenen Kreditnehmer

zustehen. *)

☐ den Sicherungsgeber und den vom Sicherungsgeber verschiedenen Kreditnehmer

jeweils einzeln zustehen. *)

*) *Die zutreffende Variante ist anzukreuzen.*

(2) Hat der Kreditnehmer die Haftung für Verbindlichkeiten eines anderen Kunden der Dresdner Bank Aktiengesellschaft übernommen (z.B. als Bürge), so sichert die Übereignung und die Übertragung der sonstigen mit diesem Vertrag bestellten Rechte die aus der Haftungsübernahme folgende Schuld erst ab deren Fälligkeit, und auch nur dann, wenn der Kreditnehmer zugleich Sicherungsgeber ist.

**5. Befugnis zur Nutzung des Sicherungsguts**

Die Bank gestattet dem Sicherungsgeber, das Sicherungsgut im Rahmen eines ordnungsgemäßen Geschäftsbetriebs zu nutzen. Der Sicherungsgeber wird das Sicherungsgut auf seine Kosten funktionsfähig erhalten und erforderliche Ersatz- und Zubehörteile beschaffen.

A1648c Fassung Dezember 1992 93.04 .../2

Abbildung 2-97:   Beispiel für einen Sicherungsübereignungsvertrag

- 2 -

### 6. Ablösung von Eigentumsvorbehalten

Der Sicherungsgeber ist verpflichtet, einen etwa bestehenden Eigentumsvorbehalt durch Zahlung des Kaufpreises zum Erlöschen zu bringen. Die Bank ist ansonsten befugt, eine Kaufpreisrestschuld des Sicherungsgebers auf dessen Kosten an die Lieferanten zu zahlen.

### 7. Behandlung und Kennzeichnung des Sicherungsguts; Verlagerung von Sicherungsgut

(1) Der Sicherungsgeber hat das Sicherungsgut vorbehaltlich der Nutzungsbefugnis gemäß Nr. 5 an dem bezeichneten Standort zu belassen und es auf seine Kosten sorgfältig zu behandeln. Zur Wahrung ihrer berechtigten Belange kann die Bank in einer ihr zweckmäßig erscheinenden Weise das Sicherungsgut als ihr Eigentum kennzeichnen. In den Unterlagen des Sicherungsgebers ist die Übereignung mit dem Namen der Bank kenntlich zu machen.

(2) Eine Verlagerung des Sicherungsguts ist nur nach ausdrücklicher vorheriger Zustimmung der Bank zulässig. Die Bank wird die Zustimmung davon abhängig machen, daß ihr die mit diesem Vertrag übertragenen Rechte an dem zu verlagernden Sicherungsgut erhalten bleiben.

### 8. Versicherung des Sicherungsguts; Abtretung der Versicherungsansprüche

(1) Der Sicherungsgeber verpflichtet sich, das Sicherungsgut für die Dauer der Übereignung auf eigene Kosten in voller Höhe gegen die üblichen Gefahren und gegen diejenigen, gegen die der Bank Versicherungsschutz erforderlich erscheint, versichert zu halten. Alle daraus entstehenden gegenwärtigen und künftigen Ansprüche gegen die Versicherungsgesellschaft tritt der Sicherungsgeber hiermit mit der Zweckbestimmung gemäß Nr. 4 an die Bank ab. Der Sicherungsgeber hat der Versicherungsgesellschaft davon Mitteilung zu machen, daß das Sicherungsgut Eigentum der Bank ist, daß sämtliche Rechte aus dem Versicherungsvertrag, soweit sie das Sicherungsgut betreffen, der Bank zustehen sowie daß die Bank nur in die Rechte und nicht in die Pflichten des Versicherungsvertrags eintritt mit der Maßgabe, daß der Sicherungsgeber zur Aufhebung der Versicherung ohne Zustimmung der Bank nicht berechtigt ist. Der Sicherungsgeber wird die Versicherungsgesellschaft ersuchen, der Bank einen entsprechenden Sicherungsschein zu übersenden.

(2) Wenn der Sicherungsgeber die Versicherung nicht oder nicht ausreichend bewirkt hat, darf die Bank das auf seine Gefahr und Kosten tun.

### 9. Gesetzliche Pfandrechte Dritter

Soweit ein gesetzliches Pfandrecht Dritter (z.B. Vermieter, Verpächter, Lagerhalter) an dem Sicherungsgut in Betracht kommt, hat der Sicherungsgeber auf Wunsch der Bank jeweils nach Fälligkeit des Mietzinses, Pachtzinses oder Lagergeldes deren Zahlung der Bank nachzuweisen. Wird der Nachweis nicht erbracht, so ist die Bank, zur Abwendung des Pfandrechts des Vermieters, des Verpächters oder des Lagerhalters den Miet- oder Pachtzins oder das Lagergeld auf Kosten des Sicherungsgebers zu bezahlen.

### 10. Informationspflichten des Sicherungsgebers

Der Sicherungsgeber hat der Bank unverzüglich anzuzeigen, wenn die Rechte der Bank an dem Sicherungsgut durch Pfändung oder sonstige Maßnahmen Dritter beeinträchtigt oder gefährdet werden sollten, und zwar unter Übersendung einer Abschrift des Pfändungsprotokolls sowie aller sonstigen zu einem Widerspruch gegen die Pfändung erforderlichen Schriftstücke mit der Versicherung, daß oder inwieweit die gepfändeten Sachen mit dem Sicherungsgut identisch sind. Außerdem hat der Sicherungsgeber den Pfändungsgläubiger oder sonstige Dritte unverzüglich schriftlich von dem Eigentumsrecht der Bank in Kenntnis zu setzen.

### 11. Prüfungsrecht der Bank

(1) Die Bank ist berechtigt, das Sicherungsgut am jeweiligen Standort zu überprüfen oder durch ihre Beauftragten überprüfen zu lassen. Der Sicherungsgeber hat jede zu diesem Zweck erforderliche Auskunft zu erteilen und die betreffenden Unterlagen zur Einsicht vorzulegen.

(2) Soweit sich das Sicherungsgut in unmittelbarem Besitz Dritter (z.B. Lagerhalter) befindet, werden diese vom Sicherungsgeber hiermit angewiesen, der Bank Zutritt zum Sicherungsgut zu gewähren.

### 12. Herausgabe des Sicherungsguts an die Bank

Die Bank ist zur Wahrung ihrer berechtigten Belange befugt, die Nutzungsbefugnis zu widerrufen und die Herausgabe des Sicherungsguts zu verlangen, wenn der Sicherungsgeber gegen die Pflicht zur sorgfältigen Behandlung des Sicherungsguts erheblich verstößt oder aber über das Sicherungsgut Verfügungen trifft, die nicht im Rahmen eines ordnungsgemäßen Geschäftsbetriebs liegen. Dies gilt auch, wenn der Sicherungsgeber seine Zahlungen eingestellt hat oder die Eröffnung eines gerichtlichen Insolvenzverfahrens über sein Vermögen beantragt worden ist. Die Bank darf die Herausgabe von Sicherungsgut ferner verlangen, wenn und soweit sie gemäß Nr. 13 wegen Zahlungsverzugs des Kreditnehmers zur Verwertung des Sicherungsguts befugt ist.

### 13. Verwertungsrecht der Bank

(1) Die Bank ist berechtigt, das Sicherungsgut zu verwerten, wenn der Kreditnehmer mit fälligen Zahlungen auf die durch diesen Vertrag gesicherten Forderungen in Verzug ist. Die Bank wird das Sicherungsgut nur in dem Umfang verwerten, wie dies zur Erfüllung der rückständigen Forderungen erforderlich ist.

(2) Die Verwertung wird die Bank dem Sicherungsgeber unter Fristsetzung androhen. Stellt der Abschluß dieses Sicherungsübereignungsvertrags für den Sicherungsgeber ein Handelsgeschäft dar, so beträgt die Frist mindestens eine Woche. In allen übrigen Fällen beträgt sie einen Monat.

(3) Die Bank darf das Sicherungsgut auch durch freihändigen Verkauf im eigenen Namen oder im Namen des Sicherungsgebers veräußern. Sie wird auf die berechtigten Belange des Sicherungsgebers Rücksicht nehmen. Sie kann auch von dem Sicherungsgeber verlangen, daß dieser nach ihren Weisungen das Sicherungsgut bestmöglich verwertet oder bei der Verwertung mitwirkt. Der Sicherungsgeber hat alles bei der Verwertung des Sicherungsguts Erlangte unverzüglich an die Bank herauszugeben.

(4) Nach Verwertung des Sicherungsguts wird die Bank den Erlös zur Abdeckung der gesicherten Ansprüche verwenden. Wenn der Verwertungsvorgang der Umsatzsteuer unterliegt, wird die Bank eine Gutschrift erteilen, die als Rechnung für die Lieferung der als Sicherheit dienenden Sache gilt und den Voraussetzungen des Umsatzsteuerrechts entspricht.

.. / 3

**Abbildung 2-97:** Beispiel für einen Sicherungsübereignungsvertrag (Fortsetzung)

- 3 -

**14. Rückübertragung, Sicherheitenfreigabe**

(1) Nach Befriedigung ihrer durch diesen Vertrag gesicherten Ansprüche hat die Bank an den Sicherungsgeber die ihr mit dieser Vereinbarung übertragenen Sicherheiten zurückzuübertragen und einen etwaigen Übererlös aus der Verwertung herauszugeben. Die Bank wird jedoch die Sicherheit an einen Dritten übertragen, falls sie hierzu verpflichtet ist; dies ist z.B. dann der Fall, wenn der Sicherungsgeber zugleich Kreditnehmer ist und ein Bürge die Bank befriedigt hat.

(2) Die Bank ist schon vor vollständiger Befriedigung ihrer durch diesen Vertrag gesicherten Ansprüche verpflichtet, auf Verlangen das ihr übertragene Sicherungsgut sowie auch andere ihr bestellte Sicherheiten (z.B. abgetretene Forderungen, Grundschulden) nach ihrer Wahl an den jeweiligen Sicherungsgeber ganz oder teilweise freizugeben, soweit der realisierbare Wert sämtlicher Sicherheiten

[            %      ]

der gesicherten Ansprüche der Bank nicht nur vorübergehend überschreitet. Sofern kein Prozentsatz eingesetzt und auch anderweitig nichts anderes vereinbart wurde, ist ein Satz von 100 % maßgeblich.

**15. Bewertung des Sicherungsguts**

(1) Sofern keine abweichende Vereinbarung getroffen ist, wird der realisierbare Wert des Sicherungsguts wie folgt ermittelt:

Maßgeblich ist
- der Einkaufspreis für Sicherungsgut, das vom Sicherungsgeber gekauft worden ist,
- der Gestehungspreis für Sicherungsgut, das vom Sicherungsgeber selbst hergestellt oder be- oder verarbeitet worden ist.

(2) Von dem vorstehend festgestellten Wert wird zunächst der Wert derjenigen Sicherungsgüter abgezogen, an denen ein Dritter ein vorrangiges Sicherungsrecht hat (z.B. Eigentumsvorbehalt, Sicherungsübereignung, Pfandrecht), jedoch nur in Höhe der gesicherten Ansprüche des jeweiligen Gläubigers.

(3) Handelt es sich bei dem Sicherungsgut um Umlaufvermögen, wird von dem nach Absatz (2) ermittelten Wert ein Sicherheitsabschlag von

[            %      ]

wegen möglicher Mindererlöse (z.B. bei Zwangsverkauf, veraltetem Sicherungsgut) vorgenommen. Ist ein Prozentsatz nicht eingetragen, wird kein Abschlag vorgenommen.

(4) Handelt es sich bei dem Sicherungsgut um bewegliches Anlagevermögen, wird von dem nach Absatz (2) ermittelten Wert ein Sicherheitsabschlag von

[            %      ]

ab Einkauf oder Fertigstellung für jedes angefangene Jahr, gerechnet vom Zeitpunkt der Anschaffung bzw. Fertigstellung, fallend (degressiv) vom jeweils vorausgegangenen Wert vorgenommen. Sofern kein Prozentsatz und auch anderweitig nichts anderes vereinbart wurde, ist ein Satz von 20 % pro Jahr maßgeblich.

(5) Der Sicherungsgeber und die Bank können eine Änderung des vorgenannten Sicherheitsabschlags verlangen, wenn der tatsächliche Wert des Sicherungsguts infolge zwischenzeitlicher Veränderungen von dem vorstehend ermittelten Wert wesentlich abweicht.

**16. Rechtserhaltende Klausel**

Sollte eine Bestimmung dieses Vertrags nicht rechtswirksam sein oder nicht durchgeführt werden, so wird dadurch die Gültigkeit des übrigen Vertragsinhalts nicht berührt.

Ergänzend gelten die Allgemeinen Geschäftsbedingungen der Bank, die in jeder Geschäftsstelle eingesehen werden können und auf Wunsch zugesandt werden.

Darmstadt, 7. Februar 1996
Ort, Datum

Darmstadt, 7. Februar 1996
Ort, Datum

**Dresdner Bank**
Aktiengesellschaft

_____
Unterschrift des Sicherungsgebers

[ U.g. ]

../ 4

Abbildung 2-97:   Beispiel für Sicherungsübereignungsvertrag (Fortsetzung)

Sicherungsgut, das sich in gemieteten Räumen oder auf gemietetem Gelände befindet, unterliegt unter Umständen dem **Vermieterpfandrecht (§ 559 BGB)**. Es ist dann eine Erklärung des Vermieters über seinen Verzicht auf das Vermieterpfandrecht einzuholen.

Sicherungsübereignete Gegenstände, die **Zubehör eines Grundstücks** sind, haften für bestehende Grundpfandrechte, sofern das Grundpfandrecht zeitlich vor der Sicherungsübereignung entstanden ist. Es empfiehlt sich daher, vom Grundpfandgläubiger eine Erklärung über seinen Verzicht auf die Zubehörhaftung einzuholen (§ 1120 BGB).

Bei Warenlagern mit häufig wechselnden Beständen bereitet die Einhaltung der obigen Grundsätze besondere Schwierigkeiten. In der Praxis hat sich daher das **Instrument des Raumsicherungsvertrages** herausgebildet. In einem solchen, auch **Bassinvertrag** genannten Sicherungsübereignungsvertrag wird vereinbart, daß alle Gegenstände, die sich in einem bestimmten Raum (Lagerplatz) befinden, an das Kreditinstitut übereignet sind beziehungsweise bei bestehendem Eigentumsvorbehalt ein Anwartschaftsrecht auf das Eigentum übertragen wird. Auf diese Weise kann der Bestand an sicherungsübereigneten Gütern jederzeit auf der vertraglich vereinbarten Höhe gehalten und überwacht werden.

(Anmerkung: Der Begriff „**Bassinvertrag**" wird gelegentlich auch anders gebraucht und bedeutet dann, daß alle Gläubiger eines Schuldners einen gemeinsamen Sicherungsübereignungsvertrag abschließen und die allen zustehenden Sicherungsgüter einem Treuhänder übereignen.)

Die Sicherungsübereignung ist zwar einerseits sehr gebräuchlich, andererseits sind aber gewisse Gefahren damit verbunden, da der Wert der Sicherheiten stark vom korrekten Verhalten des Kreditnehmers beziehungsweise Sicherungsgebers abhängig ist. So kommt es vor, daß Waren doppelt sicherungsübereignet werden, ohne daß dies für die Gläubiger erkennbar ist.

Die Banken vereinbaren in der Regel die Sicherungsübereignung mit Anschlußzession zu vereinbaren: Die Ware steht aus der Sicherungsübereignung im Eigentum des Kreditinstituts. Wird die Ware auf Ziel verkauft, ist die entstandene Forderung an den Kreditgeber abgetreten (zediert).

### 5.2.3.3 Verpfändung oder Sicherungsübereignung?

Als Kreditsicherheit ist die **Sicherungsübereignung** überall dort **an die Stelle der Verpfändung** getreten, wo die Form der Übergabe des Sicherungsgegenstands an die Bank nicht möglich ist, weil entweder die Verwahrung der Gegenstände durch das Institut nicht durchführbar oder nicht zweckmäßig ist oder weil der Kreditnehmer auf die als Sicherheit dienenden Gegenstände – insbesondere Waren, Maschinen, Kraftfahrzeuge – bei der Weiterführung seines Betriebes nicht verzichten kann.

Der **Nachteil der Sicherungsübereignung** gegenüber der Verpfändung besteht darin, daß der Übereignungsnehmer wesentlich schwächer gesichert ist als der Pfandgläubiger, der den Pfandgegenstand in Besitz hat. **Der Übereignungsnehmer ist in hohem Maße von der Ehrlichkeit des Sicherungsgebers abhängig,** dem er das Sicherungsgut zur Fortführung seines Geschäfts überläßt. Er **hat zum Beispiel bei vertragswidriger Veräußerung des Sicherungsgutes an einen gutgläubigen Dritten keinen Herausgabeanspruch gegenüber dem Dritten.** Ferner muß er, sofern der Sicherungsgeber das sicherungsübereignete Gut nicht freiwillig herausgibt, auf Herausgabe klagen.

### 5.2.4 Die Abtretung von Forderungen und Rechten (Zession)

#### 5.2.4.1 Formen der Abtretung von Forderungen

Eine weitverbreitete Form der Kreditbesicherung ist die Abtretung von Forderungen und die Übertragung von Rechten an die kreditgebende Bank. Dabei kommt im Firmenkundengeschäft der Abtretung von **Forderungen** aus dem Geschäftsbetrieb des Kreditnehmers die größere Bedeutung zu. Im Ratenkreditgeschäft mit Privatkunden dagegen lassen sich die Banken in starkem Umfang den pfändbaren Teil der Lohn- und Gehaltsforderungen abtreten.

Erst künftig **entstehende Forderungen** können ebenfalls abgetreten werden; dies gilt sowohl für Forderungen aus Warenlieferungen und Leistungen als auch für Lohn- und Gehaltsforderungen.

In der Abtretungserklärung des Kreditnehmers tritt der bisherige Gläubiger (Zedent) dem neuen Gläubiger (Zessionar) seine Forderung gegenüber einem Dritten (Drittschuldner) zur Sicherung eines Kredits ab (§ 398 f BGB).

Sicherungsabtretungen können als **Einzelabtretung** oder für mehrere Forderungen als **Rahmenabtretung (Mantel-/Globalzessionen)** erfolgen. Es bestehen keine gesetzlichen Formvorschriften.

**Die Abtretung einer Forderung verschafft dem Zessionar die uneingeschränkte Rechtsstellung eines Gläubigers.** Sie eignet sich schon aus diesem Grunde besser zur Kreditsicherung als die Verpfändung einer Forderung. Aber auch vom Standpunkt der formellen Handhabung ist die Abtretung von Forderungen der Verpfändung vorzuziehen; für den Kreditnehmer ist sie angenehmer, weil die Abtretung – im Gegensatz zur Verpfändung – dem Drittschuldner nicht angezeigt werden muß.

Verzichtet der Zessionar darauf, daß der Drittschuldner von der Abtretung erfährt, handelt es sich um eine **stille Zession.** Wird dagegen dem Drittschuldner die Abtretung angezeigt, liegt eine **offene Zession** vor, das heißt: Der Drittschuldner kann dann nicht mehr mit befreiender Wirkung an den Zedenten (Kreditnehmer) zahlen, es sei denn, daß er die Forderungsabtretung vertraglich ausgeschlossen hat.

Der Weg der **offenen Zession** wird im Interesse des Kreditnehmers nur in Ausnahmefällen angewandt. Würden die Kreditinstitute grundsätzlich offene Zessionen verlangen, so würde dies die Kreditnehmer in vielen Fällen davon abhalten, Forderungen als Sicherheiten abzutreten, weil sie befürchten müßten, daß die Benachrichtigung der Schuldner unter Umständen ihr Ansehen beeinträchtigen könnte.

Andererseits dürfen die Gefahren der **stillen Abtretung** nicht übersehen werden: Der Schuldner kann, solange er von der Abtretung keine Kenntnis hat, mit befreiender Wirkung an den bisherigen Gläubiger, also an den Kreditnehmer, zahlen. Sofern der Kreditnehmer mehrere Bankverbindungen unterhält, muß die kreditgebende Bank damit rechnen, daß ein Teil der ihr abgetretenen Forderungen auf Konten bei anderen Instituten eingeht und dieses Geld dann vom Schuldner zu anderen Zwecken verwendet wird. Um derartigen Risiken zu begegnen, und erforderlichenfalls den ordnungsgemäßen Eingang der abgetretenen Forderungen sicherstellen zu können, lassen sich die Banken normalerweise mit dem Zessionsvertrag gleichzeitig einige **Blanko-Abtretungsanzeigen** vom Kunden unterschreiben, um die stille Zession gegebenenfalls in eine offene umwandeln zu können.

**Abtretung von Versicherungsansprüchen:** Als eine besondere Form der Zessionen ist die Abtretung von Versicherungsansprüchen – in erster Linie Lebensversicherungsansprüchen – zu bezeichnen. Zwar gelten hierfür dieselben gesetzlichen Vorschriften wie für die Abtretung von Forderungen, über die eine Urkunde ausgestellt ist; daneben sind aber die **Versicherungsbedingungen** der betreffenden Versicherungsgesellschaften zu beachten. So kann zum Beispiel – wie bei den sogenannten Handwerkerversicherungen – eine Abtretung oder Verpfändung der Rechte aus der Versicherung ausgeschlossen sein. Grundsätzlich bedarf es im Fall einer Abtretung derartiger Ansprüche daher neben dem Abschluß des Sicherungsvertrages der **Aushändigung des Versicherungsscheines an die Bank**; weiterhin ist immer dem Vorstand der betreffenden Versicherungsgesellschaft die Abtretung anzuzeigen und der **Rückkaufswert** zu erfragen.

Bei einer Verknüpfung von Kapitallebensversicherungen mit einer Kreditgewährung ist zu prüfen, ob dies für den Kunden zu steuerlichen Nachteilen führt.

### 5.2.4.2 Zustandekommen des Zessionsvertrags

Es handelt sich bei diesen Verträgen um sogenannte „**fiduziarische Abtretungen**": Da die Abtretung nur zur Sicherung von Forderungen der Bank gegen den Kreditnehmer erfolgt, bleiben sowohl die Forderungen der Bank gegenüber ihrem Kreditnehmer als auch die abgetretenen Forderungen des Kreditnehmers gegen dessen Schuldner unabhängig voneinander bestehen.

Die **Abtretung der Forderung** erfolgt also juristisch gesprochen weder „erfüllungshalber" noch „an Erfüllung statt", so daß die Bank ihren Anspruch gegen ihren Kunden nach wie vor geltend machen kann und nicht das Risiko des Eingangs der abgetretenen Forderungen trägt.

Die Bank betrachtet die abgetretenen Forderungen daher nur als „Deckung" für ihre Ansprüche aus dem Kredit.

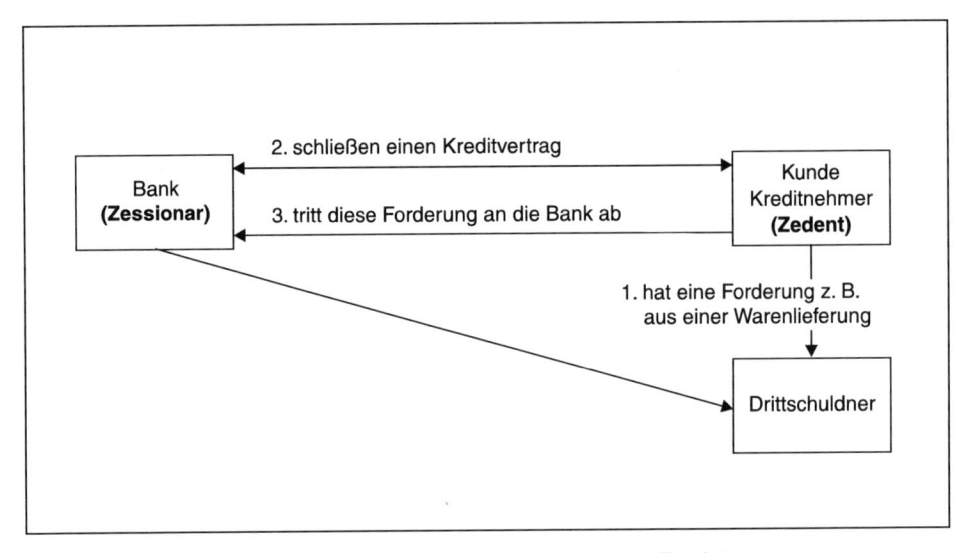

```
                    2. schließen einen Kreditvertrag
    ┌──────────┐ ◄─────────────────────────────── ┌──────────────┐
    │   Bank   │                                   │    Kunde     │
    │(Zessionar)│   3. tritt diese Forderung       │ Kreditnehmer │
    │          │ ◄─────── an die Bank ab ───────── │   (Zedent)   │
    └──────────┘                                   └──────────────┘
         │                                   1. hat eine Forderung z. B.
         │                                      aus einer Warenlieferung
         │                                                │
         │                                                ▼
         └──────────────────────────────────────► ┌──────────────┐
                                                   │Drittschuldner│
                                                   └──────────────┘
```

Abbildung 2-98: Rechtsverhältnisse bei der Abtretung von Forderungen

Im Gegensatz dazu handelt es sich beim **Factoring** nicht um fiduziarische Forderungsabtretungen, sondern um einen „echten Ankauf" vom Forderungen (siehe dazu Abschnitt 5.5.3.2).

Wegen der **Rechtswirksamkeit der Forderungsabtretung** muß sich die Bank vor Annahme der Zession davon überzeugen, ob die Abtretung der Forderungen überhaupt zulässig ist. Im allgemeinen wird dies zwar der Fall sein, doch gibt es unter anderen folgende Ausnahmen.

Ein **gesetzliches Abtretungsverbot** besteht für alle unpfändbaren Forderungen (§ 400 BGB). Dieses Verbot bezieht sich insbesondere auf den unpfändbaren Teil von Lohn- und Gehaltseinkommen sowie auf höchstpersönliche Ansprüche.

Darüber hinaus kann eine Abtretung durch **Vereinbarung** zwischen Gläubiger und Schuldner ausgeschlossen werden. Dieses sogenannte **vertragliche Abtretungsverbot** ist insbesondere bei größeren Industriefirmen gebräuchlich, bei denen das Abtretungsverbot oftmals in den Geschäfts-/Lieferbedingungen enthalten ist, aber auch bei öffentlichen Verwaltungen. Um das Erkennen derartiger Forderungen zu erleichtern, gibt der Bundesverband deutscher Banken in einer Liste laufend diejenigen Firmen bekannt, die die Abtretbarkeit der gegen sie gerichteten Forderungen ausschließen oder von ihrer **ausdrücklichen Zustimmung** abhängig machen.

Hinsichtlich der Lohn- und Gehaltsforderungen muß die Bank darauf achten, daß die Abtretung nicht nur durch Vereinbarung zwischen dem Arbeitgeber und dem Arbeitnehmer, sondern auch durch Betriebsvereinbarungen (**kollektives Abtretungsverbot**) ausgeschlossen werden kann. Abtretungen des Diensteinkommens von Beamten, Militärangehörigen und anderen Personen im öffentlichen Dienst müssen beglaubigt werden.

Die Bank muß ferner prüfen, ob die Forderungen nicht schon anderweitig abgetreten sind, da eine **nochmalige Abtretung rechtsunwirksam** ist und es grundsätzlich keinen gutgläubigen Erwerb von bereits abgetretenen Forderungen gibt. Es gilt der Grundsatz der Priorität, das heißt, die älteste Zession geht allen nachfolgenden Zessionen vor. Dieser Sachverhalt ist insbesondere im Zusammenhang mit einem verlängerten Eigentumsvorbehalt seitens der Lieferanten des Kreditnehmers zu prüfen, weil sehr viele Unternehmen in ihren ,,Allgemeinen Lieferbedingungen" den sogenannten verlängerten Eigentumsvorbehalt aufgenommen haben. Damit wird zwischen dem Käufer und Lieferanten vereinbart, daß bei Weiterverkauf der gelieferten Waren die Kaufpreisforderungen im Augenblick ihrer Entstehung als an den Lieferanten abgetreten gelten. Der verlängerte Eigentumsvorbehalt geht immer der Abtretung vor.

Alle Forderungen und Rechte, die im Rahmen eines Zessionsvertrages abgetreten werden, müssen **hinreichend bestimmt sein**. Gegenstand, Umfang oder Abtretung und die Person des Drittschuldners nüssen auch für Dritte erkennbar sein.

Da es sich bei den abgetretenen Forderungen in der Regel um eine Vielzahl kurzfristiger und häufig wechselnder Forderungen handelt, ist die Einzelabtretung einer jeden Forderung nicht zweckmäßig. In der Praxis werden daher zwischen Kreditnehmer und Bank meistens Mantelzessions- oder Globalzessionsverträge abgeschlossen. Diese Formen der Forderungsabtretung eignen sich darüber hinaus auch vor allem zur Sicherung längerer Kreditverhältnisse, zum Beispiel regelmäßig prolongierter Kontokorrent- und Diskontkredite.

# 430 Kreditwirtschaft im gesamtwirtschaftlichen Umfeld

Kunden-Stammnummer

## Einmalige Abtretung einzelner Forderungen

Zwischen  **Modacat Sportmoden GmbH**
- nachstehend "Sicherungsgeber" genannt -

und der  **Dresdner Bank**
Aktiengesellschaft
**Filiale Leipzig**
- nachstehend "Bank" genannt -

wird folgendes vereinbart:

**1. Gegenstand der Abtretung**

(1) Der Sicherungsgeber tritt hiermit der Bank die nachstehend aufgeführten Forderungen ab:

Bezeichnung des Rechtsverhältnisses:

Lieferung von Wintersportbekleidung

gegen

Name/Firma des Drittschuldners:

Sporthaus Alpenland
Am Hauptbahnhof 10
80418 München

Weitere Angaben - soweit vorhanden -:

Lieferschein/Rechnung Nr.:

vom: 3.1.96, Nr. A 813683

über: DM 27.194,--

fällig am: 3.3.1996

**2. Sicherungszweck**

(1) Die Abtretung dient zur Sicherung aller bestehenden, künftigen und bedingten Ansprüche, die der Dresdner Bank Aktiengesellschaft mit ihren sämtlichen in- und ausländischen Geschäftsstellen aus der bankmäßigen Geschäftsverbindung gegen

☒ den Sicherungsgeber, der zugleich Kreditnehmer ist, zustehen. *)

☐ den vom Sicherungsgeber verschiedenen Kreditnehmer

zustehen. *)

☐ den Sicherungsgeber und den vom Sicherungsgeber verschiedenen Kreditnehmer

jeweils einzeln zustehen. *)

*) Die zutreffende Variante ist anzukreuzen.

(2) Hat der Kreditnehmer die Haftung für Verbindlichkeiten eines anderen Kunden der Dresdner Bank Aktiengesellschaft übernommen (z.B. als Bürge), so sichert die Abtretung die aus der Haftungsübernahme folgende Schuld erst ab deren Fälligkeit, und auch nur dann, wenn der Kreditnehmer zugleich Sicherungsgeber ist.

**3. Abtretung von Ansprüchen aus einem Kontokorrentverhältnis**

Besteht zwischen dem Sicherungsgeber und den Drittschuldnern ein echtes oder unechtes Kontokorrentverhältnis oder wird später ein solches begründet, so tritt der Sicherungsgeber hiermit der Bank mit der Zweckbestimmung nach Nr. 2 zusätzlich die Ansprüche auf Kündigung des Kontokorrentverhältnisses, auf Feststellung des gegenwärtigen Saldos sowie die Forderungen aus gezogenen oder in Zukunft zu ziehenden Salden ab.

**4. Abtretung/Übergang von Sicherheiten und sonstigen Rechten**

(1) Mit den abgetretenen Forderungen gehen alle für diese haftenden Sicherheiten sowie die Rechte aus den zugrunde liegenden Rechtsgeschäften auf die Bank über. Liegen den abgetretenen Forderungen Lieferungen unter Eigentumsvorbehalt zugrunde oder sind dem Sicherungsgeber bewegliche Sachen zur Besicherung dieser Forderungen übereignet, so besteht Übereinstimmung, daß Vorbehaltseigentum und Sicherungseigentum auf die Bank übergehen; die Herausgabeansprüche des Sicherungsgebers gegen den unmittelbaren Besitzer sind zugleich an die Bank abgetreten. Hat der Sicherungsgeber das Sicherungsgut in unmittelbarem Besitz, so wird die Übergabe dadurch ersetzt, daß er das Sicherungsgut für die Bank unentgeltlich in Verwahrung nimmt.

A1645 Fassung Dezember 1992 92.12 ../2

Abbildung 2-99: Beispiel: Einmalige Abtretung einer einzelnen Forderung

- 2 -

(2) Sind für die Übertragung solcher Sicherheiten besondere Erklärungen und Handlungen erforderlich, wird der Sicherungsgeber diese auf Verlangen der Bank abgeben bzw. vornehmen.

(3) Soweit die abgetretenen Forderungen gegen Ausfall versichert sind, werden hiermit die Ansprüche gegen die Kreditversicherer an die Bank abgetreten.

(4) Für die in den Absätzen (1) bis (3) vereinbarten Sicherungsrechte gilt die Zweckbestimmung gemäß Nr. 2.

**5. Verkauf von Forderungen**

Der Verkauf der an die Bank abgetretenen Forderungen im Rahmen eines echten Factoringgeschäfts bedarf der vorherigen schriftlichen Zustimmung der Bank.

**6. Einziehung der Forderungen durch den Sicherungsgeber, Abtretung der Ansprüche aus Schecks und Wechseln**

(1) Dem Sicherungsgeber ist es gestattet, die an die Bank abgetretenen Forderungen im Rahmen eines ordnungsgemäßen Geschäftsbetriebs einzuziehen. Die Bank kann zur Wahrung ihrer berechtigten Belange die Einziehungsbefugnis beschränken oder für die Einziehung Auflagen erteilen.

(2) Bei Zahlungen auf die der Bank abgetretenen Forderungen durch Schecks geht das Eigentum an diesen Papieren auf die Bank über, sobald der Sicherungsgeber es erwirbt. Erfolgt auf die der Bank abgetretenen Forderungen Zahlung durch Wechsel, so tritt der Sicherungsgeber die ihm daraus zustehenden Rechte schon jetzt im voraus sicherungshalber mit der Zweckbestimmung nach Nr. 2 an die Bank ab. Die Übergabe der Schecks und Wechsel wird dadurch ersetzt, daß der Sicherungsgeber sie zunächst für die Bank in Verwahrung nimmt oder, falls er nicht deren unmittelbaren Besitz erlangt, den ihm zustehenden Herausgabeanspruch gegen Dritte bereits jetzt mit der Zweckbestimmung nach Nr. 2 im voraus sicherungshalber an die Bank abtritt; er wird die Papiere mit seinem Indossament versehen und unverzüglich an die Bank abliefern.

**7. Verwertungsbefugnis**

(1) Die Bank ist berechtigt, die Einziehungsbefugnis zu widerrufen und die Forderungsabtretungen auch im Namen des Sicherungsgebers den jeweiligen Drittschuldnern offenzulegen und die Forderungen einzuziehen, wenn der Kreditnehmer mit fälligen Zahlungen auf die durch diesen Vertrag gesicherten Forderungen in Verzug ist, seine Zahlungen eingestellt hat oder die Eröffnung eines gerichtlichen Insolvenzverfahrens über sein Vermögen beantragt worden ist. Diese Maßnahmen wird die Bank nur in dem Umfang ergreifen, wie es zur Erfüllung der rückständigen Forderungen erforderlich ist.

(2) Die Offenlegung der Forderungsabtretung und die Einziehung der Forderungen wird die Bank dem Sicherungsgeber mit einer Frist von 2 Wochen schriftlich androhen. Einer Androhung und Fristsetzung bedarf es jedoch nicht, wenn der Sicherungsgeber seine Zahlungen eingestellt hat oder die Eröffnung eines gerichtlichen Insolvenzverfahrens über sein Vermögen beantragt worden ist.

(3) Erlischt die Einziehungsbefugnis des Sicherungsgebers, so kann die Bank die Aushändigung aller Unterlagen über die abgetretenen Forderungen verlangen.

(4) Soweit die Bank Forderungen selbst einzieht, darf sie alle Maßnahmen und Vereinbarungen mit Drittschuldnern treffen, die sie für zweckmäßig hält, insbesondere Stundungen und Nachlässe gewähren und Vergleiche abschließen.

(5) Der Sicherungsgeber wird auf Verlangen der Bank für diese die Forderungen einziehen.

**8. Abtretung von Rechten gegen Vorbehaltslieferanten; Ablösungsrecht der Bank**

(1) Falls an die Bank eine Forderung abgetreten ist, die von einem Lieferanten des Sicherungsgebers aufgrund eines branchenüblichen verlängerten Eigentumsvorbehalts gegenwärtig oder zukünftig berechtigterweise in Anspruch genommen werden kann, soll die Abtretung erst mit Erlöschen des verlängerten Eigentumsvorbehalts wirksam werden. Soweit die Forderung einem Lieferanten nur teilweise zusteht, ist die Abtretung an die Bank zunächst auf den Forderungsteil beschränkt, der dem Sicherungsgeber zusteht; der Restteil wird auf die Bank erst übergehen, wenn er durch den verlängerten Eigentumsvorbehalt nicht mehr erfaßt wird.

(2) Der Sicherungsgeber tritt der Bank mit der Zweckbestimmung nach Nr. 2 seine etwaigen Ansprüche auf Rückabtretung der an den Lieferanten aufgrund des verlängerten Eigentumsvorbehalts abgetretenen Forderungen sowie seine etwaigen Ansprüche auf Abführung der an den Lieferanten geflossenen Erlöse mit allen Nebenrechten ab; entsprechendes gilt für ein etwaiges Anwartschaftsrecht auf Rückerwerb einer auflösend bedingt abgetretenen Forderung.

(3) Die Bank ist berechtigt, den verlängerten Eigentumsvorbehalt durch Befriedigung des Lieferanten abzulösen.

**9. Informationspflichten des Sicherungsgebers**

Verändern sich die an die Bank abgetretenen Forderungen infolge von Beanstandungen, Preisnachlässen, Aufrechnungen oder aus anderen Gründen nachträglich in ihrem Wert, so ist der Sicherungsgeber verpflichtet, der Bank hiervon, soweit und sobald sie ihm bekannt werden, unverzüglich Kenntnis zu geben und nach ihren Weisungen zu verfahren. Das gleiche gilt, wenn sich der Fälligkeitstag verändert oder der Sicherungsgeber Umstände zur Kenntnis kommen, welche die Zahlungsfähigkeit von Drittschuldnern beeinträchtigen. Werden die Rechte der Bank an den ihr abgetretenen Forderungen durch Pfändung oder sonstige Maßnahmen beeinträchtigt oder gefährdet, hat der Sicherungsgeber der Bank ebenfalls unverzüglich Mitteilung zu machen. Bei einer Pfändung hat der Sicherungsgeber der Bank Abschrift des Pfändungs- und Überweisungsbeschlusses sowie aller sonstigen zu einem Widerspruch gegen die Pfändung erforderlichen Schriftstücke zu übersenden und den Pfändungsgläubiger unverzüglich schriftlich von dem Sicherungsrecht der Bank zu unterrichten.

**10. Einsichts- und Prüfungsrechte der Bank**

(1) Der Sicherungsgeber ist verpflichtet, der Bank auf Verlangen alle Auskünfte, Nachweise und Urkunden zu geben, die zur Prüfung und Geltendmachung der abgetretenen Forderungen erforderlich sind. Beim Einsatz von EDV-Anlagen hat der Sicherungsgeber die erforderlichen Belege auszudrucken; falls der Ausdruck nicht vorgenommen wird, sind der Bank die hierfür erforderlichen Datenträger und EDV-Programme auszuhändigen, damit sie selber die Ausdrucke erstellen kann.

(2) Der Sicherungsgeber gestattet der Bank, zur Prüfung und Geltendmachung der abgetretenen Forderungen jederzeit seine Unterlagen einzusehen oder durch einen Bevollmächtigten einsehen zu lassen.

../3

Abbildung 2-99:  Beispiel: Einmalige Abtretung einer einzelnen Forderung (Fortsetzung)

- 3 -

**11. Buchführung und Datenverarbeitung**

(1) Soweit Nachweise und Urkunden, die zur Prüfung oder Geltendmachung der abgetretenen Forderungen erforderlich sind, vom Sicherungsgeber einem Dritten (insbesondere Buchführungsbüro, Steuerberater) übergeben sind, tritt hiermit der Sicherungsgeber seine Ansprüche gegen diesen Dritten auf Erteilung von Auskünften sowie auf Herausgabe dieser Nachweise und Urkunden an die Bank ab und weist hiermit diesen Dritten an, der Bank auf Verlangen diejenigen Auskünfte, Nachweise und Urkunden zu geben, die zur Prüfung und Geltendmachung der abgetretenen Forderungen erforderlich sind.

(2) Sofern die abgetretenen Forderungen für die elektronische Datenverarbeitung erfaßt sind, verpflichtet sich der Sicherungsgeber, die EDV-Anlage inklusive Peripherie mit den gespeicherten Daten sämtlicher, die Abtretung berührenden Buchungsvorfälle der Bank auf erstes Anfordern zur Benutzung zu überlassen, das insoweit erforderliche Bedienungspersonal nebst den erforderlichen Programmen (Software) zu stellen und alles zur Ingangsetzung und Ingangshaltung der EDV-Anlage etwa sonst noch Notwendige zu tun. Soweit die elektronische Datenverarbeitung durch Dritte erfolgt, tritt der Sicherungsgeber hiermit der Bank seine sämtlichen Ansprüche auf Leistungserbringung gegen diese Dritten ab und weist die Dritten an, die elektronische Datenverarbeitung für die Bank wie ihm gegenüber abzuwickeln, sofern die Bank dies wünscht.

**12. Sicherheitenfreigabe**

(1) Nach Befriedigung ihrer durch diese Abtretung gesicherten Ansprüche hat die Bank an den Sicherungsgeber die ihr abgetretenen Forderungen zurückzuübertragen und einen etwaigen Übererlös aus der Verwertung herauszugeben. Die Bank wird jedoch die Sicherheit an einen Dritten übertragen, falls sie hierzu verpflichtet ist; dies ist z.B. dann der Fall, wenn der Sicherungsgeber zugleich Kreditnehmer ist und ein Bürge die Bank befriedigt hat.

(2) Die Bank ist schon vor vollständiger Befriedigung ihrer durch diese Abtretung gesicherten Ansprüche verpflichtet, auf Verlangen die ihr abgetretenen Forderungen sowie auch andere, ihr bestellte Sicherheiten (z.B. übereignete Sachen, Grundschulden) nach ihrer Wahl an den jeweiligen Sicherungsgeber ganz oder teilweise freizugeben, soweit der realisierbare Wert sämtlicher Sicherheiten

|  |  |
|---|---|
|  | % |

der gesicherten Ansprüche der Bank nicht nur vorübergehend überschreitet. Sofern kein Prozentsatz eingesetzt und auch anderweitig nichts anderes vereinbart wurde, ist ein Satz von 100 % maßgeblich.

**13. Bewertung der Forderungen**

(1) Zur Ermittlung des realisierbaren Werts der abgetretenen Forderungen wird vom Nennwert der abgetretenen Forderungen ausgegangen. Hiervon werden zunächst solche Forderungen abgesetzt,
- bei denen die Abtretung ausgeschlossen oder von der Zustimmung der Drittschuldner abhängig gemacht worden ist und bei denen diese Zustimmung nicht vorliegt;
- die gemäß Nr. 8 wegen eines branchenüblichen verlängerten Eigentumsvorbehalts nicht an die Bank abgetreten worden sind;
- denen aufrechenbare Forderungen gegenüberstehen;
- bei denen die Rechtswirksamkeit der Abtretung im Hinblick auf den Sitz des Drittschuldners im Ausland und die Geltung ausländischen Rechts nicht gegeben ist;
- die einredebehaftet sind, weil die zugrunde liegenden Lieferungen und Leistungen nicht oder nicht vollständig erbracht worden sind.

(2) In Zweifelsfällen (z.B. bei Auslandsforderungen) ist die Bank berechtigt, die jeweiligen Forderungen an den Sicherungsgeber zurückzuübertragen.

(3) Von dem vorstehend ermittelten Nennbetrag wird ein Sicherheitsabschlag von

|  |  |
|---|---|
|  | % |

wegen etwa möglicher Forderungsausfälle vorgenommen. Ist ein Prozentsatz nicht eingetragen, wird kein Abschlag vorgenommen.

(4) Der Sicherungsgeber und die Bank können die Vereinbarung eines abweichenden Sicherheitsabschlags nach Absatz (3) verlangen, wenn sich infolge von zwischenzeitlichen Veränderungen der vereinbarte Sicherheitsabschlag als überhöht oder zu niedrig erweist.

**14. Rechtserhaltende Klausel**

Sollte eine Bestimmung dieses Vertrags nicht rechtswirksam sein oder nicht durchgeführt werden, so wird dadurch die Gültigkeit des übrigen Vertragsinhalts nicht berührt; das gilt insbesondere, wenn die Unwirksamkeit sich nur auf einzelne Forderungen oder Forderungsteile erstreckt.

Ergänzend gelten die Allgemeinen Geschäftsbedingungen der Bank, die in jeder Geschäftsstelle eingesehen werden können und auf Wunsch zugesandt werden.

Halle, 8. Januar 1996  
Ort, Datum

Leipzig, 10. Januar 1996  
Ort, Datum

Unterschrift des Sicherungsgebers

**Dresdner Bank**
Aktiengesellschaft

U.g.

../ 4

Abbildung 2-99:   Beispiel: Einmalige Abtretung einer einzelnen Forderung (Fortsetzung)

| Ablagehinweis der Bank |
| Kunden-Stammnummer |

## Abtretung von Ansprüchen auf Arbeitsentgelt und Sozialleistungen

Zwischen __Herrn Peter Hofbauer, Eschersheimer Landstr. 9, 60322 Frankfurt am Main__

– nachstehend „Sicherungsgeber" genannt –

und der

### Dresdner Bank
Aktiengesellschaft  – nachstehend „Bank" genannt –
__Frankfurt am Main__

wird folgendes vereinbart:

**1. Gegenstand der Abtretung**

(1) Der Sicherungsgeber tritt hiermit den der Pfändung unterworfenen Teil seiner gegenwärtigen und künftigen Ansprüche auf **Arbeitsentgelt** jeder Art einschließlich Pensionsansprüche, Provisionsforderungen, Tantiemen, Gewinnbeteiligungen sowie Abfindungen gegen seine jeweiligen Arbeitgeber und auf **Sozialleistungen** insbesondere Arbeitslosengeld, Arbeitslosenhilfe, Übergangsgeld, Leistungen der gesetzlichen Kranken-, Unfall- und Rentenversicherung einschließlich eventueller Beitragserstattungsansprüche, Renten wegen Minderung der Erwerbsfähigkeit) an die Bank ab. Stehen dem Sicherungsgeber mehrere derartige Ansprüche zu, werden die Ansprüche zur Feststellung des pfändbaren Betrags zusammengerechnet. Der unpfändbare Grundbetrag wird dann in erster Linie dem Einkommen entnommen, das die wesentliche Grundlage der Lebenshaltung des Sicherungsgebers bildet.

(2) Der Umfang der abgetretenen Ansprüche ist auf einen **Höchstbetrag** von DM __18.000,--__ beschränkt. Der Arbeitgeber/Die auszahlende Stelle hat aufgrund einer Offenlegung Zahlungen auf die abgetretenen Ansprüche nur bis zu diesem Höchstbetrag zu leisten. Der Höchstbetrag vermindert sich gegenüber dem Arbeitgeber/der auszahlenden Stelle jeweils um die von ihm/ihr aufgrund einer Offenlegung an die Bank erbrachten Zahlungen. Die Abtretung erledigt sich, wenn die Bank aufgrund der Offenlegung den Höchstbetrag erhalten hat.

(3) Arbeitgeber/Auszahlende Stelle ist zur Zeit:

__Wiegand Bau GmbH__

__Taunusstraße 5__

__61352 Bad Homburg__
(Name und Anschrift)

**2. Sicherungszweck**

Die Abtretung dient als Sicherheit für

☐ sämtliche Ansprüche der Bank, die ihr aus dem Kreditvertrag

_____

(Bezeichnung des Kreditvertrags, ggf. Name des Kreditnehmers, falls mit dem Sicherungsgeber nicht identisch)
zustehen.

☒ alle bestehenden, künftigen und bedingten Ansprüche, die der Dresdner Bank Aktiengesellschaft mit ihren sämtlichen in- und ausländischen Geschäftsstellen aus der bankmäßigen Geschäftsverbindung gegen den Sicherungsgeber zustehen. Hat der Sicherungsgeber die Haftung für Verbindlichkeiten eines anderen Kunden der Dresdner Bank Aktiengesellschaft übernommen (z. B. als Bürge), so sichert die Abtretung die aus der Haftungsübernahme folgende Schuld erst ab deren Fälligkeit, und auch nur dann, wenn der Sicherungsgeber zugleich Kreditnehmer ist.

**3. Verfügungsberechtigung**

(1) Der Sicherungsgeber versichert, daß seine in Nr. 1 genannten Ansprüche weder gepfändet noch an Dritte abgetreten oder verpfändet sind. Nur in Zweifelsfällen ist die Bank berechtigt, sich beim Arbeitgeber/der auszahlenden Stelle zu vergewissern, ob der Wirksamkeit der Zession rechtliche Hindernisse (z. B. ein Abtretungsausschluß) entgegenstehen. Dies setzt voraus, daß der Sicherungsgeber einer Aufforderung der Bank zur Beibringung einer entsprechenden Bestätigung des Arbeitgebers/der auszahlenden Stelle nicht nachgekommen ist.

(2) Der Sicherungsgeber verpflichtet sich, die Bank von einem Arbeitsplatzwechsel, einer Änderung seines Wohnsitzes oder einer Pfändung der abgetretenen Ansprüche unverzüglich zu unterrichten und auf Wunsch der Bank eine Verdienstbescheinigung des Arbeitgebers vorzulegen.

**4. Inanspruchnahme der Zession**

(1) Die Bank ist berechtigt, die Abtretung offenzulegen und die abgetretenen Ansprüche beim Arbeitgeber oder der auszahlenden Stelle einzuziehen, wenn sich der Kreditnehmer mit einem Betrag, der mindestens zwei volle Raten entspricht, in Verzug befindet und mindestens zweimal schriftlich zur Zahlung aufgefordert worden ist, wobei die erste Zahlungsaufforderung schon nach Verzug mit nur einer Rate erfolgen kann. Bei einem Kreditverhältnis ohne Ratenvereinbarung kann die Einziehung nach zwei vorangegangenen fruchtlosen schriftlichen Zahlungsaufforderungen erfolgen. Die Bank wird von der Einziehungsbefugnis nur in dem Umfang Gebrauch machen, wie es zur Erfüllung rückständiger Forderungen erforderlich ist.

(2) Die Offenlegung wird die Bank dem Sicherungsgeber mit einer Frist von einem Monat androhen. Ist der Sicherungsgeber zugleich der Kreditnehmer, kann die Bank die Androhung mit einer Zahlungsaufforderung verbinden.

**5. Freigabe der Abtretung**

(1) Die Bank wird ihre Rechte aus der Abtretung zurückübertragen, wenn sie wegen ihrer nach dieser Vereinbarung gesicherten Ansprüche befriedigt ist.

(2) Sobald und soweit der Gesamtbetrag der gesicherten Forderungen sich nicht nur vorübergehend um jeweils 20 % ermäßigt, ist die Bank auf Verlangen des Sicherungsgebers zu einer Teilfreigabe der Abtretung durch darauf entsprechende Herabsetzung des Höchstbetrags in Nr. 1 verpflichtet.

(3) Soweit neben dieser Vereinbarung weitere Sicherheiten bestellt sind, ist die Bank zu einer weitergehenden Teilfreigabe der Abtretung nach billigem Ermessen verpflichtet, sofern die verbleibenden Sicherheiten bei Anwendung ordnungsgemäßer Beleihungsgrundsätze dem Sicherungsbedürfnis der Bank genügen.

Ergänzend gelten die Allgemeinen Geschäftsbedingungen der Bank, die in jeder Geschäftsstelle eingesehen werden können und auf Wunsch zugesandt werden.

__Frankfurt a.M., 31. Januar 1996__   __Frankfurt a.M., 1. Februar 1996__
Ort, Datum   Ort, Datum

Unterschrift des Sicherungsgebers   Unterschrift der Bank

| U. g. | **Bitte wenden!** |

Abbildung 2-100:   Beispiel für einmalige Abtretung einer Lohn- und Gehaltsforderung

### 5.2.4.3 Mantelzession und Globalzession als Formen der Rahmenabtretung

In einem Mantelzessionsvertrag verpflichtet sich der Kreditnehmer, laufend Forderungen in Höhe eines bestimmten Gesamtbetrages an die Bank abzutreten.

Durch den Mantelvertrag selbst erfolgt jedoch noch keine Übertragung der Forderungsrechte an die Bank. **Die eigentliche Abtretung der Forderungen vollzieht sich** dabei **erst im Augenblick der Einreichung der betreffenden Rechnungskopien oder Debitorenlisten.** Da auf diese Forderungen laufend Eingänge zu verzeichnen sein werden, verpflichtet sich der Kreditnehmer – sobald ein festgelegter Mindestbetrag unterschritten oder ein bestimmter Zeitraum verstrichen ist –, neu entstandene Forderungen durch Übersendung entsprechender Rechnungskopien oder Aufstellungen an die Bank abzutreten. In der Praxis verliert die Mantelzession mehr und mehr an Bedeutung zugunsten der Globalzession.

In einem Globalzessionsvertrag wird zwischen dem Kreditnehmer und der Bank vereinbart, daß sämtliche gegenüber bestimmten Kunden (zum Beispiel allen Kunden mit den Anfangsbuchstaben A–K) oder aus bestimmten Geschäften innerhalb eines festgelegten Zeitraumes bestehenden oder in Zukunft entstehenden Forderungen „automatisch" an die Bank abgetreten sind.

Der Vorteil der Globalzession gegenüber der Mantelzession besteht darin, **daß bei der Globalzession die Bank im Zeitpunkt der Entstehung der Forderung Gläubiger dieser Forderung wird**, ohne daß es dazu einer Rechtshandlung des Zedenten bedarf, während bei einer Mantelzession die Abtretung erst mit Einreichung der Rechnungskopien oder Debitorenlisten wirksam wird.

Dennoch ist auch bei Globalzessionsverträgen das Einreichen von Aufstellungen über die abgetretenen Forderungen beziehungsweise von Rechnungskopien üblich. Diese Listen dienen jedoch hier nur der Sicherheitenüberwachung, insbesondere der Überprüfung des jeweiligen Bestandes an abgetretenen Forderungen.

Wegen der **Risiken**, die mit allen Forderungsabtretungen verbunden sind, verlangen Banken im allgemeinen eine **Überdeckung des Kredits**, das heißt, der Kreditnehmer muß Forderungen in einem Gesamtbetrag abtreten, der um einen bestimmten Prozentsatz über dem Kreditbetrag liegt. Bei der Festsetzung der Höhe der Überdeckung muß neben der sogenannten „**Bonitätsmarge**" (maximal 30 Prozent bei Mantelzessionsverträgen) noch eine „**Schwundmarge**" für die Verringerung des Forderungsbestandes durch Zahlungseingänge berücksichtigt werden; das gleiche gilt bei Globalzessionsverträgen für die aus möglichen Umsatzschwankungen resultierende unterschiedliche Höhe des Gesamtbetrages der abgetretenen Forderungen. Zahlt der Drittschuldner per Scheck oder Wechsel, ist der Sicherungsgeber verpflichtet, der Bank diese Zahlungsmittel zum Inkasso einzureichen.

## Globalabtretung

| Kunden-Stammnummer |
|---|
| |

Zwischen _____
- nachstehend "Sicherungsgeber" genannt -

und der

**Dresdner Bank**
Aktiengesellschaft

_____
- nachstehend "Bank" genannt -

wird folgendes vereinbart:

**1. Gegenstand der Abtretung**

(1) Der Sicherungsgeber tritt hiermit der Bank seine sämtlichen bestehenden und künftigen Forderungen ab
- aus Warenlieferungen und Leistungen
- sowie aus

Bezeichnung des Rechtsverhältnisses:

gegen

☐ Name/Firma des Drittschuldners:

☐ alle Schuldner des Sicherungsgebers mit den Anfangsbuchstaben

von:

bis einschließlich:

(2) Für die Feststellung der Anfangsbuchstaben ist maßgebend
- bei Nichtkaufleuten, Einzelfirmen, Personengesellschaften und sonstigen Drittschuldnern, deren Name (Firmenbezeichnung) aus Personennamen besteht oder mit solchen beginnt, der erste Familienname (nicht Vorname, Adelsbezeichnung, Zusatz wie Gebrüder usw.),
- bei allen anderen Drittschuldnern das erste Wort der Firmenbezeichnung oder der sonstigen Bezeichnung.

**2. Zeitpunkt des Übergangs der Forderungen**

Die gegenwärtigen Forderungen gehen mit Abschluß dieses Vertrags, alle künftig entstehenden Forderungen jeweils mit ihrer Entstehung auf die Bank über.

**3. Sicherungszweck**

(1) Die Abtretung dient zur Sicherung aller bestehenden, künftigen und bedingten Ansprüche, die der Dresdner Bank Aktiengesellschaft mit ihren sämtlichen in- und ausländischen Geschäftsstellen aus der bankmäßigen Geschäftsverbindung gegen

☐ den Sicherungsgeber, der zugleich Kreditnehmer ist, zustehen. *)

☐ den vom Sicherungsgeber verschiedenen Kreditnehmer

_____
_____
_____

zustehen. *)

☐ den Sicherungsgeber und den vom Sicherungsgeber verschiedenen Kreditnehmer

_____
_____
_____

jeweils einzeln zustehen. *)

*) Die zutreffende Variante ist anzukreuzen.

(2) Hat der Kreditnehmer die Haftung für Verbindlichkeiten eines anderen Kunden der Dresdner Bank Aktiengesellschaft übernommen (z.B. als Bürge), so sichert die Abtretung die aus der Haftungsübernahme folgende Schuld erst ab deren Fälligkeit, und auch nur dann, wenn der Kreditnehmer zugleich Sicherungsgeber ist.

**4. Bestandslisten**

(1) Der Sicherungsgeber hat der Bank bis zum 10. eines jeden Monats, abgestellt auf das Ende des Vormonats - bei abweichender Vereinbarung auch in anderen Zeitabständen und zu anderen Terminen -, unter Bezugnahme auf diesen Vertrag eine Bestandsliste über die an die Bank abgetretenen, noch ausstehenden Forderungen einzureichen. Zur Wahrung ihrer berechtigten Belange kann die Bank auch in kürzeren als den vereinbarten Zeitabständen die Übersendung von Bestandslisten verlangen. Aus der Bestandsliste sollen, soweit nichts anderes vereinbart ist, Namen und Anschriften der Drittschuldner, Betrag sowie Rechnungs- und Fälligkeitstag ersichtlich sein.

A1657 Fassung November 1992 93.04 ../ 2

Abbildung 2-101:  Beispiel für eine Globalabtretung

Umgekehrt müssen die Banken eine extreme „Überbesicherung" ihrer Kreditforderungen vermeiden, weil bei einem krassen Mißverhältnis zwischen der zu sichernden Forderung der Bank und dem Wert der abgetretenen Forderungen der Zessionsvertrag wegen **„Gläubigergefährdung"** nichtig sein kann.

### 5.2.5 Hypothek und Grundschuld

Grund und Boden waren historisch und sind auch heute noch für viele Menschen der wichtigste private Besitz. Deshalb hat der Gesetzgeber für alle Geschäfte rund um das Grundeigentum besonders strenge und sehr formale Vorschriften erlassen – auch für Hypotheken und Grundschulden. Es wird daher in diesem Abschnitt sehr „förmlich" und wohl streckenweise auch „trocken" zugehen müssen. Dennoch führt im Kreditgeschäft kein Weg daran vorbei.

Sicherheiten mit ganz besonderer Qualität und Bedeutung sind die Pfandrechte an Grundstücken, Wohnungs- und Teileigentum sowie Erbbaurechten, die im BGB von den Pfandrechten an beweglichen Sachen und Rechten getrennt behandelt werden. Die Grundpfandrechte (Hypotheken, Grundschulden, Rentenschulden) besitzen vor allem im langfristigen Kreditgeschäft große Bedeutung; bestimmte Formen können aber auch zur Deckung kurzfristiger Kredite herangezogen werden. Mit dieser Kreditsicherheit sind jedoch auch erhebliche Formalitäten und Kosten (Bestellung des Grundpfandrechts, Eintragung und spätere Löschung im Grundbuch) verbunden.

Geeignete Pfandobjekte sind

- bebaute und unbebaute Grundstücke
- grundstücksgleiche Rechte (Wohnungseigentum, Erbbaurechte)

Sie tragen dem Sicherungsbedürfnis der Bank in hohem Maße Rechnung. Grundeigentum gilt als besonders wertbeständig und insofern kann die Bank mit der Zugriffsmöglichkeit auf die Immobilien des Schuldners selbst bei dessen Zahlungsunfähigkeit ihre Ansprüche relativ sicher geltend machen.

#### 5.2.5.1 Das Grundbuch

---

**DEFINITION**

Das **Grundbuch** ist das von einem Amtsgericht (Grundbuchamt) geführte amtliche Verzeichnis aller Grundstücke eines Amtsgerichtsbezirks (§ 16 GBO).

---

Aus dem Grundbuch ersichtlich sind die Größe des Grundstücks, Wirtschaftsart und Lage, die Eigentumsverhältnisse, die auf dem Grundstück liegenden Lasten und Beschränkungen, die Grundpfandrechte sowie die mit dem Grundstück verbundenen Rechte. Nicht ersichtlich sind die öffentlichen Lasten (§ 54 GBO, zum Beispiel Grundsteuer), die dinglich auf dem Grundstück ruhen. Es ist daher notwendig, zunächst die wesentlichen Bestimmungen des Grundstücksrechts und die Einrichtungen des Grundbuchs darzustellen, bevor die Grundpfandrechte als Sicherheiten im Kreditgeschäft der Banken untersucht werden.

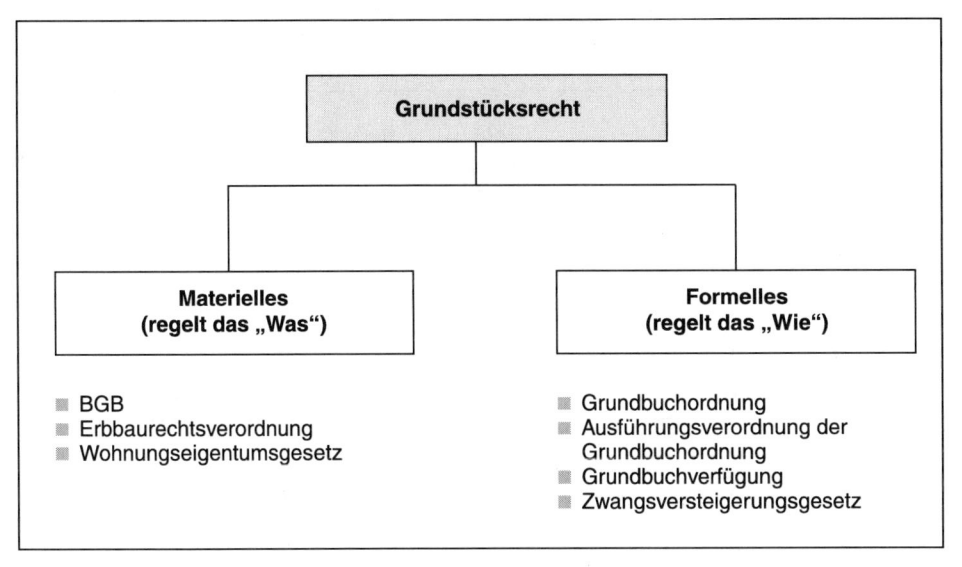

```
                    Grundstücksrecht
                   ┌──────┴──────┐
        Materielles              Formelles
       (regelt das „Was")       (regelt das „Wie")

    ▪ BGB                     ▪ Grundbuchordnung
    ▪ Erbbaurechtsverordnung  ▪ Ausführungsverordnung der
    ▪ Wohnungseigentumsgesetz   Grundbuchordnung
                              ▪ Grundbuchverfügung
                              ▪ Zwangsversteigerungsgesetz
```

Abbildung 2-102:   Materielles und formelles Grundstücksrecht

Bei der Beschreibung des Wesens eines Grundstücks ist zwischen einem Grundstück im katastertechnischen Sinn und einem Grundstück im Rechtssinne zu unterscheiden:

▪ Grundstück im katastertechnischen Sinn ist ein Teil der Erdoberfläche, der vermessen und in der Flurkarte unter einer laufenden Nummer, der Flurstücksnummer, verzeichnet ist. Das Kataster wird beim Katasteramt geführt. Das Kataster setzt sich zusammen aus dem Kartenwerk und den Katasterbüchern. Das Katasteramt informiert das Grundbuchamt bei Änderungen der Grundstücke sowie deren Nutzungsart.

▪ Grundstück im Rechtssinn ist ein Teil der Erdoberfläche, der katastermäßig vermessen und bezeichnet ist (damit räumlich abgegrenzt) und im Grundbuch an besonderer Stelle (unter laufender Nummer des Bestandsverzeichnisses) eingetragen ist. Die Funktion des Grundbuches (§ 873 BGB) ist es, privatrechtliche

Verhältnisse an Grundstücken entstehen zu lassen und festzuhalten. Ein Grundstück im rechtlichen Sinn kann mehrere Grundstücke im katastertechnischen Sinn beinhalten.

Für jedes Grundstück wird ein **Grundbuchblatt** geführt. Es besteht für alle Grundstücke – mit Ausnahme öffentlicher Grundstücke – Buchungszwang. Mehrere Grundbuchblätter bilden einen **Grundbuchband**.

Liegen mehrere Grundstücke eines Eigentümers im gleichen Grundbuchbezirk, so werden diese auf **einem** Grundbuchblatt gebucht (§ 2 ff. GBO).

```
                    ┌──────────────┐
                    │  Grundbuch   │
                    └──────┬───────┘
              ┌────────────┴────────────┐
      ┌───────┴────────┐       ┌────────┴────────┐
      │   Grundakte    │       │  Grundbuchblatt │
      └────────────────┘       └─────────────────┘
```

Grundakte:
- Unterlagen, die zu einer Eintragung im Grundbuchblatt führen
- behördliche Bescheinigungen
- Korrespondenzen, die das Grundbuch betreffen

Grundbuchblatt:
1. Aufschrift
2. Bestandsverzeichnis
3. Abteilung I
4. Abteilung II
5. Abteilung III

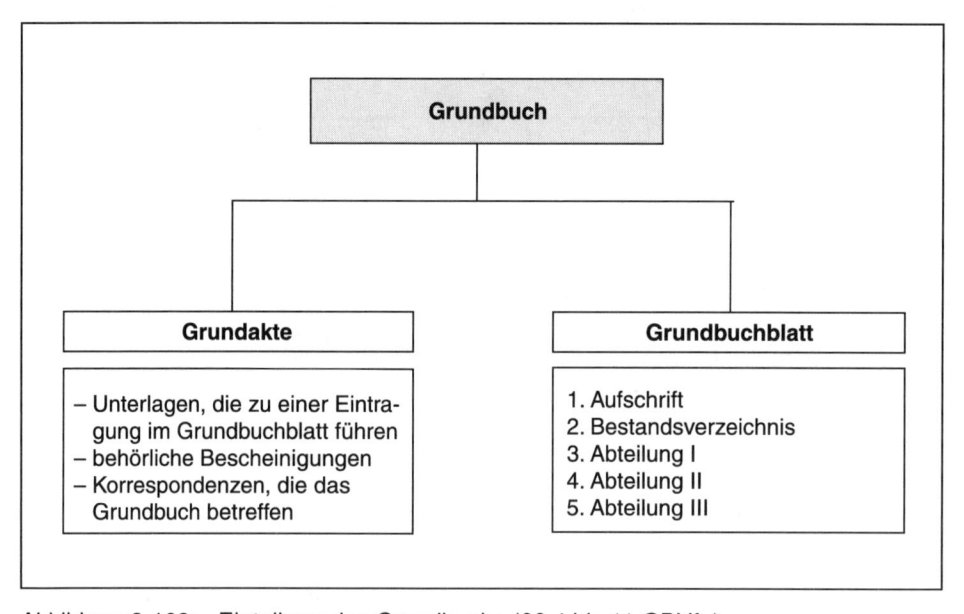

Abbildung 2-103: Einteilung des Grundbuchs (§§ 4 bis 11 GBVfg)

Das einzelne Grundbuchblatt enthält folgende Seiten:

1. **die Aufschrift** mit der Angabe des Grundbuchbezirks sowie der Nummer des Bandes und des Blattes;

2. **das Bestandsverzeichnis** mit der Bezeichnung der Lage, Art und Größe des Grundstücks sowie der mit dem Eigentum verbundenen Rechte (Wegerechte und andere Grunddienstbarkeiten);

3. **die I. Abteilung** mit den Namen des/der Eigentümer(s) sowie der Grundlage der Eintragung (zum Beispiel Auflassung, Erbschein, Testament, Zuschlag in der Zwangsversteigerung);

4. **die II. Abteilung** mit den Lasten und Beschränkungen, soweit sie nicht in der III. Abteilung eingetragen werden, sowie die Vormerkungen, Widersprüche, Veränderungen und Löschungen, die sich auf diese Lasten und Beschränkungen beziehen (und alle das Eigentum belastenden Beschränkungen);

   als **Lasten** sind zum Beispiel Nießbrauch, Vorkaufsrechte, Reallasten (Erbbaurechte), Dienstbarkeiten (Grunddienstbarkeiten, beschränkt persönliche Dienstbarkeiten), Auflassungsvormerkungen anzusehen;

   als **Beschränkungen** gelten zum Beispiel Nacherbenvermerk, Konkurs, Veräußerungsverbot, Testamentsvollstreckung, Zwangsversteigerungsvermerk, Umlegungsvermerke;

5. **die III. Abteilung** mit den Hypotheken, Grund- und Rentenschulden sowie den Vormerkungen, Widersprüchen, Veränderungen und Löschungen, die sich hierauf beziehen.

Neben dem Grundbuch für Grundstücke gibt es auch Grundbücher über Wohnungs- und Teileigentum nach dem Wohnungseigentumsgesetz. **Wohnungseigentum** ist das Sondereigentum an einer Wohnung in Verbindung mit dem Miteigentumsanteil an dem gemeinschaftlichen Eigentum, zu dem es gehört (§ 1 Abs. 2 WEG). **Teileigentum** ist das Sondereigentum an nicht zu Wohnzwecken dienenden Räumen eines Gebäudes in Verbindung mit dem Miteigentumsanteil an dem gemeinschaftlichen Eigentum, zu dem es gehört (zum Beispiel Garagen, Hobbyräume) (§ 1 Abs. 3 WEG).

**Gemeinschaftliches Eigentum** bei Wohnungs- und Teileigentum sind das Grundstück, auf dem das Gebäude steht, sowie die Teile des Gebäudes, die für dessen Bestand erforderlich sind oder dem gemeinschaftlichen Gebrauch dienen (zum Beispiel Außenmauern, Dach, Treppen, Aufzüge, Fahrstühle, Heizung). Die Aufteilung in Sondereigentum und Gemeinschaftseigentum regelt das WEG sowie die für jede Eigentümergemeinschaft notariell beurkundete Teilungserklärung (§ 1 Abs. 5 und § 5 Abs. 2 WEG).

Das Grundbuchblatt trägt entsprechend die Aufschrift ,,Wohnungs- oder Teileigentumsgrundbuch". Im Bestandsverzeichnis ist zusätzlich der Miteigentumsanteil nebst den Angaben über die Wohnung oder das Teileigentum angegeben.

### Erbbaugrundbuch

Eine weitere Form des Eigentumerwerbs ist das **Erbbaurecht**. Ein Erbbaurecht ist das veräußerliche und vererbliche Recht, auf einem Grundstück ein Bauwerk zu haben. Es ist in der Regel auf 99 Jahre befristet. Bei diesem Recht fallen also Grundstückseigentümer und Eigentümer eines Bauwerks (Erbbauberechtigter) auseinander. Der Erbbaurechtsnehmer zahlt dem Erbbaurechtsgeber für die Überlassung des Grundstücks Erbbauzinsen. Für dieses Erbbaurecht wird ebenfalls ein gesondertes **Erbbaugrundbuchblatt** angelegt: Im Bestandsverzeichnis wird das mit dem

Erbbaurecht belastete Grundstück eingetragen. In der I. Abteilung wird der Erbbauberechtigte eingetragen, in Abteilung II der zu zahlende Erbbauzins. Der Grundstückseigentümer behält sich vor, die Belastung und Veräußerung des Erbbaurechts von seiner Zustimmung abhängig zu machen. Im Wohnungs- oder Teileigentumsblatt und Erbbaugrundbuchblatt sind die Eintragungen in der II. und III. Abteilung identisch mit den Eintragungen im Grundbuch über Grundstücke.

```
                          Grundbuchblätter
                         /              \
                  Grundstück         Erbbaurecht

  ■ Aufschrift                      ■ Aufschrift
  ■ Bestandsverzeichnis mit Größe,  ■ Bestandsverzeichnis
    Wirtschaftsart und Lage           (mit Erbbaurecht)
  ■ Abteilung I (Grundstückseigentümer) ■ Abteilung I Eigentümer
  ■ Abteilung II (Erbbaurecht immer     des Erbbaurechts
    an erster Rangstelle)           ■ Abteilung II i. d. R. Erbbauzins
  ■ Abteilung III (Grundpfandrechte) ■ Abteilung III (Grundpfandrechte)
```

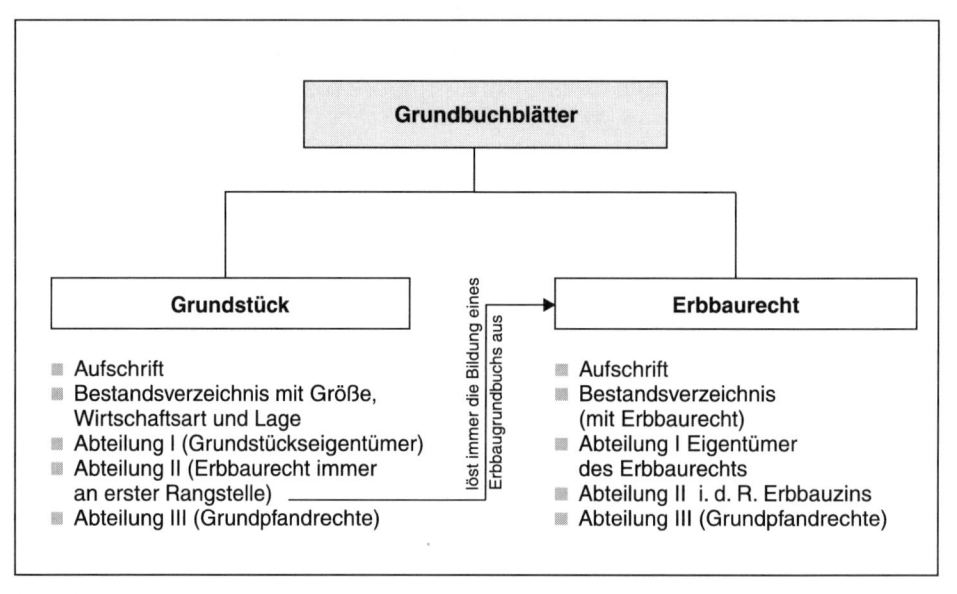

(löst immer die Bildung eines Erbbaugrundbuchs aus)

Abbildung 2-104: Inhalt eines Erbbaugrundbuchblattes

**Eintragungen im Grundbuch**

Eintragungen im Grundbuch erfolgen grundsätzlich auf Antrag (§§ 136 ff. GBO). Antragsberechtigt ist jeder, dessen Recht von der Eintragung betroffen wird oder zu dessen Gunsten die Eintragung erfolgen soll. Neben dem Eintragungsantrag ist noch die Eintragungsbewilligung in öffentlich beglaubigter oder beurkundeter Form von denjenigen erforderlich, deren Recht von der Eintragung betroffen wird.

Liegen diese Voraussetzungen vor, erfolgt die Eintragung im Grundbuch unter Angabe des Eintragungsdatums und der Unterschrift von zwei zuständigen Beamten. **Bei der Eintragung von Löschungen** wird die erloschene Grundbucheintragung nicht etwa durchgestrichen, sondern rot unterstrichen („gerötet").

Unter dem **öffentlichen Glauben des Grundbuchs** versteht man das Prinzip, daß der Inhalt des Grundbuchs für den gutgläubigen Erwerber als richtig gilt, auch wenn die Eintragungen nicht mit der wahren Rechtslage übereinstimmen. Der Schutz des öffentlichen Glaubens gilt nur bei rechtsgeschäftlichem Erwerb. Nicht geschützt ist das Vertrauen auf den Grundbuchinhalt bei Erwerb kraft Gesetzes, im Wege der Zwangsvollstreckung oder wenn der Erwerber die Unrichtigkeit des Grundbuchs kennt (§§ 891 und 892 BGB).

Ist eine Eintragung unrichtig, so kann auf Antrag oder von Amts wegen ein **Widerspruch** in das Grundbuch eingetragen werden. Das bedeutet, der Berechtigte hat einen **Grundbuchberichtigungsanspruch** und der gute Glaube des Grundbuchs ist zerstört (§§ 894 und 899 BGB, § 53 GBO).

**Rangverhältnis der Rechte**

Lasten mehrere Rechte auf einem Grundstück, so besteht innerhalb dieser Rechte ein bestimmtes Rangverhältnis. Bedeutung erhält diese Rangordnung bei einer Zwangsversteigerung des Grundstücks (§ 879 BGB). Reicht der erzielte Erlös nicht zur Befriedigung aller Rechte aus, so erfolgt die Zuteilung des Versteigerungserlöses nach der Rangordnung der einzelnen Rechte. Die Rechte können sowohl in Abteilung II als auch in Abteilung III des Grundbuchs eingetragen sein. Die Rangfolge innerhalb einer Abteilung ergibt sich aus der numerischen Reihe der Eintragungen (zum Beispiel Recht Abteilung II, Nr. 1 hat Rang vor Recht Abteilung II, Nr. 2).

Bei Zusammentreffen von Rechten in Abteilung II und III wird das Rangverhältnis zwischen den Rechten der verschiedenen Abteilungen durch den Tag der Grundbucheintragung bestimmt. Die frühere Eintragung hat Rang vor den späteren. Gleichzeitige Eintragungsdaten ergeben Gleichrang in verschiedenen Abteilungen, zum Beispiel:

| Abteilung | Nr. | Eintragungstag | Rang |
|---|---|---|---|
| II | 1 | 1.4.1978 | 1 |
| III | 1 | 2.4.1978 | 2 |
| III | 2 | 4.5.1978 | 3 |
| II | 2 | 10.8.1978 | } Gleichrang |
| III | 3 | 10.8.1978 | |

Abbildung 2-105: Rangverhältnisse im Grundbuch

Maßgebend für die Reihenfolge der Eintragungen ist der zeitliche Eingang der Antragstellung beim Grundbuchamt. Gleichzeitiger Eingang hat gleichen Eintragungstag zur Folge (§ 880 Abs. 1 und 2 BGB). Eine **abweichende Rangbestimmung** bei Bestellung der Rechte ist zulässig. Nach Eintragung der Rechte ist durch Einigung der Beteiligten **nachträglich** eine Änderung der bestehenden Rangverhältnisse möglich. Bei Rangrücktritt eines Rechtes der Abteilung III ist Zustimmung des Grundstückseigentümers erforderlich. Abweichende und nachträgliche Rangbestimmungen werden mit Eintragung in das Grundbuch wirksam.

**Rangvorbehalt**

Eine Besonderheit im Rahmen der Rangverhältnisse ist der Rangvorbehalt (§ 881 BGB). Der Grundstückseigentümer kann sich bei Bestellung eines Rechtes – auch nachträglich – nach Einigung mit dem Inhaber des betroffenen Rechtes die Möglichkeit vorbehalten, ein bestimmtes, nach Art und Umfang bezeichnetes Recht mit Rang vor dem betroffenen Recht eintragen zu lassen. Bei der Ausnutzung des Rangvorbehaltes bedarf es dann keiner Zustimmung des Rechtsinhabers mehr. Es genügt die Antragstellung des Eigentümers. Rangvorbehalt sowie dessen Ausnutzung müssen in das Grundbuch eingetragen werden. Auf diese Weise können die besten Rangstellen für spätere Belastungen freigehalten werden. Bei einer Beleihung des Grundstücks wird der Rangvorbehalt – auch wenn er noch nicht ausgenutzt wurde – in voller Höhe als Vorlast berücksichtigt.

**Vormerkung**

Zur Sicherung des schuldrechtlichen Anspruchs auf Einräumung oder Aufhebung dinglicher Rechte (zum Beispiel Eigentumsübertragung, Löschung von Grundpfandrechten) kann eine Vormerkung in Abteilung II beziehungsweise III des Grundbuchs eingetragen werden (zum Beispiel die Auflassungsvormerkungen in Abteilung II). Die rein schuldrechtlichen Ansprüche können auch künftiger oder bedingter Natur sein und schützen den Rechtsinhaber nach Eintragung vor anderen Verfügungen Dritter, die seinen Anspruch vereiteln oder beeinträchtigen können. Die spätere Eintragung des vorgemerkten Rechtes erhält den Rang der Vormerkung. Wird im Rang nach einer Auflassungsvormerkung zum Beispiel eine Grundschuld eingetragen, kann der Vormerkungsberechtigte deren Lösung verlangen.

### 5.2.5.2 Hypothek und Grundschuld: Merkmale, Formen und Unterschiede

---

**DEFINITION**

Die **Hypothek** ist eine Grundstücksbelastung mit dem Inhalt, daß an denjenigen, zu dessen Gunsten die Belastung erfolgt (Hypothekengläubiger), eine bestimmte Geldsumme zur Befriedigung wegen einer ihm zustehenden Forderung aus dem Grundstück zu zahlen ist (§ 1113 Abs. 1 BGB).

Eine **Grundschuld** ist die Belastung eines Grundstücks mit dem Inhalt, daß an denjenigen, zu dessen Gunsten die Belastung erfolgt, eine bestimmte Geldsumme (auch Zinsen und Nebenleistungen) aus dem Grundstück zu zahlen ist (§ 1191 BGB).

Wie das Pfandrecht an einer beweglichen Sache, setzt die Hypothek das Bestehen einer persönlichen Forderung voraus (**akzessorischer Charakter der Hypothek**). Zu deren Sicherstellung wird die Hypothek als dingliches Pfand bestellt. Für die Forderung bestehen also nebeneinander **die persönliche Haftung des Schuldners** und **die dingliche Haftung des Grundstücks**.

Die Hypothek besteht nur während der Dauer und nur in der Höhe der Forderung (§ 1113 Abs. 2 BGB). Das schließt nicht aus, daß sie auch für eine künftige oder bedingte Forderung bestellt werden kann. Mit der Übertragung der Forderung geht die Hypothek ebenfalls auf den neuen Gläubiger über.

**Die Forderung kann nicht ohne die Hypothek, die Hypothek nicht ohne die Forderung übertragen werden (§ 1153 Abs. 2 BGB).**

Kommt die zugrundeliegende Forderung nicht zur Entstehung, so fällt die rechtswirksam bestellte Hypothek ohne Grundbucheintrag dem Eigentümer des Grundstücks zu (**Eigentümerhypothek, § 1163 BGB**).

Bei Erlöschen der Forderung (zum Beispiel Rückzahlung) oder Gläubigerverzicht auf die Hypothek wird sie zur Eigentümergrundschuld mit dem Inhalt der Hypothek und den Rechten einer Eigentümergrundschuld. Sie kann verpfändet und abgetreten werden.

Bei einer Grundstücksübertragung (zum Beispiel Verkauf) ist die Übernahme der persönlichen Schuld möglich. Sie ist jedoch an die Genehmigung des Gläubigers geknüpft. Die Genehmigung gilt als erteilt, wenn der Gläubiger nicht innerhalb von sechs Monaten seit dem Empfang der schriftlichen Mitteilung des Veräußerers über die Übernahme der Schuld widerspricht oder der Gläubiger die Genehmigung dem Veräußerer gegenüber nicht bereits vorher verweigert hat (§ 416 BGB).

Das mit einer Hypothek belastete Grundstück haftet (§ 1118 BGB)

- für die **eingetragene Kapitalsumme**
- für die **eingetragenen Zinsen und**
- für andere **eingetragene Nebenleistungen**

Aber auch ohne Eintragung haftet das Grundstück kraft Gesetzes

- für die **gesetzlichen Zinsen** der Forderungen sowie
- für die **Kosten der Kündigung und der die Befriedigung aus dem Grundstück bezweckenden Rechtsverfolgung**
- die Hypothek erstreckt sich auf das gesamte Grundstück, das Gebäude sowie auf Zubehörstücke, soweit sie dem Grundstückseigentümer gehören

**Entstehung**

Zur Entstehung der Hypothek ist die **Einigung** zwischen Hypothekengläubiger und Grundstückseigentümer **und** die **Eintragung** der Hypothek ins Grundbuch erforderlich (§ 873 BGB).

Die Eintragung muß folgende vier Bestandteile enthalten:

1. den **Namen des Gläubigers**
2. den **Geldbetrag der Forderung**
3. den **Zinssatz**, wenn die Forderung verzinslich ist, und
4. den **Geldbetrag anderer** zu entrichtender **Nebenleistungen** (zum Beispiel Vertragsstrafen)

Mit Bezug auf die Eintragungsbewilligung (Bestellungsurkunde) können weitere gesetzlich nicht vorgeschriebene Inhalte (zum Beispiel Forderungsart, Schuldgrund, Kündigung) gültig vereinbart werden.

**Formen der Hypothek**

Bei den Hypotheken ist zu unterscheiden zwischen der gewöhnlichen Hypothek (Verkehrshypothek), der Sicherungshypothek und der Höchstbetragshypothek.

*Verkehrshypothek*

Die Verkehrshypothek ist dadurch gekennzeichnet, daß bei ihr Forderung und Grundstücksbelastung so eng miteinander verbunden sind, daß im allgemeinen Sprachgebrauch für beides der Begriff Hypothek benutzt wird. Sie dient zwar in erster Linie der **Sicherung einer Forderung**, sie ist zugleich jedoch für den Hypothekengläubiger **eine Kapitalanlage**.

Ferner gehört es zum Wesen der Verkehrshypothek, daß der **Hypothekengläubiger** sich bei der Übertragung und Geltendmachung der Hypothek auf die Eintragung berufen kann. Er **braucht seine Forderung und deren Höhe nicht nachzuweisen**. Die Verkehrshypothek ist entweder eine Briefhypothek oder eine Buchhypothek. Werden Kreditteile zurückgeführt, wandelt sich die Hypothek in Höhe der getilgten Teile in eine Eigentümergrundschuld, sie lebt im Falle der Revalutierung des Kredits nicht wieder auf.

*Briefhypothek*

Regelmäßig ist die Verkehrshypothek eine Briefhypothek, das heißt über die hypothekarische Belastung des Grundstücks wird vom Grundbuchamt eine wertpapierähnliche öffentliche Urkunde, der **Hypothekenbrief**, ausgestellt (§§ 1116 f. BGB).

Die Briefhypothek entsteht durch Einigung und Eintragung im Grundbuch, sie wird vom Hypothekengläubiger jedoch erst erworben,

- mit **Entstehung** der Forderung und
- mit **Übergabe** des Briefs an den Gläubiger

Solange die Forderung nicht entstanden und der Brief nicht übergeben ist, steht die Hypothek dem Grundstückseigentümer als Eigentümergrundschuld zu.

Die Übergabe des Briefes kann allerdings durch die Vereinbarung ersetzt werden, daß der Hypothekengläubiger berechtigt sein soll, sich den Hypothekenbrief vom Grundbuchamt aushändigen zu lassen.

Der **Hypothekenbrief** muß nach der Grundbuchordnung folgende vier Bestandteile enthalten:

- die Bezeichnung als Hypothekenbrief
- den Geldbetrag der Hypothek
- die Angabe des belasteten Grundstücks und
- die mit Gerichtssiegel versehenen Unterschriften von zwei Grundbuchbeamten

Der Brief soll weiterhin den Inhalt der die Hypothek betreffenden Grundbucheintragungen enthalten.

Die **Bedeutung des Hypothekenbriefs** ist wie folgt zusammenzufassen:

- Der Hypothekenbrief vermittelt den **Erwerb und die Übertragung** der Hypothek.
- Zur Geltendmachung der Rechte aus der Hypothek ist die Vorlage des Briefes erforderlich (§ 1160 BGB).
- Das **Eigentum am Hypothekenbrief** steht dem Gläubiger zu, das heißt das Recht am Papier folgt – umgekehrt wie bei „normalen" Wertpapieren – dem Recht aus dem Papier. Der Hypothekenbrief hat die Rechtsnatur eines Rektapapiers (§ 952 Abs. 2 BGB).

*Buchhypothek*

Die Erstellung eines Hypothekenbriefes kann auch ausgeschlossen werden. Hierzu sind die Einigung von Gläubiger und Eigentümer sowie die Eintragung der Buchhypothek als **solche** im Grundbuch erforderlich. **Grundlage der Buchhypothek bildet** mithin **allein das Grundbuch (§ 116 Abs. 2 BGB)**.

Die Buchhypothek entsteht durch Einigung und Eintragung im Grundbuch, sie wird vom Gläubiger erworben mit der Entstehung der Forderung oder – wenn die zu sichernde Forderung bereits besteht – mit der Eintragung.

Ist die Forderung nicht entstanden, so hat der Eigentümer die Möglichkeit, innerhalb eines Monats ab Eintragung der Hypothek einen Widerspruch in das Grundbuch eintragen zu lassen. Das hat zur Folge, daß die Hypothek nicht mehr gutgläubig erworben werden kann.

*Sicherungshypothek*

Bei der Sicherungshypothek bestimmt sich das Recht des Gläubigers aus der Hypothek nur nach der Forderung, das heißt der Gläubiger kann sich im Gegensatz zur Verkehrshypothek zum Beweise der Forderung nicht auf die Eintragung im Grundbuch berufen, sie wird auch im Rahmen der Zwangsvollstreckung eingetragen, notwendig ist die Vorlage des Titels.

**Die Sicherungshypothek muß im Grundbuch als solche bezeichnet sein, die Erteilung eines Hypothekenbriefes ist ausgeschlossen (§ 1184 f BGB).**

Eine Sicherungshypothek kann in eine gewöhnliche Hypothek, eine gewöhnliche Hypothek kann in eine Sicherungshypothek umgewandelt werden. (Dabei ist die Zustimmung der im Range gleich- oder nachstehenden Berechtigten nicht erforderlich.) Diese Inhaltsänderung kann nur durch Einigung und Eintrag ins Grundbuch erfolgen.

Als Deckung für verschiedene Arten des Bankkredits ist die Sicherungshypothek deshalb **ungeeignet**, weil sie sich bei einer teilweisen Rückzahlung des Kredits mit diesem Betrag in eine Eigentümergrundschuld verwandelt. Bei einer erneuten Inanspruchnahme des Kredits **lebt die Sicherungshypothek nicht wieder auf**, das heißt auch nur eine vorübergehende Abdeckung eines Schuldsaldos bringt die hypothekarische Sicherung endgültig zum Erlöschen. Für Kredite mit einem schwankenden Saldo könnte daher die Eintragung einer Höchstbetragshypothek zweckmäßig sein.

**Sicherungshypotheken** sind insbesondere

1. **Zwangshypotheken**
   Sie entstehen durch Eintragung ins Grundbuch aufgrund eines vollstreckbaren Titels im Rahmen der Zwangsvollstreckung einer Geldforderung gegen den Grundstückseigentümer (§ 866 ZPO).

2. **Bauhandwerker-Sicherungshypotheken**
   Bauunternehmer können für ihre Forderungen die Einräumung der Sicherungshypothek am Baugrundstück des Bestellers verlangen. Die Eintragung kann durch eine Vormerkung mit der Bewilligung des Grundstückseigentümers oder auch durch einstweilige Verfügung erreicht werden (§ 648 BGB).

3. **Höchstbetragshypotheken**
   Bei einer Höchstbetragshypothek wird nicht die wirkliche Höhe der Forderung eingetragen, sondern der Höchstbetrag, bis zu dem das Grundstück haften soll (§ 1190 Abs. 1 BGB).

Die Bank kann sich damit gegebenenfalls in Höhe des tatsächlich in Anspruch genommenen Kreditbetrages zuzüglich der aufgelaufenen Zinsen aus dem Grundstück befriedigen. **Die Höchstbetragshypothek lebt also – im Gegensatz zur sonstigen Sicherungshypothek – jeweils mit der erneuten Inanspruchnahme des Kredits wieder auf** und ist deshalb auch für Kredite in laufender Rechnung geeignet.

Die Höchstbetragshypothek gilt immer als Sicherungshypothek (§ 1190 Abs. 3 BGB), auch wenn sie als solche im Grundbuch nicht eingetragen ist, das heißt die Erteilung eines Hypothekenbriefes ist auch hier ausgeschlossen. Eine Unterwerfung unter die sofortige Zwangsvollstreckung ist nicht möglich, der Kreditgeber muß also auf Duldung der Zwangsvollstreckung klagen.

*Gesamthypothek*

Die Gesamthypothek besteht für eine einzige Forderung an mehreren Grundstücken in der Weise, daß jedes Grundstück für die ganze Forderung haftet (§ 1132 Abs. 1 BGB).

Die belasteten Grundstücke können demselben Eigentümer oder verschiedenen Eigentümern gehören, und der Gläubiger kann die Befriedigung nach seinem Belieben aus jedem der Grundstücke ganz oder zum Teil suchen.

Die Gesamthypothek kann nur einheitlich abgetreten oder verpfändet werden. Die Abtretung oder Verpfändung wird erst wirksam, wenn sie auf allen Grundbuchblättern eingetragen ist.

**Übertragung der Hypothek**

**Zur Abtretung der Briefhypothek ist eine Abtretungserklärung des Abtretungsgläubigers (Zedent) an den neuen Gläubiger (Zessionar) und die Briefübergabe erforderlich (§ 1154 BGB).** Eine Eintragung im Grundbuch erfolgt also nicht. Damit der Zessionar die gleiche Rechtsstellung wie der im Grundbuch eingetragene Gläubiger erhält, kann er von dem Zedenten eine Abtretungserklärung in öffentlich beglaubigter Form verlangen. **Der Gläubiger hat jederzeit die Möglichkeit, sein Gläubigerrecht im Grundbuch eintragen zu lassen.**

Möglich ist auch die Abtretung eines **Teilbetrages**. Hierbei ist auf Antrag ein Teilbrief zu bilden, der Ursprungsbrief wird um diesen Betrag reduziert, oder aber dem Zessionar ist der Mitbesitz am Stammbrief einzuräumen.

**Zur Abtretung einer Buchhypothek ist immer die Eintragung im Grundbuch erforderlich (§ 873 BGB).** Für das Grundbuchamt ist eine Bewilligung des alten Gläubigers und ein Antrag notwendig. Werden Zinsen und Nebenleistungen mitabgetreten, so muß das **Datum der Abtretung** angegeben werden.

Die Verpfändung der Hypothek vollzieht sich nach den für die Übertragung der Hypothek geltenden Vorschriften.

Zur Pfändung einer Forderung, für die eine Buchhypothek besteht, ist ein Pfändungsbeschluß gegen den Schuldner (Hypothekengläubiger) und die Eintragung der Pfändung ins Grundbuch erforderlich. Bei der Pfändung einer **Briefhypothek** ist neben dem **Pfändungsbeschluß** noch die **Übergabe des Briefes** erforderlich. Das Pfandrecht entsteht erst mit dem **Besitz** des Briefes (Übergabe oder Wegnahme durch den Gerichtsvollzieher). Eine Eintragung ins Grundbuch muß nicht erfolgen (§§ 823 bis 863 ZPO).

**Erlöschen der Hypothek**

**Eine Hypothek kann durch Rechtsgeschäft oder kraft Gesetzes erlöschen.** Zur rechtsgeschäftlichen Löschung (Aufgabeerklärung) sind erforderlich (§ 1183 BGB, § 875 BGB):

1. löschungsfähige Quittung oder Löschungsbewilligung des Hypothekengläubiger, gegebenenfalls mit Hypothekenbrief

2. Antrag ans Grundbuchamt vom Eigentümer an das Grundbuchamt beziehungsweise mit seiner Zustimmung bei Antragstellung eines Dritten

3. eventuell Zustimmung eines dinglich Berechtigten an der Hypothek (Pfandgläubiger, Nießbrauchsberechtigter)

4. Eintragung der Löschung im Grundbuch

Bei einer **löschungsfähigen Quittung** bestätigt der Hypothekengläubiger, daß seine Forderung befriedigt ist und bewilligt die Berichtigung des Grundbuchs. Sollte ein Dritter die Forderung beglichen haben, würde die Bestätigung auf seinen Namen laufen und dieser müßte die Löschung bewilligen. Eine löschungsfähige Quittung hat für den Eigentümer den Vorteil, daß er das Recht löschen lassen oder aber auch sonst darüber verfügen kann. Bei einer günstigen Rangstelle des aufgegebenen Rechts kann der Eigentümer die entstandene Eigentümergrundschuld abtreten, verpfänden oder sich selbst als Gläubiger eintragen lassen.

Der Schutz nachrangiger Gläubiger gegenüber einer solchen weiten Verfügung über das Recht besteht im Wesen der **Löschungsvormerkung** (§ 1179 BGB). Hierbei verpflichtet sich der Grundstückseigentümer bei Bestellung des Rechts oder später, die im Range vorgehenden Rechte für den Fall der Aufgabe löschen zu lassen.

Verfügungen des Eigentümers sind dann gegenüber dem durch die Löschungsvormerkung Geschützen unwirksam. Die Löschungsvormerkung muß im Grundbuch eingetragen sein. **Bei Grundpfandrechten, die nach dem 1.1.1978** eingetragen sind, besteht mit Eintragung ein gesetzlicher Anspruch auf Löschung der vor- und gleichrangigen Grundpfandrechte, **ohne daß noch eine Löschungsvormerkung eingetragen wird**. Zur Eintragung gelangt nur noch der unter Umständen vereinbarte Ausschluß auf diesen Löschungsanspruch.

Den Berechtigten aus Abteilung II des Grundbuchs steht dieser gesetzliche Löschungsanspruch gegenüber dem Eigentümer aber weiterhin **nur** bei entsprechendem Grundbucheintrag zu.

Die **Löschungsbewilligung** dient dem Grundbuchamt als Unterlage und beinhaltet lediglich, daß der Hypothekengläubiger die Löschung des Rechtes bewilligt.

Neben der vollständigen Löschung eines Rechtes können auch bestimmte Teilbeträge gelöscht werden. Bei Gesamtrechten ist auch die Freigabe einzelner Grundstücke aus der Mithaft möglich.

**Kraft Gesetzes** erlischt die Hypothek

1. mit Befriedigung des Gläubigers aus dem Grundstück im Wege der Zwangsvollstreckung (§ 1181 BGB)
2. durch Zuschlag bei der Zwangsversteigerung des Grundstücks (wenn das Recht nicht in das geringste Gebot fällt, also nicht als Recht im Grundbuch bestehen bleibt)

Reicht der Versteigerungserlös nur zur teilweisen Deckung der Gläubigeransprüche, besteht wegen des Restbetrages die persönliche Forderung an den Schuldner weiter.

**Geltendmachung der Hypothek**

Aus der **akzessorischen Natur der Hypothek** ergeben sich zwei verschiedene Gläubigeransprüche, nämlich **der persönliche Anspruch gegen den Forderungsschuldner und der dingliche Anspruch aus der Hypothek**.

Der **persönliche Anspruch** richtet sich auf Zahlung der fälligen Geldforderung und ist vollstreckbar in das gesamte Vermögen des persönlichen Schuldners. Der Eintritt der Fälligkeit muß durch Kündigung des Gläubigers gegenüber dem persönlichen Schuldner erfolgen, falls keine abweichende Vereinbarung getroffen worden ist.

Der **dingliche Anspruch** richtet sich gegen den Eigentümer des Grundstücks und ist vollstreckbar nur in das Grundstück. Der Anspruch muß fällig sein. Hier hat die Kündigung gegenüber dem Eigentümer des Grundstücks zu erfolgen. Zur Durchsetzung der Zwangsvollstreckung ist ein dinglicher Titel auf Duldung der Zwangsvollstreckung in das Grundstück notwendig (§ 1147 BGB). Der Gläubiger kann auf zweifache Art in den Besitz eines dinglichen Titels gelangen:

1. Bei der Bestellung der Hypothek (oder auch zu einem späteren Zeitpunkt) unterwirft sich der Eigentümer **der sofortigen Zwangsvollstreckung** in der Weise, daß die Zwangsvollstreckung aus der Bestellungsurkunde gegen den jeweiligen Eigentümer des Grundstücks zulässig sein soll (§ 794, 88 ZPO). Diese **Zwangsvollstreckungsklausel** bedarf der Grundbucheintragung. Für diese Erklärung des Eigentümers ist eine Beurkundungsform gesetzlich vorgeschrieben.

Die Rechtsverfolgung seiner Ansprüche wird dem Gläubiger damit erleichtert, denn er gelangt ohne gerichtliche Klage zu einem vollstreckbaren Titel.

2. Hat sich der Grundstückseigentümer nicht der sofortigen Zwangsvollstreckung nach § 800 ZPO unterworfen, verbleibt dem Gläubiger nur die Erhebung der dinglichen Klage aus der Hypothek, um in den Besitz eines Vollstreckungstitels (vollstreckbares Urteil) zu gelangen.

**Grundschuld**

Im Gegensatz zur Hypothek ist die Grundschuld **vom Bestehen einer Forderung losgelöst** (§ 1192 BGB).

Im übrigen gelten für die Grundschuld die Vorschriften der Hypothek mit der Ausnahme, daß für die Grundschuld eben keine **Forderung** vorausgesetzt wird.

Der Eigentümer kann sogar für sich selbst eine **Eigentümergrundschuld** (§§ 1196 f. BGB) bestellen. Die Zwangsvollstreckung in das eigene Grundstück kann er jedoch nicht betreiben. Im Falle einer Zwangsvollstreckung erhält der Eigentümer aus der Eigentümergrundschuld nur Zinsen, wenn das Grundstück von einem Dritten zum Zweck der Zwangsvollstreckung beschlagnahmt worden ist. Die Zinsen können aber bereits bei Bestellung des Rechts eingetragen werden, da der Eigentümer das Recht übertragen kann. Der Grundstückseigentümer läßt für sich eine Grundschuld eintragen, wenn er eine schnell verfügbare Sicherheit benötigt beziehungsweise nicht möchte, daß der Fremdgläubiger namentlich erscheint. Die Abtretung erfolgt durch Einigung, Abtretung und Briefübergabe, ohne daß die Abtretung im Grundbuch gewahrt werden muß. Für Außenstehende ist anhand des Grundbuchs die Verwendung der Grundschuld nicht erkennbar.

Eine Grundschuld kann als **Brief- oder Buchgrundschuld** (§ 1193 BGB) bestellt werden. Die Fälligkeit der Grundschuld richtet sich nach der jeweiligen Vereinbarung. Wurde keine Fälligkeit vereinbart, muß die Grundschuld gekündigt werden. Die Kündigungsfrist beträgt in diesem Fall sechs Monate.

Um eine Verbindung zwischen der Grundschuld und der zu besichernden Kreditforderung herzustellen, gibt der Sicherungsgeber eine Zweckbestimmungserklärung ab (§ 1195 BGB).

Werden Grundschulden für Kreditinstitute bestellt, wird neben dem reinen Grundschuldbetrag zuzüglich Zinsen im allgemeinen auch die ,,Unterwerfung unter die sofortige Zwangsvollstreckung" sowie die ,,persönliche Haftung" notariell beurkundet. Durch die Unterwerfungsklausel hat der Gläubiger die Möglichkeit, schnell die Zwangsvollstreckung in das Grundstück zu betreiben. Die persönliche Haftung ermöglicht darüber hinaus eine unverzügliche Zwangsvollstreckung in das private Vermögen.

## Rentenschuld

> **DEFINITION**
>
> Die **Rentenschuld** ist eine Grundstücksbelastung mit dem Inhalt, daß zu regelmäßig wiederkehrenden Terminen eine bestimmte Geldsumme aus dem Grundstück zu zahlen ist (§ 1199 BGB).

Bei der Bestellung der Rentenschuld muß der Betrag bestimmt werden, durch dessen Zahlung die Rentenschuld abgelöst werden kann. Die Ablösungssumme muß im Grundbuch angegeben werden.

Als Kreditsicherheit hat die Rentenschuld heute keine Bedeutung mehr; sie war die „Vorläuferin" der Hypothek.

### Hypothek oder Grundschuld?

Bei den Banken verdrängt die Grundschuld die Hypothek als Sicherheit immer mehr. Sie ist nämlich erheblich flexibler verwendbar:

- Sie kann zur Sicherung mehrerer, auch zukünftiger Forderungen herangezogen werden.
- Kreditkonditionen lassen sich ohne Rücksicht auf die Eintragungen im Grundbuch ändern.
- Der Kreditnehmer (Grundstückseigentümer) trägt bei der Grundschuld immer die Beweislast für die Rechtmäßigkeit der Forderung.

Vorteilhaft für den Kreditnehmer (Sicherungsgeber) ist bei der Grundschuld:

- Der Schuldgrund ist nicht aus dem Grundbuch ersichtlich.
- Unkomplizierte Umschuldung ist ohne erneute Eintragung möglich.
- Der Grundstückseigentümer kann die Grundschuld als **Eigentümerbriefgrundschuld** auf seinen Namen im Grundbuch eintragen lassen und bei Bedarf mit Übergabe des Grundschuldbriefes an seine Bank abtreten.

Zum besseren Verständnis werden auf den folgenden Seiten 21 Vorgänge aus einem Grundbuchblatt dargestellt und erläutert.

Der nachstehende Abdruck eines Grundbuchblattes gibt eine Folge einfacher – beinahe alltäglicher – Grundbuchvorgänge wieder. In den folgenden Erläuterungen sind die einzelnen Grundbucheintragungen chronologisch geordnet und ziffernmäßig bezeichnet.

(1) 4.2.1955 (Best.-Verz., Abt. I und Abt. II)
Die Eheleute Weigand erwerben zwei Grundstücke als Eigentümer in Bruchteilsgemeinschaft und belasten das Grundstück lfd. Nr. 1 mit einem Nießbrauch.

(2) 1.12.1955 (Abt. III)
Die Eigentümer bestellen auf den Grundstücken eine Gesamthypothek mit Unterwerfungsklausel.

(3) 1.4.1956 (Abt. II und Abt. III)
Das Nießbrauchsrecht räumt der Hypothek (für die Rechte in Abt. III wird im Grundbuch die Abkürzung Post für Position gebraucht) den Vorrang ein.

(4) 21.8.1956 (Abt. II)
Die Eigentümer haben an die Stadt Frankfurt (Main) eine noch nicht vermessene Teilfläche von ca. 10 m$^2$ verkauft. Zur Sicherung ihrer Rechte läßt sich die Stadt eine Vormerkung eintragen.

(5) 7.9.1958 (Best.-Verz. und Abt. I)
Die Eigentümer haben das Grundstück lfd. Nr. 3 im Zwangsversteigerungsverfahren zu je ½ ersteigert. Das Grundstück wird zu dem bereits vorhandenen Grundbesitz dazugebucht.

(6) 18.10.1958 (Abt. III)
Auf den Grundstücken lfd. Nr. 1–3 wird eine Gesamt-Buch-Grundschuld nebst einem Rangvorbehalt eingetragen. Bei der Post Abt. III Nr. 1 wird eine Löschungsvormerkung eingetragen.

(7) 1.10.1958 (Best.-Verz. und Abt. II und III)
Das von der Stadt erworbene Grundstück ist vermessen, und die Teilung des bisherigen Grundstücks wird im Bestandsverz. eingetragen. In Abt. II Spalte 2 wird das alte Grundstück gerötet und die neuen Grundstücke werden eingesetzt; ebenso in Abt. III.

(8) 12.11.1958 (Best.-Verz., Abt. II und Abt. III)
Nunmehr wird das Grundstück lfd. Nr. 5 auf die Stadt übertragen und im Bestandsverz. gerötet. Die Vormerkung wird gelöscht und die Posten in Abt. III geben das Grundstück aus der Mithaft frei.

(9) 7.1.1959 (Best.-Verz. und Abt. II)
Die beiden Nachbarn räumen sich gegenseitig eine Grunddienstbarkeit ein, die auch auf den jeweiligen herrschenden Grundstücken im Bestandsverzeichnis vermerkt werden soll.

(10) 1.4.1959 (Abt. III)
Die Eigentümer bestellen eine Buchhypothek, die den Rangvorbehalt bei der Post Abt. III Nr. 2 ausnutzt. Weiterhin wird eine Löschungsvormerkung bei der Post Abt. III Nr. 3 eingetragen.

(11) 7.12.1959 (Best.-Verz. und Abt. I)
Die Eigentümer erwerben zu je ½ einen Anteil von ⅙ an einem Weg, der insgesamt 6 Anliegern zum Gehen und Fahren dient und in Blatt 1201 als Belastung eingetragen ist.

(12) 7.8.1961 (Abt. III)
Von der Hypothek Abt. III Nr. 3 wird ein Teilbetrag gelöscht und in der Hauptspalte abgesetzt.

(13) 16.7.1962 (Abt. III)
Eine Eigentümergrundschuld wird eingetragen.

(14) 1.9.1963 (Abt. III)
Die Eigentümergrundschuld ist abgetreten und die Eintragung im Grundbuch wird vorgenommen.

(15) 8.5.1965 (Abt. I)
Frau Weigand ist verstorben. Das Grundbuch ist unrichtig geworden und wird auf Antrag berichtigt. Bezüglich Ihres ½ Anteils tritt die Erbengemeinschaft. Frau Weigand wird gerötet.

(16) 7.10.1968 (Abt. I und Abt. II)
Der Vater überträgt seinen halben Anteil und setzt sich mit der Erbengemeinschaft auseinander. Im Ergebnis werden die beiden Miterben Peter Weigand und Elke Müller neue Eigentümer je zur Hälfte. Die Erbengemeinschaft wird aufgelöst, und der Vater behält sich ein Wohnrecht vor.

(17) 1.7.1970 (Abt. III)
Der Eigentümer 2a bestellt auf seinem ½ Anteil eine Grundschuld.

(18) 16.5.1978 (Abt. III)
Die Eigentümer bestellen eine Hypothek. Der dazugehörende Hypothekenbrief ist als Anlage dargestellt.

(19) 28.4.1988 (Abt. III)
Eintragung einer Grundschuld

(20) 30.4.1988 (Abt. II)
Vorrangeinräumung

(21) Eintragung einer Grundschuld
2.1.1992 (Abt. III) sowie Vorrangeinräumung

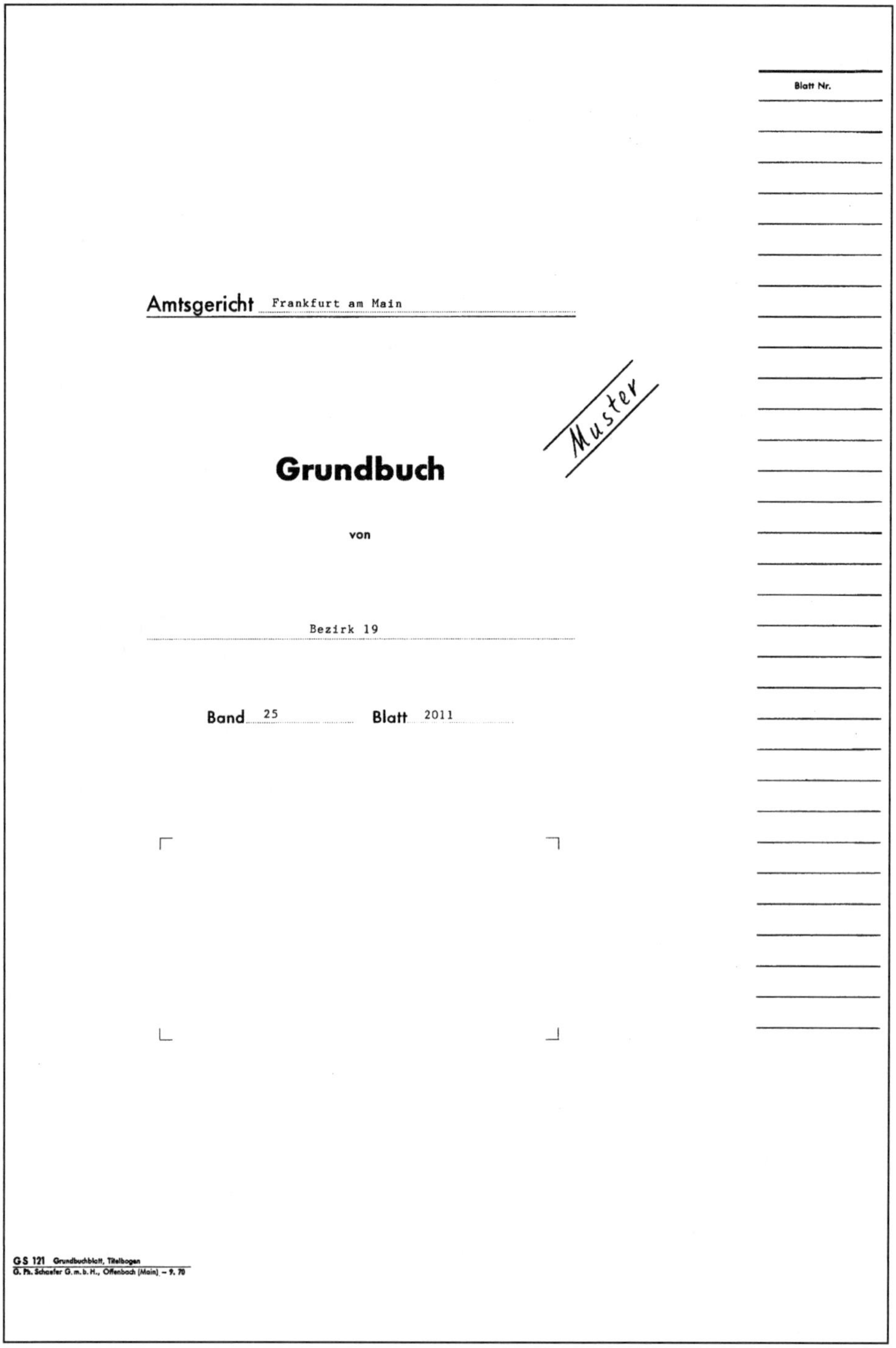

Blatt Nr.

Amtsgericht Frankfurt am Main

Muster

**Grundbuch**

von

Bezirk 19

Band 25 Blatt 2011

GS 121 Grundbuchblatt, Titelbogen
G. Ph. Schaefer G.m.b.H., Offenbach (Main) – 9. 70

Abbildung 2-106: Grundbuchblatt und die darin vorkommenden Grundbuchvorgänge (1)

Das klassische Kreditgeschäft 455

Abbildung 2-106: Grundbuchblatt und die darin vorkommenden Grundbuchvorgänge (2)

# 456 Kreditwirtschaft im gesamtwirtschaftlichen Umfeld

**Amtsgericht** Frankfurt (Main) **Grundbuch von** Bezirk 19 **Band** 25 **Blatt** 2011 **Bestandsverzeichnis** *1*

| Laufende Nummer der Grundstücke | Bisherige laufende Nummer d. Grundstücke | Bezeichnung der Grundstücke und der mit dem Eigentum verbundenen Rechte ||||| Größe |||
|---|---|---|---|---|---|---|---|---|---|
| | | Gemarkung (Vermessungsbezirk) | Karte Flur | Flurstück | Liegenschaftsbuch | Wirtschaftsart und Lage | ha | a | m² |
| | | a | b || c/d | e | | | |
| 1 | 2 | 3 ||||| 4 |||
| 1 | | 19 | 8 | 32 | 411 | Hof- und Gebäudefläche, Bergstraße 1 ④ | 9 | 03 | |
| 2 | | | 8 | 33 | | Bauplatz, Bergstraße | | 5 | 98 |
| 3 | | | 12 | 121 | | Bauplatz, Wildbach ⑤ | | 7 | 05 |
| 4 | 2 | | 8 | 33/1 | | Hof- und Gebäudefläche, Bergstraße 4 ⑦ | | 5 | 87 |
| 5 | 2 | | 8 | 33/2 | | Weg, Höchster Straße | | - | 11 |
| 6 zu 1 | | Wegerecht an dem Grundstück Flur 8 Flurstück 31/7, eingetragen in Band 15 Blatt 1201 in Abt. II Nr. 2. ⑨ ||||| | | |
| 7 zu 4 | | 1/6 (ein Sechstel) Miteigentumsanteil an dem Grundstück | 19 | 8 | 33/9 | Weg, Bergstraße ⑪ | | 1 | 43 |

*Muster*

| Bestand und Zuschreibungen || Abschreibungen ||
|---|---|---|---|
| Zur lfd. Nr. d. Grundstücke | | Zur lfd. Nr. d. Grundstücke | |
| 5 | 6 | 7 | 8 |
| 1,2 | Von Blatt 154 übertragen am 04.02.1955. ④ *Retz   Braun* | 5 | Nach Blatt 1508 übertragen am 12.11.1958. *Lennig   Roth* ⑦ |
| 3 | Von Blatt 1286 übertragen am 07.09.1958. ⑤ *Lennig   Finke* | | |
| 4,5 zu 2 | Lfd. Nr. 2 geteilt und als lfd. Nr. 4 und 5 eingetragen auf Grund Veränderungsnachweis 1958 Nr. 23 am 01.10.1958. ⑦ *Lennig   Roth* | | |
| 6 zu 1 | Vermerk am 07.01.1959. ⑨ *Lennig   Roth* | | |
| 7 zu 4 | Von Blatt 1843 übertragen am 07.12.1959. *Schneider   Roth* ⑪ | | |

Abbildung 2-106:  Grundbuchblatt und die darin vorkommenden Grundbuchvorgänge (3)

Abbildung 2-106: Grundbuchblatt und die darin vorkommenden Grundbuchvorgänge (4)

# 458 Kreditwirtschaft im gesamtwirtschaftlichen Umfeld

| Amtsgericht Frankfurt (Main) | | Grundbuch von Bezirk 19 | | Band 25 Blatt 2011 Erste Abteilung | |
|---|---|---|---|---|---|
| Laufende Nummer der Eintragungen | Eigentümer | | Laufende Nummer der Grundstücke im Bestandsverzeichnis | Grundlage der Eintragung | |
| 1 | 2 | | 3 | 4 | |
| 1 a | Weigand, Ludwig, Gärtner, geb. am 12.04.1906, Frankfurt (Main) - zu 1/2 - | | 1,2 | Aufgelassen am 18.05.1954; eingetragen am 04.02.1955. *Betz* *Braun* | |
| b | Weigand, Elisabeth geb. Koch, geb. am 17.08.1909 Frankfurt (Main) - zu 1/2 - | ⑦ | 3 | Auf Grund Zuschlagsbeschlusses des Amtsgerichts Frankfurt (Main) vom 07.08.1958 - 12 27/57 - eingetragen am 07.09.1958. *Lannig* *Fürle* | ⑤ ⑨ |
| c | Weigand, Ludwig, Gärtner, geb. am 12.04.1906, Frankfurt (Main) | | 6/zu 1 | In Blatt 1201 eingetragen am 07.01.1959 und hier vermerkt am 07.01.1959. *Lannig* *Roth* | |
| d | Weigand, Peter, geb. am 16.09.1931, München | | 7/zu 4 | Aufgelassen am 10.08.1959, eingetragen am 07.12.1959. *Schmidt* *Roth* | ⑪ |
| e | Müller, Elke geb.Weigand, geb. am 13.11.1934, Frankfurt (Main) zu 1c bis e in Erbengemeinschaft zu 1/2 | ⑮ | 1, 3, 4, 6/zu 1, 7/zu 4 | 1/2 Anteil 1 b berichtigt auf Grund Erbscheins des Amtsgerichts Frankfurt (Main) vom 02.04.1964 - 7 VI 317/64 - am 08.05.1965. *Henke* *Mittlaufer* | ⑮ |
| 2 a | Weigand, Peter, geb. am 16.09.1931, München - zu 1/2 - | | 1, 3, 4, 6/zu 1, 7/zu 4 | Aufgelassen am 01.06.1968; eingetragen am 07.10.1968. *Leber* *Mittlaufer* | ⑯ |
| b | Müller, Elke geb. Weigand, geb. am 13.11.1934, Frankfurt (Main) - zu 1/2 - | ⑯ | | | |

Fortsetzung unten!

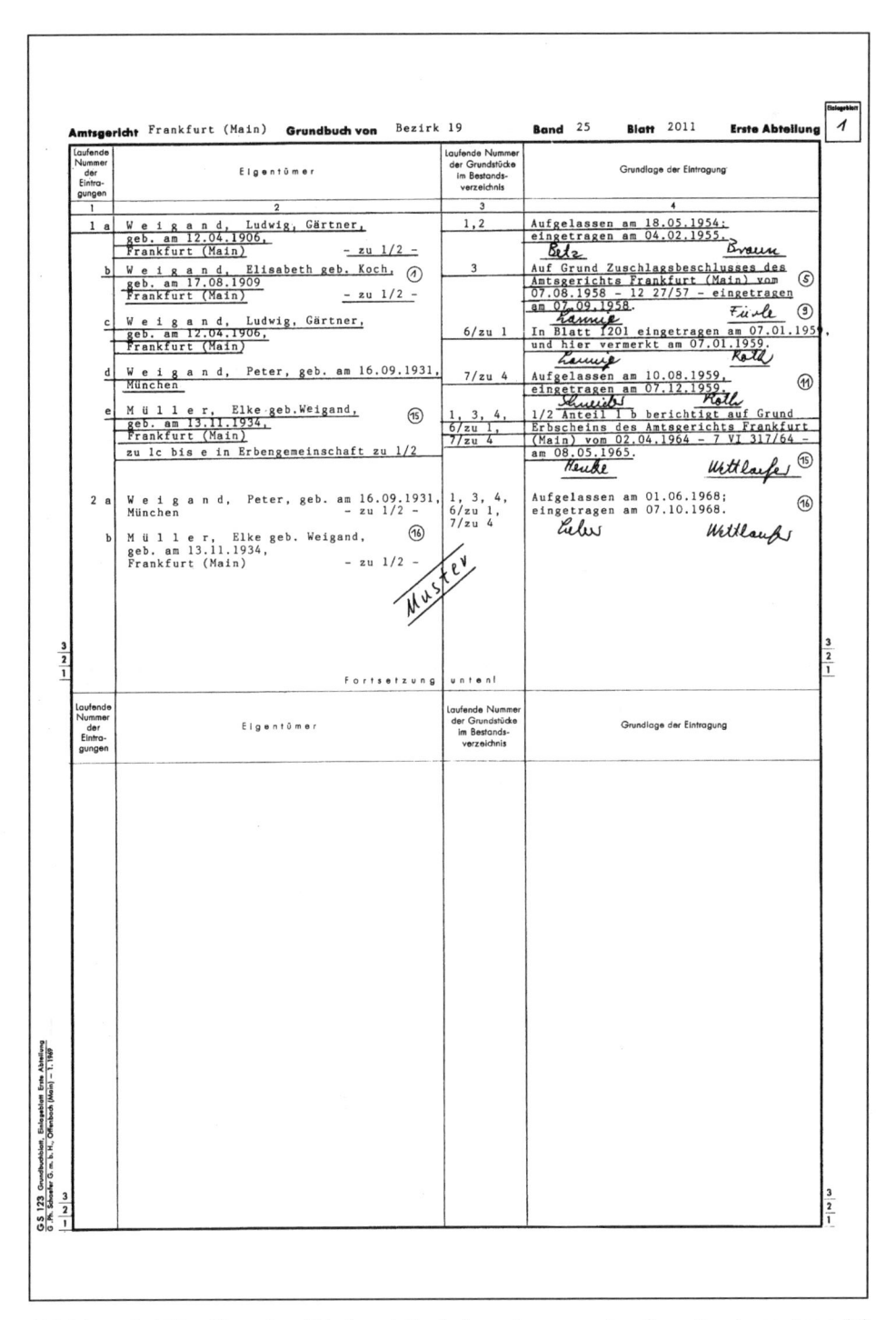

Abbildung 2-106: Grundbuchblatt und die darin vorkommenden Grundbuchvorgänge (5)

Das klassische Kreditgeschäft 459

| | Amtsgericht | Grundbuch von | | Band | Blatt | Erste Abteilung |
|---|---|---|---|---|---|---|
| | Laufende Nummer der Eintragungen | Eigentümer | Laufende Nummer der Grundstücke im Bestandsverzeichnis | | Grundlage der Eintragung | |
| | 1 | 2 | 3 | | 4 | |

Fortsetzung unten!

| | Laufende Nummer der Eintragungen | Eigentümer | Laufende Nummer der Grundstücke im Bestandsverzeichnis | Grundlage der Eintragung |
|---|---|---|---|---|---|

Abbildung 2-106: Grundbuchblatt und die darin vorkommenden Grundbuchvorgänge (6)

| Amtsgericht Frankfurt (Main) | | Grundbuch von Bezirk 19 | Band 25 | Blatt 2011 | Zweite Abteilung | 1 |
|---|---|---|---|---|---|---|
| Laufende Nummer der Eintragungen | Lfd. Nummer der betroffenen Grundstücke im Bestandsverzeichnis | Lasten und Beschränkungen | | | | |
| 1 | 2 | 3 | | | | |
| 1 | 1 | Nießbrauch für den Rentner Weigand, Helmut, geb. am 20.02.1904, Frankfurt (Main). Eingetragen am 04.02.1955.   *Betz*   *Braun*  (1) | | | | |
| 2 | 2, 4, 5 | Auflassungsvormerkung bezüglich einer Teilfläche von ca. 10 m² für die Stadt Frankfurt am Main. Gemäß Bewilligung vom 07.08.1956; eingetragen am 21.08.1956.   *Betz*   *Braun*  (4) | | | | |
| 3 | 1 | Grunddienstbarkeit (Wegerecht) für den jeweiligen Eigentümer des Grundstücks Flur 8 Flurstück 31/7 (Z. Zt. eingetragen in Band 15 Blatt 1201). Das Recht ist auf dem herrschenden Grundstück vermerkt. Gemäß Bewilligung vom 17.10.1958; eingetragen am 07.01.1959.   *Rohner*   *Türle*  (5) | | | | |
| 4 | 4 | Beschränkte persönliche Dienstbarkeit (Wohnungsrecht gemäß § 1093 BGB) für den Gärtner Weigand, Ludwig, geb. am 12.04.1906, Frankfurt (Main). Gemäß Bewilligung vom 01.06.1968; eingetragen am 07.10.1968.   *Leber*   *Wettlauf*  (16) | | | | |

| Veränderungen | | Löschungen | |
|---|---|---|---|
| Laufende Nummer d. Spalte 1 | | Laufende Nummer d. Spalte 1 | |
| 4 | 5 | 6 | 7 |
| 1 | Nebenstehendes Recht hat der Post Abt. III Nr. 1 den Vorrang eingeräumt; Eingetragen am 01.04.1956.   *Betz*   *Braun*  (3) | 2 | Gelöscht am 12.11.1958.   *Lauvig*   *Türle*  (8) |
| 1,4 | Nebenstehende Rechte haben der Post Abt. III Nr. 8 den Vorrang eingeräumt. Eingetragen am 30.04.1988.   *Leber*   *Hofmann*  (19) | | |
| 1,4 | Nebenstehende Rechte haben der Post Abt. III Nr. 9 den Vorrang eingeräumt. Eingetragen am 02.01.1972.  (20) | | |

Abbildung 2-106:  Grundbuchblatt und die darin vorkommenden Grundbuchvorgänge (7)

## Das klassische Kreditgeschäft

| Amtsgericht | | Grundbuch von | Band | Blatt | Zweite Abteilung |
|---|---|---|---|---|---|
| Laufende Nummer der Eintragungen | Lfd. Nummer der betroffenen Grundstücke im Bestandsverzeichnis | Lasten und Beschränkungen | | | |
| 1 | 2 | 3 | | | |

| Veränderungen | | Löschungen | |
|---|---|---|---|
| Laufende Nummer d.Spalte 1 | | Laufende Nummer d.Spalte 1 | |
| 4 | 5 | 6 | 7 |

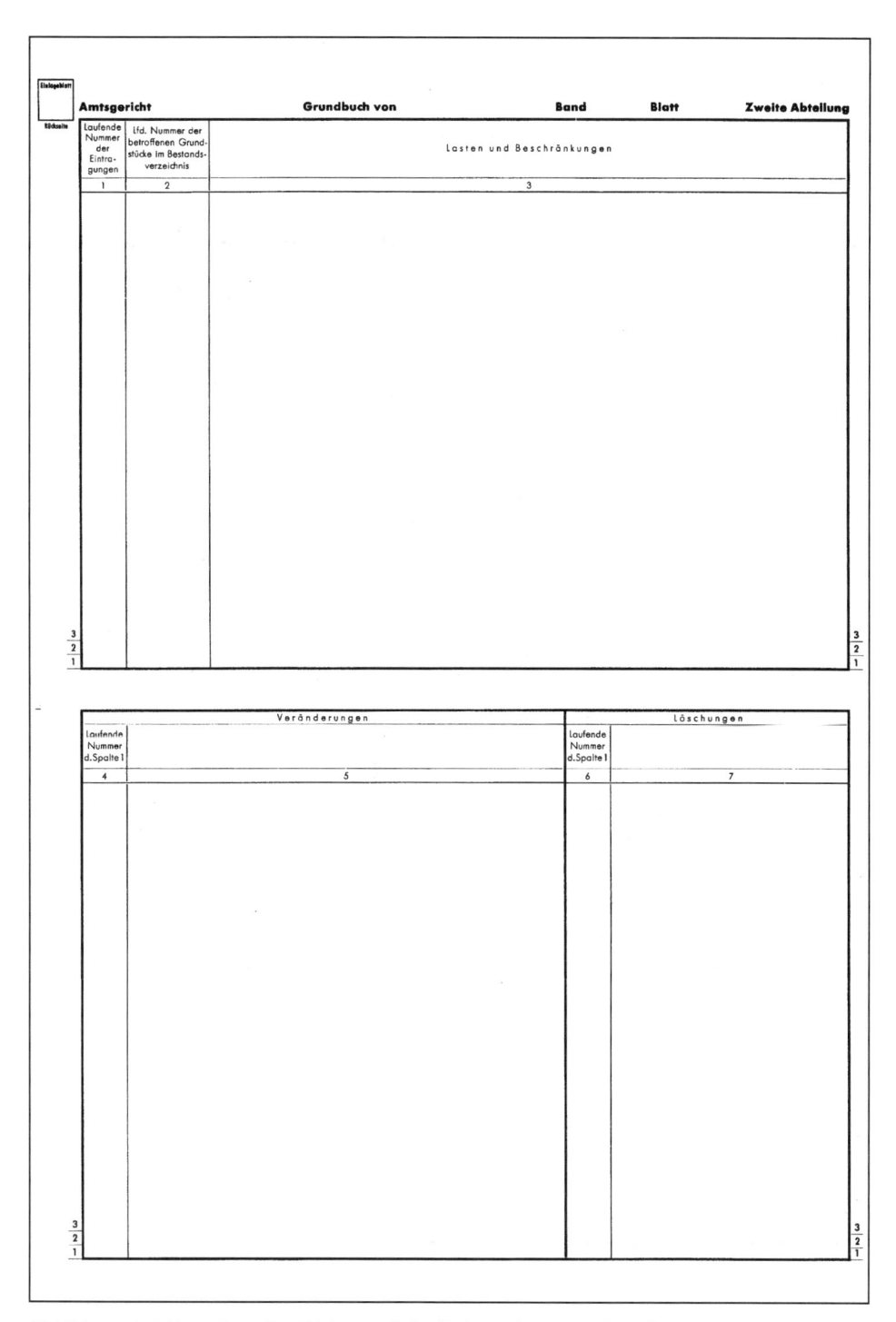

Abbildung 2-106: Grundbuchblatt und die darin vorkommenden Grundbuchvorgänge (8)

# 462 Kreditwirtschaft im gesamtwirtschaftlichen Umfeld

| Amtsgericht Frankfurt (Main) | | Grundbuch von Bezirk 19 | Band 25 Blatt 2011 Dritte Abteilung | |
|---|---|---|---|---|
| Laufende Nummer der Eintragungen | Laufende Nummer der belasteten Grundstücke im Bestandsverzeichnis | Betrag | Hypotheken, Grundschulden, Rentenschulden | |
| 1 | 2 | 3 | 4 | |
| 1 | 1,2,4,5 | 50.000,--DM | Hypothek zu fünfzigtausend Deutsche Mark; Darlehensforderung; für Frankfurter Bank Aktiengesellschaft, Frankfurt (Main); 10 % Zinsen jährlich; vollstreckbar nach § 800 ZPO; gemäß Bewilligung vom 22.11.1955; eingetragen am 01.12.1955. *Belz* *Braun* | ② |
| 2 | 1,2,3,4,5 | 30.000,--DM | Grundschuld zu dreißigtausend Deutsche Mark; ohne Brief; für Bausparkasse Heimatland AG, Frankfurt (Main); bis 9 % Zinsen jährlich; vollstreckbar nach § 800 ZPO; Vorbehalten bleibt der Vorrang für noch einzutragende Grundpfandrechte bis zu 70.000,-- DM (siebzigtausend Deutsche Mark) nebst bis zu 14 % Zinsen und Nebenleistungen. Gemäß Bewilligung vom 01.10.1958; eingetragen am 18.10.1958. *Lennig* *Türle* | ⑥ |
| 3 | 1,3,4 | 70.000,--DM −20.000,--DM 50.000,--DM ⑭ | Hypothek zu siebzigtausend Deutsche Mark; ohne Brief; für Industriebank eG, München; 9 % Zinsen jährlich; bis 5 % bedingte Nebenleistung einmalig; vollstreckbar nach § 800 ZPO; gemäß Bewilligung vom 17.02.1959; eingetragen am 01.04.1959. *Lennig* *Roth* | ⑩ |
| 5 | 3 | 25.000,--DM | Grundschuld zu fünfundzwanzigtausend Deutsche Mark; <u>für Eheleute Weigand, Ludwig, geb. am 12.04.1906 und Elisabeth geb. Koch, geb. am 17.08.1909, beide Frankfurt (Main) als Gesamtgläubiger</u>; 10% Zinsen jährlich; vollstreckbar nach § 800 ZPO; gemäß Bewilligung vom 19.03.1962; eingetragen am 16.07.1962. *Schneider* *Menz* | ⑪ |

| Veränderungen | | | Löschungen | | |
|---|---|---|---|---|---|
| Laufende Nummer d.Spalte 1 | Betrag | | Laufende Nummer d.Spalte 1 | Betrag | |
| 5 | 6 | 7 | 8 | 9 | 10 |
| 1 | 50.000,-- DM | Das Recht Abt. II Nr. 1 hat der Post Abt. III Nr. 1 den Vorrang eingeräumt. Eingetragen am 01.04.1956. *Belz* *Braun* ③ | 3 | 20.000,-- DM | Zwanzigtausend Deutsche Mark Teilbetrag gelöscht am 07.08.1961. *Kern* *Menz* ⑫ |
| 1 | 50.000,-- DM | Löschungsvormerkung für den jeweiligen Gläubiger der Post Abt. III Nr.2; gemäß Bewilligung vom 01.10.1958; eingetragen am 18.10.1958. *Lennig* *Türle* ⑥ | | | |
| 1 2 | 50.000,-- DM 30.000,-- DM | Das Grundstück lfd. Nr. 5 ist aus der Mithaft entlassen; Eingetragen am 12.11.1958. *Lennig* *Türle* ⑧ | | | |
| 2 3 | 30.000,-- DM 70.000,-- DM | Die Post Abt. III Nr. 3 hat unter Ausnutzung des Rangvorbehalts Rang vor der Post Abt. III Nr.2; Eingetragen am 01.04.1959. *Lennig* *Roth* ⑩ | | | |
| 3 | 70.000,-- DM | Löschungsvormerkung für den jeweiligen Gläubiger der Post Abt. III Nr.2. Gemäß Bewilligung vom 17.02.1959; eingetragen am 01.04.1959. *Lennig* *Roth* ⑩ | | | |

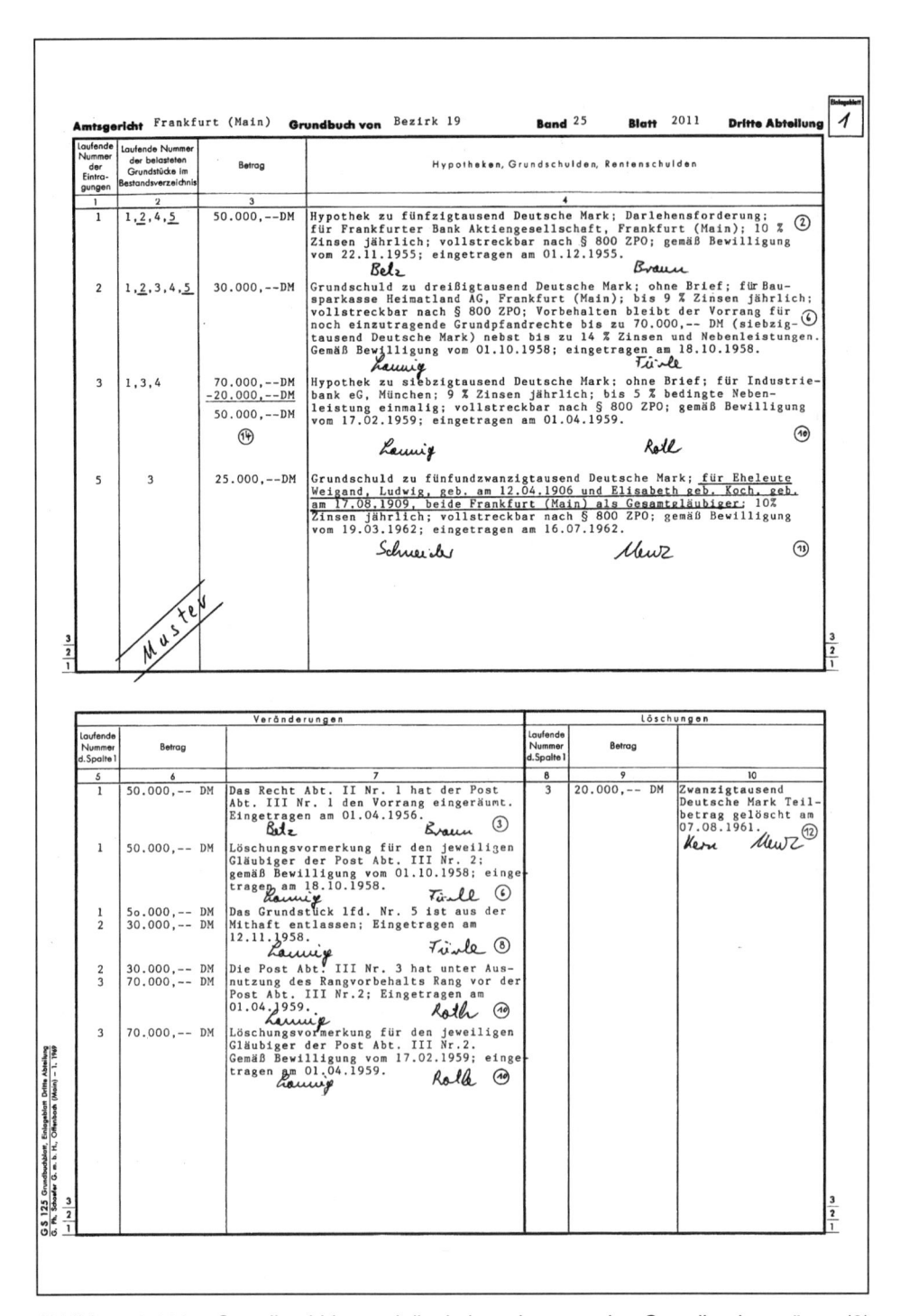

Abbildung 2-106: Grundbuchblatt und die darin vorkommenden Grundbuchvorgänge (9)

## Das klassische Kreditgeschäft

| | Amtsgericht Frankfurt (Main) **Grundbuch von** Bezirk 19 | | **Band** 25 **Blatt** 2011 **Dritte Abteilung** | | |
|---|---|---|---|---|---|
| | Laufende Nummer der Eintragungen | Laufende Nummer der belasteten Grundstücke im Bestandsverzeichnis | Betrag | Hypotheken, Grundschulden, Rentenschulden | |
| | 1 | 2 | 3 | 4 | |
| | 6 | 4,7/zu 4 | 40.000,--DM | Lastend auf dem 1/2 Anteil 2 a:----------------------------- Grundschuld zu vierzigtausend Deutsche Mark; ohne Brief; für Vereinsbank München eG, 10 % Zinsen jährlich; gemäß Bewilligung vom 17.04.1970; eingetragen am 01.07.1970. *Hofmann*   *Schwichtenberg* ⑰ | |
| | 7 | 4,7/zu 4 | 30.000,--DM | Hypothek zu dreißigtausend Deutsche Mark; Tilgungsdarlehen; für AG Hypothekenanstalt in Wiesbaden, Wiesbaden; 7 % Zinsen jährlich; 5 % Nebenleistung einmalig; 1 % bedingte Nebenleistung jährlich; vollstreckbar nach § 800 ZPO; gemäß Bewilligung vom 02.03.1978; eingetragen am 16.05.1978. *Lüders*   *Roth* ⑱ | |
| | 8 | 1, 3, 4 | 100.000,--DM | Einhunderttausend Deutsche Mark brieflose Grundschuld nebst fünfzehn von Hundert Jahreszinsen für die Dresdner Bank AG, Idstein; vollstreckbar nach § 800 ZPO; unter Bezugnahme auf die Bewilligung vom 15.02.1988; eingetragen am 28.04.1988. *Becker*   *Meyer* ⑲ | |
| | 9 | 1, 3, 4 | 50.000,-- DM | Fünfzigtausend Deutsche brieflose Grundschuld nebst 18 % Jahreszinsen für die Taunus-Sparkasse, Höchst, vollstreckbar nach § 800 ZPO; unter Bezugnahme auf die Bewilligung vom 15.12.1991; eingetragen am 02.01.1992. *Becker*   *Meyer* ㉑ | |

| Veränderungen | | | Löschungen | | |
|---|---|---|---|---|---|
| Laufende Nummer d.Spalte 1 | Betrag | | Laufende Nummer d.Spalte 1 | Betrag | |
| 5 | 6 | 7 | 8 | 9 | 10 |
| 5 | 25.000,-- DM | Abgetreten mit den Zinsen seit dem 01.01.1963 an das Bankhaus Müller AG, Limburg/Lahn. Eingetragen am 01.09.1963. *Schmidt*   *Menz* ⑭ | | | |
| 8 | 100.000,-- DM | Die Rechte Abt. II Nr. 1 und 4 haben der Post Abt. III Nr.8 den Vorrang eingeräumt. Eingetragen am 30.04.1988. *Becker*   *Meyer* ⑲ | | | |
| 9 | 50.000,-- DM | Die Rechte Abt. II Nr. 1 und 4 haben der Post Abt. III Nr. 9 den Vorrang eingeräumt. Eingetragen am 02.01.1992. ㉑ | | | |

Abbildung 2-106: Grundbuchblatt und die darin vorkommenden Grundbuchvorgänge (10)

| Amtsgericht | Grundbuch von | Band | Blatt |
|---|---|---|---|

## Fortsetzung des Verzeichnisses der Einlegebogen

| | Einlegebogen Nr. | Datum | Unterschrift | Einlegebogen Nr. | Datum | Unterschrift | Einlegebogen Nr. | Datum | Unterschrift |
|---|---|---|---|---|---|---|---|---|---|
| **Bestandsverzeichnis** (weiß) | | | | | | | | | |
| | | | | | | | Umseitig fortgesetzt am ... | | |
| **Erste Abteilung** (rosa) | | | | | | | | | |
| | | | | | | | Umseitig fortgesetzt am ... | | |
| **Zweite Abteilung** (gelb) | | | | | | | | | |
| | | | | | | | Umseitig fortgesetzt am ... | | |
| **Dritte Abteilung** (grün) | | | | | | | | | |
| | | | | | | | Umseitig fortgesetzt am ... | | |

Das Grundbuchblatt enthält soviel

**Einlegebogen,**

wie in dem auf der Rückseite des Titelbogens befindlichen Verzeichnis, das auf diesem Einlegebogen fortgesetzt wird, durch Eintragung der Nummern sowie durch Datum und Unterschrift des Grundbuchführers bescheinigt sind.

Abbildung 2-106: Grundbuchblatt und die darin vorkommenden Grundbuchvorgänge (11)

Gruppe 01 Nr. 0752806

*Muster*

# Deutscher Hypothekenbrief

über

~~30.000,— Deutsche Mark~~

**eingetragen im Grundbuch von**

Amtsgericht Frankfurt (Main)

Bezirk 19 Band 25 Blatt 2011 Abt.III Nr. 7 (sieben)

Nr. 7: 30.000,— DM Hypothek zu dreißigtausend Deutsche Mark; Tilgungsdarlehen; für AG Hypothekenanstalt in Wiesbaden, Wiesbaden; 7 % Zinsen jährlich; 5 % Nebenleistung einmalig; 1 % bedingte Nebenleistung jährlich; vollstreckbar nach § 800 ZPO; gemäß Bewilligung vom 02.03.1978; eingetragen am 25.05.1978.

**Belastete Grundstücke:**

Die im Bestandsverzeichnis des Grundbuchs unter Nr. 4, 7/ zu 4 verzeichneten Grundstücke.

Frankfurt(Main), den 30.05.1978
Amtsgericht

Siegel    *Müller*    *Roth*

Vordruck A. Ausfertigung eines Hypothekenbriefs (gemeinschaftlichen Hypothekenbriefs, Teilhypothekenbriefs, Gesamthypothekenbriefs) (S. 77)   BUNDESDRUCKEREI BERLIN

Abbildung 2-106: Hypothekenbrief

## 5.2.6 Grenzen der Kreditbesicherung

### 5.2.6.1 Wirtschaftliche Bestimmungsgründe des Sicherheitenumfangs

Die Verwertung der Sicherheiten soll bei Ausfall des Schuldners ausreichen, die Kreditforderungen der Bank nebst Zinsen und Kosten abzudecken. Daher bestimmt die Kredithöhe (und Laufzeit) Umfang und Art der hereinzunehmenden Sicherheiten. Weniger Sicherheiten zu fordern, als es der Höhe des Kredits entspricht, ist nur bei entsprechend einwandfreier Bonität zu empfehlen. Aber auch weit über die Kredithöhe hinausreichende Sicherheiten sind aus wirtschaftlichen Erwägungen heraus nicht zu rechtfertigen. Zwar wären nach den AGB nicht benötigte Sicherheiten auf Anforderung an den Kreditnehmer zurückzugeben, auch wäre dieser in seinem Vermögen insoweit nicht geschmälert. Jedoch ist bei einer solchen „Übersicherung" immer zu bedenken, daß es nicht im Interesse der Bank liegen kann, wenn sie den Kunden in seiner wirtschaftlichen Dispositionsfreiheit einengt. Zwischen nicht ausreichender und zu weitgehender Besicherung das richtige Maß zu finden, erfordert bei den unterschiedlichen Sicherheiten differenzierte Überlegungen.

**Grundpfandrechte als Sicherheiten** spielen nicht nur im Hypothekengeschäft oder in der Baufinanzierung eine Rolle, sondern sind auch im gesamten Kreditgeschäft gebräuchlich. Sollen die Kredithöhe und der Umfang der Sicherheiten in Einklang gebracht werden, dann sind die belasteten Grundstücke beziehungsweise die grundstücksgleichen Rechte zu bewerten. Soweit dies im Rahmen des Realkreditgeschäfts von Hypothekenbanken zu tun ist, gelten die einschlägigen Vorschriften des Hypothekenbankgesetzes, auf die im Abschnitt 5.3.1.5, „Langfristiges Kreditgeschäft" näher eingegangen wird. Andere langfristige Objektfinanzierungen im Zusammenhang mit Grundvermögen unterliegen nicht den strengen gesetzlichen Vorschriften über die Ermittlung eines Beleihungswerts oder Verkaufswerts; vielmehr ist das Ausmaß der Finanzierung eine geschäftspolitische Entscheidung. Anhaltspunkte für Beleihungsgrenzen sind hier meistens die Gesamtanschaffungs- oder Gesamtherstellungskosten.

Für die Ermittlung der Finanzierungsobergrenze bei privatem Wohneigentum wird meist ein Abschlag vom Kaufpreis oder von den nachgewiesenen Gesamtherstellungskosten vorgenommen. Banken beleihen in der Regel maximal 80 bis 90 Prozent des Verkehrswertes, der Rest ist durch Eigenkapital aufzubringen.

Objektbewertung und grundpfandrechtliche **Sicherungsvereinbarungen** bei gewerblich genutzten Objekten sind erheblich komplizierter. Häufig ist ein Firmengelände in Parzellen aufgeteilt, so daß grundsätzlich zu klären ist, an welchen Parzellen Grundpfandrechte zu bestellen sind. Statt eines Sachwertes (Boden- und Bauwert) wird bei gewerblich genutzten Objekten der Ertragswert als Beleihungswert ermittelt.

Im Firmenkundengeschäft werden gelegentlich alle Kredite einer Bankengruppe über einen **Sicherheitenpool** gedeckt. Die einzelnen Banken sind dann an einem „**Gleichrangrahmen**" beteiligt. Hierbei sind Abstimmungen der Gläubigerbanken untereinander über die Kredithöhe erforderlich, um nicht die Relation zwischen Sicherheiten und Kredithöhe zu verwässern.

In welchem Umfang das Bundesaufsichtsamt für das Kreditwesen Abschläge vom Zeitwert bestimmter Sicherheiten (Grundvermögen und Grundpfandrechte, Wertpapiere, Beteiligungen, Spargouthaben und Termineinlagen, Bausparverträge, Lebensversicherungen, Edelmetalle) unter normalen Umständen für ausreichend hält, hat es in den Mitteilungen vom 29.6.1963 und vom 5.7.1977 im Zusammenhang mit Fragen zum § 18 KWG niedergelegt.

### 5.2.6.2 Rechtliche Schranken der Besicherung

Bei der Sicherung von Krediten besteht, wie schon erwähnt, die Gefahr der **Übersicherung:** Es werden Sicherheiten bestellt, die dem Wert nach in keinem angemessenen Verhältnis zum Kredit stehen. Dies kann auch unbeabsichtigt geschehen, zum Beispiel bei der Globalzession oder Sicherungsübereignung des Warenlagers.

Außerdem zu beachten ist die sogenannte **Knebelung:** Dieser Tatbestand kann verwirklicht sein, wenn der Kreditnehmer infolge des Sicherheitenvertrages so gut wie keine wirtschaftliche Bewegungsfreiheit mehr hat, so daß die Bank faktisch als wirtschaftlicher Eigentümer des Vermögens des Schuldners anzusehen ist. Anfechtungsgrundlage für einen solchen Knebelungsvertrag ist der § 138 BGB über sittenwidrige Geschäfte. Gemäß AGB hat der Sicherungsgeber das Recht, die Freigabe von nicht benötigten Sicherheiten zu verlangen (Übersicherungsklausel).

Weitere Tatbestände sind von der Rechtsprechung gemäß § 824 BGB als **Kreditgefährdung** klassifiziert worden:

**Gläubigergefährdung** liegt nach BGH-Rechtsprechung vor, wenn der Kreditvertrag die Schädigung Dritter herbeiführt und die Vertragspartner dies wissen oder mit dem Vertrag sittenwidrige Ziele verfolgen. Dies ist beispielsweise in einem Fall anzunehmen, in welchem die Bank einem Kreditnehmer weiter Kredite gewährt, um ihn gegenüber anderen Gläubigern kreditwürdig erscheinen zu lassen.

Als **Konkursverschleppung** bezeichnet man den Fall, daß ein konkursreifer (überschuldeter oder dauerhaft illiquider) Schuldner durch die Kreditgewährung einer Bank „am Leben gehalten" (jedoch nicht saniert) wird.

Während all diese Tatbestände Schadenersatzansprüche begründen, entsteht aus dem § 419 BGB der Haftungstatbestand der **Vermögensübernahme**: Der Kreditnehmer hat im Rahmen eines Sicherungsvertrages sein ganzes oder nahezu sein ganzes

Vermögen auf die Bank übertragen. Aus § 419 BGB haftet die Bank dann als Gesamtrechtsnachfolgerin auch für die früher entstandenen Verbindlichkeiten des Kreditnehmers.

## 5.3 Kreditarten

Aus der Vielzahl von Produkten im Kreditgeschäft sollen die wichtigsten nach den Unterscheidungsmerkmalen Kreditnehmer, Laufzeit, Verwendungsbezogenheit dargestellt werden.

**Individualkredite** und **standardisierte Kredite** (**Mengengeschäft**) kommen sowohl im **Privatkunden-** als auch im **Firmenkundengeschäft** vor. Insbesondere im Mengengeschäft tragen die Kredite häufig „verkaufswirksam" griffige Namen, bei denen jedes Institut seine Phantasie spielen lassen kann (etwa der „Dispo 2000" aus dem Bausparsektor).

Eine Systematik der Kreditarten nach Fristigkeit ergibt das folgende Bild:

| kurzfristige Kredite | mittel- und langfristige Kredite |
|---|---|
| ■ Kontokorrentkredite (KKK)<br>■ Diskontkredite<br>■ Lombardkredite<br>■ Akzeptkredite<br>■ Avalkredite | ■ Darlehen<br>■ Schuldscheindarlehen |

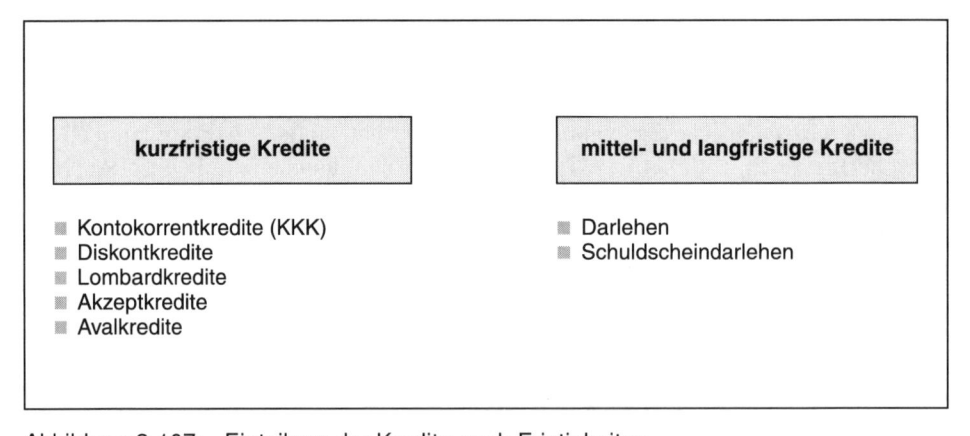

Abbildung 2-107: Einteilung der Kredite nach Fristigkeiten

Nach der Art des Mitteleinsatzes der Bank unterscheidet man

- **Geldleihe** (KKK, Diskontkredit, Lombardkredit und Darlehen)
- **Kreditleihe** (Akzeptkredit und Avalkredit)
- **Treuhandkredit**
- **Sonderformen,** wie **Leasing** und **Factoring**, die im klassischen Sinn zwar keine Bankgeschäfte sind, mittlerweile aber einen bedeutenden Teil der Investitionsfinanzierung abdecken

## 5.3.1 Geldleihgeschäfte

Bei Geldleihgeschäften legen die Banken Kundeneinlagen ertragsbringend an – im kurzfristigen Kreditgeschäft vor allem als Kontokorrent, Lombard- und Diskontkredit, im mittel- und langfristigen Kreditgeschäft als Darlehn.

### 5.3.1.1 Kontokorrentkredite

**DEFINITION**

Ein **Kontokorrentkredit** ist ein Bankkredit, der vom Kunden je nach Bedarf in wechselndem Umfang bis maximal zu der vereinbarten Höchstgrenze in Anspruch genommen werden kann. Die Abrechnung der Zahlungseingänge und Zahlungsausgänge des Kunden erfolgt in bestimmten Zeitabständen zusammen mit der Abrechnung des Kredits auf einem von der Bank geführten Kontokorrentkonto.

Ein Kontokorrentkredit ist also ein Buchkredit, bei dem der Kreditnehmer über den Kreditbetrag sofort in voller Höhe verfügen kann, ihn aber auch nur teilweise oder überhaupt nicht in Anspruch nehmen. Es steht dem Kreditnehmer frei, den Kreditbetrag für Barabhebungen, Überweisungen, Scheckziehungen, Effekten- oder Devisenkäufe usw. zu verwenden.

**Charakteristisch** für den Kontokorrentkredit ist die **schwankende Höhe der Inanspruchnahme**. Diese ergibt sich dadurch, daß auf dem Kontokorrentkonto des Kunden meistens sein gesamter Zahlungsverkehr abgewickelt wird und dadurch Gutschriften und Lastschriften gebucht und saldiert werden; folglich ändert sich der Kontostand und damit zugleich der tatsächlich in Anspruch genommene Kreditbetrag nach jeder Buchung.

Ein weiteres Merkmal des Kontokorrentkredits ist sein **formal kurzfristiger Charakter**. Kontokorrentkredite laufen aber durch ständige Prolongationen meist jahrelang und sind deshalb de facto oftmals längerfristiger Natur. Die Banken könnten einen erheblichen Teil ihrer Kontokorrentkredite gar nicht kurzfristig zurückrufen, ohne ihre Kreditnehmer in ernste Schwierigkeiten zu bringen. Um überhaupt zu gewährleisten, daß die Kontokorrentkredite von den Kreditnehmern innerhalb eines angemessenen Zeitraums zurückgeführt werden, ist es daher wichtig, auf die vereinbarungsgemäße Verwendung zu achten. Werden zum Beispiel kurzfristige Kreditmittel für Investitionszwecke benutzt, so besteht die Gefahr, daß der Kredit „einfriert", und „eingefrorene Kredite" stellen immer eine liquiditätsmäßige Belastung für die Bank dar.

Die Kontokorrentkredite dienen den Firmenkunden im wesentlichen zur Finanzierung der Produktion und des Warenumschlags und werden auch als **Betriebsmittelkredite, Produktionskredite, Umsatz-, Umschlags- oder Umlaufkredite** bezeichnet.

Der Einsatz der Mittel im Umlaufvermögen bietet keine Gewähr dafür, daß die Kredite kurzfristig zurückgezahlt werden können, weil normalerweise bei keinem Unternehmen kurzfristig eine erhebliche Verminderung des Umlaufvermögens möglich ist, ohne wirtschaftliche Schwierigkeiten hervorzurufen. Die tatsächlichen Möglichkeiten der Kreditrückführung sind vielmehr auch beim Kontokorrentkredit in erheblichem Maße davon abhängig, in welchem Umfang der Kreditnehmer in der Lage ist, liquide Mittel freizusetzen.

Kontokorrentkredite werden daneben häufig als **Saison-, Überbrückungs- oder Zwischenfinanzierungskredite** gewährt. Diese Kredite sind nicht nur formell, sondern auch in materieller Hinsicht durch ihren Verwendungszweck kurzfristiger Natur.

1. **Zwischenkredite** dienen der Finanzierung ausstehender Zahlungen, wie zum Beispiel Steuererstattungen, Erlösen aus Grundstücksverkäufen, zugesagten langfristigen Darlehensmitteln usw.

2. **Saisonkredite** werden zur Deckung eines regelmäßig wiederkehrenden besonders hohen Kapitalbedarfs gewährt. Vielfach sind sie eine Eigentümlichkeit bestimmter Branchen, bei denen sich das Hauptgeschäft auf bestimmte (Jahres-)Zeiten konzentriert (Ernte, Weihnachtsgeschäft, Tourismus etc.).

3. **Überbrückungskredite** sollen vorübergehende, übersehbare, einmalige Liquiditätsanspannungen überwinden helfen.

**Rechtliche Grundlagen**

Gesetzliche Grundlage für jeden Kontokorrentkredit sind zunächst die Bestimmungen über das Darlehen (§ 607 ff. BGB). Bei diesen schuldrechtlichen Vorschriften handelt es sich jedoch um abdingbares Recht, also nicht um zwingende Rechtsnormen. Die Bestimmung des bürgerlichen Rechts finden daher nur Anwendung, sofern keine besonderen vertraglichen Vereinbarungen getroffen werden. Im Kreditgeschäft der Banken gelten deshalb anstelle der bürgerlich-rechtlichen Vorschriften über das Darlehen in erster Linie die einzeln im Kreditvertrag und generell in den **Allgemeinen Geschäftsbedingungen** getroffenen Vereinbarungen. Für den Kontokorrentkredit kommen die Vorschriften des Handelsgesetzbuches über das Kontokorrent hinzu. **Von besonderer Bedeutung** für das Verständnis des Kontokorrentverkehrs **ist der § 355 Abs. 1 HGB:**

,,Steht jemand mit einem Kaufmann derart in Geschäftsverbindung, daß die aus der Verbindung entspringenden beiderseitigen Ansprüche und Leistungen nebst Zinsen in Rechnung gestellt oder in regelmäßigen Zeitabschnitten durch Verrechnung und Feststellung des für den einen oder anderen Teil sich ergebenden Überschusses ausgeglichen werden (**laufende Rechnung**, Kontokorrent), so kann derjenige, welchem bei dem Rechnungsabschluß ein Überschuß gebührt, von dem Tage des Abschlusses an Zinsen von dem Überschuß verlangen, auch soweit in der Rechnung Zinsen enthalten sind."

Abgesehen davon, daß mit dieser Bestimmung – im Gegensatz zur sonstigen Gesetzespraxis – das **Zinseszinsverbot für Kontokorrentkonten aufgehoben** wird, enthält sie die rechtlich wesentlichen **Merkmale des Kontokorrent**, nämlich

1. die **Kaufmannseigenschaft** mindestens eines Partners

2. das Bestehen einer Geschäftsverbindung mit der **gegenseitigen Verrechnung beiderseitiger Ansprüche und Leistungen**

3. die **Maßgeblichkeit des Überschusses** (Saldo) und

4. die Feststellung des Überschusses in **regelmäßigen Zeitabständen**

Mit der Feststellung des Saldos gehen die Einzelforderungen unter, das heißt, sie können nicht mehr selbständig geltend gemacht, verpfändet oder aufgerechnet werden. In der Praxis ist es üblich, debitorische Konten mindestens zweimal im Jahr (zum 30.6. und 31.12.) abzuschließen; bei größeren debitorischen Konten erfolgt der Abschluß meist vierteljährlich oder monatlich. Der Kunde hat diese Rechnungsabschlüsse zu prüfen und Einwendungen innerhalb eines Monats nach Zugang abzusenden. Die Unterlassung rechtzeitiger Einwendungen gilt als Genehmigung des Abschlusses. Gesetzliche Ansprüche bei begründeten Einwendungen nach Fristablauf bleiben jedoch unberührt.

Neben den Bestimmungen des BGB und HGB gelten für die Abwicklung des Kontokorrentkredits die **Allgemeinen Geschäftsbedingungen (AGB)** der betreffenden Bank.

Die AGB verstärken die Rechtsstellung der Bank gegenüber ihrem Kreditnehmer und geben der Bank insbesondere die Möglichkeit, sich aus den ihr zugehenden Vermögenswerten zu befriedigen, sofern der Kredit nicht termingerecht zurückgezahlt wird. So dienen zum Beispiel alle in den Besitz oder die Verfügungsgewalt einer Bank gelangenden Wertgegenstände (zum Beispiel Wertpapiere, Sammeldepotanteile, Schecks, Wechsel, Devisen, Waren, Konnossemente, Bezugsrechte und sonstige Rechte einschließlich der Ansprüche des Kunden gegen die Bank selbst), **soweit gesetzlich zulässig, als Pfand für alle** (auch bedingten oder befristeten) **Ansprüche der Bank gegen den Kunden** und seine Firma, unabhängig davon, woraus diese Ansprüche entstanden oder auf die Bank übergegangen sind. Dabei spielt es auch keine Rolle, ob die Bank den mittelbaren oder unmittelbaren Besitz, die tatsächliche oder rechtliche Verfügungsgewalt über die Wertgegenstände erlangt hat.

Daneben ist für das Kontokorrent die AGB-Bestimmung bedeutsam, daß dann, wenn ein Kunde mehrere Konten bei der Bank unterhält, jedes Kontokorrentkonto ein selbständiges Kontokorrent bildet (sogenannte **„Selbständigkeitsklausel"**). Die Anwendung des Selbständigkeitsprinzip kommt zum Beispiel darin zum Ausdruck, daß für jedes Kontokorrentkonto eine eigene Zinsstaffel geführt wird und eine getrennte Zinsberechnung erfolgt.

Auf Kredite an Privatpersonen sind die Schutzvorschriften des Verbraucherkreditgesetzes anzuwenden, wenn die Kreditaufnahme für persönliche Zwecke erfolgt (vgl. Abschnitt 5.1.4).

**Technik des Kontokorrentkredits**

Bevor dem Kunden ein Kredit eingeräumt wird, muß sein Kreditantrag bankintern beurteilt und von Mitarbeitern mit entsprechender Kompetenz genehmigt werden.

Bei kleineren Krediten genügt im allgemeinen ein Vermerk des Kundenberaters auf der Kontokarte. Das Konto darf dann einen Solldsaldo bis zur Höhe des zugesagten Kredits aufweisen, und der jeweilige Sollsaldo gibt Aufschluß über die tatsächliche Inanspruchnahme des Kredits.

Bei größeren Krediten, die für die gesamte Laufzeit entweder voll in Anspruch genommen werden oder in regelmäßigen Abständen getilgt werden, ist es ratsam, den Kreditbetrag einem Sonderkonto zu belasten (englische Buchungsmethode) und dem laufenden Konto (Kontokorrentkonto) des betreffenden Kreditnehmers gutzuschreiben. In diesem Fall soll auf dem Kontokorrentkonto niemals ein Sollsaldo erscheinen.

Die **Sicherung** stellt eine der wichtigsten Arbeiten bei der Abwicklung der Kontokorrentkredite dar. Grundsätzlich sind alle banküblichen Sicherheiten als Unterlegung geeignet. Nur bei Kreditnehmern mit bester Bonität werden Kontokorrentkredite als Blankokredite (ungedeckte Personalkredite), also ohne zusätzliche Sicherheiten, eingeräumt. In einem solchen Fall wird sich die Bank unter Umständen eine sogenannte **Negativerklärung** geben lassen, in der sich der Kreditnehmer unter anderem verpflichtet, seinen Grundbesitz weder zu veräußern noch zu belasten, Dritten keine Sicherheiten zu bestellen und anderweitig keine Kredite und Darlehen aufzunehmen (Grundsatz der Gleichbehandlung); ausgenommen ist hierbei die Aufnahme von Lieferantenkrediten und die Sicherung dieser Kredite durch Eigentumsvorbehalt.

Wird ein Kredit ausdrücklich als „Blankokredit" oder „Kredit ohne Sicherheiten" bezeichnet, kann dies als Verzicht auf das AGB-Pfandrecht interpretiert werden. Gebräuchlich ist daher bei Krediten, bei denen zumindest das AGB-Pfandrecht gelten soll, im Kreditbestätigungsschreiben folgende Formulierung: „Für die Sicherheitenbestellung wurden keine gesonderten Absprachen getroffen, im übrigen gilt die Pfandklausel der AGB."

Mit der **Gewährung eines Kontokorrentkredits** wird **Giralgeld geschaffen**, und zwar im Augenblick der Kreditzusage, weil durch die Kreditzusage für die Bank die unbedingte Verpflichtung entsteht, auf Anforderung für den Kreditnehmer Zahlung zu leisten. Für den Bankkunden ist es hinsichtlich seiner finanziellen Verfügungsmöglichkeiten unerheblich, ob er über vorhandene Sichteinlagen oder über einen zugesagten Kreditrahmen verfügen kann.

Weil mit der Kreditzusage Giralgeld geschaffen wird, müssen die Banken für ihre zugesagten, aber noch nicht in Anspruch genommenen Kredite **Liquiditätsvorsorge** treffen. Außerdem ist die Liquiditätsvorsorge nicht nur auf den Betrag der zugesagten, noch nicht in Anspruch genommenen Kredite abzustellen, sondern es ist auch mit Kredit- beziehungsweise Kontoüberziehungen zu rechnen. Die Bank entscheidet jeweils im Einzelfall, ob sie weitere Verfügungen zulassen will, wenn der zugesagte Kredit dadurch überzogen wird.

Der **bilanzmäßige Ausweis** der in Anspruch genommenen Kontokorrentkredite erfolgt unter der Position 4 „**Forderungen an Kunden** mit vereinbarter Laufzeit oder Kündigungsfrist". (Ist der Schuldner ein Kreditinstitut, erfolgt der Ausweis im Jahresabschluß unter der Position 3a „**Forderungen an Kreditinstitute**; täglich fällig".)

**Bedeutung des Kontokorrentkreditgeschäfts für Aufwand und Ertrag**

Die Erträge des Kontokorrentgeschäfts setzen sich zusammen aus den **Werterträgen**, zu denen Zinsen und zinsähnliche Provisionen (Kreditprovision, Bereitstellungsprovision, Überziehungsprovision) gehören, und den **Betriebserträgen**, die aus der Umsatzprovision beziehungsweise der Kontoführungsgebühr und ähnlichem bestehen. Die Art der Zins- und Provisionsberechnung ergibt sich aus dem Kreditvertrag.

Entscheidend für die Festsetzung der Kreditkosten ist mithin die **Marktstellung des Kunden**, das heißt die Konditionen können von Fall zu Fall voneinander abweichen und müssen unter Umständen sogar beim gleichen Kunden von Zeit zu Zeit korrigiert werden. Aus der Vielfalt der Möglichkeiten haben sich zwar sogenannte **Normalkonditionen** herausgebildet. Die Praxis zeigt jedoch, daß viele Kunden nicht bereit sind, diese Sätze zu akzeptieren – zumal dann, wenn der Kredit genügend abgesichert werden kann. Gleichwohl werden im allgemeinen der Diskontsatz der Bundesbank oder die Kosten, die den Kreditinstituten aus dem Passivgeschäft erwachsen, für den zu berechnenden Sollzins als Orientierung angesehen. Dabei dürfen aber die einzelnen Arten der Kreditkosten nicht isoliert betrachtet werden.

Im allgemeinen werden heute der Sollzinssatz und eine eventuelle Kreditprovision als Einheit gesehen. Das hat in nahezu allen Fällen dazu geführt, daß man auf eine Kreditprovision überhaupt verzichtet und statt dessen einen sogenannten **Nettozinssatz** berechnet.

Im einzelnen sind beim Kontokorrentkredit folgende Erlösarten zu unterscheiden:

| Erlösart | Formulierungsbeispiel/Berechnungsgrundlage |
|---|---|
| Sollzinsen | Sollzinsen werden für den in Anspruch genommenen Kredit berechnet. Die Höhe der Sollzinsen richtet sich danach, ob daneben noch eine Kreditprovision (siehe unten) gerechnet wird. Meist gilt unter Verzicht auf eine Kreditprovision als Normalkondition für Kontokorrentkredite:<br><br>Diskontsatz der Bundesbank + 5,5 Prozent p. a.<br><br>Dieser Satz wird auch als Nettosatz bezeichnet. Dispositionskredite an Privatkunden werden grundsätzlich zum Nettosatz abgerechnet. |
| Überziehungs-provision | Die Überziehungsprovision wird neben den Sollzinsen dann berechnet, wenn ein gewerblicher Kreditnehmer Kredite<br><br>■ ohne ausdrückliche Vereinbarung oder<br>■ über den vereinbarten Betrag hinaus oder<br>■ über den vereinbarten Termin hinaus<br><br>in Anspruch nimmt (**Kontoüberziehungen**).<br><br>(Wird Überziehungsprovision in Rechnung gestellt, kann naturgemäß auf den überzogenen Betrag nicht noch außerdem eine Kreditprovision berechnet werden.)<br>Normalerweise beträgt der Satz für die Überziehungsprovision 3 bis 4,5 Prozent p.a.<br>Überzieht ein **Privatkunde** (im Sinne des Verbraucherkreditgesetzes) sein Konto, wird statt des „normalen" Zinssatzes für die Überziehung der **„Zinssatz für eine geduldete Überziehung"** berechnet. Die Berechnung einer Überziehungsprovision ist bei Verbraucherkrediten nicht zulässig. |
| Umsatzprovision oder Konto-führungsgebühr | Die Provision ist ein Entgelt für die mit der Kontoführung verbundenen Grundleistungen. Sie ist daher kein originärer Ertrag aus dem Kreditgeschäft, denn sie fiele auch dann an, wenn der Kunde entsprechende Beträge aus seinem Guthaben umgesetzt hätte.<br>Die Berechnung der Umsatzprovision erfolgt heute nur noch vereinzelt danach, welchen Umsatz ein Kontokorrentkonto aufweist (zum Beispiel 0,1 Prozent auf die größere Kontoseite). |

Abbildung 2-108: Erlösarten beim Kontokorrentkredit

| | |
|---|---|
| | Meistens jedoch werden Postenentgelte in Rechnung gestellt, das heißt, für die verschiedenen Geschäftsvorfälle werden unterschiedliche Preise pro Buchung berechnet. Lediglich für die ständige Bereitstellung eines Kontos, die auch dann notwendig ist, wenn das Konto nicht genutzt wird, verlangen die Institute unterschiedlich hohe Grundgebühren. Für Privatkonten haben sich in letzter Zeit Gebührenpauschalen für eine begrenzte Zahl von Buchungsposten und sonstigen Leistungen herausgebildet. |
| **Barauslagen und Kosten für zusätzliche Bankleistungen** | Kosten, die im Zusammenhang mit der Kreditgewährung entstehen (zum Beispiel Einholung einer Büroauskunft/ Erstellung von Handelsregister oder Grundbuchauszügen), werden in ihrer tatsächlichen Höhe dem Kreditnehmer gesondert in Rechnung gestellt. Das gilt auch für die Berechnung der Postzustellkosten, zum Beispiel Anzahl der zugestellten Kontoauszüge · Briefporto. |
| **Kreditprovision/ Bereitstellungsprovision** | Die Kreditprovision als Bereitstellungsprovision wird vor allem im langfristigen Kreditgeschäft bei nicht termingerechter Inanspruchnahme berechnet. Nach der Preisangabenverordnung vom 14.3.1985 sind Kreditprovisionen auf die nicht in Anspruch genommenen Zusagen nicht in die Kreditkosten einzubeziehen. |

Abbildung 2-108: Erlösarten beim Kontokorrentkredit (Fortsetzung)

Am Beispiel einer Quartalsabrechnung sollen diese Zusammenhänge verdeutlicht werden:

| | | |
|---|---:|---:|
| 9 Prozent Zinsen aus 2.722 Zinszahlen | | 68,05 DM S |
| ½ Prozent Zinsen aus 651 Zinszahlen | | 0,90 DM H |
| Grundpreis für 3 Monate à 2,75 DM | | 8,25 DM S |
| **Postenentgelte:** | | |
| 3 Daueraufträge zu 0,25 | 0,75 | |
| 16 Lastschriften/Abbuchungen zu 0,35 | 5,60 | |
| 6 Verrechnungsschecks zu 0,50 | 3,00 | |
| 15 Überweisungen zu 0,60 | 9,00 | |
| 3 sonstige Geschäftsvorfälle zu 0,45 | 1,35 | |
| abzüglich Freipostenpauschale | 6,00 | |
| | | 13,70 DM S |
| **Saldo der Abschlußkosten** | | **89,10 DM S** |

Abbildung 2-109: Abschlußrechnung

Bei den Aufwendungen im Kontokorrentgeschäft handelt es sich sowohl um **Wertkosten** (Geldbeschaffungs-, Liquiditäts- und Risikokosten) als auch um **Betriebskosten** (Kosten der Kreditbearbeitung, der Kontoführung, des Zahlungsverkehrs usw.).

Da die Banken im Kontokorrentkreditgeschäft keine eigenen, sondern fremde Mittel einsetzen, entstehen **Kapital- beziehungsweise Geldbeschaffungskosten**. Eine genaue Ermittlung der Höhe dieser Geldbeschaffungskosten ist jedoch nur kalkulatorisch möglich, da nicht festgestellt werden kann, welche Fremdmittel dem einzelnen Kontokorrentgeschäft gegenüberstehen. Grundsätzlich kann jedoch gesagt werden, daß im Kontokorrentkreditgeschäft im wesentlichen Sicht- und Termineinlagen eingesetzt werden.

**Risikokosten** resultieren daraus, daß ein Teil der Kontokorrentkredite ganz oder teilweise nicht zurückgezahlt wird, oder daß Zinsen, Provisionen usw. nicht beglichen werden. Ihren Ausdruck finden diese Risiken in der Bildung von **Einzelwertberichtigungen**.

**Betriebskosten** fallen beim Kontokorrentkredit durch die Bearbeitung der Kreditanträge, die Verwaltung der Sicherheiten und die kontomäßige Erfassung der Kontokorrentkredite an.

Schließlich entstehen den Banken Kosten aus der **Liquiditätsvorsorge**, weil sie für noch nicht in Anspruch genommene Kredite liquide Mittel bereithalten müssen.

### 5.3.1.2 Konsumentenkredite auf Ratenbasis

Der Ratenkredit ist im Vergleich zu den übrigen Geldleihgeschäften eine relativ junge Erscheinungsform im Kreditgeschäft der Banken, die erst in den letzten 40 Jahren in Deutschland eine wachsende Bedeutung erlangt hat. Er dient im wesentlichen der Konsumgüterfinanzierung.

> **DEFINITION**
>
> Der **Ratenkredit** ist ein Barkredit, der vorwiegend Lohn- und Gehaltsempfängern als Konsumentenkredit gewährt wird und auf die persönlichen Verhältnisse des Kreditnehmers abstellt.

Laufzeit, Kredithöhe und Kreditkosten sind bei den einzelnen Banken **normiert**. Die **Tilgung** erfolgt **in festen monatlichen Raten**, die Mittelzuwendung erfolgt frei oder zweckgebunden.

Der Ratenkredit, der in der Praxis auch unter der Produktbezeichnung Privatdarlehen, Anschaffungsdarlehen, Kaufkredit, persönliches Darlehen und ähnlichem angeboten wird, dient vor allem der Anschaffung langlebiger Gebrauchsgüter, aber auch Wohnungs- und Hausreparaturen oder Reisen können damit finanziert werden.

Ratenkredite werden vorwiegend von Arbeitnehmern in Anspruch genommen. Bei ihnen kann der Gehalts- beziehungsweise Lohnnachweis relativ leicht erbracht werden. Der Kredit gründet sich demnach auf die **Person** und das **sichere Einkommen** des Kreditnehmers sowie auf ein angemessenes Verhältnis zwischen dem Einkommen und den laufenden festen Ausgaben. Die Höhe der monatlichen Rate sollte den **pfändbaren Teil des Einkommens** nicht übersteigen.

In der Bankpraxis sind folgende Bedingungen üblich:

| | |
|---|---|
| Kredithöhe: | bis zu 50.000 DM |
| Laufzeit: | bis zu 72 Monaten |
| Kreditkosten: | entweder als Festsatz zum Beispiel 0,6 Prozent p. M. vom ursprünglichen Kreditbetrag zuzüglich 2 Prozent Bearbeitungsgebühr oder als variabler Zinssatz oder fester Zinssatz zum Beispiel 14 Prozent p. a. auf die jeweilige Darlehensschuld zuzüglich 2 Prozent Bearbeitungsgebühr. |

Um dem Verbraucher eine bessere Vergleichsmöglichkeit der verschiedenen Kreditangebote zu ermöglichen, ist jeder Kreditgeber, der Verbrauchern (außer Selbständigen und Gewerbetreibenden) Kredite anbietet oder mit der Kreditvergabe wirbt, verpflichtet, den **Effektivzins** nach § 4 VerbrKrG zu nennen.

Folgende Faktoren fließen in den Effektivzinssatz mit ein:

- Sollzinssatz
- Bearbeitungsgebühr
- Vermittlungsprovisionen (wobei dem Kunden diese Provision nicht direkt, sondern in der Regel indirekt über eine höhere Bearbeitungsgebühr belastet wird)
- Disagio
- Zahlungstermine (zum Beispiel monatliche Abschlagszahlungen)
- Verrechnungstermine (zum Beispiel Tilgungsverrechnung jeweils zum Jahresende)
- Zinsstellungstermine (zum Beispiel Kontoabschluß monatlich)

Nicht berücksichtigt werden folgende Faktoren:

- Kontoführungsgebühren
- Bereitstellungsprovision, die bei verspäteter Kreditinanspruchnahme anfällt
- Kosten der Sicherheitenbestellung
- Kosten, die bei nicht vertragsgemäßer Rückzahlung entstehen (Mahnungen usw.)

Wurde mit dem Kunden ein variabler Zinssatz vereinbart, muß die Bank den **anfänglichen effektiven Jahreszins** angeben. Sind Kreditlaufzeit und Zinsfestschreibungsdauer identisch, wird der **effektive Jahreszins** genannt.

Ein Effektivsatz muß nicht angegeben werden, wenn außer dem Sollzins keine weiteren preisbestimmenden Faktoren in Rechnung gestellt werden und das Konto nicht öfter als viermal jährlich abgeschlossen wird. (Dies betrifft vor allem die laufenden (Gehalts-)Konten der Privatkundschaft mit Dispositionskredit.)

**Rechtliche Grundlagen**

Rechtsgrundlage für das Ratenkreditgeschäft sind die Vorschriften des BGB über das Darlehen (§§ 607 ff.). Spezielle Regelungen enthält das **Verbraucherkreditgesetz (VerbrKrG)**. Die zwingenden Vorschriften des Verbraucherkreditgesetztes für das Ratenkreditgeschäft sind:

- **Schriftform** für den Kreditvertrag mit einer detaillierten Aufzählung notwendiger Angaben (§ 4)

- **Aufklärung über das Widerrufsrecht** des Kunden (eine Woche ab Vertragsannahme, § 7)

Teilzahlungskreditinstitute vereinbaren darüber hinaus eigene „**Darlehensbedingungen**", die bei Geschäftsabschluß Bestandteil des Kreditvertrages werden.

**Technik des Ratenkredits**

Im Beratungsgespräch wird mit dem Kunden ein Antrag ausgefüllt, mit Angaben über die Person und die wirtschaftlichen Verhältnisse, die gewünschte Kredithöhe und den Verwendungszweck.

Besondere Beachtung wird dabei der Höhe des Einkommens, dem Vermögen und den Schulden, insbesondere den bereits bestehenden Abzahlungsverpflichtungen, geschenkt. Die Angaben im Kreditantrag werden **belegt** durch Vorlage des **Personalausweises**, einer Bescheinigung über das **Beschäftigungsverhältnis** und die letzte **Lohn- oder Gehaltsabrechnung**.

Der Kunde verpflichtet sich ausdrücklich zur Rückzahlung des beantragten Kredits und erkennt mit seiner Unterschrift die Kreditbedingungen auf der Rückseite des Formulars an. Antragsteller und Mitantragsteller haften für diesen Kredit als Gesamtschuldner und bevollmächtigen sich mit ihrer Unterschrift gegenseitig zu allen mit diesem Kredit zusammenhängenden Rechtshandlungen und Erklärungen.

Die Genehmigung oder Ablehnung des Kreditantrages hängt vom Ergebnis der **Kreditfähigkeits- und Kreditwürdigkeitsprüfung** ab, die sich – wie bei den anderen Kreditarten – auf die persönlichen, rechtlichen und wirtschaftlichen Verhältnisse des Kreditnehmers erstreckt.

## Das klassische Kreditgeschäft

**Dresdner Bank**
Aktiengesellschaft

Filiale Idstein

– Seite 1 –
Bereichs-Nr. Konto-Nr. Privatkonto Nr. *123.987,0* Bankleitzahl

Berater(in)/
Telefon-Nr.

### Privatdarlehen

Antragsteller/Mitantragsteller und Bank vereinbaren folgenden Vertrag über ein Privatdarlehen

**Antragsteller**
Name (auch Geburtsname), Vorname
*WOLF, EGON*
Anschrift/Telefon
*Westring 63, 65216 Eschborn*
Falls weniger als 2 Jahre an obiger Adresse wohnhaft, frühere Anschrift:
☐ siehe „Antragsteller"/bzw.

Geb.-Datum  Geburtsort
*23.02.61 Hamburg*
Staatsangehörigkeit  ☒ verheiratet  Anzahl der unterhaltsberechtigten Personen
*D*  ☐ nicht verh.

**Mitantragsteller**
Name (auch Geburtsname), Vorname
*WOLF, EDITH*
Anschrift/Telefon
☒ siehe „Antragsteller"/bzw.
Falls weniger als 2 Jahre an obiger Adresse wohnhaft, frühere Anschrift:
☐ siehe „Antragsteller"/bzw.

Geb.-Datum  Geburtsort
*29.12.63 Wiesbaden*
Staatsangehörigkeit  ☒ verheiratet  Anzahl der unterhaltsberechtigten Personen
*D*  ☐ nicht verh.

Einmalprämie für die Restschuldversicherung  verfügbarer Kreditbetrag
**Beantragter Kredit**  DM *25.000*  ./. DM —  ▶ - DM *25.000,-*

Laufzeit *47* Monate  Zinsen *0,45* % pro Monat  + DM *5.287,50*  davon Zinserhöhung wegen einer Vermittlungsprovision pro % Monat  ausmachender Betrag DM

Bearbeitungsgebühr (einmalig) *2* %  + DM *500,-*

Gesamtbetrag aller zu entrichtenden Teilzahlungen (Tilgung, Zinsen und Kosten)  = DM *30.787,50*  Effektiver Jahreszins *11,44* %

Tilgungsplan:  1. Rate DM *611,50*  fällig am *01.03.*  *46* Folgeraten jeweils DM *656,-*
fällig am ☒ 1. ☐ 16. eines jeden Monats

Zinskorrektur bei abweichendem Tilgungsbeginn: ☐ + ☐ -  Tage ▶ ☐ + ☐ - DM
(Um diesen Betrag ist die Zahlung für die 1. Rate zu korrigieren)

**Ratenzahlung** durch ☒ Lastschrift ☐ Dauerauftrag ☐ Überweisungen/Einzahlungen
Die Dresdner Bank AG wird widerruflich ermächtigt, die Monatsraten für den Kredit durch Lastschrift einzuziehen
bei (Institutsbezeichnung) *Dresdner Bk.*  Bankleitzahl  zu Lasten des lfd. Kontos Nr. *123.987.00* ☒ Antragstellers ☐ Mitantragstellers

**Kreditauszahlung:**
☐ bar an den ☒ Antragsteller ☐ Mitantragsteller/
☒ Überweisung ☒ auf das obengenannte Privatkonto/
☐ auf das folgende Konto des ☐ Antragstellers ☐ Mitantragstellers ☐ angegebenen Empfängers*)
Konto-Nr.  Bankleitzahl  bei (Institutsbezeichnung)  *) Empfänger

Für alle Ansprüche, die der Bank aus dem Kreditvertrag gegen Antragsteller und Mitantragsteller zustehen, übernehmen diese die gesamtschuldnerische Haftung.
Für diesen Kredit gelten die umseitig abgedruckten Bedingungen.
Zwingender Bestandteil dieses Vertrags ist die nachstehend bezeichnete „Anlage zum Vertrag für ein Privatdarlehen", beinhaltend die Selbstauskunft, Einwilligung in die Datenübermittlung und Belehrung über das Widerrufsrecht.
Angabe nach § 8 GwG[1])
☒ Antragsteller und Mitantragsteller handeln für eigene Rechnung
☐ Antragsteller und Mitantragsteller handeln für[2])

**Sicherheiten**
1. Nachfolgende Abtretung von Ansprüchen auf Arbeitsentgelt und Sozialleistungen durch den Antragsteller und den Mitantragsteller.
2. Aufgrund separater Absprachen sind zusätzlich folgende Sicherheiten vereinbart:

**Fortsetzung und Unterzeichnung auf Seite 2!**

[1]) Geldwäschegesetz  [2]) Name/n und Anschrift/en des-/derjenigen, für dessen/deren Rechnung das Konto geführt wird.

Abbildung 2-110: Antrag auf ein Privatdarlehen

– Seite 2 –

### Abtretung von Ansprüchen auf Arbeitsentgelt und Sozialleistungen durch den Antragsteller und den Mitantragsteller

**Gegenstand der Abtretung:** Antragsteller und Mitantragsteller treten hiermit den pfändbaren Teil ihrer gegenwärtigen und künftigen Ansprüche auf **Arbeitsentgelt** jeder Art einschließlich Pensionsansprüche, Provisionsforderungen, Tantiemen, Gewinnbeteiligungen sowie Abfindungen gegen ihren jeweiligen Arbeitgeber und auf **Sozialleistungen** (insbesondere Arbeitslosengeld, Arbeitslosenhilfe, Übergangsgeld, Leistungen der gesetzlichen Kranken-, Unfall- und Rentenversicherung einschließlich eventueller Beitragserstattungsansprüche, Renten wegen Minderung der Erwerbsfähigkeit) an die Bank ab. Stehen dem Antragsteller oder dem Mitantragsteller mehrere derartige Ansprüche zu, werden die Ansprüche zur Feststellung des pfändbaren Betrages zusammengerechnet. Der unpfändbare Grundbetrag wird dann in erster Linie dem Einkommen entnommen, das die wesentliche Grundlage der Lebenshaltung bildet.

Der Umfang der abgetretenen Ansprüche ist auf einen **Höchstbetrag** von DM _____ beschränkt. Der Arbeitgeber/Die auszahlende Stelle („Drittschuldner") hat aufgrund einer Offenlegung Zahlungen auf die abgetretenen Ansprüche nur bis zu diesem Höchstbetrag zu leisten. Der Höchstbetrag vermindert sich gegenüber dem Drittschuldner jeweils um die von dem Arbeitgeber/einer Offenlegung an die Bank erbrachten Zahlungen. Die Abtretung erledigt sich, wenn die Bank aufgrund der Offenlegung den Höchstbetrag erhalten hat.

**Sicherungszweck:** Die Abtretung dient als Sicherheit für sämtliche Ansprüche der Bank, die ihr aus diesem Kreditvertrag zustehen.

**Verfügungsberechtigung:** Antragsteller und Mitantragsteller versichern, daß ihre obengenannten Ansprüche weder gepfändet noch an Dritte abgetreten oder verpfändet sind. Nur in Zweifelsfällen ist die Bank berechtigt, sich beim Arbeitgeber/der auszahlenden Stelle zu vergewissern, ob der Wirksamkeit der Zession rechtliche Hindernisse (z. B. ein Abtretungsausschluß) entgegenstehen. Dies setzt voraus, daß der Antragsteller oder der Mitantragsteller einer Aufforderung der Bank zur Beibringung einer entsprechenden Bestätigung des Arbeitgebers/der auszahlenden Stelle nicht nachgekommen ist. Antragsteller und Mitantragsteller verpflichten sich, die Bank von einer Pfändung der abgetretenen Ansprüche unverzüglich zu unterrichten.

**Inanspruchnahme der Zession:** Die Bank wird ihre Rechte aus der Abtretung offenzulegen und die abgetretenen Ansprüche beim Arbeitgeber oder der zahlenden Stelle einzuziehen, wenn der Antragsteller mit einem Betrag, der mindestens zwei vollen Raten entspricht, in Verzug sind und mindestens zweimal schriftlich zur Zahlung aufgefordert worden sind, wobei die erste Zahlungsaufforderung schon nach Verzug mit nur einer Rate erfolgen kann. Bei einem Kreditverhältnis mit einer Ratenvereinbarung kann die Einziehung nach zwei vorangegangenen fruchtlosen schriftlichen Zahlungsaufforderungen erfolgen. Die Offenlegung wird die Bank dem Sicherungsgeber mit einer Frist von einem Monat androhen.

**Freigabe der Abtretung:** Die Bank wird Rechte aus der Abtretung zurückübertragen, wenn sie wegen ihrer nach dieser Vereinbarung gesicherten Ansprüche befriedigt ist. Sobald und soweit der Gesamtbetrag der gesicherten Forderungen sich nicht nur vorübergehend um jeweils 20% ermäßigt, kann der Antragsteller und ggf. auch der des Mitantragstellers zu einer Teilfreigabe seiner Abtretung durch entsprechende Herabsetzung des obengenannten Höchstbetrages verlangen. Sind für diese Abtretung weitere Sicherheiten für die gesicherten Forderungen bestellt, ist die Bank auf Verlangen außerdem verpflichtet, nach ihrer Wahl eine weitergehende Teilfreigabe vorzunehmen oder andere ihr bestellte Sicherheiten freizugeben, soweit für solche weitere Sicherheiten keine anderweitigen Vereinbarungen über eine Deckungsgrenze und eine Sicherheitenfreigabe getroffen sind.

*Idstein, 01.02.19.*  Ort, Datum   *Wolf* Unterschrift des Antragstellers   *Wolf* Unterschrift des Mitantragstellers

*Idstein, 01.02.19..*  Ort, Datum   **Dresdner Bank Aktiengesellschaft** Unterschriften

## Restschuldversicherungsvertrag (RSV)  ☐ ja  ☒ nein    Agentur-Nr. |_|_|_|_|_|

Die Bank (Versicherungsnehmer) schließt unter dem Datum der Erklärung der versicherten Person (Vertragsabschlußdatum) auf das Leben des ☐ Antragstellers ☐ Mitantragstellers - ☐ männlich ☐ weiblich - (versicherte Person und Beitragszahler) zur Absicherung seines Privatdarlehens folgende Versicherung ab:

- RSF – ☐ Todesfall-Risikoversicherung mit monatlich fallender Versicherungssumme (Tarif RSF/94) bei der **Berlinischen Lebensversicherung Aktiengesellschaft**, Gustav-Stresemann-Ring 7-9, 65173 Wiesbaden

- RS – ☐ Todesfall-Risikoversicherung mit monatlich fallender Versicherungssumme (Tarif RSF/94) bei der **Berlinischen Lebensversicherung Aktiengesellschaft**, Gustav-Stresemann-Ring 7-9, 65173 Wiesbaden mit Krankentagegeld-Versicherung bei der **Deutschen Krankenversicherung Aktiengesellschaft**, Aachener Straße 300, 50933 Köln

Versicherungssumme: DM _____

Ist Krankentagegeld versichert, so beträgt dieses pro Tag 1/30 der monatlichen Rate (mtl. Rate = Versicherungssumme geteilt durch die Anzahl der Versicherungsmonate).

Die Versicherung beginnt am |_|_|_|_| (1 Monat vor Fälligkeit der 1. Rückzahlungsrate, frühestens mit dem Vertragsabschlußdatum)

Versicherungsdauer: _____ Monate Einmalbetrag: DM _____ /zu Lasten Konto-Nr.: |_|_|_|_|_|_|_|_| (bei der kreditausreichenden Geschäftsstelle)

**Achtung! Leistungseinschränkung:** Der Versicherungsschutz erstreckt sich nicht auf Gesundheitsstörungen, die die versicherte Person in den letzten 12 Monaten vor Versicherungsbeginn hatte und die ihr bei Versicherungsbeginn bekannt sind, wenn der Versicherungsfall innerhalb der nächsten 24 Monate seit Beginn des Versicherungsschutzes eingetreten ist und mit diesen Gesundheitsstörungen in ursächlichem Zusammenhang steht.

### Erklärung der versicherten Person

1. Ich ermächtige die BERLINISCHE LEBEN für den Fall meines Todes, alle Ärzte, Krankenhäuser und sonstigen Krankenanstalten, bei denen ich in Behandlung war oder sein werde, sowie andere Personenversicherer und Behörden – mit Ausnahme von Sozialversicherungsträgern – über meine Gesundheitsverhältnisse, die Todesursachen und die Krankheiten, die zum Tode geführt haben, zu befragen.
Diese Ermächtigung gilt nur, wenn der Tod vor Ablauf von zwei Jahren seit Versicherungsbeginn eintritt. Insoweit entbinde ich über meinen Tod hinaus alle, die hiernach befragt werden, von der Schweigepflicht.

2. Mir ist bekannt, daß die Deutsche Krankenversicherung Aktiengesellschaft – soweit hierzu ein Anlaß besteht – Angaben über meinen Gesundheitszustand und bei anderen Krankenversicherern auch Angaben über frühere, bestehende oder beantragte Versicherungsverträge zur Beurteilung der Risiken des Vertragsabschlusses überprüft. Zu diesem Zweck befreie ich Ärzte, Zahnärzte, Angehörige anderer Heilberufe sowie Angehörige von Krankenanstalten und Gesundheitsämtern, die mich in den letzten Jahren vor Vertragsabschluß untersucht, beraten oder behandelt haben, von ihrer Schweigepflicht – und zwar auch über meinen Tod hinaus – und ermächtige sie, dem Versicherer die erforderlichen Auskünfte zu erteilen. Dies gilt auch für Angehörige anderer Kranken-, Lebens- und Unfallversicherer, mit denen ich bisher in Vertragsbeziehungen stand oder stehe. Die Ermächtigung endet fünf Jahre nach Vertragsabschluß.
Mir ist ferner bekannt, daß die Deutsche Krankenversicherung Aktiengesellschaft zur Beurteilung ihrer Leistungspflicht auch Angaben überprüft, die ich zur Begründung etwaiger Ansprüche mache oder die sich aus von mir eingereichten Unterlagen (z. B. Rechnungen, Verordnungen) sowie von mir veranlaßten Mitteilungen eines Krankenhauses oder von Angehörigen eines Heilberufes ergeben. Auch zu diesem Zweck befreie ich von ihrer Schweigepflicht über meinen Heilbehandlung beteiligt waren, von ihrer Schweigepflicht; dabei hat die Geltendmachung eines Leistungsanspruches die Bedeutung einer Schweigepflichtentbindung für den Einzelfall. Von der Schweigepflicht entbinde ich auch zur Prüfung von Leistungsansprüchen im Falle meines Todes. Die Schweigepflichtentbindung für die Leistungsprüfung bezieht sich auch auf die Angehörigen von anderen Kranken- und Unfallversicherern, die nach dort bestehenden Versicherungen befragt werden dürfen.

3. Für die Versicherung gelten dieser Vertrag sowie das Merkblatt für den versicherten Kreditnehmer einschließlich der Versicherungsbedingungen der BERLINISCHEN LEBEN bzw. der Deutschen Krankenversicherung Aktiengesellschaft. Eine Durchschrift dieses Vertrages sowie das Merkblatt für den versicherten Kreditnehmer mit den Allgemeinen Versicherungsbedingungen wird mir die Bank aushändigen.

4. Ich kann innerhalb von 14 Tagen seit Vertragsabschluß verlangen, daß die Bank von diesem Vertrag zurücktritt bzw. die Krankentagegeldversicherung widerruft. Bei schriftlichem Verlangen genügt zur Wahrung der Frist die rechtzeitige Absendung der darauf gerichteten Erklärung an die Bank.

Ort, Datum _____  Unterschrift der versicherten Person _____

Abbildung 2-110:  Antrag auf ein Privatdarlehen (Fortsetzung)

Das klassische Kreditgeschäft  **481**

**Dresdner Bank**
Aktiengesellschaft

Anlage zum Vertrag vom **01.02.19..** für ein Privatdarlehen über DM **25 000**
Bereichs-Nr. Konto-Nr. **123.987.0**

Antragsteller: **WOLF, EGON**   Mitantragsteller: **WOLF, EDITH**

## Selbstauskunft

| | Antragsteller | Mitantragsteller |
|---|---|---|
| Beschäftigt als/seit | **ANGESTELLTER** | **ANGESTELLTE** |
| Arbeitgeber/Anschrift | **HOTEL TAUNUS, IDSTEIN** | **STADTVERWALTUNG ESCHBORN** |

| Monatliche Einnahmen (Netto) | Antragsteller | Mitantragsteller |
|---|---|---|
| Einkommen | DM **4.000** | DM **3.000,-** |
| Sonstige regelmäßige Einkünfte | + DM **—** | + DM **—** |
| ❶ Summe Einnahmen | = DM **4.000** | = DM **3.000** |
| **Monatliche Ausgaben** | | |
| Lebenshaltungskosten (ca. DM 1':1 Pers./1'5:2 Pers./0'4 pro Kind) | DM **1.000** | DM |
| Raten für Sparvertr. (DM         ), Bausparvertr. (DM **200** ), LV (DM **300** ) | + DM **500** | + DM |
| Raten für andere Kredite/Leasing | + DM **—** | + DM |
| Sonstige regelmäßige Ausgaben (z. B. Kfz. DM **900** ) | + DM **900** | + DM |
| Miete/Hyp.-Zahlungen/Wohnnebenkosten | + DM **1 400** | + DM |
| ❷ Summe Ausgaben | = DM **3 800** | = DM |
| ❶./.❷ frei verfügbares Monatseinkommen | = DM **3 200** | = DM |
| Rate für diesen Kredit | − DM **656** | − DM |
| Überschuß/Fehlbetrag | = DM **2.544** | = DM |

| Antragsteller | | Mitantragsteller | |
|---|---|---|---|
| Vermögen DM (Bezeichnung) | Verbindlichkeiten DM (Bezeichnung)/bei | Vermögen DM (Bezeichnung) | Verbindlichkeiten DM (Bezeichnung)/bei |
| — | — | — | — |
| Übernommene Bürgschaften DM | | Übernommene Bürgschaften DM | |

## Einwilligung in die Datenübermittlung

Antragsteller und Mitantragsteller sind damit einverstanden, daß die Bank der für ihren Wohnsitz zuständigen SCHUFA-Gesellschaft (Schutzgemeinschaft für allgemeine Kreditsicherung) Daten über die Beantragung, die Aufnahme (Antragsteller, Mitantragsteller, Kreditbetrag, Laufzeit, Ratenbeginn) und vereinbarungsgemäße Abwicklung (z. B. vorzeitige Rückzahlung, Laufzeitverlängerung) dieses Kredits übermittelt. Unabhängig davon wird die Bank der SCHUFA auch Daten aufgrund nicht vertragsgemäßer Abwicklung (z. B. Kündigung des Kredits, Inanspruchnahme einer vertraglich vereinbarten Lohnabtretung, beantragter gerichtlicher Mahnbescheid wegen unbestrittener Forderung sowie Zwangsvollstreckungsmaßnahmen) melden. Diese Meldungen dürfen nach dem Bundesdatenschutzgesetz nur erfolgen, soweit dies zur Wahrung berechtigter Interessen der Bank, eines Vertragspartners der SCHUFA oder der Allgemeinheit erforderlich ist und dadurch schutzwürdige Belange des Antragstellers oder Mitantragstellers nicht beeinträchtigt werden. Soweit hiernach eine Übermittlung erfolgen kann, wird die Bank zugleich vom Bankgeheimnis befreit. Die SCHUFA speichert die Daten, um den ihr angeschlossenen Kreditinstituten, Kreditkartenunternehmen, Leasing-Gesellschaften, Einzelhandelsunternehmen einschließlich des Versandhandels und sonstigen Unternehmen, die gewerbsmäßig Geld- oder Warenkredite an Konsumenten geben, Informationen zur Beurteilung der Kreditwürdigkeit von Kunden geben zu können. An Unternehmen, die gewerbsmäßig Forderungen einziehen, sei es aufgrund angeschlossener Forderungen sind, werden zum Zwecke der Schuldner-Ermittlung Adreßdaten übermittelt werden. Die SCHUFA stellt die Daten ihren Vertragspartnern nur zur Verfügung, soweit diese ein berechtigtes Interesse an der Datenübermittlung glaubhaft darlegen. Die SCHUFA übermittelt nur objektive Daten ohne Angabe des Kreditgebers; subjektive Werturteile, persönliche Einkommens- und Vermögensverhältnisse sind in SCHUFA-Auskünften nicht enthalten. Antragsteller und Mitantragsteller können Auskunft bei der SCHUFA über die sie betreffenden gespeicherten Daten erhalten. Die Adresse der örtlich zuständigen SCHUFA lautet:

**Zeil 29-31, 60313 FRANKFURT**

Antragsteller und Mitantragsteller willigen ein, daß im Falle eines Wohnsitzwechsels die vorgenannte SCHUFA die Daten an die zuständige SCHUFA übermittelt. Weitere Informationen über das SCHUFA-Verfahren enthält ein Merkblatt, das auf Wunsch zur Verfügung gestellt wird.

**Idstein 01.02.19..**   *Wolf*   *Wolf*
Ort, Datum   Unterschrift des Antragstellers   Unterschrift des Mitantragstellers

## Widerrufsbelehrung

Der Kreditvertrag wird erst wirksam, wenn Sie Ihre auf den Abschluß des Kreditvertrags gerichtete Willenserklärung (Kreditantrag) nicht binnen einer Woche durch schriftliche Erklärung widerrufen. Der Lauf der Frist beginnt mit der Aushändigung dieser Widerrufsbelehrung. Zur Wahrung der Frist genügt die rechtzeitige Absendung des Widerrufs.

Sie können Ihre Willenserklärung innerhalb vorstehender Frist auch widerrufen, wenn Sie den Kredit bereits in Anspruch genommen haben. Dann müssen Sie jedoch den in Anspruch genommenen Betrag binnen zweier Wochen zurückzahlen. Sollte die Inanspruchnahme vor Ihrem Widerruf erfolgt sein, so beginnt die Rückzahlungsfrist mit dem Tag des Widerrufs. Sofern die Inanspruchnahme erfolgt ist, berechnet sich der Lauf der Frist vom Tag der Inanspruchnahme an. Wenn Sie den Kreditbetrag nicht fristgerecht zurückführen, gilt Ihr Widerruf als nicht erfolgt.

Wenn Sie von Ihrem Widerrufsrecht Gebrauch machen wollen, ist die Widerrufserklärung an nebenstehende Anschrift der

**Dresdner Bank Aktiengesellschaft** zu senden.

(Stempelabdruck mit vollständiger Anschrift der Geschäftsstelle)

Die vorstehende Belehrung habe(n) ich/wir zur Kenntnis genommen.

**Idstein 01.02.19..**   *Wolf*   *Wolf*
Ort, Datum   Unterschrift des Antragstellers   Unterschrift des Mitantragstellers

Abbildung 2-110:  Antrag auf ein Privatdarlehen (Fortsetzung)

Bei der Untersuchung der **persönlichen Verhältnisse** gilt das Augenmerk vornehmlich der familiären und beruflichen Situation des Antragstellers. Auch dessen **persönlicher Eindruck** ist ein **wichtiges Element bei der Kreditentscheidung**.

Die Analyse der **wirtschaftlichen Faktoren** zielt auf die Frage, ob der Kreditnehmer auf Grund seiner Einkommensverhältnisse und seiner laufenden Ausgaben in der Lage sein wird, den Kredit wie vereinbart zurückzuzahlen.

Fällt die Kreditwürdigkeitsprüfung positiv aus, sind weitere Auskünfte einzuholen, zum Beispiel von der Schufa. Liegt auch von dieser Seite keine negative Auskunft vor, wird die Bank den Kreditantrag genehmigen und mit dem Kunden einen **Tilgungsplan** vereinbaren: Kreditbetrag, Bearbeitungsgebühr und Zinsen werden addiert; der Gesamtbetrag daraus wird durch die Anzahl der vereinbarten Monatsraten dividiert. In der Praxis wird der Tilgungsplan per EDV oder aus Tabellen ermittelt.

**BEISPIEL**

Ein Kunde beantragt einen Kredit von 15.000 DM für die Teilfinanzierung eines Pkw, der in 48 Monatsraten zurückgezahlt werden soll.

| | |
|---|---|
| **Kreditbetrag** | 15.000,00 DM |
| + 0,6 Prozent p. M. Zinsen für 48 Monate | 4.320,00 DM |
| + 2,0 Prozent Bearbeitungsgebühr | 300,00 DM |
| **Tilgungssumme** | 19.620,00 DM |
| 1. Rückzahlungsrate | 408,75 DM |
| 47 weitere Raten zu je | 408,75 DM |
| **insgesamt** | 19.620,00 DM |

Wird mit dem Kunden ein Jahreszinssatz auf den tatsächlich in Anspruch genommenen Kredit vereinbart, erfolgt die Abrechnung als **Annuitätendarlehen** mit monatlich gleichbleibenden Tilgungsraten. Mit der folgenden Überschlagsrechnung läßt sich die monatliche Rate berechnen:

$$\text{Monatsrate} = \frac{\text{Kredit} + \frac{\text{Kredit}}{\text{Laufzeitmonate}}}{\frac{2}{100}} \cdot \frac{\text{Laufzeitmonate} \cdot \text{Zinssatz}}{12}$$

in unserem Beispiel also

$$Z = \frac{15.000 \text{ DM} + \frac{15.000 \text{ DM}}{48 \text{ Monate}}}{\frac{2}{100}} \cdot \frac{48 \cdot 14\%}{12} = 56$$

Zinsen und Tilgung werden hier monatlich verrechnet. Das Ergebnis ist eine Näherungsrechnung, finanzmathematisch also nicht ganz genau.

Vom Kreditnehmer wird grundsätzlich die **Abtretung der pfändbaren Ansprüche auf Arbeitsentgelt** gemäß § 850 ZPO verlangt. (Bei Beamten, Militärpersonen, Geistlichen und Lehrern an einer öffentlichen Unterrichtsanstalt ist nach § 411 BGB im übrigen eine öffentlich oder amtlich beglaubigte Abtretungsurkunde erforderlich.)

Die meisten Banken bieten bei Ratenkrediten **zusätzlich** eine sogenannte **Restschuldversicherung** an, die im Falle von Arbeitsunfähigkeit oder Tod des Kreditnehmers die Rückzahlung übernimmt.

Die **Kreditüberwachung** erstreckt sich auf die Einhaltung der Kreditbedingungen; außerdem auf Änderungen in den persönlichen, rechtlichen und wirtschaftlichen Verhältnissen des Kreditnehmers. Der Kreditnehmer ist verpflichtet, dem Kreditinstitut Veränderungen seines Einkommens, seiner Arbeitsstätte und seines Wohnsitzes mitzuteilen.

### 5.3.1.3 Diskontkredite

> **DEFINITION**
>
> Der **Diskontkredit** ist ein kurzfristiger Kredit, den die Bank durch den Ankauf von Wechseln vor deren Fälligkeit dem Veräußerer der Wechsel gewährt.

Im Rahmen einer eingeräumten Diskontkreditlinie kann der Kunde seiner Bank Wechsel zum Diskont einreichen, das heißt vor Fälligkeit verkaufen. Analog zum Kontokorrentkredit erfolgt vielfach eine Verlängerung der formal kurzfristigen Diskontlinie, die in der Regel zunächst für ein Jahr zugesagt wird. Prolongationen einzelner Wechsel werden hingegen nur in Ausnahmefällen vorgenommen, wenn sich zum Beispiel der Wechselschuldner vorübergehend in Zahlungsschwierigkeiten befindet oder weil eine Prolongation aufgrund der Struktur des zugrundeliegenden Geschäfts vereinbart wurde (zum Beispiel bei größeren Maschinenlieferungen mit Ratenzahlungen auf Wechselbasis).

Der **Diskontkredit dient** in erster Linie der **Finanzierung des Warenumschlags**. Insofern beschränkt sich das Diskontkreditgeschäft der Banken fast ausnahmslos auf den Ankauf von **Handels- beziehungsweise Warenwechseln**. Dabei handelt es sich zum überwiegenden Teil um Kredite an Industrie- und Großhandelsunternehmen zum Zwecke der Absatzfinanzierung.

**Finanzwechsel**, denen kein Warengeschäft zugrunde liegt, werden von Kreditinstituten nur in Ausnahmefällen angekauft. Das ist unter anderem darauf zurückzuführen, daß Finanzwechsel von der Deutschen Bundesbank grundsätzlich nicht rediskontiert werden. Solche Wechsel werden daher mit dem meist ungünstigeren Zinssatz für Kontokorrentkredite abgerechnet. Eine Eigenart des Diskontkredits besteht darin, daß er normalerweise nicht vom Wechseleinreicher, also dem Kreditnehmer der Bank, zurückgezahlt wird. Die Rückzahlung erfolgt vielmehr über die Einlösung des diskontierten Wechsels durch den Bezogenen. Hieraus ergibt sich, daß die **Rückführung des Diskontkredits** – sofern es sich um zahlungsfähige Bezogene handelt – **unabhängig von der finanziellen Situation des Kreditnehmers** erfolgen kann.

**Rechtliche Grundlagen**

Bei einem Diskontkredit handelt es sich in rechtlicher Hinsicht um einen **Kaufvertrag zwischen der Bank als Käufer und dem Kreditnehmer als Verkäufer des Wechsels** (§ 433 BGB).

Als Kaufpreis zahlt die Bank den Wechselbetrag abzüglich Zinsen, Provision und Spesen und erhält vom Kreditnehmer den ordnungsgemäß indossierten Wechsel. Insoweit gelten für das Diskontgeschäft die Vorschriften des BGB über den Kauf sowie das Wechselgesetz, das zum Beispiel die wechselseitige Haftung regelt.

Ergänzt werden diese Bestimmungen durch die **AGB**, die zum Beispiel dem Kreditinstitut die Möglichkeit geben, bei Bonitätsverschlechterung eines Wechselverpflichteten den Abschnitt vor Fälligkeit dem Einreicher zurückzugeben.

Vor allem sind die **Formvorschriften der Deutschen Bundesbank** über den Ankauf von Wechseln zu berücksichtigen, damit die Rediskontierung der angekauften Kundenabschnitte bei der Bundesbank möglich ist (siehe Kapitel II, 2.4).

**Technische Abwicklung von Diskontkrediten**

Die Einräumung eines Diskontkredits erfolgt durch eine „**Diskontzusage**" der Bank. Grundlage einer solchen Diskontzusage sind der Kreditantrag des Kunden und die Kreditwürdigkeitsprüfung seitens der Bank.

In der Diskontzusage behalten sich die Kreditinstitute ferner vor, unter den eingereichten Wechseln eine Auswahl zu treffen und ungeeignet erscheinende Abschnitte zurückzugeben.

Die **Bearbeitung des Kreditantrages** erfolgt in ähnlicher Weise wie beim Kontokorrentkredit, da die Kreditinstitute auch beim Diskontkredit die Einräumung davon abhängig machen, daß die wirtschaftlichen Verhältnisse des Kunden offengelegt werden. Die Bonität ihres Kreditnehmers ist für die Banken nämlich leichter zu prüfen als die der Bezogenen, auf die es „eigentlich" vor allem ankommt.

Ferner informieren sich die Banken in der Regel über die **Bonität des Bezogenen**, zum Beispiel durch Einholung von **Auskünften**, da eine eigene Kreditwürdigkeitsprüfung infolge fehlender Unterlagen meist nicht möglich ist. Die Auskünfte werden in der Regel ab einem Wechselbetrag von 5.000 DM bei der Bank eingeholt, die auf dem Wechsel als Zahlstelle angegeben ist, oder auch bei eigenen Filialen beziehungsweise Zweigstellen und befreundeten Banken oder bei gewerbsmäßigen Auskunfteien. Außerdem wird anhand der sogenannten **Protestliste** geprüft, ob der Akzeptant zu einem früheren Zeitpunkt schon Wechsel zu Protest gehen ließ.

In der Diskontzusage wird neben den bis auf weiteres geltenden Konditionen festgelegt, bis zu welchem Gesamtbetrag das **Wechselobligo** des Kreditnehmers ansteigen darf. Der Einhaltung dieser Kreditgrenze dient das **Einreicherobligo**, das meist in Karteiform geführt wird. Es enthält – nach den Namen der Wechseleinreicher geordnet – alle diskontierten, aber noch nicht fälligen Wechsel. Dabei ist es unerheblich, ob diese Wechsel sich im eigenen Bestand der diskontierten Bank befinden oder an eine andere Bank zum Rediskont weitergegeben wurden.

Schließlich wird mit Hilfe des **Bezogenenobligos** festgestellt, ob und in welcher Höhe bereits Wechsel desselben Akzeptanten hereingenommen wurden. Das **Bezogenenobligo** ist eine Kartei, in der, nach den Namen des Bezogenen geordnet, alle diskontierten, aber noch nicht fälligen Wechsel verzeichnet sind; dabei ist es wie beim Einreicherobligo unerheblich, ob sich die Wechsel noch im eigenen Bestand befinden oder an eine andere Bank zur Refinanzierung weitergegeben worden sind.

Führen die formellen und materiellen Prüfungen des vorgelegten Wechsels zu einem positiven Ergebnis, so wird der Wechsel angekauft. Der Wechsel wird abgerechnet, das heißt vom Nominalbetrag werden die auf die Restlaufzeit entfallenden Zinsen (Diskont) sowie die Spesen abgezogen, und der Nettobetrag wird dem Konto des Kreditnehmers gutgeschrieben. Mit der entsprechenden Gegenbuchung wird der Wechsel selbst auf dem Wechselbestandskonto eingebucht.

Die diskontierten Abschnitte werden im sogenannten **Wechselkopierbuch** eingetragen („kopiert") und mit einer laufenden Nummer versehen. Hierbei werden alle wesentlichen Einzelheiten, wie Betrag, Verfalltag, Bezogener, Aussteller, Einreicher, festgehalten. Meist wird das Wechselkopierbuch im **Loseblattverfahren** geführt, so daß in einem Arbeitsgang zugleich die anderen Nebenkarteien erstellt werden können, nämlich Verfallkartei, Einreicherobligo und Bezogenenobligo.

Bis zur Fälligkeit beziehungsweise bis zur Rediskontierung werden die angekauften Wechsel im **Wechselportefeuille** aufbewahrt.

Wechsel im Bestand der diskontierenden Bank erscheinen in der Bilanz unter der Position 2 „**Schuldtitel öffentlicher Stellen und Wechsel**".

Für den Kunden bedeutet der Diskontkredit eine im Verhältnis zum Kontokorrentkredit billigere Finanzierungsquelle. **Die Diskontierung von Wechseln ermöglicht den Kreditnehmern eine Mobilisierung ihrer Lieferantenforderungen.** Sie zwingt jedoch die Wechselverpflichteten wegen der Wechselstrenge zu genauen Dispositionen und stellt die Kreditnehmer wegen der übernommenen Indossamentverbindlichkeiten gegebenenfalls vor die Aufgabe, am Fälligkeitstag nicht bezahlte Wechsel selbst einlösen zu müssen.

### 5.3.1.4 Lombardkredite

> **DEFINITION**
>
> Der **Lombardkredit** ist ein kurzfristiges, auf einen festen Betrag lautendes Darlehen, das durch Verpfändung marktgängiger Sachen oder Rechte besonders gesichert ist.

In der Praxis üblicher ist allerdings der sogenannte **unechte Lombardkredit**, der als Kontokorrentkredit bereitgestellt und durch Faustpfänder gesichert ist.

Zu den **Merkmalen** im einzelnen:

1. **Der Lombardkredit ist ein kurzfristiger Buchkredit.** Ständige Prolongationen, (wie beim Kontokorrentkredit) sind beim **eigentlichen** Lombardkredit nicht üblich.

2. **Als Sicherheiten dienen möglichst wertbeständige, leicht realisierbare Faustpfänder**, die bei Darlehensgewährung nach bankmäßigen Gesichtspunkten beliehen werden. Ein Kredit gegen Sicherungsübereignung bestimmter Waren ist niemals ein Lombardkredit.

3. **Das Darlehen lautet über einen festen Betrag und wird meist in einer Summe ausgezahlt beziehungsweise gutgeschrieben.** Das Lombardkonto ist ein reines Kredit- beziehungsweise Forderungskonto und kein Umsatzkonto; im Gegensatz zum Kontokorrentkonto dient es daher nicht der Verrechnung gegenseitiger Ansprüche.

4. **Die Pfandgegenstände werden nicht in voller Höhe, sondern nur zu einem bestimmten, je nach Art des Pfandgegenstands unterschiedlichen Prozentsatz ihres Zeitwertes am Tage der Kreditgewährung beliehen.** Unterschreitet während der Kreditlaufzeit der aktuelle Tageswert den Wert am Tage der Kreditgewährung, ist der Kunde zur Rückführung des Kredits in den Beleihungsrahmen oder zum Nachschuß von Pfandgegenständen verpflichtet.

Der Kurzfristigkeit der Lombardkredite entspricht ihr **Verwendungszweck**. Lombardkredite werden normalerweise als Betriebsmittelkredite und insbesondere als Überziehungs- beziehungsweise Saisonkredite zur Überbrückung vorübergehender finanzieller Engpässe aufgenommen. Der Charakter eines Überbrückungskredites wird auch deutlich bei den Lombardkrediten, welche die Kreditinstitute bei der Deutschen Bundesbank aufnehmen.

**Rechtliche Grundlagen**

Da der Lombardkredit, für den es keine speziellen Rechtsvorschriften gibt, aus zwei Geschäften besteht – nämlich einem Kreditgeschäft und einem Sicherungsgeschäft –, sind einerseits die **Vorschriften über das Darlehen** (§§ 607 ff. BGB) und andererseits die **Bestimmungen über das Pfandrecht** an beweglichen Sachen und Rechten anzuwenden. Außerdem gelten die §§ 366 bis 368 HGB sowie eine Reihe handelsrechtlicher Spezialvorschriften, wie Depotgesetz und Börsengesetz, und bei den Lombardkrediten der Deutschen Bundesbank das Bundesbankgesetz. Eine Ergänzung bilden die AGB der Kreditinstitute.

Die Vorschriften über das Darlehen werden in gleicher Weise wie beim Kontokorrentkredit angewandt.

**Technische Abwicklung von Lombardkrediten**

**Lombardkredite** werden in einer Summe einem **Kreditsonderkonto belastet**, der Gegenwert auf dem Kontokorrentkonto des Kunden gutgeschrieben.

In der **Bilanz** erscheinen die Lombardkredite je nach den Kreditnehmern entweder in der Position 3 „**Forderungen an Kreditinstitute**" oder in der Position 4 „**Forderungen an Kunden**".

Die technische Abwicklung eines Lombardkredits weist je nach Art der beliehenen Pfandobjekte Unterschiede auf. Folgende Formen des Lombardkreditgeschäfts sind zu unterscheiden:

*Effektenlombardgeschäft*

Die Beleihung von Wertpapieren ist relativ leicht zu handhaben und mit verhältnismäßig geringen Nebenkosten verbunden, da die Papiere im Streifband- oder Sammeldepot liegen und deshalb ohne Schwierigkeiten für eine Verpfändung zur Verfügung gestellt werden können.

Die **Wertermittlung** ist bei Effekten ebenfalls einfach, weil normalerweise nur amtlich notierte oder in den geregelten Freiverkehr einbezogene Papiere beliehen werden. Der Wert wird also „automatisch" börsentäglich festgestellt.

Die Sicherheit des Lombardkredits ist dadurch besonders groß, daß die **Beleihungsgrenzen** relativ niedrig gehalten werden. Die Sparkassen dürfen nach den in den letzten Jahren erlassenen Mustersatzungen mündelsichere Inhaberschuldverschreibungen bis zu 80 Prozent, sonstige Inhaberschuldverschreibungen (einschließlich Industrieobligationen) und Aktien, die an einer deutschen Börse gehandelt werden, bis zu 60 Prozent des Kurswertes beleihen. Institute des privaten Bankgewerbes beleihen inländische börsennotierte Aktien meistens bis zu 60 Prozent und inländische börsennotierte Rentenwerte bis zu 80 Prozent ihres Kurswertes.

Häufig werden sogenannte „**Effektenkredite**" („Börsenkredite") in Form eines „**unechten**" Lombardkredits gewährt, und zwar in der Weise, daß der Effektenkäufer zum Beispiel nur 50 Prozent des Gegenwertes der Effekten anzuschaffen braucht und die Bank ihm gegen Verpfändung der zu kaufenden Papiere für die restlichen 50 Prozent einen Kredit gewährt. Solange die **Kurse konstant** bleiben oder steigen, sind derartige Lombardkredite ungefährdet. Bei **sinkenden Kursen** besteht jedoch die Gefahr, daß die Kunden ihre Kredite nicht zurückzahlen können. Eine Übernahme und Veräußerung der Papiere durch die Bank führt dann ebenfalls nicht zum gewünschten Erfolg, weil die Verwertungsverkäufe zu den nun niedrigeren Kursen nur mit Verlust möglich sind.

Zur **Bestellung des Pfandrechts** sei noch gesagt: Die im Depot einer Bank befindlichen Wertpapiere können, egal ob Streifbanddepot oder Girosammeldepot befinden, verpfändet werden. Werden Girosammelbestandteile eines Kreditinstitutes einem anderen Kreditinstitut (Kontoinhaber beim Kassenverein) verpfändet, so wird dazu ein sogenannter „**grüner Effektenscheck**" benutzt. Dabei kann es sich sowohl um die Verpfändung bankeigener Effekten als auch fremder, das heißt für die Kundschaft verwahrter Effekten handeln.

Nach der im „grünen Effektenscheck" enthaltenden Anweisung belastet der Kassenverein das Konto des ausstellenden Kreditinstituts und erkennt ein Pfandkonto des Pfandgläubigers. Dieser erhält dann vom Kassenverein eine entsprechende Bescheinigung (grüne Gutschriftsanzeige). Erst wenn diese Gutschriftanzeige vorliegt, wird die kreditgebende Bank der kreditnehmenden Bank den Darlehensbetrag zur Verfügung stellen.

Nach der **Rückzahlung des Lombardkredits** erfolgt die Freigabe des verpfändeten Girosammelbestandteils in der Weise, daß die kreditgewährende Bank (Pfandgläubiger) die grüne Gutschriftsanzeige an der dafür bestimmten Stelle unterschreibt und an den Kassenverein zurückgibt. Der Kassenverein bucht daraufhin den betreffenden Sammelbestandanteil auf das Konto des Verpfänders zurück und erteilt diesem Anzeige.

Üblich ist im Kundengeschäft die Verpfändung von Wertpapieren zugunsten eines anderen Kreditinstituts, ohne daß die Papiere übertragen werden. Das depotführende Institut bestätigt statt dessen, daß es die Werte für das begünstigte Institut gesperrt hält und für die Dauer der Verpfändung auf sein AGB-Pfandrecht an den Wertpapieren verzichtet.

*Wechsellombardgeschäft*

Das Wechsellombardgeschäft kommt fast nur im **Verkehr zwischen den Geschäftsbanken und der Deutschen Bundesbank** vor. Die Geschäftsbanken geben Wechsel zum Lombard, wenn sie nur kurzfristig Zentralbankgeld benötigen und deshalb die Rediskontierung von Wechseln mit einem zu hohen Zinsverlust verbunden wäre, oder wenn ihr Rediskontkontingent bei der Bundesbank bereits ausgenutzt ist. Der Wechsellombard ist daher bei den Geschäftsbanken in erster Linie als Liquiditätsbeschaffung zu sehen.

*Warenlombardgeschäft*

Warenlombardgeschäfte werden insbesondere von den in großen Hafenstädten ansässigen Geschäftsbanken durchgeführt. Für derartige Kredite eigenen sich am besten **wertbeständige, marktgängige Waren**, die an einer Warenbörse gehandelt und notiert werden, wie zum Beispiel Zucker, Getreide, Baumwolle und Kaffee.

Bei diesen Waren ist die Bewertung leicht möglich, andernfalls muß der Wert durch Sachverständige festgestellt werden.

Die **Beleihungsgrenze** liegt im allgemeinen niedrig. In den sparkassenrechtlichen Vorschriften ist festgelegt, daß marktgängige Handelswaren gegen Verpfändung bis zu 2/3 des von einem Sachverständigen festgestellten Handelswertes beliehen werden dürfen; bei anderen Waren beziehungsweise sonstigen beweglichen Sachen liegt die Beleihungsgrenze bei 50 Prozent.

**Beim Warenlombard werden die Pfandobjekte meist nur auf den Namen der Bank in einem Lagerhaus eingelagert. Der Lagerschein wird der Bank ausgehändigt.** In Ausnahmefällen bleiben die Waren unter **Mitverschluß** der Bank.

Häufig werden Waren bereits verpfändet, wenn sie sich noch auf dem Weg vom Lieferanten zum Kreditnehmer befinden. Dies gilt insbesondere für Waren aus Übersee. Die Verpfändung der Waren kann dabei zum Beispiel durch **Übergabe des Konnossements** oder Ladescheins erfolgen.

Bei allen Lombardkrediten ist darauf zu achten, daß die verpfändeten Waren auf Kosten des Kreditnehmers gegen die üblichen Risiken versichert sind (Feuer, Diebstahl, Wasser, eventuell Transportversicherung). Zweckmäßigerweise läßt sich die Bank sämtliche Rechte aus diesen Versicherungen gleichfalls verpfänden beziehungsweise abtreten.

*Edelmetall-Lombardgeschäft*

Das Edelmetall-Lombardgeschäft ist die **geschichtlich älteste Form des Lombardkredits**, hat jedoch heute ebenso wie die Beleihung von Wertgegenständen (Schmuck, Juwelen usw.) eine ganz geringe Bedeutung. Beliehen werden Münzen und Barren aus Gold, Silber und Platin im allgemeinen bis zu 80 Prozent des Metallwertes. Dabei wird vom Feingehalt ausgegangen.

*Lombardierung von Forderungen*

Außer den bisher behandelten Arten des Lombardgeschäfts werden von den Banken Forderungen aller Art (zum Beispiel Sparguthaben, Forderungen aus Versicherungsverträgen, Lohn- und Gehaltsforderungen) sowie Grundschulden beliehen.

Die **Verpfändung von Grundschulden** erfolgt meist nicht im Rahmen eines echten Lombardkredits, sondern zur Sicherung eines Kontokorrent- oder Bauzwischenkredits. Häufiger ist die Gewährung eines Lombardkredits gegen Verpfändung von Sparguthaben und Forderungen aus Lebensversicherungen.

Die **Beleihung von Sparguthaben** kommt vor allem dann vor, wenn die Sparguthaben bei der kreditgewährenden Bank unterhalten werden, weil in einem solchen Fall eine Abtretung nicht möglich ist. Bei der Verpfändung eines Sparguthabens ist darauf zu achten, daß das **Sparbuch an die Bank übergeben** wird, um eine mißbräuchliche Verfügung auszuschließen. Auch die Verpfändung von Guthaben bei anderen Kreditinstituten ist möglich.

### 5.3.1.5 Langfristiges Kreditgeschäft

> **DEFINITION**
>
> Unter das **langfristige Kreditgeschäft** zählen alle Darlehen mit einer Laufzeit von mindestens vier Jahren. Sie dienen meist der Finanzierung von Produktionsanlagen, privatem beziehungsweise gewerblichem Wohnungsbau, vereinzelt werden sie auch ohne Zweckbindung vergeben.

Nach **Art und Ausmaß der Sicherheiten** sind sie klassifizierbar als:

- Baufinanzierungskredite (Realkredite)
- Kommunaldarlehen
- Investitionskredite

**Realkredite** sind langfristige Ausleihungen, bei denen zu Gunsten der darlehensgewährenden Bank Grundpfandrechte bestellt wurden. Sie dienen überwiegend dem Wohnungsbau.

**Kommunaldarlehen** werden in **zwei Varianten** gewährt:

1. **Kommunaldarlehen,** bei denen die öffentlich-rechtlichen Körperschaften selbst als Schuldner auftreten und die zum Beispiel zum Bau von Krankenhäusern, Schulen, Versorgungseinrichtungen oder zum Ausbau des Verkehrsnetzes verwendet werden.

2. **Kommunaldarlehen** als Darlehen an natürliche oder juristische Personen des privaten Rechts, deren Tilgung und Verzinsung durch öffentlich-rechtliche Körperschaften verbürgt oder in sonstiger Weise gewährleistet **sind** und die insbesondere der nachrangigen Finanzierung des Wohnungsbaus dienen.

**Investitionskredite** dienen der Anlage- oder Vorratsfinanzierung von Unternehmen. Sie werden oft als Schuldscheindarlehn gewährt.

**Rechtliche Grundlagen**

Für das langfristige Kreditgeschäft maßgeblich sind die Bestimmungen über das Darlehen, bei Krediten gegen Kommunaldeckung die für die betroffenen öffentlichen Stellen geltenden Vorschriften, bei Hypothekarkrediten die **Grundpfandrechte** und die **Grundbuchordnung**.

Außerdem gibt es für einzelne Institutsgrupppen Spezialgesetze. Die privaten Hypothekenbanken müssen zum Beispiel das **Hypothekenbankgesetz** berücksichtigen, die öffentlich-rechtlichen Grundkreditanstalten das „**Gesetz über die Pfandbriefe und verwandten Schuldverschreibungen öffentlich-rechtlicher Kreditanstalten**" und die Bausparkassen das Bausparkassengesetz und die Bausparkassenverordnung.

Die Sparkassen haben die in den jeweiligen Ländern erlassenen **Sparkassengesetze**, die daraus abgeleiteten Beleihungsvorschriften und die Vorschriften der Mustersatzung zu beachten.

Bei allen im Realkreditgeschäft tätigen Instituten enthalten die Satzungen darüber hinaus besondere Bestimmungen über Art und Umfang der Geschäftstätigkeit. Daneben gilt für langfristige Kredite an Verbraucher das Verbraucherkreditgesetz.

**Technik des langfristigen Kreditgeschäfts**

Bei allen Darlehen im langfristigen Kreditgeschäft ist nach drei verschiedenen Grundformen der Tilgung zu unterscheiden:

1. **Festdarlehen** (Tilgung bei Fälligkeit)

2. **Abzahlungsdarlehen** (Tilgung eines festen Betrags, zum Beispiel 5 Prozent p. a. vom Anfangskredit oder einer festen Summe. Dies führt zu sinkender Gesamtbelastung aus Zinsen und Tilgung

3. **Annuitätendarlehen** (die jeweilige Rate bleibt während des gesamten Rückzahlungszeitraums gleich. Der Tilgungsanteil wächst um die jeweils durch die Tilgung ersparten Zinsen)

Die folgenden Passagen erläutern (mit Beispielen)

- eine Wohnungsbaufinanzierung
- eine reine Bausparfinanzierung
- eine Verbundfinanzierung
- einen Kommunalkredit

*Wohnungsbaufinanzierung*

In den Verhandlungen mit dem Bauherrn prüft die Bank, ob die zu erwartenden finanziellen **Belastungen** nachhaltig aus den **Erträgen** des Objekts und/oder dem Einkommen des Kunden finanziert werden können. Für die Kreditentscheidung benötigt die Bank eine Reihe von Unterlagen, die am Beispiel der Bearbeitung eines Hypothekendarlehens erläutert werden.

Mit dem Kreditantrag für ein langfristiges Darlehen (einen Hypothekarkredit) reicht der Antragsteller der Bank folgende **Darlehensunterlagen** ein:

- einen aktuellen Grundbuchauszug
- eine Abzeichnung der Flurkarte
- die Brandversicherungsurkunde
- den Kaufvertrag
- Aufstellung der Einnahmen/Ausgaben
- Aufstellung von Vermögen/Verbindlichkeiten
- Gebäudeversicherungsnachweis

Bei einem Neubau werden zusätzlich

- Baupläne (möglichst genehmigt)

beziehungsweise beim Kauf

- Kopie des Kaufvertrages verlangt.

Zur Sicherung des Objektes wird anhand der Flurkarte und des Grundbuchauszuges festgestellt, ob das betreffende Grundstück die angegebene Größe und Lage hat, wie die Eigentumsverhältnisse sind und ob bereits Belastungen vorliegen.

Die **Bewertung** von bebautem Grund und Boden, der in Form eines Grundpfandrechts als Kreditsicherheit dienen soll, ist nicht einfach, da der Hypothekarkredit für eine lange Zeitspanne gesichert sein muß. Grundsätzlich sind bei allen Wertfestsetzungen **nur die dauernden Eigenschaften des Grundstücks und die nachhaltigen**

**Erträge**, die das Grundstück jedem Besitzer gewährt, zu berücksichtigen. Zu ermitteln ist somit der Beleihungswert.

Die Beleihungsgrundsätze für Sparkassen nennen als wichtigsten Wert für die Grundstücksbewertung den **Ertragswert**. Er entspricht dem **kapitalisierten Jahresreinertrag eines Grundstücks und wird, ausgehend vom Jahresreinertrag, durch Abzug der jährlichen Betriebsausgaben und Multiplikation mit einem Kapitalisierungsfaktor ermittelt**, der sich aus dem geltenden Zinsfuß ergibt.

---

**BEISPIEL**

| | |
|---|---:|
| Jahresertrag | 24.000 DM |
| ./. jährliche Betriebsausgaben | 6.000 DM |
| Jahresreinertrag | 18.000 DM |

Kapitalisiert mit 5 Prozent = 360.000 DM Ertragswert.

$$\text{Ertragswert} = \frac{\text{Reinertrag}}{P} = \frac{18.000}{0,05}$$

---

Der **Substanz- oder Sachwert** demgegenüber setzt sich – ausgehend von den Anschaffungs- und Herstellungskosten – aus dem Bodenwert und dem Bauwert, abzüglich der Wertminderung bei älteren Gebäuden, zusammen. Der **Bodenwert** ergibt sich aus den Preisen, die für Grundstücke gleicher Art und Lage auf die Dauer als angemessen anzusehen sind. Als Anhaltspunkt dienen die Kaufpreissammelstellen der Gemeinden. Der Bauanteil des Sachwertes ergibt sich aus den Herstellungskosten des Gebäudes plus Nebenkosten (zum Beispiel Fahrstuhl usw.).

Die zahlreichen Unsicherheitsfaktoren sowohl bei der Ermittlung des Sachwertes als auch des Ertragswertes haben in der Praxis dazu geführt, daß aus beiden Werten das arithmetische Mittel zu bilden ist, sofern der Ertragswert über dem Substanzwert liegt. Ist der Substanzwert der höhere, so gilt der Ertragswert als Beleihungswert. Dieser darf nicht überschritten werden, wenn aus den Grundstückserträgen die Zins- und Tilgungsleistungen aufzubringen sind (Kapitaldienstgrenze).

Bei der Finanzierung des Baus von eigengenutzten Einfamilienhäusern beziehungsweise Eigentumswohnungen gehen die Banken von ca. 50 Prozent der angemessenen Herstellungskosten (Baukosten + Bodenpreis) aus und unterstellen, daß dies etwa 60 Prozent des Beleihungswertes entspricht.

# Ermittlung des Beleihungswertes eines Ein- oder Zweifamilienhauses oder einer Eigentumswohnung

Kunde:
Grundbuch von:
Lagebezeichnung des Objekts:
<> Grundbuch  <> Erbbaugrundstück  <> Wohnungsgrundbuch  <> Wohnungserbbaugrundbuch  **Band:**    **Blatt:**

| | | | |
|---|---|---|---|
| ☐ Eigentumswohnung | ☐ Bauvorhaben | Objekt wird | Lage des Objektes |
| ☒ Einfamilienhaus | ☒ Kauf Fertigobjekt | ☒ voll eigengenutzt | ☐ reines Wohngebiet |
| ☐ Zweifamilienhaus | ☐ Renovierung* | ☐ voll vermietet | ☐ Wohn- und Gewerbegebiet |
| Fertighaus Typ: | ☐ Modernisierung/Umbau* | ☐ teilweise eigengenutzt und teilweise vermietet | ☒ Ortskern |
| | ☐ Umschuldung | | ☐ Ortsrand |
| Baujahr: _1996_  Gemeinde/Einzugsgebiet von: _Neu-Anspach_  Einwohnerzahl: _15000_ | | | ☐ Straße ist ausgebaut |

* Kosten sind innerhalb des Ansatzes "DM/cbm" bzw. "angemessener Preis DM/qm" entsprechend zu berücksichtigen.

| Wohnfläche qm | Gewerbl. Nutzfläche qm | Anzahl | | umbauter Raum (DIN 277/1950) | Ausbauklasse/Wohnwert |
|---|---|---|---|---|---|
| _120_ | / | Garagen _1_ | Abstellplätze | _700_ cbm | ☐ I  ☒ III<br>☐ II  ☐ IV |

## 1. Sachwert Ein- / Zweifamilienhaus
1.1 Bodenwert ☒ gem. Kaufvertrag vom _15.12.1995_    ☐ gem. eigener Schätzung   ☐ Richtwertstelle

| Grundstücksgröße qm | Wert DM/qm | Grundstückswert DM | Erschließungskosten DM | |
|---|---|---|---|---|
| 400 x | 380,- = | 152.000,- + | incl. | = DM _152.000,-_ |
| x | = | + | | = DM |

1.2 Bauwert

| | umbaut. Raum cbm | DM / cbm | DM |
|---|---|---|---|
| Hauptgebäude | 700 x | 420,- = | 294.000,- |
| Nebengebäude | x | = | |
| Besondere Bauteile | | = | — |
| Reine Baukosten | | | 294.000,- |
| Garagen | _1_ Stück je DM _15000_ = | | 15.000,- |
| Außenanlagen | DM/ _10_ % aus DM _294 000_ = | | 29.400,- |
| Baunebenkosten | DM/ _15_ % aus DM _294 000_ + = | | 44.100,- |
| Zwischensumme | | | 382.500,- |
| Altersabschlag | ____ % x ____ Jahre ./. = | | -,- |
| | | | 382.500,- |
| Sicherheitsabschlag | 10 % | ./. | 38.250,- |
| | | | 344.250,- |
| ermittelter Beleihungswert | (Sachwert) = Summen 1.1 + 1.2 | DM | _344.250,-_ |
| | | DM | _496.250,-_ |

## 2. Sachwert Eigentumswohnung
Angemessener Preis DM/qm ____ x ____ qm Wohnfläche = DM
Garage / Abstellplatz (falls beleihbar) = DM
                                                = DM
Altersabschlag ___ % x ___ Jahre ./. DM
Sicherheitsabschlag 10 % ./. DM
ermittelter Beleihungswert                     (Sachwert) = DM

## 3. Festgesetzter Beleihungswert
ermittelter Beleihungswert gemäß Ziffern 1 oder 2 (A)    DM _496.250,-_
(zum Vergleich: Wiederverkaufswert/nachgewiesene Herstellungskosten/Kaufpreis) DM
/ 10% Sicherheitsabschlag  DM _____ (B)    DM _____
Festgesetzter Beleihungswert (der niedrigere Wert von A/B) ist maßgebend)    DM _496.250,-_

## 4. Fremdmittel:

| | | | |
|---|---|---|---|
| Darlehensbetrag | DM _400.000,-_ | = _80,6_ | % des festgesetzten Beleihungswertes |
| davon<br>– erstst. Darl.<br>(Teil-)betrag | DM _297.750,-_ | = _60_ | % des festgesetzten Beleihungswertes<br>(Beleihungsgrenze lt. Richtlinien 60%) |
| dav. Darl. (Teil-)betrag der LV-Gesellschaft | DM _-,-_ | = — | % des festgesetzten Beleihungswertes<br>(Beleihungsgrenze lt. Richtlinien 45%) |
| – nachst. Darl.<br>(Teil-)betrag | DM _102.250,-_ | = _80,6_ | % des festgesetzten Beleihungswertes<br>(Beleihungsgrenze lt. Richtlinien 90%) |

Abbildung 2-111: Beispiel: Ermittlung des Beleihungswertes und der Beleihungsgrenze

In welcher Höhe ein Hypothekarkredit gewährt werden kann, hängt von der **Beleihungsgrenze** und den im Rang vorangehenden oder gleichrangigen dinglichen Belastungen ab (§ 11 HypBkG). Die Beleihungsgrenze darf nach dem Hypothekenbankgesetz 60 Prozent, bei den Sparkassen normalerweise 50 Prozent des Verkehrswertes nicht übersteigen.

Ferner ist die Beleihung auf inländische Grundstücke beschränkt und im allgemeinen nur gegen erstrangige Grundpfandrechte zulässig.

Sind diese Voraussetzungen erfüllt, wird ein **Darlehensangebot** erstellt. Darin sind die Konditionen enthalten, das heißt insbesondere Laufzeit, Zins- und Provisionskosten sowie Rückzahlungsbedingungen (§ 609a BGB). Eine vorzeitige Rückzahlung während der Zinsbindung ist ausgeschlossen, maximal jedoch für zehn Jahre. Sofern dem Schuldner dennoch eine vorzeitige Rückzahlung gestattet wird, ist die Bank berechtigt, eine Vorfälligkeitsentschädigung zu verlangen.

Hypothekarkredite werden vornehmlich in Form von **Annuitätendarlehen** gegeben, bei denen die jährliche Rückzahlungsbelastung aus Zinsen und Tilgung während der gesamten Laufzeit unverändert bleibt. Dabei verringern sich die anteiligen Zinsen infolge des immer kleiner werdenden Darlehensrestbetrages von Jahr zu Jahr, während die Tilgungsanteile sich jeweils um die ersparten Zinsen erhöhen. Bei einer ursprünglichen Tilgung von 1 Prozent auf den Darlehensbetrag ist das Darlehen also nicht erst nach 100 Jahren, sondern bereits in etwa 30 bis 35 Jahren zurückgezahlt.

> **BEISPIEL**
>
> Bei einem Hypothekarkredit von 10.000 DM und 7,5 Prozent Zinsen sowie 1 Prozent Tilgung beträgt die Annuität 850 DM; bei vierteljährlicher Zahlung sind daher jeweils 212,50 DM fällig. Nach 30 Jahren ist das Darlehen zurückgezahlt.

Bei Annuitätendarlehen der Hypothekenbanken sind meistens keine außerplanmäßigen Tilgungen möglich.

Die Form der **Festhypothek**, bei der die gesamte Darlehenssumme zu einem bestimmten Zeitpunkt beziehungsweise nach einer vereinbarten Kündigungsfrist zur Rückzahlung fällig wird, kommt regelmäßig dann vor, wenn der Schuldner parallel zur Darlehenslaufzeit einen Bausparvertrag oder eine Kapitallebensversicherung bedient. Als Sicherheit wird eine Grundschuld eingetragen und der Anspruch aus dem Bausparvertrag beziehungsweise der Lebensversicherung abgetreten.

Bei Zuteilung des Bausparvertrages beziehungsweise Fälligkeit der Lebensversicherung wird die Festhypothek mit diesen Geldern zurückgeführt.

Nimmt der Kunde das Darlehensangebot an, so erfolgt nach **Eintragung der Grundschuld** und bestimmter Formalitäten (Abschluß einer Feuerversicherung und anderes) die **Bereitstellung des Darlehensbetrages**, der sofort oder in Teilbeträgen abgerufen werden kann.

In der Regel wird das Darlehen jedoch nicht in voller Höhe des Nominalbetrages ausgezahlt, sondern nur mit zum Beispiel 96 Prozent. Der nicht ausgezahlte Differenzbetrag wird als **Damnum** oder auch als **Disagio** bezeichnet und stellt einen „Vorabzins" dar. Hierdurch ermäßigt sich der Nominalzins bei gleicher Effektivverzinsung.

Für die Wahl der „richtigen" Auszahlungsvariante spielen steuerliche Gesichtspunkte eine Rolle.

Die **Kreditüberwachung** erstreckt sich auf den fristgerechten Eingang der Zins- und Tilgungsraten sowie auf die Überprüfung des Pfandobjektes.

**Bausparfinanzierung**

Bausparen erfreut sich seit Jahrzehnten einer ungebrochenen Beliebtheit. Wer Wohnungseigentum kaufen oder bauen will, kann mit einem Bausparvertrag vorher sowohl Eigenkapital ansammeln als auch den Anspruch auf ein günstiges Bauspardarlehen erwerben. Das Prinzip geht so:

**Bauspardarlehen** sind Gelddarlehen der Bausparkassen für wohnungswirtschaftliche Maßnahmen. Mittel dazu stammen aus den Einlagen aller Bausparer (Bauspareinlagen).

Ein Bausparer erhält sein Darlehen zugeteilt, wenn

1. die Mindestsparsumme auf den Bausparvertrag erbracht wurde (meist 40 bis 50 Prozent der Vertragssumme);

2. der Vertrag seit mindestens 18 Monaten besteht;

3. die von der Bausparkasse vergebene „Bewertungszahl" erreicht ist. Die Bewertungszahl eines Bausparvertrages wird normalerweise zweimal pro Jahr ermittelt. Dabei wird das Guthaben ins Verhältnis zur Vertragssumme uns zur Anspardauer gesetzt. Jede Bausparkasse ermittelt die Bewertungszahl nach eigener Methode, allgemein gilt jedoch: Je höher das Guthaben und je länger das Guthaben der Bausparkasse zur Verfügung steht, um so höher ist die Bewertungszahl;

4. die Einkommensituation des Bausparers die Rückführung des Darlehens sicher erscheinen läßt;

5. die einzutragende Grundschuld innerhalb eines Rahmens von meist 80 Prozent des Beleihungswertes liegt.

Die Bausparkassen bieten mittlerweile eine Vielzahl von Bauspartarifen an, so daß hier keine allgemeingültigen Aussagen über Zinssätze und Laufzeiten möglich sind. Aber Bauspardarlehen mit Zinssätzen zwischen 4,5 und 5 Prozent p. a. bei Laufzeiten von rund elf Jahren sind ein gängiger Normaltarif.

---

**BEISPIEL**

Abschluß eines Bausparvertrages in Höhe von 200.000 DM mit 3 Prozent p. a. Guthabenzins sowie einer monatlichen Regelbesparung von 4,20 DM je 1.000 DM Vertragssumme. Sparleistungen darüber hinaus sind möglich.

Sobald 40 Prozent der Vertragssumme angespart wurden und die zur Zuteilung notwendige Bewertungszahl erreicht ist, besteht (bei guter Bonität des Bausparers und Eintragung einer Grundschuld) ein Darlehensanspruch von 120.000 DM mit 5 Prozent Zinsen und 7 Prozent Anfangstilgungssatz.

**Sparphase:**

Monatlich 840 DM; dies entspricht einer jährlichen Sparleistung von 10.080 DM (ca. 5 Prozent der Vertragssumme).

Nach acht Jahren beträgt das Guthaben mit 80.640 DM plus Zinsen etwa 40 Prozent der Vertragssumme.

**Tilgungsphase:**

Bei einer Annuität von 12 Prozent p. a. (5 Prozent Zinsen und 7 Prozent Anfangstilgungssatz) beträgt der Aufwand 14.400 DM p. a. beziehungsweise 1.200 DM (1 Prozent des Darlehens) monatlich.

Gelegentlich wird als Annuität nicht 12 Prozent pro Jahr beziehungsweise 1 Prozent pro Monat **auf den Darlehensbetrag**, sondern 7,2 Prozent pro Jahr beziehungsweise 0,6 Prozent pro Monat **auf die Vertragssumme** vereinbart.

Beide Varianten führen zu identischen Zahlungen.

---

- **Sonderfall Zwischenfinanzierung**

  Häufig brauchen Bausparer die Mittel schon, bevor ihr Bausparvertrag zuteilungsreif ist. Kreditinstitute wie auch Bausparkassen bieten für die Übergangszeit bis zur Zuteilung Zwischenfinanzierungskredite an. Nachdem die Kreditfähigkeit und Kreditwürdigkeit (einschließlich des Objekts) geprüft wurde, erhält der Bausparer die Vertragssumme als Zwischenkredit. Als Sicherheit wird das Bausparguthaben abgetreten und für den Restbetrag eine werthaltige Grundschuld eingetragen. Mit Zuteilung des Vertrags wird die Zwischenfinanzierung abgelöst und der Bausparkasse die eingetragene Grundschuld zediert.

Zwischenfinanzierungen kommen auch im Zusammenhang mit Darlehen der Hypothekenbanken vor. Da die Hypothekenbanken meistens die erste Auszahlung bei Rohbaufertigstellung leisten, der Kunde aber in der Bauphase bis dorthin laufend Handwerkerrechnungen zu begleichen hat, übernehmen Kreditinstitute gegen Zession der Auszahlungsansprüche aus dem Hypothekenbankdarlehen für die Übergangszeit eine Zwischenfinanzierung.

### Sonderfall Vorausdarlehen

Bei einem Vorausdarlehen nimmt der Kreditnehmer ein Darlehen auf und schließt in gleicher Höhe einen Bausparvertrag ab, den er regelmäßig bespart. Seine Aufwendungen während dieser ersten Phase setzen sich zusammen aus den Zinsen für den Vorauskredit und den Sparbeiträgen für den Bausparvertrag.

Mit Vertragszuteilung und Darlehensgewährung der Bausparkasse wird das Vorausdarlehen in einer Summe zurückgeführt. In der nun beginnenden zweiten Phase zahlt der Kunde nur noch die Annuität für das Bauspardarlehen.

Denkbar ist auch der Einsatz von mehreren hintereinandergeschalteten Bausparverträgen. Bei einem Vorausdarlehen von 200.000 DM wird zunächst ein Bausparvertrag über 100.000 DM gespart. Mit Zuteilung und Darlehensgewährung aus dem ,,100.000-DM-Vertrag" wird das Vorausdarlehen um 100.000 DM reduziert und gleichzeitig ein neuer Bausparvertrag über 100.000 DM abgeschlossen und bespart.

Alternativ zum Einsatz von Bausparverträgen bei Bankvorausdarlehen lassen sich auch Kapitallebensversicherungen mit in diese Finanzierungsform einbinden: Mit Darlehensaufnahme schließt der Kunde eine Kapitallebensversicherung ab, das Vorausdarlehen wird bei Fälligkeit der Lebensversicherung zurückgezahlt. Die Aufwendungen für den Kunden sind bei dieser Variante dann Zinsen auf das Vorausdarlehen sowie Prämienzahlungen auf die Kapitallebensversicherung.

*Verbundfinanzierung*

Bei einer Verbundfinanzierung arbeiten Geschäftsbank, Bausparkasse, Hypothekenbank und teilweise eine Lebensversicherung an der **Gemeinschaftsfinanzierung** eines Objektes zusammen.

Diese Finanzierungsverbundsysteme gibt es bei den privaten Kreditbanken mit ihren Bausparkassen und Hypothekenbanktöchtern, beim Sparkassenverbund und im Genossenschaftsverbund.

Die Bearbeitung (Antrag, Bewilligung, Sicherheiten) erfolgt ,,zentral" bei einem der beteiligten Institute. Wird nur **ein Darlehen** zur Verfügung gestellt, spricht man von Gesamtbaufinanzierung.

*Kommunalkredite*

Eine Kreditaufnahme der Kommunen ist grundsätzlich von der Genehmigung der Aufsichtsbehörde abhängig. Zwar übernimmt die Aufsichtsbehörde mit der Genehmigung nicht zugleich eine „Garantie" für den Kredit, aber die Gewährung eines Kommunaldarlehens nach erfolgter Genehmigung ist dennoch insofern unproblematisch, als kraft Gesetzes die nächsthöhere Institution auch für die Verbindlichkeiten der niederen Instanz bei deren Ausfall eintreten muß, ein Kreditrisiko somit ausgeschaltet ist. Trotzdem wird im allgemeinen eine Kreditwürdigkeitsprüfung vorgenommen, die primär die bisherige Verschuldung sowie das künftige geschätzte Steueraufkommen umfaßt.

Grundstückswertermittlung und Festlegung einer Beleihungsgrenze entfallen im allgemeinen im Kommunalkreditgeschäft, da eine hypothekarische Sicherheit kaum zu erlangen ist oder am Widerspruch der Aufsichtsbehörde scheitern würde. Die Sicherheit des Kommunalkredits liegt in der finanziellen Leistungsfähigkeit des Schuldners, zum Beispiel in der Steuerkraft einer Gemeinde.

Der bewilligte Kommunalkredit wird wie der Hypothekarkredit vorwiegend als Annuitätendarlehen bereitgestellt. Die Kreditüberwachung beschränkt sich auf den pünktlichen Eingang der Zins- und Tilgungsleistungen.

### 5.3.2  Kreditleihgeschäfte

Kreditleihgeschäfte umfassen im wesentlichen zwei Kreditarten: Akzept- und Avalkredite. Banken übernehmen für die Kreditnehmer bestimmte Zahlungsverpflichtungen (Haftungen) gegenüber Dritten, ohne unmittelbar Geld einzusetzen.

#### 5.3.2.1  Akzeptkredite

> **DEFINITION**
>
> Bei einem **Akzeptkredit** akzeptiert die Bank einen von ihrem Kunden auf sie gezogenen Wechsel unter der Bedingung, daß der Kunde den Gegenwert des Wechsels vor Fälligkeit der Bank zur Verfügung stellt.

Das Wesen des Akzeptkredits besteht also darin, daß es sich um ein **Kreditleihgeschäft** und nicht um ein Geldleihgeschäft handelt. **Wechselrechtlich** ist die akzeptierende Bank zwar Hauptschuldner aus dem Wechsel; **wirtschaftlich** gesehen stellt der Akzeptkredit jedoch nur eine **Eventualverbindlichkeit der Bank** dar, da die

Bank bei Fälligkeit nur dann Zahlung aus eigenen Mitteln leisten muß, wenn der Kreditnehmer den Wechselbetrag nicht rechtzeitig angeschafft hat.

Diesem Charakter des Akzeptkredits widerspricht es auch nicht, daß der akzeptierenden Bank kein wechselrechtlicher Anspruch gegen den Kreditnehmer zusteht, sondern „nur" in den Kreditvereinbarungen und in den AGB festgelegt ist, daß der Kreditnehmer den Gegenwert des Akzeptes der Bank spätestens einen Werktag vor Verfall zur Verfügung stellen muß.

Der Akzeptkredit ist ein **kurzfristiger Kredit**, der **zur Finanzierung des Umlaufvermögens** und nicht zu Investitionszwecken dienen soll. Meist besteht sogar ein enger Zusammenhang zwischen einem Warengeschäft und der Wechselbeziehung. Dies wird zum Beispiel besonders deutlich beim **Rembourskredit** als einer Sonderform des Akzeptkredits im Außenhandel (siehe Abschnitt 6.3.1).

**Rechtliche Grundlagen**

Zwischen akzeptleistender Bank und Kunde gelten die **Vorschriften des BGB über die Geschäftsbesorgung beziehungsweise über das Darlehen.** Ein BGH-Urteil erklärte dazu 1955:

„Ob ein Vertrag über die Gewährung eines Akzeptkredits eine Geschäftsbesorgung zum Gegenstand hat oder eine Darlehensabrede enthält, hängt von den Umständen des einzelnen Falles ab. Akzeptiert die Bank den Wechsel für Rechnung des Kunden und gibt dieser den Wechsel" (bei einer anderen Bank) „zum Diskont, so liegt regelmäßig ein Geschäftsbesorgungsvertrag vor. Die Bank kann die Erstattung der Wechselsumme nur verlangen, wenn sie den Wechsel eingelöst hat."

Diskontiert dagegen die akzeptierende Bank selbst ihr eigenes Akzept, so haben die entsprechenden Vereinbarungen den Charakter eines Darlehensvertrages. Daneben sind für die Akzeptierung und Weitergabe des Wechsels die Vorschriften des Wechselgesetzes maßgebend. Den Sparkassen ist die Ausstellung und Akzeptierung von Wechseln generell untersagt. Die Möglichkeit einer Ausnahmegenehmigung ist hingegen bei größeren Sparkassen in einigen Bundesländern gegeben.

**Technische Abwicklung des Akzeptkredits**

Auch beim Akzeptkredit wird zunächst die **Kreditwürdigkeit** geprüft; Akzeptkredite erhalten nur Firmen von erstklassiger Bonität.

Die Bank versieht die auf sie gezogenen Wechsel mit ihrer **Annahmeerklärung**. Gleichzeitig wird der Kunde auf dem Akzeptkonto (Trattenkonto) belastet und das Akzeptkonto der Bank (Konto Eigene Akzepte) erkannt.

Bei Einlösung des Wechsels werden die beiden internen Konten wieder ausgeglichen, das laufende Konto des Kunden belastet und der Betrag dem Konto des Einreichers (zum Beispiel LZB) gutgeschrieben.

Nach der Akzeptleistung der Bank läßt sich der Kreditnehmer das **Akzept** üblicherweise **sofort von der Akzeptbank diskontieren**. Damit schließt sich an die Gewährung eines Akzeptkredits (Kreditleihgeschäft) sofort ein Diskontkreditgeschäft (Geldleihgeschäft) an.

Die **Bilanzierung der Akzeptkredite** erfolgt in jedem Fall unter der Position 4 „**Forderungen an Kunden**". Wurden die Akzepte rediskontiert, sind sie auch unter Position 3b „**Andere verbriefte Verbindlichkeiten**" auszuweisen.

### 5.3.2.2 Avalkredite

> **DEFINITION**
>
> Ein **Avalkredit** liegt vor, wenn eine Bank für die Verbindlichkeiten eines Kunden die Haftung in Form einer Bürgschaft oder Garantie übernimmt. Die Haftung beschränkt sich auf die Zahlung eines Geldbetrages.

Das bestimmende Merkmal des Avalkredits ist wie beim Akzeptkredit die Tatsache, daß es sich um eine **Kreditleihe** und kein Geldleihgeschäft handelt. Das Kreditinstitut hat bei Kreditgewährung dem Kunden nicht einen bestimmten Geldbetrag zur Verfügung zu stellen, sondern gibt ein **bedingtes Zahlungsversprechen** ab. Nur wenn der vertraglich vereinbarte Fall für die Zahlungsverpflichtung der Bank eintritt, das heißt vor allem, wenn der Hauptschuldner die vereinbarte Zahlung nicht leistet, entsteht für die Bank eine **echte** Verbindlichkeit.

Die **Laufzeit der Avalkredite** ist unterschiedlich. Je nachdem, welche Zeiträume bis zur Erbringung der Gegenleistung überbrückt werden müssen, kann die Laufzeit einer Bürgschaft beziehungsweise Bankgarantie sehr kurz oder auch sehr lang bemessen sein.

Folgende **Anwendungsgebiete des Avalkredits** sind zu unterscheiden:

- Bürgschaften gegenüber der öffentlichen Hand
- sonstige Bürgschaften für die Erfüllung von Zahlungsverpflichtungen(zum Beispiel Mietkautionen), Gewährleistungsverpflichtungen sowie als Sicherheitsleistung für erhaltene Anzahlungen
- Garantien für die vertragsgemäße Ausführung von Lieferungen und Leistungen
- Garantien für die Schadloshaltung im Zusammenhang mit fehlenden oder mangelhaften Urkunden

Der Unterschied zwischen Bürgschaft und Garantie wird unter „Rechtliche Grundlagen", unten, erläutert.

### ▪ Bürgschaften gegenüber der öffentlichen Hand

Eine besondere Bedeutung haben Bankbürgschaften in der Bundesrepublik **im Rahmen der Kreditgewährung der öffentlichen Hand** erlangt. Der Grund hierfür ist, daß die öffentliche Hand die Kreditwürdigkeit ihrer Kreditnehmer selbst nicht prüfen will beziehungsweise kann, weil sie in der Regel hierzu kein fachlich geschultes Personal besitzt. Als Sicherheit fordert sie daher das Bürgschaftsversprechen eines Kreditinstituts. Beispiele sind Zollbürgschaften oder Frachtstundenbürgschaften. Die Deutsche Verkehrs-Bank AG stundet Kunden der Deutschen Bundesbahn, die regelmäßig am Frachtverkehr teilnehmen, in einem besonderen Verfahren die anfallenden Frachtzahlungen für einen fest bestimmten Zeitraum. In vielen Fällen übernimmt die Hausbank der Verfrachter eine auf dieses Verfahren abgestellte Bürgschaft gegenüber der Deutschen Verkehrs-Bank AG. Die Hausbank haftet damit als Bürge für die termingerechte Zahlung des Frachtschuldners.

Der Zollschuldner hat die Möglichkeit, einen Aufschub für die Zahlung seiner Zollgebühren bis zu drei Monaten zu erhalten, falls er die Bürgschaft eines Kreditinstituts als Sicherheit stellen kann. **Die Bank verbürgt sich hierbei gegenüber dem Zollamt für die fristgerechte Zahlung der Zollschuld.** Dieses befristete und durch eine Bankbürgschaft gesicherte **Zollstundungsverfahren** hat für Importeure den Vorteil, daß sie die Waren sofort einführen und weiterverkaufen können und die Zollgebühren erst später (nach Verkauf) fällig werden.

### ▪ Bürgschaften für sonstige Zahlungsverpflichtungen

Vertragserfüllungen, Gewährleistungsverbindlichkeiten, erhaltene Anzahlungen und ähnliches können mit Bankavalen unterlegt werden.

Bürgschaften für den ausstehenden Restbetrag bei nicht voll eingezahlten Aktien gehören auch zu den Bankavalen. Vor allem bei Versicherungsgesellschaften, bei denen das Grundkapital nicht in voller Höhe für Investitionszwecke zur Verfügung stehen muß, sondern vorwiegend eine **Garantiefunktion** zu erfüllen hat, sind die Aktien nicht voll eingezahlt.

Ferner übernehmen die Banken gegenüber der gegnerischen Prozeßpartei eine **Bürgschaft für den Kläger**, wenn das Urteil gegen Sicherheitsleistung vorläufig vollstreckbar ist (**Prozeßbürgschaft**). Sie bürgen **für den Beklagten**, wenn dieser verurteilt worden ist, ihm aber gestattet wurde, zum Beispiel die Zwangsvollstreckung aus dem Urteil durch Sicherheitsleistung abzuwenden (**Kaution**). Dazu gehört die **Übernahme der Bürgschaft für die Anwaltskosten**, die der Kläger zugunsten des Prozeßbevollmächtigten des Beklagten sicherzustellen hat.

An
**Deutsche
Verkehrs-Bank AG**

Filiale  Kelsterbach

## BÜRGSCHEIN

Sie, die **Deutsche Verkehrs-Bank Aktiengesellschaft,** gewähren der Firma

_____Metallhandelskontor Frankfurt GmbH_____

_____ in __60054 Frankfurt am Main_____

Frachtstundung.

Für die Erfüllung aller hieraus entstehenden Verbindlichkeiten verbürgen wir uns gegenüber Ihnen, der Deutschen Verkehrs-Bank AG, selbstschuldnerisch unter Verzicht auf die dem Hauptschuldner zustehenden wie auch auf die uns nach dem Gesetz gegebenen Einreden, ferner auf die Einrede der Aufrechnung bis zum Betrag von

**DM** __10.000,--__

(in Worten: Deutsche Mark Zehntausend----------------------------------)
zuzüglich Zinsen und aller sonstigen Kosten, auch soweit diese zum Kapital geschlagen werden und dadurch den verbürgten Höchstbetrag übersteigen.

Ihre Rechte gehen erst dann auf uns über, wenn Sie wegen Ihrer sämtlichen Ansprüche an den Hauptschuldner vollständig befriedigt sind. Bis dahin gelten unsere Leistungen als Sicherheit.

Sie sind befugt, alle Sicherheiten und Vorzugsrechte, die Ihnen etwa sonst für diese Schuld bestellt sind oder noch bestellt werden, lediglich nach Ihrem Ermessen zu verwerten und auch aufzugeben, namentlich auch Mitbürgen aus ihrer Haftung zu entlassen, ohne daß hierdurch der Umfang unserer Bürgenverpflichtung geändert wird.

Sicherheiten, die Ihnen vom Hauptschuldner oder von dritter Seite bestellt worden sind, haben Sie nur insoweit auf uns zu übertragen, als der Besteller uns den Anspruch gegen Sie auf Rückübertragung der Sicherheiten abgetreten oder sich mit der Übertragung auf uns ausdrücklich einverstanden erklärt hat. Dies gilt nicht für Sicherheiten, die kraft Gesetzes auf uns übergehen.

Haften mehrere Bürgen, so haftet jeder unabhängig von dem anderen für den ganzen von ihm verbürgten Betrag.

Diese Bürgschaft gilt neben etwaigen von uns bereits abgegebenen Bürgschaftserklärungen.

Die Bürgschaft bleibt auch bei einem etwaigen Wechsel der Inhaber oder bei einer Änderung der Rechtsform, Firma oder Person des Hauptschuldners sowie bei etwaigen Verlängerungen der von der Bank gewährten Frachtstundung bestehen.

Die Bürgschaft kann jederzeit durch eingeschriebenen Brief mit einmonatiger Frist, gerechnet ab Zugang, gekündigt werden.

Erfüllungsort für alle aus dieser Urkunde entstehenden Verpflichtungen und Gerichtsstand ist der Ort der kontoführenden Filiale der Deutschen Verkehrs-Bank AG.

Frankfurt am Main, 02.02.1996         Vereins- und Handelsbank e.G.
Ort/Datum                              Frankfurt am Main -Schwanheim

Abbildung 2-112:  Beispiel für ein Frachtstundungsaval (Bürgschein der DVB)

▪ **Bankgarantien**

Bankgarantien für die vertragsmäßige Ausführung von Lieferungen und Leistungen werden zwar hauptsächlich im Auslandsgeschäft (siehe Abschnitt 6.4) gewährt, spielen jedoch auch im Inlandsgeschäft eine gewisse Rolle, zum Beispiel in der Bauwirtschaft.

Je nach abzusicherndem Risiko gibt es Anzahlungs-, Bietungs-, Lieferungs- und Leistungs- sowie Gewährleistungsgarantien (vgl. Abschnitt 6.4).

**Rechtliche Grundlagen**

Rechtsgrundlage für Bürgschaften sind die §§ 765 bis 778 BGB in Verbindung mit den §§ 349 bis 351 HGB.

Die **Bürgschaftsversprechen der Banken** im Rahmen des Avalkreditgeschäfts stellen, wenn nicht anders vereinbart, **stets selbstschuldnerische Bürgschaften** dar. Der Gläubiger kann die Bank aus ihrer Bürgschaft sofort in Anspruch nehmen, ohne vorher gegen den Hauptschuldner klagen zu müssen. Die Berechtigung der Bank, ohne gerichtliches Verfahren auf einseitiges Anfordern des Gläubigers Zahlung zu leisten, ist in den AGB niedergelegt.

Beim Avalkredit handelt es sich um eine **Eventualverbindlichkeit** der Bank. Nur bei Inanspruchnahme durch den Gläubiger wird aus der Eventualverbindlichkeit eine echte Verbindlichkeit. Gleichzeitig wandelt sich dann die entsprechende Eventualforderung gegenüber dem Kunden in eine echte Forderung um.

Die Bürgschaft endet grundsätzlich mit den Erlöschen der Verbindlichkeit, für die sie bestellt worden ist (sie ist akzessorisch). Die Kreditinstitute begrenzen jedoch – soweit möglich – die Laufzeit der Bürgschaftskredite von sich aus, da die Einrede der Verjährung aus der Bürgschaftsverpflichtung selbst erst nach 30 Jahren möglich ist. Ferner wird vereinbart, daß die Bürgschaft spätestens mit Rückgabe der Urkunde erlischt. Insbesondere bei Geschäften mit dem Ausland tritt an die Stelle der Bürgschaft die Garantie.

Eine **Garantie** stellt **ein abstraktes Leistungsversprechen** dar und ist im Gegensatz zur Bürgschaft **nicht akzessorisch**, sondern begründet eine von der Hauptverbindlichkeit unabhängige Verpflichtung. Spezielle rechtliche Vorschriften für die Garantie gibt es nicht; es gelten daher die allgemeinen Grundsätze des Schuldrechts.

An die Stelle des **gesetzlichen** Forderungsübergangs, der bei der Bürgschaft erfolgt, muß bei der Garantie eine besondere **vertragliche Vereinbarung** treten, **die der Bank nach Inanspruchnahme durch den Garantieempfänger eine Forderung in gleicher Höhe gegenüber dem Kunden einräumt.**

Die Unterscheidung, ob eine Garantie oder eine Bürgschaft vorliegt, kann nicht nach der Bezeichnung der Urkunde vorgenommen werden. Dies kann vielmehr nur aus der Gesamtlage des Einzelfalls geklärt werden. Im Zweifel aber, wenn die Prüfung des Falles nicht bestimmt ergibt, daß die Vertragsschließenden eine selbständige und unabhängige Verpflichtung gewollt haben, kann darin nur die Übernahme einer Bürgschaft gesehen werden.

**Technische Abwicklung des Avalkredits**

Avalkredite werden an Kunden von erstklassiger Bonität oder gegen entsprechende Deckung gegeben.

Der Wortlaut der **Avalkreditzusage** wird vielfach durch den Begünstigten bestimmt, der die Abgabe der Bürgschafts- oder Garantieerklärung auf seinen eigenen Vordrukken verlangt. Die Formulare enthalten die Angabe des Begünstigten und des Auftraggebers, die Bedingungen, unter denen die Bank in Anspruch genommen werden kann, den Höchstbetrag und die zeitliche Dauer, bis zu der die Bürgschaft oder Garantie gültig ist. Es ist im Einzelfall zu prüfen, ob das Kreditinstitut mit dem vorgegebenen Text einverstanden ist.

Die **Buchung der Avalkredite** erfolgt auf besonderen Konten. Mit Einräumung eines Avalkredits wird der Kunde auf einem eigenen **Debitoren-Avalkonto** belastet und das Hauptbuchkonto ,,**Avale**" erkannt. Nach Erlöschen des Avalkredits erfolgen die entsprechenden Gegenbuchungen.

Die genannten Konten sind keine echten Schuld- beziehungsweise Guthabenkonten, sondern nur sogenannte ,,**Pro-memoria-Konten**", das heißt, der Vorgang wird nur notizweise gebucht, weil die Kreditinstitute erst in Anspruch genommen werden, wenn ein Leistungsverzug des Kreditnehmers eingetreten ist.

Avalkredite werden deshalb auch **nicht direkt in der Bilanz**, sondern als **Eventualverbindlichkeiten** in der Position 1 b ,,**Verbindlichkeiten aus Bürgschaften und Gewährleistungsverträgen**" unter dem Strich ausgewiesen.

### 5.3.3 Besondere Finanzierungsformen

Als Ergänzung zu den ,,klassischen" Bankkrediten wurden in den letzten Jahrzehnten spezielle Formen der Unternehmensfinanzierung entwickelt, die zwar nicht den Bankgeschäften im Sinne des § 1 KWG zuzurechnen sind und auch nicht unmittelbar über Kreditinstitute abgewickelt werden, die aber inzwischen einen derartigen Umfang erreicht haben, daß sie hier nicht unerwähnt bleiben dürfen. Die Banken sind zudem meistens an den mit diesen Geschäften befaßten Gesellschaften beteiligt, und sie finanzieren größtenteils die Geschäfte auch. In den folgenden Abschnitten werden Leasing und Factoring als die wichtigsten dieser ,,besonderen Finanzierungsformen" dargestellt.

### 5.3.3.1 Leasing

> **DEFINITION**
>
> Unter **Leasing** versteht man die mittel- oder langfristige Vermietung oder Verpachtung von Wirtschaftsgütern durch den Leasing-Geber zum Zwecke der Nutzung ohne Eigentumserwerb durch den Leasing-Nehmer.

Leasing-Verträge können auf verschiedene Weise zustande kommen. Der Leasing-Nehmer (Mieter) kann das von ihm gewünschte Wirtschaftsgut beim Lieferanten aussuchen und sich dann an die Leasing-Gesellschaft (Leasing-Geber, Vermieter) wenden, die dieses Wirtschaftsgut dann in eigenem Namen und für eigene Rechnung kauft und an den Leasing-Nehmer vermietet.

Der Leasing-Nehmer kann sich aber auch gleich an den Leasing-Geber wenden und dessen „Know-how" bei technischen Fragen und ähnlichem in Anspruch nehmen.

Beim sogenannten „Sale-and-lease-back"-Verfahren schließlich kauft der Leasing-Geber den Gegenstand, der neu oder bereits genutzt sein kann, vom Leasing-Nehmer und vermietet ihn ausschließlich an ihn zurück. Dadurch verschafft sich der Leasing-Nehmer Liquidität.

Im Hinblick auf die Kündbarkeit der Verträge ist zwischen den Financial-Leasing und Operate-Leasing zu unterscheiden.

**Financial-Leasing-Verträge** haben einen mittel- oder langfristigen Charakter (ab ca. 24 Monate) und sind während der Grundmietzeit unkündbar. Das Leasing-Objekt wird in der Regel durch die Zahlungen eines einziges Mieters amortisiert, das Investitionsrisiko trägt weitgehend der Leasing-Nehmer.

**Operate-Leasing-Verträge** sind durch ihre Kurzfristigkeit gekennzeichnet. Dem Leasing-Nehmer wird normalerweise unter Einhaltung einer bestimmten Frist ein jederzeitiges Kündigungsrecht eingeräumt und somit die Möglichkeit geboten, ein vorübergehend benötigtes Wirtschaftsgut durch Leasing zu nutzen, ohne eine langfristige Investition tätigen oder eine langfristige Bindung eingehen zu müssen. Naturgemäß ist das Angebot an Mietobjekten im Operate-Leasing-Verfahren wesentlich kleiner als beim Financial-Leasing. Die Amortisation der Leasing-Gegenstände erfolgt hier im Verlauf mehrerer Mietverhältnisse und setzt daher einen hohen Grad an vielseitiger Einsetzbarkeit (zum Beispiel Autos) und einen technischen Stand voraus, der das Risiko einer schnellen Veralterung gering hält.

Das klassische Kreditgeschäft **507**

## Leasingvertrag
— EDV —
zwischen

Disko Leasing GmbH
Couvenstraße 6
4000 Düsseldorf 1

Telefon (0211) 3676-0 · Teletex 2114194
Telex 8587857 · Telefax (0211) 3676-300

— Leasinggeber oder Disko genannt —

und Schlaumeier GmbH
Glückstr. 65
Gutstadt

**Disko Leasing GmbH**
Verbunden mit der
Unternehmensgruppe
KG Allgemeine Leasing

Konto-Nr. des Leasingvertrages: 0333333 003 2
Konto-Nr. der Verkaufserlösgarantie/des Andienungsrechtes:

Leasingobjekt: EDV-System (Hardware/Software), IDS
Spezifikation gemäß Lieferanten-Rechnung Nr. 0011 z vom 11.5.

— Leasingnehmer genannt —

Netto-Kaufpreis DM 100.000,--
Liefertermin ca. 10.5.19

Lieferant: Systemhandel KG, Gutdorf
Standort: Gutstadt, Glückstr. 65

**1 Leasingraten/Mietzeit**
Die monatlichen Leasingraten der Mietzeit betragen

DM 2.130,--

zuzüglich der gültigen Mehrwertsteuer.
Basis für die Berechnung der Leasingraten ist der von Disko nach Abzug von Skonti etc. zu zahlende Nettokaufpreis.

Die unkündbare Grundmietzeit wird mit **54** Monaten festgelegt.

**2 Fälligkeit der Leasingraten**
Die erste Leasingrate ist 3 Tage nach Lieferung und Abnahme des Leasingobjektes fällig, die weiteren Leasingraten am Ersten der folgenden Monate, wenn die Abnahme in der ersten Monatshälfte (1.—15.) erfolgt, am 15. der folgenden Monate bei Abnahme in der zweiten Monatshälfte (16.—31.). Die Fälligkeiten ergeben sich aus dem beigefügten Ratenverzeichnis.

**3 Anpassung der Leasingraten**
Ändern sich bis zur Zahlung des Kaufpreises durch die Disko die Geldmarktverhältnisse, ist die Disko berechtigt bzw. verpflichtet, die vereinbarten Leasingraten den neuen Geldmarktverhältnissen anzupassen.

**4 Einzugsermächtigung über Lastschriften**
Zahlungen haben valutagerecht ausschließlich auf das Konto 0212202900 der Disko bei der Dresdner Bank AG, Düsseldorf, (BLZ 30080000) zu erfolgen. Die Leasingnehmer ermächtigt Disko, die Leasingraten zuzüglich Mehrwertsteuer sowie alle sonstigen fälligen Beträge zu Lasten seines Kontos

Konto-Nummer 1111    BLZ 000 000 00

bei der Bank, Sparkasse Bbank, Gutstadt
mit Lastschrift einzuziehen.

**5 Versicherung**
Der Leasingnehmer beauftragt Disko, die Elektronik-Versicherung von EDV-Anlagen zu veranlassen. Ein Merkblatt (Nr. L 054) mit Angaben über Art und Umfang der Versicherung hat der Leasingnehmer erhalten.
Insbesondere nimmt der Leasingnehmer zur Kenntnis, daß
— nur die Hardware versichert wird;
— der Versicherungsschutz mit Beginn der Mietzeit in Kraft tritt;
— aus versicherungstechnischen Gründen zunächst die Grundmietzeit, bei Verträgen auf unbestimmte Zeit der kalkulatorischen Mietzeit, als Versicherungszeitraum zugrunde gelegt wird;
— bei einer Vertragsverlängerung neue Absprachen mit Disko getroffen werden müssen.

Die Kosten für den Abschluß dieser Versicherung
☐ sind in der Leasingrate einzurechnen;
☒ sind nach Rechnungslegung durch Lastschrift einzuziehen.
Falls keine Vereinbarung getroffen wird, daß Disko das Leasingobjekt versichert, wird der Leasingnehmer für die Dauer der Mietzeit eine Elektronik-Versicherung nach den Allgemeinen Versicherungsbedingungen für Fernmelde- und sonstige elektrotechnische Anlagen (AVFE 76) abschließen. Die Rechte aus dieser Versicherung sind der Disko abgetreten. Der Leasingnehmer wird die Versicherungsgesellschaft veranlassen, der Disko den Sicherungsschein unverzüglich zu übermitteln.

**6 Kaufvertrag/Eigentumsübergang**
Der Leasingvertrag wird unter der auflösenden Bedingung abgeschlossen, daß der Kaufvertrag zwischen der Disko und dem Lieferanten rechtswirksam zustande kommt.
Der Leasingnehmer ist verpflichtet, mit dem Hersteller/Lieferanten zu vereinbaren, daß die Zahlung des Kaufpreises durch die Disko das Leasingobjekt beschafft, Lieferung und Abnahmebestätigung des Leasingnehmers erfolgt, und daß mit Zahlung des Kaufpreises das Eigentum am Leasingobjekt auf die Disko übergeht.
Die Disko tritt in den Kaufvertrag ein bzw. nimmt das Kaufangebot des Herstellers/Lieferanten an durch schriftliche Erklärung oder durch Überweisung des Kaufpreises an den Hersteller/Lieferanten. Der Leasingnehmer darf die Abnahmeerklärung erst abgeben, wenn er das Leasingobjekt nach sachgerechter Untersuchung als mangelfrei erkannt und die Funktionstüchtigkeit erprobt hat.

Anlage I ist wesentlicher Bestandteil dieses Vertrages.
Der Leasinggeber ist berechtigt, die Angaben zum Leasingobjekt gemäß Rechnung zu ergänzen; die Rechnung ist wesentlicher Bestandteil des Leasingvertrages.
Der Leasingnehmer und die Gesamtschuldner bestätigen durch ihre Unterschriften, von den vorstehend und umseitig aufgeführten Bestimmungen dieses Vertrages Kenntnis genommen zu haben und erkennen diese an.

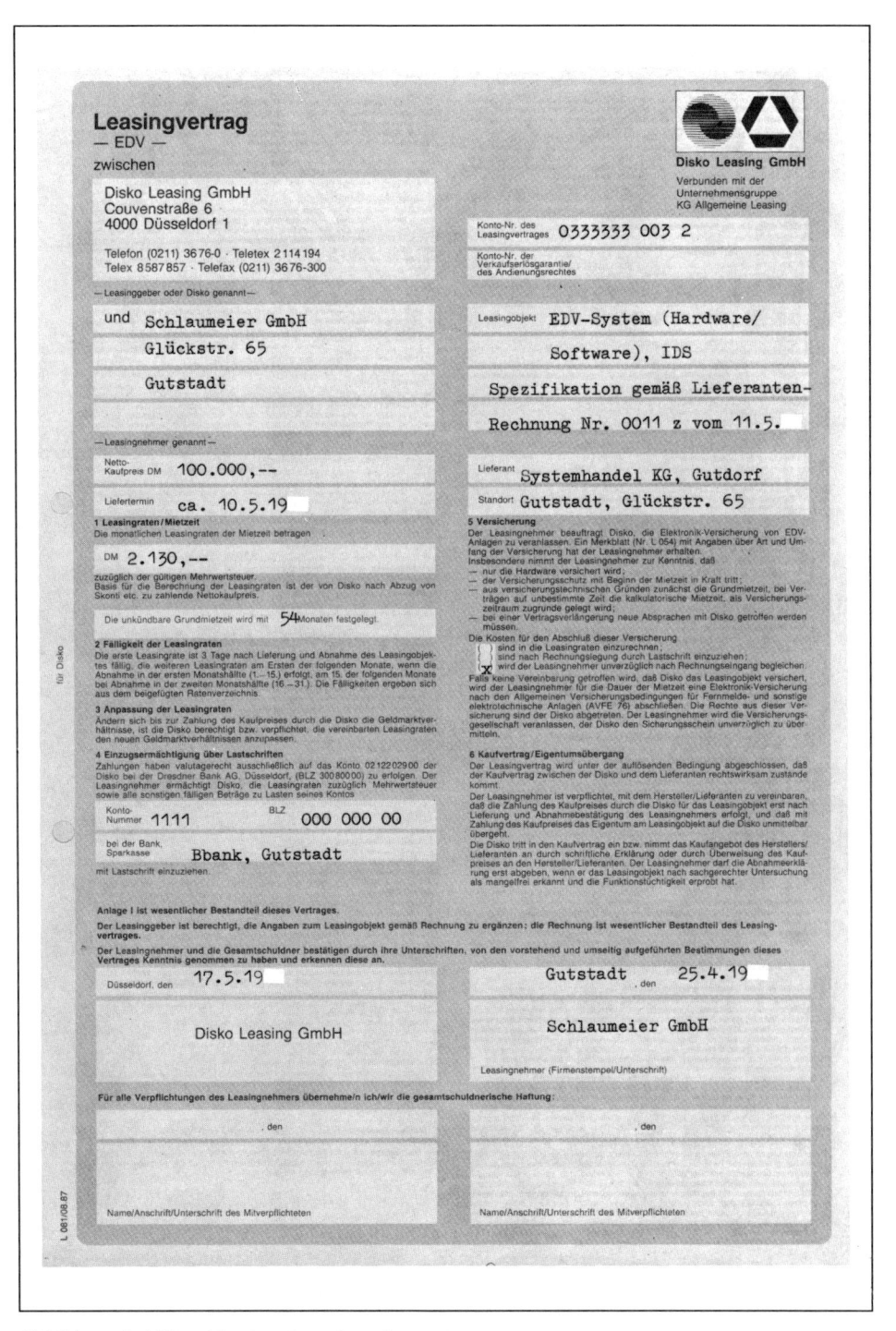

Düsseldorf, den 17.5.19        Gutstadt, den 25.4.19

Disko Leasing GmbH          Schlaumeier GmbH

Leasingnehmer (Firmenstempel/Unterschrift)

Für alle Verpflichtungen des Leasingnehmers übernehme/n ich/wir die gesamtschuldnerische Haftung:

, den                  , den

Name/Anschrift/Unterschrift des Mitverpflichteten    Name/Anschrift/Unterschrift des Mitverpflichteten

Abbildung 2-113:   Muster eines Leasingvertrages

Der Leasingnehmer garantiert, daß er alle Installationskosten des Leasingobjektes sowie Kosten der Software selbst trägt, sofern nicht ausdrücklich die Kosten für diese Leistungen in den Leasingvertrag einbezogen wurden.

**7 Auswahl des Herstellers/Anzahlungen/Import von Leasingobjekten**

Beide Parteien stimmen darin überein, daß die Auswahl des Herstellers/Lieferanten sowie des Leasingobjektes allein durch den Leasingnehmer erfolgt; der Leasinggeber übernimmt keinerlei Gewähr für die Bonität und die Leistungsfähigkeit des Herstellers/Lieferanten und/oder für die Tauglichkeit des Leasingobjektes. Etwaige Anzahlungen erfolgen auf Risiko des Leasingnehmers, unabhängig davon, ob die Anzahlungen vom Leasingnehmer oder aufgrund besonderer Vereinbarung von der Disko geleistet wurden.

Bei Einfuhr von Objekten aus dem Ausland sind sich Leasingnehmer und Disko darüber einig, daß die Einfuhr im Namen und für Rechnung der Disko erfolgt; die technische Abwicklung erfolgt für Disko durch den Leasingnehmer.

**8 Grundmietzeit/Vertragseintritt**

Die Grundmietzeit beginnt nach Lieferung des Leasingobjektes und nach schriftlicher Abnahmeerklärung gegenüber dem Leasinggeber. Während der Grundmietzeit ist eine Kündigung durch den Leasingnehmer grundsätzlich ausgeschlossen. Die Disko erklärt sich jedoch bereit, den Leasingnehmer aus wichtigem Grund aus dem Vertragsverhältnis zu entlassen. Voraussetzung ist, daß der Leasingnehmer einen der Disko genehmen anderen Leasingnehmer von zweifelsfreier Bonität nachweist, der bereit ist, unter Übernahme aller Verpflichtungen in den Leasingvertrag einzutreten. In diesem Fall ist der Leasingnehmer verpflichtet, die Kosten der Umschreibung in Höhe von 0,5% zuzüglich Mehrwertsteuer vom ursprünglichen Nettokaufpreis zu leisten.

Der Leasingnehmer trägt alle durch den Eintritt des neuen Leasingnehmers entstehenden Kosten, wie u.a. für Demontage und Transport des Leasingobjektes.

**9 Änderung des Kaufpreises**

Werden die Preise des Herstellers/Lieferanten vor Auslieferung des Leasingobjektes erhöht oder herabgesetzt, und muß der Leasinggeber diese Erhöhung gegen sich gelten lassen bzw. kann er die Ermäßigung für sich in Anspruch nehmen, so erhöhen oder vermindern sich die vereinbarten Leasingraten im gleichen prozentualen Verhältnis.

**10 Lieferung des Leasingobjektes**

Das Leasingobjekt wird unmittelbar vom Hersteller/Lieferanten an den Leasingnehmer geliefert. Kosten und Gefahren des Transportes trägt der Leasingnehmer. Wird das Leasingobjekt vom Hersteller/Lieferanten später als zu dem vorgesehenen Zeitpunkt geliefert, so verschiebt sich die Grundmietzeit um den Zeitraum, der zwischen vereinbarter und tatsächlicher Lieferung liegt.

Erfolgt keine oder eine verspätete Lieferung, so kann der Leasinggeber vom Vertrag zurücktreten. Der Leasingnehmer kann daraus keinerlei Ersatzansprüche gegen die Disko herleiten. Die Disko wird aber ihre etwaigen Ansprüche gegen den Hersteller/Lieferanten an den Leasingnehmer abtreten.

Der Leasingnehmer stellt die Disko von allen etwaigen Ansprüchen des Herstellers/Lieferanten frei und trägt alle in diesem Zusammenhang entstehenden Kosten und Auslagen.

**11 Standort**

Das Leasingobjekt ist an dem vereinbarten Standort aufzustellen. Der Standort darf nur nach schriftlicher Genehmigung des Leasinggebers geändert werden. Ein Verbringen des Leasingobjektes außerhalb des Gebietes der Bundesrepublik Deutschland oder West-Berlins ist nur nach vorheriger schriftlicher Zustimmung des Leasinggebers zulässig.

**12 Verbindung mit einem Gebäude oder Grundstück**

Das Leasingobjekt verbleibt im Eigentum der Disko; wird es mit einem Gebäude oder Grundstück verbunden, so geschieht dies lediglich zu einem vorübergehenden Zweck im Sinne des § 95 BGB mit der Absicht, bei Beendigung des Vertragsverhältnisses die Trennung wieder herbeizuführen. Ist der Leasingnehmer nicht selbst Eigentümer des Grundstücks, auf dem das Leasingobjekt aufgestellt werden soll, hat er dem Grundstückseigentümer gegenüber in geeigneter Weise klarzustellen, daß die Verbindung oder Einfügung des Leasingobjektes nur zu einem vorübergehenden Zweck erfolgt.

**13 Behördliche Auflagen/Freistellung des Leasinggebers**

Unabhängig von Ziffer 5 dieses Vertrages ist der Leasingnehmer verpflichtet, auf seine Kosten alle Versicherungen abzuschließen, die im Zusammenhang mit der Benutzung des Leasingobjektes und aufgrund gesetzlicher und behördlicher Vorschriften eventuell erforderlich sind.

Ferner wird dem Leasingnehmer im Hinblick auf Ziffer 18 dieses Vertrages anheimgestellt, darüber hinaus Versicherungen gegen alle versicherbaren Gefahren abzuschließen.

Der Leasingnehmer stellt den Leasinggeber von allen Ansprüchen frei, die gegebenenfalls gegen Letzteren als Eigentümer des Leasingobjektes von Dritten geltend gemacht werden.

Sämtliche Gebühren, Steuern, Abgaben und sonstige Lasten, die bezüglich des Leasingobjektes entstehen, trägt der Leasingnehmer.

**14 Wartung/Reparaturen**

Disko empfiehlt, mit dem Hersteller/Lieferanten bzw. einem von diesem empfohlenen Dritten einen Wartungsvertrag abzuschließen. Darüber hinaus ist der Leasingnehmer verpflichtet, das Leasingobjekt ständig in vertragsgemäßem Zustand zu erhalten und mitgelieferte Gebrauchsanweisungen sowie Wartungs- und Pflegeempfehlungen des Herstellers/Lieferanten sorgfältig zu befolgen. Die laufenden Kosten der Unterhaltung des Leasingobjektes sowie alle Reparatur-, Überholungs- und Wartungskosten trägt der Leasingnehmer;

**15 Garantie- und Gewährleistungsansprüche**

Die Disko bevollmächtigt und beauftragt den Leasingnehmer, alle Rechte aus Garantien und Gewährleistungsansprüchen gegenüber dem Hersteller/Lieferanten rechtzeitig geltend zu machen; etwaige Rechtsstreitigkeiten mit dem Hersteller/Lieferanten führt der Leasingnehmer in seinem Namen, auf eigenes Risiko und zu seinen Lasten. Die Disko ist durch Übersendung der entsprechenden Korrespondenz zu informieren; im Fall der Anfechtung des Kaufvertrages ist Disko im voraus zu informieren. Das Insolvenzrisiko des Herstellers/Lieferanten trägt der Leasingnehmer.

Gewährleistungsansprüche und irgendwelche Schadensersatzansprüche im Zusammenhang mit dem Leasingobjekt bestehen gegenüber der Disko zu keinem Zeitpunkt. Der Leasingnehmer ist zur Entrichtung der vereinbarten Leasingraten sowie zur Einhaltung aller Vertragsbestimmungen auch dann verpflichtet, wenn der Hersteller/Lieferant, aus welchem Grund auch immer, seinen Verpflichtungen aus dem Kaufvertrag nicht oder nicht ordnungs- bzw. termingemäß nachkommt.

**16 Veränderungen und Einbauten/Besichtigung**

Veränderungen und Einbauten am Leasingobjekt darf der Leasingnehmer ohne besondere schriftliche Zustimmung der Disko vornehmen, sofern hierdurch keine Minderung des Marktwertes eintritt.

Eingebaute Teile gehen in das Eigentum der Disko über; ein Aufwendungsersatz wird nicht gewährt. Der Leasingnehmer ist jedoch berechtigt. auf seine Kosten den früheren Zustand wieder herzustellen.

Der Leasinggeber hat das Recht, das Leasingobjekt zu besichtigen und dessen vertragsgemäßen Gebrauch zu überprüfen bzw. einem Sachverständigen diese Aufgabe zu übertragen; im Falle von Ziffer 18 und/oder 21 dieses Vertrages auf Kosten des Leasingnehmers.

**17 Verfügungen über das Objekt/Pfändungen**

Der Leasingnehmer darf keinerlei Verfügungen über das Leasingobjekt treffen; insbesondere darf er keine Belastungen, Verpfändungen usw. vornehmen. Darüber hinaus ist er verpflichtet, das Leasingobjekt von allen Belastungen, Inanspruchnahmen und Pfandrechten Dritter freizuhalten.

Bei Pfändungen oder sonstigen Inanspruchnahmen des Leasingobjektes durch Dritte ist der Leasingnehmer verpflichtet, dies dem Leasinggeber unverzüglich mitzuteilen und ihm alle diesbezüglichen Unterlagen auszuhändigen. Die Kosten für die Abwehr derartiger Eingriffe trägt der Leasingnehmer.

**18 Untergang/Beschädigung**

Die Gefahr auch des zufälligen Unterganges sowie der Beschädigung, des Verlustes, des Wegfalles der Gebrauchsfähigkeit des Leasingobjektes oder des vorzeitigen Wertverfalles, aus welchen Gründen auch immer, trägt der Leasingnehmer. Derartige Ereignisse entbinden den Leasingnehmer nicht von der Verpflichtung zur Zahlung der Leasingraten und zur Erfüllung anderer Verpflichtungen aus diesem Vertrag. Tritt eines der genannten Ereignisse ein, so hat der Leasingnehmer dies unverzüglich schriftlich der Disko anzuzeigen.

Die Disko ist befugt, auf Kosten des Leasingnehmers ein Sachverständigengutachten einzuholen.

Der Leasingnehmer ist bei

- gänzlicher oder teilweiser Beschädigung des Leasingobjektes verpflichtet, den vertragsgemäßen Zustand auf seine Kosten unverzüglich wieder herstellen zu lassen bzw. das Leasingobjekt durch ein gleichwertiges Objekt zu ersetzen
- gänzlichem oder teilweisem Untergang verpflichtet, das Leasingobjekt bzw. die entsprechenden Teile auf seine Kosten unverzüglich durch ein gleichwertiges Objekt bzw. durch gleichwertige Teile zu ersetzen.

Darüber hinaus ist der Leasingnehmer verpflichtet, der Disko den merkantilen Minderwert zu erstatten.

Die vorzeitige Ablösung des Leasingvertrages im Falle eines Sachschadens bedarf vorheriger individueller Vereinbarung.

Der Leasinggeber wird eine mit Rücksicht auf die Beschädigung oder den Untergang des Leasingobjektes an ihn gezahlte Versicherungsleistung entweder für die Wiederbeschaffung oder die Wiederherstellung des Leasingobjektes zur Verfügung stellen.

**19 Verzugsfolgen/Aufrechnungsverbot**

Ist der Leasingnehmer mit einer Leasingrate in Verzug, ist der Leasinggeber berechtigt, Verzugszinsen bis zur Höhe von 1,5% pro Monat zu berechnen zuzüglich Mahngebühren in Höhe von z.Z. DM 10,— zuzüglich Mehrwertsteuer pro Mahnung. Die Geltendmachung eines weiteren Verzugsschadens bleibt hiervon unberührt.

Gegen Forderungen, die der Leasinggeber aufgrund des Leasingvertrages erlangt hat, kann der Leasingnehmer nur aufrechnen, soweit seine Forderungen unbestritten oder rechtskräftig festgestellt sind.

**20 Vorlage des Jahresabschlusses**

Der Leasingnehmer wird der Disko unverzüglich nach Abschluß eines jeden Geschäftsjahres die von einem Wirtschaftsprüfer oder Steuerberater testierte Bilanz nebst Gewinn- und Verlustrechnung einreichen.

**21 Fristlose Kündigung durch Disko**

Die Disko kann das Leasingverhältnis aus wichtigem Grunde fristlos kündigen; dieser Grund ist immer dann gegeben, wenn

- der Leasingnehmer den Kaufvertrag mit Erfolg wandelt oder anficht
- der Leasingnehmer mit seinen Zahlungsverpflichtungen länger als 30 Tage im Rückstand ist
- der Leasingnehmer das Leasingobjekt nicht entsprechend den Bestimmungen dieses Vertrages sach- und fachgerecht einsetzt
- das Leasingobjekt gepfändet, verpfändet, vertauscht oder ohne schriftliche Zustimmung des Leasinggebers außerhalb der Grenzen des Gebietes der Bundesrepublik Deutschland oder West-Berlins verbracht wird
- ein Pfand- oder Zurückbehaltungsrecht am Leasingobjekt von dritter Seite geltend gemacht wird
- der Leasingnehmer seinen Firmensitz ins Ausland verlegt
- der Leasingnehmer gegen eine ihm aus diesem Vertrag obliegende Verpflichtung verstößt
- eine wesentliche Verschlechterung in den wirtschaftlichen Verhältnissen des Leasingnehmers eintritt
- Pfändungen oder sonstige Zwangsvollstreckungsmaßnahmen gegen den Leasingnehmer erfolgen
- gerichtliche oder außergerichtliche Vergleichsverfahren oder das Konkursverfahren gegen den Leasingnehmer beantragt werden
- der Leasingnehmer seinen Geschäftsbetrieb aufgibt.

**22 Folgen der fristlosen Kündigung**

Nach fristloser Kündigung ist der Leasingnehmer zur sofortigen Rückgabe des Leasingobjektes verpflichtet. Der Leasinggeber wird das Leasingobjekt nach pflichtgemäßem Ermessen freihändig verwerten.

Im Falle der fristlosen Kündigung ist der Leasingnehmer verpflichtet, dem Leasinggeber den Schaden zu ersetzen, der ihm durch die vorzeitige Beendigung dieses Vertrages entsteht. Die Schadensberechnung ist in Anlage I zu diesem Vertrag festgehalten.

Erfolgt die fristlose Kündigung wegen Anfechtung oder vollzogener Wandlung, wird der ungetilgte Teil des Nettokaufpreises zuzüglich Mehrwertsteuer fällig; Disko steht Aufwendungsersatz für alle Kosten im Zusammenhang mit der vorzeitigen Beendigung des Leasingvertrages zu.

**23 Rücktransport des Leasingobjektes**

Bei Beendigung des Vertragsverhältnisses gehen Kosten und Gefahren der Demontage sowie des Rücktransportes des Leasingobjektes zum Leasinggeber oder zu einem von ihm benannten Dritten innerhalb der Bundesrepublik Deutschland oder West-Berlins zu Lasten des Leasingnehmers.

**24 Forderungsabtretung**

Disko ist befugt, die Rechte aus diesem Vertrag an Dritte abzutreten.

**25 Nebenabreden**

Mündliche Nebenabreden zu diesem Vertrag sind nicht getroffen worden. Alle Änderungen dieses Vertrages bedürfen der Schriftform.

**26 Erfüllungsort und Gerichtsstand**

Erfüllungsort und Gerichtsstand ist Düsseldorf.

**27 Teilunwirksamkeit**

Sollte eine Bestimmung bzw. mehrere Bestimmungen dieses Vertrages nichtig sein oder werden, so soll trotzdem der Vertrag wirksam bleiben; jedoch soll dasjenige gelten, was die Parteien vereinbart hätten, wenn sie die Nichtigkeit oder Anfechtbarkeit dieser Bestimmung(en) bedacht hätten.

Abbildung 2-113: Muster eines Leasingvertrages (Fortsetzung)

**Anlage I zum Leasingvertrag**

Disko Leasing GmbH
Verbunden mit der
Unternehmensgruppe
KG Allgemeine Leasing

Konto-Nr. des
Leasingvertrages: 0333333 003 2

## Vollamortisation mit Kauf- und Mietverlängerungsoption

**1 Kauf- und Mietverlängerungsoption**

Die Disko räumt dem Leasingnehmer zum Zeitpunkt des Ablaufs der Grundmietzeit eine Kauf- und Mietverlängerungsoption ein. Beabsichtigt der Leasingnehmer, ein Optionsrecht auszuüben, ist die Disko spätestens drei Monate vor Ablauf der Grundmietzeit per Einschreiben – das Eingangsdatum bei der Disko ist maßgebend – zu unterrichten. Basis für die Feststellung des Kaufpreises bzw. der Kalkulation der Leasingraten für die Mietzeitverlängerung ist der Restbuchwert oder ein niedrigerer Marktwert, der im Zweifelsfall durch die Taxe eines Sachverständigen auf Kosten des Leasingnehmers zu ermitteln ist. Die jeweils gültige Mehrwertsteuer ist zusätzlich zu berücksichtigen.

**2 Schadenersatz im Fall der fristlosen Kündigung durch Disko**

Der Schaden gemäß Ziffer 22 der Vertragsbedingungen, den der Leasingnehmer bei fristloser Kündigung des Leasingvertrages der Disko zu ersetzen hat, berechnet sich wie folgt: Die Summe der noch ausstehenden Leasingraten zuzüglich etwaiger Verzugszinsen abzüglich einer Abzinsung in Höhe des zum Zeitpunkt der Kündigung gültigen Diskontsatzes der Deutschen Bundesbank, höchstens jedoch 5% p.a. Dieser Betrag erhöht sich um den geschätzten Marktwert (abgezinst), den der Leasinggeber bei ordnungsgemäßer Beendigung des Leasingvertrages voraussichtlich erzielt hätte. Etwaige Mehrwertsteuer ist zusätzlich zahlbar. Die Schadenersatzforderung ist mit Rechnungsstellung fällig.

Der Erlös aus der Verwertung des Leasingobjektes abzüglich der Verwertungskosten wird dem Leasingnehmer vergütet bzw. mit obengenannter Schadenersatzforderung verrechnet.

Düsseldorf, den 17.5.19

Disko Leasing GmbH

Gutstadt, den 25.4.19

Schlaumeier GmbH

Leasingnehmer (Stempel/Unterschrift)

, den

Name/Anschrift/Unterschrift des Mitverpflichteten

, den

Name/Anschrift/Unterschrift des Mitverpflichteten

Abbildung 2-113: Muster eines Leasingvertrages (Fortsetzung)

**Leasing-Vertrag**

Man unterscheidet zwischen Vollamortisations- und Teilamortisations-Verträgen. Bei **Vollamortisations-Verträgen** decken die Leasing-Zahlungen während einer **unkündbaren Grundmietzeit** die Anschaffungskosten oder Herstellkosten des Leasing-Gegenstands, die Zinsen, alle sonstigen Nebenkosten sowie eine Gewinnspanne.

Bei **Teilamortisation-Verträgen** ist diese 100prozentige Amortisation nicht gegeben; dafür muß der Leasing-Nehmer für die noch nicht abgedeckten Kosten insoweit einstehen, als der Leasing-Geber ihre Abdeckung nach Ablauf der vereinbarten Mietzeiten nicht durch eine Weiterverwertung des Leasing-Gegenstands, zum Beispiel durch Wiedervermietung oder durch Verkauf, erzielen kann. Welcher Vertragstyp im Einzelfall vorzuziehen ist, muß situationsbezogen, das heißt auf den Bedarf und auf den Leasing-Gegenstand zugeschnitten, entschieden werden.

Auf dem **Mobilien-Leasing-Sektor** haben sich in den vergangenen Jahren Standardverträge entwickelt, die insbesondere der Absicherung des Leasing-Gebers dienen, zum Beispiel für den Fall des vertragswidrigen Verhaltens des Leasing-Nehmers (siehe Abbildung 2-113: Leasing-Vertrag). Auf dem **Immobilien-Leasing-Sektor** hingegen werden die einzelnen Vertragspunkte meist individuell festgelegt, um der „Einmaligkeit" der Objekte und den längeren Laufzeiten der Verträge Rechnung tragen zu können.

**Steuerrechtliche Bestimmungen**

Die steuerrechtliche Kernfrage lautet, wem der Leasing-Gegenstand zuzurechnen ist, dem Leasing-Geber oder dem Leasing-Nehmer. Bis zum Urteil des Bundesfinanzhofs vom 26.1.1970 wurden die Leasing-Gegenstände regelmäßig dem Leasing-Geber als dem **rechtlichen Eigentümer** zugerechnet. Das neue Urteil forderte jedoch eine Zurechnung des Leasing-Gegenstands zum Leasing-Nehmer, wenn dieser **wirtschaftlicher Eigentümer** des Leasing-Gegenstands ist. Die auf diesem Urteil beruhenden Erlasse der Finanzverwaltung stellten Kriterien auf, anhand derer die Zurechnung bei Vollamortisations-Verträgen zu entscheiden ist. Damit die normalerweise angestrebte Zurechnung des Gegenstands zum Leasing-Geber steuerrechtlich gesichert ist, muß sich die vereinbarte **unkündbare Grundmietzeit auf zwischen 40 und 90 Prozent der betriebsgewöhnlichen Nutzungsdauer des Leasing-Gegenstands** belaufen. Zum anderen muß bei einem eventuell vereinbarten Optionsrecht des Leasing-Nehmers (Mietverlängerungsoption oder Kaufoption) der Optionspreis „angemessen" sein. Schließlich stellte die Finanzverwaltung 1975 Kriterien zur Entscheidung über die Zurechnung bei einigen Teilamortisations-Verträgen auf. Danach ist es zum Beispiel für die Zurechnung von Leasing-Gegenständen zum Leasing-Geber bei diesen Verträgen unerläßlich, daß der Leasing-Geber an einer eventuellen Wertsteigerung oder am Wertrisiko in irgendeiner Form beteiligt ist.

## Handelsrechtliche Bestimmungen

Leasing-Verträge werden regelmäßig so gestaltet, daß steuerrechtlich der Leasing-Geber den Leasing-Gegenstand bilanziert. Andernfalls würden wichtige wirtschaftliche Vorzüge des Leasings verlorengehen. Die handelsrechtlichen Vorschriften erfordern nur in wesentlich extremeren Fällen als die steuerrechtlichen Vorschriften eine Zurechnung zum Leasing-Nehmer. (Teilweise wird in der Literatur sogar bestritten, daß handelsrechtlich eine vom rechtlichen Eigentümer abweichende Zurechnung überhaupt zulässig ist.)

Aus handelsrechtlicher Sicht stellt sich nur die Frage, wie Leasing-Verträge, die ja zweifellose die Vermögens- und Ertragslage des Leasing-Nehmers tangieren, in dessen Jahresabschluß zu berücksichtigen sind.

Der Leasing-Nehmer darf den Leasing-Gegenstand nicht aktivieren. Eine Vermerkspflicht ist weder aus den gesetzlichen Regelungen noch aus den Grundsätzen ordnungsgemäßer Buchführung ableitbar. Für die Verpflichtungen aus Leasing-Verträgen kommt jedoch bei wirtschaftlichem Gewicht eine entsprechende Angabe im Anhang zum Jahresabschluß nach § 285 Nr. 3 HGB in Frage.

## Betriebswirtschaftliche Bedeutung des Leasing

Betrachtet man Leasing aus betriebswirtschaftlicher Sicht, so ist zwischen den quantitativen Aspekten (Wirtschaftlichkeitsvergleich, Liquiditätsvergleich) und den qualitativen, das heißt den nicht oder nur schwer quantifizierbaren Aspekten zu unterscheiden.

Mustervergleichsrechnungen in bezug auf Wirtschaftlichkeit und Liquidität sind für den Einzelfall nur dann aussagefähig, wenn die Prämissen entsprechend der individuellen Situation – sowohl hinsichtlich des Leasing-Nehmers als auch hinsichtlich des Leasing-Gegenstands – „richtig" gewählt sind. Eine allgemeingültige Wertung ist nicht möglich. Es kann hier lediglich darauf hingewiesen werden, daß bei einem Wirtschaftlichkeitsvergleich „Leasing-Kauf" nicht nur die nominellen Kosten einander gegenübergestellt werden dürfen. Der zeitliche Anfall von Aufwendungen und Erträgen, die steuerlichen Faktoren (wie zum Beispiel die Tatsache, daß Leasing-Zahlungen in voller Höhe Betriebsausgaben sind), die Verzinsung des beim Kauf einzusetzenden Eigenkapitals usw. sind unbedingt zu berücksichtigen, wenn man zu brauchbaren Ergebnissen kommen möchte.

Die **qualitativen Vorzüge**, die Leasing gegenüber anderen Investitions- und Finanzierungsformen aufweist, sind vor allem in folgenden Punkten zu erblicken:

- Leasing wird der „Pay-as-you-earn"-Bedingung gerecht, das heißt: Die monatlichen Zahlungen können während der gesamten Mietzeit aus den Erträgen geleistet werden, die der Einsatz des Leasing-Gegenstands erbringt.

- Leasing hat den Effekt einer 100prozentigen Fremdfinanzierung, während jeder Kauf in der Regel einen bestimmten Anteil an Eigenmitteln erfordert.
- Leasing führt im Gegensatz zum Kauf nicht zu einer sofortigen Belastung der Liquidität im Investitionszeitpunkt.
- Die Tatsache, daß der Leasing-Nehmer beim Leasing während der gesamten Investitionsdauer seine ihm zur Verfügung stehenden Mittel nicht im Anlagevermögen binden muß, ermöglicht ihm einen anderweitigen Einsatz, zum Beispiel zur Ausweitung des Warenlagers.
- Leasing bietet die Möglichkeit, das Investitionsrisiko und das Überalterungsrisiko zu verringern, weil die Bindung an geleaste Wirtschaftsgüter kürzer ist als an gekauften Wirtschaftsgüter.
- Wenn eine Unternehmen weder freie Kreditlinien noch sonstige Liquidität besitzt, ist Leasing oft einfach die einzige Möglichkeit, eine Investition vorzunehmen.

Als gravierende Nachteile des Leasing werden häufig die relativ hohen Mietkosten und die Tatsache angesehen, daß der Leasing-Nehmer nie „wirklich" Eigentümer des Leasing-Gegenstands ist. Dem ist allerdings entgegenzuhalten, daß nicht das Eigentum an einem Gegenstand, sondern allein die Nutzung des Gegenstands für den Ertrag des Unternehmens entscheidend ist. Im übrigen schließt Leasing einen späteren Eigentumserwerb nicht aus (zum Beispiel Leasing-Verträge mit Kaufoption).

### 5.3.3.2 Factoring

**DEFINITION**

Unter **Factoring** versteht man den laufenden Ankauf und die Verwaltung von kurzfristigen Forderungen aus Lieferungen und Leistungen, mit Übernahme des Bonitätsrisikos und Bevorschussung der Forderungen durch eine Factoring-Gesellschaft.

In den Bedingungen für Factoring-Geschäfte heißt es:

„Factoring besteht in der Verpflichtung eines Unternehmens, seine Forderungen an Wiederverkäufer oder seine Forderungen aus Dienstleistungen einem Factor zum Kauf anzubieten und auf ihn zu übertragen, und in der Verpflichtung des Factors, dieses Kaufangebot anzunehmen, sofern er keine Zweifel an Bestand, Abtretbarkeit und Bonität der Forderung hat, den vereinbarten Kaufpreis zu zahlen und die Debitorenbuchhaltung zu führen."

Die Factoring-Gesellschaft trägt in der Regel für die angekauften Forderungen das Ausfallrisiko bei Zahlungsunfähigkeit der Schuldner und verzichtet auf irgendwelche Regreßansprüche bei Zahlungsausfällen. Wird das Ausfallrisiko ausgeschlossen, spricht man von „**unechtem Factoring**".

Im Hinblick auf die Offenlegung der Abtretung (Zession) wird zwischen dem stillen oder nicht notifizierten und dem offenen oder notifizierten Factoring-Verfahren unterschieden.

Beim stillen Factoring (**Non-Notification-Factoring**) wird der Gläubigerwechsel nach außen nicht erkennbar. Die Drittschuldner zahlen also weiterhin mit befreiender Wirkung an den Zedenten (Anschlußfirma). Der Factor erhält in festen zeitlichen Abständen von seinem Klienten die neu erstellten Rechnungen. Der Kunde der Anschlußfirma zahlt nach wie vor an die Anschlußfirma, und diese gibt die bei ihr eingehenden Zahlungen umgehend an den Factor weiter, der dann den Ausgleich seiner (internen) Drittschuldnerkonten vornimmt.

Beim offenen Factoring (**Notification-Factoring**) wird dem Drittschuldner durch einen Rechnungsaufdruck oder einen Hinweis in den Allgemeinen Geschäftsbedingungen angezeigt, daß die Rechnungssumme der Factoring-Gesellschaft abgetreten ist und daß nur an sie mit befreiender Wirkung gezahlt werden kann. Für Unternehmen, die im Kaufvertrag die Forderungsabtretung generell ausgeschlossen haben, ist dieses Verfahren naturgemäß nicht anwendbar.

**Betriebswirtschaftliche Bedeutung des Factoring**

Zu nennen sind hier drei **Hauptfunktionen des Factoring**:

- die Finanzierungsfunktion
- die Dienstleistungsfunktion und
- die Delcrederefunktion

Die **Finanzierungsfunktion** des Factoring besteht darin, daß der Factor entweder die ihm abgetretenen Forderungen per Ankaufstag übernimmt und dem Klienten den Kaufpreis sofort vergütet, oder die Rechnungsgegenwerte per Verfalltag beziehungsweise per Zahlungseingang abzüglich einer Factoring-Gebühr von 10 bis 20 Prozent gutschreibt. Vorschüsse sind mit dem jeweils banküblichen Satz für Kontokorrentkredite zu verzinsen. Beim Ankauf der Forderungen per Ankaufstag wird ein entsprechender Diskont abgezogen. Die Factoring-Gebühr wird auf ein Sperrkonto überwiesen und dient der Factoring-Gesellschaft als Sicherheit für Zahlungsausfälle, die etwa wegen Mängelrügen, Retouren, Skonto oder ähnlichem eintreten können. Außerdem sichert das Sperrkonto Regreßansprüche des Factors aus der Haftung des Klienten für Bestand und Übertragbarkeit der Forderungen, insbesondere dafür, daß die Forderungen nicht nachträglich in ihrem rechtlichen Bestand verändert und nicht durch Aufrechnung zum Erlöschen gebracht werden.

Das zweite Argument für das Factoring ist die **Dienstleistungsfunktion**. Der Standardservice umfaßt in der Regel die Debitorenbuchhaltung. Daneben können dem Factor noch weitere Aufgaben wie die Fakturierung, die Erstellung von Umsatz- und Betriebsstatistiken oder die Umsatzsteuer- und Vertreterprovisionsabrechnungen übertragen werden. Auch das Mahnwesen und Inkasso werden vom Factor übernommen. Dem Abnehmer gegenüber treten dabei – je nachdem, ob die Zession offen oder still erfolgte – entweder der Factor oder sein Klient auf. Die Einschaltung des Factors kann zu einem schnelleren Eingang der Außenstände führen, weil der Factor konsequenter als der Lieferant mahnen wird und die säumigen Drittschuldner fürchten, durch Zahlungsverzögerungen ihren guten Ruf zu verlieren.

Charakteristisch für die Leistungen der Factoring-Gesellschaft ist drittens die **Übernahme des Delcredere-Risikos**. Kommt der Abnehmer seinen Verpflichtungen bei Fälligkeit nicht nach, dann trägt der Factor nach Ablauf einer mit dem Klienten vereinbarten Karenzzeit von in der Regel 90 Tagen den vollen Forderungsausfall. Um dieses Risiko für den Factor zu begrenzen, prüft er die Kreditwürdigkeit der einzelnen Kunden und gibt ein entsprechendes **Warenkreditlimit**. Er ist dann allerdings verpflichtet, laufend alle Forderungen bis zum eingeräumten Limit anzukaufen. Das heißt, daß der Klient seine Kunden im Rahmen dieses Limits revolvierend beliefern kann. Beträgt das Warenkreditlimit bei einzelnen Abnehmern schlechter Bonität 0, werden Ansprüche gegen diese Abnehmer nicht angekauft.

Für den Fall, daß die Forderungen still an die Factoring-Gesellschaft abgetreten wurden, stellt die Anschlußfirma in ausreichendem Umfang **Blanko-Zessionsanzeigen** zur Verfügung. Nach dem Factoring-Vertrag steht der Klient lediglich dafür ein, daß die Forderungen nicht mit Mängeln behaftet sind und der Kunde insbesondere kein Recht auf Wandlung, Minderung, Rücktritt vom Vertrag, Schadenersatz wegen Nichterfüllung, Nachleistung, Nachbesserung oder ein Zurückbehaltungsrecht geltend machen kann. Der Factor ist sofort zu informieren, wenn derartige Einwendungen oder Einreden erhoben werden. Im übrigen haftet der Factor bis zur Höhe des eingeräumten Limits zu 100 Prozent für die Zahlungsfähigkeit des betreffenden Kunden. Als **Zahlungsunfähigkeit** gilt, wenn die Rechnung nicht spätestens 90 Tage nach Fälligkeit der Forderung bezahlt ist; sie braucht zum Beispiel nicht durch einen vollstreckbaren Titel nachgewiesen zu werden.

Für die Übernahme des Delcredere-Risikos, die Führung der Kundenbuchhaltung und die Übernahme des Mahnwesens und Inkassos berechnet die Factoring-Gesellschaft eine **Factoring-Provision** in Höhe von etwa 0,75 bis 1,5 Prozent der Bruttorechnungsbeträge. Ob mit diesem Entgelt die ersparten Kosten und Aufwendungen abgedeckt werden, ist nur jeweils für die konkrete Situation der betreffenden Unternehmung zu bestimmen. Entscheidend für eine sinnvolle Nutzung der Factoring-Dienstleistung sind eine entsprechende Umsatzgröße und Zahl von Rechnungen.

**Wesentliche Vorteile** ergeben sich zweifellos **im Finanzierungsbereich.** Der Factoring-Vertrag sichert dem Klienten ein **mittelfristiges Finanzierungsvolumen, das sich der Umsatzentwicklung und daher dem Mittelbedarf für Außenstände und Lagerhaltung automatisch anpaßt.** Diese Vorteile zeigen sich insbesondere bei plötzlichen Marktchancen und großen Aufträgen. Interessant ist Factoring vor allem für aufstrebende Unternehmen, denen es (noch) an ausreichenden eigenen Mitteln fehlt, um die für klassische Kredite banküblichen Sicherheiten zu bestellen.

## 5.4 Notleidende Kredite

Die bundesdeutschen Haushalte waren 1994 mit über 350 Milliarden DM für Konsumentenkredite verschuldet. Etwa die Hälfte der Haushalte schiebt einen Schuldenberg von einem Jahresnettoeinkommen vor sich her – nicht eingerechnet die Baufinanzierungsschulden.

Auch bei den Unternehmen hat sich der Anteil der Kreditfinanzierung in den letzten zehn Jahren prozentual und absolut stark zu Lasten der Eigenmittel erhöht. So stieg die Kreditsumme an Unternehmen und Selbständige auf beinahe 2 Billionen DM im Jahr 1994 an.

Das Kreditrisiko gilt allgemein als das größte Risiko aller Bankaktivitäten.

Während Kreditausfälle im Privatkundenbereich weitgehend „im Stillen" vor sich gehen, können Ausfälle im Großkreditgeschäft, auch dem Ansehen der Bank schwer schaden.

Hauptursache für Ausfälle sind in der Regel unvollkommene oder falsch interpretierte Informationen über den Kreditnehmer und Fehleinschätzung seiner längerfristigen Zahlungsfähigkeit.

Im weiteren sollen zunächst die wichtigsten Ursachen für Kreditausfälle und die Möglichkeiten der Banken dargestellt werden, den Schaden so gering wie möglich zu halten.

### 5.4.1 Ursachen für Kreditausfälle

Mit ec-Karte, Kreditkarte, Dispositionskredit und zusätzlich einem Ratenkredit zum Beispiel für die Anschaffung eines Pkw verfügt ein Kunde bereits über einen „normalen" Kreditspielraum von mehr als 75.000 DM. Offensichtlich ist das Angebot an die Privatkunden groß und verführerisch – und auch riskant.

Ursachen für die Ausfallgefährdung liegen bei Privatkunden vor allem in:

- Änderungen in der Beschäftigung (Kurzarbeit, Arbeitslosigkeit)
- familiären Schwierigkeiten
- zu optimistischer Einschätzung der finanziellen Belastungsfähigkeit
- nicht zweckentsprechender Verwendung der Kredite

Bei **Firmenkunden** liegen Risiken in der vielfältigen Verflechtung der Märkte, oft auch in unzureichender Eigenkapitalausstattung, teilweise auch in Fehlern der Organisation und des Managements.

Auf der Beschaffungsseite können Preisänderungen, aber auch Probleme mit der Lieferfähigkeit sowie Probleme mit der Qualität der gelieferten Produkte das Geschäft negativ beeinflussen. Ähnliche Risiken gibt es am Absatzmarkt. Der kalkulierte Preis ist unter Umständen am Markt nicht durchzusetzen, die erzeugte Menge wird vom Markt nicht aufgenommen etc.

Zusätzlich können Zahlungsverzug oder Zahlungsausfälle der Abnehmer die eigene Zahlungsbereitschaft und Ertragskraft erheblich beeinträchtigen.

Kaum einschätzbar sind schließlich politische Einflüsse (zum Beispiel neue Umweltschutzauflagen, Produktionsverbote) und Naturkatastrophen (Sturm, Hochwasser).

Bei geringer Eigenkapitalausstattung ist die Zahlungsfähigkeit auch gefährdet etwa bei einer Zinserhöhung oder wenn andere Fremdkapitalgeber ihre Kredite kündigen.

Weitere Risiken liegen in den Sicherheiten. Kreditsicherheiten sollen Deckung für den Kredit bieten. Die Erfahrung zeigt aber, daß sie dies nicht immer im gewünschten Umfang beim Eintritt des Schadenfalls tun. Risiken entstehen hier insbesondere in folgenden Fällen:

- abgetretene Forderungen waren schon abgetreten beziehungsweise sind nicht werthaltig
- sicherungsübereignete Gegenstände sind noch mit Eigentumsvorbehalt belastet
- Sicherungsobjekte verlieren während der Kreditlaufzeit an Wert
- Preisverfall des Sicherungsgutes, weil es technisch überholt ist
- nicht vertragsgemäßer Umgang des Schuldners mit dem Sicherungsgut führt zu Wertverlust
- erforderliche Versicherungen wurden nicht abgeschlossen

Erste Anzeichen für den Ausfall eines Kredites im Privatgeschäft sind:

- ausbleibende Gehaltsgutschriften
- eine Darlehensrate kann nicht bezahlt werden

- ein Antrag auf Umschuldung oder auch Prolongation wird gestellt
- eine Auseinandersetzung über ein gemeinschaftliches Vermögen (zum Beispiel bei Scheidung oder Erbauseinandersetzung) wird geführt

Im Firmenkundengeschäft deutet sich ein Ausfallrisiko insbesondere an, wenn:
- Bürgschaften nur zögernd oder gar nicht beigebracht werden
- Negativerklärungen mißachtet werden
- Kredite nicht vertragsgemäß verwandt werden
- statt Skontierung der Lieferantenrechnung plötzlich auf Wechsel gekauft wird

Hier gilt es, im Gespräch herauszufinden, ob und wie ein solcher Tatbestand zu erklären ist und die damit verbunden Schwierigkeiten zu lösen sind.

### 5.4.2 Maßnahmen bei notleidenden Krediten

#### 5.4.2.1 Einleitung des außerordentlichen Mahnverfahrens

Die Bank wird zunächst den Kunden mahnen. Dabei sollen die zeitlichen Abstände dem Kunden die Möglichkeit für eine Reaktion lassen. Nach einem freundlichen Mahnschreiben wird spätestens in der dritten Mahnung eine Frist gesetzt und die Androhung ausgesprochen, bei Fristablauf den Kredit für fällig zu erklären (auch wenn es strenggenommen einer Fristsetzung nach § 284 Abs. 1 BGB nicht bedarf).

Gelingt es nicht, die Zahlungsschwierigkeiten beim Kunden zu beseitigen, wird daraus ein notleidender Kredit.

Es wird dann der gesamte Kredit „fällig gestellt". Damit kann die Bank die Sicherheiten für den gesamten Schuldsaldo verwerten beziehungsweise gerichtliche Schritte einleiten.

Bei der Verwertung der Sicherheiten wird sie sich auf den Vertrag über die Kreditsicherheiten und auf Nr. 14 der AGB beziehen. Im einzelnen kann sie

- Offenlegung der Zessionen einleiten
- das Sicherungsgut freihändig verkaufen oder
- Grundstücke unter Zwangsverwaltung stellen oder zwangsversteigern lassen

Im Gegensatz zur Verpfändung von Forderungen bedarf es zur Wirksamkeit der Sicherungsabtretung nicht der Bekanntgabe der Abtretung an den Drittschuldner. Zwischen Bank und Kunde besteht ein Treuhandverhältnis („fiduziarische Abtretung"), so daß der Drittschuldner mit befreiender Wirkung an den Kreditnehmer zahlt. Der Vorteil der Offenlegung ist auf der Seite des Kreditnehmers: Gegenüber seinen Lieferanten wird die Sicherungsabrede nicht bekannt und damit eine eventuelle Beeinträchtigung seiner Kreditwürdigkeit vermieden.

Muß allerdings die Sicherheit verwertet werden, dann wird die Abtretung dem Drittschuldner angezeigt, da die Bank nun zur Einziehung der Forderung berechtigt sein soll. Nach der Anzeige kann der Drittschuldner mit befreiender Wirkung nicht mehr an den Kreditnehmer zahlen. Forderungen, die im Sicherungsvertrag nicht wirksam abgetreten werden konnten, kann die Bank im Rahmen der Sicherheitenverwertung auch nicht einziehen. Es handelt sich beispielsweise um

- Forderungen, die der Abtretung nicht unterworfen sind, wie Arbeitseinkommen bis zur Pfändungsgrenze

- Forderungen aus Lieferungen solcher Gegenstände, die der Kreditnehmer bereits unter Eigentumsvorbehalt erworben hat (Kollision zwischen verlängertem Eigentumsvorbehalt und Zession)

Die AGB geben den Banken die Möglichkeit, bei der Verwertung von Sicherheiten nach eigenem Ermessen zu verfahren. Wenn der freihändige Verkauf erfolgreich sein soll, ist jedoch die Zusammenarbeit mit dem Kreditnehmer anzustreben, da er in der Regel über Interessenten, Märkte und ähnliches besser informiert ist als die Bank.

Die Verwertung im freihändigen Verkauf wird sich in den meisten Fällen auf sicherungsübereignete Gegenstände erstrecken. Dabei ist es wichtig, daß sich die Bank frühzeitig den Zugriff auf die Sicherungsgüter verschafft, um einerseits zu verhindern, daß der Kreditnehmer selbst die Gegenstände zur Verbesserung seiner Liquidität verkauft, andererseits, um andere Gläubiger von Einwirkungen auf die Sicherungsgüter auszuschließen. Bei Veräußerung des Gegenstandes weit unter Wert durch die Bank besteht auch die Gefahr, daß der Schuldner Widerspruch einlegt.

Eigentumsvorbehalte an den Sicherungsgütern stehen einer Verwertung durch die Bank entgegen. Bei einwandfrei nachgewiesenem Eigentumsvorbehalt muß die Bank das Sicherungsgut herausgeben, sollte aber darauf achten, daß der Vorbehaltslieferant dem Schuldner eine entsprechende Gutschrift erteilt.

Der einwandfreie Nachweis ist jedoch selten zu erbringen, da nach dem durch die Rechtsprechung entwickelten Bestimmtheitsgrundsatz eine Identifizierung des mit Eigentumsvorbehalt belasteten Gegenstands unbedingt erforderlich ist. Dies ist nach der Erfahrung immer sehr schwierig bei Be- oder Verarbeitung und Vermischung. Zudem ist der Eigentumserwerb des Schuldners an der gelieferten Sache durch Verarbeitung gemäß § 950 BGB beachtlich. Unter Umständen ist es für das Kreditinstitut sinnvoll, durch Restzahlung des Kaufpreises den Eigentumsvorbehalt zum Erlöschen zu bringen.

In Zweifelsfällen ist es jedenfalls für das Kreditinstitut ratsam, sich in den Besitz des Sicherungsguts zu bringen, da es dann die Eigentumsvermutung des § 1006 Abs. 1

BGB für sich hat; daß die Bank nicht Eigentümerin der Sache ist, müßte dann der Anspruchsgegner beweisen.

In welcher Reihenfolge die sicherungsübereigneten Gegenstände verwertet werden, hängt von Zweckmäßigkeitsüberlegungen ab: Je weniger ein Gegenstand zur Aufrechterhaltung der Produktion oder der Betriebsbereitschaft erforderlich ist, desto eher wird er veräußert werden können. Bei unfertigen Erzeugnissen ist zu prüfen, ob die Fertigstellung und anschließende Veräußerung eventuell zu günstigeren Ergebnissen führt als der sofortige Verkauf.

Auch Grundstücke und grundstücksgleiche Rechte sind im freihändigen Verkauf zu verwerten, sofern nicht die Zwangsvollstreckung gewählt wird. Ein freihändiger Verkauf unter Einschaltung von Maklern und Mitwirkung des Kreditnehmers läßt häufig höhere Preise erwarten als die Zwangsvollstreckung, so daß diese oft nur als letzter Ausweg gewählt wird (siehe unten).

Zwangsmaßnahmen nach gesetzlich im einzelnen vorgeschriebenen Schritten kommen bei notleidenden Objektbeleihungen in Betracht, und zwar bei solchen Objekten, die in bestimmte Register eingetragen sind. Es handelt sich dabei um Grundstücke, grundstücksgleiche Rechte, Schiffe, Schiffsbauwerke und Luftfahrzeuge. Rechtliche Grundlagen finden sich im sachenrechtlichen Teil des BGB, der Zivilprozeßordnung und dem Zwangsvollstreckungsgesetz. Der Sinn dieser Vorschriften ist es, einerseits dem Gläubiger auch gegen den Willen des Schuldners die Möglichkeit der Pfandverwertung zu geben, andererseits aber dem Gläubiger in der Verwertung gewisse Schranken aufzuerlegen, um den Schuldner bei der Verwertung seiner Vermögensgegenstände nicht unangemessen zu benachteiligen.

Als Möglichkeiten des Zwangsvollstreckungsgesetzes stehen zur Verfügung:

- die **Zwangsverwaltung** und
- die **Zwangsversteigerung** oder
- die Eintragung einer **Zwangshypothek** zur Sicherung einer persönlichen Forderung

Bei der **Zwangsverwaltung** soll im Gegensatz zur Zwangsvollstreckung der wirtschaftliche Bestand des Grundstücks nicht angegriffen werden. Die Gläubiger erhalten lediglich im Rahmen einer ordnungsgemäßen Bewirtschaftung des Grundstücks Zugriff auf die laufenden Erträge. Die Zwangsverwaltung erfaßt ab der Beschlagnahme des Grundstücks das Grundstück mit allen körperlichen Gegenständen und Forderungen, auf die sich das Grundpfandrecht erstreckt. Miet- und Pachtzinsrückstände werden bis zu einem Jahr erfaßt, so daß auch eventuell vor der Beschlagnahme wirksam gewordene Mietpfändungen zurücktreten müssen. Die Beschlagnahme des Grundstücks wirkt als **Veräußerungsverbot** gegen den Eigentümer, so daß dieser auch nicht mehr einzelne Gegenstände vom Grundstück entfernen darf. Da die

Zwangsverwaltung gegenüber den Drittschuldnern erst wirksam wird, wenn sie diesen bekanntgemacht wird, ist ihnen der Beginn der Zwangsverwaltung unverzüglich mitzuteilen.

Zwangsverwaltung und Zwangsversteigerung schließen einander nicht aus, so daß auch beide parallel betrieben werden können.

Für die **Zwangsversteigerung** – ebenso wie für die Zwangsverwaltung – eines Grundstücks ist als Vollstreckungsgericht das Amtsgericht zuständig, in dessen Bezirk das Grundstück liegt. Das Gericht ordnet die Zwangsversteigerung **auf Antrag** an, das heißt, das Zwangsversteigerungsverfahren wird nicht von Amts wegen angeordnet. Den Antrag stellt der die Zwangsvollstreckung betreibende Gläubiger. Voraussetzung ist die Zustellung des Titels durch den Gerichtsvollzieher. Dem Antrag können andere Gläubiger beitreten durch einen späteren Antrag auf Zwangsversteigerung des Grundstücks.

Der **Antrag** sollte folgende **vier Bestandteile** enthalten:

1. die Bezeichnung des zu versteigernden Grundstücks, zweckmäßigerweise nach seiner Beschreibung im Grundbuch

2. die Bezeichnung des Grundstückseigentümers, der mit dem Schuldner übereinstimmen muß

3. die Bezeichnung des Anspruchs und

4. die Bezeichnung des Titels, aus welchem der Anspruch hergeleitet wird

Diese Angaben sind möglichst genau zu halten, da aus dem Antragsgrundsatz folgt, daß durch das Verfahren nichts zugesprochen werden darf, was nicht beantragt worden ist, andererseits aber auch nicht weniger aus dem Erlös an den Betreiber zu zahlen ist als das, worauf ein rechtlicher Anspruch besteht und was beantragt worden ist.

Der Beschluß, der die Zwangsversteigerung anordnet gilt zugunsten des Gläubiger als Beschlagnahme des Grundstücks. Sie wird **wirksam** zu dem Zeitpunkt, in dem der **Versteigerungsbeschluß** dem Schuldner **zugestellt** wird, oder in dem Zeitpunkt, in welchem dem Grundbuchamt das Ersuchen um die Eintragung des Versteigerungsvermerks im Grundbuch zugeht. Maßgebend ist der frühere der beiden Zeitpunkte. Die Beschlagnahme hat die Wirkung eines Veräußerungsverbots.

Treten keine entgegenstehenden Umstände ein (Rücknahme des Antrags durch den Gläubiger oder Beanspruchung von Vollstreckungsschutz durch den Schuldner), dann setzt das Vollstreckungsgericht den Versteigerungstermin fest. Zwischen der Bestimmung des Termins und dem Termin selbst soll eine Zeitspanne von nicht mehr als sechs Monaten liegen. Für die praktische Entscheidung ist aber zu berücksichtigen, daß vom Zeitpunkt der Antragstellung bis zum eigentlichen Termin tatsächlich nicht selten eineinhalb Jahre verstreichen, was auch an der gestiegenen Anzahl von Zwangsversteigerungen liegt.

Da das Ziel der Zwangsversteigerung ist, dem Gläubiger durch „Versilberung" des belasteten Grundstücks Befriedigung zu verschaffen, muß die Verwertung zu einem Preis erfolgen, der den berechtigten Interessen von Schuldner und Gläubigern (auch denen, die im Rang dem betreibenden Gläubigern nachgehen) gerecht wird. Das Zwangsversteigerungsgesetz sieht zu diesem Zweck einerseits eine Zulassung von Geboten im Versteigerungstermin nur ab einer Mindesthöhe – dem **geringsten Gebot** – und andererseits die Festsetzung eines **Verkehrswertes** für das zu versteigernde Grundstück vor. Das geringste Gebot richtet sich nicht nach dem Wert des Grundstücks, sondern wird nach rein formalen Regeln festgelegt; § 44 Abs. 1 ZVG lautet: „Bei der Versteigerung wird nur ein solches Gebot zugelassen, durch welches die dem Anspruch des Gläubigers vorgehenden Rechte sowie die aus dem Versteigerungserlös zu entnehmenden Kosten des Verfahrens gedeckt werden (geringstes Gebot)." Das geringste Gebot besteht also aus den bestehenbleibenden Rechten (wie sie sich aus dem Grundbuch ergeben) und dem bar zu zahlenden Teil.

Maßgebend für die Feststellung der bestehenbleibenden Rechte ist der Rang des betreibenden Gläubigers, bei mehreren Gläubigern der des Rangbesten.

Bar zu zahlen sind die gerichtlichen Kosten des Verfahrens, die Ansprüche der Rangklassen 1 bis 3 (§ 10 ZVG), soweit sie angemeldet sind, sowie die Kosten und wiederkehrenden Leistungen der auf dem Grundstück bestehenbleibenden Grundpfandrechte.

Die nichtbetreibenden Grundpfandgläubiger, soweit sie dem betreibenden im Range vorgehen, behalten ihre nominellen Grundpfandrechte. Die übrigen Rechte erlöschen durch die Zwangsversteigerung.

Als **Verkehrswert** wird im § 74a Abs. 5 ZVG derjenige Preis des Grundstücks unter Einschluß der beweglichen mitzuversteigernden Gegenstände verstanden, der bei einer freihändigen Veräußerung unter Berücksichtigung von Lage, Zustand und Verwendbarkeit des Grundstücks sowie von allgemeinen örtlichen und zeitlichen Besonderheiten erzielt werden kann. Er dient insbesondere der Beurteilung, ob der später erzielte Veräußerungserlös zum Schutze des Schuldners angemessen ist oder nicht. Der Wert ist vom Vollstreckungsgericht – gegebenenfalls unter Einschaltung eines Sachverständigen – festzusetzen.

Eine erste Auswirkung auf das Versteigerungsergebnis zeigt § 74 Abs. 1 ZVG: Wird in der Versteigerung ein Preis erreicht, der 70 v. H. des gerichtlichen Verkehrswertes nicht deckt, so kann ein Berechtigter, dessen Anspruch ganz oder teilweise durch das Gebot nicht gedeckt ist, aber bei einem Gebot in Höhe des Verkehrswertes voraussichtlich gedeckt werden würde, die Versagung des Zuschlags beantragen. Ist allerdings das Gebot von einem zur Befriedigung aus dem Grundstück Berechtigten abgegeben worden, kann der Zuschlag nicht versagt werden, wenn sein Gebot inklusive des Betrages, mit dem er selbst ausfallen würde, 70 v. H. des Verkehrswertes erreicht. Der Zuschlag ist von Amts wegen zu versagen, wenn das Meistgebot 50 v. H. des Verkehrswertes nicht erreicht (§ 85 a Abs. 1 ZVG). Das Gericht hat einen neuen Versteigerungstermin freizusetzten, wenn der Zuschlag versagt wurde.

In dem neuerlichen Zwangsversteigerungstermin gilt gemäß § 85 a Abs. 2 ZVG weder die $^7/_{10}$- noch die $^5/_{10}$-Grenze: Der Zuschlag kann nicht mehr versagt werden, wenn auch das Meistangebot hinter 50 v. H. des Verkehrswertes zurückbleibt. Der in diesem Termin erzielte Preis ist also der Verteilung auf die Berechtigten zugrundezulegen.

Die Festsetzung eines gerichtlichen Verkehrswertes hat eine weitere bedeutende Konsequenz in dem Fall, daß der betreibende Gläubiger das Versteigerungsobjekt zur Rettung seiner Forderung selbst erwirbt (Rettungserwerb). Es gilt dann die sogenannte Befriedigungsfiktion des § 114 a ZVG, wenn das Meistgebot des Gläubigers die $^7/_{10}$-Grenze unterschreitet: Der Gläubiger gilt dennoch als in Höhe von 70 v. H. des gerichtlichen Verkehrswertes befriedigt, und dem Schuldner sind 70 v. H. des gerichtlichen Verkehrswertes gutzuschreiben.

### 5.4.2.2 Einleitung eines gerichtlichen Mahn-/Klageverfahrens

Hat die Bank keine oder keine ausreichenden verwertbaren Sicherheiten, muß sie versuchen, auf das sonstige Vermögen des Kunden zurückzugreifen. Voraussetzung dafür ist eine vollstreckbare Urkunde, mit der das Gericht Vollstreckungen in das Vermögen des Schuldners genehmigt.

Das Mahnverfahren ist die häufigste Form der Durchsetzung von Forderungen aus Privatdarlehen und Giroverkehr. Nach § 688 Abs. 1 ZPO ist ein Mahnbescheid zu erlassen, wenn dies wegen eines Anspruchs auf Zahlung einer bestimmten Geldsumme beantragt wird. Ein solcher Antrag ist unzulässig, wenn der Anspruch von einer Gegenleistung abhängt. Eine entsprechende Erklärung muß der Mahnantrag enthalten. Für das Mahnverfahren ist dasjenige Amtsgericht zuständig, in dessen Bezirk der Antragsteller seinen Sitz hat (§ 689 ZPO).

Der Rechtspfleger erläßt diesen Mahnbescheid und stellt ihn dem Schuldner zu. Dieser hat nun drei Möglichkeiten:

1. Er zahlt. Damit ist das Mahnverfahren beendet.

2. Er erhebt innerhalb von zwei Wochen schriftlich Widerspruch. Schuldner und Gläubiger können jetzt Antrag auf Eröffnung des Klageverfahrens erheben.

3. Er unternimmt nichts. Nach Ablauf der Widerspruchsfrist kann jetzt die Bank (als Gläubiger) einen Vollstreckungsbescheid beantragen. Gegen den Vollstreckungsbescheid kann der Schuldner Einspruch erheben. Es kommt zum Klageverfahren.

Weil das gerichtliche Mahnverfahren zeitsparender und kostengünstiger ist, wählen die Banken zunächst diesen Weg zur Erlangung eines vollstreckbaren Titels. Der andere Weg ist das Klageverfahren. Dabei muß eine Klageschrift eingereicht werden. Darin werden die Parteien bezeichnet, der Klagegrund angegeben sowie der Rechtsanspruch, auf den sich die Klage stützt. Sie wird dem Gegner zugestellt. Über die Klage wird mündlich verhandelt. Kann die Bank ihre Ansprüche zweifelsfrei belegen, erhält sie mit Rechtskraft des Urteils einen vollstreckbaren Titel. Rechtskräftig wird das Urteil, wenn die unterlegene Partei innerhalb der Frist keine Berufung oder Revision einlegt.

### 5.4.2.3 Die Zwangsvollstreckung

Aus Mahnverfahren und Zivilprozeß können folgende vollstreckbaren Titel ergehen:
- Vollstreckungsbescheide
- rechtskräftige Urteile
- für vorläufig vollstreckbar erklärte Urteile
- Prozeßvergleiche
- vollstreckbare Urkunden eines Notars mit Unterwerfungsklausel

Die Zwangsvollstreckung selbst beginnt nur auf Antrag des Gläubigers.

Im Rahmen der Zwangsvollstreckung sind **Grenzen der Pfändung** zu beachten. Sie ergeben sich aus § 811 ZPO. Die Vollstreckungsorgane haben zu beachten, daß der Schuldner nicht „kahlgepfändet" werden darf. Die Aufzählung des § 811 ZPO ist von der Rechtsprechung den Entwicklungen des modernen Lebens angepaßt worden, so daß man heute zu den unpfändbaren Hausratsgegenständen auch Radios, Kühlschränke, Waschmaschinen und anderes zählt.

Verläuft die Zwangsvollstreckung ergebnislos, so kann beim Amtsgericht die Entgegennahme der **eidesstattlichen Versicherung** des Schuldners beantragt werden. Diese ist auf Antrag des Gläubigers oder auch auf Initiative des Schuldners selbst abzugeben, wenn aus dem Vermögen des Schuldners eine vollständige oder teilweise Befriedigung nicht erwartet werden kann. Die eidesstattliche Versicherung basiert auf einem vom Schuldner zu erstellenden Vermögensverzeichnis. Gibt der Schuldner die eidesstattliche Versicherung nicht ab, kann der Gläubiger Haftbefehl beantragen. Aufgrund des Titels gegen den Schuldner können Vermögensmehrungen, die sich innerhalb der auf die eidesstattliche Versicherung folgenden 30 Jahre beim Schuldner ergeben, durch den Gläubiger bis zur vollen Befriedigung abgeschöpft werden. Die Schuldner werden in ein beim Amtsgericht geführtes **Schuldnerverzeichnis** (§ 915 ZPO) eingetragen.

### 5.4.3 Einleitung eines Vergleichs- oder Konkursverfahrens

Bisher wurden die Möglichkeiten einer Bank beschrieben, sich bei einzelnen notleidenden Kreditengagements aus dem Vermögen des Schuldners zu befriedigen. Nun ist ergänzend darzustellen, wie sich das Verhältnis eines in Schwierigkeiten geratenen Kreditnehmers zu der Gesamtzahl seiner Gläubiger darstellt. Zur Vermeidung rechtlicher und wirtschaftlicher Nachteile ist es sowohl für den Schuldner als auch für seine Gläubiger wichtig, zu einem insgesamt abgestimmten Verhalten in der Notsituation zu kommen, das einzelne Gläubiger weder bevorteilt noch benachteiligt. Die Vollstreckungsmaßnahme eines einzelnen Kreditinstitutes in das Vermögen des Schuldners zum Beispiel ist in solchen Situationen nicht angebracht, da sie sowohl ein mögliches Sanierungskonzept als auch die Forderungen der übrigen Gläubiger gefährden kann. Ausnahmen bestehen allerdings für aussonderungsfähige Rechte.

Das Konkursrecht kennt zur Abwicklung der Gläubigeransprüche das Konkurs- und das Vergleichsverfahren, jedoch sind auch außergerichtliche Einigungsmöglichkeiten gegeben. Beginnen wir mit der Lösung ohne Einschaltung der Gerichte:

#### 5.4.3.1 Der außergerichtliche Vergleich

Der Anlaß für den Kreditnehmer, einen außergerichtlichen Vergleich mit seinen Gläubigern zu suchen, ist meistens dann gegeben, wenn Ertragsprobleme, Vermögensverschlechterung oder Liquiditätsenpässe eine Sanierung erforderlich machen, die von den Eigentümern des Unternehmens allein nicht mehr geleistet werden kann. Zu einer erfolgreichen Sanierung sind dann zusätzlich ein begrenzter Forderungs- oder Zinsverzicht beziehungsweise Stundungsvereinbarungen oder Prolongationen von Krediten Vorbedingung. Hierfür wird die erforderliche Zustimmung aller Gläubiger nur zu erzielen sein, wenn sichergestellt ist, daß alle Gläubiger gleich behandelt werden. Keiner der Gläubiger würde sich vermutlich an eine Vereinbarung halten, wenn erkennbar wird, daß ein anderer eine bevorzugte Behandlung genießt. Ein gewisser Zwang zur Einigung unter den Gläubigern folgt aus der Erfahrung, daß Sanierungsmaßnahmen möglichst schnell zu ergreifen sind, denn meistens steuern nach fehlgeschlagenen Verhandlungen die Kreditnehmer auf den Konkurs zu. Jedoch ist eine Einigung erschwert durch unterschiedliche Besicherung oder durch verschiedene Laufzeiten der Kredite. Ein dinglich besicherter Gläubiger ist auf den außergerichtlichen Vergleich weniger angewiesen als ein Blankokreditgeber. Die Gläubigergemeinschaft wird darüber hinaus ihrerseits Forderungen auf nennenswerte „Opfer" der Eigentümer stellen. Aus diesen Interessenlagen wird ersichtlich, daß ein außergerichtlicher Vergleich höchste Anforderungen an das Verhandlungsgeschick aller Beteiligten stellt. Im positiven Fall wird ein Ergebnis erzielt, das zum Gegenstand hat:

1. begrenzte Forderungsverzichte aller Gläubiger
2. Zinsverzichte oder Zinsstundungen aller Gläubiger
3. Leistungen der Eigentümer
4. ein Sanierungskonzept, das als tragfähige Basis für die weitere Existenz des Kreditnehmers gelten kann und weitere einschneidende Maßnahmen nicht erforderlich macht

Ist ein außergerichtlicher Vergleich zustande gekommen, wird das weitere Verhalten der Gläubiger von dem Erfolg der Sanierungsmaßnahmen abhängen, denn die Gläubiger stellen die außergerichtliche Vergleichsvereinbarung in der Regel unter den Vorbehalt des Gelingens der Sanierung. Auf die Forderung der Gläubiger hin verpflichten sich gelegentlich die Schuldner, aus künftigen Gewinnen die „Altforderung" zu bedienen (**Besserungsschein**).

### 5.4.3.2 Das Konkursverfahren

Das Konkursverfahren ist ein rechtlich geregeltes Vorgehen zur Befriedigung der Gläubiger eines Gemeinschuldners nach dem Grundsatz, daß alle Gläubiger den gleichen Anspruch auf Befriedigung haben. Es hat das **Ziel, das Vermögen des Schuldners vollständig auf seine Gläubiger zu verteilen, so daß er am Ende des Konkursverfahrens vollständig aus dem Geschäftsleben ausscheidet**. Das Konkursrecht betrifft Gesellschaften. Ein Konkursrecht für Privatpersonen besteht bis heute nicht, wird aber immer wieder gefordert. (Eine natürliche Person kann zwar nicht gänzlich aus dem Wirtschaftsverkehr eliminiert werden, da sie nach dem Konkurs nicht aufhört, Träger von Rechten und Pflichten zu sein, aber aus ihrer weiteren Betätigung hat sie die verbliebenen Ansprüche zu begleichen.)

Wichtigster Konkursgrund ist die **Zahlungsunfähigkeit** (§ 102 KO). Es ist die Unfähigkeit, fällige Verbindlichkeiten zu begleichen. Für juristische Personen und solche Personenvereinigungen, die keine juristischen Personen sind, denen aber das Element der Haftung einer natürlichen Person fehlt (zum Beispiel GmbH & Co. KG), kommt als Konkursgrund die **Überschuldung** hinzu, also die aus einem Vermögensstatus erkennbare Unfähigkeit, fällige Verbindlichkeiten auch künftig begleichen zu können.

Das Konkursverfahren kann **nur auf Antrag** eröffnet werden; die Einleitung eines Konkursverfahrens von Amts wegen ist also nicht möglich. Der Antrag ist an dasjenige Amtsgericht zu richten, in dessen Bezirk der Gemeinschuldner seine gewerbliche Niederlassung hat. Antragsberechtigt ist entweder der Gemeinschuldner selbst oder einer seiner Gläubiger. Eine Antragspflicht ergibt sich für die Vertreter von Kapitalgesellschaften nach Eintritt der Zahlungsunfähigkeit oder für die zur

Vertretung einer Personengesellschaft berufene Person, wenn die Personengesellschaft keinen persönlich haftenden Gesellschafter hat und Überschuldung eingetreten ist. Ein das Konkursverfahren beantragender Gläubiger hat seinen Anspruch glaubhaft zu machen, das Gericht prüft seinen Anspruch in einem **Vorprüfungsverfahren**. Die Glaubhaftmachung ist eine mindere Form der Beweisführung, es genügen hier eidesstattliche Versicherungen oder die Vorlage von Geschäftskorrespondenz. In gleicher Weise ist der Konkursgrund glaubhaft zu machen.

Ist der Konkursantrag als grundsätzlich zulässig erachtet worden, tritt das Gericht in die **Hauptprüfung** ein. Erst in diesem Stadium ist der Gemeinschuldner zu hören, denn nun ist das tatsächliche Vorliegen des Konkursgrundes zu prüfen. In der Hauptprüfung hat das Gericht bereits auch „alle zur Sicherung der Masse dienenden einstweiligen Anordnungen zu treffen" (§ 106 KO). Diese können von der Sperrung eines einzelnen Kontos bis zur Verhaftung des Gemeinschuldners reichen; dem Gericht ist in der Beurteilung dessen, was angemessen und notwendig ist, ein weiter Spielraum gelassen. Die häufigste und in der Konkursordnung speziell angesprochene Maßnahme ist das **allgemeine Veräußerungsverbot**. Trotz dieses Verbotes bleibt der Geschäftsbetrieb als solcher erhalten, der Schuldner kann also weiter Gegenstände eines Unternehmens veräußern und hinzuerwerben; es sind ihm jedoch alle Verfügungen untersagt, die den Bestand der für die Gläubiger haftenden Masse beeinträchtigen. Das allgemeine Veräußerungsverbot ist mit Eröffnung des Konkursverfahrens oder mit seiner endgültigen Ablehnung aufgehoben.

Im Hauptprüfungsverfahren wird ferner entschieden, ob das Konkursverfahren eröffnet wird. Dies ist der Fall, wenn der Konkursgrund tatsächlich gegeben ist und wenn eine zur Deckung der Kosten des Verfahrens ausreichende Masse zur Verfügung steht. Der weitaus größte Teil der beantragten Konkurse wird mangels Masse nicht eröffnet. Mit der Eröffnung des Konkursverfahrens verliert der Gemeinschuldner die Befugnis, sein zur Konkursmasse gehöriges Vermögen zu verwalten und darüber zu verfügen (§ 6 KO). An seine Stelle tritt der vom Gericht zu bestellende **Konkursverwalter**. Er hat das gesamte zur Konkursmasse gehörige Vermögen sofort in Besitz und Verwaltung zu nehmen (§ 117 KO). Den Umfang des Vermögens definiert § 3 KO als das gesamte einer Zwangsvollstreckung unterliegende Vermögen des Gemeinschuldners, welches ihm zur Zeit der Eröffnung des Konkursverfahrens gehört. In der Verwertung des Vermögens zeigt sich das Geschick des Konkursverwalters. Er hat im Interesse der Gläubigergemeinschaft darüber zu befinden, ob mit dem Einzelverkauf, einem Totalverkauf oder auch durch den weiteren Betrieb des Unternehmens oder eines Teils davon den Gläubigerinteressen besser gedient ist. Erst mit Abschluß der gesamten Verwertung der Masse ist klar, welche Quote die Gläubiger auf ihre Forderungen erhalten.

Bei gesicherten Forderungen gegen den Gemeinschuldner sind gegenüber den allgemeinen Verfahrensgrundsätzen folgende Besonderheiten zu beachten:

Gegenstände, die der Gemeinschuldner zwar in seinem Betrieb nutzt, die aber im Eigentum eines Dritten stehen, gehören nicht zur Konkursmasse. Sie können daher nicht vom Konkursverwalter zur Befriedigung der Gläubiger genutzt werden. Solche Gegenstände sind auszusondern (**Aussonderung**, § 43 KO). Die Konkursordnung sagt nicht, wann ein Aussonderungsrecht besteht, sondern bezieht sich in der Frage des „dem Gemeinschuldner nicht gehörigen Gegenstands" auf das **BGB**. Der Eigentümer hat einen Herausgabeanspruch, als ob kein Konkurs bestünde.

Gegenstände, die der Gemeinschuldner zur Sicherung verpfändet oder sicherungsübereignet hat, gehören zur Konkursmasse. Die betroffenen Gläubiger können aber abgesonderte (vorrangige) Befriedigung verlangen (**Absonderung**, § 47 KO). Das bedeutet, daß ihre Forderungen grundsätzlich aus den Verwertungserlösen des Pfandes beziehungsweise der sicherungsübereigneten Gegenstände gedeckt werden. Ein Mehrerlös aus der Verwertung ist der Konkursmasse zur Verfügung zu stellen, den bei der Verwertung nicht zu deckenden Forderungsteil können die Gläubiger zur Befriedigung aus der Konkursmasse anmelden. Die Gläubiger besicherter Forderungen sind in der Verwertung der Sicherungsgüter grundsätzlich frei – ausgenommen die Verwertung von Grundstücken, bei denen der Konkursverwalter selbst ein Verwertungsrecht hat –, in der Praxis kommt es jedoch meist zu einer zwischen Gläubiger und Konkursverwalter abgestimmten Verwertung.

### 5.4.3.3 Das gerichtliche Vergleichsverfahren

Voraussetzungen des Vergleichsverfahrens sind – wie beim Konkurs – Zahlungsunfähigkeit oder Überschuldung. **Antragsberechtigt** ist hier jedoch **nur der Gemeinschuldner**. Dies folgt aus der anderen Zielrichtung des Vergleichs gegenüber dem Konkursverfahren. Trotz der vorliegenden Insolvenz wird das Unternehmen hier als überlebensfähig angesehen. Die dazu erforderlichen Forderungsverzichte der Gläubiger sollen Ergebnis des Vergleichsverfahrens sein. Dem Ziel der Rettung des Unternehmens dient auch die Vorschrift des § 46 der Vergleichsordnung (VergLO): Zwangsmaßnahmen gegen den Schuldner werden mit Eröffnung des Vergleichsverfahrens unzulässig.

Der Vergleichsverwalter ist nicht – wie der Konkursverwalter – „Herr" des Verfahrens, er verwaltet insbesondere nicht das Schuldnervermögen. Vielmehr steht er dem Schuldner, der unbeschränkt verfügungsberechtigt bleibt, beratend zur Seite. Gegenstand des Vergleichsverfahrens ist, daß die Gläubiger über einen Vergleichsvorschlag des Schuldners abstimmen, der ihnen eine bestimmte Quote ihrer Forderungen anzubieten hat. Aufgrund diese Vorschlags hat auch das Gericht zu entscheiden, ob ein Vergleichsverfahren eröffnet wird. Der Vorschlag ist nur zulässig, wenn der Schuldner seinen Gläubigern mindestens 35 Prozent ihrer Forderungen anbietet, und zwar zahlbar innerhalb eines Jahres. Will der Schuldner erst innerhalb von 18 Monaten zahlen, erhöht sich die Quote auf 40 Prozent.

Der Vergleichsvorschlag ist angenommen, wenn die Mehrheit der Gläubiger, die mindestens 75 Prozent der Forderungen vertreten muß, zustimmt.

## RESÜMEE

Kreditgeschäfte mit Privaten, Firmenkunden und Investitionen der öffentlichen Hand stellen den **Kern des bilanzwirksamen Aktivgeschäfts** der Banken dar.

Neben der **Geldleihe**, bei der die Banken ihren Kreditnehmern Zahlungsmittel in Form von Buchgeld zur Verfügung stellen, sind Aval- und Akzeptkredite die wichtigsten Formen von **Kreditleihe**. Hier übernehmen Banken bedingte oder unbedingte Zahlungsversprechen für ihre Kunden gegenüber Dritten.

Kontokorrent-, Überziehungs-, Diskont- und Lombardkredite sind die typischen **Kreditarten** im kurz- und mittelfristigen Kreditgeschäft. Im langfristigen Kreditgeschäft stehen Hypothekar- und Grundschuldkredite zur Finanzierung von Investitionen und Bauvorhaben im Vordergrund.

Um das **Kreditrisiko** zu begrenzen, erfolgt vor Kreditvergabe eine sorgfältige Prüfung der Kreditfähigkeit und Kreditwürdigkeit (Bonitätsprüfung), eine angemessene Besicherung durch Personal- und/oder Realsicherheiten und während der Laufzeit eine regelmäßige Kreditüberwachung.

Bei den **Personalsicherheiten** spielt die Bürgschaft in ihren verschiedenen Formen die Hauptrolle. Die dominierende **Sachsicherheit** stellt die Verpfändung von Vermögenswerten an beweglichen Sachen oder Grundstücken dar. Werden Forderungen des Kreditnehmers als Sicherheit hereingenommen, spricht man von fiduziarischer Abtretung einer Forderung, von einer Zession.

Trotz Prüfung, Überwachung und die Hereinnahme von Sicherheiten kommt es immer wieder zu im voraus nicht erkennbaren Kreditrisiken und unter Umständen zur **Zahlungsunfähigkeit** des Kunden. Tritt diese ein, sind von der Bank Maßnahmen zur Sicherung des Engagements einzuleiten (zum Beispiel Offenlegung der Zessionen, Verwertung von Pfändern, eventuell auch freiwilliger Vergleich). Bestehen keine Chancen zur Fortführung der Geschäfte, kann es in einem gerichtlichen Verfahren zur zwangsweisen Auflösung, zum **Konkurs** kommen. Dieser kann manchmal durch (gerichtlichen) **Zwangsvergleich** abgewendet werden.

**KONTROLLFRAGEN**

1. Welche Finanzierungsmöglichkeiten bestehen für Unternehmen?
2. Welche Angaben verlangt eine Bank für einen Kreditvertrag?
3. Warum wird eine Kreditwürdigkeitsprüfung vorgenommen und worauf erstreckt sich diese Prüfung?
4. Worin besteht das Wesen der Bürgschaft, welche Arten sind im einzelnen zu unterscheiden? Für welche Bürgschaftsform wird sich ein Kreditinstitut im allgemeinen entscheiden?
5. Was ist unter dem Faustpfandprinzip zu verstehen und welche Ausnahmen davon sind im BGB vorgesehen?
6. Wie unterscheidet sich die Sicherungsübereignung vom Pfandrecht an beweglichen Sachen?
7. Wo liegen die Risiken einer Sicherungsübereignung für die kreditgebende Bank?
8. Wie unterscheiden sich stille und offene Zession, und was ist mit gesetzlichem und vertraglichem Abtretungsverbot gemeint?
9. Das Kaufhaus Mitte bietet als Sicherheit für einen kurzfristigen Kredit in Höhe von 800.000 DM ein Warenlager im Wert von ca. 1,3 Millionen DM Einkaufspreis an, das sich in und hinter den Verkaufsräumen befindet. Erläutern Sie, unter welchen Voraussetzungen diese Werte als Sicherheit hereingenommen werden können.
10. Was ist aus dem Grundbuch ersichtlich, wie ist es eingeteilt?
11. Welche Bedeutung hat das Rangverhältnis der Rechte im Grundbuch?
12. Warum bestehen Banken auf Eintragung einer Zwangsvollstreckungsklausel?
13. Worin unterscheiden sich Hypothek und Grundschuld als Kreditsicherheit?
14. Im Grundbuch Ihres Kunden wurden folgende Eintragungen vorgenommen. Stellen Sie eine Rangfolge der Rechte auf.

| Abteilung II | Tag der Eintragung |
|---|---|
| Nr. 1 Nießbrauchrecht | 12.11.1984 |
| Nr. 2 Auflassungsvormerkung | 13.12.1994 |
| Nr. 3 | 13.12.1994 |
| Nr. 4 Vorkaufsrecht für alle Verkaufsfälle mit Rangvorbehalt nebst bis zu 15 % Zinsen 1.11.1984 | |

**Veränderungsspalte**

Die Post Abteilung III hat unter Ausnutzung des Rangvorbehaltes Rang vor dem Recht Abteilung II Nr. 4. Eingetragen am 2.11.1994.
Das Recht Abteilung II Nr. 1 hat der Post Abteilung III Nr. 1 den Vorrang eingeräumt. Eingetragen am 4.12.1994.

| Abteilung III | Tag der Eintragung |
|---|---|
| Nr. 1 Buchhypothek über 10.000 DM | 4.12.1994 |
| Nr. 2 Grundschuld über 250.000 DM | 16.1.1996 |

**Veränderungsspalte**

Text gleichlautend wie in der Veränderungsspalte in Abteilung II.

15. Was ist ein Akzeptkredit, und welche Vereinbarungen enthält im allgemeinen eine Akzeptkreditvertrag?

16. Beschreiben Sie die Merkmale einer Bankbürgschaft und zeigen Sie auf, worin sie sich von einer Bankgarantie unterscheidet.

17. Wofür werden Avalkredite gewährt, und wie erfolgt die technische Abwicklung?

18. Die Norddeutsche Taufabrik Bremen möchte ihre Rohstoffimporte mit Bankakzept finanzieren und fragt deshalb bei ihrer Bank an, unter welchen Voraussetzungen dies möglich ist. Aufgrund der langjährigen Bankverbindung ist die Bank grundsätzlich bereit, die Importe durch Bankakzept zu finanzieren. Jedoch möchte sie dem Kunden die Akzepte auch (zu den jeweiligen Geldmarktsätzen) selbst diskontieren.

    Entwerfen Sie ein Schreiben der Bank.

### LITERATUR ZUM WEITERLESEN

- Zur Vertiefung eignet sich

  Herold/Hilgermann/Bernicken, **Das Kreditgeschäft der Banken**, Hamburg.

- Speziell zum Firmenkreditgeschäft können Sie nachlesen bei

  R. Nitsch, **Praxis des Firmenkreditgeschäfts**, Wiesbaden 1993.

- Das langfristige Kreditgeschäft ist lexikalisch aufbereitet zum schnellen Nachschlagen in:

  Gerhards/Keller, **Gabler Lexikon Baufinanzierung,** 5. Auflage, Wiesbaden 1996.

- Für Auszubildende und Trainees besonders geeignet sind

  **Trainingsleitfäden der einzelnen Banken.**

  Sie stellen auf die Produktpalette und die Organisation der jeweiligen Häuser ab und enthalten viele, zur selbständigen Bearbeitung der Geschäfte mit den Kunden notwendige Detailinformationen.

# 6. Das Auslandsgeschäft

## Geschäfte ohne Grenzen

„Money goes around the world."

> Unsere modernen Volkswirtschaften sind über vielfältige Handelsbeziehungen mit dem Ausland verbunden. Wir importieren Rohstoffe oder Güter, die im Ausland kostengünstiger produziert werden, und wir exportieren einen Großteil der eigenen Produktion. Daher hat die Abwicklung des Auslandsgeschäftes über die Banken für viele Firmen große Bedeutung. Das hat unter anderem dazu geführt, daß die großen Banken ein dichtes Netz von Auslandsniederlassungen, Repräsentanzen und Korrespondenzbanken aufgebaut haben, um ihren Kunden eine optimale Abwicklung ihrer internationalen Aktivitäten zu ermöglichen. Die Banken bieten heute eine Vielzahl von grenzüberschreitenden Dienstleistungen an, die wir im folgenden näher betrachten werden.

**LEITFRAGEN**

1. Geschäfte ohne Grenzen – wie sieht es dabei mit der Sicherheit aus?
2. Welche Bankleistungen kann ich als Kunde im Außenwirtschaftsverkehr in Anspruch nehmen?

## 6.1 Besonderheiten im Auslandsgeschäft

### 6.1.1 Rechtliche Grundlagen

Die rechtliche Grundlage für die Abwicklung von Außenhandelsgeschäften bildet das Außenwirtschaftsgesetz (AWG) von 1961.

Das AWG regelt:

- den Warenverkehr (das heißt Aus- und Einfuhr, Transit)
- den Dienstleistungsverkehr
- den Kapitalverkehr
- den Zahlungsverkehr
- den Verkehr mit Auslandswerten und Gold und
- den sonstigen Wirtschaftsverkehr

zwischen Gebietsansässigen und Gebietsfremden.

In der Außenwirtschaftsverordnung (AWV) sind zu diesen Bereichen aus dem AWG Beschränkungen, Verfahrensvorschriften und Meldevorschriften geregelt. Außerdem enthält die AWV auch Bußgeldvorschriften für Verstöße.

**Rechtsgrundlage für das Verhältnis zwischen den deutschen und ausländischen Partnern von Auslandsgeschäften jedoch sind die individuell abzuschließenden Verträge**, für die die allgemeinen Bestimmungen des Vertragsrechts gelten.

Grundsätzlich können die Geschäftspartner festlegen, welches nationale Recht für ihre beiderseitigen Rechtsbeziehungen maßgebend sein soll.

Für das Verhältnis zwischen einer deutschen Bank und dem inländischen beziehungsweise ausländischen Exporteur oder Importeur sind als Rechtsgrundlage zunächst die **Allgemeinen Geschäftsbedingungen der Banken** (AGB) zu nennen, die auch für die Abwicklung von Auslandsgeschäften als Rahmenvorschriften grundsätzlich Gültigkeit besitzen, sofern nicht abweichende oder ergänzende vertragliche Vereinbarungen zwischen Bank und Kunde getroffen werden (vor allem die Ziffern 3, 6, 10).

Insbesondere die Bestimmungen über die Zurückzahlung von **Währungskrediten** und die Sicherung der Banken gegen politische Risiken zu erwähnen, die im Zusammenhang mit der Unterhaltung von **Währungskonten** für Rechnung von Kunden im Ausland auftreten können – ferner die Regelung der **Haftung** der Kreditinstitute im **Auslandswechselgeschäft** sowie bei der Aufnahme, Auslieferung oder Honorierung von Dokumenten und der Ausführung von Aufträgen im Rahmen von Export- und Importgeschäften sowie das Pfandrecht an Dokumenten.

Eine Ergänzung der Allgemeinen Geschäftsbedingungen bilden die von der **Internationalen Handelskammer** in Paris (ICC) aufgestellten

- **„Einheitlichen Richtlinien und Gebräuche für Dokumentenakkreditive (ERA)"** sowie die
- **„Einheitlichen Richtlinien für Inkassi (ERI)"**

Beide enthalten grundsätzlich bindende Regelungen auf internationaler Ebene für alle am Akkreditiv- beziehungsweise Inkassogeschäft Beteiligten. Ausnahmen können entweder durch ausdrückliche vertragliche Abweichung oder entgegenstehendes zwingendes staatliches Recht entstehen.

Während die AGB die Bank und Ex- oder Importeur grundsätzlich rechtlich binden, handelt es sich bei den übrigen vertraglichen Abmachungen im wesentlichen um spezielle rechtsgeschäftliche Vereinbarungen, die auf die jeweiligen Bedürfnisse des Einzelfalls abgestellt werden. Dies gilt zum Beispiel für die Kreditvereinbarungen, die im allgemeinen Art und Umfang der Sicherheiten, die Kreditlaufzeit und -rückführung sowie die Kreditkosten umfassen.

### 6.1.2 Risiken im Außenhandel

Angenommen, einer Ihrer Firmenkunden, der bisher nur hierzulande aktiv war, hat jetzt einen Abnehmer für seine Produkte in Argentinien gefunden. Vor dem ersten Vertragsabschluß möchte er von Ihnen wissen, ob und welche Risiken daraus entstehen können. Prinzipiell können verschiedene politische und wirtschaftliche Risiken bestehen:

- **Politische Risiken**
  - **Konvertierungsrisiko:** Der Staat des Importeurs verfügt nicht über die entsprechenden Devisen, um die Landeswährung in die Vertragswährung umzuwandeln.
  - **Transferrisiko:** Der Staat des Importeurs läßt keinen oder nur begrenzten Export der Landeswährung zu.
  - **Zahlungsverbotsrisiko:** Käufer werden durch staatliche Eingriffe, die meist politische Gründe haben, an der Zahlung gehindert.
  - **politische Risiken im engeren Sinne:** hierzu zählen Krieg, Blockade, Streiks, Boykott usw.

- **Wirtschaftliche Risiken**
  - **Transportrisiko**: Es umfaßt die Gefahr, daß während des Transports der Warenwert beeinträchtigt wird.
  - **Abnahmerisiko:** Es könnte auch sein, daß der Importeur die Ware plötzlich nicht mehr haben will.

- **Wechselkursrisiko:** Wenn die Ware in Fremdwährung bezahlt wird, droht ein Verlust, wenn der Wechselkurs sich zugunsten der anderen Währung verändert.
- **Delkredererisiko:** Zahlungsunwilligkeit, Zahlungsverzug oder Zahlungsunfähigkeit des Importeurs sind hier zu nennen; dies sind zwar Risiken, die auch im Inlandsgeschäft vorkommen, im Auslandsgeschäft aber oft von größerer Bedeutung sind.

Für den Importeur sind umgekehrt neben dem Transportrisiko vor allem das **Erfüllungs-** und das **Qualitätsrisiko** von Bedeutung – also die Unsicherheit, ob sein Vertragspartner überhaupt liefert und ob die Ware den Abmachungen entspricht.

Zur Einschränkung eines Teils dieser zusätzlichen, nicht kalkulierbaren Risiken ist im zwischenstaatlichen Handels- und Zahlungsverkehr unter anderem die Anwendung sogenannter „gesicherter Zahlungsbedingungen" üblich, die besondere bankmäßige Abwicklungsformen entstehen ließen, wie zum Beispiel das Dokumentenakkreditiv.

Das Wechselkursrisiko wird heute über Devisentermingeschäfte ausgeschaltet oder durch Kontrahierung in der eigenen Währung auf den anderen Vertragspartner verschoben.

### 6.1.3 Lieferungsbedingungen im Außenhandel

In der Außenhandelspraxis entwickelten sich im Laufe der Zeit zahlreiche Usancen in Gestalt bestimmter Vertragsformen für die verschiedenen praktischen Ausgestaltungsmöglichkeiten der Lieferungsbedingungen. Die gebräuchlichsten dieser Vertragsformeln wurden von der Internationalen Handelskammer in Paris erstmals als „International Commercial Terms 1936" (Incoterms) zusammengestellt und erläutert; sie wurden zuletzt 1990 neu gefaßt und in der ICC-Publikation Nr. 350 veröffentlicht.

Die Lieferungsbedingungen legen die allgemeinen Rechte und Pflichten der Vertragspartner von Außenhandelsgeschäften fest, die mit der Warenlieferung zusammenhängen. Sie bestimmen unter anderem

- den Abladeort
- den Zeitpunkt des Gefahren- und Eigentumsüberganges auf den Käufer und
- die Aufteilung der Beförderungskosten auf den Käufer und Verkäufer

Die Incoterms 1990 nennen 13 Lieferungsbedingungen, die in vier Gruppen eingeteilt sind:

| Incoterms | | | |
|---|---|---|---|
| **E-Gruppe** | **F-Gruppe** | **C-Gruppe** | **D-Gruppe** |
| Kosten und Risiken gehen auf den Käufer über, nachdem der Verkäufer auf seinem Grundstück die Ware auf dem Beförderungsmittel des Käufers bereitstellt. | Kosten und Risiken gehen bei Übergabe an den Spediteur oder im Versandhafen auf den Käufer über. Die Frachtkosten trägt der Käufer. | Der Verkäufer trägt die Frachtkosten bis zum Bestimmungsort. Der Übergang des Risikos erfolgt jedoch nach der Verladung oder dem Versand im Exportland. | Kosten und Risiken trägt der Verkäufer, bis die Ware das Bestimmungsland oder den Bestimmungsort erreicht. |
| EXW (Ex Works) | FCA (Free Carrier) FAS (Free Alongside Ship) FOB (Free On Board) | CFR (Cost and Freight) CIF (Cost, Insurance and Freight) CPT (Carriage Paid To) CIP (Carriage and Insurance Paid To) | DAF (Delivered At Frontier) DES (Delivered Ex Ship) DEQ (Delivered Ex Quay – Duty Paid) DDU (Delivered Duty Unpaid) DDP (Delivered Duty Paid) |

Abbildung 2-114: Incoterms

Die Bedeutung dieser Kürzel in den Lieferungsbedingungen ist keinesfalls zu unterschätzen: Erstens macht es einen erheblichen Unterschied bei den Kosten, ob Sie oder Ihr Abnehmer zum Beispiel den Schiffstransport nach Argentinien zahlen müssen. Zweitens entscheidet sich an der vereinbarten Lieferungsbedingung, wer im Ernstfall des Verlusts oder der Beschädigung der Ware das Nachsehen hat. Worauf sich beide Seiten einigen, hängt meist von der jeweiligen Verhandlungsmacht ab.

## 6.1.4 Zahlungsbedingungen im Außenhandel

Nach der Einigung über die Lieferungsbedingungen will Ihr Kunde nun wissen, wie er an sein Geld kommen kann, genauer gesagt: welche Vereinbarung er bereits **vor** Lieferung treffen soll. Ähnlich wie bei den Lieferbedingungen gibt es auch bei den Zahlungsbedingungen für jede Seite günstigere beziehungsweise weniger günstige Varianten:

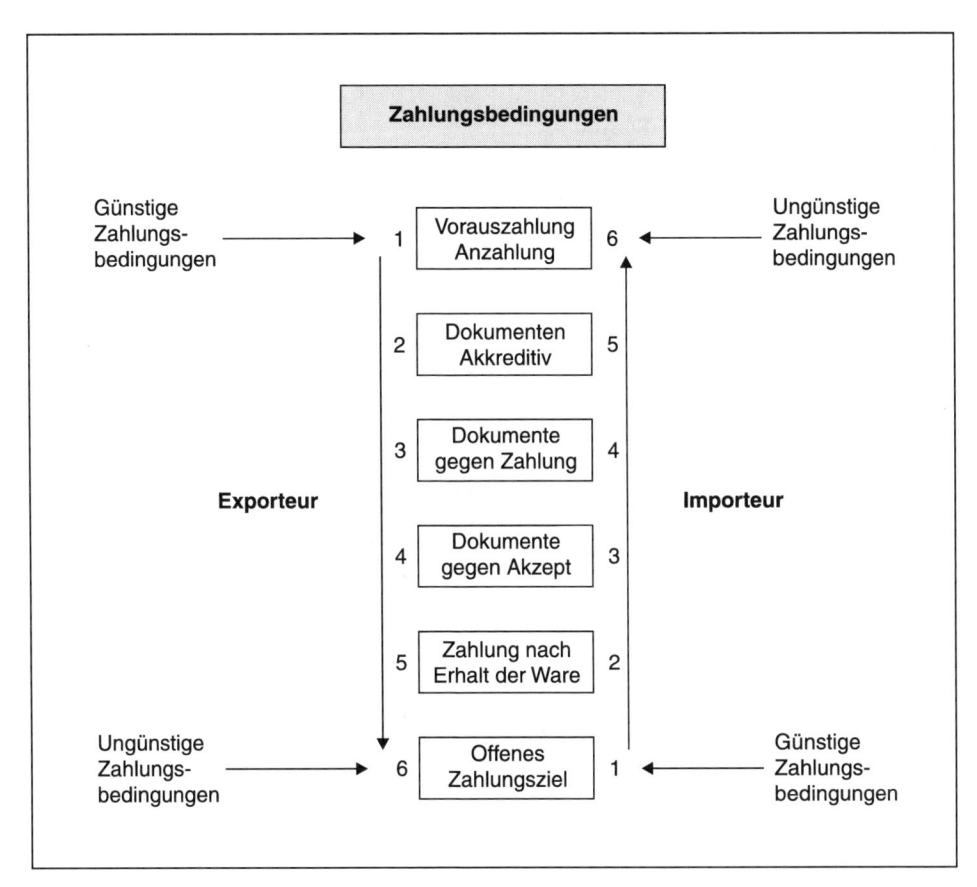

```
                          Zahlungsbedingungen

Günstige                                              Ungünstige
Zahlungs-         →    1  Vorauszahlung  6   ←       Zahlungs-
bedingungen               Anzahlung                   bedingungen

                       2  Dokumenten     5
                          Akkreditiv

                       3  Dokumente      4
                          gegen Zahlung
Exporteur                                             Importeur
                       4  Dokumente      3
                          gegen Akzept

                       5  Zahlung nach   2
                          Erhalt der Ware

Ungünstige                                            Günstige
Zahlungs-         →    6  Offenes        1   ←       Zahlungs-
bedingungen               Zahlungsziel                bedingungen
```

Abbildung 2-115: Zahlungsbedingungen

Welche dieser Zahlungsbedingungen zwischen Käufer und Verkäufer vertraglich vereinbart werden, richtet sich zunächst nach der **Bonität** des Käufers und seiner **Marktstellung** und dem **Vertrauensverhältnis**, das zwischen den beiden Vertragspartnern besteht. Ferner sind die allgemeinen politischen und wirtschaftlichen Verhältnisse, die im eigenen Land und im Land des Geschäftspartners herrschen, zu berücksichtigen.

Der **Exporteur** ist bestrebt, die Bindungsdauer jener finanziellen Mittel, die für die Produktion der Exportgüter und die Gewährung von Zahlungszielen benötigt werden, so kurz wie möglich zu halten und im günstigsten Fall die Zahlungsbedingung „Vorauszahlung" im Kaufvertrag festzulegen. Mit dieser Zahlungsbedingung wälzt der Exporteur das Erfüllungsrisiko auf den Importeur ab, er erbringt seine Leistung erst dann, wenn der Vertragspartner „Vorauszahlung" geleistet hat.

Der **Importeur** wird in der Regel bestrebt sein, bei gleichbleibenden Preisen und Lieferungsbedingungen möglichst langfristige Zahlungsziele – als Idealfall freies oder offenes Zahlungsziel – zu erhalten. Hier trägt der Exporteur das ganze Erfüllungsrisiko, da er liefert oder leistet, ohne daß der Importeur zahlt oder die Zahlung sicherstellt.

Wer von beiden im Einzelfall die für ihn besseren Zahlungsbedingungen vertraglich durchzusetzen vermag, hängt in der Praxis vor allem von dem Vertrauen, das dem Lieferer- beziehungsweise Abnehmerland entgegengebracht wird, sowie von den Bestimmungen zwischenstaatlicher Zahlungs- und Verrechnungsabkommen und von den Handelsbräuchen ab. Das Zusammenwirken dieser Faktoren hat zur Folge, daß die erwähnten „optimalen Zahlungsbedingungen" – Vorauszahlung beziehungsweise freies Zahlungsziel – im allgemeinen heutzutage die Ausnahme darstellen und eine Reihe anderer Zahlungsbedingungen üblich ist. Bei Großgeschäften kommt es auch oft zu einer Kombination verschiedener Zahlungsbedingungen, zum Beispiel

- 10 Prozent Anzahlung nach Vertragsabschluß
- 30 Prozent auf Akkreditivbasis bei Lieferung/Leistung
- 60 Prozent zahlbar in sechs gleichen Halbjahresraten beginnend Jahr nach Lieferung.

## 6.2 Zahlungsverkehr und Dokumentengeschäft

Die Zahlungsabwicklung im Außenwirtschaftsverkehr läßt sich in zwei Bereiche aufgliedern:

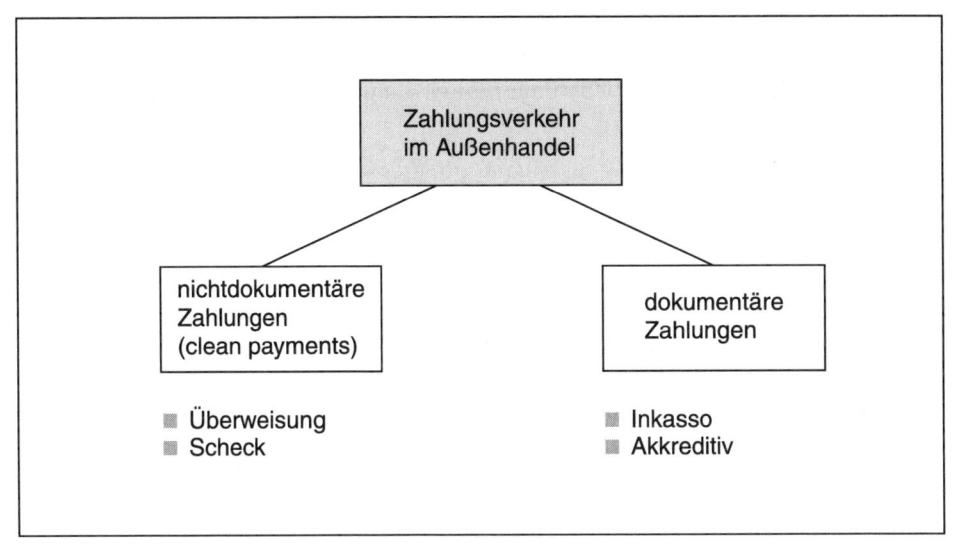

```
                    Zahlungsverkehr
                    im Außenhandel
                   /               \
    nichtdokumentäre                dokumentäre
    Zahlungen                       Zahlungen
    (clean payments)

    ■ Überweisung                   ■ Inkasso
    ■ Scheck                        ■ Akkreditiv
```

Abbildung 2-116: Zahlungsverkehr

### 6.2.1 Der nichtdokumentäre Zahlungsverkehr

#### 6.2.1.1 Zahlungen durch Überweisung

Im innereuropäischen Zahlungsverkehr wird mit Ausnahme von Großbritannien die Überweisung bevorzugt, im Zahlungsverkehr der USA und des Sterling-Raumes dagegen der Bankorderscheck.

Zur Ausführung der Überweisungsaufträge über Währungsbeträge unterhalten die deutschen Kreditinstitute zahlreiche Währungskonten bei Korrespondenzbanken in vielen Teilen der Welt. Umgekehrt haben alle bedeutenden ausländischen Institute bei einer oder mehreren Banken in der Bundesrepublik DM-Konten, so daß für den Zahlungsverkehr zwischen den Ländern ein relativ dichtes „internationales Gironetz" zur Verfügung steht (siehe auch Kapitel II, 3.1).

Die banktechnische Ausführung eines Überweisungsauftrages zugunsten eines ausländischen Begünstigten entspricht im wesentlichen der Bearbeitung eines innerdeutschen Zahlungsauftrages; jedoch sind meist noch devisenrechtliche Genehmigungen beziehungsweise die Erfüllung bestimmter Meldevorschriften zu beachten, die statistischen Erfassungen des zwischenstaatlichen Zahlungsverkehrs bei der Bundesbank dienen.

Nach § 59 ff. AWV bestehen im Überweisungsverkehr Meldepflichten bei Beträgen, die größer sind als 5.000 DM oder Gegenwert. Dazu muß der Auftraggeber angeben, ob Grundlage für die Zahlung Wareneinfuhr, Transithandel, Dienstleistungsverkehr oder Kapitalverkehr ist. Für meldepflichtige Zahlungen ab diesem Betrag wird in Deutschland der Vordruck „Zahlungsauftrag im Außenwirtschaftsverkehr" verwendet.

Welche Arbeitsschritte sind nun bei einem solchen Auftrag erforderlich?

- **Überprüfung des Kundenauftrages** (Unterschrift, Vollständigkeit, Disposition).

- **Festlegung des Zahlungsweges über Korrespondenzbanken.** Bei Zahlungsaufträgen in Länder, in denen ein bestimmtes Kreditinstitut der Bundesrepublik keine Korrespondenzbank besitzt, wird entweder ein ausländisches Institut in einem dritten Land oder eine westdeutsche Bank dazwischengeschaltet, die über eine Korrespondenzverbindung in dem betreffenden Land verfügt.

- **Meldung zur Devisenposition.** Erfolgt eine Zahlung in Fremdwährung zu Lasten eines DM-Kontos des Kunden, muß die Bank den Devisenbetrag anschaffen. Diese Kaufaufträge werden verrechnet mit den Zahlungseingängen in der jeweiligen Fremdwährung, der Spitzenausgleich wird dann über die Devisenbörsen vollzogen.

- **Erfassung des Auftrages per EDV und Weiterleitung an die Korrespondenzbank.** Die meisten Zahlungen werden über SWIFT, das beleglose Datenübertragungssystem, ausgeführt.

**SWIFT** steht für „Society for Worldwide Interbank Financial Telecommunication". Diese Gesellschaft dient dazu, durch elektronische Nachrichtenübermittlung die Abwicklung von Bankgeschäften zu beschleunigen. An SWIFT sind alle namhaften Banken, die Auslandsgeschäfte in der Bundesrepublik betreiben, angeschlossen. Es handelt sich um ein EDV-Verbundnetz zur schnelleren Übertragung der Daten von

- Zahlungsaufträgen der Kunden (einschließlich Rückfragen und Antworten)
- Bankzahlungen (Kontoregulierungen, Deckungsanschaffungen etc.)
- Kontoauszügen (Bestätigung von Geld- und Devisengeschäften etc.)
- allgemeinen Vorgängen (Warnmeldungen etc.)

und anderen Nachrichten im internationalen Verkehr zwischen Banken. SWIFT ist somit kein Clearing- oder Verrechnungssystem, sondern lediglich ein Verfahren der Nachrichtenübermittlung.

Anlage Z 1 zur AWV

**ZAHLUNGSAUFTRAG IM AUSSENWIRTSCHAFTSVERKEHR**

**Meldung nach § 59 der Außenwirtschaftsverordnung**

**Dem Geldinstitut mit Blatt 2 einreichen**

52: An — BLZ

Dresdner Bank
Aktiengesellschaft

zu Lasten des
- DM-Kontos
- Währungs-Kontos
- Währungs-Termin-Kaufes Nummer:

Ohne zusätzliche Weisung sind Sie berechtigt, den Auftrag als Zahlung zu Lasten des DM-Kontos zu behandeln.

32: Währung — Betrag in Ziffern

Betrag in Worten

50: Auftraggeber (Meldepflichtiger) — Ber.-Nr.: — Konto-Nr.:
Name
Straße
Ort

57: Bank des Begünstigten
Name
Straße
Ort

70: Begünstigter — Konto-Nr.:
Name
Straße
Ort

70: Verwendungszweck

71: Ihre Kosten/Spesen zu Lasten des* — Auftraggebers — Begünstigten
Fremde Kosten zu Lasten des* — Auftraggebers — Begünstigten

Zahlung ist – sofern sie nicht über S.W.I.F.T. erfolgt – auszuführen:
brieflich — per Scheck — drahtlich bis — Korrespondenzbank — Bank des Begünstigten — Begünstigten

Zusätzliche Weisungen für die Dresdner Bank AG

Stark umrandete Felder sind vom Meldepflichtigen (Auftraggeber) nicht auszufüllen

**Glatter Zahlungsverkehr**
- Zahlung (kein Dokumentengeschäft)

**Dokumentengeschäft**
- Akkreditiv-Eröffnung
- Inkasso-Einlösung Ihre Ref.

Ref.-Nr.: — Scheck-Nr.:

DM-Gegenwert: — Briefkurs:

Bearb.-Gebühr
Courtage
Porto
Spesen

Auftraggeber übernehmen:

Zur Devisenposition gemeldet: — Zur Bankenposition gemeldet:

Kontoinhaber (sofern vom Auftraggeber abweichend):
Name:

**Angaben zur Meldung nach §§ 59 ff der Außenwirtschaftsverordnung**
Falls Platz nicht ausreicht, Anlage verwenden

tehstehstehende Zahlung betrifft (Zutreffendes am linken Rand ankreuzen X und entsprechende Zeilen ausfüllen)

Bei Akkreditiven letzten Tag der Gültigkeitsdauer angeben — A — B — C — D

**I Wareneinfuhr** — a) Einkaufsland — b) Betrag in DM ohne Pfennig

**II Transithandel** (§ 40 Abs. 2 AWV) — c) Warenbezeichnung — d) Nr. des Warenverzeichnisses für die Außenhandelsstatistik — e) Einkaufsland — f) Betrag in DM ohne Pfennig

Sofern die Ware bereits an Gebietsfremde veräußert ist (durchgehandelte Transithandelsgeschäfte) [1]

g) Warenbezeichnung (nur ausfüllen, wenn die eingekaufte Ware durch Bearbeitung ihre Beschaffenheit verändert hat) — h) Eingang des Verkaufserlöses[2] Monat und Jahr — i) Nr. des Warenverzeichnisses für die Außenhandelsstatistik — k) Käuferland — l) Verkaufspreis Betrag in DM ohne Pfennig

1) Sofern die Ware noch nicht veräußert ist, ist der Verkaufserlös im Zeitpunkt des Eingangs auf Anlage Z 4 zur AWV zu melden. – 2) Sofern der Verkaufserlös noch nicht eingegangen ist, voraussichtlichen Zeitpunkt des Eingangs angeben.

**III Dienstleistungs- und Kapitalverkehr, sonstige Ausgaben**
m) Kennzahl laut Leistungsverzeichnis — n) Gläubigerland — o) Anlageland (bei Vermögensanlagen außerhalb des Wirtschaftsgebietes) — p) Betrag in DM ohne Pfennig

q) Nähere Angaben über den Zahlungszweck (Wichtigste Einzelheiten des Grundgeschäfts – bei Krediten und Darlehen auch ursprünglich vereinbarte Laufzeit oder Kündigungsfrist – angeben, z.B. Erwerb eines Grundstückes in ......, Darlehensgewährung an ein Unternehmen in ......, Rückzahlung eines in ...... aufgenommenen Kredits, Lizenzgebühr für ein ausländisches Patent)

Datum — Telefon

Firma, Unterschrift und Gewerbe

AG100 (1-3) 93.10.

U. g. — Disposition aus Guthaben genehmigt:

Zur Vorlage in der Kreditabt.: — Disposition genehmigt:
Kontostand:

* Ohne besondere Weisung gehen unsere Kosten/Spesen z.L. des Auftraggebers. Fremde Kosten z.L. des Begünstigten.

Abbildung 2-117: Zahlungsauftrag im Außenwirtschaftsverkehr

SWIFT unterhält ein Datenübertragungsnetz, das die einzelnen Mitgliedsländer verbindet. Dieses Netz wird durch je ein Rechenzentrum (Operating Centres) in den Niederlanden und in den USA gesteuert. In jedem Mitgliedsland steht als Endpunkt des SWIFT-Systems eine weitere Computer-Installation (Landeskonzentrator), an die sich die einzelnen Geldinstitute dieses Landes anschließen.

Die nationalen Konzentratoren sammeln alle Nachrichten der angeschlossenen Banken und leiten sie über die Vermittlungszentralen an die Empfängerbanken weiter.

Nun zu den Vorteilen, die SWIFT bietet:

- rationelle Bearbeitung (Wegfall von Papieraufträgen und Fernschreiben)
- Schnelligkeit
- Sicherheit

Durch die Standardisierung und die eingebauten Kontrollelemente sind Fehlleitungen, Fehlinterpretationen und Verfälschungen so gut wie ausgeschlossen, weil die Nachrichten maschinell verschlüsselt werden (SWIFT-Authenticator).

Um die Vorteile des SWIFT-Network optimal nutzen zu können, haben die angeschlossenen Kreditinstitute meist ein eigenes Datenübertragungsnetz (Online-System) aufgebaut, damit direkt vor Ort (Niederlassung, Filiale) die einzelnen Geschäftsvorfälle möglichst früh eingegeben werden können.

Der Vollständigkeit halber seien noch zwei weitere Zahlungsmöglichkeiten genannt, die aber mit Ausbau des SWIFT-Netzwerkes weitgehend an Bedeutung verloren haben: **die Überweisung per Brief und per Fernschreiber.** Dabei erfolgt zum einen die Belastung des Auftraggebers und auf der anderen Seite die Verrechnung mit der jeweiligen Korrespondenzbank.

Im Zahlungsverkehr innerhalb der EU und der EFTA gibt es seit 1994 einen neuen Beleg für die Überweisungen, bei denen folgende Kriterien zutreffen:

- bis zu 5.000 DM oder Gegenwert in Fremdwährung
- der Begünstigte hat seine Kontoverbindung in einem EU- oder EFTA-Staat
- keine besonderen Weisungen des Auftraggebers (zum Beispiel Eilzahlung)
- keine Drittwährungszahlungen

### 6.2.1.2 Zahlungen durch Scheck

Der Zahlungsauftrag eines inländischen Kunden an einen Empfänger im Ausland kann auch durch Versendung eines Bankorderschecks ausgeführt werden. Ein inländisches Kreditinstitut stellt zu Lasten eines bei einer Korrespondenzbank im Domizilland des Begünstigten unterhaltenen Kontos den Scheck aus.

Ist die Bankverbindung des Begünstigten bekannt, wird der Bankscheck an die Order dieser Bank ausgestellt und an diese versandt mit dem Hinweis, den Scheckbetrag dem im Begleitschreiben genannten Begünstigten gutzuschreiben. Falls die Bankverbindung des Begünstigten nicht bekannt ist, wird der Scheck an die Order des Begünstigten ausgestellt und direkt an diesen versandt.

In immer größerem Umfang schicken die Zahlungsverpflichteten selbst Schecks ins Ausland. Diese Schecks werden im Gegensatz zu den Bankorderschecks, die von den bezogenen Banken sofort ausgezahlt werden, auf dem Inkassoweg eingezogen. Dadurch ergibt sich für den Begünstigten eine erhebliche Verzögerung bis zur tatsächlichen Gutschrift. Der Zahlungspflichtige hat den Vorteil, daß der Scheckgegenwert erst viel später auf seinem Konto belastet wird. Allerdings besteht für ihn bei Fremdwährungsschecks (zu Lasten seines DM-Kontos ausgestellt) ein Kursrisiko.

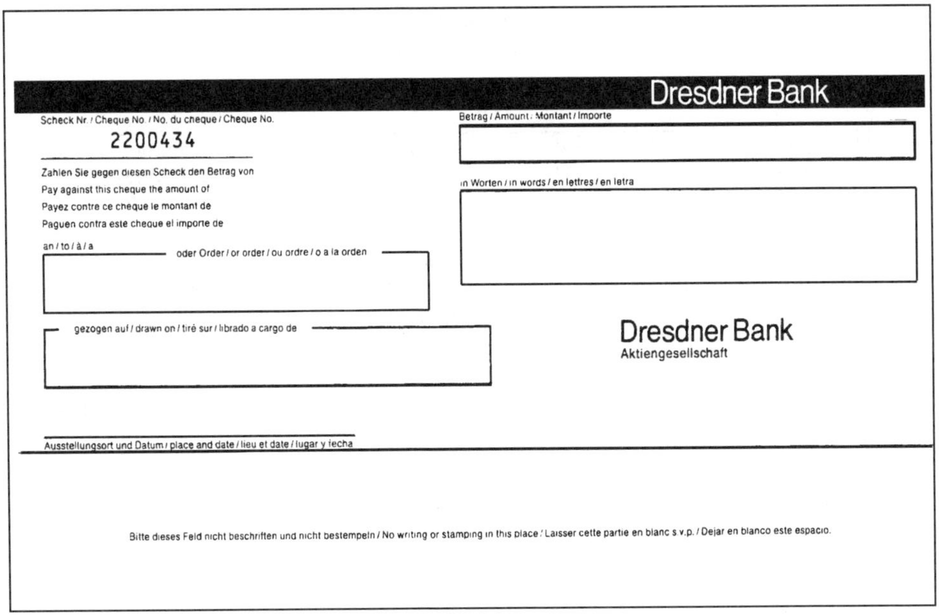
Dresdner Bank
Scheck Nr. / Cheque No. / No. du cheque / Cheque No.
2200434
Betrag / Amount / Montant / Importe
Zahlen Sie gegen diesen Scheck den Betrag von
Pay against this cheque the amount of
Payez contre ce cheque le montant de
Paguen contra este cheque el importe de
in Worten / in words / en lettres / en letra
an / to / à / a
oder Order / or order / ou ordre / o a la orden
gezogen auf / drawn on / tiré sur / librado a cargo de
Dresdner Bank
Aktiengesellschaft
Ausstellungsort und Datum / place and date / lieu et date / lugar y fecha
Bitte dieses Feld nicht beschriften und nicht bestempeln / No writing or stamping in this place / Laisser cette partie en blanc s.v.p. / Dejar en blanco este espacio.

Abbildung 2-118: Zahlung per Scheck

Umgekehrt ist es auch üblich, daß deutschen Exporteuren von ihren ausländischen Kontrahenten Bankorderschecks zu Lasten von Konten übersandt werden, die die Auslandsbanken bei Instituten in der Bundesrepublik unterhalten.

### 6.2.2 Dokumente im Außenhandel

Im Rahmen von Außenhandelsgeschäften werden als Dokumente alle Papiere bezeichnet, die den Versand oder die Einlagerung von Außenhandelsgütern und deren Versicherung, die vertragsgetreue Lieferung und die Beachtung besonders vereinbarter oder behördlich vorgeschriebener Einzelheiten belegen.

Die „ERA" (Einheitliche Richtlinien für Dokumentenakkreditive) unterscheiden vier Arten von Dokumenten:

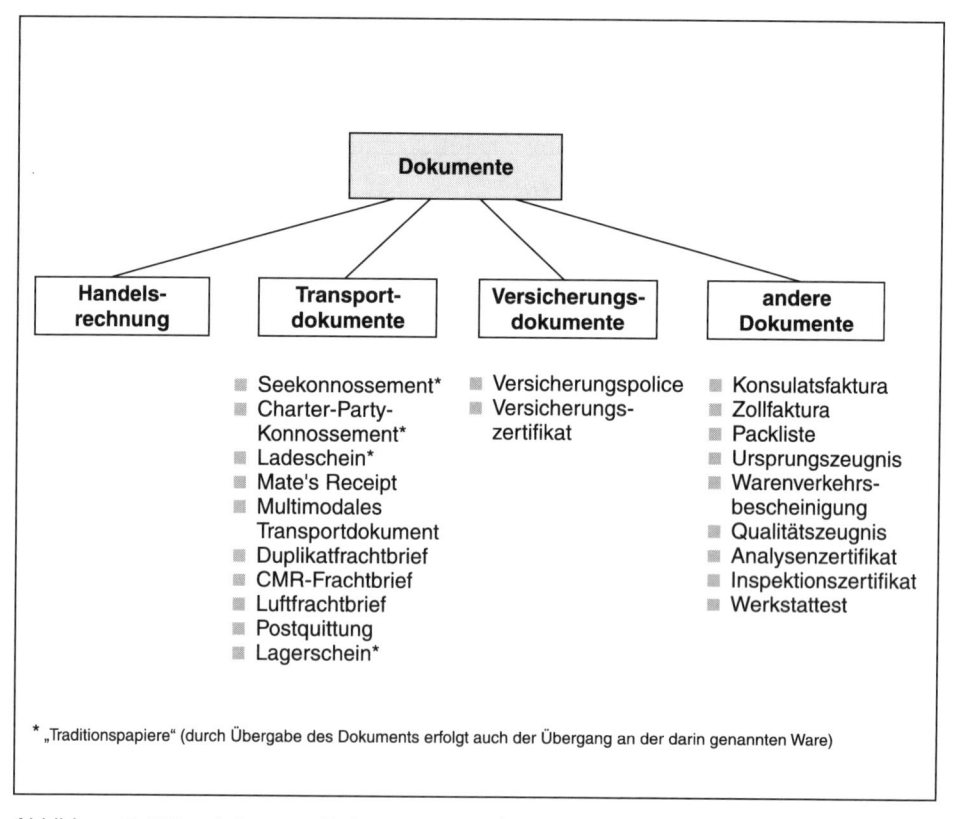

| Handels-rechnung | Transport-dokumente | Versicherungs-dokumente | andere Dokumente |
|---|---|---|---|
| | ▪ Seekonnossement*<br>▪ Charter-Party-Konnossement*<br>▪ Ladeschein*<br>▪ Mate's Receipt<br>▪ Multimodales Transportdokument<br>▪ Duplikatfrachtbrief<br>▪ CMR-Frachtbrief<br>▪ Luftfrachtbrief<br>▪ Postquittung<br>▪ Lagerschein* | ▪ Versicherungspolice<br>▪ Versicherungszertifikat | ▪ Konsulatsfaktura<br>▪ Zollfaktura<br>▪ Packliste<br>▪ Ursprungszeugnis<br>▪ Warenverkehrsbescheinigung<br>▪ Qualitätszeugnis<br>▪ Analysenzertifikat<br>▪ Inspektionszertifikat<br>▪ Werkstattest |

* „Traditionspapiere" (durch Übergabe des Dokuments erfolgt auch der Übergang an der darin genannten Ware)

Abbildung 2-119: Arten von Dokumenten nach den einheitlichen Richtlinien für Dokumentenakkreditive

Zu den Dokumenten im einzelnen:

### 6.2.2.1 Handelsrechnung

Die Handelsrechnung des Verkäufers ist ausgestellt auf den Namen des Importeurs. Sie enthält die genaue Warenbezeichnung, die Warenmenge, den Einzel- und Gesamtpreis sowie Liefer- und Zahlungsbedingungen, die Art der Verpackung und deren Markierung. Weitere Angaben sind je nach vertraglicher Vereinbarung möglich.

### 6.2.2.2 Transportdokumente

Das am häufigsten vorkommende Transportdokument ist das **See-Konnossement** (Ocean/Marine Bill of Lading). Es enthält die Empfangsbestätigung über eine genau bezeichnete Ware und beinhaltet außerdem ein Beförderungs- und Auslieferungsversprechen. Damit verpflichtet sich der Verfrachter, die Ware an den durch das Konnossement legitimierten Empfänger am Bestimmungsort auszuhändigen.

Das Konnossement soll nach § 643 HGB enthalten:

- den Namen des Verfrachters
- den Namen des Abladers (= Absender)
- den Namen des Empfängers
- den Namen und die Nationalität des Schiffes
- den Namen des Kapitäns
- den Abladehafen
- den Löschungshafen
- die Art der an Bord genommenen oder zur Beförderung übernommenen Güter, deren Maß, Zahl oder Gewicht, ihre Markierung und ihre äußerlich erkennbare Verfassung und Beschaffenheit
- die Bestimmung über die Fracht
- Ort und Tag der Ausstellung und
- die Zahl der ausgestellten Originale

Aus Sicherheitsgründen werden die Konnossemente gewöhnlich in mehreren gleichlautenden Exemplaren ausgefertigt, die zusammen als ,,ein voller Satz" (full set) gelten. Dem Ablader wird dieser ,,volle Satz" nach der Verladung der Ware ausgehändigt. Da jedes einzelne Originalkonnossement den legitimierten Inhaber zur Entgegennahme der Ware berechtigt, müssen die Banken darauf achten, daß in jedem Fall ein ,,voller Satz" vorgelegt wird.

Shipper

**BILL OF LADING**
for combined transport or port to port shipment

☐ **NEGOTIABLE**
**(Original Bill)**

☐ **NON NEGOTIABLE**
**(Express Bill)**

B.L No.

Reference No.

Consignee (not negotiable unless consigned to order)

**DANMAR LINES LTD.**

Registered office: DANMAR LINES LTD.
P.O. Box 2651
4002 Basel (Switzerland)

Notify address (see Clause 19)

RECEIVED by the carrier from the shipper in apparent good order and condition (unless otherwise noted herein) the total number or quantity of containers or other packages or units indicated stated by the shipper to comprise the goods specified for carriage subject to all the terms hereof (INCLUDING THE TERMS ON PAGE 1 HEREOF AND THE TERMS OF THE CARRIER'S APPLICABLE TARIFF) from the place of receipt or the port of loading, whichever is applicable to the port of discharge or the place of delivery, whichever is applicable. In accepting this Bill of Lading the merchant expressly accepts and agrees to all its terms, conditions and exceptions whether printed, stamped or written, or otherwise incorporated, notwithstanding the non-signing of this Bill of Lading by the merchant.
IN WITNESS WHEREOF the number of original Bills of Lading stated below all of this tenor and date has been signed, one of which being accomplished the others to stand void.

| Pre-carriage by | Place of receipt by pre-carrier |
|---|---|
| Vessel | Port of loading |
| Port of discharge | Place of delivery by on-carrier |

Unless marked "NON NEGOTIABLE/Express Bill", one original Bill of Lading must be surrendered duly endorsed in exchange for the goods or delivery order. For the release of goods apply to:

| Marks and Nos. | Number and kind of packages: description of goods | Gross weight | Measurement |
|---|---|---|---|

SPECIMEN

ABOVE PARTICULARS AS DECLARED BY SHIPPER

| Total No. of containers/ packages: | Excess Value Declaration: Refer to clause 14.2 and 14.3 on reverse side | Prepaid | Collect |
|---|---|---|---|

| Freight payable at | Place and date of issue |
|---|---|
| Number of original Bs/L | For the carrier DANMAR LINES LTD. |
| | as agents |
| | F. MUSTER + CO. |

Carrier's liability is in accordance with clauses 13, 15 and 21 of overleaf STANDARD CONDITIONS

Abbildung 2-120: Muster-Seekonnossement, unterzeichnet von einem namentlich genannten Agenten für einen Frachtführer

Folgende **Arten von Konnossementen** werden unterschieden:

- **Übernahmekonnossement**
Hier wird lediglich der Empfang der Ware durch die Reederei bestätigt.

- **Bordkonnossement**
Hier wird bestätigt, daß sich die Ware an Bord des genannten Schiffes befindet. Oft wird vom Importeur ein Konnossement mit einem „Clean-on-board"-Vermerk verlangt. Mit diesem Vermerk bestätigt der Aussteller, daß die Ware ohne äußerlich erkennbare Schäden geladen wurde.

- **Durchkonnossement**
Diese Form des Konnossements weist in nur einer Urkunde einen kombinierten Transport über die Gesamtstrecke aus, obwohl nacheinander mehrere Reeder dabei tätig werden oder ein Versand mit mehreren Transportmitteln (Schiff + Bahn, Schiff + Lkw) erfolgt. Der Aussteller verpflichtet sich, für den Weitertransport der Güter bis zum Bestimmungsort zu sorgen und für den gesamten Transport zu haften.

- **Charter-Party-Konnossement**
Mit der Reederei wird vom Lieferanten oder vom Käufer ein Chartervertrag geschlossen, wonach die Reederei lediglich den Schiffsraum zur Verfügung stellt. Der Charterer trägt die Verantwortung für Verladung und Transport.

- **Mate's Receipt**
Die Reederei stellt einen vorläufigen Empfangsschein aus über Waren, die auf ein Schiff angeliefert worden sind. Mit dem Mate's Receipt erwirbt man den Anspruch auf Aushändigung des Konnossements.

## Ladeschein

Der Ladeschein wird im Binnenschiffahrtsverkehr verwendet und entspricht dem Konnossement.

## Multimodales Transportdokument

Dieses Dokument wird ausgestellt von einem Frachtführer für einen sogenannten gebrochenen Transport (zum Beispiel LKW – Schiff – LKW). Der Frachtführer übernimmt die Verantwortung für den gesamten Transportweg.

## Frachtbrief

Der Frachtbrief findet seine Verwendung im Eisenbahnverkehr (Duplikatfrachtbrief), Straßengüterverkehr (CMR-Frachtbrief) und im Luftfrachtverkehr (Luftfrachtbrief). Das Original des Frachtbriefes begleitet die Ware auf dem Transport. Der Absender erhält eine Ausfertigung. Damit hat er die Verfügungsberechtigung über die Ware bis zur Auslieferung.

**Postquittung**

Sie ist ein Nachweisdokument über die zur Beförderung an den genannten Empfänger übernommenen Pakete.

**Lagerschein**

Mit diesem Dokument bescheinigt ein Lagerhalter die Einlagerung der im Lagerschein bezeichneten Ware. Der Lagerschein verbrieft das Eigentum an der Ware, die an den berechtigten Inhaber nur gegen Vorlage des Originals ausgehändigt wird.

### 6.2.2.3 Versicherungsdokumente

Bei Außenhandelsgeschäften schließen die Geschäftspartner wegen der längeren Transportwege und der damit verbundenen größeren Risiken in der Regel eine Transportversicherung ab. Wer die Kosten für die Versicherung trägt, wird bei Vertragsabschluß durch die Lieferbedingungen festgelegt.

Man unterscheidet die Versicherungspolice und das Versicherungszertifikat. Eine Police wird bei Abschluß der Versicherung ausgestellt. Möglich sind Einzelpolicen (für eine einzelne Warensendung) und Generalpolicen (für alle Sendungen eines längeren Zeitraums). Dem Inhaber einer Generalpolice werden dann gegebenenfalls Versicherungszertifikate für einzelne Transporte ausgestellt. Diese dienen als Nachweis, daß der einzelne Transport im Rahmen der Generalpolice mitversichert ist.

### 6.2.2.4 Andere Dokumente

Die **Konsulatsfaktura** (Consular Invoice) wird vom Konsulat des Importlandes im Exportland auf eigenen Rechnungsformularen ausgestellt. Sie hat zunächst grundsätzlich den gleichen Inhalt wie die Handelsrechnung, soll aber als Unterlage für die Verzollung im Importland Angaben über das Ursprungsland und (wie die legalisierte Handelsrechnung) die Angemessenheit des Preises machen.

Die **Zollfaktura** (Customs Invoice) wird auf Formularen der Zollämter des Importlandes ausgestellt und ist vom Exporteur und ggf. einem Zeugen (Angestellten) zu unterschreiben. Sie dient als Unterlage für die Verzollung im Importland und hat neben den üblichen Angaben das Ursprungsland zu bescheinigen.

Die **Packliste** ist meist ein Begleitpapier zur Handelsrechnung. Sie enthält eine detaillierte Aufstellung über Markierung, Art, Gewicht und Inhalt der einzelnen Packstücke.

Das **Ursprungszeugnis** wird im allgemeinen vom Exporteur ausgestellt und von der Industrie-und Handelskammer beglaubigt. Es belegt das Ursprungsland der benannten Waren. Das Ursprungszeugnis dient den Zollbehörden des Einfuhrlandes zur Kontrolle eventueller Importbeschränkungen oder -kontingente. Außerdem kommt es vor, daß je nach Ursprungsland unterschiedliche Zollsätze gelten.

Die **Warenverkehrsbescheinigung** ist ein Ursprungsnachweis für den Warenverkehr mit Staaten, mit denen die EU Zoll-Präferenzabkommen abgeschlossen hat.

Durch die Vorlage von sogenannten Gütenachweisen, wie **Qualitätszeugnis, Analysenzertifikat, Inspektionszertifikat** und ähnliche, versucht sich der Käufer, gegen die Lieferung qualitativ minderwertiger Ware abzusichern.

### 6.2.3 Das Akkreditiv

#### 6.2.3.1 Wesen und rechtliche Grundlagen

> **DEFINITION**
>
> Ein Akkreditiv ist ein Vertrag, mit dem sich eine Bank verpflichtet, gemäß den Weisungen des Kunden und bei Erfüllung vorgeschriebener Bedingungen Zahlungen an einen Dritten oder dessen Order zu leisten oder eine andere Bank hierzu zu ermächtigen.

Die Auszahlung erfolgt entweder nach Legitimationsprüfung (Bar-Akkreditiv) oder nach Aushändigung der vom Auftraggeber gewünschten Dokumente (Dokumentenakkreditiv). Da das Bar-Akkreditiv heute keine praktische Bedeutung mehr hat, werden wir uns im folgenden nur mit dem Dokumenten-Akkreditiv beschäftigen.

Für die Abwicklung von Akkreditiven finden auf internationaler Ebene die „Einheitlichen Richtlinien und Gebräuche für Dokumentenakkreditive" (ERA) Anwendung. Sie werden von der „Internationalen Handelskammer in Paris" (ICC) herausgegeben.

Nach dem ERA werden die Beteiligten eines Akkreditives wie folgt bezeichnet:

- Der **Auftraggeber** (Käufer/Importeur) erteilt den Auftrag zur Akkreditiveröffnung.

- Die **Akkreditivbank** eröffnet das Akkreditiv.

- Die **Akkreditivstelle** (avisierende oder bestätigende Bank) wird von der Akkreditivbank mit der Benachrichtigung des Begünstigten von der Eröffnung beziehungsweise auch mit der Bestätigung des Akkreditives beauftragt. Hierbei handelt es sich meist um die Hausbank des Verkäufers.

■ Der **Begünstigte** ist der Verkäufer/Exporteur. Er wird im Normalfall die Eröffnung des Akkreditivs in seinen Vertragsverhandlungen mit dem Importeur verlangt beziehungsweise vorgeschrieben haben.

Das Akkreditiv hat für die Beteiligten folgende Funktionen:

■ **Zahlungs- und Sicherungsfunktion:**
Es wird sichergestellt, daß der Exporteur sein Geld erhält und der Importeur seine Ware.

■ **Kredit- beziehungsweise Finanzierungsfunktion:**
Bei der Eröffnung des Akkreditives gewährt die Bank des Importeurs insofern einen Kredit, als sie vom Importeur meist nicht die sofortige Deckung des Akkreditivbetrages verlangt.

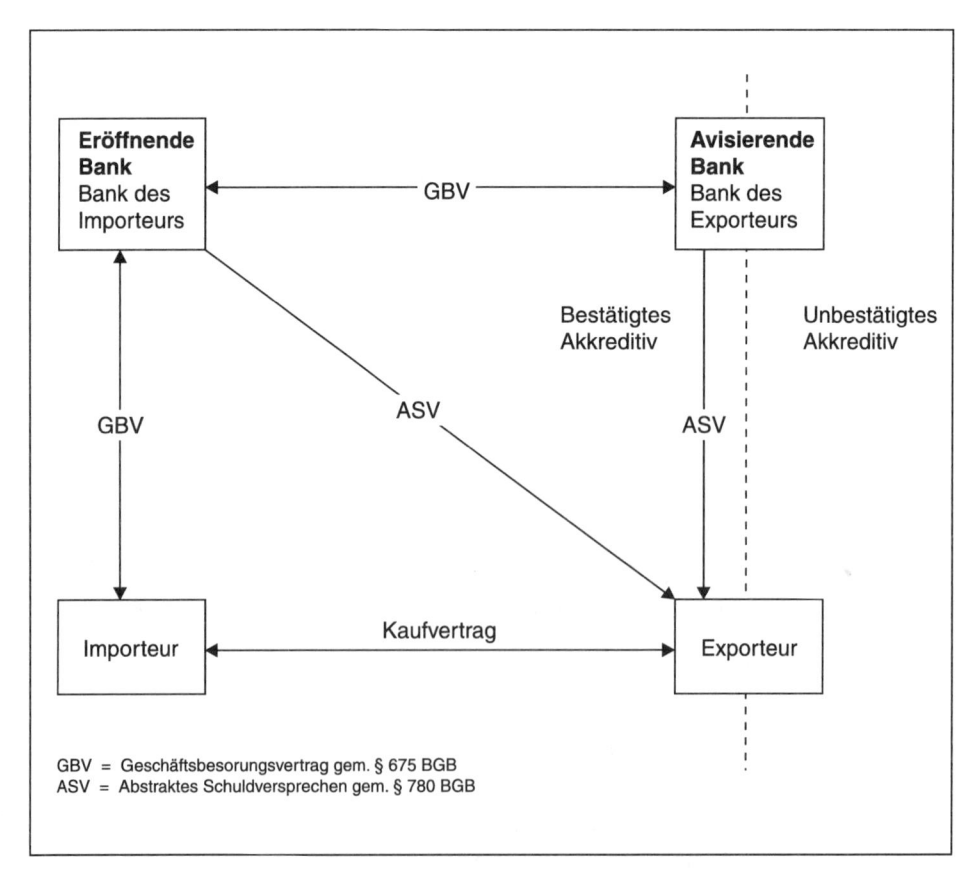

Abbildung 2-121: Rechtsbeziehungen beim Dokumentenakkreditiv

Zwischen Importeur und eröffnender Bank besteht ein Geschäftsbesorgungsvertrag, der die Zahlungsabwicklung eines Verkaufsabschlusses zum Gegenstand hat.

Zwischen der eröffnenden und der avisierenden Bank wird das gleiche Rechtsverhältnis unterstellt. Weil die Zahlungsleistungen der eröffnenden Bank völlig unabhängig von den gegenseitigen Rechten und Pflichten des Käufers und Verkäufers aus dem Kaufvertrag erfolgen, stellen die Rechtsbeziehungen dieser Bank zum Begünstigten ein abstraktes Schuldversprechen im Sinne von § 780 BGB dar. Die eröffnende Bank haftet dem Begünstigten für die Zahlung, soweit die im Akkreditiv genannten Bedingungen zweifelsfrei erfüllt worden sind.

Eine Mithaftung der avisierenden Bank entsteht nur, wenn sie das Akkreditiv ausdrücklich bestätigt. Eine Bestätigung wird die Bank jedoch nur dann übernehmen, wenn sie von der eröffnenden Bank dazu beauftragt ist und wenn sie nach Prüfung des Risikos glaubt, das Obligo übernehmen zu können.

Interessiert an dieser Bestätigung ist der Exporteur. Ihm ist nämlich ein Zahlungsversprechen „seiner" Bank vermutlich lieber und sicherer als die einer ihm vielleicht gar nicht bekannten Auslandsbank in weiter Ferne. Für ihre Bestätigung berechnet die Bank allerdings eine Provision.

Ob das Rechtsverhältnis zwischen der avisierenden Bank und dem Begünstigten beim nicht bestätigten Akkreditiv ebenfalls ein Geschäftsbesorgungsvertrag ist, ist umstritten. Fest steht nur, daß die avisierende Bank verpflichtet ist, bei ihr eingereichte Dokumente beziehungsweise Legitimation sorgfältig zu prüfen. Verstößt sie gegen diese Sorgfaltspflicht, dann ist sie der eröffnenden Bank im Rahmen ihrer Geschäftsbedingungen zum Ersatz des entstehenden Schadens verpflichtet.

Die Haftung der eröffnenden Bank gegenüber dem Auftraggeber beschränkt sich auf die sorgfältige Auswahl der avisierenden Bank. Die eröffnende Bank haftet nicht für Fehler der avisierenden Bank. Sie tritt Ersatzansprüche gegenüber der avisierenden Bank an den Auftraggeber ab und überläßt es ihm, diese zu realisieren.

### 6.2.3.2 Die banktechnische Abwicklung eines Dokumentenakkreditives

Die folgenden Positionen beziehen sich auf die nachstehende Abbildung 2-122:
1. Grundlage für das Dokumentenakkreditiv ist ein zwischen Exporteur und Importeur abgeschlossenes **Warengeschäft, das als Zahlungsbedingung die sogenannte Akkreditivklausel enthält**, die etwa wie folgt lauten kann:
„… Zahlung der Kaufsumme von 30.000 US-Dollar aus einem bei der … Bank in Frankfurt am Main zu eröffnenden unwiderruflichen Akkreditiv, das bis zum … gegen Einreichung folgender Dokumente benutzbar ist: Handelsfaktura dreifach, voller Satz Seekonnossemente dreifach, Versicherungspolice (übertragbar)."

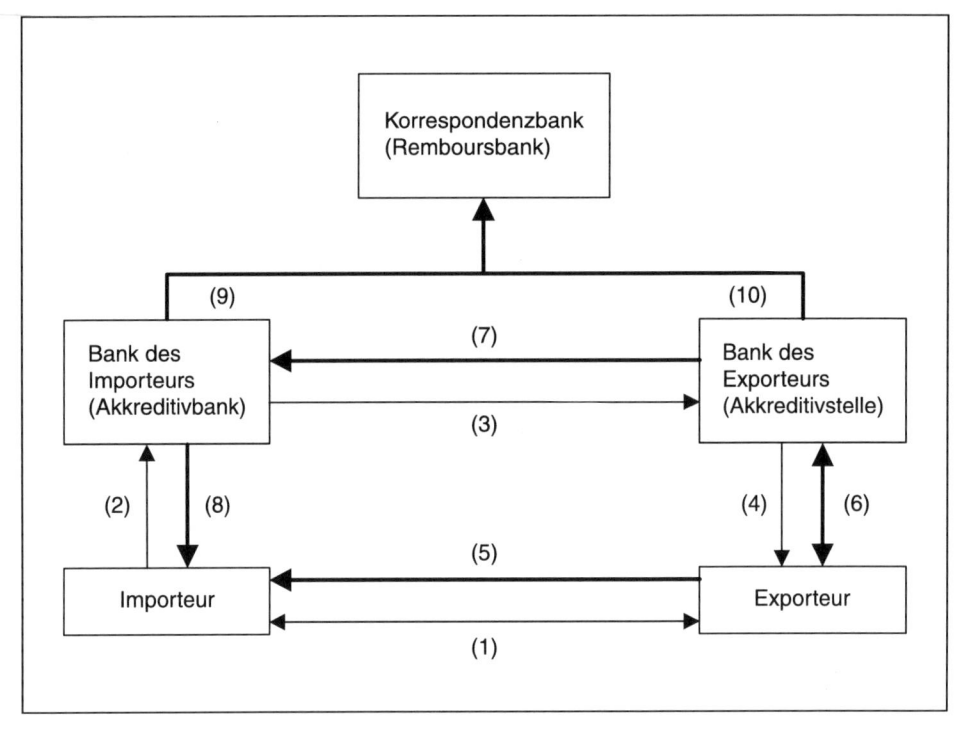

```
                    ┌─────────────────────┐
                    │  Korrespondenzbank  │
                    │    (Remboursbank)   │
                    └─────────────────────┘
                               ▲
              (9)              │              (10)
    ┌──────────────────┐      (7)      ┌──────────────────┐
    │   Bank des       │◄──────────────│   Bank des       │
    │   Importeurs     │               │   Exporteurs     │
    │  (Akkreditivbank)│──────(3)─────►│ (Akkreditivstelle)│
    └──────────────────┘               └──────────────────┘
         ▲      │                            ▲      │
        (2)   (8)                           (4)   (6)
         │      ▼            (5)             │      ▼
    ┌──────────────┐◄─────────────────────┌──────────────┐
    │  Importeur   │                      │  Exporteur   │
    │              │◄─────────(1)────────►│              │
    └──────────────┘                      └──────────────┘
```

Abbildung 2-122: Technische Abwicklung beim Dokumentenakkreditiv

2. Durch die im Kaufvertrag enthaltene Kreditklausel ist der Importeur verpflichtet, das zur Zahlungsabwicklung geforderte Dokumentenakkreditiv frist- und formgerecht durch seine Hausbank zugunsten des Exporteurs eröffnen zu lassen. Bei Erteilung des Akkreditivauftrages durch den Importeur prüft die Akkreditivbank die Bonität des Importeurs. Bei einwandfreier Bonität wird sie ein ungedecktes Akkreditiv eröffnen, das heißt, der Importeur muß keine Sicherheitsleistung für die Eröffnung bringen. Andernfalls muß der Importeur den Akkreditivbetrag auf ein separates Konto einzahlen (gedecktes Akkreditiv).

3. Die **Bank des Importeurs** sendet daraufhin ein **Akkreditiveröffnungsschreiben** an die Bank des Exporteurs.

4. Die **Bank des Exporteurs** teilt dem Exporteur die **Akkreditiveröffnung durch die Bank des Importeurs** mit (Avisierung).

5. Der Exporteur versendet die **Ware an den Importeur**.

6. Die Versanddokumente reicht der Exporteur seiner Bank ein und erhält – sofern sie „akkreditivkonform" sind und fristgerecht vorgelegt werden – den **Akkreditivbetrag ausgezahlt** (wenn das Akkreditiv bei der avisierenden Bank zahlbar gestellt ist).

Das Auslandsgeschäft 553

Bitte zweifach, zusammen mit „Zahlungsauftrag im Außenwirtschaftsverkehr" - (Z1 zur AWV) - einreichen

An die

**Dresdner Bank**
Aktiengesellschaft

**Auftrag zur Akkreditiv-Eröffnung**

Ich/Wir bitte(n) Sie, für unsere Rechnung nachfolgendes Akkreditiv zu eröffnen:
☐ unwiderruflich  ☐ brieflich
☐ widerruflich  ☐ per Telekommunikation
☐ übertragbar  ☐ mit Voravis per Telekommunikation

Datum und Ort des Verfalls  unsere Ref.-Nummer:

Auftraggeber  Begünstigter

Bank des Begünstigten sofern bekannt
Sie sind berechtigt, das Akkreditiv dem Begünstigten über eine Korrespondenzbank Ihrer Wahl zuzuleiten

Akkreditivbetrag
☐ genau
☐ circa
☐ bis zu

Teilverladung: ☐ gestattet ☐ nicht gestattet

Umladung: ☐ gestattet ☐ nicht gestattet

Verladung von
nach
nicht später als

Das Akkreditiv soll benutzbar sein bei:
☐ Ihnen ☐ Ihrem Korrespondenten ☐ ........................
durch
☐ Sichtzahlung ☐ Akzeptierung
☐ hinausgeschobene Zahlung ☐ Negoziierung,
gegen Einreichung der nachstehend genannten Dokumente und
☐ der Tratte (n) des Begünstigten per
gezogen auf (Name der Bank):

Lieferbedingungen: ☐ FOB ☐ CFR ☐ CIF ☐ andere Bedingungen ☐ Versicherung wird von uns abgeschlossen
Ware (Kurze Bezeichnung):

Vom Begünstigten vorzulegende Dokumente:

☐ Handelsrechnung
.... Original(e) ☐ handschriftlich unterschrieben
.... Kopie(n)

☐ Voller Satz reiner an Bord Seekonnossemente
☐ ausgestellt an Order
☐ blanko indossiert
☐ mit dem Vermerk
☐ „Fracht bezahlt" ☐ „Fracht zahlbar am Bestimmungsort"
☐ zu benachrichtigen (Name und Anschrift)

☐ Versicherungspolice/-zertifikat
zuzüglich _____ % cif Wert,
deckend folgende Risiken:

*Sonstige Dokumente:*

☐ Multimodales Transportdokument *)
☐ Internationaler Frachtbrief (CMR) (Exemplar für Absender) *)
☐ Eisenbahn-Duplikatfrachtbrief *)
☐ Luftfrachtbrief (Original for shipper) *)
*) adressiert an:

☐ Spediteurübernahmebescheinigung (FCR)
☐ Packliste
☐ Ursprungszeugnis
☐

Die Dokumente sind innerhalb von ........ Tagen nach Verladedatum vorzulegen, jedoch innerhalb der Gültigkeitsdauer des Akkreditivs

zusätzliche Bedingungen (z.B. zu Aussteller, Inhalt, Unterzeichnung von Dokumenten unter Angabe des als Erfüllungsnachweis vorzulegenden Dokuments)

Fremde Kosten ☐ zu unseren Lasten ☐ zu Lasten des Begünstigten  Ihre Kosten ☐ zu unseren Lasten ☐ zu Lasten des Begünstigten
Bestätigung ☐ ohne Bestätigung ☐ mit Bestätigung ☐ mit Bestätigung auf Wunsch des Begünstigten
Wir ermächtigen Sie, unser ☐ DEM-Konto - Nr.  ☐ Währungskonto - Nr.  zu belasten.
Ansprechpartner bei Rückfragen:  Telefon:

Für die Ausführung des Auftrages gelten die von der Internationalen Handelskammer, Paris, veröffentlichten „Einheitliche Richtlinien und Gebräuche für Dokumenten-Akkreditive" (Revision 1993) gemäß Publikation 500. Ergänzend gelten die „Allgemeine Geschäftsbedingungen" Ihrer Bank.

Ort und Datum der Auftragserteilung  Stempel und rechtsverbindliche Unterschrift/en
Anlage: Vordruck Z1 (Anlage Z1 zur AWV)

Abbildung 2-123: Auftrag zur Akkreditiveröffnung

7. Die **Bank des Exporteurs** sendet daraufhin die **Dokumente an die Bank des Importeurs** und belastet diese mit dem ausgezahlten Betrag, wenn sie dazu von der eröffnenden Bank ermächtigt ist.

8. Die **Bank des Importeurs** wiederum **händigt dem Importeur die Dokumente aus** und belastet ihm den Akkreditivbetrag (zuzüglich Spesen). Dieses Abwicklungsschema bedarf einer Erweiterung, wenn die Bank des Importeurs nicht in direkter Kontoverbindung mit der Bank des Exporteurs steht. Dann muß ein Korrespondenzinstitut der Bank des Importeurs als sogenannte ,,**Remboursbank**" eingeschaltet werden:

9. In diesem Fall sendet die Bank des Importeurs eine Durchschrift des Akkreditivs an die Korrespondenzbank und

10. bittet die Bank des Exporteurs, sich für die Zahlungen ,,aus dem Akkreditiv zu erholen", das heißt sich die ausgezahlten Beträge von der Korrespondenzbank vergüten zu lassen (Remburshinweis).

### 6.2.3.3 Arten des Dokumentenakkreditives

In den ERA werden Akkreditive nach folgenden Kriterien unterschieden:

**Arten des Dokumentenakkreditivs**

- **nach der Art der Nutzbarkeit**
  - Zahlungsakkreditiv
    - Sichtzahlung
    - Deferred Payment
  - Akzeptierungsakkreditiv (Akzeptkredit)
  - Negoziierungsakkreditiv

- **nach der Form**
  - widerrufliches Akkreditiv
  - unwiderrufliches Akkreditiv

- **nach der Art der Anzeige**
  - unbestätigtes Akkreditiv
  - bestätigtes Akkreditiv

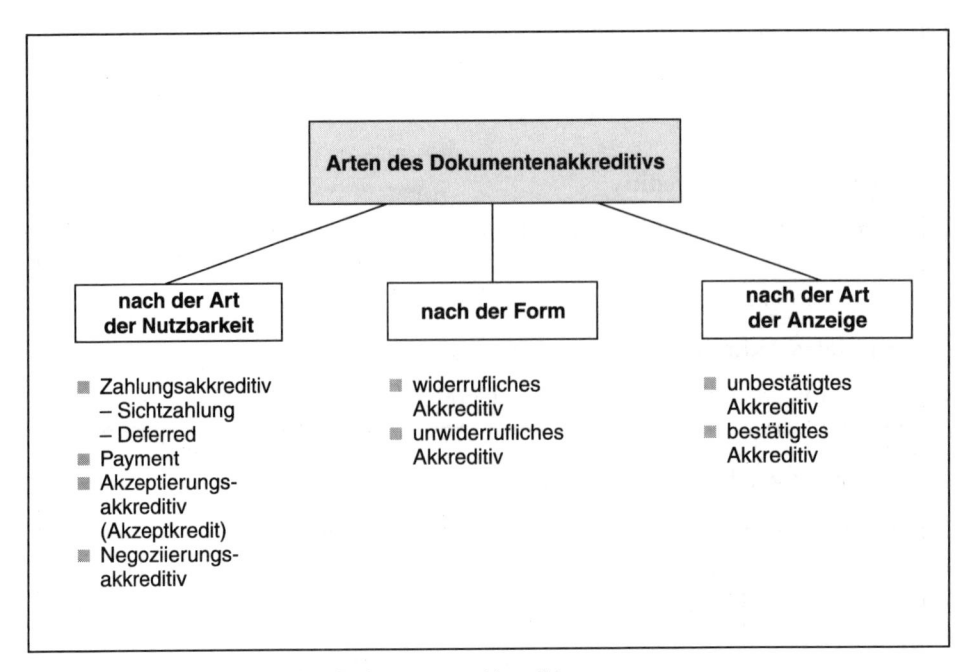

Abbildung 2-125: Arten des Dokumentenakkreditives

### Zahlungsakkreditiv

Die Zahlung erfolgt entweder bei Vorlage der Dokumente (Sicht) oder wird je nach Vereinbarung hinausgeschoben, zum Beispiel 90 Tage nach Lieferung, 90 Tage nach Vorlage der Dokumente etc. (Deferred Payment). Dies ist die häufigst vorkommende Form.

### Akzeptierungsakkreditiv (Akzeptkredit)

Der Exporteur gewährt dem Importeur ein Zahlungsziel, allerdings gegen Akzeptleistung. Der Exporteur zieht, zusätzlich zu den einzureichenden Dokumenten, einen Wechsel auf die eröffnende Bank. Es besteht die Möglichkeit, diese Akzepte diskontieren zu lassen, also vor Fälligkeit gegen Zinsabschlag zu verkaufen.

### Negoziierungsakkreditiv

Beim Negoziierungsakkreditiv zieht der Begünstigte eine Sicht- oder Nachsichttratte entweder auf den Akkreditiv-Auftraggeber oder auf einen anderen im Akkreditiv benannten Bezogenen. Die eröffnende Bank verpflichtet sich, ohne Rückgriff auf den Aussteller oder andere Inhaber diese Tratten bei Fälligkeit einzulösen oder für eine Negoziierung durch eine andere Bank Sorge zu tragen. Der Anspruch für den Begünstigten entsteht natürlich nur, wenn er akkreditivgerechte Dokumente vorgelegt und die sonstigen Akkreditiv-Bedingungen erfüllt hat.

### Widerrufliches Akkreditiv

Das widerrufliche Akkreditiv kann jederzeit von der eröffnenden Bank ohne vorherige Nachricht an den Begünstigten geändert oder annulliert werden. Da diese Form dem Exporteur kaum Sicherheit bietet, wird er sich darauf in der Praxis selten einlassen.

### Unwiderrufliches Akkreditiv

Diese übliche Form des Akkreditivs kann ohne die Zustimmung der eröffnenden Bank, des Begünstigten und eventuell der bestätigenden Bank weder geändert noch annulliert werden.

### Unbestätigtes Akkreditiv

Nur die eröffnende Bank gibt gegenüber dem Begünstigten ein Zahlungsversprechen ab unter der Voraussetzung, daß dieser alle Akkreditiv-Bedingungen erfüllt.

### Bestätigtes Akkreditiv

Zusätzlich zur Verpflichtung der eröffnenden Bank übernimmt die avisierende Bank mit ihrer Bestätigung eine eigene unabhängige Zahlungsverpflichtung. Diese Verpflichtung gilt unabhängig davon, ob die eröffnende Bank in der Lage sein wird, der bestätigenden Bank die geleistete Zahlung zu ersetzen.

### 6.2.3.4 Beispiel für die Abwicklung eines Akkreditives

Die Schäfers KG, Köln, ist Großhändler von Sportbekleidung und ist erstmals mit der Anderson Ltd., New York, einem Textilproduzenten in Geschäftsverbindung getreten. Der erste Vertrag geht über den Kauf von 75.000 T-Shirts zu einem Stückpreis von 2 US-Dollar. Da Anderson Ltd. noch keine Erfahrungen und auch keine Informationen über die Bonität ihres neuen Kunden besitzt, hat sie bei den Vertragsverhandlungen die Zahlungsbedingung „100 Prozent bei Lieferung gegen unbestätigtes Dokumentenakkreditiv" durchgesetzt. Die Schäfers KG ist nun verpflichtet, das vereinbarte Akkreditiv zu eröffnen. Sie erteilt der Dresdner Bank, Köln, den Auftrag zur Akkreditiveröffnung.

Die Dresdner Bank in Köln prüft, ob der Eröffnungsauftrag alle notwendigen Angaben enthält. Dazu gehören vor allem

1. Name und Anschrift des Exporteurs und möglichst dessen Bankverbindung
2. die Angabe, ob das Akkreditiv widerruflich oder unwiderruflich bestätigt oder übertragbar sein soll
3. der Akkreditivbetrag und die Akkreditivwährung
4. die Angabe der Versanddokumente, gegen die Zahlung geleistet werden soll
5. Angaben über die Menge, die genaue Bezeichnung und den Preis der Ware
6. Lieferungsbedingungen
7. spätester Termin für die Leistung und Dokumenteneinrichtung
8. wo das Akkreditiv zahlbar gestellt ist
9. wie es zu benutzen ist (Zahlung, Akzeptierung, Negoziierung)

Außerdem prüft sie die Bonität der Schäfers KG, da sie mit dem Akkreditiv ein abstraktes Zahlungsversprechen abgibt.

Da die Bankverbindung der Anderson Ltd. nicht bekannt ist, gibt die Dresdner Bank das Avisierungsschreiben an ihre Niederlassung in New York. Diese informiert Anderson Ltd. über die Eröffnung des Akkreditives und die Akkreditivbedingungen.

In diesem Avisierungsschreiben weist die Bank den Begünstigten ausdrücklich darauf hin, die Bedingungen des Akkreditivs sorgfältig zu prüfen, ob diese den vertraglichen Vereinbarungen entsprechen und erfüllt werden können. Falls dies nicht der Fall ist, muß der Begünstigte versuchen, vom Auftraggeber eine entsprechende Änderung vor Ablauf der Gültigkeitsdauer zu erhalten (zum Beispiel Verlängerung, Betragsänderung, Änderungen bei den einzureichenden Dokumenten oder sonstigen Bedingungen). **Für die Banken ist nur das Akkreditiv maßgeblich.**

Die Anderson Ltd. versendet jetzt die Ware und reicht die vorgeschriebenen Dokumente bei der Dresdner Bank New York ein. Da das Akkreditiv in New York zahlbar gestellt ist, wird der Gegenwert der Anderson Ltd. gutgeschrieben. Mit der Weiterleitung der Dokumente an die Dresdner Bank in Köln erfolgt auch die Verrechnung des Akkreditivbetrages. In Köln erhält die Schäfers KG die Dokumente und wird mit dem Gegenwert belastet. Mit den Dokumenten kann sie nun die Ware in Empfang nehmen (je nach Transportweg am Flughafen oder ähnliche).

### 6.2.3.5 Sonderformen des Akkreditivs

In der Praxis des Auslandsgeschäftes kommen neben dem eben beschriebenen „Standardfall" des Akkreditivs auch verschiedene Sonderformen vor:

- **Übertragbares Akkreditiv**

    Ein übertragbares Akkreditiv ist zum Beispiel sinnvoll, wenn ein Großhändler Ware exportiert, die er vorher selbst von einem Lieferanten beziehen muß. Dieser Lieferant verlangt vom Großhändler die Eröffnung eines Akkreditives zu seinen Gunsten. Da der Großhändler mit seinem ausländischen Abnehmer ebenfalls eine Akkreditivstellung vereinbart hat, kann er die Ansprüche aus dem zu seinen Gunsten eröffneten Akkreditiv an seinen Lieferanten übertragen. Einzige Voraussetzung: Das Akkreditiv wurde ausdrücklich als übertragbar (transferable) eröffnet.

    Der Großhändler kann so, ohne für Voraus- oder Anzahlungen seine eigenen Liquiditäts- oder Kreditspielräume zu belasten, seinem in- oder ausländischen Lieferanten die gewünschte Sicherheit bieten. Da der Großhändler nicht zu denselben Preisen (und eventuell auch nicht dieselben Mengen) weiterverkauft, müssen die Handelsrechnungen ausgetauscht werden.

    Das Akkreditiv kann zwar grundsätzlich nur einmal übertragen werden, aber an mehrere Zweitbegünstigte. Die Gesamtheit dieser Übertragungen gilt als eine Übertragung; sie darf den Gesamtbetrag des Akkreditives nicht überschreiten. Der Ablauf eines übertragbaren Akkreditives sähe also so aus:

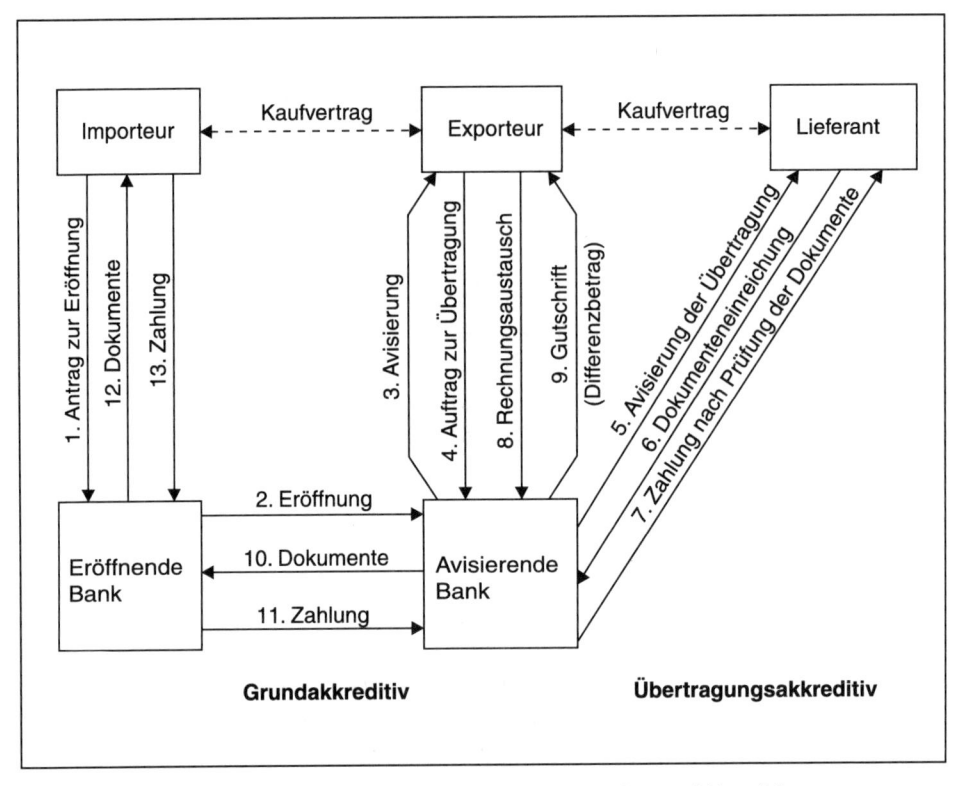

Abbildung 2-125: Technische Abwicklung beim übertragbaren Akkreditiv

- **Gegenakkreditiv (Back to Back Credit)**

Hier ist die Ausgangssituation ähnlich wie bei dem übertragbaren Akkreditiv. Ein Großhändler möchte zum Beispiel den Anspruch aus einem Akkreditiv an seinen Lieferanten übertragen. Wenn dieses Akkreditiv jedoch nicht übertragbar eröffnet wurde oder der Lieferant ein im Ausland eröffnetes Akkreditiv als Sicherstellung seiner Forderung nicht akzeptiert, besteht die Möglichkeit, ein Gegenakkreditiv zu konstruieren. Der Großhändler kann bei seiner Bank beantragen, daß sie ein (Gegen-)Akkreditiv zugunsten des Lieferanten eröffnet, wobei der Bank das bestehende Akkreditiv (bedingt) als Sicherheit dienen soll.

Zwischen den beiden Akkreditiven sollte letztlich eine derartige Übereinstimmung erreicht werden, daß der Lieferant zur Inanspruchnahme des Gegenakkreditivs die Dokumente in derselben Aufmachung einreicht, wie sie im ursprünglichen Akkreditiv gefordert wurde. Wie beim übertragbaren Akkreditiv müssen jedoch auch hier noch die Handelsrechnungen ausgetauscht werden.

Insgesamt ergibt sich folgender Ablauf:

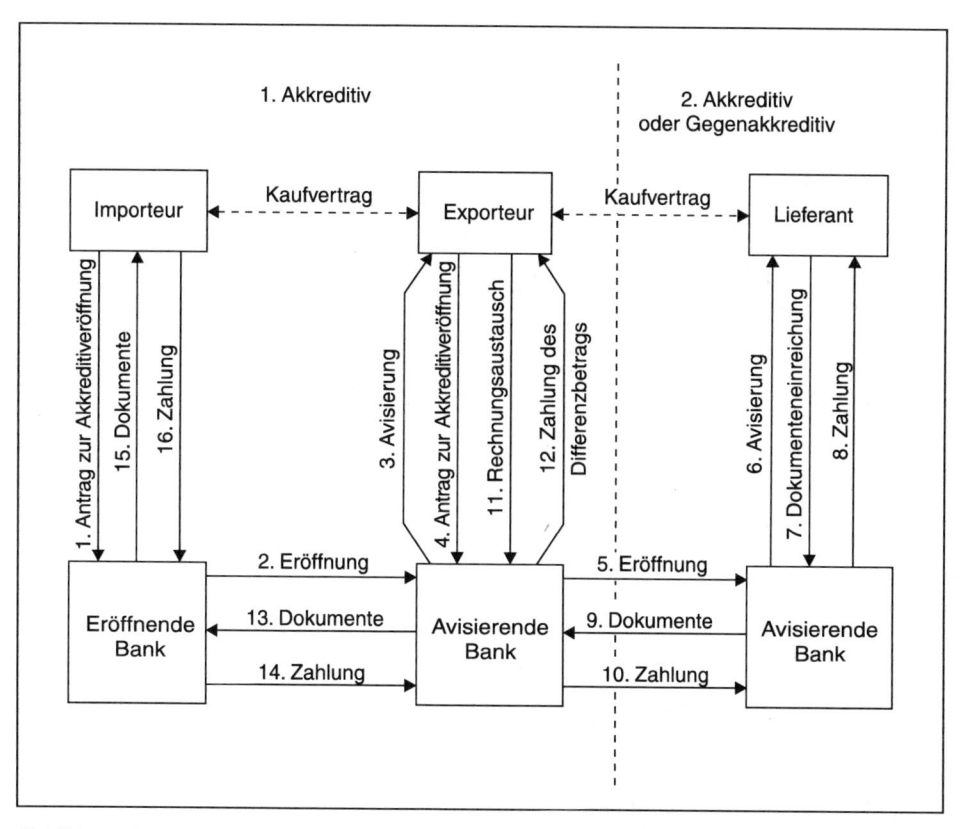

Abbildung 2-126: Technische Abwicklung beim Gegenakkreditiv

### Revolvierendes Akkreditiv

Häufig bezieht ein Importeur in zeitlichen Abständen vereinbarte Teilmengen oder im Rahmen von Dauergeschäften regelmäßig Warenlieferungen desselben Exporteurs. In diesen Fällen können die Zahlungen über ein revolvierendes Akkreditiv abgewickelt werden, das jeweils den Wert der Teillieferung abgedeckt. Das Akkreditiv kann zum Beispiel lauten:

„Akkreditiv 120.000 DM, viermal revolvierend bis zum Totalbetrag von 600.000 DM."

Die Gültigkeitsdauer des Akkreditivs verlängert sich entweder automatisch oder nur auf besondere Weisung bis zur vollständigen Ausnutzung. In Einzelfällen umfaßt die Gültigkeitsdauer von vornherein den Zeitraum bis zur vollständigen Abwicklung. Das bisher Gesagte gilt für ein nicht-kumulativ revolvierendes Akkreditiv. Bei der kumulativen Version können „freie" Beträge aus den nicht (vollständig) in Anspruch genommenen Tranchen zusammen mit den noch verbleibenden Tranchen in Anspruch genommen werden.

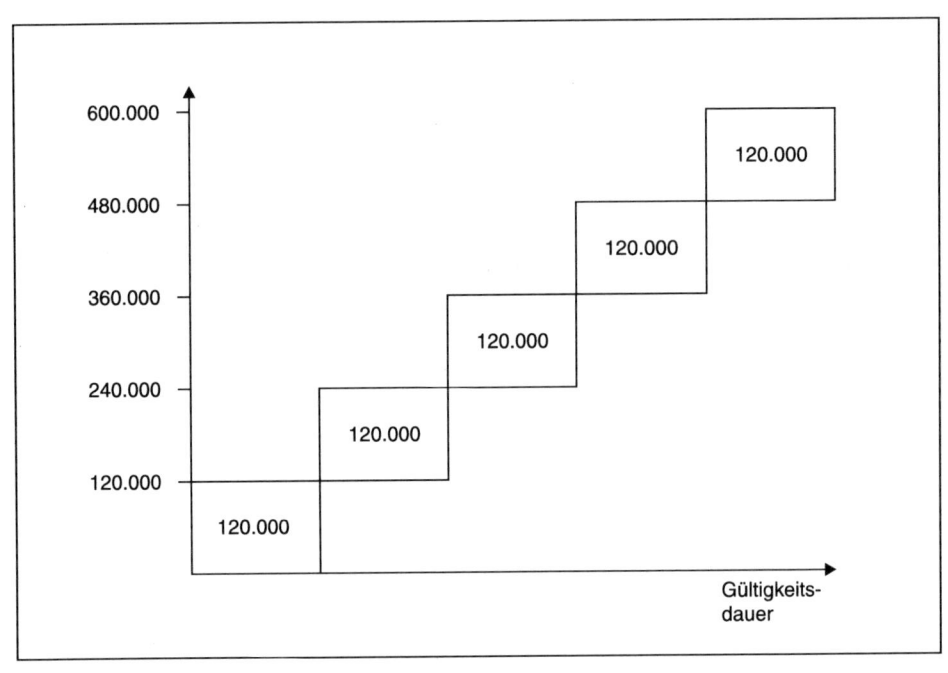

Abbildung 2-127: Revolvierendes Akkreditiv

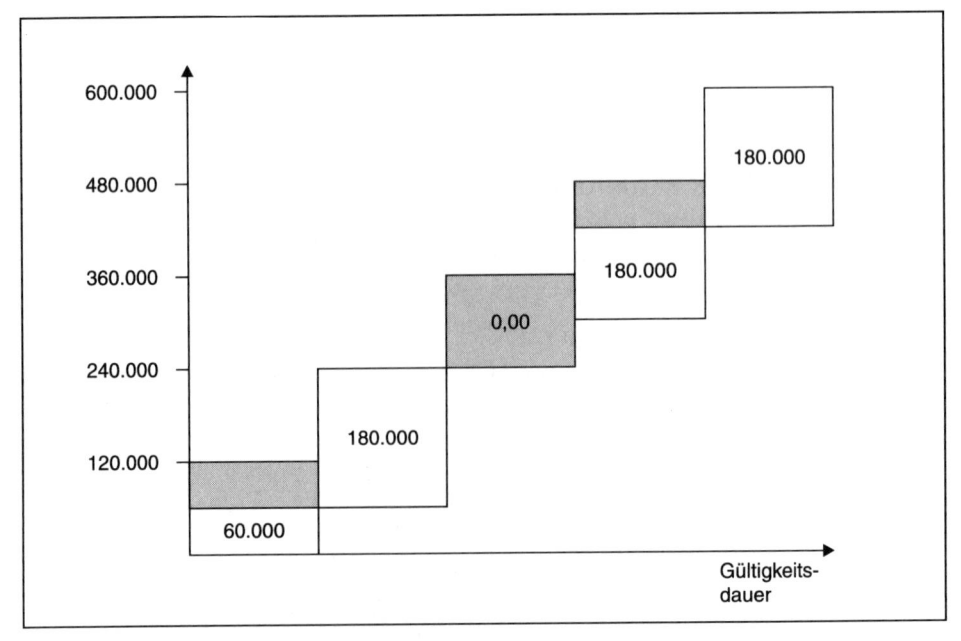

Abbildung 2-128: Kumulativ revolvierendes Akkreditiv

## Commercial Letter of Credit (CLC)

Der CLC, auch Kreditbrief genannt, unterscheidet sich vom üblichen Dokumentenakkreditiv durch die Form der Avisierung und die Art der Benutzbarkeit. Der CLC ist immer an den Begünstigten direkt adressiert. Der Versand des Kreditbriefes erfolgt durch die eröffnende Bank oder über eine Korrespondenzbank.

Der Begünstigte kann das Original des Kreditbriefes – zusammen mit den geforderten Dokumenten einschließlich der von ihm auf den Auftraggeber gezogenen Wechsel – bei einer Bank seiner Wahl einreichen. Durch die „Bona-fide"-Klausel im Kreditbrief verpflichtet sich die eröffnende Bank, die ihr unter bestimmten Bedingungen (begleitet von den geforderten Dokumenten) eingereichten Tratten durch Zahlung oder Akzeptleistung zu honorieren (abstraktes Zahlungsversprechen).

## Packing Credit

Weitere Akkreditiv-Sonderformen haben sich für Exporte einiger Rohstoffarbeiten (zum Beispiel Reis, Wolle, Baumwolle) aus bestimmten Überseegebieten herausgebildet, die mit der Gewährung von Vorschüssen an den Verkäufer (Exporteur) verbunden sind. Diese Sonderformen, die mit besonderen „Klauseln" versehen sind, werden als „Packing Credits" oder „Anticipatory Credits" bezeichnet. In der Hauptsache sind hier zwei Formen gebräuchlich, die sich in der Absicherung der Vorschüsse unterscheiden.

Das **Akkreditiv mit „Red Clause"** (= rote Klausel, weil die Zusatzklausel auf dem Akkreditiv rot vermerkt wird), das heute besonders im Fell- und Wollhandelsgeschäft mit Australien, Südafrika, Neuseeland und dem Fernen Osten verwendet wird, ermächtigt ein ausländisches Institut **unter Haftung der akkreditiveröffnenden Bank**, dem Exporteur bereits vor Einreichung der Dokumente **Blankovorschüsse zur Finanzierung des Einkaufs der Ausfuhrware** zu gewähren. Der Exporteur muß sich hierbei lediglich verpflichten, der vorschußgewährenden Bank die im Akkreditiv geforderten Dokumente fristgemäß nachzureichen.

Beim **Akkreditiv mit „Green Clause"**, das dann Verwendung findet, wenn die Exportware vor der Verschiffung noch eingelagert werden muß, **werden die Vorschüsse auf gedeckter Basis gewährt**, zum Beispiel gegen Übergabe des Lagerscheines, der nach Verschiffung der Ware gegen die Versanddokumente ausgetauscht wird.

### 6.2.4 Das Dokumenteninkasso

#### 6.2.4.1 Wesen und rechtliche Grundlagen

Das Dokumenteninkasso ist eine weitere Form der Zahlungsabwicklung und Zahlungssicherung. Der Zahlungspflichtige erhält dabei unter Mitwirkung von Kreditinstituten Dokumente, die den Warenversand belegen, gegen Zahlung oder Akzeptierung von Tratten ausgehändigt, wobei die Bank des Exporteurs den Gegenwert zu dessen Gunsten einzieht. Bei der Abwicklung von Inkassi stützen sich die Banken auf die „**Einheitlichen Richtlinien für Inkassi (ERI)**" der Internationalen Handelskammer in Paris.

Die ERI unterscheiden beim Inkasso folgende **Beteiligte**:

- der **Auftraggeber** (= Exporteur; er beauftragt seine Bank mit dem Inkasso)
- die **Einreicherbank** (= Bank des Exporteurs)
- die **Inkassobank**/vorlegende Bank (= Bank des Importeurs)
- der **Bezogene** (Importeur; er leistet Zahlung gegen Vorlage ordnungsgemäßer Dokumente)

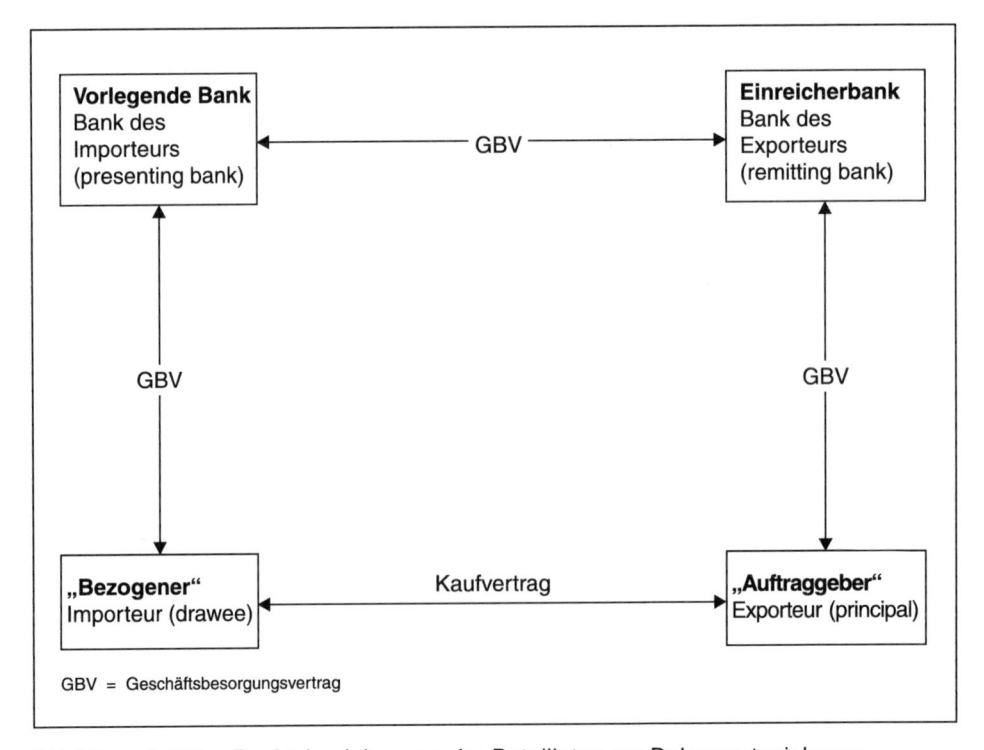

```
┌─────────────────────────────────────────────────────────────────┐
│                                                                 │
│  ┌──────────────────┐                      ┌──────────────────┐ │
│  │ Vorlegende Bank  │                      │ Einreicherbank   │ │
│  │ Bank des         │ ◄──── GBV ────►      │ Bank des         │ │
│  │ Importeurs       │                      │ Exporteurs       │ │
│  │ (presenting bank)│                      │ (remitting bank) │ │
│  └──────────────────┘                      └──────────────────┘ │
│           ▲                                         ▲           │
│           │                                         │           │
│          GBV                                       GBV          │
│           │                                         │           │
│           ▼                                         ▼           │
│  ┌──────────────────┐                      ┌──────────────────┐ │
│  │ „Bezogener"      │ ◄─── Kaufvertrag ──► │ „Auftraggeber"   │ │
│  │ Importeur(drawee)│                      │Exporteur(principal)│ │
│  └──────────────────┘                      └──────────────────┘ │
│                                                                 │
│  GBV = Geschäftsbesorgungsvertrag                               │
└─────────────────────────────────────────────────────────────────┘
```

Abbildung 2-129: Rechtsbeziehungen der Beteiligten am Dokumenteninkasso

### 6.2.4.2 Arten des Dokumenteninkassos

Die zwei gebräuchlichsten Arten von dokumentären Inkassi sind

- Dokumente gegen Zahlung (documents against payment – d/p)
  Der Exporteur erteilt seiner Bank den Inkassoauftrag mit der Weisung, dem Importeur die Dokumente nur gegen Zahlung des Gegenwertes auszuhändigen.

- Dokumente gegen Akzept (documents against acceptance = d/a)
  Der Importeur erhält die Dokumente gegen Akzeptierung eines den Dokumenten beigefügten Wechsels. Der Exporteur räumt damit dem Importeur ein Zahlungsziel ein, sichert die Forderung aber per Wechsel ab. Er hat bei Bedarf an liquiden Mitteln die Möglichkeit, den Wechsel bei seiner Bank zum Diskont einzureichen.

### 6.2.4.3 Ablauf eines Dokumenteninkassos (d/a)

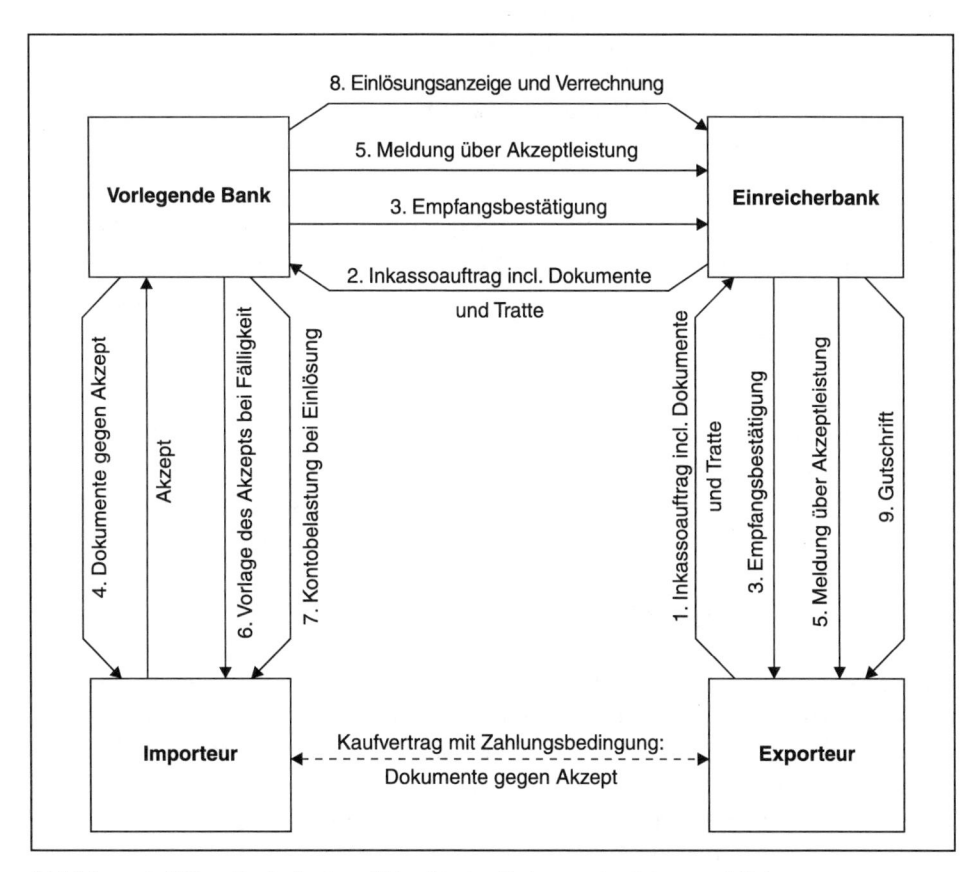

Abbildung 2-130: Technischer Ablauf beim Dokumenteninkasso (d/a)

Lassen Sie uns jetzt als Zusammenfassung die Unterschiede zwischen Akkreditiv und Inkasso betrachten:

In rechtlicher Hinsicht besteht beim Inkasso gegenüber dem Akkreditiv insofern ein wesentlicher Unterschied, als weder die Bank des Exporteurs noch das als Inkassostelle tätige ausländische Institut zur Prüfung der Dokumente verpflichtet ist. Beide haben lediglich festzustellen, ob die übergebenen Papiere mit dem Inkassoauftrag des Verkäufers übereinstimmen, das heißt, **die eingeschalteten Banken übernehmen im Gegensatz zum Dokumentenakkreditiv keine Haftung für die Aufnahme fehlerhafter Dokumente.**

Dies schließt nicht aus, daß insbesondere die ausländische Inkassobank im Interesse ihres Kundendienstes eine Dokumentenprüfung vornimmt und den Importeur auf eventuelle Mängel der Papiere aufmerksam macht. **Über die Dokumentenaufnahme beziehungsweise Annahmeverweigerung entscheidet** jedoch auch dann nicht die Bank, sondern einzig und allein **der Importeur in eigener Verantwortung.**

Bei Nichtaufnahme der Transportpapiere durch den Importeur ist die ausländische Inkassobank in keiner Weise für die Rücksendung beziehungsweise Einlagerung der Einfuhrgüter verantwortlich. **Für den Exporteur ist** also – anders als beim unwiderruflichen Akkreditiv – **das Erfüllungsrisiko überhaupt nicht abgedeckt**, einfach, weil der ausländische Käufer die Annahme der Dokumente ablehnen kann.

Durch die Einschaltung von Banken beim Dokumenteninkasso wird für den Exporteur im Normalfall **nur das Risiko der Übertragung des Eigentums** an der Ware **ohne Gegenleistung des Importeurs** ausgeschaltet. Im übrigen trägt er beim Inkasso die Risiken allein. Aber auch für den Importeur besteht gegenüber dem Akkreditiv beim Inkasso insofern ein Nachteil, als das Risiko der Übereinstimmung von Ware und Dokumenten bestehen bleibt, weil seine Bank in der Regel für die Dokumentenprüfung keine Haftung übernimmt. Daraus folgt, daß die Abwicklung von Ausfuhrgeschäften durch Dokumenteninkassi zwischen Käufer und Verkäufer das **Bestehen eines gewissen Vertrauens** voraussetzt und außerdem die wirtschaftlichen und politischen Verhältnisse im Importland hinreichend stabil sind.

## 6.3 Außenhandelsfinanzierungen

Für die Finanzierung von Außenhandelsgeschäften haben sich in der Bankpraxis eine Reihe von speziellen Kreditformen und kreditähnlichen Instrumenten entwickelt. Wegen ihrer Besonderheiten und zum Teil auch wegen der erforderlichen Sprachkenntnisse werden diese Geschäfte meist nicht in der Kreditabteilung, sondern in der Auslandsabteilung der Bank bearbeitet. Üblicherweise unterscheidet man dabei kurzfristige Finanzierungen sowie Sonderformen. So ist auch dieser folgende Abschnitt gegliedert:

```
                    ┌─────────────────────────────┐
                    │ Außenhandelsfinanzierungen  │
                    └─────────────────────────────┘
                   /              |               \
        ┌──────────────┐  ┌──────────────┐  ┌──────────────┐
        │  kurzfristig │  │  mittel- bis │  │ Sonderformen │
        │              │  │  langfristig │  │              │
        └──────────────┘  └──────────────┘  └──────────────┘
```

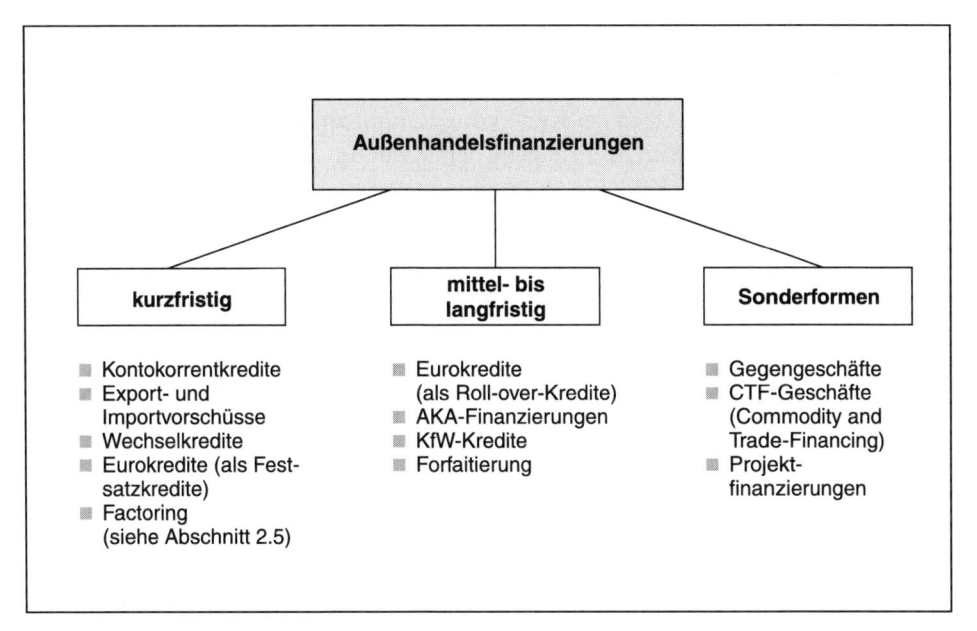

| kurzfristig | mittel- bis langfristig | Sonderformen |
|---|---|---|
| ▪ Kontokorrentkredite<br>▪ Export- und Importvorschüsse<br>▪ Wechselkredite<br>▪ Eurokredite (als Festsatzkredite)<br>▪ Factoring (siehe Abschnitt 2.5) | ▪ Eurokredite (als Roll-over-Kredite)<br>▪ AKA-Finanzierungen<br>▪ KfW-Kredite<br>▪ Forfaitierung | ▪ Gegengeschäfte<br>▪ CTF-Geschäfte (Commodity and Trade-Financing)<br>▪ Projektfinanzierungen |

Abbildung 2-131: Finanzierung von Außenhandelsgeschäften

### 6.3.1 Kurzfristiges Auslandskreditgeschäft

Kurzfristige Kredite mit Laufzeiten von sechs bis zwölf Monaten dienen im Auslandsgeschäft vorwiegend der **Finanzierung der Produktion, der Verschiffungszeit sowie der Gewährung von Zahlungszielen für den Absatz** von Konsumgütern und kurzlebigen Gebrauchsgütern, das heißt von serienmäßig hergestellten Massengütern.

Charakteristisch für das kurzfristige Auslandskreditgeschäft ist die Vielfalt der Formen und ihrer technischen Abwicklung mit zahlreichen Varianten und Mischformen. Im Hinblick auf diese Vielgestaltigkeit werden hier nur die Grund- und Normalformen behandelt.

#### 6.3.1.1 Kontokorrentkredite

Der Kontokorrentkredit im Auslandsgeschäft ist mit dem inländischen Kontokorrentkredit praktisch identisch und stellt ein sehr flexibles Finanzierungsinstrument sowohl für den Importeur als auch für Exporteure dar.

Ein Kontokorrentkredit kann entweder in DM oder bei Einrichtung eines FW-Kontos auch in Fremdwährung gewährt werden. Zu beachten sind dabei die unterschiedlichen Zinssätze für die entsprechenden Währungen. Die Entscheidung, ob ein Kredit in DM oder Fremdwährung aufgenommen werden soll, ist für das einzelne Geschäft je nach Finanzierungsbedarf und benötigter Währung zu treffen.

Für den **Exporteur** bietet sich der Kontokorrentkredit an zur finanziellen Überbrückung der Zeit zwischen Warenversand und dem Zahlungseingang etwa nach Abwicklung eines Dokumenteninkassos sowie zur Finanzierung kurzfristiger Zahlungsziele, die er dem Importeur eingeräumt hat.

Für den **Importeur** kann die Beanspruchung eines Kontokorrentkredites bei seiner Hausbank vor allem dann in Frage kommen, wenn der Exporteur wegen seiner stärkeren Marktstellung die Zahlungsbedingungen diktieren kann und **Voraus- oder Anzahlung** bei Absendung oder Übernahme der Waren fordert. Sofern der Käufer nun nicht über genügend liquide Mittel verfügt, kann für ihn die Inanspruchnahme eines Kontokorrentkredits notwendig sein.

### 6.3.1.2 Export- und Importvorschüsse

Mit einem **Exportvorschuß** finanziert die Bank dem Exporteur den Zeitraum zwischen Warenversand und Dokumentenaufnahme beziehungsweise auch darüber hinaus, wenn zum Beispiel als Zahlungsbedingung „Dokumente gegen Akzept" vereinbart wurde. Die Bevorschussung durch die Bank wird in der Regel auf die Exportdokumente abgestellt. Als Sicherheit wird die Abtretung der Exportforderung verlangt. Neben der ordnungsgemäßen Beschaffenheit der Dokumente ist natürlich die einwandfreie Bonität des Exporteurs von Bedeutung.

Ein **Import-Vorschuß** bietet sich zum Beispiel an, wenn der Importeur Zwischenhändler ist und er bei Vorlage der Dokumente sogleich mit dem Gegenwert belastet wird, also kein Inkasso oder Akkreditiv mit Zahlungsziel/Wechselakzept vereinbart wurde. Der Importeur muß dann den Gegenwert der Ware zahlen, bevor er selbst sein Geld aus dem Weiterverkauf erhält. Diese Zeitspanne kann er von der Bank bevorschussen lassen. Als Sicherheit dienen entweder die Warendokumente oder die Abtretung der gegen den Endabnehmer bestehenden Forderungen.

### 6.3.1.3 Wechselkredite

Einfache Wechselkredite stimmen weitgehend mit den bei Inlandsgeschäften vorkommenden Wechselkrediten überein und werden wie folgt abgewickelt:

- **Diskontkredit**
  Der Exporteur zieht (trassiert) auf seinen ausländischen Kontrahenten (Bezogenen) einen Wechsel, den er ihm zur Akzeptleistung (meist im Rahmen von Dokumenteninkassi) durch seine Hausbank vorlegen läßt. Nach Eingang des Akzeptes wird dieses dann von der Bank des Exporteurs diskontiert. Je nachdem,

ob der Diskontsatz im Land des Importeurs niedriger ist als in jenem des Exporteurs, kann die Diskontierung auch eine ausländische Bank übernehmen. Häufig erfolgt dies auf Veranlassung des Importeurs.

- **Akzeptkredit**
Während der Diskontkredit im wesentlichen für die Finanzierung von Auslandsgeschäften in Frage kommt, bei denen zwischen den Kontrahenten eine gegenseitige Vertrauensbasis besteht, sind der Gewährung von Akzeptkrediten verhältnismäßig enge Grenzen gesetzt. Da eine Bank zur Wahrung ihres guten Namens und aus bilanzoptischen Erwägungen nur in beschränktem Umfang eigene Wechselverpflichtungen eingehen kann, kommt diese Kreditart nur für bonitätsmäßig erstklassige Unternehmen in Frage. Dies gilt für Exporteure und Importeure.

Die **technische Abwicklung von Akzeptkrediten** im Auslandsgeschäft ist vergleichbar mit der bei Inlandsgeschäften.

Der Importeur oder Exporteur zieht auf eine Bank in Höhe des Rechnungswertes einen 90-Tage-Wechsel (Normallaufzeit rediskontfähiger Wechsel), den diese akzeptiert und – sofern es sich um eine deutsche Bank handelt – meist auch diskontiert.

Das akzeptierende Institut verpflichtet sich im **Außenverhältnis**, den im Akzept genannten Betrag bei Fälligkeit zu zahlen. Im **Innenverhältnis** dagegen übernimmt der Wechselaussteller gegenüber der Bank, die ihm das Akzept zur Verfügung stellt, die Verpflichtung, den akzeptierten Betrag ein oder zwei Tage vor Fälligkeit bei ihr anzuschaffen.

### 6.3.1.4 Rembourskredit

Seinem Wesen nach zählt der Rembourskredit zur Kategorie der Akzeptkredite. Vom normalen Akzeptkredit im Außenhandelsgeschäft unterscheidet er sich vor allem dadurch, daß er durch Dokumente (D/A) gesichert ist.

Der Rembourskredit ist ein dokumentärer Akzeptkredit, den eine Bank dem Exporteur unter dem Obligo der Hausbank des Importeurs oder einer dritten Bank Zug um Zug gegen Übergabe bestimmter Dokumente gewährt. Die Dokumente müssen an Order gestellt oder blanko übertragbar sein. Der Rembourskredit kann mit oder ohne Dokumentenakkreditiv abgewickelt und für die Finanzierung sowohl von Importen als auch von Exporten verwendet werden.

Anders ausgedrückt heißt dies: der Exporteur erhält nach Übergabe der Dokumente an eine Bank (Remboursbank) seinen Ausfuhrerlös nicht in bar – wie im Normalfall beim Akkreditiv –, sondern in der Form eines Bankakzeptes.

Nach Erhalt des Akzepts, das in der Regel eine Laufzeit von 90 Tagen hat, wird der Exporteur versuchen, den Abschnitt zu verkaufen, das heißt, er muß ihn diskontieren lassen. Grundsätzlich stehen ihm zwei Möglichkeiten offen: Diskontierung bei der akzeptleistenden Bank – wie es heute in der Bundesrepublik allgemein üblich ist – oder bei einer anderen Bank.

Die **banktechnische Abwicklung des Rembourskredits** gestattet verschiedene Möglichkeiten. Wie schon erwähnt, kann sie mit oder ohne Akkreditiv erfolgen. Innerhalb dieser zwei Möglichkeiten kann ferner die Tratte des Exporteurs entweder von der Importeurbank, der Exporteurbank oder einer besonderen Remboursbank akzeptiert werden. Im letzteren Fall handelt es sich um einen ,,indirekten" oder ,,vermittelten" Rembourskredit, während man sonst von einem ,,direkten" Rembourskredit spricht.

**Maßgebender Gesichtspunkt für die Inanspruchnahme eines in- oder ausländischen Kreditinstituts als Remboursbank ist die Existenz eines zwischenstaatlichen Zinsgefälles.** Grundsätzlich wird der Importeur, der gewöhnlich die Akzept- und Diskontspesen zu tragen hat, bestrebt sein, durch Vermittlung seiner Hausbank die Akzeptzusage einer Bank zu erhalten, deren Diskontsatz und sonstige Kreditkosten niedriger sind als diejenigen im eigenen Lande. Sind hingegen die Kreditkosten im Importland niedriger, wird der Importeur eine Akzeptbank im eigenen Lande wählen.

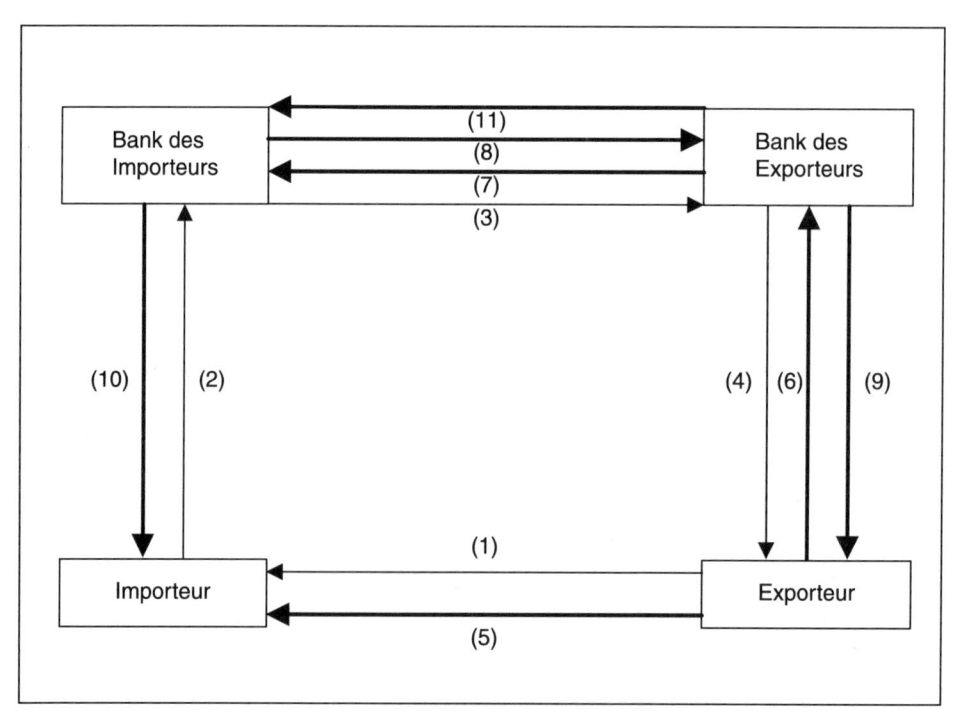

Abbildung 2-132: Ablauf eines Rembourskredites

Die Abwicklung eines Rembourskredites (ohne Einschaltung einer Remboursbank) sei an einem **Beispiel** erläutert (vgl. auch Abbildung 2-132):

> **BEISPIEL**
>
> 1. Ein deutscher Importeur hat mit einer australischen Wollfirma einen **Kaufvertrag** abgeschlossen mit der Zahlungsbedingung: Drei-Monats-Bankakzept gegen Verladedokumente im Rahmen eines Akkreditivs.
>
> 2. Er bittet seine Hausbank (Bank des Importeurs), zugunsten der australischen Wollfirma ein Akkreditiv zu eröffnen und gegen Vorlage der Versanddokumente eine vom Exporteur über den Rechnungsbetrag ausgestellte „Drei-Monats-Tratte" zu akzeptieren (**Kreditantrag**).
>
> 3. Sofern der deutsche Importeur bonitätsmäßig gut beurteilt wird, genehmigt seine Hausbank diesen Kreditantrag und eröffnet zugunsten des australischen Exporteurs ein **Remboursakkreditiv mit Akzeptzusage** und teilt dies der Bank des Exporteurs in Form eines Akkreditiveröffnungsschreibens mit, in dem diese mit der Dokumentenaufnahme beauftragt wird.
>
> 4. Der **Exporteur wird** durch seine Bank von dieser Akkreditiveröffnung **verständigt**, woraufhin er
>
> 5. die vereinbarte Partie Wolle per Schiff **versenden** läßt und
>
> 6. die **Transportdokumente sowie** eine auf die Bank des deutschen Importeurs gezogene **Dreit-Monats-Sichttratte** seiner Bank zur Weiterleitung und Akzepteinholung bei der Bank des Importeurs einreicht. Zur Überbrückung der Postlaufzeit der Dokumente erhält der Exporteur unter Umständen seine Tratte von seiner Hausbank schon bei Einreichung diskontiert oder bevorschußt, so daß er bereits bei Dokumentenübergabe den Gegenwert bekommt.
>
> 7. Daraufhin erfolgt der **Versand der Dokumente und der Tratte** an die Bank des Importeurs.
>
> 8. Die Bank des Importeurs versieht die Tratte mit ihrem **Akzept** und sendet sie an die Bank des Exporteurs zurück.
>
> 9. Sofern nicht schon bei Dokumentenaufnahme geschehen, diskontiert die **Bank des Exporteurs** nun das Akzept und **schreibt dem Exporteur den Diskonterlös gut**.
>
> 10. Nach Eintreffen der Ware erhält der Importeur von seiner Bank die **Versanddokumente ausgehändigt** und kann die Ware in Empfang nehmen.
>
> 11. Das **Akzept der deutschen Bank**, das während seiner Laufzeit mehrfach seinen Besitzer gewechselt haben kann, **wird ihr bei Verfall** von der Bank des Exporteurs oder einer anderen ausländischen Bank **zur Zahlung präsentiert,** nachdem der Importeur bereits ein oder zwei Tage vorher den Gegenwert angeschafft hat.

Diese Abwicklungsform eines „**direkten**" Rembourskredites gilt auch sinngemäß für den „**indirekten**" **Rembourskredit,** das heißt für den Fall, daß an Stelle der Bank des Importeurs eine in einem **dritten Land** domizilierende Remboursbank das Akzept leistet.

### 6.3.1.5 Eurokredite und Euro-Festsatzkredite

Eurokredite sind Kredite in DM oder Fremdwährung, deren Zinssatz sich nach dem Geldmarktsatz der entsprechenden Währung am Euro-Geldmarkt richtet. Eurokredite werden entweder als kurzfristige Euro-Festsatzkredite oder in Form mittel- bis langfristiger Roll-over-Kredite vergeben.

Die Zinskosten bei Euro-Festsatzkrediten sind in der Regel niedriger als die Zinsen bei Krediten aus Inlandsliquidität, weil der Euromarkt keinen Restriktionen unterworfen ist. Jedoch müssen Festsatzkredite für die gesamte Laufzeit in der festgelegten Höhe in Anspruch genommen werden. Insofern können sie kein Ersatz für inländische Kontokorrentkredite sein. Vorteilhaft für den Kreditnehmer ist aber, daß er für die gesamte Laufzeit des Kredites die Zinskosten exakt kalkulieren kann.

Als Laufzeit für Festsatzkredite kommen hauptsächlich Zeitspannen von eins, zwei, drei, sechs und zwölf Monaten in Frage. Die Mindestgrößenordnung liegt normalerweise bei 500.000 DM beziehungsweise dem entsprechenden Fremdwährungs-Gegenwert.

### 6.3.2 Mittel- bis langfristiges Auslandskreditgeschäft

### 6.3.2.1 Eurokredite

Roll-over-Kredite werden den Kreditnehmern für eine längere Laufzeit zugesagt, jedoch von der Bank durch kurzfristige Mittelaufnahme am Euro-Geldmarkt refinanziert und erhalten dem Kunden gegenüber eine periodische Zinsanpassung. Üblich sind Zinsperioden von drei beziehungsweise sechs Monaten. Während früher die Kreditdauer bei fünf bis sieben Jahren lag, gibt es mittlerweile Fristen von bis zu zehn Jahren. Im Hinblick auf die Inanspruchnahme der Kredite haben sich drei Grundformen herausgebildet:

1. Der **Roll-over-Eurokredit** als fester Vorschuß. Dem Kredit liegt eine fest Schuld zugrunde, und die Valuta wird insgesamt in einer Summe ausbezahlt.

2. Der **revolvierende Roll-over-Eurokredit**, bei dem lediglich ein Kreditrahmen vereinbart wird, bis zu dem eine Inanspruchnahme in runden Beträgen von Zinstermin zu Zinstermin möglich ist. Der Kreditnehmer kann den Kredit an den

Roll-over-Terminen – nach Art eines Dispositionskredites – ganz oder teilweise zurückzahlen und ihn wieder nach Bedarf ganz oder teilweise neu aufnehmen. Für den nicht in Anspruch genommenen Teil des Kreditrahmens ist eine Bereitstellungsprovision zu zahlen.

3. Eine Sonderform neben dem revolvierenden Kredit stellt der **Stand-by-Kredit** dar, der nur in Ausnahmefällen in Anspruch genommen wird. Für den Kreditnehmer hat er meistens nur vorsorglichen Charakter als ,,Rückzugslinie" zum Beispiel für in Aussicht stehende Finanzierungsbedürfnisse. Die Laufzeit dieser Kredite beträgt im allgemeinen bis zu fünf Jahren.

Die Kreditvaluta wird bei diesen Krediten in einer bestimmten Währung (Basiswährung) bereitgestellt. Zugunsten des Kreditnehmers kann jedoch ein Option auf zwei oder mehrere Währungen vereinbart werden. In diesem Fall kann der Kreditnehmer vor Beginn der jeweiligen Zinsperiode die Währung wählen, die für ihn unter Zins- und Währungsgesichtspunkten die günstigste ist. Die Rückzahlung solcher Kredite erfolgt entweder in einer Summe bei Fälligkeit oder in regelmäßigen Tilgungen.

### 6.3.2.2 Exportversicherung des Bundes über die HERMES Kreditversicherungs AG

Durch die Übernahme von Bürgschaften und Garantien nimmt der Staat im Rahmen der Exportkreditversicherung den deutschen Exporteuren und den kreditgewährenden Banken in gewissem Umfang und gegen Entgelt das Rückzahlungsrisiko bei Krediten an ausländische Schuldner ab. Der Bund hat die **Bearbeitung** von Bürgschafts- und Garantieanträgen an die HERMES Kreditversicherungs-AG übertragen. Die Entscheidung über die Indeckungnahme trifft ein Ausschuß des Bundes. **Bürgschaften** werden dann gewährt, wenn der ausländische Abnehmer ein Staat oder eine öffentlich-rechtliche Körperschaft ist. **Garantien** werden übernommen, wenn der ausländische Abnehmer eine natürliche Person oder eine juristische Person des Privatrechts ist.

Folgende Risiken werden von der Hermes-Deckung abgesichert:

- Fabrikationsrisiko
- Ausfuhrrisiko
- Kreditrisiko

Im Schadensfall vergütet der Staat den Ausfall abzüglich einer vom Exporteur zu tragenden Selbstbeteiligung, deren Höhe in der Deckungsurkunde festgelegt wird.

### 6.3.2.3 AKA-Finanzierungen

Die AKA (Ausfuhrkreditgesellschaft mbH) ist ein Spezialinstitut zur Finanzierung von Exporten. Sie wurde von einem Konsortium deutscher Banken gegründet, um die Hausbanken der Exporteure von langfristigen Kreditgewährungen zu entlasten. Die AKA

- gewährt zur Finanzierung von Exporten Lieferantenkredite (Plafond A und Plafond B) an deutsche Exporteure, um deren Aufwendungen während der Produktionszeit zu überbrücken oder um den ausländischen Abnehmern gewährte mittel- bis langfristige Zahlungsziele zu überbrücken,

- gewährt an ausländische Importeure oder an deren Banken Finanzkredite und Bestellerkredite (Plafond C/Plafond D) und

- kauft ferner Hermes-gedeckte Exportforderungen von deutschen Exporteuren an.

Die Kreditgewährung der AKA-Ausfuhrkredit-Gesellschaft mbH erfolgt auf Grund von vier Kreditlinien, die seitens der Exporteure in Anspruch genommen werden.

Die Lieferantenkredite aus Plafond A und B werden dem deutschen Exporteur eingeräumt und dienen zur Finanzierung der Aufwendungen während der Fabrikationsperiode und/oder des Zahlungszieles.

Kredite aus Plafond A können bis zur Höhe des Betrages der Ausfuhrforderung eingeräumt werden. Sie sind durch eine Ausfuhrbürgschaft oder -garantie des Bundes – in der Regel HERMES (in Ausnahmefällen auch eine andere deutsche Kreditversicherung) – nach Abzug des Risikoanteils des Exporteurs versichert. Die Selbstfinanzierungsquote (= Risikoanteil des Exporteurs) beträgt im allgemeinen 15 Prozent, bei Geschäften mit ausländischen Regierungen und sonstigen Körperschaften des öffentlichen Rechts in der Regel 10 Prozent. Die Kredite bestätigt die AKA dem Exporteur unmittelbar. Die Refinanzierung der aus Plafond A bereitgestellten Mittel erfolgt zum überwiegenden Teil durch die Hausbank. Anträge für Plafond-A-Kredite können bei der AKA nur von ihren Konsortialbanken eingebracht werden.

Kredite aus Plafond B sollen vornehmlich für Exporte in Entwicklungsländer zur Verfügung gestellt werden. Voraussetzung für die Krediteinräumung ist – im Gegensatz zu Krediten aus Plafond A – eine Haftungs- und Giroübernahme-Erklärung der Hausbank. Kredite aus Plafond B werden im Namen und für Rechnung der jeweiligen Hausbank von der AKA dem Exporteur bestätigt. Die Selbstfinanzierungsquote des Exporteurs beträgt bei variablem Zinssatz 30 Prozent des Auftragswertes.

Die Inanspruchnahme der Kreditmittel erfolgt über Solawechsel des Exporteurs, die die Hausbank diskontiert und in der Regel über die AKA bei der Deutschen Bundesbank im Rahmen einer Sonderlinie rediskontiert.

Aus Plafond B können auch solche Exporteure Mittel in Anspruch nehmen, deren Hausbank nicht Konsortialbank ist.

Der Höchstbetrag für die Gewährung von sogenannten „Bestellerkrediten" im Rahmen des Plafond C entspricht der abzulösenden Exportforderung. Die Auszahlung erfolgt in der Regel pro rata Lieferung/Leistung. Die Kreditvaluta wird im Auftrag des Bestellers an den Exporteur ausbezahlt. Zur Sicherung der Kreditforderung soll eine Garantie beziehungsweise Bürgschaft des Bundes (HERMES) zur Deckung der sogenannten gebundenen Finanzkredite zugunsten der AKA vorliegen, deren Kosten der Exporteur zu tragen hat. Dieser muß auch für die nicht gedeckten Risiken die Haftung übernehmen (in Form einer Exporteurgarantie gegenüber der AKA).

Die Refinanzierung der bereitgestellten Mittel erfolgt über die Hausbank des Exporteurs und unter Umständen über die anderen Konsortialbanken. Hier werden, wie bei Plafond A, nur Gelder zur Verfügung gestellt, wenn die Hausbank des Exporteurs Konsortialbank der AKA ist.

Der Plafond D (1993 eingerichtet) steht wie der Plafond C für Bestellerkredite zur Verfügung. Er bietet die Möglichkeit, Bestellerkredite auch in anderen Währungen und als Margenkredit auszureichen. Voraussetzung dafür ist, daß das Heimatland des Bestellers unter Länderrisikoaspekten geeignet erscheint.

Bei Großobjekten kommen auch sogenannte **Parallelfinanzierungen** vor. Hierbei werden dem deutschen Exporteur die Kredite zum Teil aus Plafond A und zum anderen Teil aus Plafond B gewährt.

### 6.3.2.4  KfW-Kredite

Die **Kreditanstalt für Wiederaufbau (KfW)** versorgt unter anderem die deutsche Exportwirtschaft mit langfristigen Buchkrediten, die den Befristungsrahmen der AKA überschreiten. Sie dienen vornehmlich der Finanzierung von **Investitionsvorhaben in Entwicklungsländern**. Meist setzt die Kredithilfe der KfW unmittelbar beim Auslaufen eines AKA-Kredits ein, bedeutet also eine **Anschlußfinanzierung**.

Die Mittelbeschaffung der KfW erfolgt durch Ausgabe von Schuldverschreibungen und durch Darlehen beim Bund und seinen Sondervermögen, bei der Bundesbank und im Ausland.

### 6.3.2.5  Forfaitierung

In den letzten Jahrzehnten verlagerte sich die Finanzierung für Investitionsgüterexporte immer mehr auf die Exporteure. Neben den klassischen Formen der Exportfinanzierung findet daher die Forfaitierung im Außenhandel immer mehr Bedeutung.

```
                    (2) Forfaitierungsvertrag
   ┌──────────┐ ◄── (5) Forfaitierungsdokumente ──► ┌──────────┐
   │ Exporteur│ ────────────────────────────────── │ Bank des │
   │          │ ◄── (6) Forfaitierungserlös ─────── │ Exporteurs│
   └──────────┘                                     └──────────┘
```

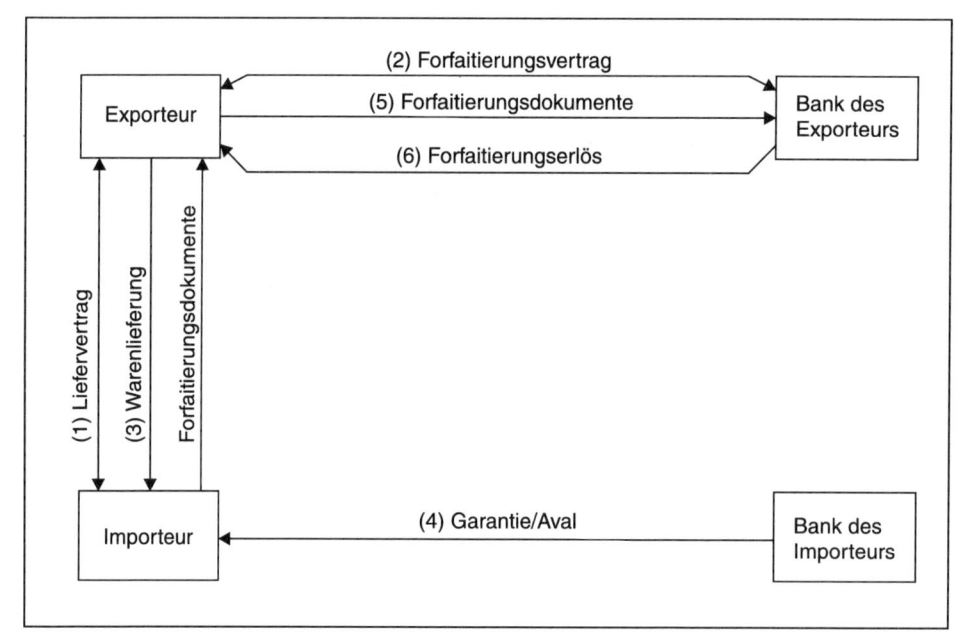

Abbildung 2-133: Technische Abwicklung einer Forfaitierung

(1) Liefervertrag
(3) Warenlieferung
Forfaitierungsdokumente
(4) Garantie/Aval — zwischen Importeur und Bank des Importeurs

Im Exportfinanzierungsgeschäft versteht man unter Forfaitierung den regreßlosen Ankauf einer Ausfuhrforderung, die ein Exporteur gegenüber seinem ausländischen Abnehmer hat. Dabei verzichtet das ankaufende Finanzierungsinstitut auf jegliches Rückgriffsrecht gegenüber dem Forderungsverkäufer.

Die Forderungen müssen folgende Voraussetzungen erfüllen, um angekauft werden zu können:

- Die Forderung muß existent sein (das heißt, die Lieferung oder Leistung muß bereits erbracht sein).

- Die Forderung muß ordnungsgemäß dokumentiert sein: Der Forfaitierungsmarkt zieht durch Wechsel unterlegte Forderungen vor, obwohl prinzipiell auch der Ankauf von Buchforderungen möglich ist.

- Die Forderung muß, wenn die Bonität des Abnehmers nicht ausreicht, zum Beispiel durch Bankavale besichert sein.

- Die Rückzahlungsfrist sollte in der Regel nicht mehr als fünf Jahre betragen.

Welche Vorteile ergeben sich für den Exporteur aus der Forfaitierung?

- Verbesserung der Liquidität, Umwandlung der Forderung in Barvermögen
- Wegfall des Wechselkursrisikos bei Fremdwährungsforderungen
- Verringerung des Verwaltungsaufwandes, Wegfall der Forderungsüberwachung

Forfaiteure sind in der Regel Banken oder Finanzierungsgesellschaften, die eng mit Banken zusammenarbeiten. Die deutschen Kreditinstitute kaufen Forderungen auf das Ausland teilweise selbst an, teilweise plazieren sie die Forderungen am Forfaitierungsmarkt weiter. Dieser Markt erstreckt sich mittlerweile beinahe über die gesamte Welt. Zweifellos sind nach wie vor Zürich, Genf und London die Hauptplätze für dieses Geschäft. Statistiken über die jährlich in der Bundesrepublik getätigten Forfaitierungen existieren nicht, doch wird das Volumen auf mehrere Milliarden DM geschätzt.

### 6.3.3 Sonderformen

In der Finanzierung von Außenhandelsgeschäften haben sich im Laufe der Jahre viele Sonderformen entwickelt. Wir wollen im folgenden nur auf die wichtigsten Formen eingehen:

#### 6.3.3.1 Gegengeschäfte

Dabei handelt es sich um Außenhandelsgeschäfte in Form von Warenaustauschgeschäften. Gründe für diese „Geschäfte ohne Geld" sind fast immer Devisen-Knappheit, hohe Verschuldung und Handelsdefizite in (mindestens) einem der beteiligten Länder. In der Praxis finden sich vor allem folgende Varianten:

- Bei **Bartergeschäften** erfolgt ein Warenaustausch Zug um Zug ohne Geldzahlungen. Preise dienen nur zum Vergleich der Tauschwaren.

- Bei **Clearing-/Switchgeschäften** besteht zwischen zwei Staaten ein Abkommen, das den Austausch von Waren über einen bestimmten Zeitraum vorsieht.

- Unter **Parallel-/Counterpurchasegeschäften** versteht man Liefergeschäfte mit gleichzeitiger Verpflichtung des Exporteurs, seine Exporterlöse ganz oder teilweise zur Abnahme von Produkten aus dem Land seines Geschäftspartners zu verwenden.

- Bei **Rückkauf-/Buy-back-Geschäften** erfolgt die „Bezahlung" von (größeren) Produktionsanlagen nach und nach mit Hilfe der mit der Anlage erzeugten Güter.

- Beim **Junktimgeschäft** kauft der Importeur Ware ein und erhält die Bestätigung, daß dieser Import als Gegengeschäft für zukünftige Exporte angerechnet wird.

### 6.3.3.2 CTF (Commodity and Trade Financing)

CTF-Geschäfte sind kurzfristige Finanzierungen für Handelsgeschäfte mit börsennotierten Waren (Commodities). Die „Bonitätsprüfung" bezieht sich dabei weniger auf den Kreditnehmer als primär auf die Ware. Dies läßt sich mit dem Argument begründen, daß diese Waren sehr standardisiert sind, jederzeit zu Geld zu machen sind und insofern eine relativ hohe Sicherheit bieten. Die zu finanzierenden Waren teilt man ein in Soft-Commodities (zum Beispiel Getreide, Zucker, Kaffee, Baumwolle, Öl) und Hard-Commodities (Metalle, Edelmetalle etc.). Besichert werden diese Finanzierungen durch Sicherungsübereignung der Ware sowie durch Abtretung der Forderung, die aus dem Weiterverkauf der Waren entstehen.

### 6.3.3.3 Projektfinanzierungen

Diese Finanzierungsform, die sich erst in den letzten Jahren stark entwickelt hat, macht Großprojekte, wie zum Beispiel den Eurotunnel, möglich. Merkmal einer Projektfinanzierung ist, daß das zu finanzierende Investitionsvorhaben eine wirtschaftliche Einheit darstellt, aus dessen Erträgen der Schuldendienst erwirtschaftet werden muß. Die Projektfinanzierung basiert also in erster Linie auf der Ertragskraft des zu finanzierenden Vorhabens.

## 6.4 Garantien im Außenhandel

Oft läßt es sich bei Import- und Exportaufträgen nicht vermeiden, daß einer der Vertragspartner **finanzielle Vorleistungen** erbringen muß, ehe er die entsprechenden Gegenleistungen erhält. Zur Abdeckung solcher Risiken wird im Auslandsgeschäft neben dem Dokumentenakkreditiv die **Bankgarantie** verwendet. Sie dient aber nicht der unmittelbaren Bezahlung des Kaufpreises von Export- und Importlieferungen, sondern stellt **ein abstraktes, unwiderrufliches Zahlungsversprechen einer Bank für einen bestimmten Eventualfall** dar.

Die Bedeutung von Bankgarantien für den internationalen Handel und Wirtschaftsverkehr hat in den letzten Jahrzehnten ständig zugenommen. Größere Exportgeschäfte werden heute kaum noch ohne dieses international anerkannte Sicherungsinstrument abgeschlossen.

Mit einer Bankgarantie entsteht eine Ausfallhaftung der Bank für bestimmte Risiken, die bei der Abwicklung von Außenhandelsgeschäften auftreten können. Eine Bank, die ein Garantieversprechen übernimmt, verpflichtet sich, bei Eintritt eines bestimmten Risikos – in der Regel auf „erstes Anfordern" des Begünstigten und zeitlich befristet – den „garantierten" Betrag zu zahlen, falls der Auftraggeber der Garantie gewissen Verpflichtungen gegenüber dem Garantie-Begünstigten nicht nachkommt.

Garantien lassen sich nach ihrer **Form** unterscheiden in direkte und indirekte Garantien. Direkte Garantien werden direkt von der Bank des Auftraggebers übernommen. Indirekte Garantien werden nicht von der Bank des Auftraggebers, sondern einer anderen Bank (häufig im Land des Begünstigten) übernommen. Die Bank des Auftraggebers haftet hierbei für den Garantiebetrag gegenüber der garantiegebenden Stelle. Für den Auftraggeber ist die indirekte Garantie mit Nachteilen verbunden, denn sie ist teurer und unterliegt außerdem ausländischem Recht.

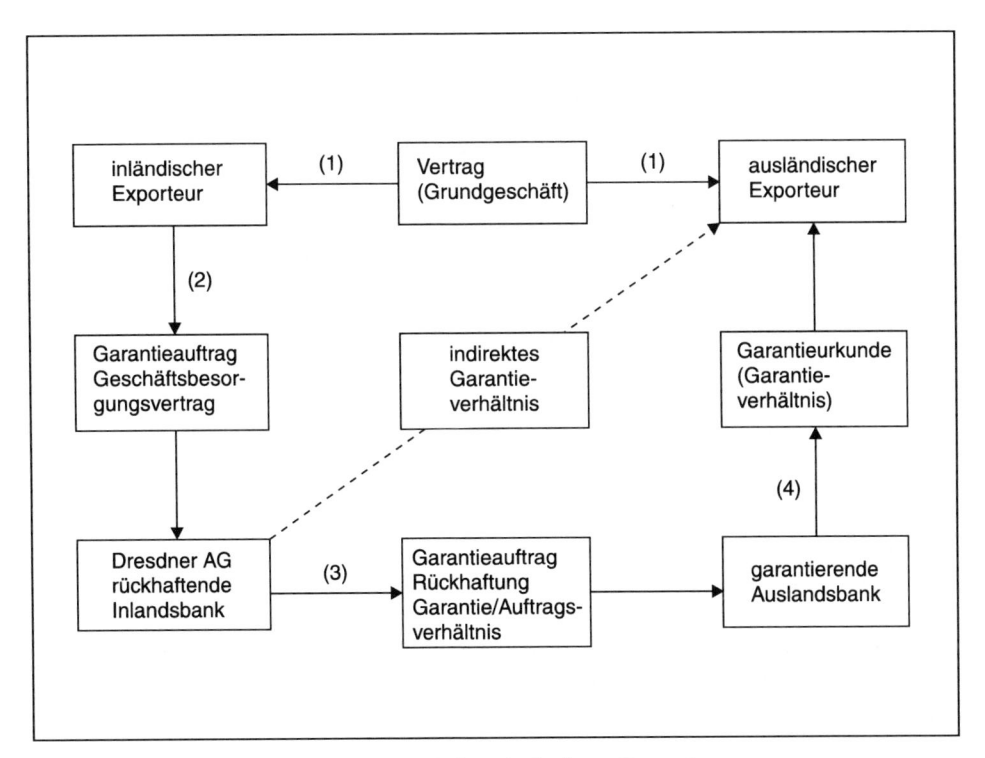

Abbildung 2-134: Technischer Ablauf einer indirekten Garantie

Während größerer Auslandsprojekte – oft über mehrere Jahre – können je nach Phase unterschiedliche Risiken bestehen. Dafür hat die Bankpraxis eine Reihe spezieller **Garantiearten** entwickelt. Die zeitliche Abfolge der Garantien und der Projektphasen kann zum Beispiel oft so aussehen wie in Abbildung 2-135 dargestellt.

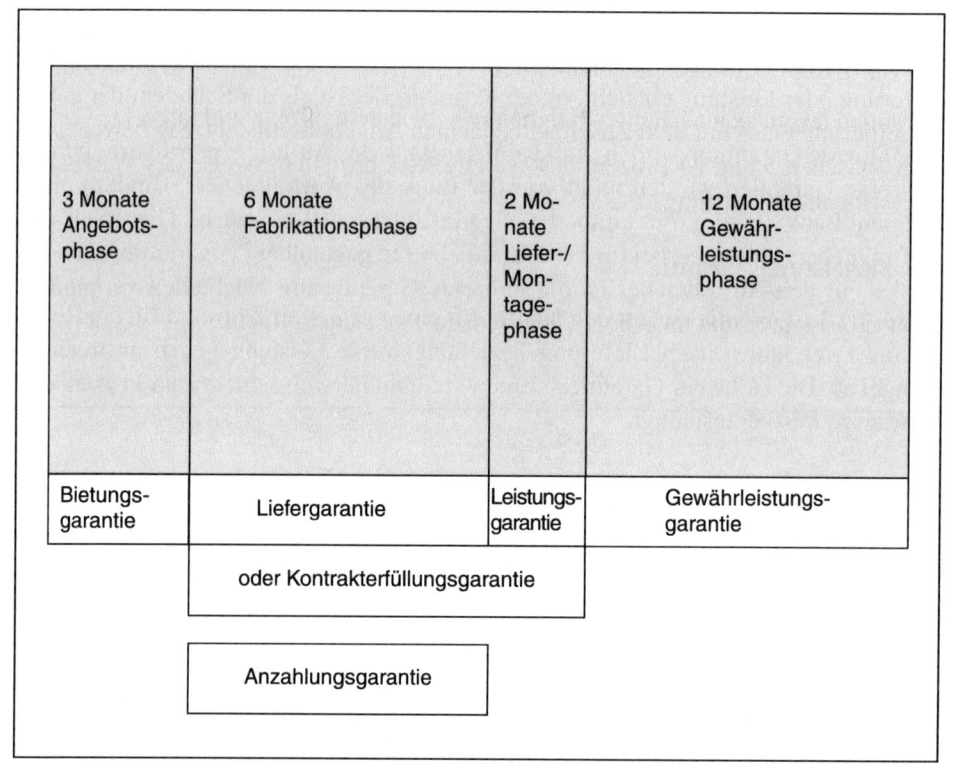

| 3 Monate Angebotsphase | 6 Monate Fabrikationsphase | 2 Monate Liefer-/Montagephase | 12 Monate Gewährleistungsphase |
|---|---|---|---|
| Bietungsgarantie | Liefergarantie | Leistungsgarantie | Gewährleistungsgarantie |
| | oder Kontrakterfüllungsgarantie | | |
| | Anzahlungsgarantie | | |

Abbildung 2-135: Zeitliche Abfolge von Garantien und Projektphasen

**Bietungsgarantie**

Großaufträge ausländischer staatlicher oder halbstaatlicher Institutionen und privater Unternehmungen werden in vielen Fällen auf dem Wege der Ausschreibung vergeben. Da die ausschreibende Stelle Gewißheit haben will, daß der Anbieter sein Angebot in jedem Fall verbindlich aufrechterhält, wird die **Nichtannahme des Zuschlags mit einer Vertragsstrafe belegt, deren Zahlung durch eine Bankgarantie sicherzustellen ist.**

Eine Bietungsgarantie ist also oft eine der Bedingungen für die Teilnahme an ausländischen Ausschreibungen. Ihre Höhe bewegt sich etwa zwischen 2 und 10 Prozent des Wertes des ausgeschriebenen Objektes. Die Bank muß zahlen, falls der Exporteur nach der Zuschlagserteilung seine Offerte zurückzieht.

**Lieferungs- und Leistungsgarantie**

Die Lieferungs- und Leistungsgarantie basiert – wie die Bietungsgarantie – auf einer Vertragsstrafe, die der Exporteur im Falle nicht frist- oder vertragsgerechter Lieferung beziehungsweise Leistung zu zahlen hat.

Bei beiden Garantiearten ist die Garantiesumme wesentlich höher als bei einer Bietungsgarantie, da der Schaden, der dem Käufer im Falle nicht termingemäßer Lieferung oder Leistung entsteht, in der Regel größer ist als der Schaden, der durch Annullierung eines mit dem Zuschlag bedachten Angebots entsteht. Sie bewegt sich etwa zwischen 5 und 25 Prozent des Warenwertes beziehungsweise des Wertes der zu erbringenden Leistung.

### Gewährleistungsgarantie

Diese Art der Garantie sichert den Käufer für einen gewissen Zeitraum (in der Regel ein bis zwei Jahre) nach Lieferung beziehungsweise Leistung gegen auftretende Mängel ab. Die Höhe der Garantiesumme wird üblicherweise mit etwa 5 Prozent des Vertragswertes veranschlagt.

### Dokumentengarantie

Die Dokumentengarantie dient in der Hauptsache der Ausschaltung von Nachteilen und Schäden, die bei der Aufnahme nicht akkreditivgemäßer Dokumente durch eine Bank für den Importeur entstehen können.

Im Überseegeschäft kommt es zum Beispiel vor, daß die Verschiffungsdokumente zum Zeitpunkt des Eintreffens der Ware noch nicht vollständig bei der Bank des Importeurs eingegangen sind. Will nun der Importeur trotzdem die Auslieferung der Ware erreichen, so wird in dessen Auftrag gewöhnlich von seiner Hausbank eine sogenannte „Konnossementsgarantie" (letter of indemnity) gestellt. Hierin verpflichtet sich die Bank des Importeurs gegenüber der Reederei zum Ersatz aller Kosten und Schäden, die durch die Auslieferung der Ware (ohne vollständige Dokumente) entstehen könnten.

### Anzahlungsgarantie

Die Anzahlungsgarantie soll dem ausländischen Besteller die **Rückzahlung geleisteter Zahlungen** für den Fall gewährleisten, daß der Exporteur den Lieferungsvertrag überhaupt nicht oder nicht vertragsgemäß erfüllt. Die Garantiesumme entspricht hierbei gewöhnlich der Höhe der Anzahlungen.

## 6.5 Devisenhandel

Die Summe der täglich weltweit gehandelten Devisenbeträge erreicht mittlerweile astronomische Höhen:

Worum geht es dabei? Man kauft beziehungsweise verkauft eine Währung gegen eine andere – vor allem

- zur Ausführung von Fremdwährungstransaktionen im internationalen Zahlungsverkehr
- zur Aufnahme von Fremdwährungskrediten
- zur Geldanlage in Fremdwährungstiteln
- zur Kurssicherung von Forderungen und Verbindlichkeiten in Fremdwährung und
- für Kursarbitrage- oder auch Spekulationsgeschäfte

Nach der Art der Erfüllung der Forderungen und Verbindlichkeiten in ausländischen Währungen werden im Devisenhandel drei Grundformen unterschieden, nämlich:

- **Kassageschäfte**
- **Termingeschäfte** und
- **Optionsgeschäfte**

### 6.5.1 Devisenkassageschäfte

Kassageschäfte sind im Unterschied zu den in die Zukunft reichenden Termin- und Optionsgeschäften sozusagen der Normalfall, bei dem man ein Geschäft zu dem Zeitpunkt abschließt, zu dem es auch tatsächlich erfüllt werden soll. Genauer gesagt:

Bei Devisenkassageschäften liegt zwischen Geschäftsabschluß und Lieferung der ge- oder verkauften Devisen nur eine sehr kurze Zeitspanne. In der Regel erfolgt die „Anschaffung" aus Devisenkassageschäften, das heißt die beiderseitige Vertragserfüllung, **am zweiten Werktag nach dem „Abschluß"**, das heißt. „zweitägige Valuta kompensiert". Den Partnern von Kassageschäften stehen also die gehandelten Devisenbeträge am zweiten Werktag nach dem Geschäftsabschluß zur Verfügung. Alle Devisenhandelsgeschäfte, bei denen kein besonderer Liefertermin vereinbart wird, gelten grundsätzlich als Kassageschäfte. Ihre wirtschaftliche Aufgabe liegt im wesentlichen in der Sicherstellung einer reibungslosen Abwicklung des grenzüberschreitenden Zahlungsverkehrs in Fremdwährung.

**Kursbildung am Kassamarkt**

Die Kurse, zu denen Kassageschäfte abgewickelt werden, ergeben sich aus dem für jeden Börsentag amtlich festgestellten Devisenmittelkurs. Die Kursfeststellung erfolgt an den fünf deutschen **Devisenbörsen** in Berlin, Düsseldorf, Frankfurt/M., Hamburg und München.

Der Frankfurter Börse obliegt die Ermittlung des **amtlichen** Kurses, der sich durch den Ausgleich der an den einzelnen Börsen nicht unterzubringenden Spitzenbeträge ergibt. Dieser Spitzenausgleich führt zu einheitlichen amtlichen Devisenkursen an allen Devisenbörsen.

Zum **Kassakurs** (Mittelkurs) werden nur die Devisenkassageschäfte der Deutschen Bundesbank mit ihrer Kundschaft abgewickelt. Im Verkehr der Kreditinstitute mit ihrer Kundschaft kommen Geld- beziehungsweise Briefkurse zur Anwendung, die jeweils zu festen Spannen – für jede Währung unterschiedlich – unter beziehungsweise über dem Kassakurs liegen.

Ein Importeur, der zur Zahlung seiner Rechnung Devisen kaufen muß, bekommt den höheren **Briefkurs** abgerechnet; ein Exporteur, der erhaltene Devisen verkaufen möchte, erhält dagegen nur den niedrigeren **Geldkurs**.

Die Kreditinstitute üben bei Kundenaufträgen regelmäßig das Selbsteintrittsrecht des Kommissionärs aus, das heißt sie geben die vom Exporteur angebotenen Devisen nicht unmittelbar zum Verkauf an die Devisenbörse und fragen auch nicht die vom Importeur benötigten Devisen an der Devisenbörse nach, sondern sie setzen – anders als beim Effektengeschäft – ihre eigenen Devisenbestände ein.

Nur die Differenz zwischen angebotenen und nachgefragten Devisen, die aus eigenen Beständen nicht ausgeglichen werden können oder für die unter den Kreditinstituten momentan beim Kontrahent zu finden ist, wird als Kauf- beziehungsweise Verkaufsauftrag den Devisenkursmaklern an den Devisenbörsen zur Kompensation zugeleitet. Nur aus diesen Spritzen ergibt sich der amtliche Kassakurs.

Inzwischen werden die meisten Geschäfte über den Telefonhandel abgewickelt. Größere Beträge für Kunden werden im laufenden Handel (Spot-Markt) während des gesamten Tages ge- und verkauft und auf Basis der mit dem Kunden ausgehandelten Kurse, also nicht zum amtlichen Geld- oder Briefkurs, abgerechnet.

Die während eines Tages für eine Fremdwährung notierten Kurse können stark schwanken und reagieren äußerst sensibel auf wirtschaftliche Nachrichten, politische Entscheidungen und weltpolitische Ereignisse. Der jeweilige amtliche Kassakurs spiegelt lediglich die Marktsituation zu einem bestimmten Zeitpunkt an einem Börsentag wider.

### 6.5.2 Devisentermingeschäfte

Bei Devisentermingeschäften wird – im Gegensatz zu den Kassageschäften – **beim Geschäftsabschluß die Anschaffung** der gehandelten Devisen **für einen späteren Zeitpunkt festgelegt** (mindestens drei Werktage später).

> **BEISPIEL**
>
> Im Auftrag eines deutschen Importeurs, der am 1.8. einen Vertrag zur Lieferung einer Schiffsladung australischer Wolle cif Bremen mit dem 1.11. als Zahlungstermin abgeschlossen hat, kauft seine Bank zur Regulierung dieses Abschlusses 120.000 Pfund Sterling per 1.11.

Aus Sicht der Bank stellt dieses Geschäft einen Verkauf von Devisen per Termin in drei Monaten dar.

Der Importeur muß zu diesem Zeitpunkt in der Zukunft über die ausländische Valuta verfügen können und als Äquivalent den DM-Gegenwert seiner Bank zur Verfügung stellen.

**Der Abrechnungskurs für Termingeschäfte wird bereits am Tag des Geschäftsabschlusses verbindlich festgelegt.** Nur in Ausnahmefällen ist für einen bestimmten Zeitpunkt der Terminkurs mit dem Kassakurs identisch. In der Regel liegt er über oder unter dem Kassakurs. Es erfolgt keine amtliche Kursfeststellung. Das Geschäft wird außerhalb der Börse im Freiverkehr abgewickelt.

Die Unterschiede zwischen Kassa- und Terminkursen werden als Deport (Abschlag) oder Report (Aufschlag) zum Kassakurs bezeichnet beziehungsweise als SWAP-Stellen.

Ausschlaggebend dafür, ob Deport oder Report erfolgt, ist das unterschiedliche Zinsniveau in den Ländern der gehandelten Währungen. So erfolgt in der Regel ein Deport, wenn das Zinsniveau im Ausland höher ist, ein Report, wenn das Zinsniveau im Ausland niedriger ist.

**Näherungsformel zur Berechnung der SWAP-Stellen:**

$$\text{Kassakurs} \cdot \text{Zinsdifferenz} \cdot \frac{\text{Laufzeit}}{360}$$

Die wirtschaftliche Funktion des Handels von Termindevisen kann im wesentlichen in der **Absicherung gegen Kurs- und Währungsrisiken** gesehen werden. Der Abschluß von Devisentermingeschäften schafft sowohl für den Exporteur als auch für den Importeur **feste Kalkulationsgrundlagen**. Die Absicherung der Kurs- und Währungsrisiken besteht darin, daß in Zukunft (zum Beispiel in drei Monaten) benötigte oder anfallende Devisen nicht zu dem in drei Monaten gültigen, noch unbekannten Kassakurs abgerechnet werden, sondern zu einem jetzt schon verbindlich vereinbarten Kurs. Das heißt, daß zum Beispiel ein Importeur die in drei Monaten benötigten Devisen per Termin kaufen wird, während umgekehrt ein Exporteur die in drei Monaten erwarteten Deviseneingänge verkaufen wird.

Das von Importeuren und Exporteuren mit Devisentermingeschäften abgesicherte Kursrisiko liegt nun bei der Bank. Da sie nicht unbegrenzt Kursrisiken aus Devisenpositionen eingehen will beziehungsweise auch nicht darf (Grundsatz 1 a), wird sie versuchen, über den Abschluß sogenannter Deckungsgeschäfte das Risiko abzudecken.

> **BEISPIEL**
>
> Bezogen auf unser **Einstiegsbeispiel** ergibt sich folgendes:
>
> Verkauf von 120.000 Pfund Sterling per Termin drei Monate an den Importeur.
>
> Für die Deckung des Geschäftes kommen nun mehrere Möglichkeiten in Betracht:
>
> - Man findet einen Exporteur, von dem die Bank 120.000 Pfund Sterling per Termin drei Monate kaufen kann, da er für ein gerade abgeschlossenes Geschäft in drei Monaten Bezahlung erhält. Das wäre aber rein zufällig.
>
> - Man kauft die 120.000 Pfund Sterling per Kasse, dann tritt kein Kursrisiko mehr auf. Allerdings hat man dann 120.000 Pfund Sterling als Devisen im Bestand, bis das Termingeschäft erfüllt werden muß. In der Zwischenzeit kann man den Devisenbetrag zu entsprechenden Zinsen anlegen. Es ist jedoch nicht üblich, daß Banken hohe Devisenbestände auf längere Zeit selbst anlegen.
>
> - Man kauft die 120.000 Pfund Sterling per Kasse und schließt im folgenden ein SWAP-Geschäft ab, kombiniert dabei gegenüber einem dritten Geschäftspartner (Bank) ein Kassa- und Termingeschäft, in dem man die 120.000 Pfund Sterling per Kasse an ihn verkauft und per Termin drei Monate zurückkauft.
>
> Diese dritte Möglichkeit ist mittlerweile die allgemein übliche Bankpraxis.

### 6.5.3 Devisenoptionsgeschäfte

Devisenoptionen räumen dem Optionsinhaber das Recht ein, einen bestimmten Währungsbetrag zu einem im voraus vereinbarten Preis innerhalb eines bestimmten Zeitraumes zu kaufen beziehungsweise zu verkaufen. Die Höhe des Optionspreises richtet sich nach dem Strike Price (= Kurs, zu dem ausgeübt werden kann), nach der Laufzeit und dem Ausmaß der Schwankungen der betreffenden Währung in der jüngsten Vergangenheit sowie nach den Erwartungen des Marktes.

Interessant ist diese Geschäftsart zum Beispiel für Exporteure, die in Fremdwährung fakturiert haben. Sie können sich über den Kauf einer Puts mit dem vereinbarten Strike einen Kurs sichern. Liegt der Marktpreis bei Eingang des Exporterlöses unter dem Strike, wird die Option ausgeübt, andernfalls läßt man die Option verfallen. Durch diese Transaktion hat sich der Exporteur einen Mindestkurs für die ausstehende Forderung gesichert – und damit eine feste Kalkulationsgrundlage. Zuzüglich aber behält er die Chance eines zusätzlichen Kursgewinns. Das Prinzip der Devisenoption unterscheidet sich nicht von den in Abschnitt Kapitel II, 4.4 ausführlich dargestellten Optionsgeschäften.

### RESÜMEE

Kreditinstitute bieten heute im internationalen Geschäft eine Vielzahl von Produkten und Dienstleistungen an.

Der Auslands-Zahlungsverkehr, gegliedert in nichtdokumentäre (zum Beispiel Überweisung) und dokumentäre Zahlungen (zum Beispiel Akkreditiv), unterstützt die zunehmende Internationalisierung der Geschäfte, vor allem von Firmenkunden.

Mit den einzelnen Formen der Außenhandelsfinanzierung decken die Banken den Finanzierungsbedarf sowohl von Exporteuren als auch Importeuren. Gerade im Finanzierungsbereich führten die veränderten Kundenbedürfnisse in den letzten Jahren zu einer Vielzahl neuer Finanzierungsformen.

Der Devisenhandel ermöglicht den (Firmen-)kunden, sich zum Beispiel über Termin- und Optionsgeschäfte gegen Kursrisiken aus ihren Außenhandelsaktivitäten abzusichern.

Auch das Garantiegeschäft bietet für Importeur und Exporteur Möglichkeiten zur Absicherung von Risiken im Auslandsgeschäft.

Die breite Produktpalette der Banken im Auslandsgeschäft trägt wesentlich dazu bei, die Risiken im Außenhandel zu begrenzen.

## KONTROLLFRAGEN

1. Was regelt das AWG?
2. Welche Risiken können im Außenhandel auftreten?
3. Nennen Sie die wesentlichen Inhalte der „Incoterms".
4. Wie lauten die wichtigsten im Außenhandel verwendeten Zahlungsbedingungen?
5. Wovon ist abhängig, welche Zahlungsbedingung vereinbart wird?
6. Welche Aufgaben hat SWIFT?
7. Beschreiben Sie die wichtigsten Dokumente im Rahmen des Auslandsgeschäfts.
8. Erläutern Sie anhand eines Beispiels das Wesen und die Abwicklung eines Dokumentenakkreditivs.
9. Welche Rechtsbeziehungen bestehen beim Akkreditiv?
10. Welche Grundformen des Akkreditivs sind nach den ERA zu unterscheiden?
11. Was kennzeichnet ein übertragbares Akkreditiv und ein Gegenakkreditiv?
12. Worin unterscheiden sich Dokumentenakkreditiv und -inkasso?
13. Was ist ein Rembourskredit, und wie erfolgt die Abwicklung?
14. Beschreiben Sie die verschiedenen Formen des Eurokredits.
15. Was bedeutet „Hermes-Deckung"?
16. Was ist eine Forfaitierung, welche Vorteile ergeben sich daraus für den Exporteur?
17. Welche Formen von Gegenschäften kennen Sie?
18. Unterscheiden Sie direkte und indirekte Garantien.
19. Beschreiben Sie die mit den unterschiedlichen Garantien abgesicherten Ansprüche.
20. Worin unterscheiden sich Devisentermin- und Devisenoptionsgeschäft?
21. Wie läßt sich (theoretisch) der Kurs für ein Devisentermingeschäft berechnen?

**LITERATUR ZUM WEITERLESEN**

- Als erste Information lohnt sicherlich die Lektüre von Haus-Veröffentlichungen „Ihrer" Bank zum Thema Auslandsgeschäft.

- Darüber hinaus ist als Standardwerk zur Außenhandelsfinanzierung empfehlenswert:

  J. Zahn/F. Dahlmann, **Banktechnik des Außenhandels**, Wiesbaden 1994.

- Eine leicht verständliche Einführung in das Auslandsgeschäft bietet:

  Büschgen/Graffe, **Handbuch für das Auslandsgeschäft**, Bonn 1993.

- Sehr umfangreiche und detaillierte, aber auch klar strukturierte Informationen liefert:

  S. G. Häberle, **Handbuch der Außenhandelsfinanzierung**, München 1994.

- Ein detailliertes Standardwerk zum Auslandsgeschäft ist:

  H. J. Holtji, **Dokumentenakkreditiv-Geschäft**, Wiesbaden 1994.

- Zum Garantiegeschäft mit zahlreichen Beispielen ist weiterführend :

  A. Oehlmann, **Praxis der Auslandsgarantien**, Wiesbaden 1995.

# Kapitel III

# Bankpolitik

Nachdem Sie die breite Palette der Bankprodukte kennengelernt haben, muß nun die Frage nach dem rechtlichen Umfeld gestellt werden. Da das Gut „Geld" sehr viel Vertrauen in die Banken voraussetzt, sind die gesetzlichen Regelungen und die Überwachung durch das Bundesaufsichtsamt für das Kreditwesen entsprechend streng. Im Abschnitt der aufsichtsrechtlichen Rahmenbedingungen lernen Sie die wichtigsten Vorschriften um das Kreditwesengesetz kennen. Durch die Vielzahl der Informationen und die hohen Anforderungen an den Betriebsablauf stellt die Organisation besondere Aufgaben an die moderne Bank. Um diese aber sinnvoll aufbauen zu können, ist eine genaue Abbildung der Geschäfte im Rechnungswesen nötig. Dabei dient das interne Rechnungswesen der Steuerung der Bank, ist damit also Grundlage des Ertragsmanagements. Im externen Rechnungswesen müssen die Anforderungen des Gesetzgebers an die Berichterstattung im Rahmen von Bilanzen, Gewinn- und Verlustrechnung, aber auch der Steuerermittlung erfüllt werden. Durch die besondere Situation der Banken im Wirtschaftsprozeß weist das Rechnungswesen einige Besonderheiten auf, die einem Banker vertraut sein müssen. Durch die Konkurrenzsituation im Markt ist in den letzten Jahren das Ertragsmanagement zu einem zentralen Punkt geworden. Dabei geht es um das Zusammenspiel der beiden Bilanzseiten (Asset Liability Management), um die Zunahme des Provisionsgeschäfts und um das Kostenmanagement.

Ausgehend von den Kernfunktionen der Bank über das Leistungsangebot der vorangegangenen Teile haben Sie mit der Bankpolitik dann ein abgerundetes Bild, und wir können versuchen, uns im vierten Teil einige Gedanken über die Zukunft machen.

# 1. Aufsichtsrechtliche Rahmenbedingungen

*„Die Kernrisiken des Bankgeschäftes sind strategische Fehlentscheidung."*

Der Bankensektor zählt heute zu den am stärksten regulierten Branchen in der Bundesrepublik Deutschland. Angesichts der banktypischen Risiken erscheint eine staatliche Bankenaufsicht auch gerechtfertigt. Die Vergabe eines Kredits zum Beispiel schließt das Risiko für die Bank ein, daß der Kreditnehmer seinen Zahlungsverpflichtungen nicht absprachegemäß nachkommt. Neben diesem Ausfallrisiko gibt es eine Reihe weiterer banktypischer Risiken, wie zum Beispiel das Preis-, Währungs- und das Liquiditätsrisiko. Da Banken im allgemeinen nur über eine relativ geringe Ausstattung mit Eigenkapital verfügen, könnte die Übernahme solcher Risiken dazu führen, daß die Bankgläubiger geschädigt würden oder aber die Funktionsfähigkeit des Kreditwesens insgesamt leidet. Die Intention der Bankenaufsicht ist es, durch Beschränkung der geschäftspolitischen Entscheidungsfreiheit sowie durch geeignete Kontrollen die banktypischen Risiken und damit die Krisenanfälligkeit für die einzelne Bank und für das gesamte Kreditwesen zu vermindern.

**LEITFRAGEN**

1. Wie ist die Bankenaufsicht in Deutschland organisiert?
2. Welche Funktionen übernimmt das Eigenkapital der Banken im Rahmen der Bankenaufsicht?
3. Welche besonderen Vorschriften sieht das Kreditwesengesetz für das Kreditgeschäft der Banken vor?
4. Wie sind die liquiditätspolitischen Vorschriften der Bankenaufsicht ausgestaltet?

## 1.1 Zur Notwendigkeit einer staatlichen Bankenaufsicht

Das Kreditwesen nimmt eine Sonderstellung in der Volkswirtschaft ein. Elementare Voraussetzung für moderne Wirtschaftssysteme ist ein funktionierender Geldkreislauf. Das wiederum setzt voraus, daß alle Teilnehmer des Wirtschaftsprozesses Vertrauen in die Stabilität des Geldes und letztlich auch der Banken haben. In vielen Ländern unterliegen Banken daher einer staatlichen Aufsicht, die den Handlungsspielraum für geschäftspolitische Entscheidungen einschränkt. Weitere Gründe hierfür liegen in den wichtigen Funktionen, die den Banken in einer arbeitsteilig organisierten Volkswirtschaft zukommen:

- Als **Kapitalsammelstellen** sind Banken zentrale Institutionen der Akkumulation und Distribution von Geldvermögen.
- Damit zusammenhängend sind Banken als Anbieter von Kreditleistungen und damit als **Kreditversorger** der Wirtschaft tätig.
- Der Bankensektor dient der Deutschen Bundesbank im Rahmen ihrer Geldpolitik als **Medium zur Übertragung von geld- und währungspolitischen Impulsen**.
- Banken sind maßgeblich an der **Abwicklung des (bargeldlosen) Zahlungsverkehrs** beteiligt.

Diese für die Funktionsfähigkeit des gesamtwirtschaftlichen Geldkreislaufs wichtigen Aufgaben der Banken rechtfertigen angesichts des öffentlichen Interesses auch in marktwirtschaftlich organisierten Volkswirtschaften staatliche Eingriffe zur Regulierung und Kontrolle des Bankensektors.

## 1.2 Rechtsgrundlagen der Bankenaufsicht

Die wichtigste Rechtsgrundlage für die Bankenaufsicht ist das **Kreditwesengesetz** (KWG); es legt den gesetzlichen Handlungsrahmen für die staatlichen Organe der Bankenaufsicht fest. Das KWG hat seit dem Inkrafttreten einige grundlegende Änderungen erfahren. Im Rahmen der KWG-Novelle von 1976 wurde der Grundsatz Ia eingeführt, der offene Devisenpositionen einer Bank im Verhältnis zum haftenden Eigenkapital beschränkt. Inhalt der dritten KWG-Novelle (1985) war unter anderem das bankenaufsichtsrechtliche Konsolidierungsverfahren, das die Kreditinstitute verpflichtet, wesentliche Vorschriften des KWG auch auf konsolidierter Basis (Mutter- und Tochterunternehmen) einzuhalten. Die beiden neuesten Novellierungen sind Ergebnis der Harmonisierungsbemühungen innerhalb der Europäischen Gemeinschaft: Mit der vierten KWG-Novelle aus dem Jahre 1993 wurden die sogenannte 2. Bankrechtskoordinierungsrichtlinie, die Solvabilitätskoeffizienten- und die Eigenmittelrichtlinie in deutsches Recht umgesetzt. Gegenstand der fünften KWG-Novelle, die am 31.12.1995 in Kraft getreten ist, sind die Konsolidierungsrichtlinie und die Großkreditrichtlinie.

## 1.3 Organisation der Bankenaufsicht

### 1.3.1 Das Bundesaufsichtsamt für das Kreditwesen

Zentrale Institution der Bankenaufsicht ist das **Bundesaufsichtsamt für das Kreditwesen (BAK)**, das die Aufsicht über die Kreditinstitute nach den Vorschriften des KWG ausübt. Das BAK ist eine dem Finanzministerium nachgeordnete selbständige Bundesoberbehörde mit Sitz in Berlin (§ 5 KWG). Es nimmt seine Aufgaben im öffentlichen Interesse wahr, wodurch verhindert wird, daß zum Beispiel geschädigte Bankkunden Schadensersatzansprüche gegen die Organe der Bankenaufsicht vorbringen können. Das BAK hat Mißständen im Kreditwesen entgegenzuwirken, die die Sicherheit der Einlagen gefährden, die ordnungsgemäße Durchführung der Bankgeschäfte beeinträchtigen oder erhebliche Nachteile für die Gesamtwirtschaft herbeiführen können (§ 6 Abs. 2 KWG). Der Schutz der Einleger (Gläubigerschutz) ist damit vordringliches Ziel staatlicher Bankenaufsicht.

Da der Gesetzgeber versucht dieses Ziel mit marktwirtschaftlichen Mitteln zu erreichen, kann es nicht Aufgabe der Bankenaufsicht sein, den Zusammenbruch einzelner Kreditinstitute in jedem Fall zu verhindern. Die Bestimmungen des KWG greifen also nicht die unternehmerischen Einzelentscheidungen an. Wichtig ist jedoch, daß durch die Ausgestaltung des bankenaufsichtsrechtlichen Rahmens die Wahrscheinlichkeit der Zahlungsunfähigkeit einer Bank deutlich verringert wird. Die Einleger können dann trotz der dem Bankgeschäft innewohnenden Risiken darauf Vertrauen, daß sie ihre Vermögenswerte absprachegemäß zurückerhalten. Bankenaufsicht in Verbindung mit einem funktionierenden Einlagensicherungssystem fördert und stärkt also das Vertrauen der Einleger in die Zahlungsfähigkeit der Banken. Vor diesem Hintergrund beschränkt sich der Gesetzgeber auf eine **quantitativ** ausgerichtete Bankenaufsicht, die bis auf einige wenige Ausnahmesituationen **keine unmittelbaren Eingriffe in die Geschäftspolitik** einer Bank vorsieht.

Der Gesetzgeber hat das Bundesaufsichtsamt mit umfangreichen Kompetenzen und Befugnissen ausgestattet, die in drei Kategorien eingeteilt werden können:

- die **Befugnis zur Erlaubniserteilung zum Betreiben von Bankgeschäften** sowie zur Aufhebung dieser Erlaubnis
- die Befugnis zur **Überwachung der laufenden Geschäftstätigkeit der Banken** aufgrund von Anzeigen, Auskünften, Monatsausweisen, Jahresabschlüssen, Prüfungsberichten etc.
- die Befugnis zum **Ergreifen von Maßnahmen in besonderen Fällen**

### 1.3.2 Zusammenarbeit mit der Deutschen Bundesbank

Das Kreditwesengesetz sieht eine enge Zusammenarbeit zwischen dem BAK und der Deutschen Bundesbank vor (§ 7 KWG). Hierfür können vor allem zwei Gründe angeführt werden. Zum einen ist die Deutsche Bundesbank im Rahmen ihrer Geldpolitik auf ein funktionsfähiges Kreditwesen angewiesen. Störungen in diesem Bereich beeinträchtigen die Wirksamkeit geld- und währungspolitischer Maßnahmen. Umgekehrt können einzelne geldpolitische Maßnahmen auch Einfluß auf die Bonität von Kreditinstituten haben. Zum anderen verfügt die Deutsche Bundesbank aufgrund ihrer Funktion als „Bank der Banken" und aufgrund ihres ausgedehnten Zweigstellennetzes über ständigen intensiven Kontakt zu den Kreditinstituten. Das Bundesaufsichtsamt, das über kein Außenstellennetz verfügt, kann sich durch Einbindung der Bundesbank in die Bankenaufsicht deren Sachkenntnis und Ortsnähe zunutze machen.

Den Rahmen für die allgemeine Zusammenarbeit gibt das KWG in der Weise vor, daß **Bundesbank und BAK einander Beobachtungen und Feststellungen mitzuteilen haben, die für die Erfüllung der beiderseitigen Aufgaben von Bedeutung sein können (§ 7 Abs. 1 KWG).** Für den Einzelfall ist dann eine differenzierte Zusammenarbeit beider Institutionen vorgesehen:

- Die **hoheitlichen Aufgaben** (zum Beispiel Erlaubniserteilung zum Betreiben von Bankgeschäften) bleiben dem **BAK** vorbehalten.

- Dagegen ist die **Deutsche Bundesbank** maßgeblich an der laufenden Abwicklung der **materiellen Bankenaufsicht** beteiligt; sie nimmt die Meldungen und Anzeigen der Kreditinstitute entgegen, wertet diese aus und führt statistische Erhebungen bei allen Banken durch. Die Bundesbank unterrichtet laufend das BAK über die Ergebnisse der Auswertungen und über mögliche Auffälligkeiten.

- Bei **allgemeinen Regelungen des BAK sieht das KWG eine Mitwirkung der Bundesbank vor.** Diese Mitwirkungsbefugnisse sind in dem Maße abgestuft, wie die einzelnen Regelungen das Aufgabengebiet der Bundesbank berühren.

Schließlich sieht das KWG eine zweifache Verknüpfung beider Institutionen auf personeller Ebene vor. Einerseits hat die Bundesbank im Rahmen der Ernennung des Präsidenten des Bundesaufsichtsamtes ein Anhörungsrecht. Andererseits kann der Präsident des BAK an den Beratungen des Zentralbankrates der Bundesbank teilnehmen, soweit Gegenstände der Bankenaufsicht berührt werden (§ 7 Abs. 2 KWG).

## 1.4 Aufgaben der Bankenaufsicht

Das bankenaufsichtsrechtliche Normengefüge sieht sowohl eine generelle Erlaubnispflicht zum Betreiben von Bankgeschäften als auch eine umfassende laufende Überwachung bankgeschäftlicher Aktivitäten vor, einschließlich eines Katalogs von Maßnahmen in besonderen Fällen (zum Beispiel Konkursgefahr).

### 1.4.1 Der Kreis der aufsichtsrechtlich erfaßten Institute

Der Bankenaufsicht unterliegen sämtliche Kreditinstitute. Darüber hinaus werden im Rahmen des bankenaufsichtsrechtlichen Konsolidierungsverfahrens (siehe Abschnitt 1.5.2.2) auch sogenannte **Finanzinstitute** sowie **Unternehmen mit bankbezogenen Hilfsdiensten** in die Regelungen des KWG einbezogen.

#### 1.4.1.1 Kreditinstitute

**Kreditinstitute** sind Unternehmen, die Bankgeschäfte betreiben, wenn der Umfang dieser Geschäfte einen in kaufmännischer Weise eingerichteten Geschäftsbetrieb erfordert (§ 1 Abs.1 KWG).

Als Bankgeschäfte im Sinne des KWG sind anzusehen:

1. **Einlagengeschäft**: die Annahme fremder Gelder als Einlagen (unabhängig davon, ob Zinsen vergütet werden)
2. **Kreditgeschäft**: die Gewährung von Gelddarlehen und Akzeptkrediten
3. **Diskontgeschäft**: der Ankauf von Wechseln und Schecks
4. **Effektengeschäft**: die Anschaffung und Veräußerung von Wertpapieren für andere
5. **Depotgeschäft**: die Verwahrung und Verwaltung von Wertpapieren für andere
6. **Investmentgeschäft**: die in § 1 des Gesetzes über die Kapitalanlagegesellschaften bezeichneten Geschäfte
7. die Eingehung der Verpflichtung, **Darlehensforderungen vor Fälligkeit** zu erwerben
8. **Garantiegeschäft**: die Übernahme von Bürgschaften, Garantien und sonstigen Gewährleistungen für andere
9. **Girogeschäft**: die Durchführung des bargeldlosen Zahlungsverkehrs und des Abrechnungsverkehrs

Bereits die Aufnahme nur eines dieser Geschäfte hat grundsätzlich die Kreditinstitutseigenschaft für das betreffende Unternehmen zur Folge. Von diesem Grundsatz gibt es Ausnahmen in zweierlei Hinsicht:

- Bestimmte, in § 2 KWG aufgeführte Unternehmen gelten nicht als Kreditinstitute, auch wenn sie Bankgeschäfte betreiben (zum Beispiel Deutsche Bundesbank, Kreditanstalt für Wiederaufbau).

- Bestimmte Ausprägungen von Geschäften, die als Bankgeschäfte gelten, sind verbotene Geschäfte (§ 3 KWG). So ist zum Beispiel der Betrieb des Einlagengeschäfts unzulässig, wenn der Kreis der Einleger überwiegend aus Betriebsangehörigen des Unternehmens besteht (Werksparkassen) und nicht sonstige Bankgeschäfte betrieben werden, die den Umfang des Einlagengeschäfts übersteigen. Ferner darf die Verfügung über Einlagen oder Kreditbeträge nicht durch Vereinbarungen oder geschäftliche Gepflogenheiten ausgeschlossen oder erschwert werden.

### 1.4.1.2 Finanzinstitute

**Finanzinstitute** sind Unternehmen, die nicht Kreditinstitute sind und deren Haupttätigkeit darin besteht (§ 1 Abs. 3 KWG),

1. Beteiligungen zu erwerben

2. Geldforderungen entgeltlich zu erwerben

3. Leasingverträge abzuschließen

4. Kreditkarten oder Reiseschecks auszugeben oder zu verwalten

5. das Sortengeschäft zu betreiben

6. mit Wertpapieren für eigene Rechnung zu handeln

7. mit Terminkontrakten, Optionen, Wechselkurs- und Zinssatzinstrumenten zu handeln

8. an Wertpapieremissionen teilzunehmen und damit verbundene Dienstleistungen zu erbringen

9. Unternehmen zu beraten in Fragen der Kapitalstruktur und damit verbundenen Strategien sowie bei Zusammenschlüssen und Übernahmen von Unternehmen Beratung und Dienstleistungen anzubieten

10. Darlehen zwischen Kreditinstituten zu vermitteln

11. in Wertpapieren oder in den unter Punkt 7 genannten Instrumenten angelegtes Vermögen für andere zu verwalten oder bei der Anlage in diesen Vermögenswerten zu beraten

Eine **Finanzholding-Gesellschaft** ist ein Finanzinstitut, dessen Tochterunternehmen ausschließlich oder hauptsächlich Kreditinstitute oder Finanzinstitute sind, wobei mindestens ein Tochterunternehmen ein Kreditinstitut ist und das Einlagen- und Kreditgeschäfte betreibt (§ 1 Abs. 3a KWG).

### 1.4.1.3 Unternehmen mit bankbezogenen Hilfsdiensten

Unternehmen mit bankbezogenen Hilfsdiensten haben als Haupttätigkeit zum Beispiel die Verwaltung von Immobilien, das Betreiben von Rechenzentren oder andere Aufgaben, die Hilfstätigkeiten für ein oder mehrere Kreditinstitute darstellen.

## 1.4.2 Erlaubnis zum Betreiben von Bankgeschäften

Die durch den Einlegerschutz geprägte Zielsetzung der Bankenaufsicht macht es notwendig, im Bankenwesen das Prinzip der Gewerbefreiheit aufzuheben. Der Gesetzgeber hat deshalb eine generelle **Erlaubnispflicht** eingeführt: **Wer im Geltungsbereich des KWG Bankgeschäfte betreiben will, bedarf der schriftlichen Erlaubnis des Bundesaufsichtsamtes (§ 32 KWG).** Das BAK kann die Erlaubnis mit Auflagen erteilen oder auf einzelne Bankgeschäfte beschränken. Die Bezeichnungen ,,Bank", ,,Bankier", ,,Volksbank" oder ,,Sparkasse" darf nur führen, wer eine vom BAK erteilte Erlaubnis zum Betreiben von Bankgeschäften hat (§ 39, 40 KWG).

### 1.4.2.1 Gesetzliche Mindestanforderungen

Grundsätzlich besteht ein Rechtsanspruch auf Erteilung der Erlaubnis, wenn die vom Gesetzgeber festgelegten Voraussetzungen erfüllt sind. Die Mindestanforderungen zur Erlaubniserteilung sind in § 32 KWG aufgelistet:

- **Ausstattung mit ausreichenden finanziellen Mitteln**
  Als Mindestausstattung für Unternehmen, die das Einlagen- und Kreditgeschäft betreiben wollen, schreibt der Gesetzgeber seit dem 1.1.1993 einen Eigenkapitalbetrag **in Höhe von 5 Millionen ECU** (ca. 10 Millionen DM) vor. Für Kreditinstitute, die nicht das Einlagen- und Kreditgeschäft betreiben möchten, verlangt das BAK in seiner Verwaltungspraxis eine Mindestausstattung, die unter anderem abhängig ist von dem jeweiligen Betätigungs- und Geschäftsfeld des Kreditinstituts.

- **Zuverlässigkeit der Geschäftsleiter**
  Die Erlaubnis kann versagt werden, wenn die Antragsteller oder die Geschäftsleiter nicht zuverlässig sind. Die Zuverlässigkeit im Sinne des KWG wird

beispielsweise dann zu verneinen sein, wenn die Person wegen eines Vermögensdelikts vorbestraft ist.

- **Zuverlässigkeit der Inhaber bedeutender Beteiligungen**
Bei Antragstellung müssen die bedeutenden Beteiligungen an dem Kreditinstitut gegenüber dem BAK offengelegt werden (§ 32 Abs. 1 Nr. 6 KWG). Eine **bedeutende Beteiligung** liegt vor, wenn **unmittelbar oder mittelbar über ein oder mehrere Tochterunternehmen mindestens 10 Prozent des Kapitals oder der Stimmrechte des Kreditinstituts gehalten werden**, oder wenn auf die Geschäftsführung des Kreditinstituts ein maßgeblicher Einfluß ausgeübt werden kann (§ 1 Abs. 9 KWG). Das BAK kann die Erlaubnis versagen, wenn sich aus vorliegenden Tatsachen ergibt, daß der Inhaber einer bedeutenden Beteiligung nicht den an eine solide und umsichtige Führung des Kreditinstituts zu stellenden Ansprüchen genügt (§ 33 Abs. 1 KWG). Außerdem kann das BAK unter bestimmten Voraussetzungen die Ausübung der Stimmrechte aus bedeutenden Beteiligungen untersagen sowie den beabsichtigten Erwerb einer bedeutenden Beteiligung oder ihre Erhöhung verbieten (§ 2b KWG).

- **Fachliche Eignung der Geschäftsleiter**
Die fachliche Eignung der Geschäftsleiter ist regelmäßig dann anzunehmen, wenn eine dreijährige leitende Tätigkeit bei einem Kreditinstitut von vergleichbarer Größe und Geschäftsart nachweisbar ist (§ 33 Abs. 2 KWG).

- **Anzahl der Geschäftsleiter**
Das „Vier-Augen-Prinzip" verlangt mindestens zwei (nicht nur ehrenamtlich tätige) Geschäftsleiter. Dies soll einerseits sicherstellen, daß bei Abwesenheit eines Geschäftsleiters das Kreditinstitut weiterhin von einer voll verantwortlichen Person geleitet wird; andererseits soll die Gefahr von gravierenden Fehlentscheidungen auf der Leitungsebene vermindert werden.

- **Vorliegen eines Geschäftsplans**
Dem Antrag auf Erteilung einer Erlaubnis ist ein Geschäftsplan beizufügen, aus dem die Art der geplanten Geschäfte hervorgeht und der organisatorische Aufbau sowie die geplanten internen Kontrollverfahren des Kreditinstituts.

### 1.4.2.2 Der „Europäische Paß"

Die Erlaubnis des BAK eröffnet dem Kreditinstitut die Möglichkeit, Zweigstellen innerhalb des gesamten Bundesgebietes zu eröffnen. Das Kreditinstitut hat dem BAK lediglich die Errichtung, Verlegung und Schließung von Zweigstellen anzuzeigen.

Mit der vierten KWG-Novelle (1993) wurde diese Freizügigkeit europaweit ausgedehnt: Innerhalb der Europäischen Gemeinschaft gilt damit das Prinzip der **Heimat-**

**landkontrolle,** das heißt, die Beaufsichtigung der Kreditinstitute erfolgt grundsätzlich durch die Aufsichtsbehörde des Landes, in dem das Kreditinstitut seinen Hauptsitz hat (**Herkunftsmitgliedstaat**). Der „Europäische Paß" setzt allerdings voraus, daß das Kreditinstitut von den zuständigen Behörden des Herkunftsmitgliedstaates zugelassen ist und von ihnen beaufsichtigt wird, das Einlagen- und Kreditgeschäft betreibt und über eine Eigenkapitalausstattung verfügt, die den EG-weiten Anforderungen genügt (§ 53b KWG).

**Erfüllt ein Kreditinstitut diese Voraussetzungen, darf es ohne weitere Zulassung durch die Gastlandbehörde sämtliche Bankgeschäfte gemäß § 1 Abs. 1 KWG (Ausnahme: Investmentgeschäft) sowie die Geschäfte von Finanzinstituten gemäß § 1 Abs. 3 KWG (Ausnahme: Beteiligungserwerb) betreiben.**

Beabsichtigt ein in Deutschland zugelassenes Kreditinstitut, in einem anderen EG-Mitgliedstaat eine Zweigstelle zu errichten, ist dies unverzüglich dem BAK anzuzeigen. Das BAK teilt der Aufsichtsbehörde des Aufnahmemitgliedstaats die Zweigstellenerrichtung mit (§ 24a Abs. 2 KWG). Eine gesonderte Genehmigung der Aufsichtsbehörde des Gastlandes ist nicht erforderlich. Umgekehrt können Kreditinstitute anderer europäischer Staaten in Deutschland Zweigstellen gründen. Das BAK wird dann von den jeweils ausländischen Aufsichtsbehörden über ein solches Vorhaben informiert. Werden Unregelmäßigkeiten festgestellt, ist es Aufgabe der zuständigen Heimatlandbehörde, die erforderlichen Maßnahmen zu ergreifen; nur in besonderen Notfällen kann die Aufsichtsbehörde des Gastlandes eingreifen.

### 1.4.3 Überwachung des laufenden Geschäftsbetriebes

Wirksamer Gläubigerschutz setzt voraus, daß die Bankenaufsicht umfassend über die laufende Geschäftstätigkeit der Kreditinstitute informiert ist. Zu diesem Zweck legt das KWG weitgehende Anzeige-, Melde- und Vorlagepflichten fest. Darüber hinaus hat das BAK ein umfassendes Auskunftsrecht sowie die Möglichkeit, unvorhergesehene Prüfungen bei den Kreditinstituten vorzunehmen.

#### 1.4.3.1 Anzeigen

Ein wichtiges Instrument der laufenden Überwachung sind die Anzeigen der Kreditinstitute. Sie sollen einen stets aktuellen Informationsstand der Bankenaufsicht gewährleisten. Eine sofortige **Anzeigepflicht** der Kreditinstitute gegenüber dem BAK und der Deutschen Bundesbank lösen unter anderem folgende Sachverhalte aus (§ 24 KWG):

- Bestellung oder Ausscheiden eines Geschäftsleiters

- Übernahme oder Aufgabe einer unmittelbaren Beteiligung, wenn die Höhe dieser Beteiligung mindestens 10 Prozent des Kapitals oder der Stimmrechte jenes Unternehmens umfaßt; ferner Veränderungen in der Höhe solcher Beteiligungen
- Änderungen der Rechtsform, der Firma, des Gesellschaftsvertrages oder der Satzung sowie die Verlegung der Niederlassung oder des Sitzes
- Verluste in Höhe von 25 Prozent des haftenden Eigenkapitals sowie Kapitalveränderungen
- Erwerb, Aufgabe oder Erhöhung einer bedeutenden Beteiligung anderer an dem anzeigenden Kreditinstitut (mindestens 10 Prozent des Kapitals)

#### 1.4.3.2 Jahresabschlüsse und Monatsausweise

Einen allgemeinen, wenn auch nicht aktuellen Einblick in die wirtschaftliche Situation der Kreditinstitute geben die **Jahresabschlüsse**, bestehend aus Bilanz, Gewinn- und Verlustrechnung und Anhang. Diese müssen innerhalb der ersten drei Monate des neuen Geschäftsjahres aufgestellt und unverzüglich dem BAK und der Deutschen Bundesbank eingereicht werden (§ 26 KWG). Kreditinstitute, die einen Konzernabschluß aufstellen, haben diesen ebenfalls unverzüglich einzureichen. Der Jahresabschluß muß von einem Wirtschaftsprüfer beziehungsweise Prüfungsverband geprüft worden sein. Werden dem Prüfer Tatsachen bekannt, die die Sicherheit der dem Kreditinstitut anvertrauten Vermögenswerte gefährden, hat er dies unverzüglich dem BAK und der Bundesbank anzuzeigen (§ 29 KWG).

Eine zeitnahe Beurteilung der geschäftlichen Situation ermöglichen die **Monatsausweise**, die unverzüglich nach Ablauf eines jeden Monats der Deutschen Bundesbank einzureichen sind (§ 25 KWG). Die Bundesbank gibt diese mit ihrer Stellungnahme an das BAK weiter. Aus der Analyse der Monatsausweise werden aktuelle Veränderungen in einzelnen Aktiv- und Passivpositionen (zum Beispiel eine kräftige Ausweitung des kurzfristigen Kreditvolumens) sichtbar.

#### 1.4.3.3 Auskünfte und Prüfungsrechte des BAK

Die mit den Anzeigen, Jahresabschlüssen und Monatsausweisen konkret bestimmten Einblicksmöglichkeiten der Bankenaufsicht werden zusätzlich um ein nahezu unbeschränktes **Auskunftsrecht** erweitert (§ 44 KWG). Das BAK kann von den Kreditinstituten Auskünfte über **alle Geschäftsangelegenheiten sowie die Vorlage der Bücher und Geschäftsunterlagen verlangen**. Darüber hinaus kann das BAK auch ohne besonderen Anlaß **Prüfungen** vornehmen oder durch andere Personen (zum Beispiel Wirtschaftsprüfer) vornehmen lassen. Schließlich sind nach den Vorschriften des KWG bei Kreditinstituten, die das Effekten- oder Depotgeschäft betreiben, im Normalfall einmal jährlich Depotprüfungen durchzuführen.

### 1.4.4 Maßnahmen in besonderen Fällen

Das Instrumentarium der laufenden Bankenaufsicht wird flankiert von einem breiten Maßnahmenkatalog für Fälle, in denen einzelne Kreditinstitute den aufsichtsrechtlichen Rahmen überschreiten oder sogar die Sicherheit der Einlagen gefährdet erscheint (§ 45–48 KWG). Im einzelnen handelt es sich um Maßnahmen bei

- **unzureichendem Eigenkapital oder unzureichender Liquidität**
- **Gefahr für die Sicherheit der Einlagen**
- **Konkursgefahr**

Im Einzelfall kann das BAK unmittelbar Anweisungen für die Geschäftsführung des Kreditinstituts erlassen oder den Geschäftsleitern die Ausübung ihrer Tätigkeit untersagen oder beschränken und Aufsichtspersonen bestellen. Ferner kann das BAK die Ausschüttung von Gewinnen, die Annahme von weiteren Einlagen und die Gewährung von Krediten untersagen oder beschränken. Bei Konkursgefahr kann das BAK außerdem die Schließung des Kreditinstituts für den Verkehr mit der Kundschaft anordnen. Darüber hinaus sieht das KWG Maßnahmen vor für den Fall, daß die Störungen im Kreditwesen zu schwerwiegenden Gefahren für die Gesamtwirtschaft führen können.

## 1.5 Die aufsichtsrechtliche Bedeutung des haftenden Eigenkapitals

Dem haftenden Eigenkapital der Kreditinstitute kommt aufsichtsrechtlich eine überragende Bedeutung zu. Es ist Bezugsgröße für eine Vielzahl von KWG-Vorschriften und die Basis zur Begrenzung der über die Bankenaufsicht erfaßten Risiken.

> **§ 10 KWG:**
>
> „Die Kreditinstitute müssen im Interesse der Erfüllung ihrer Verpflichtungen gegenüber ihren Gläubigern, insbesondere zur Sicherheit der ihnen anvertrauten Vermögenswerte, ein angemessenes haftendes Eigenkapital haben."

Durch diese Vorschrift wird die **Verlustausgleichs- und Haftungsfunktion** des Eigenkapitals herausgestellt; Verluste, die aus den banktypischen Risiken (Ausfall-,

Preis-, Zinsänderungs-, Wechselkursrisiko) entstehen, sollen durch Eigenkapital aufgefangen werden können. Das soll ein Durchschlagen solcher Ausfälle auf die Vermögenswerte der Bankgläubiger verhindern.

### 1.5.1 Definition des haftenden Eigenkapitals

Aus betriebswirtschaftlicher Sicht ist Eigenkapital die Differenz zwischen der „Geldwertsumme des Vermögens" und der „Geldwertsumme der Verpflichtungen". Diese Größe umfaßt sowohl die in der Bilanz ausgewiesenen Eigenkapitalpositionen (zum Beispiel gezeichnetes Kapital, Kapital- und Gewinnrücklagen und anderes) als auch die nicht aus der Bilanz erkennbaren „stillen Reserven", die im allgemeinen durch eine Unterbewertung von Aktiva entstehen.

Das im KWG definierte „**haftende Eigenkapital**" schließt zum einen Kapitalbestandteile ein, die unmittelbar aus der Bilanz erkennbar sind. Darüber hinaus umfaßt es aber auch Teile der bei den Banken in beträchtlichem Umfang vorhandenen stillen Reserven sowie mit bestimmten Merkmalen ausgestattetes Fremdkapital. Der Begriff „haftendes Eigenkapital" ist insoweit ein durch die spezifischen Bedürfnisse der Bankenaufsicht geprägter Eigenkapitalbegriff. Das KWG unterscheidet dabei zwischen dem **Kernkapital** und dem **Ergänzungskapital**.

```
           Haftendes Eigenkapital nach dem KWG
                    /              \
              Kernkapital      Ergänzungskapital
```

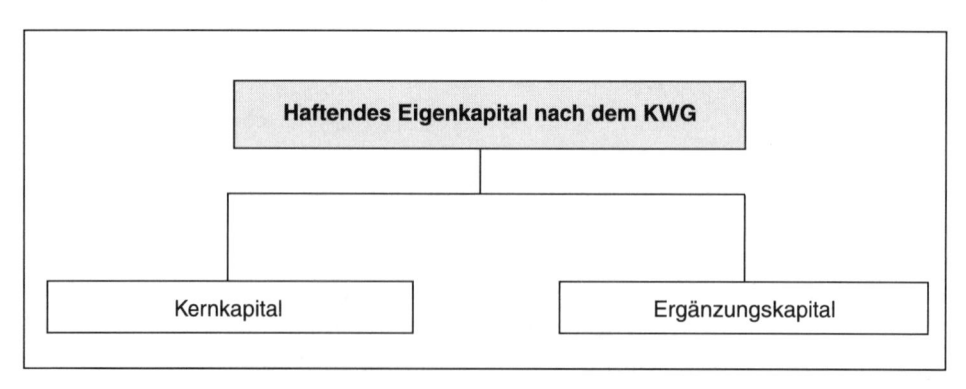

Abbildung 3-1: Haftendes Eigenkapital nach dem KWG

#### 1.5.1.1 Kernkapital

Das Kernkapital weist Qualitätsmerkmale auf, die für die Funktion des haftenden Eigenkapitals als **Risikoträger** von besonderer Bedeutung sind: Es steht dem Kreditinstitut grundsätzlich langfristig zur Verfügung, ist voll eingezahlt und haftet im Verlust- und Konkursfall. Eine Übersicht über die Bestandteile des Kernkapitals bei verschiedenen Rechtsformen gibt Abbildung 3-2.

| Bestandteile des Kernkapitals nach § 10 KWG | | | |
|---|---|---|---|
| **Aktienbanken** | Genossenschaftsbanken | **Sparkassen** | **Personengesellschaften** |
| Grundkapital<br>+ Rücklagen<br>./. eigene Aktien im Bestand<br>./. Vorzugsaktien mit Nachzahlungsverpflichtung | Geschäftsguthaben<br>+ Rücklagen<br>./. Geschäftsguthaben ausscheidender Anteilseigner | Rücklagen | Eingezahltes Geschäftskapital<br>+ Rücklagen<br>./. Entnahmen und Kredite an persönlich haftende Gesellschafter/ Inhaber<br>+ nachgewiesenes freies Vermögen (Antrag an BAK) |
| **für alle Rechtsformen:**<br><br>+ Reingewinn, wenn die Zuweisung zum Geschäftskapital, zu den Rücklagen oder den Geschäftsguthaben beschlossen ist<br>+ Vermögenseinlagen stiller Gesellschafter<br>+ Sonderposten für allgemeine Bankrisiken nach § 340 g HGB<br>= **Kernkapital (brutto)**<br>./. Verluste<br>./. immaterielle Vermögenswerte<br>./. bestimmte, nicht zu marktüblichen Konditionen gewährte Kredite an Anteilseigner und Gesellschafter mit mehr als 25 Prozent Kapitalanteil<br>= **Kernkapital (netto)** | | | |

Abbildung 3-2: Bestandteile des Kernkapitals

Bei **Personengesellschaften** kann das BAK das nachgewiesene freie Vermögen des Inhabers oder der persönlich haftenden Gesellschafter auf Antrag als Kernkapital berücksichtigen. Die Vermögenseinlagen stiller Gesellschafter sind dem Kernkapital nur zuzurechnen, wenn sie bestimmte Qualitätsmerkmale aufweisen (zum Beispiel volle Verlustteilnahme, Haftung im Konkursfall, Restlaufzeit mindestens drei Jahre). Bei dem **Sonderposten für allgemeine Bankrisiken** (§ 340 g HGB) handelt es sich um in der Bilanz ausgewiesene Rücklagen, die ähnlich wie die Gewinn- und Kapitalrücklagen in vollem Umfang dem Kernkapital zuzurechnen sind. Das Kernkapital ist um die **Abzugsposten** zu vermindern. Dazu zählen unter anderem die offen ausgewiesenen Verluste und die **immateriellen Vermögenswerte**.

### 1.5.1.2 Ergänzungskapital

Zum Ergänzungskapital zählen Kapitalbestandteile, die weniger strenge Qualitätsstandards erfüllen und deshalb nicht dem Kernkapital zugerechnet werden können. **Wegen dieser Qualitätsunterschiede erkennt das KWG Ergänzungskapital maximal in Höhe des Kernkapitals an (§ 6a KWG).**

---

**Bestandteile des Ergänzungskapitals nach § 10 KWG**

1. Vorsorgereserven nach § 340f HGB
2. Vorzugsaktien
3. Stille Reserven
4. Genußrechtskapital
5. Sonderposten mit Rücklagenanteil
6. Haftsummenzuschlag ⎱ Max. 50% des
7. Nachrangige Verbindlichkeiten ⎰ Kernkapitals

Anerkennung bis maximal in Höhe des **Kernkapitals**

---

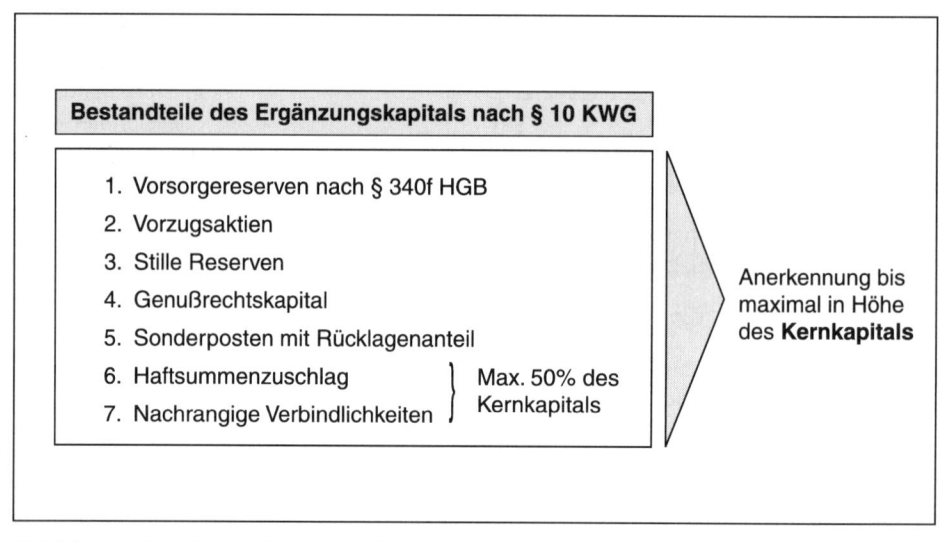

Abbildung 3-3: Bestandteile des Ergänzungskapitals

Kreditinstitute dürfen nach § 340f HGB auf Forderungen und auf Teile des Wertpapierbestandes bis zu einer bestimmten Höhe sogenannte **Vorsorgereserven für allgemeine Bankrisiken** bilden. Diese stillen Reserven, die steuerlich nicht anerkannt sind, können dem Ergänzungskapital zugerechnet werden.

Das bei Ausgabe von **Vorzugsaktien** hereingenommene Eigenkapital wird nicht als Kernkapital, sondern als Ergänzungskapital anerkannt, wenn die Vorzugsaktien mit einer Mindest- oder Garantiedividende ausgestattet sind und vereinbart wurde, daß bei dividendenlosen Geschäftsjahren die Dividenden in den folgenden Jahren nachgezahlt werden.

Da **stille Reserven** aus betriebswirtschaftlicher Sicht Eigenkapital darstellen, werden sie unter bestimmten Voraussetzungen vom KWG als Ergänzungskapital anerkannt; die Anerkennung ist allerdings begrenzt **auf 45 Prozent** bei **Grundstücken und Gebäuden** und **auf 35 Prozent** bei **Wertpapieren** der „vorsichtig" ermittelten Reserven. Voraussetzung für die Anerkennung als Ergänzungskapital ist, daß bei dem Kreditinstitut **Kernkapital** in Höhe von **mindestens 4,4 Prozent** der Risikoaktiva gemäß Grundsatz I (siehe Abschnitt 1.5.2) vorhanden ist. Außerdem muß jeweils der Gesamtbestand des Immobilienbesitzes sowie der in die Berechnung einbezogenen Wertpapiere berücksichtigt werden. Negative Salden (Buchwert ist höher als der aktuelle Wert) reduzieren demnach die stillen Reserven. Sind diese Voraussetzungen erfüllt, werden stille Reserven bis zu einer **Höhe von maximal 1,4 Prozent** der nach Grundsatz I ermittelten Risikoaktiva als Ergänzungskapital anerkannt.

Kapital, das gegen **Ausgabe von Genußscheinen** dem Kreditinstitut zur Verfügung gestellt wurde, wird als Ergänzungskapital anerkannt, wenn

1. es bis zur vollen Höhe am Verlust teilnimmt und bei Verlust die Zinszahlungen verschoben werden

2. die Rückzahlung bei Konkurs/Liquidation erst nach Befriedigung aller nicht nachrangigen Gläubiger erfolgt

3. es bei dem Kreditinstitut für mindestens fünf Jahre zur Verfügung steht und vom Gläubiger nicht vorzeitig zurückgefordert werden kann

4. die Restlaufzeit mindestens zwei Jahre beträgt

5. das Kreditinstitut auf die Rechtsfolgen der Ziffern 2 und 3 schriftlich hingewiesen hat

Ein **Sonderposten mit Rücklagenanteil** entsteht bei Einstellung von Erlösen aus dem Verkauf von Gütern des Anlagevermögen; die Position darf steuerneutral für Reinvestitionen verwendet werden. Da aber bei Verzicht auf die Reinvestition Steuern anfallen, wird diese Bilanzposition lediglich zu 45 Prozent als Ergänzungskapital anerkannt.

Bei den **nachrangigen Verbindlichkeiten** handelt es sich, wie der Name bereits andeutet, zunächst um Fremdkapital. Erst wenn die im KWG genannten Bedingungen erfüllt sind, erhält es den Status als Ergänzungskapital. Die Voraussetzungen zur Anerkennung sind unter anderem:

1. Es wird im Konkurs- oder Liquidationsfall erst nach Befriedigung aller nicht nachrangigen Gläubiger zurückerstattet.

2. Es hat eine Ursprungslaufzeit von mindestens fünf Jahren und ist auf Verlangen des Gläubigers vorzeitig nicht rückzahlbar.

3. Für die nachrangigen Verbindlichkeiten dürfen vom Kreditinstitut oder von Dritten keine Sicherheiten bestellt werden.

4. Das Kreditinstitut hat bei Abschluß des Vertrages ausdrücklich und schriftlich auf die Bedingungen nach Ziffern 1 und 2 verwiesen.

Die **Haftsumme** resultiert bei einer Genossenschaft aus der Verpflichtung ihrer Mitglieder, im Verlust- oder Konkursfall zusätzlich zu dem bereits eingezahlten

Geschäftskapital liquide Mittel zur Verfügung zu stellen. Die Anerkennung der Haftsumme als Ergänzungskapital (sogenannter **Haftsummenzuschlag**) ist nicht unproblematisch, da es sich hierbei um **nicht eingezahltes Kapital** handelt, das lediglich auf der Grundlage einer Haftungsverpflichtung der Genossenschaftsmitglieder anerkannt wird. Das BAK erkennt die Haftsumme zu **drei Vierteln** als Ergänzungskapital an (bei Genossenschaften mit beschränkter Nachschußpflicht), **maximal jedoch in Höhe von 25 Prozent des eingezahlten Eigenkapitals** (Geschäftsguthaben plus Rücklagen). Der **Haftsummenzuschlag** darf zusammen mit den nachrangigen Verbindlichkeiten 50 Prozent des Kernkapitals nicht übersteigen.

### 1.5.1.3 Berechnung des haftenden Eigenkapitals

Das haftende Eigenkapital eines Kreditinstituts setzt sich zusammen aus dem Kern- und Ergänzungskapital abzüglich der Abzugsposten. Als Abzugsposten sind bestimmte Beteiligungen anzusetzen, außerdem solche Genußrechte und Vorzugsaktien im eigenen Bestand, die von Kredit- und Finanzinstituten emittiert wurden, an denen das betreffende Kreditinstitut beteiligt ist.

```
  Kernkapital
+ Ergänzungskapital (maximal in Höhe des Kernkapitals)
./. Abzugsposten
= Haftendes Eigenkapital
```

Abbildung 3-4: Berechnung des haftenden Eigenkapitals

### 1.5.2 Erfassung des Adressenausfallrisikos durch Grundsatz I

Kreditinstitute müssen im Interesse der Erfüllung ihrer Verpflichtungen gegenüber ihren Gläubigern ein **angemessenes haftendes Eigenkapital haben**. Das BAK stellt im Einvernehmen mit der Deutschen Bundesbank Grundsätze auf, nach denen es für den Regelfall beurteilt, ob ein Kreditinstitut diese Forderung erfüllt (§ 10 KWG).

#### 1.5.2.1 Zielsetzung und Konzeption von Grundsatz I

Die eben zitierte Forderung des Gesetzgebers wirft die Frage auf, wann das haftende Eigenkapital als „angemessen" gelten kann. Der **Grundsatz I**, als die wichtigste aufsichtsrechtliche Norm zur **Begrenzung des Ausfallrisikos**, stellt dazu eine quantitative Verknüpfung her zwischen den risikobehafteten Aktiva und dem haftenden Eigenkapital als Risikoträger:

> Das haftende Eigenkapital eines Kreditinstituts muß **mindestens 8 Prozent** der **gewichteten Risikoaktiva** betragen. Das heißt bei gegebenem Eigenkapital darf die Summe der Risikoaktiva **höchstens das 12,5fache** der haftenden Mittel betragen. Da **Ergänzungskapital maximal in Höhe des Kernkapitals** anerkannt wird, muß letzteres in Höhe von **mindestens 4 Prozent der Risikoaktiva** vorhanden sein.

Hält ein Kreditinstitut die im Grundsatz I festgelegten Grenzen nicht ein, so ist in der Regel die Vermutung des BAK begründet, daß das Kreditinstitut nicht über das erforderliche Eigenkapital verfügt. Die im Grundsatz I festgelegte Definition der **gewichteten Risikoaktiva** umfaßt nahezu sämtliche Aktivpositionen der Bilanz sowie den größten Teil der außerbilanziellen Geschäfte. Die durch den Grundsatz I erfaßten Risikoaktiva werden in drei Kategorien eingeteilt:

> **Risikoaktiva im Grundsatz I:**
> - Bilanzaktiva
> - traditionelle außerbilanzielle Geschäfte
> - Finanz-Swaps, Finanz-Termingeschäfte und Optionsrechte

### Bilanzaktiva

Da das Ausfallrisiko bei den einzelnen Aktivpositionen je nach Bonität der Schuldner unterschiedlich hoch ist, werden die Bilanzaktiva im Grundsatz I mit einem **Adressengewichtungsfaktor (AGF)** gewichtet, wobei vier unterschiedliche Anrechnungssätze verwendet werden (100 Prozent, 50 Prozent, 20 Prozent und 0 Prozent). Die Gewichtung der Bilanzaktiva hängt erstens davon ab, wer der Vertragspartner ist. Eine Forderung gegenüber der Deutschen Bundesbank ist von ihrem Risikogehalt anders zu bewerten als zum Beispiel eine unbesicherte Forderung gegenüber einem Industrieunternehmen. Dagegen ist es unerheblich, ob die Forderung durch Wertpapiere verbrieft ist oder ob es sich um eine Buchforderung handelt; erfaßt werden im Grundsatz I demnach auch Wertpapiere im Bestand des Kreditinstituts. Bei der Bestimmung des Adressengewichtungsfaktors ist zweitens das Land, in dem der Vertragspartner seinen Sitz hat, zu berücksichtigen. Dabei wird unterschieden zwischen Ländern der Zone A (EG-Staaten und andere Industrienationen) und Ländern der Zone B (alle übrigen Länder, die mit einem höheren Risiko behaftet sind). Damit soll dem unterschiedlichen Länderrisiko Rechnung getragen werden.

Der Grundsatz I läßt bei der Ermittlung des Adressengewichtungsfaktors eine Minderung zu, wenn die Forderungen gesichert oder garantiert sind. Entsprechend werden zum Beispiel Kredite, die durch Bürgschaften der öffentlichen Hand besichert sind, mit einem Anrechnungssatz von 0 Prozent gewichtet. **Bemessungsgrundlage** für die Bilanzaktiva ist der jeweilige Buchwert der Bilanzposition abzüglich bestimmter Rechnungsabgrenzungsposten.

| **Ausgewählte Bilanzaktiva** | **Anrechnung in Prozent – Zone A/B** |
|---|---|
| ■ Forderungen an Zentralbanken/Zentralregierungen | 0/100* |
| ■ Regionalregierungen und Gebietskörperschaften | 20/100** |
| ■ Forderungen an Kreditinstitute | |
| – Ursprungslaufzeit der Forderung bis einschließlich 1 Jahr | 20/20 |
| – Ursprungslaufzeit der Forderung mehr als 1 Jahr | 20/100 |
| ■ Forderungen an Kunden | |
| – Wohnungsbau-Hypothekarkredite | 50 |
| – Gewerbliche Hypothekarkredite | 100 |
| – Bauspardarlehen der Bausparkassen | 70 |
| – Sonstige | 100 |
| ■ Aktien und andere nicht festverzinsliche Wertpapiere | 100 |
| ■ Beteiligungen sowie Anteile an verbundene Unternehmen | 100 |
| ■ Sachanlagen | 100 |
| ■ Leasinggegenstände | 100*** |
| * sofern in Landeswährung gewährt und in dieser refinanziert: 0 Prozent | |
| ** keine Anrechnung, wenn derartige Risikoaktiva in diesem Mitgliedstaat der EG nicht angerechnet werden | |
| *** entsprechend der Adressengewichtung des Leasingnehmers | |

Abbildung 3-5: Adressengewichtung der Bilanzaktiva im Grundsatz I

**Traditionelle außerbilanzielle Geschäfte**

Neben den Bilanzaktiva erfaßt der Grundsatz I auch die traditionellen außerbilanziellen Geschäfte, die im allgemeinen unter dem Bilanzstrich ausgewiesen werden. Diese Geschäfte werden entsprechend ihrem Risikogehalt in vier Gruppen eingeteilt und zwar in Geschäfte mit hohem Risiko (Anrechnungssatz: 100 Prozent), Geschäfte mit mittlerem Risiko (50 Prozent), Geschäfte mit mittlerem/niedrigem Risiko (20 Prozent) und Geschäfte mit niedrigem Risiko (0 Prozent).

| Geschäfte/Positionen (Auswahl) | Anrechnung in Prozent |
|---|---|
| ■ den Kreditnehmern abgerechnete eigene Ziehungen im Umlauf | 100 |
| ■ Indossamentverbindlichkeiten aus weitergegeben Wechseln | 100 |
| ■ Bürgschaften und Garantien für Bilanzaktiva | 100 |
| ■ Bestellung von Sicherheiten für fremde Verbindlichkeiten | 100 |
| ■ Terminkäufe auf Bilanzaktiva mit unbedingter Abnahmeverpflichtung | 100 |
| ■ Plazierung von Termineinlagen auf Termin | 100 |
| ■ Eröffnung und Bestätigung von Akkreditiven | 50 |
| ■ Verpflichtungen aus Euronote-Fazilitäten | 50 |
| ■ Erfüllungsgarantien und andere Gewährleistungen | 50 |
| ■ Kreditzusagen (Laufzeit > 1 Jahr) | 50 |
| ■ Eröffnung/Bestätigung von Dokumentenakkreditiven, die durch Wertpapiere gesichert sind | 20 |
| ■ Kreditzusagen oder Ankaufszusagen (Laufzeit < 1 Jahr) | 0 |

Abbildung 3-6: Anrechnungssätze im Grundsatz I für traditionelle außerbilanzielle Geschäfte

Da auch bei den traditionellen außerbilanziellen Geschäften eine **Adressengewichtung** vorzunehmen ist, kann es bei der Ermittlung des Grundsatz-I-pflichtigen Betrages zu sogenannten „durchgerechneten" Anrechnungssätzen kommen. Wenn zum Beispiel ein Geschäft mit mittlerem Risiko (Anrechnungssatz: 50 Prozent) getätigt wird und der Vertragspartner ist ein anderes Kreditinstitut (Adressengewichtung: 20 Prozent), dann beträgt der mit Eigenkapital zu unterlegende Teil dieses Geschäft lediglich 10 Prozent (Buchwert · 50 Prozent · 20 Prozent).

**Finanz-Swaps, Finanz-Termingeschäfte und Optionsrechte**

Die steigende Bedeutung des derivativen Geschäfts und die damit einhergehenden beträchtlichen Risiken machen es im Interesse des Gläubigerschutzes notwendig, auch die innovativen außerbilanziellen Geschäfte in den Grundsatz I einzubeziehen. Das Ausfallrisiko liegt hier im Gegensatz zu den Bilanzaktiva und den traditionellen außerbilanziellen Geschäften nicht im Nominalbetrag des zugrundeliegenden Geschäfts, sondern in den **Ersatzkosten (Opportunitätskosten)**. Diese ergeben sich, wenn bei Ausfall des Vertragspartners eine offene Position entsteht, die durch ein Ersatzgeschäft geschlossen werden muß. Das Risiko liegt dann darin, daß sich das Kreditinstitut zu den im Zeitpunkt des Ausfalls herrschenden Konditionen eindecken muß, die von den ursprünglich vereinbarten Kursen und Preisen abweichen können.

Der Grundsatz-I-pflichtige Betrag aus innovativen außerbilanziellen Geschäften wird ermittelt, indem die **Bemessungsgrundlage mit einem Umrechnungsfaktor** sowie dem **Adressengewichtungsfaktor** multipliziert wird. Die Bemessungsgrundlage ist bei den **Finanz-Swaps der Kapitalbetrag**, bei den **Optionsrechten und den Finanz-Terminkontrakten** der unter der **Annahme der Erfüllung bestehende Anspruch** des Kreditinstituts (zum Beispiel bei Optionsrechten der Basispreis).

Der Umrechnungsfaktor bemißt sich nach der (Rest-)Laufzeit und der Art des Geschäfts, wobei im Grundsatz I zwei unterschiedliche Verfahren Anwendung finden; die Wahl der Berechnungsmethode steht den Kreditinstituten frei. Bei der **Laufzeitmethode** wird die Bemessungsgrundlage mit einem Umrechnungsfaktor multipliziert, der von der **Laufzeit** des jeweiligen Kontraktes abhängig ist; das Risiko wird also lediglich pauschal ermittelt. Dagegen werden bei der **Marktbewertungsmethode** die potentiellen Wiederbeschaffungskosten (Ersatzkosten, die bei einem Ausfall des Kontraktpartners entstehen) ermittelt. Hinzu kommt ein Zuschlag (add-on) zur Berücksichtigung des während der **Restlaufzeit** vorhandenen Risikos.

Schließlich wird auch bei den innovativen außerbilanziellen Geschäften eine **Gewichtung nach Kontraktpartnern** (Adressengewichtung = AGF) vorgenommen. Der AGF beträgt bei inländischen öffentlichen Haushalten sowie Zentralregierungen/Zentralbanken der Zone A 0 Prozent, bei Banken der Zone A 20 Prozent und bei Zentralregierungen/Banken der Zone B sowie bei allen Nichtbanken 50 Prozent. Je nach Bewertungsmethode ergeben sich also für die Berechnung des Grundsatz-I-pflichtigen Betrages folgende Berechnungsschemata:

| |
|---|
| **Laufzeitmethode:**<br>[Bemessungsgrundlage · laufzeitabhängiger Umrechnungsfaktor] · AGF |
| **Marktbewertungsmethode:**<br>[Wiederbeschaffungskosten + add on (restlaufzeitabhängiger Zuschlag)] · AGF |

Abbildung 3-7: Berechnungsschema Laufzeitmethode und Marktbewertungsmethode

**Ermittlung der Grundsatz-I-Auslastung**

Die Grundsatz-I-Auslastung ergibt sich durch Gegenüberstellung der gewichteten Risikoaktiva mit dem haftenden Eigenkapital. Die Anforderungen der Bankenaufsicht sind erfüllt, wenn das **haftende Eigenkapital mindestens 8 Prozent und das Kernkapital mindestens 4 Prozent der Risikoaktiva** beträgt.

## 1. Ermittlung der gewichteten Risikoaktiva

Bilanzaktiva
(Bemessungsgrundlage · AGF)
+ Traditionelle außerbilanzielle Geschäfte
(Bemessungsgrundlage · Anrechnungssatz · AGF)
+ Innovative außerbilanzielle Geschäfte
([Wiederbeschaffungskosten + add on] · AGF = Marktbewertungsmethode)

= Summe der **gewichteten Risikoaktiva**

## 2. Ermittlung der Grundsatz-I-Auslastung

- Kernkapital / Summe der gewichteten Risikoaktiva = **Kernkapital-Koeffizient** ($\leq$ 4 Prozent)
- Haftendes Eigenkapital / Summe der gewichteten Risikoaktiva = **Grundsatz-I-Koeffizient** ($\leq$ 8 Prozent)

Abbildung 3-8: Berechnungsschema der Grundsatz-I-Auslastung

### BEISPIEL

Die M-Bank AG verfügt über ein haftendes Eigenkapital in Höhe von 4.200 Millionen DM (2.100 Kernkapital und 2.100 Ergänzungskapital). Die Aktiva der M-Bank stellen sich wie folgt dar (alle Angaben in Millionen DM):

| | |
|---|---:|
| Forderungen gegenüber Kreditinstituten (Zone A) | 18.000 |
| Forderungen gegenüber Kunden | 35.000 |
| Wertpapiere im Bestand (Schuldverschreibungen nicht-öffentlicher Emittenten) | 7.000 |
| Grundstücke und Gebäude | 1.800 |

Die M-Bank hat außerdem eine Garantieerklärung in Höhe von 50 Millionen DM gegenüber einer anderen Bank abgegeben, die zur Sicherung der Verbindlichkeiten eines Industrieunternehmens dient. Ferner hat die M-Bank einen Währungsswap (Restlaufzeit: 2 Jahre) mit der Handels-AG abgeschlossen (Tausch von 100 Millionen DM gegen 140 Millionen US-Dollar, aktueller Dollar-Kurs 1,50).

## 1. Ermittlung der gewichteten Risikoaktiva

■ Bilanzaktiva

| Bemessungsgrundlage | Adressengewichtung in Prozent | Anrechnung im GS I in Millionen DM |
|---|---|---|
| Forderungen KI (18.000) | 20 | 3.600 |
| Forderungen Kunden (35.000) | 100 | 35.000 |
| Wertpapiere (7.000) | 100 | 7.000 |
| Grundstücke/Gebäude (1.800) | 100 | 1.800 |
| Summe der Grundsatz-I-pflichtigen Bilanzaktiva | | 47.400 |

■ Traditionelle außerbilanzielle Aktiva

| Bemessungsgrundlage | Anrechnung in Prozent | Adressengewichtung in Prozent | Anrechnung im GS I in Millionen DM |
|---|---|---|---|
| Garantie (50) | 100 | 100 | 50 |

■ Innovative außerbilanzielle Geschäfte

| | |
|---|---|
| Währungsswap über 100 Millionen DM gegen 140 Millionen US-Dollar; aktueller Dollar-Kurs: 1,50 DM | |
| Wiederbeschaffungskosten ((Differenz vereinbarter Dollar-Kurs zum aktuellen Dollar-Kurs) · Vertragssumme): | 10 Mio. DM |
| + add on (5 Prozent auf Vertragssumme zu aktuellem Dollar-Kurs: 150 Millionen · 5 Prozent) | 7,5 Mio. DM |
| | **17,5 Mio. DM** |
| · Adressengewichtung (Nichtbank: 50 %) | |
| = Anrechnung im GS | **8,75 Mio. DM** |

■ Die Summe der Risikoaktiva beträgt damit:

| | |
|---|---|
| Bilanzaktiva | 47.400,00 Mio. DM |
| Traditionell außerbilanzielle Geschäfte | 50,00 Mio. DM |
| Innovative außerbilanzielle Geschäfte | 8,75 Mio. DM |
| | 47.458,75 Mio. DM |

## 2. Ermittlung der Grundsatz-I-Auslastung

■ Kernkapital-Koeffizient:   (2.100 100) / 47.458,75 = 4,4 Prozent
■ Grundsatz-I-Koeffizient:   (4.200 100) / 47.458,75 = 8,8 Prozent

Die Vorgaben des Grundsatzes I sind damit eingehalten.

## 1.5.2.2 Kreditinstitutsgruppen und Finanz-Holding-Gruppen

Die zunehmenden nationalen und internationalen Verflechtungen zwischen Kreditinstituten sowie sonstigen Unternehmen des finanziellen Sektors machen es im Interesse des Gläubigerschutzes notwendig, den Geltungsbereich aufsichtsrechtlicher Normen auch auf Beteiligungs- und Tochterunternehmen von Kreditinstituten auszudehnen. Mit der dritten KWG-Novelle (1985) ist dies geschehen. Das in § 10 a KWG festgeschriebene **Konsolidierungsverfahren** soll sicherstellen, daß nicht nur einzelne Kreditinstitute über ein angemessenes haftendes Eigenkapital verfügen, sondern auch die durch Beteiligungen oder Beherrschungsverträge entstandenen Kreditinstitutsgruppen. Sinn und Zweck dieser Regelung ist es, den Aufbau von sogenannten **Kreditpyramiden** und damit eine **Doppelbelegung des haftenden Eigenkapitals zu verhindern**.

### BEISPIEL

Die M-Bank gründet eine Tochtergesellschaft (T-Bank) und stattet diese mit Eigenkapital aus. Die Risikoaktiva und das haftende Eigenkapital stellen sich wie folgt dar:

| M-Bank AG (in Millionen DM) | | | |
|---|---|---|---|
| Gewichtete Risikoaktiva | 50.300 | Kernkapital | 2.100 |
| Beteiligung an T-Bank | 1.200 | Ergänzungskapital | 2.100 |
|  |  | Sonstige Passiva | 47.300 |
|  | **51.500** |  | **51.500** |
| T-Bank AG (in Millionen DM) | | | |
| Gewichtete Risikoaktiva | 15.000 | haftendes Eigenkapital (nur Kernkapital) | 1.200 |
|  |  | Sonstige Passive | 13.800 |
|  | **15.000** |  | **15.000** |

Der Grundsatz-I-Koeffizient beträgt bei der Mutter über 8 Prozent; die M-Bank hat also isoliert betrachtet die bankenaufsichtsrechtlichen Bestimmungen eingehalten. Auch die T-Bank erfüllt für sich betrachtet mit 8 Prozent die Vorgaben des Grundsatzes I. Das Eigenkapital der T-Bank ist jedoch ausschließlich von der M-Bank zur Verfügung gestellt worden; ein Teil des Eigenkapitals der M-Bank wurde also **doppelt** mit Risikoaktiva belegt, **es wurde eine Kreditpyramide aufgebaut**. Zählt man die Risikoaktiva der T-Bank zu den Risikoaktiva der M-Bank hinzu, erhält man einen Grundsatz-I-Koeffizienten in Höhe von 6,43 Prozent. Das gesamte haftende Eigenkapital der Kreditinstitutsgruppe ist also deutlich zu niedrig.

**Konsolidierungspflichtige Unternehmen**

Nach der fünften KWG-Novelle (1995) müssen nicht nur Kreditinstitutsgruppen über ein angemessenes haftendes Eigenkapital verfügen, sondern auch sogenannte Finanzholding-Gruppen.

- **Kreditinstitutsgruppe**
  Eine Kreditinstitutsgruppe besteht, wenn ein inländisches Kreditinstitut (übergeordnetes Kreditinstitut) an einem anderen Kreditinstitut, einem Finanzinstitut oder einem Unternehmen mit bankbezogenen Hilfsdiensten mindestens 40 Prozent der Kapitalanteile hält (erhebliche Beteiligung). Dabei spielt es keine Rolle, ob diese Unternehmen im Inland oder Ausland ihren Sitz haben und ob die Beteiligungen lediglich mittelbar gehalten werden. Hält das inländische Kreditinstitut mehr als 50 Prozent der Kapitalanteile oder kann ein beherrschender Einfluß ausgeübt werden, handelt es sich um **Tochterunternehmen** im Sinne des HGB, die selbstverständlich auch in die Konsolidierung einzubeziehen sind. Zu berücksichtigen sind ferner sogenannte **Gemeinschaftsunternehmen**, das heißt Kredit-/Finanzinstitute sowie Unternehmen mit bankbezogenen Hilfsdiensten, wenn ein gruppenangehöriges Institut an einem solchen Unternehmen mit mindestens 20 Prozent beteiligt ist, es gemeinsam mit anderen gruppenfremden Unternehmen leitet und für die Verbindlichkeiten dieses Unternehmens nach Maßgabe seines Anteils haftet (qualifizierte Minderheitsbeteiligung). Kapitalanlagegesellschaften werden trotz ihrer Kreditinstitutseigenschaft ausdrücklich von der Konsolidierungspflicht ausgenommen. Sind dem Kreditinstitut **ausschließlich** Unternehmen mit bankbezogenen Hilfsdiensten nachgeordnet, besteht dagegen **keine** Konsolidierungspflicht (§ 10 a Abs. 2 KWG).

- **Finanzholding-Gruppen**
  Eine Finanzholding-Gruppe besteht, wenn einem Finanzinstitut (Finanzholding-Gesellschaft) mit Sitz im Inland ausschließlich oder hauptsächlich Kredit- und Finanzinstitute nachgeordnet sind. Mindestens eines dieser Unternehmen muß als Kreditinstitut ein Tochterunternehmen sein (Beteiligung > 50 Prozent oder beherrschender Einfluß), das Einlagen- und Kreditgeschäft betreiben und seinen Sitz im Inland haben. Die Finanzholding-Gesellschaft bildet zusammen mit den nachgeordneten Kreditinstituten, Finanzinstituten und Unternehmen mit bankbezogenen Hilfsdiensten eine Gruppe, deren Aktiva und Passiva zu konsolidieren sind.

**Konsolidierungsverfahren**

Das für die Konsolidierung verantwortliche Kreditinstitut (siehe unten) hat eine Bilanz aufzustellen, in die sämtliche konsolidierungspflichtigen Institute und Unternehmen der Gruppe einzubeziehen sind. Nach den allgemeinen Konsolidierungsgrundsätzen sind dabei Forderungen und Verbindlichkeiten zwischen übergeordnetem Institut und den in die Konsolidierung einzubeziehenden Unternehmen herauszurechnen.

Das **haftende Eigenkapital** einer Kreditinstitutsgruppe oder Finanzholding-Gruppe errechnet sich nach folgendem Schema:

---

**Ermittlung des haftenden Eigenkapitals**

Kernkapital des übergeordneten Kreditinstituts
+ Kernkapital des nachgeordneten/zu konsolidierenden Unternehmens
./. Buchwert der Beteiligung in der Bilanz des übergeordneten Unternehmens
= Kernkapital der Gruppe

+ Ergänzungskapital der Mutter und Tochter (max. bis Höhe des Kernkapitals)

= **Haftendes Eigenkapital der Gruppe**

---

Abbildung 3-9: Berechnungsschema zur Ermittlung des haftenden Eigenkapitals

Zur Berechnung des haftenden Eigenkapitals einer Kreditinstitutsgruppe oder einer Finanzholding-Gruppe sind die für Einzelkreditinstitute geltenden Eigenkapitalvorschriften (§ 10 KWG) anzuwenden. Danach darf auch das Ergänzungskapital der Gruppe dessen Kernkapital nicht übersteigen. Entspricht der Buchwert der Beteiligung bei dem übergeordneten Institut dem Eigenkapital des nachgeordneten Instituts, ist das Kernkapital der Gruppe identisch mit dem Kernkapital des übergeordneten Instituts. Das Kernkapital der Gruppe erhöht sich, wenn der Buchwert der Beteiligung bei dem Mutterinstitut niedriger ist. Übersteigt hingegen der Buchwert der Beteiligung das ausgewiesene Eigenkapital der Tochter, würde sich nach obigem Berechnungsschema das **Kernkapital** der Gruppe reduzieren. Für diesen Fall sieht das KWG ein Verfahren vor, das es dem übergeordneten Institut erlaubt, den notwendigen Abzug vom Eigenkapital der Gruppe (in Höhe des Unterschiedsbetrages zwischen Buchwert und ausgewiesenem Eigenkapital) auf einen Zeitraum von maximal zehn Jahren zu verteilen (Bildung eines sogenannten „aktivischen Ausgleichspostens").

Das **Verfahren zur Konsolidierung** der Aktiva und Passiva richtet sich nach der Höhe der Beteiligung:

- **Vollkonsolidierung**
  Das Vollkonsolidierungsverfahren gilt für alle Beteiligungen in Höhe von mehr als 50 Prozent Dabei werden alle relevanten Aktiva und Passiva des übergeordneten und der nachgeordneten Unternehmen in voller Höhe zusammengefaßt. Die Zusammenfassung schließt auch die Eigenkapitalanteile ein, die außerhalb der Gruppe, also im Fremdbesitz, stehen.

### BEISPIEL

Die M-Bank ist mit 60 Prozent an der T-Bank beteiligt. Da es sich um eine Mehrheitsbeteiligung handelt, ist das Vollkonsolidierungsverfahren anzuwenden.

| M-Bank AG (in Millionen DM) | | | |
|---|---|---|---|
| Gewichtete Risikoaktiva | 40.300 | Kernkapital | 2.100 |
| Beteiligung an T-Bank | 720 | Ergänzungskapital | 2.100 |
| | | Sonstige Passiva | 36.820 |
| | **41.020** | | **41.020** |

| T-Bank AG (in Millionen DM) | | | |
|---|---|---|---|
| Gewichtete Risikoaktiva | 12.000 | haftende Eigenkapital | 1.200 |
| | | (nur Kernkapital) | 1.200 |
| | | Sonstige Passive | 9.600 |
| | **12.000** | | **12.000** |

Das haftende Eigenkapital der Gruppe errechnet sich wie folgt:

|  |  |
|---|---|
| Kernkapital der Mutter | 2.100 |
| + Kernkapital der Tochter | 1.200 |
| ./. Buchwert der Beteiligung bei der Mutter | 720 |
| = Kernkapital der Gruppe | 2.580 |
|  |  |
| + Ergänzungskapital der Mutter | 2.100 |
| + Ergänzungskapital der Tochter | 1.200 |
| = Ergänzungskapital der Gruppe | 3.300 |
| (maximal Kernkapital) | **2.580** |
|  |  |
| **Gesamtkapital der Gruppe** | **5.160** |

Dem haftenden Eigenkapital der Gruppe in Höhe von 5.160 stehen Risikoaktiva in Höhe von 52.300 (M-Bank 40.300 und T-Bank 12.000) gegenüber. Der Grundsatz-I-Koeffizient für die Gruppe beträgt also 9,87 Prozent und der Kernkapital-Koeffizient 4,93 Prozent. Die Gruppe hat damit den Grundsatz I erfüllt.

## Quotenkonsolidierung

Das Quotenkonsolidierungsverfahren findet bei sogenannten **erheblichen Beteiligungen** (Beteiligungen von 40 bis einschließlich 50 Prozent) sowie bei **qualifizierten Minderheitsbeteiligungen** (Beteiligungen ≤ 20 Prozent, gemeinsame Leitung, quotale Haftung) Anwendung. Dabei werden die Aktiva und Passiva entsprechend der Beteiligungsquote zusammengefaßt. Zur Vermeidung der Doppelbelegung des haftenden Eigenkapitals werden auch hier die gruppeninternen Beteiligungswerte herausgerechnet.

---

**BEISPIEL**

Die M-Bank ist mit 40 Prozent an der T-Bank beteiligt; der Buchwert der Beteiligung beträgt 480 Millionen DM. Da es sich um eine erhebliche Beteiligung handelt, ist das Quotenkonsolidierungsverfahren anzuwenden.

Das haftende Eigenkapital der Gruppe errechnet sich wie folgt:

| | |
|---|---:|
| Kernkapital der Mutter | 2.100 |
| + anteiliges Kernkapital der Tochter | 480 |
| ./. Buchwert der Beteiligung bei der Mutter | 480 |
| = Kernkapital der Gruppe | 2.100 |
| | |
| + Ergänzungskapital der Mutter | 2.100 |
| + anteiliges Ergänzungskapital der Tochter | 480 |
| = Ergänzungskapital der Gruppe | 2.580 |
| (maximal Kernkapital) | **2.100** |
| **Gesamtkapital der Gruppe** | 4.200 |

Dem haftenden Eigenkapital der Gruppe in Höhe von 4.200 stehen Risikoaktiva in Höhe von 45.100 (M-Bank 40.300 und anteilige Risikoaktiva (40 Prozent) der T-Bank 4.800) gegenüber. Der Grundsatz-I-Koeffizient für die Gruppe beträgt also 9,3 Prozent und der Kernkapital-Koeffizient 4,67 Prozent. Die Gruppe hat damit den Grundsatz I erfüllt.

---

## Abzugsverfahren

Neben diesen beiden Verfahren sieht das KWG für Beteiligungen unter 40 Prozent grundsätzlich ein Abzugsverfahren (Ausnahme: qualifizierte Minderheitsbeteiligungen) vor. Dabei ist der Buchwert der Beteiligung vom haftenden Eigenkapital des übergeordneten Kreditinstituts abzuziehen; die Risikoaktiva des nachgeordneten Unternehmens bleiben unberücksichtigt.

Die Beteiligungen von mehr als 10 Prozent bis unter 40 Prozent besteht für das übergeordnete Kreditinstitut die **Wahlmöglichkeit**, diese Beteiligungen vom haftenden Eigenkapital abzuziehen oder in die Konsolidierung nach § 10a einzubeziehen. Bei Beteiligungen an Kredit- und Finanzinstituten (ausgenommen Kapitalanlagegesellschaften) in Höhe von höchstens 10 Prozent besteht die Abzugspflicht nur dann, wenn der Gesamtbetrag aller dieser Beteiligungen 10 Prozent des haftenden Eigenkapitals des Kreditinstituts übersteigt; der Abzug ist beschränkt auf die Höhe des übersteigenden Betrages.

Zur **Verantwortlichkeit**:

Das KWG unterscheidet zwischen übergeordneten Kreditinstituten und nachgeordneten Unternehmen.

Verantwortlich für die Konsolidierung und damit für eine angemessene Eigenkapitalausstattung ist das übergeordnete Kreditinstitut der Kreditinstitutsgruppe und der Finanzholding-Gruppe. Bei einer Finanzholding-Gruppe gilt dasjenige Kreditinstitut als übergeordnet, das selbst keinem anderen gruppenangehörigen Kreditinstitut mit Sitz im Inland nachgeordnet ist. Die **Konsolidierungspflicht** obliegt damit nicht der Finanzholding-Gesellschaft, sondern dem größten nachgeordneten Kreditinstitut.

Die gruppenangehörigen Unternehmen haben eine für die Aufbereitung und Weiterleitung der notwendigen Daten (haftendes Eigenkapital, Risikoaktiva) **ordnungsgemäße Organisation und angemessene interne Kontrollverfahren** einzurichten. Des weiteren sind die nachgeordneten Unternehmen sowie die Finanzholding-Gesellschaft verpflichtet, dem übergeordneten Kreditinstitut die für die Zusammenfassung erforderlichen Angaben zu übermitteln. Kann ein übergeordnetes Kreditinstitut für einzelne gruppenangehörige Unternehmen die erforderlichen Angaben nicht beschaffen, so ist hilfsweise der Buchwert der Beteiligung vom haftenden Eigenkapital des übergeordneten Kreditinstituts abzuziehen; die Risikoaktiva des nachgeordneten Unternehmens bleiben unberücksichtigt.

### 1.5.3 Der Grundsatz Ia zur Erfassung des Preisrisikos

Während der Grundsatz I auf eine Limitierung des Bonitätsrisikos abzielt, versucht der Grundsatz Ia, die Preisrisiken verschiedener Aktiva und Passiva zu begrenzen. Als Strukturnorm der Bankenaufsicht wurde er 1974 als Reaktion auf die „Herstatt-Krise" eingeführt und seitdem mehrfach grundlegend modifiziert.

Der Grundsatz Ia gibt zunächst den allgemeinen Rahmen für Preisrisiken vor: Bestimmte mit Preisrisiken behaftete Positionen eines Kreditinstituts sollen insgesamt 42 Prozent des haftenden Eigenkapitals täglich bei Geschäftsschluß nicht übersteigen. Dazu gelten folgende Einzellimits:

- **Preisänderungsrisiken aus Währungen und Edelmetallen**
  Der Unterschiedsbetrag aus Aktiv- und Passivdevisenpositionen in fremder Währung sowie in Edelmetallen soll täglich bei Geschäftsschluß 21 Prozent des haftenden Eigenkapitals nicht übersteigen.

- **Zinsänderungsrisiken**
  Die bewerteten Risiken aus Zinsterminkontrakten und Zinsoptionsgeschäften sollen täglich bei Geschäftsschluß 14 Prozent des haftenden Eigenkapitals nicht übersteigen.

- **Sonstige Preisänderungsrisiken**
  Die Summe der Unterschiedsbeträge zwischen Lieferansprüchen und Lieferverpflichtungen aus Termin- und Optionsgeschäften mit sonstigem Preisrisiko soll 7 Prozent des haftenden Eigenkapitals nicht übersteigen.

Die Erfassung und Begrenzung der verschiedenen Markt- und Preisrisiken (Währungsrisiko, Zinsänderungsrisiko, sonstige Risiken) werden durch die **EG-Kapitaladäquanzrichtlinie**, die bis 31.12.1995 in deutsches Recht umzusetzen ist, vollständig neu geregelt. Ziel der Richtlinie ist die Erfassung und Begrenzung der Preis- und Marktrisiken im Aktien-, Zins- und Devisenbereich. Ein wesentlicher Unterschied zum bisherigen Grundsatz Ia wird darin bestehen, daß die genannten Risiken nicht mehr wie bisher lediglich begrenzt werden, sondern ähnlich wie im Grundsatz I mit Eigenkapital zu unterlegen sind. Die gebundenen Eigenkapitalbestandteile stehen dann zum Beispiel für die Unterlegung von Ausfallrisiken (Grundsatz I) nicht mehr zur Verfügung, was die Kapitalkosten des Kreditinstituts erhöhen wird.

### 1.5.3.1 Preisänderungsrisiken aus Währungen und Edelmetallen

Die Berechnung der Preisänderungsrisiken aus Währungen und Edelmetallen berücksichtigt neben den Fremdwährungsforderungen und -verbindlichkeiten unter anderem auch Wechsel und festverzinsliche Wertpapiere in Fremdwährung, Edelmetallbestände, Liefer- und Zahlungsansprüche aus Kassa- und Termingeschäften sowie aus Finanz-Swaps jeweils in Fremdwährung. Die Beträge ergeben sich aus der Saldierung der Aktiv- und Passivpositionen, jeweils getrennt nach Währungen. Die aufsummierten Salden entsprechen dem maßgeblichen Unterschiedsbetrag im Hinblick auf die 21-Prozent-Grenze.

| Position | US-Dollar | Englisches Pfund | Österreichischer Schilling | Edelmetall |
|---|---|---|---|---|
| **Aktiva:** Forderungen gegen Kunden Festverzinsliche Wertpapiere Edelmetallbestand | 40 25 | 30 14 | 20 | 2 |
| Zwischensumme | 65 | 44 | 20 | 2 |
| **Passiva:** Verbindlichkeiten gegenüber anderen Gläubigern Lieferverpflichtungen aus Finanz-Swaps Stillhalterpositionen aus Optionen | 36 18 20 | 28 10 | 8 9 | |
| Zwischensumme | 74 | 38 | 17 | 0 |
| **Saldo aus Aktiva und Passiva** | 9 | 6 | 3 | 2 |
| Summe der Salden = 20 < 21 Prozent des haftenden Eigenkapitals Die Vorgaben des Grundsatzes Ia sind damit eingehalten. | | | | |

Abbildung 3-10: Beispiel zur Berechnung der Preisrisiken aus Währungen und Edelmetallen im Grundsatz Ia

### 1.5.3.2 Zinsänderungsrisiken

Das Zinsänderungsrisiko zählt neben dem Bonitätrisiko zu den klassischen Bankrisiken. Es entsteht grundsätzlich dann, wenn die Aktiv- und Passivkomponenten mit ungleichen Zinsbindungsfristen ausgestattet sind. Die Regelungen im Grundsatz Ia zur Erfassung der Zinsänderungsrisiken erfordern eine detaillierte Abbildung der jeweiligen Positionen und Zahlungsströme und somit ein ausgefeiltes Berichtswesen der Kreditinstitute.

Jedes Kreditinstitut muß dazu eine Zinsbindungsbilanz aufstellen und darin die **offenen Zinspositionen** in vorgegeben Zeiträumen ermitteln. Diese Werte werden dann mit **Risikomeßzahlen** belegt, wobei die Summe der Meßzahlen 14 Prozent des haftenden Eigenkapitals nicht übersteigen darf. Dabei werden Geschäfte, die nachweislich der Risikominderung (Hedging) dienen, bei der Grundsatz-Ia-Auslastung außer acht gelassen.

### 1.5.3.3 Sonstige Preisrisiken

Der Grundsatz Ia limitiert als dritten Bereich die sonstigen Markt- und Preisrisiken, insbesondere Preisrisiken aus Termingeschäften in Aktien und Aktienindizes sowie Optionen darauf. Wie bei den Zinsänderungsrisiken werden auch hier nur solche Positionen erfaßt, die tatsächlich risikoerhöhend wirken.

## 1.5.4 Die Großkreditvorschriften des KWG

### 1.5.4.1 Zielsetzung und Konzeption der Großkreditvorschriften

Um zu vermeiden, daß ein Kreditinstitut bereits bei Ausfall eines einzigen Kunden in ernsthafte wirtschaftliche Schwierigkeiten gerät, begrenzen die **Großkreditvorschriften des KWG** das maximale Kreditvolumen an einen einzelnen Kreditnehmer (**Risikostreuungsnormen**). Ein Großkredit liegt vor, wenn die Kredite an einen Kreditnehmer insgesamt 10 Prozent des haftenden Eigenkapitals des kreditgewährenden Kreditinstituts betragen oder übersteigen (§ 13 Abs. 1 KWG). Für solche Kredite sieht das KWG folgende Begrenzungen vor:

- **Der einzelne Großkredit darf 25 Prozent des haftenden Eigenkapitals des Kreditinstituts nicht übersteigen.**

- Bei Krediten an Mutter-, Schwester- und Tochterunternehmen darf der einzelne Großkredit 20 Prozent des haftenden Eigenkapitals des Kreditinstituts nicht übersteigen, es sei denn, die Institute gehören zu einer Gruppe nach § 13 a Abs. 2 KWG (siehe Abschnitt 1.5.4.2).

- Alle Großkredite zusammen dürfen das Achtfache des haftenden Eigenkapitals des Kreditinstituts nicht übersteigen.

Für die Ermittlung der Obergrenzen sind die **Kreditzusagen** maßgeblich. Unberücksichtigt bleiben unter anderem Kredite an öffentliche Haushalte (Inland und Zone A) sowie von diesen verbürgte Kredite, Kredite an Kreditinstitute mit Einlagen- und Kreditgeschäft (Inland und Zone A) sowie Pfandbriefe. Darüber hinaus wird das BAK in § 22 KWG ermächtigt, eine Rechtsverordnung über den Anrechnungsgrad einzelner Kredite/Kreditnehmer zu erlassen.

Eine Überschreitung der Höchstgrenzen für den einzelnen Großkredit oder für die Summe aller Großkredite ist zwar mit Zustimmung des BAK zulässig. Der überschreitende Betrag ist dann jedoch vom haftenden Eigenkapital abzuziehen, das heißt, bei der Berechnung der Angemessenheit des haftenden Eigenkapitals nach den Grundsätzen I und Ia können diese Beträge nicht mehr berücksichtigt werden.

**Großkreditgrenzen nach dem KWG**

```
                    ,-' Grenze für die Summe
                 ,-'    aller Großkredite
              ,-'
           ,-' 800 %
        ,-'
     ,-'
  ,-'
 ┌──────────┐
 │ Haftendes│----- 25 % --- Großkreditgrenze
 │Eigenkapital
 │          │----- 10 % --- Großkreditdefinition
 └──────────┘
```

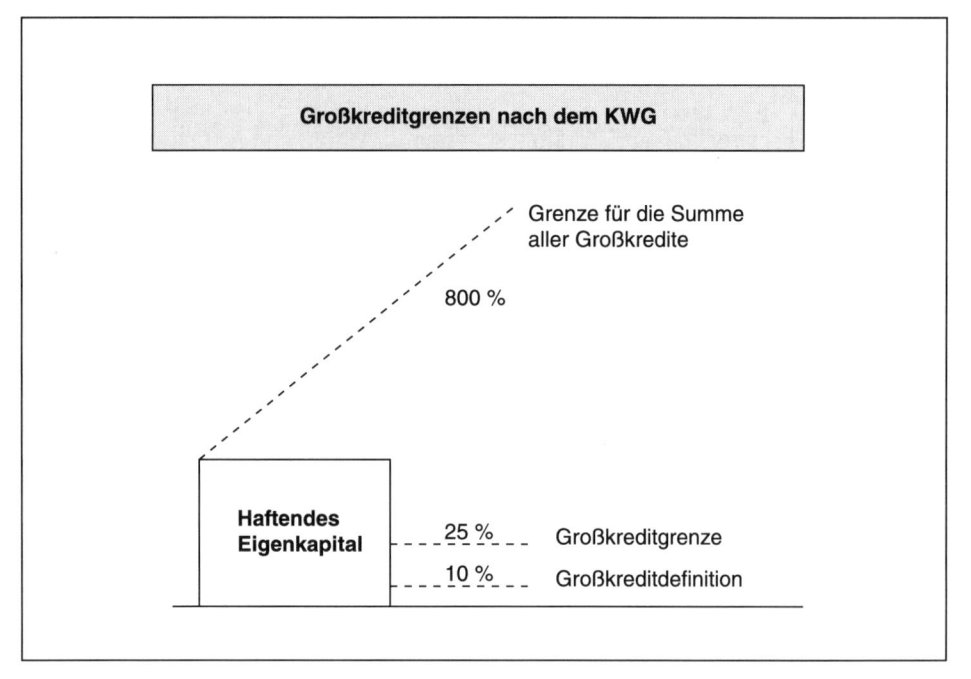

Abbildung 3-11: Großkreditgrenzen

Die genannten Großkreditgrenzen gelten mit Inkrafttreten der 5. KWG-Novelle (1995). Vorher sah das KWG eine Begrenzung des einzelnen Großkredits in **Höhe von 50 Prozent des haftenden Eigenkapitals** vor (Großkreditdefinition: 15 Prozent). Allerdings galt dabei auch ein sehr viel **engerer Eigenkapitalbegriff** (im wesentlichen gezeichnetes Kapital zuzüglich offener Rücklagen, Vermögenseinlagen stiller Gesellschafter sowie Genußrechtskapital). Um zu vermeiden, daß einzelne Kreditinstitute wegen der verminderten Grenzen gezwungen werden, bestehende Großkredite zurückzuführen, hat der Gesetzgeber großzügige Übergangsregelungen erlassen. Bei Neukreditgewährung gilt die 25-Prozent-Grenze erstmals für 1999, für kleinere Institute sogar erst ab 2004; bis dahin gelten je nach Kündbarkeit und Zeitpunkt der Kreditgewährung differenzierte Kreditgrenzen (**Großkreditdefinition** 15 Prozent des haftenden Eigenkapitals und **Großkreditgrenze** 40 Prozent beziehungsweise 50 Prozent).

Wegen des besonderen Risikopotentials bestehen für Großkredite außerdem besondere **Beschlußfassungs- und Anzeigepflichten** (siehe unten Abschnitt 1.6).

### 1.5.4.2 Großkredite von Kreditinstitutsgruppen und Finanzholding-Gruppen

Die Großkreditgrenzen gelten auch für Kreditinstitutsgruppen und Finanzholding-Gruppen. Gewähren also mehrere Institute einer Gruppe Kredite an einen Kreditnehmer, sind diese Kredite zusammenzurechnen und dem haftenden Eigenkapital der Gruppe gegenüberzustellen. In die Konsolidierung einzubeziehen sind **mittelbar oder unmittelbar gehaltene Beteiligungen ab 50 Prozent**. Anzuwenden ist das Vollkonsolidierungsverfahren. Die Prüfung, ob die Großkreditvorschriften auch auf konsolidierter Basis eingehalten werden, ist nach den Vorschriften des KWG für sämtliche Kredite an einen Kreditnehmer vorzunehmen, die bei mindestens einem gruppenangehörigen Institut 5 Prozent des haftenden Eigenkapitals betragen oder übersteigen. Verantwortlich für die Einhaltung der Großkreditvorschriften ist das übergeordnete Kreditinstitut.

### 1.5.5 Die Begrenzung langfristiger Anlagen

Eine weitere Begrenzungsfunktion des haftenden Eigenkapitals sieht § 12 KWG vor. Bestimmte **langfristige Anlagen** eines Kreditinstituts dürfen ihrem Buchwert nach das haftende Eigenkapital nicht übersteigen. Hierzu zählen die Anlagen in Grundstücken und Gebäuden, Betriebs- und Geschäftsausstattung, Schiffen, Anteilen an Kreditinstituten und an sonstigen Unternehmen sowie in Forderungen aus Vermögenseinlagen stiller Gesellschafter. Ausgenommen von dieser Regelung sind

- der Anteilsbesitz an sonstigen (Industrie- oder Handels-)Unternehmen, wenn die Beteiligung 10 Prozent des Kapitals des Unternehmens nicht übersteigt

- zum Eigenhandel oder zur Kurspflege bestimmte börsengehandelte Wertpapiere, bis zu 5 Prozent des Kapitals des Unternehmens

- Anteile an Unternehmen, die das Kreditinstitut im eigenen Namen für Rechnung eines Dritten erworben hat, solange das Kreditinstitut sie nicht länger als zwei Jahre hält

- Grundstücke und Gebäude sowie Anteile an Unternehmen, die das Kreditinstitut zur Vermeidung von Verlusten im Kreditgeschäft erworben hat, sofern das Kreditinstitut diese nicht länger als fünf Jahre hält

Die Begrenzung langfristiger Anlagen auf die Höhe des haftenden Eigenkapitals kann als **Finanzierungsregel** interpretiert werden: Die besonders illiquiden Aktiva werden an Kapitalteile gebunden, die dem Institut langfristig zur Verfügung stehen. Als Fristenkongruenzregel erinnert diese bankenaufsichtsrechtliche Norm an die „goldene Bilanzregel", wonach das Eigenkapital eines Unternehmens zur Finanzierung des Anlagevermögens dienen soll.

### Begrenzung des Beteiligungsbestandes an Nichtbanken

Neben dieser Finanzierungsregel beschränkt § 12 Abs. 5 KWG den **Beteiligungsbesitz der Kreditinstitute im Nichtbankenbereich**. Ein Kreditinstitut mit Einlagen- und Kreditgeschäft darf an einem Unternehmen, das weder Kreditinstitut, Finanzinstitut oder Versicherungsunternehmen ist noch Hilfsgeschäfte für das Kreditinstitut betreibt, keine Beteiligung in Höhe von 10 Prozent oder mehr halten (sogenannte bedeutende Beteiligung), wenn der Nennbetrag dieser Beteiligung 15 Prozent des haftenden Eigenkapitals des Kreditinstituts übersteigt. Der Gesamtnennbetrag dieser bedeutenden Beteiligungen darf 60 Prozent des haftenden Eigenkapitals des Kreditinstituts nicht übersteigen. Dies gilt auch für Kreditinstitutsgruppen, das heißt bei konsolidierter Betrachtungsweise.

Bei Überschreitung dieser Grenzen werden die überschreitenden Beträge bei der Ermittlung der Grundsatz-I-Auslastung vom haftenden Eigenkapital abgezogen. Da aber die Höhe der Beteiligungen nach dem (meist relative niedrigen) Nennwert bestimmt wird, dürften die genannten Grenzen von 10 Prozent beziehungsweise 60 Prozent eher von untergeordneter Bedeutung für die Beteiligungspraxis der Banken sein.

## 1.6 Überwachung des Kreditgeschäfts

Neben den Eigenkapitalnormen enthält das KWG auch für das Kreditgeschäft einen umfangreichen Vorschriftenkatalog. Detaillierte Melde-, Offenlegungs- und Beschlußfassungspflichten sollen die Beurteilung von Risiken erleichtern und die besondere Verantwortung der Geschäftsleiter der Kreditinstitute hervorheben.

### 1.6.1 Vorschriften für einzelne Kreditarten: Großkredite, Millionenkredite und Organkredite

#### 1.6.1.1 Großkredite

Die Großkreditvorschriften des KWG begrenzen die maximale Kreditvergabe an einen Kreditnehmer. Der einzelne Großkredit darf 25 Prozent des haftenden Eigenkapitals des kreditgewährenden Kreditinstituts nicht übersteigen (siehe hierzu ausführlich Abschnitt 1.4). Zusätzlich sieht das KWG besondere Meldepflichten und Vorschriften zur Beschlußfassung für Großkredite vor (§ 13 Abs. 2 KWG):

- Großkredite dürfen nur mit einstimmigem Beschluß sämtlicher Geschäftsleiter gewährt werden. Der Beschluß soll vor Kreditgewährung gefaßt werden.

- Großkredite sind **unverzüglich** der Bundesbank anzuzeigen; diese leitet die Anzeigen mit ihrer Stellungnahme an das BAK weiter.

Zur Einhaltung der Großkreditvorschriften verpflichtet das KWG die Kreditinstitute zu einer ordnungsgemäßen Organisation und Buchführung sowie zu angemessenen internen Kontrollverfahren.

### 1.6.1.2 Millionenkredite

Die **Millionenkreditkontrolle** ist ein wichtiges Instrument zur **Schaffung von mehr Transparenz sowohl für die Bankenaufsicht als auch für die Kreditinstitute**. Die Kreditinstitute haben der Bundesbank alle drei Monate diejenigen Kreditnehmer anzuzeigen, deren Verschuldung während des vergangenen Quartals 3 Millionen DM oder mehr betragen hat (§ 14 KWG). Aus der Anzeige muß die Höhe der Kreditinanspruchnahme des Kreditnehmers am Meldestichtag ersichtlich sein. Die Meldepflicht besteht auch für übergeordnete Kreditinstitute hinsichtlich der nachgeordneten Kreditinstitute oder Finanzinstitute ab einer Beteiligungsquote von 50 Prozent.

```
Kreditinstitut A  ──Meldung nach §14──▶  
                                         Evidenzzentrale  ──Weiterleitung──▶  BAK
         ◀── Rückmeldung * ──            der Bundesbank
Kreditinstitut B  ──Meldung nach §14──▶  
```

\* Gesamtverschuldung, Anzahl der beteiligten Banken, Aufgliederung nach Kreditarten

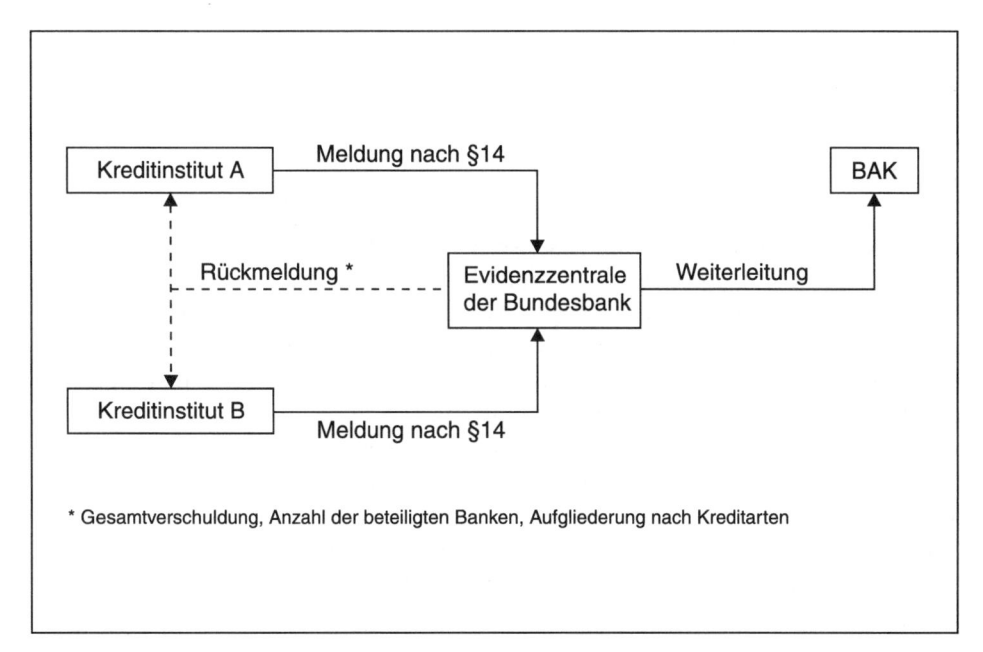

Abbildung 3-12:   Millionenkreditanzeigen nach § 14 KWG

Im Rahmen dieses Meldeverfahrens übernimmt die Bundesbank die Funktion einer **Evidenzzentrale**. Wird ein Kreditnehmer von mehreren Kreditinstituten gemeldet, unterrichtet die Bundesbank die an der Kreditgewährung beteiligten Institute. Diese Rückmeldung enthält Angaben über die Gesamtverschuldung des Kreditnehmers sowie über die Anzahl der beteiligten Institute (aufgegliedert nach Kreditarten).

### 1.6.1.3 Organkredite

Die Vorschriften zu den Organkrediten sollen verhindern, daß bei Kreditvergabe an Personen, die in besonderer Weise mit dem Kreditinstitut verbunden sind, die Kriterien einer ordnungsgemäßen und sachkundigen Bonitätsbeurteilung vernachlässigt werden. Zu den Organkrediten zählen unter anderem Kredite an Geschäftsleiter des Kreditinstituts, Mitglieder des Aufsichtsorgans, Prokuristen (nur bei Krediten, die ein Jahresgehalt übersteigen), stille Gesellschafter und Unternehmen, an denen das Kreditinstitut mehr als 10 Prozent der Kapitalanteile hält. Es sind folgende Melde- und Beschlußfassungsvorschriften zu beachten:

- Organkredite dürfen nur mit **einstimmigem Beschluß sämtlicher Geschäftsleiter des Kreditinstituts** und nur mit **ausdrücklicher Zustimmung des Aufsichtsorgans** gewährt werden (§ 15 KWG).

- Die Kredite sind **dem Bundesaufsichtsamt und der Bundesbank unmittelbar anzuzeigen** (§ 16 KWG).

Bei Verletzung dieser Vorschriften haften die Verantwortlichen für eventuell entstandene Schäden (§ 17 KWG).

### 1.6.2 Kreditunterlagen

Im Interesse des Gläubigerschutzes ist es notwendig, daß sich die Kreditinstitute zur Beurteilung der kreditspezifischen Risiken Einblick verschaffen in die wirtschaftlichen Verhältnisse ihrer Schuldner. Diesem Zweck dient § 18 KWG: **Von Kreditnehmern, denen Kredite über insgesamt mehr als 250.000 DM gewährt werden, haben sich die Kreditinstitute die wirtschaftlichen Verhältnisse, insbesondere durch Vorlage von Jahresabschlüssen, offenlegen zu lassen.** Hiervon kann abgesehen werden, wenn die mit den Krediten verbundenen Risiken durch die **Hereinnahme von werthaltigen Sicherheiten** (zum Beispiel Grundschulden, Bürgschaften der öffentlichen Hand) deutlich reduziert beziehungsweise abgebaut wurden. Die Offenlegungspflicht gilt nicht nur bei der Kreditgewährung, sondern auch während der Dauer des Kreditverhältnisses, es sei denn, der Kredit wurde grundpfandrechtlich besichert.

### 1.6.3 Begriff des Kredits und des Kreditnehmers

Die Regulierung des Kreditgeschäfts setzt voraus, daß unzweifelhaft festgelegt wird, was der Gesetzgeber unter dem **Begriff des Kreditnehmers** versteht und **welche Aktiva** als Kredit im Sinne der entsprechenden Regelungen gelten. Eine solche Begriffsklärung erfolgt in den §§ 19 bis 21 KWG.

### 1.6.3.1 Begriff des Kredits

Aus risikopolitischer Sicht sind grundsätzlich alle einem Kreditnehmer zuzuordnenden Risikoaktiva als Kredite anzusehen. Dieser Grundsatz ist im KWG teilweise verwirklicht. Das KWG sieht zwei Definitionen des Kreditbegriffs vor (§ 19 KWG):

- **Großkredite und Millionenkredite**
  Als Kredite im Sinne der Vorschriften zu den **Großkrediten und den Millionenkrediten** sind nahezu **sämtliche Risikoaktiva gemäß Grundsatz I** anzusehen. Hierzu zählen zum Beispiel Schuldtitel öffentlicher Stellen und Wechsel, Forderungen an Kreditinstitute und Kunden, Beteiligungen, Bestände an festverzinslichen Wertpapieren und Aktien. Darüber hinaus umfaßt der Kreditbegriff auch einen großen Teil der **außerbilanziellen Geschäfte** (zum Beispiel Indossamentverbindlichkeiten, Bürgschaften, Garantien, Finanz-Swaps, Finanztermingeschäfte und Optionsrechte). Von den **Großkreditvorschriften** sowie den Erfordernissen der **Millionenkreditanzeige** ausgenommen sind Kredite, die wegen der **einwandfreien Bonität des Kreditnehmers** (zum Beispiel öffentliche Hand) oder im Hinblick auf die **geleisteten Sicherheiten** als besonders sicher einzustufen sind.

- **Organkredite und Kreditunterlagen**
  Der Begriff des Kredits für die Vorschriften der Organkredite und der Kreditunterlagen ist dagegen deutlich enger gefaßt. Insbesondere bleiben bei dieser Definition die innovativen auerbilanziellen Geschäfte (zum Beispiel Finanz-Swaps, Optionsrechte etc.) unberücksichtigt. Nicht berücksichtigt werden außerdem Kredite an die öffentliche Hand sowie Kredite an andere Kreditinstitute mit einer Laufzeit bis drei Monate.

### 1.6.3.2 Begriff des Kreditnehmers

Kredite an natürliche und juristische Personen, die **wirtschaftlich miteinander verbunden sind,** stellen grundsätzlich eine **Risikoeinheit** dar. Dieser Tatsache trägt § 19 Abs. 2 KWG Rechnung. Als **ein Kreditnehmer** gelten

- Konzernunternehmen sowie Unternehmen, die durch Gewinnabführungsverträge miteinander verbunden sind
- in Mehrheitsbesitz stehende Unternehmen und die an ihnen mit Mehrheit beteiligten Unternehmen
- Personenhandelsgesellschaften und ihre persönlich haftenden Gesellschafter
- Personen und Unternehmen, für deren Rechnung Kredit aufgenommen wird und diejenigen, die den Kredit im eigenen Namen aufnehmen

In solchen Fällen muß davon ausgegangen werden, daß bei finanziellen Schwierigkeiten eines dieser Kreditnehmer (zum Beispiel Personenhandelsgesellschaften) auch bei den mit ihnen verbundenen Kreditnehmern (zum Beispiel persönlich haftende Gesellschafter) Zahlungsschwierigkeiten zu erwarten sind. Bei der Anwendung der Vorschriften des KWG zum Kreditgeschäft (zum Beispiel Ermittlung der Großkreditgrenzen) sind die entsprechenden Kredite zusammenzufassen und als eine Risikoeinheit zu betrachten.

## 1.7 Erfassung des Liquiditätsrisikos

**Liquidität** beschreibt die Fähigkeit eines Kreditinstituts, jederzeit allen seinen Zahlungsverpflichtungen nachkommen zu können (kurz: **Zahlungsfähigkeit**).

### 1.7.1 Liquidität als bankbetriebliches Ziel

Liquiditätsprobleme können sich für Banken vor allem aus der Fristentransformation ergeben: Kurzfristig hereingenommene Einlagen werden längerfristig ausgeliehen. Andererseits zeigt sich, daß formal kurzfristige Einlagen dem Kreditinstitut oft langfristig zur Verfügung stehen und umgekehrt langfristig vereinbarte Kredite bereits vorzeitig getilgt werden. Die Aufgabe des Liquiditätsmanagements ist es dann, einen Ausgleich zwischen den geplanten und ungeplanten Auszahlungs- und Einzahlungsströmen herbeizuführen. Die Aufrechterhaltung der Zahlungsbereitschaft ist also im Grundsatz ein Gleichgewichtsproblem zwischen Mittelzuflüssen und Mittelabflüssen. Ansatzpunkte zur Lösung des Liquiditätsproblems bieten die bankwirtschaftlichen Liquiditätstheorien. Die Beachtung der darin formulierten Dispositionsregeln bietet zwar keine absolute Gewähr dafür, daß Kreditinstitute in jedem Fall zahlungsfähig bleiben. Sie können aber eine Richtschnur sein für das Liquiditätsmanagement.

#### 1.7.1.1 Goldene Bankregel

Die von Otto Hübner 1854 formulierte Goldene Bankregel **fordert eine vollständige laufzeit- und betragsmäßige Übereinstimmung der einzelnen Positionen im Aktiv- und Passivgeschäft.**

| Kurzfristige Aktiva | ≈ | Kurzfristige Passiva |
|---|---|---|
| Langfristige Aktiva | ≈ | Langfristige Passiva |

Abbildung 3-13: Goldene Bankregel

Die Goldene Bankregel verkennt allerdings die elementare Bedeutung der Fristentransformation für die bankbetriebliche Tätigkeit. Sie ist deshalb als Dispositionsregel gewissermaßen „zu streng" und daher für das Liquiditätsmanagement von Kreditinstituten weniger geeignet.

### 1.7.1.2 Bodensatz-Theorie

Die von Adolf Wagner 1857 formulierte Bodensatz-Theorie berücksichtigt im Gegensatz zur Goldenen Bankregel die Tatsache, daß die **formellen und tatsächlichen Laufzeiten von Bankeinlagen auseinanderfallen können**. Ein Teil der Einlagen wird nicht pünktlich und vollständig bei Fälligkeit abgezogen, sondern steht den Kreditinstituten als Bodensatz zur Verfügung. Und solange solche Mittel „im Hause" bleiben, kann die Bank damit ertragsbringend arbeiten und sie zum Beispiel als Kredit ausleihen (siehe auch Kapitel I, 1.2).

| Kurzfristige Passiva | $\Rightarrow$ | Kurzfristige Aktiva |
|---|---|---|
| **„Bodensatz"** | $\Rightarrow$ | |
| Langfristige Passiva | $\Rightarrow$ | Langfristige Aktiva |

Abbildung 3-14:   Bodensatz

Die Höhe des Bodensatzes in den jeweiligen Einlagenkategorien läßt sich letztlich nur anhand von Erfahrungswerten in der täglichen Bankpraxis bestimmen. Die Erkenntnis, daß meist beträchtliche Volumina der formell kurzfristigen Einlagen langfristig zur Verfügung stehen, hat bis heute Gültigkeit.

### 1.7.1.3 Shiftability-Theorie

Eine Erweiterung der Bodensatz-Theorie erfolgte durch Karl Knies (1879). Knies wies insbesondere darauf hin, daß bei Liquiditätsüberlegungen auch berücksichtigt werden muß, daß bestimmte **Aktiva bei Bedarf monetisierbar sind, und zwar unabhängig von ihrer ursprünglichen Laufzeit**. Nach der sogenannten „Shiftability-Theorie" ist die Zahlungsbereitschaft einer Bank immer dann gewährleistet, wenn **sie über ausreichende Aktiva verfügt, die bei Liquiditätsengpässen rasch und ohne nennenswerte Verluste in Zahlungsmittel umgewandelt werden können**. Ähnlich wie die Bodensatzüberlegungen sind die Kernaussagen der Shiftability-Theorie Bestandteil des Liquiditätsmanagements der Kreditinstitute.

## 1.7.2 Die Grundsätze II und III des Bundesaufsichtsamtes

Nach § 11 KWG müssen die Kreditinstitute ihre Mittel so anlegen, daß jederzeit eine ausreichende Zahlungsbereitschaft gewährleistet ist. **Die Beurteilung der Liquidität eines Kreditinstituts erfolgt anhand der vom BAK aufgestellten Grundsätze II und III.** Überschreitet ein Kreditinstitut die darin festgelegten Grenzen deutlich oder wiederholt, so ist für das BAK die Vermutung begründet, daß die Liquidität des Kreditinstituts zu wünschen übrig läßt.

### 1.7.2.1 Grundsatz II

Der Grundsatz II verlangt, daß **die langfristigen Anlagen eines Kreditinstituts (abzüglich der Wertberichtigungen) bestimmte langfristige Finanzierungsmittel nicht übersteigen sollen:**

| Grundsatz II |
|---|
| Langfristige Anlagen des Kreditinstituts |
| ▪ Forderungen an Kreditinstitute und Kunden (Laufzeit ≥ 4 Jahre)<br>▪ Nicht börsengängige Wertpapiere<br>▪ Beteiligungen<br>▪ Anteile an einer herrschenden oder mit Mehrheit beteiligten Gesellschaft<br>▪ Grundstücke und Gebäude<br>▪ Betriebs- und Geschäftsausstattung |
| Langfristige Finanzierungsmittel |
| ▪ Eigenkapital<br>▪ Verbindlichkeiten (ohne Spareinlagen) gegenüber Kreditinstituten und aus dem Bankgeschäft gegenüber anderen Gläubigern (Laufzeit ≥ 4 Jahre)<br>▪ 10 % der Verbindlichkeiten (ohne Spareinlagen) aus dem Bankgeschäft gegenüber anderen Gläubigern (täglich fällig sowie Laufzeit < 4 Jahre)<br>▪ 60 % der Spareinlagen<br>▪ Umlaufende Schuldverschreibungen (Laufzeit ≥ 4 Jahre)<br>▪ 60 % der umlaufenden Schuldverschreibungen (Laufzeit > 4 Jahre)<br>▪ 60 % der Pensionsrückstellungen<br>▪ 20 % der Verbindlichkeiten gegenüber angeschlossenen Kreditinstituten (Laufzeit mindestens 6 Monate, weniger als 4 Jahre: nur bei Girozentralen und Zentralkassen) |

Abbildung 3-15: Grundsatz II (langfristige Anlagen und Finanzierungsmittel)

In den Grundsatz II sind die Gedanken der Bodensatz-Theorie eingeflossen. So können zum Beispiel bestimmte Teile von Finanzierungsmitteln, die dem Kreditinstitut formal lediglich kurzfristig zur Verfügung stehen, für langfristige Ausleihungen verwendet werden (zum Beispiel 60 Prozent der Spareinlagen).

### 1.7.2.2 Grundsatz III

Der Grundsatz III **verlangt, daß die Summe ausgewählter kurz- und mittelfristiger Aktiva (abzüglich der Wertberichtigungen), die Summe bestimmter kurz- und mittelfristiger Finanzierungsmittel eines Kreditinstituts nicht übersteigen soll:**

| Grundsatz III |
|---|
| Kurz- und mittelfristige Aktiva des Kreditinstituts |
| ▪ 20 % der Forderungen an Kreditinstitute (Laufzeit mindestens 3 Monate und weniger als 4 Jahre)<br>▪ Forderungen an Kunden (Laufzeit < 4 Jahre)<br>▪ den Kreditnehmern abgerechnete eigene Ziehungen und von diesen ausgestellte und ihnen abgerechnete Solawechsel im Bestand sowie die Eventualforderungen aus solchen Wechseln im Umlauf<br>▪ Börsengängige Anteile und Investmentanteile<br>▪ „Sonstige Aktiva" |
| Kurz- und mittelfristige Finanzierungsmittel |
| ▪ 10 % der Verbindlichkeiten gegenüber Kreditinstituten (mit täglicher Fälligkeit und Laufzeit von weniger als 3 Monaten)<br>▪ 50 % der Verbindlichkeiten gegenüber Kreditinstituten (Laufzeit mindestens 3 Monate und weniger als 4 Jahre)<br>▪ 80 % der Verbindlichkeiten gegenüber Kreditinstituten aus von der Kundschaft bei Dritten benutzten Krediten<br>▪ 20 % der Spareinlagen<br>▪ 60 % der sonstigen Verbindlichkeiten aus dem Bankgeschäft gegenüber anderen Gläubigern (täglicher Fälligkeit und Laufzeit $\leq$ 4 Jahre)<br>▪ 80 % der Verpflichtungen aus Warengeschäften und aufgenommenen Warenkrediten<br>▪ 20 % der umlaufenden Schuldverschreibungen (Laufzeit $\leq$ 4 Jahre)<br>▪ 80 % der eigenen Akzepte und Solawechsel im Umlauf und der den Kreditnehmern abgerechneten eigenen Ziehungen und von diesen ausgestellten und ihnen abgerechneten Solawechsel im Umlauf zuzüglich des Finanzierungsüberschusses bzw. abzüglich des Finanzierungsfehlbetrages im Grundsatz II |

Abbildung 3-16: Grundsatz III (kurz-/mittelfristige Aktiva und Finanzierungsmittel)

Die von den Kreditinstituten zu haltende **Barreserve** läßt sich indirekt aus den Grundsätzen ableiten. Hierzu zählen die nicht in den Grundsätzen explizit aufgezählten Positionen, wie zum Beispiel 20 Prozent der Spareinlagen, 30 Prozent der Sicht- und Termineinlagen von Nichtbanken und 50 Prozent der Bankeinlagen (Laufzeit von drei Monaten bis unter vier Jahre). Diese Positionen sind als **flüssige Mittel** (zum Beispiel Barreserve, börsengängige Wertpapiere, kurzfristige Guthaben bei anderen Banken) zu halten.

Die Einhaltung der Grundsätze II und III bedeutet nicht, daß die vom Gesetzgeber geforderte jederzeitige Zahlungsfähigkeit immer gewährleistet ist. Dies liegt vor allem daran, daß die Fähigkeit eines Kreditinstituts, sich bei Bedarf Zahlungsmittel zu beschaffen, in erster Linie von seiner Ertragskraft abhängt. Eine allein auf Bilanzpositionen beruhende (statische) Liquiditätsbetrachtung wird diesem Umstand nur bedingt gerecht. Insoweit können die Grundsätze des BAK nur einen ersten Anhaltspunkt zur Beurteilung der Liquidität eines Kreditinstituts geben.

## 1.8 Einlagensicherung

Da der Gesetzgeber versucht, die Ziele der Bankenaufsicht (Gläubigerschutz, Funktionserhaltung des Kreditwesens) mit marktwirtschaftlichen Mitteln zu erreichen, kann es nicht darum gehen, den Zusammenbruch einer Bank in jedem Fall zu verhindern. Der Zusammenbruch einer einzelnen Bank mit der Folge, daß Einleger ihre Vermögenswerte verlieren, könnte aber über den Kreis der unmittelbar Betroffenen hinaus dazu führen, daß das Vertrauen in die gesamte Bankwirtschaft erschüttert wird. Solche Domino-Effekte sollen mit einem funktionierenden Einlagensicherungssystem verhindert werden. Ein derartiges Sicherungsnetz liegt im Interesse aller Beteiligten: der Banken, der Bankenaufsicht, im allgemeinen öffentlichen Interesse und insbesondere im Interesse der Bankgläubiger.

Abgesehen von den bankenaufsichtsrechtlichen Normen, die eine indirekte Sicherung der Einlagen darstellen, existiert ein umfangreiches System der **direkten Einlagensicherung**. Hierzu zählen der Einlagensicherungsfonds des privaten Bankgewerbes, die Sicherungsfonds der Sparkassen und die Sicherungseinrichtungen der Kreditgenossenschaften. Alle drei Einlagensicherungssysteme sind als Fonds ausgestaltet, die durch Umlagen und Beiträge der angeschlossenen Institute getragen werden. Hinzu kommt die Liquiditäts-Konsortialbank, die bei vorübergehenden Liquiditätsengpässen Hilfe leistet.

Ein Kreditinstitut, das Einlagen entgegennimmt und nicht Mitglied einer dieser Sicherungseinrichtungen ist, muß seine Kunden auf diese Tatsache in den Allgemeinen Geschäftsbedingungen und vor Kontoeröffnung hinweisen (§ 23a KWG).

### 1.8.1 Liquiditäts-Konsortialbank GmbH

Die Liquiditäts-Konsortialbank stellt eine Gründung des gesamten Kreditgewerbes dar. Anlaß zur Gründung waren 1974 akute Liquiditätsschwierigkeiten der von Einlagenabzügen betroffenen kleineren und mittleren Institute als Folge des Vertrauensschwundes bei Bekanntwerden der Herstatt-Pleite im Jahre 1974. Die Liquiditäts-Konsortialbank leistet **Liquiditätshilfe** für solche Banken, die wirtschaftlich gesund sind, aber durch plötzlichen Einlagenabzug in Liquiditätsschwierigkeiten zu geraten drohen.

### 1.8.2 Einlagensicherungsfonds des privaten Bankgewerbes

Der Einlagensicherungsfonds ist ein unselbständiges Sondervermögen des Bundesverbandes deutscher Banken. Aufgabe des Fonds ist es, bei finanziellen Schwierigkeiten von beteiligten Banken, insbesondere bei **drohender Zahlungseinstellung**, im Interesse der Einleger Hilfe zu leisten und so das Vertrauen in die Zahlungsfähigkeit der privaten Kreditinstitute zu erhalten. Der Fonds sichert Verbindlichkeiten pro Gläubiger **bis zur Höhe von 30 Prozent des haftenden Eigenkapitals der beteiligten Institute**. Finanziert wird der Fonds über eine Jahresumlage aller Mitgliedsbanken.

### 1.8.3 Sicherungsfonds der Sparkassen

Sparkassen und Landesbanken/Girozentralen weisen als öffentlich-rechtliche Unternehmen zwei Merkmale auf, die für ihre Bonitätsbetrachtung bedeutsam sind: Die Anstaltslast verpflichtet zum einen den Träger einer öffentlich-rechtlichen Sparkasse, diese jederzeit mit den zur Funktionsfähigkeit notwendigen Mitteln auszustatten. Die Anstaltslast sichert also den Bestand der Sparkassen. Zum anderen zielt die **Gewährträgerhaftung** auf den äußeren Gläubigerschutz. Bürgschaftsähnlich gewährt sie jedem Gläubiger einer Sparkasse in unbeschränkter Höhe einen unmittelbaren Zahlungsanspruch gegenüber dem Träger der Anstalt, wenn diese ihren Verbindlichkeiten nicht nachkommt. Die in der Sparkassenorganisation vorhandenen Sicherungseinrichtungen wurden aufgebaut, um die sich aus der Einlagensicherung ergebende Last gleichmäßiger zu verteilen. Die regionalen Sparkassen- und Giroverbände unterhalten **Sparkassenstützungsfonds**, die im Gegensatz zur Einlagensicherung des privaten Bankgewerbes auf eine **Unternehmenssicherung** ausgerichtet sind. Zwischen den regionalen Fonds ist ein überregionaler Ausgleich vorgesehen. Die Landesbanken/Girozentralen haben eine eigene **Sicherungsreserve** aufgebaut, die mit den Stützungsfonds der Sparkassen in einem Haftungsverbund steht.

### 1.8.4 Sicherungseinrichtung bei den Kreditgenossenschaften

Für die Mitglieder einer Kreditgenossenschaft besteht im allgemeinen eine über die eingezahlten Geschäftsanteile hinausgehende Haftung, die allerdings bislang noch nie in Anspruch genommen wurde. Die Sicherungseinrichtungen der Kreditgenossenschaften, bestehend aus dem **Garantiefonds** und dem **Garantieverbund**, sind ähnlich wie bei der Sparkassenorganisation primär auf eine Unternehmenssicherung ausgerichtet. Der Zweck des **Garantiefonds** besteht darin, wirtschaftliche Schwierigkeiten der einbezogenen Banken zu beheben und dadurch die Sicherheit der Kundeneinlagen zu gewährleisten. Im Rahmen des **Garantieverbundes**, der als Alternative zum Garantiefonds ausgestaltet ist, werden **Bilanzierungshilfen in Form von Bürgschaften und Garantien gewährt**.

#### RESÜMEE

In diesem Abschnitt haben wir gesehen, daß die Kreditinstitute einer umfangreichen staatlichen Aufsicht unterliegen. Ziel der Bankenaufsicht ist der Schutz der Gläubiger vor Vermögensverlusten und die Funktionserhaltung des Kreditwesens. Zu diesem Zweck gibt das Kreditwesengesetz dem Bundesaufsichtsamt für das Kreditwesen (BAK) umfangreiche Kompetenzen; das BAK wird im Rahmen der materiellen Bankenaufsicht von der Deutschen Bundesbank unterstützt. Die Instrumente der laufenden Bankenaufsicht sind die von den Kreditinstituten einzureichenden Anzeigen, Monatsberichte sowie Jahresabschlüsse. Dem haftenden Eigenkapital, bestehend aus Kernkapital und Ergänzungskapital, kommt im Rahmen des aufsichtsrechtlichen Normengefüges eine überragende Stellung zu. Es ist Basis zur Begrenzung der durch die Bankenaufsicht erfaßten Risiken.

Nach Grundsatz I (Adressenausfallrisiko) müssen Teile der Risikoaktiva der Kreditinstitute sowie der Kreditinstituts- beziehungsweise Finanzholding-Gruppen mit haftenden Mitteln unterlegt sein. Ebenfalls durch das haftende Eigenkapital begrenzt werden die Markt- und Preisrisiken (Grundsatz Ia) sowie das Großkreditrisiko. Darüber hinaus dient das Eigenkapital als Limit für die langfristigen Anlagen eines Kreditinstituts.

Neben den Eigenkapitalanforderungen unterliegt das Kreditgeschäft der Banken umfangreichen Reglementierungen. Hierzu zählen die Vorschriften über Großkredite, Millionenkredite und Organkredite; für die einzelnen Kreditarten bestehen jeweils differenzierte Melde-, Offenlegungs- und Beschlußfassungsvorschriften. Mit den Grundsätzen II und III versucht das BAK die jederzeitige Zahlungsfähigkeit der Kreditinstitute sicherzustellen. Dabei spielen insbesondere die Überlegungen zum sogenannten „Bodensatz" eine wichtige Rolle. Flankiert wird das aufsichtsrechtliche Normengefüge durch ein umfangreiches System der Einlagensicherung.

## KONTROLLFRAGEN

1. Skizzieren Sie die Aufgaben und die Zusammenarbeit von BAK und Bundesbank bei der Bankenaufsicht.
2. Welche Voraussetzungen müssen erfüllt sein, damit das BAK die Erlaubnis zum Betreiben von Bankgeschäften erteilt?
3. Was versteht man unter dem „Europäischen Paß"?
4. Erläutern Sie das haftende Eigenkapital für ein Kreditinstitut in der Rechtsform einer Aktiengesellschaft und einer Genossenschaft.
5. Beschreiben Sie Aufbau und Konzeption von Grundsatz I.
6. Was versteht man unter einer Kreditpyramide und wie wird dieser Sachverhalt in der Bankenaufsicht erfaßt?
7. Wie wird das Großkreditrisiko im KWG begrenzt?
8. Welche Aufgabe hat die Evidenzzentrale der Deutschen Bundesbank?
9. Vergleichen Sie die verschiedenen Ansätze zur Lösung des Liquiditätsproblems und deren Bedeutung für die Grundsätze II und III.
10. Beschreiben Sie das System der Einlagensicherung.

**LITERATUR ZUM WEITERLESEN**

- In Zweifelsfällen ist immer der Blick in den Gesetzestext zu empfehlen:

  **Gesetz über das Kreditwesen (KWG)**

- Grundsätze über das Eigenkapital und die Liquidität der Kreditinstitute zum Beispiel:

  **Beck-Texte** im dtv, Deutscher Taschenbuchverlag, jeweils neueste Fassung.

- Die Deutsche Bundesbank informiert in ihren Monatsberichten in unregelmäßigen Abständen über die neuesten Entwicklungen auf dem Gebiet der Bankenaufsicht. So zum Beispiel:

  **Die vierte Novelle des Kreditwesengesetzes – ein weiterer Schritt zum europäischen Bankenmarkt**, in: Monatsberichte der Deutschen Bundesbank (Monatsberichte), Januar 1993, S. 35–42.

  **Grundsätze über das Eigenkapital und die Liquidität der Kreditinstitute**, in: Monatsberichte, März 1993, S. 49–63.

  **Die fünfte KWG-Novelle des Kreditwesengesetzes**, in: Monatsberichte, November 1994, S. 59–67.

- Wer sich für die juristischen Detailprobleme des Bankenaufsichtsrechts interessiert sei an die Kommentare zum KWG verwiesen, zum Beispiel:

  Volkhard Szagunn/Karl Wohlschieß**, Kommentar zum Kreditwesengesetz**, jeweils neueste Auflage.

## 2. Organisation und Informationsmanagement

### Die Organisation der Organisation

„Know **how**."

---

Sobald mehrere Menschen an einer gemeinsamen Aufgabe zusammenarbeiten, bedarf es irgendeiner Form von Organisation. Sie definiert, über welche Instanzen, Abteilungen oder Stellen eine sinnvolle Arbeitsteilung erreicht werden kann und in welchen Beziehungen alle Beteiligten miteinander stehen. Die Organisation ist also kein Selbstzweck, sondern ein Mittel zum Erreichen der gesteckten Unternehmensziele, mit dem sich das gesamte persönliche Know-how und alle Sachmittel optimal koordinieren lassen. Die Besonderheiten der Leistungserstellung der Banken verschärfen dabei die organisatorische Aufgabenstellung: Eine eindeutige Aufspaltung in Produktion und Absatz ist bei Banken kaum möglich, auch eine Lagerhaltung, wie wir sie von Industrieunternehmen kennen, entfällt. Und obwohl „Geld" der Geschäftsgegenstand der Banken ist, steht es den Instituten selbst nicht unbegrenzt zur Verfügung – auch sie müssen rechnen!

Außerdem sind für erfolgreiches Bankmanagement unendlich viele Informationen notwendig, die ihrerseits ebenfalls zu organisieren sind.

Es geht hier also darum, wie die vielen einzelnen Banktätigkeiten und die Informationsströme möglichst effizient zu organisieren sind.

---

**LEITFRAGEN**

1. Warum muß jedes (Bank-)Unternehmen eine organisatorische Struktur haben?
2. Warum existiert kein allgemeingültiges Konzept für den optimalen Personal- und Sachmitteleinsatz einer Bank?
3. Welche unterschiedlichen ablauforganisatorischen Prinzipien können miteinander in Konflikt geraten und die Praxis vor Probleme stellen?
4. Kann das Informationsmanagement als alleinige Angelegenheit von Spezialisten gesehen werden?

Im folgenden skizzieren wir verschiedene und immer wieder diskutierte Möglichkeiten der bankbetrieblichen Aufgabengliederung, ihre Vor- und Nachteile sowie die Anforderungen an die Gestaltung der Arbeitsabläufe. Anschließend werden wir auf die Möglichkeiten, Anforderungen, Notwendigkeiten und Ziele eines bankbetrieblichen Informationssystems eingehen.

## 2.1 Begriff und Aufgaben der Organisation

Ziel der Bankorganisation ist die möglichst effiziente **Aufgabenverteilung**. Dabei wird das letztlich angestrebte organisatorische System von ökonomischen, personellen, psychologischen und anderen internen und externen Faktoren beeinflußt. Auch eine Vielzahl von rechtlichen und bankenaufsichtsbehördlichen Vorschriften (siehe zum Beispiel 1. Abschnitt dieses Kapitels) ist dabei zu beachten.

Allgemein üblich ist die (begriffliche) Unterscheidung in Aufbau- und **Ablauforganisation**. Während die Ablauforganisation die möglichst reibungslose Gestaltung der Arbeitsprozesse zum Gegenstand hat, muß die **Aufbauorganisation** vorher noch grundsätzlichere Fragen klären: Welche Aufgaben sollen in welchen Abteilungen und auf welcher Hierarchieebene angesiedelt sein etc.

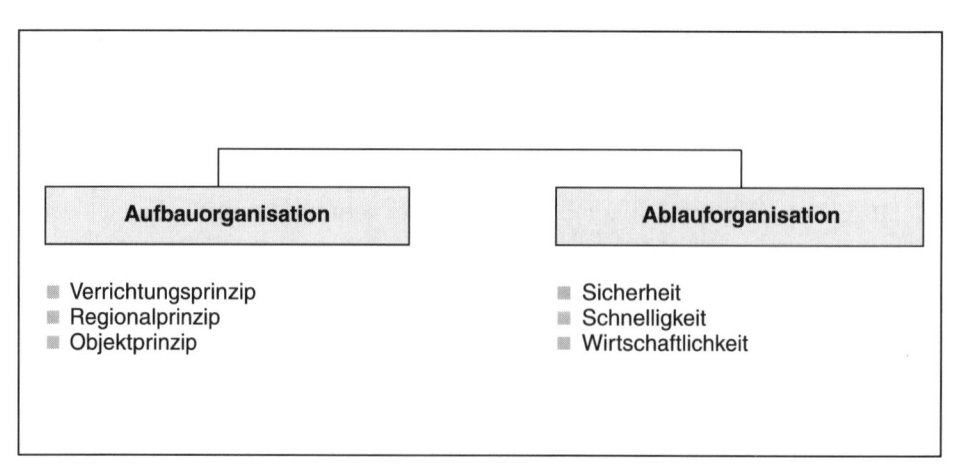

```
                    ┌──────────────┴──────────────┐
            ┌───────────────────┐         ┌───────────────────┐
            │ Aufbauorganisation│         │ Ablauforganisation│
            └───────────────────┘         └───────────────────┘

            ■ Verrichtungsprinzip         ■ Sicherheit
            ■ Regionalprinzip             ■ Schnelligkeit
            ■ Objektprinzip               ■ Wirtschaftlichkeit
```

Abbildung 3-17: Organisation in der Bank

Ablauf- und Aufbauorganisation sind also, auch wenn sie letztlich zusammenpassen müssen, durchaus mit unterschiedlichen Fragestellungen und Schwerpunkten beschäftigt.

## 2.1.1 Aufbauorganisation

Die detaillierte Gestaltung der Aufbauorganisation kann man sich als ein mehrstufiges Verfahren vorstellen: In einem ersten Schritt werden Stellen geschaffen, an denen die bankbetrieblichen Aufgaben den einzelnen Stelleninhabern, also Mitarbeitern, zugeordnet werden. Deshalb kann eine Stelle auch als Station verstanden werden, an der Mitarbeiter und Sachmittel verschiedene bankbetriebliche Tätigkeiten bewältigen. Das bedeutet umgekehrt, daß die bankbetriebliche Gesamtaufgabe in die unterschiedlichsten Teilaufgaben aufgespalten wird, die dann durch die einzelnen Stellen zu erfüllen sind. Selbstverständlich sind diese Stellen nicht isoliert voneinander zu sehen, sondern in diversen Beziehungen miteinander verknüpft. Nur so ergibt sich im Innenverhältnis ein funktionierendes Ganzes und nach außen eine als Unternehmen wahrnehmbare Ordnung.

Um die **Gesamtstruktur** einer Bank zu schaffen, werden nach der Stellenbildung die verschiedenen Verbindungen zwischen diesen einzelnen Stellen hergestellt. Dies umfaßt vor allem die Zuordnung von Sachmitteln, die Gestaltung von Informations- und Kommunikationswegen, die Festlegung von Leitungs- und Kompetenzbefugnissen.

Bei der **Stellenausstattung** geht es darum, welchem Stelleninhaber welche Sachmittel zur Verfügung gestellt werden – vom Büroraum bis zu den Zugriffsmöglichkeiten auf interne und externe Netze (Telefon, Telefax, Datex-J etc.).

Zur Regelung der personellen Beziehungen gehört die Ausstattung der Aufgabenträger mit **Kompetenzen**. Jedem Stelleninhaber sind all diejenigen Befugnisse zu geben, die zur Aufgabenerfüllung nötig sind. Dabei regelt der stellenbezogene Kompetenzrahmen vor allem, welche Entscheidungen der Stelleninhaber alleine oder nur in Abstimmung mit anderen treffen kann. Er umreißt somit den persönlichen Verantwortungsbereich aller Mitarbeiter. Ganz deutlich wird dies in der bankbetrieblichen Praxis beispielsweise im Kreditgeschäft: Über die Kreditkompetenzen wird festgelegt, bei welcher Kreditart und bis zu welcher Kredithöhe die verschiedenen Stelleninhaber verbindliche Zusagen treffen können – wobei in einem letzten Schritt die Möglichkeit bestehen muß, persönliche Qualifikation und besondere Leistungsmerkmale der Mitarbeiter individuell zu berücksichtigen.

Das **Leitungssystem** legt fest, wer wem Anweisungen erteilen darf, und wie zwischen den verschiedenen Ebenen die gegenseitigen Rechte und Pflichten geregelt sind. Die Gesamtheit aller Leitungsbeziehungen ergibt dann die Unternehmenshierarchie.

Das **Kommunikationssystem** regelt die Informationsbeziehungen zwischen den Stelleninhabern in der Bank. Kurz gesagt geht es darum, wer wen worüber in welcher Form zu informieren hat (siehe dazu auch Kapitel III, 2.2).

Die bankbetriebliche Gesamtaufgabe kann nach unterschiedlichen Gesichtspunkten zerlegt werden, insbesondere nach Tätigkeiten, Regionen oder Objekten, wie zum Beispiel Kundengruppen. Je nachdem, welches Gliederungsmerkmal vorherrscht, wird dann von dem Verrichtungs-, Regional- oder Objektprinzip gesprochen.

### 2.1.1.1 Verrichtungsprinzip

Unternehmerische Aufgaben lassen sich nach den Phasen des Produktionsprozesses gliedern. Jede **Betriebsaufgabe** muß irgendeiner Stelle übertragen werden, um alle Zuständigkeiten bis hin zum gesamten Betriebsgeschehen zu regeln. Bei einer Gliederung nach Verrichtungen (Tätigkeiten oder Funktionen) werden diese Aufgaben zu einzelnen Sachfunktionen oder Tätigkeitsbereichen zusammengefaßt, beispielsweise Beschaffung, Produktion, Absatz, Verwaltung und Kontrolle.

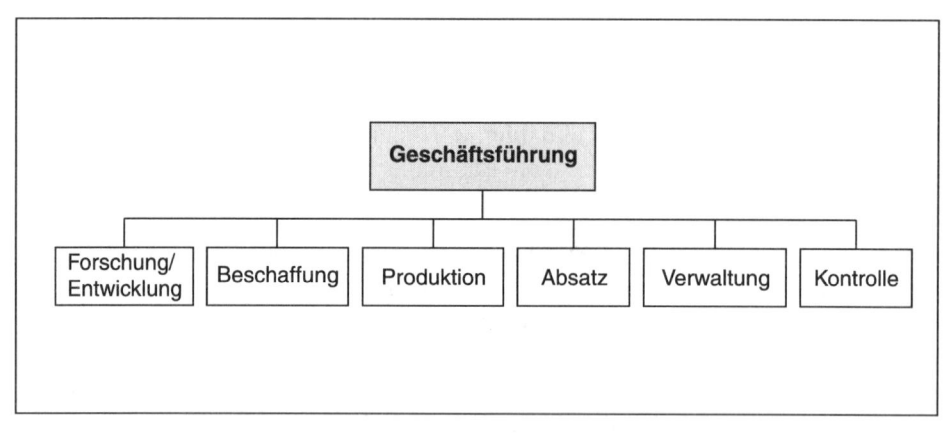

Abbildung 3-18: Verrichtungsorientierte Aufbauorganisation

Diese **Organisationsform** ist vorwiegend in Industrieunternehmen anzutreffen. Dahinter steht vor allem die Erkenntnis, daß für jeden Tätigkeitsbereich unterschiedliche Kenntnisse, Fähigkeiten und Erfahrungen notwendig sind.

Für Banken ist allerdings diese Art der Aufbauorganisation kaum geeignet. Es ist schwierig, wesensähnliche Bankaktivitäten im Sinne des industriellen Produktionsprozesses zu Abteilungen, Ressorts oder Bankbereiche zusammenzufassen. So ist etwa eine Unterscheidung in Produktion und Absatz wegen der besonderen Art der meisten Bankprodukte kaum möglich. Bankleistungen können nicht auf Vorrat gefertigt werden: Produktion und Absatz übernimmt der Kundenberater praktisch gleichzeitig, wie zum Beispiel im Anlageberatungsgespräch und der daraus folgenden Wertpapierorder.

Auch wenn im Passivgeschäft früher eine Beschaffungsfunktion (von Liquidität beziehungsweise Einlagen) gesehen wurde, so ist dies heute eher eine **Verkaufstätigkeit** (Verkauf von Anlageinstrumenten).

### 2.1.1.2 Regionalprinzip

Wegen dieser besonderen Art ihrer Leistungserstellung benötigen Banken eine andere Organisationsform. Bei einem regionalorientierten Ansatz wird das gesamte Geschäftsgebiet einer Bank nach Wirtschaftsgroßräumen, Ländern und/oder Regionen eingeteilt.

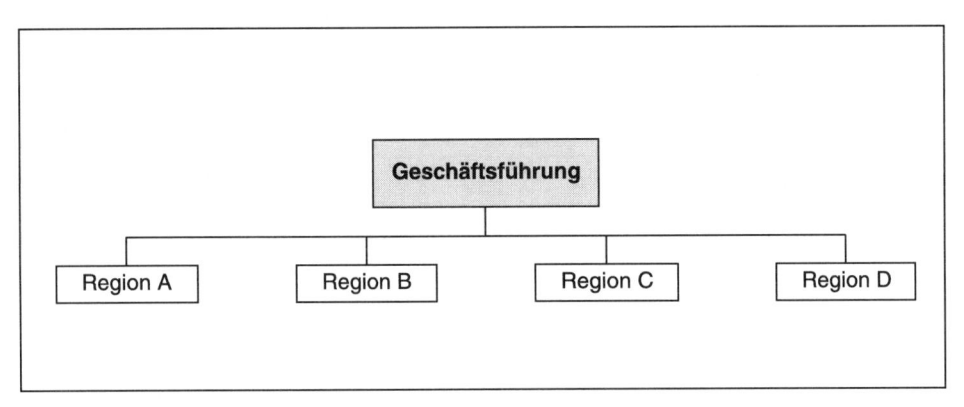

Abbildung 3-19: Regionalorientierte Aufbauorganisation

In diesen abgegrenzten Gebieten leiten die Verantwortungsträger eigenständig das gesamte Bankgeschäft. Dahinter kann das Bestreben stehen, sich auf die verschiedenen lokalen Geschäfts- und Strukturschwerpunkte besser einstellen zu können. In einer überwiegend ländlichen Region wird man die Bankaktivitäten anders gestalten müssen als im Ruhrgebiet oder in Berlin; die Bedürfnisse der Privatkundschaft dürften sich ebenfalls unterscheiden, etwa zwischen der „Autobauer"-Stadt Wolfsburg und der (früheren) „Diplomaten"-Stadt Bonn. Am deutlichsten wird die Bedeutung regionaler Besonderheiten bei internationaler Betrachtung: „Andere Länder, andere Sitten", gilt auch für das Bankgeschäft, und es wäre ein Irrtum zu glauben, im Wirtschaftsleben seien die kulturellen, historischen, soziökonomischen und politischen Besonderheiten unerheblich. Auch das Bankgeschäft hat in Italien, der Ukraine oder Mexiko seine jeweils eigenen nationalen Regeln.

Ein anderer Aspekt bei der regional orientierten Organisation ist die Größe und Dichte des Zweigstellennetzes. Banken, die möglichst viele Einlagen bei den privaten Haushalten halten und akquirieren möchten, sind auf die Nähe zu den privaten Haushalten angewiesen. Ein entsprechend engmaschiges Netz mit Filialen und

Zweigstellen ist dafür sicherlich ein großer Vorteil, wenn nicht sogar notwendige Voraussetzung.

Damit wächst auch die Chance, daß die Empfänger der von den Kunden disponierten Zahlungsaufträge ebenfalls ein Konto im Hause unterhalten, so daß durch die Abwicklung im eigenen Netz Kosten eingespart werden können. Doch die Vorteile dieser Überlegung, durch ein dichtes Zweigstellensystem Zeit und Kosten bei der Abwicklung der Kundengeschäfte zu sparen, werden von Nachteilen auf der Kostenseite überschattet: Ein dichtes und engmaschiges Vertriebssystem ist mit hohen Personal- und Sachkosten verbunden. Zudem erscheint für die Betreuung von Firmen- und Großkunden ein derart flächendeckendes Zweigstellennetz nicht erforderlich. Aus diesen Gründen ist das Regionalprinzip zumindest in Reinform für die Aufbauorganisation einer Bank ebenfalls nicht als optimal anzusehen.

Bedeutsam ist die regionale Orientierung aber für die Auslandsaktivitäten multinationaler Banken: Gerade die politischen und juristischen Gegebenheiten anderer Länder sowie die Sprache und Mentalität der Bevölkerung fordern fast auf allen Ebenen des internationalen Bankgeschäfts Spezialisten, die mit den Besonderheiten „ihres" Landes bestens vertraut sind. Insoweit ist es für eine multinational tätige Bank sinnvoll, zwischen dem Auslands- und Inlandsgeschäft zu unterscheiden und auf internationaler Ebene dem Regionalprinzip zu folgen.

### 2.1.1.3 Objektprinzip

Hierbei erfolgt eine Aufgabengliederung nach Objekten oder Leistungselementen. Diese Leistungselemente sind nach geeigneten Kriterien zusammenzufassen. Die wichtigsten Kriterien für die Bankorganisation sind dabei Geschäftssparten und Kundengruppen. Eine Kombination aus beidem wird mit der sogenannten Matrix-Organisation angestrebt.

**Geschäftsspartenorganisation**

Hier erfolgt eine Zusammenfassung aller Leistungselemente einer bestimmten Geschäftssparte. In den zu bildenden Abteilungen oder Verantwortungsbereichen werden dann nur einheitliche beziehungsweise eng miteinander verwandte Leistungen erbracht. Eine allgemeingültige Vorgehensweise existiert nicht, da eine Vielzahl von institutsspezifischen Gegebenheiten zu berücksichtigen ist. Abhängig von der Anzahl und der Struktur der Marktleistungen ist allerdings eine grobe Differenzierung nach Aktiv-, Passiv-, Dienstleistungs- und Auslandsgeschäft denkbar, wobei die Verwaltungsaufgaben in einer besonderen Zentralabteilung erledigt werden. Innerhalb der Geschäftssparten kann dann noch weiter untergliedert werden, beispielsweise in das kurz- und langfristige Kreditgeschäft oder das Einlagen- sowie Eigengeschäft.

```
                    Geschäftsführung
    ┌──────────┬──────────┬──────────┬──────────┐
Aktivgeschäft Passivgeschäft Dienstleistungs- Auslands- Zentralabteilung
                           geschäft      geschäft
```

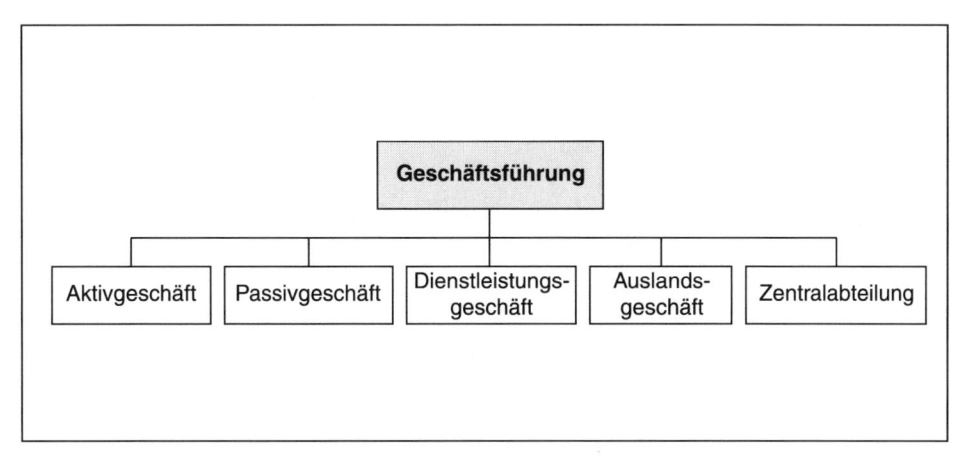

Abbildung 3-20:   Geschäftspartenorganisation

Dem System der Geschäftspartenorganisation kommt angesichts der Dominanz des Marktbereiches eine hohe Bedeutung zu. Es hat unter anderem den Vorteil, daß die Mitarbeiter durch ihre Ausbildung und ihre tägliche Praxis ein hohes Qualifikationsniveau erreichen. Als Spezialisten können sie so den Kunden im Kredit-, Effekten-, Einlagen- und Zahlungsverkehrsgeschäft jeweils besonders kompetent betreuen. Außerdem ermöglicht die Konzentration von Mitarbeitern und Sachmitteln auf die Bearbeitung ähnlicher Geschäftsvorgänge eine schnellere Abwicklung und die Nutzung von Rationalisierungspotentialen. Die damit verbundene Kostendegression führt zu günstigen Stückkosten.

Die Bank kann diese Kostenvorteile über bessere Konditionen an ihre Kunden weitergeben und damit Wettbewerbsvorteile gegenüber teureren Konkurrenzinstituten erzielen. Ein weiterer Vorteil für den Kunden kann zwar in der fachkundigen Beratung durch Spezialisten gesehen werden. Dem stehen jedoch auch Nachteile gegenüber – insbesondere die Tatsache, daß ein Kunde, der mehrere verschiedene Anliegen hat, mehrfach an den jeweils „zuständigen" Sachbearbeiter weiterverwiesen wird. Diesem Nachteil der „behördenmäßigen" Bearbeitung versucht die nun zu erläuternde Kundengruppenorganisation abzuhelfen.

**Kundengruppenorganisation**

Den Kundenbedürfnissen kommt eine streng produktorientierte Denkweise nicht unbedingt sehr nahe. Seit Jahren besteht daher die Idee, den Kunden in den Mittelpunkt der bankbetrieblichen Geschäftstätigkeit zu stellen. Dieser Ansatz fordert von den Banken, sich organisatorisch nach den Marktbedürfnissen und somit nach den Kundenwünschen auszurichten. Demnach können all diejenigen Leistungselemente, die von den definierten Kundenkreisen typischerweise nachgefragt werden, als zusammengehörig betrachtet werden. Es erfolgt also eine nach Zielgruppen aufgeschlüsselte Organisationsstruktur. Für die Bank bedeutet dies, daß den einzelnen Abteilungen oder Bereichen die gesamte Verantwortung für sämtliche Leistungen, die diese Kundenkreise nachfragen, übertragen wird. Eine sinnvolle Aufschlüsselung wäre beispielsweise zunächst nach Privat- und Firmenkunden. Danach kann eine tiefergehende Strukturierung nach vermögenden Privatkunden und Privatkunden des Mengengeschäfts (also Lohn- und Gehaltsempfänger) sowie nach emissionsfähigen und nicht emissionsfähigen Firmenkunden oder nach Klein-, Mittel- und Großunternehmen erfolgen.

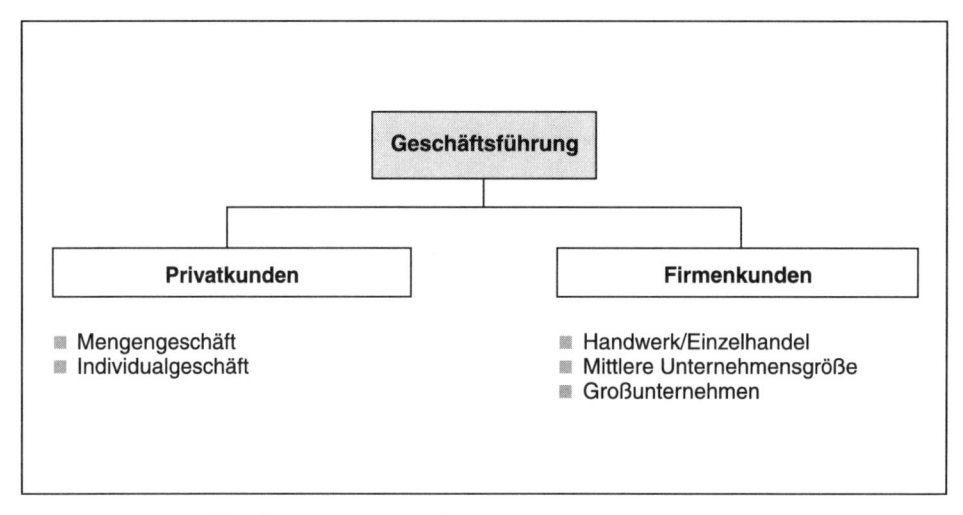

```
                    ┌─────────────────────┐
                    │   Geschäftsführung  │
                    └──────────┬──────────┘
                ┌──────────────┴──────────────┐
        ┌───────┴───────┐             ┌───────┴───────┐
        │  Privatkunden │             │  Firmenkunden │
        └───────────────┘             └───────────────┘
        ■ Mengengeschäft              ■ Handwerk/Einzelhandel
        ■ Individualgeschäft          ■ Mittlere Unternehmensgröße
                                      ■ Großunternehmen
```

Abbildung 3-21: Kundengruppenorganisation

Der wesentliche Vorteil der kundengruppenorientierten Organisation liegt in dem engen Kontakt zwischen Bank und Kunden. Der Kunde kann all seine Probleme und Wünsche mit seinem Kundenberater besprechen, der ihn dann sowohl in Finanzierungsfragen als auch in Anlagefragen und im Dienstleistungsgeschäft umfassend berät. Er muß für die einzelnen Bankleistungen nicht jeweils einen anderen Bankmitarbeiter konsultieren. Auch entfällt die Gefahr, daß mehrere Spezialisten unkoordiniert oder ohne sonderliche Rücksicht auf die gesamten Kundenbedürfnisse beraten oder sogar in Konkurrenz zueinander auftreten (beispielsweise Spargeschäft versus Wertpapiergeschäft).

Eine solche Kundengruppenorganisation stellt hohe Anforderungen an die Qualifikation der Mitarbeiter. Deshalb ist eine kontinuierliche und breit angelegte Aus- und Fortbildung von grundlegender Bedeutung. Daneben muß selbstverständlich sein, daß der Kundenbetreuer bei anspruchsvollen Detailfragen und Sonderwünschen einen auf diesem Fachgebiet spezialisierten Kollegen zur Mitberatung hinzurufen kann.

Aus dem intensiven Kontakt zwischen Kunde und Bankberater kann im Laufe der Zeit ein besonderes Vertrauensverhältnis aufgebaut werden, das die Kundenbindung zur Bank verstärkt und gegen Abwerbungsversuche von Konkurrenten widerstandsfähiger macht. Gleichzeitig lernt der Kundenberater seinen Kunden hinsichtlich seines beruflichen, privaten und familiären Hintergrunds – und somit seine finanziellen Vorstellungen und Möglichkeiten – immer besser kennen, so daß er selbst Ansatzpunkte für eine aktive Betreuung findet. Einer derartigen Kundenbetreuung lassen sich natürlich auch wichtige Hinweise für die bankbetriebliche Marktforschung oder Marketingaktivitäten auf Gesamtbankebene entnehmen.

**Matrix-Organisation**

In der Praxis kommt es wegen der jeweiligen Vor- und Nachteile der bislang dargestellten „Reinformen" der Aufbauorganisation zu Mischformen. Beispielsweise wird bei einer zweidimensionalen Matrix-Struktur versucht, zwei verschiedene Gliederungsprinzipien zu kombinieren. Auch eine dreidimensionale Matrix-Organisation kommt häufig vor.

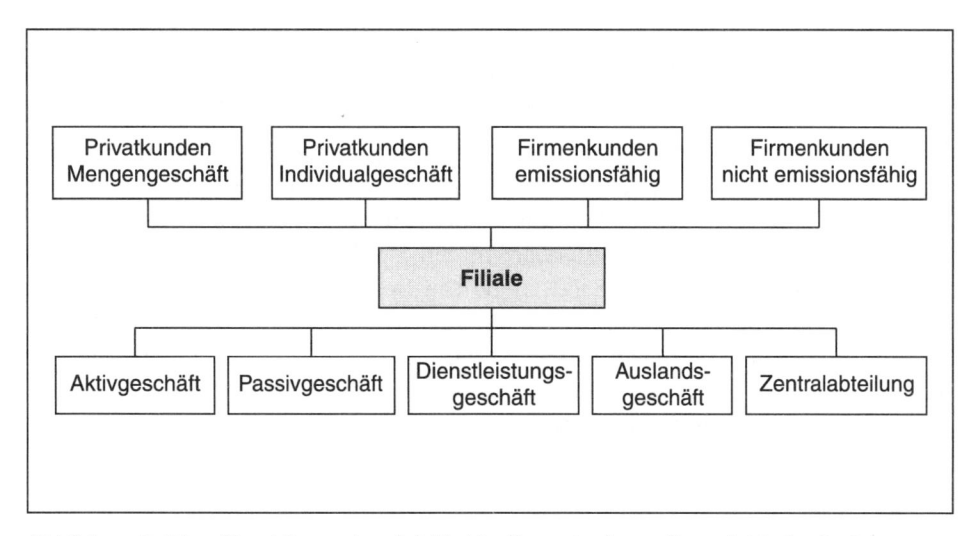

Abbildung 3-22: (Zweidimensionale) Matrix-Organisation mit produktorientierter Zentrale und kundengruppenorientierter Filiale

Bei dieser beispielhaft abgebildeten zweidimensionalen Matrix-Organisationsform ist das Spartenprinzip mit dem Kundengruppenprinzip so kombiniert, daß die Zentrale produktorientiert und die Filialen kundengruppenorientiert gegliedert sind und daher auch eine duale Führung herrscht. Doch auch hier entstehen Konflikte zwischen den Kundengruppen- und Geschäftsparteninteressen. Im Kreditgeschäft kann es beispielsweise immer wieder zu Problemsituationen kommen: Sowohl das für das

Kreditgeschäft verantwortliche Vorstandsmitglied als auch der für den Kunden zuständige Filialleiter haben sich mit der Frage auseinanderzusetzen, ob einem in finanziellen Schwierigkeiten befindlichen Großkunden fällige Kredite prolongiert werden können.

Zuletzt sei noch angemerkt, daß diese banktheoretischen Organisationsmodelle für die Praxis meist nur mit Modifikationen übernommen werden können. In den Organigrammen von Banken finden Sie daher unterschiedlich kombinierte Elemente der verschiedenen Modelltypen.

### 2.1.2 Ablauforganisation

Die Überlegungen der Ablauforganisation betreffen den Arbeitsprozeß an sich. Gegenstand der Ablauforganisation ist die Gestaltung aller bankbetrieblichen Vorgänge mit dem Ziel, eine möglichst kurze Durchlaufzeit für alle Bearbeitungsobjekte bei möglichst hoher Kapazitätsauslastung zu erreichen. Es geht dabei in erster Linie um die Tätigkeiten, die sich immer wiederholen und in zumindest ähnlicher Weise zu behandeln sind. (Obwohl hier die Ablauforganisation isoliert von der Aufbauorganisation behandelt wird, sei darauf hingewiesen, daß sich selbstverständlich die aufbauorganisatorische Struktur auch auf die Ablaufprozesse auswirkt).

Die Ablauforganisation muß deshalb mit den Aufgaben- und Verantwortungsbeziehungen der Aufbauorganisation harmonieren. Sie kann dann versuchen, die arbeitsteilig auszuführenden Maßnahmen, die untereinander in räumlicher und zeitlicher Folgebeziehung stehen, optimal zu koordinieren. Der für das Bankwesen allgemeine Grundsatz, daß eine weitestgehend taggleiche Bearbeitung der Geschäftsvorfälle sowie die größtmögliche Sicherheit der überlassenen Geldbeträge sichergestellt sein muß, führt zusammen mit dem Effizienzkriterium zu den drei wesentlichen Anforderungen an die Organisation der bankbetrieblichen Arbeitsabläufe: Sicherheit, Schnelligkeit und Wirtschaftlichkeit.

#### 2.1.2.1 Sicherheit

Bei den Banken spielt die Sicherheit eine große Rolle. Da die Bankleistungen monetär -also auf das Objekt „Geld" – ausgerichtet sind, herrscht eine besondere Vertrauensempfindlichkeit bei diesen Leistungen. Die Kunden achten beispielsweise nicht nur auf hohe Zinserträge, sondern auch auf die Sicherheit ihrer Geldanlage. Daß auch bei der Gestaltung von Arbeitsprozessen Sicherheitsaspekte in erheblichem Umfang zu berücksichtigen sind, wird etwa mit Blick auf das Kreditkartengeschäft oder den Zahlungsverkehr deutlich.

Die zu institutionalisierenden Sicherheitsvorkehrungen betreffen die unterschiedlichsten Unternehmensbereiche. So geht es im Verwaltungsbereich um die Bewachung der Geldtransporte, um die Beschaffung von oder Tresoren für Wertgegenstände oder die sichere Unterbringung vertraulicher Akten sowohl aus dem Kunden- als auch aus dem innerbetrieblichen Bankgeschäft, bis hin zu den internen Kontrollmechanismen und der Arbeit der Revisionsabteilung.

Das Sicherheitsziel kann ablauforganisatorisch mit präventiven und kontrollierenden Maßnahmen erreicht werden: Gerade im Absatzbereich sind vorbeugende Sicherheitsmaßnahmen gegen Fehler und Betrugsversuche zu treffen. Beispiele hierfür sind individuell vereinbarte Kennworte für die Auszahlung von Sparbüchern und den Zugang zu Kundensafes oder die Vergabe von persönlichen Identifikationsnummern für die Benutzung von Geldausgabeautomaten und für die Teilnahme am Telefon Banking.

Dennoch lassen sich gerade im Massengeschäft Fehler nie völlig ausschließen. Daher dienen verschiedene Kontrollmaßnahmen der nachträglichen Überwachung der Arbeitsabläufe mit dem Ziel, entstandene Fehler möglichst früh aufzudecken, zu korrigieren und ihnen zukünftig wirksam begegnen zu können. Besondere Bedeutung haben heute, da fast alle Transaktionen über EDV laufen, die automatischen Kontrollroutinen in den EDV-Systemen, aber auch das Vier-Augen-Prinzip in der Form, daß Eingabe und Kontrolle der Daten von zwei verschiedenen Personen erfolgen müssen, bevor das System den Vorgang weiterverarbeitet.

Somit ist für das Bankgeschäft die Kontrolle selbst als Bestandteil des gesamten Arbeitsablaufs zu sehen. Neben den ausführenden Mitarbeitern in der Kundenbetreuung und im Back-office ist von anderen zusätzlich die richtige Abwicklung der Bankleistung an sich zu überwachen. Weitere Kontrollen, die nicht unmittelbar an den Arbeitsablauf gekoppelt sind, werden dann den Mitarbeitern einer besonderen Stabsabteilung, meist der Revisionsabteilung, übertragen. Diese überprüfen meist aperiodisch, fallweise und stichprobenartig alle Arbeitsabläufe. Anschließend wird die Geschäftsführung anhand eines relativ objektiven Berichts über die Ordnungsmäßigkeit des bankbetrieblichen Geschehens unterrichtet. Es werden Schwachstellen oder Verlustquellen aufgezeigt und Verbesserungs- oder Vereinfachungsvorschläge ausgearbeitet.

### 2.1.2.2 Schnelligkeit

Gegenstand des zweiten Grundprinzips ist die Schnelligkeit der bankbetrieblichen Leistungserstellung. Da Banken ihre meist abstrakten und nicht lagerfähigen Leistungen im Normalfall zeitnah abwickeln müssen, sind sie oft gezwungen, ihre Kapazitäten (Personal und Sachmittel) an der zu erwartenden Spitzenbelastung auszurichten. Das bedingt einen hohen (fixen) Kostenblock. Deshalb hängt es vom

Ausmaß der Beschäftigungsschwankungen ab, wie sich das Verhältnis von Kosten und Leistung entwickelt. Denn nur wenn dem bankbetrieblichen Gesamtaufwand eine echte Arbeitsleistung gegenübersteht, spricht man von Nutzkosten. Der verbleibende Anteil der nicht produktiv genutzten Arbeitszeit verursacht sogenannte Leerkosten. Stark schwankende Kapazitätsauslastungen führen vor allem im Personalbereich, aber auch im Sachmittelbereich zu hohen Leerkosten und damit zu einem ungünstigen Kosten-Nutzen-Verhältnis. Dies zeigt den engen Zusammenhang mit dem dritten Ziel, der Wirtschaftlichkeit.

### 2.1.2.3 Wirtschaftlichkeit

An jedem Arbeitsplatz, in jeder Abteilung und im Gesamtbetrieb sollte jede Tätigkeit mit möglichst optimalem Personal- und Sachmitteleinsatz erfolgen. Das Wirtschaftlichkeitsziel kollidiert nicht selten mit den Prinzipien der Sicherheit und Schnelligkeit, da beide meist mit höherem Personal- und Sachmitteleinsatz und entsprechenden Kosten verbunden sind.

Die Ursache für diesen Zielkonflikt liegt in der Abhängigkeit der bankbetrieblichen Leistungserstellung vom Zeitpunkt des Kundenauftrages. Wegen des Qualitätsanspruchs der zeitnahen, am besten taggleichen Bearbeitung ist eine gleichmäßige Verteilung des Arbeitsanfalls oft nicht möglich, sondern unterliegt teilweise sehr großen Schwankungen. Das zu bewältigende Problem besteht also darin, eine optimale Kapazitätsauslastung für Spitzenanforderungen und für Zeiten geringer Beanspruchung zu finden. Es muß daher in jeder Bank ein Weg gefunden werden, die Kapazitätsauslastung zu maximieren und/oder die Durchlaufzeiten zu minimieren, indem versucht wird

- **Beschäftigungsschwankungen** zu nivellieren (zum Beispiel geschickte Bündelung verschiedener Aufgaben)
- **Spitzenbelastungen** durch einen Mitarbeiter- und/oder Sachmittelaustausch zwischen verschiedenen Abteilungen auszugleichen (zum Beispiel Einsatz von ,,Springern") und/oder
- kostengünstige **Anpassungsmaßnahmen** an schwankende Beschäftigungssituationen zu finden (zum Beispiel gleitende Arbeitszeit, ,,Zeitkonten" mit langen Ausgleichszeiträumen)

Zu unterscheiden sind periodische und aperiodische **Beschäftigungsschwankungen**:

- **Periodische**, also wiederkehrende Änderungen der Arbeitsbelastung sind abhängig von bestimmten Terminen, Wochentagen, Monatsabschnitten oder Saisoneinflüssen. Beispielsweise sind hier besondere Zinstermine am Jahresende, Gehaltszahlungen am Monatsultimo, Steuerfälligkeiten, Kontoabschlußtermine, Feiertage oder Urlaubszeiten, aber auch bestimmte Zeiten im Tages-Rhythmus.

- Bei den **aperiodischen** Schwankungen handelt es sich um unregelmäßige oder einmalige Änderungen der Beschäftigung, wie sie beispielsweise nach einer Leitzinsänderung, einem Regierungswechsel, einem überraschenden Konjunkturaufschwung beziehungsweise -einbruch oder einer erfolgreichen Werbekampagne auftreten können.

Um eine möglichst günstige Kapazitätsauslastung zu erreichen, müssen die Banken versuchen, die personelle und sachliche Ausstattung der Arbeitsplätze dem variierenden Arbeitsanfall anzupassen. Ein erster Schritt besteht darin, zu erwartende Schwankungen vorherzusehen. Dann kann geprüft werden, welche Arbeiten zeitlich verschoben und welche Mitarbeiter an verschiedenen Arbeitsplätzen ausgleichend eingesetzt werden können.

Doch wird es nie vollkommen gelingen, sämtliche Schwankungen ohne Verluste in der Kapazitätsauslastung auszugleichen. Vor allem stellt sich immer wieder das Problem einer kostengünstigen Anpassung des Mitarbeitereinsatzes an den unterschiedlichen Arbeitsanfall.

Maßnahmen der Ablauforganisation sind immer wieder davon geleitet, **Anpassungsmaßnahmen** an die vor allem aperiodisch auftretenden Schwankungen zu finden. Dies kann quantitativ, zeitlich oder intensitätsmäßig erfolgen:

- Bei der **quantitativen Anpassung** geht es darum, diejenigen Kapazitätsreserven, die in Zeiten einer Unterbeschäftigung nicht genutzt werden, in Zeiten von Belastung- und Arbeitsspitzen zu nutzen. Eine derartige Vorgehensweise wird meist bei dem Sachmitteleinsatz (Personal Computer, Frankiermaschinen, Rechenzentrum) zum Zuge kommen. Schon hier stellt sich das Problem der qualitativen Abstimmung im Maschinen/Mensch-Gefüge. Von höherer Bedeutung ist aber der Personalsektor. Was tun, wenn die Standardbelegung einer Abteilung oder Zweigstelle zur Bewältigung eines überdurchschnittlich hohen Arbeitsanfalls nicht mehr ausreicht. Ein zusätzlicher Einsatz von Mitarbeitern aus anderen Abteilungen setzt voraus, daß dort keine vollständige Arbeitsauslastung herrscht. Aber selbst wenn das der Fall ist, müssen die Mitarbeiter zur Übernahme solcher Ausgleichsarbeiten bereit sein und über die notwendige persönliche und fachliche Eignung verfügen. Diese Problematik läßt sich aber in der Praxis nicht so leicht lösen. Als Kapazitätsreserven kommen hier eher Teilzeit- und Ultimokräfte sowie Mitarbeiter der Personalreserve in Frage.

- Auch die **zeitliche Anpassung** findet bei Banken schnell ihre Grenzen. Zwar kann ein überdurchschnittlich hoher Beschäftigungsgrad teilweise durch Überstundenleistung bewältigt werden, andererseits sind die Grenzen der arbeitsrechtlichen Bestimmungen mitunter schnell erreicht. Darüber hinaus ist diese Anpassungsmöglichkeit wegen der überproportional hohen Überstundenzuschläge ein relativ teures Instrumentarium und sollte aus Kostengründen auf Ausnahmen beschränkt bleiben. Im umgekehrten Falle einer zeitweisen unterdurchschnittlichen Arbeitsbelastung könnten zunächst die sich in der Vergangenheit angesammelten Überstunden ausgeglichen werden.

- Bei der dritten, **intensitätsmäßigen Anpassung** an schwankende Beschäftigungsgrade geht es um das schnellere oder langsamere Arbeitstempo je nach akutem Arbeitsanfall. Einfaches Beispiel: Wenn nur ein einziger Kunde am Schalter steht, kann man ihm beim Ausfüllen der Überweisungen helfen und auch mal übers Wetter reden. Wenn aber eine Schlange von zehn Ungeduldigen drängelt, wird man die Vorgänge im Interesse aller Beteiligten so gut es geht beschleunigen. Der Vorteil der intensitätsmäßigen Anpassung liegt eindeutig auf der Kostenseite, da auch bei stärkerer Beanspruchung die Personal- und Sachkosten unverändert bleiben. Doch die Variation der Arbeitsgeschwindigkeit der Mitarbeiter hat physiologische und psychologische Grenzen. Werden Arbeitspausen zu kurz, der Arbeitsdruck zu groß und läßt die Motivation nach, leidet nicht nur die Leistungsbereitschaft, sondern auch die Qualität, etwa weil die Fehlerquote zunimmt.

Zusammenfassend läßt sich sagen, daß in der Ablauforganisation diejenige Art der Anpassung zu wählen ist, bei der die Kosten möglichst gering gehalten werden, die Qualität und zeitnahe Abwicklung (Tagfertigkeit) gewährleistet ist und die Sicherheit nicht leidet. Je nach der spezifischen Situation der Bank wird auch eine Kombination der vorgestellten Variationsmöglichkeiten anzutreffen sein.

Die Überlegungen zur Ablauforganisation dürfen dabei nicht bei der Analyse einzelner Arbeitsabläufe oder Arbeitsplätze stehenbleiben, sondern müssen auch den Gesamtzusammenhang der Arbeitsprozesse betrachten. Häufig liegt nämlich die Ursache zum Beispiel für Abwicklungsverzögerungen gar nicht in der Stelle, in der sich die Vorgänge aufstauen oder die Kundenreklamationen auftauchen. Statt dessen kann sich eine vor- oder nachgelagerte Abteilung im Back-office-Bereich als das organisatorische ,,Nadelöhr" herausstellen, das es dann zu erweitern gilt. Nur wenn es gelingt, solche Engpaßstellen zu entzerren, können sich auch an anderen Stellen die erwünschten Effizienz- und Zeitvorteile ergeben. Deshalb muß nicht der isolierte Personal- und Sachmitteleinsatz eines bestimmten Arbeitsplatzes, sondern vielmehr die Verringerung von Engpässen in einem gesamten Arbeitsprozeß im Vordergrund der Organisationsüberlegungen stehen.

## 2.2 Informationsmanagement

Das Ziel dieses Abschnittes ist es, einen Überblick über die Anforderungen an ein entscheidungsorientiertes Informationssystem zu geben.

### 2.2.1 Informationsbedarf

Je erfolgreicher eine Bank in ihrer Geschäftstätigkeit sein will, desto „besser" müssen ihre Informationen sein, die zur **Entscheidungsfindung** beitragen. Und die bankbetriebliche Geschäftstätigkeit erfordert täglich eine Vielzahl von Entscheidungen. Fehleinschätzungen oder unvollständige Einsicht in die Situation bringen Verluste oder vertane Gewinnchancen. Eine Vielzahl von externen und internen Informationen erleichtert (oder erschwert!) die Vorbereitung des Entscheidungsprozesses: Externe Informationen sind zum Beispiel Konjunktur- oder Zinsprognosen, neue Gesetze, Ereignisse oder Tendenzen an internationalen Märkten, Aktionen der Konkurrenzinstitute, nicht zuletzt auch politische und gesellschaftliche Themen.

Interne Informationen sind in erster Linie die Daten des **betrieblichen Rechnungswesens** und der Statistik, Analysen und Arbeitsberichte der eigenen Stabsabteilungen, Mitteilungen und Anweisungen der Unternehmensleitung, Auswertungen/Erfahrungsaustausch der beteiligten Stellen über das Kundengeschäft etc.

Je zielgerichteter all diese Informationen zur Verfügung gestellt werden, desto geringer ist die **Gefahr einer Fehlentscheidung**. Nur so kann gewährleistet werden, daß frühzeitig Tendenzen erkannt und geschäftspolitische Maßnahmen ergriffen werden, um von unternehmensexternen Entwicklungen nicht überrascht zu werden.

Deshalb spielt das Erfassen, Sammeln, Ordnen und Auswerten sowie die Weitergabe von Informationen eine wesentliche Rolle bei der bankbetrieblichen Entscheidungsfindung.

Mit dem stetigen Unternehmenswachstum, der zunehmenden Diversifikation und auch der Expansion im internationalen Bereich ergeben sich Probleme dahingehend, wie diese vielfältigen Informationen zu konsolidieren und als ganzheitliches Instrumentarium dort zur Verfügung zu stellen sind, wo sie am meisten benötigt werden.

Aus der Sicht des einzelnen Mitarbeiters gibt es **vier Klassen von Informationen**:

- die für seine Tätigkeit notwendigen
- die vorhandenen
- die von ihm nachgefragten und
- die ihn nicht interessierenden Informationen

Im Idealfall wären die ersten drei Klassen deckungsgleich, das heißt, die notwendigen Informationen sind vorhanden und werden vom Mitarbeiter auch genutzt. Die Realität sieht oft anders aus: Man bekommt nicht alle Informationen, obwohl man sie nachfragt. Oder man nutzt vorhandene Informationen nicht. Oder man weiß gar nicht, daß einem notwendige Informationen noch fehlen.

Auf der anderen Seite erhalten Mitarbeiter immer auch Informationen, die sie für ihre Tätigkeit gar nicht benötigen und die nicht nur nutzlos, sondern sogar zeitraubend und ablenkend sind. Ein häufiges Beispiel dafür sind etwa Rundschreiben „an alle", weil die absendende Stelle nicht weiß oder nicht exakt steuern kann, für wen dieses Schreiben relevant ist und für wen unnötig.

Um den aufgabenorientierten Informationsbedarf festzustellen und nicht benötigte Informationen zu eliminieren, empfiehlt sich in einem ersten Schritt eine gründliche Aufgabenanalyse. Danach ist ein funktionierendes Informationssystem zu installieren, das alle entscheidungsrelevanten Informationen erfaßt, speichert und den einzelnen Entscheidungsträgern nicht pauschal, sondern gezielt zur Verfügung stellt.

### 2.2.2 Konzept eines Informationssystems

Das bankinterne Informationssystem hat detailliert zu regeln,

- wer welche Informationen aus dem Bankgeschehen erhält (beispielsweise Kundendaten)

- wer welche Informationen liefern muß (beispielsweise Entscheidungsvorlagen, Statistiken etc.)

- wer auf welche Kommunikationskanäle Zugriff hat (beispielsweise Telefon, Datenleitung, Abteilungsberichte, Besprechungszirkel etc.)

- wer zu welchem Zeitpunkt (vor oder nach der Entscheidung) zu informieren ist

- ob Informationen nur auf Anfrage, automatisch oder gar nicht weiterzugeben sind

Teilweise ist das Informationssystem deckungsgleich mit dem Leitungssystem einer Bank (siehe Abschnitt 2.1). Über derartige Kommunikationswege findet der Austausch von unterschiedlichsten schriftlichen und mündlichen Informationen statt, beispielsweise die Erstellung und Interpretation von Statistiken oder die Kontrolle im Rahmen von Soll/Ist-Vergleichen.

Es gibt jedoch eine Vielzahl von Informationen, die auch außerhalb des Leitungssystem an anderen Stellen benötigt werden und deshalb innerhalb des Informationssystems zu regeln sind. So benötigt beispielsweise der Kundenberater den aktuellen Kontostand und die Inanspruchnahme der Kreditlimite, um beurteilen zu können, ob weitere Geldbeträge ausgezahlt werden können. Diese Informationen müssen aber nicht nur bei ihm, sondern auch in der Kreditabteilung verfügbar sein. Außerdem können die Informationen, die dem Kundenberater vorliegen, auch in der Marketingabteilung für Marktforschungsvorhaben nützlich und erwünscht sein.

Informationsbedarf und Informationsfluß sind also nicht nur aus der Sicht eines einzelnen Arbeitsplatzes zu ermitteln. Vielmehr müssen alle Stellen ihre jeweils benötigten Informationen abrufen können. Außerdem sollte unbedingt gewährleistet sein, daß (Teil-)Informationen, die in den unterschiedlichen Bankbereichen anfallen, zentral zu einem Informationspool verdichtet werden. Außerdem ist auf regelmäßige Aktualisierung der Daten zu achten.

Ein **Informationssystem** sollte auch solche Informationsbeziehungen regeln, die unerwartet oder zufällig auftreten können. Beispielsweise ist für den Fall eines Banküberfalls bereits vorher zu klären, wer wen informiert, die Polizei alarmiert usw. Hier wird man jedenfalls auf die zeitaufwendige Einhaltung des Dienst- und Instanzenwegs verzichten müssen. Ähnliches gilt für schnell zu treffende Entscheidungen bei unvorhergesehenen Ereignissen, wie beispielsweise einem Streik, dem plötzlichen Konkurs eines Großkunden oder ein militärischer Konflikt in einem Land, in dem die Bank geschäftlich aktiv ist. Hier können bereits schon im Vorfeld Empfehlungen, Szenarien und mögliche Vorgehensweisen ausgearbeitet werden, die dann in der aktuellen Situation als Ausgangspunkt dienen können.

Zuletzt sind die sogenannten informellen, also **nicht formal geregelten Informationswege**, die das Funktionieren des Unternehmens positiv und negativ beeinflussen können, ebenfalls beim Aufbau eines Informationssystems zu berücksichtigen. Manches Mal füllen sie bestehende organisatorische Lücken aus, wenn beispielsweise fixierte Regelungen für die Weitergabe von Informationen fehlen oder der offizielle Weg zu aufwendig wäre. Unterstützen sie den Arbeitsablauf, so sollten sie nicht nur toleriert, sondern vielmehr organisatorisch legitimiert werden. Sollten sie aber die Arbeit behindern oder negativ beeinflussen, so wäre mit den Beteiligten nach besseren Kommunikationslösungen zu suchen.

Es existiert kein für alle Banken gleich geeignetes Informationssystem. Abhängig von der Unternehmensgröße, der Verband- oder Konzernstruktur, der Fachkompetenz im EDV- und Organisationsbereich, der Organisationskultur sowie der Persönlichkeitsstruktur der Verantwortlichen finden sich jeweils institutseigene Lösungen. Das Ziel sollte jedoch beim Aufbau eines individuellen Informationssystem immer sein, Risiken und Fehleinschätzungen bei unvollständiger Information zu minimieren. Außerdem sind bereits im Vorfeld die Kosten abzuschätzen, der Aufwand für die Entwicklung, Reorganisation, Betreuung, Aktualisierung, Kontrolle usw., und welcher Nutzen zu erwarten ist.

Bei allen Banken hat die Bedeutung der EDV für das Informationsmanagement erheblich zugenommen. Ein Informationssystem ist heute ohne weitreichende EDV-technische Unterstützung kaum denkbar.

### 2.2.3 Computerunterstützte Informationssysteme

Mit Hilfe der EDV läßt sich die ständig wachsende Daten- und Informationsflut kostengünstiger aufbereiten und effizienter im bankbetrieblichen Entscheidungsprozeß einsetzen. Für das tägliche Bankgeschäft übernehmen heute computergestützte Informationssysteme die Bereitstellung, Selektion und auch teilweise die Aufarbeitung benötigter Daten. Viele Entscheidungsträger können per Dialogstation (im Rahmen ihrer persönlichen Zugangsberechtigung) direkt auf betriebs- und marktbezogene Daten zugreifen (siehe auch Abbildung 3-23):

- Für den Marktbereich ist es besonders wichtig, Kundendaten, Unternehmenskennziffern oder Wertpapierinformationen abzufragen.

- In Stabsabteilungen unterstützen ganz unterschiedliche Programme die strategische Arbeit; auch können Empfehlungen für anstehende Entscheidungen ohne langwierige Recherchen und auf aktueller Datenbasis gegeben.

- Auch die Bürokommunikation bildet mit Textverarbeitung, Electronic Mail, Online-Diensten etc. einen integrativen Bestandteil des Informationssystems.

- Auf den nächsten Führungsebene sind statt zahlloser Einzeldaten oft nur verdichtete Informationen brauchbar, zur Beurteilung der Geschäftslage oder der Entwicklung bestimmter Produktsparten, Kundengruppen etc. Gleiches gilt für die vergangenheitsbezogenen Berichtssysteme, für die Rechnungslegung, für Prognosedaten zur zukünftigen Unternehmenssteuerung (Planung der Sach- und Personalkapazitäten, Marktaktivitäten, Preispolitik, Vertriebspolitik, Werbung etc.) sowie für Kontrollaufgaben zur Abweichungsanalyse.

Dabei wird zugleich deutlich, daß die einzelnen Anwendungsgebiete in hohem Maße miteinander verwoben sind. Daten werden jeweils von mehreren Mitarbeitern unterschiedlicher Bankbereiche zur Verfügung gestellt und abgefragt. Deshalb ist auch darauf zu achten, daß die Arbeit mit dem computerunterstützten Informationssystem anwenderfreundlich gestaltet ist und die EDV-Kapazitäten sinnvoll genutzt werden.

Der **Erfolg eines Informationssystems** hängt wesentlich von seiner Akzeptanz bei allen Mitarbeitern ab. Gerade in der Einführungsphase muß „Überzeugungsarbeit" geleistet werden, um berechtigte oder unberechtigte Vorbehalte gegenüber neuen Techniken und Veränderungen des gewohnten Arbeitsablaufs zu überwinden. Nur wer vom Sinn und Nutzen eines solchen Informationssystems überzeugt worden ist, wird es in all seinen Möglichkeiten ausschöpfen.

Nicht zuletzt sind auch **die rechtlichen Bestimmungen des Datenschutzes** (insbesondere über die Speicherung von Daten) einzuhalten sowie Vorkehrungen zur Sicherung der Funktionsfähigkeit der EDV (Strom- beziehungsweise Leitungsausfall, Hard- und Software-Störungen, menschliches Versagen und Betrug) zu treffen.

| Bankbereiche | Informationsbereiche |
| --- | --- |
| Kundenbetreuung | – Kontoführung<br>– Konten- und Kundenkalkulation<br>– Betreuung des Einlagengeschäfts<br>– Betreuung des Kreditgeschäfts |
| Geschäftsstellen | – Geschäftsstellenrechnung<br>– Profit-Center-Rechnungen<br>– Deckungsbeitragsrechnungen |
| Wertpapiergeschäft | – Kursinformationen<br>– Ordererfassung/-weiterleitung<br>– Wertpapieranalyse<br>– Depotstatistik |
| Marketing | – Konkurrenzbeobachtung<br>– Kundenstrukturdaten<br>– Sozio-demographische Statistiken<br>– Konsum- und Werbewirkungsforschung |
| Personal | – Gehaltsabrechnung<br>– Zeiterfassung<br>– Mitarbeiterstatistiken<br>– Kompetenzkataloge<br>– Schulungsmaßnahmen<br>– Personalentwicklungsplanung |
| Kostenrechnung | – Traditionelle Stückkostenrechnung<br>– Standard-Einzelkostenrechnung<br>– Integrierte Kostenrechnung<br>– Plankostenrechnung<br>– Berichtswesen<br>– Wirtschaftlichkeitsrechnungen |
| Rechnungswesen | – (Finanz-)Buchhaltung<br>– Bilanzerstellung |
| Unternehmensleitung | – Betriebsvergleiche<br>– Vergangenheitsanalyse<br>– Prognose- und Kontrollsysteme<br>– Unternehmenssteuerung |

Abbildung 3-23: Bankbereiche und zugehörige Informationsbereiche

> **RESÜMEE**
>
> Im vorangegangenen Abschnitt wurde gezeigt, unter welchen Gesichtspunkten eine Bank ihr Rahmengefüge und ihre Arbeitsprozesse sinnvoll organisieren kann. Dabei wurde deutlich, daß die verschiedenen theoretisch denkbaren Gliederungs- und Strukturierungsprinzipien für die Praxis zwar wertvolle Ansätze bieten, aber nicht sämtliche Probleme im Bankenalltag zufriedenstellend lösen können. Alle Beteiligten müssen sich darüber im klaren sein, daß es die ,,einzig richtige Lösung" nicht gibt. Die Vielschichtigkeit der bankspezifischen und institutsindividuellen Besonderheiten bringt es mit sich, daß beinahe ständig nach Verbesserungen in der Aufbau- und Ablauforganisation gesucht wird. Und ein Organisationsgefüge, das bei Gründung einer Bank für optimal erachtet wurde, kann sich im Laufe der Zeit als wenig praktikabel oder überholt erweisen. Deshalb sind auch im bankbetrieblichen Alltag Reorganisationsmaßnahmen mit kleineren oder auch größeren Anpassungen üblich; gelegentlich sogar eine vollständige Neuorganisation.
>
> Der zweite, mit der Organisation in Zusammenhang stehende Themenkomplex betrifft das Informationsmanagement. Die in den verschiedenen Bankbereichen anfallenden Daten müssen zu einem institutionalisierten bankbetrieblichen Informationssystem integriert und den Entscheidungsträgern zur Verfügung gestellt werden. Denn alle Mitarbeiter in der Bank sind zugleich Teilhaber am Organisations- und Informationsprozeß. Sämtliche Arbeitsabläufe und somit auch die Informationssammlung und -weitergabe spielen sich zwischen ihnen ab. Sie sind gleichzeitig für die Vorbereitung von Entscheidungen verantwortlich, treffen teilweise diese Entscheidungen und sind von ihren eigenen Ergebnissen wie auch von denen anderer Mitarbeiter in irgend einer Art betroffen. Die Summe aller hieraus resultierenden Ergebnisse stellt letztlich den geschäftlichen Gesamterfolg der Bank dar.

## KONTROLLFRAGEN

1. Wie kann die Ablauf- von der Aufbauorganisation abgegrenzt werden?
2. Erläutern Sie die drei Gliederungskriterien der Aufbauorganisation.
3. Welche Vor- und Nachteile bietet eine ausschließlich regionalorientierte Aufbauorganisation?
4. Stellen Sie die drei Grundsätze der Ablauforganisation dar.
5. Worin bestehen die Grenzen einer qualitativen Anpassung an aperiodische Beschäftigungsschwankungen?
6. Skizzieren Sie die wichtigsten Anforderungen an ein bankbetriebliches Informationssystem.
7. In welchen bankbetrieblichen Bereichen bieten sich computerunterstützte Informationssysteme an?

## LITERATUR ZUM WEITERLESEN

- Grundlagen der Organisationslehre bei Banken finden Sie in vielen Lehrbüchern, wie beispielsweise:

    Joachim Süchting, **Bankmanagement**, Stuttgart 1992.

    Erich Priewasser, **Bankbetriebslehre**, München-Wien 1992.

- Weitreichende Detaildarstellungen über die Organisation in Banken finden Sie bei:

    Götz Schmidt, **Organisation im Bankbetrieb**, Gießen 1987.

- Einen Bericht über die Grundlagen der Strukturgestaltung von Banken enthält

    Ernst Kilgus, **Grundlagen der Strukturgestaltung von Banken**, Bern-Stuttgart-Wien 1992.

- Wenn Sie sich detailliert mit informatik-spezifischen Aufgabenstellungen bei Banken beschäftigen wollen:

    Karl-Rudolf Moll, **Informatik-Management**, Berlin-Heidelberg-New York 1994.

- Einen Einblick in den MIS-Report (Management-Informations-System) bei Sparkassen erhalten Sie bei

    Erich Priewasser, **Bankbetriebslehre**, München-Wien 1992.

## 3. Rechnungswesen

*Das berechnende Wesen: große und kleine Zahlen*

„Als erstes im Bankgeschäft lernt man den Respekt vor der Null."
Karl Fürstenberg

---

Aus dem Rechnungswesen stammen die wichtigsten Informationen in der Bank. Dabei arbeitet das Rechnungswesen in zwei Richtungen: In seiner internen Ausrichtung soll es aktuelle, marktbezogene und entscheidungsvorbereitende Informationen für die Wirtschaftlichkeitskontrolle und Erfolgssteuerung liefern. Das zweite Gebiet ist dann für die Außenwelt der Bank gedacht: Der Jahresabschluß mit Bilanz und Gewinn- und Verlustrechnung soll allen interessierten Gruppen einen Eindruck geben, „wie es der Bank geht". Dabei sind zahlreiche gesetzliche Vorschriften zu beachten. Die Kunst der Bilanzpolitik besteht aber auch darin, „nicht zu viel zu verraten", obwohl in den letzten Jahren eine „neue Offenheit" in vielen Banken zu beobachten ist. Wir werden in diesem Abschnitt sehen, was das bedeutet.

---

**LEITFRAGEN**

1. Wieso existiert in Banken ein umfangreiches internes und externes Rechnungswesen?
2. Warum müssen Banken bei der externen Rechnungslegung strengen gesetzlichen Vorschriften folgen?
3. Die Bankkostenrechnung stellt ein wichtiges bankpolitisches Instrumentarium dar. Wieso existiert dafür keine einheitliche Vorgehensweise bei allen Banken?
4. Warum haben Banken gesetzlich die Möglichkeit, „stillen Reserven" zu bilden?

Dieser Abschnitt beschreibt, wie und wofür bankinterne Informationen aus der Buchhaltung, Kostenrechnung und Betriebsstatistik erfaßt, verarbeitet und genutzt werden. Die Inhalte, Ziele und Aufgaben des bankbetrieblichen Rechnungswesens werden zum einen allgemein umrissen, zum anderen sollen die Besonderheiten des internen wie des externen Rechnungswesens in Banken deutlich werden.

Das bankbetriebliche Rechnungswesen stellt ein umfangreiches Informationssystem dar, das von vielen Adressaten und Interessenten in Anspruch genommen wird. Es erfaßt und bewertet sämtliche quantifizierbaren und qualifizierbaren Vorgänge systematisch. Einerseits liefert es eine Vielzahl vergangenheitsbezogener Daten, aus denen jede Veränderung des Vermögens und des Kapitals ermittelt und insbesondere der Jahresabschluß erstellt werden kann. Es dient außerdem der Überwachung von Kosten und Leistungen. Es ermöglicht Wirtschaftlichkeitsbetrachtungen, betriebliche Vergleiche, dient der Ermittlung des effektiv erwirtschafteten Erfolges und bildet die Grundlage zur Bestimmung von Preisober- beziehungsweise -untergrenzen. Indem die vorliegenden Ist-Daten zur Grundlage für zukünftige Entscheidungen dienen, unterstützt das Rechnungswesen auch zukunftsbezogene Aufgaben. Üblicherweise wird das bankbetriebliche Rechnungswesen in zwei Teile unterschieden, je nachdem, für welchen Adressatenkreis das Informationsinstrument gedacht ist:

|  | **Externes Rechnungswesen** | **Internes Rechnungswesen** |
| --- | --- | --- |
| Adressaten: | – interessierte Außenstehende<br>– Kapitalgeber, Staat, Kunden etc. | – Unternehmensleitung<br>– Führungskräfte<br>– Mitarbeiter |
| Aufgaben: | – Erstellung des Jahresabschlusses<br>– Unternehmensanalysen | – Kosten- und Leistungsrechnung<br>– Planung/Steuerung sowie Kontrolle der Leistungserstellung<br>– bankinterne Statistiken |

Abbildung 3-24: Bankbetriebliches Rechnungswesen

Das **externe Rechnungswesen** übernimmt gesetzlich vorgeschriebene Informationsverpflichtungen. Darüber hinaus ist es das geeignete Instrument, weitere freiwillige bankbetriebliche Angaben an Außenstehende wie beispielsweise Kapitalgeber, Staat und Kunden weiterzugeben. Im Mittelpunkt steht die Aufstellung des Jahresabschlusses (Bilanz, Gewinn- und Verlustrechnung, Anhang).

Adressaten des **internen Rechnungswesens** sind vor allem die Unternehmensleitung und die zweite und dritte Ebene. Es unterteilt sich im allgemeinen in die Kosten- und

Leistungsrechnung, die betriebliche Statistik und die Planungsrechnung. Das interne Rechnungswesen liefert die Zahlenbasis für die Planung, Steuerung und Kontrolle der bankbetrieblichen Leistungserstellung.

### 3.1 Internes Rechnungswesen

Alle Banken müssen bei ihrer unternehmerischen Geschäftstätigkeit Entscheidungen treffen. Um aber beurteilen zu können, welche Handlungsmöglichkeiten überhaupt bestehen und welche davon die günstigste Alternative für die Bank darstellt, brauchen die Verantwortlichen Informationen. Diese Informationen können, wie bereits im vorhergehenden Abschnitt gezeigt, aus den unterschiedlichsten Quellen kommen. Das interne Rechnungswesen ist als ein ganz wesentlicher Informationslieferant zu sehen, wenn es darum geht, Handlungsalternativen unter Rentabilitätsgesichtspunkten zu beurteilen. Denn eine der Hauptaufgaben des internen Rechnungswesens liegt in der Kosten- und Erlösrechnung. Zwar ermittelt der (externe) Jahresabschluß den Erfolg, zeigt aber nicht, wo (bei welchen Geschäftsstellen, Abteilungen oder Kundengruppen) und vor allem womit (mit welchen Leistungen, Bankprodukten) Gewinne oder Verluste im einzelnen realisiert wurden. Aus dem externen Rechnungswesen ist also kein unmittelbarer Aufschluß über die tatsächliche Ertrags- und Kostenlage sowie die Risikosituation der Bank zu gewinnen. Der Grund für diesen Umstand liegt – wie später noch ausführlich behandelt wird – in den verschiedenen Bewertungsspielräumen bei der externen Rechnungslegung, die der Bank erhebliche Möglichkeiten zur Bilanzpolitik eröffnen. Der am Ende ausgewiesene Jahresabschluß kann demnach sogar erheblich von dem tatsächlich erwirtschafteten Ergebnis abweichen.

Deshalb muß intern auf Kosten und Erlös als eigene, „echte" Recheneinheiten zurückgegriffen werden: **Kosten** sind der für die bankbetriebliche Leistungserstellung notwendige und in Geld bewertete Verbrauch von Gütern und Dienstleistungen. **Erlöse** sind das Entgelt für die bankbetriebliche Leistungserstellung. Wenn die vorhandenen Daten dann nicht nur als Zahlenfriedhof gesammelt, sondern zur Entscheidungsvorbereitung, Verantwortlichkeitskontrolle und Rechenschaftslegung aufbereitet werden, kann dieser Teil des internen Rechnungswesens zu einem äußerst wirkungsvollen Steuerungsmittel für absatzpolitische Aktivitäten werden. Mit der Kosten- und Erlösrechnung kann dann beispielsweise festgestellt werden, welche Bankbereiche im Verhältnis zu ihrer Leistung hohe oder niedrige Kosten verursachen sowie hohe oder niedrige Erlöse erwirtschaften. Letztlich stellt die Kosten- und Erlösrechnung also das Instrument zur Wirtschaftlichkeitskontrolle und zur Erfolgssteuerung dar. Bei der Kontrolle der Wirtschaftlichkeit werden Kosten und Leistungen miteinander in Beziehung gebracht und in zeitlicher oder zwischenbetrieblicher Sicht verglichen. Im Gegensatz dazu werden bei der Erfolgssteuerung noch zusätzlich die Erlöse mit in die Betrachtung einbezogen. So kann dann beispielsweise der

Erfolg einzelner Konten, Kundenverbindungen oder Geschäftsstellen ermittelt und bewertet werden. Ergänzend liefert das interne Rechnungswesen noch die verschiedensten Statistiken über Stand und Entwicklung der Kundenstruktur, der Geschäftsvolumina, der Kosten der Kapazitätsauslastung etc. Auch kann es neben der Analyse solcher Vergangenheitswerte die künftige Geschäftsentwicklung beeinflussen helfen. Im Rahmen der Planungsbilanz und einer Plan-Gewinn- und Verlustrechnung werden dabei die wesentlichen Volumina sowie Aufwendungen und Erträge der nächsten Periode geplant und Budgets für die einzelnen Bankbereiche festgesetzt.

Da Zinsen, Gebühren, Provisionen und andere Preisbestandteile die Gewinn- oder Verlustposition einer Bank wesentlich bestimmen, kommt der **gesamten Zins- und Gebührenpolitik** besonderes Gewicht zu. Damit sich die Geschäftsleitung einer Bank ein Bild machen kann, ob die marktüblichen Konditionen die eigenen Kosten decken und – wenn ja – welcher preispolitische Spielraum in den einzelnen Produktsparten bleibt, muß sie auf kalkulatorische Grundlagen und auf aktuelle Informationen des Rechnungswesens zurückgreifen können. Gleiches gilt für die Sortimentspolitik, also für Grundsatzentscheidungen über die Zusammensetzung der anzubietenden Dienstleistungspalette. Wenn es um die Frage geht, welche Produkte forciert oder abgebaut oder neu eingeführt werden sollten, muß auch hier die Unternehmensleitung auf Steuerungsinformationen zurückgreifen können.

### 3.1.1 Dualismus der Bankleistung

Eine Unterscheidung des Betriebsbereiches und des Wertbereiches (sogenannter Dualismus der Bankleistung) ermöglicht eine Trennung in der Erfolgsberechnung, die in einem späteren Kalkulationsschritt Grundlage für differenzierte preispolitische Überlegungen ist.

Der **Betriebsbereich** umfaßt dabei den Teil einer Bank, in dem unter Einsatz von Mitarbeitern, Maschinen und Material die technisch-organisatorische Seite der Bankleistung erbracht wird. Die hier anfallenden Löhne/Gehälter, Materialkosten, EDV-Kosten, Mieten etc. stellen die Betriebskosten dar. Die vereinnahmten Gebühren und Provisionen werden als Betriebserlöse bezeichnet.

Der **Wertbereich** umfaßt dagegen den finanzwirtschaftlichen Teil der Bankleistung. Die Zinsen, die der Kunde für seine Kapitalüberlassung erhält, sind die sogenannten Wertkosten. Die Zinszahlungen, die umgekehrt aus der Kreditvergabe, den Wertpapierbeständen der Bank etc. resultieren, werden als Werterlöse bezeichnet.

Aus der Kombination der Betriebs- und Wertleistungen entsteht die gesamte Bankleistung, die sich also aus allen Komponenten des Wert- und Betriebsbereiches zusammensetzt und somit Wertkosten und -erlöse sowie Betriebskosten und -erlöse verursacht.

```
                        ┌──────────────┐
                        │ Bankleistung │
                        └──────┬───────┘
                ┌──────────────┴──────────────┐
    ┌───────────────────────┐      ┌─────────────────────────────────┐
    │     Wertleistung      │      │         Betriebsleistung        │
    │ (Kapitalüberlassung/  │      │ (Einsatz von Mitarbeitern,      │
    │  Kapitalhereinnahme)  │      │  Maschinen und Material)        │
    └───────────┬───────────┘      └────────────────┬────────────────┘
         ┌─────┴─────┐                      ┌──────┴──────┐
    ┌─────────┐ ┌──────────┐          ┌──────────────┐ ┌──────────────┐
    │Werterlöse│ │Wertkosten│          │Betriebserlöse│ │Betriebskosten│
    └─────────┘ └──────────┘          └──────────────┘ └──────────────┘
```

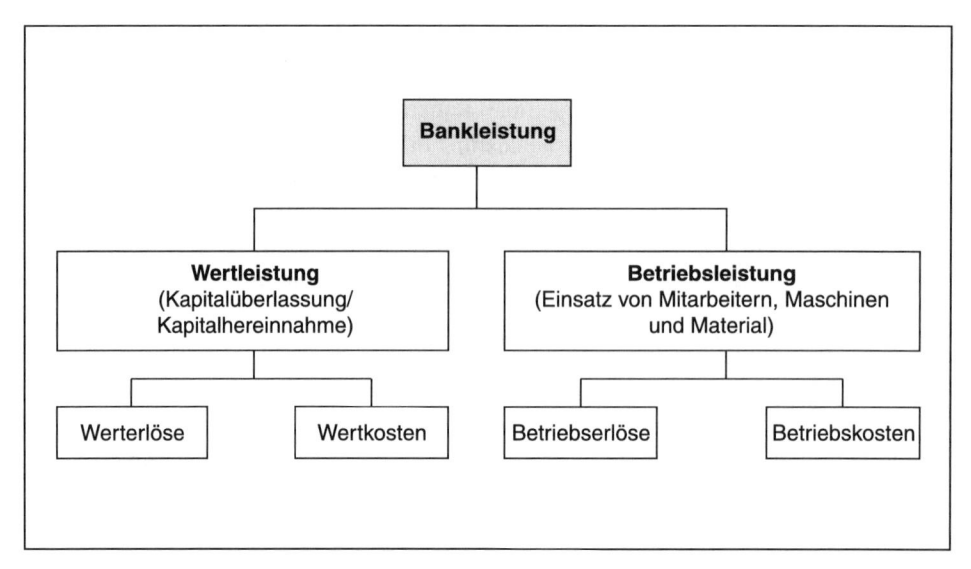

Abbildung 3-25: Bankleistung

---

**BEISPIEL: Kreditgewährung**

- Betriebsleistung:
  - Kreditverhandlung
  - Erledigung der notwendigen Formalitäten/Korrespondenz und Bearbeitungsschritte inklusive Kreditgenehmigung durch den Kundenbetreuer und in der Kreditabteilung sowie im Back-office
- Wertleistung:
  - Hereinnahme von Einlagen in Höhe des Kreditbetrages und Überlassung des Kreditbetrages
- Betriebskosten:
  - Personalkosten für Kundenberater, Kreditsachbearbeiter
  - EDV-Kosten
  - Miete etc.
- Betriebserlöse:
  - vereinnahmte Bearbeitungsgebühren
- Wertkosten:
  - Zinszahlungen für beschaffte Einlagen
- Werterlöse:
  - Zinserlöse aus dem Kredit sowie Disagio

## 3.1.2 Kalkulation im Wertbereich

Die wichtigste Kalkulationsmethode im Wertbereich ist die **Zinsspannenrechnung**. Die Zinsspanne stellt den Überschuß der Zinserlöse über die Zinskosten dar und wird als Prozentsatz vom Geschäftsvolumen ausgedrückt. Sie kann sich dabei einerseits auf die gesamte Wertsphäre der Bank beziehen (Gesamtzinsspannenrechnung) oder auf einzelne Bereiche aufgespalten werden (Teilzinsspannenrechnung). Gerade Teilzinsspannen können aufzeigen, wie sich jeder einzelne Geschäftsabschluß auf das Zinsergebnis der Bank auswirkt. Als Ermittlungsmethoden wird hauptsächlich auf die Schichtenbilanzmethode sowie die Marktzinsmethode zurückgegriffen.

| Schichtenbilanzmethode | Marktzinsmethode |
|---|---|
| Einteilung der Passivseite in Schichten, danach: Zuordnung der Aktiva | Gegenüberstellung der effektiven Zinssätze zu den aktuellen Geld- und Kapitalmarktzinssätzen |

Abbildung 3-26: Methoden zur Kalkulation des Wertbereichs

### 3.1.2.1 Schichtenbilanzmethode

Die Schichtenbilanzmethode geht davon aus, daß sich bestimmte Aktiva bestimmten Passiva zuordnen lassen.

Die Schichtenbilanzmethode beruht meist auf vergangenheitsbezogenen Daten und dient somit der Analyse von abgelaufenen Perioden. Allerdings erreicht sie wegen ihrer oft etwas willkürlichen Zuordnung schnell ihre konzeptionellen Grenzen bei der Findung von aktuellen Preisuntergrenzen im Aktivgeschäft oder Preisobergrenzen im Passivgeschäft.

Im Beispiel auf den nachfolgenden Seiten wird eine Grundkonzeption der Schichtenbilanzmethode dargestellt.

### BEISPIEL: Grundkonzeption der Schichtenbilanzmethode

**Beispielbilanz der Lernbank AG**

|  | Volumen | Zinssatz |  | Volumen | Zinssatz |
|---|---|---|---|---|---|
| Barreserve | 200 | – | Bankengelder | 300 | 6,0 % |
| **Kundenforderungen:** |  |  | **Kundeneinlagen:** |  |  |
| kurzfristig | 400 | 10,0 % | Sichteinlagen | 300 | 0,5 % |
| langfristig | 250 | 7,0 % | Spareinlagen | 250 | 2,0 % |
| Anlagevermögen | 150 | – | Eigenkapital | 150 | – |
|  | 1.000 |  |  | 1.000 |  |

Die Gesamtzinsspanne beträgt demnach:

$$\frac{((400 \cdot 10\% + 250 \cdot 7\%) - (300 \cdot 6\% + 300 \cdot 0{,}5\% + 250 \cdot 2\%))}{1.000} = 3{,}3\%$$

Im nächsten Schritt wird die Passivseite in vier Schichten (nämlich Eigenkapital, Spar- sowie Sichteinlagen, Bankengelder) eingeteilt. Diesen Schichten werden daraufhin die Aktiva zugeordnet:

| | Schichtung | | | |
|---|---|---|---|---|
| | Schicht 1 | Schicht 2 | Schicht 3 | Schicht 4 |
| Aktiva \ Passiva | Eigenkapital | Spareinlagen | Sichteinlagen | Bankengelder |
| Anlagevermögen | 150 | | | |
| langfristige Forderungen | | 250 | | 300 |
| kurzfristige Forderungen | | | 100 | |
| Kasse | | | 200 | |

Hieraus kann nun die Schichtenbilanz abgeleitet werden:

| Schichtenbilanz | | | | | | |
|---|---|---|---|---|---|---|
| | | Volumen | Zinssatz | | Volumen | Zinssatz |
| Schicht 1 | Anlagevermögen | 150 | – | Eigenkapital | 150 | – |
| Schicht 2 | langfristige Forderungen | 250 | 7,0 % | Spareinlagen | 250 | 2,0 % |
| Schicht 3 | kurzfristige Forderungen | 100 | 10,0 % | | | |
| | Kasse | 200 | – | Sichteinlagen | 300 | 0,5 % |
| Schicht 4 | kurzfristige Forderungen | 300 | 10,0 % | Bankengelder | 300 | 6,0 % |

In diesem Beispiel werden in Schicht 2 die 7prozentigen langfristigen Kundenforderungen aus dem kompletten Spareinlagenbestand mit 2 Prozent refinanziert. Bei den kurzfristigen Kundenforderungen hingegen muß eine Aufsplittung erfolgen, denn nur ein Teil wird durch die Sichteinlagen der Kunden refinanziert (Schicht 3), ein anderer Teil durch die Interbankengeldaufnahme (Schicht 4).

Es ergeben sich also folgende Teilzinsspannen:

Schicht 1: –
Schicht 2: 7,0 % – 2,0 % = 5,0 %
Schicht 3: 3,33 % – 0,5 % = 2,83 %
Schicht 4: 10,0 % – 6,0 % = 4,0 %

Danach ist jedoch noch die Frage zu beantworten, welcher Seite der Ertrag der errechneten Teilzinsspanne zuzuordnen ist. Unter der Annahme, daß sowohl die Passiv- als auch die Aktivseite gleichermaßen zu diesem Ergebnis beigetragen haben, wird der sich ergebende Zinsüberschuß oft 50/50 unter den Beteiligten aufgeteilt.

Für Schicht 2 bedeutet dies beispielsweise einen Verrechnungssatz von

(7 % – 2 %) : 2 = 2,5 %

Die Wertkosten der Aktiva (Werterlöse der Passiva) ergeben sich dann als Summe aus Zinssatz der Passiva (Aktiva) zuzüglich (abzüglich) der anteiligen Teilzinsspannen, das heißt, die Wertkosten der langfristigen Kundenforderungen betragen 2 % + 2,5 % = 4,5 %, die Werterlöse der Spareinlagen 7 % – 2,5 % = 4,5 %.

### 3.1.2.2 Marktzinsmethode

Neben der vergangenheitsbezogenen Schichtenbilanzmethode gibt es eine weitere Methode für die gegenwarts- und zukunftsbezogene Kalkulation. Im Rahmen der sogenannten Marktzinsmethode erfolgt keine Gegenüberstellung von Aktiva und Passiva. Statt dessen wird davon ausgegangen, daß für ein heute abzuschließendes Kundengeschäft auch alternativ ein Geschäft am Geld- oder Kapitalmarkt möglich wäre.

Als Vergleichsmaßstab werden also Alternativgeschäfte unterstellt, das heißt, es werden den effektiven Zinskosten beziehungsweise Zinserlösen aus dem Kundengeschäft die aktuellen Marktzinssätze gegenübergestellt: Im Kreditgeschäft wird mit dem Zins einer alternativen Anlagemöglichkeit am Geld- und Kapitalmarkt verglichen. Im Passivgeschäft werden die Konditionen der Kundeneinlagen im Vergleich zu einer alternativen Beschaffungsmöglichkeit am Geld- und Kapitalmarkt beurteilt. Da die Vergleichsgrößen also auf konkret mögliche Alternativgeschäfte verweisen, kann die Marktzinsmethode für die Findung von aktuellen Preisunter- beziehungsweise obergrenzen als recht geeignet angesehen werden.

Ein weiterer Vorteil der Marktzinsmethode liegt darin, daß man die Ergebnisse aus dem Aktiv-/Passivgeschäft und den Erfolgsanteil aus der Fristentransformation aufsplitten kann, wenn und weil man für den Vergleich mit Marktzinssätze mit gleicher Zinsbindungsfrist wählt. Das ist insofern interessant, als der Gesamterfolg im Wertbereich nicht nur aus den Einzelerfolgen des Aktiv- und Passivgeschäfts resultiert, sondern auch aus der gesamten (Fristen-)Struktur.

Die Gesamtzinsspanne setzt sich also aus dem Erfolgsbeitrag des gesamten Kundengeschäfts (sogenannter Konditionsbeitrag) sowie den Zinseffekten aus der Fristentransformation (sogenannter Strukturbeitrag) zusammen. Die Entscheidung über den Umfang der Fristentransformation trifft im allgemeinen die Geschäftsleitung. Gewinne und Verluste hieraus sollten deshalb die Kalkulation der einzelnen Bankleistungen beziehungsweise Konditionen nicht beeinflussen.

**BEISPIEL: Grundkonzeption der Marktzinsmethode**

| Rahmendaten | | | | | |
|---|---|---|---|---|---|
| Aktuelle Geld- und Kapitalmarktzinssätze | Bankenkonditionen | Aktiva | Passiva | Bankenkonditionen | Aktuelle Geld- und Kapitalmarktzinssätze |
| 6,0 % | 7,0 % | Tagesgeld an Kunden 500 Mio. DM | Tagesgeld von Kunden 800 Mio. DM | 5,0 % | 6,0 % |
| 8,0 % | 9,0 % | Jahresgeld an Kunden 1.000 Mio. DM | Jahresgeld von Kunden 700 Mio. DM | 6,0 % | 8,0 % |

Gesamtzinsspanne:

$$(500 \cdot 7\% + 1.000 \cdot 9\%) - (800 \cdot 5\% + 700 \cdot 6\%) = 2,86\%$$

Es wird für jede Position ermittelt, welchen Vorteil der Geschäftsabschluß mit Kunden statt mit anderen Banken bringt. Der Erfolg (Mehrerlös gegenüber Geschäften mit Banken) im Aktivgeschäft beträgt demnach:

$$\frac{500 \cdot (7\% - 6\%) + 1.000 \cdot (9\% - 8\%)}{1.500} = 1\%$$

Der Erfolg (Kostenvorteil gegenüber Geschäften mit Banken) im Passivgeschäft beträgt demnach:

$$\frac{800 \cdot (6\% - 5\%) + 700 \cdot (8\% - 6\%)}{1.500} = 1,47\%$$

Die Zinserfolge im Aktiv- und im Passivgeschäft ergeben addiert somit 2,47 Prozent, bei einer Gesamtzinsspanne von 2,86 Prozent. Die Differenz von 0,39 Prozent stellt den Erfolg aus der Fristentransformation dar.

### 3.1.2.3 Gegenüberstellung der Schichtenbilanz- und Marktzinsmethode

Abschließend kann gezeigt werden, daß die Schichtenbilanz- und Marktzinsmethode bei gleicher Ausgangssituation zu unterschiedlichen Ergebnissen kommen:

Im Beispiel der Schichtenbilanzmethode wurde in der Schicht 2 (vgl. Schichtenbilanz, oben) ein Finanzierungszusammenhang zwischen den langfristigen Forderungen und den Spareinlagen angenommen. Aus dieser Schichtung ergab sich rechnerisch eine Teilzinsspanne von 5 Prozent. Die Halbierung führte zu einem 2,5prozentige Verrechnungszinssatz und sowohl für die langfristigen Kundenforderungen als auch für die Spareinlagen zu Wertkosten von jeweils 4,5 Prozent.

Für die Kalkulation nach der Marktzinsmethode soll nun den langfristigen Forderungen ein beispielhaft gewählter Kapitalmarktzins in Höhe von 6,5 Prozent und den Spareinlagen ein 5prozentiges Kapitalmarktgeschäft gegenübergestellt werden. Auch hier ergibt sich eine Zinsspanne: 7 % – 2 % = 5 % .

Bezogen auf das Zahlenbeispiel der Schichtenbilanzmethode ergibt sich ein

Konditionsbeitrag Kreditgeschäft       7,0 % – 6,5 % = 0,5 %,
Konditionsbeitrag Einlagengeschäft     5,0 % – 2,0 % = 3,0 % ,
Strukturbeitrag                        5,0 % – 0,5 % – 3,0 % = 1,5 %,

das heißt der Werterfolg im Kreditgeschäft beträgt nach der Marktzinsmethode 0,5 Prozent und im Spargeschäft 3 Prozent. Hätte also die Bank komplett auf das Kundenkreditgeschäft verzichtet und das Geld am Kapitalmarkt angelegt, wäre der Zinsüberschuß um 0,5 Prozent geringer gewesen. Erheblich anders zeigt sich diese Überlegung für die Einlagenseite: Hätte sich die Bank die Passiva nicht bei den Kunden, sondern am Geld- und Kapitalmarkt besorgt, wäre der Zinsüberschuß erheblich niedriger (nämlich um 3 Prozent) ausgefallen. Der Strukturbeitrag in Höhe von 1,5 Prozent wäre hingegen auch ohne die Kundengeschäfte – alleine durch die Fristentransformation der zumindest zum Teil kurz- beziehungsweise mittelfristigen Spareinlagen und langfristigen Forderungen – erwirtschaftet worden.

Diese Betrachtung verdeutlicht den Unterschied zwischen der Schichtenbilanz- und der Marktzinsmethode: Bei letzterer wird das aktivische (passivische) Kundengeschäft mit einem alternativ möglichen aktivischen (passivischen) Geld- und Kapitalmarktgeschäft verglichen; es wird nicht die Frage gestellt, welche Aktiva „tatsächlich" mit welchen Passiva refinanziert wurden. Die Kalkulation geht also von Opportunitätskosten und nicht von vermuteten Finanzierungszusammenhängen aus. Man kommt daher auch für die jeweiligen Aktiv- und Passivgeschäfte zu unterschiedlichen Kalkulationsgrößen. Daher wird dem Kundengeschäfts-Verantwortlichen statt der hälftigen Aufteilung des gesamten Zinsüberschusses auch nur der jeweilige Konditionsbeitrag des von ihm beeinflußbaren Kundengeschäfts als Erfolgsgröße zugerechnet. Der Strukturbeitrag hingegen (da er das Ergebnis von Bilanzstrukturentscheidungen darstellt und nicht einzelnen Aktiv- oder Passivgeschäften zugeordnet werden kann) wird der Zentrale beziehungsweise der Geschäftsführung institutsübergreifend zugeordnet, da das Ausmaß der Fristentransformation von ihr zu verantworten ist.

### 3.1.3 Kalkulation im Betriebsbereich

Der Betriebsbereich umfaßt – wie erwähnt – die technisch-organisatorische Seite des Bankgeschäfts. Die Kalkulation soll hier Fragen beantworten zum Beispiel wie: Welche Kosten entstehen bei der Abwicklung einer Überweisung, bei der Ausführung einer Wertpapier-Order etc. Diese sogenannte Stückkostenrechnung soll hauptsächlich dazu dienen, kalkulatorische Preisuntergrenzen für die Kundenkonditionen zu finden, und zwar für solche Bankleistungen, die stückzahlenmäßig zu erfassen sind.

Für die Ermittlung der Kosten muß auf ein umfangreiches Rechenwerk zurückgegriffen werden: Die Kostenarten-, Kostenstellen- und Kostenträgerrechnung bilden die Grundlagen der traditionellen Stückkostenrechnung.

Der **Kostenartenrechnung** kann zunächst entnommen werden, welche Kosten in welcher Höhe entstanden sind. Sie vermittelt also einen Einblick in die Kostenstruktur der Bank. Auch ermöglicht sie einen Überblick über die Entwicklung einzelner Kostenarten im Laufe der Jahre. Wenn zum Beispiel auffällige oder unerwünschte Zuwachsraten deutlich werden, können entsprechende Gegenmaßnahmen eingeleitet werden.

Aufbauend auf den Ergebnissen der Kostenartenrechnung gibt die **Kostenstellenrechnung** Aufschluß darüber, an welchen Stellen die ermittelten Kosten entstanden sind: Das kann in unterschiedlicher Weise geschehen, beispielsweise mit einem sogenannten Betriebsabrechnungsbogen. Er stellt ein kalkulatorisches Hilfsmittel dar, das die unterschiedlichen Kostenarten tabellarische erfaßt und nach dem Verursachungsprinzip auf Haupt-, Hilfs- und allgemeine Kostenstellen verteilt. So fallen unter die Haupt- oder auch Marktkostenstellen alle Abteilungen, die überwiegend Marktleistungen erbringen, das heißt, die dem Verkauf der Bankleistungen an die Kunden dienen. Die (Stabs-) Abteilungen, die die Geschäftstätigkeit der Bank allgemein unterstützen (wie beispielsweise Organisations-, Personal-, Revisionsabteilung, aber auch der Vorstand), werden als allgemeine oder auch Stabskostenstellen benannt. Alle anderen Bereiche, die innerbetriebliche Leistungen ohne direkten Kundenkontakt (wie Telefonzentrale, Fuhrpark, Rechenzentrum, Hausverwaltung etc.) ausüben, werden als Hilfs- oder Betriebskostenstellen bezeichnet.

In weiteren Arbeitsschritten werden dann sämtliche Kosten entweder den Kostenstellen direkt oder nach bestimmten Schlüsseln indirekt zugerechnet. Danach erfolgt die Umlage der Kosten der Hilfs- sowie Stabskostenstellen auf die Hauptkostenstellen. Dahinter steht die Einsicht, daß der Marktbereich ohne die Tätigkeiten in den Hilfs- und Stabsabteilungen nicht funktionsfähig wäre. Auch wenn die bankbetrieblichen Erlöse fast ausschließlich durch die Tätigkeit des Marktbereichs erwirtschaftet werden, braucht er die Unterstützung der Hilfs- und Stabsabteilungen, so daß letztlich auch deren Kosten von den Marktkostenstellen zu tragen sind.

Das Problem bei diesem Vorgehen liegt jedoch darin, daß eine objektiv verursachungsgerechte Kostenaufteilung nicht möglich ist. Die vorgestellte Methode stellt lediglich Ansätze der Kostenverteilung dar, ist jedoch mit Mängeln behaftet und daher nur unter großem Vorbehalt für die Kalkulation von Stückkosten und Preisen zu verwenden.

Um nur ein Beispiel für die oft recht willkürliche Kostenaufteilung zu geben: Wie soll das Gehalt des Vorstandsfahrers auf die einzelnen Geschäftsarten umgelegt werden? Wieviel Prozent der Rechenzentrums-Miete sind vom Wertpapiergeschäft verursacht worden, und wieviel Pfennige müßten demnach dem Kunden für eine Wertpapier-Order in Rechnung gestellt werden. Diese letzte Fragestellung führt bereits zur Kostenträgerrechnung.

Mit der **Kostenträgerrechnung** sollen, aufbauend auf den Ergebnissen der Kostenstellenrechnung, die Kosten der einzelnen Geschäftsvorgänge, also die Kosten pro Leistungseinheit. Diese Ergebnisse können dann eine Grundlagen beispielsweise der Kundenkalkulation bilden.

Wenn in einer Kostenstelle nur eine einzige Leistungsart erbracht wird, kann dies relativ einfach mit der **Divisionskalkulation** geschehen: Die ermittelten Kosten einer Hauptkostenstelle werden dividiert durch die Anzahl der erbrachten Leistungen

**BEISPIEL**

Die Betriebskosten für Kundensafes betragen 5.000 DM; insgesamt wurden 100 Kundensafes verwaltet. Die Verwaltung eines Kundensafes verursachte somit durchschnittlich 5.000 DM : 100 = 50 DM Kosten.

So klar und einfach ist die Kalkulation (leider) selten, weil meistens in einer Kostenstelle mehrere und unterschiedlich arbeitsintensive Leistungen erbracht werden. Dazu bietet sich die **Äquivalenzziffernmethode** an: Bevor die Kosten durch die Anzahl der erbrachten Leistungen dividiert werden, müssen die verschiedenen Leistungsarten gleichwertig gemacht werden.

Nimmt man beispielsweise die unterschiedlchen Bearbeitungszeiten als Basis, so werden die Bankleistungen nach ihrer durchschnittlichen Bearbeitungszeit gewichtet und darauf die Kosten anteilig zugeordnet. Die wichtigste Leistungsart erhält beispielsweise die Äquivalenzziffer 1,0. Alle anderen Leistungsarten werden dann mit dieser Bezugsbasis verglichen und erhalten je nach Arbeitsintensität beziehungsweise Zeitdauer pro Vorgang höhere oder niedrigere Äquivalenzziffern.

> **BEISPIEL**
>
> Für die genannten Leistungselemente stehen die folgenden Informationen aus der Leistungsstatistik zur Verfügung:
>
> | Leistungselement | Anzahl |
> |---|---|
> | Kontoeröffnungen | 500 |
> | Überweisungsaufträge | 10.000 |
> | Scheckeinreichungen | 2.000 |
>
> Dabei wird unterstellt, daß die Kontoeröffnungen 50 Prozent mehr und die Überweisungsaufträge 20 Prozent weniger Kosten verursacht haben als die Scheckeinreichungen. Die Gesamtkosten belaufen sich auf 26.875 DM.
>
> Es ergeben sich somit folgende Betriebskosten je Recheneinheit, Stückkosten je Leistung sowie Gesamtkosten je Leistung:
>
> | Leistung | Äquivalenzziffer | Anzahl | Recheneinheiten | Stückkosten | Gesamtkosten |
> |---|---|---|---|---|---|
> | Kontoeröffnung | 1,5 | 500 | 750 | 3,75 | 1.875 |
> | Überweisung | 0,8 | 10.000 | 8.000 | 2,00 | 20.000 |
> | Scheckeinreichung | 1,0 | 2.000 | 2.000 | 2,50 | 5.000 |
> | | | | 10.750 | | 26.875 |
>
> **Betriebskosten** je Recheneinheit $= \dfrac{26.875 \text{ DM}}{10.750 \text{ DM}} = 2{,}50 \text{ DM}$

Die bis hier vorgestellten Methoden der traditionellen Stückkostenrechnung sind heute heftig umstritten. Im Kern zielen die unterschiedlichen Kritikpunkte immer wieder auf die „Willkür" und die Unmöglichkeit dieser Methoden, alle Kosten solange umzuverteilen, bis sie einem Kostenträger, also einer konkreten Bankleistung zuzuordnen sind – selbst wenn überhaupt kein Zusammenhang zwischen der Ursache der Kosten und der am Ende damit belasteten Leistung erkennbar ist. Wieso soll beispielsweise der Leiter der Kreditabteilung einen Teil der Kosten übernehmen, wenn die Vorstandsetage in ein neues Gebäude umzieht? Oder soll er deswegen sogar höhere Gebühren bei seinen Kreditkunden in Rechnung stellen? Tatsächlich hat er jene Kosten weder zu verantworten, noch kann er sie als sinnvolle Kalkulationsgrundlage für Kundenkonditionen berücksichtigen. Das Hauptproblem dieser auch als Vollkostenrechnung bekannten Methode ist also der letztlich unmögliche Versuch, alle Gemeinkosten verursachungsgerecht und objektiv zu verteilen. Aus dieser Kritik entstanden daher Ansätze der sogenannten Einzelkosten- und Deckungsbeitragsrechnung, die konsequenterweise auf die Umlage aller Gemeinkosten verzichtet.

Die **Standard-Einzelkostenrechnung** beschränkt sich auf das Rechnen mit Einzelkosten und umgeht somit die Kritik an der traditionellen Stückkostenrechnung. Es handelt sich also hierbei um eine Teilkostenrechnung.

Bei der Standard-Einzelkostenrechnung geht es darum, die unterschiedlichen Bankleistungen zu systematisieren und festzustellen, welche Kostenstellen und welche Hilfsmittel jeweils an der Leistungserstellung beteiligt sind. So kann definiert werden, was unter einer durchschnittlichen Arbeitsleistung zu verstehen ist. Anhand von Zeitmeßverfahren und Arbeitsstudien können dann Standardbearbeitungszeiten im Sinne einer Sollbearbeitungszeit für alle regelmäßig wiederkehrenden und gleichartigen Tätigkeiten ermittelt werden. Dann werden Zeitkostensätze errechnet, indem die Einzelkosten der Kostenstelle auf ihre Gesamtkapazität verteilt werden. Hieraus ergeben sich die Einzelkosten pro Zeiteinheit. Werden diese mit der Standardbearbeitungszeit (in Sekunden) multipliziert, ergeben sich die Standard-Einzelkosten pro Leistung.

Auch diese Methode zeigt Schwächen: Denn alle verbleibenden Gemeinkosten bleiben zunächst unberücksichtigt, sie sind später aus dem sich ergebenden Deckungsbeitrag zu decken. Und auch die Annahme einer kalkulatorisch übereinstimmenden Soll- und Istbearbeitungszeit läßt nicht genügend Raum, Maximalbelastungen und Unterauslastungen im Einzelfall zu berücksichtigen: Folglich sind die errechneten Standardbearbeitungszeiten pro Bank(teil-)leistung unabhängig von der tatsächlichen Auslastung der beteiligten Personal- und Sachmittelkapazitäten immer konstant.

## BEISPIEL

Für die Bestimmung der Kosten für eine Überweisung nach der Standard-Einzelkostenrechnung sind folgende Daten bekannt:

| Kostenstelle | 1 | 2 | 3 |
|---|---|---|---|
| Personaleinzelkosten (DM/Monat) | 50.000 | 20.000 | 10.000 |
| Sacheinzelkosten (DM/Monat) | 5.000 | 5.000 | 25.000 |
| gesamte Kostenstellenkapazität (Stunden/Monat) | 1.000 | 250 | 100 |
| Standardbearbeitungszeit (Sekunden/Überweisung) | 100 | 40 | 10 |

Zunächst werden die Einzelkosten **pro Sekunde** ermittelt, indem
- die Gesamtkosten der jeweiligen Kostenstellen
- die Gesamtkapazität der Kostenstellen in Sekunden/Monat
- sowie die Zeitkostensätze in DM/Sekunde

errechnet werden.

| Kostenstelle | 1 | 2 | 3 |
|---|---|---|---|
| Summe der Kosten/Kostenstelle | 55.000 | 25.000 | 35.000 |
| Gesamtkapazität (Sekunden/Monat) | 3.600.000 | 900.000 | 360.000 |
| Zeitkostensätze (DM/Sekunde) | 0,015 | 0,027 | 0,097 |

Danach werden die Standard-Einzelkosten durch Multiplikation der Standardbearbeitungszeit mit den Zeitkostensätzen bestimmt.
Es errechnen sich somit Standardkosten für eine Überweisung in Höhe von

$$(100 \cdot 0{,}015 + 40 \cdot 0{,}027 + 10 \cdot 0{,}097) = 3{,}55 \text{ DM}$$

### 3.1.4 Integrierte Kostenrechnungssysteme

Wie bisher gezeigt, hat jede Kostenrechnungsmethode ihre spezifischen Aufgaben, bietet unterschiedliche Kalkulationsmöglichkeiten, ist aber auch mit Schwächen behaftet. Führt man die einzelnen Kalkulationsergebnisse zu komplexeren Rechenwerken zusammen, kommt es eventuell auch zu einer Addition dieser Einzelfehler, was dann die Aussagekraft der Ergebnisse zum Teil erheblich einschränken kann.

Unternimmt man statt dessen Versuch,

- die Kritik der Gemeinkostenumlage bei der Stückkostenrechnung
- die Bildung von Verrechnungszinssätzen bei der Schichtenbilanzmethode zu umgehen
- sowie die bislang nach Wert- und Betriebsbereich getrennte Rechnung zu kombinieren

so bietet sich ein Vorgehen an, das die Standard-Einzelkostenrechnung mit der sogenannten Deckungsbeitragsrechnung verbindet:

Die **Deckungsbeitragsrechnung** trennt die Kosten nach fixen und variablen Gesichtspunkten, berücksichtigt also die Beschäftigungsabhängigkeit und damit die Beeinflußbarkeit der Kosten: Die Differenz zwischen den variablen (beschäftigungsabhängigen) Kosten und den erwirtschafteten Erlösen bildet den Deckungsbeitrag. Aus ihm sind später die verbleibenden Fixkosten (also beschäftigungsunabhängige Kosten) zu decken. Den Entscheidungsträgern kann somit deutlich gemacht werden, welchen bankbetrieblichen Erfolg sie zunächst durch ihre Tätigkeit erwirtschaften konnten. Sie erkennen aber darüber hinaus, daß sie durch ihre Tätigkeit einen Beitrag zur Deckung der verbleibenden fixen Kosten leisten müssen, um zur Substanzerhaltung der Bank beizutragen. Diese Vorgehensweise ist somit dazu geeignet, die Aktivitäten und auch Kreativitätspotentiale der Mitarbeiter auf die Ertragssituation des Gesamtinstituts und nicht mehr nur auf ihr eigenes Aufgabenfeld zu richten.

Im Vordergrund der nun anzustellenden Überlegungen steht die einzelne Bankleistung. Diese Produktkalkulation bildet dann den Ausgangspunkt für weitere Kalkulationsobjekte, etwa für die Kundenkalkulation. Denn im allgemeinen nimmt jeder Kunden eine Vielzahl von Bankleistungen in Anspruch. Die Zusammenfassung der einzelnen Ergebnisbeiträge der kundenseitig in Anspruch genommenen Produkte zeigt dann das Ergebnis der Kundenkalkulation: Was haben wir am Kunden X verdient? Oder kostet und die Kundengruppe Y unterm Strich nur Geld? Es können dann also vergleichbare Kunden zu Kundengruppen zusammengefaßt werden und in einer Kundengruppenrechnung auf ihre Ertragsstärke hin untersucht werden, zum Beispiel welche Kundengruppen besonders ertragreich oder kostenintensiv sind. Dies bietet unter absatzpolitischer Sichtweise Argumente für eine Betreuungsintensivierung oder Rationalisierung.

Faßt man andererseits sämtliche Kunden eines Geschäftsgebiets zusammen, ergibt sich die Filial- oder Geschäftsstellenrechnung. Sie zeigt die Stärken oder Schwächen einzelner Niederlassungen und ermöglicht Zeit- und Filialvergleiche.

### 3.1.4.1 Produktkalkulation

Bei der Produktkalkulation stellt sich zunächst das Problem, wie die Wertleistung zu kalkulieren ist. Einen Lösungsansatz liefert die bereits behandelte Marktzinsmethode. Allerdings stellt die Differenz zwischen Kunden- und Marktzins noch nicht den reinen bankbetrieblichen Erfolgsbeitrag dar. Vielmehr sind noch **Bearbeitungskosten** zu berücksichtigen. Einen Ansatz liefert, wie beschrieben, die Standard-Einzelkostenrechnung. Die sich daraus ergebenden Stückkosten können beispielsweise in Prozent des Kredit- oder Einlagenvolumens ausgedrückt werden und ergeben so den kalkulatorischen Bearbeitungskostensatz.

Für Kreditgeschäfte sind außerdem **Risikokosten** zu berücksichtigen. Dies kann so kalkuliert werden, daß Kreditausfälle ins Verhältnis zum Kreditvolumen gesetzt werden. Handelt es sich hierbei weitestgehend um Durchschnittswerte, können in der späteren Kundenkalkulation statt dessen kunden(gruppen)spezifische Werte angesetzt werden.

Bei Einlagengeschäften sind zusätzlich noch eventuelle **Mindestreservekosten** zu berücksichtigen.

Für die Kalkulation von Preisunter- beziehungsweise -obergrenzen sind zuletzt noch **Eigenkapitalkosten** ins Kalkül zu ziehen. Dabei ist zu entscheiden, welche Geschäfte in welchem Umfang die Eigenkapitalkosten zu tragen haben.

Eine andere Vorgehensweise stellt sowohl für Aktiv- als auch Passivgeschäfte einen Aufschlag zur Deckung der Eigenkapitalkosten in Rechnung. Hier wird die Auffassung vertreten, daß alle Geschäfte mit zur Verzinsung des Eigenkapitals beitragen müssen.

| Kredite | Einlagen |
|---|---|
| Marktzins<br>+ Bearbeitungskosten<br>+ Risikokosten<br>+ Eigenkapitalkosten | Marktzins<br>− Bearbeitungskosten<br>− Mindestreservekosten<br>− (eventuelle Eigenkapitalkosten) |
| = Preisuntergrenze | = Preisobergrenze |

Abbildung 3-27: Produktkalkulation

Bei der Produktkalkulation von Dienstleistungen kann die Zahl der Geschäftsvorgänge und/oder die Auftragshöhe als Maßstab dienen. Anhaltspunkte für die Ermittlung der Preisuntergrenzen liefert die Standard-Einzelkostenrechnung. Allerdings stellt sich zum Beispiel gerade im Zahlungsverkehr das Problem, daß hier die Kosten wesentlich höher sind als die am Markt durchsetzbaren Preise. Hier sei deshalb erneut der Verweis auf die Kundenkalkulation gegeben, die dann die Gesamtbetrachtung der Kundenverbindung, sowohl mit ihren profitablen Produkten als auch mit defizitären Leistungen, wie etwa im Zahlungsverkehr.

Im Einzelfall kann es durchaus sinnvoll sein, Geschäfte zu Zinssätzen oder Preisen abzuschließen, die unterhalb der kalkulierten Kosten liegen. Außerdem kann die Produktkalkulation nur eine Richtschnur für die Preisgestaltung liefern, da letztlich auch die Verhandlungsmacht der Kunden die Konditionsfestlegung mitbestimmt. Besonders nützlich ist die Produktkalkulation bei der Festsetzung von Erstkonditionen für neue Produkte, aber auch bei der Ermittlung des Produkterfolges in einem vergangenen Abrechnungszeitraum. Äußerst wertvoll sind die Ergebnisse der Produktkalkulation schließlich für die Kunden- und Geschäftsstellenkalkulation.

### 3.1.4.2 Kundenkalkulation

Jede Kundenverbindung umfaßt aus ein Bündel verschiedener Bankleistungen. Die Zusammensetzung ist dabei abhängig vom Verhalten des Kunden, er beeinflußt insofern den bankbetrieblichen Gesamterfolg. Um diesen Einfluß für jede Kundenverbindung ermitteln zu können, bildet man in der Kundenkalkulation gewissermaßen die Summe der in Anspruch genommenen Bankleistungen, bewertet mit den Kosten aus der Produktkalkulation ab. Diesen gesamten Kosten sind die an diesem Kunden „verdienten" Erträge (Zinseinnahmen, Provisionen, und anderes) desselben Zeitraums gegenüberzustellen. Dabei besteht die Möglichkeit, Kundenbesonderheiten zu berücksichtigen, beispielsweise kann je nach Bonität oder Bearbeitungsintensität ein kundenindividueller Bearbeitungs- oder Risikokostenansatz erfolgen.

Die Kundenkalkulation liefert der Bank wertvolle Informationen darüber, wie sich der gesamte Erfolg einer Geschäftsverbindung zusammensetzt. Auch ermöglicht eine derartig aufgebaute Kundenkalkulation, Auswirkungen von Konditions- oder Leistungsänderungswünschen seitens der Kunden zu schätzen. Daher bietet sie auch dem Kundenberater konkrete Zahlen für seine Verhandlungsposition, für lukrative Cross-selling-Aktivitäten und ähnliches.

Bei der Detailbetrachtung wird man immer feststellen können, daß sich die Kundenkalkulation aus Bankleistungen zusammensetzt, von denen manche einen negativen und andere einen positiven Ergebnisbeitrag bringen. Auch wenn beispielsweise die Führung des Gehaltskontos ein Verlustgeschäft darstellt, können die positiven Ergebnisse aus der Abwicklung von Wertpapiergeschäften diese Geschäftsverbindung insgesamt dennoch lukrativ erscheinen lassen. Umgekehrt kann es aber auch sein, daß zwar sämtliche Geschäfte für einen Kunden gewinnbringend abgewickelt werden könnten, aber wegen zu vieler Sonderkonditionen sich die gesamte Geschäftsverbindung dennoch als defizitär erweist. Hier zeigt sich dann der Vorteil einer Gesamtbetrachtung gegenüber einer produktisolierten Untersuchung: Meist können die einzelnen negativen Produktinanspruchnahmen nicht eliminiert werden, ohne die gesamte Geschäftsverbindung zu gefährden. So ist es durchaus sinnvoll, für bestimmte Geschäfte auch ein negatives Ergebnis zu akzeptieren, solange der Gesamterfolg aus der Kundenverbindung dies rechtfertigt. Außerdem kann die Kundenbetreuung steuernd eingreifen: Mit den Daten der Kundenkalkulation wären ergebnisverbessernd etwa die Reduktion von Einzelüberweisungen durch Sammelüberweisungen oder Datenträgeraustausch, der Abschluß von Investmentsparverträgen anstelle vieler Kleinaufträge im Wertpapierbereich, die Erweiterung der Geschäftsverbindung auf innovative Produkte etc. Erst wenn weder die Kosten reduziert noch die Erlöse auf diese Art erhöht werden können, ist bei negativem Gesamtergebnis die Auflösung der Geschäftsverbindung zu überlegen, sofern der Kunde zu Konditionszugeständnissen nicht bereit ist.

### 3.1.4.3 Geschäftsstellenrechnung

Die Geschäftsstellenrechnung ermittelt den Gesamterfolg von örtlich abgegrenzten Verantwortungsbereichen (Filialen, Zweigstellen etc.), um so ein Beurteilungskriterium für deren Rentabilität zu schaffen. Ein Zeitvergleich mit Vorperioden oder Betriebsvergleich mit anderen Geschäftsstellen gibt darüber hinaus Auskunft über die Entwicklung der Ertragsstärke. Unter der Voraussetzung, daß der Geschäftsstellenleiter mit umfangreichen Kompetenzen ausgestattet ist und er als „Unternehmer in der Bank" eigenverantwortlich handeln kann, bringt diese Erfolgsmessung neben den neutralen Zahlen auch Leistungsanreize oder kann Maßstab für erfolgsabhängige Gehaltsteile sein.

Normalerweise sind die zu untersuchenden Geschäftsstellen keine selbständigen Institute, sondern stehen in einem organisatorischen Verbund mit den anderen Geschäftsstellen und der Zentrale. Somit weisen sie auch meist eine unausgeglichene Bilanz auf. Deshalb bildet der innerbetriebliche Leistungsausgleich einen Kernpunkt der Geschäftsstellenrechnung. Er setzt sich zusammen aus der Zins- beziehungsweise Liquiditäts-, Provisions- und Kostenverrechnung. Ein Zins- beziehungsweise Liquiditätsausgleich kann für alle kreditintensiven beziehungsweise einlagenlastigen Geschäftsstellen notwendig werden, wenn die Zentrale für den Liquiditätsausgleich sorgt. Geschäftsstellen geben ihre überschüssigen Mittel, die sie im eigenen Aktivgeschäft nicht verwenden, an die Zentrale ab; reichen bei einer anderen Stelle umgekehrt ihre Einlagen für das beabsichtigte Kreditgeschäft nicht aus, beschafft sie sich von der Zentrale die fehlenden Mittel. Die notwendige Zinsverrechnung für die

Geldanlage oder Kreditaufnahme bei der Zentrale erfolgt zu einem einheitlichen Zinssatz, dessen Bestimmung das Hauptproblem bei dieser Vorgehensweise darstellt.

Ein anderer Ansatz versteht die Geschäftsstellenrechnung als Zusammenfassung aller Kundenkalkulationen der Geschäftsstellen. Dabei entfällt beispielsweise die Verzinsung eines Zentrale-Kontos. Statt dessen stellt man die vereinbarten Zinssätze sowohl des Aktiv- als auch des Passivgeschäfts den alternativen Marktzinssätzen gegenüber und addiert die Einzelergebnisse. Setzt man letztere in Bezug zum Geschäftsvolumen der Geschäftsstelle, erhält man den Erfolg aus Aktiv- und Passivgeschäft, ohne daß ein Verwendungszusammenhang zwischen Aktiva und Passiva hergestellt werden muß.

Die vereinnahmten Provisionserlöse aus dem Dienstleistungsgeschäft gehen voll in die Geschäftsstellenrechnung ein. Gleiches gilt für die im Rahmen der Standard-Einzelkostenrechnung ermittelten Stückkosten. Doch in ihrer Leistungserbringung sind die Geschäftsstellen nicht immer autonom, vielfach benötigen sie die Mithilfe der Zentrale, wie beispielsweise der Börsenabteilung, der Depotbuchhaltung und des Rechenzentrums. Deshalb ist auch diese zentralseitige Unterstützung auf der Kostenseite mit in die Geschäftsstellenrechnung einzubeziehen.

Zuletzt sei noch gezeigt, daß ein negatives Ergebnis nicht immer die Schließung einer Geschäftsstelle nahelegen muß. Neben Detailuntersuchungen, inwiefern durch organisatorische, personelle oder marktbezogene Maßnahmen die Ertragssituation verbessert werden kann, ist auch zu überprüfen, ob beispielsweise die gewählte Kalkulationsperiode eine objektive Bewertung zuläßt. Gerade im Eröffnungsjahr oder in einer Region, die mit überraschenden Strukturkrisen und plötzlicher Arbeitslosigkeit zu kämpfen hat, kann eine Geschäftsstelle durchaus unterdurchschnittliche Ergebnisse erzielen. Auch kann es sein, daß aus Imageüberlegungen oder anderen geschäftspolitischen Gründen (Kapitalsammelstelle, frühzeitige Präsenz an Wachstumsstandorten etc.) die Bank dort vertreten sein will und daher die defizitäre Ertragslage akzeptiert.

## 3.2 Externes Rechnungswesen

Hauptgegenstand des externen Rechnungswesens ist die Erstellung des Jahresabschlusses. Er besteht – gesetzlich vorgeschrieben – aus Bilanz, Gewinn- und Verlustrechnung und Anhang. Zusammen mit dem Lagebericht dient der Jahresabschluß der Information verschiedener externer Interessentenkreise der Bank. Hauptsächlich geht es also darum, über die Entwicklung der Vermögens-, Finanz- und Ertragslage der Bank zu berichten.

### 3.2.1 Die Informationsfunktion des Jahresabschlusses

Da die Unternehmensleitung mit dem Geld ihrer Aktionäre arbeitet, muß sie in regelmäßigen Abständen die Eigenkapitalgeber über den Stand ihres Vermögens unterrichten. Die Rechnungslegung übernimmt hier sowohl eine Dokumentationsfunktion über die wirtschaftliche Lage sowie eine Rechenschaftsfunktion über die Tätigkeit der Unternehmensleitung der Bank. Daneben erfüllt sie auch eine Publizitätsfunktion gegenüber anderen interessierten Kreisen wie Kunden, potentielle Anleger und Fremdkapitalgeber, Medien und Öffentlichkeit.

Um Interessenkollisionen entgegenzuwirken und die Informationsverpflichtungen für alle Banken zu vereinheitlichen, hat der Gesetzgeber versucht, die Vorstellungen des Gläubiger- und Anlegerschutzes gesetzlich zu verankern. Maßgeblich für die Rechnungslegung allgemein sind die Bilanzierungsvorschriften des HGB. Da aber wegen der branchenbedingten Besonderheiten nicht alle allgemeinen Bilanzierungsvorschriften auf Banken anzuwenden sind, finden sich Modifizierungen im sogenannten Bankbilanzrichtlinien-Gesetz, ein im dritten Buch des HGB angefügter 4. Abschnitt. Diese §§ 340 bis 340 o HGB treten an die Stelle der allgemeingültigen Gesetzesbestimmungen. Daneben sind die Bestimmungen der §§ 26 ff. KWG zu beachten, die besondere Fragen der Offenlegung gegenüber der Bankenaufsicht und anderes regeln.

Zusätzlich dient die Verordnung über die Rechnungslegung der Kreditinstitute dazu, daß alle Banken, unabhängig von ihrer Größe oder Rechtsform, einheitlich behandelt werden. Abweichend von dem Gliederungsschema des HGB gelten für Banken besondere Formblätter für Bilanz sowie Gewinn- und Verlustrechnung, die für alle Institute aller Rechtsformen verbindlich erlassen wurden.

### 3.2.2 Bilanz

#### 3.2.2.1 Einführung in den Aufbau der Bilanz

Schon ein erster Blick auf die Bilanzstruktur (vgl. Abbildung 3-28) zeigt, daß die Aktivseite nach fallender Liquidität geordnet ist: Sie beginnt mit den liquiden Mitteln und endet mit den schwer veräußerbaren Vermögensteilen. Auffällig ist dabei, daß die Einordnung nach den Ursprungszeiten und nicht nach Restlaufzeiten erfolgt; eine Gliederung der Forderungen und Verbindlichkeiten nach Restlaufzeiten hat (ab 1998) im Anhang zu erfolgen. Die Wertberichtigungen bei den Vermögensgegenständen werden direkt von den betroffenen Bilanzpositionen abgezogen. Dadurch, daß kein gesonderter bilanzieller Ausweis erfolgt, wird die Bildung stiller Reserven erleichtert.

# Jahresbilanz zum ..................................
## der ..................................

| Aktivseite | | | | | Passivseite | | | |
|---|---|---|---|---|---|---|---|---|
| | | DM | DM | DM | | DM | DM | DM |
| 1. Barreserve | | | | | 1. Verbindlichkeiten gegenüber Kreditinstituten | | | |
| a) Kassenbestand | | ......... | | | a) täglich fällig | ......... | | |
| b) Guthaben bei Zentralnotenbanken | | ......... | | | b) mit vereinbarter Laufzeit oder Kündigungsfrist | ......... | | |
| darunter: bei der Deutschen Bundesbank ......... DM | | | | | 2. Verbindlichkeiten gegenüber Kunden | | | |
| c) Guthaben bei Postgiroämtern | | ......... | ......... | | a) Spareinlagen | | | |
| 2. Schuldtitel öffentlicher Stellen und Wechsel, die zur Refinanzierung bei Zentralnotenbanken zugelassen sind | | | | | aa) mit gesetzlicher Kündigungsfrist | ......... | | |
| a) Schatzwechsel und unverzinsliche Schatzanweisungen sowie ähnliche Schuldtitel öffentlicher Stellen darunter: bei der Deutschen Bundesbank refinanzierbar ......... DM | | ......... | | | ab) mit vereinbarter Kündigungsfrist | ......... | ......... | |
| | | | | | b) andere Verbindlichkeiten | | | |
| | | | | | ba) täglich fällig | ......... | | |
| | | | | | bb) mit vereinbarter Laufzeit oder Kündigungsfrist | ......... | ......... | |
| b) Wechsel darunter: bei der Deutschen Bundesbank refinanzierbar ......... DM | | ......... | ......... | | 3. Verbriefte Verbindlichkeiten | | | |
| | | | | | a) begebene Schuldverschreibungen | ......... | | |
| 3. Forderungen an Kreditinstitute | | | | | b) andere verbriefte Verbindlichkeiten darunter: Geldmarktpapiere ......... DM eigene Akzepte und Solawechsel im Umlauf ......... DM | ......... | | |
| a) täglich fällig | | ......... | | | | | | |
| b) andere Forderungen | | ......... | ......... | | | | | |
| 4. Forderungen an Kunden darunter: durch Grundpfandrechte gesichert ......... DM Kommunalkredite ......... DM | | ......... | | | 4. Treuhandverbindlichkeiten darunter: Treuhandkredite ......... DM | ......... | | |
| | | | | | 5. Sonstige Verbindlichkeiten | ......... | | |
| 5. Schuldverschreibungen und andere festverzinsliche Wertpapiere | | | | | 6. Rechnungsabgrenzungsposten | ......... | | |
| a) Geldmarktpapiere | | | | | 7. Rückstellungen | | | |
| aa) von öffentlichen Emittenten | | ......... | | | a) Rückstellungen für Pensionen und ähnliche Verpflichtungen | ......... | | |
| ab) von anderen Emittenten | | ......... | ......... | | b) Steuerrückstellungen | ......... | | |
| b) Anleihen und Schuldverschreibungen | | | | | c) andere Rückstellungen | ......... | | |
| ba) von öffentlichen Emittenten | | ......... | | | 1) | | | |
| bb) von anderen Emittenten darunter: beleihbar bei der Deutschen Bundesbank ......... DM | | ......... | ......... | | 8. Sonderposten mit Rücklageanteil | ......... | | |
| | | | | | 9. Nachrangige Verbindlichkeiten | ......... | | |
| | | | | | 10. Genußrechtskapital darunter: vor Ablauf von zwei Jahren fällig ......... DM | ......... | | |
| c) eigene Schuldverschreibungen Nennbetrag ......... DM | | ......... | ......... | | 11. Fonds für allgemeine Bankrisiken | ......... | | |
| 6. Aktien und andere nicht festverzinsliche Wertpapiere | | ......... | | | 12. Eigenkapital | | | |
| | | | | | a) gezeichnetes Kapital | ......... | | |
| | | | | | b) Kapitalrücklage | ......... | | |
| 7. Beteiligungen darunter: an Kreditinstituten ......... DM | | ......... | | | c) Gewinnrücklagen | | | |
| | | | | | ca) gesetzliche Rücklage | ......... | | |
| | | | | | cb) Rücklage für eigene Anteile | ......... | | |
| | | | | | cc) satzungsmäßige Rücklagen | ......... | | |

Abbildung 3-28: Bilanzformblatt für Kreditinstitute

noch Aktivseite                                                                 noch Passivseite

|  | DM | DM | DM |
|---|---|---|---|

8. Anteile an verbundenen
   Unternehmen
   darunter:
   an Kreditinstituten .......... DM

9. Treuhandvermögen
   darunter:
   Treuhandkredite .......... DM

10. Ausgleichsforderungen gegen
    die öffentliche Hand einschließ-
    lich Schuldverschreibungen aus
    deren Umtausch

11. Immaterielle Anlagewerte

12. Sachanlagen

13. Ausstehende Einlagen auf das
    gezeichnete Kapital
    darunter:
    eingefordert .......... DM

14. Eigene Aktien oder Anteile
    Nennbetrag .......... DM

15. Sonstige
    Vermögensgegenstände

16. Rechnungsabgrenzungs-
    posten[6])

17. Nicht durch Eigenkapital
    gedeckter Fehlbetrag

            Summe der Aktiva

cd) andere
    Gewinnrücklagen
d) Bilanzgewinn/Bilanzverlust

            Summe der Passiva

1. Eventualverbindlichkeiten
   a) Eventualverbindlichkeiten
      aus weitergegebenen
      abgerechneten Wechseln
   b) Verbindlichkeiten aus
      Bürgschaften und
      Gewährleistungsverträgen
   c) Haftung aus der Bestellung
      von Sicherheiten für fremde
      Verbindlichkeiten

2. Andere Verpflichtungen
   a) Rücknahmeverpflichtungen
      aus unechten
      Pensionsgeschäften
   b) Plazierungs- und
      Übernahmeverpflichtungen
   c) Unwiderrufliche
      Kreditzusagen

Abbildung 3-28: Bilanzformblatt für Kreditinstitute (Fortsetzung)

Dem Liquiditätsprinzip folgt auch der Aufbau der Passivseite: Am Anfang stehen die täglich fälligen Verbindlichkeiten gegenüber Kreditinstituten, am Ende das Eigenkapital.

Herausgehoben werden im Formblatt die Interbankenbeziehungen. Daß sowohl die Forderungen als auch die Verbindlichkeiten gegenüber Kreditinstituten und gegenüber Kunden unterschieden werden, gibt zusätzliche Einblicke in die Geschäftsstruktur der Bank.

Die Angaben unter dem Bilanzstrich bilden eine wesentliche Ergänzung der Jahresbilanz: „Unterm Strich" stehen Eventualverbindlichkeiten der Banken sowie Verpflichtungen, die Anlaß zu einem bankbetrieblichen Risiko geben können.

Den Inhalt der einzelnen Bilanzpositionen regeln gesonderte Richtlinien. Dort wird auch verbindlich festgelegt, welche Kompensationsmöglichkeiten bestehen und welche zusätzlichen Untergliederungen vorzunehmen sind.

### 3.2.2.2 Bewertungsgrundsätze

Nur einige wenige Aktiva und Passiva können zum Bilanzstichtag eindeutig bestimmt werden, beispielsweise der DM-Kassenbestand und Guthaben bei der Deutschen Bundesbank. Alle anderen Bilanzbestände sind zu bewerten. Denn die Marktpreise von vielen Vermögenswerten, zum Beispiel Wertpapieren oder Devisen, schwanken, andere Positionen wie Forderungen hängen von der Zahlungsfähigkeit der Kreditnehmer ab, und Gegenstände ohne Marktpreise können durch technische oder wirtschaftliche Faktoren Wertverluste erleiden, die ebenfalls zu berücksichtigen sind. Dabei existiert für Banken eine Vielzahl von Ermessensspielräumen und Wahlmöglichkeiten, mit denen letztlich auch der Gewinnausweis gestaltbar ist.

In diesem Zusammenhang sind die Bewertungsmöglichkeiten bei den Wertpapieren und den Forderungen besonderer Bedeutung:

| Anlagevermögen | Umlaufvermögen |
|---|---|
| – Wertpapiere des Anlagevermögens<br>– Beteiligungen<br>– Anteile an verbundenen Unternehmen | – Wertpapiere des Handelsbestandes<br>– Wertpapiere der Liquiditätsreserve<br>– Forderungen an Kunden<br>  und Kreditinstitute |
| gemildertes Niederstwertprinzip<br>gemäß § 253 (2) HGB | strenges Niederstwertprinzip<br>gemäß § 253 (3) HGB und<br>Vorsorgereserven gemäß § 340 f HGB |

Abbildung 3-29: Bewertung von Wertpapieren und Forderungen

### 3.2.2.3 Bewertungsgrundsätze für Wertpapiere

Die Entscheidung, ob Wertpapiere dem Anlage- oder dem Umlaufvermögen zuzuordnen sind, und ob es sich bei letzteren um Handelsbestände oder Liquiditätsreserven handelt, entscheidet die Bank selbst. Davon ist aber abhängig, nach welchen Prinzipien die einzelnen Wertpapierbestände zu bewerten sind. Allerdings ist auch eine Umwidmung möglich, das heißt Wertpapiere, die zunächst dem Umlaufvermögen zugeordnet wurden, können zu einem späteren Zeitpunkt als Wertpapiere des Anlagevermögens angesehen werden. Auch der umgekehrte Weg ist möglich.

Grundsätzlich ist eine Einzelbewertung vorzunehmen, das heißt jeder einzelne Vermögensgegenstand ist durch einen Vergleich der Anschaffungskosten mit dem Wert am Bilanzstichtag zu bewerten. Bei Wertpapieren ist jedoch auch eine Gruppen- oder Sammelbewertung möglich, das heißt innerhalb einer Wertpapier-Gattung sind pauschale Bewertungen zugelassen.

**Wertpapiere des Anlagevermögens**

Für Wertpapiere, die dem Anlagevermögen zugeordnet werden sowie für Beteiligungen und Anteile an verbundenen Unternehmen gilt nach § 253 (2) HGB das gemilderte Niederstwertprinzip: Ist der Wert am Bilanzstichtag niedriger als der Anschaffungswert, so ist dieser niedrigere Wert anzusetzen. Ist eine Wertminderung voraussichtlich nicht von Dauer, kann nach dem gemilderten Niederstwertprinzip weiterhin zu Anschaffungskosten bilanziert werden. Es kann aber auch auf den am Bilanzstichtag niedrigeren Wert abgeschrieben werden. Die Entscheidung liegt auch hier wieder bei der bilanzierenden Bank.

---

**BEISPIEL**

Im Wertpapierbestand einer Bank befinden sich Schuldverschreibungen mit einem Anschaffungswert von 97 Prozent. Der Börsenkurs am Bilanzstichtag beträgt 98 Prozent. Diese Wertpapiere des Anlagevermögens muß die Bank mit dem Anschaffungswert – also 97 Prozent – bewerten, da noch nicht realisierte Gewinne nicht ausgewiesen werden dürfen.

Beträgt dagegen der Börsenkurs 96 Prozent am Bilanzstichtag, kann die Bank von dem Bewertungswahlrecht des § 253 (2) Satz 3 HGB Gebrauch machen und die Wertpapiere zum Anschaffungswert von 97 Prozent oder zu dem niedrigeren Börsenkurs von 96 Prozent bilanzieren.

**Wertpapiere des Umlaufvermögens**

Für Vermögensgegenstände des Umlaufvermögens gilt nach § 253 (3) HGB das strenge Niederstwertprinzip. Demnach muß auf einen im Vergleich zu den Anschaffungskosten niedrigeren Wert am Bilanzstichtag abgeschrieben werden.

> **BEISPIEL**
>
> Die Anschaffungskosten einer Wertpapiergattung betragen 97 Prozent, der Börsenkurs am Bilanzstichtag 96 Prozent.
>
> Nach dem strengen Niederstwertprinzip sind diese Wertpapiere des Umlaufvermögens mit 96 Prozent zu bewerten.

Für Wertpapiere, die der Liquiditätsreserve zugeordnet werden, sind darüber hinaus noch weitere Abschreibungen gemäß § 340 f HGB möglich.

> **BEISPIEL**
>
> Eine Bank hat Schuldverschreibungen zu 102 Prozent – also über pari – erworben. Der Börsenkurs am Bilanzstichtag beträgt 101 Prozent.
>
> Dem strengen Niederstwertprinzip folgend sind diese Wertpapiere des Umlaufvermögens mit dem niedrigeren Börsenkurs von 101 Prozent zu bewerten. Die Bank hat aber darüber hinaus die Möglichkeit, einen noch niedrigeren Wert anzusetzen, wenn dies nach vernünftiger kaufmännischer Beurteilung sinnvoll erscheint. Da die beispielhaft angegebenen Schuldverschreibungen bei Fälligkeit zu pari zurückgezahlt werden, kann ein Wertansatz von 100 Prozent durchaus gerechtfertigt sein.

### 3.2.2.4 Bewertungsgrundsätze von Forderungen

Erhebliche Ermessensspielräume ergeben sich bei der Bewertung von Forderungen, da hier die Meinungen, ab wann eine Kreditforderung zweifelhaft wird, weit auseinander gehen können.

Zunächst einmal zählen Forderungen stets zum Umlaufvermögen und sind daher nach dem strengen Niederstwertprinzip zu bewerten. Die unterschiedlichen Kreditrisiken des gesamten Forderungsbestands können mit verschiedenen Bewertungsmaßnahmen erfaßt werden.

Risikofreie Forderungen, also Kredite mit einwandfreier Bonität, bedürfen allgemein keiner Risikovorsorge und werden daher mit den Anschaffungskosten bilanziert.

Alle anderen Forderungen gelten als risikobehaftet und sind daher mit dem Anschaffungswert abzüglich einer Wertberichtigung zu bilanzieren.

---

**Arten der Vorsorge**

1. Einzelwertberichtigungen
2. Pauschalierte Einzelwertberichtigungen
3. Unversteuerte Pauschalwertberichtigungen
4. Versteuerte Pauschalwertberichtigungen

---

Abbildung 3-30: Risikovorsorge bei Forderungen

Es existieren **vier Arten** der Risikovorsorge:

1. **Einzelwertberichtigungen**
   Sie werden dann gebildet, wenn ein akutes Ausfallrisiko besteht. Die Einzelwertberichtigung wird in der Bilanz nicht ausgewiesen, sondern der Forderungsbestand wird um den entsprechenden Betrag gekürzt; die Abschreibung schlägt sich gewinnmindernd als Aufwand in der Gewinn- und Verlustrechnung nieder.

2. **Pauschalierte Einzelwertberichtigungen**
   Damit können Risiken aus dem Auslandskreditgeschäft berücksichtigt werden. Denn trotz einwandfreier Bonität ausländischer Kreditnehmer besteht die Gefahr, daß grenzüberschreitende Kredite nicht oder nur teilweise vertragsgemäß bedient werden. Die Risiken in der politischen Unsicherheit des Kreditnehmerlandes liegen in Devisenbeschränkungen etc. Dann ist hierfür das Gesamtobligo dieser Länder um eine pauschale Einzelwertberichtigung zu kürzen.

3. **Unversteuerte Pauschalwertberichtigungen**
   Auch Kredite ohne erkennbares akutes Ausfallrisiko können latente Risiken beinhalten. Gemäß § 253 (3) HGB kann diesen latenten Risiken durch die Bildung von (unversteuerten) Pauschalwertberichtigungen Rechnung getragen werden. Ihre steuerliche Anerkennung hängt dann davon ab, wie hoch in der Vergangenheit die (nicht durch Einzelwertberichtigung gedeckten) Kreditausfälle waren. Die Bemessung erfolgt nach Durchschnittswerten der Vergangenheit.

4. **Versteuerte Pauschalwertberichtigungen**
   Über die unversteuerten Pauschalwertberichtigungen hinaus kann eine weitere Risikovorsorge durch die Bildung der sogenannten versteuerten Pauschalwertberichtigungen getroffen werden. Hierbei handelt es sich um stille Reserven nach § 340 f HGB, die nun behandelt werden.

### 3.2.2.5 Stille Reserven

Banken sind in besonderem Maße raschen und nachhaltigen Veränderungen ihrer Rahmenbedingungen ausgesetzt. Beispielsweise wirken Notenbank- und Fiskalpolitik, Konjunkturschwankungen oder Veränderungen im Außenhandel auf die bankbetriebliche Ertragssituation. Extreme Ergebnisschwankungen könnten aber das Vertrauen der Einleger erschüttern. Deshalb hat der Gesetzgeber zur Sicherung des Vertrauens in das Bankgewerbe die Möglichkeit der Legung und Auflösung von stillen Reserven geschaffen. Nach § 340 f HGB dürfen Banken ihre Forderungen und ihre Wertpapiere der Liquiditätsreserve niedriger bewerten, als dies nach § 253 HGB möglich wäre. Soweit dies nach vernünftiger kaufmännischer Beurteilung erfolgt und zur Sicherung gegen die besonderen Risiken aus dem Bankgeschäft dient, können Reserven bis zu 4 Prozent des Bestandes dieser Vermögensgegenstände gebildet werden.

Allerdings werden durch die Bildung und Auflösung dieser Rücklagen nicht bestimmte Einzelpositionen des Wertpapier- oder Forderungsbestandes erfaßt; sondern es erfolgt eine globale Berücksichtigung des gesamten Bestandes.

Zu berücksichtigen ist auch, daß die Abschreibungen und Wertberichtigungen nach § 340 f HGB ausschließlich der Bildung von stillen Reserven in der Handelsbilanz dienen. In der Steuerbilanz werden diese Wertminderungen nicht anerkannt, sie führen also nicht zur Steuerersparnis. Deshalb spricht man auch von ,,versteuerten Pauschalwertberichtigungen".

**Beispielsweise können stille Reserven dadurch gebildet werden, daß**

- Vermögenswerte unterbewertet werden
- Einzelwertberichtigungen höher als notwendig dotiert werden
- sämtliche Möglichkeiten zur Bildung von Pauschalwertberichtigungen ausgenutzt werden

**Stille Reserven können aufgelöst werden, indem zum Beispiel**

- unterbewertete Vermögensgegenstände verkauft und dabei Gewinne realisiert werden
- hochverzinsliche Wertpapiere mit Kursgewinn vekauft und niedrigverzinsliche Wertpapiere unter pari gekauft werden
- Beteiligungen nach einer Wertsteigerung veräußert werden
- bei gefallenem Währungskurs Fremdwährungsverbindlichkeiten zurückgezahlt werden
- Grundstücke oder andere Vermögensgegenstände zu einem Preis über dem Buchwert verkauft werden

> **BEISPIEL**
>
> Eine Bank möchte ein Ergebnis (nach Steuern) in Höhe von 10 Millionen DM ausweisen. Es bestehen bereits 340-f-Rücklagen in Höhe von 15 Millionen DM. Aus Vereinfachungsgründen soll von einer durchschnittlichen Steuerbelastung von 60 Prozent ausgegangen werden.
>
> Fall A: Das interne Jahresergebnis beträgt 30 Millionen DM.
> Fall B: Das interne Jahresergebnis beträgt 10 Millionen DM.
>
> |  | Fall A | Fall B |
> | --- | --- | --- |
> | internes Jahresergebnis | 30 Mio. DM | 10 Mio. DM |
> | − 60 % Steuern | − 18 Mio. DM | − 6 Mio. DM |
> | +/− 340-f-Rücklagenveränderung | − 2 Mio. DM | + 6 Mio. DM |
> | Jahresüberschuß | 10 Mio. DM | 10 Mio. DM |
>
> In beiden Fällen kann das gewünschte Ergebnis (Jahresüberschuß in Höhe von 10 Millionen DM) ausgewiesen werden, obwohl im Fall A das interne Ergebnis dreimal so hoch wie in Fall B liegt. Im Fall A ist die Bildung von 340-f-Rücklagen in Höhe von 2 Millionen DM möglich, im Fall B hingegen müssen 6 Millionen DM Rücklagen aufgelöst werden.

### 3.2.3 Gewinn- und Verlustrechnung

In der Gewinn- und Verlustrechnung geht es vor allem darum, sämtliche Aufwendungen und Erträge zu erfassen, sie sachlich zu gliedern und voneinander abzugrenzen (vgl. Abbildung 3-31).

Dabei gilt das sogenannte **Bruttoprinzip**, das heißt es sind alle Aufwendungen und Erträge grundsätzlich unsaldiert zu erfassen. Beispielsweise sind unter den Positionen „Zinsaufwendungen" und „Zinserträge" alle eingenommenen beziehungsweise selbst gezahlten Zinsen, Provisionen und Gebühren aus dem Kredit- und Geldmarktgeschäft getrennt zu bilanzieren.

Die wenigen Ausnahmen des Bruttoprinzips sind genau definiert (sogenanntes **Nettoprinzip**) und betreffen den bilanzpolitisch wichtigen Bereich der Kompensation und Überkreuzkompensation im Forderungs- und Wertpapiergeschäft (vgl. Abbildung 3-32).

## Bankpolitik

**Gewinn- und Verlustrechnung**

der ...........................................................................................

für die Zeit vom .................................. bis ..................................

| Aufwendungen | | | | Erträge | |
|---|---|---|---|---|---|
| | DM | DM | DM | | DM | DM |

Aufwendungen:

1. Zinsaufwendungen
2. Provisionsaufwendungen
3. Nettoaufwand aus Finanzgeschäften
4. Allgemeine Verwaltungsaufwendungen
   a) Personalaufwand
      aa) Löhne und Gehälter
      ab) Soziale Abgaben und Aufwendungen für Altersversorgung und für Unterstützung
      darunter:
      für Altersversorgung
      ........... DM
   b) andere Verwaltungsaufwendungen
5. Abschreibungen und Wertberichtigungen auf immaterielle Anlagewerte und Sachanlagen
6. Sonstige betriebliche Aufwendungen
7. Abschreibungen und Wertberichtigungen auf Forderungen und bestimmte Wertpapiere sowie Zuführungen zu Rückstellungen im Kreditgeschäft
8. Abschreibungen und Wertberichtigungen auf Beteiligungen, Anteile an verbundenen Unternehmen und wie Anlagevermögen behandelte Wertpapiere
9. Aufwendungen aus Verlustübernahme
10. Einstellungen in Sonderposten mit Rücklageanteil
11. Außerordentliche Aufwendungen
12. Steuern vom Einkommen und vom Ertrag
13. Sonstige Steuern, soweit nicht unter Posten 6 ausgewiesen
14. Auf Grund einer Gewinngemeinschaft, eines Gewinnabführungs- oder eines Teilgewinnabführungsvertrags abgeführte Gewinne
15. Jahresüberschuß

**Summe der Aufwendungen**

Erträge:

1. Zinserträge aus
   a) Kredit- und Geldmarktgeschäften
   b) festverzinslichen Wertpapieren und Schuldbuchforderungen
2. Laufende Erträge aus
   a) Aktien und anderen nicht festverzinslichen Wertpapieren
   b) Beteiligungen
   c) Anteilen an verbundenen Unternehmen
3. Erträge aus Gewinngemeinschaften, Gewinnabführungs- oder Teilgewinnabführungsverträgen
4. Provisionserträge
5. Nettoertrag aus Finanzgeschäften
   ⁶)
6. Erträge aus Zuschreibungen zu Forderungen und bestimmten Wertpapieren sowie aus der Auflösung von Rückstellungen im Kreditgeschäft
7. Erträge aus Zuschreibungen zu Beteiligungen, Anteilen an verbundenen Unternehmen und wie Anlagevermögen behandelten Wertpapieren
8. Sonstige betriebliche Erträge
9. Erträge aus der Auflösung von Sonderposten mit Rücklageanteil
10. Außerordentliche Erträge
11. Erträge aus Verlustübernahme
12. Jahresfehlbetrag

**Summe der Erträge**

Abbildung 3-31:   Gliederung der Gewinn- und Verlustrechnung einer Bank

noch Gewinn- und Verlustrechnung (Kontoform)

|  | DM | DM |
|---|---|---|
| 1. Jahresüberschuß/Jahresfehlbetrag | | ............ |
| 2. Gewinnvortrag/Verlustvortrag aus dem Vorjahr | | ............ |
| | | ............ |
| 3. Entnahmen aus der Kapitalrücklage | | ............ |
| | | ............ |
| 4. Entnahmen aus Gewinnrücklagen | | |
|    a) aus der gesetzlichen Rücklage | ............ | |
|    b) aus der Rücklage für eigene Anteile | ............ | |
|    c) aus satzungsmäßigen Rücklagen | ............ | |
|    d) aus anderen Gewinnrücklagen | ............ | ............ |
| | | ............ |
| 5. Entnahmen aus Genußrechtskapital | | ............ |
| | | ............ |
| 6. Einstellungen in Gewinnrücklagen | | |
|    a) in die gesetzliche Rücklage | ............ | |
|    b) in die Rücklage für eigene Anteile | ............ | |
|    c) in satzungsmäßige Rücklagen | ............ | |
|    d) in andere Gewinnrücklagen | ............ | ............ |
| | | ............ |
| 7. Wiederauffüllung des Genußrechtskapitals | | ............ |
| 8. Bilanzgewinn/Bilanzverlust | | ............ |

Abbildung 3-31: Gliederung der Gewinn- und Verlustrechnung einer Bank (Fortsetzung)

| |
|---|
| **Saldierungszwang**<br><br>gemäß § 340 c Abs. 1 HGB für das Ergebnis aus Finanzgeschäften; Ausweis in Position A3 oder E5 (Nettoaufwand/-ertrag aus Finanzgeschäften) |
| **Saldierungswahlrechte**<br><br>1. gemäß § 340 c Abs. 2 HGB:<br>   – Position A8 (Abschreibungen und Wertberichtigungen auf Beteiligung, Anteile an verbundenen Unternehmen und wie Anlagevermögen behandelte Wertpapiere) mit<br>   – Position E7 ( Erträge aus Zuschreibungen zu Beteiligung, Anteilen an verbundenen Unternehmen und wie Anlagevermögen behandelten Wertpapieren) |
| 2. gemäß § 340 f Abs. 3 HGB:<br>   – Position A7 (Abschreibungen und Wertberichtigungen auf Forderungen und bestimmte Wertpapiere sowie Zuführungen zu Rückstellungen im Kreditgeschäft) mit<br>   – Position E6 (Erträge aus Zuschreibungen zu Forderungen und bestimmten Wertpapieren sowie aus der Auflösung von Rückstellungen im Kreditgeschäft) |

Abbildung 3-32: Die Anwendung des Nettoprinzips in der Gewinn- und Verlustrechnung

Als erstes ist hierbei der **Nettoaufwand/-ertrag aus Finanzgeschäften** zu nennen. Ausgewiesen wird das Ergebnis aus Finanzgeschäften. Alle Kursgewinne und -verluste, die durch die Bewertung, Verkauf oder Einlösung von Wertpapieren des Handelsbestandes entstehen, sind saldiert und als Nettoergebnis zu bilanzieren.

Neben diesem Saldierungszwang besteht bei zwei weiteren Positionen der Gewinn- und Verlustrechnung ein Saldierungswahlrecht:

1. In **Aufwendungen und Erträgen aus Finanzanlagen** (A8/E7) schlagen sich Bewertungsmaßnahmen sowie realisierte Gewinne/Verluste bei Beteiligungen, Anteilen an verbundenen Unternehmen sowie Wertpapieren des Anlagevermögens nieder. Nach § 340 c HGB kann die Bank diese beiden Positionen miteinander saldieren und die Differenz in nur einem Aufwands- beziehungsweise Ertragsposten ausweisen.

2. Gleiches Wahlrecht zwischen einem saldierten oder unsaldierten Ausweis besteht bei den **Aufwendungen und Erträgen aus sonstigen Wertpapieren und Forderungen** gemäß § 340 f (3) HGB für die Positionen A7/E6. Hierunter fallen vor allem die Abschreibungen und Wertberichtigungen auf Forderungen und Wertpapiere aufgrund realisierter Verluste, die Zuweisungen zu Einzelwertberichtigungen wegen akuter Risiken, aber auch die Pauschalwertberichtigungen. Sie können mit den Eingängen auf abgeschriebene Forderungen, mit Zuschreibungen

(Auflösung von Wertberichtigungen) zu Forderungen und mit aufgelösten Pauschalwertberichtigungen auf Wertpapiere der Liquiditätsreserve saldiert werden.

Da hier eine Verrechnung von Forderungsaufwendungen mit Wertpapiererträgen und umgekehrt möglich ist, spricht man auch von einer Überkreuzkompensation. Dadurch können externe Bilanzleser die Höhe der Wertberichtigungen nicht erkennen, während bei unsaldiertem Ausweis die Wertverluste sowie die Bildung/Auflösung von stillen Reserven aus der Gewinn- und Verlustrechnung ersichtlich wären. Letztlich soll diese Kompensationsmöglichkeit dem Vertrauensschutz dienen, weil über die Bildung und Auflösung stiller Reserven ein über die Jahre relativ gleichmäßiger Gewinnausweis erreichbar ist, selbst wenn die tatsächliche Entwicklung sehr viel turbulenter gewesen sein mag.

### 3.2.4 Bilanzpolitik

Die bisherigen Ausführungen haben gezeigt, daß der publizierte Jahresabschluß nicht unbedingt das objektive Ergebnis bankbetrieblicher Tätigkeit darstellt. Vielmehr stehen zur zielgerichteten Gestaltung eine Vielzahl von Bilanzierungs- und Bewertungsmöglichkeiten zur Verfügung. Die Maßnahmen zur Gestaltung der Bilanz werden unter dem Begriff „Bilanzpolitik" zusammengefaßt. Dies ist vor dem Hintergrund zu sehen, daß Bankbilanzen eine hohe Öffentlichkeitswirkung aufweisen und bei Gläubigern, Kapitaleignern, Großkunden und anderen auf besonderes Interesse stoßen. Im Mittelpunkt bilanzpolitischer Maßnahmen stehen:

- die Bilanzsumme
- die Bilanzstruktur
- der Ergebnisausweis

Eine ständig wachsende **Bilanzsumme** gilt häufig immer noch als Indikator für (konkurrenzfähiges) Wachstum, betriebliche Leistungsfähigkeit und erfolgreiche Geschäftstätigkeit überhaupt. Dabei wäre es allerdings für Banken sehr einfach, ein Bilanzsummenwachstum „optisch" zum Beispiel durch Dreiecksgeschäfte mit Banken zu erreichen, ohne daß dahinter tatsächlich ein substanzielles Wachstum stünde.

Eine Bank wird außerdem bestrebt sein, eine ausgewogene **Bilanzstruktur** zu präsentieren. Unter dem Aspekt der Sicherheit geht es auf der Aktivseite hauptsächlich darum, eine möglichst günstige Liquiditätssituation – als Indiz für die uneingeschränkte Zahlungsfähigkeit – aufzuweisen. Bei der Gestaltung der Passiva steht die Eigenkapitalausstattung und ihr Verhältnis zum Fremdkapital im Vordergrund der Bilanzpolitik. Bestrebungen, die Eigenkapitalsituation weiter zu verbessern, sind auch durch die verschärften Eigenkapitalvorschriften forciert worden. Unter dem Aspekt der Liquidität und der Finanzierungsregeln kann auch das Verhältnis der Kapitalbindungs- und -überlassungsfristen für die Bilanzleser von Bedeutung sein.

Außerdem können bilanzpolitische Maßnahmen das Ziel verfolgen, sich im Ergebnisausweis oder in der Bilanzstruktur nicht zu sehr vom Durchschnitt der vergleichbaren Banken zu unterscheiden.

Von erheblicher Bedeutung ist in diesem Zusammenhang die Frage des **Ergebnisausweises**. Eine möglichst kontinuierliche Aufwärtsentwicklung des Ergebnisses wird von der Öffentlichkeit teilweise als Gradmesser für die bankbetriebliche Leistungsfähigkeit und Ertragskraft angesehen. Ein allseits positiv eingeschätzter Ergebnisausweis fördert das Ansehen der Bank und erleichtert es ihr, Kapitaleigner und Anleger zu erhalten und neue zu gewinnen.

Eine vollkommene Ertragskontinuität ist in der Realität nicht erreichbar, sondern muß mittels bilanzpolitischer Maßnahmen „verwirklicht" werden. Die Ergebnisausweispolitik dient dazu, das tatsächlich erwirtschaftete Ergebnis auf das bilanzpolitisch gewünschte Ergebnis anzuheben oder zu reduzieren. Hier spielt die Bildung und Auflösung stiller Reserven eine entscheidende Rolle (siehe oben).

Andererseits ist dieser Bewertungsspielraum von Banken nicht unproblematisch. Kritiker verweisen insbesondere darauf, daß

- stille Reserven den Informationsgehalt des Jahresabschlusses für Kapitaleigner, Kunden und Öffentlichkeit einschränken

- diverse Sicherungseinrichtungen des Bankgewerbes den Gläubigern und Einlegern genügend Schutz bieten und somit stille Reserven als „Sicherheitspolster" überflüssig machen

- stille Reserven dem Grundsatz der Bilanzwahrheit widersprechen

- stille Reserven die Möglichkeit eröffnen, neben unverschuldeten eben auch verschuldete Verluste zu verdecken. Somit kann die aktuelle Erfolgssituation günstiger als in Wirklichkeit dargestellt, eine stabilere Gewinnentwicklung vorgetäuscht und letztlich die Öffentlichkeit in die Irre geleitet werden

- die immer wieder von den Banken vertretene Ansicht, die Aktionäre würden auf eine kontinuierliche Dividendenausschüttung Wert legen, nicht ohne weiteres haltbar erscheint. Vielmehr könnte in ertragreichen Jahren eine voraussichtlich überdurchschnittlich hohe Dividende als Spekulations- oder Anlagemotiv eine Rolle spielen; in ertragsschwachen Jahren könnten umgekehrt die Aktionäre aus Sicherheitsgedanken auch eine Dividendenkürzung akzeptieren

Banken halten diesen Argumenten folgende Punkte entgegen:

- Die Funktionsfähigkeit des Bankgewerbes ist gesamtwirtschaftlich gesehen von erheblicher Bedeutung. Ein Zusammenbruch würde die gesamte Wirtschaft lahmlegen. Deshalb ist es notwendig, den Banken die Möglichkeit einer unauffälligen Bilanzglättung zu geben.

▪ Das Bankgewerbe genießt eine besondere Vertrauensfunktion. Erhebliche Schwankungen im Bilanzausweis und vor allem im Ergebnisausweis könnten das Vertrauen der Bevölkerung in die Stabilität des Bankwesens erschüttern. Durch die Bildung von stillen Reserven in ertragreichen Jahren und die Auflösung in ertragsschwachen Jahren kann eine positive Ertragssituation ausgewiesen und sogar Dividende gezahlt werden, auch wenn keine Überschüsse erwirtschaftet wurden.

## RESÜMEE

Wie wird in der Bank das Problem der optimalen Informationsbereitstellung gelöst? Es gibt kein für alle Institute gleich organisiertes Rechnungswesen. Doch es wurde gezeigt, daß für Soll/Ist-Vergleiche, Betriebs- und Branchenvergleiche, für die Findung von Preisunter- und -obergrenzen, für die Kundenkalkulation und die Ermittlung von Geschäftsstellenergebnissen, also für Wirtschaftlichkeitsüberlegungen und Erfolgssteuerung in allen denkbaren bankbetrieblichen Bereichen ein Mindestmaß an Einheitlichkeit erforderlich ist. Dem Dualismus der Bankleistung folgend wurden Kalkulationsmöglichkeiten für den Wert- und den Betriebsbereich vorgestellt. Im Wertbereich des internen Rechnungswesens sind die Schichtenbilanz und die Marktzinsmethode relevant. Der traditionellen Stückkostenrechnung folgend wurde für den Betriebsbereich gezeigt, wie die Kostenträgerrechnung auf den Ergebnissen der Kostenarten- und Kostenstellenrechnung aufbaut und die Kosten für einzelne Geschäftsvorfälle ermittelt. Das gleiche Ziel verfolgt die Standard-Einzelkostenrechnung, die allerdings auf die Umlage der Gemeinkosten verzichtet und sich auf das Rechnen mit Einzelkosten beschränkt. Doch diese Kalkulationsmethoden stehen nicht isoliert nebeneinander. Werden die einzelnen Kalkulationsergebnisse zu komplexeren Rechenwerken zusammengeführt, kann man darauf eine Kunden- und Geschäftsstellenkalkulation aufbauen.

Hauptgegenstände des externen Rechnungswesens sind die Bilanz, die Gewinn- und Verlustrechnung, der Anhang und der Lagebericht. Die hierin erfaßten Informationen sollen über die Entwicklung der Vermögens-, Finanz- und Ertragslage der Bank berichten. Um eine gewisse Objektivität herzustellen, sind bei der Bewertung von Wertpapieren und Forderungen bestimmte Vorschriften zu befolgen. Unterschiedliche Ansätze ergeben sich jedoch je nach Zuordnung der Wertpapiere zum Anlage- oder Umlaufvermögen; bei der Bewertung von Forderungen ergeben sich wegen der bankbetrieblichen Risikovorsorge erhebliche Ermessensspielräume. Alle in diesem Zusammenhang stehenden geschäftspolitischen Entscheidungen wirken auf die Ertragssituation einer Bank. Um nach außen eine gewisse Kontinuität zu dokumentieren, hat der Gesetzgeber den Banken besondere Möglichkeiten der Stille-Reserven-Politik geschaffen.

## KONTROLLFRAGEN

1. Warum ist es problematisch, bei der Kalkulation im Wertbereich von einer Gegenüberstellung bestimmter Aktiva und Passiva auszugehen?
2. Welche Informationen lassen sich bei der Marktzinsmethode dem errechneten Konditionsbeitrag und dem Strukturbeitrag entnehmen?
3. Worin liegt der Hauptunterschied zwischen der traditionellen Stückkostenrechnung und der Standard-Einzelkostenrechnung?
4. Warum verzichtet die Standard-Einzelkostenrechnung auf Umlage der Gemeinkosten?
5. Zeigen Sie, wie Sie als Mitarbeiter der Abteilung Rechnungswesen bei einer Erfolgsanalyse von Produkten, Kundengruppen und Geschäftsstellen vorgehen würden.
6. Warum und wie können stille Reserven gebildet beziehungsweise aufgelöst werden?
7. Welche Größen sind Hauptgegenstand der Bilanzpolitik und warum?

## LITERATUR ZUM WEITERLESEN

- Einen interessanten Einstieg in das externe und interne Rechnungswesen der Banken finden Sie bei:

  Joachim Süchting, **Bankmanagement**, Stuttgart 1992.

- Das Standardbuch des ertragsorientierten Bankmanagements schrieb

  Henner Schierenbeck, **Ertragsorientiertes Bankmanagement/Controlling in Kreditinstituten**, Wiesbaden 1991.

- Die neuen Bilanzierungs- und Bewertungsvorschriften können Sie detailliert nachlesen bei:

  Paul Scharpf, **Jahresabschluß nach dem Bilanzrichtlinien-Gesetz**, Düsseldorf 1992.

## 4. Ertragsmanagement

*Rentabilität, Sicherheit und Wachstum –*
*drei sind (meist) einer zuviel*

„Wo Geld vorangeht, sind alle Wege offen." (William Shakespeare)

---

Die enormen Veränderungen auf dem Bankenmarkt, die steigenden Kundenansprüche sowie die sich immer stärker auswirkende Komplexität verschiedener Wirtschafts- und Umweltfaktoren machen es notwendig, das Ertragsmanagement als ein bankbetriebliches Konzept zu verstehen, das systematisch die Ertragssicherung einer Bank zum Gegenstand hat. Hierbei handelt es sich vor allem um Aufgaben, die von den höchsten Führungsebenen zu verantworten, zu koordinieren und zu lösen sind. Darunter fallen aber auch Sonderprobleme etwa bei kurzfristig sich verändernden Umweltbedingungen, die schnelle Entscheidungen verlangen.

Hauptgegenstand des Ertragsmanagements in Banken bildet das Asset Liability Management, das Provisionsgeschäft sowie das Kostenmanagement. In dieser Reihenfolge ist auch dieser Abschnitt aufgebaut.

---

**LEITFRAGEN**

1. Warum sind Rentabilitäts-, Sicherheits- und Wachstumsaspekte vor allem beim Bilanzmanagement nur schwer miteinander vereinbar?

2. Inwiefern bringt die Erweiterung der bankbetrieblichen Leistungspalette um provisionspflichtige Geschäfte neue Ertragspotentiale?

3. Welchen Strukturveränderungen vor allem im Personalbereich und in der Vertriebspolitik haben sich die Banken zu stellen, um für die Jahrtausendwende gerüstet zu sein?

## 4.1 Asset Liability Management

Unter dem Asset Liability Management ist eine Vielzahl von Maßnahmen zur Steuerung des Aktiv- und Passivgeschäfts zu verstehen. Entwicklungen am Geld- und Kapitalmarkt sowie die vielschichtigen Erwartungen der Öffentlichkeit fordern immer wieder dazu auf, die Bilanzstruktur den unterschiedlichen Interessenlagen und Erwartungen anzupassen und bestehende Werte zu korrigieren.

### 4.1.1 Bilanzmanagement

Ein erstes Schwergewicht nimmt hier das Bilanzstrukturmanagement ein. Wie bereits im vorangegangenen 3. Abschnitt erläutert, geht es um die strategische Aufgabe,

- die Bilanzstruktur im Sinne der bankspezifischen Unternehmensphilosophie zu optimieren und

- strukturelle Ertrags- beziehungsweise Rentabilitätsvorgaben zu planen

Im Laufe der Zeit sind dabei einige Dispositionsregeln für eine liquiditätsorientierte Geschäftspolitik entwickelt worden (vgl. Abschnitt 1.7), die teilweise kontrovers diskutiert werden, da die theoretischen Vorstellungen nicht immer vollständig der heutigen Bankpraxis entsprechen.

| | Die bankbetriebliche Liquidität ist gewährleistet |
|---|---|
| **Goldene Bankregel** | – bei vollständiger Laufzeitkongruenz sämtlicher Aktiv- und Passivgeschäfte. |
| **Bodensatz-Theorie** | – bei einer vollständigen Laufzeitkongruenz der Aktiv- und Passivgeschäfte, wobei ein Teil der kurzfristigen Passiva im langfristigen Aktivgeschäft angelegt werden kann. |
| **Shiftability-Theorie** | – wenn Verluste aus einer vorzeitigen Abtretung von Aktiva das Eigenkapital nicht überschreiten. |
| **Maximalbelastungs-Theorie** | – wenn im Bedarfsfall Aktiva laufzeitunabhängig monetisierbar sind. |

Abbildung 3-33: Bankbetriebliche Dispositionsregeln

Die Anwendungsmöglichkeit dieser Dispositionsregeln ist deshalb beschränkt, weil sie bei von den bilanziell ausgewiesenen Vermögensgegenständen – also von Vergangenheitswerten – ausgehen und somit die zukünftigen Aus- und Einzahlungen weder betraglich noch zeitlich genau vorausschätzen können.

Schon alleine der Verzicht auf jede Fristentransformation – wie es die Goldene Bankregel fordert – würde zu erheblichen Rentabilitätseinbußen führen, so daß diese Regel in der Praxis keine Anwendung findet.

Selbst die weiterführenden Erkenntnisse der Bodensatz-Theorie können keine exakten Vorschläge für das bankbetriebliche Ertragsmanagement liefern, da gerade in besonders angespannten Situationen die Einleger „runartig" ihre Gelder zurückfordern und damit früheren geschäftspolitischen Gesichtspunkten die Grundlage entziehen können.

Anderes gilt für den Grundgedanken der Shiftability-Theorie: Wie (in Abschnitt 1.7.1) bereits gezeigt, stehen hier unterschiedliche Einzahlungsquellen im Mittelpunkt der Überlegungen. Man geht davon aus, daß die Einzahlungen zur Begleichung von Auszahlungen nicht nur aus fälligen Aktiva resultieren, sondern daß im Bedarfsfalle auch die Möglichkeit der Zahlungsmittelbeschaffung durch eine vorfällige Abtretung von Anlagetiteln besteht. Deshalb sind im Rahmen des Bilanzmanagements für einen derartigen kritischen Belastungsfall nicht nur Verluste durch die zwangsweise zu mobilisierenden Zahlungsmittel zu prognostizieren. Auch müssen die Konsequenzen berücksichtigt werden, die sich aus der vorzeitigen Verflüssigung nach dem „überstandenen Ernstfall" ergeben.

Nach der Maximalbelastungs-Theorie gilt die bankbetriebliche Existenz dann als gesichert, wenn die Verluste, die bei einer vorzeitigen Abtretung der Aktiva hingenommen werden müßten, nicht größer als das Eigenkapital wären. Es wird also auf die Pufferfunktion des Eigenkapitals für Verluste aus dem Abgang von Aktiva abgestellt. Man verknüpft (gedanklich) die Liquiditätssituation und die Eigenkapitalausstattung der Bank. Denn in Belastungssituationen, in denen durch hohe Einlagenabzüge eine Bank vorzeitig Aktiva liquidieren muß und dadurch Verluste erleidet, sieht sie sich auch mit einer Minderung ihres Eigenkapitals konfrontiert.

Will man nun die Überlegungen aus diesen Regeln für das Bilanzstrukturmanagement nutzen einsetzen, so wird zur Existenz- und Ertragssicherung einer Bank zumindest zu berücksichtigen sein, daß

- die Existenz eines Bodensatzes erfahrungsgemäß erwiesen ist

- für schwankende Liquiditätserfordernisse meist auf einen Refinanzierungsspielraum zurückgegriffen werden kann und

- daß eine Streuung der Aktiva, eine Risikosteuerung sowie eine ausreichende Eigenkapitalausstattung notwendig sind

Hier wird aber das Kernproblem des Ertragsmanagements deutlich: Angesichts der Ungewißheit zukünftiger Geschehnisse müssen die Banken Vorkehrungen gegen den Eintritt unerwünschter Ereignisse treffen. Damit aber stehen dem angestrebten Ertrag die Kosten für einen Risikoausschluß beziehungsweise für Risikominderung gegenüber. Es ist nicht möglich, Ertrag und Sicherheit gleichzeitig zu maximieren.

Trotzdem bilden Sicherheitsvorkehrungen – obwohl sie kurzfristig die Gewinne schmälern – eine Voraussetzung für die langfristige Ertragskraft.

Allerdings ist nicht zu verkennen, daß Bilanzstrukturmanagement abhängig von den allgemeinen Marktverhältnissen und der institutseigenen Risikoeinstellung ist. Denn nahezu alle bilanzwirksamen Bankgeschäfte sind beladen mit Risiken, die zu erkennen, zu kontrollieren und zu steuern sind. Eine Bilanzstruktur ist demnach nur dann optimal, wenn die teilweise gegensätzlichen bankbetrieblichen Rentabilitäts-, Sicherheits- und Wachstumsziele mit der unternehmensindividuellen Risikoeinstellung koordiniert werden können. Die Bilanzstruktursteuerung muß demnach vor allem versuchen, die bankgeschäftliche Risikosituation mit den Rentabilitätsvorstellungen zu verbinden. Dazu gehören vor allem Gewinnbedarfsrechnungen und Mindest- beziehungsweise Maximalmargenanalysen.

### 4.1.2 Eigenkapitalausstattung

Das Eigenkapital ist von entscheidender Bedeutung für die Geschäftstätigkeit der Banken (vgl. 1. Abschnitt). Bankenaufsichtsrechtliche Vorschriften knüpfen an die Eigenkapitalausstattung einer Bank an und können teilweise in erheblichem Umfang sogar die Geschäftstätigkeit limitieren, werden also zu einem Engpaßfaktor für die geschäftliche Entwicklung. Konnten die Banken in der Vergangenheit sinkende Gewinnspannen über eine Ausweitung ihres Geschäftsvolumens abfangen, so erfordern gerade die in letzter Zeit verschärften gesetzlichen und bankenaufsichtsrechtlichen Bestimmungen stärker als bisher für die geschäftliche Expansion ein gleichzeitiges Wachstum des Eigenkapitals. Somit stellen die Möglichkeiten der Eigenkapitalbildung eine der wichtigsten Aufgaben des Bankmanagements dar.

Hier bekommt nun das Ertragsmanagement einen besonderen Stellenwert: Das Eigenkapital kann auf Dauer nur wachsen, wenn eine entsprechende Ertragskraft gegeben ist. Denn auch wenn eigene Mittel nicht mit einer direkten Zinsbelastung verbunden sind, müssen sie bedient werden: Teile des Jahresgewinnes sind den Rücklagen zuzuführen oder an die Kapitaleigner (zum Beispiel in Form von Dividendenzahlungen) auszuschütten. Für jede dieser Positionen sind genaue Vorstellungen über die erforderliche und geschäftspolitisch gewollte Höhe zu entwickeln.

In diesem Zusammenhang ist der sogenannte Leverage-Effekt zu erwähnen. Ausgangspunkt ist die Überlegung, daß die Bank mit ihrem Jahresübeschuß nur den

Gewinn des Eigenkapitals ausweist. Der Gesamtgewinn ist jedoch ganz wesentlich vom Einsatz des Fremdkapitals abhängig. Eine Beurteilung der Ertragskraft hat demnach auch die Fremdkapitalzinsen (die als Aufwandsposition den Gewinn reduzieren) zu berücksichtigen.

Rein rechnerisch kann die Eigenkapitalrentabilität wie folgt dargestellt werden:

$$r_{ek} = r_{gk} + \frac{FK}{EK} \cdot (r_{gk} - k)$$

mit

$r_{ek}$ = Eigenkapitalrentabilität
$r_{gk}$ = Gesamtkapitalrentabilität
$k$ = durchschnittlicher Fremdkapital-Zinssatz

Ist also die Differenz von Gesamtkapitalrentabilität und durchschnittlichem Fremdkapital-Zinssatz (= Reingewinnspanne) positiv, so ergibt sich eine um so größere Eigenkapitalrentabilität, je größer das Verhältnis von Fremdkapital zu Eigenkapital (also der Eigenkapitalquote) ist. Dadurch ergibt sich aber auch eine Hebelwirkung des Fremdkapitals: Bei positiver Reingewinnspanne wächst die Eigenkapitalrentabilität mit wachsendem Veschuldungsgrad. Anders ausgedrückt: Je kleiner die Eigenkapitalquote, desto größer wird (bei positiver Reingewinnspanne) die Eigenkapitalrentabilität.

Allerdings kann sich hieraus auch schnell ein Leverage-Risiko ergeben: Liegt der durchschnittliche Fremdkapital-Zinssatz über der Gesamtkapitalrentabilität, sind schnell Teile des Eigenkapitals aufgezehrt, was dann eine erhebliche Existenzbedrohung für die Bank darstellen kann. Auch ist zu beachten, daß die Variation der Eigenkapitalquote auf die Reingewinnspanne wirkt. Wenn nämlich die Bilanzsumme stärker als das Eigenkapital wächst, so führt dies zu einer verringerten Reingewinnspanne.

Diese Sensibilität einer Bank gegenüber dem Leverage-Effekt zeigt die Bedeutung, die eine ausreichende Eigenkapitalausstattung für die Banken besitzt.

Es kann also festgehalten werden, daß sowohl

- die bankenaufsichtsrechtlichen Vorschriften, die die Geschäftstätigkeit an die Höhe des Eigenkapitals knüpfen und unternehmerische Expansion von der Bereitstellung von zusätzlichem Eigenkapital abhängig machen, als auch

- Rentabilitätsgesichtspunkte die Eigenkapitalausstattung in den Mittelpunkt der Ertragssteuerung rücken. Damit stellt aber dann die Eigenkapitalausstattung keinen isolierten bankbetrieblichen Aufgabenbereich dar. Vielmehr wird sie zu einem integrativen Bestandteil des Ertragsmanagements auf Gesamtbankebene und somit zur Aufgabe der obersten Führungsgremien.

### 4.1.3 Refinanzierungsmöglichkeiten

Im Rahmen des Bilanzstrukturmanagements fällt der Steuerung der Refinanzierung eine eigenständige Bedeutung zu. Als Folge aus der Fristentransformation kann es zu einem Liquiditäts- und/oder Zinsrisiko kommen, wenn die Anschlußfinanzierung eines Geschäfts nicht jederzeit sichergestellt ist. Deshalb nimmt die Refinanzierungspolitik unter Liquiditäts- und Ertragsgesichtspunkten eine besondere Stellung ein. Bei der Steuerung geht es demnach um die Begrenzung und Diversifikation von Aktiva und Passiva (vor allem bei hohen Einlagen und Großkrediten), damit auch unerwartete Inanspruchnahmen von Kreditzusagen oder vorfällige Rückforderungen von Einlagen ohne größere Ertragseinbußen bedient werden können.

Bei der Steuerung der Refinanzierung sind die Verantwortlichen allerdings nicht völlig frei. Beispielsweise zeigen die Auslastungsgrade der Grundsätze II und III Grenzen der Fristentransformation.

### 4.1.4 Risikomanagement

Das Ertragsmanagement zielt nicht nur auf die Rentabilitätssteuerung ab. Denn jede unternehmerische Tätigkeit ist mit Risiken verbunden, und solche Verlustgefahren wirken ihrerseits auf das Geschäftsergebnis und die Ertragskraft einer Bank. Unter dem bankbetrieblichen Risiko sind deshalb alle Ereignisse zu verstehen, die außerhalb der eigenen Einflußsphäre liegen und bewirken können, daß die gesteckten Unternehmensziele nicht erreicht werden. Dabei kann das Eintreten der Risikoereignisse selbst weder vorhergesehen noch verhindert werden. Auch sind im Vorfeld meist keine Aussagen über die Höhe eines möglicherweise eintretenden Schadens möglich. Deshalb müssen zumindest die Kenntnisse möglicher bankbetrieblicher Risiken mit in das Ertragsmanagement einfließen, um diesen Risiken möglichst vorzubeugen beziehungsweise ihre Auswirkungen abzuschwächen.

Diese Notwendigkeit wird durch die Vertrauensempfindlichkeit des Bankgewerbes verstärkt und auch in den Vorschriften der Bankenaufsicht gefordert. Doch dies darf nicht dazu führen, daß ein Risikomanagement verfolgt wird, bei dem das Sicherheitsdenken im Vordergrund steht, das aber getrennt ist von den marktbezogenen Gegebenheiten und Problemen, die sich mit der geschäftspolitischen Ausrichtung an den Kundenbedürfnissen beschäftigen. Es darf nicht zu einem speziellen Teilgebiet der Unternehmenspolitik werden, isoliert bearbeitet und von anderen Unternehmensaufgaben separiert werden. Das Risikomanagement stellt vielmehr einen integralen Bestandteil der bankbetrieblichen Gesamtaufgabe dar. Abhängig von den im einzelnen erkannten Risikopotentialen ist es zentral, insbesondere von der Unternehmensleitung zu übernehmen, um nicht den Blick für das Gesamtrisiko zu verlieren.

Das Risikomanagement kann in den drei aufeinander aufbauenden Schritten der Identifikation, der Steuerung und der Kontrolle von Risiken stattfinden.

```
                        Risikomanagement
        ┌───────────────────────┼───────────────────────┐
 Risikoidentifikation      Risikosteuerung         Risikokontrolle
```

- im technisch-organisatorischen Bereich
- im liquiditätsmäßig-finanziellen Bereich
- im geschäftspolitischen Bereich

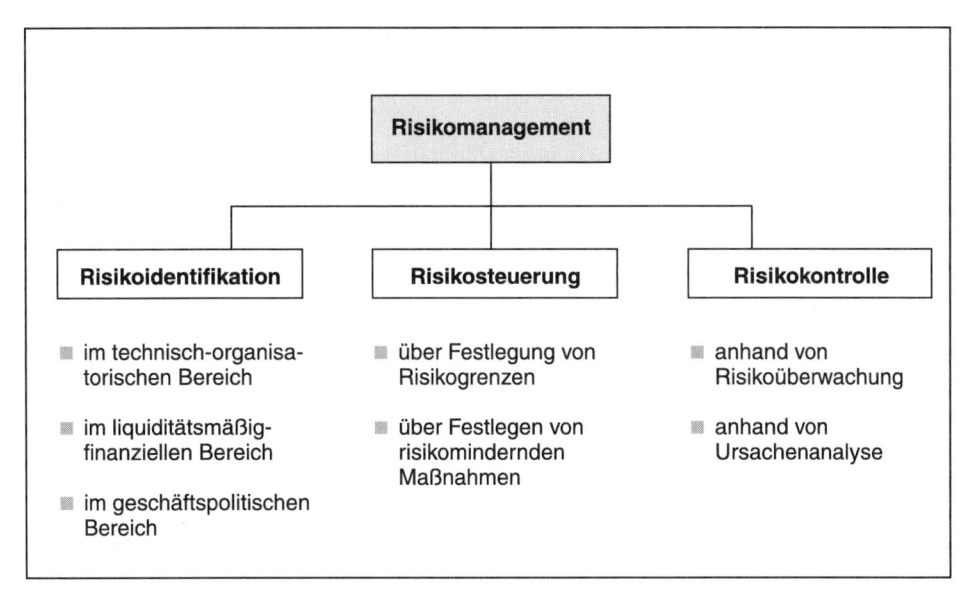

- über Festlegung von Risikogrenzen
- über Festlegen von risikomindernden Maßnahmen

- anhand von Risikoüberwachung
- anhand von Ursachenanalyse

Abbildung 3-34: Elemente des Risikomanagements

### 4.1.4.1 Risikoidentifikation

Zunächst ist bankenintern und institutsspezifisch festzustellen, welche risikotragenden Geschäfte und möglichen Verlustquellen existieren.

Banken unterliegen dem

- allgemeinen Konjunkturrisiko
- dem Branchenrisiko und
- vor allem dem banktypischen Unternehmensrisiko (vgl. Abschnitt 1.3)

Die beiden ersten Risikoarten sind ganz überwiegend extern bestimmt und von der Bank kaum zu beeinflussen. Strategien zur Vorbeugung gegen den Eintritt von banktypischen Unternehmensrisiken können eher gefunden und in der Praxis umgesetzt werden. Zunächst fällt hierunter das **technisch-organisatorische Risiko**:

- menschliche Nachlässigkeit
- Fehlleistungen
- vorsätzlich begangene kriminelle Delikte
- Schäden durch höhere Gewalt etc.

Im **liquiditätsmäßig-finanziellen Bereich** muß eine Bank neben dem **Liquiditätsrisiko** vor allem das **Ausfallrisiko** beachten, also die Gefahr, daß Kreditnehmer ihren vereinbarten Verpflichtungen nicht nachkommen.

Auch die Veränderung des Zinsniveaus birgt Verlustpotentiale: Je nach Ausmaß der institutsspezifischen Fristentransformation ergibt sich die Höhe dieses **Zinsänderungsrisikos**.

**Kursrisiken** entstehen im Wertpapiergeschäft sowie im Devisengeschäft.

Die verbleibenden banktypischen **Unternehmensrisiken** betreffen Transfer-, Konvertibilitäts- und Länderrisiken etwa bei Zahlungsunfähigkeit oder -unwilligkeit der Schuldnerländer, was zu Verlusten oder zumindest zu Liquiditätsanspannungen und damit zu Ertragseinbußen führen kann.

Ein **geschäftspolitisches Risik**o entsteht dann, wenn Teile der Produktpalette nicht mehr den Markterfordernissen entsprechen und es dadurch zu Kunden- und Rentabilitätsverlusten kommt. Ähnliche Gefahren entstehen, wenn die Produktions-, Absatz- und Personalkosten zu hoch sind und darüber die Wettbewerbsfähigkeit sinkt.

Nachdem so die möglichen Risikoquellen identifiziert sind, kann (und muß) die Entscheidung darüber fallen, welche Risiken als vernachlässigbar einzuschätzen sind, welche als tragbar gelten und welche besonders abgesichert oder ganz vermieden werden sollten.

### 4.1.4.2 Risikosteuerung

Bei der Risikosteuerung geht es dann darum, Risikogrenzen festzulegen und Mittel zu ihrer Einhaltung zu finden. Neben der strikten Risikovermeidung ist vor allem die Vorgabe von Limiten, Bonus-Malus-Systemen sowie der Abschluß von risikokompensierenden Geschäften zur Risikominderung geeignet.

Für einen Großteil der Risiken im **technisch-organisatorischen Bereich** können Versicherungen abgeschlossen oder Maßnahmen der Risikovorbeugung ergriffen werden (zum Beispiel Vier-Augen-Prinzip, unternehmensinterne Revision, Sicherungsverfahren für die elektronische Datenverarbeitung etc.). Auch die Überprüfung der bankinternen Aufbau- und Ablauforganisation sowie die Auswahl und Weiterbildung der Mitarbeiter können solche Verlustrisiken zumindest unwahrscheinlicher machen.

Im **liquiditätsmäßig-finanziellen Bereich** ist eine Bank mit den oben bereits genannten Einzelrisiken konfrontiert. Die wesentlichen Strategien der Liquiditätssicherung wurden schon bei den Ausführungen zum Bilanzstrukturmanagement (vgl. Abschnitt 4.1.1) skizziert.

Zum **Ausfallrisiko** ist anzumerken, daß nicht alle Kredite versicherungsfähig sind und auch nicht sämtliche Verlustgefahren durch Abwälzung auf Dritte (zum Beispiel Konsortialkreditgeschäft) entschärft werden können. Über die bankenaufsichtsrechtlichen Vorschriften hinaus wird eine Bank versuchen, die Gefahr des Gläubigerausfalls zu minimieren. Dazu dienen zunächst geeignete organisatorische und personelle Rahmenbedingungen für eine qualifizierte Bonitätsprüfung, Kreditbearbeitung und -überwachung sowie die Installation von Frühwarnsystemen. Daneben geht es aber auch um die Risikolimitierung des gesamten Kreditportefeuilles durch eine Streuung der Kredite nach Kriterien wie Laufzeit, Branche, Kreditart, Kredithöhe und andere.

Das **Zinsänderungsrisiko** läßt sich begrenzen über annähernde Kongruenz der Festzinsblöcke verringert, den Abschluß von Gegenpositionen für bestehende offene Positionen beziehungsweise die Festlegung von Obergrenzen für offene Positionen. Auch kann versucht werden, dieses Risiko über variable Zinsvereinbarungen (Zinsgleitklauseln) auf die Kreditnehmer abzuwälzen. Darüber hinaus ermöglichen verschiedene innovative Instrumente (Zinsswaps, -optionen etc., siehe Kapitel II) eine Risikoabwälzung beziehungsweise -kompensation.

**Kursrisiken** lassen sich durch den Abschluß von Gegengeschäften teilweise neutralisieren. Für das Wertpapiergeschäft empfiehlt sich – wie bereits für das Kreditgeschäft gezeigt – eine breite Streuung, beispielsweise nach Wertpapierarten, Emittenten und Laufzeiten.

Hinsichtlich der **sonstigen Bankrisiken** können beispielsweise Limits für die Auslandskreditvergabe fixiert werden, die sich jeweils an der ökonomischen und politischen Ländersituationen orientieren.

Um dem **geschäftspolitischen Risiko** entgegenzuwirken, sollten breit angelegte Marktforschungstätigkeiten und umfangreiche Kundenanalysen fester Bestandteil der Produktpolitik sein, um eine stets zeitgemäßen Gestaltung der Leistungspalette zu erreichen.

Bei all dem ist nicht zu vernachlässigen, daß die bankbetrieblichen Risiken nicht nur aus einem Einzelgeschäft, sondern aus der Gesamtheit aller Aktiv- und Passivgeschäfte resultieren, und daß sich die verschiedenen Risikoarten zudem noch kumulieren. Auch ein noch so sorgfältiges Risikomanagement ist kein Garant dafür, daß es nicht zu Verlusten kommt.

Abschließend sei noch angemerkt, daß die genannten Instrumente zur Risikosteuerung nur in dem Maße zum Zuge kommen können, in dem für die Bank auch tatsächlich Wahlmöglichkeiten bestehen. Nicht selten ist gerade bei Sparkassen oder Kreditgenossenschaften der Spielraum im Kreditgeschäft von ihrem Standort, ihrer Größe oder auch legislativ beziehungsweise satzungsmäßig vorgegebenen Geschäftsschwerpunkten wesentlich „vorbestimmt". Im Wertpapier- und Devisengeschäft kann es ebenfalls zu unfreiwilligen und nicht geplanten Positionen kommen, die ihrerseits die bankbetriebliche Risikosituation beeinflussen.

### 4.1.4.3 Risikokontrolle

Im dritten Schritt soll dann die Risikokontrolle die Wirksamkeit der Risikosteuerung überwachen. Es erfolgt eine regelmäßige Überwachung, ob die vorgegebenen Verhaltensregeln befolgt und fixierte Grenzen eingehalten wurden. Werden Abweichungen erkannt, sind die Ursachen hierfür zu analysieren. Anschließend ist dann die Planung wirksamer Gegensteuerungsmaßnahmen und, soweit möglich, Schadensbegrenzung zu betreiben.

## 4.2 Provisionsgeschäft

Entscheidungen über das Leistungsangebot der Bank stehen ständig im Vordergrund der Unternehmenssteuerung. Die Leitmaxime bildet dabei die Orientierung an bekannten beziehungsweise vermuteten Kundenbedürfnissen. Dies erfordert ständig flexibles Handeln, um modifizierten Marktverhältnissen und Kundenbedürfnissen frühzeitig Rechnung zu tragen. Letztlich kann somit die zeitgerechte und marktbezogene Bedürfnisbefriedigung als Mittel zur Gewinnerzielung und daher als Leitmotiv im gesamtbankbezogenen Ertragsmanagement gesehen werden.

> **Bedeutung des Provisionsgeschäfts:**
>
> Nach einem Bericht der Deutschen Bundesbank erreichten die Banken mit einem Provisionsüberschuß von 26,6 Milliarden DM in 1993 ein ausgezeichnetes Ergebnis und das macht immerhin mehr als $\frac{1}{5}$ des erwirtschafteten Zinsüberschusses aus.

Angesichts der tendenziell seit längerer Zeit schrumpfenden Zinsmargen bei teilweise steigenden Kosten im Betriebsbereich wächst die Bedeutung des Provisionsgeschäfts immer mehr. Mittlerweile ist es zu einer wichtigen Gewinnquelle geworden und nimmt eine eigenständige Stellung im Rahmen der Ertragssteuerung ein.

Veränderungen auf den nationalen und internationalen Finanzmärkten haben die Banken in den vergangenen Jahre zu einer ständigen Neuausrichtung ihrer geschäftspolitischen Aktivitäten veranlaßt. Zum einen ist die zunehmende Auflösung der Trennung zwischen Kredit- und Wertpapiergeschäft zu verzeichnen, beispielsweise durch die wertpapiermäßige Unterlegung von Krediten. Diese Verbriefung von Finanzierungsverhältnissen („Securitization") ermöglicht eine flexiblere Inanspruchnahme der Finanzmärkte und die Nutzung verschiedener Kapitalanlage- und Finanzierungsmöglichkeiten unter Abwägung von Risiko-, Rendite- und Kostengesichtspunkten.

Zum anderen verlangen die verschärften legislativen beziehungsweise bankenaufsichtsrechtlichen Bestimmungen nach neuen Wegen der geschäftspolitischen Expansion, die – wie eine Vielzahl bilanzunwirksamer Provisionsgeschäfte – keine Eigenkapitalunterlegung erfordern. Dazu kommt die Konkurrenz ausländischer Investmentbanken, die zusätzliche Impulse für das Leistungsangebot gebracht hat.

Provisionserlöse als Vergütung für die erbrachten Dienstleistungen entstehen vor allem aus dem

- nationalen Zahlungsverkehr
- Auslandsgeschäft
- Wertpapiergeschäft
- Emissionsgeschäft/Konsortialgeschäft
- Beratungsgeschäft
- Verbund- und Konzerngeschäft

Sie können dabei (je nach Bankleistungsart) stückbezogen oder volumensabhängig (in Prozent- oder Promillesätzen) berechnet werden. Für Kleinst- oder Kleinaufträge wird häufig eine Mindestprovision veranschlagt.

Im Rahmen des Provisionsgeschäfts hat das Ertragsmanagement die Aufgabe, mengen- oder preisbedingte Abweichungen von einer geplanten Sollgröße zu analysieren. Relativ unproblematisch erscheint dabei die Ursachenanalyse bei den Preisabweichungen, da festgelegte Preiskomponenten die Basis für die geschäfts- und kundenindividuelle Provisionsberechnung bilden. Schwieriger gestaltet sich hingegen der Soll/Ist-Vergleich für die Mengenabweichungen. Hier kann es Unterschiede hinsichtlich der Anzahl der Geschäftsabschlüsse oder auch des Volumens geben, was genau zu untersuchen ist.

Der zweite große Aufgabenbereich des Ertragsmanagements liegt in der Risikoanalyse. Die Kontrolle und anschließende Ursachenanalyse muß Kriterien zur Einschätzung potentieller Risiken definieren und die aktuelle Situation daraufhin überprüfen. Dabei ist stets zu beachten, daß sich das Ergebnis aus den Provisionsgeschäften eben nicht nur durch die Differenz von Provisionsaufwendungen und -erträgen ergibt, sondern diese Zwischensumme noch durch die risikobedingten Aufwendungen verringert wird.

Damit umfaßt die Steuerung des Provisionsgeschäfts alle Maßnahmen

- zur Erzielung eines möglichst hohen Provisionsüberschusses
- unter gleichzeitiger Begrenzung der Risiken dieses Geschäftszweiges

### 4.2.1 Off-balance-sheet-Business

Viele der neueren Bankleistungen finden in der Bankbilanz keinen Niederschlag. Sie stellen zinsunabhängige, bilanzunwirksame beziehungsweise bilanzneutrale Geschäfte dar, weshalb man sich auch als Off-balance-sheet-Business bezeichnet.

| | Inländischer Zahlungsverkehr |
|---|---|
| Internationales Geschäft | – Auslandszahlungsverkehr<br>– Dokumentengeschäft<br>– Devisenhandel |
| Wertpapiergeschäft | – Effektenhandelsgeschäft<br>– Emissions- und Konsortialgeschäft<br>– Depotgeschäft |
| Konzern- und Verbundgeschäfte | – Vermögensverwaltung<br>– Unternehmensberatung<br>– Investmentfonds<br>– Bausparen<br>– Versicherungen |

Abbildung 3-35: Off-balance-sheet-Business

Je nach Schwerpunkt der institutsindividuellen Geschäftstätigkeit und Kundenorientierung einer Bank, fokussieren sich die Anstrengungen auf bestimmte Kundenkreise: Beim Emissionsgeschäft sind es zum Beispiel multinationale Konzerne, staatliche Organisationen und Firmenkunden auf den deutschen beziehungsweise internationalen Finanzmärkten; im Wertpapierkommissionsgeschäft sind es sowohl Firmenkunden und institutionelle Anleger als auch (vermögende) Privatpersonen.

Das Girokonto bildet die Grundlage der Kundenbeziehung (vgl. Kapitel II). Der **Zahlungsverkehr** kann aber nur dann für die Bank erfolgversprechend werden, wenn möglichst kostendeckende Erträge erwirtschaftet, ertragbringende Anschlußgeschäfte mit dem Kunden abgeschlossen, aus Guthaben- und Überziehungspositionen Zinsgewinne erwirtschaftet und die Abwicklungs- oder Mißbrauchsrisiken so gering wie möglich gehalten werden.

Dabei ist der Zahlungsverkehr ein äußerst kostenintensives Mengengeschäft. Zum einen nimmt die Zahl der auszuführenden Überweisungen, Lastschriften und Scheckverrechnungen ständig zu. Zum anderen sind diese Dienstleistungen nicht lagerfähig, das heißt die Kapazitäten der betroffenen Abteilungen und Maschinen müssen auf Spitzenbelastung ausgelegt sein. Derzeit werden die Zahlungsverkehrskosten über die vom Kunden zu zahlenden Gebühren allein selten gedeckt. Die verbleibenden Defizite sind demnach durch Zins- und Provisionserträge aus Kundenanschlußgeschäften zu decken. Demnach hat sich auch im Zahlungsverkehr der Wettbewerb verstärkt. So versuchen beispielsweise Versandhäuser, Warenhauskonzerne oder Kreditkartenorganisationen, den Zahlungsverkehr ihrer Kunden an den Kreditinstituten vorbeizuleiten, um selbst gewinnbringende Anschlußgeschäfte wie Konsumentenkredite, Versicherungen oder Geldanlage zu „verkaufen".

Aufgabe der Ertragssteuerung ist es deshalb, über Gebührenpolitik einerseits und Kostendämmung andererseits die Defizite zu begrenzen. Beispielsweise können die Zahlungsverkehrsleistungen mit Postengebühren, mit Pauschalen oder mit einer Kombination aus beidem belegt werden. Die Pauschale (als fixe Gebühr für einen bestimmten Zeitraum) und die für jeden Geschäftsvorfall einheitliche Postengebühr sind für den Kunden leicht nachvollziehbar und kalkulierbar, entsprechen aber nicht der unterschiedlichen Kostenintensität der einzelnen Leistungen. Dem Gedanken der verursachungsbezogenen Gebührenberechnung kann eine (nach Art oder Umfang) differenzierte Preispolitik eher genügen. Sie kann außerdem zur Steuerung des Kundenverhaltens eingesetzt werden.

Die Suche nach neuen Automatisierungs- und Rationalisierungsmöglichkeiten rund um den Zahlungsverkehr soll dazu beitragen, die Kostenentwicklung zu kontrollieren. Daneben ermöglichen Kooperationsvereinbarungen ein kostengünstigeres Zahlungsverkehrsangebot. Gemeinsam können Kapazitäten und Wissen institutsüberschreitend genutzt werden, beispielsweise durch die GZS Gesellschaft für Zahlungssysteme mbH. Auch das SWIFT-System (Society of World-wide Interbank Financial Telecommunication) dient den Banken internationaler Ebene dazu, den Kundenservice zu verbessern und die Kosten gemeinsam gering zu halten; statt als Wettbewerber gegeneinander zu arbeiten.

Der Zahlungsverkehr führt aber auch zu „indirekten" Erträgen, etwa aus der Anlage von nicht disponierten Kundensichteinlagen im Rahmen des Geldhandels.

Schließlich sind die Abwicklungs- und Mißbrauchsrisiken im Zahlungsverkehr nach Möglichkeit zu reduzieren. Buchungsfehler, Reklamationen, aber auch der Mißbrauch von zum Beispiel ec-Karten sind arbeits- und kostenintensiv.

Auf **Konzern- und Verbundgeschäfte** sei noch kurz eingegangen, weil Banken hier in besonderem Maße ihr Provisionsgeschäft auf neue Felder ausdehnen können: Zur Verbesserung und Ergänzung des eigenen Leistungsangebotes sind hier vor allem die Geschäfte von angeschlossenen Bausparkassen, Versicherungsunternehmen, Investment-, Leasing- und Factoringunternehmen zu nennen. Dazu kommt das Angebot, Wertpapier-, Anlage- oder Kreditgeschäfte (auch auf internationaler Ebene) gemeinsam zu tätigen, sich im Auslandsgeschäft zu ergänzen oder Partnerschaften für Vermögensverwaltung, Unternehmensberatung, Immobiliengeschäfte etc. einzugehen.

Dabei kann die Art der rechtlichen Unternehmensverbindung und der vertraglichen Ausgestaltung der Kooperationsvereinbarungen auch die Provisionsgestaltung beeinflussen.

### 4.2.2 Investment Banking

Marktobjekte des Investment-Banking-Geschäfts sind vor allem Beteiligungsrechte, Wertpapiere und Kredite in unverbriefter oder verbriefter Form, mit festen oder variablen Zinssätzen. Dabei ist die schwerpunktmäßige Ausgestaltung und vor allem der Umfang der angebotenen Bankleistungen von der Institutsgröße, der Kundenstruktur, der Konzern- beziehungsweise Verbandszugehörigkeit und auch von den zukünftigen Ertragsprognosen oder Risikoerwartungen abhängig. Die Banken übernehmen dabei eine Vielzahl bilanzunwirksamer und somit provisionspflichtiger Dienstleistungsgeschäfte wie

- Plazierung und Handel von Wertpapieren
  (Sales and Trading)
- Emission von Wertpapieren
  (New Issues and Underwriting)
- Mergers & Acquisitions
  (Kauf/Verkauf/Vermittlung von Unternehmen/Beteiligungen)
- Portfolio-Management
  (Vermögensverwaltung und -steuerung)
- Zins- und Währungsmanagement
  (Swaps, Futures, Options)

Geschäfte aus diesem breiten Leistungsspektrum werden hauptsächlich mit emissionsfähigen Großkunden abgewickelt. Wegen ihrer erstklassigen Bonität ist es ihnen möglich, ihre Finanzierungsmittel unmittelbar an den Finanzmärkten aufzunehmen: zu niedrigeren Kosten bei hoher Flexibilität der Inanspruchnahme. Die Kreditinstitute stellen diesen Großkunden ihre Marktkenntnis, ihr Spezialwissen, ihre internationale Präsenz an den Finanzmärkten und ihr ,,standing" zur Verfügung. Neben Provisionserträgen eröffnet die Erweiterung der Leistungspalette um das Investment Banking weitere Anschlußgeschäfte und somit weitere Erträge. Darüber hinaus hoffen die Banken, dank des internationalen Bezugs dieser Aktivitäten unabhängiger von der inländischen Konjunktur zu werden.

Im Rahmen dieser Geschäfte verändert sich aber auch die Funktion der Bank: Der Finanzierungsbedarf des Kunden wird nicht mehr ausschließlich und direkt von der Bank selbst gedeckt. Vielmehr führen die Banken als eine Art Finanzmakler emissionsfähige Unternehmen mit Investoren zusammen, die einen entsprechenden Kapitalanlagebedarf haben.

Ertragssteuerung im Investment Banking bedeutet, daß für jedes einzelne Geschäft das Verhältnis von Provisionserträgen zu den Kosten der Risikovorsorge und -absicherung zu überprüfen ist. Gerade durch den starken internationalen Wettbewerb mit angloamerikanischen und japanischen Instituten sind die Margen niedrig und Provisionen nicht immer wie erhofft durchsetzbar – zumal sich die deutschen Banken hier in einem relativ neuen Geschäftszweig bewegen und mit dem Spezialwissen der langjährig erfahrenen Institute konkurrieren müssen.

Starke Bedeutung kommt dem Risikomanagement zu. Denn neben den klassischen Bonitäts- und Liquiditätsrisiken, die jedes Aktiv- oder Passivgeschäft betreffen, sind vor allem Zins- und Währungsrisiken zu steuern. Dabei sind die eingegangenen Risiken gegen die möglichen Erträge abzuwägen, um dann entsprechend die Positionen abzusichern.

Bezüglich des Zinsänderungsrisikos erscheint eine Risikoreduktion beispielsweise durch Zinsgleitklauseln oder auch die Risikokompensation mittels innovativer Finanzinstrumente sinnvoll (vgl. Kapitel II). Jedoch kann es kaum Ziel der bankbetrieblichen Ertragspolitik sein, das Zinsänderungsrisiko vollständig zu eliminieren, da gerade die Fristentransformation dank ihrer erheblichen Ertragschancen wesentlicher Bestandteil der geschäftspolitischen Überlegungen sein sollte.

Anders gestalten sich die Überlegungen zu den Währungsrisiken: Schätzt eine Bank die Kosten für ein Sicherungsgeschäft geringer als die möglichen Verluste ein, wird sie dieses offenen Positionen durch Gegengeschäfte schließen. Geht sie hingegen davon aus, daß Kursverluste nur in äußerst geringem Umfang auftreten werden, wird sie die Kosten der Sicherung einsparen und auf eine Absicherung komplett verzichten. Bei einer partiellen Absicherung geht es schließlich darum, die Erfolge aus den Währungstransaktionen zu erhöhen, ohne jedoch das Verlustrisiko hinnehmen zu müssen oder zu stark auszuweiten (vgl. Kapitel II). Den erzielten Kursgewinnen sind dann die Absicherungskosten gegenüberzustellen.

## 4.3 Kostenmanagement

### 4.3.1 Kosten-Nutzen-Optimierung

Kunden erwarten die unterschiedlichsten Leistungen und Angebote von „ihrer" Bank. Während der üblichen Öffnungszeiten reichen diese Wünsche vom kundenfreundlichen Service für Routinegeschäfte bis hin zur qualifizierten Beratung in individuellen finanziellen Fragen – ohne lange Wartezeiten. Auch über die Öffnungszeiten hinaus und unabhängig von der nächstgelegenen Zweigstelle erwarten immer mehr Kunden einen immer differenzierteren Service; Geldausgabeautomaten und Kontoauszugsdrucker sowie Möglichkeiten für Electronic Cash, Datex-J-Nutzung etc. gehören zum Standard moderner Kundenselbstbedienung.

Doch diese Wettbewerbsanforderungen sind meist mit hohen Personal- und/oder Sachkosten verbunden. Erschwerend kommen sinkende Margen im nationalen und internationalen Bankgeschäft hinzu, was den Geschäftserfolg zumindest tendenziell gefährdet. Wegen des Wettbewerbsdrucks können die gesamten Kosten kaum noch auf die Kunden abgewälzt werden, so daß das Kostenmanagement eine wachsende Bedeutung im Rahmen der institutseigenen Ertragssteuerung einnimmt. Dabei geht es ausschließlich nur um Kostenminimierung oder Kostenvermeidung. Sach- und Personalkosten sind zu steuern, die Bankleistungen absatz- beziehungsweise kundenorientiert auszurichten, Mitarbeiter zu fördern und Kosten-Nutzen-Gesichtspunkte im Gesamtinstitut zu verstärken, um die Ertragssituation insgesamt zu verbessern.

### 4.3.2 Rationalisierung

Aus Kosteneinsparungsgründen erweitern Banken auf vielen Gebieten den Technikeinsatz. Neue Technologien scheinen oft die einzige Möglichkeit zu sein, den Qualitäts- und Serviceansprüchen der Kunden bei gleichzeitig adäquaten Preis-/Leistungsverhältnissen entgegenzukommen.

Rationalisierung zielt vor allem darauf ab, die Bearbeitung von Massen- und Routinegeschäften verstärkt mit Maschinen anstelle von Personal erledigen zu lassen. Um es zu betonen: Der Technikeinsatz, der selbst hohe Kosten verursacht, kann nur dann Bankleistungen kostengünstiger gestalten, wenn eine entsprechende Akzeptanz (und hohe Kapazitätsauslastung) erreicht wird.

Eines der ersten und wichtigsten Felder der Bankautomation war zweifellos die Einführung des elektronischen (beleglosen) Zahlungsverkehrs, die der Rationalisierung des Massenzahlungsverkehrs und der innerbetrieblichen Arbeitsabläufe diente. Dadurch konnten Mitarbeiter von den teilweise monotonen Routinearbeiten entlastet werden und sich anspruchsvolleren Aufgabengebieten widmen. In einer weiteren Automatisierungsstufe fanden Kundenselbstbedienungseinrichtungen wie Geldausgabeautomaten und Kontoauszugsdrucker neue Möglichkeiten zur Arbeits- und Kostenentlastung. Zusätzlich trägt das Angebot an Selbstbedienungseinrichtungen dazu bei, den Kundenwünschen nach rascher, zeitlich unabhängiger und bequemer Erledigung ihrer alltäglichen Bankgeschäfte zu entsprechen. Die jüngsten Rationalisierungsmöglichkeiten schlagen sich im teilweise umfassend angelegten Electronic-banking-Angebot der Banken nieder: Liquiditäts- und Finanzplanung, Bilanzanalyse, Cash-Management-Systeme, Portfolio-Management etc. (vgl. auch Abschnitt 4).

### 4.3.3 Die Gestaltung des Zweigstellennetzes

Im internationalen Vergleich weisen die deutschen Banken mit ca. 1.400 Einwohnern pro Geschäftsstelle eines der dichtesten Geschäftsstellennetze auf. Die Geschäftsstelle ist noch immer als „Ort der Begegnung" zwischen Kunde und Bankmitarbeiter zu sehen.

Allerdings zwingen der Einsatz von Selbstbedienungseinrichtungen sowie Kosten-, Rationalisierungs- und Serviceaspekte dazu, diese traditionelle Vertriebsform zu überdenken und trotz der derzeitig geschäftspolitisch wichtigen Stellung das Geschäftsstellennetz umzugestalten. Im Rahmen der Zweigstellenpolitik wird zu prüfen sein, wie noch bessere Bedingungen für den Absatz der beratungsintensiven Bankleistungen geschaffen und wie gleichzeitig im Bereich der Routinegeschäfte weitere Kosten eingespart werden können.

Gleiches gilt für die Ausgestaltung der Dienstleistungspalette, der Vereinfachung der Arbeitsabläufe sowie der zeitlichen Flexibilisierung des Mitarbeitereinsatzes

Allerdings erfolgt dies je nach Institut unterschiedlich. Eine Bank mit dem Anspruch, weiterhin allen Kunden ein universelles Service-Angebot zu bieten, wird ein mehr oder weniger flächendeckendes Geschäftsstellennetz mit bestimmten personellen und sachlichen Mindestausstattungen beibehalten. Andere Banken mit anderen Zielen werden darauf unter Umständen verzichten können.

Das erklärt die Formen-Vielfalt unter den Zweigstellen-Typen, von der reinen Automaten-Geschäftsstellen, über Zweigstellen mit Beratung in normierten Bankleistungen und Kundenselbstbedienungseinrichtungen bis hin zu speziellen und exklusiven Beratungszentren für komplexe Finanzdienstleistungen.

In Ergänzung der Zweigstellen-Vertriebswege werden auch „mobile" Absatzformen diskutiert und ausprobiert: Der Gefahr, daß der Kontakt zum Kunden wegen verstärkter Automatisierung verlorengeht, soll mit Beratungsangeboten durch Außendienstmitarbeiter entgegengewirkt werden. Diese Form, den Kunden zu Hause zu besuchen, findet sich vor allem bei den Vermögensberatungsgesellschaften der Banken.

Die Geschäftsstellenpolitik der Banken mit internationaler Orientierung wird ihre Präsenz ebenfalls an Kosten-Nutzen-Gesichtspunkten ausrichten. Hier stehen Kooperationen, Joint-ventures, Beteiligungen, der Aufbau eigener Repräsentanzen oder Niederlassungsnetze zur Diskussion.

### 4.3.4 Personalkostenmanagement

Das Personal ist für Banken sowohl der größte Erfolgsfaktor als auch der größte Kostenfaktor. Die Personalkosten machen im allgemeinen mehr als 50 Prozent des Betriebsaufwands aus. Insofern versteht es sich von selbst, daß sie auch im Zentrum des Kostenmanagements stehen – siehe auch Lean Banking, Abschnitt 4.3.5. Damit müssen wir es hier bewenden lassen: Personalkostenmanagement ist ein Thema, das ganze Bücher füllen würde. Solche Bücher gibt es auch, und ihre Lektüre wollen wir hier dringend empfohlen (siehe ,,Literatur zum Weiterlesen" am Ende)!

### 4.3.5 Lean Banking

Eine nachhaltige Verbesserung der Wettbewerbsfähigkeit von Banken muß gleichzeitig mit Ertrags- und Kostenaspekten betreffen. Ansatzpunkte, die geschäftliche, organisatorische und personelle Veränderungen integrieren sollen, werden in jüngster Zeit unter dem Stichwort ,,Lean Banking" diskutiert.

Lean Banking bedeutet soviel wie ,,schlanke" Organisation des Bankgeschäfts. Dabei geht es aber um mehr als einfach nur Kosteneinsparung und Rationalisierung ,,um jeden Preis". Das Ziel ist statt dessen eine konzeptionell durchdachte Produktivitätssteuerung.

Die weitreichenden organisatorischen und personellen Konsequenzen lauten unter anderem: flexible Organisationsstrukturen, flachere Hierachien, Dezentralisierung, ganzheitliches Denken, neue Führungsstile, mehr Eigenverantwortung, aber auch eine sinnvolle Straffung der Produktpalette, mehr Kundenorientierung etc.

Die starre hierarchische Anordnung der Abteilungen soll zum Teil abgelöst werden von sich selbst koordinierenden Arbeitsgruppen. Diese sind nicht nur für die Erledigung ihrer Aufgaben, sondern auch für die Budgetverwendung und den Personaleinsatz verantwortlich. Verbesserungsvorschläge der Gruppenmitglieder sind dabei erwünscht. Im Vordergrund steht die Kundenorientierung. Alle Organisationseinheiten arbeiten mit dem Ziel der ständigen Qualitätsverbesserung bei gleichzeitiger Minimierung von Kosten und Bearbeitungszeiten ineinander.

Dies erfordert zugleich neue Führungsstile: Der autoritäre Vorgesetzte, der ,,alles weiß", ,,alles unter Kontrolle" haben will und kaum delegiert, wäre unvereinbar mit den Lean-Banking-Ideen der Teamorganisation und Eigenverantwortung aller Mitarbeiter.

Die neue Rolle des Vorgesetzten wäre zu vergleichen mit einem Coach, der die Aktivitäten seiner Gruppenmitglieder koordiniert und die Voraussetzungen dafür schafft, daß jeder Mitarbeiter seine Fähigkeiten optimal zur Geltung bringen kann.

Parallel dazu müssen die Mitarbeiter mit entsprechenden Kompetenzen ausgestattet werden. Das ,,Warten auf Anweisung von oben" wird durch die gemeinsame Vereinbarung von Zielen ersetzt. Leistungsorientierte Anreizsysteme können als finanzielle Begleitmaßnahme ebenfalls dazu beitragen, so etwas wie eine behördenmäßige ,,Dienst-nach-Vorschrift"-Mentalität zu verhindern.

Im Rahmen der Lean-Banking-Diskussion trifft man immer wieder auf die Forderung, die bisherige Palette der Bankprodukte neu zu gestalten. Für ein möglichst umfangreiches und detailliertes Angebot an Bankleistungen spricht zwar auf den ersten Blick der Innovations-Wettbewerb unter den Banken, das Eindringen von Nicht-Kreditinstituten in den Bankenmarkt sowie die wachsenden Ansprüche der Kunden. Aber auf der anderen Seite kann eine solche Strategie des „Supermarkt"-Sortiments auch übers Ziel hinausschießen: Qualität und Service bestehen nicht nur in der Anreicherung der Produktpalette um jede aufkommende Innovation. Qualität und Service können auch dadurch verbessert werden, daß man das institutseigene Dienstleistungsbündel sinnvoll (!) strafft und die Kosteneinsparung daraus an die Kunden weitergibt.

Um nun nicht ins andere Extrem zu verfallen – auch das Schlankwerden hat seine Grenzen. Es gibt durchaus Kernbereiche, die besser unangetastet bleiben, die vielleicht sogar ausgebaut werden sollten: Nicht selten ist nämlich gerade das Standard-Angebot an Leistungen aus Kundensicht der eigentliche Prüfstein für Qualität und Service. Gefragt sind diejenigen Bankprodukte, die den allgemeinen Kundenwünschen entsprechen: unkomplizierte Produkte und Dienstleistungen mit angemessener Rendite beziehungsweise zu adäquaten Kosten. Daher heißt Lean Banking weder kompromißlose Straffung noch beliebige Ausweitung der Angebotspalette, sondern die Beschränkung auf die wichtigen Standardprodukte. Mehr oder weniger standardisierbare Produktbausteine führen zur Kostendegression in der Nachbearbeitung, eröffnen Möglichkeiten der Automation und bewahren den Berater vor der fachlichen Überforderung mit zahllosen Varianten und Spezialfällen. Statt dessen kann er über die gezielte Kombination dieser Basisprodukte sogar eine noch bessere Betreuung erreichen. Nach Analyse der „wirklichen" Kundenbedürfnisse ist es dann für die Gesamtbank möglich, Unnötiges, Überflüssiges und Überholtes aus der Angebotspalette zu streichen und Platz für marktgerechte Produkte und Dienstleistungen zu schaffen.

Ein anderer Weg bei der „Schlankheitskur" der Banken ist das Ausgliedern bestimmter Aufgabenfelder. Beispielsweise bietet es sich für das Leasing- und Immobiliengeschäft sowie die Unternehmensberatung an, Serviceeinheiten zu bilden, die kundennah und marktorientiert operieren, selbständig arbeiten und eigene Personal- und Budgetverantwortung tragen. Weitere Vorteile bietet die bewußte Verstärkung der Zusammenarbeit im Konzern oder im Verband: Zur Entlastung der einzelnen Banken können beispielsweise markt- und betriebswirtschaftliche Untersuchungen, institutsübergreifende Themenkomplexe, Rationalisierungsmöglichkeiten in der Datenverarbeitung, Aus- und Weiterbildungsvorhaben sowie konzeptionelle Arbeiten noch stärker als bislang von selbständigen (Konzern-)Unternehmen beziehungsweise verbandsseitig erledigt werden.

### RESÜMEE

Ertragsmanagement in Banken hat die Steuerung der Rentabilität zum Gegenstand. Die vorangegangenen Abschnitte sollten aufzeigen, wie ertragstarke Geschäftsbereiche erkannt, wie gewinnbringende Konditionen durchgesetzt werden können und wie eine rentable Geschäftspolitik insgesamt aussehen könnte.

Dazu gehört vor allem die Gestaltung der Bilanzstruktur sowie die Steuerung der Bankrisiken, denn beides beeinflußt in letzter Konsequenz die Ertragssituation der Bank. Auch der Eigenkapitalausstattung kommt vor dem Hintergrund bankenaufsichtsrechtlicher Vorschriften besondere Bedeutung zu.

Dieser Abschnitt sollte auch Einblick in die derzeitige Situationen auf dem Bankenmarkt geben. Die Banken können einerseits mit innovativen Instrumenten und Bankleistungen ihren Kunden ein beinahe allumfassender Partner in Geldfragen und Finanzgeschäften sein. Andererseits herrscht ein starker Preisdruck, das Geschäftsrisiko verschärft sich und die Margen verengen sich. Deshalb sind vor allem die Führungsebenen im Rahmen ihrer ertragsorientierten Managementaufgaben gefordert, Chancen und Risiken der Geschäftspolitik zu überprüfen, den potentiellen Erträgen die leistungsbezogenen Kosten gegenüberzustellen sowie die zu erwartenden Risikogesichtspunkte genau abzuwägen.

Zur aktuellen Lean-Banking-Diskussion wurde schließlich kurz skizziert, welche Unternehmensbereiche sie vor allem betrifft und wie sinnvolle Lösungen aussehen können.

### KONTROLLFRAGEN

1. Zeigen Sie die wichtigsten Bausteine eines sinnvollen Vorgehens im Rahmen der ertragsorientierten Banksteuerung auf.
2. Gibt es die „optimale" Eigenkapitalausstattung bei Banken?
3. Können Bilanzstruktur und Eigenkapitalausstattung unabhängig voneinander gesteuert werden?
4. Skizzieren Sie die wesentlichen Aufgaben des Ertragsmanagements im Provisionsgeschäft.
5. Inwiefern spielt das Risikomanagement eine wichtige Rolle bei der Ertragssteuerung der Banken?
6. Haben Banken ohne Mitarbeiter eine Zukunft?
7. Entspricht ein striktes Kostenstreichen der Lean-Banking-Strategie?

### LITERATUR ZUM WEITERLESEN

- Daß sich die Geschäftstätigkeit der Banken nicht mehr ausschließlich auf die Entgegennahme von Einlagen und die Kreditvergabe beschränkt, zeigen:

  Guido Eilenberger, **Bankbetriebswirtschaftslehre**, München-Wien 1993.

  Hans E. Büschgen, **Bankbetriebslehre**, Wiesbaden 1993.

- Ein integriertes Modell zur ertragsorientierten Banksteuerung finden Sie in:

  Henner Schierenbeck, **Ertragsorientiertes Bankmanagement/Controlling in Kreditinstituten**, 3. Auflage, Wiesbaden 1991.

- Über die Planung der Eigenkapitalmittel, der Liquiditätsreserven sowie von Bilanzvolumen und -struktur können Sie vieles erfahren bei:

  Joachim Süchting, **Bankmanagement**, Stuttgart 1992.

  Hier finden Sie auch einen Einblick in die Bandbreite bankpolitischer Entscheidungen.

- Inwiefern die Technik den Bankenwettbewerb und die Beziehung zu den Bankkunden beeinflußt, können Sie nachlesen bei:

  Oskar Betsch, **Strukturwandel und Wettbewerb am Bankenmarkt**, Stuttgart 1988.

  Auch können Sie hier Antworten auf die Frage finden, ob Bankzweigstellen ein teurer Luxus sind.

- Daß Lean Banking keine Einmalveranstaltung ist, zeigt das Buch von

  Heinz Benölken, **Lean Banking – Wege zur Marktführerschaft**, Wiesbaden 1994.

- Zum Personalkostenmanagement finden Sie eine breite Themenpalette in:

  Wilfried E. Feix, **Personal 2000 – Visionen und Strategien erfolgreicher Personalarbeit**, Frankfurt/M-Wiesbaden 1991.

- Die Zusammenhänge zwischen Personal- und Geschäftspolitik in Banken schildern:

  Helmut Muthers/Heidi Haas, **Geist schlägt Kapital – Quantensprung im Bankmanagement**, Wiesbaden 1994.

# Kapitel IV

# Auf dem Weg ins 21. Jahrhundert

*„Die Zukunft ist auch nicht mehr das, was sie mal war."*

Nichts wird so bleiben wie es ist. Am Ende dieses Buches erwartet Sie jetzt eine gute und eine weniger gute Nachricht. Die gute: Sie haben damit einen Überblick über alles, was ein Banker **heute** wissen muß. Die weniger gute Nachricht: Vieles davon wird in 20 oder 30 Jahren bereits Geschichte sein. Wenn Sie heute am Anfang Ihres Berufslebens stehen, dann werden Sie – sagen wir im Jahre 2025 – zwar vielleicht noch in einem Institut mit der Bezeichnung „Bank" arbeiten. Aber was und vor allem wie Sie dann arbeiten werden, das hat womöglich wenig Ähnlichkeit mit dem klassischen Berufsbild des Bankers.

Sie finden, es wäre gut zu wissen, wie diese **zukünftige Arbeits- und Finanzwelt** aussehen wird? Das finden wir auch. Deshalb wagen wir hier den Versuch, aus den schon heute sichtbaren Veränderungen die möglichen Entwicklungen für morgen und übermorgen abzuleiten. Und zwar

- in der **Gesellschaft**:
  Was erwartet uns im **Informationszeitalter**? (Abschnitt 4.1)

- in der **Arbeitswelt**:
  Wie könnte Ihr zukünftiges **Berufsleben** aussehen? (Abschnitt 4.2)

- in der **Finanzwelt**:
  Wie verändert sich das **Bankgeschäft**? (Abschnitt 4.3)

Diese drei Ebenen sind allerdings nur rein gedanklich zu trennen, tatsächlich hängen sie eng zusammen.

# 1. Informationsgesellschaft

## Auf der Datenautobahn nach Irgendwo

„Hätte man den Menschen 1880 genau das Leben beschrieben, das wir heute führen, sie hätten es bestimmt gräßlich gefunden."
(Berliner Illustrierte Zeitung 1928!)

> Was Zukunftsforscher und andere Berufene unter dem Stichwort Informationsgesellschaft an die Wand malen, reicht von Schlaraffenlandszenarien bis zu puren Horrorvisionen. In einem Punkt aber ist man sich weitgehend einig: Wir erleben eine mehr oder weniger stille Revolution in Wirtschaft und Gesellschaft. Betroffen sind Arbeits- und Privatsphäre, die Art und Weise unserer Kommunikation, der Stellenwert von Wissen und Ausbildung, die räumlichen und zeitlichen Koordinaten unseres Handelns, kurz: unsere gesamte Lebenswelt.
>
> Zukunft ist niemals eindeutig, sie läßt sogar Raum für widersprüchliche Vorstellungen. Alles könnte auch anders sein. Aber das macht es ja auch so spannend.

Zukunft – wie läßt sich über etwas reden, das es (noch) gar nicht gibt? Je ungreifbarer ein Phänomen, desto größer unser Bedürfnis nach griffiger Benennung. Datenautobahn, Cyberspace, Künstliche Intelligenz, Informationsgesellschaft – ohne Schlagworte geht es wohl kaum.

Dieser vierte Abschnitt des Buches steht im Unterschied zu den übrigen nicht mehr auf dem Boden gesicherter Erkenntnisse. Es ist vielmehr ein **Angebot an Sie**, sich selbst **ein Bild von der Zukunft** zu machen. Dazu gibt es viele Wege. Wir könnten, fast beliebig, folgende Ausgangspunkte wählen:

a) eine romantisch verschlafene Kleinstadt in Norditalien

b) das Nachtleben in den Techno-Clubs von London

c) eine Steinzeitsiedlung um 8000 vor Christus

Was das denn soll? Nun, Ausgangspunkt a) könnten wir nehmen, weil dort gerade dieser Beitrag geschrieben wird. Mit Blick aufs Meer oder jedenfalls **fern vom Büro** zu arbeiten, könnte in Zukunft für immer mehr Menschen zum Normalfall werden – dazu mehr im 2. Abschnitt.

Punkt b) würde uns folgendes zeigen: In welchem Club gerade was los ist, teilt sich die Szene heute über Internet mit und nicht mehr über „altmodische" Mobiltelefone. Dem Banker könnte das einiges verraten über den **Umgang mit moderner Kommunikationstechnik** bei der sogenannten jungen Generation, also den **Bankkunden von morgen**! (siehe Abschnitt 3)

Und zu Punkt c), der ersten „gesellschaftlichen Revolution", kommen wir gleich.

Für den Blick auf die Zukunft treten wir erst einmal einen Schritt zurück, um etwas mehr Abstand zu bekommen. Denn die täglichen Meldungen über diese und jene neue Entwicklung lassen sich nur dann zu einem Bild verdichten, wenn wir sie in einen Rahmen fassen können.

Wir wählen daher die langfristige Perspektive und fragen: Woher kommt denn – wenn sie dann kommt – die Informationsgesellschaft?

Die heute wohl bekannteste Stufentheorie über die **Entwicklung von Volkswirtschaften** ist die Drei-Sektoren-Hypothese (Clark 1940, Fourastié 1949). Danach gibt es ein **typisches Verlaufsmuster** gesellschaftlicher Entwicklung: von der Agrar- zur Industriegesellschaft und danach zur Dienstleistungsgesellschaft (vgl. Abbildung 4-1).

Die reale bisherige Entwicklung hat diese Theorie auf das Eindrucksvollste bestätigt – wir haben uns längst eingelebt in der Dienstleistungsgesellschaft. Sehen Sie sich mal um: Wie viele Ihrer Bekannten sind im warenproduzierenden Gewerbe oder in der Landwirtschaft beschäftigt, und wie viele im Dienstleistungssektor?

Trotzdem sollten wir uns hier mal einen kurzen Moment lang wundern – über das Tempo und den Ablauf dieses Prozesses. Die Anfänge der ersten beiden Phasen bezeichnet man wohl zu Recht als Revolutionen: Die „neolithische Revolution" bedingte in der Steinzeit mit dem Übergang vom Sammler- und Jägerdasein zu Ackerbau und seßhafter Lebensweise zwar eine völlig neue, gesellschaftliche Orientierung. Dennoch hatte eine Tatsache jahrtausendelang Bestand: Noch bis vor etwa 200 Jahren schien es selbstverständlich und naturnotwendig, daß der allergrößte Teil der gesellschaftlichen Arbeitsleistung auf die Nahrungsmittelproduktion entfallen mußte. 90 bis 95 Prozent der Bevölkerung lebten von der Landwirtschaft. Heute ist es genau umgekehrt. In den am weitesten entwickelten Ländern braucht es kaum noch 2 Prozent der Erwerbstätigen, um die Nahrungsmittelversorgung zu sichern.

Verglichen mit der industriellen Revolution, ihrer radikalen und heftig umkämpften Neudefinition der gesellschaftlichen Arbeitsteilung, vollzog sich der Übergang zur vorerst letzten Stufe – der sogenannten Dienstleistungsgesellschaft – eher heimlich, still und leise. Nur der Streit um die Milliardensubventionierung „sterbender"

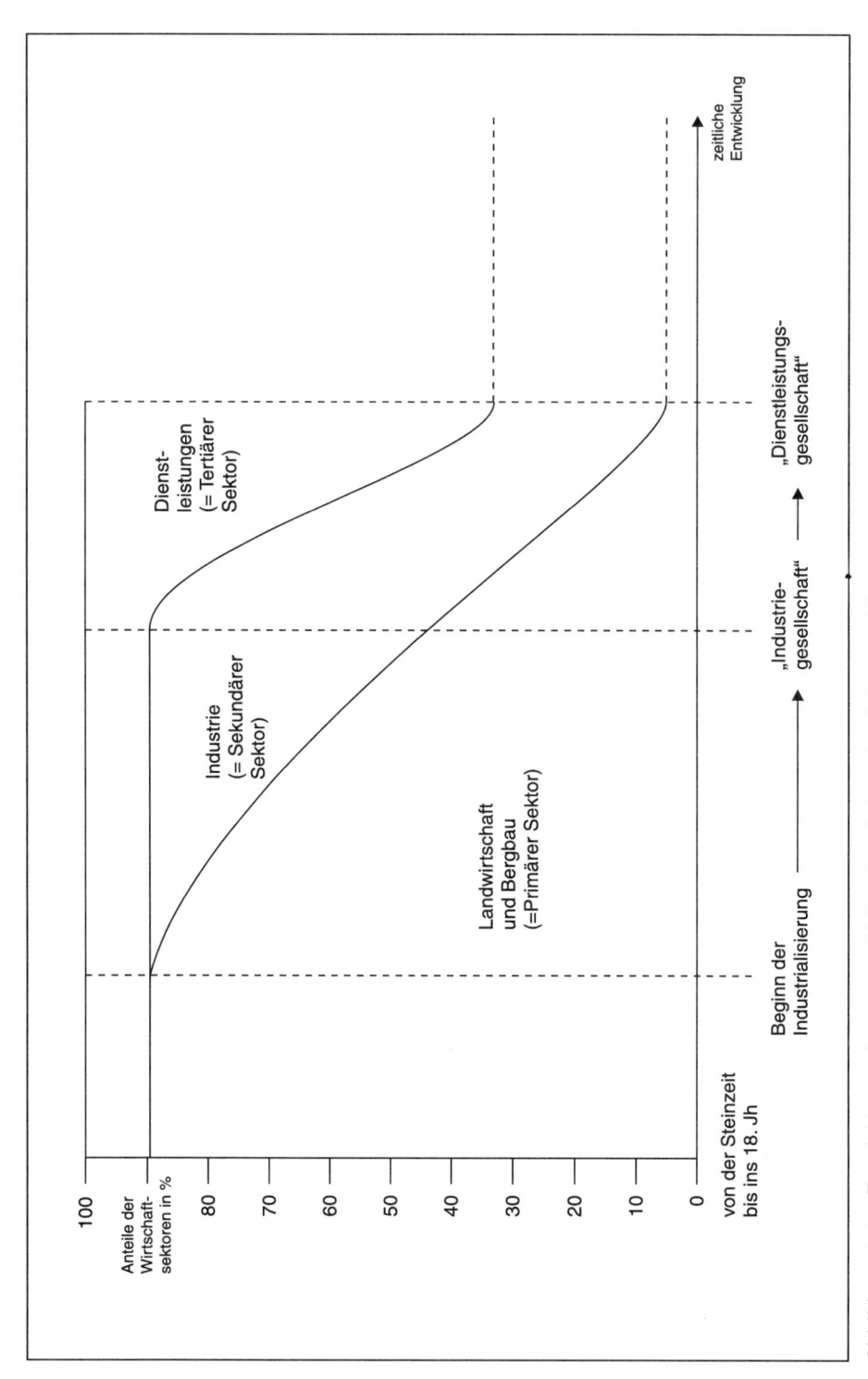

Abbildung 4-1: Entwicklungsphasen von Volkswirtschaften (nach Fourastié)

Industriezweige (Kohle, Werften und andere) erinnert hin und wieder daran, daß **jeder Strukturwandel Gewinner und Verlierer** hervorbringt.

Nun wäre es aber vielleicht allzu vorschnell zu glauben, da sei man im Dienstleistungsbereich (als Banker) ja auf der sonnigen Seite. Tatsächlich gibt es keinen vernünftigen Grund anzunehmen, daß der Wandel ausgerechnet mit der jetzigen Phase zum Stillstand gekommen sei. Im Gegenteil, die Perioden werden immer kürzer: Die Agrargesellschaft hielt sich runde 10.000 Jahre. Die Industriegesellschaft ist noch keine 200 Jahre alt. Und der Dienstleistungssektor hat seine „Vorherrschaft" über die Warenproduktion in den modernsten Volkswirtschaften seit gerade mal 20 Jahren erreicht.

Die unvermeidliche Frage lautet also: What's next? Die nächste Phase, quasi der **Aufstieg eines neuen, vierten Sektors**, hat schon einen Namen: die Informationsgesellschaft.

Das **herausragende Merkmal** dieser Entwicklung wollen wir als „**Entstofflichung**" bezeichnen.

In einer von industrieller Produktion gekennzeichneten Gesellschaft zeigt sich das gesamtwirtschaftliche Ergebnis (der „Wohlstand") bildlich gesprochen in einem gigantischen Güterberg, in der Summe aller Spülmaschinen, Socken, Straßenbahnen etc. All das entsteht und besteht aus Rohstoffen. Im Sektor Dienstleistungen sind zahlreiche Produkte bereits viel weniger stofflich gebunden. Der Wert eines Arzt- oder Friseurbesuchs ist weitgehend immaterieller Art. Dennoch sind die meisten typischen Dienstleistungen noch mehrfach an die „reale Welt" gebunden: Sie finden zu bestimmter Zeit an einem konkreten Ort zwischen beteiligten Personen (Kunde und Anbieter) statt. Aufschlußreich sind dabei die zahlreichen Grenzfälle von **Dienstleistungen, die nicht mehr diesen Bindungen unterliegen**: Sie bestehen nämlich im Kern fast immer aus **Informationsleistungen** (vgl. Abbildung 4-2).

Die Grenzen sind fließend. Beispiel Finanzdienstleistungen: Anlageberatung war schon immer eine Informationsleistung. In der bisher üblichen Form des Beratungsgesprächs war sie zeitlich, räumlich und personell gebunden. Dagegen befreit das Telefon Banking von der räumlichen Bindung, die Selbstbedienungsautomaten von der personellen und zeitlichen Bindung. Home Banking mit interaktiver Beratungssoftware, elektronischem Infodienst und Verbindung zum Bankrechner kommt schließlich ohne alle drei Restriktionen aus. Solche Informationsdienstleistungen sind also von **Raum** (= Zweigstelle), **Zeit** (= Öffnungszeiten) und **Personenkontakt** (= Kundenberater) weitestgehend entkoppelt.

Die Vorteile auf Bank- und Kundenseite sind so offensichtlich, daß wir die weitere rasche Ausweitung des „**Informationsbankings**" mit großer Sicherheit als längerfristigen und unumkehrbaren Trend für die Zukunft des Bankgeschäfts ansehen können. Die Pluspunkte auf der Kundenseite heißen Flexibilität, Komfort und vor

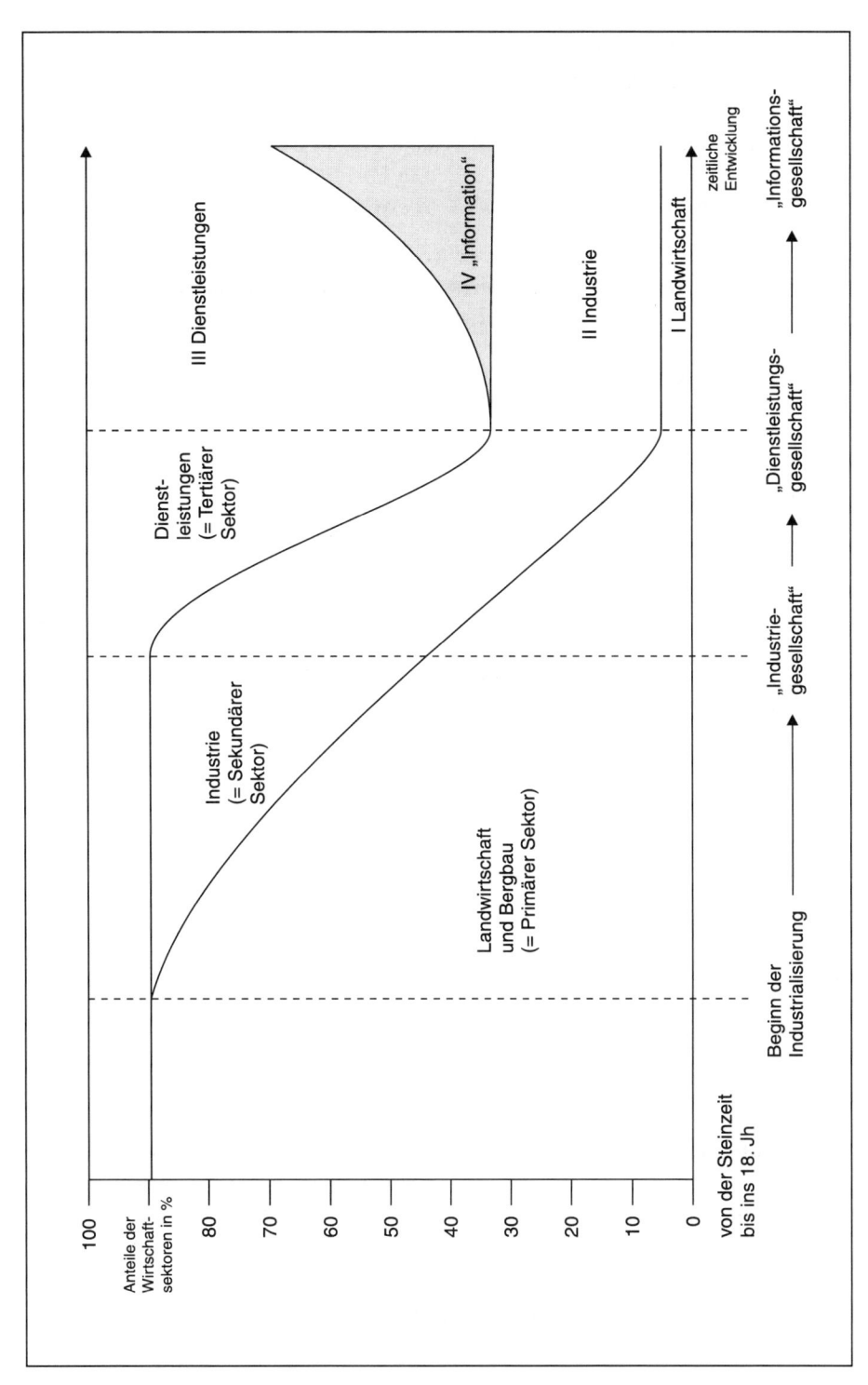

Abbildung 4-2: Entwicklungsphasen von Volkswirtschaften (erweitertes Vier-Phasen-Modell)

allem Zeitersparnis, zum Teil auch bessere Qualität und möglicherweise niedrigere Kosten. Für die Banken ergeben sich mittelfristig enorme Rationalisierungspotentiale, das heißt Einsparmöglichkeiten zuerst bei den Personalkosten und, wenn sie ihr Zweigstellennetz ausdünnen, auch bei den Raum-, Sach- und Verwaltungskosten. Ob von diesen Kostenvorteilen auch die Kunden in Form günstigerer Preise profitieren werden, entscheidet wohl wie so oft der Wettbewerb.

Aber alles in allem – erwartet uns jetzt eine ,,Schöne neue Welt" in der virtuellen Bank? Das wäre leider eine zu naive Sicht dessen, was da kommen kann (nicht unbedingt kommen muß). Jeder Wandel hat, wie schon erwähnt, seine Gewinner und Verlierer, seine **Chancen und Gefahren**. Für die Zukunft des Bankgeschäfts und damit auch für Sie als Banker könnte das heißen:

1. Die **Aufgabengebiete ändern sich** und damit die Qualifikationsanforderungen. Nicht nur, daß immer wieder neue Arbeitsabläufe und neue Dienstleistungsangebote zu lernen sind – das war bisher schon so. Aber nun könnten sich im Ganzen die ,,klassischen" Ausbildungsstationen und **Berufswege** verschieben. Nehmen wir mal diesen typischen Karriereweg ,,vom Schaltermitarbeiter zum Kundenberater zum Zweigstellenleiter" – wieviel tausend Bankeinsteiger sind bisher diesen Weg gegangen! Und wie viele werden in fünf, zehn Jahren noch mit dieser Perspektive einsteigen? Denn ein stark schrumpfendes Zweigstellennetz bedeutet natürlich auch weniger Zweigstellenmitarbeiter und Zweigstellenleiter. (Man wird halt nur schwer vom Tellerwäscher zum Millionär, wenn überall Spülmaschinen oder Pappteller im Einsatz sind!)

   Selbst wenn in der ,,virtuellen Bank" der Zukunft neue Beschäftigungsmöglichkeiten an anderer Stelle entstehen, wird nicht jeder Mitarbeiter bereit und in der Lage sein, dafür umzuziehen und umzulernen. Es wird den Filialleiter und Familienvater im Fichtelgebirge wenig begeistern, wenn parallel zur Schließung seiner Geschäftsstelle die Frankfurter Zentrale eine Abteilung ,,Integrierte Kundensysteme" oder ähnliches ins Leben ruft. Andererseits gibt es tendenziell auch immer mehr Möglichkeiten, die Arbeit in Zukunft ortsunabhängig zu organisieren.

2. Auch **das Verhältnis zwischen Kunde und Bank wird sich verändern**. Seit Jahren ist die Rede von Kundenorientierung beziehungsweise ,,mehr Kundennähe" als Schlüssel zum geschäftlichen Erfolg. Das ist zwar richtig, nur ist das mit der **Kundennähe nicht allzu wörtlich zu nehmen**. Vom Fernsehsessel des Kunden aus betrachtet, ist der Telefonhörer immer näher als die nächste Zweigstelle. Und sein Computer ist näher als der nächste Kontoauszugsdrucker. Kurz, im Informationszeitalter wird Nähe weniger in Metern als in Sekunden gemessen. Auf der Datenautobahn zählen nicht die räumlichen Entfernungen, sondern Anschlußstellen, Zugriffszeiten, Aktualität der Informationen, Vielfalt der Transaktionsmöglichkeiten, Service, Bedienerfreundlichkeit etc.

Aber apropos „bedienerfreundlich" – das hat nichts mehr mit der „freundlichen Bedienung" zu tun, die beim klassischen Kundenkontakt von Angesicht zu Angesicht so wichtig war. Das Telebanking macht die Kundenbeziehung unpersönlicher. Die bekannten Gesichter beim ehemals regelmäßigen Gang in die Zweigstelle fallen bei der Wahl der Bank als Argument weg. Damit wird die **Kundenbindung schwieriger**, und jede Bank wird sich dafür neue Wege überlegen müssen: Wie bleibt man für jeden Kunden weiterhin als „seine" Bank wahrnehmbar? Wie verhindert man, daß die Kunden ihre Bankverbindung als weitgehend austauschbar empfinden und dann auch tatsächlich wechseln?

Als Ersatz für die seltener werdenden persönlichen Kontakte wird man **neue Kommunikationsformen** finden müssen, um etwas ähnliches wie eine emotionale Bindung herzustellen: Einige Häuser beispielsweise haben bereits oder planen eine eigene Kundenzeitschrift. Damit ist es möglich, sich regelmäßig ins Bewußtsein des Kunden zu rufen, eine Art Zugehörigkeitsgefühl zu erwecken, ihm neben interessanten Neuigkeiten auch ein bestimmtes Image seiner Bank zu vermitteln – zum Beispiel kompetent, gut informiert, vielseitig, intelligent, menschlich, überall in der Welt dabei, ökologiebewußt, modern, aufgeschlossen, dynamisch …? Ein solches **Image** mag dazu führen, daß sich die Kunden der X-Bank bewußt oder unbewußt damit identifizieren. Dann wäre die Bankverbindung eben nicht austauschbar und das Ziel der Kundenbindung erreicht. Was hier am Beispiel von Kundenzeitschriften gezeigt wurde, gilt ähnlich auch für die anderen, bestehenden Kommunikationsformen der Werbung, Presse- und Öffentlichkeitsarbeit, Kultursponsoring, Sportförderung, Umweltschutz und andere gesellschaftliche Aktivitäten.

3. Banken bieten bekanntlich mehr als Geld und Zinsen – vor allem Know-how und Beratung, kurz: Sie handeln mit Informationen. Wenn sich Banken also mehr und mehr zum Informationsanbieter entwickeln, kann das ja im Hinblick auf das Informationszeitalter eigentlich nicht verkehrt sein. Aber: Erstens tun das auch andere, und zweitens **ist Information eine ganz besondere Ware**.

Betrachten wir dazu mal das Internet, jenes größte weltweite Netz von Informationsanbietern und -nutzern, das 1994 plötzlich von den Medien als Zukunftsthema Nr. 1 entdeckt wurde und seitdem einen Nachfrage-Boom von privaten und kommerziellen Interessenten erlebt: Jeder kann jede Information anbieten, jeder kann jede Information bekommen. Das Internet ist voll von allen denkbaren und undenkbaren, brauchbaren und unbrauchbaren Informationen.

Das Besondere an der Ware Information ist unter anderem ihre Sättigungsgrenze. Es genügt im Prinzip ein einziger Anbieter, und die gesamte Nachfrage nach dieser Information ist befriedigt – anders als etwa bei Autos (1.000 Opel-Händler können das gleiche Produkt verkaufen und gut davon leben). Hinzu kommt die Tatsache, daß es auf zahlreichen Gebieten bereits zuviel Information gibt. Diese

**Informationsflut** führt zu der etwas paradoxen Nachfrage nach ,,Weniger" und ruft Anbieter von Informationsverdichtung auf den Plan, um nicht zu sagen ,,Informationsvernichter".

Aus diesem Grund haben Informationen nur solange einen Marktwert beziehungsweise Preis, solange ein anderer sie noch nicht hat. Sobald irgendein ,,Insider" seine Neuigkeiten etwa im Internet verbreitet hat, werden sie zum Allgemeingut und sind zu einem Preis über Null im Prinzip unverkäuflich.

Was ist nun speziell mit den **Informationen, die Banken bisher ,,handeln"**? Ob aktuelles Börsengeschehen oder volkswirtschaftliche Prognosen, Aktienanalysen oder Anlageempfehlungen, Steuertips oder Special Interest-Themen ... all das können auch ,,Nichtbanken" anbieten, zum Beispiel Newsletter- und Wirtschaftsredaktionen, Nachrichtenagenturen, und als vielleicht gefährlichste (weil von den Banken noch völlig unterschätzte) **Konkurrenz** die Software-Häuser. ,,Mister Microsoft" Bill Gates, der Primus der Informatikbranche, bezeichnete kürzlich die Banken schlicht und ergreifend als ,,Dinosaurier". Sogar der Banker William Randle spricht von ,,monetären Mausoleen".

So drastisch wollen wir es nicht sehen, aber: Es könnte schon sein, daß die erfolgsverwöhnte Bankenzunft in ihrem bisher ja zutreffenden ,,Ohne uns geht nichts"-Glauben etwas Entscheidendes verschläft – daß es nämlich doch ohne sie geht. Was will der Bankberater künftig einem Kunden erzählen, der genauso gut oder sogar besser informiert ist? Ausgestattet mit privater PC-Finanzverwaltung, Steuer- und Börsensoftware, Online-Diensten etc. dürfte eine solche Info-Elite unter den Bankkunden von ihrem (kompetent mit dem Handelsblatt raschelnden) Wertpapierberater wenig beeindruckt sein. Wenn nun diese Vorreiter irgendwann mal von der breiten Masse der Normalbevölkerung eingeholt werden, dann hätten wir vielleicht eine Situation nach dem Motto: ,,Stell Dir vor, es gibt Banken, und keiner geht hin."

An diesem Trend arbeiten die Banken sogar eifrig mit: Seit 1995 beginnt ein Haus nach dem anderen, sich im Internet zu präsentieren – bislang mit mehr oder weniger ausgereiftem Angebot. Ob das letztlich größere Kundennähe oder -distanz bewirken wird, bleibt abzuwarten.

Aber da ist, mal abgesehen vom Informationsgeschäft, ja noch die andere Sache, das liebe Geld. Jeder braucht es, und praktisch jeder hat deshalb ein Konto bei der Bank. Geht also doch nichts ohne die Banken? Aber auch hier wartet schon die Konkurrenz aus der Software-Ecke. Das Problem ist weniger, daß ein Mister Gates mit seinen Milliarden aus dem Softwaregeschäft natürlich spielend eine herkömmliche Bank kaufen oder gründen könnte. Es geht vielmehr darum, daß es bald ganz andere, sagen wir ,,virtuelle Banken" geben könnte – oder gar irgendwelche Netzwerkorganisationen, die mit **digitalem Geld** arbeiten und wie Banken funktionieren, aber keine

Banken sind. Das ist keine ferne Zukunftsmusik. Eine First Virtual Bank gibt es schon, und Firmennamen wie Cybercash oder Digicash zeigen an, wohin die Reise gehen soll.

,,Die ausschließliche Macht über das Geld besitzen bisher die Banken. Jetzt rütteln Computerfreaks am Monopol der Finanzgiganten", schrieb das Focus Magazin im Juni 95. Und über das System von David Chaum, dem Erfinder von ,,Ecash", heißt es: ,,Mit seiner Software kann jeder online in Computernetzen wie dem Internet per Mausklick seine Einkäufe direkt bezahlen, Geld verleihen oder auf Internet-Konten verwalten." Sehr vorsichtig formuliert der Ökonom und Nobelpreisträger Reinhard Selten: ,,Die Banken könnten mit dem E-Geld Konkurrenz bekommen."

Zwar sollen und müssen schon rein rechtlich die Banken in diesem neuen Geldsystem noch mit von der Partie sein. Aber ob sie mit der Rolle des Zulieferers oder Buchhalters im Hintergrund zufrieden wären?

Noch sind die Karten im Spiel um neue Geld- und Informationssysteme nicht verteilt. Sicher ist nur, daß die Banken vor gewaltigen Herausforderungen stehen. Ihre Chance besteht darin, daß sie zentrale Informationsknoten sein könnten. Eigentlich sind sie es sogar schon (ohne es so ganz zu realisieren?): Jedenfalls weiß eine Bank mehr von ihren Kunden als jedes andere Wirtschaftsunternehmen, mehr als Staat und Fiskus sowieso. Die Frage ist, was eine Bank aus dieser ,,Kundenkenntnis" machen kann.

Die Gefahr für die Bank der Zukunft besteht darin, daß sie ihre bisherige Rolle nicht radikal genug in Frage stellt, statt dessen weiter an ihre Unverzichtbarkeit glaubt in der Illusion, den Bedarf an Bankleistungen könnten nur Banken erfüllen.

### LITERATUR ZUM WEITERLESEN

- Die zeitgemäße Form, sich über das Neueste zum Thema Informationsgesellschaft zu informieren, ist natürlich kein Buch, sondern der Anschluß ans **Internet!** Wir wünschen fröhliches Surfen auf den Wellen der Informationsflut.

- Wer doch noch Papier will: Die bunte Vielfalt von Möglichkeiten im Informationszeitalter präsentiert das Spiegel Special Heft 3/1995:

    **Abenteuer Computer – Elektronik verändert das Leben**, Hamburg 1995.

- Als Klassiker aus der Geburtsstunde der Zukunftsforschung immer noch lesenswert ist:

    Robert Jungk, **Die Zukunft hat schon begonnen**, Bern-München-Wien.

- Die Zusammenhänge zwischen Geld und Information beleuchtet Kapitel 3, Die Kommunikations- und Finanzrevolution, in dem Buch von

    Paul Kennedy, **In Vorbereitung auf das 21. Jahrhundert**, Frankfurt 1993.

- Intellektuell anspruchsvoll ist der Sammelband über Fragen zum Verhältnis von Computer und Mensch:

    **Geist – Gehirn – Künstliche Intelligenz**, herausgegeben von Sybille Krämer, Berlin-New York 1994.

## 2. Arbeitswelt

### Der Trend geht nach Hause

*„Die neuen Technologien verlagern die Arbeit zurück in die Wohnung."
(Alvin Toffler, Zukunftsforscher)*

> Wann, wo, wie und wieviel werden Sie in Zukunft arbeiten müssen, können und wollen? Gute Frage, oder?
>
> Da ja alles mindestens zwei Seiten hat, liegt zum Beispiel folgender Schluß nahe: Wenn die Kunden auf Home Banking umsteigen und immer seltener zur Bank gehen, dann könnten eigentlich die Banker auch ab und zu mal zu Hause bleiben. Arbeiten, ohne in die Bank zu gehen, wäre sozusagen das Home Banking der anderen Art.
>
> Zugleich nehmen die Möglichkeiten wirklich flexibler Arbeitszeiten weiter zu. Und auch die Arbeitsformen und Inhalte wandeln sich. Man darf also gespannt sein ...

Ganz sicher werden auch nach dem Jahr 2000 noch Menschen in Büros arbeiten. Deshalb sind in diesem Abschnitt auch hauptsächlich die neuen Arbeitsformen im Unternehmen (und nicht zu Hause) von Interesse. Dennoch ist der **Trend zur ortsunabhängigen Arbeitsgestaltung** aufschlußreich, weil damit nämlich Veränderungen des Unternehmens insgesamt einhergehen, die auch die dort verbleibenden Arbeitsplätze betreffen werden.

In der FAZ vom 8.3.1995 war zu lesen, daß in den USA bereits 7 Millionen Beschäftigte zu Hause arbeiten und diese Zahl zukünftig um schätzungsweise 15 Prozent jährlich zunehmen soll. Das Fazit lautete: „In wenigen Jahren werden viele Menschen, deren üblicher Arbeitsplatz Büro heißt, flexibel **entscheiden können, wo und wie sie arbeiten wollen.**"

Welche Tätigkeiten eignen sich dafür? Tele-Arbeit hat nichts mehr zu tun mit dem alten Image schlechtbezahlter, monotoner Heimarbeit – im Gegenteil. Das virtuelle Büro der Zukunft kommt vor allem für hochqualifizierte Mitarbeiter in Frage.

Allein schon die **Möglichkeit**, daß man zum Arbeiten nicht mehr im Büro erscheinen müßte, wird ein **Umdenken** bewirken und erfordern. Man könnte es auf die Formel bringen „**Eigenverantwortung statt Fremdkontrolle**".

Das umfaßt erstens die Einstellung der Mitarbeiter zu ihrer Arbeit, zweitens ein neues Verständnis von Führung. Ein einfaches Beispiel, das vermutlich jeder schon mal erlebt hat: Da schlendert regelmäßig unter irgendeinem Vorwand der Vorgesetzte um sechs Uhr abends durch die Büros – weil er sehen will, wer noch arbeitet. Dieses Sehen-und-gesehen-werden-Spiel war noch nie sinnvoll oder gar produktiv, sondern einfach Ausdruck des Führungs- und Arbeitsverständnisses: Mitarbeiter werden nach Stunden bezahlt und nach Überstunden befördert, Vorgesetzte haben jederzeit den Überblick und alle(s) unter Kontrolle.

Von solchen Vorstellungen können und müssen wir uns wohl verabschieden, wenn die Anwesenheit am Arbeitsplatz kein Kriterium mehr ist. **Künftig zählt nicht mehr der Input an Zeit, sondern der Output, die Qualität der Ergebnisse.** Die potentielle Unabhängigkeit vom Ort der Arbeit hängt eng zusammen mit der Möglichkeit einer viel größeren zeitlichen Unabhängigkeit. Für die zukünftige Organisation der Arbeit ist das wohl der noch wichtigere Aspekt.

Es ist zumindest ungewiß, daß Sie in 20 Jahren noch einen sogenannten Normalarbeitstag haben werden – montags bis freitags „from nine to five".

Statt dessen sprechen einige Anzeichen und viele gute Gründe dafür, daß unsere Gesellschaft einen **neuen Umgang mit Zeit** lernen muß. Dabei wird sich die **Rolle der Arbeit, die Organisation der Unternehmen** und der **Alltag** jedes Einzelnen anders als heute darstellen. Was läßt sich aus jetziger Perspektive dazu sagen? Vielleicht diese **zehn Punkte**:

1. Das Tempo des sozialen, technischen und wirtschaftlichen Wandels hat dazu geführt, daß die **Zeit** heute – wie Geld – **als Knappheits- und Wertmaßstab** fungiert. Für die Unternehmen gilt Zeit als strategischer Wettbewerbsfaktor, für den Einzelnen ist der Terminplaner fast schon so selbstverständlich wie die Armbanduhr.

2. Gar nicht mehr selbstverständlich ist dagegen die Nutzung und Aufteilung der wertvollen Zeit. Der Achtstundentag zu festen Zeiten paßt häufig nicht mehr – weder zu den individuellen Wünschen noch zu den betrieblichen Interessen. Diese klassische **Aufteilung von Arbeitszeit und Freizeit ist kein Naturgesetz**, sondern hat sich in einem ganz bestimmten sozioökonomischen Kontext entwickelt. Daher kann und muß neu nachgedacht werden, wenn sich die Rahmenbedingungen verändern. Und dies ist ganz offensichtlich der Fall, denn:

3. Es wird immer **zweifelhafter**, ob eine hochautomatisierte Volkswirtschaft wirklich noch genug (**Vollzeit-)Arbeit** für alle bieten kann. Selbst in Phasen des Wirtschaftswachstums bleibt heute das Phänomen der Massenarbeitslosigkeit

bestehen, während außerhalb des formellen Arbeitssektors zum Beispiel soziale und ökologische Aufgaben zu kurz kommen.

4. Die klassische **Arbeitsteilung zwischen Mann und Frau**, zwischen **Beruf und Familie**, zwischen bezahlter Tätigkeit und unentgeltlicher Hausarbeit steht zur Disposition. Immer mehr Paare wünschen sich „beides für beide". Das Entweder-Oder, also ganztags oder gar nicht arbeiten, wird dem nicht gerecht.

5. Auch das bisher noch sehr **starre „Drei-Phasen-Modell" des Lebenslaufs dürfte sich wandeln.** Bis Mitte oder Ende 20 nur zu lernen, ohne zu arbeiten, dann 30 oder 40 Jahre voll zu arbeiten, um danach von heute auf morgen in den totalen Ruhestand entlassen zu werden – das kann gesamtwirtschaftlich und häufig auch für den Einzelnen keine optimale Lösung sein.

6. Stichwort Wertewandel: Die Arbeit als pure Pflichterfüllung hat besonders für die junge Generation ausgedient. Damit soll keineswegs die Freizeitgesellschaft herbeigeredet werden. Aber es wächst die Einsicht, daß eine vernünftige **Balance der Lebensbereiche** nur gelingen kann, wenn auch die zeitliche Gewichtung stimmt.

7. Der Wunsch nach mehr Selbstbestimmung und Eigenverantwortung in der Arbeit ist unverkennbar. In ihren Stellenanzeigen erwarten die Unternehmen Eigeninitiative und selbständiges Handeln, bieten dafür im Gegenzug verantwortungsvolle Aufgaben. Die Botschaft lautet: Wir wollen nicht nur Arbeitskräfte, sondern **mündige Mitarbeiter**. Dies ist aber prinzipiell unvereinbar mit der heute noch herrschenden zeitlichen Bevormundung. Wo die Arbeitszeit rigide und fremdbestimmt festgelegt ist, erlebt sich der Mitarbeiter als entmündigt „auf Zeit".

8. In den Arbeitsinhalten und -anforderungen zeigt sich ein Trend zu mehr ganzheitlichem Denken: Mit neueren Organisationsformen wie Projektarbeit, teilautonomen Arbeitsgruppen, Job Enlargement etc. soll tatsächlich – 100 Jahre nach Marx – die „entfremdete Arbeit" wieder „Sinn machen". Mit der Abkehr von tayloristischer Arbeitsteilung müßte auch der **Abschied vom Minutendenken** einhergehen: Erst halten wir das Fließband an, dann die Stechuhr.

9. In einem neuen Verständnis von Führung gelten Vorgesetzte nicht mehr als Kontrolleure, die Mitarbeiter nicht mehr als unselbständig, unmotiviert und somit permanent überwachungsbedürftig. Wo über Hierarchiegrenzen hinweg partnerschaftlicher Umgang herrscht, wird auch eine althergebrachte Unterscheidung im Umgang mit Zeit plötzlich fraglich: Warum traut man den meisten Mitarbeitern nicht zu, was man von Top-Managern als selbstverständlich annimmt, nämlich daß sie auch **ohne Zeiterfassung und Kontrolle** arbeiten werden?

10. Nicht zuletzt: **Arbeitszeit ist Lebenszeit**. Die Lebenszeit ist für jeden begrenzt. Daß jemand Zeit kaufen oder verkaufen könne, ist ein trügerischer Fehlschluß des modernen ökonomischen Denkens. Zeit ist mehr als Geld. Die Vorstellung,

das Unternehmen könne sich per Arbeitsvertrag das Verfügungsrecht über die Zeit des Mitarbeiters erkaufen, wirkt wie ein mittelalterliches Relikt aus der Ära der Feudalherren und Leibeigenen. Müßten wir am Ende des 20. Jahrhunderts nicht ein **Grundrecht auf zeitliche Selbstbestimmung** entwickeln?

---

### LITERATUR ZUM WEITERLESEN

- Die ganze Themenbreite von neuen Arbeits- und Organisationsformen bis zu Teilzeitstudium und -arbeit behandelt speziell für die Zielgruppe Auszubildende, Studierende und Berufseinsteiger der

    **Karriereführer Hochschulen**, 15. Ausgabe II/1994 in seinem Spezialheft **Arbeitsplatz 2000**, Köln.

- Die zukünftige Bedeutung der Arbeit und die „kreative Rolle der Wirtschaft" beschreiben:

    John Hormann/Willlis Harman, **Future Work – Trends für das Leben von morgen**, Stuttgart 1990.

- Eine interessante Artikelsammlung zum Thema enthält das Magazin LIVING mit dem Titel:

    **Zukunft der Arbeit**, LIVING 2/3 1994, Köln.

- Das wachsende Interesse an einem neuen Umgang mit Zeit beweist nicht nur die 27. (!) Auflage von Sten Nadolnys lesenswertem Roman-Bestseller „Die Entdeckung der Langsamkeit", sondern auch die zunehmende Zahl wissenschaftlicher Werke; etwa:

    Karl H. Hörning u. a., **Zeitpioniere: Flexible Arbeitszeiten – neuer Lebensstil**, Frankfurt/M 1991;

- oder sehr zum Nachdenken anregend:

    Marianne Gronemeyer, **Das Leben als letzte Gelegenheit: Sicherheitsbedürfnisse und Zeitknappheit**, Darmstadt 1993.

# 3. Finanzwelt

## Die Bank zwischen High Tech und High Touch

*„Nichts geschieht ohne Risiko, aber ohne Risiko geschieht auch nichts."*

> Wenn wir in diesem Abschnitt nun noch einen genaueren Blick auf die künftige Entwicklung der Finanzmärkte werfen, dann natürlich nicht im Sinne einer Langzeitprognose der Kurse oder Zinsen. Obwohl sich dazu mit absoluter Sicherheit sagen läßt: Sie werden fallen und steigen. Oder umgekehrt.
>
> Statt dessen interessieren uns die Veränderungen in der Art und Weise, wie modernes Bankgeschäft gemacht wird. Eine ganze Reihe von Trends hat bereits in den 80er und 90er Jahren begonnen. Wir werden versuchen, sie hier zu bündeln, um so einen Eindruck davon zu bekommen, in welche Richtung es im Großen und Ganzen geht.

Zählt man die ausgiebig diskutierten Finanzmarktthemen und Schlagworte der vergangenen Jahre zusammen, kommt man schnell auf ein Dutzend Einzeltrends oder mehr. Einige davon sind erst ansatzweise erkennbar, andere sind gerade voll im Gange, und manche sogar schon fast zur Normalität geworden. Da die nähere Zukunft zwar anders, aber (wahrscheinlich?) nicht total anders aussehen wird als das Hier und Jetzt, wollen wir zunächst ein Mosaik der aktuellen Einzeltrends erstellen (siehe auch Abbildung 4-3). Dabei wird auch klar, daß zwischen diesen Entwicklungen ein innerer Zusammenhang besteht:

1. Wohl an erster Stelle steht seit längerem das Stichwort **Globalisierung**. Augenfälligstes Beispiel ist zweifellos der Devisenhandel, der rund um die Uhr und rund um den Globus organisiert ist. Hand in Hand mit der Globalisierung der Märkte geht die Globalisierung der Marktteilnehmer, vor allem der großen Bankhäuser: Was früher einfach eine Bank mit internationalen Geschäftsverbindungen war, will jetzt zum „Global Player" werden.

2. Solch weltweite Aktivitäten erfordern die Abschaffung beziehungsweise Angleichung der zahllosen nationalen Sonderregelungen. Das Beispiel des **Europäischen Binnenmarktes** zeigt hervorragend, daß dies ein Prozeß des „Stoß-mich-zieh-dich" ist, ein Hin und Her zwischen **Deregulierung und „Re-Regulierung"**: Einerseits wird dereguliert, das heißt die Handlungsspielräume der Akteure werden größer – jetzt dürfen zum Beispiel auch ausländische Versicherungen ihre Policen in Deutschland anbieten und umgekehrt. Andererseits müssen neue Regulierungen her, um Vergleichbarkeit und Rechtssicherheit zu schaffen: Die Flut von EG-Richtlinien zeigt dies eindrucksvoll, etwa zur Harmonisierung der Rechnungslegung (siehe Kapitel III, 3.). Der Jurist wird in den Banken jedenfalls nicht überflüssig, auch wenn in der öffentlichen Diskussion meist nur die andere Seite der Medaille beleuchtet wird, nämlich die Deregulierung. Sie gilt hauptsächlich als Beleg für den steigenden internationalen Wettbewerbsdruck.

3. **Konkurrenz** kommt seit längerem auch von den sogenannten **Nonbanks und Nearbanks**. Als Nearbanks sind es vor allem die **Versicherungen**, die den Banken einen erheblichen Anteil ihrer traditionellen Kundeneinlagen „abgraben" und in Lebensversicherungsverträge umleiten konnten. (Dies gelang nicht zuletzt dank staatlicher Schützenhilfe, sprich Steuerbefreiung für die Erträge aus Lebensversicherungen).

Die Konkurrenz der ursprünglichen Nonbanks kommt zum Beispiel von **Handelshäusern** oder Autoherstellern, die oft über eigene Banktöchter mit günstigen **Leasing**angeboten, Ratenkrediten, Kundenkarten etc. attraktive Zahlungs- und Finanzierungsalternativen bereitstellen. Viel schwerer einzuschätzen ist momentan noch die Konkurrenz, die mit Blick auf Computerbanking, **virtuelles Geld** etc. von den großen Software-Anbietern oder auch spezialisierten **Newcomern** erwachsen könnte (siehe auch 1. Abschnitt).

4. An den Finanzmärkten ist ein Trend zu beobachten, den man als **Professionalisierung** bezeichnen könnte. Das soll natürlich nicht heißen, daß dort bisher amateurhaft gearbeitet wurde, sondern: Immer mehr **Großunternehmen emanzipieren sich von ihrer Bank** und agieren selbständig an den Finanzmärkten, werden also selbst zu Finanzprofis. Früher hatte die Bank quasi automatisch die Rolle als Bindeglied: Unternehmen ↔ Bank ↔ Finanzmarkt. Eine ganze Reihe von Finanzinnovationen hat diese Selbstverständlichkeit beseitigt und die Umgehung der Zwischenstation Bank möglich gemacht (**Disintermediation** und **Securitization** sind moderne Vokabeln, die diese Entwicklung bezeichnen). Firmen mit erstklassiger Bonität können zum Beispiel am Geld- oder Kapitalmarkt direkt Mittel aufnehmen und anlegen. Die Banken müssen, um hier nicht überflüssig zu werden, ein neues Verhältnis zu diesen Firmenkunden und neuen Dienstleistungen entwickeln.

5. Die **Schwankungen (Volatilitäten)** an den Finanzmärkten nehmen aus verschiedenen Gründen, auch wegen der oben genannten Globalisierung, tendenziell zu: stärkere wechselseitige Einflüsse, kürzere Reaktionszeiten, heftigere Kursausschläge, insgesamt also höhere Unsicherheit und größere Risiken. Daraus entsteht im Gegenzug ein Bedarf an neuen Finanzinstrumenten zur Absicherung, und die Bedeutung des **Risikomanagements** in der Geschäftspolitik der Banken wächst.

6. Die Bankkunden schauen genauer auf **Konditionen und Preise**. Das können sie sich leisten, weil die Auswahl an Anbietern zugenommen hat und damit der Wettbewerb, auch der **Preiswettbewerb**. Außerdem sind viele Kunden wesentlich besser informiert als früher: Fachzeitschriften und Vergleichstests, Verbraucherverbände und institutsunabhängige Finanzberater, aber auch gesetzliche Vorschriften haben die **Transparenz im Bankenmarkt** erhöht.

7. Der verbesserte Informationsstand der Kunden bedeutet auch, daß sie verstärkt nach rentablen Anlagemöglichkeiten suchen. Die meist niedrigen Sparbuchzinsen sind nicht mehr das letzte Wort. Für die Banken verteuert sich damit die Einlagenseite, das heißt ihre Refinanzierung. Das bedeutet zugleich tendenziell **kleinere Zins- und Gewinnmargen**.

8. Tendenziell sinkende Gewinnspannen führen dazu, daß in der Geschäftspolitik der Banken die **Ertragsorientierung** Vorrang bekommt vor der reinen Ausweitung des Geschäfts. Die Frage lautet also: Wo lohnt es sich (noch), die Aktivitäten zu verstärken, welche (neuen) Geschäftsfelder versprechen auf Dauer zufriedenstellendere Erträge?

9. Nicht nur das Kostenbewußtsein der Kunden ist gestiegen, sondern auch die **Qualitätsansprüche**, vor allem in der Beratung. Das liegt zum einen daran, daß die Höhe des durchschnittlichen **Privatvermögens stetig und steil wächst** (Stichwort Erbengeneration).

   Zum anderen steigt der Anspruch an die Beratungsqualität

   – wegen der immer **komplizierteren Anlageinstrumente**
   („Was sind denn Capped Warrants, und wie werden sie besteuert?")

   – wegen der bis zur Unüberschaubarkeit **wachsenden Angebotsvielfalt**
   („Welchen der etwa 1.500 Investmentfonds würden Sie empfehlen?")

   – wegen der zunehmenden Bedeutung einer **lebenslangen Vermögensplanung**
   („Wenn im Rentenalter eine monatliche Versorgungslücke von 1.000 DM zu erwarten ist, mit welchem Betrag und welchen Anlageformen wäre dann heute die private Altersvorsorge zu optimieren")

10. Die weitgehende **Automatisierung** der einfacheren Kundengeschäfte ist eine Art Gegenreaktion auf den Trend zu höherer Beratungsqualität. Was dort an Personal gebraucht wird, soll hier eingespart werden. Zugleich ist die Automatisierung Ausdruck eines gestiegenen **Kostenbewußtseins** (insbesondere bei den Personalkosten) in der Geschäftspolitik der Banken, insofern auch die Kehrseite der oben erwähnten Ertragsorientierung.

11. Die zu erwartende Entwicklung der **Telekommunikation und Informationsverarbeitung** steht hier nicht deshalb an letzter Stelle, weil sie so unbedeutend wäre – sondern weil wir dies bereits ausführlich im 1. Abschnitt betrachtet haben.

1. Globalisierung der Märkte
2. Internationale Deregulierung und „Re-Regulierung"
3. Konkurrenz der Nonbanks und Nearbanks
4. Professionalisierung der Finanzmärkte:
   (Disintermediation, Securitization)
5. Zunahme der Volatilität
   (größere Bedeutung des Risikomanagements)
6. Zunehmendes Kostenbewußtsein der Kunden
7. Verteuerung der Einlagenseite, sinkende Gewinnmargen
8. Zunehmende Ertragsorientierung der Banken
9. Steigende Kundenansprüche an die Beratungsqualität
10. Automatisierung

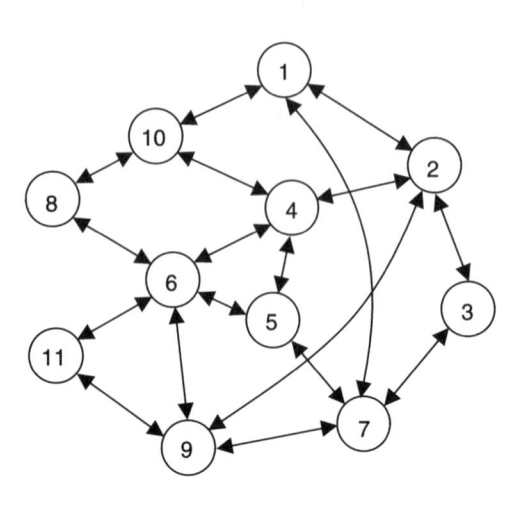

Abbildung 4-3: Die Zukunft der Finanzmärkte hat schon begonnen – Trends aus den 80er und 90er Jahren

Einige dieser Trends hängen eng zusammen, andere scheinen sogar in entgegengesetzte Richtungen zu verweisen. Versuchen wir nun, das Bild schärfer zu bekommen: In drei, vier Sätzen **zusammengefaßt** ließe sich das **Szenario für die Bankenzukunft** so darstellen:

Sowohl „vor Ort" als auch international wird der Wettbewerb härter – neue Konkurrenten aus dem Nichtbankensektor und aus dem Ausland kommen hinzu, die traditionelle Vermittlerrolle der Banken kann mit neuen Finanzinstrumenten häufig umgangen werden (Securitization).

Die Globalisierung des Bankgeschäfts erhöht die Liquidität und Volatilität der Finanzmärkte, ebenso die Transaktionsvolumina und die Risiken, womit wiederum die Bedeutung des Risikomanagements zunimmt. Einige wenige internationale Banken werden ein rapides Größenwachstum entwickeln, andere Institute werden dagegen den Weg der Spezialisierung auf lukrative Marktnischen wählen (müssen).

Für alle aber gilt angesichts der veränderten Kundenansprüche, des Kostendrucks und der neuen Kommunikationsmöglichkeiten der Trend zur „virtuellen Bank", das heißt zu einer (durchaus hauseigenen) Lösung des organisatorischen Spagats zwischen Effizienz und Kundennähe, Expertenwissen und Massengeschäft, Flexibilität und Größe, zwischen Computerbanking und Beratung, kurz: zwischen „High Tech" und „High Touch".

Diese scheinbaren Widersprüche kundenfreundlich und marktgerecht zu verbinden, wird vor allem bei den Großbanken viel organisatorische Phantasie und geschäftspolitische Innovationsfreude erfordern. Wer weiß, vielleicht ist hier demnächst auch **Ihre** Kreativität gefragt ...

**LITERATUR ZUM WEITERLESEN**

- Äußerst lesenswert ist die Prognose für das Jahr 2009 von

  Erich Priewasser, **Die Priewasser-Prognose – Bankstrategien und Bankmanagement 2009**, Frankfurt/M 1994.

- Neben Lean Banking und neuen Organisationsformen wird auch das Zukunftsthema „Ökologie und Banken" dargestellt in dem Sammelband der

  Congena GmbH (Herausgeber), **Die lernende Bankorganisation – Strategien für die Jahrtausendwende**, Wiesbaden 1995.

- Die künftigen Herausforderungen an Bankorganisation und Personalführung beschreiben:

  Helmut Muthers/Heidi Haas, **Geist schlägt Kapital – Quantensprung im Bankmanagement**, Wiesbaden 1994.

- Aktueller als jede Buchlektüre sind naturgemäß Aufsätze in Fachzeitschriften, zunehmend auch im Wirtschaftsteil der größeren Tageszeitungen. So startete die FAZ im August 1995 eine ganze Serie mit dem Titel „Bankenlandschaft im Wandel" und im Februar 1996 eine Sonderbeilage über „Die Bank der Zukunft", die Sie möglicherweise im hauseigenen Archiv Ihrer Bank finden können.

**RESÜMEE**

Die Informationsgesellschaft löst die Dienstleistungsgesellschaft ab, und das wird insbesondere unsere Arbeitswelt verändern. Die Banken bilden da keine Ausnahme, eher im Gegenteil: Weil sie nicht nur mit Geld handeln, sondern hauptsächlich mit Informationen rund ums Geld, werden sich ihre Aufgaben besonders drastisch wandeln.

Die **Chance** der Banken besteht darin, daß sie schon jetzt einen Informationsknotenpunkt darstellen, an dem vieles zusammenläuft. Die **Gefahr** könnte umgekehrt darin bestehen, daß sie sich in ihrer erfolgsverwöhnten Position für unentbehrlich halten, während tatsächlich einige ihrer traditionellen Funktionen überflüssig beziehungsweise von anderen Anbietern übernommen werden könnten.

In jedem Fall aber sind **Ihre beruflichen Perspektiven** als Banker davon betroffen und längst **nicht mehr so eindeutig vorhersehbar**, wie das früher einmal der Fall war und heute teilweise noch dargestellt wird. Auch ein Berufsstart in der Finanzwelt ist heute keine ,,sichere Bank" mehr in dem Sinne, daß man damit vor Überraschungen geschützt wäre.

Anfangs hatten wir hier noch einen Abschnitt 4 mit dem Titel geplant: ,,Ihre Karriere". Aber dies schien uns dann doch wenig sinnvoll. Zum einen dürfte der Leserkreis aus Personen mit sehr unterschiedlichen Ausgangspositionen bestehen, zum anderen **haben Sie (hoffentlich!) ganz eigene Vorstellungen** über Ihre berufliche Zukunft. Das Einzige, was wohl für jeden von uns gilt: Je unvorhersehbarer und rascher sich die Dinge ändern, desto besser ist eine möglichst große **persönliche Variationsfähigkeit**. Eine gewisse **Spezialisierung** ist zwar oft unumgänglich, aber sie sollte **nicht zu früh** beginnen und **nie zu weit** gehen. Berufliche Einbahnstraßen und erst recht Sackgassen sollten Sie vorausschauend erkennen und weiträumig umfahren. Anders gesagt: Die früher übliche Karriereplanung im sogenannten Kaminaufstieg (eng, aber senkrecht – einmal Kreditabteilung, immer Kreditabteilung) gelingt immer seltener. Zukunftsträchtiger ist heute sicherlich eine breite Basis aus theoretischer Bildung und praktischer Erfahrung, von der aus immer mehrere Wege möglich sind.

Wir haben mit diesem letzten Teil des Buches versucht, Ihnen mögliche Szenarien für die Zukunft in der Informationsgesellschaft, in der Arbeitswelt und speziell in der Finanzwelt aufzuzeigen. Das war's. Jetzt wären Sie dran ...

**KONTROLLFRAGEN**

1. Welche Entwicklungen halten Sie selbst für wahrscheinlich?
2. Was würde das für Ihre heutigen beruflichen Vorstellungen bedeuten?
3. Welche Konsequenzen würden Sie daraus ziehen für Ihre kurz-, mittel- und längerfristige berufliche Orientierung (Fortbildung? Spezialisierung oder Generalisierung? Wechsel der Fachrichtung oder des Arbeitgebers? Selbständigkeit?)?
4. Wie würden Sie Ihre Wunschkombination von Beruf und Privatleben gestalten, wenn sowohl das virtuelle Büro zu Hause als auch ganz neue Formen flexibler Arbeitszeitgestaltung keine Utopie mehr sind?

**Viel Erfolg!**

# Abkürzungsverzeichnis

| | |
|---|---|
| **AG** | Aktiengesellschaft |
| **AGB** | Allgemeine Geschäftsbedingungen |
| **AGBG** | Gesetz zur Regelung des Rechts der Allgemeinen Geschäftsbedingungen |
| **AIG** | Auslandsinvestmentgesetz |
| **AKA** | Ausfuhrkreditgesellschaft m.b.H. |
| **AKT** | Automatischer Kassentresor |
| **AktG** | Aktiengesetz |
| **AMR** | Anweisung der Deutschen Bundesbank über Mindestreserven |
| **AO** | Abgabenordnung |
| **AWG** | Außenwirtschaftsgesetz |
| **AWV** | Außenwirtschaftsverordnung |
| **BAK** | Bundesaufsichtsamt für das Kreditwesen |
| **BBankG** | Bundesbankgesetz |
| **BGB** | Bürgerliches Gesetzbuch |
| **BIC** | Banc Identifier Code |
| **B/L** | Bill of Lading |
| **BRS** | Belegloser Scheckeinzug |
| **BSE** | Belegloser Scheckeinzug |
| **Btx** | Bildschirmtext |
| **CLC** | Commercial Letter of Credit |
| **D/A** | Documents against Acceptance |
| **Datex-I/P/L** | Data Exchange Service; Weiterentwicklungen des BTX |
| **DAX** | Deutscher Aktienindex |
| **DepotG** | Depotgesetz |
| **DFÜ** | Datenfernübertragung |
| **D/P** | Documents against Payment |
| **DTA** | Datenträgeraustausch |
| **DTB** | Deutsche Termin-Börse |
| **DWZ** | Deutsche Wertpapierdaten-Zentrale GmbH |
| **EAF** | Elektronische Abrechnung mit Filetransfer |
| **ec** | eurocheque |
| **ECU** | European Currency Unit |
| **EDV** | Elektronische Datenverarbeitung |

| | |
|---|---|
| eG | eingetragene Genossenschaft |
| ERA | Einheitliche Richtlinien und Gebräuche für Dokumentenakkreditive |
| ErbbRVO | Erbbaurechtsverordnung |
| ERI | Einheitliche Richtlinien und Gebräuche für Inkassi |
| EST | Einkommensteuer |
| EStG | Einkommensteuergesetz |
| EStR | Einkommensteuer-Richtlinien |
| EU | Europäische Union |
| E.v. | Eingang vorbehalten |
| e.V. | eingetragener Verein |
| EWS | Europäisches Währungssystem |
| EZL | Elektronischer Zahlungsverkehr mit Lastschriften |
| EZÜ | Elektronischer Zahlungsverkehr für individuelle Überweisungen |
| EZV | Elektronischer Zahlungsverkehr (Sammelbezeichnung für sechs Verfahren) |
| FIBOR | Frankfurt Interbank Offered Rate |
| GBO | Grundbuchordnung |
| GenG | Genossenschaftsgesetz |
| GG | Grundgesetz |
| GmbH | Gesellschaft mit beschränkter Haftung |
| GmbHG | GmbH-Gesetz |
| GS | Girosammelverwahrung |
| GZS | Gesellschaft für Zahlungssysteme |
| HGB | Handelsgesetzbuch |
| HypBKG | Hypothekenbankgesetz |
| IBIS | Inter-Banken-Informations-System |
| ICC | Internationale Handelskammer, Paris |
| INCOTERMS | Internationale Commercial Terms (die einzelnen Incoterms sind nicht gesondert aufgeführt) |
| ISMA | International Securities Market Association |
| KAGG | Gesetz über Kapitalanlagegesellschaften |
| KESt | Kapitalertragsteuer |
| KfW | Kreditanstalt für Wiederaufbau |
| KG | Kommanditgesellschaft |
| KGaA | Kommanditgesellschaft auf Aktien |
| KKK | Kontokorrent |

| | |
|---|---|
| KO | Konkursordnung |
| KSt | Körperschaftsteuer |
| KVStG | Kapitalverkehrsteuergesetz |
| KWG | Kreditwesengesetz |
| LIBOR | London Interbank Offered Rate |
| LZB | Landeszentralbank |
| MAOBE | Maschinen-Optische-Belegerfasung |
| MATIS | Makler-Trading-Informations-System |
| MODEM | Modulator und DEModulator |
| NV-• | Nichtveranlagungs… |
| OCR-A | Optical Character Recognition Font A |
| OHG | Offene Handelsgesellschaft |
| PAN | primary account number (internationale Bankleitzahl) |
| PIN | Persönliche Identifikationsnummer |
| POS | Point of Sale |
| PAngV | Preisangabenverordnung |
| PublG | Publizitätsgesetz |
| RechKredV | Verordnung über die Rechnungslegung der Kreditinstitute |
| REX | Rentenindex |
| ROI | Return on Investment |
| ScheckG | Scheckgesetz |
| SCHUFA | Schutzgemeinschaft für allgemeine Kreditsicherung |
| S.W.I.F.T. | Society for Worldwide Interbank Financial Telecommunication |
| TAN | Transaktions-Nummer |
| TDM | Tausend DM |
| VKG | Verbraucherkreditgesetz |
| VerbrKrG | Verbraucherkreditgesetz |
| VermBG | Vermögensbildungsgesetz |
| VerglO | Vergleichsordnung |
| VStG | Vermögensteuergesetz |
| VVaG | Versicherungsverein auf Gegenseitigkeit |
| WEG | Wohnungseigentumsgesetz |
| WG | Wechselgesetz |
| WoPG | Wohnungsbau-Prämiengesetz |
| ZASt | Zinsabschlagsteuer |
| ZPO | Zivilprozeßordnung |
| ZVG | Zwangsversteigerungsgesetz |

# Stichwortverzeichnis

## A

Abbuchungsverfahren 164, 166
Aberverwahrung 293
Abgabenordnung 103 ff.
Abkommen zum Überweisungsverkehr 144
Ablauforganisation 636, 644
Abrechnungsverkehr 136
Abtretung 103
– fiduziarische 427
Abzinsungsfaktor 60, 68
Abzugsverfahren 615
Adressenausfallrisiko 604
Adressengewichtungsfaktor (AGF) 605
Agio 65
AKA-Finanzierung 572
Akkreditiv 549 ff.
– bestätigtes 555
– revolvierendes 559
– übertragbares 557
– unbestätigtes 555
– unwiderrufliches 555
– widerrufliches 555
Akkreditivbank 549, 552
Akkreditiveröffnung 553
Akkreditivstelle 549, 552
Aktie 65, 239 f.
– junge 240
– neue 240
Aktienanlage 314 f.
Aktienemission 259
Aktienindex, deutscher 317
Aktienoption 368
Aktivland 162
Akzept 173
Akzeptierungsakkreditiv 555
Akzeptkredit 499 f., 567
Akzeptland 160, 162
Allfinanzangebot 229
Allonge 182
Alpha-Kartei 105
Analysemethode 58 ff.
Anderdepot 302

Angstindossament 179
Angstklausel 173
Anlagebedürfnis 327 ff.
Anlageberatung 308 ff.
Anleihe
– ewige 235
– festverzinsliche 65
Anleiheemission 258
Annuitätsdarlehen 495
Anschaffungsdarlehen 399
Anschlußfinanzierung 573
Anstaltslast 26
Anzahlungsgarantie 579
Anzeige 597 f.
Äquivalenzziffernmethode 668
Arbeitswelt 727 ff.
Asset Liability Management 694 f.
Assignment 348
Aufbauorganisation 636 f.
Aufgabe-Geschäft 279
Auftragserteilung 276 f.
Ausfallbürgschaft 411
Ausfallrisiko 701
Auslandsanleihe 238
Auslandsgeschäft 532
Außenhandelsfinanzierung 564 ff.
Außenwirtschaftsverordnung 533
Automated Clearing House (ACH) 133
Avalkredit 501 f.
Average-Rate-Cap 372 f.

## B

Bank Identifier Code 187
Bank, ausländische 31
Bankakzept 175
Bankauskunft 107 ff.
Bankbilanz 10
Banken-Eigengeschäft 336
Bankenaufsicht 41
Bankgarantie 504
Bankgeheimnis 107 ff.
Bankleistung 660

Bankleitzahl 195
Bankleitzahlensystem 185
Bankobligation 237
Bankregel, goldene 626 f., 694
Bankrisiko 701
Bankvollmacht 99
Bargeld 115
Barverkehr 117
Barwert 69
Basispunktmethode 360
Bassinvertrag 425
Bauhandwerker-Sicherungshypothek 446
Bauspardarlehen 496
Bausparen 229 f.
Bausparfinanzierung 496
Bausparkasse 35
Begebungskonsortium 251
Belastungsbuchung 143
Belegverkehr, automatisierter 187
Beleihungsgrenze 495
Beratungshaftung 308 f.
Besitzkonstitut 421
Besitzmittlungsverhältnis 421
Betriebsbereich 659
Bewertungsgrundsatz 680
Bezogenenobligo 485
Bezugsrecht 257
Bezugsrechtskonto 304
Bietungsgarantie 578
Bilanz 677 f.
Bilanzaktiva 605
Bilanzanalyse 385
Bilanzformblatt 678
Bilanzmanagement 694
Bilanzpolitik 689 f.
Bilanzstruktur 689
Bilanzsumme 689
Bildschirmtext 204 f.
Bildschirmtext-System 207
Blanko-Abtretungsanzeige 427
Blankoakzept 178
Blankoindossament 178
Bodensatz 10, 119, 214 f., 627
Bodensatz-Theorie 627, 694
Bodensatzbildung 11
Bodenwert 493
Bonifikatssperre 259

Bonitätsmarge 434
Bonussparvertrag 220
Bordkonnossement 547
Börse 262
Börsen-Indize 288 f.
Börsengeschäftsführung 265
Börsengesetz 261
Börsenrat 264
Briefgrundschuld 450
Briefhypothek 444
Bruttoprinzip 685
Buchgeld (Giralgeld) 115 f.
Buchgrundschuld 450
Buchhypothek 445
Bundesanleihe 65, 236
Bundesaufsichtsamt für das Kreditwesen (BAK) 591
Bundesbank, Deutsche 13, 38 ff., 592
Bundesobligation 236
Bundesschatzbrief 236
Bundesschuldbuch 247
Bundesschuldenverwaltung 247
Bundfuture 354 ff.
Bürgschaft 407 ff.
– gewöhnliche 411
– selbstschuldnerische 411
Bürgschaftsannahme (Avalakzept) 178
Bürgschaftsbank 37

**C**
Call 361
Cap 246, 370
Cash-Management-System (CMS) 209
Charter-Party-Konnossement 547
clean payments 539
Clearing House 272
Clearingeinrichtung 135
Close-out-Vereinbarung 348
Codierrichtlinie 188
Collar 372
Collared Floater 320
Commercial Letter of Credit (CLC) 561
Commercial Paper (CP) 238
Computerbörse 263
Convertible Bond 319
CTF (Commodity and Trade Financing) 576

**D**
Damnum 496
Datenfernübertragung (DFÜ) 206
Datenträgeraustausch (DTA) 206
– beleglos 189
Datex-J 206 f.
Datowechsel 172
Dauerauftrag 143
DAX 288 f.
Debitkarte 197
Debitorenziehung 175
Deckungsbeitragsrechnung 672
Delcredere-Risiko 514
Depot 291
– offenes 292
– verschlossenes 291
Depotgeschäft 290 ff.
Depotwechsel 175
Devisenbörse 263
Devisenhandel 579 ff.
Devisenkassageschäft 580 f.
Devisenoptionsgeschäft 583 f.
Devisentermingeschäft 581
Direktrückruf 145
Disagio 65, 496
Diskontkredit 483 f., 566 f.
Diskontsatz 44, 335
Divisionskalkulation 668
Dokument 544
Dokumentenakkreditiv 550, 554 f.
Dokumentengarantie 579
Dokumenteninkasso 562
Domizilwechsel 172
Doppelwährungsanleihe 238
Drittverpfändung 300
Drittverwahrung 298
DTB-Bund-Future 355
Duration 312
Durchkonnossement 547
Durchschnittssteuersatz 330 f.

**E**
Earning Per Share (EPS) 68
ec-Karte 159
Edelmetall-Lombardgeschäft 489
Effektenart 233 f.

Effektenbörse 260
Effektengeschäft 233 ff.
Effektenlombardgeschäft 487
Effektivverzinsung 69, 70
Effektivzins 477
EG-Kapitaladäquanzrichtlinie 617
Ehreneintritt 180
Eigenanzeige 299 f.
Eigendepot 302 f.
Eigenhändler 276
Eigenkapital 34
– haftendes 600
Eigenkapitalausstattung 696 f.
Eigentümergrundschuld 450
Einheitskurs (Kassakurs) 278 f.
Einlagensicherung 630
Einlagensicherungsfonds 631
Einlösungsgarantie 159
Einreicherobligo 485
Einzelauskunftsersuch 109
Einzelzeichnungsberechtigung 100
Einzugsauftrag 117
Einzugsermächtigungsverfahren 164, 166
Electronic Banking 184 ff.
Electronic-Cash-System 199
Electronic-Cash-Zahlung 201
Elko 208 f.
ELV-System 202
Emissionsgeschäft 248
Emissionsgeschäft 248 ff.
Erbbaugrundbuch 439 f.
Erfüllungsgeschäft 285 f.
Ergänzungskapital 600 ff.
Ergebnisausweis 690
Erlösart 474
Erneuerungsschein (Talon) 246
Ertragsmanagement 693 ff.
Ertragswert 493
Euro-Festsatzkredit 570
Eurogiro 134
Eurokredit 570
Exporteur 538
Exportversicherung 571
Exportvorschuß 566

## F

Factoring 512 ff.
Factoring-Provision 514
Faustpfandprinzip 416
Festgeld 215
Festhypothek 495
Financial-Leasing-Vertrag 506
Finanz-Holding-Gruppe 611 ff.
Finanzdienstleistung, derivativ 341 ff.
Finanzholding-Gesellschaft 595
Finanzierungs-Schatz 237
Finanzierungsanlaß 380
Finanzinnovation 319 f.
Finanzinstitut 594 f.
Finanzmarkt 734
Finanzmathematik 58
Finanzwechsel 175
Finanzwechsel 483
Finanzwelt 731 ff.
Firmenkunde 53 f.
Float 139 f.
– aktiver 140
– passiver 140
Floating Rate Note 319
Floor 370
Forfaitierung 573
Forward 351
Forward Rate Agreement 351 ff.
Frachtstundungsaval 503
Freimakler 266
Freiverkehr 268
Freiverkehrsausschuß 268
Fremdemission 249
Fremdvermutung 299 f.
Funktionstheorie 115
Future 354 f.
Futuresbörse 356
Futurespreis 358

## G

Garantie 504, 576 f.
Garantieart 577
Garantiefonds 632
Garantiekonsortium 251
Garantieverbund 632
Gefälligkeitswechsel 175
Gegenakkreditiv (Back to Back Credit) 558
Gegengeschäfte 575
Gegenwartswert 59 ff.
Geld 114 f.
Geldausgabeautomat 197 f.
Geldbearbeitungsautomat 126
Geldbörse, elektronische 205 f.
Geldersatzmittel 115
Geldleihgeschäft 469 f.
Geldmarkt 74, 333 f.
Geldmengenziel 42
Geldschöpfung 13 ff.
Geldstrom 4
Geldsurrogat 116
Geldwäschegesetz 103 ff., 106
Gemeinnützigkeitsprinzip 25
Gemeinschaftskonto 97
Genehmigungstheorie 167
Genossenschaftsbank, Deutsche 22 f.
Genossenschaftssektor 20 f.
Genußschein 242, 319
Geschäftsbank 18
Geschäftsbedingung, allgemein 86 ff.
Geschäftsfähigkeit 98
Geschäftsspartenorganisation 640
Geschäftsstellenrechnung 675 f.
Gewährleistungsgarantie 579
Gewährträgerhaftung 26
Gewinnrechnung 685
Giralgeldschöpfungsmultiplikator 120
Gironetz 127, 131
Gironetzverrechnung 128
Girosammelverwahrung 295
Girovertrag 86
Girozentrale 27
Gläubigergefährdung 467
Global-Anleihe 238
Globalabtretung 435
Globalisierung 731
Globalurkunde 247
Globalzession 426, 434 f.
Green Clause 561
Grenzsteuersatz 330 f.
Großbank 29
Großkredit 622, 625
Großkreditgrenze 620

Großkreditvorschrift 619
Grundbuch 436
Grundbuchblatt 438
Grundbuchvorgang 454
Grundschuld 436 , 442, 450
Grundstücksrecht 437
Guthabenbasis 84
Gutschriftsbuchung 143

## H

Haftsumme 603 f.
Handel, variabel 279
Handelsrechnung 545
Handelsüberwachungsstelle 269
Handelswechsel 175
Hedge Ratio 359
Höchstbetragsbürgschaft 412 f.
Höchstbetragshypothek 446
Hyothek 436, 442
Hypothekenbrief 445

## I

Immobilienfonds 36
Importeur 538
Importvorschuß 566
Incoterms 536
Index-Optionsschein 245
Individualkredit 468
Industrieanleihe 237 f.
Informationsgesellschaft 717 ff.
Informationsmanagement 635 ff., 649
Informationssystem 650 f.
– computerunterstütztes 652
Inhaberaktie 239
Inhaberklausel 151
Inhaberscheck 149, 151 f.
Inkassoindossament 179
Inkassoverfahren 153
Insidergeschäft 270
Insiderüberwachung 268
Institutsverrechnung 128, 130
Interbankenmarkt 333 f.
Investitionsentscheidung 61
Investment Banking 706 f.
Investmentanteil 240

Investmentfonds 243
Investmentzertifikat 240, 318 f.
Iterationsverfahren 71

## J

Jahresabschluß 598
Jungschein 247
Jungschein-Giroverkehr 297

## K

Kapitalanlagegesellschaft 35 f. 241
Kapitalerhöhung 256
Kapitallebensversicherung 230
Kapitalmarkt 75, 333 f.
Kapitalverzinsung, intern 63 f.
Kartenland 160, 162
Kassakurs 581
Kassamarkt 263
Kassenobligation 237
Kassentresor, automatisch 126
Kernkapital 600 ff.
KfW-Kredit 573
Klageverfahren 522
Knebelung 467
Kommanditwechsel 174
Kommissionär 275
Kommunalbank, deutsche 27 f.
Kommunaldarlehen 490
Kommunalkredit 499
Kommunalobligation 237
Konkurs 102
Konkursverfahren 525 ff.
Konkursverschleppung 467
Konkursverwalter 526
Konnossement 547
Konsolidierungsverfahren 611 f.
Konsortialführer 250
Konsortialkonto 250
Konsortialvertrag 250
Konsulatsfaktura 548
Konsumentenkredit 380, 476 ff.
Konto 83 ff.
Kontoart 84 f.
Kontoauszugsdrucker (KAD) 199
Kontoeröffnungsantrag 88

Kontoführung 87
Kontoinhaber 94 f.
Kontokorrentabrede 87
Kontokorrentkonto 85
Kontokorrentkredit 469, 565 f.
Kontovertrag 86 ff.
Kontrahierungszwang 84
Konzertzeichner 253
Kosten-Nutzen-Optimierung 707 f.
Kostenmanagement 707 ff.
Kostenstellenrechnung 667
Kostenträgerrechnung 668
Kredit 37, 625
– notleidender 515 ff.
– standardisierter 468
Kreditantrag 380 f.
Kreditart 468 ff.
Kreditausfall 515 f.
Kreditbank 28
Kreditbesicherung 466 f.
Kreditbestätigung 400
Kreditfähigkeit 380 f.
Kreditfähigkeitsprüfung 381
Kreditgefährdung 467
Kreditgenossenschaft 21 f.
Kreditgeschäft 377 ff.
– langfristiges 490
Kreditinstitut 3, 593 f.
Kreditinstitutsgruppe 611 ff.
Kreditkarte 203 f.
Kreditleihe 378
Kreditleihgeschäft 499 f.
Kreditnehmer 624 f.
Kreditrisikotransformation 7
Kreditsicherheit 398, 406
Kreditunterlage 624 f.
Kreditvertrag 402
Kreditwesengesetz 3, 118 f., 590 f.
Kreditwürdigkeit 380 f.
Kreditzusage 398 f.
Kumulierungsverbot 228
Kundengruppenorganisation 641 f.
Kundenkalkulation 674 f.
Kundensegmentierung 52
Kündigungsfrist 10
Kündigungsgeld 215
Kupon 65

Kurs-Gewinn-Verhältnis 314
Kursbildung 278
Kursmakler 277 f.
– amtlicher 226
Kursmaklerkammer 266
Kursrisiko 701
Kurszusatz 279 f.

**L**

Lagebericht 397
Landesbank 27
Lastschrift 163 ff.
Lastschriftabkommen 169
Lastschriftverfahren 164 ff.
– elektronisches (ELV) 202
Laufzeitmethode 608
Lean Banking 710
Leasing 506 ff.
Leasingvertrag 507, 510
Legitimationsprüfung 95, 104
Leistungsgarantie 578
Leitwegsteuerung 139
Leitzins 44
Lieferliste 285 f.
Lieferungsgarantie 578
Liquidität 328
Liquiditäts-Konsortialbank 631
Liquiditätsrisiko 626 ff.
Lombardkredit 486 f.
Lombardsatz 44, 335
Löschungsbewilligung 449
Losgrößentransformation 6

**M**

Mahnverfahren 522
Mantelzession 426, 434 f.
Market-Maker-Prinzip 272
Markt, geregelt 267
Marktbewertungsmethode 608
Marktzinsmethode 661, 664
Match-Instruktion 286
Mate's Receipt 547
Matrix-Organisation 643 f.
Maximalbelastungs-Theorie 694

Mengentender 253
Millionenkredit 623, 625
Mobilisierungstratte 175
Monatsausweis 598
MultiCash 208 f.
Mündelsicherheit 26, 33
Münzhoheit 122
Münzregal 124

## N
Nachbürgschaft 409
Nachfrage, staatlich 54 ff.
Nachindossament 179
Nachsichtwechsel 172
Namensaktie 239
Nearbank 732
Negativerklärung 405
Negoziierungsakkreditiv 555
Nennwert 239
Nettobarwert 60
Nettoprinzip 685
Nichtbezahlungsvermerk 156
Nominalverzinsung 70
Non-Notification-Factoring 513
Nonbank 732
Notenausgabemonopol 123
Notenbank 18
Notification-Factoring 513
Notifikation 182
Nummernverzeichnis 294

## O
Objektprinzip 640
Oder-Konto 97
Off-balance-sheet-Business 704
Offenbarungspflicht 108 f.
Öffnung, elektronisch 137
Operate-Leasing-Vertrag 506
Opportunitätskosten 59 ff.
Opportunitätssatz 64
Oppositionsliste 296
Option 361 ff.
Optionsanleihe 244, 319
Optionsbewertung 361
Optionskonsortium 251

Optionsschein (Warrent) 244 f.
– gedeckter (Covered Warrent) 245
Orderscheck 149, 150
Orderscheckabkommen 151
Organisationsstruktur 17 f.
Organkredit 624 f.
Over-the-counter-Produkt 354 f.

## P
Packing Credit 561
Packliste 548
Pakethandel 337
Parallelfinanzierung 573
Parketthandel 263
Partizipationsschein 242
Passivland 162
Patronatserklärung 405
Pensionsgeschäftssatz 335
Pensionssatz 44
Personalkostenmanagement 709 f.
Pfandbrief 237
Pfandbriefprivileg 27
Pfanddepot 302
Pfandindossament 179
Pfandrecht 412
Pfandscheck 287
Pfändung 103
Pfandverwahrung 299
PIN (persönliche Identifikations-Nummer)
    159, 198
Portefeuillebildung 314 f.
POZ-System 202
Präsenzbörse 263
Preisänderungsrisiko 617
Price-earnings-ratio 314
Primärinsider 270
Privatbankier 29 f.
Privatdarlehen 479
Privatdiskont 175
Privatkunde 52 f.
Produktkalkulation 673
Projektfinanzierung 576
Protest 181
Protesterlaß 182
Protestliste 485
Protesturkunde 181

Provisionsgeschäft 702 ff.
Prozeßbürgschaft 502
Prüfziffernsystem 189
Publikumsfonds 36
Put 363

## Q
Quotenkonsolidierung 615

## R
Rangvorbehalt 442
Ratenkredit 476
Rating-Symbol 312 f.
Rationalisierung 708
Raumsicherungsvertrag 425
Realkreditinstitut 33 f.
Rechnungswesen 656 ff.
– externes 657 f., 676
– internes 657 f.
Red Clause 561
Rediskontkontingent 43
Refinanzierungsmarkt 333
Refinanzierungsmöglichkeit 698
Regelverwahrung 295
Regionalbank 30 f.
Regionalprinzip 25, 639 f.
Regreß 182
Reihenregreß 182
Reisescheck 159
Rektaindossament 179
Rektascheck 149, 152
Remboursbank 552, 554, 568
Rembourskredit 567 f.
Rendite 61
Rentabilität 328
Rentenschuld 451
Reserve, stille 684
Retourenhülle 157
Reverse Floater 320
Ringstelle 132
Risikoidentifikation 699
Risikokontrolle 702
Risikolebensversicherung 12
Risikomanagement 698
Risikoprofil, symmetrisch 368

Risikosteuerung 700
Risikotransformation 7
Risikoversicherung 12
Risikovorsorge 683
Roll-over-Eurokredit 570
Rückbürgschaft 409
Rückgriff 183
Rückkaufswert 232
Rückzahlungskurs 70

## S
Saisonkredit 470
Saldierungswahlrecht 688
Saldierungszwang 688
Sammelüberweisung 143
Sammelverwahrung 295 f.
Sanktionsausschuß 265
Scheck 146 ff.
– gekreuzter 153
Scheckauskunft 125 f.
Scheckbestätigung 127
Scheckeinlösung 153
Scheckeinlösungsgarantie 126 f.
Scheckgesetz 146
Scheckinkasso 153
Scheckkartenscheck 159
Scheckverkehr 148
Scheidemünzen 122
Schichtenbilanzmethode 661
Schlußnote 282
Schufa 382
Schufa-Verfahren 109
Schufaklausel 109
Schuldbuch-Giroverkehr 298
Schuldbucheintragung 247
Schuldscheindarlehen 239
Schuldverschreibung 235
Schwundmarge 434
Segmentierungskriterium 52
Sekundärinsider 270
Selbstauskunft 383
– vertrauliche 384
Selbstbedienungsterminal 197 f.
Selbstemission 249
Shiftability-Theorie 627, 694
Sicherungsfonds 631

Sicherungshypothek 446
Sicherungsstempel 144
Sicherungsübereignung 420 f.
Sicherungsübereignungsvertrag 421
Sichteinlage 214
Sichtwechsel 172
Sonderpfanddepot 302
Sonderverwahrung
   (Streifbandverwahrung) 294
Sonderziehungsrecht 42
Sorgfaltspflicht 94
Sparbrief 220
Sparbuch 217
Spareinlage 216
Sparkasse 25
Sparkassenobligation 237
Sparkassensektor 23 f.
Sparkassenstützungsfonds 631
Sparplan 220
Sparschuldverschreibung 221
Spekulationsgeschäft 321
Spezialbank 19, 32 f.
Spezialfonds 36
Sprungregreß 182
Stammaktie 240
Stand-by-Kredit 571
Standard-Einzelkostenrechnung 670
Stillhalter 361
Strikepreis 362
Stück, effektiv 246
Subskription 252
Swapmarkt 346 ff.
Swift 540

**T**
Tagesgeld 334
Tagwechsel 172
Tauschverwahrung 298 f.
Teilamortisations-Vertrag 510
Teilbürgschaft 409
Telefon Banking 205
Tenderverfahren 253
Terminbörse, deutsche 272
Termineinlage 215 f.
Terminkurs 357
Terminmarkt 263

Theorie, nominalistische 114 f.
Tilgunganleihe 235
Tilgungsmodalitäten 70
Tilgungsplan 482
Transaktionsmotiv 13
Transformationsfunktion 6 ff.
Transportdokument 545 ff.
Tratte 173
Trennbankensystem 20
Treuhandkonto 97
– offenes 98
Treuhandprinzip 35

**U**
Überbringerklausel 148
Überbrückungskredit 470
Überleitungsverrechnung 128, 132
Übernahmekonossement 547
Übernahmekonsortium 251
Überschußbeteiligung 232
Übersicherung 467
Überweisung 141
Überweisungsauftrag 142
Überzeichnung 253
Umkehrwechsel 175
Und-Konto 97
Unitime 134
Universalbank 19
Unternehmen, konsolidierungspflichtig
   612
Ursprungszeugnis 548 f.

**V**
Valuta 139
Veräußerungsverbot 526
Verbraucherkredit 399 f.
Verbriefung 8
Verbriefungsform 246
Verbundfinanzierung 498
Verfallzeit 172
Verfügungsberechtigte 94 ff., 102 f.
Vergleich 103
Vergleichsverfahren 527
Verkehrshypothek 444
Verkehrswert 521

Verlustrechnung 685
Vermögensbeteiligung 228
Vermögensbildungsgesetz 222
Vermögensverwaltung 308 ff., 332
Verpfändung 103, 425
– beschränkte 301
– regelmäßige 300
Verrechnungsnetz 127
Verrichtungsprinzip 638
Verschwiegenheitspflicht 107
Versicherung 11
Versicherungsdokument 548
Vertreter
– gesetzlicher 98 f.
– rechtsgeschäftlicher 99
Vier-Augen-Prinzip 596
Volatilität 366
Vollamortisations-Vertrag 510
Vollindossament 178
Vollkonsolidierung 613
Vorausdarlehen 498
Vorlagegebot 177
Vorlegungsfrist, gesetzlich 154
Vormerkung 442
Vorschußzins 216
Vorzugsaktie 240

# W

Wachstumseffekt 51
Wachstumsfaktor 64
Wachstumsprognose 68
Wachstumssparvertrag 220
Wachstumswert 69
Währungs-Optionsschein 245
Währungshoheit 121
Währungsreserve 41 f.
Wandelanleihe 319
Wandelprämie 243 f.
Wandelschuldverschreibung 242
Warenbörse 262
Warenlombardgeschäft 489
Warenverkehrsbescheinigung 549
Wechsel 169 f.
– eigener (Solawechsel) 173 ff.
– gezogener 170 ff.
Wechselbürgschaft 180

Wechselkopierbuch 485
Wechselkopiernummer 174
Wechselkredit 566 f.
Wechsellombardgeschäft 488 f.
Wechselobligo 485
Wert, innerer 364
Wertaufbewahrung 13
Wertbereich 659
Wertpapier 233
Wertpapierart 234
Wertpapieraufsicht 268 f.
Wertpapierbörse 260 263
Wertpapierfonds 36
Wertpapierhandelsgesetz 261, 309 f.
Wertpapierleihe 287
Wertpapiermischform 319 f.
Wertpapierpensionsgeschäft 43
Wertpapiersammelbank 36
Wertpapierscheck 286
Wertstellung 139 f.
Widerrufsbelehrung 404
Wirtschaft, arbeitsteilig 3
Wirtschaftskreislauf 4 f.
Wohnungsbau-Prämiengesetz
 226 f.
Wohnungsbaufinanzierung 492 f.
Wohungsbauprämie 226

# Z

Zahlung, bargeldlos 117
Zahlungsakkreditiv 555
Zahlungsanweisung 117
Zahlungsauftrag 117
Zahlungsbedingung 537
Zahlungsort 172
Zahlungsverkehr 5, 113 f.
– barer 121 ff.
– elektronischer 191 f.
– gemischter 117
– halbbarer 117
– inländischer 704
Zahlungsverkehrsweg 138
Zentralbank
– genossenschaftliche 22
– staatliche 13
Zero-Bonds 75, 235

Zession 426 f.
– offene 426
– stille 426
Zessionsvertrag 427 f.
Zins-Optionsschein 246
Zinsabschlagsteuertopf 322
Zinsänderungsrisiko 9, 618, 701
Zinsmarge 10
Zinsoption 369 f.
Zinsphasen-Anleihe 320
Zinsspannenrechnung 661
Zinsswap 342 f., 348
Zinstender 253
Zollfaktura 548

Zollstundungsverfahren 502
Zukunftswert 60
Zulassungsausschuß 265
Zulassungsstelle 264 f. 266
Zuwachssparvertrag 220
Zwangshypothek 446
Zwangsversteigerung 520
Zwangsverwaltung 519 f.
Zwangsvollstreckung 523
Zwangsvollstreckungsklausel 449
Zweigstellennetz 709
Zwischenfinanzierung 497
Zwischenkredit 470

# Ihr Weg zur Karriere

## Berufsintegriertes Studium: die ideale Kombination von Theorie und Praxis

Wenn Sie Ihr Berufsziel in der Finanzwelt sehen, sollten Sie von Anfang an den direkten und erfolgreichen Weg einschlagen: **Gleich nach der allgemeinen oder fachgebundenen Hochschulreife und nach Abschluß Ihrer kaufmännischen Berufsausbildung.**

Wir ermöglichen Ihnen die perfekte Verbindung von Teilzeitarbeit in einem Kreditinstitut und einem Studium der Betriebswirtschaft zum/zur

### Diplom-Betriebswirt/in (FH).

Theorie und Praxis laufen also parallel. Sie werden fit in zwei Sprachen. Ein Semester findet im Ausland statt.
Nach Beendigung des Studiums können Sie sofort qualifizierte Tätigkeiten in Ihrem Unternehmen übernehmen.

**Geben Sie Ihrer persönlichen Karriere den nötigen "push"!**
Schreiben Sie uns oder rufen Sie uns an!
Wir erklären Ihnen detailliert, wie Studium und Praxis miteinander kombiniert werden können und was das Studium kostet.

*Kostenfreies Infotelefon!*
**0130/ 83 30 00**

Ihr Team im Studentensekretariat:
Susanne Laabs und Anja Stange.

## Hochschule für Bankwirtschaft  HfB
Private Fachhochschule der BANKAKADEMIE
- staatlich anerkannt -
Sternstraße 8 · 60318 Frankfurt am Main
Telefon 069/95 94 6-34/35 · Telefax 069/95 94 6-28